समाज-विज्ञान

विश्वकोश

खण्ड 3

ज्ञान शांति मैत्री

महात्मा गांधी अंतरराष्ट्रीय हिंदी विश्वविद्यालय, वर्धा (महाराष्ट्र)

समाज-विज्ञान
विश्वकोश

खण्ड 3

सम्पादक

अभय कुमार दुबे

फ़ेलो और निदेशक, भारतीय भाषा कार्यक्रम,
विकासशील समाज अध्ययन पीठ, नयी दिल्ली

सहायक-सम्पादक

बीर पाल सिंह यादव

असिस्टेंट प्रोफ़ेसर एवं प्रकाशन प्रभारी
महात्मा गांधी अंतरराष्ट्रीय हिंदी विश्वविद्यालय, वर्धा (महाराष्ट्र)

राजकमल प्रकाशन

ISBN : 978-81-267-2587-8

मूल्य : ₹ 8000 (छह जिल्दों में)

पहला संस्करण : 2013
दूसरा संस्करण : 2015

प्रकाशक : राजकमल प्रकाशन प्रा. लि.
1-बी, नेताजी सुभाष मार्ग, दरियागंज
नयी दिल्ली-110 002

शाखाएँ : अशोक राजपथ, साइंस कॉलेज के सामने, पटना-800 006
पहली मंजिल, दरबारी बिल्डिंग, महात्मा गांधी मार्ग, इलाहाबाद-211 001
36 ए, शेक्सपियर सरणी, कोलकाता-700 017

वेबसाइट : www.rajkamalprakashan.com
ई-मेल : info@.rajkamalprakashan.com

सम्पादकीय सहयोग
नरेश गोस्वामी, कमल नयन चौबे, सुमेल सिंह सिद्धू, मनोहर नायक, मनोज मोहन

डिज़ाइन : मृत्युंजय चटर्जी
अनुक्रमणिका : मंजू खन्ना
टंकण एवं अन्य सहयोग : चंदन शर्मा, संजय कुमार

मुद्रक : बी.के. ऑफसेट
नवीन शाहदरा, दिल्ली-110 032

SAMAJ-VIGYAN VISHWAKOSH-3
Edited by Abhay Kumar Dubey

खण्ड 3

सलाहकार-मण्डल

रविकांत
एसोसिएट फ़ेलो, विकासशील समाज अध्ययन पीठ, दिल्ली

राकेश पाण्डेय
एसोसिएट फ़ेलो, विकासशील समाज अध्ययन पीठ, दिल्ली

राजकुमार
प्रोफ़ेसर, हिंदी विभाग, बनारस हिंदू विश्वविद्यालय, वाराणसी (उप्र)

राजीव भार्गव
निदेशक और वरिष्ठ फ़ेलो, विकासशील समाज अध्ययन पीठ, दिल्ली

राधावल्लभ त्रिपाठी
प्रोफ़ेसर, डॉ. हरीसिंह गौर विश्वविद्यालय, सागर (मप्र)

विजय बहादुर सिंह
पूर्व निदेशक, विकासशील समाज अध्ययन पीठ, दिल्ली

शैल मायाराम
वरिष्ठ फ़ेलो, विकासशील समाज अध्ययन पीठ, दिल्ली

सौम्यव्रत चौधरी
वरिष्ठ फ़ेलो, सेंटर फॉर स्टडीज़ ऑफ़ सोशल साइंसेज़, कोलकाता (पश्चिम बंग)

सतीश देशपांडे
प्रोफ़ेसर, दिल्ली स्कूल ऑफ़ इकॉनॉमिक्स, नयी दिल्ली

स्मिता तिवारी जस्सल
विज़िटिंग फ़ेलो, विकासशील समाज अध्ययन पीठ, दिल्ली

सुधीश पचौरी
प्रोफ़ेसर और डीन, दिल्ली विश्वविद्यालय, दिल्ली

हिलाल अहमद
एसोसिएट फ़ेलो, विकासशील समाज अध्ययन पीठ, दिल्ली

लेखक-मण्डल

अभय कुमार दुबे
फ़ेलो और निदेशक, भारतीय भाषा कार्यक्रम,
विकासशील समाज अध्ययन पीठ, दिल्ली

अजय कुमार पांडेय
स्वतंत्र अध्येता, बलिया (उप्र)

अनामिका
फ़ेलो, नेहरू मेमोरियल म्यूज़ियम ऐंड लाइब्रेरी, नयी दिल्ली

अनुराग पांडेय
अनुसंधानकर्ता, राजनीतिशास्त्र विभाग, दिल्ली विश्वविद्यालय, दिल्ली

अनुष्का सिंह
अनुसंधानकर्ता, राजनीतिशास्त्र विभाग, दिल्ली विश्वविद्यालय, दिल्ली

अमितेश कुमार
अनुसंधानकर्ता, हिंदी विभाग, दिल्ली विश्वविद्यालय, दिल्ली

अम्बिका दत्त शर्मा
विभागाध्यक्ष, दर्शनशास्त्र विभाग, डॉ. हरीसिंह गौर विश्वविद्यालय,
सागर (मप्र)

अम्बरीष सक्सेना
मीडिया विशेषज्ञ, नयी दिल्ली

अविनाश कुमार
ऑक्सफ़ेम, नयी दिल्ली

अविनाश झा
पुस्तकालयाध्यक्ष,
विकासशील समाज अध्ययन पीठ, दिल्ली

आकांक्षा कुमारी
शोधार्थी, स्त्री-अध्ययन विभाग, महात्मा गांधी अंतरराष्ट्रीय
हिंदी विश्वविद्यालय, वर्धा (महाराष्ट्र)

आदित्य निगम
वरिष्ठ फ़ेलो, विकासशील समाज अध्ययन पीठ, दिल्ली

आलोक टंडन
स्वतंत्र अध्येता, समाज-दर्शन, हरदोई (उप्र)

इंद्रजीत कुमार झा
अनुसंधानकर्ता, राजनीतिशास्त्र विभाग,
दिल्ली विश्वविद्यालय, दिल्ली

उपासना पाण्डेय
असिस्टेंट प्रोफ़ेसर, राजनीतिशास्त्र विभाग,
वसंत महिला महाविद्यालय, वाराणसी (उप्र)

अंकिता पाण्डेय
असिस्टेंट प्रोफ़ेसर, इंद्रप्रस्थ कॉलेज,
दिल्ली विश्वविद्यालय, दिल्ली

कनक तिवारी
अध्यक्ष, छत्तीसगढ़ संस्कृति प्रतिष्ठान, रायपुर (छत्तीसगढ़)

कमल नयन चौबे
जूनियर फ़ेलो, नेहरू मेमोरियल म्यूज़ियम ऐंड लाइब्रेरी,
नयी दिल्ली

कविता रतूड़ी
अनुसंधानकर्ता, जवाहरलाल नेहरू विश्वविद्यालय, नयी दिल्ली

कृष्णदत्त पालीवाल
पूर्व विभागाध्यक्ष, हिंदी विभाग, दिल्ली विश्वविद्यालय, दिल्ली

गोपाल प्रधान
एसोसिएट प्रोफ़ेसर, भारतरत्न डॉ. भीमराव आम्बेडकर विश्वविद्यालय, दिल्ली

धीरूभाई शेठ
पूर्व निदेशक, विकासशील समाज अध्ययन पीठ, दिल्ली

नरेश गोस्वामी
अनुसंधानकर्ता, भारतीय भाषा कार्यक्रम, विकासशील समाज अध्ययन पीठ, दिल्ली

नवीन चंद्र
अनुसंधानकर्ता, दिल्ली विश्वविद्यालय, दिल्ली

निर्मल कुमार पाण्डेय
अनुसंधानकर्ता, भारतीय इतिहास अनुसंधान परिषद, नयी दिल्ली

पंकज कुमार झा
अनुसंधानकर्ता, राजनीतिशास्त्र विभाग, दिल्ली विश्वविद्यालय, दिल्ली

पुनीत कुमार
विभागाध्यक्ष, राजनीतिशास्त्र विभाग, गवर्नमेंट एस.एम.एस. पी.जी. कॉलेज, शिवपुरी (मप्र)

प्रियव्रत शुक्ल
प्रोफ़ेसर, रानी दुर्गावती विश्वविद्यालय, जबलपुर (मप्र)

प्रीति सागर
एसोसिएट प्रोफ़ेसर, साहित्य विभाग, महात्मा गांधी अंतरराष्ट्रीय हिंदी विश्वविद्यालय, वर्धा (महाराष्ट्र)

बालगोविंद सिंह
विभागाध्यक्ष, शिक्षा विभाग, रमेश झा महिला कॉलेज, सहरसा (बिहार)

बीर पाल सिंह यादव
असिस्टेंट प्रोफ़ेसर, साहित्य विभाग, महात्मा गांधी अंतरराष्ट्रीय हिंदी विश्वविद्यालय, वर्धा (महाराष्ट्र)

मनहर चरण
पूर्व शोधार्थी, अहिंसा एवं शांति विभाग, महात्मा गांधी अंतरराष्ट्रीय हिंदी विश्वविद्यालय, वर्धा (महाराष्ट्र)

मनीष मिश्र
पोस्ट-डॉक्टॅरल रिसर्च एसोसिएट, राजीव गाँधी समकालीन अध्ययन पीठ, बरकुतल्लाह विश्वविद्यालय, भोपाल (मप्र)

मीना मनरल
असिस्टेंट प्रोफ़ेसर, कुमायूँ विश्वविद्यालय, अल्मोड़ा (उत्तराखण्ड)

मोहन दास नैमिशराय
पूर्व फ़ेलो, उच्च अध्ययन संस्थान, शिमला (हिमाचल प्रदेश)

योगेश अटल
पूर्व निदेशक (समाज-विज्ञान), यूनेस्को

रवि दत्त वाजपेयी
स्वतंत्र लेखक, ऑस्ट्रेलिया

राकेश श्रीवास्तव
स्वतंत्र लेखक और अनुवादक, नयी दिल्ली

राजकुमार
प्रोफ़ेसर, हिंदी विभाग, बनारस हिंदू विश्वविद्यालय, वाराणसी (उप्र)

राधावल्लभ त्रिपाठी
प्रोफ़ेसर, डॉ. हरीसिंह गौर विश्वविद्यालय, सागर (मप्र)

रोहित मिश्र
समाज-कार्य विभाग, लखनऊ विश्वविद्यालय, लखनऊ (उप्र)

विकास कुमार
असिस्टेंट प्रोफ़ेसर, ज़ाकिर हुसैन कॉलेज, नयी दिल्ली

विजय कुमार झा
अनुसंधानकर्ता, सेंटर फ़ॉर वुमंस डिवेलपमेंट स्टडीज़, नयी दिल्ली

विवेक रत्न
असिस्टेंट प्रोफ़ेसर, राजनीतिशास्त्र विभाग, दिल्ली विश्वविद्यालय, दिल्ली

विश्वनाथ मिश्र
असिस्टेंट प्रोफ़ेसर, राजनीतिशास्त्र विभाग, आर्य महिला पीजी कालेज, वाराणसी (उप्र)

वीरभारत तलवार
प्रोफ़ेसर, जवाहरलाल नेहरू विश्वविद्यालय, नयी दिल्ली

वैभव सिंह
असिस्टेंट प्रोफ़ेसर, हिंदी विभाग, दयाल सिंह कॉलेज, नयी दिल्ली

शम्भू जोशी
असिस्टेंट प्रोफ़ेसर, महात्मा गांधी अंतरराष्ट्रीय हिंदी विश्वविद्यालय, वर्धा (महाराष्ट्र)

श्यामा सिंह
रिसर्च एसोसिएट, सम्पूर्णानंद संस्कृत विश्वविद्यालय, वाराणसी (उप्र)

शिवानी चोपड़ा
फ़ेलो, उच्च अध्ययन संस्थान, शिमला (हिमाचल प्रदेश)

श्रुति
एसोसिएट प्रोफ़ेसर, हिंदी विभाग, लखनऊ विश्वविद्यालय, लखनऊ (उप्र)

हिलाल अहमद
फ़ेलो, विकासशील समाज अध्ययन पीठ, दिल्ली

सुकेश लोहार
अनुसंधाकर्ता, हिंदी विभाग, बनारस हिंदू विश्वविद्यालय, वाराणसी (उप्र)

सुप्रिया पाठक
असिस्टेंट प्रोफ़ेसर, स्त्री-अध्ययन विभाग, महात्मा गांधी अंतरराष्ट्रीय हिंदी विश्वविद्यालय, वर्धा (महाराष्ट्र)

सुमेल सिंह सिद्धू
स्वतंत्र अध्येता और इतिहासकार, दिल्ली

सुनील कुमार,
अनुसंधानकर्ता, राजनीतिशास्त्र विभाग, दिल्ली विश्वविद्यालय, दिल्ली

संजय सिंह बघेल
एसोसिएट प्रोफ़ेसर, हिंदी पत्रकारिता, आत्माराम सनातन धर्म कॉलेज, साउथ कैम्पस, नयी दिल्ली

संजय कुमार
फ़ेलो, विकासशील समाज अध्ययन पीठ, दिल्ली

संदीप जोशी
निदेशक, मध्य प्रदेश समाज-विज्ञान अनुसंधान संस्थान, उज्जैन (मप्र)

प्रविष्टि-क्रम

List of Entrees

विषयानुसार प्रविष्टि-क्रम

अर्थशास्त्र

इतिहास

अंतर्राष्ट्रीय संबंध

गाँधी-विचार

दर्शन

भारत संबंधी प्रविष्टियाँ

मनोविज्ञान

मार्क्सवादी विमर्श

मीडिया-अध्ययन, फ़िल्म-अध्ययन, टीवी-अध्ययन

राजनीतिशास्त्र

व्यक्तित्व-कृतित्व

समाजशास्त्र, मानवशास्त्र

स्त्री-अध्ययन, सेक्शुअलिटी-अध्ययन

साहित्य-अध्ययन, भाषाशास्त्र

प्रविष्टियाँ

न

नगालैण्ड

(Nagaland)

भारत के उत्तर-पूर्वी भाग में स्थित नगालैण्ड की राजधानी कोहिमा है और दीमापुर इसका सबसे बड़ा शहर है। नगालैण्ड का गठन भारत के सोलहवें राज्य के रूप में एक दिसम्बर, 1963 को हुआ था। यहाँ की राजनीति में भारत की 'केंद्रीय' या 'मुख्यधारा' की राजनीति से अलग मुद्दे हावी रहे हैं। यह भारत का एक ऐसा राज्य है जहाँ लम्बे समय से अलगाववाद की हथियारबंद राजनीति चलती रही है। भारत सरकार विद्रोही समूहों से शांति वार्ता करने के साथ-साथ अपनी दमनकारी शक्ति का भी प्रयोग करती है। इसके अलावा यहाँ के विद्रोही समूहों की कुछ माँगे दूसरे पड़ोसी राज्यों के हितों के भी ख़िलाफ़ जाती हैं। सम्भवत: इसीलिए नगालैण्ड के विद्रोही समूहों की माँगों को पूरी तरह मानना सम्भव नहीं हो पाता। ऐसा लगता है कि नगालैण्ड में स्थिति पूरी तरह सामान्य बनाने की दिशा में अभी काफ़ी प्रयास किये जाने की आवश्यकता है।

नगालैण्ड के पश्चिम में असम, उत्तर में असम का एक भाग और अरुणाचल प्रदेश, पूर्व में बर्मा और दक्षिण में मणिपुर स्थित है। नगालैण्ड का कुल क्षेत्रफल 16,579 वर्ग किमी है। 2011 की जनगणना के अनुसार यहाँ की कुल जनसंख्या 19,80,602 है। क्षेत्रफल के हिसाब से यह भारत का पच्चीसवाँ और जनसंख्या के हिसाब से भारत का चौबीसवाँ सबसे बड़ा राज्य है। यहाँ की विधायिका एक सदनीय है, जिसमें कुल 60 सदस्य होते हैं। यहाँ से लोक सभा और राज्य सभा के एक-एक सदस्य चुने जाते हैं। यहाँ की जनसंख्या का घनत्व 119 व्यक्ति प्रति वर्ग किमी है। नगालैण्ड की साक्षरता दर 80.11 प्रतिशत है। साक्षरता-दर के हिसाब से यह भारत में इसका स्थान तेरहवाँ है। अंग्रेज़ी और छह अन्य जनजातीय भाषाएँ इस राज्य की राजकीय भाषाएँ हैं।

नगा लोगों को बर्मी भाषा में 'नाका' कहा जाता था, जिसका अर्थ होता है कि 'ऐसे लोग जिनका कान छेदा हुआ हो।' यह भी कहा जाता है कि वास्तविक रूप में 'नगा' शब्द का सबसे पहले इस्तेमाल अंग्रेज़ों ने हिंदी शब्द 'नंगा' को नगा करके किया। अंग्रेज़ों ने मणिपुर की जनजातियों को 'नगा' और 'कुकी' दो प्रमुख भागों में बाँटा। नगा जनजातियों का असम और बर्मा के जनजातियों से सामाजिक, आर्थिक और राजनीतिक जुड़ाव था। आजकल भी असम में नगाओं की एक बहुत बड़ी जनसंख्या निवास करती है। 1816 में बर्मा अब म्यांमार के हमले के बाद असम सहित यह पूरा क्षेत्र बर्मा के क़ब्ज़े में आ गया। इस दौर में असम और नगा हिल्स में दमनकारी शासन रहा। 1826 में ब्रिटिश ईस्ट इण्डिया कम्पनी ने असम पर अपना नियंत्रण क़ायम किया और ब्रिटेन ने नगा हिल्स के क्षेत्रों पर भी अपने प्रभाव का विस्तार कया। 1892 में तुएनसांग क्षेत्र को छोड़ कर उत्तर-पूर्व में पूरा नगा हिल्स क्षेत्र अंग्रेज़ों के शासन के अंतर्गत आ गया और इसे राजनीतिक रूप से असम में मिला दिया गया। ईसाई मिशनरियों के प्रभाव के कारण बहुत से नगाओं ने ईसाई धर्म स्वीकार कर लिया। नगालैण्ड की कुल जनसंख्या में 90.02 प्रतिशत ईसाई, 7.7 प्रतिशत हिंदू, 1.8 प्रतिशत मुसलिम हैं। यहाँ की 75 प्रतिशत से ज़्यादा आबादी खेती पर निर्भर है और ग्रामीण इलाक़ों में रहती है।

भारत के उत्तर-पूर्वी क्षेत्र में आज़ादी की माँग करने वाले आंदोलनों में से नगा आंदोलन सबसे पुराना आंदोलन है। इसकी शुरूआत 1918 से मानी जाती है, जब नगा क्लब

नगालैंड : अलगाववाद की हथियारबंद राजनीति से ग्रस्त

की स्थापना हुई थी। इसकी स्थापना में प्रथम विश्व-युद्ध में भाग लेने वाले सैनिकों ने महत्त्वपूर्ण भूमिका निभायी थी। 1945 में नगा लोगों ने नगा हिल डिस्ट्रिक्ट ट्राइबल कौंसिल की स्थापना की। आगे चल कर 1946 में यही नगा नैशनल कौंसिल (एनएनसी) के रूप में सामने आया। एमएनसी में विभिन्न उप-जनजातियों का प्रतिनिधित्व था। फ़िज़ो के नेतृत्व में नगा नैशनल कौंसिल ने अपने सभी नगा समूहों को मिला कर एक स्वतंत्र नगा राजनीतिक संघ बनाने की माँग की।

एनएनसी ने महसूस किया कि भारत के आज़ाद होने और उसके बाद नगा क्षेत्रों के भारत में विलय हो जाने से नगा लोगों की स्वायत्तता ख़त्म हो जाएगी। एएनसी ने इस क्षेत्र में आये दूसरे राज्यों के अधिकारियों पर हमला भी किया। लेकिन उसके पास कोई दूसरा विकल्प नहीं था, इसलिए उस समय एनएनसी को भारत के साथ दस वर्षों के लिए आंतरिक समझौता करना पड़ा। एनएससी ने तय किया कि वह इन दस वर्षों में इस बात पर फ़ैसला करेगी कि नगा लोगों को भारत से पूर्ण रूप से स्वतंत्र होना चाहिए या नहीं। इस संदर्भ में 1947 में बंगाल के गवर्नर सर अकबर हैदरी और एनएनसी के बीच एक नौ-सूत्रीय समझौता हुआ। हालाँकि इस समझौते की नवीं धारा की व्याख्या के संदर्भ में एक विवाद भी पैदा हुआ। इस धारा में उल्लेख किया गया था कि 'इस अवधि (दस साल) के अंत में नगा कौंसिल से यह पूछा जाएगा कि क्या वे यह चाहते हैं कि इस समझौते को आगे भी क़ायम रखा जाए या नगा लोगों के भविष्य के बारे में एक नया समझौता किया जाए।' नगा लोगों ने इस धारा का यह अर्थ निकाला कि दस वर्ष की अवधि पूरी होने पर उन्हें आज़ाद होने का मौक़ा दिया जाएगा। वहीं भारत सरकार ने इसका यह अर्थ निकाला कि हम नगा हिल्स (या पहाड़ी) क्षेत्र भारत के अभिन्न हिस्से हैं और दस वर्ष की अवधि के बाद या तो इस समझौते को जारी रखा जाएगा या नगा हिल्स क्षेत्र को भारत का अभिन्न हिस्सा मानते हुए कोई अन्य समझौते किया जाएगा।

बहरहाल, नगा हिल्स को असम के भीतर एक ज़िले का दर्जा दे दिया गया जिसका प्रशासन संविधान की छठी अनुसूची के अनुसार किया जाता था। इस समझौते के कारण ही आगे चलकर एनएनसी में विभाजन हो गया। इसके एक धड़े के नेता ए.ज़ैड. फ़िज़ो पूर्ण स्वतंत्रता की माँग कर रहे थे। भारतीय सेना की मौजूदगी के कारण एनएनसी को 1953 से भूमिगत प्रतिरोध की रणनीति अपनानी पड़ी। तभी से इस क्षेत्र में नियमित बग़ावत की घटनाएँ होती रही हैं। मार्च, 1956 में नगा लोगों ने नगा संघीय सरकार की स्थापना की। इस सरकार के पास अपना झण्डा था। इसने अपने नगा होमगार्ड्स का गठन किया जिसमें हर जनजाति से पाँच सौ लोगों को शामिल किया गया। इस तरह कुल-मिला कर तक़रीबन पंद्रह हज़ार लोगों की एक सशस्त्र फ़ौज तैयार हो गयी जिसने हिंसक तरीक़े से आज़ादी हासिल करने का लक्ष्य रखा। इस संघर्ष के दौरान नगाओं में इस बात पर भी विभाजन रहा कि वे भारत से पूर्ण आज़ादी चाहते हैं या वे भारतीय संघ के भीतर पूर्ण राज्य का दर्जा चाहते हैं। 1957 में यहाँ केंद्र ने सेना भेजी और विद्रोह का सख़्ती से दमन किया। इसके बाद सेना पर बलात्कार, हत्या तथा स्कूलों और चर्चों पर क़ब्ज़ा करने के आरोप भी बड़े पैमाने पर लगे। नगा हिल्स डिस्टर्ब एरियाज़ ऑर्डिनेंस, असम मेंटेनेंस ऑफ़ पब्लिक ऑर्डर एक्ट तथा 1958 के आर्म्ड फ़ोर्सेज़ स्पेशल पावर एक्ट (1972 में संशोधित) द्वारा सेना द्वारा की जाने वाली गतिविधियों को 'क़ानूनी' मान्यता प्रदान की गयी।

साठ के दशक के दौरान उदारतावादी नगाओं ने महसूस किया कि भारत से पूर्ण आज़ादी का लक्ष्य वास्तविक लक्ष्य नहीं है। इसी तरह भारत सरकार ने भी नगा लोगों को संतुष्ट करने के लिए एक दिसम्बर, 1963 को पूर्ण नगा राज्य का गठन किया। इसके बाद नगालैण्ड की संसदीय राजनीति को मुख्य रूप से तीन भागों में बाँटा जा सकता है : राज्य-गठन से 1986 तक की राजनीति; दूसरा कांग्रेस वर्चस्व का दौर (1986–2003) और तीसरा, गैर-कांग्रेस गठजोड़ का वर्चस्व (2003 से अब तक)।

नगालैण्ड की संसदीय राजनीति में अमूमन गैरकांग्रेसी दलों या मोर्चे का वर्चस्व रहा है। राज्य के गठन के बाद से 1974 तक राज्य में नगा नैशनलिस्ट ऑर्गनाइज़ेशन का शासन रहा। इस दौरान राज्य के तीन मुख्यमंत्री रहे : पी. शीलू

(दिसम्बर, 1963–अगस्त, 1966), ओ.टी.एन. अंगामी (अगस्त, 1966–फ़रवरी, 1969), होकिसे सेमा (फ़रवरी, 1969–फ़रवरी, 1974)। इसके बाद 1986 तक राज्य में क्षेत्रीय दलों के नेतृत्व वाली सरकार रही। इस दौरान यूनाइटेड डेमॉक्रैटिक फ्रंट के विजोल अंगामी दो बार राज्य के मुख्यमंत्री बने (फ़रवरी, 1974–मार्च, 1975; नवम्बर, 1977–अप्रैल, 1980)। इसके अलावा, नगा नैशनल डेमॉक्रैटिक पार्टी के जॉन बोस्को जेसुकी (10 मार्च, 1975–20 मार्च, 1975; जून, 1980–नवम्बर, 1982) और यूनाइटेड डेमॉक्रैटिक फ्रंट-प्रोग्रेसिव के एस.सी. ज़मीर (अप्रैल, 1980–जून, 1980; नवम्बर, 1982–अक्टूबर, 1986) भी दो-दो बार राज्य के मुख्यमंत्री रहे। राज्य में अभी तक कुल चार बार कांग्रेस की सरकार बनी है। इस दौरान होकिसे सेमा (अक्टूबर, 1986–अगस्त, 1988), एस.सी. ज़मीर (जनवरी, 1989–मई 1990; फ़रवरी, 1993–मार्च 2003), तथा के.एल. चिसी (मई, 1990–जून, 1990) राज्य के मुख्यमंत्री रहे हैं। 2003 से अभी तक राज्य में नगालैण्ड पीपुल्स फ्रंट का शासन है और इस दौरान नेफ्यू रियो (मार्च, 2003–जनवरी, 2008; मार्च, 2008 से अभी तक) राज्य के मुख्यमंत्री रहे हैं। नगालैण्ड के स्तर पर भाजपा ने भी इस सरकार को समर्थन दिया है, लेकिन केंद्रीय राजनीति में उसके साथ कोई गठजोड़ नहीं है। नगालैण्ड में अभी तक कुल चार बार राष्ट्रपति शासन भी लागू हुआ है।

राज्य के गठन के बाद और संसदीय राजनीति के सक्रिय होने के बावजूद राज्य में हिंसक विद्रोही गतिविधियाँ जारी रही हैं। 23 मई, 1964 को दोनों पक्षों ने एक युद्ध विराम समझौते पर हस्ताक्षर किये थे। इससे हिंसा में कमी आयी थी लेकिन एनएनसी ने अपनी भूमिगत गतिविधियाँ ख़त्म नहीं कीं। लेकिन यह समझौता भी लम्बे समय तक नहीं चल पाया। 31 अगस्त, 1972 को भूमिगत एनएनसी, नगा संघीय सरकार, और नगा संघीय आर्मी पर भारत सरकार ने पाबंदी लगा दी और युद्ध विराम भी ख़त्म कर दिया। 1980 में नैशनल सोशलिस्ट कौंसिल ऑफ़ नगालिंगम का गठन हुआ। आगे चल कर यह दो भागों में बँट गया : एनएससीएन (इसाक-मुवैयाह) और एनएससीएन (खापलांग)। 1997 के बाद फिर से नगा होहो, द नगा पीपुल्स मूवमेंट फॉर ह्युमैन राइट्स और नगा मदर्स एसोसिएशन जैसे सिविल सोसाइटी संगठनों के दबाव में भारत सरकार और एनएससीएन (आई-एम) के बीच समझौता-वार्त्ता शुरू हुई।

बहरहाल, 2001 में भारत सरकार द्वारा नगालैण्ड के अलावा मणिपुर के नगा जिलों में एनएससीएन (आई-एम) के साथ युद्धविराम का विस्तार करने के प्रस्ताव ने मणिपुर के नगा क्षेत्रों में अशांति पैदा की। मणिपुर में बहुत से लोगों को यह लगा कि इस तरह का युद्धविराम दरअसल एनएससीएन (आई-एम) की बृहद नगालैण्ड या नगालिंगम बनाने की माँग को स्वीकार करने की दिशा में पहला क़दम है। एनएससीएन के दोनों धड़ों ने इस तरह की माँग रखी थी जिसमें वे मणिपुर के तीन उत्तरी जिलों को भी शामिल करना चाहते हैं। दरअसल नगा क्षेत्रों का एकीकरण एक काफ़ी विवादास्पद मसला है। इसके कारण अरुणाचल प्रदेश और असम के कुछ क्षेत्रों में भी अशांति पैदा हो सकती है।

देखें : असम, अरुणाचल प्रदेश, आंध्र प्रदेश, उत्तर प्रदेश, उत्तराखण्ड, ओडीशा, कर्नाटक, केरल, छत्तीसगढ़, जम्मू और कश्मीर, झाड़खण्ड, तमिलनाडु, त्रिपुरा, दिल्ली, पश्चिम बंग, पंजाब, बिहार, महाराष्ट्र, मध्य प्रदेश, मणिपुर, मिज़ोरम, मेघालय, भारतीय संघवाद, राजस्थान, राज्यों का पुनर्गठन-1, 2 और 3, राज्यों की राजनीति, संघवाद, हरियाणा।

संदर्भ

1. डॉली किकॉन (2009), 'फ्रॉम लॉयनक्लाथ, सूट्स टू बैटल ग्रींस : पॉलिटिक्स ऑफ़ क्लोदिंग नैकेड नगाज़', सजीब बरुआ (सम्पा.), *बियांड काउंटर इंसर्जेंसी : ब्रेकिंग द इम्पास इन नार्थ-ईस्ट इण्डिया*, ऑक्सफ़र्ड युनिवर्सिटी प्रेस, नयी दिल्ली.
2. संजीब बरुआ (2009), 'इंट्रोडक्शन', संजीब बरुआ (सम्पा.), *बियांड काउंटर इंसर्जेंसी : ब्रेकिंग द इम्पास इन नार्थ-ईस्ट इण्डिया*, ऑक्सफ़र्ड युनिवर्सिटी प्रेस, नयी दिल्ली.
3. आर. वासुम (2000), *नगाज़ राइट्स टू सेल्फ डिटरमिनेशन : ऐन एंथ्रोपोलॉजिक-हिस्टोरिकल पर्सपेक्टिव*, मित्तल पब्लिकेशंस, नयी दिल्ली.

— कमल नयन चौबे

नंद किशोर देवराज

(Nand Kishor Devraj)

दार्शनिक एवं साहित्यकार नंद किशोर देवराज (1917–1999) को सर्जनात्मक मानववाद के प्रतिपादन के लिए जाना जाता है। भारतीय दर्शन के स्वातंत्र्योत्तर युग के प्रमुख हस्ताक्षरों में से एक डॉ. देवराज ने मनुष्य के आत्मचेतन उत्पाद होने में निहित उसकी स्वतंत्रता, तर-तम-भाव और मूल्योन्वेषी प्रकृति को आधारभूत माना। देवराज का सर्जनात्मक मानववाद एक ओर मनुष्य के स्वरूप के संबंध में भारतीय दर्शन के तत्त्वमीमांसीय लंगर से कटा हुआ है तो दूसरी ओर मूल्य सर्जक और मूल्यसेवी रूप में महज़ मानवकेंद्रित नहीं है। *फ़िलॉसफ़ी ऐंड कल्चर, ऐन इंट्रोडक्शन टू क्रियेटिव ह्यूमनिज़म, ह्यूमनिज़म इन इण्डियन थॉट, फ्रीडम क्रियेटिविटी ऐंड वैल्यू, द लिमिट्स ऑफ़ डिसएग्रीमेंट*

जैसी रचनाओं में देवराज के सर्जनात्मक मानववाद का विकसित रूप सामने आया है। सृजनात्मक मानववाद का प्रमुख उद्देश्य भारतीय मनुष्य को उस सांस्कृतिक संकट से उबारना है जिसे देवराज सांस्कृतिक विभ्रम की अवस्था मानते हैं। इसके परिणामस्वरूप व्यक्ति एक ओर भौतिक सुख-सुविधाओं के लिए प्रतिस्पर्धा में शामिल रहता है तो दूसरी ओर धार्मिक पुनरुत्थानजन्य कर्मकाण्ड में शांति की खोज करता रहता है। इस मूल्यांकन संबंधी असमंजस को देवराज ने वर्तमान सांस्कृतिक संकट का मूल कारण माना है। वे आजीवन ऐसे दर्शन का विकास करने के लिए प्रयत्नशील रहे जो व्यक्ति में ऐसा जीवन-विवेक जाग्रत कर सके जिससे उच्चतर और निम्नतर जीवन रूपों/स्थितियों में भेद किया जा सके और उच्चतर के अन्वेषण की तरफ़ बढ़ा जा सके।

नंद किशोर देवराज का जन्म तीन जून, 1917 को रामपुर (उप्र) में हुआ था। बनारस हिंदू विश्वविद्यालय से उच्च शिक्षा प्राप्त करने के बाद उन्होंने इलाहाबाद विश्वविद्यालय से आचार्य शंकर पर पीएचडी की उपाधि प्राप्त की। उन्होंने देश-विदेश में अध्यापन किया और अनके पत्रिकाओं के सम्पादक मण्डल के सदस्य भी रहे। 1972 में वे इण्डियन फ़िलॉसॅफ़िकल कांग्रेस के अध्यक्ष भी चुने गये।

देवराज के अनुसार दर्शन का विषय मनुष्य और उसका जीवन है। हम आत्मा, पुनर्जन्म, परलोक और परम्परागत मोक्ष को दर्शन न भी स्वीकारें तो भी जीवन के लक्ष्य और सार्थकता के बारे में तो विचार करना ही होगा। देवराज का कहना है कि व्यक्ति के जीवन की सार्थकता इसमें है कि वह विपुल प्रतीकाश्रित सांस्कृतिक-आत्म के कुछ चुने हुए आयामों में अपनी चेतनावृत्ति का विस्तार करते हुए उसेचरितार्थ करे। इस प्रकार का चरितार्थन ही मानव की स्वंय-निर्मित नियति कही जा सकती है। देवराज की मान्यता है कि व्यक्तियों की गुणात्मक नियति अलग-अलग हो सकती है, पर उच्च कोटि के जीवन-पथ पर बढ़ने के लिए प्रायः प्रत्येक क्षेत्र में धन-सम्पत्ति, मान-सम्मान आदि प्रतियोगितापरक मूल्यों के प्रति कमोबेश विरक्ति और उदासीनता की भावना आवश्यक है। देवराज एडमण्ड हसर की इस मान्यता से सहमत हैं कि दर्शन का प्रकृत विषय मानव-संसार या मनुष्य का जीवन-संसार है। देवराज इसमें एक संशोधन प्रस्तावित करते हैं कि दर्शन की दिलचस्पी मानव जगत के गुणात्मक पक्ष में होनी चाहिए और उसका प्रमुख कार्य गुणात्मक भेदों का विश्लेषण और व्याख्या ही है। चूँकि मनुष्य का अध्ययन समाजशास्त्र, मानवशास्त्र और मनोविज्ञान आदि भी करते हैं इसीलिए समीचीन यही होगा कि दर्शन जीवन के वैयक्तिक एवं अन्य पक्षों का अनुशीलन-परीक्षण विशेष मूल्यपरक दृष्टि से करे। जहाँ मूल्यों का अनुसंधानकर्ता होने के नाते सचेत मनुष्य विभिन्न विज्ञानों के सम्पादन और विस्तार में रुचि लेता है, वहीं वह मूल्यानुसंधान की विभिन्न प्रक्रियाओं की गुणात्मक परीक्षा भी करता है। दर्शन मुख्यतः एक समीक्षात्मक प्रक्रिया और अवगति है। इसका प्रमुख कार्य जीवन मूल्यों का अनुचिंतन करना है।

देवराज ने दर्शन की अवधारणा को पुनः परिभाषित करने के साथ-साथ परम्परागत दृष्टि से दर्शन के विषयभूत आत्मा के प्रत्यय की भी नयी व्याख्या प्रस्तुत की है। उनके अनुसार दर्शन अथवा दार्शनिक चिंतन-विश्लेषण का विषय मनुष्य की सांस्कृतिक इयत्ता है जो निरंतर वर्द्धमान अथवा विकासमान है। यह व्यक्ति विशेष को अनुप्राणित करने वाला आत्म-तत्त्व न होकर समग्र मानवता की सांस्कृतिक आत्म है जिसकी चेतना परिधि में युग-युग का सौंदर्य बोध, नीति बोध आध्यात्मिक बोध एवं इस सबसे सहचारित और उन्हें दृष्टि की एकता में बाँधने वाला जीवन समाहित रहता है। इस दृष्टि से दर्शन मनुष्य की विकासमान संस्कृति अथवा सांस्कृतिक चेतना, जो विभिन्न रूपों में तरह-तरह के प्रतीक-व्यूहों के आधार लेकर गठित और रक्षित होती चलती है, की आत्मावगति है।

देवराज का सर्जनात्मक मानववाद किसी परलोक या दूसरे जीवन की कल्पना को स्वतः सिद्ध मान कर नहीं चलता। उनकी दृष्टि में जन्म-मरण अथवा भवचक्र से छुटकारे के रूप में मोक्ष की मान्यता मानवतावादी स्पिरिट की विरोधी है। लेकिन वे यह भी कहते हैं कि सृष्टिकर्ता ईश्वर से विमुक्त अध्यात्म और मोक्ष संबंधी चिंतन भारतीय धर्म-अध्यात्म की परम्परा के लिए अपरिचित नहीं है। विशेष रूप से जैन-बौद्ध दर्शनों, सांख्य और अद्वैत वेदांत में जीवनमुक्ति की अवधारणा भी पायी जाती है जो मानववाद के इहलोक-केंद्रित दर्शन की पोषक है। इसमें वर्णित मनुष्य का पूर्णत्व या मुक्ति अथवा निर्वाण एक प्रकार का आत्मलाभ है। अपने से बाहर किसी पद या स्थिति की प्राप्ति नहीं। चूँकि मुक्ति की इस अवस्था का अनुभव यहीं धरती के जीवन में किया जा सकता है, इसलिए मानववादी होने के नाते हम जीवन-मुक्ति के लक्ष्य को महत्त्व दे सकते हैं।

देवराज ने दर्शन के इतिहास में निरंतर चले आए यथार्थवाद और भाववाद के विवाद का मानववादी विकल्प भी प्रस्तुत किया है। वे इस बात से इनकार करते हैं कि हमारा ज्ञान, जो अनिवार्य रूप से भाषाश्रित होता है, वस्तु के निजी स्वरूप को पकड़ पाने में सक्षम है। उनकी मान्यता है कि हमारे समस्त प्रयोजनों की दृष्टि से विवर्थ का यथार्थ वही है जो हमें आभासित होता है। हमारा अनुभव सापेक्षता की दुनिया तक सीमित है। इसलिए किसी अनुभवातीत निरपेक्ष की कल्पना बेमानी है। इस दृष्टिकोण के आधार पर देवराज ने 'तथ्य' की नवीन व्याख्या प्रस्तुत करते हुए मूल्यों को तात्त्विक वस्तुनिष्ठता प्रदान की है। तथ्य का अर्थ है दो या दो

से अधिक वस्तुओं का संबंध या एक ही वस्तु की दो विशेषताओं या उनके दो पहलुओं के बीच संबंध। ये संबंध दृष्टा के सापेक्ष होते हैं। निष्कर्ष यह है कि तथ्यों का अस्तित्व दर्शक की चेतना का अपेक्षी होता है। तथ्यों का अस्तित्व इष्टार्थों के संघटन या संहति में निहित होता है। इस दृष्टि से प्राकृतिक तथ्य भी वस्तुओं के अंतर्निहित गुण नहीं हैं। वास्तव में तथ्य नाम की वास्तविकता का उदय तब होता है जब हम वस्तुओं को अपने किसी प्रयोजन के मातहत एक दूसरी विशेषता से संयुक्त करके देखते और संबंधित करते हैं। विभिन्न प्रयोजनों की अपेक्षा में दो या दो से अधिक वस्तुओं के संबंध विविध रूप लेते हुए अनेक तथ्यों को जन्म देते हैं। लेकिन ये संबंध प्रकृति में उपस्थित वस्तुओं के बीच न होकर उन वस्तुओं की ऐसी विशेषताओं के बीच होते हैं जो वक्ता और श्रोता के भी विशिष्ट प्रयोजन के लिए अर्थवत्ता रखती हैं।

उक्त विशेषताओं को देवराज ने इष्टार्थ की संज्ञा दी है जो संदर्भ द्वारा परिभाषित और नियंत्रित होती है। भाषा का स्वामी होने से मनुष्य विभिन्न इष्टार्थों की दुनिया में निवास करता है जिसके विभिन्न क्षेत्र हमारी संस्कृति के विभिन्न आयाम हैं। अर्थ के ये आयाम वैसे ही वस्तुनिष्ठ हैं जैसे प्राकृतिक तथ्य। अत: मूल्यबोध आपने प्रमुख रूपों (सौंदर्य-बोध, नीति-बोध एवं आध्यात्मिक बोध) में निश्चय ही बोध या ज्ञान कहलाने का अधिकारी है। केवल वस्तुजगत का ज्ञान ही ज्ञान नहीं होता। लेकिन सभी तत्त्वों में व्यक्तिगत घटक को स्वीकारते हुए देवराज व्यक्तिनिष्ठता और वस्तुनिष्ठता के विभिन्न स्तर स्वीकार करते हैं तथा इस आधार पर अनुभवपरक अर्थबोध, उपयोगितापरक अर्थबोध और नैतिक मूल्यों में अंतर को रेखांकित करते हैं। यही अंतर उन्हें भौतिक और मानवीय विद्याओं की अन्वेषण और व्याख्या पद्धति में भेद करने को बाध्य करता है। इस भिन्नता का मुख्य कारण मनुष्य की सृजनशीलता है। प्राकृतिक वस्तु प्राय: एकरूपता से विशेषित पूर्वानुमेय रूपों में क्रियाशील होती है जबकि छुद्रतम जीव का व्यवहार भी सर्जनात्मक बदलाव की क्षमता प्रदर्शित करता है। इसी कारण मानवीय विद्याओं द्वारा प्रतिपादित सामान्य कथन निश्चयात्मक न होकर सम्भावनाओं के द्योतक होते हैं। गुणपरक होने के कारण मानवीय विद्याओं द्वारा उद्घाटित संबंधों को भौतिक शास्त्र के सामान्य कथनों की भाँति मात्रापरक और गणित के समीकरणों के माध्यम से प्रकट नहीं किया जा सकता।

देवराज दार्शनिक ही नहीं अपितु एक संवेदनशील साहित्य सर्जक और साहित्य विचारक भी रहे हैं। उनकी दृष्टि में दर्शन और साहित्य परस्पर विरोधी नहीं है। उनके ग्यारह काव्य संग्रह, आठ उपन्यास और सात समीक्षा ग्रंथ प्रकाशित हुए। काव्य रचना को उनका अधिक स्नेह प्राप्त हुआ। टी.एस. एलियट ने काव्य में विचार और अनुभूति की जिस संयुक्ति की बात कही थी वह देवराज के साहित्य में मुखरित हुई है। विकल्प की दृष्टि से वे कालिदास और रवींद्रनाथ के अनुकर्ता हैं। उनकी कविता की चरम सार्थकता जीवन के उन्नयन की खोज, सार्थक जीवन के प्रति गहरे लगाव और विकल्पहीन कर्मनिष्ठा में है। देवराज के सभी उपन्यासों के केंद्र में सार्थक अस्तित्व की खोज है। उनमें जीवन की हीरोइक सम्भावनाओं की तड़प पूरी उत्कटता के साथ अभिव्यक्त हुई है। *अजय की डायरी* इस दृष्टि से एक अभूतपूर्व उपन्यास है जिसकी कीर्ति आज तक धूमिल नहीं हुई है। देवराज की शैली में अद्भुत पठनीयता है। लेकिन यह पठनीयता एक विद्या-विभूषित व्यक्ति की अपेक्षा रखती है। उनको भाषा पर ऐसा अधिकार है कि सूक्ष्म चिंतन और संवेदन को संप्रेषित करने के साथ वह पाठकों को बाँध रखने में भी समर्थ है।

देखें : आर्यभट्ट और *आर्यभटीय,* उपनिषद्, कपिल, *अर्थशास्त्र* और कौटिल्य, गोपीनाथ कविराज, गोविंद चंद्र पाण्डे, चैतन्य महाप्रभु, जैन दर्शन, न्याय दर्शन, दया कृष्ण, नागार्जुन, पतंजलि और *योगसूत्र,* पाणिनि और *अष्टाध्यायी,* पाश्चात्य काव्यशास्त्र, पुराण, पूर्व-मीमांसा दर्शन, बदरी नाथ शुक्ल, बादरायण, बौद्ध दर्शन, *भगवद्गीता,* भरत और *नाट्यशास्त्र,* मुकुंद लाठ, *भागवत पुराण, महाभारत,* यशदेव शल्य, योग दर्शन, रामानुजाचार्य, लोकायत, वात्स्यायन और *कामसूत्र,* वेदांत दर्शन, वैशेषिक दर्शन, शंकराचार्य, षड्-दर्शन-1 और 2, संस्कृत काव्यशास्त्र, स्मृति-साहित्य, सांख्य दर्शन-1 और 2, सिद्ध-नाथ परम्परा।

संदर्भ

1. नंद किशोर देवराज (1972), *संस्कृति का दार्शनिक विवेचन,* उप्र हिंदी संस्थान, लखनऊ.
2. नंद किशोर देवराज (1994), *दर्शन : स्वरूप, समस्याएँ एवं जीवन-दृष्टि,* नैशनल पब्लिशिंग हाउस, नयी दिल्ली.
3. सुरेन्द्र बारलिंगे और सुभाष चंद्र भेलके (सम्पा.) (1996), *डॉ. नंद किशोर देवराज : दर्शन और साहित्य,* आकार ऑफ़सेट प्रेस, मुम्बई.

— आलोक टण्डन

नंद दुलारे वाजपेयी

(Nand Dulare Vajpayi)

नंद दुलारे वाजपेयी (1906–1967) को परम्परा, संस्कृति, इतिहास, दर्शन, साहित्य और साहित्यशास्त्र के दायरे में भारतीय आधुनिकता से उपजे नये मूल्यों की व्याख्या करने का श्रेय जाता है। उन्होंने भारतीय चिंतन और भारतीय-संस्कृति का परिप्रेक्ष्य गहरायी से समझने के बाद उस पर नये सिरे से विचार किया। वाजपेयी का आलोचक रस-रीति, गुण व वक्रोक्ति और अलंकार की मीमांसा करने वाला भाष्यकार नहीं था, बल्कि साहित्य को व्यापक सांस्कृतिक-सामाजिक-नैतिक संदर्भों से देख कर साहित्यिक-सामाजिक सार्थकता की प्रतिष्ठा करने वाला था। जॉनसन, कॉलरिज, ऑर्नल्ड और रिचर्ड्स जैसे पश्चिमी आलोचकों की तरह वाजपेयी बड़े सामाजिक दायित्वों की रोशनी में साहित्य का अनुशीलन करते थे। यद्यपि नंद दुलारे वाजपेयी को अपने गुरु रामचंद्र शुक्ल की आलोचना-परम्परा आगे ले जाने का श्रेय दिया जाता है, लेकिन शुक्ल के उन प्रतिमानों को चुनौती देने का काम भी उन्होंने ही किया, जो तुलसीकृत *रामचरितमानस* और *पद्मावत* के भीतर से निकाले गये थे। शुक्ल के ये प्रतिमान छायावादी सृजनशीलता के साथ न्याय नहीं कर पा रहे थे। इस संबंध में शुक्ल से आलोचनात्मक संवाद करते हुए वाजपेयी व्याख्या-भाष्य तक ही सीमित नहीं रहे, बल्कि उन्होंने एक भिन्न सैद्धांतिकता का प्रतिपादन किया। नंद दुलारे वाजपेयी की मान्यता थी कि रचना और आलोचना का कार्य है मनुष्य को अपनी स्मृति में लौटा कर परम्परा के सूक्ष्म-गहन अंत:सूत्रों की पहचान और साक्षात्कार कराना। भारतीय परम्परा का जीवंत स्वर पाने के लिए वाजपेयी ने जयशंकर प्रसाद के रचना-कर्म पर पूरी पुस्तक लिखी। हालाँकि इस पुस्तक में अंग्रेज़ी उद्धरणों की भरमार है लेकिन दृष्टि के लिहाज़ से इसका उद्यम भारतीयता परिभाषित करने का है। भारतीयता की इसी खोज के उद्यम के तहत वाजपेयी वर्षों *सूरसागर* और *रामचरित मानस* के सम्पादन में लगे रहे।

नंद दुलारे वाजपेयी (1906–1967)

नंददुलारे वाजपेयी कई वर्षों तक प्रगतिशील लेखक संघ की काशी शाखा के सभापति रहे। लेकिन, मार्क्स के साहित्य और संस्कृति संबंधी चिंतन से वे कभी सहमत नहीं हो पाये। उनका स्पष्ट कहना था, 'मुझे मार्क्स की सामाजिक और साहित्यिक प्रपत्तियाँ स्वीकार नहीं हैं। सामाजिक विकास क्रम में अर्थ-व्यवस्था को सर्वोच्च बता कर साहित्यिक तथा अन्य उपकरणों को उसका अनुवर्ती मान लेने का तर्क मुझे सुसंगत नहीं जान पड़ता।' वाजपेयी ने इस मार्क्सवादी प्रतिपादन को विदेशी पद्धति क़रार दिया। वे मानते थे इस पद्धति का हमारी जलवायु में पोषण नहीं हुआ है। यह परम्परा रहित है और एक राजनीतिक मतवाद का अंग होकर आयी है। उनका कहना था कि इस तरह के 'मार्क्सवाद में कलात्मक, आध्यात्मिक, भावात्मक मूल्यों के लिए कोई स्थान नहीं है।' समझा जाता है कि सम्भवत: अपनी इसी विचार-दृष्टि के कारण वाजपेयी प्रेमचंद का वस्तुनिष्ठ मूल्यांकन करने में विफल रहे। अपनी दृष्टिगत सीमाओं के कारण वे यशपाल, रांघेय राघव, प्रकाशचंद गुप्त, नागार्जुन, केदारनाथ अग्रवाल, और रामविलास शर्मा पर समुचित ध्यान नहीं दे सके।

मार्क्स के बजाय वाजपेयी की आस्था गाँधी-दर्शन की वैष्णव परम्परा में थी। विजयदेव नारायण साही ने गाँधी और छायावादी मनोभूमिका से निर्मित अनुभूति पर विचार करते हुए कहा है कि 'छायावाद के कवि 'परिवर्तनवादी' हैं, लेकिन मेटाफ़िज़िक्स, मनुष्य, देश कालातीत अनंत सत्व के प्रभामण्डल का दामन नहीं छोड़ते। मेटाफ़िज़िक्स छायावाद के लिए चिंतन या अनुभव की मुद्रा उतनी नहीं है जितनी एक काव्यात्मक-मुद्रा।' वाजपेयी छायावाद की इसी काव्यात्मक मुद्रा का नयी दृष्टि से विवेचन-विश्लेषण करने वाले आलोचक हैं। उनकी पूरी मानसिकता का संस्कार और परिष्कार-छायावाद की चेतना में होता है। वाजपेयी ने अपनी रचना *आधुनिक साहित्य* में 1930 से 1942 तक की कृतियों और प्रवृत्तियों का विश्लेषण किया है। इस पुस्तक की 'भूमिका' उनकी जिस आधुनिकता को सामने लाती है, उसी से उनके नये समीक्षा-सूत्र उद्भूत होते हैं।

शुक्ल जी की सैद्धांतिक-व्यावहारिक आलोचना में वाजपेयी ने अनेक कमियों का संकेत किया। इन्हीं कमियों से बचने का प्रयास करते हुए उन्होंने अपनी समीक्षा का मूल दृष्टिकोण ऐतिहासिक-सांस्कृतिक आधारों पर केंद्रित किया है। वे आलोचना को रसालंकार शैली पर चलाना नवीन सर्जनात्मकता का अपमान समझते थे। इसलिए वे रचना में कवि की अंतर्वृत्तियों (मानसिक उत्कर्ष-अपकर्ष) के अध्ययन पर ज़ोर देते थे। रचना में कवि की मौलिकता, शक्तिमत्ता और सृजन की लघु-विशालता का अध्ययन उनके लिए महत्त्वपूर्ण था। रीतियों, शैलियों और रचना के बाह्यांगों का अध्ययन; समय और समाज तथा उसकी प्रेरणाओं का अध्ययन; कवि

की व्यक्तिगत जीवनी और रचना पर उसके प्रभाव का अध्ययन; कवि के दार्शनिक, सामाजिक और राजनीतिक विचारों का अध्ययन; और काव्य के जीवन संबंधी सामंजस्य और संदेश का अध्ययन उनकी समीक्षा का उद्देश्य था।

अपने एक निबंध 'स्वच्छंदतावाद, छायावाद, रहस्यवाद' में वाजपेयी ने अंग्रेज़ी 'रोमांटिसिज़म' और 'मिस्टिसिज़म' का भाष्य करने के बाद कहा कि महादेवी और विलियम ब्लेक रहस्यवादी हैं, प्रसाद और वर्ड्सवर्थ मानवतावादी— ऐसी तुलना ही ग़लत है। न प्रसाद-पंत वर्ड्सवर्थ-कीट्स हैं और न वर्ड्सवर्थ-कीट्स प्रसाद-पंत। इस तरह की तुलना से हिंदी आलोचना का नुक़सान हुआ है। वाजपेयी का कहना था कि हिंदी का छायावाद किसी भी दृष्टि से रोमांटिसिज़म का पर्याय नहीं है। दो भिन्न युगों-देशों-संस्कृतियों से उत्पन्न ये काव्य-आंदोलन अलग-अलग हैं। छायावाद के प्राणों में 'मुक्ति' की भावना का प्रबल स्वर है और विदेशी साम्राज्यवाद को उखाड़ फेंकने का 'जागरण'। छायावाद की नवीन प्रगीत भावना पर पश्चिमी स्वच्छंदतावाद का सिर्फ़ प्रभाव ही है। वह उसकी अनुकृति नहीं है।

नंद दुलारे वाजपेयी ने प्रयोगवाद और अन्य काव्य आंदोलनों पर निर्मम प्रहार किये हैं। उनका कहना था कि 'नयी कविता के कवि मानववाद और मानवतावाद का झूठा मुखौटा ओढ़ कर व्यक्ति एवं वर्ग के टुच्चे वितण्डावाद का इज़हार करते हैं। सामूहिकता से नितांत दूर इन कवियों में उन संस्कारों की भयंकर कमी है, जो एक श्रेष्ठ और टिकाऊ काव्य को जन्म देती है।' वाजपेयी के निर्मम प्रहारों ने अज्ञेय और मुक्तिबोध दोनों को विवश किया कि वे अपना पक्ष प्रस्तुत करें। अज्ञेय ने *दूसरा सप्तक* की 'भूमिका' में वाजपेयी के आक्षेपों का उत्तर दिया और मुक्तिबोध ने *नयी कविता का आत्मसंघर्ष* में।

नंद दुलारे वाजपेयी की महत्त्वपूर्ण रचनाएँ हैं : *जयशंकर प्रसाद* (1939-1940), *हिंदी साहित्य : बीसवीं शताब्दी* (1942), *आधुनिक साहित्य* (1950), *महाकवि सूरदास* (1953), *प्रेमचंद : एक विवेचन* (1953), *नया साहित्य : नये प्रश्न* (1955), *राष्ट्रभाषा की कुछ समस्याएँ* (1961), *कवि निराला* (1965), *राष्ट्रीय-साहित्य तथा अन्य निबंध* (1965), *प्रकीर्णिका* (1965)। इसके अतिरिक्त उन्होंने *हिंदी साहित्य का संक्षिप्त इतिहास* भी लिखा जिसकी बहुत कम चर्चा हुई। कुछ मरणोपरांत प्रकाशित हुई हैं : *नयी कविता* (1976), *रस-सिद्धांत : नये संदर्भ* (1977), *आधुनिक-साहित्य : सृजन और समीक्षा* (1977), *कवि सुमित्रानंदन पंत* (1978) और *रीति और शैली* (1979)।

देखें : अष्टछाप, 'अंग्रेज़ी हटाओ' आंदोलन, छायावाद, डायग्लॉसिया, नगेंद्र और सैद्धांतिक समीक्षा, नयी कविता, नामवर सिंह, प्रेमचंद, प्रयोगवाद, प्रगतिवाद, पाश्चात्य काव्यशास्त्र, भक्ति आंदोलन-1 और 2, भक्ति-काव्य-1 और 2, भारतेंदु हरिश्चंद्र, भारतेंदु युग-1 और 2, भाषा नियोजन-1 से 4 तक, भाषा के मार्क्सवादी सिद्धांत, महावीर प्रसाद द्विवेदी, महादेवी वर्मा, मीरांबाई और प्रेमभक्ति, राहुल सांकृत्यायन, रामानुजाचार्य, रामानंद, रामचंद्र शुक्ल-1 और 2, रामविलास शर्मा, राष्ट्रीय-सांस्कृतिक कविता, रीतिकाल-1 और 2, विजय देव नारायण साही, वैष्णव धर्म, श्याम सुंदर दास, सम्पर्क भाषा-1 से 4 तक, संविधान सभा में भाषा-विवाद-1, 2 और 3, सच्चिदानंद हीरानंद वात्स्यायन अज्ञेय, संत-काव्य, संस्कृत काव्यशास्त्र, सिद्ध-नाथ परम्परा, सूफ़ीयत और प्रेमाख्यान, हजारी प्रसाद द्विवेदी, हिंदी विरोधी आंदोलन, हिंदी जाति-1, 2 और 3, हिंदी साहित्य का आदिकाल, हिंदी साहित्य का इतिहास, हिंदी साहित्य का इतिहास : नये परिप्रेक्ष्य, हिदी-पद्य में इतिहास, हिंदी-जगत और 'लोकप्रिय'-1 और 2, हिंदी नवजागरण, हिंदी-संस्थाएँ।

संदर्भ

1. डॉ. वेंकट शर्मा (1962), *आधुनिक हिंदी साहित्य में समालोचना का विकास,* आत्माराम ऐंड संस, दिल्ली.
2. नंद दुलारे वाजपेयी (1978), *नया साहित्य : नये प्रश्न,* मैकमिलन, नयी दिल्ली.
3. कृष्णदत्त पालीवाल (1990), *हिंदी आलोचना का सैद्धांतिक आधार,* वाणी प्रकाशन, नयी दिल्ली.
4. विजय बहादुर सिंह (सम्पा.) (2001), *नंद दुलारे वाजपेयी ग्रंथावली,* अनामिका प्रकाशन, नयी दिल्ली.

— कृष्णदत्त पालीवाल

नयी सदी में मार्क्सवादी विमर्श-1

(सीमाओं की शिनाख़्त : विफलताओं का विश्लेषण)

(Discourse of Marxism in New Century-1)

पिछली सदी के आख़िरी दशक में हुए सोवियत राज्य के ध्वंस और पूर्वी युरोप की कम्युनिस्ट हुकूमतों के पतन से मिले ज़बरदस्त धक्के के कोई बीस साल गुज़रते-गुज़रते मार्क्सवादी विमर्श ने एक बार फिर पूँजीवाद का विकल्प खोजने के लिए उत्सुक लोगों का ध्यान अपनी ओर खींचना शुरू कर दिया है। इसके मुख्य कारण हैं : युरोपीय देशों और अमेरिका में चल रही दीर्घकालीन आर्थिक मंदी, लातीनी अमेरिका के कई देशों में वामपंथ समर्थक दलों की विजय और वर्ल्ड सोशल फ़ोरम के रूप में पूँजीवादी भूमण्डलीकरण के प्रतिरोध-केंद्र का उभरना। नयी सदी के मार्क्सवादी विमर्श

फ़्रांसिस ह्वीन (*कार्ल मार्क्स : अ लाइफ़*)

की रचना में विभिन्न अनुशासनों के विद्वान शामिल हैं। इसमें लियोनार्ड वुल्फ़ और इस्तवान मेस्ज़ारोस जैसे दार्शनिक हैं, तो रणधीर सिंह जैसे राजनीतिशास्त्री, डेविड हार्वे जैसे भूगोलशास्त्री, टेरी ईगलटन जैसे सौंदर्यशास्त्री और एरिक हॉब्सबॉम जैसे इतिहासकार शामिल हैं।

वैसे तो यह विमर्श विविधता से भरपूर है लेकिन इसके केंद्र में मार्क्सवाद का शैक्षणिक रूप है। इक्कीसवीं सदी में जिन लेखकों ने मार्क्स को नये सिरे से पेश किया है, उनकी विशेषता यह भी है कि वे मार्क्स का पुनर्परिचय देने के साथ-साथ उनके चिंतन की सीमाओं पर भी उँगली रखते हैं, मार्क्सवादी प्रयोगों की विफलताओं की समीक्षा करते हैं, उस पर लगने वाले आरोपों का जायज़ा लेते हैं और साथ में भविष्य की सम्भावनाओं का संधान भी करते हैं। इस तरह के प्रयास पहले भी हुआ करते थे, पर 'एग्ज़िस्टिंग सोशलिज़म' के पक्ष-विपक्ष में रहने के दबाव ने इस आलोचनात्मक स्वर से उसका नैरंतर्य छीन लिया था। यह कहना ग़लत होगा कि इन लेखकों ने मार्क्सवाद में कोई नया तत्त्व जोड़ा है, बल्कि उन्होंने उसके कुछ ऐसे पहलुओं को उभारा है जो अन्यान्य कारणों से अब तक उपेक्षित रह गये थे। दूसरे, यह विमर्श आम तौर से मार्क्स और एंगेल्स की रचनाओं पर ही केंद्रित रहते हुए लेनिनवाद और माओ-विचार को तक़रीबन उपेक्षित ही कर देता है। इस विमर्श में साम्राज्यवाद की लेनिनवादी समझ की चर्चा भी न के बराबर है। तीसरे, वैसे तो यह विमर्श मार्क्स की सभी रचनाओं को सम्बोधित है, पर बार-बार घूम-फिर कर वह उनके महाग्रंथ *पूँजी* की तरफ़ लौटता है। यह लेखन *पूँजी* में क्या है, उसे किन परिस्थितियों में लिखा गया, उसे किस तरह पढ़ा गया, उसे किस तरह पढ़ा जाना चाहिए— जैसे सवालों से जूझता दिखाई देता है।

नब्बे के दशक में : ध्यान रहे कि समाजवादी ख़ेमे के ढहने के फ़ौरन बाद पैदा हुए नये घटनाक्रम को उत्तर-आधुनिकता के चश्मे से भी देखने का चलन आम हो गया था। दूसरी तरफ़ मार्क्सवाद में तरह-तरह की मान्यताओं का प्रवेश करके उसे उत्तर-मार्क्सवाद बनाया जा रहा था। मसलन, नब्बे के दशक में ही एंतोनियो नेग्री और माइकल हार्ड्ट की किताब *एम्पायर* आयी जिसमें साम्राज्यवाद को नये अवतार में दिखाया गया था। इसमें कहा गया था कि आज साम्राज्यवाद के ख़िलाफ़ लड़ाई विविधवर्णी हो गयी है। दरअसल, वर्ल्ड सोशल फ़ोरम में जिस तरह भाँति-भाँति की शक्तियाँ शामिल हो रही थीं उसी के कारण इस तरह के सिद्धांत भी पेश किये जा रहे थे। नेग्री और हार्ड्ट ने साम्राज्यवाद से लड़ने की माओवादी नीति यानी तीन दुनिया के सिद्धांत पर भी यह कह कर सवाल उठाया था कि तीसरी दुनिया में भी एक पहली दुनिया बन गयी है और उसी तरह विकसित देशों में भी एक तीसरी दुनिया दिखायी पड़ती है। नेग्री की इस रचना को एक ज़माने में इतनी मान्यता मिल गयी थी कि उसे इक्कीसवीं सदी के लिए कम्युनिस्ट घोषणापत्र कहा जाने लगा था।

इस बीच फ्रांसिस ह्वीन लिखित मार्क्स की एक जीवनी *कार्ल मार्क्स : अ लाइफ़* भी पश्चिमी देशों में बहुत लोकप्रिय हुई। इस किताब में मार्क्स की रचना *पूँजी* को लेकर कुछ नयी बातें कहने की कोशिश की गयी थी। लेखक ने *पूँजी* को उन्नीसवीं सदी के महाकाय उपन्यासों की तरह पढ़ने की सलाह दी थी। इस किताब की जटिल शैली को लेकर लेखक का कहना था कि मार्क्स ने जिस विषय को व्याख्या के लिए चुना था वही इतना जटिल था कि विषय की जटिलता उनकी शैली में भी चली आयी। लेखक के अनुसार मार्क्स का ध्यान वस्तु के बजाय उसके रूप के प्रसार के रहस्योद्घाटन पर था इसलिए नाज़ुक विषय स्पष्ट करने की शैलीगत बेचैनी उनकी किताब में दिखाई पड़ती है।

लिओनार्ड वुल्फ़ की चर्चित कृति *व्हाई रीड मार्क्स टुडे* 2002 में प्रकाशित हुई। भूमिका में लेखक ने बताया कि उन्होंने जब मार्क्सवाद पर एक पाठ्यक्रम शुरू किया तो उन्हें उम्मीद नहीं थी कि कोई इसे पढ़ेगा, लेकिन अचरज तब हुआ जब अनेक छात्र इसे पढ़ने के लिए आये। इस रुचि का कारण बताते हुए उन्होंने विश्व सामाजिक मंच के जुलूसों में प्रदर्शित एक बैनर का ज़िक्र किया है जिसमें लिखा था 'चेंज कैपिटलिज़म विद समथिंग नाइस'। इसी इच्छा में छात्रों ने मार्क्सवाद के लिए जगह देखी और उसे पूँजीवाद की मूलगामी आलोचना के तौर पर ग्रहण किया। इस पुस्तक में मार्क्स के विचारों के प्रति कोई श्रद्धा व्यक्त करने के बजाय ज़्यादातर एक तरह की आलोचना ही की गयी थी। वुल्फ़ ने सबसे पहले यह सवाल उठाया कि इक्कीसवीं सदी में

मार्क्सवाद में से कितना कुछ बचा रहेगा, फिर उत्तर दिया कि हम जितना सोचते हैं उससे कहीं ज़्यादा। वे मार्क्स की एक सीमा का संकेत करते हैं जिसे तक़रीबन सभी विचारकों ने दोहराया है। वे कहते हैं कि मार्क्स की निगाह में प्राकृतिक संसाधन अक्षय थे इसलिए पूँजीवाद की उनकी आलोचना में हम पर्यावरण-विनाश संबंधी प्रसंग उतने नहीं देखते हैं जितने आज दिखायी पड़ते हैं। पूँजीवाद की आलोचना अपने ज़माने में मार्क्स अकेले ही नहीं कर रहे थे। वुल्फ़ का मक़सद अन्य आलोचकों के मुक़ाबले मार्क्स की विशेषताओं को उजागर करना है। कुल मिलाकर इस किताब में मार्क्स के शुरुआती चिंतन के सिलसिले में ही कुछ नयी बातें कही गयी हैं। पर, बाद के लेखन पर वे कोई नयी बात नहीं कह पाते।

मार्क्सवाद और समाजवाद : इसके बाद एक महत्त्वपूर्ण किताब भारत के मार्क्सवादी विद्वान रणधीर सिंह की *क्राइसिस ऑफ़ सोशलिज़्म* आयी जो तक़रीबन ग्यारह सौ पृष्ठों की थी। इसमें एक प्रतिबद्ध मार्क्सवादी द्वारा समाजवाद के संकट पर विचार किया गया था। भूमिका में लेखक ने स्वीकार किया है कि इस पुस्तक को एक दशक पहले ही प्रकाशित हो जाना चाहिए था क्योंकि तब इस विषय पर बहस चल रही थी लेकिन उस समय भी लेखक ने छिटपुट लेखों के ज़रिये वे बातें प्रस्तुत की थीं जो इसमें विस्तार से दर्ज की गयी हैं। पुस्तक के लिखने में हुई देरी की वजह बताते हुए उन्होंने लिखा है कि उन्हें आशा थी कि कोई न कोई इस काम को ज़्यादा तरतीब से करेगा और उनकी उम्मीद पूरी हुई क्योंकि इसी बीच इस्तवान मेस्ज़ारोस की किताब *बियांड कैपिटल : टुवर्ड्स अ थियरी ऑफ़ ट्रांज़ीशन* प्रकाशित हुई जिससे उन्होंने काफ़ी मदद ली।

इस पुस्तक में समाजवादी निर्माण के सभी प्रयासों को मार्क्सवाद से विचलन साबित करने के प्रयासों का खण्डन किया गया है। शायद इसीलिए इसका उप-शीर्षक *नोट्स इन डिफ़ेंस ऑफ़ अ कमिटमेंट* है। किताब वैसे तो सोवियत संघ के पतन के शुरुआती प्रभाव के विवेचन से शुरू होती है लेकिन इस किताब का दूसरा अध्याय है 'ऑफ़ मार्क्सिज़्म ऑफ़ कार्ल मार्क्स' जो पहले ही एक पुस्तिका के रूप में छप चुका है। रणधीर सिंह का कहना है कि सोवियत संघ के पतन को मार्क्सवादी सिद्धांत के एक विशिष्ट व्यवहार की विफलता के बतौर देखा और समझा जाना चाहिए न कि इसे समाजवाद और पूँजीवाद के बीच जारी जंग का अंतिम समाधान मान लेना चाहिए। इस बात पर लेखक ने इसलिए भी ज़ोर दिया है क्योंकि सोवियत संघ के पतन को समाजवाद या मार्क्सवाद की असफलता बताने के प्रचार के कारण कार्यकर्ताओं और बुद्धिजीवियों में भ्रम और संदेह फैलता है। यहाँ तक कि जो लोग इसे सिद्धांत के बतौर कारगर मानते थे वे भी सामाजिक प्रोजेक्ट के बतौर इसका कोई भविष्य स्वीकार नहीं करते और

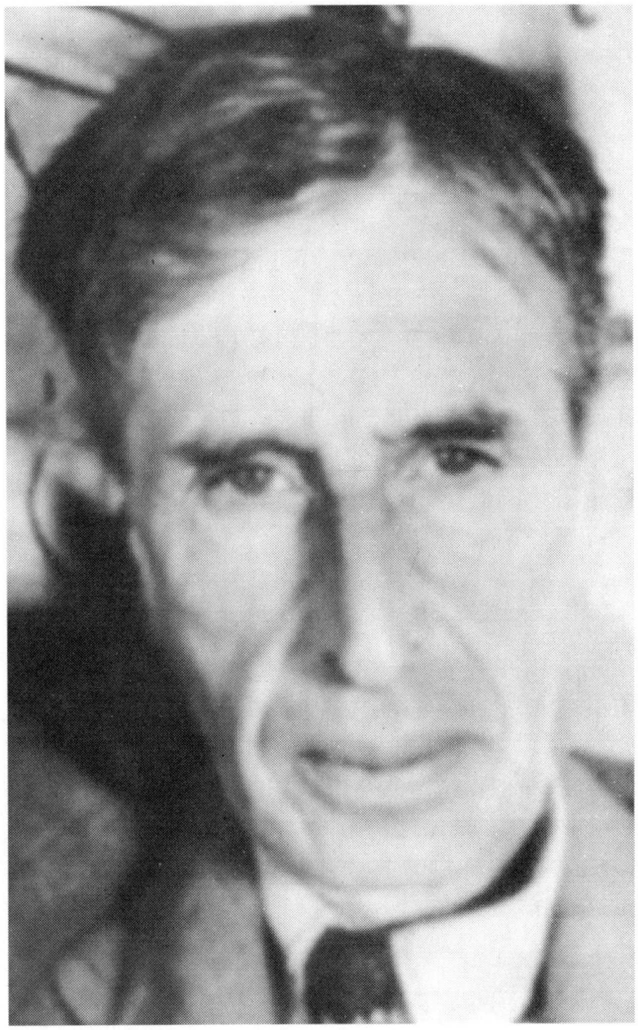

लिओनार्ड वुल्फ़ (*व्हाई रीड मार्क्स टुडे*)

सिद्धांत तथा व्यवहार के बीच फाँक दिखाते हैं।

रणधीर सिंह ज़ोर देते हैं कि मार्क्स ने अन्य दार्शनिकों की तरह चिंतन का कोई अंतिम ढाँचा नहीं निर्मित किया क्योंकि वे दार्शनिक या समाजशास्त्री होने के बजाय क्रांतिकारी थे। उनका सैद्धांतिक काम एक असमाप्त परियोजना है। अन्य विषयों (हीगेल के दर्शन, राजनीतिशास्त्र या राज्य, द्वंद्ववाद या पद्धति) पर प्रस्तावित काम की तो बात ही छोड़िए, ख़ुद अर्थशास्त्र संबंधी काम में भी काफ़ी कुछ बकाया रह गया था जिसे कुछ हद तक एंगेल्स ने निपटाया। रणधीर सिंह के मुताबिक़ इसके कारण भी मार्क्सवाद की ऐसी समझ बनती है मानो वह समाज को केवल आर्थिक नज़रिये से देखता हो।

रणधीर सिंह मानते हैं कि मार्क्स के लेखन में सब कुछ एक ही तरह से महत्त्वपूर्ण नहीं है। उन्हें बहुत सारा लेखन तात्कालिक दबाव में भी करना पड़ा था, इसलिए उनके गम्भीर काम को अलग से पहचानना चाहिए। उनके चिंतन में विकास भी हुआ है, इसलिए शुरुआती और बाद के कामों का

महत्त्व भी एक जैसा ही नहीं है। वे कहते हैं कि मार्क्स के चिंतन में अर्थशास्त्र से ज़्यादा महत्त्वपूर्ण राजनीति है। आर्थिक ढाँचे का विश्लेषण तो वे व्यवस्था के उस आधार को समझने के लिए करते हैं जिसे क्रांतिकारी राजनीतिक व्यवहार के ज़रिये बदला जाना है। मार्क्स ने खुद ही अपनी सीमाओं को रेखांकित किया है कि उनका लेखन उन्नीसवीं सदी में और दुनिया के एक छोटे से कोने यानी युरोप में हुआ। रूस के एक सम्पादक को लिखी चिट्ठी में उन्होंने स्वीकार किया कि *पूँजी* पश्चिमी युरोप में पूँजीवाद के उदय की मेरे द्वारा प्रस्तुत रूपरेखा ही है। वुल्फ़ ने जिस तरह पर्यावरणीय पहलू पर मार्क्स की कमी का संकेत किया था, उसी तरह रणधीर सिंह ने भी उसे रेखांकित किया है। लेकिन उनका कहना है कि इन सबके बावजूद एक भरपूर मार्क्सवादी सिद्धांत के बारे में सोचा जा सकता है ।

रणधीर सिंह मानते हैं कि एक हद तक यूटोपियन होने के बावजूद मार्क्स कहीं भी भविष्य के समाज के बारे में कोई ख़ाका नहीं खींचते। वे यही कहते हैं कि लोग अपने समय के हिसाब से समस्याओं का समाधान करेंगे। उन्होंने तो यह भी कहा कि हमारे लिए साम्यवाद कोई ऐसा आदर्श नहीं है जिसके अनुसार यथार्थ अपने आपको समायोजित करे। उनके मुताबिक़ समाजवाद किसी अध्ययन कक्ष में नहीं बनेगा बल्कि समाज की वास्तविक हलचलों या ऐतिहासिक प्रक्रियाओं से उपजेगा।

समाजवाद के बारे में मार्क्स एंगेल्स के विचारों को समझाने के बाद रणधीर सिंह एक विचार की परीक्षा करते हैं जिसके अनुसार रूस में जो स्थापित हुआ और जिसकी नक़ल पूर्वी युरोप के देशों में की गयी वह समाजवाद था ही नहीं। इस सवाल पर वे आलोचकों से पूरी सहमति तो नहीं जताते लेकिन इस तथ्य को मंजूर करते हैं कि विकृतियाँ बहुत ज़्यादा थीं और ऐसे आरोपों के पीछे अवश्य ही प्रचुर अनुभव थे लेकिन आज उसे समाजवाद मान कर ही उसकी ग़लतियों का विश्लेषण किया जा सकता और उन्हें सुधारा जा सकता है। समाजवादी निर्माण की एक सैद्धांतिक समस्या का ज़िक्र करते हुए रणधीर सिंह कहते हैं कि पूँजीवाद के ख़ात्मे के बाद भी बूर्ज्वा विचारधारा और सामाजिक अनुकूलनशीलता की ताक़त को एक हद तक कम करके आँका गया, अर्थात् समाजवाद की स्थापना और उसे टिकाये रखने की इच्छा के लिए ज़रूरी वैचारिक-सांस्कृतिक संघर्ष का महत्त्व समझने में कमी रह गयी। मार्क्स को तो उम्मीद थी कि क्रांति युरोप के विकसित देशों में पहले होगी लेकिन उन्हीं के लेखन में हमें ऐसे देशों में क्रांति की सम्भावना भी दिखाई पड़ती है जहाँ आबादी में किसानों की बहुतायत है। वे किसान बहुल समाजों में मज़दूर-किसान एकता की भी वकालत करते हैं। यह चिंतन पेरिस कम्यून के बाद विकसित हुआ था। यही चीज़ इतिहास में उनके सिद्धांत के व्यावहारिक प्रयोग में सही साबित हुई और क्रांतियों का गुरुत्व केंद्र पूरब की ओर चला आया। क्रांति की उनकी गौण धारणा ही इतिहास में मुख्य धारणा बन गयी। उनके सिद्धांत के साथ इतिहास का यह खेल बाद की अनेक परेशानियों की वजह बना। रूस में मज़दूर वर्ग विकसित देशों के मज़दूर वर्ग के मुक़ाबले पिछड़ा हुआ था। रूस की क्रांति के बाद बोल्शेविकों को युरोप में क्रांति के फूट पड़ने की आशा बहुत दिनों तक बनी रही क्योंकि वे इसे रूसी क्रांति को टिकाये रखने के लिए ज़रूरी समझते थे। लेकिन ऐसा न होने पर उन्हीं पर ज़िम्मेदारी आ पड़ी कि वे अपने ही देश में इसे आगे बढ़ाने की कोशिश करें। रणधीर सिंह के मुताबिक़ रूसी समाजवाद की अनेक विकृतियों का संबंध घिराव की इस मजबूरी से भी है। रणधीर सिंह के मुताबिक़ संगठन का लेनिनवादी सिद्धांत आत्मगत ताक़तों का मार्क्सवादी विज्ञान है और आज भी क्रांतिकारी संघर्ष की समस्याओं को हल करने के लिए उपयोगी औज़ार बना हुआ है लेकिन उसमें संगठन की नेतृत्व संबंधी भूलों को सुधारने का कोई संस्थाबद्ध ढाँचा मौजूद नहीं है इसलिए अगर एक बार ग़लती हो जाए तो फिर सुधार की गुंजाइश कम ही रह जाती है।

मार्क्स के सिद्धांतों के आर्थिक अभिग्रहण से भी समाजवाद के ढहने का संबंध है। इसे चिह्नित करते हुए वे लेनिन के बाद सोवियत संघ में समाजवाद को महज़ आर्थिक उपलब्धियों तक सीमित करके देखने-समझने के नज़रिये का उल्लेख करते हैं। इसका उदाहरण वे मार्क्सवाद की ऐसी आधिकारिक व्याख्या को भी मानते हैं जिसमें भौतिकवाद के तीन सिद्धांत, द्वंद्ववाद के चार नियम और ऐतिहासिक भौतिकवाद के पाँच चरण होते थे। जबकि उनके मुताबिक़ मार्क्सवाद बहुत ही खुला हुआ दर्शन है। यहाँ तक कि वह अपने सुधार की माँग भी आगामी पीढ़ियों से करता है। इसी सिलसिले में वे कहते हैं कि नव-सामाजिक आंदोलनों की चुनौती के समक्ष आज मार्क्सवाद को समृद्ध करने की ज़िम्मेदारी आन पड़ी है क्योंकि इन आंदोलनों की सैद्धांतिकी मार्क्सवाद विरोधी उत्तर-आधुनिकता से निर्मित हुई है और ये कुल मिलाकर सुधारात्मक ही हैं ।

अन्य चीज़ों के अलावा रणधीर सिंह कुछ बेहद ज़रूरी सैद्धांतिक सवाल उठाते हैं। उनके अनुसार समाजवादी परियोजना के पतन से एक सवाल पैदा हुआ है जिसका कोई सैद्धांतिक समाधान मार्क्सवाद के भीतर नज़र नहीं आता। अनुभव से दिखायी पड़ा है कि सत्ता पर क़ब्ज़ा हो जाने के बाद नये तरह से वर्ग निर्माण की प्रक्रिया शुरू होती है। उनका कहना है कि रूसी और चीनी दोनों ही क्रांतियों के बाद लेनिन और माओ को यह समस्या नज़र आयी और उन्होंने इसका समाधान खोजने की कोशिश की। लेकिन दोनों के ही उत्तर

पार्टी ढाँचे के बाहर जाकर अंदर की समस्याओं को हल करने पर ज़ोर देते हैं। यह बात माओ की सांस्कृतिक क्रांति में और भी खुल कर व्यक्त होती है, जबकि समस्या यह थी कि संगठन के भीतर ही आत्म-सुधार का कोई कारगर तरीक़ा खोजा जाए। उनके मुताबिक़ यह ऐसी समस्या है जिसका समाधान अभी नहीं पाया जा सका है।

इसके अलावा लेखक ने इसी सिलसिले में एक ऐसे पहलू को उठाया है जिस पर आम तौर पर ध्यान नहीं दिया जाता। उनका कहना है कि परिस्थितियों और व्यक्ति की भूमिकाओं में द्वंद्वात्मक रिश्ता होता है। लेकिन मार्क्सवादी आम तौर पर इसे परिस्थितियों की प्रमुखता में बदल देते हैं। क्रांति के बाद उस प्रक्रिया में शामिल रहे नेताओं की उपस्थिति भी समस्याओं पर क़ाबू पाने में बहुत मदद करती है। रूस के संदर्भ में बोल्शेविक क्रांति के दौरान और बाद में चले गृह युद्ध में नेताओं की पहली ख़ेप का तक़रीबन सफ़ाया हो गया था, इसलिए स्तालिन तक तो नौकरशाही के विरुद्ध संघर्षरत दिखाई देता है लेकिन उनकी मृत्यु के बाद नौकरशाहों का सरकार पर पूरी तरह से क़ब्ज़ा हो गया। चीन के प्रसंग में भी यही परिघटना सामने आयी।

इस किताब की ख़ासियत यह है कि इसने प्रतिबद्ध वामपंथी कार्यकर्ताओं को सही मुद्दे को पहचानने में मदद की जो घटनाओं की तीव्रता और न्यस्त आलोचना के समक्ष कुछ हद तक किंकर्त्तव्यविमूढ़ हो गये थे।

देखें : अर्नेस्टो चे गुएवारा, आधार और अधिरचना, ऑस्कर रायज़ार्ड लांगे, आंगिक और पारम्परिक बुद्धिजीवी, एंतोनियो ग्राम्शी, कार्ल हाइनरिख़ मार्क्स-1, 2. 3 और 4, क्रांति, क्रांति : मार्क्सवादी विमर्श, ग्योर्गी लूकाच, निष्क्रिय क्रांति, फ्रेड्रिख़ एंगेल्स, फ्रैंकफ़र्ट स्कूल, भारत में किसान संघर्ष-2 और 4, भारतीय कम्युनिस्ट पार्टी, भारतीय कम्युनिस्ट पार्टी (मार्क्सवादी), भारतीय इतिहास लेखन-1 से 4 तक, भाषा के मार्क्सवादी सिद्धांत, भ्रांत चेतना, बोल्शेविक क्रांति, फ्रांस्वा-चार्ल्स मारी फ़ूरिये, क्यूबा की क्रांति, फ्रेंज़ फ़ानो, हिंसा-1 और 2, मानवेंद्र नाथ राय, माओ त्से-तुंग, माओवाद और माओ विचार, मार्क्सवाद-1 से 5 तक, मार्क्सवादी इतिहास-लेखन, मार्क्सवादी समाजशास्त्र, मार्क्सवाद और पारिस्थितिकी, मार्क्सवादी अर्थशास्त्र, मिख़ायल मिख़ायलोविच बाख़्तिन, समाजवादी वसंत-1 से 4 तक, रॉबर्ट ओवेन, राज्य की मार्क्सवादी अवधारणा, लेनिनवाद, लियोन ट्रॉट्स्की, लिबरेशन थियोलॉजी, वाल्टर बेंजामिन, सांस्कृतिक क्रांति, सैं-सिमों, स्तालिन और स्तालिनवाद, सोवियत समाजवाद-1, 2 और 3, सोवियत सिनेमा, वर्चस्व, व्लादिमिर इलीच लेनिन।

संदर्भ

1. एजाज़ अहमद (2008), *इन थियरी,* वर्सो, लंदन-न्यूयॉर्क.
2. अंतोनियो नेग्री और माइकेल हार्ट (2000), *एम्पायर,* हार्वर्ड युनिवर्सिटी प्रेस.
3. अंतोनियो नेग्री (1989), *द पॉलिटिक्स ऑफ़ सब्वर्ज़न : अ मेनिफ़ेस्टो फ़ॉर द ट्वेंटी-फ़र्स्ट सेंचुरी,* पॉलिटी प्रेस, केम्ब्रिज.
3. फ्रांसिस व्हीन (2000), *कार्ल मार्क्स : अ लाइफ़,* नार्टन, न्यूयॉर्क.
4. लियोनार्ड वुल्फ़ (2002), *व्हाई रीड मार्क्स टुडे,* ऑक्सफ़र्ड युनिवर्सिटी प्रेस
5. रणधीर सिंह (2006), *क्राइसिस ऑफ़ सोशलिज़म,* अजंता बुक्स इंटरनैशनल, नयी दिल्ली और कनाडा.

— गोपाल प्रधान

नयी सदी में मार्क्सवादी विमर्श-2

(निर्धारणवादी पाठ की आलोचना : फ़ॉस्टर और फ़िशर)

(Discourse of Marxism in New Century-2)

इसके बाद जिस किताब का ज़िक्र ज़रूरी है वह छपी तो बहुत पहले थी लेकिन 2008 में उसे फिर से प्रकाशित किया गया है। किताब का नाम है *हाउ टु रीड कार्ल मार्क्स* और लेखक हैं अर्न्स्ट फ़िशर। एक लम्बी और बेहद उपयोगी भूमिका जान बेलामी फ़ॉस्टर ने लिखी है। फ़िशर दूसरे विश्व युद्ध के बाद गठित आस्ट्रिया की अस्थायी सरकार के शिक्षा मंत्री और अनेक वर्षों तक आस्ट्रियाई कम्युनिस्ट पार्टी के प्रमुख नेता रहे। इसके बावजूद वे एक स्वतंत्र मार्क्सवादी बुद्धिजीवी बने रहे। अनेक बार उन्होंने पार्टी अनुशासन की सीमा से बाहर निकल कर भी अपनी राय व्यक्त की। 1968 में जब सोवियत संघ ने चेकोस्लोवाकिया पर हमला किया तो उसका विरोध करने के कारण उन्हें 1969 में पार्टी से निकाल दिया गया था। इस भूमिका में वे मार्क्स के विचारों के साथ उनके ज़माने से अब तक जो बरताव किया गया है उसकी झाँकी भी प्रस्तुत करते हैं ताकि इस माहौल के भीतर रख कर इस किताब के महत्त्व को समझा जा सके ।

फ़ॉस्टर का कहना है कि सोवियत नमूने की सत्ताओं और पश्चिमी दुनिया द्वारा एक ही तरह से मार्क्स के विचारों को विकृत किया गया। पश्चिमी दुनिया के विकारों के उदाहरण के बतौर वे *कम्युनिस्ट पार्टी का घोषणापत्र* के दो संस्करणों की भूमिकाओं का ज़िक्र करते हैं जो क्रमश: सैमुएल बीअर और ए.पी.जे. टेलर द्वारा लिखी गयी थीं। टेलर ने इस भूमिका से पहले भी एक किताब में मार्क्स के बारे में लिखा था कि उनका सिद्धांत सामाजिक हितों के टकराव का समाधान सोच-विचार के बजाय हिंसा के ज़रिये निकालने की

रणधीर सिंह (*क्राइसिस आफ़ सोशलिज़्म : नोट्स इन डिफ़ेंस ऑफ़ अ कमिटमेंट*)

वकालत करता है और यह कि मार्क्स के अनुसार आदमी का दिमाग़ सिर्फ़ बाहर के तथ्यों को दर्ज करता है। बीयर और टेलर भूमिकाओं के लेखन से पहले ही अपने मार्क्सवाद विरोधी विचारों को ज़ाहिर कर चुके थे। दोनों ही अपनी भूमिकाओं की शुरुआत इस दावे से करते हैं कि मार्क्सवाद धर्म है। इसके बाद उनके तर्क जुदा हो जाते हैं लेकिन वे दोनों ऐतिहासिक भौतिकवाद का ऐसा रूप तैयार करते हैं जिसे आसानी से ख़ारिज किया जा सके। बीअर अपने पाठकों को सूचित करते हैं कि मार्क्स के विचार दो मान्यताओं पर आधारित हैं : पहला, आर्थिक निर्धारणवाद या यह विचार कि समाज की आर्थिक संरचना मानव-इच्छा और चिंतन से स्वतंत्र होकर विकसित होती है और सामाजिक जीवन के अन्य क्षेत्रों में घटने वाली घटनाओं को निर्धारित करती है। दूसरे, यह विचार कि इतिहास का क्रम अनिवार्यत: हिंसक क्रांतियों से भरा हुआ है। बीअर के अनुसार मार्क्स का ऐतिहासिक भौतिकवाद सामाजिक अस्तित्व को अलंघनीय नियमों में बाँध देता है। वे द्वंद्ववाद को थीसिस-एंटीथीसिस-सिंथीसिस के त्रिक् में समझने का आग्रह करते हैं। मार्क्स के आर्थिक सिद्धांतों की बुनियाद उनके अनुसार मूल्य का श्रम सिद्धांत है जो क़ीमत के बारे में कुछ भी नहीं बताता। वे शोषण को नैतिक शब्दावली मानकर इसकी जगह पर डकैती का विकल्प सुझाते हैं। उन्हें सबसे अधिक आपत्ति मार्क्स के ग़रीबी की बढ़ोतरी के सिद्धांत पर है। वे कहते हैं कि इसका मतलब मार्क्स के मुताबिक़ मज़दूर अधिक वेतन और काम के कम घंटों की लड़ाई जीतने में अक्षम हैं। बीअर की आपत्ति यह है कि पूँजीवादी निज़ाम के पिछले सौ सालों में मज़दूर यह लड़ाई कई बार जीत चुके हैं। बेरोज़गारी के बढ़ने के मार्क्स के अंदेशे को बीअर युद्धोत्तर आर्थिक उछाल का हवाला देकर ख़ारिज करते हैं।

बीअर की भूमिका के बाद फ़िशर टेलर की भूमिका के बारे में बताते हैं जो बीअर की भूमिका के बारह साल बाद आयी जिसकी आलोचना और भी निर्बंध है। टेलर मार्क्स को महत्त्वोन्मादी बताते हैं क्योंकि उनके अनुसार मार्क्स हमेशा ही अपने आपको दुनिया का बौद्धिक स्वामी समझते थे, तब भी जब उन्हें कोई जानता नहीं था। इसके लिए वे द्वंद्ववादी पद्धति में उनके विश्वास का हवाला देते हैं। उनकी नज़र में भी थीसिस-एंटी थीसिस-सिंथीसिस का सरल त्रिस्तरीय ढाँचा था। इसके अनुसार अंत में समाज ऐसी स्थिति में पहुँचेगा जहाँ बिना किसी टकराव के सभी लोग राज़ी खुशी रहेंगे। उनका कहना है कि एक भी खोज किये बग़ैर मार्क्स अपने आपको वैज्ञानिक कहते हैं। मार्क्स उनकी नज़र में समाज के विकास के बजाय महज़ क्रांति की बात करते हैं जो तीक्ष्ण और तुरंत होगी। इतिहास का यह आलम है तो आर्थिक मामलात में तो और भी गड़बड़ी है। उनके अनुसार मार्क्स अति-उत्पादन से पैदा संकट को अपनी सबसे बड़ी उपलब्धि मानते थे लेकिन यह तो उस ज़माने में सर्वमान्य मूल्य के श्रम-सिद्धांत की उपज था। अब यह मान्यता शैक्षिक जगत में अमान्य हो गयी है। पूँजीवादी व्यवस्था के आर्थिक अंतर्विरोधों के बढ़ने की भविष्यवाणी टेलर के अनुसार ग़लत साबित हो गयी है। पूँजीपतियों की समृद्धि के साथ ही सर्वहारा की समृद्धि भी बढ़ी है। आधुनिक पूँजीवादी व्यवस्था मार्क्स के बताये पूँजीवाद की तरह नहीं रह गयी है, क्योंकि स्वामित्व और नियंत्रण में अलगाव आया है। टेलर के मुताबिक़ मुनाफ़ा पूँजीवाद का एकमात्र चालक तो दूर, उसकी प्रमुख चालक शक्ति भी नहीं रह गया है। टेलर कहते हैं कि मार्क्स ने शांतिपूर्ण समाजवादी क्रांति की सम्भावना जतायी थी लेकिन बाद में इसे छोड़ दिया। असल में तो मार्क्स की असली प्रवृत्ति न केवल स्तालिन तक, बल्कि हिटलर और मुसोलिनी तक ले जाने वाली है ।

मार्क्स का यह निर्धारणवादी पाठ प्रथम विश्व युद्ध से पहले ही दूसरे इंटरनैशनल में सामने आ चुका था। तब तक मार्क्स के लेखन का आधा हिस्सा भी प्रकाशित नहीं हुआ था। बाद में प्रकाशित लेखन को असल में सबसे महत्त्वपूर्ण माना गया है जो 1960-70 के दशकों में ही अंग्रेज़ी में आ सका। इन्हीं में मार्क्स का मानवतावादी रूप उभरकर आया। इस लेखन का असर 1968 में चरम पर पहुँच गया। संयोग से उसी साल फ़िशर की यह किताब भी छपी। किताब के इस संस्करण के परिशिष्ट में मार्क्स के दो लेखों— *थीसिस ऑन फ़ायरबाख़* और *अ कंट्रीब्यूशन टु द क्रिटीक ऑफ़ पालिटिकल इकॉनॉमी* की भूमिका से आधार-अधिरचना के मुहावरे के अलावा उनकी पद्धति के बारे में पाल स्वीज़ी का

एक लेख भी छापा गया है जो उनकी किताब *द थियरी ऑफ़ कैपिटलिस्ट डिवेलपमेंट* का एक बेहद उपयोगी हिस्सा है।

इधर के दिनों में मार्क्सवाद पर जो भी सोच-विचार हो रहा है उसकी एक विशेषता यह है कि उसमें मार्क्स के मानवतावादी नज़रिये पर ख़ास ज़ोर दिया जाता है। रणधीर सिंह ने भी इस पहलू को उभारा। फ़िशर की इस किताब में मार्क्स के ही लेखन से महत्त्वपूर्ण अंशों को चुनकर उनकी व्याख्या की गयी है। पुस्तक के पहले अध्याय 'द ड्रीम ऑफ़ द होल मैन' में मार्क्स के लेखन के उस हिस्से पर बल दिया गया है जिसमें वे आधुनिक पूँजीवादी खण्डित मनुष्य के बरक्स सम्पूर्ण मनुष्य के सपने को समाजवादी समाज का लक्ष्य घोषित करते हैं। उनके मुताबिक़ अट्ठारहवीं सदी में मनुष्य का अपने आप से अलगाव समूचे युरोप का बुनियादी अनुभव था। इसलिए अपने आपसे, अपनी प्रजाति से, आसपास की प्रकृति से मनुष्य के इस अलगाव का ख़ात्मा उस समय के सभी मानववादियों की साझी चिंता थी। उनमें रोमांटिक लोग भी शामिल थे लेकिन समय बीतने के साथ कुछ लोग अतीत को चरम मुक्ति का समय मानकर उसका गुणगान करने लगे, जबकि अन्य भविष्य में मनुष्य के इस अलगाव के ख़ात्मे का सपना सँजोये रहे।

किताब के अंत में फ़िशर भविष्य के लिए मार्क्सवाद की चार रोचक धाराओं का ज़िक्र करते हैं : पहली, मार्क्सवाद को ऐसा वैज्ञानिक विश्व दृष्टिकोण समझना जिसे इतिहास की द्वंद्वात्मक व्याख्या के लिए लागू किया जा सकता है। यह धारणा मार्क्स की बनिस्बत एंगेल्स के विचारों से ज़्यादा प्रभावित है लेकिन एंगेल्स की इस बात को भी ध्यान में रखती है कि हरेक नयी खोज के साथ भौतिकवाद को भी बदलना होगा। दूसरी, मनुष्य के दर्शन के रूप में मार्क्सवाद की परिकल्पना जिसमें अलगाव को बुनियादी धारणा माना जाए। आजकल ज़्यादातर मार्क्सवाद का विकास इसी दिशा में हो रहा है। तीसरी, संरचनावाद से प्रभावित होकर मार्क्स के लेखन को भाषा और मिथ के विश्लेषण के लायक बनाना। यह विकास मार्क्सवाद को अकादमिक बनाने की ओर ले गया। चौथी, इतिहास और राजनीतिक पहल के अध्ययन के लिए वैज्ञानिक पद्धति के बतौर उसे विकसित करना। तीसरी दुनिया के देशों में मार्क्सवाद का विकास अधिकांशतः इसी लक्ष्य की ओर अग्रसर है।

देखें : अर्नेस्टो चे गुएवारा, आधार और अधिरचना, ऑस्कर रायज़ार्ड लांगे, आंगिक और पारम्परिक बुद्धिजीवी, एंतोनियो ग्राम्शी, कार्ल हाइनरिख़ मार्क्स-1, 2. 3 और 4, क्रांति, क्रांति : मार्क्सवादी विमर्श, ग्योर्गी लूकाच, निष्क्रिय क्रांति, फ्रेड्रिख़ एंगेल्स, फ्रैंकफ़र्ट स्कूल, भारत में किसान संघर्ष-2 और 4, भारतीय कम्युनिस्ट पार्टी, भारतीय कम्युनिस्ट पार्टी (मार्क्सवादी), भारतीय इतिहास लेखन-1 से 4 तक, भाषा के मार्क्सवादी सिद्धांत, भ्रांत चेतना, बोल्शेविक क्रांति, फ्रांस्वा-चार्ल्स मारी फ़ूरिये, क्यूबा की क्रांति, फ्रेंज़ फ़ानो, हिंसा-1 और 2, मानवेंद्र नाथ राय, माओ त्से-तुंग, माओवाद और माओ विचार, मार्क्सवाद-1 से 5 तक, मार्क्सवादी इतिहास-लेखन, मार्क्सवादी समाजशास्त्र, मार्क्सवाद और पारिस्थितिकी, मार्क्सवादी अर्थशास्त्र, मिख़ायल मिख़ायलोविच बाख़्तिन, समाजवादी वसंत-1 से 4 तक, रॉबर्ट ओवेन, राज्य की मार्क्सवादी अवधारणा, लेनिनवाद, लियोन ट्रॉट्स्की, लिबरेशन थियोलॅजी, वाल्टर बेंजामिन, सांस्कृतिक क्रांति, सैं-सिमों, स्तालिन और स्तालिनवाद, सोवियत समाजवाद-1, 2 और 3, सोवियत सिनेमा, वर्चस्व, व्लादिमिर इलीच लेनिन।

संदर्भ

1. अर्न्स्ट फ़िशर (2008), *हाउ टु रीड कार्ल मार्क्स*, आकार बुक्स, नयी दिल्ली.
2. पॉल स्वीज़ी (1942), *द थियरी ऑफ़ कैपिटलिस्ट डिवेलपमेंट*, मंथली रिव्यू प्रेस, न्यूयार्क.
3. कार्ल मार्क्स और फ्रेड्रिख़ एंगेल्स (1976-2005), *कलेक्टिड वर्क्स*, 50 खण्ड, इंटरनैशनल पब्लिशर्स, न्यूयॉर्क.
4. कार्ल मार्क्स (2009), *अ कंट्रीब्यूशन टू द क्रिटीक ऑफ़ पॉलिटिकल इकॉनॉमी*, स्टैंडर्ड पब्लिकेशंस, न्यूयॉर्क.

— गोपाल प्रधान

नयी सदी में मार्क्सवादी विमर्श-3

(पूँजी के परे : लेबोविट्ज़)

(Discourse of Marxism in New Century-3)

कनाडा के मार्क्सवादी विद्वान माइकेल ए. लेबोविट्ज़ की किताब *द सोशलिस्ट आल्टरनेटिव : रियल ह्यूमैन डिवेलपमेंट* 2010 में छपी। लेबोविट्ज़ की एक अन्य किताब *बियांड कैपिटल* भी है जिसमें वे हंगारी चिंतक इस्तवान मेस्ज़ारोस की मान्यताएँ सरल-सुबोध ढंग से प्रस्तुत करते हैं। मेस्ज़ारोस पहले ही इसी शीर्षक से अपनी पुस्तक लिख चुके थे।

लेबोविट्ज़ की किताब की शुरुआत इस सवाल से होती है कि आख़िर इक्कीसवीं सदी के पूँजीवाद को समझने के लिए उन्नीसवीं सदी के एक लेखक को क्यों देखा जाए। उत्तर देते हुए वे बताते हैं कि मार्क्सवाद असल में महज़ आर्थिक सिद्धांत नहीं हैं। उनका तर्क है कि मार्क्सवादी ऐसे प्रत्येक समाज का विरोध करते हैं जो शोषण पर आधारित है और इसीलिए मनुष्य के सम्पूर्ण विकास में बाधक है। वे पूँजीवाद का विरोध इसलिए करते हैं क्योंकि इस समाज में

फ़ैसले मनुष्य की ज़रूरत के आधार पर नहीं बल्कि निजी मुनाफ़े को ध्यान में रखकर किये जाते हैं। मनुष्य और संसाधनों का पूरा इस्तेमाल नहीं हो पाता क्योंकि उन्हें मनुष्य की ज़रूरत के अनुसार संयोजित ही नहीं किया जाता। मानव अस्तित्व की बुनियादी शर्त यानी प्राकृतिक पर्यावरण को निजी मुनाफ़े के लिए नष्ट कर दिया जाता है। ऐसे समाज में न्याय की बात बेमानी है जिसमें उत्पादन के साधनों का स्वामित्व एक बड़ी आबादी को अमानवीय हालात में काम करने के लिए मजबूर कर देता है। यहाँ तक कि जनता को लिंग, नस्ल और राष्ट्रीयता आदि के आधार पर इसीलिए बाँटा जाता है क्योंकि अन्यथा लोगों के बीच आपसी सहयोग पूँजी के लिए फ़ायदेमंद नहीं होगा।

लेबोविट्ज़ के मुताबिक़ मार्क्स ने पूँजीवाद की गतिकी का अब तक का सर्वोत्तम अध्ययन किया था। पूँजीवाद के लिए माल और मुद्रा के साथ ही ऐसे श्रमिक की ज़रूरत होती है जो अपना श्रम बेचे, वह श्रम जो उसके शरीर में ही अवस्थित है। दूसरे कि इस श्रम को ख़रीदने वाला पूँजीपति हो। इसके लिए श्रमिक को आज़ाद होना चाहिए। उसका अपने शरीर में निहित इस ताक़त पर इतना अधिकार होना चाहिए कि वह इसे मालिक के बतौर बेच सके। उसे उत्पादन के सभी साधनों से भी आज़ाद होना चाहिए ताकि उसके पास अपना शरीर छोड़कर बेचने के लिए और कुछ भी न हो। तीसरी बात कि पूँजीपति को उस श्रम का बाक़ायदा अधिग्रहण करना चाहिए। पहले भी बाज़ार के ज़रिये ख़रीद-फ़रोख़्त हुआ करती थी लेकिन श्रम-शक्ति की बिक्री की ख़ासियत यह है कि वह उसके मालिक से अलग कोई वस्तु नहीं होती। इसलिए इसकी बिक्री के साथ मज़दूर एक तरह से अपने ही शरीर पर अपना अधिकार बेच देता है। इसका अभिप्राय यह है कि ख़रीदारी के वक़्त उसे सशरीर मौजूद रहना होता है। ख़रीदार यानी पूँजीपति भी इसकी ख़रीदारी निजी उपभोग के लिए नहीं करता। उसकी रुचि इससे पैदा होने वाले अतिरिक्त मूल्य में होती है। सिर्फ़ अतिरिक्त मूल्य के लिए ही वह श्रम शक्ति को ख़रीदता है। यह अतिरिक्त मूल्य उत्पादन के क्षेत्र में पैदा होता है। उत्पादित होने वाली वस्तु भी श्रम पर अधिकार के कारण उसके ख़रीदार की ही सम्पत्ति हो जाती है। अतिरिक्त मूल्य का उत्पादन और अधिग्रहण ऐसी कहानी है जो मार्क्स के पाठक आम तौर पर जानते हैं। इसके लिए पूँजीपति काम के घंटे या उत्पादकता बढ़ाता है जिससे निरपेक्ष अतिरिक्त मूल्य का सृजन होता है। लेकिन मार्क्स निरपेक्ष अतिरिक्त मूल्य का ही उद्‌घाटन नहीं करते बल्कि वे सापेक्ष अतिरिक्त मूल्य का भी रहस्योद्‌घाटन करते हैं। अपने एक लेख *कलेक्टिव वर्कर* में लेबोविट्ज़ ने इस पहलू पर ज़ोर दिया है क्योंकि काम के घंटे या उत्पादकता बढ़ाकर जो मुनाफ़ा पूँजीपति कमाता है उसका अन्याय तो प्रत्यक्ष है, लेकिन ऐसा न करने से भी जो अतिरिक्त मूल्य पैदा होता है वह सबकी नज़र में नहीं आता।

अर्न्स्ट फ़िशर (हाउ टु रीड कार्ल मार्क्स)

लेबोविट्ज़ के अनुसार पूँजीवाद की मार्क्स की आलोचना सिर्फ़ कम या ज़्यादा वेतन की नहीं बल्कि स्वयं मज़दूरी की है। अगर मज़दूर काम के घंटे कम करवाकर मज़दूरी में बढ़ोतरी करवा लें तो भी मार्क्स की आलोचना ख़त्म नहीं हो जाएगी। अतिरिक्त मूल्य का हरेक क़तरा मार्क्स की नज़र में चोरी है। सवाल ग़ुलामी का है उसके रूप का नहीं। मार्क्स के लिए पूँजीवाद में सुधार का कोई मतलब नहीं, पूँजीवाद का ख़ात्मा ही एकमात्र विकल्प है। चूँकि यह अंतर्दृष्टि आंदोलनों से अपने आप नहीं उपजती इसलिए पूँजी के तर्क के पार जाने के लिए पूँजी का अध्ययन ज़रूरी है। इसके बग़ैर यही धारणा बनी रहती है कि मज़दूर ने ख़ास मात्रा में अपना श्रम बेचा और इसीलिए शोषण भी सही मज़दूरी न मिलने में दिखाई पड़ता है। मार्क्स का ज़ोर पूँजीवाद में सुधार पर नहीं बल्कि उसके निषेध और विनाश पर है।

लेबोविट्ज़ कहते हैं कि मार्क्स का ग्रंथ *पूँजी* एकतरफ़ा तौर पर महज़ पूँजी को सक्रिय दिखाता है और इसके दूसरे पहलू अर्थात् मज़दूर की स्वतंत्र सक्रियता को उजागर नहीं करता। इसके बरक्स वे मार्क्स के पहले इंटरनैशनल के भाषण से मज़दूर वर्ग के राजनीतिक अर्थशास्त्र की धारणा को ले आते हैं और मार्क्स के एक सपने का ज़िक्र करते हैं जिसको आजकल बहुत से विद्वान उद्धृत करते हैं। वह है— आपस में जुड़े हुए उत्पादकों का ऐसा समाज जिसमें सामाजिक सम्पदा, श्रम-शक्ति के ख़रीदारों को प्राप्त होने के

बजाय स्वाधीन तौर पर परस्पर सम्बद्ध व्यक्तियों द्वारा नियोजित की जाती है जो सामुदायिक उद्देश्यों के लिए और सामाजिक ज़रूरत के मुताबिक़ उत्पादन करते हैं ।

अपने एक लेख *स्पेक्टर ऑफ़ सोशलिज़्म फ़ॉर द 21 सेंचुरी* में लेबोविट्ज़ समाजवाद को तीन चीज़ों का समुच्चय मानते हैं। पहला : उत्पादन के साधनों पर सामाजिक स्वामित्व। यह चीज़ राजकीय स्वामित्व से अलग है। इसके लिए गहन लोकतांत्रिकता की ज़रूरत है जिसमें जनता, उत्पादकों और समाज के सदस्य के बतौर हमारे सामाजिक श्रम के परिणामों के उपयोग के बारे में निर्णय लेगी। सामाजिक सम्पत्ति की उनकी धारणा में अतीत के संचित श्रम की केंद्रीयता है जिसमें औज़ार और कौशल शामिल हैं। अतीत का यह संचित श्रम हमें मुफ़्त मिलता है और इसी के साथ सहयोग के उपहार को जोड़ देने से सामाजिक उत्पादक शक्ति प्राप्त होती है। इसी सामाजिक विरासत के लिए लड़ाई एक तरह से वर्ग संघर्ष है। पूँजीवाद इसी विरासत से मनुष्य को अलग करता है और उसे पूँजी में बदलकर हथिया लेता है। इसको वापस हासिल करना और जीवित सामाजिक श्रम तथा अतीत के सामाजिक श्रम को संयुक्त करना समाजवाद के लिए आवश्यक है। दूसरा : मज़दूरों द्वारा उत्पादन का संगठन। मज़दूरों द्वारा संगठित उत्पादन से उत्पादकों के बीच नये रिश्तों की बुनियाद पड़ती है जो सहयोग और एकजुटता के होते हैं। इसके लिए मज़दूरों को काम की जगह पर चिंतन और कर्म को आपस में जोड़ने की क्षमता विकसित करनी होगी। इससे उनमें निर्णय लेने का आत्म विश्वास आता है। तीसरा : सामुदायिक ज़रूरतों और उद्देश्यों की संतुष्टि। यह बात मानव परिवार के सदस्यों के बतौर हमारी ज़रूरतों और हमारी साझा मानवता को मान्यता देने पर आधारित है। इसके लिए स्वार्थ से ऊपर उठने और समुदाय तथा समाज के बारे में सोचने के महत्त्व पर ज़ोर देना होगा। जब तक हम निजी लाभ के लिए उत्पादन करते हैं तब तक दूसरों को प्रतिद्वंद्वी या ग्राहक ही समझते हैं यानी दुश्मन या अपने मक़सद को पूरा करने का साधन और इसी कारण एक दूसरे से अलग-थलग और एकांगी बने रहते हैं। समाजवाद के आरम्भिक त्रिक् का यह पहलू आचरण में भिन्नता को मानकर एकता स्थापित करने पर बल देता है। इस तरह हम जनता में एकजुटता का निर्माण तो करते ही हैं अपने को भी अलग तरीक़े से उत्पादित करते हैं।

एक लेख *द इंपॉर्टेंस ऑफ़ सोशलिस्ट एकाउंटेंसी* में वे मेस्ज़ारोस की एक धारणा ले आते हैं। उनका कहना है कि नया समाजवादी समाज बनाने के लिए नयी धारणाओं का निर्माण करना होगा। ये नयी धारणाएँ पूँजी की तार्किकता के मुक़ाबले सामाजिक तार्किकता की स्थापना करेंगी। इस सिलसिले में वे मेस्ज़ारोस की समाजवादी एकाउंटेंसी की धारणा का ज़िक्र करते हैं जो पूँजी के तर्क में निहित

माइकेल ए. लेबोविट्ज़ (*द सोशलिस्ट आल्टरनेटिव : रियल ह्यूमन डिवेलपमेंट*)

एकाउंटिंग और ऐडमिनिस्ट्रेशन के बरक्स प्रस्तावित किया गया है। इसमें पूँजीवादी व्यवस्था के परिमाण पर ज़ोर के विपरीत गुण पर ज़ोर दिया जाना चाहिए और उत्पादन का लक्ष्य ज़रूरतों की सीधी संतुष्टि होना चाहिए। इसका दूसरा पैमाना स्वतंत्र समय होना चाहिए जिसे मनुष्य अपने आपको साकार करने के लिए रचनात्मक तरीक़े से इस्तेमाल करेगा और अनिवार्य श्रम के समय की तानाशाही से आज़ादी हासिल करेगा। इस तरह समाजवादी लेखा-जोखा अनिवार्य श्रम समय के निषेध पर आधारित होगा। इतिहास में आगे चलकर स्वतंत्र समय का उत्पादन मुक्ति की अनिवार्य शर्त होगा। यह पूँजीवाद की इस स्थिति के विरोध में होगा जहाँ समय ही सब कुछ होता है, मनुष्य कुछ नहीं होता। समाजवादी लेखा की धारणा की ज़रूरत पूँजीवादी लेखा और सक्षमता की पूँजीवादी धारणा को तोड़ने के लिए है। स्वतंत्र समय मानव विकास और व्यवहार से जुड़ा हुआ है, इसलिए समाजवादी लेखा की धारणा यहाँ आकर परिस्थिति को बदलने के साथ ही ख़ुद को बदलने के क्रांतिकारी आचरण से मिल जाती है। इस तरह यह मानव क्षमता में विकास को भी समाहित करती है। जहाँ पूँजीवादी लेखा उत्पादन के समय को ध्यान में रखता है और मानव क्षमता का मूल्यांकन प्रति इकाई वस्तुओं के उत्पादन में लगे मानव श्रम के हिसाब से करता है वहीं समाजवादी लेखा मनुष्य के लिए आवश्यक निवेश के आधार पर श्रमिक की क्षमता में विकास का आकलन करता है।

देखें : अर्नेस्टो चे गुएवारा, आधार और अधिरचना, ऑस्कर रायज़ार्ड लांगे, आंगिक और पारम्परिक बुद्धिजीवी, एंतोनियो ग्राम्शी, कार्ल

हाइनरिख़ मार्क्स-1, 2. 3 और 4, क्रांति, क्रांति : मार्क्सवादी विमर्श, ग्योर्गी लूकाच, निष्क्रिय क्रांति, फ्रेड्रिख़ एंगेल्स, फ्रैंकफ़र्ट स्कूल, भारत में किसान संघर्ष-2 और 4, भारतीय कम्युनिस्ट पार्टी, भारतीय कम्युनिस्ट पार्टी (मार्क्सवादी), भारतीय इतिहास लेखन-1 से 4 तक, भाषा के मार्क्सवादी सिद्धांत, भ्रांत चेतना, बोल्शेविक क्रांति, फ्रांस्वा-चार्ल्स मारी फ़ूरिये, क्यूबा की क्रांति, फ्रेंज़ फ़ानो, हिंसा-1 और 2, मानवेंद्र नाथ राय, माओ त्से-तुंग, माओवाद और माओ विचार, मार्क्सवाद-1 से 5 तक, मार्क्सवादी इतिहास-लेखन, मार्क्सवादी समाजशास्त्र, मार्क्सवाद और पारिस्थितिकी, मार्क्सवादी अर्थशास्त्र, मिख़ायल मिख़ायलोविच बाख़्तिन, समाजवादी वसंत-1 से 4 तक, रॉबर्ट ओवेन, राज्य की मार्क्सवादी अवधारणा, लेनिनवाद, लियोन ट्रॉट्स्की, लिबरेशन थियोलॅजी, वाल्टर बेंजामिन, सांस्कृतिक क्रांति, सैं-सिमों, स्तालिन और स्तालिनवाद, सोवियत समाजवाद-1, 2 और 3, सोवियत सिनेमा, वर्चस्व, व्लादिमिर इलीच लेनिन।

संदर्भ

1. माइकेल ए. लेबोविट्ज (2010), *द सोशलिस्ट अल्टरनेटिव : रीयल ह्यूमैन डिवेलपमेंट,* आकार बुक्स, नयी दिल्ली.
2. माइकेल ए. लेबोविट्ज (2003), *बियॉन्ड कैपिटल,* पालग्रेव मैकमिलन, न्यूयॉर्क.
3. कार्ल मार्क्स (2009), *एट्टींथ ब्रुमेर ऑफ़ लुई बोनापार्ट,* सेरेनिटी पब्लिशर्स, रॉकविले, मैरीलैण्ड.
4. कार्ल मार्क्स (1988), *द इकॉनॉमिक ऐंड फ़िलॉसॅफ़िकल मैन्युस्क्रिप्ट ऑफ़ 1844,* प्रॉमिथियस बुक्स, न्यूयॉर्क.

— गोपाल प्रधान

नयी सदी में मार्क्सवादी विमर्श-4

(पूँजी की अराजकता : इस्तवान मेस्ज़ारोस)

(Discourse of Marxism in New Century-4)

मार्क्सवाद के मौजूदा विमर्श में हंगरी के चिंतक इस्तवान मेस्ज़ारोस फ़िलहाल सबसे महत्त्वपूर्ण माने जाते हैं। उनकी किताब *बियांड कैपिटल* का ज़िक्र हम पहले ही कर चुके हैं। किताब का पहला और दूसरा खण्ड इंग्लैण्ड में और फिर अमेरिका में छपा। भारत में उसका प्रकाशन 2000 में हुआ। पहला खण्ड है *द अनकंट्रोलेबिलिटी ऑफ़ कैपिटल ऐंड इट्स क्रिटिक* जिसमें वे पूँजी की अराजकता का विश्लेषण करते हैं। दूसरा खण्ड *कनफ्रंटिंग द स्ट्रक्चरल क्राइसिस ऑफ़ द कैपिटल सिस्टम* है जिसमें वे पूँजी के वर्तमान संरचनात्मक संकट को व्याख्यायित करते हैं। मेस्ज़ारोस के अर्थशास्त्र संबंधी लेखन को पढ़ते हुए यह ध्यान रखना पड़ता है कि उनका मूल क्षेत्र दर्शन है और इस क्षेत्र की ओर उनका आना वर्तमान समस्याओं को समझने-समझाने के क्रम में हुआ है। मेस्ज़ारोस की दूसरी महत्त्वपूर्ण किताब *द चैलेंज ऐंड बर्डेन ऑफ़ हिस्टारिकल टाइम* है। इस किताब का उपशीर्षक *सोशलिज़म इन ट्वेंटी फ़र्स्ट सेंचुरी* है। भूमिका जान बेलामी फ़ॉस्टर ने लिखी है जिसमें वे बताते हैं कि मेस्ज़ारोस की सैद्धांतिक अंतर्दृष्टि आज लैटिन अमेरिकी देशों में जारी परिवर्तन के नायकों की वजह से एक भौतिक शक्ति में बदल चुकी है। वेनेज़ुएला के पूर्व राष्ट्रपति ह्यूगो शावेज द्वारा उनकी खुलेआम प्रशंसा को अनेक अख़बारों और पत्रिकाओं ने प्रमुखता से प्रकाशित किया। मेस्ज़ारोस प्रसिद्ध मार्क्सवादी चिंतक ग्योर्गी लुकाच के शिष्य रहे। 1956 में रूसी आक्रमण के बाद उन्होंने हंगरी छोड़ दिया और अमेरिका में दर्शन के प्रोफ़ेसर बने और मार्क्स, लूकाच और सार्त्र पर किताबें लिखीं। 1971 के इर्द-गिर्द उन्होंने पूँजी के वैश्विक संकट का सवाल उठाया तथा दर्शन संबंधी काम को किनारे करके इस विषय पर लिखना शुरू किया।

फ़ॉस्टर ने उनके सैद्धांतिक अवदान की चर्चा करते हुए उनके द्वारा प्रयुक्त पदों की नवीनता का ज़िक्र किया है। उनमें से कुछेक का ज़िक्र हम पहले कर चुके हैं। एक अन्य धारणा पूँजी की चरम सीमाओं की सक्रियता है जो वर्तमान संकट का बड़ा कारण है। वे मेस्ज़ारोस द्वारा सोवियत संघ को एक ऐसा उत्तर-पूँजीवादी समाज मानने को भी उनका योगदान मानते हैं जो पूँजी की सम्पूर्ण व्यवस्था ख़त्म न कर सका। मेस्ज़ारोस ने ऐसा किसी ज़िम्मेदारी से पीछा छुड़ाने के लिए नहीं बल्कि बेहतर समाजवाद के निर्माण का कार्यभार स्पष्ट करने के लिए किया है। फ़ॉस्टर की निगाह में मेस्ज़ारोस का एक योगदान यह भी है कि वे पूँजी के पूरी तरह से ख़ात्मे की ऐतिहासिक स्थितियों का विवरण देते हैं और सामाजिक अवयव के नियंत्रण की वैकल्पिक व्यवस्था प्रस्तावित करते हैं जिसकी जड़ें तात्त्विक समानता में होंगी। भूमिका में कहा गया है कि मेस्ज़ारोस की किताब मार्क्सवादी आलोचना के सीमांतों का विस्तार करती है। इसमें मानव मुक्ति की मज़बूत स्त्रीवादी और पर्यावरणिक धारणाओं को पूँजी की सत्ता के निषेध का अविभाज्य घटक बनाया गया है।

मेस्ज़ारोस पूँजीवाद (कैपिटलिज़म) के बजाय पूँजी (कैपिटल) शब्द का प्रयोग बेहतर समझते हैं और दोनों के बीच फ़र्क़ बताने के लिए कहते हैं कि मार्क्स ने अपने ग्रंथ का नाम *पूँजी* यूँ ही नहीं रखा था। *बियांड कैपिटल* की भूमिका में उन्होंने बूर्ज्वा नेताओं, ख़ासकर मार्गरेट थैचर द्वारा टिना (देयर इज़ नो अल्टरनेटिव) तथा उन्हीं नेताओं द्वारा राजनीति को 'आर्ट ऑफ़ पॉसिबल' बताने के बीच निहित

इस्तवान मेस्ज़ारोस (*बियांड कैपिटल : टुवड्‌र्स अ थियरी आफ़ ट्रांज़ीशन*)

अंतर्विरोध को रेखांकित किया है। इसी भूमिका में उन्होंने किताब के शीर्षक के तीन अर्थ बताये हैं : पहला, मार्क्स ने ख़ुद ही पूँजी लिखते हुए इसका मतलब स्पष्ट किया था जिसका अर्थ है सिर्फ़ पूँजीवाद के परे नहीं बल्कि पूँजी के ही परे जाना। दूसरा, मार्क्स द्वारा पूँजी के पहले खण्ड और उनकी मृत्यु के बाद प्रकाशित शेष दो खण्डों तथा *ग्रुंडरिज़* और *थियरीज ऑफ़ सरप्लस वैल्यू* के भी परे जाना क्योंकि ये सभी उनकी मूल परियोजना के शुरुआती दौर तक ही पहुँचे थे और उनके प्रस्तावित काम को पूरी तरह प्रतिबिम्बित नहीं करते। तीसरा : मार्क्सीय परियोजना के भी परे जाना क्योंकि यह उन्नीसवीं सदी के माल उत्पादक समाज के वैश्विक उत्थान की परिस्थितियों को ही व्यक्त करती है और बीसवीं सदी में उसका जो रूप उभर कर सामने आया वह उनके सैद्धांतिक विश्लेषण से बाहर रहा।

मेस्ज़ारोस के अनुसार पूँजीवाद पूँजी की मौजूदगी का महज़ एक रूप है। पूँजीवाद के ख़ात्मे के साथ ही पूँजी का अंत नहीं होता। इसे समाजवाद के लिए संघर्ष से जोड़ते हुए वे कहते हैं कि समाजवाद का काम पूँजी के प्रभुत्व का ख़ात्मा करना है। इस प्रभुत्व को व्यक्त करने के लिए वे इसे सोशल मेटाबोलिक रिप्रोडक्शन की व्यवस्था कहते हैं जिसका मतलब ऐसी व्यवस्था है जो सामाजिक रूप से चयापचय की ऐसी प्रणाली बना लेती है जो अपने आप इसका पुनरुत्पादन करती रहे। इसे ही वे मार्क्स द्वारा प्रयुक्त पद आवयविक प्रणाली (आर्गनिक सिस्टम) कहते हैं। पूँजी का यह प्रभुत्व मेस्ज़ारोस के मुताबिक़ महज़ पिछली तीन सदियों के दौरान सामान्य माल उत्पादन की व्यवस्था के रूप में सामने आया है। इसने मनुष्य को अनिवार्य श्रम शक्ति के बतौर महज़ उत्पादन की लागत में बदल कर जिंदा श्रमिक को भी विक्रेय माल बना दिया है। मनुष्यों में आपस में अथवा प्रकृति के साथ उसकी उत्पादक अंत:क्रिया के पुराने रूप उत्पादन की ओर लक्षित होते थे जिसमें कुछ हद तक आत्मनिर्भरता होती थी लेकिन पूँजी का आंतरिक तर्क किसी भी मात्रा में न समा सकने वाली मानव आवश्यकताओं तक महदूद नहीं रह सकता था। अंत में पूँजीवाद ने आत्मनिर्भरता के इसी आधार का नाश करके उपयोग को गणनीय और अनंत विनिमय मूल्य की पूजा परक अपरिहार्यता के अधीन कर दिया। इसने अपने आपको ऐसी लौह प्रणाली के रूप में पेश किया जिससे पार पाना सम्भव नहीं दिखाई देता। लेकिन पूँजीवाद की ज़िंदगी ही अबाध विस्तार की ज़रूरतों को अनिवार्यत: पूरा करने पर निर्भर है जिसके कारण इसके सामने अनेक ऐतिहासिक सीमाएँ प्रकट होती हैं। इन्हीं सीमाओं को ध्यान में रखते हुए बीसवीं सदी में इसकी अतृप्त लिप्सा पर रोक लगाने की असफल कोशिशें की गयीं। इनसे बस एक तरह का मिश्रण ही हो सका कोई संरचनागत समाधान नहीं निकला। पूँजी लगातार संकटों में ही फँसती गयी और इन अवरोधों से उसके अनेक अंतर्विरोध भी सामने आये ।

मेस्ज़ारोस के मुताबिक़ पूँजीवाद मूलत: विस्तारोन्मुखी और संचयवृत्तियुक्त होता है इसलिए मनुष्य की ज़रूरतों को संतुष्ट करना इसका ध्येय ही नहीं होता। इसमें पूँजी का विस्तार अपने आप में एक मक़सद हो जाता है और इसलिए इस व्यवस्था का निरंतर पुनरुत्पादन इसकी मजबूरी बन जाती है। श्रम से इसकी शत्रुता जन्मजात होती है और निर्णय की प्रक्रिया में श्रमिक की कोई भागीदारी इसके लिए असह्य होती है। चूँकि यह शत्रुता संरचनागत है इसलिए इस व्यवस्था में सुधार या इस पर कोई नियंत्रण असम्भव है। सुधारवाद के अंत ने सीधे समाजवाद के लिए क्रांतिकारी आक्रामकता का रास्ता खोल दिया है। सुधारवाद की राजनीति प्रमुख रूप से बूर्ज्वा संसदीय सीमाओं के भीतर चलती थी इसलिए इसका एक मतलब संसद के बाहर क्रांतिकारी सक्रियता को बढ़ाना भी है।

मेस्ज़ारोस के विचार से पूँजी की व्यवस्था में तीन अंतर्विरोध मौजूद होते हैं : उत्पादन और उसके नियंत्रण के बीच, उत्पादन और उपभोग के बीच, तथा उत्पादन और उत्पादित वस्तुओं के वितरण के बीच। इन अंतर्विरोधों के कारण विघटनकारी और केंद्रापसारी वृत्ति इसका गुण होती है। इसी वृत्ति को क़ाबू में रखने के लिए राष्ट्र-राज्य की संस्था खोजी गयी लेकिन वह भी इसे नियंत्रित करने में असफल ही रही है। सच तो यह है कि अपनी शुरुआत से ही यह व्यवस्था वैश्विक रही है। इसे पूरी तरह से ख़त्म करने के लक्ष्य का

पहला चरण पूँजीवाद को पराजित करना है। उनका कहना है कि जिन क्रांतियों को समाजवादी कहा गया वे दरअसल इसी काम को पूरा कर सकी थीं। वे केवल उत्तर पूँजीवादी समाज की ही रचना कर सकी थीं जिसे समाजवाद की ओर जाना था लेकिन इसे ही समाजवादी क्रांति मान लेने से समाजवादी कार्यभार शुरू ही नहीं हो सका ।

इस खण्ड के पहले ही अध्याय में वे कहते हैं कि हीगेल की आलोचनात्मक धार को फिर से अर्जित किया जाना चाहिए। अपने जीवन में ही हीगेल सत्ता के लिए असुविधाजनक हो गये थे, मरने के बाद तो उन्हें व्यावहारिक रूप से दफ़ना ही दिया गया। इसके लिए वे कहते हैं कि हीगेल की महान उपलब्धियों को ग्रहण करते हुए भी पूँजी को अनादि-अनंत की तरह पेश करने के उनके काम की क्रांतिकारी आलोचना करनी होगी। मार्क्स की धारणाओं को समझने के लिए हीगेल की पुनः प्रतिष्ठा की इस कोशिश की वे तीन वजहें बताते हैं। पहली कि 1840 के दशक में मार्क्स के बौद्धिक निर्माण के समय की राजनीतिक और दार्शनिक बहसों के कारण ऐसा करना अपरिहार्य है। असल में 1841 में बर्लिन विश्वविद्यालय में मार्क्स और किर्केगाद ने साथ-साथ शेलिंग के हीगेल विरोधी व्याख्यान सुने लेकिन दोनों ने राह अलग-अलग अपनायी। उस समय का माहौल ही ऐसा था कि आपको हीगेल के समर्थन या विरोध में खड़ा होना ही पड़ता। दूसरी वजह उनके अनुसार यह है कि जर्मन बूर्ज्वा द्वारा हीगेल को पूरी तरह से ख़त्म कर देने की कोशिश के मद्देनज़र उनकी उपलब्धियों को विकसित करना ज़रूरी था। हीगेल का समर्थन करते हुए भी मार्क्स ने उनकी समस्याओं को समझा और उसका आलोचनात्मक सार सुरक्षित रखते हुए भी उसका क्रांतिकारी परिवर्तन के लिए सकारात्मक निषेध किया। मजेदार बात यह है कि पूँजीवाद ने ही हीगेल को स्थापित किया था और ज़रूरत ख़त्म हो जाने पर उन्हें दफ़ना दिया। इसी तरह समाजवादी आंदोलन का भी हीगेल के उतार-चढ़ाव से गहरा रिश्ता रहा है। बर्नस्टाइन के नेतृत्व में हीगेल के द्वंद्ववाद के मुक़ाबले कांट के विधेयवाद का उत्थान हुआ और दूसरे इंटरनैशनल के सामाजिक जनवाद की राजनीति के पतन तक इसका बोलबाला रहा। असल में हीगेल का दर्शन मूलतः महत्तर सामाजिक टकरावों के बीच विकसित हुआ था और बाद के दिनों में हीगेल के अनुदारवादी समायोजनों के बावजूद संक्रमण की गतिमयता के निशान कभी ख़त्म नहीं किये जा सके। तीसरी वजह यह है कि वास्तव में 1848 के क्रांतिकारी माहौल में हीगेल बूर्ज्वा वर्ग के लिए लज्जा का विषय हो गये थे और मार्क्सवाद तथा उनके दर्शन के बीच सूत्रों पर परदा डालना सम्भव नहीं रह गया था।

बाद के चिंतकों में मेस्ज़ारोस लुकाच की इसीलिए प्रशंसा करते हैं क्योंकि उन्होंने हीगेल को अपनाने की कोशिश की थी। लुकाच की प्रासंगिकता मेस्ज़ारोस के मुताबिक़ इसलिए भी बढ़ गयी है, क्योंकि सोवियत संघ के बीसवीं सदी में उभरे अंतर्विरोधों के कारण इसकी आलोचनाओं को दोबारा गम्भीरता से देखने की ज़रूरत पड़ी है। इस नाते उन्हें लुकाच की रचना *हिस्ट्री ऐंड क्लास कांशसनेस* ऐसा काम लगता है जो सोवियत संघ के जन्म के साथ जुड़ी ऐतिहासिक परिस्थितियों और बाद में हुए राजनीतिक बौद्धिक विकासों के मामले में उसकी समस्याओं की निशानदेही करता है। मेस्ज़ारोस के अनुसार इस किताब की चर्चा के प्रमुख कारण इस प्रकार हैं :

पहला, पहली समाजवादी क्रांति जंजीर की सबसे कमज़ोर कड़ी में हुई। इससे अनेक सैद्धांतिक सवाल जुड़े हुए हैं। आधिकारिक सोवियत साहित्य में इसे सकारात्मक अर्थ में पेश किया जाता है जबकि लुकाच ने इस शब्दावली का प्रयोग रूस के समाजार्थिक ढाँचे के अत्यधिक पिछड़ेपन पर ज़ोर देने के लिए किया। ध्यातव्य है कि सोवियत समाज की बाद में सामने आने वाली ज़्यादातर समस्याओं की जड़ें रूस के इन हालात में देखी जा सकती हैं। यहाँ हमें क्रांति के बाद उपजे समाज के अंतर्विरोधों और उसके दार्शनिक सूत्रीकरण के बीच जीवंत संबंध की पहचान मिलती है। दूसरी, चूँकि लुकाच पश्चिम की असफल क्रांतियों में से एक के भागीदार रहे थे इसलिए इस किताब में अत्यंत प्रतिकूल परिस्थितियों में भी क्रांति की गारंटी करने वाले तत्त्वों की तलाश मिलती है। तीसरी, हंगरी की क्रांति की विफलता से उन्होंने कुछेक निष्कर्ष निकाले थे जिनमें पार्टी का नौकरशाहीकरण एक मुद्दा था, हालाँकि उन्होंने इसे सिर्फ़ नेतृत्व की मसीहाई भाषा में चिह्नित किया लेकिन बाद में रूस में आयी विकृतियों के प्रसंग में इसका महत्त्व स्पष्ट हुआ। चौथी, उन्होंने रूसी क्रांति के प्रभाव से बूर्ज्वा बुद्धिजीवियों के कम्युनिस्ट आंदोलन में आगमन से पैदा होने वाली समस्याओं को भी उठाया। ये लोग अपने साथ अपना एजेंडा और मक़सद लेकर आये थे। हालाँकि बाद में इस बिंदु पर अतिरिक्त ज़ोर देकर पश्चिमी मार्क्सवाद की कोटि भी निर्मित की गयी लेकिन उसका उद्देश्य लुकाच जैसे बुद्धिजीवियों को मार्क्सवाद से बाहर साबित करके उनके प्रयासों का फ़ातिहा पढ़ना था ।

देखें : अर्नेस्टो चे गुएवारा, आधार और अधिरचना, ऑस्कर रायज़ार्ड लांगे, आंगिक और पारम्परिक बुद्धिजीवी, एंतोनियो ग्राम्शी, कार्ल हाइनरिख़ मार्क्स-1, 2. 3 और 4, क्रांति, क्रांति : मार्क्सवादी विमर्श, ग्योर्गी लूकाच, निष्क्रिय क्रांति, फ्रेड्रिख़ एंगेल्स, फ्रैंकफ़र्ट स्कूल, भारत में किसान संघर्ष-2 और 4, भारतीय कम्युनिस्ट पार्टी, भारतीय कम्युनिस्ट पार्टी (मार्क्सवादी), भारतीय इतिहास लेखन-1 से 4 तक, भाषा के मार्क्सवादी सिद्धांत, भ्रांत चेतना, बोल्शेविक क्रांति, फ्रांस्वा-चार्ल्स मारी फ़ूरिये, क्यूबा की क्रांति, फ्रेंज़ फ़ानो, हिंसा-1 और 2, मानवेंद्र नाथ राय, माओ त्से-तुंग, माओवाद और माओ विचार, मार्क्सवाद-1 से 5 तक, मार्क्सवादी इतिहास-लेखन, मार्क्सवादी

समाजशास्त्र, मार्क्सवाद और पारिस्थितिकी, मार्क्सवादी अर्थशास्त्र, मिख़ायल मिख़ायलोविच बाख़्तिन, समाजवादी वसंत-1 से 4 तक, रॉबर्ट ओवेन, राज्य की मार्क्सवादी अवधारणा, लेनिनवाद, लियोन ट्रॉट्स्की, लिबरेशन थियोलॅजी, वाल्टर बेंजामिन, सांस्कृतिक क्रांति, सैं-सिमों, स्तालिन और स्तालिनवाद, सोवियत समाजवाद-1, 2 और 3, सोवियत सिनेमा, वर्चस्व, व्लादिमिर इलीच लेनिन।

संदर्भ

1. इस्तवान मेस्ज़ारोस (2000), *बियांड कैपिटल,* खण्ड 1 और 2, के.पी. बागची, कोलकाता.
2. इस्तवान मेस्ज़ारोस (2009), *द चैलेंज ऐंड बर्डेन ऑफ़ हिस्टारिकल टाइम,* आकार बुक्स, नयी दिल्ली.

— गोपाल प्रधान

नयी सदी में मार्क्सवादी विमर्श-5

(पूँजी के परे : राज्य का अतिक्रमण)

(Discourse of Marxism in New Century-5)

इस्तवान मेस्ज़ारोस ने नव-सामाजिक आंदोलनों का परिप्रेक्ष्य भी उठाया है। पर्यावरण आंदोलन के संदर्भ में वे बताते हैं कि पूँजीवादी विकास के शुरुआती दिनों में उसके अनेक नकारात्मक पहलुओं और प्रवृत्तियों को थोड़ा अनदेखा किया जा सकता था। लेकिन आज उनकी अनदेखी धरती के विनाश की क़ीमत पर ही सम्भव है। इसी पृष्ठभूमि में तमाम तरह के पर्यावरणवादी आंदोलन उभरे। पूँजीवादी देशों में सुधारोन्मुख ग्रीन पार्टियों के रूप में ये आंदोलन राजनीति में भी जगह बनाने की कोशिश करते हैं। वे पर्यावरण के विनाश से चिंतित व्यक्तियों को आकर्षित करते हैं लेकिन इसके समाजार्थिक कारणों को अपरिभाषित छोड़ देते हैं। ऐसा उन्होंने शायद व्यापक चुनावी आधार बनाने के लिए किया लेकिन आरम्भिक सफलता के बाद जिस तेज़ी से वे हाशिये पर पहुँच गयीं। उससे साबित होता है कि पर्यावरण के विनाश के कारण इन पार्टियों के नेताओं के आकलन से कहीं अधिक गहरे हैं। असल में आज न केवल विकास के साथ जुड़े हुए ख़तरे अभूतपूर्व रूप से बढ़ गये हैं बल्कि विश्व-पूँजी की व्यवस्था के अंतर्विरोध भी पूरी तरह से परिपक्व हो गये हैं और ये ख़तरे समूची धरती को इस तरह अपनी ज़द में ले चुके हैं कि उनका कोई आंशिक समाधान सोचना सम्भव नहीं रह गया है।

जिस नयी धारणा की चर्चा मेज़्सारोस ने पूँजी की चरम सीमाओं की सक्रियता के नाम से की है उससे संबंधित अध्याय में वे पूँजी के वर्तमान संकट के प्रसंग में चार मुद्दों पर बात करना ज़रूरी समझते हैं जिन्हें वे एक दूसरे से अलग नहीं मानते, बल्कि कहते हैं कि उनमें से हरेक बड़े अंतर्विरोधों का केंद्र बिंदु है लेकिन ये सभी मिलकर ही एक-दूसरे की मारकता को भीषण बना देते हैं। भूमण्डलीय पूँजी और राष्ट्र-राज्य की सीमाओं के बीच का विरोध कम से कम तीन बुनियादी अंतर्विरोधों से जुड़ा हुआ है— इजारेदारी और प्रतियोगिता के बीच, श्रम की प्रक्रिया के अधिकाधिक समाजीकरण और उसके उत्पाद के भेदभावपरक अधिग्रहण के बीच तथा अबाध रूप से बढ़ते वैश्विक श्रम-विभाजन और असमान रूप से विकासशील पूँजी की वैश्विक व्यवस्था के निरंतर बदलते शक्ति-केंद्रों द्वारा प्रभुता स्थापित करने की कोशिशों के बीच। इन सबसे मिलकर पैदा हुई बेरोज़गारी की समस्या ने विश्व-पूँजी व्यवस्था के अंतर्विरोधों और शत्रुताओं को सर्वाधिक विस्फ़ोटक रूप दे दिया है ।

पहले खण्ड के तेरहवें अध्याय में वे राज्य को उखाड़ फेंकने के समाजवादी कार्यभार के प्रसंग में राज्य के बारे में मार्क्स के राजनीतिक सिद्धांत के मुख्य तत्त्वों को बिंदुवार बताते हैं। यह वर्णन बहुत कुछ पूर्व समाजवादी शासनों के कटु अनुभवों से प्रभावित है।

पहला, समूचे समाज के क्रांतिकारी रूपांतरण के ज़रिये राज्य का अतिक्रमण करना होगा न कि किसी सरकारी आदेश या तमाम राजनीतिक / प्रशासनिक उपायों के ज़रिये इसे उखाड़ा जाएगा। दूसरा, आगामी क्रांति को अगर समाजार्थिक शोषण की सीमाओं में ही क़ैद होकर नहीं रह जाना है तो उसे केवल राजनीतिक होने के बजाय सामाजिक क्रांति होना होगा। तीसरा, अतीत की राजनीतिक क्रांतियों ने आंशिकता और सार्विकता के बीच जिस अंतर्विरोध को पैदा किया था तथा नागर समाज के प्रभावी तबक़ों के पक्ष में सामाजिक सार्विकता को राजनीतिक आंशिकता के अधीन कर दिया था सामाजिक क्रांति उस अंतर्विरोध को ही ख़त्म कर देती है। चौथा, मुक्ति का सामाजिक अभिकर्ता सर्वहारा इसीलिए होता है क्योंकि पूँजीवादी समाज के शत्रुतापूर्ण अंतर्विरोधों की परिपक्वता के कारण वह सामाजिक व्यवस्था को उखाड़ फेंकने के किये बाध्य होता है और वह अपने आपको समाज पर नयी शासक आंशिकता के रूप में थोपने में अक्षम होता है। पाँचवाँ, राजनीतिक और सामाजिक/ आर्थिक संघर्ष द्वंद्वात्मक रूप से एकताबद्ध होते हैं और इसीलिए सामाजिक/ आर्थिक पहलू की उपेक्षा राजनीतिक पहलू को उसके यथार्थ से वंचित कर देती है। छठा, समाजवादी क़दमों के लिए वस्तुगत परिस्थितियों की ग़ैर मौजूदगी में राजनीतिक सत्ता पर अपरिपक्व अवस्था में क़ब्ज़ा

हो जाने पर नये शासक विरोधी की ही नीतियों को लागू करने लगते हैं। सातवाँ, कोई भी सफल सामाजिक क्रांति स्थानीय या राष्ट्रीय ही नहीं होगी। राजनीतिक क्रांति ही अपनी आंशिकता के नतीजतन इन सीमाओं तक महदूद रह सकती है। इसके विपरीत उसे वैश्विक होना होगा यानी राज्य का अतिक्रमण भी वैश्विक स्तर पर करना होगा।

किताब का दूसरा खण्ड ज़्यादा मज़ेदार है जिसमें वे पूँजीवाद के मिथकों को एक-एक कर ध्वस्त करते हैं। इसमें कुछ ऐसे लेख भी संकलित हैं जो हालिया प्रश्नों को लेकर लिखे गये हैं। इसका पहला अध्याय सम्पदा के उत्पादन तथा उत्पादन की समृद्धि का विवेचन करता है। इसमें वे वास्तविक ज़रूरतों की अनदेखी करके उत्पादन में बढ़ोतरी करने की पूँजीवादी रिवायत के मुक़ाबले ज़रूरतों की दृष्टि से मनुष्य की उत्पादक क्षमताओं के विकास का वैकल्पिक नज़रिया अपनाने की सलाह देते हैं। वजह यह है कि ज़रूरत और सम्पदा-उत्पादन में संबंध विच्छेद विकसित और सुविधा सम्पन्न पूँजीवादी देशों में भी नहीं चल पा रहा है। उत्पादन का वर्तमान उद्देश्य जैसा है वैसा ही सदा से नहीं रहा— इस बात के समर्थन में वे मार्क्स को उद्धृत करते हैं जिनके मुताबिक़ प्राचीन काल में उत्पादन का लक्ष्य सम्पदा बटोरना नहीं था, बल्कि मानव जीवन उत्पादन का लक्ष्य था। वह स्थिति आज के विपरीत थी जब मानव जीवन का उद्देश्य उत्पादन हो गया है और उत्पादन का लक्ष्य सम्पदा हो गयी है। इस बदलाव के लिए उपयोग मूल्य को विनिमय मूल्य से अलगाना और उसके अधीन लाना ज़रूरी था। मेस्ज़ारोस सम्पदा के उत्पादन के बरक्स उत्पादन की समृद्धि पर ज़ोर देते हैं। इसके बाद वे बताते हैं कि पूँजीवाद असल में बर्बादी को बढ़ावा देता है। इसका उदाहरण यूज़ ऐंड थ्रो की संस्कृति है। अब टिकाऊ चीज़ों को बनाना उसका लक्ष्य नहीं रह गया है। यहाँ तक कि गुणवत्ता वाली चीज़ें बनाने के मुक़ाबले उसका ज़ोर उत्पादन की मात्रा पर होता है। मेस्ज़ारोस के अनुसार पूँजीवाद उपयोग में निरंतर गिरावट को जन्म देता है। उपयोग की घटती हुई दर पूँजीवादी उत्पादन और उपभोग के सभी बुनियादी पहलुओं, वस्तुओं और सेवाओं, कारख़ाना और मशीनरी तथा श्रम शक्ति पर नकारात्मक प्रभाव डालती है। इसका ज्वलंत उदाहरण सैन्य औद्योगिक परिक्षेत्र है।

मार्क्स ने कहा था कि पूँजी जीवंत अंतर्विरोध है इसलिए हमें इसके साथ जुड़ी किसी भी प्रवृत्ति पर सोचते समय उसकी विपरीत प्रवृत्ति को भी ध्यान में रखना चाहिए। मसलन पूँजी की एकाधिकारी प्रवृत्ति का विरोध प्रतियोगिता से होता है, केंद्रीकरण का विरोध बिखराव से, अंतर्राष्ट्रीकरण का राष्ट्रवाद और क्षेत्रीय विशिष्टता से तथा संतुलन का विरोध संतुलन-भंग से होता है। यह भी दिमाग़ में रखना होगा कि पूँजी की व्यवस्था का विकास असमान होता है इसलिए ये सभी प्रवृत्तियाँ और प्रति-प्रवृत्तियाँ एक साथ सभी देशों में नहीं भी प्रकट हो सकती हैं।

पूँजीवाद ने एक समय मुक्त प्रतियोगिता से जन्म लिया था लेकिन प्रतियोगिता के विध्वंसक होने पर उसे संगठित पूँजीवाद की शक्ल दी गयी। इसका अर्थ संकट का ख़ात्मा नहीं था लेकिन यह बदलाव कुछ मार्क्सवादी विचारकों में भ्रम फैलाने में कामयाब रहा। फ्रैंकफ़र्ट स्कूल के विचारकों ने इसे ही एक नयी संरचना मान लिया और मज़दूरों को समाहित कर लेने की व्यवस्था की क्षमता को बढ़ा-चढ़ाकर आँकने लगे ।

मार्क्स की पूँजी संबंधी समूची परियोजना की एक झलक देने के लिए मेस्ज़ारोस *ग्रुंडरिसे* से एक लम्बा उद्धरण देते हैं जिसके मुताबिक़ बूर्ज्वा समाज उत्पादन का सबसे विकसित और सबसे जटिल ऐतिहासिक संगठन है। जिन कोटियों के ज़रिये इसके रिश्तों को व्यक्त किया जाता है, इसकी संरचना को समझा जाता है, वे उन सभी लुप्तप्राय समाजों की संरचनाओं और उत्पादन संबंधों को समझने की अंतर्दृष्टि प्रदान करती हैं जिनके ध्वंसावशेषों और तत्त्वों से यह निर्मित हुआ है, और जिनके कुछेक अविजित अवशेष अब भी इसके साथ लगे-लिपटे हुए हैं, जिनके छिपे मानी इसमें पूरी तरह प्रकट हुए हैं। इसके आधार पर वे नतीजा निकालते हैं कि मार्क्स का इरादा सिर्फ़ पूँजीवादी उत्पादन की कमियों की गणना करना नहीं था। वे मानव समाज को उन परिस्थितियों से बाहर निकालना चाहते थे जिनमें मनुष्य की ज़रूरतों की संतुष्टि को पूँजी के उत्पादन के अधीन कर दिया गया था।

किताब के तक़रीबन अंत में मेस्ज़ारोस ने लिखा है कि वर्तमान दौर समाजवाद के लिए रक्षात्मक के बजाय आक्रामक रणनीति का है। इस दौर की शुरुआत की बात करते हुए इसे वे पूँजी के संरचनागत संकट से जोड़ते हैं और इस संकट के लक्षण गिनाते हुए बताते हैं कि यह सार्वभौमिक है, उत्पादन की किसी विशेष शाखा तक महदूद नहीं है। इसका प्रभाव क्षेत्र सचमुच भूमण्डलीय है, किसी देश विशेष तक सीमित नहीं है। यह दीर्घकालीन, निरंतर, स्थायी है, पहले के संकटों की तरह चक्रीय नहीं है। इसका प्रकटीकरण रेंगने की गति से हो रहा है, नाटकीय विस्फोट की तरह नहीं। वे इसकी शुरुआत 1960 दशक के अंत से मानते हुए तीन घटनाओं का उल्लेख करते हैं जिनमें यह संकट फूट पड़ा था : वियतनाम युद्ध में पराजय के साथ अमेरिकी प्रत्यक्ष आक्रामक दख़लंदाज़ी का ख़ात्मा और मई, 1968 में फ्रांस और अन्य विकसित पूँजीवादी केंद्रों में लोगों का व्यवस्था के प्रति विक्षोभ का प्रकटीकरण। चेकोस्लोवाकिया और पोलैण्ड जैसे उत्तर औद्योगिक मुल्कों में सुधार की कोशिशों का दमन जिनके ज़रिये पूँजी के संरचनागत संकट की सम्पूर्णता का अंदाज़ा लगा।

मेस्ज़ारोस का कहना है कि इन घटनाओं के ज़रिये उन परिघटनाओं का पता चलता है जो तब से आज तक की तमाम घटनाओं के पीछे कार्यरत रही हैं। उनके अनुसार महानगरीय या विकसित पूँजीवादी देशों के अल्पविकसित देशों के साथ शोषण के संबंध एकतरफ़ा तौर पर निर्धारित होने के बजाय परस्पर निर्भरता से संचालित होने लगे। पश्चिमी पूँजीवादी देशों के अंदरूनी और आपसी अंतर्विरोध और समस्याओं का उभार तेज़ हो गया। वस्तुतः मौजूदा समाजवाद के उत्तर औद्योगिक देशों और समाजों के संकट आपसी विवादों के ज़रिये प्रकट होने लगे ।

समाजवादी आक्रामकता के दौर की राजनीतिक कार्रवाई के लिहाज़ से वे कहते हैं कि अर्थतंत्र की पुनर्संरचना तक अपने आपको सीमित रखने की रणनीति पर दोबारा सोचना चाहिए और उसकी जगह वर्तमान संदर्भ में राजनीति के क्रांतिकारी पुनर्गठन के कार्यभार पर बल देना चाहिए। इस लिहाज़ से गैर-संसदीय कार्रवाई का अपार महत्त्व है। सच्ची समाजवादी आर्थिक पुनर्संरचना की अनिवार्य पूर्वशर्त राजनीति का जनोन्मुखी पुनर्गठन है।

मेस्ज़ारोस का कहना है कि मार्क्स ने पूँजी के दो मूल्य बताये थे- उपयोग मूल्य और विनिमय मूल्य। पूँजीवाद असल में विनिमय मूल्य की प्रभुता से जुड़ा हुआ है। जबकि मनुष्य की ज़रूरतें उपयोग मूल्य से जुड़ी हुई हैं इसलिए लेन-देन के क्षेत्र में उपयोग मूल्य के विस्तार से पूँजीवाद कमज़ोर होता है। इसी तत्त्व को लेबोविट्ज़ लैटिन अमेरिकी देशों के समाजवादी प्रयोगों में फलीभूत होता हुआ पाते हैं और इसी को वे इक्कीसवीं सदी के समाजवाद की संज्ञा देते हैं जो बीसवीं सदी के प्रयोगों से भिन्न है। यही तर्क बहुत कुछ जिजैक का भी है जो 'अकुपाई वाल स्ट्रीट' आंदोलन के बाद ख़ासे चर्चित हुए हैं। वे पूँजी के वर्तमान संकट का कारण विनिमय मूल्य की बेलगाम बढ़ोतरी में देखते हैं ।

ऊपर के विवरण से स्पष्ट है कि रणधीर सिंह द्वारा अपनी किताब मेस्ज़ारोस को समर्पित करने के बावजूद मेस्ज़ारोस से उनके सैद्धांतिक विरोध सतही नहीं बल्कि बहुत कुछ बुनियादी हैं। इसकी जड़ दोनों के अनुभव की दुनिया अलग होने में निहित है। रणधीर सिंह तीसरी दुनिया के एक देश में समाजवादी आंदोलन के विकास से जुड़े हुए हैं और यह चीज़ उनकी सैद्धांतिकी को ठोस ज़मीन देती है जबकि मेस्ज़ारोस के लेखन में अमेरिका में उनकी रिहायश और 1956 में हंगरी पर सोवियत हमले की अनुगूँजें सुनी जा सकती हैं ।

देखें : अर्नेस्टो चे गुएवारा, आधार और अधिरचना, ऑस्कर रायज़ार्ड लांगे, आंगिक और पारम्परिक बुद्धिजीवी, एंतोनियो ग्राम्शी, कार्ल हाइनरिख़ मार्क्स-1, 2. 3 और 4, क्रांति, क्रांति : मार्क्सवादी विमर्श, ग्योर्गी लूकाच, निष्क्रिय क्रांति, फ्रेड्रिख़ एंगेल्स, फ़्रैंकफ़र्ट स्कूल, भारत में किसान संघर्ष-2 और 4, भारतीय कम्युनिस्ट पार्टी, भारतीय कम्युनिस्ट पार्टी (मार्क्सवादी), भारतीय इतिहास लेखन-1 से 4 तक, भाषा के मार्क्सवादी सिद्धांत, भ्रांत चेतना, बोल्शेविक क्रांति, फ्रांस्वा-चार्ल्स मारी फ़ूरिये, क्यूबा की क्रांति, फ्रेंज़ फ़ानो, हिंसा-1 और 2, मानवेंद्र नाथ राय, माओ त्से-तुंग, माओवाद और माओ विचार, मार्क्सवाद-1 से 5 तक, मार्क्सवादी इतिहास-लेखन, मार्क्सवादी समाजशास्त्र, मार्क्सवाद और पारिस्थितिकी, मार्क्सवादी अर्थशास्त्र, मिख़ायल मिख़ायलोविच बाख़्तिन, समाजवादी वसंत-1 से 4 तक, रॉबर्ट ओवेन, राज्य की मार्क्सवादी अवधारणा, लेनिनवाद, लियोन ट्रॉट्स्की, लिबरेशन थियोलॅजी, वाल्टर बेंजामिन, सांस्कृतिक क्रांति, सैं-सिमों, स्तालिन और स्तालिनवाद, सोवियत समाजवाद-1, 2 और 3, सोवियत सिनेमा, वर्चस्व, व्लादिमिर इलीच लेनिन।

संदर्भ

1. इस्तवान मेस्ज़ारोस (2000), *बियॉन्ड कैपिटल,* खण्ड 1 और 2, के.पी. बागची, कोलकाता.
2. इस्तवान मेस्ज़ारोस (2009), *द चैलेंज ऐंड बर्डेन ऑफ़ हिस्टोरिकल टाइम,* आकार बुक्स, नयी दिल्ली.

— गोपाल प्रधान

नयी सदी में मार्क्सवादी विमर्श-6

(पूँजी को कैसे पढ़ें : डेविड हार्वे)

(Discourse of Marxism in New Century-6)

डेविड हार्वे की किताब *अ कम्पैनियन टु मार्क्सज़ कैपिटल* (2010) नयी सदी के मार्क्सवादी विमर्श का एक अहम नुक़्ता है। डेविड हार्वे मूलतः भूगोलवेत्ता हैं। शहरों के अध्ययन के क्रम में उन्होंने मार्क्सवाद का व्यवस्थित अध्ययन किया। वे *पूँजी* पर हर साल अनौपचारिक व्याख्यान देते रहे हैं। किताब में *पूँजी* के सिर्फ़ पहले खण्ड का सांगोपांग अध्ययन किया गया है। शायद इसके पीछे यह आग्रह भी रहा हो कि मार्क्स चूँकि पहला खण्ड ही अपने जीवन में पूरा कर सके थे इसलिए उसी में उनकी अंतर्दृष्टि सबसे प्रामाणिक रूप से व्यक्त हुई होगी। हार्वे सबसे पहले प्रथम वाक्य की ओर ध्यान खींचते हैं कि इस वाक्य में दो बार 'प्रकट' शब्द आता है। एक बार यह कि जिन समाजों में पूँजीवादी उत्पादन प्रणाली व्याप्त है वहाँ सामाजिक सम्पदा मालों (पण्यों या कमोडिटीज़) के विशाल संचय के रूप में प्रकट होती है और

डेविड हार्वे (अ *कम्पैनियन टु मार्क्सज़ कैपिटल)*

दूसरी बार यह कि एक माल उसके प्राथमिक रूप के बतौर प्रकट होता है। हार्वे का ज़ोर इस इस बात पर है कि दोनों बार प्रकट होने का अर्थ एक ही नहीं है। यह शब्द मार्क्स की पूरी किताब में अनेक बार आया है जिसका मतलब है कि उनके मुताबिक़ जो ऊपर से दिखाई दे रहा है उसके नीचे कुछ चल रहा है जो असली है। दूसरी बात यह कि मार्क्स सिर्फ़ पूँजीवादी उत्पादन प्रणाली पर विचार करना चाहते हैं।

हार्वे के अनुसार *पूँजी* ऐसी किताब है जिसमें दार्शनिकों, अर्थशास्त्रियों, नृतत्त्वशास्त्रियों, पत्रकारों और राजनीति-विज्ञानियों के साथ ही तमाम साहित्यकार, परीकथाएँ और मिथक आते रहते हैं। किताब के रूप में इसे पढ़ना अलग तरह का अनुभव है क्योंकि खण्डित उद्धरणों से बृहत्तर तर्क के भीतर उनकी अवस्थिति समझ में नहीं आती। सभी तरह के अनुशासनों में दीक्षित लोग इसमें भिन्न अर्थ निकालते हैं क्योंकि यह पाठक का ध्यान भिन्न क़िस्म के स्रोतों की ओर ले जाती है। इन स्रोतों को मार्क्स आलोचनात्मक विश्लेषण की धारा से जोड़ते हैं। आलोचनात्मक विश्लेषण का अर्थ पहले के सोच-विचार को एकत्र कर उसे नये ज्ञान में बदल देना है।

हार्वे बताते हैं कि मार्क्स अपनी किताब की समस्याओं के प्रति सचेत थे और भूमिकाओं में उन्होंने इनकी चर्चा की। फ्रांसीसी संस्करण की भूमिका में उन्होंने स्वीकार किया कि अगर इसे धारावाहिक रूप से छापा जाए तो मज़दूर वर्ग के लिए अच्छा होगा लेकिन उन्होंने सावधान भी किया कि इससे पुस्तक की समग्रता को एकबारगी ग्रहण करने में असुविधा होगी। इस किताब में मार्क्स का मक़सद राजनीतिक अर्थशास्त्र की आलोचना के ज़रिये पूँजीवाद की कार्यपद्धति को उद्घाटित करना था। इस लिहाज़ से उन्होंने दूसरे संस्करण की भूमिका में लिखा कि प्रस्तुति का रूप गवेषणा की पद्धति से अलग होना ही चाहिए। गवेषणा के दौरान विस्तार से सामग्री एकत्र करके उसके विकास के अलग-अलग रूपों का विश्लेषण किया जाता है, उनके आपसी संबंधों की छानबीन की जाती है। इस काम के ख़त्म होने के बाद ही उस विकास की प्रस्तुति सम्भव होती है। मार्क्स की गवेषणा में यथार्थ की अनुभूति तथा उस अनुभूति का राजनीतिक अर्थशास्त्रियों, दार्शनिकों और उपन्यासकारों द्वारा वर्णन आता है। इसके बाद वे समस्त सामग्री की गहन आलोचना करते हैं, ताकि उस यथार्थ की कार्यपद्धति को स्पष्ट करने वाले कुछ सरल किंतु ज़ोरदार धारणाओं को खोज सकें। आम तौर पर मार्क्स किसी परिघटना को समझने के लिए गहरी धारणाओं के निर्माण के लिए उनके सतही आभास के विश्लेषण से शुरुआत करते हैं। इसके बाद सतह के नीचे उतरकर असल में कार्यरत शक्तियों को उद्घाटित करते हैं।

हार्वे के अनुसार मार्क्स की इस किताब को पढ़ते हुए उनकी धारणाओं को लेकर पहले उलझन होती है कि आख़िर ये धारणाएँ आ कहाँ से रही हैं लेकिन धीरे-धीरे आप मूल्य और वस्तु-पूजा जैसी धारणाओं को समझना शुरू कर देते हैं। मार्क्स माल (या पण्य) की धारणा से शुरू करते हैं। उनके लेखन को देखते हुए उम्मीद बनती है कि बात वर्ग-संघर्ष से शुरू होनी चाहिए थी लेकिन तीन सौ पन्नों से पहले इस तरह की कोई बात ही नहीं शुरू होती। ख़ुद मार्क्स पहले मुद्रा से ही शुरू करना चाहते थे लेकिन अध्ययन के बाद उन्हें लगा कि पहले मुद्रा की व्याख्या करना ज़रूरी है। श्रम से भी तो शुरू कर सकते थे? कुछ क़ाग़जों से पता चलता है कि बीस-तीस सालों तक वे इस समस्या से जूझते रहे थे कि शुरू कहाँ से करें। अंत में उन्होंने माल से शुरू किया और इसकी कोई वजह भी नहीं बतायी है। मार्क्स ने जिस धारणात्मक औज़ार का निर्माण किया है उसे सिर्फ़ पूँजी के पहले खण्ड के लिए नहीं बल्कि अपने समूचे विश्लेषण के लिए बनाया है।

हार्वे का सुझाव है कि अगर आप पूँजीवादी उत्पादन पद्धति को समझना चाहते हैं तो तीनों खण्ड देखने होंगे और फिर भी एक बात ध्यान में रखना होगा कि जितनी बातें उनके दिमाग़ में थीं उनका महज़ आठवाँ हिस्सा ही वे लिख सके थे। अपनी किताब की पूरी योजना उन्होंने कुछ इस तरह बनायी थी : सामान्य, अमूर्त निर्धारक जो कमोबेश सभी सामाजिक रूपों में लागू होते हैं; वे कोटियाँ जो बूर्ज्वा समाज

की आंतरिक संरचना की बनावट हैं और जिन पर बुनियादी वर्ग आधारित हैं। जैसे, पूँजी, पगारजीवी श्रम, भू-सम्पदा, उनका अंतस्संबंध, शहर और देहात, तीन बड़े सामाजिक वर्ग, उनके बीच लेन-देन, वितरण, उधारी व्यवस्था (निजी), राज्य के रूप में बूर्ज्वा समाज का संकेंद्रण, उसका अपने साथ संबंध, अनुत्पादक वर्ग, कराधान, सरकारी क़र्ज़, सार्वजनिक उधारी, जनसंख्या, उपनिवेश, उत्प्रवास; उत्पादन का अंतर्राष्ट्रीय संबंध, अंतर्राष्ट्रीय श्रम विभाजन, अंतर्राष्ट्रीय विनिमय, निर्यात और आयात, विनिमय की दर; विश्व बाज़ार और संकट।

हार्वे का कहना है कि मार्क्स अपनी इस परियोजना को पूरा नहीं कर सके। इनमें से ज़्यादातर की समझदारी पूँजीवादी उत्पादन को समझने के लिए बेहद ज़रूरी है। पहले खण्ड में मार्क्स पूँजीवादी उत्पादन पद्धति को सिर्फ़ उत्पादन के नज़रिये से समझते हैं। दूसरे खण्ड (अपूर्ण) में विनिमय संबंधों का परिप्रेक्ष्य अपनाया गया है। तीसरे खण्ड (अपूर्ण) में पूँजीवाद के बुनियादी अंतर्विरोधों के उत्पाद के बतौर प्रथमत: संकट-निर्माण पर ध्यान केंद्रित किया गया है। उसके बाद ब्याज, वित्त पूँजी पर मुनाफ़ा, ज़मीन का किराया, व्यापारिक पूँजी पर मुनाफ़ा, कराधान आदि के रूप में अधिशेष के वितरण पर विचार किया गया है ।

हार्वे का विचार है कि मार्क्स की पद्धति द्वंद्ववादी थी जिसे उनके मुताबिक़ आर्थिक मुद्दों पर पहले लागू नहीं किया गया था। अब दिक़्क़त यह है कि अगर आप किसी ख़ास अनुशासन में गहरे धँसे हुए हैं तो सम्भावना ज़्यादा इस बात की है कि द्वंद्ववादी पद्धति का इस्तेमाल आपके लिए मुश्किल होगा। द्वंद्ववाद के मुताबिक़ प्रत्येक वस्तु गति में होती है। मार्क्स भी महज़ श्रम की नहीं बल्कि श्रम की प्रक्रिया की बात करते हैं। पूँजी भी कोई स्थिर वस्तु नहीं बल्कि गतिमान प्रक्रिया है। जब वितरण रुक जाता है तो मूल्य ग़ायब हो जाता है और पूरी व्यवस्था चरमरा जाती है। उनकी किताब में अक्सर वस्तुओं के बजाय उनके आपसी संबंधों का ज़िक्र दिखाई पड़ता है। आज की तारीख़ में पूँजी के अध्ययन की एक और समस्या है। पिछले तीस सालों से जो नव-उदारवादी प्रतिक्रांतिकारी धारा विश्व पूँजीवाद के क्षेत्र में प्रबल रही है उसने उन स्थितियों को और मजबूत किया है जिन्हें मार्क्स ने 1850-60 के दशक में इंग्लैण्ड में चिह्नित किया था ।

हार्वे बताते हैं कि मालों का व्यापार बाज़ार में होता है। सवाल खड़ा होता है कि आख़िर यह आर्थिक लेन-देन कैसा है। माल मनुष्य के किसी न किसी अभाव, ज़रूरत या इच्छा को पूरा करता है। यह हमसे बाहर मौजूद कोई वस्तु होती है जिसे हम अधिग्रहीत करते और अपनाते हैं। मार्क्स तुरंत ही घोषित करते हैं कि उन्हें उन ज़रूरतों की प्रकृति से कोई लेना-देना नहीं, उन्हें इससे भी कोई मतलब नहीं कि ये पेट से उपजती हैं या दिमाग़ से। उन्हें सिर्फ़ इससे मतलब है कि लोग उन्हें ख़रीदते हैं और इस काम का रिश्ता इस बात से है कि लोग जिंदा कैसे रहते हैं। अब माल तो लाखों हैं जिन्हें मात्रा या गुण के हिसाब से हज़ारों तरह से वर्गीकृत किया जा सकता है। लेकिन वे इस विविधता को एक किनारे धकेल कर उनको उनके सामान्य गुण में बदलते हैं जिसे वे उपयोगिता के बतौर व्याख्यायित करते हैं। वस्तु का यह उपयोग मूल्य उनके समूचे चिंतन में बेहद महत्त्वपूर्ण भूमिका निभाता है। मार्क्स ने कहा था कि सामाजिक विज्ञानों में प्रयोगशाला की सुविधा न होने से हमें अमूर्तन का सहारा लेना पड़ता है। आप देख सकते हैं कि कैसे भिन्न-भिन्न वस्तुओं के भीतर से उन्होंने अमूर्तन के ज़रिये उपयोग मूल्य प्राप्त किया। लेकिन जिस तरह के समाज का वर्णन मार्क्स कर रहे थे यानी पूँजीवादी समाज उसमें माल, विनिमय मूल्य के भी भौतिक वाहक होते हैं। हार्वे हमसे वाहक शब्द पर ग़ौर करने को कहते हैं क्योंकि किसी चीज़ का वाहक होना और वही चीज़ होने में फ़र्क़ है।

हार्वे की व्याख्या है कि जब हम बाज़ार में विनिमय की प्रक्रिया को देखते हैं तो नाना वस्तुओं के बीच विनिमय की नाना दरें और देश काल की भिन्नता होने से एक ही वस्तु की अलग-अलग विनिमय दरें दिखाई पड़ती हैं। इसलिए पहली नज़र में लगता है कि विनिमय दरें कुछ कुछ सांयोगिक और शुद्ध रूप से सापेक्षिक हैं। इससे प्रकट होता है कि अंतर्निहित मूल्य, यानी ऐसा विनिमय मूल्य जो वस्तु के साथ अभेद्य रूप से जुड़ा हुआ, उसमें अंतर्निहित है, का विचार आत्म-विरोधी प्रतीत होता है। यहाँ आकर वे कहते हैं कि भिन्न-भिन्न वस्तुओं में आपसी विनिमय के लिए ज़रूरी है कि वे किसी अन्य वस्तु से तुलनीय हों। उपयोग मूल्य के रूप में वस्तुएँ एक दूसरे से गुणात्मक तौर पर अलग होती हैं जबकि विनिमय मूल्य के रूप में उनमें सिर्फ़ मात्रा का भेद हो सकता है और उपयोग मूल्य का एक कण भी बचा नहीं रहता। वस्तुओं की विनिमेयता उनके उपयोग मूल्य पर निर्भर नहीं होती। सभी वस्तुएँ अपने उत्पादन में लगे मानव श्रम का वाहक होती हैं। हार्वे के मुताबिक़ मार्क्स मानव श्रम का अमूर्तन करते हुए यह दलील देते हैं कि समाज की समूची श्रम-शक्ति मालों की दुनिया में साकार होती है।

हार्वे का कहना है कि इस धारणा में वैश्विक पूँजीवाद की धारणा शामिल है जिसको मार्क्स ने *कम्युनिस्ट पार्टी का घोषणापत्र* में पूरी तरह से उद्घाटित किया था। आज का वैश्वीकरण तो उनके समय नहीं था लेकिन वे पूँजीवादी उत्पादन पद्धति की विश्वव्यापी उपस्थिति को भविष्य में साकार होता देख रहे थे। इसी के आधार पर उन्होंने मूल्य को सामाजिक रूप से अनिवार्य श्रम-काल के बतौर परिभाषित किया। जिन्होंने रिकार्डो का लेखन देखा है वे समझेंगे कि

मार्क्स सामाजिक रूप से अनिवार्य श्रम-काल की धारणा के अलावा ज़्यादातर उन्हीं का अनुसरण कर रहे थे लेकिन यह छोटी-सी बात बहुत बड़ा फ़र्क़ पैदा कर देती है क्योंकि तुरंत ही सवाल पैदा होता है कि सामाजिक रूप से अनिवार्य क्या है और उसे तय कौन करता है। मार्क्स इसका कोई जवाब तो नहीं देते लेकिन पूरी किताब में यह विषय समाया हुआ है। पूँजीवादी उत्पादन पद्धति में आख़िर कौन सी सामाजिक अनिवार्यताएँ नत्थी हैं? यह हार्वे को बड़ा सवाल लगता है और अनिवार्यताओं के विकल्प खोजने के लिए प्रेरित करता है। मूल्य स्थिर नहीं होता बल्कि तकनीक और उत्पादकता में क्रांति होने पर बदलता रहता है। तकनीक और उत्पादकता के साथ ही वे अन्य कारकों की चर्चा भी करते हैं। इसमें शामिल हैं मज़दूरों के कौशल का औसत स्तर, विज्ञान के विकास और उसके तकनीकी प्रयोग का स्तर, उत्पादन प्रक्रिया का सामाजिक संगठन, उत्पादन के साधनों का विस्तार और प्रभाव और प्राकृतिक पर्यावरण की स्थितियाँ शामिल हैं। इनकी गणना करना मार्क्स का मक़सद नहीं है बल्कि वे महज़ इस तथ्य पर ज़ोर देना चाहते हैं कि वस्तु का मूल्य स्थिर नहीं होता वरन् अनेक कारकों से प्रभावित होता रहता है।

हार्वे का ख़याल है कि यहाँ आकर मार्क्स के तर्क में एक पेच पैदा होता है। वे उपयोग मूल्य की ओर दोबारा लौटते हैं और कहते हैं कि मूल्य बने बग़ैर भी किसी वस्तु का उपयोग-मूल्य हो सकता है। हम साँस लेते हैं लेकिन हवा को बोतल में बंद कर अब तक उसे ख़रीद-बेच नहीं सके हैं। वे यह भी जोड़ते हैं कि माल बने बग़ैर भी मानव श्रम का कोई उत्पाद उपयोगी हो सकता है। घरेलू अर्थतंत्र में बहुत कुछ माल उत्पादन से बाहर उत्पादित किया जाता है। इसलिए पूँजीवादी उत्पादन पद्धति में सिर्फ़ उपयोग मूल्य नहीं बल्कि दूसरों के लिए उपयोग मूल्य का उत्पादित होना ज़रूरी है जिसे बाज़ार की मार्फ़त दूसरों तक पहुँचना होता है। मतलब कि माल में उपयोग मूल्य और विनिमय मूल्य होते हैं लेकिन विनिमय मूल्य में निहित मूल्य के साकार होने के लिए उसमें उपयोग मूल्य का होना ज़रूरी है ।

हार्वे के अनुसार मार्क्स उपयोग-मूल्य को दो तत्त्वों का संश्रय मानते हैं : प्रकृति द्वारा प्रदत्त सामग्री और श्रम। इसलिए मनुष्य जब उत्पादनरत होता है तो प्रकृति के नियमों के अनुसार ही आगे बढ़ सकता है। हार्वे का यह अध्ययन एक हद तक पूँजी के प्रति उस आकर्षण का प्रमाण है जो अनेक आर्थिक और अर्थेतर कारणों से पैदा हुआ है।

देखें : अर्नेस्टो चे गुएवारा, आधार और अधिरचना, ऑस्कर रायज़ार्ड लांगे, आंगिक और पारम्परिक बुद्धिजीवी, एंतोनियो ग्राम्शी, कार्ल हाइनरिख़ मार्क्स-1, 2. 3 और 4, क्रांति, क्रांति : मार्क्सवादी विमर्श, ग्योर्गी लूकाच, निष्क्रिय क्रांति, फ्रेड्रिख़ एंगेल्स, फ्रैंकफ़र्ट स्कूल, भारत में किसान संघर्ष-2 और 4, भारतीय कम्युनिस्ट पार्टी, भारतीय कम्युनिस्ट पार्टी (मार्क्सवादी), भारतीय इतिहास लेखन-1 से 4 तक, भाषा के मार्क्सवादी सिद्धांत, भ्रांत चेतना, बोल्शेविक क्रांति, फ्रांस्वा-चार्ल्स मारी फ़ूरिये, क्यूबा की क्रांति, फ्रेंज़ फ़ानो, हिंसा-1 और 2, मानवेंद्र नाथ राय, माओ त्से-तुंग, माओवाद और माओ विचार, मार्क्सवाद-1 से 5 तक, मार्क्सवादी इतिहास-लेखन, मार्क्सवादी समाजशास्त्र, मार्क्सवाद और पारिस्थितिकी, मार्क्सवादी अर्थशास्त्र, मिख़ायल मिख़ायलोविच बाख़्तिन, समाजवादी वसंत-1 से 4 तक, रॉबर्ट ओवेन, राज्य की मार्क्सवादी अवधारणा, लेनिनवाद, लियोन ट्रॉट्स्की, लिबरेशन थियोलॅजी, वाल्टर बेंजामिन, सांस्कृतिक क्रांति, सैं-सिमों, स्तालिन और स्तालिनवाद, सोवियत समाजवाद-1, 2 और 3, सोवियत सिनेमा, वर्चस्व, व्लादिमिर इलीच लेनिन।

संदर्भ

1. डेविड हार्वे (2010), *अ कम्पैनियन टु मार्क्सिज़ कैपिटल*, वर्सो, लंदन-न्यूयॉर्क.
2. जोआन रॉबिंसन (1960), *एन एसे ऑन मार्क्सियन इकॉनॉमिक्स*, लंदन, मैकमिलन.
3. पी.एन. जुनानकर (1982), *मार्क्सिज़ इकॉनॉमिक्स*, फ़िलिप एन, डेडिंगटन.

— गोपाल प्रधान

नयी सदी में मार्क्सवादी विमर्श-7

(आरोपों के आईने में : टेरी ईगलटन)

(Discourse of Marxism in New Century-7)

साहित्यशास्त्र और सौंदर्यशास्त्र के विद्वान टेरी ईगलटन की किताब *व्हाई मार्क्स वाज़ राइट* मार्क्सवाद के बारे में प्रचारित भ्रमों का सरल-सहज भाषा में खण्डन करती है। ईगलटन सबसे पहले इस आपत्ति पर विचार करते हैं कि मार्क्सवाद औद्योगिक पूँजीवादी समाज की समस्याओं से जुड़ा हुआ था लेकिन अब दुनिया बदल चुकी है इसलिए इस उत्तर-औद्योगिक दुनिया में मार्क्सवाद की प्रासंगिकता समाप्त हो गयी है। इसका जवाब देते हुए वे कहते हैं कि अगर ऐसा हो जाए तो मार्क्सवादियों से अधिक कोई भी ख़ुश नहीं होगा। मार्क्सवाद तो बहुत कुछ चिकित्सा के पेशे की तरह है जिसका मक़सद अपनी ही ज़रूरत को ख़त्म करना है। मार्क्सवाद को तभी तक रहना है जब तक उसका विरोधी अर्थात् पूँजीवाद है। उनका कहना है कि आज पूँजीवाद ख़त्म होने के बजाय और भी आक्रामक होकर सामने आया है।

जहाँ तक पूँजीवाद का रूप बदलने की बात है— मार्क्स भी इस बात को जानते थे कि यह अत्यंत परिवर्तनशील है। मार्क्सवाद ने ही इसके अलग-अलग रूपों— व्यापारी, खेतिहर, औद्योगिक, इजारेदार, महाजनी— आदि को पहचाना और अलगाया था। जो पूँजीवाद आज अधिकाधिक अपने शुरुआती रूप में लौटता जा रहा है उसी के समर्थक इसे बदलाव साबित करने पर तुले हुए हैं। हुआ दरअसल यह है कि सत्तर और अस्सी के दशक में पूँजीवाद ने अपना रूप बदला था और पारम्परिक औद्योगिक उत्पादन की जगह उपभोक्तावाद, संचार, सूचना प्रौद्योगिकी और सेवा क्षेत्र की उत्तर-औद्योगिक संस्कृति सामने आयी। लेकिन मार्क्सवादियों के पीछे हटने या पाला बदलने का कारण पूँजीवाद के रूप का बदलाव नहीं बल्कि उसके ख़ात्मे की कल्पित असम्भाव्यता थी। उनका कहना है कि आज के पूँजीवाद की आक्रामकता का कारण पूँजी की दुश्चिंता है। यह आत्मविश्वास के कारण नहीं बल्कि भयजनित प्रतिक्रिया है। इसके पीछे दूसरे विश्व-युद्ध के बाद आये उछाल का ख़त्म होना है। इसी भय के कारण पूँजी हल्का भी विरोध बर्दाश्त नहीं कर पा रही है। पूँजी की इस नयी आक्रामकता के साथ वाम की निराशा ही मार्क्सवाद के अप्रासंगिक होने की घोषणाओं का मूल कारण है। आज की तारीख़ में मार्क्सवाद को बीते समय की बात कहना ऐसे ही है जैसे आग लगाने वालों की ताक़त का मुक़ाबला न कर पाने के कारण आग बुझाने की व्यवस्था को बेकार कह देना ।

इसके बाद ईगलटन दूसरे आरोप की चर्चा करते हैं कि मार्क्सवाद का सिद्धांत तो ठीक है लेकिन उसके व्यवहार ने बेकार की हिंसा को बढ़ावा दिया है। इसके उत्तर में वे आधुनिक समय के युद्धों की हिंसा को सामने रखकर बताते हैं कि उनके मुक़ाबले समाजवादी देशों की हिंसा कुछ भी नहीं है। जैसे पूँजीवाद तमाम ख़ून-ख़राबे के बावजूद अनेक सकारात्मक उपलब्धियों के लिए जाना जाता है वैसे ही समाजवादी समाजों की भी अपनी कमियों के बावजूद उल्लेखनीय उपलब्धियाँ रही हैं। सोवियत रूस में लोकतंत्र की कमी को उन परिस्थितियों में देखा जाना चाहिए जो क्रांति के तत्काल बाद पैदा हुईं। लेकिन समाजवाद ने इससे सीख भी ली है और पूँजीवाद की ताक़त को पहचानते हुए बाज़ार समाजवाद जैसी चीज़ विकसित करने की कोशिशें जारी हैं। हालाँकि उनकी ख़ूबियों-ख़ामियों की चर्चा भी होती है लेकिन महत्त्वपूर्ण बात नयी दिशा में आगे जाने का खुलापन है। इसके बाद विस्तार से वे इस तरह के प्रयोगों में लोकतंत्र की सम्भावना पर विचार करते हैं ।

तीसरे आरोप की चर्चा करते हुए वे मार्क्सवाद को निर्धारणवादी साबित करने की कोशिश का ज़िक्र करते हैं। इसका उत्तर देते हुए वे बताते हैं कि मार्क्स की ज़्यादातर

टेरी ईगलटन (*व्हाई मार्क्स वाज़ राइट*)

मान्यताओं का उत्स उनसे पहले के चिंतकों में मौजूद है। वर्ग-संघर्ष की धारणा के साथ उत्पादन-संबंध को जोड़कर सामाजिक परिवर्तन का एक ख़ाका प्रस्तुत करना उनका मौलिक योगदान कहा जा सकता है और इसी पर निर्धारणवाद का आरोप भी लगा है। लेकिन ख़ुद मार्क्सवादियों ने इस पर सवाल उठाये हैं। इस मामले में द्वंद्वात्मकता पर ज़ोर देने के बावजूद वे कुछ हद तक इस आरोप को स्वीकार करते हैं लेकिन दूसरे तरह से मार्क्स के सोचने को भी रेखांकित करते हैं। उनका कहना है कि हालाँकि मार्क्स सामाजिक परिवर्तन में उत्पादक शक्तियों की प्रधान भूमिका देखते हैं लेकिन उत्पादन संबंधों की भूमिका को भी पूरी तरह ख़ारिज नहीं करते। वे सामाजिक परिवर्तन में मनुष्य को सचेतन कारक के तौर पर भी देखते हैं। ईगलटन यह भी बताते हैं कि मार्क्स के तईं इतिहास एक रेखीय तरीक़े से नहीं आगे बढ़ता बल्कि उनके चिंतन में पर्याप्त जटिलता को समाहित करने की गुंजाइश है ।

चौथे आरोप की चर्चा ईगलटन इस रूप में करते हैं कि मार्क्स के सपनों का साम्यवाद मनुष्य की प्रकृति को अनदेखा करके गढ़ा गया है। मनुष्य स्वार्थी, संग्रही, आक्रामक और स्पर्धा करने वाला प्राणी होता है। इस बात को भुलाकर मार्क्स साम्यवाद का सपना बुनते हैं। इस आरोप को ईगलटन सिरे से ख़ारिज करते हैं और बताते हैं कि असल में तो मार्क्स पर यह आरोप ज़्यादा सही होगा कि वे भविष्य की कोई समग्र रूपरेखा नहीं खींचते। भविष्य को लेकर अटकल

न लगाने की मार्क्स की आदत के पीछे ईगलटन एक सचेत कोशिश देखते हैं और वह यह कि ऐसा करने से वर्तमान में करणीय के प्रति उत्साह ख़त्म हो जाएगा। वे कहते हैं कि भविष्यकथन मार्क्सवादियों का नहीं पूँजीवाद के समर्थकों का पेशा है जो आपके धन की सुरक्षा की गारंटी लिए फिरते हैं। असल में मार्क्स के जमाने में ढेर सारे लोग भविष्य के प्रति अगाध आशा से भरी भविष्यवाणी किया करते थे क्योंकि उन्हें लगता था कि दुनिया को तर्क की ताक़त से बदला जा सकता है लेकिन मार्क्स के लिए यह काम वर्तमान के ठोस संघर्षों के ज़रिये होना था। वे मानते थे कि वर्तमान में ही वे शक्तियाँ होती हैं जो भविष्य का निर्माण करती हैं। मज़दूर आंदोलन का काम उन शक्तियों को मुक्त करना है।

पाँचवें आरोप की चर्चा करते हुए वे मार्क्सवाद द्वारा हरेक समस्या को आर्थिक साबित करने के आरोप का उल्लेख करते हैं। मार्क्स के विरोधी कहते हैं कि कला, धर्म, राजनीति, क़ानून, नैतिकता, युद्ध आदि को अर्थिक व्यवस्था का प्रतिबिम्ब माना गया है और इस तरह मार्क्स जिस पूँजीवाद का विरोध कर रहे थे उसी के तर्क से ग्रस्त दिखाई पड़ते हैं। इसके बारे में जवाब देते हुए ईगलटन कहते हैं कि आर्थिक पहलू तो इतना स्पष्ट है कि इस पर संदेह किया ही नहीं जा सकता। कुछ भी करने से पहले मनुष्य को खाना-पीना होता है। *जर्मन आइडियॉलॅजी* में मार्क्स लिखते हैं कि पहला ऐतिहासिक कार्य हमारी भौतिक ज़रूरतों को पूरा करने के साधनों का उत्पादन है, इसके बाद ही कोई और काम किया जा सकता है। संस्कृति का आधार श्रम है। भौतिक उत्पादन के बिना कोई सभ्यता सम्भव नहीं। लेकिन मार्क्सवाद इतना ही नहीं है। वह कहता है कि इसी से अंततः सभ्यता का स्वभाव तय होता है। वैसे भी मार्क्स के विरोधी इससे इनकार नहीं करते बस वे अपघटन पर आपत्ति प्रकट करते हैं। वे निर्धारकों की बहुलता पर ज़ोर देते हैं। लेकिन क्या इस बहुलता के भीतर किसी एक की प्रधानता नहीं होती? इसे मानने से कारकों की बहुलता खण्डित नहीं होती। माना जा सकता है कि कोई परिघटना बहुत से कारकों का परिणाम होती है लेकिन उन सबको समान रूप से महत्त्वपूर्ण मानना मुश्किल है। आपत्ति असल में किसी एक की प्रधानता पर नहीं बल्कि प्रत्येक प्रसंग में एक ही कारक की प्रधानता पर है। इतिहास में पैटर्न की मौजूदगी से किसी को कैसे इनकार हो सकता है? मसलन समूचे युरोप में फ़ासीवाद एक ही समय में उभरना एक ऐसे ही पैटर्न की ओर इंगित करता है। यह सही नहीं कि मार्क्स के लिए इतिहास का महावृत्तांत प्रगति का है बल्कि अगर है भी तो तकलीफ़ और कष्ट का है। असल में मार्क्स के लेखन में अन्य तमाम चीज़ों को आर्थिक में अपघटित नहीं किया गया है बल्कि राजनीति, संस्कृति, विचार, विज्ञान, विचार और सामाजिक अस्तित्व का स्वतंत्र इतिहास है, वे महज़ अर्थतंत्र की छायाएँ नहीं बल्कि उस पर भी प्रभाव डालने में समर्थ तत्त्व हैं। आधार और अधिरचना के बीच एकतरफ़ा सम्पर्क नहीं होता बल्कि पारस्परिकता होती है। बात यह है कि मनुष्य जिस तरह अपने भौतिक जीवन का उत्पादन करते हैं वह उनके द्वारा सृजित सांस्कृतिक, सामाजिक, राजनीतिक और क़ानूनी संस्थाओं का रूप तय करता है। निर्धारित का अर्थ यहाँ सीमा निश्चित करना है।

ईगलटन की व्याख्या है कि उत्पादन-पद्धति सीधे ख़ास तरह की राजनीति, संस्कृति या विचारधारा को पैदा नहीं करती, न ही एक ही तरह के विचारों को जन्म देती है। अगर ऐसा होता तो पूँजीवादी दौर में मार्क्सवाद का जन्म ही असम्भव होता। यह कहना ठीक नहीं कि मार्क्स इतिहास की आर्थिक व्याख्या पेश करते हैं, बजाय इसके उनके अनुसार इतिहास की चालक शक्ति वर्ग और वर्ग संघर्ष हैं जो मार्क्स के लेखन में आर्थिक से ज़्यादा सामाजिक कोटि हैं। मार्क्स सामाजिक उत्पादन संबंधों और सामाजिक क्रांति की बात करते हैं। सामाजिक कोटि के रूप में वर्ग के निर्धारण में रीति रिवाज़, परम्परा, सामाजिक संस्थाएँ, मूल्य मान्यता और सोचने की आदतें शामिल हैं। वे राजनीतिक परिघटना भी हैं। मार्क्स के लेखन से यह भी संकेत मिलता है कि जिस वर्ग का कोई राजनीतिक प्रतिनिधित्व नहीं वह सही मायने में वर्ग ही नहीं है। वर्ग के वर्ग सचेत होने में क़ानूनी, सामाजिक, सांस्कृतिक और वैचारिक प्रक्रियाएँ मदद करती हैं। असल में तो मार्क्स की पूरी लड़ाई मनुष्य को महज़ आर्थिक बना देने वाली व्यवस्था से है। इसीलिए उनकी कल्पना के समाज में इतनी प्रचुरता होनी है कि मनुष्य को हर वक़्त धन के बारे में न सोचना पड़े।

देखें : अर्नेस्टो चे गुएवारा, आधार और अधिरचना, ऑस्कर रायज़ार्ड लांगे, आंगिक और पारम्परिक बुद्धिजीवी, एंतोनियो ग्राम्शी, कार्ल हाइनरिख़ मार्क्स-1, 2. 3 और 4, क्रांति, क्रांति : मार्क्सवादी विमर्श, ग्योर्गी लूकाच, निष्क्रिय क्रांति, फ्रेड्रिख़ एंगेल्स, फ्रैंकफ़र्ट स्कूल, भारत में किसान संघर्ष-2 और 4, भारतीय कम्युनिस्ट पार्टी, भारतीय कम्युनिस्ट पार्टी (मार्क्सवादी), भारतीय इतिहास लेखन-1 से 4 तक, भाषा के मार्क्सवादी सिद्धांत, भ्रांत चेतना, बोल्शेविक क्रांति, फ्रांस्वा-चार्ल्स मारी फ़ूरिये, क्यूबा की क्रांति, फ्रेंज़ फ़ानो, हिंसा-1 और 2, मानवेंद्र नाथ राय, माओ त्से-तुंग, माओवाद और माओ विचार, मार्क्सवाद-1 से 5 तक, मार्क्सवादी इतिहास-लेखन, मार्क्सवादी समाजशास्त्र, मार्क्सवाद और पारिस्थितिकी, मार्क्सवादी अर्थशास्त्र, मिख़ायल मिख़ायलोविच बाख़्तिन, समाजवादी वसंत-1 से 4 तक, रॉबर्ट ओवेन, राज्य की मार्क्सवादी अवधारणा, लेनिनवाद, लियोन ट्रॉट्स्की, लिबरेशन थियोलॅजी, वाल्टर बेंजामिन, सांस्कृतिक क्रांति, सैं-सिमों, स्तालिन और स्तालिनवाद, सोवियत समाजवाद-1, 2 और 3, सोवियत सिनेमा, वर्चस्व, व्लादिमिर इलीच लेनिन।

संदर्भ

1. टेरी ईगलटन (2011), *व्हाई मार्क्स वाज राइट*, येल युनिवर्सिटी प्रेस.

— **गोपाल प्रधान**

नयी सदी में मार्क्सवादी विमर्श-8

(हिंसा और कठोर राज्य का सवाल)

(Discourse of Marxism in New Century-8)

मार्क्सवाद विरोधी चिंतक प्रायः कहते रहे हैं कि मार्क्स परम भौतिकवादी थे। उनके लिए मानवता की आध्यात्मिक उपलब्धियों का कोई मूल्य नहीं था। धर्म को तो उन्होंने ख़ारिज ही कर दिया था। इस तरह उनके चिंतन में ही स्तालिन अथवा परवर्ती कम्युनिस्ट शासकों के अत्याचारों के बीज निहित हैं। इस आरोप का उत्तर देते हुए ईगलटन कहते हैं कि मार्क्स इसके बारे में बहुत चिंतित नहीं थे कि दुनिया भौतिक तत्त्व से बनी है या आत्मा से। असल में तो वे मानते थे कि अमूर्त सरल और निर्गुण होता है जबकि ठोस समृद्ध और जटिल। अट्ठारहवीं सदी में ज्ञानोदय के भौतिकवादी चिंतकों के लिए अलबत्ता मनुष्य भौतिक दुनिया का यांत्रिक हिस्सा था। मार्क्स इस तरह की सोच को छद्म-चेतना मानते थे क्योंकि यह मनुष्यों की स्थिति निष्क्रिय बना देता था। उनके दिमाग़ ख़ाली स्लेट समझे जाते थे जिन पर बाहरी दुनिया के इंद्रिय संवेदन की छाप पड़नी थी और इसी से उसकी वैचारिक दुनिया का निर्माण होना था। मार्क्स ने इस क़िस्म के भौतिकवाद से नाता तोड़ा और नये क़िस्म का भौतिकवाद विकसित किया। उन्होंने मनुष्य को निष्क्रिय मानने वाले भौतिकवाद के मुक़ाबले उसे सक्रिय तत्त्व मानकर अपनी बात शुरू की। उनके मुताबिक़ मनुष्य अपने आस-पास के वातावरण को बदलने के क्रम में ख़ुद को भी बदलता जाता है। बहुसंख्यक लोगों की सामूहिक व्यावहारिक गतिविधि के ज़रिये ही हमारे जीवन को शासित करने वाले विचारों को बदला जा सकता है। मार्क्स के लिए मनुष्य का भौतिक अर्थात् शरीर और उसका चिंतन उतने अलग नहीं थे। मनुष्य की यह विशेषता है कि उसमें भौतिक और आध्यात्मिक को अलगाना सम्भव नहीं। आख़िर हमारा मस्तिष्क मांस का एक लोथड़ा भी है। मनुष्य की चेतना को समझने के लिए उसके सार्वजनिक व्यवहार के अलावा कोई दूसरा रास्ता नहीं होता।

सातवाँ सम्भव आरोप ईगलटन के मुताबिक़ यह हो सकता है कि वर्ग की कोटि बेहद पुरानी पड़ गयी है। यहाँ तक कि जिस मज़दूर वर्ग को उन्होंने क्रांति और समाजवाद का पुरस्कर्ता माना था उसका भी रूप इतना बदल चुका है कि आज वह मार्क्स की नज़र से देखने पर पहचान में ही नहीं आता। उत्तर में ईगलटन बताते हैं कि मार्क्सवाद वर्ग को महज़ शैली, हैसियत, आय, उच्चारण, पेशा आदि के आधार पर नहीं परिभाषित करता। यह इससे तय होता है कि किसी विशेष उत्पादन पद्धति में आप कहाँ खड़े हैं। मज़दूर वर्ग के विलोप की कथा बहुत दिनों से सुनायी पड़ती रही है। वर्गों के संघटक तत्त्व हमेशा से बदलते रहे हैं। वैसे भी पूँजीवाद विरोधों को धूमिल करता है, पुराने विभाजनों को मिटाकर नये मिश्रित रूपों को जन्म देता है, सिर्फ़ शोषण के मामले में वह समानतावादी होता है। असल में समाजवाद से भी अधिक समानता माल उत्पादन में होती है। मार्क्स इसी समरूपता के ख़िलाफ़ थे। आश्चर्य नहीं कि विकसित पूँजीवाद वर्गविहीनता को धोखा देता है। हालाँकि सबको पता है कि खाई लगातार चौड़ी हो रही है।

ईगलटन की निगाह में मार्क्स के लिए मज़दूर वर्ग का महत्त्व यह था कि वह पूँजीवादी व्यवस्था के भीतर मौजूद होता है, उसकी कार्यपद्धति को अच्छी तरह समझता है, राजनीतिक रूप से कुशल और सचेत समूह के बतौर संगठित कर दिया गया है, उसके सफल संचालन के लिए अपरिहार्य है लेकिन उसे बर्बाद करने में ही उसका हित है। इसलिए वही उसे हस्तगत करके उसकी उपलब्धियों का सबके फ़ायदे के लिए इस्तेमाल कर सकता है। मज़दूर वर्ग में मार्क्स का यक़ीन लोकतंत्र के प्रति उनकी गहन निष्ठा से उपजा था। मज़दूर वर्ग को वे सार्वभौम मुक्ति का नायक मानते थे। वर्ग पर मार्क्स का ज़ोर वर्ग की समाप्ति के लिए है। लेकिन इस काम को मज़दूर वर्ग अकेले नहीं कर सकता। उसे अन्य वर्गों के साथ संश्रय बनाना पड़ता है। ध्यान देने की बात है कि प्रोलेतेरियत शब्द की उत्पत्ति लैटिन भाषा में ऐसी महिलाओं के लिए प्रयुक्त शब्द से हुई है जो संतान पैदा करके ही राज्य की सेवा करती थीं। आज भी वे ही सबसे अधिक उत्पीड़ित हैं। इसी मायने में डेविड हार्वे कहते हैं कि आज दुनिया में सर्वहारा की तादाद अभूतपूर्व रूप से बढ़ गयी है। मार्क्स के लिए सर्वहारा का मतलब ऐसे लोगों से था जो पूँजीपति के हाथों अपनी श्रमशक्ति बेचने के लिए मजबूर होते हैं।

ईगलटन के अनुसार मार्क्स पर आठवाँ आरोप हिंसा को बढ़ावा देने का लगाया जा सकता है। इसी अर्थ में मार्क्सवाद और लोकतंत्र में तालमेल बैठाना असम्भव बताया जाता है। सही है कि क्रांति का विचार ही हिंसा और अराजकता की तस्वीर पैदा करता है। इसके विरोध में समाज-सुधार की कल्पना की जाती है जो शांतिपूर्ण और क्रमिक दिखाई पड़ता है, लेकिन अनेक समाज-सुधार आंदोलन भी हिंसक रहे हैं। उसी तरह अनेक क्रांतियाँ भी उतनी हिंसक नहीं रही हैं। हिंसा तो प्रतिरोध की तीव्रता के कारण होती है। मार्क्सवादियों की नज़र में किसी क्रांति की गहरायी का पैमाना हिंसा नहीं होता। राजनीतिक सत्ता पर क़ब्ज़े की कार्रवाई तात्कालिक मामला हो सकती है, लेकिन

क्रांति आम तौर पर दीर्घकालीन प्रक्रिया होती है। इसमें वैचारिक संघर्ष बड़ी भूमिका निभाता है ।

मार्क्सवाद पर एक आरोप यह लगाया जाता है कि वह कठोर राज्य की वकालत करता है। निजी सम्पत्ति को ख़त्म करने के बाद समाजवादी क्रांतिकारी तानाशाहों की तरह आचरण शुरू कर देंगे। वे लोगों की निजी स्वतंत्रता का अपहरण कर लेंगे। क्रांति के बाद स्थापित शासनों में ऐसा देखा भी गया है। इस विश्वास का कोई आधार नहीं है कि भविष्य में वे भिन्न व्यवहार करेंगे। उदारतावादी लोकतंत्र में ख़ामियों के बावजूद वह तानाशाही से बेहतर है। उत्तर देते हुए ईगलटन कहते हैं कि मार्क्स तो राज्य के ही विरोधी थे। उन्होंने ऐसे समय का सपना देखा था जब राज्य का लोप हो जाएगा। मार्क्स के विरोधी उनके सपने की खिल्ली उड़ा सकते है लेकिन उन पर तानाशाही को प्रोत्साहित करने का आरोप नहीं लगा सकते। असल में उनका सपना पूरी तरह हवाई नहीं था। साम्यवादी समाज में केंद्रीय प्रशासन के अर्थों में राज्य के विलोप की बात उनके कथन का सही अर्थ नहीं प्रतीत होती। किसी भी आधुनिक जटिल संस्कृति में उसकी ज़रूरत रहेगी। वे तो राज्य के हिंसा के औज़ार के बतौर इस्तेमाल के विरोधी लगते हैं। *कम्युनिस्ट घोषणापत्र* में उन्होंने कहा कि साम्यवाद में सार्वजनिक सत्ता का चरित्र राजनीतिक नहीं रहेगा। मार्क्स के समय ढेर सारे अराजकतावादी लोग थे लेकिन उनसे अलग मार्क्स ने कहा कि शायद इसी ऊपर बताये गये अर्थ में राज्य ओझल हो जाएगा। राज्य को मार्क्स निस्संग नहीं समझते और मानते हैं कि सामाजिक हितों के टकराव में वह पक्षपात करता है। ख़ासकर पूँजी और श्रम के टकराव में तो उसकी पक्षधरता खुलकर सामने आ जाती है। राज्य आम तौर पर प्रचलित सामाजिक व्यवस्था में बदलाव की कोशिशों के विरुद्ध उसे सुरक्षा प्रदान करता है। अगर सामाजिक व्यवस्था अन्यायपूर्ण है तो राज्य भी अन्याय का साथ देता है। राज्य के हिंसक होने में शायद ही किसी को संदेह होगा मार्क्स तो बस यह बताते हैं कि यह हिंसा किसकी सेवा में की जाती है। मार्क्स राज्य के बारे में इस मिथक को ध्वस्त करना चाहते थे कि वह शांति और सहयोग को बढ़ावा देता है। राज्य को वे एक ऐसी असम्पृक्त सत्ता मानते थे जो मनुष्य से अलग होकर उसके नाम पर उसके भाग्य का फ़ैसला करती है। मार्क्स खुद लोकतंत्रवादी थे और इसी नाते राज्य के तानाशाही तरीक़े के विरोध में थे। लोकतंत्र को वे महज़ सांसदों की सम्पत्ति बनाने के बजाय उसे समूचे समाज और उसकी संस्थाओं में समाया हुआ देखना चाहते थे। वे इसे आर्थिक और राजनीतिक क्षेत्र तक विस्तारित करना चाहते थे। उनका कहना था कि राज्य को अल्पसंख्या का बहुसंख्या पर शासन होने के बजाय नागरिकों द्वारा अपने आप पर शासन का तरीक़ा होना चाहिए। मार्क्स का मानना था कि राज्य नागर समाज से अलग हो गया है और दोनों के बीच विरोध पैदा हो गया है। इसी विरोध को ख़त्म करना और राज्य को समाज के निकट ले आना मार्क्स का लक्ष्य था। इसी को वे लोकतंत्र कहते और समझते थे जो उनके मुताबिक़ समाजवाद में अपनी पूर्णता में प्रकट होगा।

दसवें आरोप के बतौर ईगलटन इस राय का उल्लेख करते हैं कि पिछले चालीस बरसों के सारे क्रांतिकारी आंदोलन मार्क्सवाद की हद से बाहर हुए हैं। नारीवाद, पर्यावरण के आंदोलन, समलिंगी आंदोलन, पशुओं के अधिकार आंदोलन, वैश्वीकरण विरोधी आंदोलन, शांति आंदोलन आदि वर्ग की कोटि से बाहर गये और नयी राजनीतिक सक्रियता को जन्म दिया। वाम धारा तो है लेकिन वह उत्तर-वर्गीय और उत्तर-औद्योगिक संसार के लिहाज़ से चल रहा है। इसका जवाब देते हुए ईगलटन कहते हैं कि नये दौर का सबसे मज़बूत आंदोलन तो पूँजीवाद के विरुद्ध खड़ा हुआ है। उसे मार्क्सवाद से विच्छिन्न कैसे माना जा सकता है। जहाँ तक नारीवादी आंदोलन के साथ मार्क्सवाद का संबंध है यह बहुत सीधा-सादा नहीं रहा है। अगर कुछ पुरुष मार्क्सवादियों ने स्त्री-प्रश्न को सिरे से नकारा है तो कुछ अन्य ने इसे अपनी सैद्धांतिकी में शामिल करने की कोशिश भी की है। कुल मिलाकर नारीवाद में मार्क्सवाद का योगदान महत्त्वपूर्ण रहा है। इसी वजह से अनेक नारीवादियों ने माना कि पूँजीवाद की समाप्ति के बिना नारी-मुक्ति नहीं हो सकती। अन्य अब भी इस विश्वास पर क़ायम हैं कि शायद पूँजीवाद स्त्री-उत्पीड़न का ख़ात्मा कर देगा। हालाँकि पूँजीवाद के स्वभाव में ही मार्क्स स्त्री-उत्पीड़न नहीं देखते लेकिन पितृसत्ता और वर्गीय सत्ता एक दूसरे के साथ इस क़दर जुड़े हुए हैं कि एक की समाप्ति के बग़ैर दूसरे की समाप्ति की कल्पना मुश्किल नज़र आती है। एंगेल्स की किताब *परिवार, निजी सम्पत्ति और राजसत्ता का उदय* स्त्री आंदोलन का ज़रूरी पाठ बनी हुई है। क्रांति के बाद रूसी बोल्शेविकों ने स्त्री-मुक्ति के सवाल को पूरी गम्भीरता से उठाया और हल करने की कोशिश की। नारीवादी सवालों की तरह ही उपनिवेशवाद विरोधी संघर्षों में मार्क्सवादियों की भागीदारी सिद्धांत और व्यवहार के लिहाज़ से अतुलनीय रही है। सांस्कृतिक, लैंगिक, भाषाई, भिन्नता, अस्मिता आदि के सवाल राजसत्ता, भौतिक विषमता, श्रम के शोषण, साम्राज्यवादी लूट, जन राजनीतिक प्रतिरोध आदि रूपांतरण से जुड़े हुए हैं।

देखें : अर्नेस्टो चे गुएवारा, आधार और अधिरचना, ऑस्कर रायज़ार्ड, लांगे, आंगिक और पारम्परिक बुद्धिजीवी, एंतोनियो ग्राम्शी, कार्ल हाइनरिख़ मार्क्स-1, 2. 3 और 4, क्रांति, क्रांति : मार्क्सवादी विमर्श, ग्योर्गी लूकाच, निष्क्रिय क्रांति, फ्रेड्रिख़ एंगेल्स, फ्रैंकफ़र्ट स्कूल, भारत में किसान संघर्ष-2 और 4, भारतीय कम्युनिस्ट पार्टी, भारतीय कम्युनिस्ट पार्टी (मार्क्सवादी), भारतीय इतिहास लेखन-1 से 4 तक,

भाषा के मार्क्सवादी सिद्धांत, भ्रांत चेतना, बोल्शेविक क्रांति, फ्रांस्वा-चार्ल्स मारी फ़ूरिये, क्यूबा की क्रांति, फ्रेंज़ फ़ानो, हिंसा-1 और 2, मानवेंद्र नाथ राय, माओ त्से-तुंग, माओवाद और माओ विचार, मार्क्सवाद-1 से 5 तक, मार्क्सवादी इतिहास-लेखन, मार्क्सवादी समाजशास्त्र, मार्क्सवाद और पारिस्थितिकी, मार्क्सवादी अर्थशास्त्र, मिख़ायल मिख़ायलोविच बाख़्तिन, समाजवादी वसंत-1 से 4 तक, रॉबर्ट ओवेन, राज्य की मार्क्सवादी अवधारणा, लेनिनवाद, लियोन ट्रॉट्स्की, लिबरेशन थियोलॅजी, वाल्टर बेंजामिन, सांस्कृतिक क्रांति, सैं-सिमों, स्तालिन और स्तालिनवाद, सोवियत समाजवाद-1, 2 और 3, सोवियत सिनेमा, वर्चस्व, व्लादिमिर इलीच लेनिन।

संदर्भ

1. टेरी ईगलटन (2011), *व्हाई मार्क्स वाज राइट,* येल युनिवर्सिटी प्रेस.

— गोपाल प्रधान

नयी सदी में मार्क्सवादी विमर्श-9

(प्रासंगिकता का दावा : एरिक हॉब्सबॉम)

(Discourse of Marxism in New Century-9)

विख्यात इतिहासकार एरिक हॉब्सबॉम की विशालकाय किताब *हाउ टु चेंज द वर्ल्ड* में मार्क्स-एंगेल्स की मृत्यु के बाद मार्क्सवाद की विकास यात्रा को निरूपित किया गया है। इसमें मार्क्स-एंगेल्स और मार्क्सवाद की शास्त्रीय परम्परा के लेखकों के अलावा सिर्फ़ ग्राम्शी को शामिल किया गया है।

पुस्तक के पहले अध्याय 'मार्क्स टुडे' में हॉब्सबॉम आज के दौर में मार्क्स की लोकप्रियता की एक वजह यह मानते हैं कि सोवियत संघ के अधिकारिक मार्क्सवाद के अंत ने मार्क्स को लेनिनवाद और लेनिन की प्रेरणा से बने समाजवादी निज़ामों के संबंध से मुक्त कर दिया और इस बात की गुंजाइश बनी कि आज की दुनिया के प्रसंग में मार्क्स की प्रासंगिकता को नयी नज़र से देखा परखा जाए। दूसरी वजह उनके अनुसार यह है कि 1990 के दशक में उभरने वाली वैश्विक पूँजीवादी दुनिया बहुत कुछ *कम्युनिस्ट घोषणापत्र* में दर्ज दुनिया की तरह नज़र आयी। यह चीज़ घोषणापत्र की डेढ़ सौवीं वर्षगाँठ के समय ही दिखाई पड़ने लगी थी, क्योंकि उसी समय वैश्विक अर्थव्यवस्था में नाटकीय उथल-पुथल शुरू हुई थी। उनका कहना है कि निश्चय ही इक्कीसवीं सदी के मार्क्स बीसवीं सदी के मार्क्स से अलग

एरिक हॉब्सबॉम (*हाउ टु चेंज द वर्ल्ड*)

होंगे। पिछली सदी में मार्क्स की जो छवि बनी उसमें तीन तत्त्वों का योग था। पहला कि जिन मुल्कों में क्रांति एजेंडे पर थी और जिनमें नहीं थी वे अलग-अलग थे। इसी से दूसरी चीज़ यह बनी कि मार्क्स की विरासत दो हिस्सों में बँट गयी— सामाजिक-जनवादी और सुधारवादी विरासत, तथा रूसी क्रांति से बनी क्रांतिकारी विरासत। तीसरी चीज़ यानी 1914 से 1940 के बीच उन्नीसवीं सदी के पूँजीवाद और बूर्ज्वा समाज के विघटन से यह बात और भी उजागर हुई। तब लगा था कि पूँजीवाद शायद इस झटके से उबर नहीं पायेगा। वह उबरा तो लेकिन पुराने रूप में नहीं। दूसरी ओर सोवियत संघ में जो समाजवाद स्थापित हुआ वह अजेय लगता था। लेकिन ऐसी धारणा बनी कि उत्पादक शक्तियों का पूँजीवाद के मुक़ाबले तीव्र विकास ही समाजवाद की बरतरी साबित करेगा जो मार्क्स ने शायद नहीं सोचा था। मार्क्स ने यह नहीं कहा था कि पूँजीवाद इसलिए ख़त्म हो जाएगा कि वह उत्पादक शक्तियों का विकास करने में अक्षम हो गया है, बल्कि उनके अनुसार अति उत्पादन से पैदा पूँजीवाद का आवर्ती संकट अर्थतंत्र को नहीं चला पायेगा और असमाधेय सामाजिक संकटों को जन्म देगा। सामाजिक उत्पादन के परवर्ती अर्थतंत्र को जन्म देना पूँजीवाद के बस की बात नहीं, ऐसा समाजवाद के तहत ही हो पायेगा। अब बीसवीं सदी का यह समाजवादी मॉडल ख़त्म हो चुका है और दोबारा उसकी वापसी सम्भव नहीं है।

हॉब्सबॉम मानते हैं कि अनेक मामलों में मार्क्सवादी विश्लेषण अब भी प्रासंगिक है। पहला तो यह है कि पूँजीवादी आर्थिक विकास की अबाध वैश्विक गति और अपने सामने आने वाली किसी भी चीज़ का नाश— भले ही वह इससे कभी लाभान्वित हुआ हो, मसलन परिवार का ढाँचा। दूसरे, पूँजीवादी विकास के क्रम में आंतरिक अंतर्विरोधों का जन्म जिसमें अनंत तनाव और तात्कालिक समाधान, वृद्धि के साथ जुड़े हुए संकट और बदलाव,

अधिकाधिक वैश्विक होते अर्थतंत्र में भयावह केंद्रीकरण शामिल हैं। पुस्तक का दूसरा लेख मार्क्स से पहले के समाजवादियों से उनके संबंध को बताता है। इसके बाद मार्क्स के चिंतन में राजनीति की महत्ता बताने के बाद अलग अलग अध्यायों में उनकी और एंगेल्स की पुस्तकों *कण्डीशन ऑफ़ वर्किंग क्लास इन इंग्लैण्ड, कम्युनिस्ट घोषणापत्र, ग्रुंडरिज़* आदि की व्याख्या करने के बाद मार्क्स-एंगेल्स के लेखन के प्रकाशन और सम्पादन की हालत का वर्णन किया गया है। कह सकते हैं कि किताब का पहला खण्ड बाद में वर्णित मार्क्सवाद के विकास की पूर्व-पीठिका के बतौर लिखा गया है।

मार्क्सवाद के इस अध्ययन में हॉब्सबॉम उसे दो कालखण्डों में बाँट कर देखते हैं। वे पहले दौर को 1880-1914 तथा दूसरे दौर को 1929 से 1945 के बीच स्थिर करते हैं। 1914 से 1929 तक का दौर बिना किसी स्पष्टीकरण के छोड़ दिया है, लेकिन लेनिन के बाद सोवियत संघ और अन्य मुल्कों में हो रहे विकास के प्रति लेखक की अरुचि की झलक भी इससे मिलती है। उनके वर्णन में तीसरा दौर 1945 से 1983 तक का है। इसके बाद का उतार का दौर 1983 से 2000 तक का है।

मार्क्सवाद के पहले दौर के प्रभाव का विवरण देते हुए हॉब्सबॉम कहते हैं कि आम तौर पर मार्क्सवाद के समर्थक इतिहासकार जब उसका इतिहास लिखने बैठते हैं तो सबसे पहले मार्क्सवादियों और ग़ैर-मार्क्सवादियों के बीच अंतर करते हुए ग़ैर-मार्क्सवादियों को उसमें से निकाल बाहर करते हैं, जबकि उनके अनुसार मार्क्स, फ्रॉयड और डार्विन की तरह ही आधुनिक दुनिया की आम संस्कृति में समाये हुए हैं बावजूद इसके कि मार्क्सवाद के प्रभाव का गहरा रिश्ता मार्क्सवादी आंदोलनों से रहा है। यह प्रभाव दूसरे इंटरनैशनल के दिनों से ही महसूस होना शुरू हो गया था। 1880 और 1890 दशक के दौरान मार्क्स के नाम से जुड़े समाजवादी और मज़दूर आंदोलनों का विस्तार हुआ और उसी के साथ इन आंदोलनों के भीतर और बाहर मार्क्स के सिद्धांतों का प्रभाव भी बढ़ा। आंदोलन के भीतर अन्य वामपंथी विचारधाराओं से मार्क्सवाद को होड़ करनी पड़ी और अनेक देशों में वह प्रमुख विचार के रूप में स्थापित हुआ। आंदोलनों से बाहर यह प्रभाव कुछ अर्ध और पूर्व मार्क्सवादियों पर दिखाई पड़ा। उनमें से मशहूर नाम इटली में क्रोचे, रूस में स्त्रूवे, जर्मनी में सोमबार्ट तथा शैक्षिक जगत के बाहर बर्नार्ड शॉ आदि हैं। इसी समय वह प्रवृत्ति भी दिखाई पड़ी जिसके तहत अनेक लोग मार्क्सवाद से अपना नाता तो नहीं तोड़ते थे लेकिन धीरे-धीरे वे उसके जड़सूत्रवाद से दूर चले जाते थे। उन्हें ही बाद में संशोधनवादी बुद्धिजीवी कहा गया।

मार्क्स के विचारों का प्रसार इस दौर में मुख्य रूप से युरोप और प्रवासी युरोपियों में दिखाई पड़ता है। भारत में बंगाल के जो क्रांतिकारी 1914 से पहले सक्रिय थे, वे बाद में मार्क्सवादी बने। हालाँकि यह दौर मुश्किल से तीस बरसों का है फिर भी हॉब्सबॉम ने इसे तीन चरणों में बाँटा है। पहला चरण इंटरनैशनल की स्थापना के बाद के पाँच-छह बरसों का है जिसमें मार्क्सोन्मुखी समाजवादी और लेबर पार्टियों का जन्म और विस्तार हुआ। यह परिघटना मई दिवस जैसे कार्यक्रमों के ज़रिये अंतर्राष्ट्रीय स्तर पर महसूस की गयी। पूँजीवाद संकट में था और मज़दूर वर्ग में उसके विनाश की आशा पैदा हुई। इसी दौर में 1891 में जर्मन सोशल डमॉक्रैटिक पार्टी ने आधिकारिक रूप से मार्क्सवाद से अपने को जोड़ा। दूसरा चरण 1895 के बाद का है जब विश्व पूँजीवाद का प्रसार होने लगा। इस चरण में जन समाजवादी मज़दूर आंदोलनों की बढ़त जारी रही लेकिन इसी समय राष्ट्रीय आधार पर इस आंदोलन में विभाजन भी दिखाई पड़े।

मार्क्सवाद के विकास का दूसरा दौर फ़ासीवाद के विरोध से निर्मित है जिसे हॉब्सबॉम 1929 से 1945 तक स्थिर करते हैं। इस दौर में पश्चिमी युरोप और अंग्रेज़ी भाषी इलाक़ों में मार्क्सवाद गम्भीर बौद्धिक ताक़त के रूप में उभरा। बहरहाल 1920 में क्रांति की लहर के सुस्त पड़ते ही तीसरे इंटरनैशनल का मार्क्सवाद पश्चिमी बौद्धिकों के लिए उतना आकर्षक नहीं रह गया। उसके मुक़ाबले त्रात्सकीवाद का ज़्यादा आकर्षण दिखाई पड़ा, लेकिन इसका वास्तविक आंदोलन की दुनिया में कोई ख़ास दख़ल नहीं दे पाया। कम्युनिस्ट पार्टियाँ ज़्यादातर तीसरे इंटरनैशनल से प्रभावित थीं और उनके बुद्धिजीवी सदस्य इस स्थिति से असहज महसूस करते थे। इसी कारण पश्चिम में मार्क्सवाद का विकास बहुत कुछ उसकी मुख्य परम्परा से हटकर हुआ। सिर्फ़ साहित्य और कला के क्षेत्र में एक तरह का वामपंथी अंतर्राष्ट्रीय सहकार मौजूद रहा क्योंकि उसमें सैद्धांतिक प्रश्नों से इतर उस समय के आंदोलनों के प्रति भावनात्मक प्रतिबद्धता अभिव्यक्त हुई। इस क्षेत्र में आधुनिकता को लेकर बहस में आधिकारिक वाम के सामने बौद्धिकों ने समर्पण नहीं किया। अपनी देशी बौद्धिकता से कटे बग़ैर ये बुद्धिजीवी अंतर्राष्ट्रीय वाम संस्कृति के सहभागी बने।

फ़ासीवाद विरोध एक ऐसा बिंदु था जिसने दुनिया भर में वामपंथी लेखकों कलाकारों को एकजुट किया और उनकी स्वीकार्यता बढ़ायी। इसका बड़ा कारण इस दौर की महामंदी (1929-1933) भी थी। पूँजीवादी संकट के मुक़ाबले नियोजित समाजवादी उद्योगीकरण ने सोवियत संघ की लोकप्रियता में इजाफ़ा किया और हिटलर को लेकर पूँजीवादी मुल्कों के संदिग्ध रुख के मुक़ाबले उसकी पराजय में रूस की भूमिका ने तो और भी बड़े पैमाने पर उसके प्रशंसक पैदा

किये। 1936 में स्पेनी गणतंत्र के समर्थन में उठी लहर न होती तो वह लड़ाई अनजानी ही रह जाती। फ़ासीवाद के विरोध में कम्युनिस्टों की अग्रणी भूमिका ने उन्हें विश्व शांति आंदोलन में अगुआ बना दिया। इसी दौर में मार्क्सवाद का प्रसार पिछड़े मुल्कों ख़ासकर चीन और भारत में हुआ जो आगामी विकास के लिहाज़ से महत्त्वपूर्ण था ।

मार्क्सवाद के प्रभाव का तीसरा दौर हॉब्सबॉम के अनुसार 1945 से 1973 तक है। इस दौर के आते-आते अधिकांश युरोप में समाजवादी और मज़दूर आंदोलनों में मार्क्स के विचार सबसे बड़े प्रेरणा स्रोत हो गये और लेनिन तथा रूसी क्रांति की मार्फ़त बीसवीं सदी की सामाजिक क्रांतियों के लिए चीन से पेरू तक अंतर्राष्ट्रीय दिशा निर्देशक हो गये। दुनिया की एक तिहाई आबादी उन देशों में रहती थी जिनकी सरकारें मार्क्स के विचारों को अपना आधिकारिक मत घोषित करती थीं। इसके अलावा बाक़ी दुनिया में राजनीतिक आंदोलनों के ज़रिये ढेर सारे लोग मार्क्सवाद से जुड़े हुए थे। मानवता को प्रभावित करने के मामले में यह हैसियत पहले सिर्फ़ महान धर्मों के संस्थापकों को प्राप्त थी। इस क्रम में उनके विचारों में काफ़ी बदलाव भी किये गये लेकिन उनके मूल निश्चय ही मार्क्स के चिंतन में मौजूद थे। मज़े की बात यह है कि उनके नाम पर स्थापित सभी शासन उदार लोकतंत्र के विपरीत लक्षणों से युक्त थे। मार्क्स के विचारों का यह दबदबा सौ सालों के व्यापक आंदोलनों का नतीजा है। उनके विचारों का यह प्रभाव पूर्व सामाजिक जनवादी पार्टियों द्वारा उनके प्रभाव से इनकार, सोवियत संघ की बदनामी और स्तालिन के विरुद्ध रूस में ही शासन द्वारा संचालित अभियान के बावजूद बना हुआ है।

हॉब्सबॉम मार्क्सवाद की इस स्थिति के तीन सम्भव कारण गिनाते हैं। पहला यह कि मार्क्स की मृत्यु के बाद से ही यह यथास्थिति के लिए ख़तरनाक और मज़बूत राजनीतिक आंदोलनों के साथ और 1917 के बाद ख़तरनाक मानी जाने वाले सत्ताओं के साथ किसी न किसी तरह से जुड़ा रहा है। दूसरे कि मार्क्सवाद यथास्थिति का विरोध करते हुए भी एक बौद्धिक आंदोलन रहा है और सत्तर के दशक के बाद यथास्थिति का विरोध करके उसकी जगह नया समाज या कोई आदर्श बनाने का सपना देखने वाले सभी समाजवाद को ही अपना लक्ष्य घोषित करते रहे हैं। मार्क्स की मृत्यु के एक साल बाद पुराने काल्पनिक समाजवादों में से कोई भी नहीं बचा रह गया था, इसलिए समाजवाद की कोई भी आलोचना मार्क्सवाद की ही आलोचना मानी जाने लगी। तीसरा कारण बीसवीं सदी में बुद्धिजीवियों में इसके प्रति जबर्दस्त आकर्षण रहा है। उच्च शिक्षा में बढ़ोतरी के साथ इनकी संख्या अभूतपूर्व रूप से बढ़ती गयी और उनमें थोक के भाव मार्क्सवादी हुए। बहरहाल 1945 के बाद पच्चीस सालों तक तीन परिघटनाओं का मार्क्सवाद संबंधी बहस पर प्रभाव रहा है : 1956 के बाद सोवियत संघ और अन्य समाजवादी देशों के बीच के रिश्ते, तीसरी दुनिया और ख़ासकर लैटिन अमेरिकी देशों की घटनाएँ और, 1960 के दशक के अंतिम दिनों में औद्योगिक देशों के छात्रों की हड़तालें और उनका राजनीतिक रूप से क्रांतिकारी रुख पकड़ना। इसी दौर में रूस की घटती लोकप्रियता के बरक्स चीन, ख़ासकर माओ का, प्रभाव बढ़ा। क्रमशः क्रांति का गुरुत्व केंद्र अल्प विकसित देशों या तीसरी दुनिया की ओर खिसकता गया। इन देशों का समाजवाद में रूपांतरण सैद्धांतिक रूप से भी ज़्यादा बड़ा सवाल बनता गया। इस दौर में पहले के दोनों दौरों की तरह कोई अंतर्राष्ट्रीय कम्युनिस्ट केंद्र नहीं उभरा।

तीसरा दौर वे 1973 से 2000 तक मानते हैं जब उनके मुताबिक़ मार्क्सवाद में उतार आया हालाँकि सदी के अंतिम छोर पर उन्हें फिर से एक उभार दिखाई दे रहा है। असल में जो हुआ उसके लक्षण अस्सी दशक में ही दिखाई देने लगे थे जब पूर्वी युरोप के समाजवादी शासनों में संकट प्रकट होने लगे और चीन ने राह बदलनी शुरू की। हालाँकि रूस पर इनकी निर्भरता इतनी अधिक थी कि सोवियत संघ में कम्युनिस्ट पार्टी का शासन ढहते ही पूर्वी युरोप के मुल्कों में ताश के पत्तों की तरह शासन बिखरने लगे और चीनी शासन को रूस के प्रभाव से कोई सहानुभूति नहीं थी फिर भी पूरी दुनिया के वामपंथियों को इससे झटका लगा क्योंकि समाजवाद के निर्माण का यही एकमात्र गम्भीर प्रयास था। वह पूँजीवाद के पुराने और नये केंद्रों की शक्ति को प्रतिसंतुलित करने वाली महाशक्ति था।

अमेरिका में खड़े हुए 'ऑक्युपाई वाल स्ट्रीट' आंदोलन के साथ ही ढेर सारे लोग मार्क्सवाद की ओर खिंचे आ रहे हैं। मसलन, 2012 में डेविड हार्वे की किताब *रिबेल सिटीज़* प्रकाशित हुई है जिसमें युरोप, अमेरिका और दुनिया के अन्य तमाम बड़े शहरों में फूट पड़ने वाले आंदोलनों के नगर आधारित होने के मद्देनज़र शहर के क्रांतिकारी महत्त्व को समझाने की कोशिश की गयी है। हमारे देश में उद्योगीकरण के बाद मज़दूर आंदोलन तो ज़रूर शहर केंद्रित रहे लेकिन नये दौर में बढ़ते हुए नगरीकरण की पृष्ठभूमि में इस परिघटना पर भी ध्यान दिया जाना चाहिए।

हाल के दिनों में मार्क्सवाद की ओर रुझान को देखते हुए एक फ्रांसीसी मार्क्सवादी एलेन बादू ने इस समय को मार्क्सवाद के उभार का तीसरा दौर कहा है। इसके पहले के प्रथम दौर को वे 1792 में फ्रांसीसी गणतंत्र की स्थापना से लेकर 1781 में पेरिस कम्यून के पतन तक मानते हैं। दूसरा दौर 1917, की रूसी क्रांति से शुरू होकर 1967 में चीन में माओ की सांस्कृतिक क्रांति के ख़ात्मे तक चला था। नयी पीढ़ी के लोगों को बदलाव की प्रक्रिया को तमाम क़िस्म के

आंदोलनों के क्षणिक उभार के आगे स्थायी प्रतिरोध की ओर ले जाने का रास्ता मार्क्सवाद के भीतर नज़र आ रहा है।

देखें : अर्नेस्टो चे गुएवारा, आधार और अधिरचना, ऑस्कर रायज़ार्ड लांगे, आंगिक और पारम्परिक बुद्धिजीवी, एंतोनियो ग्राम्शी, कार्ल हाइनरिख़ मार्क्स-1, 2. 3 और 4, क्रांति, क्रांति : मार्क्सवादी विमर्श, ग्योर्गी लूकाच, निष्क्रिय क्रांति, फ्रेड्रिख़ एंगेल्स, फ्रैंकफ़र्ट स्कूल, भारत में किसान संघर्ष-2 और 4, भारतीय कम्युनिस्ट पार्टी, भारतीय कम्युनिस्ट पार्टी (मार्क्सवादी), भारतीय इतिहास लेखन-1 से 4 तक, भाषा के मार्क्सवादी सिद्धांत, भ्रांत चेतना, बोल्शेविक क्रांति, फ्रांस्वा-चार्ल्स मारी फ़ूरिये, क्यूबा की क्रांति, फ्रेंज़ फ़ानो, हिंसा-1 और 2, मानवेंद्र नाथ राय, माओ त्से-तुंग, माओवाद और माओ विचार, मार्क्सवाद-1 से 5 तक, मार्क्सवादी इतिहास-लेखन, मार्क्सवादी समाजशास्त्र, मार्क्सवाद और पारिस्थितिकी, मार्क्सवादी अर्थशास्त्र, मिख़ायल मिख़ायलोविच बाख़्तिन, समाजवादी वसंत-1 से 4 तक, रॉबर्ट ओवेन, राज्य की मार्क्सवादी अवधारणा, लेनिनवाद, लियोन ट्रॉट्स्की, लिबरेशन थियोलॉजी, वाल्टर बेंजामिन, सांस्कृतिक क्रांति, सैं-सिमों, स्तालिन और स्तालिनवाद, सोवियत समाजवाद-1, 2 और 3, सोवियत सिनेमा, वर्चस्व, व्लादिमिर इलीच लेनिन।

संदर्भ

1. एरिक हॉब्सबाम (2011), *हाउ टु चेंज द वर्ल्ड,* एबैकस, न्यूयॉर्क.

— गोपाल प्रधान

नरेंद्र देव

(Narendra Dev)

शिक्षाविद्, पत्रकार , विचारक और जनतांत्रिक समाजवाद के प्रणेता नरेंद्र देव (1889-1956) का उपनिवेशवाद विरोधी आंदोलन का जनाधार विस्तृत करने एवं समाजवादी आंदोलन का भारतीयकरण करने में अविस्मरणीय योगदान है। अपनी विद्वत्ता के कारण आचार्य की उपाधि से विभूषित नरेंद्र देव वर्ग-संघर्ष की मार्क्सवादी धारणा से सहमत होते हुए मानते थे कि केवल आर्थिक संघर्षों द्वारा पूँजीवाद का विनाश और समाजवादी समाज की स्थापना सम्भव नहीं है। इससे श्रमिकों की आर्थिक स्थिति में थोड़ा-बहुत सुधार तो हो सकता है पर इससे वे राज्य पर आधिपत्य स्थापित करके उसका क्रांतिकारी प्रयोग नहीं कर सकते हैं। लेकिन यह मानते हुए भी उन्होंने सर्वहारा की हिंसक क्रांति को समाजवादी समाज की स्थापना के एकमात्र विकल्प की तरह स्वीकार नहीं किया। उन्होंने मार्क्सवाद में नैतिकता एवं अध्यात्म का समावेश किया। उनका दृढ़ विचार था कि मार्क्सवाद एक ऐसी वैज्ञानिक पद्धति है जिसका प्रयोग काल तथा साधन के अनुरूप किया जाना चाहिए। नरेंद्र देव सशस्त्र क्रांति और विप्लव के बीच अंतर करते थे। 'मार्क्सवादी तथा सत्याग्रह' नामक अपने लेख तथा अरुणा आसफ़ अली की एक पुस्तिका के प्रत्युत्तर में उन्होंने लिखा था कि मार्क्सवाद और गाँधीवाद में मौलिक भिन्नता है। लेकिन सत्याग्रह को स्वीकार करने से न तो मार्क्सवाद के किसी सिद्धांत को हानि पहुँचती है और न ही इससे मार्क्सवाद और गाँधीवाद का समन्वय हो जाता है। 'जनतान्त्रिक समाजवाद ही क्यों' नामक लेख में उन्होंने स्पष्ट किया कि अगर वे और उनकी पार्टी 'टोटेलिटेरियन कम्युनिज़्म' का विरोध करती है तो इसका मतलब यह नहीं हो सकता कि वे युरोप की 'सोशल डेमॉक्रैसी' की बात कह रहे हैं। उन्होंने इसी लेख में लिखा कि राज्यों की बढ़ती हुई सैन्य शक्ति एवं आधुनिक शस्त्रों के इस युग में क्रांति का विचार तभी ग्राह्य है जब सरकार शासन कार्य में सर्वथा असमर्थ हो जाए और फ़ौज भी सरकार के विरुद्ध क्रांतिकारियों का साथ देने हेतु तत्पर हो। अन्यथा समाजवाद की स्थापना हेतु जनतांत्रिक पद्धति ही श्रेष्ठ है। वे जनतंत्र के बिना समाजवाद को असम्भव मानते थे।

नरेंद्र देव का जन्म 31 अक्टूबर, 1889 को सीतापुर (उत्तर प्रदेश) के एक सनातनी हिंदू परिवार में हुआ था। बचपन में उनका नाम अविनाशी लाल था। धार्मिक रुझान वाले पिता बलदेव प्रसाद स्थापित वकील होने के साथ-साथ कांग्रेस की राजनीति में दिलचस्पी रखते थे। फलत: बचपन से ही नरेंद्र देव को जहाँ एक ओर स्वामी रामतीर्थ जैसे तत्त्वज्ञानियों का सान्निध्य प्राप्त हुआ वहीं मदन मोहन मालवीय जैसे जन-नायकों का मार्गदर्शन मिला। ये दोनों पहलू नरेंद्र देव के जीवन में लगातार विद्यमान रहे। जहाँ सम्पूर्णानंद, भगवानदास एवं राहुल सांकृत्यायन जैसे विद्वानों के साथ नरेंद्र देव का बौद्धिक विचार-विमर्श हुआ, वहीं गाँधी, एम.एन. राय, जवाहरलाल नेहरू, जय प्रकाश नारायण, राममनोहर लोहिया जैसे राजनीतिक विचारकों और नेताओं के साथ वे भारत की सामाजिक, आर्थिक, राजनीतिक आजादी के लिए प्रयत्नशील रहे। नरेंद्र देव बौद्ध दर्शन के प्रकांड विद्वान थे। हिंदी में उनके द्वारा लिखे गये *बौद्धधर्म-दर्शन* के संदर्भ में गोपीनाथ कविराज ने लिखा है कि ऐसा ग्रंथ हिंदी भाषा में तो क्या किसी भी भारतीय भाषा और विदेशी भाषा में नहीं हैं। नरेंद्र देव ने वसुबंधु के अभिधर्म कोश, क्षेमेंद्र के प्राकृत व्याकरण जैसे अनेक बौद्ध ग्रंथों का अविकल हिंदी अनुवाद भी किया।

नरेंद्र देव ने संस्कृत, पाली, पुरातत्व, भारतीय एवं पाश्चात्य दर्शन, अंग्रेज़ी साहित्य एवं समाज-विज्ञानों का गहरा अध्ययन किया था। वे अरबी, संस्कृत, बांग्ला, हिंदी तथा फ्रेंच तथा जर्मन भाषाओं के भी जानकार थे। नरेंद्र देव चाहते तो अजमेर कॉलेज में संस्कृति के प्राध्यापक हो जाते, पर पुरातत्व में रुचि होने के कारण उन्होंने यह प्रस्ताव

आचार्य नरेंद्र देव (1889-1956)

स्वीकार नहीं किया। लेकिन पुरातात्विक गवेषणा हेतु उपयुक्त नौकरी न मिल पाने पर वे क़ानून की शिक्षा हेतु इलाहाबाद चले गये। 1915 से 1920 के मध्य नरेंद्र देव ने फ़ैज़ाबाद में वकालत की लेकिन उनका अध्यवसायी एवं समाज-सुधारक मन इस वृत्ति में स्थिर नहीं रह सका।

नरेंद्र देव को अपने पिता के साथ भारतीय राष्ट्रीय कांग्रेस के लखनऊ अधिवेशन में 1899 में दर्शक के रूप में जाने का अवसर प्राप्त हुआ था। 1905 में उन्होंने कांग्रेस के कलकत्ता अधिवेशन में भी भाग ले कर स्वदेशी का व्रत लिया। 1916 से उनके राजनीतिक जीवन की सक्रिय शुरुआत हुई जब उन्होंने फ़ैज़ाबाद में होम रूल लीग की शाखा की स्थापना की। 1921 में वकालत छोड़ कर वे असहयोग आंदोलन में सम्मिलित हुए। फ़ैज़ाबाद ज़िले के अकबरपुर तहसील में किसान आंदोलन का नेतृत्व करने के बाद नरेंद्र देव ने काशी विद्यापीठ की स्थापना होने पर वहाँ आकर अध्यापन कार्य आरम्भ किया। 1936 में नरेंद्र देव ने संयुक्त प्रांत कांग्रेस कमेटी के स्थानापन्न मंत्री के रूप में सत्याग्रह तथा सविनय अवज्ञा आंदोलन का नेतृत्व किया। उन्हें गिरफ़्तार किया गया और तीन महीने की सज़ा मिली। 1932 में सविनय अवज्ञा के सिलसिले में पुन: गिरफ़्तार किये गये और इस बार उन्हें एक वर्ष का कारावास भुगतना पड़ा।

1934 में नरेंद्र देव की अध्यक्षता में ही कांग्रेस समाजवादी कन्वेंशन की स्थापना हुई। 1940 में उत्तर प्रदेश में नरेंद्र देव ने व्यक्तिगत सत्याग्रह का नेतृत्व किया, जिसके लिए उन्हें एक बार फिर जेल जाना पड़ा। अप्रैल, 1942 में कांग्रेस कार्य समिति में जब जवाहरलाल नेहरू ने प्रस्तावित भारत छोड़ो आंदोलन का विरोध किया तो नरेंद्र देव गाँधी के इस प्रस्ताव के पक्ष में खड़े हुए।

नरेंद्र देव को भारतीय संस्कृति, भारतीय मानस एवं असमानता जनित विकृतियों की गहरी समझ थी। वे अंतर्राष्ट्रीय राजनीति, साम्राज्यवाद के चरित्र एवं मार्क्सवाद की विशिष्टता के साथ-साथ स्तालिनवाद के तहत पनपने वाली तानाशाही को अनेक नामी-गिरामी समकालिकों की अपेक्षा बेहतर समझते थे। द्वितीय विश्व-युद्ध की परिस्थिति में नरेंद्र देव ने एक लेख प्रकाशित किया जो उस समय के सम्पूर्ण यथार्थ को उजागर कर देता है। इस लेख में उन्होंने विश्लेषण करके दिखाया था कि रूस और जर्मनी में युद्ध छिड़ जाने तथा ब्रिटेन और रूस में मित्रता हो जाने के आधार पर कम्युनिस्टों का यह मानना गलत है कि विश्व-युद्ध अब साम्राज्यवादी की जगह जन-युद्ध में तब्दील हो गया है। नरेंद्र देव का कहना था कि साम्राज्यवादी युद्ध घटनाचक्र के अधीन हो कर राष्ट्रीय युद्ध हो सकता है और राष्ट्रीय युद्ध साम्राज्यवादी युद्ध हो सकता है। यह बात सही है कि विश्व-युद्ध में कुछ राष्ट्रीय तत्त्व आ गये हैं, लेकिन वे अभी गौण हैं। युद्ध का स्वरूप अभी साम्राज्यवादी ही है। उन्होंने स्पष्ट कहा कि देश की रक्षा के नाम पर ब्रिटिश साम्राज्यशाही से सहयोग करना उचित नहीं होगा। नरेंद्र देव स्वतंत्रता के लिए जन-संघर्ष को अनिवार्य मानते थे जो उनके अनुसार किसानों, मज़दूरों और सामाजिक रूप से निम्न समझ लिए गये लोगों को साथ लिए बिना सम्भव नहीं था। उनका स्पष्ट मत था कि कोई भी राष्ट्र दूसरों को आज़ाद कराने के लिए आत्म-बलिदान नहीं करता। वे न तो जापान के हस्तक्षेप से आज़ादी के पक्षधर थे न ही सोवियत संघ और चीन की पद्धति के अंधानुकरण के समर्थक थे।

नरेंद्र देव ने भारतीय स्वतंत्रता संघर्ष की इस दुविधा को उजागर किया कि उपनिवेश विरोधी आंदोलन की मुख्यधारा के प्रभाव में सामंतवाद विरोधी आंदोलन कमज़ोर पड़ गया है। सच्चे अर्थों में स्वतंत्रता की प्राप्ति के लिए वे विदेशी दासता से मुक्ति के साथ-साथ साम्राज्यवाद के सभी स्वरूपों का उन्मूलन भी आवश्यक मानते थे। इस उद्देश्य की प्राप्ति के लिए ही नरेंद्र देव ने भारत में किसान एवं मजदूर आंदोलन संगठित करने का प्रयास किया। वे इस तथ्य के प्रति भी सचेत थे कि सामंतवाद विरोधी संघर्ष उपनिवेशवाद विरोधी संघर्ष को कमज़ोर कर सकती है। दरअसल, वे दोनों का उचित समायोजन निकालने के पक्ष में थे। 1939 में नरेंद्र देव अखिल भारतीय किसान सभा के गया अधिवेशन में

अध्यक्ष निर्वाचित हुए। 1949 में वे अखिल भारतीय किसान पंचायत की संगठन समिति के भी उपाध्यक्ष मनोनीत हुए। उन्होंने कई जगहों पर किसान संगठनों को खड़ा किया। संयुक्त प्रांत में ज़मींदारी उन्मूलन पर प्रस्ताव देने हेतु गठित समिति को नरेंद्र देव ने 1947 में एक लिखित स्मृति पत्र भेजा जिसमें ज़मींदारों द्वारा किसानों के बर्बर शोषण को उजागर करते हुए इस प्रथा के उन्मूलन की माँग की गयी थी। नरेंद्र देव ने 1949 में उत्तर प्रदेश के कांग्रेस मंत्रिमण्डल द्वारा ज़मींदारी उन्मूलन हेतु रखे गये विधेयक का किसानों को चार भागों में बाँटे जाने, ज़मींदारी उन्मूलन हेतु कोई तिथि निश्चित न किये जाने तथा हज़ारों एकड़ की काश्त बनाये रखने के कारण विरोध किया।

नरेंद्र देव को श्रमिक वर्ग की क्रांतिकारी शक्ति में विश्वास था। वे यह भी मानते थे कि इस वर्ग में महान राजनीतिक ताक़त बनने की क्षमता है। लेकिन औद्योगिक श्रमिकों के प्रति कांग्रेस की नीति से वे संतुष्ट नहीं थे। नरेंद्र देव कांग्रेस द्वारा संचालित राष्ट्रीय संघर्ष से मज़दूरों को अलग रखने की कम्युनिस्टों की नीति को एक ऐसा आत्मघाती क़दम मानते थे जिसके कारण मज़दूर न तो राजनीतिक शक्ति बन सकते थे और न ही अपने वर्गीय हितों को पूरा कर सकते थे। नरेंद्र देव का विचार था कि मज़दूरों के लिए सामाजिक, आर्थिक, राजनीतिक एवं नैतिक प्रशिक्षण आवश्यक है। लेकिन साथ में उनका यह भी कहना था कि 'नैतिक तथा आध्यात्मिक विशिष्टता प्राप्त करने का प्रयत्न वर्ग संघर्ष का अविच्छिन्न अंग है।' नरेंद्र देव के विचार में समाजवाद की प्राप्ति हेतु संघर्ष 'श्रमिक वर्ग के नैतिक उत्कर्ष' की अपेक्षा करता है। उनके अनुसार 'यदि हम नैतिक स्तर पर पूँजीवाद को घृणित मानते हैं तो हमको नैतिक स्तर पर समाज को एक नयी दृष्टि देनी चाहिए।'

अकादमिक जगत में भी नरेंद्र देव का गौरवपूर्ण स्थान है। महात्मा गाँधी काशी विद्यापीठ, लखनऊ विश्वविद्यालय तथा काशी हिंदू विश्वविद्यालय के कुलपति रूप में उनका उल्लेखनीय योगदान रहा है। भारत के प्रथम शिक्षा आयोग के सदस्य तथा संयुक्त प्रांत के प्राथमिक शिक्षा आयोग के अध्यक्ष के रूप में भी नरेंद्र देव ने कार्य किया। नरेंद्र देव ने सैद्धांतिक शिक्षा और व्यावहारिक शिक्षा के समावेश हेतु पहल ली। व्यापक जन शिक्षा उनका लक्ष्य था और वे स्त्री शिक्षा के प्रबल हिमायती थे। उनका कहना था कि 'स्त्री-जाति की उत्साहपूर्ण क्रियाशीलता के बिना कोई भी महान परिवर्तन सम्भव नहीं है'। नरेंद्र देव प्रत्येक बालक-बालिका के लिए कम से कम आठ वर्ष की अनिवार्य एवं नि:शुल्क शिक्षा के प्रबंध को आवश्यक मानते थे। वे प्रादेशिक मातृभाषाओं को प्राथमिक एवं माध्यमिक शिक्षा का माध्यम बनाने के पक्षधर थे। साथ ही उनका आग्रह था कि विश्वविद्यालयी शिक्षा में हिंदी भाषा को ही माध्यम बनाया जाना चाहिए। इसी प्रकार वे विश्वविद्यालय स्तर की शिक्षा में कम से कम एक विदेशी भाषा के ज्ञान को भी आवश्यक मानते थे। हिंदी के उत्थान के लिए नरेंद्र देव ने विभिन्न मंचों पर कार्य किया। 1950 में वे नागरी प्रचारिणी सभा के अध्यक्ष निर्वाचित हुए। विलक्षण वक्तृत्व के धनी नरेंद्र देव का व्यक्तित्व अत्यंत उदार और आत्मनिग्रही था। विनोदप्रियता उनके स्वभाव में थी। विभिन्न विश्वविद्यालयों के कुलपति रहते हुए अपने वेतन का चालीस प्रतिशत वे ग़रीब विद्यार्थियों के सहयोग में लगाया करते थे।

देखें : अबुल कलाम आज़ाद, उपनिवेशवाद विरोधी आंदोलन-1 से 3 तक, एलमकुलम मनक्कल शंकरन नम्बूदिरीपाद, कांशी राम, गोपाल कृष्ण गोखले, चरण सिंह, जवाहरलाल नेहरू, जय प्रकाश नारायण, दयानंद सरस्वती और आर्य समाज-1 और 2, दादाभाई नौरोजी, बाल गंगाधर तिलक, मोहनदास कर्मचंद गाँधी-1 से 3 तक, राम मनोहर लोहिया, वल्लभभाई पटेल, विनायक दामोदर सावरकर, सहजानंद सरस्वती।

संदर्भ

1. मुकुट बिहारी लाल (1987), *आचार्य नरेंद्र देव : युग और नेतृत्व,* विश्वविद्यालय प्रकाशन, वाराणसी.
2. हरिदेव शर्मा (सम्पा.) (1998), *सेलेक्टेड वर्क्स ऑफ़ आचार्य नरेंद्र देव,* नेहरू मैमोरियल म्यूज़ियम ऐंड लाइब्रेरी, रेडिएंट पब्लिशर्स, नयी दिल्ली.
3. नरेंद्र देव (1949), *राष्ट्रीयता और समाजवाद,* ज्ञानमण्डल, वाराणसी।
4. नरेंद्र देव (1956), *बौद्धधर्म दर्शन,* राष्ट्रभाषा परिषद्, पटना।

— विश्वनाथ मिश्र और उपासना पाण्डेय

नगेंद्र और सैद्धांतिक समीक्षा

(Nagendra and Theoretical Criticism)

हिंदी के आधुनिक आलोचना-साहित्य में डॉ. नगेंद्र का विशिष्ट योगदान रहा है। रस-संख्या, रसों का परस्पर संबंध, रस-भंग, रसाभास आदि की स्थापनाओं में नगेंद्र ने सम्पूर्ण भारतीय काव्य शास्त्र के तुलनात्मक अध्ययन पर खोजपूर्ण कार्य किया है। हिंदी समीक्षाशास्त्र में रामचंद्र शुक्ल की परम्परा को आगे बढ़ाते हुए उन्होंने अलंकार, ध्वनि, रीति, वक्रोक्ति, औचित्य की सम्यक परीक्षा के बाद रस की स्थापना की। साथ ही आभिजात्यवाद, स्वच्छंदतावाद, आदर्शवाद, यथार्थवाद, अभिव्यंजनावाद, प्रभाववाद और प्रतीकवाद सभी से तुलना करने के बाद निष्कर्ष दिये। यह भी माना कि भावना और कल्पना पर टिका स्वच्छंदतावाद रस-सिद्धांत से दूर नहीं

है। नगेंद्र की इस स्थापना का सर्वाधिक विरोध हुआ कि रस काव्य का सार्वभौमिक और सार्वदेशिक मूल्य है। दरअसल, अपनी रस-सिद्धांत से जुड़ी स्थापनाओं के कारण छायावादोत्तर साहित्य समीक्षा में भी नगेंद्र का सर्वाधिक विरोध हुआ। नये रचनाकारों ने इस का विरोध किया और कहा कि उनकी इस मान्यता का आधार अ-द्वंद्व है, जबकि आज का साहित्य द्वंद्व-चेतना पर केंद्रित है। नगेंद्र को शास्त्रीय आलोचक कह कर दरकिनार किया गया।

नगेंद्र का साहित्यिक जीवन कवि के रूप में शुरू हुआ। 1931 से 1936 तक वे कवि-समाज और कवि सम्मेलनों में छाये रहे। अचानक 1937 में 'छायावाद' निबंध के प्रेमचंद की *हंस* में प्रकाशित होते ही वे समीक्षा और शास्त्र की ओर स्थीय रूप से मुड़ गये। आलोचनात्मक गद्य का माध्यम उनकी बौद्धिकता के अनुकूल साबित हुआ। भारतीय काव्यशास्त्र की रसवादी परम्परा और पाश्चात्य समीक्षा की सौंदर्यमूलक स्वच्छंदतावादी दृष्टि का विकास डॉ. नगेंद्र की समीक्षा दृष्टि में एक साथ दिखाई देती है। उनके निबंधों में प्राचीन सिद्धांतों का नये ज्ञान-विज्ञान के परिप्रेक्ष्य में नया भाष्य या विमर्श समाहित रहता है। भारतीय-पाश्चात्य सैद्धांतिक दृष्टिकोण का आगमन तुलनात्मक दृष्टि से आता है और उनका समाधान वे मनोविज्ञान और मनोविश्लेषण की मान्यताओं के आधारभूत तत्त्वों के ज़रिये करते हैं। मनोविश्लेषण की मान्यताओं का प्रभाव उनकी समीक्षा-दृष्टि पर इतना गहरा है कि प्राय: उन्हें मनोविश्लेषणवादी आलोचक कह दिया जाता है। रस और रसशास्त्र की अनेक जटिल समस्याओं का समाधान भी वे मनोविश्लेषण के आधार पर ही करते हैं। नतीजा यह होता है कि उनकी आलोचना तर्क-पुष्ट, प्रमाण-पुष्ट होने के कारण पाठक पर अपना स्थायी प्रभाव छोड़ती है।

नगेंद्र ने जब हिंदी आलोचना के क्षेत्र में प्रवेश किया तब तक नंद दुलारे वाजपेयी और आचार्य हजारी प्रसाद द्विवेदी अपना स्थान बना चुके थे। नगेंद्र ने 1940 में लिखे अपने निबंध 'आधुनिक हिंदी काव्य के आलोचक' में इन दोनों आलोचकों की विशिष्टताओं को लक्षित किया है। वाजपेयी को उन्होंने 'छायावाद के महत्त्व को स्वीकृत और प्रतिष्ठित करने वाला' पहला आलोचक माना है, पर छायावाद पर दार्शनिकता का आवरण चढ़ाने का दोषी भी। हजारी प्रसाद द्विवेदी के संस्कृत साहित्य के गहन-विस्तृत अध्ययन और शास्त्रीयता का पुष्ट आधार लेने का हिंदी पाठकों पर उन्होंने शुभ प्रभाव माना। शांतिप्रिय द्विवेदी को उन्होंने गतिमय आलोचक कहा लेकिन यह कहने से भी नहीं चूके कि वे 'छायावाद के रस का आस्वादन तो करा सके, लेकिन स्वरूप स्पष्ट नहीं कर सके'। नगेंद्र की इन टिप्पणियों से ज़ाहिर है कि वे पूर्ववर्तियों के दोषों से बच कर छायावाद की सूक्ष्म-गहन मनोवैज्ञानिक व्याख्या करते रहे।

छायावाद पर प्रकाशित निबंध का उपयोग उन्होंने *सुमित्रा नंदन पंत* शीर्षक अपनी पहली पुस्तक में किया। इसे पढ़ कर रामचंद्र शुक्ल बहुत प्रभावित हुए।

नगेंद्र का ध्यान पश्चिमी काव्य सिद्धांतों की ओर शुरू से ही था। 1939 में उन्होंने आई.वी. रिचर्ड्स के *प्रिंसिपल्स ऑफ़ लिटरेरी क्रिटिसिज़म* से प्रेरित- प्रभावित होकर निबंध लिखा 'साहित्य में कल्पना का उपयोग'। 1940 में शिवदान सिंह चौहान के आग्रह पर इस आलोचक ने 'साहित्य और समीक्षा' जैसा निबंध लिखा। इसी बीच वे फ्रॉयड के प्रभाव में आये। यह असर 'छायावाद की परिभाषा' शीर्षक निबंध में पूरी रंगत के साथ मौजूद हैं। बाद में 'साहित्य की प्रेरणा' और 'साहित्य में आत्माभिव्यक्ति' (1943) निबंध लिखकर इस प्रभाव की उन्होंने पुष्टि कर दी। उनकी व्यावहारिक आलोचना पर भी यह प्रभाव भी देखा जा सकता है।

1948 में लिखा एक निबंध 'भारतीय और पाश्चात्य काव्यशास्त्र' नगेंद्र की मानसिकता को नये रूप में सामने लाता है। यह लेख उनके चिंतन में एक नये मोड़ का सूचक है। इसके बाद वे निरंतर सैद्धांतिक आलोचना के क्षेत्र में सक्रिय होते गये। कुछ निबंध पुस्तक-भूमिकाओं, रेडियो-वार्ताओं, पत्र-पत्रिकाओं की माँग पर भी लिखे गये, लेकिन काव्यशास्त्र की भूमि उन्होंने नहीं छोड़ी। नगेंद्र ने रीतिकाव्य के समाजशास्त्र और सौंदर्यशास्त्र का कई कोणों से अध्ययन किया। हिंदी में रीतिकाव्य और रीतिशास्त्र का व्यवस्थित अध्ययन करने वालों में वे अग्रणी हैं। उनके शोध प्रबंध का केंद्रीय अंश है 'रीतिकाव्य की भूमिका' (1950)। उन्होंने इसी मनोभूमिका के साथ नागरी प्रचारिणी सभा द्वारा संयोजित 'बृहद इतिहास' के छठे भाग का रीतिकाल के अंतर्गत 'रीतिबद्ध काव्य' शीर्षक से खण्ड-सम्पादन भी किया। उनकी रचना 'रीतिकाव्य की भूमिका' शुद्ध साहित्यिक रस-दृष्टि पर आधारित होने पर भी सामाजिक-दृष्टि को लेकर चली है। उन्हें यह अहसास बराबर रहा कि 'हिंदी में रीतिकाव्य प्राय: उपेक्षा का ही भागी रहा है।' आलोचकों ने इसे नैतिक मानदण्डों पर पथभ्रष्ट साहित्य कहा लेकिन आचार्य हजारी प्रसाद द्विवेदी ने इसे 'सेकुलर साहित्य' माना। प्रगतिवादी आलोचक रीतिकाव्य को प्रतिक्रियावादी सामंती कविता कहते हैं। लेकिन रामचंद्र शुक्ल की दृष्टि का सम्मान करते हुए नगेंद्र इसे 'परम्परा सिद्ध रीतिकाल' नाम देते हैं। आचार्य शुक्ल ने वामन के रीति शब्द का अर्थ-संकेत ग्रहण करते हुए रीति को एक प्रकार न मानकर एक दृष्टिकोण माना। ध्यान देने की बात यह है की नगेंद्र रीतिकाव्य के प्रबल प्रशंसक नहीं हैं, पर रस-सिद्धांत के समर्थक होने के कारण उन्हें रीतिकाव्य का

प्रशंसक मान लिया जाता है। उन्होंने रीतिकालीन कविता को क्षयग्रस्त माना है। नगेंद्र का यह विवेचन सटीक है कि कवि-कलावंतों का संबंध प्राय: निम्न और मध्यवर्ग से होता था, लेकिन रहते वे उच्च वर्ग के आश्रय में थे। इस तरह उन पर दोनों वर्गों के संस्कारों का असर रहता था। धीरे-धीरे वे निम्न-मध्यवर्ग से कट कर उच्चवर्ग के आश्रय में रह जाते थे और निर्धन जनता से उनका सम्पर्क टूट जाता था। उनमें सतही आचार्यत्व की आकांक्षा रह जाती थी और वे काव्यशास्त्र की आत्मा के गूढ़ तत्त्वों से कट जाते थे।

नगेंद्र ने रीतिकाव्य के विकास में प्राकृत-अपभ्रंश की लौकिक परम्परा को स्वीकार किया है। इसी कारण इसमें आचार्यत्व और कविता का सम्मेलन है। नगेंद्र के अनुसार रीति काव्य में दो प्रवृत्तियाँ अभिन्न रूप से गुँथीं हुईं हैं— शृंगारिकता और आचार्यत्व'। आचार्यत्व के कारण इस कविता में आत्माभिव्यक्ति का गला घुट गया है। रीतिकाव्य के मार्मिक पक्ष भी नगेंद्र की निगाहों से ओझल नहीं रहे। उन्होंने माना कि शृंगारिकता का स्वरूप प्राय: गार्हस्थिक ही रहा है। दूसरे, रीतिकाव्य का कोई भी कवि भक्ति-भावना से मुक्त नहीं है और उनमें धार्मिकता का रंग भी दृष्टिगत हो जाता है। प्राकृत की गाथाएँ, संस्कृत के शृंगार मुक्तक, नायिका-भेद और कामशास्त्र ने मिल कर रीतिकाव्य का विशिष्ट स्वरूप बनाया। ब्रजभाषा काव्य की काव्य-भाषा में व्यंजनात्मक-सर्जनात्मकता का निखार आया। कवि-शिक्षक-आचार्यों ने शास्त्र की सरसता पर ध्यान दिया, लेकिन मौलिक सृजन क्षमता ख़त्म हो गयी। केवल रीतियों की दासता मात्र रह गयी।

नगेंद्र को रस-सिद्धांत के व्याख्याता-साधक के रूप में आदर-अनादर दोनों मिले हैं। वे ख़ुद रस-सिद्धांत को अपनी साहित्य-साधना की चरम परिणति मानते हैं। उन्होंने काव्यानुभूति के स्वरूप, काव्य सृजन, प्रक्रिया, सृजन-शक्ति, सर्जनात्मक अवधारणा के आधारभूत तत्त्वों को *रस-सिद्धांत* पुस्तक में विश्लेषित किया है। *भारतीय काव्य शास्त्र की भूमिका* में वक्रोक्ति-रीति सिद्धांतों की व्याख्या और पाश्चात्य मूल्यों के प्रति सतर्क तुलनात्मक दृष्टि का विकास किया गया है। वे भारतीय सौंदर्य-चिंतन के मूलाधारों को कभी ओझल नहीं होने देते।

साहित्य की प्रेरणा के विवेचन में उनकी दृष्टि फ्रायड से प्रभावित है, हालाँकि वे कहते यही हैं कि काव्य के पीछे आत्माभिव्यक्ति ही प्रेरणा है। नगेंद्र के अनुसार साहित्य की प्रेरणा में काम-वृति का प्राधान्य रहता है। वे आनंद को जीवन की चरम उपयोगिता मानते रहे हैं और आत्माभिव्यक्ति को आत्म या अहं का संस्कार रूप। अहं विसर्जन से आत्म-उन्नयन होता है। यह एक प्रकार का भारतीय दृष्टि में साधारणीकरण और पाश्चात्य दृष्टि में निर्वैयक्तीकरण सिद्धांत है, जो कॉलरेज, रिचर्ड्स और टी.एस. एलियट की वाणी में पाठक-पद्य है। काव्य में कल्पना का उपयोग ज्ञान के पाँच प्रकारों के रूप में होता है : परिज्ञान, स्मरण, कल्पना का शुद्ध रूप, विचार और सहज ज्ञान। अचेतन दशा में जो स्वप्नावस्था है, चेतन दशा में वही कल्पनावस्था समझनी चाहिए। पाश्चात्य चिंतन में कल्पना को काव्य का साध्य माना गया है, लेकिन भारतीय चिंतन में साधन मात्र। भारतीय काव्य शास्त्र में ध्वनि सिद्धांत का पूरा महल 'कल्पना' पर खड़ा है और उसमें व्यंजना की महिमा है।

रामचंद्र शुक्ल की ही तरह नगेंद्र 'कविता क्या है' से जूझते हैं। यह पूरा विचार तुलसीदास की एक चौपाई पर केंद्रित है। उनके मन प्रश्न उठता है कि कविता क्या है— सौंदर्य चेतना, उक्ति-वक्रता, अलंकार का चमत्कार, वर्ण-मैत्री या छंद का संगीत? नगेंद्र कहते हैं कि रमणीक भावतत्त्व कविता है। नगेंद्र की इस परिभाषा पर नामवर सिंह, जगदीश गुप्त और रामस्वरूप चतुर्वेदी ने व्यापक विवाद खड़ा करके उनकी मान्यताओं का खण्डन किया। उनका सर्वाधिक विरोध रामलिास शर्मा, मुक्तिबोध, अज्ञेय और जगदीश गुप्त आदि में पनपा है। हालाँकि नगेंद्र का विरोध मार्क्सवादियों तक सीमित नहीं है, पर मार्क्सवाद से प्रभावित विश्लेषकों ने उनके आलोचना कर्म की विशेष रूप से निरंतर उपेक्षा की और उन्हें कलावादी, व्यक्तिवादी, फ्रॉयडवादी, रीतिवादी क़रार दे कर दरकिनार कर दिया।

इन विवादों के बावजूद नगेंद्र हिंदी आलोचना का एक अविस्मरणीय नाम है। उन्होंने संस्कृत के ग्रंथों का अनुवाद कराया और उनकी भूमिकाएँ लिखीं। उनका एक बड़ा काम यह भी है कि उन्होंने भारतीय साहित्य की कल्पना को पहली बार विद्वानों के सामने रखा और *भारतीय साहित्य का समेकित इतिहास* निकाला। नगेंद्र ने हिंदी पाठकों को प्लेटो, अरस्तू, लांजाइनस के साथ पश्चिमी चिंतन की अन्य परम्पराओं से परिचित कराया।

देखें : अष्टछाप, 'अंग्रेज़ी हटाओ' आंदोलन, छायावाद, डायग्लॉसिया, नयी कविता, नंद दुलारे वाजपेयी, नामवर सिंह, प्रेमचंद, प्रयोगवाद, प्रगतिवाद, पाश्चात्य काव्यशास्त्र, भक्ति आंदोलन-1 और 2, भक्ति-काव्य-1 और 2, भारतेंदु हरिश्चंद्र, भारतेंदु युग-1 और 2, भाषा नियोजन-1 से 4 तक, भाषा के मार्क्सवादी सिद्धांत, महावीर प्रसाद द्विवेदी, महादेवी वर्मा, मीरांबाई और प्रेमाभक्ति, राहुल सांकृत्यायन, रामानुजाचार्य, रामानंद, रामचंद्र शुक्ल-1 और 2, रामविलास शर्मा, राष्ट्रीय-सांस्कृतिक कविता, रीतिकाल-1 और 2, विजय देव नारायण साही, वैष्णव धर्म, श्याम सुंदर दास, सम्पर्क भाषा-1 से 4 तक, संविधान सभा में भाषा-विवाद-1, 2 और 3, सच्चिदानंद हीरानंद वात्स्यायन अज्ञेय, संत-काव्य, संस्कृत काव्यशास्त्र, सिद्ध-नाथ परम्परा, सूफ़ीयत और प्रेमाख्यान, हजारी प्रसाद द्विवेदी, हिंदी विरोधी आंदोलन,

हिंदी जाति-1, 2 और 3, हिंदी साहित्य का आदिकाल, हिंदी साहित्य का इतिहास, हिंदी साहित्य का इतिहास : नये परिप्रेक्ष्य, हिंदी-पद्य में इतिहास, हिंदी-जगत और 'लोकप्रिय'-1 और 2, हिंदी नवजागरण, हिंदी-संस्थाएँ।

संदर्भ

1. रामस्वरूप चतुर्वेदी (1982), *इतिहास और आलोचक दृष्टि,* लोकभारती प्रकाशन, इलाहाबाद.
3. डॉ. नगेंद्र (1964), *रस सिद्धांत,* नैशनल पब्लिशिंग हाउस, दरियागंज, नयी दिल्ली.
3. डॉ. नगेंद्र (1950), *रीतिकाव्य की भूमिका,* नैशनल पब्लिशिंग हाउस, दरियागंज, नयी दिल्ली.
5. कृष्णदत्त पालीवाल (1988), *हिंदी आलोचना का सैद्धांतिक आधार,* वाणी प्रकाशन, नयी दिल्ली.
5. रामचंद्र शुक्ल (1940), *हिंदी साहित्य का इतिहास,* नागरी प्रचारिणी सभा, काशी.

—कृष्णदत्त पालीवाल

नया मीडिया

(New Media)

मीडिया के पुराने रूपों (लिखित और मुद्रित शब्द, फ़िल्म आधारित फ़ोटोग्राफ़ और सिनेमा, टीवी, वीडियो और रिकॉर्डिड संगीत) और नये रूपों (कम्प्यूटर मल्टीमीडिया, कम्प्यूटर गेम्स, सीडी-रोम, डीवीडी, इंटरनेट, मोबाइल फ़ोन, ब्लॉग, ट्विटर, वेबसाइट) के बीच केवल प्रौद्योगिकीय अंतर ही नहीं है। एक ज़माने में वीडियो को नये मीडिया की श्रेणी में माना जाता था, क्योंकि उसके कारण सिनेमा और टीवी में भारी परिवर्तन हो रहे थे। आज उसे नये मीडिया की प्रौद्योगिकियों में से एक नहीं माना जाता। दरअसल, नया मीडिया सदा नया रहता है क्योंकि वह लगातार बदलता रहता है। प्रौद्योगिकी के जिस रूप को आज नया कहा जा रहा है, वह साल भर बाद नये मीडिया की श्रेणी से बाहर हो सकती है। फ़्लॉपी डिस्क और कॉम्पेक्ट डिस्क का यही हश्र हो चुका है। नया मीडिया नया इसलिए है कि उसके सामाजिक फलितार्थ व्यक्तिगत और सामुदायिक जीवन को आमूल-चूल परिवर्तन की तरफ़ धकेल रहे हैं। उसके द्वारा प्रवर्तित नेटवर्क, इंटरफ़ेस, आर्काइव, स्टोरेज, इंटरएक्टिविटी और वर्चुअलिटी जैसे पहलू परिवर्तन की इस प्रक्रिया के वाहक हैं। मीडिया विमर्शकारों ने दलील दी है कि पुराना मीडिया औद्योगिक मास-सोसाइटी के तर्क के मुताबिक़ था। जबकि नया मीडिया उत्तर-औद्योगिक या भूमण्डलीकृत समाज की ज़रूरतों के मुताबिक़ है जिसके तहत हर नागरिक के लिए अपने चुनाव के हिसाब से अपने जीवन और अनुभूतियों का विन्यास करने की सम्भावना खुल गयी है। नये मीडिया से संबंधित बहस भूमण्डलीकरण के इर्द-गिर्द होने वाली बहसों से जुड़ी हुई है। भूमण्डलीकरण को सम्भव बनाने संचार क्रांति नये मीडिया के आग़ाज़ के साथ बँधी हुई है।

संचार प्रौद्योगिकी में होने वाली तब्दीलियों का सूचनाओं को संसाधित, स्थानांतरित और अभिव्यक्त करने के तरीक़ों पर गहरा असर पड़ता है, जिसके कारण समाज का सांस्कृतिक, आर्थिक और राजनीतिक जीवन बदलने लगता है। मनुष्यता के इतिहास में इस तरह का प्रभाव सबसे ज़्यादा नये मीडिया से जुड़ी प्रौद्योगिकियों ने डाला है। समझा जाता है कि उनके कारण समाज के भौतिक आधार की रूपरेखा कुछ की कुछ होती जा रही है। मात्रा और गति के लिहाज़ से सूचनाओं के अत्यधिक तीव्र संसाधन और वितरण ने एक ओर तो ज्ञान-अर्थव्यवस्था जैसे नये विमर्शों को जन्म दिया है, तो दूसरी ओर साइबर डेमोक्रेसी और वर्चुअल कम्युनिटी जैसी सांस्कृतिक सम्भावनाओं को उभार दिया है। स्वयं मीडिया-अध्ययन के क्षेत्र को इन नयी प्रौद्योगिकियों ने काफ़ी प्रभावित किया है।

नये मीडिया की सामाजिक शक्ति के कई पहलू हैं। उसकी गति और पहुँच ने न केवल संचार की मात्रा में अनाप-शनाप बढ़ोतरी कर दी है, बल्कि अभिव्यक्ति और रचनाशीलता के विभिन्न रूपों का अभूतपूर्व लोकतंत्रीकरण किया है। सूचना ही नहीं, ज्ञान की संरचनाएँ अतीत के किसी भी समय के मुक़ाबले अधिक लोगों को उपलब्ध हैं (गूगल और विकीपीडिया)। व्यक्ति के सामाजिक संबंध उसकी स्थानिकता पर निर्भर नहीं रह गये हैं क्योंकि वह नये मीडिया-रूपों के ज़रिये किसी से भी कहीं भी अन्योन्यक्रिया कर सकता है। भौगोलिक फ़ासलों के तात्पर्य पूरी तरह से बदल चुके हैं। मीडिया के इर्द-गिर्द नये सामाजिक समुदायों की रचना हो रही है जिनसे भविष्य के सार्वजनिक जीवन की तस्वीर में आधारभूत बदलाव आ सकता है। व्यक्तिगत जीवन, व्यक्तिगत रिश्तों (मित्रता और यौन-अंतरंगताओं) के संसार में ऐसा बहुत-कुछ हो रहा है जो पहले सम्भव ही नहीं था। जो प्राइवेट था वह पब्लिक हो गया है, और पब्लिक होते हुए भी उसने अपने प्राइवेट होने की क्वालिटी नहीं खोयी है। सूचना, अनुभव और संसाधनों पर नियंत्रण की संरचनाओं में रैडिकल तब्दीलियाँ हुई हैं।

मोटे तौर पर कहा जाता है कि पुराने मीडिया का आधार एनालॉग टेक्नॉलॅजी थी, जबकि नया मीडिया डिजिटल टेक्नॉलॅजी पर आधारित है। लेकिन उस समय यह एक अधूरा

वक्तव्य लगने लगता है जब प्लाज़्मा या एलसीडी स्क्रीन पर प्रसारित की जाने वाली हाई-डेफ़िनेशन फ़िल्म पुराने मीडिया की श्रेणी में मानी जाती है, जबकि किसी स्थानीय संगीत बैंड के वेब-एड्रेस का पता देने वाला एनालॉग प्रौद्योगिकी से बनाया गया पोस्टर नये मीडिया का उदाहरण माना जाता है। यह पुरानी प्रौद्योगिकी को नये मक़सदों से इस्तेमाल करने का उदाहरण है जिसमें एनालॉग डिजिटल और नेट-इंटरएक्टिविटी की तरफ़ जाने का न्योता देता दिख रहा है। यह सही है कि पुराना मीडिया जिस सामग्री को प्रोसेस करता था वह अपने तकनीकी रूप में ऐसे युनिटों से मिल कर बनती थी जो अविभाज्य नहीं होते थे, जबकि नये मीडिया की सामग्री पिक्सल या बाइट्स की शक्ल में एक-दूसरे से पृथक विशिष्ट इकाइयों के रूप में प्रोसेस होती है। लेकिन, मीडिया-अध्ययन के विमर्शकारों ने दिखाया है कि एनालॉग और डिजिटल के बीच एक निरंतरता है। सिनेमा के शुरुआती रूपों ने डिजिटल मीडिया की कई प्रवृत्तियों को पूर्वकल्पित कर लिया था। सिनेमा शुरू से ही एक-दूसरे से भिन्न हज़ारों बिम्बों की गति के सिमुलेशन (अनुरूपण) से बनता रहा है।

लेकिन इसका मतलब यह भी नहीं है कि कम्प्यूटर और डिज़िटल से पड़े फ़र्क़ को नजरअंदाज किया जा सकता है। पहले टाइपरायटर जिस शब्द को क़ाग़ज पर छापता था, उसे काटा जा सकता था पर मिटाया नहीं। कम्प्यूटर वर्ल्ड-प्रोसेसर के ज़रिये जिस शब्द को अपने मॉनीटर पर उकेरता है उसके आधारभूत डिजिटल कोड को बदल कर उसका रूप बदला जा सकता है। इसी तरह फ़िल्म पर दर्ज होने वाले बिम्ब को बदला नहीं जा सकता, पर डिजिटल कैमरे में कोई फ़िल्म नहीं होती। वहाँ तो ओ से लेकर आयी तक के डिज़िट्स की शृंखला होती है जिनसे बिम्ब बनता है। शब्द की तरह इसे भी बदला जा सकता है, मनचाहा रूप दिया जा सकता है, फ़िल्टर्स की मदद से उसके रंग और आभा में परिवर्तन किया जा सकता है, और उसे भिन्न प्रकाश तक में पेश किया जा सकता है। डिजिटल की यह ख़ूबी मीडिया को उसके उपभोक्ता की कल्पनाओं का दास बना देती है। परिणामस्वरूप मीडिया व्यक्ति के बेहद निजी और अंतरंग अनुभव को न केवल व्यक्त कर सकता है, बल्कि उस अन्योन्यक्रिया के दौरान ख़ुद व्यक्ति की कल्पना और अनुभव में नये पहलू जोड़ सकता है।

दूसरे, नये मीडिया में अनगिनत सूचनाओं को सम्पीड़ित करके एक बहुत छोटी सी जगह में सगृहीत किया जा सकता है। एक पूरा का पूरा पुस्तकालय एक हार्ड-डिस्क में दर्ज करना सम्भव है। नये मीडिया के कारण मनुष्य अपरिमित ज्ञान-राशि को अपनी जेब में रख सकता है। वैसे, उसे इसकी भी ज़रूरत नहीं है, क्योंकि नेट पर किसी जगह उसकी इच्छित फ़ाइलें स्टोर की जा सकती हैं जिन्हें वह जब चाहे चुन कर खोल सकता है।

नये मीडिया की दूसरी ख़ूबी यह है कि उसके विभिन्न रूप आपस में आसानी से जुड़ सकते हैं। अभी कुछ वर्ष पहले ही टाइपरायटर, फ़ैक्स, रिकॉर्ड प्लेयर, रेडियो, कैमरा, टेलिविज़न और वीडियो अलग-अलग संयंत्र हुआ करते थे जिनकी प्रौद्योगिकी भी भिन्न होती थी। इनके कनवर्जेंस की चर्चा से भविष्य की उत्तेजक सम्भावनाओं का सुराग़ मिलता था। आज एक मोबाइल फ़ोन में ये सभी चीज़ें एक साथ मिलती हैं। मोबाइल से पहले कुछ दिन तक ये काम पर्सनल रियल-प्लेयर द्वारा किया जाता था। लेकिन अब पर्सनल रियल-प्लेयर भी पुराना पड़ चुका है। इस प्रक्रिया में हुआ यह है कि अलग-अलग मीडिया के उपभोग के लिए अलग-अलग प्रौद्योगिकियों का इस्तेमाल और विकास ज़रूरी नहीं रह गया है। न्यू मीडिया प्रौद्योगिकी में क्षमता है कि वह तरह-तरह के डेटा को एक महा-माध्यम के रूप में प्रोसेस सकती है।

नये मीडिया ने व्यक्ति और व्यक्ति के बीच एवं व्यक्ति और सूचना के बीच अन्योन्यक्रिया का एक नया दायरा बनाया है। पुराना मीडिया एक को कई से जोड़ता था, पर नया मीडिया कई को कई से जोड़ सकता है। नेटवर्क का इस्तेमाल करके न्यू मीडिया भौगोलिक फ़ासलों को पल भर में ख़त्म कर सकता है। इस प्रक्रिया में एक नेटवर्क के तहत ली गयी पहलक़दमी का परिणाम उस नेटवर्क से जुड़े बहुत से अन्य मीडिया उपभोक्ताओं की पहलक़दमी में निकलता है। एक सूचना पल भर में अनगिनत लोगों की हो जाती है और हर व्यक्ति एक साथ उस पर सोच-विचार और प्रतिक्रिया कर सकता है। किसी भी सामग्री का वितरण पल भर में लागत की किसी बाधा के बिना न जाने कहाँ-कहाँ तक हो सकता है।

विमर्शकारों ने नये मीडिया द्वारा विकसित सोशल नेटवर्किंग की सम्भावनाओं पर गहन चिंतन किया है। विद्वानों का विचार है कि सामाजिक नेटवर्क अब उत्तरोत्तर मीडिया आधारित होते चले जाएँगे, और उनकी यह निकटता पारम्परिक क़िस्म की सामुदायिकता से भिन्न होगी। कुछ दूसरे विद्वानों का विचार है कि मीडिया के नये युग ने एक निराकार समुदाय की सम्भावना को जन्म दिया है। यह सामुदायिकता पुरानी सामुदायिकता की तरह व्यक्तिवाद का शमन नहीं करती, बल्कि उसे और उभार देती है।

न्यू मीडिया की प्रौद्योगिकी भूमण्डलीकृत युग में सत्ता की संरचनाओं के ख़िलाफ़ विकेंद्रित संघर्ष के औज़ार की तरह काम कर सकता है। इसका पहला उदाहरण 1994 में मैक्सिको में मिला जब ज़पाटा आंदोलनकारियों द्वारा उसका इस्तेमाल संगठन और गोलबंदी के मक़सद से किया गया। 1999 में विश्व व्यापार संगठन के सम्मेलन के दौरान उसके

ख़िलाफ़ आयोजित प्रदर्शनों की कामयाबी में भी नये मीडिया की भूमिका थी। प्रतिरोध के लिए कटिबद्ध सामाजिक आंदोलनों ने गठजोड़ बनाने, अपने उद्देश्यों और रणनीति के बारे में लोगों को शिक्षित-संगठित करने के लिए आवश्यक वैकल्पिक मीडिया स्रोत तैयार करने के लिए इस प्रौद्योगिकी का सहारा लिया था। इसी प्रक्रिया से इंडीमीडिया आंदोलन का जन्म हुआ जिसे सूचना के लोकतंत्रीकरण का ज़बरदस्त उपकरण माना जाता है। कुछ विद्वानों की मान्यता है कि नये मीडिया ने प्रौद्योगिकी आधारित नवउदारतावादी मॉडल के ख़िलाफ़ एक रैडिकल सामाजिक-तकनीकी प्रतिमान तैयार करने की भूमिका निभायी है। इंटरनेट का सहारा लेकर 'ग्रासरूट्स ग्लोबलाइज़ेशन' की प्रक्रिया भी चलायी जा रही है जिसके केंद्र में पूँजी-प्रवाह न हो कर व्यक्तियों की अन्योन्यक्रिया है।

देखें : अभिलेखागार, आख्यान, इंटरएक्टिविटी-प्रौद्योगिकीय विमर्श, इंटरएक्टिविटी-सामाजिक विमर्श, इंटरफ़ेस, एक्टर-नेटवर्क थियरी, डिजिटल डिवायड, दिन-प्रति दिन के अभिलेखागार, नेटवर्क, नेटवर्क सोसाइटी, प्रोपेगंडा, बाज़ारू संस्कृति, भारत में संचार-क्रांति, भारतीय मीडिया-1, 2 और 3, भारतीय मीडिया स्फ़ेयर, मास मीडिया, मीडिया और सरकार, मीडिया-पक्षधरता, मीडिया-स्टडीज़, संचार, संचार-क्रांति, स्मृति और अभिलेखागार, सोशल नेटवर्क विश्लेषण, सूचना, सूचना-समाज, वैकल्पिक मीडिया।

संदर्भ

1. नोह वारड्रिप-फ्रुइन और निक मोंटफ़ोर्ट (सम्पा.) (2003), *द न्यू मीडिया रीडर*, एमआईटी प्रेस, केम्ब्रिज, मैसाचुसेट्स.
2. मैनुएल कैसेल्स (1996), *राइज़ ऑफ़ नेटवर्क सोसाइटी*, खण्ड 1, ब्लैकवेल पब्लिशिंग, मैसाचुसेट्स.
3. एम. डरहम और डगलस केलनर (2001), *मीडिया ऐंड कल्चरल स्टडीज़ कीवर्ड्स*, ब्लैकवेल पब्लिशिंग, माल्देन, मा और ऑक्सफ़र्ड.
4. निकोलस जेन और डेविड बीयर (2008), *न्यू मीडिया : की कंसेप्ट्स*, बर्ग, ऑक्सफ़र्ड और न्यूयॉर्क.

— अभय कुमार दुबे

नयी कविता

(Nayi Kavita)

पचास का दशक हिंदी साहित्य में नयी कविता का आंदोलन लेकर आया। इस कविता की 'शक्ति, सीमाओं और सम्भावनाओं' को लेकर छायावादोत्तर हिंदी साहित्य में समय-समय पर नये विवाद उठते रहे हैं। पुरानी पीढ़ी के आलोचकों की बहस के केंद्र में यह मुद्दा रहा है कि कविता से पहले 'नये' विशेषण की आवश्यकता क्या है? इस का उत्तर यह कह कर दिया गया कि 'नये' से तात्पर्य स्वातंत्र्य-युग की नयी संवेदना और नयी मनोभूमि की अभिव्यक्ति से है। इसी के साथ यह भी कहा गया कि नयी कविता आज़ादी के बाद के भारत के नये मनुष्य की चिंताओं-द्वंद्वों-तनावों, समस्याओं और प्रश्नाकुलताओं की अभिव्यक्ति है। अज्ञेय ने 'नयी कविता' शीर्षक निबंध में इस कविता को परिभाषित करते हुए कहा है कि नयी कविता नये मूड की, नयी मानसिकता का स्फ़ोट है। दरअसल, नयी कविता नाम भी अज्ञेय का ही दिया हुआ है। अपनी एक रेडियो वार्ता में उन्होंने इस पद का प्रयोग किया था, जो बाद में 1953 में *नये पत्ते* में 'नयी कविता' शीर्षक से प्रकाशित हुआ। साहित्य की दुनिया में इसकी ज़बरदस्त प्रतिक्रिया हुई, लेकिन नयी कविता तमाम विरोधों को झेल कर आधुनिक वैचारिक रचनाशीलता का प्रतिमान बन गयी। रामस्वरूप चतुर्वेदी ने एक सूत्र दिया कि छायावाद यदि श्रद्धा केंद्रस्थ है तो नयी कविता में इड़ा। इड़ा से तात्पर्य यहाँ बौद्धिकता से है। इस बौद्धिकता के कारण ही नयी कविता द्वंद्व, तनाव, विसंगति, विडम्बना, विद्रूपता की कविता बनी। वह रसाश्रित कविता नहीं है। आज नयी कविता शब्द एक व्यापक अर्थ में प्रयुक्त होता है जिसमें कविता ही नहीं बल्कि इस पूरे रचना-युग की प्रवृत्तियाँ व्यंजित होती हैं। इसे एक नाम 'नव-लेखन' भी दिया गया है।

नयी कविता को बहस के केंद्र में ला कर गजानन माधव मुक्तिबोध ने *नयी कविता का आत्मसंघर्ष तथा अन्य निबंध* शीर्षक अपनी पुस्तक में कहा है कि, 'जब कभी कोई नयी काव्य-प्रवृत्ति अथवा साहित्य-प्रवृत्ति अवतरित होती है, कला के मूल तत्त्वों के संबंध में, सिद्धांतों के बारे में बहस शुरू हो जाती है। यदि इस विचार विनमय को वास्तववादी होना है तो उसे एक साथ दो काम करने होंगे— एक तो अपने युग विशेष की प्रवृत्तियों को समझना होगा, दूसरे नयी प्रवृत्ति के स्वरूप को हृदयंगम करना होगा। नयी काव्य प्रवृत्ति अभी तक पण्डितों, आचार्य प्रवरों और आलोचक वरेण्यों द्वारा हृदयंगम नहीं हो सकी है।' इसी मक़ाम पर प्रश्न उठा कि 'कला के वस्तु और रूप' का प्रश्न आज ही इतने ज़ोरों से

क्यों उठ खड़ा हुआ? मुक्तिबोध का उत्तर था, 'संवेदनशील कवि-हृदय को उसके आसपास की वास्तविकता के मार्मिक पक्ष गहरी चुनौती देते हैं। यह चुनौती दो प्रकार की है— तत्त्व संबंधी और रूप संबंधी। आज के कवि में तनाव भी है, घिराव भी है, किंतु कवि-हृदय आत्मविस्तार चाहता है- आत्मविस्तार होते ही उसे मानव वास्तविकता के मूलपक्ष दिखाई देने लगते हैं।' लेकिन कठिनाई यह है कि जीवन के मार्मिक पक्षों का संवेदनात्मक आकलन होने पर भी अभिव्यक्ति लड़खड़ा जाती है। मुक्तिबोध ने कहा कि नयी कविता संकल्पबद्धता के साथ संवेदनात्मक ज्ञान और ज्ञानात्मक संवेदना को तीव्र मानसिक प्रतिक्रियाघातों के साथ प्रकट करना चाहती है। उस कविता के कवि को यह आत्मज्ञान है कि उसे प्रगल्भ विकास के लिए कवि की संवेदना शक्ति में विलक्षण विश्लेषण प्रवृत्ति चाहिए। ऐसा इसलिए कि नयी कविता अपने पूर्वयुगों की कविता से ज़्यादा 'अपने परिवेश के साथ द्वंद्वमय स्थिति में' है, इसलिए उसके भीतर तनाव का वातावरण सघन है।

नयी कविता का कवि जीवन की वास्तविकता में बौद्धिक-दृष्टि द्वारा अंत:प्रवेश करने के लिए उत्सुक था। उसके अंतर्जगत में आध्यात्मिकता नहीं, विश्व-दृष्टि के विकास की लालसा थी। कवि जीवन व जगत की व्यापक व्याख्या करना चाहता था। अपनी प्रज्ञा से प्रबुद्ध होकर यह कवि संवेदनात्मक ज्ञान और ज्ञानात्मक संवेदना को पुष्ट करता है। अनुभूति को काव्यात्मकता के साथ ज्ञान प्रेरित संवेदना में ढालता है। जीवन के वेदनात्मक पक्षों पर निगाह गढ़ाकर उनका चित्रण करता है— यानी भाव के साथ विभाव पक्ष के चित्रण में ढील नहीं डालता। नया कवि मुक्तिबोध के विचार से तीन क्षेत्रों में कठिन संघर्ष करता है— तत्त्व के लिए संघर्ष, अभिव्यक्ति को सक्षम बनाने के लिए संघर्ष और दृष्टि के विकास का संघर्ष। मूलत: दृष्टि-विकास का संघर्ष थियरी से है, विश्व दृष्टि के विकास से है, जीवन की जटिल वास्तविकता के चित्रण से है। कला का प्रथम क्षण है मानसिक दृष्टि का उद्वेलन-उद्‌बोधन, दूसरा क्षण है हृदय में संचित जीवनानुभवों का तरंगायित हो उठना, कला का तीसरा क्षण है अंतरनेत्रों के सामने जीवन-मूल्यों का प्रकटीकरण। इसलिए नयी कविता नयी इस अर्थ में है कि वह जड़ीभूत सौंदर्याभिरुचियों पर प्रहार करती है।

मानव बाह्य जीवन के आभ्यंतरीकरण द्वारा ही सम्पन्न और विकसित होता है। अभिव्यक्ति-सम्पदा के विकास के लिए निरंतर अभ्यास और श्रम आवश्यक है। आज की कविता में रस और सामंजस्य न हो कर, द्वंद्व है। वह रिझाने वाली नहीं, खिजाने वाली, चिढ़ाने वाली, व्यंग्य-वक्रोक्ति की कविता है। एक प्रकार से 'नागात्मक कविता' है, शहरी साँपों के सभ्य न होने की कविता है— जो गाँवों की स्मृतियों को मिटा कर पश्चिमी और औपनिवेशिक आधुनिकता के पीछे पागल हैं। विचारों की तीव्रता के कारण यह कविता गद्यवत है। उसमें मधुर लयात्मक छंदों का प्रयोग नहीं है। इसलिए वह गीत रूप में न आ कर गद्य रूप में आती है। आज के जीवन-संघर्ष में लय मर गयी है और गति बढ़ गयी है। नयी कविता के कवियों की अपनी-अपनी विशेष शैलियाँ हैं। इन शैलियों का विकास मुक्तिबोध, भवानीप्रसाद मिश्र, सर्वेश्वर दयाल सक्सेना, रघुवीर सहाय, धर्मवीर भारती, कुँवर नारायण, गिरिजा कुमार माथुर, शमशेर बहादुर सिंह, केदारनाथ सिंह, विजयदेव नारायण साही में अपने विशेष रूप के साथ अनवरत है।

नयी कविता के भीतर जो प्रक्रिया लक्षित होती है वह छायावादी-प्रगतिवादी काव्य-प्रक्रिया से भिन्न है। रोमांटिक कवियों की भाँति नया कवि आवेश प्रधान कविता नहीं लिखता। वह अनुभूत यथार्थ को ही व्यक्त करता है। नया अनुभव आवेशयुक्त न होने के कारण गद्य भाषा में उतरता है— कृत्रिम ललित काव्यभाषा में नहीं। इसी कारण से नयी कविता का पूरा विन्यास गद्य-भाषा के निकट है। यह बात आज सभी मानते हैं कि कविता या साहित्य सांस्कृतिक प्रक्रिया है जिसमें जीवन-संघर्षों की विविधता रहती है। यह जीवन-संघर्षों की विविधता ही इस कविता का सच्चा सौंदर्य है। कविता में तनाव-घिराव का वातावरण है इसलिए धर्मवीर भारती का *अंधायुग*, कुँवर नारायण की *आत्मजयी*, भवानी प्रसाद मिश्र की *कालजयी*, दुष्यंत कुमार की *एक कंठ विषपायी*, दिनकर की *उर्वशी*, मुक्तिबोध की *अँधेरे में*, सर्वेश्वर की *कुआनो नदी* जैसी रचनाएँ इससे मुक्त नहीं हैं। आज के कवि अपनी स्थिति-परिस्थिति से टकराता है और जीवन के विविध सामाजिक-राजनीतिक पक्षों को शब्द देता है। नेहरू-युग से मोहभंग की पीड़ा भोगता हुआ वह गुस्से में है और आज़ादी के अंधकार में खड़ा है। उस अंधकार में एक उद्देश्यविहीन समाज जी रहा है। मुक्तिबोध के शब्दों में फिर कहें तो 'सच तो यह है की नयी कविता के भीतर कई स्वर हैं, कई शैलियाँ हैं, कई शिल्प हैं और कई भाव पद्धतियाँ। नयी कविता एक काव्य-प्रकार का नाम है। उसका काव्य प्रकार के भीतर अनेकानेक काव्य व्यक्तिगत शैलियाँ, शिल्प, रचना-विधान और दृष्टियाँ हैं। नयी कविता की प्रतिभा किस लेखक में कहाँ है और कहाँ तक है, यह विवाद का विषय है। आज काव्य क्षेत्र में बहुत से नये कवि हैं।' । यह भी सच है कि नयी कविता के भीतर प्रगतिशील परम्परा की एक लीक है, जिसका अपना इतिहास है।

विद्वानों ने नयी कविता-युग का संबंध *नयी कविता* पत्रिका के प्रकाशन से जोड़ा है और *दूसरा सप्तक* (1951) से नयी कविता का आरम्भ माना है। इस दृष्टि से नयी कविता के पहले कवि हैं— भवानी प्रसाद मिश्र जो कविता को आग का गोला बनाकर छोड़ते हैं, फिर चाहे *गीत फ़रोश* की

कविताएँ हों या *त्रिकाल संध्या*। यह कविता सत्ता-व्यवस्था के विरोध की कविता है और यही नयी कविता का मूलचरित्र आगे के सभी कवियों में मिलता है।

1953 की फ़रवरी में नये लेखकों की संस्था *परिमल* की ओर से नयी कविता पर इलाहाबाद विश्वविद्यालय में एक विचार-गोष्ठी हुई। भारत भूषण अग्रवाल, जगदीश गुप्त, रामस्वरूप चतुर्वेदी ने नयी कविता के विविध पक्षों पर पर्चे पढ़े और फिर शाम की बैठक में शंभुनाथ सिंह की अध्यक्षता में काव्य-पाठ हुआ। शमशेर की लम्बी कविता *अमन का राग* पढ़े जाते समय श्रोताओं में कोलाहल हुआ। मार्च, 1953 के *नये पत्ते* गोष्ठी में एक लेख ब्रजेश्वर वर्मा ने 'नयी कविता : श्रोता के दृष्टिकोण' से पढ़ा। इसी समय 1953 की *कल्पना* में रामस्वरूप चतुर्वेदी के लेख 'नयी कविता में मुक्तछंद' का प्रकाशन हुआ।

आलोचना पत्रिका के सम्पादक-मण्डल (ब्रजेश्वर वर्मा, धर्मवीर भारती, रघुवंश, विजयदेव नारायण साही) ने एक बैठक करके *नयी कविता* शीर्षक अर्द्धवार्षिक पत्रिका निकालने का निर्णय लिया। सम्पादन का दायित्व जगदीश गुप्त और रामस्वरूप चतुर्वेदी को दिया गया और व्यवस्था-वितरण का ज़िम्मा राजकमल प्रकाशन को। *नयी कविता* पत्रिका का प्रकाशन 1954 में हुआ। इसी क्रम में *नये पत्ते, निकष, प्रतिमान* जैसी पत्रिकाएँ परिमल दल के लेखकों द्वारा निकाली गयीं। निराला नये लेखकों के मन में कैसे बैठे थे इसका अनुमान 'परिमल' नाम से ही लगाया जा सकता है। इस दल का संयोजन लम्बे समय तक हरदेव बाहरी, हरिमोहन दास टंडन, लक्ष्मीकांत वर्मा, केशवचंद्र वर्मा और सर्वेश्वर दयाल सक्सेना ने किया। *प्रतिमान* पत्रिका का केवल विज्ञापन हुआ, प्रकाशन नहीं। वर्षों बाद रघुवंश ने *क्खग* त्रैमासिक पत्रिका का प्रकाशन किया और उसके पंद्रह अंक निकाले।

नयी कविता पर प्रगतिवादियों ने आरोप लगाया कि वह समाज-विमुखता की कविता है। लेकिन, नयी कविता जहाँ से शुरू होती है वहाँ उसकी शुरुआत में भवानी प्रसाद मिश्र और सर्वेश्वर दयाल सक्सेना की कविता है। ये दोनों कवि नयी कविता के मैथिली शरण गुप्त और रामनरेश त्रिपाठी हैं। सर्वेश्वर ने कहा है 'मैं नया कवि हूँ/ इसी से जानता हूँ/ सत्य की चीख बहुत गहरी होती है/ इसी से सच्ची चोटें बाँटता हूँ/ जूठी मुस्कानें नहीं बेचता'। नये कवि-कर्म का एक प्रमुख दायित्व है— समाज-संस्कृति-राजनीति से साक्षात्कार कराना। इस दायित्व के निर्वाह में सर्वेश्वर बहुत आगे रहे हैं।

ध्यान रहे एक नयी ख़बर लेने वाली मानसिकता का नाम है रघुवीर सहाय। *सीढ़ियों पर धूप में* और *आत्महत्या के विरुद्ध* नयी कविता की सर्वथा नूतन सर्जनात्मकता का संकेत है। समकालीन राजनीति के विद्रूप चेहरों पर रघुवीर सहाय ने अद्‌भुत काव्य-टिप्पणियाँ की हैं। साथ ही उन्होंने नयी कविता को एक अलग काव्य-मुहावरा दिया है। अख़बार की साधारण बोलचाल की भाषा में सर्जनात्मकता पैदा करना रघुवीर सहाय की ही अपनी ताक़त है। नयी कविता में निरंतर रचना-क्रांति करने वाले लक्ष्मीकांत वर्मा का कृतित्व बड़ा है। उनकी कविता *सिर पर जूता/ पैर में टोपी* ने नयी पीढ़ी को एक अर्थ-प्रकाश दिया। *मेरा अपराध* कविता का कवि मानता है कि 'मेरा अपराध इतना है मैंने बिना सर उठाये/ और किसी चौखट से टकराये/ अपना सिर बचा लिया है'। लक्ष्मीकांत वर्मा लम्बे समय तक राममनोहर लोहिया के समाजवाद से प्रभावित रहे। उनकी कविता पर लोहिया के विचारों का प्रभाव पड़ा। वैसे, नयी कविता के ज़्यादातर कवियों पर लोहिया का असर है। जिस कविता पर प्रगतिवादी समाजविमुखता का आरोप लगाते हैं वह *अंधा युग* के रूप में महाभारत की ओट ले कर नेहरू-युग से मोहभंग की बात कर रही थी। इसी तरह *आत्मजयी* नयी और पुरानी पीढ़ी के वैचारिक टकराव के प्रश्नों को उठाने वाला काव्य है। यहाँ नचिकेता प्रतीक है नयी पीढ़ी का जो नये प्रश्न उठाता है और मृत्यु से भी नहीं डरता।

नरेश मेहता ने *संशय की एक रात* जैसी प्रबंध कविता लिखी और परम्परा को पुनर्भाषित किया। लेकिन केदारनाथ सिंह का काव्य-मुहावरा इन सभी से अलग रहा। कवि-कर्म की दृष्टि ने उन्होंने कठिन रास्ता चुना लेकिन सर्जनात्मक उपलब्धि की दृष्टि से यह विशिष्ट रास्ता रहा। कविता में बिम्ब-विधान की महिमा को केदारनाथ सिंह ने पहचाना। मितकथन पर विपिन कुमार अग्रवाल *नंगे पैर* चलकर नयी कविता पर गये और 'क्लासिकल ठंडेपन से काव्यानुभूतियों को व्यक्त किया।' इस काव्य क्षेत्र में अशोक वाजपेयी सुकुमार मन:स्थितियों के साथ *शहर अब भी सम्भावना* की तलाश करते आये। उसके बाद *एक पतंग अनंत में* नयी मानसिकता के प्रतीक रूप में उड़ी। व्यंग्य-विद्रूप के साथ श्रीकांत वर्मा यह कहते हुए आये 'मैं बकता नहीं हूँ, कविताएँ ईजाद करता हूँ।' भाषा का बेहद सर्जनात्मक प्रयोग करके श्रीकांत ने *माया दर्पण* तथा *मगध* रच डाला। इस पीढ़ी में एक तीखे स्वर से कबीर को याद करते हुए— विजयदेव नारायण साही *मछलीघर* रचते हुए आये। इस प्रतिभाशाली कवि और नयी कविता के सिद्धांतकार ने *साखी* जैसा नयी कविता को अद्‌भुत उपलब्धि का संग्रह दिया। साही ने *साखी* से नयी कविता को वह दिया जो अब तक कोई नहीं दे सका। श्रीराम वर्मा ने *शब्दों की शताब्दी* में समकालीन जीवन व्यवस्था की तीखी आलोचना की। यही स्वर एक ख़ास लहज़े में समकालीन कविता के प्रवर्तक कवि धूमिल की *संसद से सड़क तक* की कविताओं में एक ख़ास काव्य रूप में सुनायी दिया।

स्वातंत्र्य-युग को राजनीति की विकृतियों ने घेर लिया। कविता में यही स्वर— क्रांति, विद्रोह, आक्रोश, खीझ,

अनास्था, मूल्यों का अंधापन, पीड़ा, आत्म-निर्वासन और विडम्बना की अनुगूँजें लेकर आया। कवि कर्म कठिन से कठिनतर होता गया और बहुत-सी वर्जनाएँ चरमराकर टूटने लगीं। *नयी कविता* के 1954 से 1967 तक के अंकों पर जब कभी विचार-किया जाएगा तो पता चलेगा कि *अंधा युग* कैसे आया और कैसे *कनुप्रिया* ने प्रश्नाकुलताओं में नारी को खड़ा किया। जगदीश गुप्त ने 'अर्थ की लय', 'सह-अनुभूति' और गिरिजा कुमार माथुर ने 'नाद-सिद्धांत' के प्रश्न उठाये और रस-सिद्धांत से विदा ले ली।' नयी कविता के दौर में भी अज्ञेय का रचना-कर्म एक ख़ास तरह का सौंदर्यबोध सामने लाता रहा। वे रीतिवाद से दूर होते गये। मानव-मूल्यों के प्रति सतत जागरूकता, बौद्धिकता और सामाजिक संश्लेषण नयी कविता की शक्ति रही। परिवेश के प्रति जागरूकता को नयी कविता ने कवि-कर्म के केंद्र में स्थापित किया। नयी कविता के कवि ही समकालीन कविता और अकविता आंदोलन में गये। अकविता सम्पूर्ण मोहभंग की कविता है जिस पर आज गहरायी से चिंतन करने की आवश्यकता है।

देखें : अष्टछाप, 'अंग्रेज़ी हटाओ' आंदोलन, छायावाद, डायग्लॉसिया, नगेंद्र और सैद्धांतिक समीक्षा, नंद दुलारे वाजपेयी, नामवर सिंह, प्रेमचंद, प्रयोगवाद, प्रगतिवाद, पाश्चात्य काव्यशास्त्र, भक्ति आंदोलन-1 और 2, भक्ति-काव्य-1 और 2, भारतेंदु हरिश्चंद्र, भारतेंदु युग-1 और 2, भाषा नियोजन-1 से 4 तक, भाषा के मार्क्सवादी सिद्धांत, महावीर प्रसाद द्विवेदी, महादेवी वर्मा, मीरांबाई और प्रेमाभक्ति, राहुल सांकृत्यायन, रामानुजाचार्य, रामानंद, रामचंद्र शुक्ल-1 और 2, रामविलास शर्मा, राष्ट्रीय-सांस्कृतिक कविता, रीतिकाल-1 और 2, विजय देव नारायण साही, वैष्णव धर्म, श्याम सुंदर दास, सम्पर्क भाषा-1 से 4 तक, संविधान सभा में भाषा-विवाद-1, 2 और 3, सच्चिदानंद हीरानंद वात्स्यायन अज्ञेय, संत-काव्य, संस्कृत काव्यशास्त्र, सिद्ध-नाथ परम्परा, सूफ़ीयत और प्रेमाख्यान, हजारी प्रसाद द्विवेदी, हिंदी विरोधी आंदोलन, हिंदी जाति-1, 2 और 3, हिंदी साहित्य का आदिकाल, हिंदी साहित्य का इतिहास, हिंदी साहित्य का इतिहास : नये परिप्रेक्ष्य, हिंदी-पद्य में इतिहास, हिंदी-जगत और 'लोकप्रिय'-1 और 2, हिंदी नवजागरण, हिंदी-संस्थाएँ।

संदर्भ

1. गजानन माधव मुक्तिबोध (1964), *नयी कविता का आत्मसंघर्ष तथा अन्य निबंध,* विश्वभारती प्रकाशन, नागपुर.
2. रामस्वरूप चतुर्वेदी (1993), *हिंदी साहित्य और संवेदना का विकास,* लोकभारती प्रकाशन, इलाहाबाद.
3. नामवर सिंह (1968), *कविता के नये प्रतिमान,* राजकमल प्रकाशन, नयी दिल्ली.
4. विजयदेव नारायण साही (1964), *छठवाँ दशक,* हिंदी साहित्य सम्मेलन, प्रयाग.
6. लक्ष्मीकांत वर्मा (1960), *नयी कविता के प्रतिमान,* लोकभारती प्रकाशन, इलाहाबाद.

—कृष्णदत्त पालीवाल

नव-दक्षिणपंथ

(New Right)

नव-दक्षिणपंथ एक व्यापक पद है जिसका उपयोग उन विचारों का वर्णन करने के लिए किया जाता है जिनमें एक तरफ़ तो टैक्स में कटौती की माँग की जाती है तो दूसरी ओर टेलिविज़न और फ़िल्मों पर ज्यादा सेंसरशिप लगाने का आग्रह किया जाता है। इस तरह की माँगों में तहत कई बार दूसरे देशों से होने वाले आप्रवासन पर रोक की माँग भी शामिल है। दरअसल, ऐडम स्मिथ के बाज़ार सिद्धांत से जुड़ कर उदारतावादी नव-दक्षिणपंथ का उभार हुआ है और व्यवस्था की सुरक्षा, प्राधिकार और अनुशासन पर ज़ोर देने वाले पहलू से अनुदारतावादी नव-दक्षिणपंथ निकला है। एक तरह से आर्थिक स्वतंत्रतावाद को राज्य और समाज के प्राधिकारवाद से मिलाने की कोशिश करने वाली प्रवृत्ति नव-दक्षिणपंथ के रूप में व्यक्त होती है। नव-दक्षिणपंथ दावा करता है कि सिर्फ़ व्यक्ति ही यह फ़ैसला कर सकते हैं कि वे क्या चाहते हैं। इसलिए राज्य उनकी ज़िंदगी में जितना कम दख़ल देगा, उन्हें अपनी प्राथमिकताएँ तय करने में उतनी ज़्यादा आज़ादी रहेगी। इस तरह न्यूनतम राज्य के साथ मुक्त बाज़ार पर आधारित समाज-व्यवस्था उसका एक मुख्य उद्देश्य बन जाता है। नव-दक्षिणपंथ अधिकार के बजाय कर्त्तव्य पर ज़ोर देता है और उदारतावादी राष्ट्रवाद के बजाय उग्र राष्ट्रवादी प्रतिक्रियावाद का सहारा लेता है।

आर्थिक मामलों मुक्त अर्थव्यवस्था की बात करते हुए सामाजिक मामलों में मज़बूत राज्य की वकालत करने वाली यह प्रवृत्ति भूमण्डलीकरण के साथ ऐसे समाजों में भी फैली जहाँ राज्य की लोकोपकारी भूमिका पर ज़ोर दिया जाता है। मसलन, भारत में ऐसे दक्षिणपंथी दल मौजूद हैं जो एक ओर उदारतावादी आर्थिक नीतियों की तरफ़दारी करते हैं, तो दूसरी ओर समाज में पारम्परिक धार्मिक और जातिगत पहचानों को बढ़ावा देते हैं। बहरहाल, नव-दक्षिणपंथ के अपने वैचारिक विरोधाभास भी हैं। आर्थिक मामलों में यह व्यक्ति की 'आजादी' का समर्थन करता है, जबकि सामाजिक मामलों राज्य के नियंत्रण का। यह ग़रीबी और साधनहीनता से त्रस्त लोगों की भलाई के लिए कोई कार्यक्रम नहीं सुझाता। इसकी बजाय, यह यथास्थिति या साधन-सम्पन्न लोगों का समर्थन करता है। इसलिए सार्वजनिक क्षेत्र की नाकामियों और आर्थिक मामलों में राज्य के हस्तक्षेप के कुछ नकारात्मक पहलुओं के बारे में बताने के बावजूद यह ख़ुद में एक आकर्षक विकल्प नहीं बन पाता।

इंग्लैण्ड में मारग्रेट थैचर और संयुक्त राज्य अमेरिका

में रोनाल्ड रेगन और जॉर्ज बुश की सरकारों ने राज्य को सीमित करने के लिए उन्होंने नव-दक्षिणपंथी सिद्धांतों का ही सहारा लिया था। थैचर और रेगन मानते थे कि व्यक्तिगत आज़ादी राज्य द्वारा किये जाने वाले सामाजिक और आर्थिक नियंत्रण घटाने पर निर्भर करती है। आर्थिक मामलों में नियंत्रण घटाने के लिए थैचर सरकार ने क्लासिक उदारतावादी आग्रहों को अपनाया। उसने ज़ोर दिया कि ऐसी स्थितियाँ बनायी जानी चाहिए जिसमें व्यक्तियों की गतिविधियों में कम-से-कम राजनीतिक हस्तक्षेप हो और वे अपने लक्ष्यों को हासिल कर पायें। इसके अलावा थैचर सरकार ने व्यापार और पारिवारिक जीवन में सम्पन्नता लाने के लिए सुरक्षित आधार तैयार करने पर भी ज़ोर दिया। इस प्रकार थैचराइज़ेशन और रेगनोमिक्स के ज़रिये नव-दक्षिणपंथ ने एक ऐसी रणनीति को रेखांकित किया जो राज्य की कार्रवाई का दायरा तो सीमित करती है, पर साथ ही उसकी सत्ता के ऐसे पहलुओं को बढ़ावा देती है जिनसे राजनीतिक स्थिरता और मज़बूत राज्य को बढ़ावा मिल सके।

द्वितीय विश्व-युद्ध के बाद पश्चिमी देशों (ख़ास तौर पर ब्रिटेन और अमेरिका) की अर्थव्यवस्थाओं को पहली बार सत्तर के दशक के शुरुआती वर्षों में मंदी का सामना करना पड़ा। इसके कारण बेरोज़गारी बढ़ी। इस तरह की स्थिति के लिए राज्य नियंत्रित अर्थव्यवस्था और इसके लोकोपकारी रवैये को जिम्मेदार माना गया। इन परिस्थितियों में नव-दक्षिणपंथी चिंतन का उभार हुआ। यह सामाजिक कारकों से भी प्रभावित था। विशेष रूप से उदारतावादी सामाजिक दर्शन की प्रतिक्रियास्वरूप अनुदारतावादियों को यह डर लगने लगा था कि अगर समाज में हर तरह की बातों को इजाज़त दी जाने लगी तो सभ्यता और संस्कृति का विशिष्ट चरित्र ख़त्म हो जाएगा। मसलन, सत्तर और अस्सी के दशक में जब अमेरिका में नव-अनुदारतावाद का उभार हुआ तो इसमें इरविंग क्रिस्टल और नॉर्मन पोडोरिच जैसे विचारक शामिल थे। इनकी मान्यता थी कि अधिकार आधारित संस्कृति के कारण नागरिकों में कर्त्तव्य और दायित्व की भावना ख़त्म हुई है। दूसरी ओर अंतर्राष्ट्रीय कारकों ने भी नव-दक्षिणपंथ को आकार देने में महत्त्वपूर्ण भूमिका निभायी। मसलन, सोवियत संघ की बढ़ती शक्ति से अमेरिका में लोग त्रस्त महसूस करने लगे। वियतनाम में पराजय और ईरान की इस्लामिक क्रांति के कारण अमेरिकी की प्रतिष्ठा को आहत हो ही चुकी थी। इसकी वजह से राष्ट्रवादी भावनाएँ भड़कीं। अस्सी के दशक में ब्रिटेन में भी महा-शक्ति की हैसियत खोने, युरोपीय एकीकरण की प्रक्रिया से पैदा हुई दुश्चिंताओं और बाहरी लोगों की बढ़ती संख्या के कारण चिंता का माहौल था। इस सब ने मिल कर अनुदारतावादी नव-दक्षिणपंथी भावनाओं को बढ़ावा दिया।

नव-दक्षिणपंथी चिंतन का उदारतावादी आयाम क्लासिकल उदारवाद से प्रभावित है। यह एक नये रूप में न्यूनतम राज्य पर ज़ोर देता है। इसके तहत माना जाता है कि 'प्राइवेट अच्छा है और पब्लिक बुरा।' नव-दक्षिणपंथ की यह क़िस्म राज्यवाद विरोधी (एंटी स्टेटिस्ट) है। क्लासिकल उदारतावाद से जुड़े स्मिथ और रिकार्डो के विचारों के साथ-साथ फ्रेड्रिख़ वॉन हायक, मिल्टन फ्रीडमैन और रॉबर्ट नॉज़िक जैसे समकालीन चिंतकों ने भी इस नव-दक्षिणपंथ की दिशा तय की है। तीस के दशक में कींस के अर्थशास्त्र से प्रभावित होकर मुक्त बाज़ार के विचारों को छोड़ दिया गया था। कींस का कहना था कि पूँजीवादी अर्थव्यवस्थाएँ स्व-नियंत्रक (या सेल्फ़-रेगुलेटिंग) नहीं हैं। उन्होंने अर्थव्यवस्था की 'कुल माँग' पर ज़ोर देते हुए बेरोज़गारी की समस्या का हल सरकारों को बजट घाटे द्वारा 'माँग प्रबंधन' के रूप में तजवीज़ किया। उनका कहना था कि सरकारें टैक्सों से जो पैसा जमा करती हैं, उससे ज्यादा धन उन्हें सार्वजनिक ख़र्च द्वारा अर्थ व्यवस्था में लगाना चाहिए। इसके विपरीत नव-उदारतावादियों, ख़ास तौर पर मिल्टन फ्रीडमैन ने तर्क दिया कि 'बेरोज़गारी की एक स्वाभाविक दर' होती है, जिसे सरकार प्रभावित नहीं कर सकती है। यदि सरकार कींसवादी युक्तियों का उपयोग करके बेरोज़गारी दूर करने की कोशिश करेगी तो दूसरे तरह की दो आर्थिक समस्याएँ सामने आ जाएँगी।

इन लोगों ने यह तर्क भी दिया कि राज्य के हस्तक्षेप के कारण बल प्रयोग बढ़ता है और लोगों की आज़ादी कम होती है। इससे व्यक्तियों की पहलक़दमी घटती है और उनके आत्म-सम्मान पर बुरा प्रभाव पड़ता है। इन चिंतकों ने मिश्रित अर्थव्यवस्था और सार्वजनिक स्वामित्व के विचार का विरोध किया। उनका कहना था कि व्यक्तियों को आत्म-निर्भर बनने और अपने हित के लिए तर्कसंगत चुनाव करने के लिए प्रोत्साहित किया जाना चाहिए। इन्होंने बाज़ार को ऐसे तंत्र के रूप में देखा जिसमें व्यक्तिगत चुनावों का कुल योग प्रगति और सामान्य फ़ायदे को बढ़ावा देता है। एक अर्थ में नव-उदारतावादी दक्षिणपंथ ने अनुदारतावादी विचारधारा में मौजूद पैतृकवाद के बजाय स्वतंत्रतावाद का समावेश करने की कोशिश की।

दूसरी ओर अनुदारतावादी नव-दक्षिणपंथ इस डर का शिकार रहता है कि उदारतावादी सुधारों और 'प्रगतिशील' मूल्यों के प्रसार के कारण सामाजिक विघटन हो सकता है। अनुदारतावादी नव-दक्षिणपंथ से जुड़े तीन मुख्य सिद्धांत हैं : व्यवस्था, सार्वजनिक नैतिकता और राष्ट्रीय पहचान। इसके पैरोकार मानते हैं कि साठ के दशक के बाद से अधिकतर पश्चिमी समाजों के प्राधिकार (या अथॉरिटी) में गिरावट आयी है। समाजों में अपराध और समाज-विरोधी व्यवहार

बढ़ा है। एक तरह का अनुमतिवाद छाया हुआ है जिसने व्यक्ति को पूरी आज़ादी दे दी है। इसी के कारण समाज की स्थापित संरचनाओं की उपेक्षा हुई है। नव-अनुदारतावादी पारिवारिक मूल्यों के समर्थक हैं। पारम्परिक की संरक्षा की पैरोकारी करते हुए ये सामाजिक पदानुक्रम और पितृसत्ता की वकालत करते हैं। मसलन, वे कहते हैं कि बच्चों को अपने माता-पिता की बात माननी चाहिए और स्त्रियों को घर सँभालना चाहिए। यदि यह प्राधिकार-संबंध कमज़ोर होता है तो बच्चों को सही नैतिक मूल्य नहीं मिलेंगे और वे बड़ों का सम्मान करना बंद कर देंगे। सामाजिक प्राधिकारवाद के साथ राज्य के प्राधिकार का भी समर्थन किया जाता है। ख़ास तौर पर अनुदारतावादी नव-दक्षिणपंथ क़ानून और व्यवस्था के मामले में 'सख़्त' रुख अपनाने वाले राज्य का समर्थन करता है। मसलन, अमेरिका में साठ के दशक में मौत की सजा को ख़त्म कर दिया गया था। लेकिन नव-अनुदारतावादियों ने इसे फिर से बहाल करने के लिए अभियान चलाया है। अनुदारवादी नव-दक्षिणपंथ ने सार्वजनिक नैतिकता पर भी ज़ोर दिया है। ब्रिटेन में थेचर ने 'विक्टोरियन मूल्यों' के प्रति अपना समर्थन जताया था, वहीं संयुक्त राज्य अमेरिका में 'मॉरल मेजोरिटी' जैसी संस्थाओं ने पारिवारिक मूल्यों की वापसी के लिए अभियान चलाया है। इसके अलावा, नव-अनुदारतावादी दक्षिणपंथ ने राष्ट्रीय पहचान क़ायम रखने पर भी ज़ोर दिया है। ये ऐसी सामान्य सांस्कृतिक और नागरिक पहचान को बढ़ावा देना चाहते हैं जिसकी मज़बूत बुनियाद इतिहास और परम्परा में निहित हो। ख़ास तौर पर, ये दूसरे देशों से आने वाले लोगों और बहुसंस्कृतिवाद को राष्ट्रीय पहचान के लिए ख़तरे के रूप में देखते हैं। उनका मानना है कि बढ़ती सांस्कृतिक विविधता ने राष्ट्रीयता से जुड़ाव को कमज़ोर किया है। राजनीतिक समुदाय का क्षय हुआ है और जातीय तथा नस्लीय टकराव का ख़तरा पैदा हो गया है। इन्होंने बाहरी लोगों के देश में आने पर पाबंदी लगाने की माँग की है। ब्रिटेन के अनुदारतावादी नव-दक्षिणपंथियों ने युरोपीय यूनियन के विचार का भी विरोध किया है।

लेकिन यह भी याद रखने की ज़रूरत है कि नव-दक्षिणपंथ को मानने वाले ऐसे विचारक या राजनीतिज्ञ भी हैं जो नव-उदारतावाद और नव-अनुदारतावाद को नहीं मानते। मसलन, ब्रिटेन के एक चिंतक रॉजर स्क्रूटन ने इस बात पर ज़ोर दिया है कि अनुदारतावाद के भीतर मुक्त बाज़ार का कोई स्थान नहीं है। इसी तरह, नॉज़िक या अराजक-पूँजीवादियों को अनुदारतावादी सामाजिक सिद्धांत से कोई हमदर्दी नहीं है। फिर भी, नव-उदारतावादी और नव-अनुदारवादी विचार कई बार आपस में मिल जाते हैं। दरअसल, आर्थिक उदारतावाद को सामाजिक अनुदारतावाद से मिलाने की कोशिश नव-दक्षिणपंथ का विशिष्ट चरित्र बन जाती है।

देखें : अनुदारतावाद, उदारतावाद, ऐडम स्मिथ, क्लासिकल अर्थशास्त्र, डेविड रिकार्डो, फ्रेड्रिख़ वॉन हायक, मिल्टन फ्रीडमेन, रॉबर्ट नॉज़िक।

संदर्भ

1. ए. गैम्बल (1988), *द फ़्री इकॉनॉमी ऐंड द स्ट्रांग स्टेट,* मैकमिलन, लंदन.
2. ए. एडोनिस और टी. हेम्स (सम्पा.) (1994), *अ कंज़रवेटिव रेवोल्यूशन? द थैचर-रेगन डिकेड इन पर्सपेक्टिव,* मैनचेस्टर युनिवर्सिटी प्रेस, मैनचेस्टर.
3. टी. होंडेरिक (1991), *कंज़रवेटिज़्म,* हेमिश हेमिल्टन, लंदन.

— कमल नयन चौबे

नव-उपनिवेशवाद

(Neocolonialism)

धनी और शक्तिशाली देशों द्वारा कम विकसित ग़रीब देशों की अर्थव्यवस्थाओं, संस्कृति और राजनीति में हस्तक्षेप करके उन्हें अपनी मर्ज़ी के मुताबिक़ चलाने की परियोजना को नव-उपनिवेशवाद की संज्ञा दी गयी है। नव-उपनिवेशवाद के सिद्धांतकारों का कहना है कि द्वितीय विश्व-युद्ध के बाद उपनिवेशवाद का औपचारिक ख़ात्मा अवश्य हो गया है, पर उपनिवेश रह चुके देश आज भी अपने पुराने प्रभुओं के अंतर्राष्ट्रीय रंग-रुतबे के तले दबे हुए हैं। इस लिहाज़ से नव-उपनिवेशवाद एक ऐसी अभिव्यक्ति है जो मौजूदा 'वास्तविक' उपनिवेशवाद की भी आलोचना करती है और विश्व पूँजीवादी आर्थिक निज़ाम के तहत अमीर देशों के ग़रीब देशों पर प्रत्यक्ष और अप्रत्यक्ष प्रभाव को भी रेखांकित करती चलती है। नव-उपनिवेशवाद का सिद्धांत एशिया, अफ्रीका और लातीनी अमेरिका के बहुत से देशों की वर्तमान स्थितियों में प्रासंगिक माना जाता है। एक राजनीतिक पद के रूप में नव-उपनिवेशवाद का सूत्रीकरण पहली बार अफ्रीका के सदर्भ में घाना के पहले राष्ट्रपति क्वामे एनक्रुमा ने 1965 में प्रकाशित अपनी पुस्तक *नियो-कोलोनियलिज़्म : द लास्ट स्टेज ऑफ़ इम्पीरियलिज़्म* में किया था। ज़ाहिर है कि यह शीर्षक लेनिन की विख्यात रचना *इम्पीरियलिज़्म : द लास्ट स्टेज ऑफ़ कैपिटलज़िम* से प्रभावित है। मार्क्सवादी सिद्धांतकारों और नेताओं, ख़ासकर निर्भरता सिद्धांत का सूत्रीकरण करने वाले विद्वानों ने उत्तर-औपनिवेशिक स्थितियों के लिए नव-उपनिवेशवाद की अभिव्यक्ति का जम कर उपयोग किया है। इसके अलावा दर्शनशास्त्र, फ़िल्म,

क्वामे एनक्रुमा (*नियो-कोलोनियलिज़म : द लास्ट स्टेज ऑफ़ इम्पीरियलिज़म*)

राजनीतिशास्त्र और साहित्य के क्षेत्र में विकसित हुई उत्तर-औपनिवेशिक व्याख्याओं ने भी औपनिवेशिक विरासत और उसके जारी प्रभावों की गम्भीर जाँच-पड़ताल की है।

नव-उपनिवेशवाद की चर्चा एनक्रुमा द्वारा किये गये सूत्रीकरण से पहले ही पचास के दशक के मध्य में शुरू हो गयी थी। 1955 में हुए बांदुंग सम्मेलन में आये अफ़्रीकी नेताओं और पैन-अफ़्रीकी आंदोलन से जुड़े बुद्धिजीवियों ने इस अवधारणा को गुटनिरपेक्ष आंदोलन के साथ जोड़ा। पचास के दशक के आख़िरी और साठ के दशक के शुरुआती सालों में आल-अफ़्रीकन पीपुल्स कांफ्रेंस की बैठकों में नव-उपनिवेशवाद पर जम कर बहस हुई। फ्रांस द्वारा अपने पूर्व-उपनिवेशों को कम्युनिटी ऑफ़ इंडिपेंडेंट स्टेट्स के रूप में अपने अँगूठे तले बनाये रखने के रवैये के ख़िलाफ़ इस संगठन ने एक चार पन्ने का प्रस्ताव 'रिज़ोल्यूशन ऑन नियोकोलोनियलिज़म' भी पारित किया। इसके बाद शीत-युद्ध की अवधि में गुटनिरपेक्ष आंदोलन और ऑर्गनाइज़ेशन ऑफ़ सोलिडैरिटी विद द पीपुल ऑफ़ एशिया, अफ़्रीका और लैटिन अमेरिका नव-उपनिवेशवाद को इन क्षेत्रों के स्वतंत्र राष्ट्रों के समान शत्रु की तरह परिभाषित करते रहे।

क्यूबा के क्रांतिकारी नेता चे गुएवारा ने 1965 में ग़रीब देशों पर साम्राज्यवादी प्रभुत्व को नव-उपनिवेशवाद क़रार दिया था। उनका कहना था कि जिन देशों को 'कम विकसित' कहा जाता है, वे दरअसल औपनिवेशिक, अर्ध-औपनिवेशिक अथवा परनिर्भर देश हैं। चे ने अल्पविकास की परिघटना को विकृत विकास की संज्ञा दे कर उन देशों की समस्याओं की तरफ़ ध्यान खींचा था जिनकी अर्थव्यवस्था केवल एक ही फ़सल या केवल एक ही उत्पाद बेचने पर निर्भर रहती है। पूँजीवादी देश इन अर्थव्यवस्थाओं का आर्थिक दोहन आसानी से कर लेते हैं। चे के इस कथन को बाद में अधिक व्यापक अर्थों में इस्तेमाल किया जाने लगा। इमैनुअल वालर्स्टीन और आंद्रे गुंदर फ्रेंक ने केंद्र और परिधि के बीच रिश्तों की अवधारणा का प्रयोग करते हुए निर्भरता सिद्धांत का सूत्रीकरण किया। यह एक पेचीदा थियरी थी, पर इसका सीधा लोकप्रिय मतलब यह निकाला गया कि प्रत्यक्ष फ़ौजी और राजनीतिक नियंत्रण करने के बजाय दुनिया के ताक़तवर देश वित्तीय और व्यापारिक नीतियों के ज़रिये आज भी अपने पूर्व-उपनिवेशों के बाज़ारों और कच्चे माल का दोहन करने में लगे हुए हैं।

शीत युद्ध के दौरान सोवियत और अमेरिकी शिविरों के बीच एक-दूसरे पर नव-उपनिवेशवादी होने का आरोप लगाया गया। मोरोक्को के राजनेता मेहदी बेन-बारका की अध्यक्षता में हुई ट्राईकांटिनेंटल कांफ्रेंस ने अमेरिका और फ्रांस को नव-उपनिवेशवाद का वाहक बताया। इस संगठन ने बेन-बारका के ही नेतृत्व में कमीशन ऑन नियोकोलोनियलिज़म का गठन किया। इस आयोग की जाँच-पड़तालों के निष्कर्ष के रूप में स्पष्ट रूप से पूँजीवादी दुनिया के नेता के तौर पर अमेरिका को नव-औपनिवेशिक ताक़त की तरह में चिह्नित किया गया। इसी के बाद बेन-बारका रहस्यपूर्ण ढंग से कहीं लापता हो गये। इस घटना को बेन-बारका की मुहिम से अमेरिका और फ्रांस की नाराज़गी का नतीजा समझा जाता है। चीन के सोवियत ख़ेमे से नाता तोड़ कर अमेरिका के साथ दोस्ती गाँठ लेने के बाद सोवियत ख़ेमे को भी नव-उपनिवेशवादी रवैया अख़्तियार करने के आरोपों का सामना करना पड़ा। ऐसे कई अध्ययन सामने आये जिसमें विस्तार से तथ्यों का इस्तेमाल करते हुए दिखाया गया कि सोवियत संघ पूर्वी युरोप के देशों के साथ अपने आर्थिक संबंधों में किस तरह अपने लाभ के लिए उनके संसाधनों का दोहन करता है।

नव-उपनिवेशवाद के आलोचकों ने बहुराष्ट्रीय निगमों द्वारा पूर्व-उपनिवेशों में किये गये निवेश के कारण मानवीय और पारिस्थितिकीय दुष्परिणामों की तरफ़ ध्यान दिलाया है। इस आलोचना के मुताबिक़ बहुराष्ट्रीय कम्पनियों के लिए ग़रीब देश सस्ते श्रम और कच्चे माल के स्रोत से अधिक नहीं हैं। इन देशों में घटिया और पुरानी पड़ चुकी प्रौद्योगिकी भी डम्प की जाती है। साथ में इन देशों पर विकास का एक ऐसा मॉडल थोपा गया है, जो किसी भी तरह से टिकाऊ विकास

के मानदण्डों पर खरा नहीं उतर सकता। गिनी बिसाऊ, सेनेगल और मॉरितानिया जैसे पश्चिमी अफ्रीका के तटीय देशों में युरोपीय यूनियन द्वारा विदेशी कम्पनियों को बड़े पैमाने पर मछली मारने के धंधे का कांट्रेक्ट देने का दबाव डालने के तथ्य को नव-उपनिवेशवाद के एक ताज़े उदाहरण के रूप में पेश किया जा रहा है।

नव-उपनिवेशवादी संरचनाओं को मज़बूत करने में अंतर्राष्ट्रीय मुद्रा कोष और विश्व बैंक की भूमिका का अक्सर उल्लेख किया ज़ाता है। ये ब्रेटन वुड्स संस्थाएँ तीसरी दुनिया के देशों को मजबूर करती हैं कि वे अपने ऊपर लदे हुए असहनीय कर्ज़ों को किसी न किसी प्रकार अदा करें, भले ही उसके लिए उनकी जनता को भीषण तकलीफ़ों के दौर से गुज़रना पड़े। ब्रेटन वुड्स संस्थाएँ इन देशों पर ढाँचागत समायोजन कार्यक्रम थोपती हैं जिनके कारण इन देशों की ग़रीबी कम होने के बजाय और बढ़ जाती है। इसके लिए अमेरिका और दूसरी पश्चिमी ताक़तें ग़रीब देशों में अपनी कठपुतली सरकारें क़ायम करने की परियोजना चलाती हैं या मौजूदा सरकारों से दाब-धौंस के ज़रिये अपने राजनीतिक और व्यावसायिक हितों की पूर्ति करवाती हैं। वामपंथी विद्वानों की मान्यता है कि विश्व बैंक, मुद्रा कोष, विश्व व्यापार संगठन, वर्ल्ड इकॉनॉमिक फ़ोरम, ग्रुप ऑफ़ एट जैसी संस्थाएँ नव-उपनिवेशवाद की एजेंट हैं। मुद्रा कोष के कुछ दक्षिणपंथी आलोचकों के तर्क भी बिना स्पष्ट उल्लेख किये हुए इसी तरह की प्रवृत्तियों की तरफ़ इशारा करते हैं। बाज़ारवाद के एक प्रमुख प्रवक्ता जेफ़री साक्श ने साफ़ तौर से कहा है कि अफ्रीकी देशों को अपने ऊपर लदे हुए इन संस्थाओं के करीब दो सौ अरब डॉलर से ज़्यादा के क़र्ज़ को चुकाने से इनकार कर देना चाहिए ताकि उस धन को सामाजिक विकास के लिए इस्तेमाल किया जा सके।

कुछ विद्वानों ने सांस्कृतिक उपनिवेशवाद के पहलुओं की तरफ़ भी ध्यान खींचा है। इसके दो पहलू हैं। अमीर देश कमज़ोर देशों के मीडिया, भाषा, शिक्षा, धर्म और जीवन-शैली के विभिन्न रूपों को अपने व्यावसायिक हितों के मुताबिक़ बदलने की कोशिश करते हैं। इसके लिए काफ़ी नफ़ीस क़िस्म की तरकीबें इस्तेमाल की जाती हैं। दूसरी ओर पूर्व-उपनिवेशों के स्थानीय निवासियों के भीतर 'औपनिवेशिक मानस' की शिनाख्त भी की गयी है जिसके तहत विदेशी तौर-तरीक़े देशज जीवन-शैलियों के मुक़ाबले श्रेष्ठ और श्लाघनीय मानने की प्रवृत्ति पनपती है।

देखें : आदर्शवाद, आतंकवाद, अंतर्राष्ट्रीय मुद्रा कोष, इमैनुएल कांट, इतिहास का अंत, एडवर्ड हैलेट कार, जाति-संहार, तृतीय विश्व, द्वितीय विश्व-युद्ध, नस्लवाद, निर्भरता सिद्धांत, निरस्त्रीकरण, पेटेंट, प्रथम विश्व-युद्ध, प्रगति, बौद्धिक सम्पदा अधिकार, ब्रेटन वुड्स प्रणाली, भारत में पेटेंट क़ानून, रंगभेद, उपनिवेशवाद, यथार्थवाद, युद्ध, युरोपीय संघ, रचनात्मकतावाद, राजनय, विश्व व्यापार संगठन, विश्व बैंक, विश्व-सरकार, वि-उपनिवेशीकरण, सभ्यताओं का संघर्ष, सम्प्रभुता, संयुक्त राष्ट्र, साम्राज्यवाद, शक्ति-संतुलन, शांति, शांतिवाद, शस्त्र-नियंत्रण, हथियारों की होड़।

संदर्भ

1. क्वामे एनक्रुमा (1965), *नियो-कोलोनियलिज़म : द लास्ट स्टेज ऑफ़ इम्पीरियलिज़म,* थॉमस नेलसन ऐंड संस, लंदन
2. विलियम एच. ब्लैंकार्ड (1996), *नियोकोलोनियलिज़म अमेरिकन स्टाइल, 1960-2000,* ग्रीनवुड पब्लिशिंग ग्रुप, न्यूयॉर्क.
3. ज्याँ-पाल सार्त्र (2001), *कोलोनियलिज़म ऐंड नियोकोलोनियलिज़म,* अनु. : स्टीव ब्रुअर, रॉटलेज, फ्रांस.
4. थॉमस ग्लैडविन (1980), *स्लेव्ज़ ऑफ़ द व्हाइट मिथ : द साइकोलॅजी ऑफ़ नियोकोलोनियलिज़म,* ह्यूमेनिटीज़ प्रेस, अटलांटिक हाईलैण्ड, एनजे.

— अभय कुमार दुबे

नवउदारतावाद

(Neoliberalism)

नियोलिबरलिज़म या नवउदारतावाद के नाम से भ्रम होता है कि यह व्यक्ति की स्वाधीनता और समानता को सर्वोच्च प्रमुखता देने वाले उदारतावादी राजनीतिक दर्शन का कोई नया संस्करण है। हालाँकि नियोलिबरलज़िम भी उदारतावाद की ही तरह राज्य के हस्तक्षेप को सीमित करने में विश्वास करता है, पर बाज़ार और पूँजी की स्वतंत्रता पर हद से ज़्यादा ज़ोर देना उदारतावादी चिंतन को रास नहीं आता। दरअसल, नवउदारतावादी चिंतन में बाज़ार के प्रत्यय ने एक ऐसे मूलभूत और सार्वभौम सत्य की शक्ल ले ली है जिसके आईने में इस विचार के पैरोकार राजनीतिक, सामाजिक, आर्थिक और अंततः नैतिक परिघटना को समाहित देखना चाहते हैं। इस आग्रह के कारण बाज़ार वस्तुओं और सेवाओं के उत्पादन के सापेक्ष परिभाषित होने के बजाय अपने आप में सभी क़िस्म की मानवीय गतिविधियों का नियमन करने वाला सर्वोपरि मूल्य बन जाता है। मुख्यतः इसी वजह से अनुदारतावादी या कंज़रवेटिव भी इसका उत्साह से स्वागत नहीं करते। दरअसल, इसके नामकरण में नव या नियो का इस्तेमाल इसलिए किया गया है कि इसका सूत्रीकरण कींसियन अर्थशास्त्र की आलोचना करते हुए सत्तर के दशक में विकसित हुए आर्थिक विचारों और आग्रहों की रोशनी में किया गया है। सत्तर और अस्सी के दशक से ही

नवउदारतावाद समाज-विज्ञान में बहुचर्चित है। इसके चलन के पीछे ब्रिटेन में मार्गरेट थैचर और अमेरिका में रोनाल्ड रेगन की राजनीतिक कामयाबी का भी उल्लेखनीय हाथ है। थैचराइज़ेशन या थैचरिज़्म और रेगनोमिक्स के नाम से प्रचलित राजनीतिक-आर्थिक परिघटना नवउदारतावाद के व्यावहारिक उदाहरण के रूप में ग्रहण की जाती है।

नब्बे के दशक के बाद से नवउदारतावाद और वित्तीय पूँजी का भूमण्डलीकरण एक-दूसरे के पर्याय बन गये हैं। नवउदारतावादी राज्य की संस्था को भी पूरी तरह से बाज़ार के अधीन कर देने का वकालत करते हैं। उन्हें राज्य का हस्तक्षेप तभी क़बूल है जब वह बाज़ार को मज़बूत करने के मक़सद से किया गया हो। अंतर्राष्ट्रीय मुद्रा कोष, विश्व बैंक, ऑर्गनाइज़ेशन फ़ॉर इकॉनॉमिक कोआपरेशन ऐंड डिवेलपमेंट (ओईसीडी) और विश्व व्यापार संगठन को इसका प्रमुख पैरोकार माना जाता है। भूमण्डलीकरण के विरोधियों के लिए नवउदारतावादी होने का मतलब है जन-विरोधी और नव-उपनिवेशवाद या नव-साम्राज्यवाद का एजेंट होना। उत्तर-औपनिवेशिक अध्ययन के लिए नियोलिबरलिज़्म एवं लोकतांत्रिक संघर्ष का एक महत्त्वपूर्ण इकाई है।

ऐतिहासिक रूप से देखें तो नवउदारतावाद पद के साथ एक विरोधाभास भी जुड़ा हुआ है। इस पद का इस्तेमाल पहली बार 1938 में पेरिस में हुई एक विचार-गोष्ठी में किया गया था। वाल्टर लिपमैन की पुस्तक *द गुड सोसाइटी* पर चर्चा करते हुए कुछ विद्वानों ने उन्नीसवीं सदी के उदारतावाद की उस धारा का विरोध किया जो बाज़ार द्वारा अपना नियमन ख़ुद कर सकने की क्षमता अर्थात् अदृश्य हाथ के रूपक में काफ़ी यक़ीन करती थी। ख़ुद को नवउदारतावादी कहने वाले विद्वानों के इस समूह ने बाज़ार के बजाय सामाजिक बाज़ार की धारणा विकसित की जिसका मतलब था समाज के व्यापक हितों को ध्यान में रखते हुए राज्य द्वारा आर्थिक प्रतियोगिता के मानक तय करना ताकि एक न्यायपूर्ण और स्थायित्वपूर्ण समाज-व्यवस्था बनायी जा सके। तीस के दशक में ही कींस की रचना जनरल थियरी का प्रकाशन हुआ जिसने अर्थव्यवस्था में राज्य के हस्तक्षेप को बढ़ावा दिया। कींस द्वारा प्रवर्तित सिद्धांत पूँजीवाद को तत्कालीन आर्थिक संकट से निकालने में सक्षम साबित हुए। लेकिन जल्दी ही बाज़ार के अदृश्य हाथ की सक्षमता में विश्वास करने वाले अर्थशास्त्रियों ने पलट कर हमला किया और मिल्टन फ्रीडमैन द्वारा प्रवर्तित मौद्रिकवाद के इर्द-गिर्द हस्तक्षेपकारी राज्य का सैद्धांतिक विरोध गोलबंद होने लगा। फ्रीडमैन ने अपने गुरु फ्रेड्रिख़ वॉन हायक के नक़्शे क़दम पर चलते हुए जिस अर्थशास्त्र की संकल्पना की, उसके आधार पर एक भिन्न नवउदारतावाद का सूत्रीकरण हुआ जो उस नवउदारतावाद का उलट था जिसे सामाजिक बाज़ार के पैरौकारों ने विकसित किया था। कींस द्वारा प्रवर्तित स्थिरीकरण की नीतियों के ख़िलाफ़ फ्रीडमैन का मुख्य तर्क यह था कि राजकोषीय नीति का इस्तेमाल करके बाज़ार में मुद्रा सप्लाई कम-ज़्यादा करने से व्यापार चक्र ख़राब हो जाता है और मुद्रास्फीति बढ़ जाती है। फ्रीडमैन ने उपभोग की भूमिका, अर्थव्यवस्था में मुद्रा सप्लाई के महत्त्व और बेरोज़गारी की स्वाभाविक दर का जिस प्रकार अध्ययन किया, उससे निकलने वाले नतीजे भी कींस और उनके अनुयायियों की संस्तुतियों के ख़िलाफ़ जाते हैं। यह अलग बात है कि फ्रीडमैन अपने विशद लेखन में नवउदारतावाद जैसे पद का कहीं इस्तेमाल नहीं करते।

सत्तर का दशक युरोप और अमेरिकी अर्थव्यवस्थाओं के लिए उत्पादन में ठहराव और मुद्रास्फीति का दोहरा रोग ले कर आया। अर्थशास्त्रियों ने इसे स्टेगफ़्लेशन (स्टेगनेशन +इनफ़्लेशन) यानी अपस्फीति का नाम दिया। इस नयी परिस्थिति के दबाव में कींस प्रवर्तित अर्थनीतियों को बौद्धिक पराजय झेलनी पड़ी, और माँग के प्रबंधन पर आधारित नीतियाँ एक-एक करके त्यागी जाने लगीं। आपूर्ति आधारित अर्थशास्त्र को उग्रता से ख़ारिज करते हुए बाज़ारोन्मुख नीतियों के जो पैरोकार उभरे उनमें अमेरिकी राष्ट्रपति रोनाल्ड रेगन और ब्रिटिश प्रधानमंत्री मार्गरेट थैचर प्रमुख थीं। नवउदारतावाद के आर्थिक-राजनीतिक दर्शन के तहत थैचर ने मुक्त व्यापार के सिद्धांत पर कड़ाई से बल दिया, और दावा किया कि टैक्स जितने घटाये जा सकें उतने घटाये जाने चाहिए। थैचर ने व्यक्तिवाद को व्यक्ति की ज़िम्मेदारियों की भाषा में परिभाषित करने की चेष्टा की। थैचरिज़्म ने कठोर परिश्रम, निजी दायित्व की भावना और निजी उद्यमशीलता को रेखांकित करते हुए ब्रिटिश समाज से अपील की कि वह राज्य द्वारा मिलने वाली मदद के भरोसे न रहे। उन्होंने प्रधानमंत्री के अधिकारों में बढ़ोतरी की और मज़दूर यूनियनों की ताक़त में कटौती। थैचर ने ब्रिटिश सार्वजनिक क्षेत्र के शेयरों को बेचने के ज़रिये विनिवेशीकरण करके निजीकरण को एक आर्थिक रणनीति का रूप दे दिया। उन्होंने सार्वजनिक सेवाओं को निजी हाथों में सौंपने की नीतियाँ अपनायीं। राजकोषीय नीतियों का इस्तेमाल करते हुए थैचर ने बाज़ार में मुद्रा सप्लाई पर कड़ा नियंत्रण रखा जिससे मुद्रास्फीति की दर नीची रही। थैचर के सभी क़दम कामयाब नहीं हुए। करों में कटौती करने का उनका दूरगामी लक्ष्य सफल नहीं हुआ। लेकिन उनके नेतृत्व के दौरान विभिन्न परिस्थितियों के संयोग के कारण ब्रिटेन की अंतर्राष्ट्रीय प्रतिष्ठा में बढ़ोतरी हुई। अमेरिकन राजनीति ने भी उनका लोहा माना, और रेगनोमिक्स की परिघटना पर काफ़ी-कुछ थैचररिज़्म का असर देखा गया।

आज नवउदारतावाद के इन प्रयोगों के पच्चीस साल बाद उसके समर्थकों का तर्क है कि उदारीकरण (सरकारी नियमनों को ख़त्म करना), निजीकरण और विनिवेश के

साथ-साथ सीमाओं के आर-पार वित्तीय विनिमय और वाणिज्य को खुली छूट देने से पूँजीवाद की उत्पादक शक्तियों में उछाल आता है। इसके उलट नवउदारतावाद के आलोचकों का कहना है कि ग्लोबल वित्तीय पूँजी की गतिशीलता पर बल देने वाले भूमण्डलीकरण के कारण राज्य और समाज के रिश्तों के बीच नकारात्मकता आयी है। चूँकि राज्य संसाधनों के अभाव में अपनी सार्वजनिक नीतियों को लागू करने की क्षमता खोता जा रहा है, इसलिए वह नागरिकों में परायेपन के एहसास को कम करने के इरादों में भी कामयाब नहीं हो पा रहा है। हर चीज़ बाज़ार के हाथों में चले जाने के कारण वैयक्तीयन की सकारात्मक प्रक्रिया जोखिम में पड़ गयी है।

नउदारतावाद की अवधारणा के अनुसार राज्य की भूमिका केवल एक नियामक की रहनी चाहिए जो राज्य के उपक्रमों और निजी उपक्रमों के साथ समान व्यवहार करे। इनकी गतिविधियों का नियमन एक स्वतंत्र नियामक के हाथों में रहे जो बाज़ार में एकाधिकार रोक कर उसे विफल होने से रोक सके ताकि समाज को अनुकूलतम उत्पादन मिलता रहे।

समाज-विज्ञान में, ख़ास तौर से राजनीतिशास्त्र में, नवउदारतावाद राज्य के महत्त्व को प्रश्नांकित करने वाले विचार के तौर पर उभरा है। राज्य के हाथ से संसाधन आबंटित करने की ज़िम्मेदारी लेकर नवउदारतावाद ने उसकी ताक़त में ज़बरदस्त कटौती कर दी है। उदारतावादी राज्य के समर्थक इस बात से चिंतित हैं। लेकिन वामपंथी विद्वानों का तर्क है कि राष्ट्रों की सीमाओं से परे जाने वाली गवर्नेंस और ग्लोबल संस्थाओं को ताक़तवर करने में राज्य की संस्था ने दाई की भूमिका निभायी है। इस प्रक्रिया में राज्य वितरणमूलक तंत्र के स्वायत्त और सम्प्रभु संचालक से घट कर अंतर्राष्ट्रीय मंच पर होड़ करने वाली संस्था में सीमित रह गया है। कुछ विशेषज्ञों की राय है कि नब्बे के दशक के आख़िरी वर्षों में पैदा हुए एशियाई वित्तीय संकट को कम करने के बजाय नवउदारतावादी आर्थिक कार्यक्रम ने और संगीन कर दिया था। नवउदारतावादी कार्यक्रम अपना लेने के बाद आईएमएफ़ और विश्व-बैंक जैसी संस्थाएँ फ़ौरी आर्थिक राहत तो मुहैया करा देती हैं, पर यह कार्यक्रम विकास के जिस रास्ते पर विकासशील देशों को डालता है, वह टिकाऊ विकास की कसौटियों पर खरा नहीं उतरता। विदेशी मुद्रा कमाने के लिए इन देशों से अपना हर सम्भव उत्पाद निर्यात करने के लिए कहा जाता है, भले ही इस निर्यातोन्मुख नीति का आगे चल कर पर्यावरण पर कितना भी नुक़सानदेह असर क्यों न पड़े। निर्यात की होड़ में जब एक से ज़्यादा देश एक ही क़िस्म का उत्पादन अंतर्राष्ट्रीय बाज़ार में बेच रहे हों, तो अक्सर उसके दाम गिर जाते हैं और इस चक्कर में क़र्ज़दार देश को उत्तरोत्तर अपना माल अधिक से अधिक मात्रा में सस्ती दर पर बेचना पड़ता है। विदेशी मुद्रा कमाने के लिए बनायी गयी निर्यातोन्मुख नीतियों को कामयाब करने के लिए ये देश अपने अधिकांश संसाधन सामाजिक क्षेत्र से निकाल कर बिकाऊ माल के उत्पादन पर लगाने के लिए मजबूर हो जाते हैं। नतीजे के तौर पर स्वास्थ्य, शिक्षा, साफ़-सफ़ाई और स्थानीय उद्योग को दी जाने वाली आर्थिक सहायता में भारी कटौती करनी पड़ती है जिसका परिणाम वंचित समुदायों के और दरिद्रीकरण में निकलता है।

देखें : अस्तित्ववाद, आत्मनिष्ठता-वस्तुनिष्ठता, इयत्ता, इमैनुएल कांट, इंद्रियानुभववाद, ईसैया बर्लिन, उत्तर-आधुनिकतावाद, उत्तर-औपनिवेशिकता, उदारतावाद, कल्पित समुदाय, ग्योर्ग विल्हेल्म फ्रेड्रिख़ हीगेल, घटनाक्रियाशास्त्र और एडमण्ड हसर, चेतना, जॉन लॉक, ज़ाक लकाँ, ज्याँ-फ्रांस्वा ल्योतर, ज्याँ-पॉल सार्त्र, ज़ाक देरिदा, तत्त्वमीमांसा और अस्तित्वमीमांसा, तात्त्विकतावाद।

संदर्भ

1. स्टुअर्ट हाल और मार्टिन ज़ाक (1997), *थैचर ऐंड थैचरिज़म,* रॉटलेज, लंदन.
2. एच.पी. बेकर (1965), *द सोशल क्वेश्चन इन नियोलिबरलिज़म : एनालैसिस ऐंड क्रिटीसिज़म,* एफ़.एच. कर्ले, हाइडिलबर्ग, जर्मनी.
3. एस. गिल (1998), *पॉवर ऐंड रज़िस्टेंस इन द न्यू वर्ल्ड ऑर्डर,* पालग्रेव मैकमिलन, बेसिंगस्टोक, यूके.
4. अब्राहम हिर्श और नील डि मार्ची (1985), *मिल्टन फ्रीडमैन : इकॉनॉमिक्स इन थियरी ऐंड प्रैक्टिस,* युनिवर्सिटी ऑफ़ मिशिगन प्रेस, ऐन आरबर, मिशिगन.

— अभय कुमार दुबे

नस्लवाद

(Racism)

नस्लवाद एक ऐसे विश्वास या विचारधारा का नाम है जिसके आधार पर एक रूढ़ मान्यता बनायी जाती है कि किसी प्रजातीय समूह के प्रत्येक सदस्य में कुछ निश्चित लक्षण होने अनिवार्य हैं। चमड़ी के एक ख़ास तरह के रंग, बालों, शरीर के आकार-प्रकार और चेहरे के नाक-नक़्श से जोड़ कर उस समूह के सभी सदस्यों में कुछ विशेष योग्यताएँ या अयोग्यताएँ आरोपित की जाती हैं। इस प्रकार एक नस्ली छवि बना ली जाती है। प्राचीन काल से ही इस तरह की रूढ़ छवियों का कुछ समूहों को सुविधासम्पन्न करने और कुछ को वंचित करने के लिए इस्तेमाल किया जाता रहा है। आधुनिक युग में नस्लवाद का लोकप्रिय तात्पर्य गोरी चमड़ी वालों द्वारा कालों और अश्वेतों को हीन मान कर उन्हें अधीनस्थ बनाने की प्रक्रिया के रूप में लिया जाता है। लेकिन

व्यापक और ऐतिहासिक दृष्टि से देखने पर नस्लवाद कई तरह के सामाजिक समूहों के आपसी संबंधों में पाया जाता है। दास प्रथा और उपनिवेशवाद से गहरा रिश्ता रखने वाली इस विचारधारा के पक्ष में कई तरह के वैज्ञानिक तर्क भी जुटाये जाते रहे हैं। राज्य की संस्था द्वारा भी नस्लवादी रवैया अख़्तियार करके उसे संस्थागत रूप दिया गया है। ख़ास बात यह है कि उपनिवेशवाद और दास प्रथा ख़त्म हो जाने से नस्लवाद ख़त्म हो जाने के बजाय और बढ़ गया है। पहले उसका प्रयोग कमतर समझे जाने वाले लोगों को ग़ुलाम और परतंत्र बनाने में किया जाता था। अब ख़ुद को श्रेष्ठतर मानने वाले लोग पूर्व-दासों या उपनिवेशितों से फ़ासला क़ायम रखने के लिए नस्लवादी आग्रहों और संस्थागत उपायों का इस्तेमाल करते हैं। स्वयं को उदारतावाद और आज़ादी का सबसे बड़ा झण्डाबरदार कहने वाले समाजों और राष्ट्रों में नस्लवाद की खुली संस्थागत मौजूदगी की आसानी से शिनाख़्त की जा सकती है। आधुनिक राजनीति में नस्लवादी आयामों वाले कई विचार और संरचनाएँ प्रभावी रही हैं और आज भी हैं। फ़ासीवाद, जातीयतावादी राष्ट्रवाद, 'एथनिक क्लीनसिंग' (जातीयतावादी जनसंहार) और रंगभेद को उसके उदाहरणों के रूप में देखा जा सकता है।

नस्ल आधारित भेद को मानवीय समाज का केंद्रीय तत्त्व साबित करने की तमाम वैज्ञानिक कोशिशों (जैसे उन्नीसवीं सदी में प्रतिपादित यूजेनिक्स या सुजननवाद का सिद्धांत) के बावजूद इस हक़ीक़त से इनकार नहीं किया जा सकता कि नस्ल का विचार मुख्यतः एक सामाजिक कारीगरी है। चाहे आर्यों और द्रविड़ों के बीच का नस्लगत फ़र्क़ हो, जर्मन आर्यों और यहूदियों, जिप्सियों, पोलों और स्लावों के बीच के अंतर का सवाल हो या अरबों और पूर्वी अफ़्रीकियों के अंतर का मुद्दा हो, इन सभी के पीछे राजनीतिक और सत्तामूलक स्वार्थ काम करते रहे हैं। किसी विशुद्ध नस्ल का दुनिया में अस्तित्व ही नहीं है। यह गढ़ंत तो उन लोगों द्वारा तैयार की गयी थी जो सत्तारूढ़ थे और उपनिवेशित जनता पर पर अपने वर्चस्व को वैध ठहराना चाहते थे। आगे चल कर नस्लवाद औपनिवेशिक सत्ता क़ायम रखने के मुख्य औज़ार में बदल गया।

एशिया, अफ़्रीका और लातीनी अमेरिका में अपना प्रभुत्व स्थापित कर लेने के बाद यूरोपियनों ने उपनिवेशितों को ईसाइयत में दीक्षित करने के लिए मिशनरियों का सहारा लिया। इंका और माया जैसी विकसित सभ्यताओं को बर्बर घोषित कर दिया गया, क्योंकि धार्मिक आस्थाओं के लिहाज़ से वे पागान सभ्यताएँ थीं। जिन लोगों ने धर्मांतरण से इनकार कर दिया, उन्हें या तो मार डाला गया या ग़ुलाम बना लिया गया। युरोपियनों का दावा था कि वे इन समाजों को अभागेपन और अज्ञान के दौर से निकालना चाहते हैं। युरोपियन नस्लवादियों के अनुसार हीन नस्ल में पैदा होने के कारण अमेरइण्डियन लोग बुद्धिसंगत व्यवहार और कार्रवाई करने की क्षमताओं से सम्पन्न नहीं हैं। उनके कर्मकाण्ड और अनुष्ठान बर्बर क़िस्म के हैं। उनके बीच प्रचलित विवाह और परिवार के रूप मुख्यतः पापाचार की श्रेणी में आते हैं। इस तरह के तर्कों के आधार पर युरोपीय नस्लवाद इस नतीजे पर पहुँचा कि ये नस्लें असभ्य हैं। इसी तरह उपनिवेशवादियों ने सभी तरह के अफ़्रीकी समाजों को पिछड़ा बता कर अनिवार्य मार्गदर्शन के योग्य क़रार दे दिया। इन आग्रहों को लोकप्रिय मानस में दर्ज करने के लिए युरोप की जनता के बीच इस तरह की कहानियाँ फैलायी गयीं कि जिन लोगों को उपनिवेशित किया जा रहा है वे बर्बर नस्लों में पैदा होने के कारण मानवता और सभ्यता के लिए ख़तरनाक हैं।

एशियाई उपनिवेशों में युरोपियनों का रवैया थोड़ा अलग रहा। वहाँ उन्होंने राज-काज के स्थानीय रूपों को एक़दम प्राथमिक और बेकार क़रार दिया ताकि पश्चिमी नमूने का शासन-प्रशासन इन समाजों पर थोपा जा सके। एशियाई जनता को असभ्य कहने के बजाय युरोपियनों ने उन्हें कभी 'स्त्रैण' तो कभी 'यौनाचार में लिप्त रहने वाले' कह कर कमतर क़रार दिया। प्रतिभाशाली चीनी, जापानी और भारतीय दार्शनिक, वैज्ञानिक और गणितज्ञों को उनके कन्फ़्यूशसवादी, बौद्ध या वैदिक विश्वासों के कारण सताया गया और हाशिये पर फेंक दिया गया। ऐसी बात नहीं कि इस तरह के नस्लवादी प्रचार का युरोप के भीतर से विरोध न हुआ हो। कई धर्मशास्त्रियों, विद्वानों और मानवतावादियों ने इन प्रवृत्तियों के ख़िलाफ़ जम कर बहस की, पर उपनिवेशों से आने वाली दौलत के सामने उनके तर्क न टिक सके।

अफ़्रीकियों को अज्ञान के अंधकार से निकालने के नाम पर गोरों ने अट्ठारहवीं सदी के दौरान अपने उपनिवेशों में लाखों-लाख कालों का आयात करके उनके श्रम को चाय, काफ़ी, चीनी, कपास और तम्बाकू की खेती में झोंक दिया। इन ग़ुलामों की काली चमड़ी को उनकी विपरीत परिस्थितियों में हाड़तोड़ श्रम करने के प्रति उनकी सहनशक्ति का प्रमाण माना गया। गोरों के सामने इन मज़दूरों की हैसियत मवेशियों से अधिक नहीं थी। इन दासों का कालापन उनके लिए अभिशाप बन गया। इसके कारण वे गोरी आबादी में घुल-मिल नहीं सकते थे और न ही उनके लिए स्वतंत्र समुदायों का गठन करना सम्भव था।

इस इतिहास ने उन्नीसवीं सदी तक आते-आते नस्लवाद को चमड़ी के रंग के साथ जोड़ दिया। युरोप में दास प्रथा के उन्मूलन की मुहिमें शुरू हुईं। हाल ही में ग़ुलामी की बेड़ियों से छूटे कालों को ख़ुद से दूर रखने के लिए नस्लवादी आग्रहों का इस्तेमाल होने लगा। अब चमड़ी का कालापन काहिली, बेईमानी, जरायम और आम तौर पर अयोग्यता जैसी

अक्षमताओं के रूप में परिभाषित किया जाने लगा। उधर एशिया में चीनियों की नस्ली हीनता में विश्वास करने वाले अंग्रेज़ों ने अपना वर्चस्व क़ायम रखने के लिए वहाँ की जनता के बीच अफ़ीम की लत को प्रोत्साहित करना जारी रखा। इससे सारी दुनिया में चीनियों की नस्लगत रूप से अफ़ीमची होने की छवि स्थापित करने में इस प्रकरण की प्रमुख भूमिका रही। दरअसल, उन्नीसवीं सदी में नस्लवाद क्रमश: जैविक रूप लेता चला गया। चीनियों जैसी आँखों, अफ़्रीकियों जैसी मोटी नाक, गुम्मटदार बाल का मतलब कमतर नस्ल हो गया। ऐसी शक्ल-सूरत वाले लोगों को समाज में समानता का दर्जा मिलना तक़रीबन असम्भव सा हो गया। काली औरतों को घरेलू काम-काज के उपयुक्त समझने का चलन इसी दौर में हुआ। चीनी और भारतीय पुरुषों से रेल की पटरियाँ बिछवायी गयीं, कपड़े धुलवाये गये और दिवालिया होते जा रहे बाग़ानों पर काम करने वाले अफ़्रीकी दासों की जगह उन्हें कोल्हू में जोत दिया गया। श्वेतांगों ने साक्षरता, सम्पत्ति क़ानून, कराधान और मतदान के अधिकार संबंधी क़ानूनों को नस्लवादी नज़रिये से बना कर इन श्रमिकों को सभी तरह के अधिकारों से वंचित करना जारी रखा।

आधुनिक समाजों में संयुक्त राज्य अमेरिका में पाये जाने वाले नस्लवाद की समाज-विज्ञान के हलकों में काफ़ी चर्चा मिलती है। हाल में प्रकाशित कुछ अध्ययनों में दिखाया गया कि अमेरिकी समाज का नस्लवाद इतिहास की दुर्घटना न हो कर सत्रहवीं सदी के बाद से धीरे-धीरे योजनाबद्ध रूप से खड़ी की गयी एक संरचना है जिसे कई तरह के परिवर्तनों के बावजूद क़ायम रखा गया है। आज अमेरिका का नस्लवाद वहाँ के सभी प्रमुख सामाजिक समूहों, नेटवर्कों और संस्थाओं में कहीं मुखर तो कहीं मौन भाव से प्रभावी होते हुए देखा जा सकता है।

पिछले दिनों कुछ दलित समूहों द्वारा भारत में होने वाले जातिगत भेदभाव को नस्लवाद की श्रेणी में रख कर समझने की कोशिश हुई है। इससे जाति और नस्ल की श्रेणियों की समाजशास्त्रीय जाँच-पड़ताल नये सिरे से करने का मौक़ा मिला है। इसी तरह भारत के उत्तर-पूर्वी इलाके में रहने वाले मंगोलियन शक्ल-सूरत के नागरिकों के साथ उत्तर भारत में होने वाले सुलूक को लेकर भी भारतीयों पर नस्लवादी रुझानों का आरोप लगाये है। हालाँकि भारत में काले और गेहुँएँ रंग के लोगों की बहुसंख्या है, पर गोरे रंग को सुंदरता का पर्याय समझने की प्रवृति पर भी नस्लवादी रुझान का आक्षेप लगाया जाता है।

देखें : आदर्शवाद, आतंकवाद, अंतर्राष्ट्रीय मुद्रा कोष, इमैनुएल कांट, इतिहास का अंत, एडवर्ड हैलेट कार, जाति-संहार, तृतीय विश्व, द्वितीय विश्व-युद्ध, नव-उपनिवेशवाद, निर्भरता सिद्धांत, निरस्त्रीकरण, पेटेंट, प्रथम विश्व-युद्ध, प्रगति, बौद्धिक सम्पदा अधिकार, ब्रेटन वुड्स प्रणाली, भारत में पेटेंट क़ानून, रंगभेद, उपनिवेशवाद, यथार्थवाद, युद्ध, युरोपीय यूनियन, रचनात्मकतावाद, राजनय, विश्व व्यापार संगठन, विश्व बैंक, विश्व-सरकार, वि-उपनिवेशीकरण, सभ्यताओं का संघर्ष, सम्प्रभुता, संयुक्त राष्ट्र, साम्राज्यवाद, शक्ति-संतुलन, शांति, शांतिवाद, शस्त्र-नियंत्रण, हथियारों की होड़।

संदर्भ

1. एलन थियोडोर (1994-1997), *द इनवेंशन ऑफ़ व्हाइट रेस,* दो खण्ड, वरसो, लंदन.
2. आर. जो फ़ीगिन (2009), *रेसिस्ट अमेरिका : रूट्स, करंट रियलिटीज़ ऐंड फ़्यूचर रिपैरेशंस,* रॉटलेज, न्यूयॉर्क, एनवायी,
3. फ्रेंक डिकोटर (सम्पा.) (1997), *द कंस्ट्रक्शन ऑफ़ रेशियल आइडेंटिटीज़ इन चाइना ऐंड जापान,* युनिवर्सिटी ऑफ़ हवायी प्रेस, होनोलूलू.
4. पॉल गिलरॉय (2000), *अगेंस्ट रेस : इमेजिनिंग पॉलिटिकल कल्टर बियॉन्ड द कलर लाइन,* बेल्कनेप प्रेस ऑफ़ हावर्ड युनिवर्सिटी प्रेस, केम्ब्रिज, एमए.
5. सिडनी डब्ल्यू (1974), मिंट्ज़ (सम्पा.), *स्लेवरी, क़ोलोनियलिज़म ऐंड रेसिज़म,* नॉर्टन, न्यूयॉर्क.

— अभय कुमार दुबे

न्याय

(Justice)

न्याय के जिस विचार की हम यहाँ चर्चा कर रहे हैं उसका सूत्रीकरण आधुनिक राष्ट्र-राज्य के सेकुलर दायरों की देन है। यह न्याय की उन विभिन्न व्याख्याओं से अलग है जिन्हें धार्मिक सिद्धांतों और पारम्परिक रीति-रिवाज़ों की रोशनी में किया जाता रहा है। न्याय का यह विचार दो सहस्राब्दी पहले प्लेटो और अरस्तू द्वारा प्रतिपादित सिद्धांतों से भी परे जाता है। प्लेटो के लिए न्याय का मतलब था पदानुक्रमवादी व्यवस्था क़ायम रखना जिसमें दार्शनिक-बौद्धिक क्षमताओं से सम्पन्न लोगों को सबसे ऊपर रहना था और कारीगरों-मज़दूरों को सबसे नीचे। इस पदानुक्रम में स्त्रियों के लिए कोई जगह नहीं थी। अरस्तू का न्याय समाज में समानता, सामंजस्य और संतुलन क़ायम करने के साथ बँधा हुआ था, लेकिन वह भी समाज को वर्गों में बाँट कर लागू होता था।

रोज़मर्रा की ज़िंदगी में न्याय को क़ानून की एक ख़ूबी के रूप में देखा जाता है। लेकिन कौन नहीं जानता कि सभी क़ानून न्यायसंगत नहीं होते। अन्यायपूर्ण क़ानूनों के ख़िलाफ़ दुनिया में राजनीतिक और सामाजिक आंदोलन चलते रहे हैं।

रंगभेद की नीति बाक़ायदा क़ानूनों के ज़रिये ही लागू की जाती थी। न्याय के साथ निष्पक्षता और औचित्य की धारणा भी स्वाभाविक रूप से जोड़ी जाती है। न्याय के तीन सिद्धांत ऐसे हैं जिनका दावा है कि वे निष्पक्षता और औचित्य की कसौटी पर एक सीमा तक खरे उतर सकते हैं। ये हैं न्याय का सामाजिक सिद्धांत, न्याय का क्रियाविधिक सिद्धांत और न्याय का मार्क्सवादी सिद्धांत।

सामाजिक सिद्धांत न्याय को समाज के तत्त्व के रूप में ग्रहण करता है। वह न्याय का मूल्यांकन इस आधार पर नहीं करता कि व्यक्ति को क्या मिलता है और क्या नहीं। वह एक तयशुदा पैमाने पर कस कर देखता है कि समाज कितना न्यायपूर्ण है। न्याय के सामाजिक न्याय के सिद्धांत के साथ वितरणमूलक न्याय की अवधारणा जुड़ी हुई है। इस पर पात्रता, योग्यता और आवश्यकता की तीन कसौटियों के संदर्भ में विचार किया जा सकता है। पात्रता के अनुसार यह तय किया जाता है कि किसी स्त्री या पुरुष को पुरस्कार मिलना चाहिए या दण्ड। अर्थात् पात्रता का निर्णय उसके कामों और प्रयासों के मुताबिक़ किया जाएगा। लेकिन यह मामला इतना सीधा नहीं है। मसलन, अगर कोई छात्र परीक्षा में विफल हो जाता है, तो उसके पुरस्कार या दण्ड के बारे में तय करते समय यह भी देखना होगा कि कहीं वह अपने बीमार माँ-बाप की देखभाल करने या शराबी पिता की हरकतों के कारण तो पढ़ने-लिखने में समय देने से वंचित नहीं रह गया है। योग्यता का आधार भी पात्रता से जुड़ा हुआ है। वह यह भी कहता है कि सुपात्र को पुरस्कृत किया जाना चाहिए। सवाल यह है कि क्या सुपात्रता निर्धारित करने का कोई निर्विवाद पैमाना भी है? क्या दिल्ली में बनने वाले फ़्लाईओवरों के निर्माण में खटने वाले मज़दूर को मिलने वाला उसकी मेहनत और लगन का पुरस्कार एक क्रिकेटर द्वारा किये जाने वाले परिश्रम और लगन जैसा ही होता है? ज़ाहिर है कि समाज और तंत्र पात्रता और योग्यता निर्धारित करने की समान कसौटियों पर अमल नहीं करता। इसी जगह आवश्यकता का आधार आता है। इसके अनुसार व्यक्तियों की क्षमताएँ भले ही अलग-अलग हों, पर उनकी परवाह किये बिना सुविधाओं का वितरण उनकी आवश्यकताओं के मुताबिक़ किया जाना चाहिए। यानी सात बच्चों और बूढ़े माँ-बाप के साथ रहने वाले एक सफ़ाई कर्मचारी को चार कमरों का फ़्लैट मिलना चाहिए, और दो बच्चों के परिवार के साथ रहने वाले एक न्यूरो सर्जन को दो कमरों का फ़्लैट। ज़ाहिर है कि अगर हम विपुल संसाधनों वाले समाज में रह रहे होते तो वितरणमूलक न्याय की समस्या ही पैदा नहीं होती। चूँकि ऐसा नहीं है इसलिए वितरण का प्रश्न अहम बन जाता है कि किसे क्या और क्यों मिलना चाहिए। इसी जगह वितरणमूलक न्याय सुनिश्चित करने के लिए राज्य की संस्था की पहलक़दमी का प्रश्न उभरता है।

क्रियाविधिक सिद्धांत यह मान कर चलता है कि अगर कुछ नियम-क़ानूनों का पालन किया जाता रहे तो न्याय की माँग पूरी होती रहेगी। इसके तहत उन क्रियाविधियों के नतीजों और न्याय के मूल्यांकन के बीच कोई संबंध नहीं होता। समाज का तत्त्व होने के बजाय न्याय यहाँ व्यक्ति के व्यवहार से जुड़ा हुआ है। यह उसूल मान कर चलता है कि स्वायत्त और बुद्धिसंगत होने के नाते व्यक्ति स्वतंत्र रूप से अपने विकल्प चुनता है और अपने चुनाव के फ़लितार्थों की ज़िम्मेदारी भी उठाता है। इस सिद्धांत के प्रमुख प्रतिपादक रॉबर्ट नॉज़िक के अनुसार अगर किसी व्यक्ति ने धोखाधड़ी और छल-कपट का सहारा लिए बिना विशाल सम्पत्ति अर्जित की है, और उसे जमा करने में किसी नियम-क़ानून का उल्लंघन नहीं किया गया है, तो क्रियाविधिक न्याय उस सम्पत्ति के पुनर्वितरण की किसी भी कोशिश को अन्याय की श्रेणी में मानेगा। हाँ, अगर सम्पत्ति के अर्जन में नियम तोड़े गये हैं, तो नॉज़िक राज्य को कुछ संशोधनकारी अधिकार देने के लिए तैयार हो सकते हैं। कुल मिला कर नॉज़िक राज्य को ऐसा कोई अधिकार नहीं देना चाहते जिससे व्यक्ति स्वातंत्र्य के सीमित होने का ख़तरा पैदा होता हो।

क्रियाविधिक न्याय का सिद्धांत उत्पादन और वितरण में फ़र्क़ नहीं करता। वह मानता है कि हर व्यक्ति निजी स्तर पर अपने हक़ों का दावा कर सकता है जिसके लिए पूरे समाज को साथ ले कर चलने वाले वितरण के किसी अमूर्त सिद्धांत की परवाह करना ज़रूरी नहीं है। अगर राज्य व्यक्ति के हक़ों को निर्धारित करने की कोशिश करता है, तो यह सिद्धांत उसे राज्य के अन्याय की संज्ञा देता है। व्यक्तिवाद पर दृढ़ आस्था रखने वाला यह उसूल इस बात को नहीं मानता कि समाज को कुछ लक्ष्यों और उद्देश्यों की पूर्ति के लिए सामूहिक प्रयास करना चाहिए। न्याय के क्रियाविधिक सिद्धांत और बाज़ार आधारित अर्थव्यवस्था के बीच घनिष्ठता का संबंध है। इस सिद्धांत के पैरोकार बाज़ार की प्रक्रियाओं में किसी का हस्तक्षेप उचित नहीं मानते, क्योंकि उनके विचार से बाज़ार अपने आप संसाधनों का सक्षम बँटवारा कर सकता है। उनकी निगाह में पात्रता या आवश्यकता आधारित हस्तक्षेप भी उचित नहीं है, क्योंकि एक मुक्त समाज के पास इन कसौटियों को निर्धारित करने का कोई सर्वमान्य तरीक़ा नहीं होता। ये पैरोकार बाज़ार की होड़ में पिछड़ जाने वालों को राज्य की मदद देने के बारे में तो हमदर्दी से सोच सकते हैं, पर वे इसे न्याय का प्रश्न मानने के लिए तैयार नहीं होंगे। क्रियाविधिक सिद्धांत पर आधारित न्याय के विचार को समृद्ध करने में जॉन रॉल्स ने महत्त्वपूर्ण योगदान किया है जिस पर हम अगली प्रविष्टि में विचार करेंगे।

न्याय का मार्क्सवादी सिद्धांत काफ़ी-कुछ उसके सामाजिक सिद्धांत के साथ खड़ा होता है। अपनी पुस्तक

क्रिटीक ऑफ़ गोथा प्रोग्राम में मार्क्स ने न्याय की अवधारणा पर विस्तार से चर्चा की है। वे कहते हैं कि संक्रमणकालीन चरित्र के समाजवादी समाज में तो न्याय के विचार की आवश्यकता पड़ेगी, पर साम्यवादी समाज में नहीं। समाजवादी समाज में हर व्यक्ति अपने श्रम के मुताबिक़ या सामाजिक उत्पादन में अपने योगदान के मुताबिक़ हासिल करेगा। लेकिन, मार्क्स को इस उसूल में एक कमी भी लगती है कि न तो व्यक्ति की प्रतिभा और क्षमता के विभिन्न स्तरों का ध्यान रखा गया है, और न ही आवश्यकता को कसौटी बनाया गया है। साम्यवादी समाज में न्याय के विचार की ज़रूरत इसलिए नहीं पड़ेगी कि उसमें संसाधन विपुल होंगे। हर व्यक्ति से उसकी क्षमता के अनुसार काम लिया जा सकेगा एवं बदले में उसे उसकी ज़रूरत के मुताबिक़ दिया जा सकेगा। ज़ाहिर है कि मार्क्स यहाँ एक उच्चतर क़िस्म के समुदाय की कल्पना कर रहे हैं जो तब तक नहीं बन सकता जब तक पूँजीवादी उत्पादन संबंधों के तहत शोषणमूलक उजरती श्रम की ज़रूरत पड़ती रहेगी।

देखें : अधिकार, अधिकार : सैद्धांतिक यात्रा, अरस्तू, अफ़लातून, अनुदारतावाद, अराजकतावाद, अन्य-अन्यीकरण, उदारतावाद, उपयोगितावाद, एडमण्ड बर्क, क्रांति, ज्याँ-ज़ाक रूसो, जॉन लॉक, जेरेमी बेंथम, जॉन स्टुअर्ट मिल, जॉन रॉल्स, थॉमस हॉब्स, थॉमस पेन, न्यायः नारीवादी आलोचना, न्याय : रॉल्स का सिद्धांत, नागरिकता, नागरिकताः अन्य परिप्रेक्ष्य-1 और 2, नागर समाज, पनोप्टिकॉन, फ्रेड्रिख़ वॉन हायक, बुद्धिवाद, माइकेल जोसेफ़ ओकशॉट, माइकिल वाल्ज़र, मिशेल पॉल फ़ूको-1 और 2, यूटोपिया, राजनीतिक दर्शन के नारीवादी आयाम, रॉबर्ट नॉज़िक, राज्य-1 और 2, विल किमलिका, सविनय अवज्ञा, स्वतंत्रतावाद, सर्वसत्तावाद, सम्प्रभुता, समाजवाद, सरकारियत, सामाजिक समझौता, हेनरी डेविड थोरो।

संदर्भ

1. कृष्णा मेनन (2008), 'जस्टिस', राजीव भार्गव और अशोक आचार्य (सम्पा.), *पॉलिटिकल थियरी : ऐन इंट्रोडक्शन,* पियर्सन लोंगमेन, नयी दिल्ली.
2. विल किमलिका (2009), *समकालीन राजनीतिक दर्शन : एक परिचय,* अनुवाद : कमल नयन चौबे, पियर्सन लोंगमेन, नयी दिल्ली.
3. माइकल वाल्ज़र (1983), *स्फेयर्स ऑफ़ जस्टिस : अ डिफेंस ऑफ़ प्लूरलिज़्म ऐंड ईक्वलिटी,* बेसिक बुक्स, न्यूयॉर्क.
4. रॉबर्ट नॉज़िक (1981), *एनार्की, स्टेट ऐंड यूटोपिया,* बेसिल ब्लैकवेल, लंदन.
5. कार्ल मार्क्स (1875), *क्रिटीक ऑफ़ गोथा प्रोग्राम, 1875,* एचटीटीपी//डब्ल्यूडब्ल्यूडब्ल्यू.इकॉन.उटाह.एडु/-ईएचआरबीएआर/गोथा.पीडीएफ़.

— अभय कुमार दुबे

न्याय, नारीवादी आलोचना

(Justice, The Feminist Critique)

ऊपर की दो प्रविष्टियों में न्याय के सिद्धांत की उपयोगितावादी, मार्क्सवादी, समतावादी और सक्षमतावादी निष्पत्तियों पर विचार किया गया है। न्याय का यह विमर्श उस समय तक पूरा नहीं हो सकता जब तक न्याय के उदारतावादी सिद्धांतीकरण की नारीवादी आलोचना पर ग़ौर न कर लिया जाए। नारीवादी विद्वानों ने न केवल न्याय की उपयोगितावादी और रॉल्सियन प्रस्थापनाओं की प्रखर आलोचना की है, बल्कि इस प्रश्न पर अपने भीतरी दायरों में भी समृद्ध बहस चलायी है।

नारीवादी दार्शनिक राजनीतिक सिद्धांत में प्रचलित न्याय की उस परिभाषा से सहमत नहीं हैं जिसके आधार में नीतिशास्त्र की सार्वभौम, वस्तुनिष्ठ और निर्वैयक्तिक मान्यताएँ मौजूद हैं। कैरल गिलिगन ने तर्क दिया है कि व्यक्ति की आत्मपरकता को समझने के दो रास्ते हैं। एक रास्ता वह है जिसे जॉन रॉल्स अपनाते हैं और जिसके मुताबिक़ एक अलग-थलग और अमूर्त क़िस्म की आत्मपरकता कल्पित की जाती है। दूसरा रास्ता नारीवादियों का है जिसके तहत व्यक्ति की इयत्ता को समझने के लिए एक संयोजी (जुड़ी हुई और जोड़ने वाली) संकल्पना सामने आती है। अमूर्त आत्मपरकता पुरुष के रवैये के अनुकूल है जिसके आधार पर निष्पक्ष, सार्वभौम और वस्तुनिष्ठ न्याय की अवधारणा उभरती है। लेकिन, स्त्री के भीतर व्यक्त होने वाली संयोजी आत्मपरकता मुख्यतः देखभाल, स्नेह और परवाह करने के गुणों पर आधारित है। एक अन्य नारीवादी विद्वान ने न्याय की इन दो अलग-अलग नीतियों के उदाहरण के रूप में इब्राहीम और सेरेस के दृष्टांत पेश किये हैं। वे कहती हैं कि इब्राहीम तटस्थ, सार्वभौम और बुद्धिसंगत उसूलों के लिए अपने बेटे की बलि देने के लिए तैयार हो गये थे, पर सेरेस अपने बेटे की सुरक्षा और देखभाल को प्राथमिकता देते हुए किसी भी सिद्धांत की बलि देने के लिए तैयार दिखती हैं।

नारीवादियों की यह आलोचना पहली नज़र में आकर्षक लगती है, पर नारीवाद की दुनिया में ही सभी लोग इससे सहमत नहीं हैं। न्याय और देख-भाल के इस द्विभाजन से कैथरीन मेकिनन और जोआन ट्रोंटो समेत कई नारीवादी विद्वानों को दिक्कत है। वे कहती हैं कि इस तरह का द्विभाजन अंत में दोनों लिंगों की वर्तमान रूढ़ छवियों को ही मज़बूत करता नज़र आयेगा। आख़िर यह क्यों मान लिया जाए कि पुरुष स्नेह और देखभाल करने के गुणों से वंचित ही होता है? इसी तरह यह क्यों मान लिया जाना चाहिए कि स्त्री के

भीतर बुद्धिसंगत, सार्वभौम और वस्तुनिष्ठ होने की क्षमता हो ही नहीं सकती ? यह सही है कि आज की दुनिया में इस तरह का द्विभाजन कई बार हक़ीक़त के तौर पर नज़र आता है, पर असल में यह अट्ठारहवीं सदी के बाद युरोप में हुए कई परिवर्तनों का फलितार्थ है। दरअसल, स्त्री की परस्पर संयोजी प्रवृत्ति और पुरुष की स्वायत्त प्रवृत्ति आम तौर पर एक असमान संदर्भ का नतीजा है। इसी असमान संदर्भ के कारण स्त्री और पुरुष के भीतर विषम मूल्यांकन के आधार पर इयत्ता की भिन्न-भिन्न अनुभूतियाँ पैदा होती हैं। संयोजी बोध अपने आप में मूल्यवान है पर उसे इयत्ता के स्वायत्त बोध का आनुषंगिक बनना होगा, न कि उसका प्रतिलोम।

ज़्यादातर नारीवादी न्याय की इन दोनों नीतिगत संरचनाओं को जोड़ने के पक्ष में दिखाई पड़ते हैं। सूज़न मोलर ओकिन ने नारीवादी नज़रिये से न्याय के सिद्धांत को गढ़ने का सबसे ज़ोरदार प्रयास किया है। अपनी रचना *जस्टिस, जेंडर ऐंड फ़ैमिली* में वे कहती हैं कि न्याय पर होने वाली दार्शनिक चर्चाओं में परिवार के दायरे को शायद ही कोई महत्त्व दिया जाता हो। रॉल्स भी परिवार को अपने विमर्श में शामिल नहीं करते। परिवार को 'निजी' दायरे में मान लिया जाता है, और न्याय को 'सार्वजनिक'। इस हक़ीक़त की कोई परवाह नहीं की जाती कि न्याय का विचार क़ानूनों और संस्थाओं की जिस दुनिया का विधेयक है, वह दुनिया ही परिवार और उसके कामकाज के लिए विधेयक की हैसियत रखती है। आखिरकार सम्पत्ति, उत्तराधिकार, तलाक़, गोद लेने जैसे क़ानून ही पारिवारिक जीवन को नियंत्रित-संचालित करते हैं। यानी जो सार्वजनिक है उसका सीधा असर निजी दायरे पर पड़ता है। सार्वजनिक दायरे में लोगों का जीवन पारिवारिक दायरे में उनके जीवन के तत्त्वों से रचा जाता है। परिवार के भीतर श्रम का असमान विभाजन बाहर की दुनिया में स्त्रियों के जीवन को तरह-तरह से समस्याग्रस्त करता है। वे उन विषमताओं का शिकार होती जाती हैं जिन्हें सामाजिक परम्पराओं द्वारा पुष्ट किया जाता है। रसोई, बच्चों के लालन-पालन और घर का कामकाज उनकी ऊर्जा को इस क़दर सोख लेता है कि वे घर की दहलीज़ से बाहर के जीवन का आनंद उठाने लायक ही नहीं रह जातीं।

ओकिन की दलील है कि परिवार के भीतर की असमानताओं के प्रति मौन रखने वाला न्याय का कोई भी सिद्धांत अपूर्ण है। उदारता, त्याग, धैर्य और सेवा जैसे गुणों की आड़ में अगर परिवार में अन्याय पाला-पोसा जाता है, और बच्चे उसी माहौल में बड़े होते हैं, तो उनके भीतर न्याय-बोध कैसे पैदा हो सकता है ? इस पहलू की उपेक्षा करने की ग़लती रॉल्स ने भी की है। रॉल्स की दुनिया में तो केवल परिवार के पुरुष मुखिया एक साथ बैठ कर न्याय के उसूल को स्वीकार करते नज़र आते हैं। वे परिवार की संस्था को समाज की बुनियादी इकाई मान कर कहते हैं कि न्याय के उसूल उसी के लिए बनाने ज़रूरी हैं, पर परिवार के भीतर होने वाले अन्याय की चर्चा नहीं करते।

ओकिन सुझाव देती हैं कि रॉल्स जिसे 'अज्ञान का आवरण' कह रहे हैं, उसमें व्यक्ति को यह भी नहीं पता होना चाहिए कि वह पुरुष है या स्त्री। अपने लिंग को जाने बिना ही उससे उम्मीद की जानी चाहिए कि वह उस परिवार का मूल्यांकन करे जो समाज की बुनियादी संरचना है। तभी वह परिवार के भीतर होने वाली नाइंसाफ़ियों का मूल्यांकन कर पायेगा और केवल तभी न्याय का एक वास्तविक मानवीय विचार सूत्रबद्ध किया जा सकेगा।

देखें : अधिकार, अधिकार : सैद्धांतिक यात्रा, अरस्तू, अफ़लातून, अनुदारतावाद, अराजकतावाद, अन्य-अन्यीकरण, उदारतावाद, उपयोगितावाद, एडमण्ड बर्क, क्रांति, ज्याँ-ज़ाक रूसो, जॉन लॉक, जेरेमी बेंथम, जॉन स्टुअर्ट मिल, जॉन रॉल्स, थॉमस हॉब्स, थॉमस पेन, न्याय, न्याय : रॉल्स का सिद्धांत, नागरिकता, नागरिकता : अन्य परिप्रेक्ष्य-1 और 2, नागर समाज, पनोप्टिकॉन, फ्रेड्रिख़ वॉन हायक, बुद्धिवाद, माइकेल जोसेफ़ ओकशॉट, माइकिल वाल्ज़र, मिशेल पॉल फ़ूको-1 और 2, यूटोपिया, राजनीतिक दर्शन के नारीवादी आयाम, रॉबर्ट नॉज़िक, राज्य-1 और 2, विल किमलिका, सविनय अवज्ञा, स्वतंत्रतावाद, सर्वसत्तावाद, सम्प्रभुता, समाजवाद, सरकारियत, सामाजिक समझौता, हेनरी डेविड थोरो।

संदर्भ

1. सूज़न मोलर ओकिन (1998), *जस्टिस, जेंडर ऐंड फ़ैमिली,* बेसिक बुक्स, न्यूयॉर्क.
2. कृष्णा मेनन (2008), 'जस्टिस' (देखें : नारीवादी आलोचनाओं वाला हिस्सा) , राजीव भार्गव और अशोक आचार्य (सम्पा.), *पॉलिटिकल थियरी : ऐन इंट्रोडक्शन,* पियर्सन लोंगमेन, नयी दिल्ली.
3. एन.पी. बैरी (1992), ऐन *इंट्रोडक्शन टु मॉडर्न पॉलिटिकल थियरी,* मैकमिलन, बैसिंगस्टोक.

— अभय कुमार दुबे

न्याय, रॉल्स का सिद्धांत

(Justice, Rawls's Theory)

न्याय के क्रियाविधिक सिद्धांत की ख़ामियाँ दूर करके उसे अधिक स्वीकार्य बनाने का श्रेय अमेरिकी राजनीतिक दार्शनिक जॉन रॉल्स की प्रस्थापनाओं को जाता है। 1971 में प्रकाशित उनकी पुस्तक *अ थियरी ऑफ़ जस्टिस* से पहले राजनीतिक दर्शन की दुनिया एक तरह से ठंडी पड़ी हुई थी। रॉल्स की पुस्तक ने मानकीय राजनीतिक सिद्धांत के अनुशासन में नयी जान फूँकी और उसे जल्दी ही इस क्षेत्र की अग्रगामी रचना मान लिया गया। उन्होंने क्रियाविधिक सिद्धांत को समानता के परिप्रेक्ष्य के साथ जोड़ा और उसे उदारतावाद के लिए अधिक आकर्षक बना दिया। उनकी कोशिशें न्याय की क्रियाविधिक और वितरणमूलक प्रस्थापनाओं के बीच पुल की तरह काम करती नज़र आती हैं। रॉल्स भी रॉबर्ट नॉज़िक की तरह इस बात पर ज़ोर देते हैं कि अगर नियम-क़ानूनों का सावधानी से पालन किया जाए तो न्याय की गारंटी की जा सकती है। साथ में वे यह भी मानते हैं कि क़ानूनों के अनुपालन के बावजूद अन्यायपूर्ण परिस्थितियाँ बन सकती हैं। इस समस्या का समाधान करने के लिए उनके पास दो तजवीज़ें हैं : पहली, बुद्धिसंगत व्यवहार करने वाले लोग नियंत्रित परिस्थितियों के तहत अपने-आप ऐसे उसूलों को अपनायेंगे जो वितरणमूलक न्याय के बुनियादी विचारों के भी मुताबिक़ हों; दूसरी, न्याय केवल तभी क़ायम रह सकता है जब समानता के सिद्धांत के किसी भी उल्लंघन को तार्किक ढंग से न्यायसंगत ठहराया जा सके।

अपनी मनमर्ज़ी की नियंत्रित परिस्थितियाँ प्राप्त करने के लिए रॉल्स ने ऐसे लोगों की कल्पना की है जिन्हें नहीं पता होगा कि वे किस सामाजिक और आर्थिक संदर्भ से जुड़े हैं। उन्हें अपने स्वार्थों, कुशलताओं, आवश्यकताओं आदि की कोई जानकारी नहीं होगी। यानी उनके चुनाव में स्वार्थ किसी भी तरह से हस्तक्षेप नहीं कर सकेगा। रॉल्स के शब्दों में ऐसे लोग 'नाजानकारी के आवरण' में छिपे होंगे। इसका मतलब यह नहीं है कि इन लोगों को अर्थशास्त्र या मनोविज्ञान का भी ज्ञान नहीं होगा। इन विज्ञानों की शुरुआती जानकारी से लैस ये लोग 'न्याय-बोध' से सम्पन्न होंगे। उन्हें अपने हित का एहसास होगा पर उनके भीतर स्वार्थी प्रवृत्तियाँ नहीं होंगी। इन लोगों के पास उत्तम जीवन से संबंधित अपनी कोई ख़ास दृष्टि नहीं होगी, पर वे अपनी स्वतंत्रता, अवसरों की उपलब्धि, आमदनी, सम्पत्ति और आत्म-सम्मान जैसे मूल संसाधनों में अधिकतम वृद्धि अवश्य करना चाहेंगे। चूँकि वे एक-दूसरे से ईर्ष्या भी नहीं करेंगे, इसलिए दूसरों की हैसियत

जॉन रॉल्स (*अ थियरी ऑफ़ जस्टिस*)

पर उन्हें कोई आपत्ति भी नहीं होगी।

रॉल्स यह मान कर चलते हैं कि नाजानकारी का आवरण हटने पर बनने वाली उत्तम जीवन की अपनी-अपनी धारणाओं के मुताबिक़ ये लोग उसे हासिल करने की कोशिश करेंगे। पर जब उन्हें दिखेगा कि वे न्यूनतम फ़ायदे की स्थिति में हैं, तो उन्हें ज़रा सा भी नुक़सान स्वीकार नहीं होगा। यानी जोखिम लेने से बचने की भरपूर कोशिश के तहत वे ऐसा विकल्प चुनेंगे जो उनके लिए कम से कम हानिकारक हो। रॉल्स द्वारा परिकल्पित ऐसे लोगों को न्याय का आदर्श सिद्धांत ही पसंद आयेगा जिसके मुताबिक़ (1) ऐसा हर व्यक्ति स्वतंत्रता के सर्वाधिक विस्तृत उस स्वरूप को चुनेगा जो दूसरों की स्वतंत्रता के पूरी तरह से अनुकूल हो; (2) ऐसे लोग सामाजिक और आर्थिक विषमताओं का विन्यास इस प्रकार करेंगे कि (अ) सबसे कम लाभान्वित होने वाले को सर्वाधिक लाभ हो सके, और (ब) निष्पक्ष समानता व अवसर की परिस्थितियों के तहत सभी के लिए पद और हैसियत प्राप्त करने के मौक़े खुले रहें।

रॉल्स की धारणा यह है कि अगर न्याय के सिद्धांत के इन आयामों पर इसी प्राथमिकता के तहत अमल किया जाए तो व्यक्ति को अपनी स्वतंत्रता की क़ीमत पर दूसरों की स्वतंत्रता क़ायम रखने की ज़हमत नहीं उठानी पड़ेगी। दूसरे, विषमताओं का क्रम इस प्रकार का होगा कि उनसे पैदा होने वाला लाभ सबसे ज़्यादा उन्हें मिलेगा जो सबसे कम लाभान्वित हैं।

न्याय का यह सिद्धांत काफ़ी-कुछ भारतीय संविधान द्वारा अपनाये गये न्याय के सिद्धांत से मेल खाता है। हमारा संविधान इस बुनियादी अवधारणा को मान कर चलता है कि अगर समाज के सबसे ज़्यादा कमज़ोर लोगों के लिए न्याय हासिल करना है तो समानता के कुछ मानकों से हटने के सुचिंतित उपाय करने पड़ेंगे। इस लिहाज़ से संविधान में औपचारिक समानता के कुछ पहलुओं को छोड़ने वाले प्रावधान किये गये हैं ताकि ऐतिहासिक रूप से वंचित समूहों को लाभान्वित करने की परिस्थितियाँ पैदा की जा सकें। आरक्षण की नीति एक ऐसा ही उपाय है।

रॉल्स के न्याय सिद्धांत ने समाज-विज्ञान की दुनिया को काफ़ी प्रभावित किया है, पर उसकी आलोचना भी हुई है। पहली बात तो यह कही जाती है कि रॉल्स जिस तरह के लोगों की कल्पना करते हैं, वे कहाँ से आयेंगे। क्या भारत जैसे देश में ऐसे लोगों का समूह सम्भव है जो अपने हिंदू, मुसलमान, ब्राह्मण, दलित या नगा और मिज़ो होने के प्रति नाजानकार हो। समुदायवाद के अनुसार व्यक्तियों की शिनाख़्त केवल पहले से स्थित सामाजिक संस्थाओं के सदस्यों के रूप में ही की जा सकती है। उनके विचार उस समाज और समुदाय से अलग नहीं हो सकते जिसमें वे पैदा हुए और पले-बढ़े हैं। उनकी वितरणमूलक कसौटियाँ भी उसी के हिसाब से बनेंगी। जो लोग अपने सामाजिक-आर्थिक और सांस्कृतिक संदर्भ से कटे हुए हैं उनके द्वारा किया गया चयन सामाजिक रूप से प्रासंगिक ही नहीं होगा।

रॉल्स की दूसरी आलोचना माइकल वाल्ज़र ने की है। वे कहते हैं कि न्याय की कोई भी प्रणाली अंतर्निहित रूप से न्यायपूर्ण या अन्यायपूर्ण नहीं हो सकती। उसके साथ जुड़े सामाजिक तात्पर्य ही उसका मूल्यांकन सम्भव बनाते हैं। मसलन, अगर पूरा समाज जाति प्रथा में विश्वास करता है तो उसके मुताबिक़ बनी वितरण की कसौटियाँ उस समाज के लिए न्यायप्रद होंगी।

रॉल्स के सिद्धांत पर तीसरा आरोप यह है कि वह एक ऐसे कल्याणकारी राज्य का नफ़ीस बचाव भर है जो पूँजीवादी उदार-लोकतांत्रिक बुनियाद पर खड़ा हुआ है। यह सिद्धांत न्याय का कोई सार्वभौम विचार पेश नहीं करता, बल्कि उदारतावदी आस्थाओं को तर्कसंगत ठहराने की कोशिश में लगा रहता है। इस आलोचना के आईने में रॉल्स की एक व्याख्या विचारणीय है जिसमें वे मानते हैं कि अवसर और शिक्षा की समानताओं के बावजूद परिवार की संस्था के कारण विषमताएँ बनी रहेंगी। अपने तर्क को पुष्ट करने के लिए वे एक उद्यमी परिवार के पुत्र और एक अकुशल श्रमिक परिवार के पुत्र के बीच तुलना करते हुए कहते हैं कि दोनों के बीच अपेक्षाओं के स्तर पर अंतर रहेगा। इस अंतर से ख़त्म करने की कोशिश के बजाय अर्थव्यवस्था को और सक्षम बनाने का प्रयास किया जाना चाहिए ताकि अधिक भौतिक समृद्धि उत्पादित हो जिससे सभी (वंचितों समेत) लाभान्वित हो सकें। रॉल्स के आलोचक कहते हैं कि यह बात समानता के उसूल के प्रति उनकी शुरुआती प्रतिबद्धता के ख़िलाफ़ जाती है, वर्ग आधारित विषमताओं की अनिवार्यता के सामने घुटने टेक देती है। आलोचकों के मुताबिक़ वर्गीय विषमता के कारण समाज में सत्ता की तरतमता बनती है जिससे अंततः व्यक्तिगत स्वतंत्रता का हनन होता है।

रॉल्स की चौथी आलोचना अमर्त्य सेन द्वारा प्रतिपादित सक्षमता सिद्धांत से निकलती है। वे कहते हैं कि रॉल्स द्वारा वर्णित मूल संसाधन स्वतंत्रता प्राप्त करने का साधन मात्र हैं, वे स्वतंत्रता की मात्रा और गुणवत्ता तय नहीं कर सकते। मसलन, अगर दो व्यक्तियों के पास ये मूल संसाधन समान मात्रा में हैं तो भी वे एक जैसी स्वतंत्रताएँ हासिल नहीं कर सकते। उनकी उम्र, उनका जेंडर, उनके आनुवंशिक गुण और क्षमताओं का फ़र्क़ उनकी स्वतंत्रताओं में भी विभेदीकरण कर देगा। संसाधनों को वास्तविक स्वतंत्रता में बदलना क्षमताओं पर निर्भर करता है।

देखें : अधिकार, अधिकार : सैद्धांतिक यात्रा, अरस्तू, अफ़लातून, अनुदारतावाद, अराजकतावाद, अन्य-अन्यीकरण, उदारतावाद, उपयोगितावाद, एडमण्ड बर्क, क्रांति, ज्याँ-ज़ाक रूसो, जॉन लॉक, जेरेमी बेंथम, जॉन स्टुअर्ट मिल, जॉन रॉल्स, थॉमस हॉब्स, थॉमस पेन, न्याय, न्याय : नारीवादी आलोचना, नागरिकता, नागरिकता : अन्य परिप्रेक्ष्य-1 और 2, नागर समाज, पनोप्टिकॉन, फ्रेड्रिख़ वॉन हायक, बुद्धिवाद, माइकेल जोसेफ़ ओकशॉट, माइकिल वाल्ज़र, मिशेल पॉल फ़ूको-1 और 2, यूटोपिया, राजनीतिक दर्शन के नारीवादी आयाम, रॉबर्ट नॉज़िक, राज्य-1 और 2, विल किमलिका, संविनय अवज्ञा, स्वतंत्रतावाद, सर्वसत्तावाद, सम्प्रभुता, समाजवाद, सरकारियत, सामाजिक समझौता, हेनरी डेविड थोरो।

संदर्भ

1. जॉन रॉल्स (1972), *अ थियरी ऑफ़ जस्टिस*, ऑक्सफ़र्ड युनिवर्सिटी प्रेस, लंदन.
2. मॉरीन रामस (2004), *व्हाट्स रांग विद लिबरलिज़्म : अ रैडिकल क्रिटीक ऑफ़ लिबरल फ़िलॉसफ़ी*, कंटीनुअम प्रेस, लंदन.
3. कृष्णा मेनन, 'जस्टिस' (देखें : रॉल्स के सिद्धांत और उसकी आलोचनाओं वाला हिस्सा) , राजीव भार्गव और अशोक आचार्य (सम्पा.), *पॉलिटिकल थियरी : ऐन इंट्रोडक्शन*, पियर्सन लोंगमेन, नयी दिल्ली.
4. सी.बी. मेकफ़र्सन (2005), *डेमॉक्रैटिक थियरी : एसेज़ इन रिट्रीवल*, ऑक्सफ़र्ड युनिवर्सिटी प्रेस, न्यूयार्क.
5. माइकल वाल्ज़र (1983), *स्फेयर्स ऑफ़ जस्टिस : अ डिफ़ेंस ऑफ़ प्लूरलिज़्म ऐंड इक्वलिटी*, बेसिक बुक्स, न्यूयार्क.
6. रॉबर्ट नॉज़िक (1981), *एनार्की, स्टेट ऐंड यूटोपिया*, बेसिल ब्लैकवेल, लंदन.

— अभय कुमार दुबे

न्याय दर्शन

(Philosophy of Nyaya)

भारतीय दर्शन के भौतिकवादी विचार-पंथों में से एक न्याय दर्शन का विषय 'न्याय' का प्रतिपादन करना है। तर्कवादी दर्शन के तौर पर वह किसी समस्या के समाधान के लिए तर्काग्रही रहता है। ब्रह्माण्ड की उत्पत्ति में ईश्वर या किसी अलौकिक सत्ता की भूमिका को सिरे से ख़ारिज करने वाले न्याय दर्शन के अनुसार किसी चीज़ की सत्यता के लिए उसका तर्क-सिद्ध होना आवश्यक है। इस दर्शन के आदिआचार्य गौतम माने जाते हैं जिन्होंने सत्य के निर्णयन के लिए तर्क पर बल दिया। इसलिए न्याय को तर्क-विद्या मान लिया गया और वह उत्तरोत्तर एक दर्शन के रूप में विकसित होता चला गया। गौतम के एक दूसरे नाम अक्षपाद के कारण इस दर्शन का भी एक दूसरा नाम अक्षपाद-दर्शन भी है। इसके अलावा यह दर्शन आन्वीक्षिकी के नाम से भी जाना जाता है जिसका अर्थ है देखी या जानी बातों को पुनः देखना या उनका पुनर्परीक्षण करना। इस दर्शन का सबसे बड़ा महत्त्व इस बात में है कि इसने प्रत्यक्ष ज्ञान को सही ढंग से समझने और उसके परीक्षण और भौतिक परिवर्तनशील यथार्थ को ठीक-ठीक समझने के लिए तर्क और द्वंद्ववाद का इस्तेमाल किया। न्याय दर्शन अनीश्वरवादी दार्शनिक प्रणाली है किंतु सामंती युग में आदर्शवादियों के दबाव के फलस्वरूप न्याय और वैशेषिक के अनुयायियों को कभी-कभी समझौते करने पड़ते थे। अपनी रचना *न्यायसूत्र* में गौतम ने आत्म शब्द का प्रयोग स्वयं भी आत्मा के अर्थ में किया है और यह कहा है कि इसका धर्म संज्ञान है। बाद के भाष्यकारों ने आत्मा को जीवात्मा और परमात्मा तक बना दिया।

अन्य दर्शनों की तरह न्याय दर्शन में भी मोक्ष को चरम लक्ष्य मानते हुए तत्त्वज्ञान से मोक्ष-लाभ बताया गया है तथा उसके उपाय के रूप में प्रमाण-विद्या अर्थात् वस्तु को ठीक-ठीक जानने के उपायों का प्रतिपादन किया गया है। न्याय दर्शन ने विश्व-व्यवस्था के लिए प्रायः वैशेषिक-दर्शन को अपना आधार माना है। इसीलिए न्याय-वैशेषिक को युगल के रूप में देखा जाता है। दोनों ही दर्शन ब्रह्माण्ड की सृष्टि के संबंध में पारमाणविक सिद्धांत मानते हैं तथा जीवात्माओं के अनेक होने व ईश्वर संबंधी अवधारणाओं को लेकर दोनों में समानता है। लेकिन इन कई साम्यताओं के बावजूद दोनों में मूलभूत अंतर यह है कि एक ने तर्क के विषय का प्रतिपादन किया और दूसरे ने भौतिक जगत की व्याख्या की है। न्याय तर्क द्वारा पदार्थों के ज्ञान की प्रक्रियाओं और प्रणालियों का वर्णन करता है। वैशेषिक पदार्थों की परमाणु द्वारा रचना की व्याख्या करता है जिसे न्याय ने बिना किसी तर्क के स्वयंसिद्ध स्वीकार कर लिया है।

सम्भव है न्याय दर्शन के सिद्धांत बहुत पहले से प्रचलन में रहे हों लेकिन इसे दार्शनिक स्वरूप देने का श्रेय गौतम की कृति *न्यायसूत्र* को जाता है। इस कृति के पाँच अध्याय हैं तथा प्रत्येक अध्याय दो-दो परिच्छेद में विभक्त है। यों तो गौतम के जीवन-काल के बारे में स्पष्ट जानकारी नहीं है लेकिन काफ़ी हद तक सम्भव है कि वे महाभारत की रचना के समय जीवित रहे हों। जो भी हो, यह एक तथ्य है कि चार सौ वर्ष ईसा पूर्व कौटिल्य के जमाने में न्याय दर्शन की एक समृद्ध और लोकप्रिय प्रणाली के रूप में प्रस्थापित हो चुका था। जहाँ तक *न्यायसूत्र* का सवाल है, वात्स्यायन के अनुसार यह ग्रंथ उद्देश्य, लक्षण और परीक्षा की विधि का अनुसरण करता है। प्रथम अध्याय में सामान्यतः सोलह विषयों का वर्णन है जिन पर अगले चार अध्यायों में विचार किया गया है। दूसरे अध्याय में संशय के रूप का प्रतिपादन और हेतु प्रामाण्य का वर्णन किया गया है। तीसरे अध्याय में आत्मा के स्वरूप, भौतिक देह, इंद्रियों और उनके विषयों, अभिज्ञान व मन के विषय में विचार किया गया है। चौथे अध्याय में संकल्प-शक्ति, शोक, दुःख और उससे छुटकारे के विषय पर विचार किया गया है। प्रकरणवश इस अध्याय में त्रुटि और पूर्ण के साथ उसके अंशों के परस्पर संबंध का भी वर्णन है। अंतिम अध्याय में जाति अर्थात् निराधार आक्षेपों और निग्रहस्थान अर्थात् दोषारोपण के अवसरों का विवेचन है। *न्यायसूत्र* वैदिक विचारधारा के निष्कर्षों को तर्कसम्मत सिद्धांतों के आधार पर उसके धार्मिक एवं दार्शनिक मतों के साथ जोड़ते हुए इस प्रकार आस्तिक यर्थाथवाद का तर्क द्वारा समर्थन करता है। गौतम के सूत्र, कम से कम उनमें से प्राचीनतम, ईसापूर्व तीसरी शताब्दी की रचनाएँ हैं। कुछ न्याय सूत्र ईसा की मृत्यु के बाद रचे गये। जहाँ तक न्यायशास्त्र के आरम्भ की बात है तो न्यायशास्त्र का आरम्भ बौद्धकाल से पूर्व हो गया था, यद्यपि उसकी वैज्ञानिक विवेचना बौद्धकाल के आरम्भ में और मुख्य सिद्धांतों की स्थापना ईसापूर्व तीसरी शताब्दी से पहले हुई। लेकिन सूत्र-निर्माण से पहले न्याय के ऐतिहासिक विकास के संबंध में बहुत कम सामग्री उपलब्ध है।

चूँकि न्याय दर्शन वास्तविकताओं के वस्तुगत क्रम में विश्वास करता है और ब्रह्माण्ड की सृष्टि के संबंध में पारमाणविक सिद्धांत को स्वीकार करता है इसलिए उसकी

निगाह में मस्तिष्क से स्वतंत्र, अपरिवर्तशील, कारणहीन, शाश्वत, सूक्ष्म परमाणुओं के अस्तित्व का सिद्धांत एक अंतिम सत्य है। उसके लिए ब्रह्माण्ड का निर्माण केवल परमाणुओं की क्रिया-प्रतिक्रियाओं के परिणामस्वरूप हुआ है। न्याय दर्शन ब्रह्माण्ड की उत्पत्ति में ईश्वर या किसी अलौकिक सत्ता के योगदान को सिरे से ख़ारिज करता है। उसके मुताबिक़ ब्राह्माण्ड की उत्पत्ति में पृथ्वी, जल, अग्नि, वायु और आकाश इन पाँच मूलभूत शाश्वत तत्त्वों का योगदान है। इस दर्शन का यह स्थापित सिद्धांत है कि मनुष्य का परम लक्ष्य निःश्रेयस प्राप्त करना है जिसे यथार्थ के पूर्ण ज्ञान के द्वारा ही प्राप्त किया जा सकता है।

न्याय ने प्रकृति के नियमों को आधार मानकर मानव अस्तित्व की समस्या का समाधान करने का प्रयत्न किया और उसने यथार्थ को चेतन और अचेतन दो वर्गों में विभाजित किया। दोनों स्वतंत्र अस्तित्व रखने के बावजूद एक-दूसरे से संबंधित हैं। न्याय दर्शन के अनुसार मानसिक यथार्थ अतिरिक्त मानसिक यथार्थ से, अर्थात् वस्तुगत बाह्य यथार्थ से अभिन्न रूप से सम्बद्ध होता है। बाह्य वस्तुएँ मानसिक यथार्थ से न केवल पूर्णतः स्वतंत्र रहती हैं, वरन वे मानसिक जीवन की विभिन्न क्रियाओं के लिए आवश्यक शर्त भी होती हैं। मानसिक क्रियात्मकता का प्रत्येक पहलू किसी न किसी बाह्य यथार्थ से घनिष्ठ रूप से सम्बद्ध रहता है और, चेतन तत्त्व का अस्तित्व केवल अचेतन तत्त्व की क्रियाशीलता से ही जाना जाता है। लेकिन इसके साथ ही यह भी माना जाता है कि इन दोनों को सम्बद्ध करने तथा भौतिक जगत के क्रिया-कलाप में सहायता पहुँचाने के लिए एक शाश्वत पारमाणविक तत्त्व भी मौजूद है, जिसे नैयायिकों ने मनस् का नाम दिया है।

पृथ्वी, जल, अग्नि, वायु और आकाश इन पाँच शाश्वत और यथार्थ पारमाणविक तत्त्वों से इस संसार के गठन को स्वीकार करने के कारण *न्यायसूत्र* को इस जगत को समझने के लिए किसी ईश्वर या अलौकिक सत्ता मानने की ज़रूरत नहीं पड़ती। यह दर्शन इस भौतिक और यथार्थ जगत की संरचना में ईश्वर की भूमिका अमान्य करता है और परमाणुओं के सम्मिश्रण से ही तमाम जीवन व पदार्थ की उत्पत्ति मानता है। दूसरी तरफ़ यह भी एक तथ्य है कि कणाद ने ईश्वर का उल्लेख नहीं किया है, पर गौतम तथा वात्स्यायन ने ईश्वर की चर्चा कई बार की है। रिचार्ड गार्वे सरीखे विद्वानों का विचार है कि *न्यायसूत्र* की मूल पाठ्य पुस्तकों में ईश्वर के अस्तित्व को स्वीकार नहीं किया गया था। ईश्वर का विचार तो बाद की देन है। फिर भी अन्य दर्शनों की तरह न्याय दर्शन ईश्वर को पदार्थ का स्रष्टा नहीं मानता। विश्व की रचना के संदर्भ न्याय दर्शन के अंतर्गत ईश्वर मात्र निमित्त कारण है। ईश्वर की हैसियत कुम्हार जैसी है। जैसे कुम्हार बाहर से मिट्टी ला कर घड़ा बनाता है, मिट्टी को पैदा नहीं करता, उसी तरह ईश्वर परमाणुओं से जगत की रचना करता है परमाणुओं को बनाता नहीं है। वे तो अनादि हैं। ईश्वर की इच्छा से परमाणुओं में हलचल होती है और वे आपस में जुड़ने लगते हैं। न्याय दर्शन ऐसे ईश्वर को सर्वव्यापी, सर्वज्ञ और नित्य मानता है। वह बुद्धि (ज्ञान), सुख, इच्छा और प्रत्यन जैसे चार विशेष नित्य गुणों से सम्पन्न है, जिसका अर्थ है कि ईश्वर वह शाश्वत सत्ता है, जिसके द्वारा विश्व का संचालन होता है। उस पर अन्य किसी का नियंत्रण नहीं है। वह उच्छृंखल भी नहीं है। वह स्वयं अपने नियमों से बँधा हुआ है।

न्याय दर्शन ने पाँच मूलभूत तत्त्वों के अलावा समय, अवकाश, मस्तिष्क और आत्मा को भी मान्यता दी है। इसके अनुसार अभिलाषा, घृणा, आनंद, दुःख, लिप्सा, द्वेष, इच्छा और प्रयत्न आत्मा की नौ विशेषताएँ हैं। आत्मा के अस्तित्व एवं किसी कार्य के कार्यान्वियन के लिए शरीर आवश्यक है। वह क्रियाओं का आवास और अनुभव क्षेत्र है, लेकिन इंद्रियाँ और उसकी क्रियाएँ परमाणुओं से उत्पन्न हैं। जो अनुभव हमें होते हैं वे आत्मा और इंद्रियों के ज़रिये बाह्य जगत के सम्पर्क में आने पर होते हैं। इंद्रियाँ ज्ञान प्राप्त करने का उपकरण हैं और ज्ञान आत्मा का लक्ष्य। बुद्धि भी ज्ञान का एक रूप है, जिसके ज़रिये वस्तुओं के प्रति समझ और गुण-दोष के आधार पर उसका विवेचन होता है। इस तरह से न्याय दर्शन सत्य-ग्राह्यता के लिए बतौर उपकरण मस्तिष्क के महत्त्व को किसी भी मायने में कम नहीं मानता। इसके साथ न्याय में इस बात पर भी बल दिया गया है कि वस्तुओं के सीधे निरीक्षण के बिना सत्य को ग्रहण नहीं किया जा सकता है। गौतम के अनुसार किसी वस्तु से संवादिता ही सत्य का स्वरूप है। यदि ज्ञान उस वस्तु से मेल खाता है, तो वह ज्ञान वैध है अन्यथा नहीं।

न्याय दर्शन के अंतर्गत मस्तिष्क से स्वतंत्र पदार्थ के वस्तुगत अस्तित्व को स्वीकार किया जाता है अर्थात् किसी वस्तु के बारे में ज्ञान प्राप्त करने वाले से पहले ही उस वस्तु का वस्तुगत यथार्थ मौजूद था। इस दर्शन के ज्ञान-सिद्धांत की अवधारणा उन आदर्शवादी सिद्धांतों के एक़दम प्रतिकूल थी जो यह मानते थे कि वस्तुगत यथार्थ तुलनात्मक रूप से कम महत्त्वपूर्ण है तथा मन और उसका प्रभाव प्राथमिक है। लेकिन सबसे महत्त्वपूर्ण बात यह है कि न्याय दर्शन ने अपना ध्यान किसी वस्तु के गुणों के वास्तविक अध्ययन पर केंद्रित करने से अधिक तर्क और द्वंद्ववाद की उस प्रक्रिया पर केंद्रित किया जो ज्ञान की प्राप्ति के लिए आवश्यक है। न्याय प्रणाली प्रथमतः सही ज्ञान प्राप्त करने की पद्धति निरूपित करने वाला दर्शन है। आत्मा, शरीर, इंद्रियाँ, ऐंद्रिक ज्ञान की वस्तुएँ, बुद्धि, मस्तिष्क, क्रिया, प्रमाद, शरीरांतरण, परिणाम, दुःख-पीड़ा

और इनसे मुक्ति— ये सब सही ज्ञान की वस्तुएँ मानी गयी हैं। सही ज्ञान प्राप्त करने का साधन गौतम ने प्रमाण को माना है। प्रत्यक्ष, अनुमान, उपमान और शब्द इन चार प्रमाणों के ज़रिये सही ज्ञान प्राप्त किया जा सकता है। संशय, दृष्टांत, तर्क, प्रमेय. हेत्वाभास, वितण्डा और खण्डन की प्रक्रियाओं से ही हो कर सही ज्ञान तक पहुँचा जा सकता है। किसी वस्तु विशेष अथावा वक्तव्य के सत्य को प्रदर्शित करने के लिए गौतम ने हेत्वानुमान के प्रयोग पर ज़ोर दिया और प्रतिज्ञा, हेतु, उदाहरण, उपनयन और निगमन को हेत्वानुमान के पाँच अवयवों के रूप में निरूपित किया। वास्तविक सत्य की पुष्टि के लिए दार्शनिक वाद-विवादों में इनका प्रयोग किया जाता था। गौतम ने अपने हेत्वानुमान का प्रयोग समकालीन आदर्शवादी विचारकों के मतों का खण्डन करने के लिए किया जो यह दावा करते थे कि सही ज्ञान की प्राप्ति तो रहस्योद्घाटन और वैदिक ग्रंथों पर निर्भर है। ये दार्शनिक प्रत्यक्ष ज्ञान तथा अनुमिति को गौण मानते थे।

देखें : आर्यभट्ट और *आर्यभटीय,* उपनिषद्, कपिल, *अर्थशास्त्र* और कौटिल्य, गोपीनाथ कविराज, गोविंद चंद्र पाण्डे, चैतन्य महाप्रभु, जैन दर्शन, दया कृष्ण, नंद किशोर देवराज, न्याय दर्शन, नागार्जुन, पतंजलि और *योगसूत्र,* पाणिनि और *अष्टाध्यायी,* पाश्चात्य काव्यशास्त्र, पुराण, पूर्व-मीमांसा दर्शन, बदरी नाथ शुक्ल, बादरायण, बौद्ध दर्शन, *भगवद्गीता,* भरत और *नाट्यशास्त्र,* मुकुंद लाठ, *भागवत पुराण, महाभारत,* यशदेव शल्य, योग दर्शन, रामानुजाचार्य, लोकायत, वात्स्यायन और *कामसूत्र,* वेदांत दर्शन, वैशेषिक दर्शन, शंकराचार्य, षड्-दर्शन-1 और 2, संस्कृत काव्यशास्त्र, स्मृति-साहित्य, सांख्य दर्शन-1 और 2, सिद्ध-नाथ परम्परा।

संदर्भ

1. सर्वपल्ली राधाकृष्णन (2012), *भारतीय दर्शन-दो भाग,* अनुवादः नंदकिशोर गोभिल, राजपाल ऐंड संज़, नयी दिल्ली.
2. के. दामोदरन (2001), *भारतीय चिंतन परम्परा,* अनुवाद : जी. श्रीधरन, पीपुल्स पब्लिशिंग हाउस, नयी दिल्ली.
3. वियोगी हरि (सम्पादक) (2011), *हमारी परम्परा,* सस्ता साहित्य मण्डल, नयी दिल्ली.
4. सतीशचंद्र चट्टोपाध्याय और धीरेंद्र मोहन दत्त, *भारतीय दर्शन,* अनु. हरिमोहन झा और नित्यानंद मिश्र, पुस्तक भंडार, पटना.

— अजय कुमार पाण्डेय

नृजातिवर्णन

(Ethnography)

एथनोग्राफ़ी (नृजातिवर्णन) यूनानी भाषा के शब्द एथनोस यानी लोगों का समूह और ग्रेफ़ीन यानी लेखन से मिल कर बना है। यह अनुसंधान की एक पद्धति है जिसके बिना सांस्कृतिक मानवशास्त्र नामुमकिन है। इसके दो हिस्से हैं : फ़ील्डवर्क, जिसके तहत मानवशास्त्री किसी सांस्कृतिक समुदाय के बीच लम्बे अरसे तक रह कर सहभागी-प्रेक्षक की हैसियत से उसका नज़दीकी अध्ययन करते हुए तथ्य जमा करता है; और रिपोर्टेज, जिसके तहत उन तथ्यों का वर्णन और विश्लेषण किया जाता है। एथनोग्राफ़ी के माध्यम से समाज-वैज्ञानिक पता लगाता है कि कोई मानव-समुदाय किस तरह के इलाके में रह रहा है और उसकी रिहाइश से उस भौगोलिक क्षेत्र में क्या-क्या परिवर्तन हुए हैं; वह अपने जीवन-यापन के लिए आहार, आवासन, ऊर्जा और जल का इंतज़ाम किस तरह करता है; उसके रीति-रिवाज़, विवाह की संस्था किस तरह काम करती है; और वह कौन सी भाषा बोलता है। क्लिफ़र्ड गीट्र्ज़ के मुताबिक़ एथनोग्राफ़ी वह काम कर सकती है, जो कैमरा भी नहीं कर सकता। एथनोग्राफ़ी पता लगा सकती है कि व्यक्ति की आँख फड़क रही है (जो एक शरीरशास्त्रीय स्थिति है) या वह आँख मार रहा है (जो एक सामाजिक तथ्य है)। मानवशास्त्र के अलावा नृजातिवर्णन का इस्तेमाल समाज-विज्ञान की कुछ दूसरी शाखाओं में भी किया जाता है। संस्कृति-अध्ययन, अर्थशास्त्र, सामाजिक कार्य, शिक्षा, न-जाति-संगीतशास्त्र, लोकगाथा-अध्ययन, भूगोल, इतिहास, भाषाशास्त्र, संचार-अध्ययन, मनोविज्ञान जैसे क्षेत्र भी एथनोग्राफ़िक तकनीक से लाभान्वित हुए हैं। अस्सी के दशक में मीडिया-अध्ययन के दायरे में भी एक 'एथनोग्राफ़िकटर्न' आया है। ख़ास तौर से टेलिविज़न से संबंधित अध्ययनों में नृजातिवर्णन एक गुणात्मक पद्धति के तौर पर उभरा है। बजाय इसके कि चलताऊ क़िस्म के प्रेक्षणों और उनके आधार पर निकाले गये निष्कर्षों पर भरोसा किया जाए, एथनोग्राफ़ी की तकनीकों का इस्तेमाल करके रोज़ाना के सांस्कृतिक जीवन का विस्तृत प्रेक्षण, वर्णन और विश्लेषण किया जा सकता है।

ज़ाहिर है कि समाज-विज्ञान के लिए एथनोग्राफ़िक तकनीकों की उपयोगिता असंदिग्ध है। लेकिन इस अनुशासन का इतिहास इतना निर्दोष नहीं है। दरअसल, इस पद्धति के पीछे अध्येता की संस्कृति से भिन्न संस्कृतियों को समझने के उद्देश्य काम करते रहे हैं। युरोपीय उपनिवेशवाद के प्रसार के दौरान भौगोलिक रूप से दूरस्थ और सांस्कृतिक रूप से ग़ैर-पश्चिमी संस्कृतियों के बारे में जानकारियाँ जमा करने के लिए

इस अनुशासन का विकास किया गया। इन्हीं कारणों से नृजातिवर्णन औपनिवेशिक विमर्श के साथ अभिन्न रूप से जुड़ गया और मानवशास्त्री औपनिवेशिक प्रशासन को स्थानीय समाजों के बारे में सूचनाएँ देने का काम करने लगे। बीसवीं सदी के शुरुआती वर्षों में मानवशास्त्र को बहुलतावादी आधार देने के प्रयासों और सांस्कृतिक सापेक्षतावाद के सिद्धांत के लिए रास्ता साफ़ होने के बाद से नृजातिवर्णन की यह छवि धीरे-धीरे बदलनी शुरू हुई। आज के मानवशास्त्री स्वजातिवाद और युरोकेंद्रीयता के प्रति कहीं ज़्यादा सतर्क हैं। अब केवल युरोप के ही नहीं, बल्कि कीनिया, नाइजीरिया, दक्षिण अफ्रीका, भारत, ब्राज़ील, इंडोनेशिया और मैक्सिको के मानवशास्त्री भी नृशास्त्रीय परियोजनाएँ चलाते हैं। इस स्वागतयोग्य विकास के बावजूद पूरे यक़ीन से नहीं कहा जा सकता है कि नृजातिवर्णन ने अपने औपनिवेशिक अतीत से पल्ला पूरी तरह छुड़ा लिया है, और वह नवउपनिवेशवादी अवतार ले कर युरोकेंद्रीयता और स्वजातिवादी आग्रहों पर नहीं टिका हुआ है।

पहले नृजातिवर्णन पर लगने वाले आक्षेप कमोबेश वही होते थे जिनके आधार पर सांस्कृतिक मानवशास्त्र की आलोचना की जाती थी। लेकिन, हाल ही में नृशास्त्रीय पद्धति को भी कड़ी समीक्षा के दौर से गुज़रना पड़ा है। एथनोग्राफ़ी का दावा रहा है कि उसके ज़रिये मानवीय जीवन का वस्तुनिष्ठ निरूपण किया जा सकता है। फ़ील्डवर्क द्वारा सामाजिक परिघटना का विवरण प्रस्तुत करने के दावे को शक की निगाह से देखने वालों में देरिदा प्रमुख हैं। वे तो मानते हैं कि पाठ के बाहर तो कुछ होता ही नहीं है। भाषा की मध्यस्थता के बिना सामाजिक परिघटना के किसी भी विवरण की वस्तुनिष्ठता उन्हें स्वीकार्य नहीं है। नृजातिवर्णन के दावे को समस्याग्रस्त करने वाले तर्कों का कहना है कि मानवीय जीवन को उसके विशिष्ट परिवेश में ही समझा जा सकता है इसलिए उसके निरूपण पर निरूपक और निरूपित के बीच मौजूद सत्ता-संबंधों की छाया लाज़मी तौर पर मौजूद रहेगी। कुल मिला कर यह एक पेचीदा बहस है जिसमें एक तरफ़ प्रत्यक्षवादी दावेदारियाँ हैं और दूसरी तरफ़ प्रकृतिवादी। एथनोग्राफ़ी करने वाले मानवशास्त्री की चिंतनशीलता (रिफ़्लेक्सिविटी) के संदर्भ में भी सवाल पूछे जाने लगे हैं कि व्यक्ति के रूप में वह ख़ुद अपनी स्थिति के बारे में कितना जागरूक होता है। इसी तरह संरचनावादियों और नृजाति-पद्धतिशास्त्र अपनाने वालों के बीच भी बहस छिड़ी हुई है। फ़ील्डवर्क के ज़रिये निरूपण और सत्ता-संबंधों के प्रश्न को सम्बोधित करते हुए जेम्स क्लिफ़र्ड ने आग्रह किया है कि उपनिवेश का ख़ात्मा हो जाने के बाद अब यह मसला केवल पश्चिम द्वारा 'अन्य' संस्कृतियों की मानवशास्त्रीय जानकारियाँ लेने तक सीमित नहीं रह गया है। इसलिए नृजातिवर्णन संबंधी लेखन को उसकी भाषा, शब्दाडम्बर, सत्तामूलकता और इतिहास की रोशनी में जाँचा जाना चाहिए। क्लिफ़र्ड को लगता है कि नृजातिवर्णन अंततः पश्चिमी ज्ञानमीमांसा की विरासत के बोझ से छुटकारा प्राप्त कर लेगा। वे मानते हैं कि एथनोग्राफ़ी द्विभाजनों से पूरी तरह मुक्त नहीं हो सकती, लेकिन उसे बरतने वाले कम से कम सचेत रूप से '*अन्य*' को अनैतिहासिक रूप से न रचने की कोशिश तो कर ही सकते हैं। क्लिफ़र्ड एक ऐसे एथनोग्राफ़िक आचरण की वकालत करते हैं जो किसी केंद्र से बँधा हुआ न हो।

टीवी अध्ययन के क्षेत्र में सत्तर और अस्सी के दशकों के दौरान कई विद्वानों ने समाचारों के उत्पादन की सामाजिक प्रक्रिया के उद्घाटन के लिए एथनोग्राफ़िक तकनीकों का दिलचस्प इस्तेमाल किया। उन्होंने न्यूज़ चैनलों में काम करने वाले पत्रकारों और अन्य कारकुनों की कामकाजी ज़िंदगियों में झाँक कर निष्कर्ष निकाला कि स्वतंत्र और निष्पक्ष पत्रकारिता करने के दावे दरअसल सही नहीं हैं। टीवी के न्यूज़ व्यवसाय का ढाँचा अपनी बुनियादी बनावट में नौकरशाहाना है जिसके कारण पैदा होने वाली कामकाजी स्थितियाँ समाचार की निष्पक्षता क़ायम नहीं रहने देतीं। इन विद्वानों ने टीवी दर्शकों की दुनिया की पड़ताल करने के लिए भी एथनोग्राफ़िक तकनीकें आज़मायीं। इसके ज़रिये उन्हें पता चला कि टीवी दर्शकों को उनके सामने परोसे गये मनोरंजन या समाचारों का निष्क्रिय ग्राहक समझना एक भूल है। न ही वे किसी एकाश्म समुदाय का निर्माण करते हैं। सामाजिक और सांस्कृतिक रूप से टीवी दर्शकों का वजूद विविधतामूलक और विखण्डित है। दर्शकों की एथनोग्राफ़ी ने दिखाया कि अलग-अलग पृष्ठभूमियों के दर्शक न्यूज़-कथाओं का अलग-अलग मतलब निकालते हैं।

देखें : अर्थव्यवस्था का समाजशास्त्र, अभिजन, अभिरुचि, आत्महत्या, उन्मूलनवाद, एजेंसी, कर्मकाण्ड, कारागार, गोपनीयता, गृहविहीनता, जादू, जीवन-शैली, टेलरवाद, प्राइवेसी, फ़ुरसत, बचपन, बुज़ुर्गियत का समाजशास्त्र, बेगानगी, भीड़, भ्रष्टाचार का समाजशास्त्र-1 और 2, सेवानिवृत्ति, विचलन, ज्ञान का समाजशास्त्र।

संदर्भ

1. जेम्स क्लिफ़र्ड (सम्पा.) (1986), *राइटिंग कल्चर : द पोइटिक्स ऐंड पॉलिटिक्स ऑफ़ एथनोग्राफ़ी,* द स्कूल ऑफ़ अमेरिकन रिसर्च एडवांस सेमिनार, युनिवर्सिटी ऑफ़ कैलिफ़ोर्निया प्रेस, बर्कले.
2. अर्जुन अप्पादुरै (1991), 'ग्लोबल एथनोस्केप्स : नोट्स ऐंड क्वैरीज़ फ़ॉर अ ट्रांसनेशनल एंथ्रोपोलॅजी', आर. फ़ोक्स (सम्पा.), *रिकैप्चरिंग एंथ्रोपोलॅजी : वर्किंग इन द प्रज़ेंट,* स्कूल ऑल अमेरिकन रिसर्च प्रेस, सांता फे, एनएम.
3. तलाल असद (सम्पा.) (1973), *एंथ्रोपोलॅजी ऐंड कोलोनियल एनकाउंटर,* इथाका, लंदन.
4. सी. गेराघ्टी (1998), 'ऑडिएंस ऐंड एथनोग्राफ़ी : क्वेश्चन ऑफ़ प्रेक्टिस', सी. गेराघ्टी और डी. लस्टिड (सम्पा.), *द टेलिविज़न स्टडी बुक,* आरनोल्ड, लंदन और न्यूयॉर्क.

— अभय कुमार दुबे

नागर समाज

(Civil Society)

विद्वानों के बीच नागर समाज की अवधारणा के अर्थ के बारे में सहमति नहीं है। असल में राजनीतिक सिद्धांत की दूसरी कई अवधारणाओं की तरह ही नागर समाज के अर्थ में समय के साथ बदलाव होता रहा है। आम तौर पर कहा जाता है कि सामाजिक जीवन कई दायरों में बँटा हुआ है और नागर समाज उन्हीं दायरों में से एक है। यानी यह समग्र सामाजिक जीवन का वर्णन नहीं करता, बल्कि सिर्फ़ सामाजिक जीवन के एक पहलू का वर्णन करता है। बहरहाल, नागर समाज के बारे में अलग-अलग विचारकों द्वारा अलग-अलग बातें कहने के बावजूद इसकी कुछ विशेषताओं के बारे में काफ़ी हद तक सहमति है। पहली सहमतिमूलक बात यह है कि नागर समाज का प्रभाव-क्षेत्र राज्य के प्रभाव-क्षेत्र से अलग है। दूसरी, नागर समाज के प्रभाव-क्षेत्र का निर्माण स्वैच्छिक साहचर्य से होता है। इसलिए परिवार और जाति जैसे समाज के अनैच्छिक साहचर्य इसके हिस्से नहीं हैं।

माना जाता है कि यूरोप में सत्रहवीं सदी के दौरान इस अवधारणा का पहली बार प्रयोग जॉन लॉक ने किया। इस तरह यह आर्थिक और राजनीतिक उदारतावाद का अंग बनी। लॉक के विचारों को स्कॉटिश ज्ञानोदय के विचारकों डेविड ह्यूम, ऐडम स्मिथ और ऐडम फ़र्ग्युसन ने ज़्यादा व्यापक बनाया। उन्नीसवीं सदी में हेगेल और कार्ल मार्क्स के चिंतन में इस अवधारणा को महत्त्वपूर्ण स्थान मिला। इसके बाद लम्बे समय तक इस अवधारणा का कोई इस्तेमाल नहीं किया गया और यह विमर्श के दायरों से लगभग बाहर हो गयी। शीत-युद्ध ख़त्म होने के बाद इसका सैद्धांतिक और व्यावहारिक उपयोग शुरू हुआ। पहले इसे पूर्वी युरोप के देशों में प्रयोग में लाया गया। फिर पश्चिमी युरोप और तीसरी दुनिया के देशों में इसकी लोकप्रियता बढ़ी। धीरूभाई शेठ के मुताबिक़ भारत में यह अवधारणा 1990 के बाद के दौर में ज़्यादा प्रचलन में आयी।

प्राचीन यूनानी चिंतन और रोमन साम्राज्य में नागर समाज का विचार नहीं उभर सकता था। उस समय तक नगर-राज्य या राज्य को ही अपने-आप में पूर्ण संस्था माना जाता था। मध्ययुगीन क्रिश्चियन साम्राज्य में प्राधिकार के दो स्रोत थे— चर्च और राजनीतिक प्राधिकार। इसी पृष्ठभूमि में आधुनिक राज्य और नागर समाज के विचार का विकास हुआ। मध्य युग से आधुनिक युग की ओर संक्रमण के दौरान दो स्तरों पर यह अवधारणा आगे बढ़ी। पहला, राज्य की संस्था की ओर से चर्च के दावों के ख़िलाफ़ लम्बी वैचारिक लड़ाई के रूप में; और दूसरा, इसके बाद व्यक्तियों के अधिकारों के लिए राज्य की संस्था के ख़िलाफ़ संघर्ष के रूप में। इस तरह नागर समाज के विचार का उभार एक ऐसे स्पेस के रूप में हुआ जहाँ नागरिक राज्य का विरोध कर सकते थे या राज्य के सामने अपने हितों पर ज़ोर दे सकते थे।

जॉन लॉक नागर समाज की अवधारणा को प्राकृतिक अवस्था से अलग मानते हैं। प्राकृतिक अवस्था एक ऐसी काल्पनिक स्थिति मानी जाती है जिसमें लोग राज्य की संस्था से पहले के युग में रहते होंगे। लॉक का विचार था कि सामाजिक समझौते की संकल्पना के तहत प्राकृतिक अवस्था में होने वाली व्यावहारिक मुश्किलों से निपटने के लिए ही लोग एक नागर समाज और राज्य का निर्माण करते हैं। लॉक ने यह नहीं माना कि नागर समाज राज्य के राजनीतिक दायरे से बाहर होता है। उनके अनुसार यह एक ऐसा दायरा होता है, जो सकारात्मक क़ानून या पॉज़िटिव लॉ तथा निष्पक्ष न्यायाधीश की व्यवस्था उपलब्ध कराता है। यह क़ानूनों को लागू करने के लिए दमनकारी संयंत्र की स्थायी व्यवस्था भी करता है। लेकिन लॉक नागर समाज के माध्यम से लोगों को राज्य का विरोध करने का अधिकार भी देते हैं। यानी यदि राज्य उनके जीवन, सम्पत्ति और स्वतंत्रता के अधिकारों की सुरक्षा नहीं करता है, तो वे राज्य का विरोध कर सकते हैं।

डेविड ह्यूम, ऐडम फ़र्ग्युसन और ऐडम स्मिथ जैसे स्कॉटिश ज्ञानोदय से जुड़े विचारकों ने अट्ठारहवीं सदी में पूँजीवाद के कारण समाज में हुए बदलावों के संदर्भ में नागर समाज से संबंधित विचारों का सूत्रीकरण किया। ख़ासतौर पर ऐडम स्मिथ ने लैसेज फ़ेयर या न्यूनतम हस्तक्षेप करने वाले राज्य की संकल्पना पेश की। उनके अनुसार राज्य का काम क़ानून और व्यवस्था, सुरक्षा, मुद्रा और संचार तक ही सीमित रहना चाहिए। राज्य से अलग अवधारणा के रूप में नागर समाज का उभार राजनीतिक अर्थव्यवस्था के इस नये विचार के साथ ही हुआ। इसमें माना गया कि वाणिज्य की गतिविधियाँ अपरिचित लोगों को जोड़ती हैं, इसलिए ये नागर समाज में शिष्टाचार और परिष्करण का स्रोत होती हैं। इसमें राज्य को सिर्फ़ क़ानून-व्यवस्था और सुरक्षा क़ायम रखने का काम दिया गया। स्कॉटिश चिंतन के अनुसार, पूँजीवादी राजनीतिक अर्थव्यवस्था से आधुनिक वाणिज्यवादी समाज का निर्माण हुआ है। इस चिंतन में इसे ही नागर समाज का दर्जा दिया गया। इसके तहत नागर समाज के दायरे को राजनीतिक समाज या राज्य से पूरी तरह अलग माना गया। लॉक के विचारों में इस तरह का अंतर मौजूद नहीं है। इसलिए इसे लॉक के विचारों से आगे के क़दम के रूप में देखा जा सकता है। लेकिन लॉक की तरह ही इनके विचारों

में भी व्यक्तिवाद पर ज़ोर था।

उन्नीसवीं सदी में हीगेल और मार्क्स के दर्शन में नागर समाज की अवधारणा पर गहरायी से विचार किया गया। हीगेल मानते हैं कि आधुनिक समाज तीन क्षेत्रों में बँटा हुआ है— परिवार, नागर समाज और राज्य। परिवार निजी जीवन का क्षेत्र है जो प्यार और विश्वास पर आधारित होता है। यहाँ व्यक्तिगत अहं के लिए कोई स्थान नहीं है। इसके विपरीत नागर समाज सार्वभौम अहंवाद का दायरा होता है। यहाँ लोग अपनी ज़रूरतों को पूरा करने के लिए एक-दूसरे के सम्पर्क में आते हैं। हीगेल के अनुसार नागर समाज में लोगों में ज़बरदस्त आपसी होड़ रहती है और वे किसी संवेदना, प्यार या जुड़ाव के आधार पर एक-दूसरे से नहीं जुड़ते। इसकी बजाय हर तरह के जुड़ाव में 'फ़ायदा' सबसे प्रमुख कारक होता है। हीगेल राज्य को सार्वभौम परार्थवाद का क्षेत्र मानते हैं। अर्थात् राज्य नागर समाज में प्रतिद्वंद्विता की भावना ख़त्म कर देता है, क्योंकि वह हर किसी की इच्छा को प्रतिबिम्बित कर सकता है। यह लोगों में एकता लाने का काम करता है। इस तरह वे राज्य को एक ऐसे दायरे के रूप में पेश करते हैं जहाँ हर तरह का विरोधाभास ख़त्म हो जाता है। ज़ाहिर है कि हीगेल राज्य के उस उदारतावादी विचार की आलोचना करते हैं जिसमें राज्य की सीमित भूमिका पर ज़ोर दिया गया है। वे राज्य को नागर समाज के ऊपर स्थान देते हैं और उसकी भूमिका को ज़्यादा महत्त्वपूर्ण मानते हैं।

मार्क्स ने नागर समाज और राज्य से इसके संबंधों के बारे में हीगेल के विचारों की आलोचना की। मार्क्स ने इस बात पर ज़ोर दिया कि औपचारिक रूप से नागर समाज में लोगों के बीच समानता होती है। लेकिन वास्तव में नागर समाज वर्गों में विभाजित होता है। उनके अनुसार पूँजीवादी नागर समाज में दो वर्ग प्रमुख रूप से मौजूद रहते हैं— पहला, पूँजीवादी शोषकों का वर्ग और दूसरा सर्वहारा वर्ग। मार्क्स हीगेल के इस तर्क को नकारते हैं कि राज्य नागर समाज के सभी वर्गों के हितों को प्रतिबिम्बित करता है और राज्य के सामने आने से नागर समाज के विभिन्न वर्गों के बीच का संघर्ष ख़त्म हो जाता है। इसके विपरीत मार्क्स यह तर्क देते हैं कि नागर समाज में विभिन्न वर्गों के बीच मौजूद होड़ राज्य के स्तर पर भी सामने आती है। जो वर्ग मज़बूत और प्रभुत्वशाली स्थिति में होता है वह राज्य का अपने हितों के मुताबिक़ प्रयोग करता है। इस तरह मार्क्स के अनुसार पूँजीवाद में पूँजीपति वर्ग राज्य की मदद से राज्य के दूसरे वर्गों पर अपना नियंत्रण क़ायम रखता है।

बीसवीं सदी के पूर्वार्ध में इटली के मार्क्सवादी विचारक अंतोनियो ग्राम्शी ने नागर समाज की अवधारणा को एक नया आयाम दिया। ग्राम्शी की मान्यता है कि शासक वर्ग सिर्फ़ राज्य के बल प्रयोग द्वारा अपना नियंत्रण क़ायम नहीं रखता है। इसकी बजाय वह नागर समाज के दायरे में अपने शासन के प्रति एक तरह की सहमति का निर्माण करता है। ग्राम्शी इसे हेजेमॅनी या वर्चस्व की संज्ञा देते हैं। इसमें शासक वर्ग शासितों की सहमति द्वारा शासन क़ायम रखने की कोशिश करता है। स्पष्ट तौर पर ग्राम्शी नागर समाज को एक ऐसे 'स्पेस' के रूप में देखते हैं जहाँ विचारों की लड़ाई होती है। ग्राम्शी यह भी मानते हैं कि विचारों की इस लड़ाई में शासित वर्ग अपने पक्ष में ज़्यादा क्रांतिकारी क़िस्म के बदलाव भी करा सकता है, लेकिन इसके लिए यह ज़रूरी है कि वह शासक वर्ग की हेजेमॅनी को चुनौती दे। इस संदर्भ में ग्राम्शी आंगिक बुद्धिजीवियों (या ऑर्गेनिक इंटेलैक्चुअल्स) की भूमिका काफ़ी महत्त्वपूर्ण मानते हैं।

द्वितीय विश्व युद्ध के बाद के दौर में पूर्वी यूरोप के देशों, ख़ास तौर पर, पोलैण्ड में नागर समाज की अवधारणा नये सिरे से उभर कर सामने आयी। इसके बाद चेकोस्लोवाकिया जैसे देशों में भी राज्य सत्ता का विरोध करने वाले समूहों ने इसका प्रयोग किया। इन देशों में नौकरशाही का लोगों के जीवन पर प्रभुत्व काफ़ी बढ़ गया था। नौकरशाही के इसी नियंत्रण का विरोध करने के लिए नागरिकों ने नागर समाज के रूप में ऐसे सार्वजनिक संगठनों और संस्थाओं की भूमिका पर जोर देना शुरू कर दिया जिन पर राज्य का नियंत्रण कम-से-कम हो। तक़रीबन इसी समय पश्चिमी युरोप के देशों और संयुक्त राज्य अमेरिका में भी नागर समाज के विचार को प्रमुखता मिलने लगी। द्वितीय विश्व-युद्ध के बाद इन देशों में लोकतंत्र में लोगों की रुचि काफ़ी कम हो गयी थी। मतदान के प्रतिशत में काफ़ी गिरावट आ गयी थी और लोग चुनावों के बाद लोकतांत्रिक राजनीति या अपने आस-पास के घटनाक्रमों में कोई ख़ास रुचि नहीं रखते थे। इन कमियों को दूर करने और लोगों में लोकतांत्रिक भावना भरने के लिए नागर समाज की संस्थाओं और गतिविधियों का उपयोग किया गया। इसमें स्वैच्छिक साहचर्य की भूमिका पर बहुत बल दिया गया। दरअसल, यह टॉकवील द्वारा कल्पित स्वैच्छिक साहचर्यों की भूमिका को मूर्त रूप देने की तरह है। टॉकवील यह मानते हैं कि उन्नीसवीं सदी में विभिन्न स्वैच्छिक साहचर्यों ने राज्य की तानाशाही के ख़िलाफ़ और व्यक्ति की सुरक्षा में महत्त्वपूर्ण भूमिका निभायी। पश्चिमी देशों में स्वैच्छिक साहचर्यों की इसी भूमिका पर ज़ोर दिया जाने लगा।

1990 के बाद के दौर में भारत और तीसरी दुनिया के देशों में भी इस अवधारणा का प्रयोग बढ़ा। सार्वजनिक जीवन से लेकर बौद्धिक विमर्श तक इसका काफ़ी उपयोग होने लगा। पार्थ चटर्जी जैसे विद्वानों ने इस अवधारणा को बुनियाद मानते हुए भारत जैसे समाजों की राजनीति को समझने के लिए नये सिद्धांत पेश किये। नागर समाज राजनीतिक सिद्धांत

की एक ऐसी अवधारणा है जिसका प्रचलन हाल के समय में काफ़ी बढ़ा है।

देखें : लोकतंत्र, लोकतंत्र की आलोचनाएँ, जॉन लॉक, डेविड ह्यूम, ऐडम स्मिथ, कार्ल मार्क्स, एंतोनियो ग्राम्शी, ग्योर्ग विल्हेल्म फ्रेड्रिख़ हीगेल, पार्थ चटर्जी, राजनीतिक समाज, नागर समाज पर भारतीय बहस, भारत में नागर समाज और ग़ैर-दलीय राजनीति-1, 2 और 3.

संदर्भ

1. मोहिंदर सिंह (2011), 'नागर समाज', राजीव भार्गव और अशोक आचार्य (सम्पा.), *राजनीति सिद्धांत : एक परिचय,* (अनुवाद : कमल नयन चौबे), पयर्सन लोंगमेन, नयी दिल्ली.
2. सुदीप्त कविराज और सुनील खिलनानी (सम्पा.) (2001), *सिविल सोसाइटी : हिस्ट्री ऐंड पॉसिबिलिटीज़,* केम्ब्रिज युनिवर्सिटी प्रेस, केम्ब्रिज.
3. नीरा चंडोख (1995), *स्टेट ऐंड सिविल सोसायटी : एक्सप्लोरेशंस इन पॉलिटिकल थियरी,* सेज, नयी दिल्ली.

— कमल नयन चौबे

नागरिकता

(Citizenship)

नागरिकता व्यक्ति और राज्य के बीच एक संबंध का नाम है जिसके तहत दोनों पक्ष परस्पर अधिकारों और दायित्वों के एक सिलसिले में बँधे होते हैं। समाज-विज्ञान में नागरिकता के विचार का उद्‌गम प्राचीन यूनान में विकसित राजनीतिक चिंतन में निहित माना जाता है। नागरिकता गणराज्यवाद या रिपब्लिकनिज़्म से जुड़ी राजनीतिक परम्परा के मर्म में भी है। इन दोनों परम्पराओं के लिहाज़ से 'नागरिक' का मतलब है एक राजनीतिक समुदाय का ऐसा सदस्य होना जो कुछ अधिकारों और कुछ दायित्वों का धारक हो। समाज-वैज्ञानिकों के बीच अधिकारों और दायित्वों के इस समीकरण को लेकर काफ़ी बहस है। कुछ विद्वान नागरिकता को एक विधिसम्मत संरचना के रूप में देखने पर ज़ोर देते हैं जिसे वस्तुगत रूप से परिभाषित किया जा सकता है। इसका मतलब है किसी एक राष्ट्रीयता का सदस्य होना, किसी देश का पासपोर्ट रखना और उसी देश के संविधान द्वारा सुनिश्चित अधिकारों और दायित्वों का वाहक होना। पर कुछ अन्य विद्वान महज़ वैधानिकता से परे जाते हुए इसे व्यक्ति की अस्मिता और एक तरह की निष्ठा के रूप में देखते हैं। नागरिकता को 'राजनीति से परे' भी माना जाता है। दरअसल, समाज-विज्ञान में विभिन्न प्रस्थान-बिंदुओं के साथ विद्वानों ने नागरिकता के विचार को अलग-अलग तरह से समझने की कोशिश की है। इस विमर्श में सर्वाधिक महत्त्वपूर्ण योगदान टी.एच. मार्शल का माना जाता है जिन्होंने ब्रिटिश समाज और राजनीति के अध्ययन के आधार पर नागरिकता के सिद्धांत का सूत्रीकरण किया है।

इतिहास की हर अवधि में नागरिकता की धारणाएँ भिन्न-भिन्न रही हैं। देखने की बात यह है कि कब किन परिस्थितियों में किन लोगों को नागरिक माना गया, किन्हें नागरिक होने से वंचित किया गया और उस वंचन का आधार क्या था? दिलचस्प बात यह है कि समाज-विज्ञान नागरिकता की पश्चिमी इतिहास और अनुभव से निकली अवधारणाओं पर ही विचार करता है। एशियायी सभ्यताओं में भी नागरिकता संबंधी चिंतन की परम्पराएँ हैं। प्राचीन भारतीय साहित्य के दो विख्यात ग्रंथों कौटिल्य के 'अर्थशास्त्र' और वात्स्यायन के 'कामसूत्र' में नागरिक और नागरिकता संबंधी विमर्श की उल्लेखनीय उपस्थिति है। समाज-विज्ञान के साहित्य में उसका अदृश्य रहना अपने आप में भारतीय समाज-विज्ञान की युरोकेंद्रीयता पर एक टिप्पणी है।

एक शब्द के तौर पर 'सिटीज़नशिप' लैटिन भाषा के सिविस और उसके यूनानी पर्याय पॉलिटिस से गढ़ा गया है। इसका मतलब है कि किसी पोलिस या सिटी का सदस्य। प्राचीन यूनान के एथेंस और स्पार्टा जैसे नगर-राज्यों में सभी को नागरिकता के अधिकार प्राप्त नहीं थे। दास, विदेशी और स्त्रियाँ कमतर होने के नाते नागरिक जीवन में सक्रिय भाग नहीं ले सकते थे। जन्म आधारित विशेष अधिकारों के मुक़ाबले समान अधिकारों से सम्पन्न नागरिक की अवधारणा अमेरिकी क्रांति और फिर उसके तुरंत बाद हुई फ़्रांसीसी क्रांति के बाद मज़बूत हुई। पूँजीवाद और उदारतावाद के विकास के परिणामस्वरूप वर्ग, नस्ल, लिंग, जातीयता जैसे भेदों के बावजूद समान अधिकारों से लैस नागरिक का विचार और पुष्ट हुआ। अस्सी के दशक के बाद से भूमण्डलीकरण और बहुसंस्कृतिवाद ने नागरिक की इस स्थापित अवधारणा को कई तरह से प्रश्नांकित किया है।

मसलन, नागरिक के अधिकारों और दायित्वों की रोशनी में व्यक्ति और धार्मिक-सांस्कृतिक समुदायों का रिश्ता क्या निकल कर आता है? क्या नागरिक होने का विधिसम्मत दर्जा लोगों को राजनीति में सक्रिय भागीदारी का अधिकार भी प्रदान कर देता है? नागरिकता से जुड़े इन अहम सवालों का माकूल जवाब तक हासिल नहीं किया जा

सकता जब तक समानता और अधिकारों के मुद्दों, व्यक्ति और सामुदायिक अधिकारों के प्रश्नों, सामाजिक और सक्रिय नागरिकता के विचारों पर इसी संदर्भ में ग़ौर न कर लिया जाए।

मार्शल ने 1950 में प्रकाशित अपनी रचना 'सिटीज़नशिप ऐंड सोशल क्लास' में नागरिक की व्याख्या राजनीतिक समुदाय के सम्पूर्ण और समान सदस्य के रूप में की है। इस विचार के साथ दिक्कत यह है कि आम तौर पर नागरिकता व्यक्ति को बराबरी अपने आप उपलब्ध नहीं कराती। समाज चाहे कोई भी हो, वह वर्ग, जाति, लिंग, नस्ल और धर्म से जुड़े ऊँच-नीच से मुक्त नहीं होता। ज़ाहिर है कि नागरिकता की अवधारणा और उसकी सामाजिक हक़ीक़त के बीच एक तरह का अंतर्विरोधी संबंध है जिसके कारण व्यवहार में नागरिकता का विचार हमेशा विकासमान स्थिति में रहता है।

मार्शल नागरिकता से जुड़े अधिकारों को तीन हिस्सों में बाँट कर पेश करते हैं : सिविल, राजनीतिक और सामाजिक। सिविल से उनका मतलब है व्यक्तिगत स्वतंत्रताओं से संबंधित अधिकार : जैसे, भाषण देने, सभा करने, आंदोलन करने, क़ानून की नज़र में बराबरी, सम्पत्ति रखने, अनुबंध करने का अधिकार। इन्हें सिविल अधिकारों की संज्ञा इसलिए दी गयी है कि व्यक्ति इनका इस्तेमाल सिविल सोसाइटी के दायरे में करता है और उनकी सुरक्षा तभी हो सकती है जब राज्य व्यक्ति की स्वायत्तता का आदर करे और वह उनका आदर तभी कर सकता है जब उसका चरित्र सीमित क़िस्म का हो। राजनीतिक से मतलब है राजनीतिक जीवन में सक्रिय भागीदारी के अधिकार। जैसे, मतदान का अधिकार, चुनाव में उम्मीदवारी का हक़, सार्वजनिक जीवन में पदाधिकारी होने का अधिकार। ज़ाहिर है कि इन अधिकारों के लिए सार्वभौम मताधिकार, राजनीतिक समानता और लोकतांत्रिक शासन का होना ज़रूरी है। सामाजिक से मार्शल का तात्पर्य है आर्थिक कल्याण और सामाजिक सुरक्षा के अधिकार। यहाँ मार्शल लोकोपकारी राज्य के पक्ष में नज़र आते हैं। मार्शल के नागरिकता संबंधी विमर्श से सामाजिक नागरिकता की अवधारणा भी निकलती है। उनके विमर्श की ख़ास बात यह है कि वे नागरिक होने को लाज़मी तौर से सामाजिक समानता उपलब्ध करने के साथ जोड़ते हैं। इसलिए उनके लिए नागरिकता एक ख़ास तरह की सामाजिक हैसियत है। इस लिहाज़ से वे पूँजीवादी समाजों में पनपने वाली वर्गीय विषमता और नागरिकता को एक सहजीवी मानने के लिए तैयार नहीं हैं। विषमता के इस रूप को ख़त्म करने के लिए मार्शल की धारणा लोकोपकारी राज्य की सिफ़ारिश भी करती है। उनका यह विचार उन सामाजिक जनवादियों, समाजवादियों और आधुनिक उदारतावादियों को प्रिय है जो सरकार के हस्तक्षेप के ज़रिये 'सकारात्मक अधिकारों' की आवश्यकता पर बल देते हैं।

मार्शल द्वारा व्याख्यायित सामाजिक अधिकारों पर नव-दक्षिणपंथियों ने जम कर हमला किया है। उनका कहना है कि नागरिकता का यह तात्पर्य सरकार की ज़िम्मेदारियों को बढ़ाता चला जाता है। टैक्स भी बढ़ते जाते हैं, और बजट घाटे में भी बढ़ोतरी हो जाती है। इससे उद्यमशीलता और निजी पहलक़दमी का भी क्षय होता है। व्यक्तिवाद को केंद्र बना कर राज्य की उत्तरोत्तर सीमित करते जाने के तरफ़दार दक्षिणपंथियों ने सामाजिक नागरिकता के मुक़ाबले सक्रिय नागरिकता की अवधारणा प्रतिपादित की है। यह विचार सबसे पहले अमेरिका में गढ़ा गया और जल्दी ही युरोप में भी कई विद्वानों और नेताओं ने उसकी संस्तुति करनी शुरू कर दी। दिलचस्प बात यह है कि मार्शल की अवधारणाओं की आलोचना केवल नव-दक्षिणपंथी ही नहीं करते। उनकी अधिकारों की योजना में ट्रेड यूनियन अधिकारों को भी शामिल नहीं किया गया है : जैसे यूनियन की सदस्यता का अधिकार, हड़ताल करने का अधिकार और धरना देने का अधिकार वगैरह। इसी तरह मार्शल लैंगिक समानता के अधिकारों, प्रजनन के अधिकार, गर्भनिरोधकों को इस्तेमाल करने के अधिकार और गर्भपात के अधिकार को भी नज़रअंदाज़ करते हैं। इसलिए मार्शल की नागरिकता की अवधारणा नारीवादियों और मार्क्सवादियों की तरफ़ से भी आलोचना का शिकार बनती है। चूँकि मार्शल ने अपनी अवधारणा राष्ट्र-राज्य के संदर्भ में विकसित की थी, इसलिए वे अंतर्राष्ट्रीय नागरिकता की विकसित होती हुई अवधारणा पर भी ध्यान नहीं देते। मसलन, ट्रीटी ऑफ़ युरोपियन यूनियन ने सभी पंद्रह सदस्य देशों की समान नागरिकता की स्थापित कर दी है। व्यक्ति इन पंद्रह देशों में कहीं भी आ-जा सकता है। वह वहाँ के चुनावों में वोट ही नहीं कर सकता, बल्कि वहाँ सार्वजनिक पदों पर काम भी कर सकता है। इसी तरह मार्शल का नागरिकता सिद्धांत भूमण्डलीय नागरिकता की ताज़ी कसौटियों पर भी खरा नहीं उतरता जो अंतर्राष्ट्रीय क़ानून में मूर्तिमान मानवाधिकारों के विचार पर आधारित है।

नागरिक होने के नाते अधिकारों के उपभोग के साथ-साथ कुछ दायित्वों का निर्वहन करना भी ज़रूरी है। प्राइवेसी और निजी स्वायत्तता के अधिकार का दावा करने वाले व्यक्ति के लिए आवश्यक है कि वह दूसरे नागरिकों के इन्हीं अधिकारों का आदर करने के दायित्व को भी निभाये। राजनीतिक अधिकार भी नागरिक को कुछ दायित्व प्रदान करते हैं। कई आधुनिक समाजों में व्यक्तियों से उम्मीद की जाती है कि वे ज़रूरत पड़ने पर जूरी बनने के लिए तैयार रहेंगे। ऑस्ट्रेलिया, बेल्जियम और इटली में वोट डालना एक क़ानूनी बाध्यता है। इसी तरह सरकार से लोकोपकारी नीतियाँ

बनाने की उम्मीद रखने वाले नागरिकों को टैक्स देने के दायित्व का ध्यान भी रखना होता है ताकि शासन शिक्षा, स्वास्थ्य, पेंशन और स्वच्छता पर ख़र्च करने के लिए राजस्व प्राप्त कर सके। डेरिक हीटर ने इस तरह के दायित्वों और कर्त्तव्यों को 'सिविक वर्चू' की संज्ञा दी है जिसके तहत व्यक्ति राज्य के प्रति अपनी निष्ठा का पालन करता है। कई देशों में 'नागरिकता के लिए प्रशिक्षण' देने का बंदोबस्त है, और कुछ देशों में यह काम स्वयंसेवी संस्थाओं के ज़िम्मे है।

देखें : अधिकार, अधिकार : सैद्धांतिक यात्रा, अरस्तू, अफ़लातून, अनुदारतावाद, अराजकतावाद, अन्य-अन्यीकरण, उदारतावाद, उपयोगितावाद, एडमण्ड बर्क, क्रांति, ज्याँ-ज़ाक रूसो, जॉन लॉक, जेरेमी बेंथम, जॉन स्टुअर्ट मिल, जॉन रॉल्स, थॉमस हॉब्स, थॉमस पेन, न्याय, न्याय : नारीवादी आलोचना, न्याय : रॉल्स का सिद्धांत, नागरिकता : अन्य परिप्रेक्ष्य-1 और 2, नागर समाज, पनोप्टिकॉन, फ़्रेड्रिख़ वॉन हायक, बुद्धिवाद, माइकेल जोसेफ़ ओकशॉट, माइकिल वाल्ज़र, मिशेल पॉल फ़ूको-1 और 2, यूटोपिया, राजनीतिक दर्शन के नारीवादी आयाम, रॉबर्ट नॉज़िक, राज्य-1 और 2, विल किमलिका, सविनय अवज्ञा, स्वतंत्रतावाद, सर्वसत्तावाद, सम्प्रभुता, समाजवाद, सरकारियत, सामाजिक समझौता, हेनरी डेविड थोरो।

संदर्भ

1. कीथ फ़ॉक्स (2000), *सिटीज़नशिप,* रॉटलेज, लंदन और न्यूयॉर्क.
2. डेरेक हीटर (1999), *व्हाट इज़ सिटीज़नशिप?,* पॉलिटी प्रेस, केम्ब्रिज.
3. टी.एच. मार्शल (1950), *सिटीज़नशिप ऐंड सोशल क्लास,* केम्ब्रिज युनिवर्सिटी प्रेस, केम्ब्रिज, यूके.
4. टी.एच. मार्शल और टॉम बॉटॅमोर (सम्पा.) (1992), *सिटीज़नशिप ऐंड सोशल क्लास,* प्लूटो प्रेस, लंदन.
5. अनुपमा रॉय (2008), 'सिटीज़नशिप', संकलित : राजीव भार्गव और अशोक आचार्य (सम्पा.), *पॉलिटिकल थियरी : ऐन इंट्रोडक्शन,* पियर्सन-लोंगमेन, नयी दिल्ली.

— अभय कुमार दुबे

नागरिकता : अन्य परिप्रेक्ष्य-1

(मार्क्सवादी और नारीवादी परिप्रेक्ष्य)

(Citizenship: Other perspectives-1)

नागरिकता के विचार और पूँजीवादी समाज के अंतर्विरोधों और विरोधाभासों ने इस प्रश्न के इर्द-गिर्द व्यापक बहस को जन्म दिया है। नागरिकता के ब्रिटिश इतिहास का ब्योरा देते हुए स्वयं टी.एच. मार्शल ने भी स्वीकार किया था कि सामाजिक समानता और नागरिकता के जिस अनिवार्य संबंध का वे सूत्रीकरण कर रहे हैं, उसके कारण भविष्य में वैचारिक टकराव की स्थिति बन सकती है। सत्तर के दशक में जॉन रॉल्स ने पहले अपनी रचना 'ए थियरी ऑफ़ जस्टिस' और फिर 'पॉलिटिकल लिबरलिज़म' में नागरिकता की उदारतावादी-लोकतांत्रिक संकल्पना का प्रतिपादन करते हुए इन अंतर्विरोधों के एक हद तक समाधान की चेष्टा की। लेकिन अस्सी के दशक के बाद से मार्क्सवादी, नारीवादी और बहुसंस्कृतिवादी विद्वानों ने इन अंतर्विरोधों को नये सिरे से रेखांकित करना शुरू किया। नागरिकता संबंधी विमर्श इन विविध परिप्रेक्ष्यों का जायज़ा लिए बिना पूरा नहीं हो सकता।

कार्ल मार्क्स ने अधिकारों की अमेरिकी और फ्रांसीसी उद्‌घोषणाओं की यह कह कर आलोचना की थी कि इनमें प्राकृतिक अधिकारों को महज़ व्यक्ति के संदर्भ में परिभाषित किया गया है जिसके कारण व्यक्ति 'अहंवादी' और 'एटोमाइज़्ड' हो कर न केवल समुदाय से कट जाता है, बल्कि उसका प्रकृति से भी अलगाव हो जाता है। ज़ाहिर है यहाँ मार्क्स प्राकृतिक अधिकारों के सिद्धांत को आड़े हाथों ले रहे हैं। लेकिन मार्क्स नागरिकता से जुड़े सामाजिक और राजनीतिक अधिकारों के समर्थक थे। उनका विचार था कि नागरिकता संबंधी अधिकारों के ज़रिये व्यक्ति सामुदायिक जीवन, राजनीतिक जीवन और राजकीय मामलों में भागीदारी कर सकता है। वे इन अधिकारों को सामाजिक रूपांतरण का रास्ता साफ़ करने में मददगार भी मानते थे। लेकिन उनकी आपत्ति आधुनिक राज्य के चरित्र को ले कर थी। उदारतावादियों की भाँति उन्हें इस राज्य से कोई उम्मीद नहीं थी। मार्क्स के अनुसार समानता और स्वतंत्रता से संबंधित नागरिकता की उदारतावादी दावेदारियाँ पूँजीवाद के तहत कोई मायने नहीं रखतीं, क्योंकि आधुनिक राज्य पूँजीपति वर्ग के हितों का साधन करने वाला औज़ार है। ऐसे राज्य के तहत केवल पूँजीवादी व्यक्तिवाद ही पनप सकता है।

मार्क्सवादियों ने अगर समान नागरिकता के सिद्धांत की आलोचना इसलिए की कि वह वास्तविक जीवन में मौजूद विषमताओं को नज़रअंदाज़ करता है, तो नारीवादी

विद्वानों ने यह दिखाया कि यह विचार किस तरह ख़ास तौर से स्त्री-हितों के ख़िलाफ़ है। तक़रीबन सभी क़िस्म के नारीवादियों ने दो पहलुओं से इस विचार की आलोचना की है : पहला, नागरिकता का सिद्धांत लैंगिक-अंधता का शिकार है; दूसरा, यह थियरी नस्ल, जाति, जेंडर और वर्ग संबंधी विभेदीकरण को सार्वजनिक मंच से हटा कर निजी जीवन के दायरे में धकेल देती है।

लैंगिक-अंधता के कारण नागरिकता का सिद्धांत यह स्वीकार करने में असमर्थ रहता है कि आधुनिक समाज पितृसत्तात्मक परम्पराओं में रचा-बसा है। ऐसे समाज में नागरिकता का समरूप और समान कार्यान्वयन सभी के लिए समानता की गारंटी नहीं कर सकता। पुरुष-प्रभुत्व और उससे जुड़ी विशेष सुविधाएँ लगातार ऐसी नीतियों के निर्माण की तरफ़ ले जाती हैं जिससे औपचारिक समानता के दायरे में स्त्रियों की कमतर हैसियत क़ायम रहती है।

नारीवादियों का कहना है कि ऐतिहासिक रूप से नागरिकता के अधिकतर सूत्रीकरण नागरिकों और ग़ैर-नागरिकों के बीच किये जाने वाले अंतर पर आधारित रहे हैं। विमर्श के इस तरीक़े ने ऐसे द्विभाजनों को जन्म दिया है जिनके तहत नागरिकता पुरुषों की और सार्वजनिक जीवन की गतिविधियों का पर्याय बन कर रह गयी है। नागरिकता का सिद्धांत जिस तरह की सार्वभौमिकता और सामान्यता की माँग करता है, उसके कारण सभी तरह के विभेद सार्वजनिक जीवन से हट कर निजी दायरे की चीज़ बन गये हैं। भले ही वे वर्गीय विभेद हों, प्रजातीय विभेद हों या लैंगिक विभेद। स्वायत्तता सम्पन्न व्यक्ति को नागरिक के रूप में स्थापित करने का उदारतावादी विचार लाज़मी तौर पर पब्लिक और प्राइवेट को अलग-अलग परिभाषित करता है। इस चक्कर में स्त्री की अधीनस्थ स्थिति और उसके बहिर्वेशन की गारंटी करने वाला पारिवारिक और घरेलू जीवन प्राइवेट के दायरे में चला जाता है। परिणामस्वरूप वास्तविक जीवन में स्त्री नागरिकता के अधिकारों से वंचित रह जाती है।

नारीवादी आलोचना कहती है कि नागरिकता की प्राचीन धारणा तो स्त्री को नागरिक अधिकारों से पूरी तरह वंचित कर ही देती थी, फ्रांसीसी क्रांति भी उसे महज़ 'नागरिक की सहगामिनी' का दर्जा ही दे पायी। नागरिकता की आधुनिक अवधारणा स्त्री की पूरी उपेक्षा तो नहीं करती, पर वह उसका विनियोग माँ और पत्नी जैसी सामाजिक रूप से उपयोगी और निर्भर भूमिकाओं के रूप में ही करती है। इस तरह स्त्रियाँ राजनीति के दायरे से बाहर हो जाती हैं। उन्हें शिक्षा और सम्पत्ति जैसे संसाधनों और अवसरों का लाभ नहीं मिल पाता। नतीजतन उन्हें आने वाले समय में राजनीतिक भागीदारी की योग्यता और पात्रता भी नहीं प्राप्त हो पाती।

नारीवादियों की एक धारा मानती है कि जब तक स्त्रियों को संवाद, भाषण और सक्रियता के माध्यम से सबलीकरण का मौक़ा नहीं मिलेगा, तब तक 'सेक्स-ईक्वल सिटीज़नशिप' का विकास नहीं हो सकता। ज़ाहिर है कि यह धारा लोकतांत्रिक राजनीति की रूपांतरणकारी सम्भावनाओं में आस्था रखती है। एक अन्य धारा इसे पर्याप्त नहीं मानती कि सार्वजनिक दायरों में स्त्रियाँ सिर्फ़ भागीदारी करें और उनके 'पुरुष' चरित्र को आड़े हाथों न लें। यह विचार नागरिकता की अवधारणा को स्त्रियों द्वारा घरेलू दायरे में निभायी जाने वाली ज़िम्मेदारियों की रोशनी में देखने की कोशिश करता है। यह धारा माँग करती है कि पब्लिक और प्राइवेट के द्विभाजन में प्राइवेट को दमित स्थिति से निकालने के लिए सार्वजनिक जीवन की परिभाषा और संरचना में तब्दीलियाँ लायी जानी चाहिए।

नारीवाद की यह दावेदारी दो अलग-अलग सूत्रीकरणों को जन्म देती है। इनमें एक है 'पर्सनल इज़ पॉलिटिकल' की बहुचर्चित स्थापना। इसका तात्पर्य है राज्य और प्राइवेट कहे जाने वाले दायरे के बीच सत्ता की निरंतरता और प्राइवेट दायरे को सार्वजनिक जीवन में इस्तेमाल की जाने वाली समानता और न्याय की कसौटियों पर कसने का आग्रह। दूसरा सूत्रीकरण 'मातृ-नागरिकता' की अवधारणा से जुड़ा है। यह विचार कहता है कि राजनीति के पौरुषपूर्ण इलाक़े में भागीदारी करने से संतुष्ट होने के बजाय स्त्रियों को अपने हितों और कौशल के आधार पर अपना सार्वजनिक व्यक्तित्व परिभाषित करना चाहिए। मातृ-नागरिकता के पैरोकार नागरिकता और राष्ट्र की पौरुषपूर्ण प्रकृति को ख़ारिज करके उसके बुनियादी आधारों को प्रेम, स्नेह और करुणा जैसी प्रवृत्तियों के मुताबिक़ बदलने की वकालत करते हैं।

नागरिकता के सिद्धांत की बहुसांस्कृतिकता, बहुलता, विविधता और विभेद की परिस्थितियों में फिर से जाँच की शुरुआत अस्सी के दशक में हुई। इन बौद्धिक प्रयासों से बहुसांस्कृतिक नागरिकता और विभेदीकृत नागरिकता की स्थापनाएँ निकली हैं।

बहुसंस्कृतिवादी विमर्श ने उन सामाजिक विभेदों पर रोशनी डालने में सफलता प्राप्त की है जो नागरिकता की स्थापित अवधारणा और एक मुश्तरका राष्ट्रीय पहचान बनाने की परियोजना के तहत एक हद तक विचारणीय नहीं रह गये थे। धार्मिक, जातीय और भाषाई अस्मिताओं को नागरिकता के विचार के लिए प्रासंगिक नहीं माना जाता था। बहुसंस्कृतिवादी विमर्श के प्रयासों से ये पहचानें वाजिब लोकतांत्रिक दावेदारियों की तरह देखी जाने लगी हैं। राष्ट्रीय राजनीतिक स्पेस में उनकी अलग जगह और उसी के हिसाब

से नीतियों का सूत्रीकरण करने की माँग एक लोकतांत्रिक माँग समझी जाती हैं।

विभेदीकृत नागरिकता का विचार कहता है कि नागरिकता के समान अधिकार वर्ग-समाज में रहने वाले श्वेत पुरुष के अधिकारों की ही फ़िक्र कर पाते हैं। जातीय, धार्मिक और भाषाई समूह इन अधिकारों के दायरे से बाहर रह जाते हैं। अधिकारों का आबंटन इन समूहों की विशेष स्थितियों का ध्यान रखते हुए होना चाहिए। अधिकार न केवल व्यक्तियों को दिये जाएँ, बल्कि उन्हें समूहों के लिए भी मुहैया कराया जाना ज़रूरी है।

विल किमलिका ने 1996 में समानता की परिभाषा को बहुसांस्कृतिक वर्तमान के मुताबिक़ बनाने की कोशिश करते हुए सांस्कृतिक समुदायों, अपना वजूद बनाये रखने के उनके प्रयासों और व्यक्ति के सिविल और राजनीतिक अधिकारों के बीच मिलन-बिंदुओं की खोज की। उन्होंने सांस्कृतिक विविधता के लिए गुंजाइश देने हेतु विशेष संवैधानिक और क़ानूनी उपायों की वकालत की। किमलिका ने समूह आधारित विभेदीकृत अधिकारों की तीन क़िस्में बतायी हैं : स्व-शासन के अधिकार (राष्ट्रीय अल्पसंख्यकों को अपने विशिष्ट भू-क्षेत्र का प्रशासन चलाने की स्वायत्तता), जातीय अधिकार (आप्रवासियों द्वारा अपनी जातीय विशेषताएँ सुरक्षित रखने और बहुसंख्यक संस्कृति में आत्मसात ने होने के अधिकार की दावेदारी) और विशेष प्रतिनिधित्व के अधिकार (सरकारी संरचनाओं में तरह-तरह के अल्पसंख्यकों, स्त्रियों और विकलांगों को पर्याप्त प्रतिनिधित्व दे कर उनका लोकतंत्रीकरण करना)।

देखें : अधिकार, अधिकार : सैद्धांतिक यात्रा, अरस्तू, अफ़लातून, अनुदारतावाद, अराजकतावाद, अन्य-अन्यीकरण, उदारतावाद, उपयोगितावाद, एडमण्ड बर्क, क्रांति, ज्याँ-ज़ाक रूसो, जॉन लॉक, जेरेमी बेंथम, जॉन स्टुअर्ट मिल, जॉन रॉल्स, थॉमस हॉब्स, थॉमस पेन, न्याय, न्याय : नारीवादी आलोचना, न्याय : रॉल्स का सिद्धांत, नागरिकता, नागर समाज, पनोप्टिकॉन, फ्रेड्रिख़ वॉन हायक, बुद्धिवाद, माइकेल जोसेफ़ ओकशॉट, माइकिल वाल्ज़र, मिशेल पॉल फ़ूको-1 और 2, यूटोपिया, राजनीतिक दर्शन के नारीवादी आयाम, रॉबर्ट नॉज़िक, राज्य-1 और 2, विल किमलिका, सविनय अवज्ञा, स्वतंत्रतावाद, सर्वसत्तावाद, सम्प्रभुता, समाजवाद, सरकारियत, सामाजिक समझौता, हेनरी डेविड थोरो।

संदर्भ

1. अनुपमा रॉय, 'सिटीज़नशिप', संकलित : राजीव भार्गव और अशोक आचार्य (सम्पा.) (2008), *पॉलिटिकल थियरी : ऐन इंट्रोडक्शन,* पियर्सन-लोंगमेन, नयी दिल्ली.
2. विल किमलिका (1996), *मल्टीकल्चरल सिटीज़नशिप : अ लिबरल थियरी ऑफ़ माइनॉरिटी राइट्स,* क्लैरंडन प्रेस, ऑक्सफ़र्ड.
3. सारा रुडिक (1989), *मैटर्नल थिंकिंग : टुवर्ड्स अ पॉलिटिक्स ऑफ़ पीस,* बीकन प्रेस, बोस्टन.
4. एमी बार्थोलोमियु (1990), 'शुड अ मार्क्सिस्ट बिलीव इन मार्क्स ऑन राइट्स', *सोशलिस्ट रजिस्टर,* एचटीटीपी://सोशलिस्टरजि-स्टर.कॉम/फ़ाइल्स/एसआर_1990_बार्थोलोमियु.पीडीएफ़

— अभय कुमार दुबे

नागरिकता : अन्य परिप्रेक्ष्य-2

(हैसियत के रूप में नागरिकता)

(Citizenship: Other perspectives-2)

समकालीन राजनीति शास्त्र के सभी महत्त्वपूर्ण सैद्धांतिक दृष्टिकोणों ने नागरिकता को एक हैसियत के रूप में समझा है। इन सभी दृष्टिकोणों में इसे एक अवस्था माना गया है। उदारतावादी, गणतंत्रवादी, समुदायवादी, बहुसांस्कृतिक इन सभी ने नागरिकता की स्थिति पर काफ़ी गहरायी से विचार किया है जिनमें तीन मुख्य बिंदुओं पर ध्यान दिया जाता रहा है : सीमा (नागरिकता के नियम, नागरिकता में समावेश या बेदख़ल करने के मापदण्ड), विषय-वस्तु (नागरिकता संबंधी अधिकार और ज़िम्मेदारियाँ) और गहरायी (नागरिकता की संकल्पना की सक्रियता या निष्क्रियता)।

सीमा के संदर्भ में आमतौर पर इस बात पर विचार किया जाता है किन व्यक्तियों को नागरिक का दर्जा दिया जा सकता है। देश के बाहर रहने वाले को मतदान का हक़ होगा या नहीं? किसी अन्य देश की नागरिकता किस प्रकार हासिल होगी? विषय-वस्तु से संबंधित पहलुओं में इन बातों पर ध्यान दिया जाता है : नागरिकों को किस प्रकार के अधिकार मिलेंगे? ये अधिकार वास्तव में लोगों को मिल पाते हैं या नहीं? विभिन्न समुदायों को किस प्रकार के अधिकार प्राप्त हैं? नागरिकता की गहरायी का सवाल इस बात से ताल्लुक़ रखता है कि राज्य अपने नागरिकों से क्या उम्मीदें रखता है। क्या नागरिकों के पास सिर्फ़ अधिकार ही होते हैं? या फिर क़ानून का पालन करने के अलावा उनके कुछ और दायित्व हैं? ये दायित्व कितनी सख़्ती से लागू किये जाते हैं? राजनीतिक प्रक्रिया से नागरिक कितने जुड़े हुए हैं या कितने तटस्थ हैं? देखा जाए तो ये सभी सवाल नागरिकता को एक स्थिति या अवस्था मानते हैं। इन सभी सवालों में नागरिकता के मानकीय आदर्श की चर्चा है। भले ही ये सवाल सामाजिक अनुभवों या भेदभावों के कारण सामने आये हैं, लेकिन इनका ज़ोर इस बात पर है कि नागरिकता का मानक किस तरह

बेहतर बनाया जाए। ग़ौरतलब है कि नागरिकता का मानक समय के साथ बदलता रहा है। भारत में भी नागरिकता संबंधी क़ानून और संविधान के नागरिकता से जुड़े प्रावधानों में कई बार संशोधन हुआ है। इनमें से कुछ संशोधन तो उन अलिखित और अप्रत्यक्ष नागरिक गतिविधियों के कारण हुआ होगा जो नागरिकता की राजकीय परिभाषा से परे हैं। नागरिकता की इन गतिविधियों को दर्ज करने के लिए हमें नागरिकता को एथनोग्राफ़ी के अनुशासन की मदद से समझना पड़ेगा। आख़िर नागरिक 'नागरिकता' से क्या समझते हैं? उनकी रोज़मर्रा की ज़िंदगी की कौन-सी गतिविधियाँ उनके नागरिक होने से ताल्लुक़ रखती हैं। एक निष्ठावान नागरिक मतदान करने और सरकारी नीतियों के कार्यान्वयन के अलावा किन गतिविधियों में संलग्न रहता है।

हैसियत के रूप में नागरिकता और आचरण के रूप में नागरिकता का स्रोत अलग-अलग सैद्धांतिक परम्पराओं में निहित है। पहली परम्परा में उपजे ज़्यादातर सवाल ऊपर वर्णित तीन मुख्य बिंदुओं अर्थात् सीमा, विषय-वस्तु और गहरायी से संबंध रखते हैं। नागरिकता के अध्ययन की सबसे प्रमुख परम्परा उदारतावादी लोकतंत्र से जुड़ी हुई है। इसमें राज्य, सम्प्रभुता और नागरिकता— तीनों के प्रति एकीकृत दृष्टिकोण है। नागरिक मुख्य तौर पर अधिकार प्राप्त करने वाला व्यक्ति है। उसे जो अधिकार प्राप्त हैं उनमें से कई राज्य की ताक़त से उसका बचाव करते हैं। यह अलग बात है कि राज्य ही इन अधिकारों का संरक्षण भी करता है। इस परिप्रेक्ष्य में टी.एच. मार्शल की किताब *सिटीज़नशिप ऐंड सोशल क्लास* मील का पत्थर साबित हुई है। मार्शल के अनुसार एक नागरिक होने का पूर्ण एहसास तीन तरह के अधिकारों के संचय से हो सकता है। ये अधिकार ब्रिटेन में तीन सदियों में पहुँच पाये। नागरिक अधिकार, राजनीतिक अधिकार और सामाजिक अधिकारों के मिल जाने के बाद ही नागरिकता की संकल्पना को पूर्ण अर्थ मिला। ऐसा माना जाता है कि एक कल्याणकारी राज्य ही इस संकल्पना को वास्तविक रूप में पूरा कर सकता है। विल किमलिका और वेन नारमन ने इस दृष्टिकोण को 'निजी' या 'निष्क्रिय' नागरिकता का नाम दिया है। इस संकल्पना में नागरिकों को मुख्य रूप से अधिकारों का इस्तेमाल करते देखा जाता है। उन पर अपेक्षाकृत कम दायित्व होता है लेकिन इस कल्याणकारी राज्य के कई कठोर आलोचक भी हुए। नव-दक्षिणपंथी उदारतावाद के दृष्टिकोण से निष्क्रिय नागरिकता की सशक्त आलोचना की गयी। इस संकल्पना में नागरिक सिर्फ़ अधिकारों का पात्र ही नहीं बल्कि राज्य और अपने प्रति उत्तरदायी है। इनका मानना है कि नागरिकों की भलाई का काम नौकरशाही या राज्य का नहीं बल्कि यह नागरिकों की अपनी ज़िम्मेदारी है। ब्रिटेन की सरकारों ने 1980 में राज्य द्वारा दी गयी सुविधाओं में काफ़ी कटौतियाँ कीं। कल्याणकारी राज्य की जगह राज्य की एजेंसियों का निजीकरण, और मुक्त बाज़ार का समर्थन इसका अहम हिस्सा रहा।

राजनीतिक स्तर पर ब्रिटेन की रूढ़िवादी सरकारों में नव-दक्षिणपंथी उदारतावादी संकल्पना का काफ़ी प्रभाव दिखा। लेकिन सैद्धांतिक स्तर पर इसकी काफ़ी आलोचना भी हुई है। ज़िम्मेदारी और सक्रिय नागरिकता के बहाने इस संकल्पना ने कमज़ोर वर्गों को सामाजिक सुविधाएँ देने से इनकार किया। साथ ही इसने लोगों के जीवन को बाज़ार के चलन पर निर्भर बना दिया। इन आलोचनाओं के कारण नागरिकता के अध्ययन में सामाजिक अधिकारों का महत्त्व आज भी बना हुआ है। सार्वदेशिक या कॉस्मोपॉलिटन नागरिकता की अवधारणा इस परम्परा में होने वाले शोध का नवीनतम संस्करण है। ऐसे कई मुद्दे हैं जो किसी एक देश की परिधि के नागरिकों से ही नहीं, बल्कि एक पूरे क्षेत्र या पूरे विश्व से जुड़े मुद्दे हैं। ऐसे में सार्वदेशिक नागरिकता का विचार नागरिकता को एक राष्ट्र-राज्य की परिधि से बाहर ले जाता है। इन सभी विचारों के बीच क्या इस प्रमुख उदारतावादी परम्परा ने आचरण के रूप में नागरिकता पर कोई ध्यान दिया है? इस परम्परा का ही मोटे तौर पर हिस्सा समझी जाने वाली तीन धाराओं ने व्यवहार के रूप में नागरिकता पर थोड़ा ध्यान दिया है। ये तीन धाराएँ हैं— नागरिक गणतंत्रवाद, विमर्शी लोकतंत्र और बहुसंस्कृतिवाद। पहली दोनों धाराओं ने नागरिकों को एक आदर्श व्यवहार की तरफ़ प्रोत्साहित किया। लेकिन बहुसंस्कृतिवाद नागरिकता के वास्तविक अनुभवों में होने वाले भेदभाव और संरचनात्मक असमानता पर ग़ौर करता है। कुछ हद तक दोनों ही नागरिकता को महज़ मानकीय स्थिति से थोड़ा ज़्यादा मानते हैं। नागरिक गणतंत्रवाद का एक ज़रूरी हिस्सा है नागरिक सद्‌गुण। इस कल्पना में नागरिकों के सार्वजनिक जीवन पर ज़ोर दिया गया है। एक अच्छा नागरिक सार्वजनिक जीवन उत्साह के साथ जियेगा। राजनीतिक भागीदारी के ज़रिये उसे संतुष्टि का एहसास होगा। अपने नागरिक होने का दायित्व उसे बोझ नहीं लगेगा। यह भागीदारी उसके जीवन का अहम हिस्सा होगी। नागरिक गणतंत्रवाद में सभी नागरिक निर्णय लेने की प्रक्रिया का हिस्सा हैं। विलियम गैलस्टन ने इन नागरिक सद्‌गुणों के बारे में लिखा है। उनके अनुसार इन सद्‌गुणों से ही लोकतांत्रिक प्रक्रिया बेहतर हो सकती है। इन सद्‌गुणों में सार्वजनिक विमर्श पर अटूट विश्वास, सार्वजनिक बहस से मुद्दों को सुलझाने की पहल, सामाजिक सहिष्णुता, राजनीतिक गतिविधियों में भागीदारी जैसे गुणों को शामिल किया जा सकता है। इस परम्परा में यह माना जाता है कि इन गुणों के होने या न होने के आधार पर ही नागरिकों और ग़ैर-नागरिकों में अंतर किया जा सकता है। नागरिक गणतंत्रवाद की भी बहुत आलोचना हुई है। इसकी एक प्रमुख आलोचना यह है कि नागरिक समुदाय की इस परिकल्पना में सार्थक जीवन की

वैकल्पिक परिभाषा के लिए कोई जगह नहीं है।

आइरिस मैरियन यंग ने नागरिकता की समूह-विभेदीकृत संकल्पना पेश की है। यह ऐसी संकल्पना है जो प्रत्येक समुदाय की ज़रूरतों और स्थिति पर ध्यान देती है और हर तरह के सामाजिक भेदभाव को दूर करने पर इसका ज़ोर है। बहुसांस्कृतिक चिंतन का एक बड़ा फ़ायदा यह है कि वह सार्वभौमिक नागरिकता के खोखले दावों को उजागर कर देता है। जिसे सार्वभौमिक समझकर पारित किया जा रहा है दरअसल वह अपने भीतर सिर्फ़ कुछ शक्तिशाली ताक़तों की संकल्पना छिपाये है। आम राजनीतिक व सामाजिक जीवन में कुछ को समाहित किया जाता है और बहुतेरों का बहिष्कार होता है। बहुसंस्कृतिवादियों का मानना है कि नागरिकता का ढाँचा ऐसा होना चाहिए कि उसमें सिर्फ़ व्यक्तियों के लिए ही नहीं बल्कि समूहों के लिए भी जगह रहे। इस दृष्टि से तीन प्रकार के अधिकारों की ज़रूरत है। समूह-अधिकार, विशेष प्रतिनिधित्व के अधिकार और कुछ मामलों में स्व-शासन का अधिकार। ज़ाहिर है कि बहुसांस्कृतिक परिकल्पना भेदभाव या असमानता के अनुभव से उपजी है, लेकिन इसका ध्यान राज्य की नीतियों को बेहतर करने की ओर है। यह आम जीवन के भेदभाव संबंधी अनुभवों पर तो ध्यान देती है, पर आम जीवन के आचरण में नागरिकता की जो विभिन्न अभिव्यक्तियों हैं उन पर नहीं।

नागरिक व्यवहारों पर ध्यान देने वाली दूसरी परम्परा है— विमर्शी लोकतंत्र। इसमें व्यक्ति के सार्वजनिक विचार-विमर्श और तार्किक क्षमता पर काफ़ी ध्यान दिया गया है। इस आधार पर यह नागरिकों को सार्वजनिक विचार-विमर्श में हिस्सा लेने के लिए प्रोत्साहित भी करता है। नागरिक यहाँ राजनीतिक लक्ष्यों का निर्धारण करने में सक्रियता से भाग लेते हैं। ऐसी सक्रिय भागीदारी से ही राज्य का शासन वैध रह सकता है। राज्य नागरिकों का सही प्रतिनिधि हो सकता है और राज्य न्याय के सिद्धांतों का पालन कर सकता है। नागरिक गणतंत्रवादियों से विपरीत विमर्शी लोकतंत्र के तरफ़दारों का यह दावा नहीं है कि यह भागीदारी व्यक्ति की निजी ख़ुशी या संतुष्टि के लिए ज़रूरी है। वह ऐसा मानते हैं कि न्यायपूर्ण शासन हर व्यक्ति के लिए अहम है और विमर्शी लोकतंत्र इसका सबसे उम्दा तरीक़ा है।

विमर्शी लोकतंत्र, बहुसंस्कृतिवाद और नागरिक गणतंत्रवादी— तीनों ही नागरिक व्यवहारों के बारे में चिंतन तो करते हैं लेकिन मौजूदा नागरिकों के व्यवहार की अनदेखी करते हैं। ऐसे में, राजनीतिशास्त्र को यह जानने का मौक़ा नहीं मिला है कि मौजूदा और आदर्श कल्पनाओं में कितना फ़र्क़ है। अगर हम यह मान भी लें कि नागरिकों के लिए सार्वजनिक भागीदारी ज़रूरी है, तो क्या नागरिक इस भागीदारी को सुनिश्चित करने के तरीक़े अलग-अलग ढंग से पारिभाषित नहीं कर सकते? नागरिक भागीदारी के इन वैकल्पिक मूल्यों को समझे बिना नागरिकता का अध्ययन अधूरा है।

देखें : अधिकार, अधिकार : सैद्धांतिक यात्रा, अरस्तू, अफ़लातून, अनुदारतावाद, अराजकतावाद, अन्य-अन्यीकरण, उदारतावाद, उपयोगितावाद, एडमण्ड बर्क, क्रांति, ज्याँ-ज़ाक रूसो, जॉन लॉक, जेरेमी बेंथम, जॉन स्टुअर्ट मिल, जॉन रॉल्स, थॉमस हॉब्स, थॉमस पेन, न्याय, न्याय : नारीवादी आलोचना, न्याय : रॉल्स का सिद्धांत, नागरिकता, नागर समाज, पनोप्टिकॉन, फ्रेड्रिख़ वॉन हायक, बुद्धिवाद, माइकेल जोसेफ़ ओकशॉट, माइकिल वाल्ज़र, मिशेल पॉल फ़ूको-1 और 2, यूटोपिया, राजनीतिक दर्शन के नारीवादी आयाम, रॉबर्ट नॉज़िक, राज्य-1 और 2, विल किमलिका, सविनय अवज्ञा, स्वतंत्रतावाद, सर्वसत्तावाद, सम्प्रभुता, समाजवाद, सरकारियत, सामाजिक समझौता, हेनरी डेविड थोरो।

संदर्भ

1. आइरिस मैरियन यंग (1990), *जस्टिस ऐंड द पॉलिटिक्स ऑफ़ डिफ़रेंस,* प्रिंसटन युनिवर्सिटी प्रेस, प्रिंसटन.
2. टी. एच. मार्शल (1950), *सिटीज़नशिप ऐंड सोशल क्लास,* प्लूटो प्रेस, लंदन.
3. फ़िलिप पेटिट (1997), *रिपबलिकनिज़्म : अ थियरी ऑफ़ फ़्रीडम ऐंड गवर्नमेंट,* क्लेरेण्डन प्रेस, लंदन.
4. इंजन एस. आइसिन और ब्रायन टर्नर (सम्पा.) (1998), *हैंडबुक ऑफ़ सिटीज़नशिप स्टडीज़,* सेज प्रकाशन, लंदन.
5. जे. बारबलेट, *सिटीज़नशिप : राइट्स, स्ट्रगल ऐंड क्लास इनइक्वलिटी,* ओपन युनिवर्सिटी प्रेस, लंदन.
5. विलियम गैलस्टन (1991), *लिबरल परपसेज़ : गुड्स, वर्चूज़ ऐंड डायवर्सिटी इन अ लिबरल स्टेट,* केम्ब्रिज युनिवर्सिटी प्रेस, केम्ब्रिज.
6. सैम्युअल फ़्रीमैन (2000), 'डेलिबरेटिव डेमॉक्रैसी : अ सिम्पेथेटिक कमेंट' *फ़िलॉसफ़ी ऐंड पब्लिक अफ़ेयर्स,* खण्ड 29, अंक 4.

— अंकिता पांडेय

नागर समाज : भारतीय बहस

(Civil Society, an Indian Debate)

भारतीय राजनीति में इक्कीसवीं सदी का पहला दशक नागर समाज की अवधारणा के इर्द-गिर्द हुई उत्तेजक बहसों से गूँजा। इस विवाद में सिविल सोसाइटी के साथ-साथ राजनीतिक समाज या पॉलिटिकल सोसाइटी और सृजनात्मक समाज या क्रिएटिव सोसाइटी से संबंधित सिद्धांतों की भी भूमिका रही। बहस के दो आयाम थे : भूमण्डलीकरण के

बाद पनपी प्रवृत्तियों को सैद्धांतिक जामा पहनाने की कोशिश, और इन अवधारणाओं की रोशनी में भारतीय लोकतंत्र में जन-सहभागिता की समझ बनाने का प्रयास।

पश्चिम के आधुनिक राजनीतिक चिंतन में सिविल सोसाइटी का बना-बनाया मतलब उस दायरे से है जो राज्य, बाज़ार और परिवार जैसी स्थापित संस्थाओं के बाहर है और जहाँ सामाजिक सरोकार निर्मित होते हैं। लेकिन भूमण्डलीकरण के बाद से सिविल सोसाइटी की इस पश्चिमी समझ में बदलाव आया है। अब सिविल सोसाइटी के कई पर्यायवाची रूप उपलब्ध हैं, जैसे थर्ड सेक्टर और एनजीओ यानी ग़ैर-सरकारी या स्वयंसेवी संगठन।

भारत में सिविल सोसाइटी की समझ बनाने के लिए अक्सर संस्थाओं की गिनती और सर्वेक्षण पर ज़ोर दिया जाता रहा है। यह समझ डायरेक्टरी-केंद्रित है जिसके तहत जनांदोलनों और स्थानीय स्वयंसेवी संस्थाओं और शहरों में अंतर्राष्ट्रीय फ़ंडिंग पर चलने वाली संस्थाओं को एक श्रेणी में रख कर समझा जाता रहा है। राजेश टंडन और रंजीता मोहंती द्वारा सम्पादित पुस्तक *सिविल सोसाइटी* को इस तरह की कोशिशों से थोड़ा सा हट कर कहा जा सकता है। टंडन और मोहंती ने सिविल सोसाइटी की व्यापकता समझने के लिए कुछ आंदोलनों को संदर्भ बिंदु माना है। इस तरह के सर्वेक्षण आधारित साहित्य की ख़ूबी यह है कि उसके ज़रिये उन बेहद छोटे आंदोलनों और संस्थाओं पर भी रोशनी पड़ जाती है जिनके मुद्दे हमारे सार्वजनिक विमर्श की परिधि से बाहर रहते हैं। लेकिन इस ख़ूबी के बावजूद यह सर्वेक्षण आधारित विमर्श उत्तर-औपनिवेशिक भारत में विकसित हुई राजनीतिक विविधताओं को नज़रअंदाज़ करता है। पश्चिम में भी सिविल सोसाइटी की परिघटना स्वयं में कभी हर परिस्थिति में समरूप नहीं थी। भारतीय विशिष्टताओं की समग्र अवधारणात्मक नुमाइंदगी करने में तो यह कतई अक्षम है। एक अन्य समस्या सिविल सोसाइटी की अवधारणा के आंतरिक अंतर्विरोधों की है। स्वयंसेवी संस्थाओं, ज़मीनी संगठनों, विदेशी फ़ंडिंग पर चलने वाले संगठनों और दलीय राजनीति से अलग हट कर आंदोलन करने वाली संस्थाओं में कई बुनियादी फ़र्क़ हैं। इनकी अलग-अलग शिनाख़्त ज़रूरी है और सिविल सोसाइटी के विचार ने अभी तक यह ख़ूबी नहीं दिखाई है।

इन्हीं कारणों से भारत में सिविल सोसाइटी की दो परिभाषाएँ समांतर चल रही हैं। एक परिभाषा के मुताबिक़ सिविल सोसाइटी को विकास और जन-हित से जुड़े उन कर्त्तव्यों का क्षेत्र माना गया है जिनका निर्वाह लोकोपकारी राज्य के विलुप्त होने से पहले सरकारी एजेंसियाँ द्वारा किया जाता था। अर्थात् उन ग़ैर-सरकारी संस्थाओं का समूह जो सरकारी और निजी क्षेत्र (देशी-विदेशी) से आर्थिक संसाधन जुटा कर शिक्षा, स्वास्थ्य, और सार्वजनिक हित के मोर्चे पर पर सक्रिय रहती हैं। दूसरी परिभाषा सामाजिक-राजनीतिक आंदोलन और जन-संघर्ष के दायरे को सिविल सोसाइटी के दायरें में रखती है। इस नयी समझ की शुरुआत पर्यावरण संबंधी आंदोलनों से हुई और फिर स्त्री-सशक्तीकरण, दलित-अस्मिता, साम्प्रदायिकता विरोध और भ्रष्टाचार विरोधी अभियान भी सिविल सोसाइटी की परिधि में आ गये। बजाय इसके कि ये दोनों परिभाषाएँ एक-दूसरे की पूरक बन कर ग़ैर-सरकारी और बाज़ार से इतर वैकासिक और आंदोलनकारी गतिविधियों को अपने समग्र दायरे में समेट लेतीं, इनके बीच होड़ होने लगी।

पहली परिभाषा की पैरोकारी करने वालों का आचरण सिविल सोसाइटी से संबंधित संगठनों को सरकार की पूरक-भूमिका में ले गया। उनके कई दिग्गज जनोन्मुख विधि-निर्माण, विकास को जनता के पास ले जाने और लोकतंत्र को गहरायी देने के मक़सदों से सरकार और राजनीतिक दलों की परामर्शदात्री समितियों के अंग बन गये। सिविल सोसाइटी के इस हिस्से की उपलब्धियों में सूचना के अधिकार का क़ानून और राष्ट्रीय ग्रामीण रोज़गार योजना कार्यक्रम शामिल है। सिविल सोसाइटी के सलाहकार न केवल क़ानूनों का मसविदा तैयार करते हैं, बल्कि उनके लिए माहौल बनाने हेतु जन-सुनवाइयाँ आयोजित करते हैं और मीडिया की बहसों में मुखर भागीदारी करते हैं।

दूसरी परिभाषा की पैरोकारी करने वालों ने सिविल सोसाइटी की आंदोलनकारी गतिविधियों को राज्य की संस्था के ऊपर दबाव बनाने के औज़ार की तरह इस्तेमाल किया। उन्होंने असहयोग का रुख अपनाते हुए सार्वजनिक मंच से सरकार को विभिन्न तरह की चुनौतियाँ दीं। एक तरह से नागर समाज के ये संगठन उस भूमिका में आ गये जो भूमण्डलीकरण और गठजोड़ राजनीति के चलने से पहले विपक्षी राजनीतिक दल निभाते थे। इस तरह उन्होंने मुद्दा आधारित मुहिमों को अग्रगति देते हुए लोकतांत्रिक संघर्ष के ठंडे पड़े हुए दायरे को एक बार फिर से गरमा दिया।

राजनीतिक सिद्धांतकार पार्थ चटर्जी ने 2008 में प्रकाशित एक रचना में राजनीतिक समाज की अवधारणा प्रस्तुत की है। इसका जन्म सिविल सोसाइटी के विचार की सीमाओं के गर्भ से हुआ है। पॉलिटिकल सोसाइटी के ज़रिये चटर्जी तीन बिंदुओं पर प्रकाश डालते हैं। पहला, वे शहरों में रहने वाले ग़रीब तबक़ों और ग्रामीण समूहों की राजनीति की बात करते हैं जो न तो सिविल सोसाइटी के अ-राजनीतिक विमर्श से समझी जा सकती है और न ही स्वयंसेवी संस्थाओं की गिनती करके। दूसरी प्रमुख बात यह है कि उनका यह प्रयास उत्तर-औपनिवेशिक भारत की सामाजिक-आर्थिक संरचनाओं को केंद्र में रख कर सिद्धांत-

रचना की अपील करता है। तीसरी विशेषता इस सिद्धांत का रोज़मर्रा की राजनीति के प्रति सचेत होना है। चटर्जी शहरी झोपड़-पट्टियों और दरिद्र ग्रामीणों द्वारा किये जाने वाले दैनंदिन संघर्षों को इसके उदाहरण के तौर पर पेश करते हैं। इस तरह पॉलिटिकल सोसाइटी एक ऐसे क्षेत्र के तौर पर पारिभाषित होती है, जहाँ एक ओर आम लोगों की अस्थायी और सीमित माँगों पर आधारित संगठन शासकीय संस्थाओं के सामने अपने दावे रखते हैं, वहीं दूसरी ओर राज्य, क़ानून की स्थापित परिधि से बाहर जाकर कुछ कामचलाऊ बंदोबस्त करता है। चटर्जी के लिए लोकतांत्रिक राजनीति का केंद्र पॉलिटिकल सोसाइटी ही है।

हालाँकि यह सिद्धांत कई सम्भावनों से परिपूर्ण है, लेकिन इसमें दो समस्याएँ भी हैं। सबसे पहली बात तो यह है कि यह कुछ चुनिंदा उदाहरणों पर ही टिकी है, जैसे कोलकाता की झुग्गियों के अध्ययन और हाल ही में नंदीग्राम में होने वाली घटनाएँ। ऐसे में पूछा जा सकता है कि क्या शहरों और गाँव में बनने वाली पॉलिटिकल सोसाइटी की संरचनों और बुनावट में कोई फ़र्क़ हो सकता है या नहीं? चटर्जी के प्रयास की दूसरी कमी है उनके द्वारा पारम्परिक आंदोलनों को पूरी तरह नज़रअंदाज़ करना। चटर्जी के फ्रेमवर्क में संगठित कृषक और मज़दूर आंदोलन हैं ही नहीं। वे दलित, महिला और पर्यावरण संबंधी आंदोलन के प्रति भी उदासीन हैं। ऐसे में यह प्रश्न उठाया जा सकता है कि क्या शासकीय संस्थाओं और संगठित आंदोलनों का रिश्ता सिर्फ़ पश्चिम में विकसित सिविल सोसाइटी मॉडल से ही समझा जा सकता है? क्या केवल असंगठित संघर्ष ही पॉलिटिकल सोसाइटी का हिस्सा हो सकते हैं और संगठित संघर्ष सिविल सोसाइटी का?

पॉलिटिकल सोसाइटी और संगठित आंदोलनों के रिश्तों की सीमित व्याख्या क्रिएटिव सोसाइटी के विचार की ओर ले जाती है। इस अवधारणा का प्रतिपादन मनोरंजन मोहंती ने किया है। मोहंती कहते हैं कि क्रिएटिव सोसाइटी से उनका तात्पर्य समाज के विकास के उस चरण से है जब समाज में पहले ही से मौजूद विरोधाभास सक्रिय हो कर मूर्त रूप लेना प्रारम्भ कर देते है। प्राय: ऐसा तब होता है जब दमित और शोषित सामाजिक समूह राजनीतिक तौर पर गोलबंद हो कर अपने अधिकारों की माँग करते हैं। उनकी मान्यता है कि कृषक और आदिवासियों के संघर्ष, क्षेत्रीय और प्रांतीय स्तर के स्वायत्तता आंदोलन, पर्यावरण आंदोलन और स्त्री-आंदोलन इस युग में क्रिएटिव सोसाइटी के उद्‌भव का प्रतीक है। क्रिएटिव सोसाइटी का विचार समाज को देखने की एक पद्धति है जिस के ज़रिये समाज में मौजूद वर्ग, जाति, नस्ल, लिंग जैसी विविध संरचनाओं का विरोध मुक्ति के व्यापक विचार को चरितार्थ करता है। यह पद्धति समाज की पुन:रचना की तरफ़ इशारा करती है।

क्रिएटिव सोसाइटी का विचार एक ऐसा व्यापक फ्रेमवर्क देता है जिसके ज़रिये मुक्ति के लिए छटपटा रहे जन-समूहों की बहुआयामी जुझारू राजनीति समझी जा सकती है। अपने लेखन में मोहंती ज़मीनी राजनीति की हक़ीक़त का एक उत्साहजनक चित्र खींचते हैं। मोहंती की दूसरी स्थापना सामाजिक/राजनीतिक आंदोलनों की सापेक्षित स्वायत्ता है। मोहंती बताते हैं कि सामाजिक आंदोलनों के लिए राज्य निस्संदेह ज़मीनी राजनीति का एक व्यापक संदर्भ-बिंदु है। लेकिन इन आंदोलनों ने मुक्ति की जो व्यापक अवधारणा स्थापित की है, वह सत्ता-परिवर्तन और राज्य पर नियंत्रण जैसे स्थापित राजनीतिक कृत्यों से कहीं ऊपर है। ये सामाजिक आंदोलन समाज बदलने की बात कर रहे हैं जिसके लिए राज्य की संरचनाओं का लोकतंत्रीकरण पहली शर्त है। इस तरह मोहंती के तर्क में आम्बेडकर की वह दलील मुखर हो कर आती है जो उन्होंने जाति-प्रथा के अंत और स्वराज-प्राप्ति के लिए संघर्ष के संदर्भ में दी थी।

यह सही है कि सामाजिक आंदोलनों में वैकल्पिक राजनीति के लिए एक ख़ास सम्भावना मौजूद है, लेकिन क्रिएटिव सोसाइटी के फ्रेमवर्क में रोज़मर्रा के राजनीतिक द्वंद्वों के लिए कोई स्थान नहीं है। जिस तरह पार्थ चटर्जी का तर्क सिर्फ़ और सिर्फ़ रोज़मर्रा की राजनीति पर टिका है, मोहंती का तर्क भी उसी तरह सिर्फ़ और सिर्फ़ आंदोलनरत संगठित राजनीति पर आधारित है। दूसरे, मोहंती आंदोलनों द्वारा मुक्ति के महाविचार की परिकल्पना करते हुए विभिन्न आंदोलनों के आपसी विरोधाभास पर निगाह नहीं डालते।

सिविल सोसाइटी, पॉलिटिकल सोसाइटी और क्रिएटिव सोसाइटी का यह विश्लेषण दो मूल प्रस्तावनाएँ इंगित करता है। पहला, ये तीनों अवधारणाएँ एक दूसरे से विमर्श करती नज़र आती हैं। लेकिन ताज्जुब की बात यह है ये तीनों सैद्धांतिक मुहिम एक-दूसरे के प्रति उदासीन हैं। न तो मोहंती पॉलिटिकल सोसाइटी के विचार से कोई रिश्ता बनाने की कोशिश करते है और न ही चटर्जी क्रिएटिव सोसाइटी के विचार के लिए कोई उत्साह दिखाते हैं।

देखें : अधिकार, अधिकार : सैद्धांतिक यात्रा, अरस्तू, अफ़लातून, अनुदारतावाद, अराजकतावाद, अन्य-अन्यीकरण, उदारतावाद, उपयोगितावाद, एडमण्ड बर्क, क्रांति, ज्याँ-ज़ाक रूसो, जॉन लॉक, जेरेमी बेंथम, जॉन स्टुअर्ट मिल, जॉन रॉल्स, थॉमस हॉब्स, थॉमस पेन, न्याय, न्याय : नारीवादी आलोचना, न्याय : रॉल्स का सिद्धांत, नागरिकता, नागरिकता : अन्य परिप्रेक्ष्य-1 और 2, नागर समाज, पनोप्टिकॉन, फ्रेड्रिख़ वॉन हायक, बुद्धिवाद, माइकेल जोसेफ़ ओकशॉट, माइकिल वाल्ज़र, मिशेल पॉल फ़ूको-1 और 2, यूटोपिया, राजनीतिक

दर्शन के नारीवादी आयाम, रॉबर्ट नॉज़िक, राज्य-1 और 2, विल किमलिका, सविनय अवज्ञा, स्वतंत्रतावाद, सर्वसत्तावाद, सम्प्रभुता, समाजवाद, सरकारियत, सामाजिक समझौता, हेनरी डेविड थोरो।

संदर्भ

1. राजेश टंडन और रंजीता मोहंती (सम्पा.) (2000), *सिविल सोसाइटी,* प्रिया, नयी दिल्ली.
2. मनोरंजन मोहंती (2009), 'सोशल मूवमेंट्स इन अ क्रिएटिव सोसाइटी'. संकलित : मनोरंजन मोहंती, (सम्पा.) *क्लास, कास्ट, जेंडर,* सेज पब्लिकेशंस, नयी दिल्ली.

— हिलाल अहमद

नागार्जुन

(Nagarjun)

शून्यता की अवधारणा को तार्किक रूप से सुसम्बद्ध करके दार्शनिक सम्प्रदाय के रूप में प्रतिष्ठित करने का श्रेय बौद्ध दार्शनिक आचार्य नागार्जुन को है। वे बुद्ध धर्म की महायान शाखा की उपशाखा माध्यमिका के प्रमुख सिद्धांतकार थे। उनके दर्शन में 'मझ्झि निकाय' को श्रेष्ठ बताने वाली बुद्ध की विख्यात शिक्षा की दार्शनिक निष्पत्ति हुई है। मझ्झि निकाय का तात्पर्य है वैराग्य और सांसारिकता के दो सिरों के बीच का रास्ता। नागार्जुन ने द्वंद्वात्मक तर्कपरकता का प्रयोग करके मानवीय सोच-विचार के अंतर्विरोधों को उजागर किया। उन्होंने सभी दावेदारियों को निषेधों के युग्म में घटा कर चिंतन को वैराग्य और सांसारिकता की अतियों से मुक्त करने का प्रस्ताव किया ताकि मस्तिष्क ज्ञान की प्राप्ति करने लायक बन सके। नागार्जुन के अनुसार द्वंद्वात्मकता की यह प्रक्रिया चार चरणों में चलती है। पहले वह किसी चीज़ की पुष्टि करती है, फिर उसका निषेध, और फिर पुष्टि और निषेध की पुष्टि, और अंत में पुष्टि और निषेध का निषेध। इस प्रक्रिया के मुताबिक़ एक बार जब मस्तिष्क द्वंद्वात्मक समझ का इस्तेमाल करता हुआ इन दोनों अतियों की व्यर्थता समझ जाएगा तो उसे यथार्थ की प्रतीति एक शून्यता में होगी। इसका परिणाम परम प्रज्ञा की उपलब्धि में होगा। नागार्जुन इसे प्रज्ञापारमिता की संज्ञा देते हैं। यह एक ऐसी स्थिति है जिसमें बुद्धि और अंतर्ज्ञान आपस में जुड़ कर एक हो जाते हैं। उनकी कृति *मूल माध्यमिक कारिका* उनके दर्शन की आधारशिला है। शून्यता की इसी स्थापना के कारण नागार्जुन की गिनती महान बौद्ध दार्शनिकों में होती है।

नागार्जुन का जन्म दूसरी शताब्दी में दक्षिण भारत के एक ब्राह्मण परिवार में हुआ था। कुमारजीव द्वारा लिखी गयी जीवनी के मुताबिक़ जीवन के शुरुआती दौर में पाप और दुष्टता के अंदेशों और उनके कारण पैदा हुई दुश्चिंताओं से जूझने के बाद नागार्जुन को एक विशेष तरह की ज्ञानात्मक अनुभूति हुई और वे इस निष्कर्ष पर पहुँचे कि कामना ही सारे दुखों की जड़ है। इस एहसास के साथ ही उन्होंने बुद्ध धर्म अपनाया। तिब्बती स्रोत इस संबंध में एक भिन्न दृष्टांत पर भरोसा करते हैं। उनके अनुसार ज्योतिषियों ने सात साल की उम्र में ही नागार्जुन की मृत्यु की भविष्यवाणी कर दी थी जिसे टालने के लिए ही वे शैशव में ही बौद्ध हो गये। आध्यात्मिकता और विद्वत्ता तक नागार्जुन किस रास्ते पहुँचे, इस विषय में मतैक्य के अभाव के बावजूद इस बात पर एक राय है कि शुरू से ही गहन अध्ययन और मनन में लिप्त रहना उनकी विशेषता थी जिसके कारण उन्हें गहन अंतर्दृष्टियों की प्राप्ति हुई।

बुद्ध-निर्वाण के लगभग सौ वर्ष बाद वैशाली में सम्पन्न द्वितीय बौद्ध संगीति में थेर (स्थविर) भिक्षुओं ने मतभेद रखने वाले कुछ भिक्षुओं को 'पाप भिक्खु' कहकर संघ से बाहर निकाल दिया था। उन निष्कासित भिक्षुओं ने उसी समय अपना अलग संघ बना कर स्वयं को 'महासांघिक' और थेरवादियों (स्थविरवादियों) को 'हीनसांघिक' नाम दिया। कालांतर में इसी विभाजन ने महायान और हीनयान का रूप धारण किया। थेरवाद से महायान सम्प्रदायों के क्रमशः विकास में कई शताब्दियाँ लगीं। सम्राट अशोक द्वारा लगभग 249 ईसापूर्व पाटलिपुत्र में आहूत तृतीय बौद्ध संगीति में पालि तिपिटक (त्रिपिटक) का संकलन हुआ जिसका प्रचार अशोकपुत्र (या भाई) महेंद्र द्वारा श्रीलंका में किया गया जो अभी तक वहाँ प्रचलित है। श्रीलंका में प्रथम शती ईसापूर्व में पालितिपिटक को सर्वप्रथम लिपिबद्ध किया गया। यही पालि तिपिटक अब सर्वाधिक प्राचीन तिपिटक (त्रिपिटक) के रूप में उपलब्ध है। तृतीय संगीति के बाद से ही भारत में थेरवाद धीर-धीर लुप्त होता गया।

हीनयान ने बुद्ध के उपदेशों की अलग समझ विकसित की। उसने बुद्ध के आध्यात्मिक अद्वैतवाद को भुला कर बहुत्ववादी वास्तववाद का प्रतिपादन किया। सर्वास्तिवाद का शाब्दिक अर्थ है सब कुछ अर्थात् सबकी सत्ता है, लेकिन वस्तुतः इसने जीव को क्षणिक विज्ञानों की संतान और जगत को क्षणिक परमाणुओं की संतान बना कर उनके प्रतिक्षण परिणामी संघातों को भी स्वीकार किया। आत्मा और ईश्वर का निषेध करके उसने बुद्ध के शरीर के नख, केश, दंत, अस्थिखण्ड पर भव्य मंदिर बनाकर बुद्ध-

प्रतिमा को ईश्वर के आसन पर बिठा दिया। हीनयान के दोषों और अंतर्विरोधों को दूर करके बुद्धोपदिष्ट अद्वैतवाद की पुन: प्रतिष्ठा करने के लिए महायान का उदय हुआ। महायान के सर्वाधिक प्राचीन उपलब्ध ग्रंथ *महायान वैपुल्यसूत्र* हैं जिनमें *प्रज्ञापारमिता* और *सद्धर्म पुण्डरीक* आदि अत्यंत प्राचीन हैं। इनमें शून्यता के उसूल का विस्तृत प्रतिपादन किया गया है।

भारत में बौद्धेतर दार्शनिक शून्यवाद का तात्पर्य संसार की शून्यमयता से समझा जाता है। इस विचार के मुताबिक़ किसी भी वस्तु का अस्तित्व नहीं है। मध्वाचार्य ने अपने *सर्व दर्शन संग्रह* में इस प्रकार की युक्ति दी है। इसके मुताबिक़ ज्ञाता, ज्ञेय तथा ज्ञान परस्पर आश्रित हैं। एक का अस्तित्व शेष दोनों पर निर्भर है। अत: यदि एक असत्य हो तो शेष दोनों असत्य सिद्ध होंगे। जब हम किसी रस्सी को साँप समझ लेते हैं तो पूरा अस्तित्व बिल्कुल असत्य हो जाता है। ज्ञात वस्तु (साँप) यदि असत्य है तो ज्ञाता तथा ज्ञान भी असत्य हैं। अत: इस दृष्टांत द्वारा यह प्रतीत होता है कि स्वप्न-जगत की तरह ज्ञाता, ज्ञान तथा ज्ञेय सभी असत्य हैं। नतीजा यह निकलता है कि आभ्यंतर या बाह्य किसी भी प्रकार की सत्ता नहीं है। यानी संसार बिल्कुल शून्य है। इस दर्शन के अनुसार चूँकि किसी भी वस्तु का अस्तित्व नहीं है इसलिए इसे कहीं-कहीं सर्ववैनाशिकवाद भी कहा गया है। परंतु वास्तव में ऐसा है नहीं क्योंकि यह केवल इंद्रियों से प्रत्यक्ष जगत को असत्य मानता है।

नागार्जुन के मुताबिक़ इस प्रत्यक्ष जगत से परे पारमार्थिक सत्ता विद्यमान है, लेकिन वह अवर्णनीय है। उसके विषय में यह कुछ भी नहीं कहा जा सकता है कि वह तत्त्व आंतरिक है या बाह्य। लौकिक विचारों से वर्णनीय न होने के कारण वह तत्त्व 'शून्य' कहा गया है। परंतु शून्य वस्तुत: अभावरूपी नहीं है। अभाव स्वयं एक सापेक्ष शब्द है, क्योंकि 'भाव' की कल्पना पर ही 'अभाव' आश्रित है। परंतु वह परमतत्त्व स्वत: एक निरपेक्ष सत्ता है। वह अपनी सत्ता के लिए किसी पर आश्रित नहीं है। जब आपने कहा कि 'यहाँ घड़ा नहीं है', तब आपने अनजाने ही 'है' की भी कल्पना स्वीकार कर ली। फलत: अभाव की सत्ता भाव के ऊपर अवलम्बित होने से एक सापेक्ष सत्ता (किसी वस्तु की अपेक्षा रखने वाली सत्ता) है। 'शून्य' एक निरपेक्ष तत्त्व है, जो स्वत: अपने-आप में पूर्ण है, सत्य है, वर्तमान है; अन्य किसी के आधार पर खड़ा नहीं रहता। 'शून्य' का यही अर्थ नागार्जुन के मत का अभीष्ट है।

नागार्जुन जिस शून्यवाद की स्थापना करते हैं उसके तहत सामान्य रूप में वस्तुओं की प्रतीति तो होती है। लेकिन, जब हम उसके तात्त्विक स्वरूप को जानने के लिए उद्यत होते हैं तो हमारी बुद्धि काम नहीं करती है। हम यह निश्चय नहीं कर पाते कि वस्तुओं का यथार्थ स्वरूप क्या है। सत्य है, या असत्य है, या सत्य और असत्य दोनों है, या न तो सत्य है और न तो असत्य है। वस्तुओं का स्वरूप इन चार कोटियों से रहित होने के कारण 'शून्य' कहा जाता है। इससे साबित होता है कि वस्तुओं का पारमार्थिक स्वरूप अवर्णनीय है। इस अवर्णनीयता को प्रमाणित करने के लिए प्रतीत्य समुत्पाद अर्थात् वस्तुओं का पारमार्थिक स्वरूप अवर्णनीय है। इस अवर्णनीयता को प्रमाणित करने के लिए प्रतीत्यसमुत्पाद के सिद्धांत अर्थात् वस्तुओं की परनिर्भरता की सहायता ली गयी है। अत: नागार्जुन कहते हैं कि प्रतीत्यसमुत्पाद ही शून्यता है। वस्तुओं का कोई ऐसा धर्म नहीं जिसकी उत्पत्ति किसी और पर निर्भर न हो। अर्थात् जितने धर्म हैं सभी शून्य है। इस विचार से यह स्पष्ट है कि वस्तुओं के परावलम्बन को, उनकी परिवर्तनशीलता को, उनकी अवर्णनीयता को शून्य कहते हैं।

यह शून्यवाद न तो वस्तुओं को सर्वथा तथा निरपेक्ष आत्मनिर्भर मानता है और न ही वस्तुओं को पूरा असत्य ही समझता है। वरन् यह वस्तुओं के परनिर्भर अस्तित्व को मानता है। इसी कारण से बुद्ध भी प्रतीत्यसमुत्पाद को मध्यम-मार्ग मानते थे। नागार्जुन भी कहते हैं कि यह प्रतीत्यसमुत्पाद से ही उत्पन्न है। यह असंदिग्ध रूप से नहीं कहा जा सकता कि यह सत्य है या असत्य है।

वस्तु-जगत के विचार के साथ-साथ माध्यमिक पारमार्थिक सत्ता के संबंध में भी विचार करते हैं। उनका कथन है कि बुद्ध का प्रतीत्यसमुत्पाद या अनित्यवाद केवल दृश्य जगत के लिए लागू है जिसे हम प्रत्यक्ष के द्वारा जानते हैं। लेकिन यहाँ एक प्रश्न उठ सकता है कि जिन संस्कारों से इंद्रिय ज्ञान होता है, निर्वाण में उनका जब विलोप हो जाता है, तब किस प्रकार का अनुभव होता है? इसके उत्तर में यह कहा जाता है कि उस समय जो अनुभूति होती है वह सापेक्ष नहीं होती। अत: माध्यमिक कहते हैं कि वह अनुभूति ही पारमार्थिक है जो दृश्य वस्तुओं से परे हैं, नित्य है, निरपेक्ष है तथा जो साधारण व्यावहारिक धर्मों से रहित है।

नागार्जुन कहते हैं कि दो प्रकार के सत्य हैं जिन पर बुद्ध के धर्म संबंधी उपदेश निर्भर हैं। एक पारमार्थिक सत्य और दूसरा संवृति सत्य। जो व्यक्ति इन दोनों सत्यों के भेद को नहीं जानते वे बुद्ध की शिक्षाओं के गूढ़ रहस्य को नहीं समझ सकते। पारमार्थिक सत्य तो शून्य रूप है। वही वास्तव है और उससे इतर सब कुछ मिथ्या है, झूठा है तथा अनृत है, परंतु उसकी व्यावहारिक सत्ता है। संवृति सत्य का अर्थ है व्यावहारिक सत्य। निर्वाण से भिन्न पदार्थों के लिए इस शब्द का प्रयोग किया जाता है। संवृत्ति सत्य परमार्थिक सत्य की

प्राप्ति के लिए एक साधन मात्र है। निर्वाण की दशा भी साधारण व्यावहारिक दशा से भिन्न होती है, क्योंकि निर्वाण पाने वाला प्राणी व्यावहारिक दशा से सर्वथा मुक्त हो जाता है। हमारी कल्पना से वह अतीत होती है। उसका भी वर्णन नकारात्मक रूप से ही किया जा सकता है। निर्वाण का रूप-निर्धारण करते हुए आचार्य नागार्जुन के इस नकारात्मक विवरण पर ध्यान देना आवश्यक है। वे कहते हैं कि जो अज्ञात है (अर्थात् साधारण उपायों के द्वारा अविदित है), जिसका विनाश नहीं होता, जो नित्य भी नहीं है, जो निरुद्ध नहीं है और जो उत्पन्न भी नहीं है, उसी का नाम निर्वाण है। निर्वाण को यथार्थ रूप से जानने वाला व्यक्ति ही तथागत (बुद्ध) है और इसलिए उनका भी स्वरूप निर्वाण के समान ही वर्णनानीत है।

बुद्ध से पूछा गया था कि निर्वाण-प्राप्ति के बाद तथागत की क्या गति होती है? इसका उन्होंने कोई उत्तर नहीं दिया था। वे मौन रह गये थे। इस प्रकार के प्रश्नों के उत्तर बुद्ध क्यों नहीं देते थे; इसका कारण भी इससे स्पष्ट है। उन दार्शनिक समस्याओं का समाधान बुद्ध ने इसलिए नहीं किया कि साधारण अनुभव के शब्दों से उनका समाधान सम्भव नहीं था। वे प्रायः कहा करते थे कि मैंने गम्भीर सत्य का अनुभव किया है। जो 'दुर्दर्श, दुरनुबोध, अतर्कावचर' है। ऐसा अनुभव तर्क द्वारा नहीं हो सकता। बुद्ध की इस उक्ति से माध्यमिकों के पारमार्थिक सत्य संबंधी सिद्धांत का समर्थन होता है।

वास्तव में अगर देखा जाए तो नागार्जुन के माध्यमिक दर्शन तथा शंकराचार्य के अद्वैत-वेदांत में अनेक समानताएँ हैं। माध्यमिक दो प्रकार के सत्य को मान्यता देते हैं। वे वस्तु-जगत को असत्य मानते हैं। वे पारमार्थिक सत्य का नाकारात्मक वर्णन करते हैं तथा निर्वाण को पारमार्थिक सत्य की अनुभूति समझते हैं। शंकर-वेदांत के विचार इन विचारों से बहुत मिलते-जुलते हैं।

देखें : आर्यभट्ट और *आर्यभटीय,* उपनिषद्, कपिल, *अर्थशास्त्र* और कौटिल्य, गोपीनाथ कविराज, गोविंद चंद्र पाण्डे, चैतन्य महाप्रभु, जैन दर्शन, न्याय दर्शन, दया कृष्ण, नंद किशोर देवराज, न्याय दर्शन, पतंजलि और *योगसूत्र,* पाणिनि और *अष्टाध्यायी,* पाश्चात्य काव्यशास्त्र, पुराण, पूर्व-मीमांसा दर्शन, बदरी नाथ शुक्ल, बादरायण, बौद्ध दर्शन, *भगवद्गीता,* भरत और *नाट्यशास्त्र,* मुकुंद लाठ, *भागवत पुराण, महाभारत,* यशदेव शल्य, योग दर्शन, रामानुजाचार्य, लोकायत, वात्स्यायन और *कामसूत्र,* वेदांत दर्शन, वैशेषिक दर्शन, शंकराचार्य, षड्-दर्शन-1 और 2, संस्कृत काव्यशास्त्र, स्मृति-साहित्य, सांख्य दर्शन-1 और 2, सिद्ध-नाथ परम्परा।

संदर्भ

1. चंद्रधर शर्मा (1991), *भारतीय दर्शन : आलोचन और अनुशीलन,* मोतीलाल बनारसीदास, नयी दिल्ली.
2. के. दामोदरन (1982), *भारतीय चिंतन परम्परा,* पीपुल्स पब्लिशिंग हाउस, नयी दिल्ली.
3. सतीशचंद्र चट्टोपाध्याय और धीरेंद्र मोहन दत्त, *भारतीय दर्शन,* पुस्तक भण्डार, पटना.
4. आचार्य बलदेव उपाध्याय (1999), *भारतीय दर्शन की रूपरेखा,* चौखम्भा प्रकाशन, वाराणसी.

— अजय कुमार पाण्डेय

नामवर सिंह

(Namvar Singh)

हिंदी के साहित्य-संसार में पिछले साठ साल से अपने लेखन, सिद्धांतीकरण और वक्तृता से निरंतर रचनात्मक हस्तक्षेप करने वाले नामवर सिंह (1927-) उत्तर-रामचंद्र शुक्ल युग में आलोचना की नयी दृष्टि सामने लाने में समर्थ हुए हैं। हिंदी आलोचना को जड़शास्त्रीयता से मुक्त रखने में उनकी भूमिका महत्त्वपूर्ण है। शुक्ल ने जिन प्रवृत्तियों की चर्चा की थी, उन्हें केंद्र में रख कर नामवर सिंह ने हजारी प्रसाद द्विवेदी और गजानन माधव मुक्तिबोध के चिंतन को आधार रूप में ग्रहण किया। 'दरबारी काव्य-परम्परा' की आलोचना करते हुए उन्होंने नगेंद्र की स्थापनाओं को आड़े हाथों लिया और छायावाद के मूल्यांकन के सवाल पर शुक्ल को। नामवर सिंह ज़बरदस्त तैयारी के साथ मार्क्सवादी विचार, जनवादी जीवन-दृष्टि और नये साहित्य की भाव-भूमि का समवेत बोध लेकर आलोचना के क्षेत्र में उतरे। मुक्तिबोध को प्रगतिवादियों से शिकायत थी कि वे नये साहित्य को सहानुभूति से नहीं देख रहे हैं, पर नामवर सिंह ने अपने पूर्ववर्ती प्रगतिवादी आलोचकों की राह पर न चलकर नयी कविता का सहानुभूतिपरक पाठ-विमर्श प्रस्तुत किया। साहित्य और राजनीति के रिश्ते के प्रति सदा सजग रहने वाले नामवर सिंह की आलोचना-प्रक्रिया वैचारिक उत्तेजना की वाहक रही है। उनके निबंध पढ़ते हुए पाठक स्वयं वैचारिक ऊर्जा अनुभव करता है और नयी बहसों की दिशा खुलती है। जिस तरह एक समय में अज्ञेय ने *तार सप्तक* के माध्यम से नयी बहसों को उभारा था, वैसे ही नामवर सिंह ने *कविता के नये प्रतिमान* और *दूसरी परम्परा की खोज* जैसी रचनाओं से हिंदी समीक्षा में अनेक नयी बहसों को जन्म दिया है। रामस्वरूप चतुर्वेदी ने ठीक लिखा है कि 'नामवर सिंह जैसी व्यवस्थित और सम्पूर्ण तैयारी अत्यंत कठिनाई से मिलेगी। पाण्डित्य और सहृदयता, शोध और आलोचना, शास्त्र और

नामवर सिंह (1927-)

लोक, भारतीय और विदेशी विचार पद्धतियों, पूर्वी साम्यवादी तथा पश्चिमी स्वाधीन समीक्षा धाराओं, पुराने तथा नये साहित्य में बराबर रुचियों का विरल सम्मिलन उनके आलोचक व्यक्तित्व की असाधारण विशेषता है।' नामवर सिंह वाचिक परम्परा के जीवंत गढ़ हैं, और सभा-गोष्ठियों में निरंतर उनकी उपस्थिति हिंदी-जगत का एक विशिष्ट उल्लेखनीय तथ्य है।

छायावाद के समर्थन और विरोध के दौर में नामवर सिंह की पहली पुस्तक *छायावाद* (1954) पाठकों को मिली। छायावाद की ऐतिहासिक-सामाजिक पृष्ठभूमि स्पष्ट करने के बजाय उन्होंने उसे सामाजिक सत्य के रूप में समझाने का प्रयत्न किया। छायावादी कवियों की प्रसिद्ध काव्य-पंक्तियाँ लेकर नामवर सिंह ने छायावाद की सर्जनात्मकता को नयी शैली में प्रस्तुत किया। हिंदी के पाठकों को इस नयी शैली ने आकृष्ट किया, विशेषकर अध्यायों के प्रस्तुतीकरण की नवीनता ने। हिंदी आलोचना में कई बार कहा जाता है कि नामवर सिंह वाद-विवाद-संवाद में विश्वास रखने वाले संवादी अलोचक हैं। समीक्षा की उनकी दूसरी पुस्तक *कविता के नये प्रतिमान* (1968) से ऐसा भरोसा भी बँधता है। पुस्तक दो खण्डों में है और प्रथम खण्ड में परम्परा के प्रतिष्ठित प्रतिमानों की प्रासंगिकता पर विचार किया गया है। दूसरे खण्ड में नये काव्य-मूल्यों को लेकर सर्जनात्मक बहस है। इस रचना में उनकी मुख्य चिंता यह है कि 'प्रगीत-कविता कविता का पर्याय हो गयी है और प्रगीत का प्रतिमान कविता का प्रतिमान हो गया है।' वे कहते हैं कि इसीलिए काव्य-प्रतिमानों को व्यापकता प्रदान करने के लिए आत्मपरक छायावादी कविता की दुनिया से निकाल कर उन कविताओं को विचार की सीमा में ले आना आवश्यक है जिन्हें किसी अन्य उपयुक्त शब्द के अभाव में 'लम्बी कविता' कहा जाता है। नामवर सिंह ने स्पष्ट कहा है कि 'दरअसल आत्मपरक प्रगीत बनाम वस्तुपरक लम्बी कविता के इस संघर्ष के मूल में केवल काव्य-रूपों के वरण की समस्या नहीं है, बल्कि इसका संबंध पूरी कविता की बनावट संबंधी दो भिन्न दृष्टियों से है, जिनके अंतर्गत भाव बोध से लेकर भाषा तक के सभी स्तर शामिल हैं।' सामाजिक तथा वस्तुपरक यथार्थ को सैद्धांतिक समीक्षा तक सीमित न रख कर नामवर सिंह ने 'परिशिष्ट' में मुक्तिबोध की कालजयी रचना 'अँधेरे में' की व्यावहारिक समीक्षा प्रस्तुत की है।

नामवर सिंह ने रचनाकार केंद्रित आलोचना ज़्यादा नहीं लिखी। नागार्जुन, त्रिलोचन, शमशेर तथा राहुल सांकृत्यायन पर ही कुछ लेख मिलते हैं। इन लेखों में वाद-विवाद शैली का अभाव है। नामवर सिंह ने मुक्तिबोध के आलोचना-पथ को चौड़ा किया है— तमाम वैचारिक आधारों के साथ। शुरुआती दौर में उन्होंने मुक्तिबोध की रचना *एक साहित्यिक की डायरी* की समीक्षा भी लिखी थी। दरअसल, मुक्तिबोध बहुत दूर तक नामवर सिंह के साहित्य-सहचर हैं। मुक्तिबोध का संघर्ष प्रगतिशील तथा प्रगतिशीलविरोधी दोनों शिविरों से था। वे कलाकृति की सामाजिकता और जीवन-लय समझने की सलाह देते थे और रचना की भीतरी द्वंद्वात्मकता रेखांकित करना चाहते थे। मुक्तिबोध के शरीरांत के बाद भी नामवर सिंह ने कविता के इतिहास-भूगोल को उनकी राह पर चल कर ही समझाना चाहा है।

बीसवीं शताब्दी का पाँचवाँ और छठा दशक साहित्य-संस्कृति के क्षेत्र में वैचारिक संघर्ष ले कर आया। भारतीय अस्मिता की खोज या उसे बचाने से जुड़ी बेचैनियों को लक्षित करके नामवर सिंह ने टिप्पणी की कि समाज का जो तबक़ा पश्चिमी आधुनिकता की लपेट में ज़्यादा है— वही ज़्यादा भारत-व्याकुल है। हिंदी के आधुनिकतावादी लेखक अस्तित्ववाद से भी प्रेरित थे और जापानी ज़ेन-मत से भी। नामवर सिंह ने व्यंग्य करते हुए कहा, 'हिंदी में प्रयोगवाद और आधुनिकता की बात करने वाले लोग सहसा भारत-व्याकुल हो उठे और 'हिंदू-हिंदू का जाप' करने लगे।' आरम्भ में आधुनिकतावाद ने प्रश्नमूलक बौद्धिकता और वैज्ञानिक चिंतन पर ज़ोर दिया, लेकिन बाद में आस्था-अनास्था का विवाद हावी हो गया। नामवर सिंह ने ठीक पहचाना कि 'आधुनिकतावादियों का गद्य भी अपनी परम्परा से कटा हुआ है।' निर्मल वर्मा में उन्हें सम्प्रदायवाद-बाबावाद-हिंदुत्ववाद दिखाई देता है तो अज्ञेय में

आधुनिकतावादी भाषा-चिंता। नामवर सिंह का यह भी मानना है कि 'हिंदी के जो आधुनिकतावादी लेखक धार्मिक आस्था अथवा धार्मिक संवेदना पर ज़ोर देते हैं, वे उसी साँस में कम्युनिज़म और सोवियत संघ का भी विरोध करते हैं।'

नामवर सिंह ने *वाद-विवाद-संवाद* में लिखा है कि 'पूँजीवादी वर्ग शिक्षा के क्षेत्र में प्रवेश कर किसी संस्था को आधुनिक बनाता है और आधुनिकीकरण की प्रक्रिया में सारी सामंती जीवन-पद्धति, कार्य-पद्धति, यहाँ तक कि सम्पूर्ण व्यवस्था के स्थान पर पूँजीवादी प्रणाली छा जाती है। यह पूँजीवादी प्रणाली अंग्रेज़ीदाँ लोगों की पलटन तैयार करती है और यह पलटन परम्परावादी सामाज के हर तरीक़े को रूढ़िवादी कह कर नकारती है। इस तरह वह जीवन की लय को तोड़ देता है और आदमी को शहरीकरण की ओर भटका कर उसकी स्मृति को नष्ट कर देता है।' जनवादी-लोकतंत्रवादी शक्तियों का समर्थन करते हुए नामवर सिंह ने अपने चिंतन में अनेक बार यह कहा है कि समाज-संस्कृति पर यथास्थितिवादी-पुनरुत्थानवादी शक्तियों का क़ब्ज़ा है। इस स्थिति को बदलने के लिए उन से लोहा लेना होगा।

हिंदी आलोचना का एक बृहत्तर परिप्रेक्ष्य साक्षी है कि प्रगतिशील शिविर के बिखरते ही नये तरह का जनवादी व्यक्तिवाद आ गया। यहाँ मार्क्सवाद से प्रतिबद्धता का प्रश्न उठा और हमला करने वाले बौद्धिक यहाँ भी मौजूद थ। 'सबसे अधिक प्रतिबद्ध कौन' का प्रश्न उठाया गया। नये सृजन से संवाद करना कठिन हो गया। इस कठिन समय में नामवर सिंह का संवादी आलोचक डटा रहा। उन्होंने वैचारिक संवाद के लिए आत्मीयता और सम्मान का वातावरण बनाये रखा। उनके सम्पादन में *आलोचना* पत्रिका के लेखक जनवाद को आगे करने में पूरी शक्ति से 'शक्ति की करो मौलिक कल्पना' को उत्साह से गाते रहे। इस क्षेत्र में नामवर सिंह की भूमिका अविस्मरणीय रही है।

नामवर सिंह की दो महत्त्वपूर्ण पुस्तकें संवादों के बीच में लिखी गयीं। *इतिहास और आलोचना* (1978) की विज्ञप्ति में कहा गया कि 'यह पुस्तक छठे दशक के वैचारिक संघर्ष का एक विवादमूलक दस्तावेज़ है।' यहाँ नामवर सिंह ने प्रगति-विरोधी विचारों की ख़बर ली और मुक्तिबोध की ध्वजा को फहराया। *आधुनिक साहित्य की प्रवृत्तियाँ* के निबंध कई जगहों पर व्याख्यान के रूप में लिखे गये। उसके बाद *वाद-विवाद-संवाद* के निबंध मूलत: व्याख्यान-बहस के भीतर से निकल कर आये। नामवर सिंह को व्याख्यानों में अपने मतवाद को व्यक्त करने में कुशलता हासिल हैं।

रचना पर कब कहाँ कितनी दूर विश्लेषण-कला दिखानी है, नामवर सिंह इस कला के माहिर विद्वान हैं। आलोचना में संवाद कला को निखारने के साथ उन्होंने सैद्धांतिक दृष्टि से *कामायनी, उर्वशी* तथा *तारसप्तक* पर विचार किया है। प्रगतिशील लेखक संघ और परिमल के बीच विचारों का जो अखाड़ा जमता था— उसमें नामवर सिंह की प्रमुख भूमिका थी। एक श्रेष्ठ, सतर्क और लोकप्रिय अध्यापक के रूप में वे जड़ प्रविधियों को छोड़ते हैं और नये ढंग के संवादी बनते हैं। *आधुनिक साहित्य की प्रवृत्तियाँ, छायावाद* और *कहानी, नयी कहानी* जैसी पुस्तकों में जो प्रतिपक्ष है वह आलोचना मात्र नहीं है, बल्कि जड़ प्रविधियों पर प्रहार है। नये ढंग से यह आलोचना संवेदनात्मक ज्ञान और ज्ञानात्मक संवेदना के सामाजिक विवेक का विकास करती है। शास्त्र और स्मृति दोनों का उपयोग आलोचना में एक साथ चलता है। आलोचना मात्र आस्वाद बनकर नहीं रह जाती। वह पाठक के विवेक को जाग्रत भी करती है। नामवर सिंह की सम्पूर्ण आलोचना की अंतर्यात्रा करने पर पाठक पाते हैं कि उनमें सघन बौद्धिकता है, हल्की भावोच्छलता नहीं। हाँ, व्यंग्य-वक्रोक्ति से वे निशाना साधते हैं और पढ़ने-सुनने वाले को झकझोर कर रख देते हैं।

नामवर सिंह की *कहना न होगा, बात बात में बात* और *सम्मुख* जैसी पुस्तकों में उनकी शैली के कई रंग मौजूद देखे जा सकते हैं। यह भी देखा जा सकता है कि कैसे वाचिक संवाद उनकी शैली बनता गया। आठवें-नवें दशक में उनका लेखन *वाद विवाद संवाद, कविता की ज़मीन और ज़मीन की कविता* और *हिंदी का गद्य पर्व* के निबंधों के रूप में सामने आया। इनमें ज़्यादातर निबंध गोष्ठियों में उभरे विवादों के प्रत्युत्तर हैं। इस बीच *आलोचना* के प्रकाशन की निरंतरता टूट गयी। लेकिन नामवर सिंह ने लेखन का क्रम नहीं तोड़ा। ठीक एक दशक बाद अप्रैल-जून, 2000 में *आलोचना* का सहस्राब्दी अंक प्रकाशित हुआ। नामवर सिंह के नये निबंध सामने आने लगे। इन्हीं वर्षों में दलित-विमर्श और स्त्री-विमर्श का बोलबाला बढ़ा। राजेंद्र यादव सम्पादित *हंस* ने उन्हें बढ़ावा दिया, लेकिन नामवर सिंह तटस्थ रहे। कभी-कभार टिप्पणियाँ की, लेकिन लेख नहीं लिखे। इसी बीच भूमण्डलीकरण, बाज़ारवाद, उपभोक्तावादी संस्कृति, उत्तर-पूँजीवाद, नव्य-साम्राज्यवाद, नवउपनिवेशवाद, फ़ासीवाद की अवधारणाओं पर नयी बहसें उठीं। इन बहसों में नामवर सिंह कूदे और इन्हें अपनी केंद्रीय चिंता माना। *ज़माने से दो दो हाथ* जैसी उनकी पुस्तक इसका प्रमाण है। इस प्रकार नामवर सिंह साहित्य की सीमा से बाहर निकल कर बौद्धिक-विचारक की भूमिका में आ गये। कभी वे हिंदी नवजागरण की अवधारणा, कभी मैथिलीशरण गुप्त की *भारत-भारती* कभी 'शमशेर की शमशेरियत' पर चिंतन करते दिखाई दिये। *पृथ्वीराजरासो : भाषा-साहित्य, हिंदी के विकास में अपभ्रंश का योग* से शुरुआत करने वाले नामवर सिंह ने *साहित्य की पहचान, आलोचक के मुख से, आलोचना और विचारधारा, साथ साथ, सम्मुख, प्रेमचंद और भारतीय समाज* जैसी पुस्तकों के लेखों

से हिंदी समाज में नया चिंतन विकसित करने का महत्त्वपूर्ण कार्य किया। नामवर सिंह अपने व्याख्यानों की संरचना को ज़रूरत के अनुसार बदलने में श्रम-तप करते हैं। नतीजतन वे जटिल विषय को सहजता से स्पष्ट करते हैं— तर्क और संवाद उसमें हिला-मिला रहता है।

देखें : अष्टछाप, 'अंग्रेज़ी हटाओ' आंदोलन, छायावाद, डायग्लॉसिया, नगेंद्र और सैद्धांतिक समीक्षा, नयी कविता, नंद दुलारे वाजपेयी, प्रेमचंद, प्रयोगवाद, प्रगतिवाद, पाश्चात्य काव्यशास्त्र, भक्ति आंदोलन-1 और 2, भक्ति-काव्य-1 और 2, भारतेंदु हरिश्चंद्र, भारतेंदु युग-1 और 2, भाषा नियोजन-1 से 4 तक, भाषा के मार्क्सवादी सिद्धांत, महावीर प्रसाद द्विवेदी, महादेवी वर्मा, मीरांबाई और प्रेमाभक्ति, राहुल सांकृत्यायन, रामानुजाचार्य, रामानंद, रामचंद्र शुक्ल-1 और 2, रामविलास शर्मा, राष्ट्रीय-सांस्कृतिक कविता, रीतिकाल-1 और 2, विजय देव नारायण साही, वैष्णव धर्म, श्याम सुंदर दास, सम्पर्क भाषा-1 से 4 तक, संविधान सभा में भाषा-विवाद-1, 2 और 3, सच्चिदानंद हीरानंद वात्स्यायन अज्ञेय, संत-काव्य, संस्कृत काव्यशास्त्र, सिद्ध-नाथ परम्परा, सूफ़ीयत और प्रेमाख्यान, हजारी प्रसाद द्विवेदी, हिंदी विरोधी आंदोलन, हिंदी जाति-1, 2 और 3, हिंदी साहित्य का आदिकाल, हिंदी साहित्य का इतिहास, हिंदी साहित्य का इतिहास : नये परिप्रेक्ष्य, हिदी-पद्य में इतिहास, हिंदी-जगत और 'लोकप्रिय'-1 और 2, हिंदी नवजागरण, हिंदी-संस्थाएँ।

संदर्भ

1. रामस्वरूप चतुर्वेदी (1993), हिंदी साहित्य और संवेदना का विकास, लोकभारती प्रकाशन, इलाहाबाद.
2. महेंद्र राजा जैन (2012), *नामवर विचार कोश*, नयी किताब, दिल्ली.
3. भारत यायावर (2012), *नामवर होने का अर्थ*, किताबघर, नयी दिल्ली.
4. कृष्णदत्त पालीवाल (2013), हिंदी आलोचना: समसामयिक परिदृश्य, सामयिक प्रकाशन, नयी दिल्ली.
5. नामवर सिंह (2012), *आलोचना और विचारधारा*, राजकमल प्रकाशन, नयी दिल्ली.
6. डॉ. नामवर सिंह (2012), *हिंदी का गद्य पर्व*, राजकमल प्रकाशन, नयी दिल्ली.

— कृष्णदत्त पालीवाल

नारीवादी दर्शन

(Feminist Philosophy)

नारीवादियों ने दर्शन के क्षेत्र में कई कोणों से हस्तक्षेप किया है। उन्होंने न केवल दार्शनिकों द्वारा रची गयी स्त्री की छवियों पर आलोचनात्मक निगाह डाली है, बल्कि एक अनुशासन के रूप में दर्शन की संरचना में निहित ज्ञान की राजनीति के विभिन्न पहलुओं की शिनाख़्त भी की है। नारीवादी दार्शनिकों ने दिखाया है कि किस तरह दर्शन ही अपने-आप में एक पौरुषपूर्ण प्रोजेक्ट बना कर रख दिया गया है। उन्होंने अतीत की उन नारीवादी दार्शनिकों पर दोबारा रोशनी फेंकी है जिनके विमर्श की पुरुष-प्रभुत्व के तहत उपेक्षा होती रही है। इस सबके साथ-साथ नारीवादी विदुषियों ने दर्शन के क्षेत्र में अपने मौलिक योगदान भी किये हैं। लगभग सभी विदुषियों ने बिना किसी अपवाद के यह सवाल तो उठाया ही है कि क्या दर्शन को सेक्शुअल भिन्नता के सवाल पर तटस्थता का दावा करने दिया जा सकता है? अगर दर्शन के क्षेत्र में पुरुषों का ज़बरदस्त अधिपत्य केवल एक ऐतिहासिक संयोग है तो ऐसा क्यों है कि ज्ञान का यह प्रमुख क्षेत्र पुरुष-मूल्यों से आच्छादित हो कर स्त्री-द्वेषी हो गया है? मुख्य रूप से इन प्रश्नों की रोशनी में अपने दार्शनिक विमर्श की रचना करते हुए नारीवादियों ने व्यक्ति होने, किसी अस्मिता का स्वामी होने और ज्ञानमीमांसा से संबंधित विषयों को नया मोड़ देने की कोशिश की है। इन तीन मुक़ामों के अलावा नारीवादियों ने राजनीतिक दर्शन के क्षेत्र में भी विशेष योगदान किया है। उन्होंने समानता, न्याय, सत्ता, अधिकार और सामाजिक संगठन के दायरों में सिद्धांतीकरण के नारीवादी पक्षों को उजागर किया है। यहाँ यह स्पष्ट कर देना ज़रूरी है कि नारीवाद के उभार से पहले भी कुछ गिनी-चुनी स्त्रियाँ दार्शनिक चिंतन करती रहीं हैं। आज भी कुछ ऐसी उल्लेखनीय विदुषियाँ हैं जो ख़ुद को नारीवादी नहीं कहतीं, लेकिन इसके बावजूद उनके सूत्रीकरणों से नारीवादी विमर्श को पुष्ट होने का मौक़ा मिलता है।

प्लेटो और अरस्तू से लेकर देकार्त के विमर्श को देख कर एकबारगी तो ऐसा लगता ही है कि जैसे इन दार्शनिकों ने स्त्री को दर्शन की सीमाओं से बाहर रखने की परियोजना चला रखी हो। इन सभी ने नारी को परिवार, प्रजनन और मातृत्व के साथ जोड़ कर एक संकुचित दायरे में जड़ीभूत कर दिया था। हिगेल ने तो प्राइवेट स्फ़ियर और पब्लिक स्फ़ियर का अलग-अलग निर्धारण करते हुए प्राइवेट स्फ़ियर लाँघ कर पब्लिक स्फ़ियर में जा सकने की क्षमता ही स्त्री से छीन ली थी। दर्शन के क्षेत्र में अगर स्त्रियाँ थीं तो उनकी स्थिति मातहत जैसी थी। देकार्त और बोहीमिया की राजकुमारी

एलिज़ाबेथ के संबंध इसकी मिसाल हैं। स्त्री-पुरुष असमानता को जिन दार्शनिक विचारों ने और पुष्ट किया उनमें जैविक तात्त्विकतावाद की ख़ास भूमिका रही। इसमें व्यक्तियों के एक समूह को जन्मना श्रेष्ठ और योग्य (पुरुष) और दूसरे समूह को जन्मना सामान्य (नारी) माना गया। लैंगिक विभेद के इस जीवशास्त्रीय सिद्धांत ने समाज को बड़े पैमाने पर प्रभावित किया। इसकी अवशिष्ट प्रवृत्तियाँ आज भी जेंडर-लोकतंत्र की स्थापना में बाधक बनी हुई हैं।

अनेक नारीवादी विचारकों ने पुरुष दार्शनिकों की इस मनोवृत्ति को समझने की चेष्टा की। सत्तर के दशक में केट मिलेट, जरमेन ग्रीयर और मेरी एल्मन ने लैंगिक लेखन का पुनर्पाठ शुरू किया जो आज भी जारी है। इसी क्रम में जेन फ़्लेक्स ने 1983 में प्लेटो, देकार्त, हॉब्स और रूसो के ज्ञानमीमांसक और तत्त्वमीमांसक सिद्धांतों का आकलन करते हुए कहा कि ये विद्वान अपने सिद्धांतों में जिन आरम्भिक शैशवोचित अनुभवों की अस्वीकृति और दमन प्रस्तुत करते हैं वह विशेष रूप से पुरुष साइकोसेक्शुअलिटी का ही विकास है। वे आगे कहती हैं कि किसी भी सिद्धांत-प्रतिपादक के जेंडर और उस सिद्धांत की शुद्धता और अशुद्धि के मध्य एक वस्तुनिष्ठ संबंध होता है। नैंसी हार्टसोक की राय में यह संबंध उस सिद्धांत की पूर्णता के लिए प्रासंगिक है। फ़्लेक्स का दावा है कि इसीलिए पुरुष दार्शनिकों द्वारा प्रतिपादित सिद्धांत अपने मैस्क्युलिन आग्रहों के कारण असत्य होते हैं। फ़्लेक्स के इन विचारों की आलोचना भी हुई। ए. क्राउच ने जीन ग्रिमशा के एक उद्धरण के हवाले से कहा कि सभी पुरुष दार्शनिकों द्वारा प्रतिपादित सिद्धांत मिथ्या नहीं होते और यह सुनिश्चित कर पाना कठिन है कि किस सिद्धांत के मूल में जेंडर थियरी है और क्या इस दृष्टि से वह सिद्धांत प्रश्नांकित होना चाहिए? फ़्लेक्स के दो साल बाद ही फ्रांसीसी दार्शनिक ल्यूस इरिगरे की विख्यात रचना *स्पेकुलम ऑफ़ द अदर वुमॅन* प्रकाशित हुई। इरगरे ने प्लेटो द्वारा *रिपब्लिक* में माँ, गर्भ और पुरुष की स्त्री पर निर्भरता की उपेक्षा की तरफ़ ध्यान खींचा। इसके कारणों की खोज करते हुए उन्होंने फ्रॉयड प्रदत्त मृत्यु-कामना के मनोवैश्लेषिक सिद्धांत का विश्लेषण किया।

नारीवादी दर्शन की इन आधुनिक बहसों से काफ़ी पहले अट्ठारहवीं के मध्य से शुरू हुए सिलसिले के तहत आंत्वाँ द कोंदोर्स, ओलिम्पी द गूजे, जॉन स्टुअर्ट मिल, मैरी वोल्सनक्रॉफ़्ट, जेम्स स्टर्बा, ज्याँ-पाल सार्त्र, सिमोन द बोउवार, रॉबर्ट ओवेन और चार्ल्स फ़ूरिये आदि ने स्त्रियों की स्वतंत्रता-समानता के पक्ष में और लैंगिक विभेदीकरण के ख़िलाफ़ पुरज़ोर दलीलें दीं। ख़ास तौर से मैरी वोल्सनक्रॉफ़्ट की रचना *अ विंडीकेशन ऑफ़ द राइट्स ऑफ़ वुमॅन* में नारीवादी दर्शन के प्रतिमान बनाने के संकेत दिखाई पड़ते हैं। वोल्सनक्रॉफ़्ट ने दावा किया कि पुरुष की भाँति स्त्री भी तर्कबुद्धि और सदाचार के आदर्शों की प्राप्ति कर सकती है। उन्होंने रूसो की आलोचना की कि वे स्त्री को बौद्धिक गतिविधियों के योग्य नहीं मानते थे, जबकि असलियत यह थी कि स्त्री-शिक्षा का ढाँचा ही उसके भीतर इन क्षमताओं का विकास नहीं होने देता था। रूसो यह भी मानते थे कि सदाचार और सद्गुणों के दायरे स्त्री और पुरुष के लिए अलग-अलग हैं। वोल्सनक्रॉफ़्ट ने इस अलगाव की आलोचना की। इस तरह के दार्शनिक हस्तक्षेपों ने आधुनिक नारीवादी दर्शन की नींव रखी। इसी का प्रतिफल बीसवीं सदी में सत्तर के दशक से दिखना शुरू हुआ। तत्कालीन नारीवादी महिला / पुरुष विचारकों के प्रयासों और अनेक नारीवादी संगठनों और नारी के पक्ष में प्रकाशित होने वाले पत्र-पत्रिकाओं के अभ्युदय ने नारीवादी दर्शन को व्यापक स्वीकृति प्रदान करवायी।

एन. फ़र्ग्युसन के मुताबिक़ सत्तर के दशक में नारीवादी दर्शन की तीन प्रवृत्तियाँ प्रचलित थीं— सुधारवादी (रैडिकल) आलोचना, लैंगिक विभेद सिद्धांत और उत्तर-आधुनिक सिद्धांत। स्त्रियों के अधिकार और उनकी सामाजिक समानता के लिए चले राजनीतिक संघर्ष और उसकी सफलता में लिबरल फ़ेमिनिस्ट और उसी से पृथक होकर निर्मित रैडिकल ग्रुप का महत्त्वपूर्ण योगदान था। सिमोन द बोउवार के ग्रंथ *द सेकेंड सेक्स* ने नारीवादी दर्शन को एक नया आयाम दिया। इसकी प्रमुख स्थापना थी कि स्त्री पैदा नहीं होती, बल्कि बना दी जाती है। बेट्टी फ्रीडन ने *द फ़ेमिनिन मिस्टीक* नामक रचना में इसी तर्क को आगे बढ़ाते हुए, समाज द्वारा स्त्रियों की बेबी वुमॅन निर्मिति को स्पष्ट किया। हीगेल द्वारा प्रतिपादित पब्लिक मैन / प्राइवेट वुमॅन जैसे सिद्धांत के विपक्ष में जेम्स स्टर्बा ने पब्लिक और प्राइवेट दोनों जगह स्त्री-पुरुष के सहअस्तित्व पर बल दिया। इसके आधार में मिल द्वारा प्रतिपादित उभयलिंगी व्यक्तित्व की अवधारणा थी। स्टर्बा का मत है कि पुरुष में स्त्रियोचित और स्त्रियों में पुरुषोचित गुणों के विकास के लिए उन्हें समान अवसर प्राप्त होने चाहिए और इसीलिए पुरुष को स्त्रियों के घर के कामों में भागीदारी करनी चाहिए। मार्क्स और एंगेल्स की रचनाओं पर आधारित मार्क्सवादी / समाजवादी विचार सामने आने पर वर्षों से निर्मित प्राइवेट वुमॅन की छवि को और ठेस पहुँची। उन्होंने उद्‌घाटित किया कि निजी सम्पत्ति पर आधारित सामाजिक-संस्थाओं और मूल्यों के अस्तित्व में आने के साथ ही स्त्री का शोषण शुरू हुआ। मार्क्स और एंगेल्स का निष्कर्ष यह था कि स्त्री-मुक्ति के लिए सामाजिक, राजनीतिक और कामकाजी जीवन में उनकी उपस्थिति बढ़ायी जानी चाहिए। पूँजी के दाता (पुरुष) और याचक (स्त्री) के एकरेखीय प्रवाह से स्त्रियों की दशा और

शोचनीय ही होगी। लेकिन हीदी हार्टमैन और नृविज्ञानी गेल रुबीन ने इस संदर्भ में प्रश्न उठाया कि स्त्रियाँ अधीनस्थ हुईं कैसे? उन्होंने कहा कि मार्क्स / एंगेल्स की अवधारणा में इसकी व्याख्या नहीं है। अतः स्त्रियों को दोहरी लड़ाई लड़नी होगी। एक घर में पितृसत्तात्मकता से और दूसरी बाहर पूँजीवादी ताक़तों से। रुबीन के आरम्भिक कार्य को जुलिएट मिचेल ने विस्तार देते हुए एक द्विविध सिस्टम्स सिद्धांत की स्थापना की जिसने मार्क्सवाद और मनोविश्लेषणवाद का विलय कर दिया। कालांतर में नैंसी शौदॅरौ, डोरोथी डिनरस्टीन, ल्यूस इरिगरे और जेसिका बेंजामिन ने मार्क्सवाद से बचते हुए विशुद्ध मनोवैश्लेषिक अवधारणाएँ प्रस्तुत कीं।

सत्तर के दशक के अंत और अस्सी के दशक के शुरू में नारीवादी दर्शन ने पितृसत्तात्मकता और हेटेरोसेक्शुअलिटी (इतरलैंगिकता) के मार्क्सवादी, समाजवादी और सुधारवादी (रैडिकल) सिद्धांतों की तो कड़ी परीक्षा की ही, उन्होंने केनन की नारीवादी आलोचना, एक तरफ़ तो दर्शन के नारीवादी इतिहास की प्रतिपूर्ति की परियोजना भी चलाई। अस्सी के दशक में जो नारीवादी विचारक लैंगिक विभेद के परिप्रेक्ष्य से पूरी तरह सहमत नहीं लग रही थीं, वे भी नब्बे के दशक में इसके पक्ष में खड़ी दिखाई दीं— जैसे मार्था नुसबाम, लूसी एंटनी, हेलेन लैंगिनो, नैंसी हार्टसोक, सांद्रा हार्डिंग आदि।

आठवें दशक के मध्य से पोर्नोग्राफ़ी, रेप, मीडिया निर्मित विकृत नारी छवियाँ, स्त्रियों के अपने रिश्ते जैसे कहीं अधिक मानवीय प्रश्नों पर चर्चा शुरू हुई। गर्भपात को सत्तामूलक, ज्ञानमीमांसक, राजनीतिक एवं नैतिक मुद्दा माना गया। नारीवादी स्वरों में लेस्बियन मुद्दों की मुखरता ने नारी आंदोलन को विस्तार दिया और सामाजिक निर्माण के रैडिकल सिद्धांतों में लेस्बियन के लिए सेक्शुअल आज़ादी को जोड़ा। इस सिलसिले ने पृथकतावादी लेस्बियन नारीवादी समुदाय के लिए राजनीतिक अभ्यास के साथ रैडिकल जीवन शैली का समीकरण स्थापित करने की गुंजाइशें प्रदान कीं।

उत्तर-आधुनिकतावाद और उत्तर-संरचनावाद के दौर में नारीवादी दर्शन, स्त्री की छवि, उसके अनुभवों, अनुभूतियों, उसके मन और उसकी देह को केंद्रित कर विकसित हुआ। इसमें भाषा एक महत्त्वपूर्ण औज़ार बनी। इसी मुक़ाम पर नारीवादी दर्शन के विकास के संदर्भ में ज़ाक देरिदा से हुए टकराव का उल्लेख आवश्यक है। देरिदा उन समकालीन दार्शनिकों में से एक थे जिनके विमर्श में स्त्री केंद्रीय स्थान रखती है। स्त्री उनके लिए एक ऐसी शै है जिसके बारे में अभी तक फ़ैसला नहीं किया जा सका है, यानी किसी भी तात्पर्य के निर्धारित तत्त्वमीमांसक ढाँचे से स्त्री कतरा सकती है या उसे अस्थिर कर सकती है। दिलचस्प बात है कि देरिदा नारीवाद की तिरस्कारपूर्ण आलोचना करते थे। विसंरचनात्मक प्रविधि पर आधारित उनके अपने शास्त्र में नारीवादी विद्वत्ता का हवाला शायद ही कभी दिया गया हो। सम्भवतः इसकी वजह यह थी कि वे द्विभाजनों के ख़िलाफ़ थे और नारीवादियों द्वारा किये जाने वाले भिन्नता आधारित जेंडर-द्विभाजन को भी पश्चिमी दर्शन के स्थापित रवैये का अंग मानते थे। जेंडर-भिन्नता का आग्रह वास्तविक बहुलता की सम्भावनाओं का हनन करता है। उनका कहना था कि स्त्री जब अपनी आवाज़ हासिल करने का दावा करती है तो उसकी कोशिश का अंत दरअसल पुरुष की तरह बोलने में होता है। नारीवादियों के रवैये से हटते हुए देरिदा ने स्वयं नारी की तरह बोलने की इच्छा व्यक्त की। उनकी इस कोशिश की नारीवादियों की तरफ़ से यह कह कर आलोचना की गयी कि 'औरत की तरह बोलना' और 'औरत के रूप में बोलना' दो अलग-अलग बातें हैं।

देखें : अश्वेत नारीवाद, आनंदीबाई जोशी, इस्लामिक नारीवाद, गायत्री चक्रवर्ती स्पिवाक, चिपको आंदोलन, जूडिथ बटलर, जेंडर, दलित नारीवाद, देवदासी, देवकी जैन, नारीवाद, नारीवाद की पहली लहर, नारीवाद की दूसरी लहर, नारीवाद की तीसरी लहर, नारीवाद और अर्थशास्त्र, नारीवादी फ़िल्म-सिद्धांत, नारीवादी इतिहास-लेखन, नारीवाद और अर्थशास्त्र, नारीवाद और साम्प्रदायिकता, नैंसी शोदॅरौ, पर्यावरणीय नारीवाद, पब्लिक-प्रायवेट, पण्डिता रमाबाई सरस्वती, पितृसत्ता, प्रेम, प्रेम-अध्ययन और नारीवादी दर्शन, भारत में स्त्री-आरक्षण-1 और 2, महादेवी वर्मा, मैरी वोल्सनक्रॉफ़्ट, राजनीतिक दर्शन के नारीवादी आयाम, रमाबाई रानाडे, ल्यूस इरिगरे, स्त्री और साम्प्रदायिकता, स्त्री-श्रम, सम्पत्ति : नारीवादी परिप्रेक्ष्य, सिमोन द बोउवार, स्त्री-आरक्षंण, हेलन सिचू।

संदर्भ

1. एल. एल्कॉफ़ और ई. पॉटर (1993), *फ़ेमिनिस्ट इपिस्टेमोलॅजीज़,* रॉटलेज, लंदन.
2. एल. एंटनी और सी. विट (सम्पा.) (1993), *अ माइंड ऑफ़ वंस ओन,* वेस्टव्यू प्रेस, बोल्डर, सीओ.
3. नैसी शौदॅरौ (1978), *द रिप्रोडक्शन ऑफ़ मदरिंग,* युनिवर्सिटी ऑफ़ केलिफ़ोर्निया प्रेस, बर्कले.
4. जे. फ्लेक्स (1983), 'पॉलिटिकल फ़िलॉसफ़ी ऐंड पैर्टियार्कल अनकांशस', सांद्रा हार्डिंग और एम. हिंतिका (सम्पा.), *डिस्कवरिंग रियलिटी : फ़ेमिनिस्ट पर्सपेक्टिव्ज़ ऑन इपिस्टेमोलॅजी, मेटाफ़िज़िक्स, ऐंड द फ़िलॉसफ़ी ऑफ़ साइंस,* डी. रीडल, लंदन.
5. ल्यूस इरिगरे (1985), *स्पेकुलम ऑफ़ द अदर वुमॅन,* कॉर्नेल युनिवर्सिटी प्रेस, इथाका.
6. जे. कौरेना (सम्पा.), *फ़िलॉसफ़ी इन अ फ़ेमिनिस्ट वॉयस : क्रिटीक्स ऐंड रिकंस्ट्रक्शन,* प्रिंसटन युनिवर्सिटी प्रेस, प्रिंसटन, एनजे.
7. मैरी वोल्सनक्रॉफ्ट (1792/1975), *अ विंडीकेशन ऑफ़ द राइट्स ऑफ़ वुमॅन,* पेंगुइन बुक्स, हारमंड्सवर्थ.
8. ए. जैगर और आई.एम. यंग (सम्पा.) (1998), *अ कम्पैनियन टु फ़ेमिनिस्ट फ़िलॉसफ़ी,* ब्लैकवेल, ऑक्सफ़र्ड.

— श्रुति

नारीवाद

(Feminism)

नारीवाद ने बीसवीं सदी के दौरान समाज-वैज्ञानिक चिंतन को सबसे ज़्यादा प्रभावित किया है। नारीवाद के असर के कारण ज्ञान के लगभग सभी अनुशासन अपनी स्थापित मान्यताओं और सैद्धांतिकी पर स्त्री के दृष्टिकोण से दोबारा विचार करने पर मजबूर हुए हैं। नारीवादी हस्तक्षेप के कारण निजी और सार्वजनिक संबंधी धारणाएँ पहले जैसी नहीं रह गयी हैं। नारीवाद एक जटिल परिघटना है जिसकी कोई एक व्याख्या या परिभाषा रेखांकित नहीं की जा सकती। नारीवाद के कई संस्करण सक्रिय हैं जिनमें उदारतावादी नारीवाद, समाजवादी/मार्क्सवादी नारीवाद, रैडिकल नारीवाद और मनोवैश्लेषिक नारीवाद विशेष रूप से उल्लेखनीय हैं। लेकिन बहुवाचिक और बहुसंदर्भिक होने के बावजूद सभी तरह के नारीवादी उन तमाम अन्यायों के ख़िलाफ़ संघर्ष के लिए एकमत हैं जो स्त्री पर उसकी भिन्न जैविकी के कारण हमेशा से थोपे जाते रहे हैं। तरह-तरह की पारम्परिक कट्टरताओं, स्त्री विरोधी रूढ़ियों, अत्याचारों और पुरुषों की मनमानियों के ख़िलाफ़ लम्बी ऐतिहासिक जद्दोजहद चलाते हुए इस विचार के समर्थकों ने दुनिया के पैमाने पर एक प्रबल आंदोलन खड़ा किया है। आधुनिक नारीवाद की राजनीतिक भाषा और उद्देश्यों पर फ्रांसीसी क्रांति और युरोपीय ज्ञानोदय से निकले विचारों की छाप देखी जा सकती है। उदारतावाद, बुद्धिवाद, मार्क्सवाद, मनोविश्लेषण, यूटोपियाई और स्वच्छंदतावादी चिंतन का सहारा लेकर नारीवाद विद्वान एक विशद और परिष्कृत बौद्धिकता विकसित करने में कामयाब रहे हैं।

पश्चिम में मध्ययुगीन और रिनेसाँकालीन लेखकों ने स्त्री की सामाजिक पहचान से संबंधित विषयों को स्पर्श किया था। क्रिस्टीन डि पिसाँ की रचना *बुक ऑफ़ द सिटी ऑफ़ लेडीज़* (1405) एक ऐसी ही कृति थी। उन्नीसवीं सदी में काल्पनिक समाजवादी चिंतक चार्ल्स फ़ूरिए ने पहली बार फ्रांसीसी शब्द फ़ेमिनिज़मे का प्रयोग किया था। फ़ेमिनिज़म का प्रयोग शुरू में पुरुष की देह में स्त्री-गुणों के होने अथवा स्त्री के पुरुषोचित व्यवहार के सन्दर्भ में किया जाता था। 20 वीं सदी के प्रारम्भिक दशकों में संयुक्त राज्य अमेरिका में इस शब्द का प्रयोग कुछ महिलाओं के उस समूह के लिए किया गया जो स्त्रियों की एकता, मातृत्व के रहस्यों तथा स्त्रियों की पवित्रता इत्यादि मुद्दों पर एकजुट हुई थीं। इसके बाद बहुत जल्दी ही इसका राजनीतिक प्रयोग उन प्रतिबद्ध महिला समूहों के लिए किया जाने लगा जो स्त्रियों की सामाजिक भूमिका में परिवर्तन के लिए संघर्ष कर रही थीं। नारीवाद को उसका आधुनिक रूप देने में 1792 में प्रकाशित मैरी वोल्सनक्रॉफ़्ट की रचना *विंडीकेशन ऑफ़ द राइट्स ऑफ़ वुमॅन* और 1869 में प्रकाशित जॉन स्टुअर्ट मिल की क्लासिक रचना द *सब्जेक्शन ऑफ़ वुमॅन* की उल्लेखनीय भूमिका है। 1903 में स्थापित वुमंस सोशल ऐंड पॉलिटिकल यूनियन जैसे संगठनों ने औरतों को वोट का अधिकार दिलाने के लिए प्रभावशाली मुहिमें चलायी। बीसवीं सदी में नारीवादी विद्वत्ता और सैद्धांतिकी के विकास में सिमोन द बोउवार की विख्यात रचना द *सेकण्ड सेक्स* ने अभूतपूर्व योगदान दिया।

नारीवाद के इतिहास को उसकी लहरों के संदर्भ में व्यक्त किया जाता है। यह चलन साठ के दशक में उस समय हुआ जब आंदोलन में आयी तेज़ी की तुलना इससे ठीक पहले आए ठंडे दौर से की गयी। यह माना गया कि 1850 से 1920 के बीच आर्थिक समानता, माताओं को राज्य द्वारा सुविधाएँ देने, समान वेतन और समान शिक्षा को केंद्र बना कर नागरिक अधिकार आंदोलन की नारीवादी अभिव्यक्ति उभरी। इसे ही मोटे तौर पर नारीवाद की पहली लहर के तौर पर देखा जाता है। आंदोलन में साठ के दशक तक कोई नयी प्रवृत्ति नहीं उभरी और उसकी अग्रगति भी थमी रही। दरअसल, द्वितीय विश्व-युद्ध के बाद से ही नारीवादियों ने अपने उत्पीड़न की सांस्कृतिक प्रकृति पर गहरायी से ग़ौर करना शुरू कर दिया था। इस दौरान हुए चिंतन और गतिविधियों को दूसरी लहर के रूप में साठ के दशक के दौरान अपना शिखर मिला। अस्सी के दशक में नारीवाद की तीसरी लहर के दौरान स्त्री और उसके सार को समझने की कोशिशें नये सिरे से हुईं। इसी दौरान नारीवादी आंदोलन और विद्वत्ता पर हावी पश्चिम-केंद्रीय गौरांग दृष्टि को कड़ी समीक्षा से गुज़रना पड़ा।

नारीवादी ज्ञान को लम्बे अरसे तक अनौपचारिक तथा अवैध ज्ञान समझा जाता रहा है। सामाजिक वैधता के इसी अभाव के कारण कई स्त्रियाँ अपने अधिकारों के प्रति जागरूक होते हुए भी विभिन्न कारणों से स्वयं को नारीवादी कहलाना पसंद नहीं करती थीं। इसलिए आधुनिक नारीवादियों के लिए ज़रूरी था कि वे इन विचारों को स्त्रियों के व्यापक समूहों के बीच प्रसारित करते हुए उनके प्रति आस्था पैदा करें। दिलचस्प बात यह है कि नारीवाद को लोकप्रिय करने के लिए किये गये बौद्धिक और राजनीतिक प्रयासों के दौरान यह परिघटना किसी एक विचार या दर्शन से जुड़ने के बजाय उत्तरोत्तर दृष्टिकोण-बहुल होती चली गयी। नारीवाद की इस विविधता और बहुलता को दो नज़रियों से देखा जाता है। कई आलोचक इसे नारीवाद में अंतर्निहित कमज़ोरियों का प्रमाण बताते हुए कहते हैं कि इसी कारण से इस विचार के तार्किक पहलू कमज़ोर पड़ गये हैं। दूसरी तरफ़ यह भी माना जाता है कि वैचारिक विविधताओं तथा विभेदों ने नारीवाद के सैद्धांतिक धरातल को और भी

समृद्ध किया है। बुनियादी लक्ष्य सभी का एक है, सिर्फ़ उसे व्याख्यायित करने एवं उस तक पहुँचने की प्रविधि में विविधता है। अर्थात् नारीवाद विभिन्नताओं का समारोह है।

उदारतावादी चिंतन ने नारीवादियों को अधिकारों की भाषा सिखायी है जिसके ज़रिये वे परम्परा द्वारा अपने ऊपर थोपी गयी भूमिकाओं को ख़ारिज करते हुए सार्वजनिक जीवन में अधिकारगत और अवसरगत समानता की दावेदारी करती हैं। उदारतावादी नारीवाद जनतांत्रिक व्यवस्था के भीतर राजनीतिक और क़ानूनी प्रक्रियाओं के माध्यम से स्त्रियों की सामाजिक अधीनता की स्थिति का समाधान तलाशता है। वोल्सनक्राफ्ट की मान्यता थी कि यदि स्त्री-पुरुष को समान शिक्षा दी जाए तो समाज में वे समान अवसर प्राप्त कर सकेंगी। उदारतावादियों से अलग हटते हुए रैडिकल और समाजवादी नारीवाद अपनी राजनीति स्पष्ट करने के लिए क्रांति तथा मुक्ति जैसे शब्दों का प्रयोग करता है। उसका ज़ोर सामाजिक यथास्थिति की व्यवस्था पूर्णत: उलट देने पर होता है। समाजवादी नारीवाद ने वर्ग की मार्क्सवादी धारणा के साथ जेंडर के प्रश्न को जोड़ने के लिए काफ़ी वैचारिक संघर्ष किया है।

रैडिकल नारीवाद की प्रारम्भिक प्रस्थापनाओं में भी यह पूर्वानुमान निहित था कि यदि स्त्री की समस्याओं के लिए पुरुष ज़िम्मेदार है तो उसके समाधान में भी वह बराबर की भूमिका निभायेगा। लेकिन नारीवाद की इस क़िस्म को स्त्री को कमतर मानने वाली प्रचलित धारणाओं के समझौताविहीन विरोध तथा पुरुष विरोधी रुख के लिए जाना जाता है। रैडिकल नारीवादियों का उदय विशेष रूप से संयुक्त राज्य अमेरिका में साठ के दशक में उभरे विभिन्न वामपंथी तथा नागरिक अधिकार आंदोलनों के दौर में हुआ। उनकी राजनीति थी तो वामपंथी, लेकिन वे वामपंथी आंदोलनकारियों के वर्चस्वकारी पौरुषपूर्ण व्यवहार से खिन्न हो गयीं और उन्होंने अपने आंदोलन को अलग से संगठित करना शुरू किया ताकि पुरुष केंद्रित ज्ञान और राजनीति से परे स्त्रियों के शोषण की समझ बनायी जा सके। उनका यह दृढ़ विश्वास था कि स्त्री केंद्रित राजनीति ही औरतों के लिए समाज में स्थान बनाने की युक्ति निकाल सकती है। नव-वामपंथी और नागरिक आंदोलनों के अनुभवों से सीख लेकर उभरा रैडिकल नारीवाद ऐसा राजनीतिक संगठन चाहता था जो पुरुषवाद की विकृति से मुक्त हो।

ज़िग्मंड फ्रॉयड और ज़ॉक लकाँ के विमर्श ने मनोवैश्लेषिक नारीवाद को जन्म दिया है। फ्रॉयड चूँकि शिश्न-ईर्ष्या (या शिश्न-अभाव) से परे जाने में असमर्थ रहे थे इसलिए उनका विश्लेषण स्त्री की मातृमनोग्रंथि का संतोषजनक सिद्धातीकरण नहीं कर पाये। फ्रॉयड के बजाय नारीवादियों ने ज़ाक लकाँ द्वारा भाषा के महत्त्व पर दिये गये ज़ोर से प्रेरणा ली और पितृसत्तात्मक भाषा को वि-संरचना के औज़ारों से सम्बोधित करना शुरू कर दिया। साइकोएनालिसिस और डिकंस्ट्रक्शन को जोड़ते ही नारीवादी सिद्धांत फ़िल्म या किसी भी साहित्यिक या कलात्मक पाठ को खोलने की क्षमता से लैस हो गया। नारीवादी विद्वानों ने दावा किया कि केवल पुरुष की ही मातृमनोग्रंथि नहीं होती बल्कि स्त्री की भी होती है, और शिश्न-ईर्ष्या की अवधारणा एक पितृसत्तात्मक गढ़ंत है। उन्होंने फ्रॉयड के इस दावे को चुनौती दी कि बच्चा अपनी माँ को पुरुष के शिश्न-रहित संस्करण के रूप में देखता है। इस बौद्धिक उद्यम के पीछे कोशिश यह थी कि स्त्रीत्व को पुरुषत्व के संदर्भ-बिंदु की गिरफ़्त से निकाला जाए।

नारीवादी समूहों ने अश्वेत, कामगार, समलैंगिक और विभिन्न यौनिक पहचान वाली स्त्रियों को अपने आंदोलन का हिस्सा बनाने के लिए अपने भीतर जम कर बहस चलायी है। इसी प्रक्रिया में अश्वेत नारीवाद और भारत में दलित नारीवाद का विकास हुआ है। उत्तर-आधुनिक तथा उत्तर-संरचनावादी हस्तक्षेप ने नारीवादी विचार के वैविध्य को और समृद्ध किया है। डेढ़ सौ साल लम्बे सफ़र के बाद आज नारीवाद राजनीतिक सक्रियता और सिद्धांतीकरण के एक ऐसे मानीख़ेज़ और लाभकारी मुक़ाम पर खड़ा है जहाँ उसके भीतर विभिन्न मत-मतांतरों के रचनात्मक पहलुओं का सार-संकलन किया जा सकता है। इस परिस्थिति का लाभ उठाते हुए आज का नारीवाद स्त्री की राजनीति, नागरिकता, रोज़गार, ग्लोबल अर्थव्यवस्था, सेक्शुअलिटी, सत्ता, नस्ल, जाति और जातीयता के प्रश्नों पर कहीं गहन सकारात्मकता और तत्परता से पूरे आंदोलन को दिशा देने में समर्थ है। आज का नारीवाद तात्त्विकतावाद की समस्या के अधिक संतुलित समाधान तक पहुँच सकता है। इसी तरह आज का नारीवाद उत्तर-आधुनिकता और उत्तर-संरचनावादी सिद्धांतों की चुनौतियों का उत्तर देने में भी कहीं अधिक सक्षम है।

देखें : अश्वेत नारीवाद, आनंदीबाई जोशी, इस्लामिक नारीवाद, गायत्री चक्रवर्ती स्पिवाक, चिपको आंदोलन, जूडिथ बटलर, जेंडर, दलित नारीवाद, देवदासी, देवकी जैन, नारीवाद, नारीवाद की पहली लहर, नारीवाद की दूसरी लहर, नारीवाद की तीसरी लहर, नारीवाद और अर्थशास्त्र, नारीवादी दर्शन, नारीवादी फ़िल्म-सिद्धांत, नारीवादी इतिहास-लेखन, नारीवाद और अर्थशास्त्र, नारीवाद और साम्प्रदायिकता, नैंसी शोदॅरौ, पर्यावरणीय नारीवाद, पब्लिक-प्रायवेट, पण्डिता रमाबाई सरस्वती, पितृसत्ता, प्रेम, प्रेम-अध्ययन और नारीवादी दर्शन, भारत में स्त्री-आरक्षण-1 और 2, महादेवी वर्मा, मैरी वोल्सनक्रॉफ़्ट, राजनीतिक दर्शन के नारीवादी आयाम, रमाबाई रानाडे, ल्यूस इरिगरे, स्त्री और साम्प्रदायिकता, स्त्री-श्रम, सम्पत्ति : नारीवादी परिप्रेक्ष्य, सिमोन द बोउवार, स्त्री-आरक्षण, हेलन सिचू।

संदर्भ

1. मैरी वोल्सनक्रॉफ्ट (1982), *अ विंडीकेशन ऑफ़ द राइट्स ऑफ़ वुमॅन,* सम्पा. : आयी क्रैमनिक, पेंगुइन, हारमंड्सवर्थ.
2. सिमोन द बोउवार (1986), *द सेकण्ड सेक्स,* अनु. और सम्पादन:

एच.एम. पार्शलेव, बैंटम, न्यूयॉर्क (इस पुस्तक के संक्षिप्त हिंदी संस्करण के लिए देखें : प्रभा खेतान (अनु. एवं प्रस्तुति) (1990), *स्त्री-उपेक्षिता,* सरस्वती विहार, नयी दिल्ली).

3. जे.एस. मिल (1983), *द सब्जेक्शन ऑफ़ वुमॅन,* लंदन.
4. ए.एम. जैगर (1983), *फ़ेमिनिस्ट पॉलिटिक्स ऐंड ह्यूमन नेचर,* हारवेस्टर प्रेस, ब्राइटन.
5. जेन फ्रीडमैन (2001), *फ़ेमिनिज़म,* ओपन युनिवर्सिटी, न्यूयॉर्क.
6. जूडिथ ग्रांट (1993), *फ़ंडामेंटल फ़ेमिनिज़म : कंटेस्टिंग द कोर कंसेप्ट्स ऑफ़ फ़ेमिनिस्ट थियरी,* रॉटलेज, लंदन और न्यूयॉर्क.

— सुप्रिया पाठक

नारीवाद की पहली लहर

(First Wave of Feminism)

नारीवाद का विकास-क्रम सामान्यत: कुछ कालखण्डों में बाँटकर देखा जाता है। नारीवाद की पहली लहर का मतलब है उन्नीसवीं सदी के ब्रिटेन में चला वह आंदोलन जिसके माध्यम से तत्कालीन समाज में महिलाओं की सामाजिक एवं वैधानिक असमानता में सुधार के लिए आवाज़ उठायी गयी। इस लिहाज़ से उन्नीसवीं सदी विक्टोरियाई युग की स्त्रियों के लिए बेहद महत्त्वपूर्ण थी। 1850 से पहले ब्रिटेन में किसी प्रकार के संगठित नारीवादी आंदोलन का ज़िक्र नहीं मिलता। इसी दशक में कैरोलिन नॉर्टन के विवादास्पद मुक़दमे के कारण वैवाहिक संबंधों में स्त्री-पुरुष को समान क़ानूनी अधिकार देने के लिए संघर्ष की शुरुआत हुई। इस दौर के नारीवाद को मैरी वोल्सनक्रॉफ़्ट, जॉन स्टुअर्ट मिल, और हैरियट टेलर मिल के लेखन से सैद्धांतिक आधार मिला। इसका प्रमुख सरोकार स्त्री-पुरुष समानता तथा वैधानिक परिवर्तन था। 1850 से लेकर 1920 तक चली इस लहर के तहत स्त्रियों ने निजी और सार्वजनिक दायरों में पितृसत्ता के वर्चस्व को चुनौती दी। उन्होंने वोट के अधिकार, शिक्षा तथा रोज़गार तक स्त्रियों की पहुँच, सम्पत्ति पर वैधानिक अधिकार, विवाह और तलाक़ के अधिकार के लिए संघर्ष किया। इस लहर में उन स्वरों को भी सुना जा सकता है जो उन्नींसवीं सदी से पहले स्त्री-अधिकारों से जुड़े सरोकारों के रूप में उभरे थे। विशेष तौर पर 1789 की फ्रांसीसी क्रांति के दौरान स्त्री-अधिकारों के एकजुटता व्यक्त की गयी। क्रांति के इस पहलू का असर ब्रिटेन में 1792 में प्रकाशित वोल्सनक्रॉफ़्ट की पुस्तक *अ विंडीकेशन ऑफ़ द राइट्स ऑफ़ वुमॅन* पर देखा जा सकता था। इसी रचना ने नारीवाद को पहली व्यवस्थित एवं मूलभूत सैद्धांतिकी प्रदान की।

प्रथम लहर के नारीवाद का उभार उद्योगीकरण से हुए व्यापक सामाजिक एवं आर्थिक परिवर्तनों के कारण हुआ। इसका एक पक्ष यह भी था कि संवैधानिक अधिकारों को सिर्फ़ पुरुषों तक सीमित रखने के बजाय विस्तार देते हुए जनसंख्या के ज़्यादा से ज़्यादा हिस्से तक पहुँचाया जाए। चालीस के दशक में नारीवादी विचारों का प्रसार मध्यवर्गीय स्त्रियों के बीच हुआ। नतीजे के तौर पर पचास के दशक के मध्य में एक संगठित आंदोलन खड़ा हो सका। शुरुआत का नारीवाद महिलाओं की शिक्षा, रोज़गार के अधिकार एवं शादीशुदा स्त्रियों के वैधानिक अधिकारों से सम्बद्ध था। मताधिकार का अधिकार या वोट डालने के अधिकार का प्रश्न ख़ास तौर पर तब उठा जब जॉन स्टुअर्ट मिल ने 1867 के सुधार एक्ट में महिलाओं को भी शामिल करने का प्रयास किया।

नारीवाद के इतिहासकारों ने दिखाया है कि पहली लहर में समानता के प्रश्न के साथ-साथ ब्रिटेन में इसी दौरान एक इंजीली नारीवाद भी विकसित हुआ। ईसाई धर्मप्रचारवादियों ने इंजीली झंडे के तले 'पतित' स्त्रियों, मज़दूर स्त्रियों और अन्य दरिद्र औरतों को 'उत्थान' की राह पर चलाने का दावा किया। इस अवधि में सामाजिक नारीवाद के नाम से एक नयी प्रवृत्ति उभरी जिसका उद्देश्य सामाजिक और वैधानिक सुधार था। जोसेफ़िन बटलर ने संक्रामक रोग अधिनियम के खिलाफ़ अभियान चलाया। नारीवाद की यह क़िस्म इंजीली और समानता का दावा करने वाले नारीवादों की अपेक्षा कम प्रभावशाली थी, लेकिन इसमें नारीवाद के तत्त्व सबसे ज़्यादा थे। इस नारीवाद ने विवाह और परिवार के तत्कालीन रूपों को प्रश्नांकित करने के साथ-साथ बच्चों के लालन-पालन और घरेलू कामकाज के सामूहिकीकरण की वकालत की।

बीसवीं सदी के शुरुआती दशकों में मताधिकार का प्रश्न सर्वाधिक महत्त्वपूर्ण बन गया और इसी के ईद-गिर्द जन-अभियानों की गतिविधियाँ केंद्रित हो गयीं। वोट देने का अधिकार स्त्री-समानता के वैधानिक एजेंडे के तहत सबसे अहम माना गया। सभी नारीवादी इस अभियान में एक साथ जुट गये, बावजूद इसके कि रणनीति के सवाल पर उनके बीच बुनियादी भिन्नताएँ थीं। 1897 में स्त्री मताधिकार के लिए संघर्ष करने वाली सोसाइटियों की राष्ट्रीय यूनियन का गठन मिलिसेंट फ़ॉकेट की अध्यक्षता में हो चुका था। प्रतिष्ठित मध्यवर्गीय महिलाएँ इसकी सदस्य थीं। 1903 में एक अलग संगठन की स्थापना की गयी जिसका नाम था वुमंस सोशल ऐंड पब्लिक यूनियन। इसका रवैया जुझारू था। नतीजे के तौर पर मताधिकार के लिए लड़ रहे हज़ारों आंदोलनकारियों को जेल जाना पड़ा। कई स्त्रियों ने भूख हड़ताल की जिसके कारण उन्हें ज़बरन खाना खिलाया गया।

1914 में प्रथम विश्व-युद्ध शुरू हो गया जिसके

नारीवाद की पहली लहर : मताधिकार का प्रश्न

कारण जुझारू मताधिकार आंदोलन थम गया लेकिन दूसरी तरफ़ स्त्री-आंदोलन में अधिक विविधता पैदा हुई। आंदोलन से जुड़ी कुछ महिलाओं ने युद्ध का समर्थन किया तो कुछ ने शांतिवादी रुख अपनाया। लड़ाई पर गये पुरुषों की ग़ैरमौजूदगी में स्त्री श्रमिकों ने उनका स्थान लिया जिसके कारण महिलाओं से संबंधित कई तरह के पारम्परिक नज़रियों में संशोधन हुआ। उन्हें श्रम शक्ति के रूप में देखा जाने लगा, क्योंकि वे घरों से बाहर निकल कर सार्वजनिक दायरे में काम करने लगी थीं।

नारीवादियों के लिए मताधिकार का प्रश्न उनकी एकता के दृष्टिकोण से भी महत्त्वपूर्ण था। वोट के लिए संघर्ष के दौरान अपने वैचारिक मतभेदों के बावजूद महिलाएँ एकजुट रहीं। वोट का अधिकार मिल जाने के उपरांत भी कई वर्षों तक यह एकता बनी रही। विश्व-युद्ध के पहले तथा बाद के वर्षों में नारीवादी आंदोलन के तेवर की समीक्षा करते हुए इतिहासकारों ने बताया है कि युद्ध के पहले नारीवाद ने आत्मविश्वासी और जुझारू रुख अपनाया, लेकिन युद्धोपरांत उसका रवैया रक्षात्मक हो गया। युद्ध के दौरान एक व्यापक जनांदोलन के रूप में न टिक पाने के पीछे दो बड़ी वैचारिक प्रक्रियाएँ थीं। पहली बात यह थी कि इस दौरान ब्रिटेन में नारीवाद विरोधी विचारों का उभार हुआ जिसका ज़ोर इस बात पर था कि अब वक़्त आ गया है कि महिलाएँ अपने युद्ध आधारित कामों को छोड़ें और अपनी परम्परागत घरेलू भूमिकाओं में लौट जाएँ। दूसरी समस्या नारीवादी धाराओं के भीतर पैदा हुए वैचारिक तथा संस्थागत विभाजन की थी ।

1918 में लोक प्रतिनिधित्व अधिनियम के तहत महिलाओं को मिले आंशिक मताधिकार के बाद मताधिकार के लिए संघर्ष करने वाली सोसाइटियों की राष्ट्रीय यूनियन का पुनर्गठन हुआ। उसने अपना नाम बदल कर नैशनल यूनियन ऑफ़ सोसाइटीज़ फ़ॉर ईक्वल सिटीज़नशिप रख लिया। एलीनॉर रैथबोन के नेतृत्व में इसने अपनी प्राथमिताओं को इस यक़ीन पर टिकाया कि स्त्री ने पुरुष के साथ समानता हासिल कर ली है, और अब नारीवाद स्त्री को स्त्री के रूप में देखे जाने पर ध्यान दे सकता है। इसी वज़ह से इसके एजेंडे पर अब पारिवारिक भत्ता, गर्भ-नियंत्रण तथा सुरक्षा-क़ानून आ गये। यह नारीवाद घर के अंदर स्त्री की भूमिका तथा माँ के रूप में उसकी भूमिका पर केंद्रित था। समानतावादी नारीवादियों की इच्छा थी कि स्त्रियाँ अपने फलक को विस्तार दें और अपनी घरेलू भूमिकाओं के अतिरिक्त भी कुछ सोचें, इसलिए उन्होंने सैद्धांतिक तौर पर सभी क़िस्म के सुरक्षा-क़ानून का जिसमें मातृत्व अवकाश भी शामिल था, विरोध किया। अंततः सुरक्षा-क़ानून के मुद्दे पर प्रथम लहर का नारीवाद विभाजित हो गया। मध्यवर्गीय नारीवादियों ने इसका विरोध किया, और कामगार वर्ग की नारीवादी इसके पक्ष में खड़ी हो गयीं। 1920 के अंत तक समान अधिकार की माँग करने वाली नारीवादियों का महिला आंदोलन में स्थान दोयम दर्जे का रह गया, बावजूद इसके कि बीस के दशक में नैशनल यूनियन ऑफ़ सोसाइटीज़ फ़ॉर इक्वल सिटीज़नशिप ने स्त्री-स्वतंत्रता लीग तथा सिक्स पाइंट ग्रुप के साथ जुड़ कर इस आश्वासन के साथ काम किया कि स्त्रियों से जुड़े मुद्दों को संसद में लगातार उठाया जाएगा। उन्होंने समान मताधिकार तथा बच्चों के समान अभिभावकत्व/संरक्षण, समान वेतन, महिलाओं के लिए क़ानूनी पेशे, नैतिकता के समान मानदण्ड तथा विधवाओं की पेंशन योजना के लिए अपना संघर्ष जारी रखा।

देखें : अश्वेत नारीवाद, आनंदीबाई जोशी, इस्लामिक नारीवाद, गायत्री चक्रवर्ती स्पिवाक, चिपको आंदोलन, जूडिथ बटलर, जेंडर, दलित नारीवाद, देवदासी, देवकी जैन, नारीवाद, नारीवाद की दूसरी लहर, नारीवाद की तीसरी लहर, नारीवाद और अर्थशास्त्र, नारीवादी फ़िल्म-सिद्धांत, नारीवादी इतिहास-लेखन, नारीवाद और अर्थशास्त्र, नारीवादी दर्शन, नारीवाद और साम्प्रदायिकता, नैंसी शोदॅरौ, पर्यावरणीय नारीवाद, पब्लिक-प्रायवेट, पण्डिता रमाबाई सरस्वती, पितृसत्ता, प्रेम, प्रेम-अध्ययन और नारीवादी दर्शन, भारत में स्त्री-आरक्षण-1 और 2, महादेवी वर्मा, मैरी वोल्सनक्रॉफ़्ट, राजनीतिक दर्शन के नारीवादी आयाम, रमाबाई रानाडे, ल्यूस इरिगरे, स्त्री और साम्प्रदायिकता, स्त्री-श्रम, सम्पत्ति : नारीवादी परिप्रेक्ष्य, सिमोन द बोउवार, स्त्री-आरक्षण, हेलन सिचू।

संदर्भ

1. सी. बोल्ट (1995), *फ़ेमिनिस्ट फ़रमेंट : द 'वुमॅन क्वेश्चन' इन द यूएसए ऐंड इंग्लैण्ड, 1870-1940,* यूएलसी प्रेस, लंदन.
2. जे. लिडिंग्टन और जे. नोरिस (1978), *वन हैंड टाइड बिहाइंड अस : द राइज़ ऑफ़ वुमंस सफ़रेज मूवमेंट,* विरगो, लंदन.
3. सी. डाली और एम. नोलन (सम्पा.) (1994), *सफ़रेज ऐंड बियॉन्ड : इंटरनैशनल फ़ेमिनिस्ट पर्सपेक्टिव्ज़,* ऑकलैण्ड यूनिवर्सिटी प्रेस, ऑकलैण्ड.

— सुप्रिया पाठक

नारीवाद की दूसरी लहर

(Second Wave of Feminism)

नारीवाद की दूसरी लहर साठ के दशक में उभरी जो स्त्रियों की सामूहिक राजनीतिक कार्रवाई और जुझारूपन का परिणाम थी। 1963 में बेट्टी फ्रीडन ने अपनी कृति द *फ़ेमिनिन मिस्टीक* में यह घोषणा कर दी थी कि नारीवाद का अंत हो चुका है। दरअसल इस विचारोत्तेजक सूत्रीकरण के ज़रिये वे स्त्री-मुक्ति के नये दावे और समान अधिकारों की पैरवी करने वाली पुरानी दावेदारियों के बीच फ़र्क़ दिखाना चाहती थीं। पहली लहर अगर उद्योगीकरण के गर्भ से जन्मी थी, तो दूसरी नव-सामाजिक आंदोलनों के फलस्वरूप बदले आर्थिक-राजनीतिक परिदृश्य का परिणाम थी जिसके कारण नारीवादी चेतना का रैडिकलीकरण हो गया था। औरत की आज़ादी के लिए साठ के दशक का महत्त्व कम करके नहीं आँका जा सकता, क्योंकि इसी दशक में नारीवादी विदुषियों ने महसूस किया कि उन्हें अपने आंदोलन को एक सतत विकासमान परिघटना के तौर पर देखना चाहिए जिसमें उतार-चढ़ाव आते रहते हैं। इसी विचार के तहत लहरों का रूपक विकसित हुआ। 1920 तक के दौर को पहली लहर की संज्ञा दी गयी, और द्वितीय विश्व-युद्ध के कुछ बाद तक की अवधि लहर के उतार के तौर पर रेखांकित हुई। पहली लहर के केंद्र में अगर वोट का अधिकार और सम्पत्ति का अधिकार था, तो दूसरी लहर में नारीवादियों ने स्त्री की देह और उसकी मुक्ति के प्रयोजन पर प्रकाश डाला। दूसरी लहर ने उदारतावादी और मार्क्सवादी नारीवादों की राजनीति में भी अहम तब्दीलियाँ कीं। इस दौर में नारीवादियों ने हर तरह की स्त्रियों के लिए अपने दरवाज़े खोले। लेस्बियन, अश्वेत और मज़दूर वर्ग की औरतें नारीवाद के परचम के तले गोलबंद की जाने लगीं। दूसरी लहर ने पुरुष के साथ समानता के आग्रह को भी प्रश्नांकित करते हुए अपनी भिन्नता पर ज़ोर दिया। कई विद्वान पहली और दूसरी लहरों को जोड़ कर देखते हैं। उनका मानना है कि प्रथम लहर का नारीवाद इतिहास की सबसे महत्त्वपूर्ण क्रांति थी और दूसरी लहर उसी का परिमार्जित स्वरूप है।

दूसरी लहर की नारीवादी सैद्धांतिकी संयुक्त राज्य अमेरिका, फ्रांस और ब्रिटेन में विकसित हुई। आमतौर पर इसे रैडिकल नारीवादी राजनीति के साथ भी जोड़कर देखा जाता है। इस धारा की प्रमुख विदुषियों में जूलिएट मिचेल, एन. ओकली, केट मिलेट, सुलामिथ फ़ायरस्टोन, रॉबिन मॉरगेन, जरमेन ग्रीयर इत्यादि का नाम लिया जाता है। लेकिन, इसकी सैद्धांतिक प्रस्थापनाओं को सही अर्थों में सिमोन द बोउवार ने अपनी 1949 की पुस्तक द *सेकेंड सेक्स* के माध्यम से वाणी दी। इस कृति में सिमोन ने स्त्री को 'अन्य' बना देने की सांस्कृतिक परम्परा का विश्लेषण किया। उन्होंने इस तथ्य का उद्घाटन किया कि 'स्त्री पैदा नहीं होती, बल्कि बना दी जाती है'। सिमोन के विमर्श ने स्पष्ट किया कि समाज में स्त्री की स्थिति को महज़ जैविकीय, मनोवैज्ञानिक या आर्थिक कारण निर्धारित नहीं करते, बल्कि सभ्यता के समग्र विकास के दौरान ही स्त्री-देह को पुरुष तथा किन्नरों/नपुंसकों के बीच सृजित किया गया है जिसके परिणामस्वरूप नारीत्व की परिकल्पना निकली है। 'अन्य' की इस श्रेणी को सभी मानवीय समाजों एवं संस्कृतियों में यथावत रखा गया है।

एक बृहद सांस्कृतिक परिधि के भीतर स्त्री का अन्यीकरण कर दिये जाने के सीमोन के तर्क का उपयोग बाद में कई रैडिकल नारीवादियों ने किया। बेट्टी फ्रीडन ने स्त्री के अधीनीकरण के संबंध में तर्क दिया कि स्त्री के जीवन का उच्चतम मूल्य एवं उद्देश्य अपने नारीत्व के पोषण को सर्वाधिक महत्त्व देना है। नारीत्व की अवधारणा अत्यंत रहस्यमय और रोमांचक है, बिल्कुल उसी तरह जैसे जीवन का सृजन एवं उसका विकास। पुरुष-रचित विज्ञान इस रहस्य को कभी नहीं समझ पायेगा। यह स्त्रियों की ऐतिहासिक भूल थी कि उन्होंने अपने नैसर्गिक गुणों को स्वीकार कर उन्हें महत्त्व देने के बजाय पुरुषों की नकल करने का प्रयास किया। नतीजा यह निकला कि वे एक निष्क्रिय यौन-सहभागी बन कर रह गयीं। उन्हें पुरुष-वर्चस्व तथा मातृत्व में फँस कर रह जाना पड़ा।

फ्रीडन के विचारों ने स्त्रियों की चेतना-जागृति में महत्पूर्ण योगदान दिया। ख़ास तौर से पारिवारिक जीवन से असंतुष्ट मध्यवर्गीय गृहिणियों ने उनके विचारों को हाथो-हाथ लिया। इसके अतिरिक्त सत्तर के दशक में प्रकाशित केट मिलेट द्वारा लिखित पुस्तक *सेक्शुअल पॉलिटिक्स* तथा सुलामिथ फ़ायरस्टोन की द *डायलेक्टिक ऑफ़ सेक्स* को अत्यंत महत्त्वाकांक्षी सैद्धांतिक कृतियों के तौर पर जाना जाता है । फ़ायरस्टोन ने दावा किया कि अगर स्त्री-शोषण का केंद्र जैविकीय है तो स्त्री-मुक्ति की आवश्यक शर्त भी जैविकीय क्रांति ही होगी। इस क्रांति की दिशा प्रजनन की नयी तकनीक से तय होगी। फ़ायरस्टोन को यक़ीन था कि जब प्रजनन में स्त्री-पुरुष की भूमिकाएँ बदलने के उपरांत लैंगिक आधार वाली भूमिकाएँ भी बदल जाएँगी। एकल विवाह तथा छोटा परिवार गुज़रे ज़माने की बातें होंगी। इतरलैंगिकता (हेटरोसेक्शुअलिटी) को ही प्राकृतिक मानते हुए उसे प्रजनन का केंद्र मानने की समझ भी ख़त्म होगी। समलैंगिकता, गे और लेस्बियन पर थोपी गयी वर्जनाएँ टूटेंगी एवं परिवार को नये तरीक़े से परिभाषित किया जा सकेगा।

केट मिलेट की ऐतिहासिक कृति को यौन-राजनीति की जटिल संरचना पर रोशनी डालने और पितृसत्ता को नवीन तरीक़े से परिभाषित करने के कारण प्रसिद्धि मिली। मिलेट ने कहा कि पितृसत्ता एक ऐसी राजनीतिक संस्था है जिसमें मानव शोषण का प्राथमिक स्वरूप निहित है। नस्ली, राजनीतिक तथा आर्थिक शोषण के साथ निरंतर सक्रिय रहने वाला पितृसत्तात्मक वर्चस्व मुख्यत: विचारधारात्मक नियंत्रण के माध्यम से ख़ुद को क़ायम रखता है। इसके अतिरिक्त मिलेट ने परिवार, गर्भपात, यौनिकता, पोर्नोग्राफ़ी, लैंगिक श्रम विभाजन, बलात्कार तथा घरेलू हिंसा के विभिन्न पहलुओं का भी विश्लेषणात्मक अध्ययन किया। सिमोन की तरह केट मिलेट ने भी यह माना कि स्त्रियों ने नारीत्व के जिस विचार को आत्मसात कर रखा है वही उनकी अधीनता का कारण है।

अमेरिका में अपनी पुस्तक का प्रभाव देखते हुए बेट्टी फ्रीडन ने 1966 में राष्ट्रीय महिला संगठन की स्थापना की। अमेरिकन समान रोज़गार अवसर आयोग के विफल होने तथा उसमें लैंगिक भेदभाव बरते जाने को इस संगठन ने महत्त्वपूर्ण मुद्दा बनाया, और अमेरिकी समाज में रोज़गार की दृष्टि से महिलाओं को पूर्ण सहभागिता के अवसर उपलब्ध कराने की माँग रखी। यह मुद्दा अपनी सीमाओं में उदारतावादी समान अधिकार परम्परा का ही विस्तार था। इसके विपरीत अमेरिका में ही नारीवाद का एक अन्य स्वरूप उभरा जो साठ के दशक में चले वियतनाम युद्ध-विरोधी आंदोलन, नागरिक अधिकार आंदोलन और छात्र आंदोलनों से प्रभावित था। इन नव-सामाजिक आंदोलनों की पड़ताल करते हुए जूलिएट मिचेल ने अपनी पुस्तक *वुमंस एस्टेट* में लिखा कि स्त्रियों ने इन आंदोलनों में शोषित समूह के भीतर भी एक शोषक दिमाग पनपते हुए महसूस किया। अहिंसक छात्र समिति में स्त्री की भूमिका सिर्फ़ सहायक तक सीमित करना इसी मानसिकता का उदाहरण था।

लिहाज़ा स्त्रियों ने धीरे-धीरे इन नव-सामाजिक आंदोलनों से असहमत होना शुरू कर दिया। वे स्वायत्त महिला संगठनों का गठन करने लगीं। राष्ट्रीय महिला संगठन जैसा विशाल संगठन न होने के बावजूद उन्होंने अपने प्रयासों से रैडिकल समुदायों, प्रेस और स्वतंत्र विश्वविद्यालयों की संरचना खड़ी कर ली थी। फ़रवरी, 1968 में न्यूयॉर्क शहर के एक स्वतंत्र विश्वविद्यालय में ऐने कोड ने इस विकास का वर्णन करते हुए कहा कि 'पिछले कुछ सालों में रैडीकल महिला समूह लगभग पूरे देश में फैल गये हैं। इसका सबसे बड़ा कारण है कि महिलाएँ स्वयं को हर स्तर पर द्वितीयक भूमिकाओं में पा रही थीं। जब हमने अपनी समस्याओं पर विचार शुरू किया तब समझ में आया कि दरअसल हम जिसे व्यक्तिगत समस्या मान रहे थे, उसकी जड़ें तो सामाजिक एवं राजनीतिक प्रक्रियाओं में थीं।'

साठ और सत्तर के दशक की परिस्थितियों में स्त्रियाँ न केवल अपने शोषण को व्यक्तिगत तौर पर महसूस करने लगी थीं, बल्कि वे उसके राजनीतिक निहितार्थों से भी परिचित हो रहीं थी। इसी प्रक्रिया में 'पर्सनल इज़ पॉलिटिकल' जैसा फ़िकरा बना। यह उक्ति पुरुष द्वारा स्त्री पर थोपे गये निजी दायरे (घर-परिवार, बच्चों के लालन-पालन, मातृत्व और पत्नी की भूमिका) को बतौर अ-राजनीतिक परिभाषित करने के ख़िलाफ़ थी। वह दौर अमेरिका में रैडिकल नारीवाद का था। 1963 में इन समूहों द्वारा मिस अमेरिका सौंदर्य प्रतियोगिता का विरोध इसी आधार पर किया गया कि ये प्रतियोगिताएँ समाज में स्त्री की भूमिका को अत्यंत सीमित करती हैं। स्त्री स्वत: ही अपनी निष्क्रिय, अराजनीतिक तथा नाज़ुक छवि को मंत्रमुग्धता के साथ आत्मसात करने लगती है। धरना प्रदर्शनकारियों ने छोटे वस्त्रों, अधो-वस्त्रों, ऊँची एड़ी की सैंडिलों इत्यादि को स्त्री-उत्पीड़न की वस्तुएँ क़रार देकर फेंकना शुरू कर दिया। मीडिया ने इसे सनसनीख़ेज़ बनाते हुए इसे 'ब्रा-बर्निंग आंदोलन' का नाम दिया। आज भी नारीवाद विरोधी इस लहर के तार्किक पहलू और ऐतिहासिक संदर्भ को समझे बिना ब्रा-बर्निंग के मिथक को नकारात्मक पहलू की तरह पेश करते हैं।

अमेरिका की अपेक्षा ब्रिटेन में द्वितीय लहर का उभार भिन्न अर्थों में हुआ। हालाँकि 1960 का दशक वहाँ भी कई समान अधिकार आंदोलनों का साक्षी रहा, पर यहाँ रैडिकल वामपंथ से जुड़ी महिलाओं ने स्त्री-मुक्ति आंदोलन की बागडोर अपने हाथ में ले ली। एक स्तर पर मार्क्सवादी और समाजवादी समूहों के साथ उनकी सहमति थी। यह प्रवृत्ति सिर्फ़ नौकरीपेशा तथा व्यावसायिक स्त्रियों के हितों तक सीमित नहीं थी, बल्कि औद्योगिक कामगार वर्ग की स्त्रियों के प्रश्नों को लेकर भी प्रतिबद्ध थी। इसी क्रम में 1968 में डेगेहम के एक सिलाई मशीन कारख़ाने में काम करने वाली महिलाओं ने समान वेतन के अधिकार की माँग पर हड़ताल की। अमेरिकी आंदोलनकारी महिलाओं का ही अनुसरण करती हुई ब्रिटेन की महिलाओं ने भी 1970 में लंदन में आयोजित विश्व सुंदरी प्रतियोगिताओं के विरुद्ध धरना-प्रदर्शन किया।

अपनी सैद्धांतिकी गढ़ने के लिए इस नये नारीवाद को एक नयी भाषा की जरुरत थी। शीला रोबोथोम ने अपनी पुस्तक *वुमॅन कांशसनेस, मेंस वर्ल्ड* में लिखा है : एक क्रांतिकारी समूह को वर्चस्वशाली समूह की सैद्धांतिक जकड़ तोड़नी होगी। हम पहले से प्रयोग किये जा रहे शब्दों को नहीं अपना सकते। सबसे पहले हम जिन शब्दों का प्रयोग करने जा रहे हैं, उनके मायने और अंतर्निहित मूल्यों को हमें बदलना होगा। स्त्री-मुक्ति के लिए आयोजित की गयी रस्किन कॉलेज

कांफ़्रेंस की याद करते हुए जूलिएट मिचेल ने अपने आलेख 'वन्स अ फ़ेमिनिस्ट : स्टोरीज़ ऑफ़ जेनेरेशन' में लिखा है : हमने यह शिद्दत से महसूस किया कि हम सभी एक ही लक्ष्य के लिए लड़ रहे थे इसलिए हमारा नारीवाद भी एक हो सकता था और स्त्री-मुक्ति का सपना भी एक ही रास्ते पर चलते हुए पाया जा सकता था। इस सम्मेलन में मुख्यतः चार माँगें रखी गयी थीं : समान वेतन, समान शिक्षा एवं रोज़गार के अवसर, 24 घंटे नर्सरी, मुफ़्त गर्भनिरोधक और मुफ़्त गर्भपात का अधिकार।

द्वितीय लहर के नारीवाद ने स्त्री को एक शोषित सामाजिक समूह और यौनिक ग़ुलाम के रूप में देखा। दोनों ही रूपों में स्त्री की अधीनस्थता का राजनीतीकरण करने का प्रयास किया गया। रोसी ब्रायडोट्टी ने द्वितीय लहर की समीक्षा करते हुए लिखा है कि उस दौर का अधिकांश नारीवादी सिद्धांत भविष्य के लिए लिखा जा रहा था, जिसमें दृढ़ निश्चय की गहरी अनुभूति तथा प्रतिरोधी स्वर की चेतना अपने चरम पर थी। उस दौर के अधिकतर लेखन में आधी हक़ीक़त और आधा यूटोपिया था। अपने उद्देश्यों में राजनीतिक होते हुए भी यह अत्यंत बहसधर्मी था। लौरा मलवी ने 1984 में में इस इस लहर की सराहना करते हुए कहा कि उस दौरान दुनिया देखने का एक नया नज़रिया विकसित हो रहा था। स्त्रियों को अपने शोषण तथा तकलीफ़ के पहलुओं पर बात करने का मौक़ा मिल रहा था । यह सिर्फ़ उनके चुनाव का मसला नहीं था, बल्कि बोलना उनकी राजनीतिक अनिवार्यता थी। अपने तीस वर्षों के इतिहास में द्वितीय लहर के नारीवाद ने न सिर्फ़ अकादमिक जगत में अपनी जगह 'स्त्री-अध्ययन' के रूप में बनायी, बल्कि एक राजनीतिक अस्मिता के रूप में इसने भिन्नताओं के स्वर को भी तरजीह दी।

1978 में ब्रिटेन में आख़िरी बार राष्ट्रीय स्त्री मुक्ति सम्मेलन का आयोजन हुआ जिसमें रैडिकल तथा समाजवादी नारीवाद दो धड़ों में विभाजित हो गया, हालाँकि ये मतभेद 1974 से ही उभरने लगे थे। कई नारीवादियों का मानना है कि द्वितीय लहर का नारीवाद अब उत्तर-नारीवाद में तब्दील हो चुका है।

देखें : अश्वेत नारीवाद, आनंदीबाई जोशी, इस्लामिक नारीवाद, गायत्री चक्रवर्ती स्पिवाक, चिपको आंदोलन, जूडिथ बटलर, जेंडर, दलित नारीवाद, देवदासी, देवकी जैन, नारीवाद, नारीवाद की पहली लहर, नारीवाद की तीसरी लहर, नारीवाद और अर्थशास्त्र, नारीवादी फ़िल्म-सिद्धांत, नारीवादी इतिहास-लेखन, नारीवाद और अर्थशास्त्र, नारीवादी दर्शन, नारीवाद और साम्प्रदायिकता, नैंसी शोदेरौ, पर्यावरणीय नारीवाद, पब्लिक-प्रायवेट, पण्डिता रमाबाई सरस्वती, पितृसत्ता, प्रेम, प्रेम-अध्ययन और नारीवादी दर्शन, भारत में स्त्री-आरक्षण-1 और 2, महादेवी वर्मा, मैरी वोल्सनक्रॉफ़्ट, राजनीतिक दर्शन के नारीवादी आयाम, रमाबाई रानाडे, ल्यूस इरिगरे, स्त्री और साम्प्रदायिकता, स्त्री-श्रम, सम्पत्ति : नारीवादी परिप्रेक्ष्य, सिमोन द बोउवार, स्त्री-आरक्षण, हेलन सिचू।

संदर्भ

1. सू थॉर्नहैम (1998), 'सेकण्ड वेव फ़ेमिनिज़म', संकलित : सराह गैम्बिल (सम्पा.), रॉटलेज *क्म्पेनियन ऑफ़ फ़ेमिनिज़म ऐंड पोस्ट फ़ेमिनिज़म,* रॉटलेज, लंदन और न्यूयॉर्क.
2. बेटी फ्रीडन (1965), *द फ़ेमिनिन मिस्टीक,* पेंगुइन, हारमंड्सवर्थ.
3. सुलामिथ फ़ायरस्टोन (1979), *द डायलेक्टिक ऑफ़ सेक्स,* द वुमेन प्रेस, लंदन.
4. केट मिलेट (1969), *द सेक्शुअल पॉलिटिक्स,* विरगो, लंदन.
5. जूलिएट मिचेल (1971), *अ वुमेन एस्टेट,* पेंगुइन, लंदन.

— **सुप्रिया पाठक**

नारीवाद की तीसरी लहर

(Third Wave of Feminism)

तीसरी लहर का नारीवाद नब्बे के दशक में विकसित हुआ। इसकी सैद्धांतिकी के ऊपर अश्वेत नारीवादी विद्वत्ता का विशेष प्रभाव है। आमतौर पर विख्यात लेखिका एलिस वाकर की बेटी रेबेका वाकर और शैनन लिस को इस लहर की शुरुआत का श्रेय दिया जाता है। दरअसल, तीसरी लहर की पैरोकार स्त्रियाँ वे हैं जिन्हें घुट्टी में नारीवादी शिक्षा मिली और जिनके विचार दूसरी और पहली लहर के नारीवाद की निरंतरता और अनुक्रिया में परवान चढ़े। इसीलिए तीसरी लहर अपने से पहले के नारीवाद की वैचारिक विरासत स्वीकार करने के साथ-साथ उसकी सीमाओं को भी चिह्नित करती चलती हैं। उसकी इस तर्क के साथ गहरी सहमति है कि द्वितीय लहर श्वेत, मध्यवर्गीय और सवर्ण स्त्रियों तक सीमित होने के कारण अपने चरित्र में निर्देशात्मक थी। दूसरी लहर ने साधारण स्त्री और उसके मुद्दों को नज़रअंदाज़ किया। तृतीय लहर की नारीवादियों के अनुसार जिस ऐतिहासिक तथा राजनीतिक संदर्भ में द्वितीय लहर का उदय हुआ था, वे समस्त परिस्थितियाँ अब बदल चुकी हैं। इसीलिए वर्तमान स्त्री के जीवनानुभवों में उसकी झंकार सुनायी नहीं देती। तीसरी लहर की प्रमुख हस्ताक्षर बनने वाली विदुषियों में अधिकतर वे महिलाएँ हैं जिनकी माताएँ दूसरी लहर के दौरान सक्रिय थीं या जो शिक्षा-शोध संस्थानों के स्त्री-अध्ययन विभागों में अध्ययन-अध्यापन कर रही हैं। इन नारीवादियों ने उत्तर-संरचनावादी तथा उत्तर-आधुनिकतावादी सिद्धांतों को

भी चुनौती दी है। तीसरी लहर ने पश्चिमी समाजों में अस्सी के दशक में उभरी नारीवाद विरोधी प्रतिक्रिया और उत्तर-नारीवाद के ख़िलाफ़ भी मोर्चाबंदी की है।

दुनिया भर में अस्सी और नब्बे के दशक में एक अहम परिघटना के रूप में उभरे दलित और अश्वेत नारीवाद के वैचारिक हस्तक्षेप को तीसरी लहर के दायरे में रख कर देखा जाता है। इस विमर्श ने तीसरी दुनिया में स्त्री-विषयक मुद्दों को सार्वभौमिक बहनापे के दावे से अलग हट कर नस्ली, जातीय और जातिगत संदर्भों में देखे जाने की पैरवी की। इसके साथ कई तरह की नारीवादी और सबाल्टर्न सिद्धांतों, अवधारणाओं और आंदोलनकारी गतिविधियों का जुड़ाव रहा हैं। 2006 में प्रकाशित अपनी कृति *राइटिंग कास्ट/राइटिंग जेंडर : नैरेटिंग दलित वुमॅन टेस्टीमोनियल्स* में दलित नारीवाद की प्रथम सिद्धांतकार शर्मिला रेगे (1964-2013) ने इस पर विस्तार पूर्वक चर्चा की है। नारीवादी की तीसरी लहर की प्रतिभाशाली भारतीय प्रतिनिधि रेगे एक अन्य रचना *अगेंस्ट द मैडनेस ऑफ़ मनु : बी.आर. आम्बेडकर्स राइटिंग्ज़ ऑन ब्राह्मनिकल पैट्रियार्की* ने नारीवादी हलकों में जाति के प्रश्न पर होने वाली बहस का गहराई से प्रभावित किया। जाति के प्रश्न और नारीवाद के अलाव पर्यावरण के प्रश्न के इर्द-गिर्द पनपा नारीवादी विमर्श (पर्यावरणीय नारीवाद) और इस्लाम के दायरे में होने वाला नारीवाद विमर्श भी तीसरी लहर का ही अंग है।

तीसरी लहर और उत्तर-नारीवाद दोनों ही दूसरी लहर के बाद जन्मे हैं लेकिन दोनों के दृष्टिकोण में अंतर है। लेसली हेवुड तथा जेनिफ़र ड्रेक ने स्पष्ट रूप से लिखा है कि उत्तर-नारीवाद दरअसल परम्परानिष्ठ क़िस्म के युवा नारीवादियों का समूह है जिसने स्वयं को अलग से परिभाषित करते हुए द्वितीय लहर के नारीवादियों की कटु आलोचना की। इसके विपरीत तृतीय लहर के नारीवादियों ने सचेत रूप से द्वितीय लहर के इतिहास को संजोते हुए अपने कार्यों और सिद्धांतों को इसी शृंखला की कड़ी के रूप में पेश किया है। तीसरी लहर की पैरवी करने वाली विदुषियाँ उन नारीवादियों की टिप्पणियों को नापसंद करती हैं जिन्होंने अमेरिकी विश्वविद्यालयों में सक्रिय रैडिकल फ़ेमिनिस्टों को गुमराह क़रार दिया है। ध्यान रहे कि दूसरी लहर से निकली रैडिकल फ़ेमिनिस्ट 'डेट-रेप' और 'सेक्शुअल हैरेसमेंट' जैसे मुद्दों पर ज़ोर देती हैं। उत्तर-नारीवादियों का आरोप है कि इस रवैये के कारण स्त्री-पुरुष संबंधों में खटास आ जाती है। ज़ाहिर है कि तीसरी लहर उत्तर-नारीवादियों की इस प्रवृत्ति के साथ नहीं है।

सूसन फ़ालुदी ने अपनी विख्यात रचना *बैकलैश : द अनडिक्लेयर्ड वार अगेंस्ट वुमॅन* में उत्तर-नारीवादियों पर आरोप लगाया है कि नारीवाद की दूसरी लहर की उपलब्धियों को ख़ारिज करने के कारण भी स्त्री-विरोधियों को फ़ेमिनिज़्म पर हमला करने की गुंजाइश मिली। अस्सी के दशक में जिस समय बड़े पैमाने पर युवा स्त्रियाँ ख़ुद को नारीवादी कहने के लिए तैयार थीं, मीडिया ने उसी समय नारीवाद को सत्तर के दशक की परिघटना घोषित करते हुए उसके बरक्स उत्तर-नारीवाद को खड़ा करने की मुहिम चलायी क्योंकि उसके ज़रिये नारीवाद विरोध की प्रवृत्तियों को बल मिलता था। दरअसल, फ़ालुदी ने पोस्ट-फ़ेमिनिज़्म को यथास्थिति का समर्थक बताते हुए स्त्री-विरोधी बैकलैश की श्रेणी में रखा है।

नाओमी वुल्फ़ की 1993 में प्रकाशित कृति *फ़ायर विद फ़ायर* को तीसरी लहर के नारीवादियों की नाराज़गी विशेष रूप से झेलनी पड़ी है। दिलचस्प बात यह है कि कुछ समीक्षकों के अनुसार यह पुस्तक भी तीसरी लहर की श्रेणी में रखी जानी चाहिए। दरअसल, वुल्फ़ को अपनी 1990 की रचना *द ब्यूटी मिथ* के लिए ख़ास तौर से जाना जाता है। इस किताब में वुल्फ़ ने नारीवाद के स्थापित तर्कों का सहारा लेकर साबित किया था कि समाज और संस्कृति स्त्री को नारी-सौंदर्य के असम्भव ऐसे मानक हासिल करने के लिए मजबूर करते हैं जिनमें फँस कर वह ख़ुद को खपा बैठती है, लेकिन तीन साल बात *फ़ायर विद फ़ायर* में वुल्फ़ का रवैया बदला हुआ नज़र आया। अपनी इस रचना में उन्होंने उत्पीड़ित मानस के शिकार रहने वाले नारीवादी रवैये को ख़ारिज कर दिया। वुल्फ़ का नया सूत्रीकरण इस तथ्य पर आधारित है कि अब पुराने खाँचे को तोड़ कर प्रतिरोध की नयी संस्कृति गढ़ने की आवश्यकता है। इसलिए अब पुत्री के लिए आवश्यक है कि वह अपनी नारीवादी माँ द्वारा की गयी शोषण की संकल्पनाओं से इतर जाकर अपने एजेंडे को स्वयं परिभाषित करे।

तीसरी लहर के अधिकतर प्रेरणा-तत्त्व बहुभाषिक संस्कृतियों में प्रतिबिम्बित होते हैं। इन सांस्कृतिक हस्तक्षेपों के अतिरिक्त तीसरी लहर के समर्थकों को अपने वैश्विक दृष्टिकोण और उससे प्रतिबद्धता पर गर्व है। उनका विचार है कि उन्होंने इसी नज़रिये के तहत द्वितीय लहर के कुछ अहम पहलुओं को अपनाते हुए सामान्य लोगों के जीवन तथा उनकी वास्तविक परिस्थितियों को समझने का प्रयास किया है। पुरुषत्व तथा इतरलैंगिकता की आलोचना तीसरी लहर के नारीवाद में उतने महत्त्वपूर्ण मुद्दे नहीं थे। तीसरी लहर का नारीवाद अपनी भ्रूणावस्था में ही है। इसे अकादमिक सिद्धांतीकरण के ज़रिये धीरे-धीरे अपना दर्शन गढ़ना है। तीसरी लहर के नारीवादी अपनी सांस्कृतिक अभिरुचियों में भी कुछ अलग क़िस्म के हैं। उन्हें मीडिया और मध्यवर्गीय लोकप्रिय जन-संस्कृति से उतनी दिक़्क़त नहीं है जितनी दूसरी लहर को थी। दूसरी लहर का ख़याल था कि पुरुष प्रधान मीडिया द्वारा की जाने वाली विनियोग की कोशिशों को विफल किया जाना ज़रूरी है क्योंकि वे पितृसत्ता की संरचनाओं में रची-बसी होती हैं। इसके विपरीत तीसरी लहर

का ख़याल है कि टेलिविज़न, पॉप संगीत, सिनेमा और लोकप्रिय साहित्य ने स्त्री के मानस को बनाने में ख़ास भूमिका निभायी है। इसलिए इन मीडिया-रूपों को नज़रअंदाज़ नहीं किया जाना चाहिए। तीसरी लहर के अनुसार लोकप्रिय मध्यवर्गीय संस्कृति भी कार्यकर्त्ता मुहिमों का एक मुक़ाम हो सकती है और संगीत के ज़रिये भी राजनीतिक संदेश दिये जा सकते हैं।

रॉक स्टार कोर्टनी लव को तीसरी लहर की नुमाइंदगी करने वाले कलाकार के रूप में भी मान्यता प्राप्त है। सत्तर के दशक में उभरे पंक संगीत से प्रेरणा ले कर बने पॉप ग्रुप रायट गर्ल्स का उदाहरण भी तीसरी लहर और बाज़ारू संस्कृति के बीच बने एक ख़ास तरह के तालमेल का सबूत है। 1992 में रायट गर्ल्स ने वाशिंगटन, डीसी में सम्मेलन आयोजित किया जिसमें केवल संगीत कार्यक्रम ही नहीं हुए, बल्कि सेक्शुअलिटी, बलात्कार, नस्लवाद और घरेलू हिंसा पर वर्कशॉप भी किये गये।

देखें : अश्वेत नारीवाद, आनंदीबाई जोशी, इस्लामिक नारीवाद, गायत्री चक्रवर्ती स्पिवाक, चिपको आंदोलन, जूडिथ बटलर, जेंडर, दलित नारीवाद, देवदासी, देवकी जैन, नारीवाद, नारीवाद की पहली लहर, नारीवाद की दूसरी लहर, नारीवाद और अर्थशास्त्र, नारीवादी फ़िल्म-सिद्धांत, नारीवादी इतिहास-लेखन, नारीवाद और अर्थशास्त्र, नारीवादी दर्शन, नारीवाद और साम्प्रदायिकता, नैंसी शोर्दरौ, पर्यावरणीय नारीवाद, पब्लिक-प्रायवेट, पण्डिता रमाबाई सरस्वती, पितृसत्ता, प्रेम, प्रेम-अध्ययन और नारीवादी दर्शन, भारत में स्त्री-आरक्षण-1 और 2, महादेवी वर्मा, मैरी वोल्सनक्रॉफ़्ट, राजनीतिक दर्शन के नारीवादी आयाम, रमाबाई रानाडे, ल्यूस इरिगरे, स्त्री और साम्प्रदायिकता, स्त्री-श्रम, सम्पत्ति : नारीवादी परिप्रेक्ष्य, सिमोन द बोउवार, स्त्री-आरक्षण, हेलन सिचू।

संदर्भ

1. स्टेसी गिल, जिलियन हौवी और रेबेका मनफ़र्ड (सम्पा.) (2004), *थर्ड वेव फ़ेमिनिज़म : अ क्रिटिकल एक्सप्लोरेशन,* पालग्रेव मैकमिलन, बेसिंगस्टोक.
2. एल. हेवुड और जे. ड्रेक्स (सम्पा.) (1997), *थर्ड वेव एजेंडा : बीइंग फ़ेमिनिस्ट, डूइंग फ़ेमिनिज़म,* युनिवर्सिटी ऑफ़ मिनेसोटा प्रेस, मिन्नेपोलिस.
3. साराह गैम्बिल (1998), 'पोस्टफ़ेमिनिज़म', संकलित : साराह गैम्बिल (सम्पा.), *रॉटलेज कम्पेनियन ऑफ़ फ़ेमिनिज़म ऐंड पोस्ट फ़ेमिनिज़म,* रॉटलेज, लंदन और न्यूयॉर्क.
4. सूसन फ़ालुदी (1992), *बैकलैश : द अनडिक्लेयर्ड वार अगेंस्ट वुमॅन,* चैट्टो ऐंड विंडुस, लंदन.
5. नाओमी वुल्फ़, (1993) *फ़ायर विद फ़ायर : द न्यू फ़ीमेल पॉवर ऐंड हाउ इट विल चेंज द 21स्ट सेंचुरी,* चैट्टो ऐंड विंडुस, लंदन.
6. शर्मिला रेगे (2006), *राइटिंग कास्ट, राइटिंग जेंडर : रीडिंग दलित वुमंस टेस्टीमोनियल,* ज़ुबान, नयी दिल्ली.

— सुप्रिया पाठक

नारीवादी फ़िल्म-सिद्धांत

(Feminist Film Theory)

बीसवीं सदी के तीसरे दशक से ही स्त्री फ़िल्मकारों की निरंतर सक्रियता के बावजूद नारीवादी फ़िल्म-सिद्धांत को अपना मुक़ाम हासिल करने के लिए साठ के दशक और नारीवाद की दूसरी लहर का इंतज़ार करना पड़ा। अकादमीय संस्थानों में पढ़ाये जाने वाले फ़िल्म-अध्ययन के पाठ्यक्रमों ने इसी दौर में नारीवादी आयामों को अपनाया। देखते ही देखते फ़िल्म-अध्ययन की यह प्रवृत्ति इतनी प्रभावशाली हो गयी कि उसे नज़रअंदाज़ करना नामुमकिन हो गया। नारीवाद की दूसरी लहर की विशेषता यह थी कि उसने स्त्रियों के आंदोलन को अधिकारवाद की सीमाओं का अतिक्रमण करने की इजाज़त दी। स्त्रियाँ बौद्धिक जगत में पुरुषों के मुक़ाबले दोयम दर्जा दिये जाने पर आपत्ति दर्ज करने लगीं। उनकी आत्मपरकता के जिस प्रश्न पर पहले महज़ चर्चा होती थी, उसने सेक्शुअल क्रांति की हवाओं के साथ नारीवाद के केंद्र में स्थान बना लिया। ये रैडिकलिज़म के दिन थे, पर स्त्रियों ने राजनीतिक बहसों में भाग लेते हुए 'पुरुष' रैडिकलिज़म के साथ हाँ में हाँ मिलाने से इनकार कर दिया। संरचनावाद के ज़रिये एक सर्वांग फ़िल्म-सिद्धांत गढ़ने के प्रयासों के मुक़ाबले नारीवादी विद्वानों ने सिद्धांत-बहुलता का तर्क रखा। नारीवाद ने सत्तर के दशक में फ़िल्मों में जेंडर के निरूपण का प्रश्न उठाने से शुरुआत की। अमेरिका और ब्रिटेन में पहला नारीवादी फ़िल्मोत्सव आयोजित किया गया। स्त्रियों को फ़िल्म-निर्माण की तरफ़ आकर्षित करने के लिए उनके फ़िल्म-समूहों का गठन होने लगा। पहली नारीवादी फ़िल्म पत्रिका 'वूमॅन ऐंड फ़िल्म' का प्रकाशन शुरू हुआ। इन बौद्धिक गतिविधियों ने एक व्यापक प्रक्रिया को गति प्रदान की। फ़िल्म-अध्ययन संबंधी नारीवादी परिप्रेक्ष्यों का विकास हुआ जिनके संयोग से जो शास्त्र बना उसे नारीवादी फ़िल्म-सिद्धांत की संज्ञा दी जाती है। इसकी सैद्धांतिक यात्रा को तीन चरणों में बाँट कर देखा जा सकता है।

फ़िल्म-सिद्धांत पर नारीवाद का पहला प्रभाव यह पड़ा कि बहस केवल वर्ग के इर्द-गिर्द ही सीमित न रह कर जेंडर के आस-पास भी होने लगी। 1974 में प्रकाशित अमेरिकी पत्रकार मोली हस्केल की रचना 'फ़्रॉम रिवरेंस टु रेप : द ट्रीटमेंट ऑफ़ वुमॅन इन द मूवीज़' में दावा किया गया कि हॉलीवुड की फ़िल्में या तो अक्षतयोनि स्त्री की पवित्रता को महिमामण्डित करती हैं या फिर छिनाल के रूप में उसकी भर्त्सना में लगी रहती हैं। हस्केल ने फ़िल्मी अतिनाटकीयता (मेलोड्रामा) को स्त्री-सिनेमा के रूप में देखने से इनकार

लौरा मलवी : 'विजुअल प्लेज़र ऐंड नैरेटिव सिनेमा'

करते हुए ख़ास तौर से स्त्री के प्रश्नों को सम्बोधित करने वाली फ़िल्मों की शिनाख़्त की। इन फ़िल्मों में स्त्री किरदार केंद्र में होता था और ये स्त्री दर्शक को ध्यान में रख कर बनायी जाती थीं। यह अंतर करने से स्त्री-फ़िल्मों की राजनीतिक और सौंदर्यमूलक सम्भावनाओं के द्वार खुल गये। हस्केल के साथ इस बौद्धिक उद्यम में मारज़ोरी रोज़ेन और जोआन मेलेन ने भी भागीदारी की। इन तीनों ने उस ज़माने की प्रचलित समाजशास्त्रीय और आनुभविक पद्धति अख़्तियार करते हुए तथ्यगत रूप से साबित किया कि फ़िल्मों में स्त्री का निरूपण उसे पवित्र या चरित्रहीन के रूप में द्विभाजित कर देता है।

स्त्री के नज़रिये से फ़िल्मों की व्याख्या का यह शुरुआती प्रयास विचारोत्तेजक साबित हुआ। युरोप के नारीवाद विद्वानों (क्लेयर जांस्टन, लौरा मलवी, पाम कुक और एनेट कुन) ने महसूस किया कि यह समाजशास्त्री-आनुभविक रवैया स्त्री की एक पूर्व-निश्चित सेक्शुअल अस्मिता के आधार पर खड़ा है। इसलिए इसमें दो प्रवृत्तियाँ पैदा हो गयी हैं। पहली, यह मान कर चलता है कि स्त्री में स्त्री होने के नाते फ़िल्म में अपने निरूपण का मूल्यांकन करने की एक सहजात क्षमता होती है। दूसरी, यह सभी स्त्री फ़िल्मकारों को नारीवादी मान कर चलता है। युरोपीय विद्वानों ने लक्षणवैज्ञानिक (सीमियोटिक) और संरचनावादी रवैया अपनाते हुए आलोचना की कि स्त्री के एक निश्चित सार में आस्था का परिणाम पितृसत्ता को पिछले दरवाज़े से वैधता प्रदान कर देना होगा। इसके कारण पाले की दूसरी तरफ़ पितृसत्तात्मक व्यवस्था की 'स्वाभाविकता' भी प्रमाणित हो जाएगी।

इस पहले चरण (1968-74) के दौरान फ़िल्मों के क्षेत्र में नारीवादियों की सक्रियता में उल्लेखनीय बढ़ोतरी हुई। एडिनबरा फ़िल्मोत्सव में नारीवादियों ने अपना कार्यक्रम अलग से आयोजित किया। 1973 में जांस्टन ने स्त्री-सिनेमा को प्रति-सिनेमा के रूप में परिभाषित करते हुए अपना विख्यात निबंध लिखा। कुल मिला कर इस बहस के तीन नतीजे निकले। व्यावसायिक सिनेमा द्वारा गढ़ी जाने वाली स्त्री और उसे दी जाने वाली जगह का सैद्धांतिक विश्लेषण किया जाना चाहिए, स्त्री फ़िल्मकारों की कृतियों पर आलोचनात्मक निगाह डाली जानी चाहिए और फ़िल्म बनाने के नारीवादी आधारों की स्थापना की जानी चाहिए।

नारीवादी फ़िल्म थियरी का पहला चरण अगर समाजशास्त्रीय और आनुभविक उपागमों का परिणाम था, तो दूसरे चरण (1975-83) का विकास विखण्डनवाद, मनोविश्लेषण और पाठालोचन के उपागमों के इर्द-गिर्द हुआ।

जांस्टन ने अपने निबंध 'वुमंस सिनेमा एज़ काउंटर सिनेमा' में विस्तृत दलील दी कि स्त्री-सिनेमा को पितृसत्ता के विपक्ष में खड़ा हुआ प्रति-सिनेमा बनना है तो व्यावसायिक फ़िल्मों में स्त्री की बनावट को खोल कर देखना होगा : उसके बिम्ब को कैसे फ्रेम किया गया है, उसे कैसी पोशाक पहनायी गयी है, उस पर किस कोण से प्रकाश फेंका गया है, कथांकन में वह किस जगह स्थित है, पुरुष चरित्र किस तरह स्त्री को अपनी काम्य-वस्तु बना कर मातृरत्यात्मकता (इडिपल ट्रैजेक्टरी) की तरफ़ जाता है, कैमरा-वर्क और लाइटिंग से किस तरह स्पष्ट होता है कि पुरुष चरित्र की स्वैरकल्पनाएँ स्त्री को अपना केंद्र बनाती हैं। अगर ये सब बातें निकल कर आ जाएँगी तो फ़िल्म के पाठ और उसकी विचारधारा को अलग-अलग किया जा सकेगा और स्त्री के सिनेमा को उभरने की गुंजाइश मिलेगी। ख़ास बात यह थी कि जांस्टन फ़िल्म को केवल एक राजनीतिक औज़ार की निगाह से ही नहीं बल्कि मनोरंजन के माध्यम से भी देखना चाहती थीं। इन दोनों पहलुओं पर एक साथ विचार करना एक नयी बात थी। जांस्टन ने स्त्री की स्वैरकल्पना और कामना के प्रश्नों को भी सम्बोधित किया।

1975 में लौरा मलवी का बेहद अहम निबंध 'विजुअल प्लेज़र ऐंड नैरेटिव सिनेमा' प्रकाशित हुआ जिसमें स्क्रीन और दर्शक के बीच के पाठीय संबंधों का संधान किया गया था। मलवी की इस रचना को फ़िल्म-सिद्धांत के मनोवैश्लेषिक आयाम का जनक माना जाता है। उन्होंने कहा कि दर्शक के 'मैस्क्युलिन प्रेक्षण' को स्वाभाविक प्रेक्षण नहीं माना जा

सकता। मलवी ने अपने इस विवादात्मक लेख '*प्लेज़र ऐंड नैरेटिव*' में सेक्शुअल विभेदीकरण का मुद्दा उठाते हुए मातृमनोग्रंथि के प्रभाव की भिन्न व्याख्या की। उन्होंने कहा कि दर्शक की मैस्क्युलिन स्थिति उसे नारी-देह के यौनीकरण और वस्तुकरण की तरफ़ ले जाती है। कैमरा स्त्री की दैहिक सुंदरता की तरफ़ ध्यान खींचता है। वह उसकी प्रस्तुति इस क़दर सम्पूर्णता के साथ करता है कि पुरुष दर्शक को उसमें शिश्न की अनुपस्थिति न सताती है, और न ही उससे बधियाकरण (कैस्ट्रेशन) का भय निकलता है। ऐसा करने के लिए कैमरा नारी-देह को शिश्न की तरह तना हुआ दिखाता है। मलवी ने दावा किया कि पुरुष की दृश्य-रत्यात्मक निगाह (वॉयरिस्टिक गेज़) उसके अवचेतन द्वारा बधियाकरण के भय की अनुक्रिया है। स्त्री को नियंत्रित और दण्डित करने (यहाँ तक कि उसकी हत्या कर देने) की कामना की प्रतीकात्मक अभिव्यक्ति इसी निगाह में होती है।

मलवी ने प्रश्न उठाया कि इस पुरुष-केंद्रित सिनेमा में स्त्री-दर्शक किस तरह चाक्षुष आनंद प्राप्त करती है? इसके लिए वह या तो स्क्रीन पर मौजूद स्त्री किरदार की निष्क्रिय स्थिति के साथ तादात्म्य स्थापित कर लेती है या फिर उसे पुरुष की स्थिति ग्रहण करनी पड़ती है। मलवी के ये अवलोकन तरह-तरह की सम्भावनाओं से भरे हुए थे। मनोविश्लेषण और फ़िल्म-सिद्धांत के संयोग का परिणाम यह हुआ कि नारीवादियों को अस्मिता और स्मृति से संबंधित प्रश्न उठाने का मौक़ा मिल गया। उन्होंने स्त्रीत्व और पुरुषत्व की अवधारणाओं को जैविक आधार पर किये गये सरलीकृत द्विभाजन से निकाल कर एक सामाजिक गढंत की तरह देखा। अर्थात् अगर स्त्री और पुरुष की सेक्शुअल भिन्नता पूर्व-निर्धारित नहीं थी, तो उसे विश्लेषित किया जा सकता था और उसकी सामाजिक गढ़ंत को बदला जा सकता था। नारीवादी फ़िल्म-सिद्धांत जैविकता पर ज़ोर देने के बजाय भाषा पर ज़ोर देता चला गया। फ्रॉयड चूँकि शिश्न-ईर्ष्या (या शिश्न-अभाव) से परे जाने में असमर्थ रहे थे इसलिए वे स्त्री की मातृमनोग्रंथि का संतोषजनक सिद्धांतीकरण नहीं कर पाये। फ्रॉयड के बजाय नारीवादियों ने ज़ाक लकाँ द्वारा विश्लेषण में प्रतीकात्मकता यानी भाषा के महत्त्व पर दिये गये ज़ोर से प्रेरणा ली और पितृसत्तात्मक भाषा की वि-संरचना के औज़ारों से सम्बोधित करना शुरू कर दिया। साइकोएनालिसिस और डिकंस्ट्रक्शन को जोड़ते ही नारीवादी फ़िल्म-सिद्धांत फ़िल्म के पाठ को खोलने की क्षमता से लैस हो गया। उसने मेलोड्रामा, स्त्री-केंद्रित फ़िल्मों, हॉरर फ़िल्मों, अपराध केंद्रित फ़िल्मों, थ्रिलर फ़िल्मों और काऊबॉय वाली वेस्टर्न फ़िल्मों की सींवनें खोलनी शुरू कर दीं।

नारीवादी फ़िल्म-सिद्धांत के तीसरे और जारी चरण में मलवी द्वारा उठाये गये स्त्री-दर्शक के प्रश्न को फिर से संबोधित किया गया। नारीवादी विद्वानों ने दावा किया कि केवल पुरुष की ही मातृमनोग्रंथि नहीं होती बल्कि स्त्री की भी होती है, और शिश्न-ईर्ष्या की अवधारणा एक पितृसत्तात्मक गढ़ंत है। उन्होंने फ्रॉयड के इस दावे को चुनौती दी कि बच्चा अपनी माँ को पुरुष के शिश्न-रहित संस्करण के रूप में देखता है। इस बौद्धिक उद्यम के पीछे कोशिश यह थी कि स्त्रीत्व को पुरुषत्व के संदर्भ-बिंदु की गिरुफ़्त से निकाला जाए। अस्सी के दशक के मध्य तक नारीवादी विद्वानों को लगने लगा कि फ़िल्मों के महज़ पाठालोचन से ही काम नहीं चलेगा, बल्कि उन्हें निर्माण और ग्राहकता के ऐतिहासिक व सामाजिक संदर्भों में भी देखना पड़ेगा।

इसी दौरान फ्रांसीसी चिंतक मिशेल फ़ूको द्वारा प्रस्तुत सत्ता संबंधी आख्यान का नारीवादी चिंतन पर गम्भीर असर पड़ा। नारीवादी फ़िल्म-सिद्धांत ने तात्पर्यों की बहुलता पर ध्यान दिया। उसने पाया कि किसी एक फ़िल्म निर्माण की प्रक्रिया में एक से ज़्यादा निर्देशक, पटकथा लेखक और अन्य क्षेत्रों के लोग जुड़े होते हैं। इन सब की कोशिशों से जो यथार्थ बनता है उसके पीछे फ़िल्म उद्योग के भीतरी सत्ता-संबंधों और प्रतिरोधों की भूमिका होती है। दर्शकों को भी एक विचारधारात्मक गढ़ंत के रूप में स्वीकार नहीं किया जा सकता। दर्शकों को स्त्री और पुरुष के सहज द्विभाजन के तहत भी नहीं देखा जा सकता। आयु, जेंडर, नस्ल, वर्ग और सेक्शुअलिटी के मुताबिक़ दर्शक की ग्राहकता बदलती रहती है। स्क्रीन और दर्शक के बीच का रिश्ता बदलता रहता है।

नारीवादी फ़िल्म-सिद्धांत का विकास जारी है। अश्वेत नारीवादियों के हस्तक्षेप से नारीवाद पर श्वेत और मध्यवर्गीय रवैये के प्रभुत्व की तरफ़ निगाह गयी है। उस पर संस्कृति-अध्ययन के तहत हुई लोकप्रिय संस्कृति की जाँच-पड़ताल का भी प्रभाव पड़ा है। लातीनी अमेरिकी और एशियाई नारीवादियों ने भी सैद्धांतिक लेखन शुरू कर दिया है।

देखें : अश्वेत नारीवाद, आनंदीबाई जोशी, इस्लामिक नारीवाद, गायत्री चक्रवर्ती स्पिवाक, चिपको आंदोलन, जूडिथ बटलर, जेंडर, दलित नारीवाद, देवदासी, देवकी जैन, नारीवाद, नारीवाद की पहली लहर, नारीवाद की दूसरी लहर, नारीवाद की तीसरी लहर, नारीवाद और अर्थशास्त्र, नारीवादी इतिहास-लेखन, नारीवादी दर्शन, नारीवाद और साम्प्रदायिकता, नैंसी शोदॅरो, पर्यावरणीय नारीवाद, पब्लिक-प्राइवेट, पण्डिता रमाबाई सरस्वती, पितृसत्ता, प्रेम, प्रेम-अध्ययन और नारीवादी दर्शन, भारत में स्त्री-आरक्षण-1 और 2, महादेवी वर्मा, मैरी वोल्सनक्रॉफ़्ट, राजनीतिक दर्शन के नारीवादी आयाम, रमाबाई रानाडे, ल्यूस इरिगरे, स्त्री और साम्प्रदायिकता, स्त्री-श्रम, सम्पत्ति : नारीवादी परिप्रेक्ष्य, सिमोन द बोउवार, स्त्री-आरक्षण, हेलन सिचू।

संदर्भ

1. एम.ए. दोआन, पी. मेलेनकैम्प और एल. विलियम्स (सम्पा.) (1984), *रि-विज़न : एसेज़ इन फ़ेमिनिस्ट फ़िल्म क्रिटिसिज़म,* द अमेरिकन फ़िल्म इंस्टीट्यूट/युनिवर्सिटी पब्लिकेशंस ऑफ़ अमेरिका, फ्रेडरिक, मैरीलैण्ड.
2. टी. डि लॉरैटिस (1989), *टेक्नॉलॅजीज़ ऑफ़ जेंडर : एसेज़ ऑन थियरी,* फ़िल्म ऐंड फ़िक्शन, मैकमिलन, लंदन.
3. सी. जांस्टन, *नोट्स ऑन वुमंस सिनेमा,* स्क्रीन पेम्फ्लेट, सोसाइटी फ़ॉर एजुकेशन इन फ़िल्म ऐंड टेलिविज़न, लंदन
4. ई.ए. कप्लान (सम्पा.) (1990), *साइकोएनालैसिस ऐंड सिनेमा,* रॉटलेज, न्यूयॉर्क और लंदन.
5. ए. कुन (1982), *वुमंस पिक्चर्स : फ़ेमिनिज़्म ऐंड सिनेमा,* रॉटलेज ऐंड कीगन पॉल, लंदन और बोस्टन.
6. लौरा मलवी (1975), 'विज़उल प्लेज़र ऐंड नैरेटिव सिनेमा', *स्क्रीन,* खण्ड 16, अंक 3.

— अभय कुमार दुबे

नारीवाद और अर्थशास्त्र

(Feminism and Economics)

पिछले पचास साल में समाज-विज्ञान के लगभग सभी अनुशासनों को नारीवाद ने गहरायी से प्रभावित किया है। लेकिन यह अपेक्षाकृत सुरक्षित दावा अर्थशास्त्र पर सबसे कम लागू होता है। इस अनुशासन में प्रमुख स्त्री अर्थशास्त्री तो मिल जाते हैं (जैसे जोआन रोबिंसन का कींसियन अर्थशास्त्र में उल्लेखनीय योगदान है। भारत में ईशर जज अहलूवालिया और जयति घोष अर्थशास्त्र की प्रमुख हस्ताक्षर हैं), पर नारीवादी अर्थशास्त्री तलाश करने से भी नहीं मिलते। अकादमिक सर्वेक्षण करने पर एक तथ्य यह भी सामने आया है कि छात्राएँ एक विषय के रूप में अर्थशास्त्र को दूसरे विषयों के मुक़ाबले कम पसंद करती हैं। स्त्रियों की कम मौजूदगी और कुल मिला कर अर्थशास्त्र और नारीवाद के बीच कमज़ोर अन्योन्यक्रिया के बावजूद सर्वेक्षण के माध्यम से ही एक दूसरा उल्लेखनीय तथ्य यह निकला है कि इस अनुशासन के तीन क्षेत्रों पर नारीवादी आग्रहों का कुछ-कुछ असर दिखाई पड़ा है। ये तीन क्षेत्र हैं : श्रम बाज़ार का विश्लेषण, घर-परिवार का आर्थिक व्यवहार, और स्वास्थ्य-शिक्षा-कल्याण से संबंधित विश्लेषण। अर्थशास्त्री मानते हैं कि इन तीनों क्षेत्रों में ही स्त्रियाँ एक आर्थिक एजेंट के रूप में सबसे ज़्यादा सक्रिय रहती हैं। सम्भावना यही है कि स्त्री-अर्थशास्त्रियों की संख्या बढ़ेगी तो ज़्यादातर इन्हीं क्षेत्रों में बढ़ेगी। नब्बे के दशक में हुए एक अन्य अकादमिक सर्वेक्षण से यह भी ज़ाहिर होता है कि अर्थशास्त्र से संबंधित अकादमिक पत्रिकाओं को स्त्रियों से संबंधित प्रमुख विषय-वस्तुओं में बहुत कम दिलचस्पी है। 1991 में *जर्नल ऑफ़ इकॉनॉमिक लिटरेचर* में छपे 2,225 लेखों में केवल 4.4 फ़ीसदी लेख इन विषयों से संबंधित थे। दूसरे, अन्य लेखों में इनसे संबंधित मुद्दों को बहुत कम स्पर्श किया गया था।

आधुनिक विश्व में व्यक्ति की हैसियत काफ़ी-कुछ इस बात पर निर्भर करती है कि वह बाज़ार में अपना श्रम किस दर पर बेच सकता है। अधिकतर आर्थिक गतिविधियाँ इसी बुनियादी प्रक्रिया पर निर्भर करती हैं। इस लिहाज़ से सारी दुनिया में स्त्रियाँ अपना श्रम बेचने के मामले में पुरुषों के मुक़ाबले कहीं कम कामयाब हैं। पहले तो उनके बाज़ार में आने के रास्ते में ही रुकावटें होती हैं, और अगर उन्हें बाज़ार में आने का मौक़ा मिलता भी है तो उन्हें अपने श्रम का वह मूल्य नहीं मिलता जो उनके मुक़ाबले कहीं कम योग्य पुरुषों को स्वाभाविक रूप से मिल जाता है। भारत जैसे देशों में तो छोड़ ही दीजिये, अमेरिका तक में स्थिति यह है कि कॉलेज से ग्रेजुएट के रूप में पढ़ कर निकली युवती को एक पूर्णकालिक नौकरी में औसतन कम वेतन मिलता है, जबकि हाई स्कूल से पहले ही पढ़ाई छोड़ देने वाले युवक को औसतन ज़्यादा तनख़्वाह मिल जाती है। अर्थशास्त्री सहमत हैं कि स्त्री और पुरुष के बीच यह भेदभाव होता है और इसे नहीं होना चाहिए। लेकिन, जैसे ही इन तथ्यों की व्याख्या का सवाल आता है, मुख्यधार के अर्थशास्त्रियों और नारीवादियों के बीच मतभेद उभर आते हैं।

अर्थशास्त्र और नारीवाद के बीच इस मतभेद का सबसे बड़ा कारण यह है कि समाज-विज्ञान का यह अनुशासन अभी तक उस प्रत्यक्षवादी ज्ञान-परम्परा पर सबसे अधिक दृढ़ता से क़ायम है जिसके तहत समाज से संबंधित चिंतन को प्राकृतिक विज्ञानों के आईने में देखा जाता है। अर्थशास्त्र का दावा है कि जेंडर संबंधी भिन्नता का उसके सिद्धांतों और विश्लेषणों पर ख़ास असर नहीं पड़ता, क्योंकि वह तो समाज और प्रकृति से संबंधित वस्तुनिष्ठ और सार्वभौम नियमों पर आधारित है। बुनियादी रूप से आर्थिक विज्ञान ने ख़ुद को देकार्त द्वारा प्रतिपादित द्वैतवादी मॉडल पर आधारित कर रखा है जिसने आगे चल कर पदानुक्रमवादी रूप ग्रहण कर लिया। सत्रहवीं सदी में देकार्त ने दुनिया को दो तरह के पदार्थों में बाँट कर व्याख्यायित किया था। एक पदार्थ था सोचने वाला (रेस कोजिटंस) जिसके साथ बुद्धि, मस्तिष्क, चेतना, वस्तुनिष्ठता, सार्वभौमिकता और तर्क को जोड़ा जाता है। दूसरा पदार्थ (रेस एक्सटेंसा) यंत्रवत निर्देशित होने वाला था जिसके साथ आत्मनिष्ठता, मनोभावों और अंतर्ज्ञान को जोड़ा जाता है। आगे चल कर सोचने वाले पदार्थ को पुरुष जेंडर के साथ जोड़ कर बेहतर क़रार दिया गया, और रेस एक्सटेंसा

जूली ए. नेल्सन : 'फ़ेमिनिज़म ऐंड इकॉनॉमिक्स',

को स्त्री-जेंडर के साथ जोड़ कर कमतर बताया गया। इस तरह से एक पदानुक्रम स्थापित हो गया। जिन नारीवादी विद्वानों ने अर्थशास्त्र की इस आत्म-छवि को प्रश्नांकित किया है उनमें जूली ए. नेल्सन का नाम प्रमुख है।

जूली नेल्सन एक तरह की नियोक्लासिकल अर्थशास्त्री हैं। उनकी कोशिश है कि कि जेंडर के आयाम पर ज़ोर देते हुए एक अनुशासन के रूप में अर्थशास्त्र को पहले से बेहतर किया जाए। अपने लेख 'फ़ेमिनिज़म और इकॉनॉमिक्स' में वे दावा करती हैं कि वैयक्तिक सीमाएँ, रुचियाँ और अवधारणात्मक पूर्वग्रह ने अर्थशास्त्र की संस्कृति को प्रभावित किया है। इस अनुशासन में पहले से ही विषय, योजना (मॉडल), विधि और शिक्षाशास्त्र के बहुत से मूल्य-आधारित और पक्षपाती संदर्भों को, विशेष रूप से पुरुष-परिप्रेक्ष्य में, मूल्य-तटस्थ और निष्पक्ष माना लिया गया है। इस संदर्भ में पुरुष अर्थशास्त्रियों ने पारम्परिक रूप से केंद्रीय भूमिका ग्रहण कर रखी है। वे निर्भरता और संलग्नता पर स्वायत्तता और पृथकता को प्राथमिकता देते हैं जिससे मैस्कुलिन पैटर्न ही प्रतिबिम्बित होता है।

नेल्सन ने जेंडर-वेल्यू-कम्पास विकसित किया है जिसके अनुसार वे अर्थशास्त्र के अनुशासन को कठोर (स्ट्रांग-हार्ड) और कोमल (वीक-सॉफ़्ट) हिस्सों में बाँट कर देखती हैं। कठोर हिस्से वे हैं जिनमें इकॉनॉमेट्रिक्स के ज़रिये गणितीय विधियाँ अपनायी जाती हैं। कोमल हिस्सों की प्रकृति समाजशास्त्रीय क़िस्म की है। नेल्सन अर्थशास्त्र पर छाये हुए इस विभाजन को ख़ारिज नहीं करतीं, बल्कि यह दिखाती हैं कि तरह कठोर सैद्धांतिक रूप से अनम्य और नकारात्मक, जबकि कोमल लचीला और सकारात्मक हो सकता है। जूली नेल्सन का दावा है कि कठोर को कोमल पर प्राथमिकता दे कर अर्थशास्त्र ने ख़ुद को कम उपयोगी बना लिया है। वे यह नहीं मानतीं कि नारीवादी अर्थशास्त्र केवल स्त्री-अर्थशास्त्रियों द्वारा ही अपनाया जाना चाहिए या उसका संबंध केवल इस अनुशासन के कोमल आयामों से रहेगा।

नेल्सन के इस महत्त्वपूर्ण अवदान के अलावा नारीवाद और अर्थशास्त्र की अन्योन्यक्रिया के अन्य पहलुओं पर भी एक नज़र डाली जा सकती है। इन्हें तीन प्रमुख प्रवृत्तियों के रूप में रेखांकित किया जा सकता है। पहला है फ़ेमिनिस्ट अर्थशास्त्रियों के बीच पाया जाने वाला कंस्ट्रक्शनिस्ट रुझान। इन विदुषियों की कोशिश रहती है कि आर्थिक सिद्धांतों पर छाये हुए पुरुष वर्चस्व को विखण्डित किया जाए। पद्धतियों और स्थापनाओं का विश्लेषण करके दिखाया जाए कि अगर जेंडर भेदभाव न होता तो किस तरह भिन्न नतीजे निकाले जा सकते थे। दूसरा रवैया एफ़र्मेटिव एक्शन आधारित है। यह मानता है कि नारीवादी अर्थशास्त्रियों को अर्थशास्त्र के अनुशासन की चिंता में ज़्यादा दुबेले होने की ज़रूरत नहीं है। बस उन्हें तो स्त्रियों की स्थिति सुधारने के अपने एजेंडे पर क़ायम रहना चाहिए। उनकी कोशिश होनी चाहिए कि किस तरह इस अनुशासन में स्त्रियों की संख्या बढ़े, और उन्हें पर्याप्त प्रतिनिधित्व मिल सके। तीसरा रुझान फ़ेमिनिस्ट इम्पिरिसिस्टों का है। ये लोग मान कर चलते हैं कि अर्थशास्त्र के उसूल सिद्धांततः जेंडर-तटस्थता पर आधारित होते हैं और उनकी वस्तुनिष्ठता प्रमाणित है। स्त्रियों और पुरुषों के बीच जो विषमताएँ हैं उनकी असली वजह इन सिद्धांतों और मॉडलों में निहित न हो कर अर्थशास्त्र की अंतर्दृष्टियों पर किये जाने वाले व्यावहारिक अमल में निहित है।

देखें : अश्वेत नारीवाद, आनंदीबाई जोशी, इस्लामिक नारीवाद, गायत्री चक्रवर्ती स्पिवाक, चिपको आंदोलन, जूडिथ बटलर, जेंडर, दलित नारीवाद, देवदासी, देवकी जैन, नारीवाद, नारीवाद की पहली लहर, नारीवाद की दूसरी लहर, नारीवाद की तीसरी लहर, नारीवाद और अर्थशास्त्र, नारीवादी फ़िल्म-सिद्धांत, नारीवादी इतिहास-लेखन, नारीवादी दर्शन, नारीवाद और साम्प्रदायिकता, नैंसी शोदॅरो, पर्यावरणीय नारीवाद, पब्लिक-प्राइवेट, पण्डिता रमाबाई सरस्वती, पितृसत्ता, प्रेम, प्रेम-अध्ययन और नारीवादी दर्शन, भारत में स्त्री-आरक्षण-1 और 2, महादेवी वर्मा, मैरी वोल्सनक्रॉफ़्ट, राजनीतिक दर्शन के नारीवादी आयाम, रमाबाई रानाडे, ल्यूस इरिगरे, स्त्री और साम्प्रदायिकता, स्त्री-श्रम, सम्पत्ति : नारीवादी परिप्रेक्ष्य, सिमोन द बोउवार, स्त्री-आरक्षण, हेलन सिचू।

संदर्भ

1. जूली ए. नेल्सन (1995), 'फ़ेमिनिज़म ऐंड इकॉनॉमिक्स', द *जर्नल ऑफ़ इकॉनॉमिक पर्सपेक्टिव्ज़*, खण्ड 9, अंक 2.

2. विल्फ्रेड डॉल्फ़समा और हेला होप (2003), 'ऑन फ़ेमिनिस्ट इकॉनॉमिक्स', *फ़ेमिनिस्ट रिव्यू*, अंक 75, विषय : आइडेंटिटीज़.
3. बारबरा आर. बर्गमैन (1983), 'फ़ेमिनिज़म ऐंड इकॉनॉमिक्स', *एकैडेमी*, खण्ड 69, अंक 5.
4. रैंडी एल्बैल्डा (1995), 'द इम्पैक्ट ऑफ़ फ़ेमिनिज़म इन इकॉनॉमिक्स : बियॉन्ड द पेल? अ डिस्कशन ऐंड सर्वे रिज़ल्ट्स', *द जर्नल ऑफ़ इकॉनॉमिक एजुकेशन*, खण्ड 26, अंक 3.

— श्रुति

नारीवादी इतिहास-लेखन

(Feminist Historiography)

स्त्री को केंद्र बना कर इतिहास-लेखन का आग्रह साठ के दशक के आख़िरी सालों में उभरा। नारीवादी इतिहास-लेखन के अमेरिकी, युरोपीय और ब्रिटिश प्रसंगों की शुरुआत भी इसी दौरान हुई। शुरू में इस इतिहास का मुख्य रूप सामाजिक इतिहास का था। चूँकि इतिहास-लेखन का अनाल स्कूल जनसंख्यामूलक आग्रहों को केंद्र बना रहा था, इसलिए उसके इतिहासकारों को परिवार की संस्था के अतीत का अन्वेषण विशेष रूप से करना पड़ा। इस संयोग ने नारीवादी इतिहास-लेखन की बुनियाद में पहला पत्थर लगाया। सत्तर के दशक में *द फ़ेमिली, सेक्स ऐंड मैरिज इन अर्ली मॉडर्न* इंग्लैण्ड और *द मेकिंग ऑफ़ मॉडर्न फ़ेमिली* जैसी कृतियाँ प्रकाश में आयीं। इसी दौर में *रिलीजन ऐंड द डिक्लाइन ऑफ़ मैजिक* जैसा क्लासिक लिखा गया जिसमें स्त्रियों को डायन समझने से जुड़े जटिल प्रश्नों पर रोशनी पड़ी। दरअसल, साठ के दशक से ही युरोप के मध्यकालीन इतिहास की भी स्त्री की निगाह से पड़ताल करने की शुरुआत हुई। कुल मिला कर नारीवाद की दूसरी लहर के एक बेहतरीन नतीज़े के रूप में नारीवादी इतिहास उभरा। अमेरिका और ब्रिटेन की महिला-इतिहासकारों ने तय किया कि वे स्त्रियों को उनका अतीत प्रदान करेंगी। सिमोन द बोउवार कह ही चुकी थीं कि जिस व्यक्ति के पास इतिहास नहीं होता, उसके पास गरिमा भी नहीं होती। उनसे पहले सदी के शुरुआती दशक वर्जीनिया वुल्फ़ की इस माँग से प्रतिध्वनित हो चुके थे कि इतिहास को स्त्रियों की नज़र से लिखा जाना ज़रूरी है।

स्त्री-इतिहास की परियोजना ने पहले से स्थापित प्रस्थापनाओं के मुक़ाबले नये सवाल खड़े करने शुरू किये। जोआन गैडॅल केली ने अपनी बहुचर्चित कृति में पूछा कि रिनेसाँ का और उसके बाद ईसाई धर्म-सुधारों और युरोपीय ज्ञानोदय का स्त्री को क्या लाभ हुआ? फ्रांसीसी क्रांति जैसी युग-प्रवर्तक घटना की स्त्री की निगाह से ज़बरदस्त जाँच-पड़ताल की गयी। अस्सी के दशक तक आते-आते स्त्री के इतिहास ने जेंडर-इतिहास का रूप ले लिया। इतिहासकार जुलियट मिचेल ने पूरे इतिहास को चार भागों (उत्पादन, प्रजनन, समाजीकरण और सेक्शुअलिटी) में बाँटने का आह्वान किया। उनके अनुसार जब तक कि इन चार श्रेणियों को अलग-अलग करके उनका सूक्ष्म विश्लेषण नहीं किया जाएगा तब तक इन श्रेणियों की तह में छिपे हुए जेंडर-भेदभाव का पता नहीं लगेगा और इतिहास की ज़मीन पर स्त्रियों की स्थिति की जानकारी नहीं हो पायेगी। इसी प्रकार ज़ील मैथाइस ने भी इतिहास की पड़ताल करने के लिए जैविक, मनोवैज्ञानिक, प्रणालीगत और सामाजिक कसौटियों की सिफ़ारिश की है।

स्त्री-आंदोलनों का इस इतिहास-लेखन से गहरा संबंध है। नारीवादी इतिहासकारों ने विभिन्न ऐतिहासिक चरणों में स्त्री के अनुभवों का संकलन करते हुए विभिन्न अवधियों में विभिन्न वर्गों की महिलाओं की शैक्षिक, आर्थिक और राजनीतिक स्थिति में आये बदलाव को भी रेखांकित किया। *मेकिंग ऑफ़ पेट्रियार्की* जैसे क्लासिक की रचना करने वाली गर्डा लर्नर ने नारीवादी इतिहास-लेखन को स्त्री की मुक्ति के लिए अनिवार्य शर्त क़रार दिया। उन्होंने कहा कि बीस साल तक इतिहास पर शोध करने, पढ़ाने और लेखन करने के बाद वे इस नतीजे पर पहुँची हैं कि स्त्री का इतिहास उसका जीवन बदल देता है। अतीत की स्त्रियों के अनुभव के बारे में थोड़ा-बहुत जानने से ही औरतों पर गहरा मनोवैज्ञानिक प्रभाव पड़ता है। इतिहासकार मैरी बियर्ड ने भी दावा किया कि स्त्रियाँ इतिहास में निष्क्रिय नहीं रही हैं।

दिलचस्प बात यह है कि इतिहास भले ही स्त्री-केंद्रित न रहा हो, पर इतिहास में स्त्री की स्थिति का अपने-अपने पक्ष में दोहन करने में सभी तरह के इतिहासकार एक-दूसरे से होड़ करते रहे हैं। भारतीय इतिहास-लेखन इसका सबसे बड़ा सबूत है। उपनिवेशवाद के दौरान ब्रिटिश इतिहासकार यह साबित करने पर तुले हुए थे कि गोरी नस्ल अपनी स्त्रियों के साथ पशुवत व्यवहार करने वाले भारतवासियों को सभ्य बनाने आयी है। दूसरी तरफ़ भारतीय इतिहासकारों ने उनके वक्तव्यों को ग़लत साबित करने की कोशिश में प्राचीन भारत में स्त्री के ऊँचे दर्जे को रेखांकित करने की परियोजना चलायी।

जहाँ तक स्त्रियों को इतिहास में पेश करने या शामिल करने का सवाल है, भारत में तीस के दशक से लेकर पचास के दशक तक कुछ इतिहासकारों ने यह बीड़ा उठाया। लेकिन उनके प्रयास विश्लेषणात्मक गहरायी के अभाव में केवल सूचनात्मक हो कर रह गये। इसके बावजूद उनके लेखन से जो बातें उभर कर आयीं, उन्होंने आगे चल कर नारीवादी

गर्डा लर्नर (*मेकिंग ऑफ़ पेट्रियार्की*)

इतिहासकारों के लिए अहम भूमिका निभायी। उन्होंने वैदिक युग एवं वैदिक साहित्य के प्रति इतिहासकारों के प्रशंसात्मक रवैये को प्रश्नांकित किया। नारीवादी इतिहासकारों ने इन स्रोतों की वैधता पर ही संदेह व्यक्त किया।

भारत मे नारीवादी इतिहास-लेखन की स्थापना करने में उमा चक्रवर्ती, कुमकुम रॉय और कुमकुम संगारी का विशेष योगदान रहा। इन विदुषियों ने ए.एस. अल्तेकर द्वारा रचित *द पोज़ीशन ऑफ़ वुमॅन इन हिंदू सिविलाइज़ेशन* और शकुंतला राव शास्त्री द्वारा लिखित *वुमॅन इन एंशिएंट इण्डिया* जैसी रचनाओं के मुक़ाम से इतिहास-लेखन का काम आगे बढ़ाया। विशेषकर भारत के अतीत के संदर्भ में बनाये गये मिथक तोड़ने का काम भी इन्हीं इतिहासकारों ने किया। स्त्री-इतिहासकारों ने *रि-स्क्रिप्टिंग द पास्ट इंसर्टिंग वुमॅन इनटु इण्डियन हिस्ट्री* जैसी रचनाओं के ज़रिये यह स्पष्ट किया कि जब तक सामाजिक उत्पादन और प्रजनन के मुद्दों के आधार पर प्राचीन, मध्ययुगीन और आधुनिक कालावधियों की जाँच नहीं की जाएगी तब तक इतिहास पूरी होगा ही नहीं। उमा चक्रवर्ती ने अपने मशहूर आलेख *व्हाटएवर हैपंड टु वैदिक दासी : ओरिएंटलिज़्म, नैशनलिज़्म ऐंड अ स्क्रिप्ट फ़ॉर द पास्ट* में वैदिक युग की स्त्रियों के महिमामण्डन पर ज़बरदस्त प्रहार किया। उनका कहना है कि मैत्रेयी और गार्गी सभी स्त्रियों का प्रतिनिधित्व नहीं कर सकतीं। वे तो एक ख़ास आर्य समाज की नुमाइंदगी करती हैं जो समाज का वर्चस्वशाली हिस्सा था। मीरा कोसम्बी और उनके बाद उमा चक्रवर्ती ने पण्डिता रमाबाई जैसी हस्ती के जीवन पर प्रकाश डालते हुए भारतीय पितृसत्ता के औपनिवेशिक और ब्राह्मणवादी पहलुओं को रेखांकित किया। वी. गीता ने दक्षिण भारत में चले आत्मसम्मान आंदोलन में निहित स्त्री-मुक्ति की सम्भावनाओं का संधान किया।

नारीवाद की दूसरी लहर के बाद स्त्री-इतिहासकारों के प्रयासों ने लिखे जा चुके इतिहास की समीक्षा करके उसकी विसंगतियाँ दिखाई, बल्कि इतिहास-लेखन में नये योगदान किये। उपनिवेशवाद के दौरान थोड़ी-बहुत शिक्षा प्राप्त कर चुकी स्त्रियों ने अपने जीवनानुभव छोटी-छोटी कहानियों, संस्मरणों और आत्मकथ्यों के रूप में लिखे। इन लेखिकाओं में ताराबाई शिंदे, रुकैया सखावत हुसैन, आनंदीबाई जोशी, सरलादेवी चौधरानी, रससुंदरी देवी, सावित्रीबाई फुले, विनोदिनी दासी जैसे नाम शामिल हैं। मुख्यधारा के इतिहास लेखन में इन स्त्रियों का कहीं कोई ज़िक्र नहीं आता। लेकिन आज के नारीवादी आंदोलन के लिए ये स्त्रियाँ प्रेरणा स्रोत बन चुकी हैं। नारीवादी इतिहासकारों ने न केवल उन्हें तलाशा, बल्कि साबित किया कि इतिहास में न केवल महिलाएँ मौजूद थीं, बल्कि वे इतिहास के निर्माण में भी भूमिका निभा रही थीं।

देखें : अश्वेत नारीवाद, आनंदीबाई जोशी, इस्लामिक नारीवाद, गायत्री चक्रवर्ती स्पिवाक, चिपको आंदोलन, जूडिथ बटलर, जेंडर, दलित नारीवाद, देवदासी, देवकी जैन, नारीवाद, नारीवाद की पहली लहर, नारीवाद की दूसरी लहर, नारीवाद की तीसरी लहर, नारीवाद और अर्थशास्त्र, नारीवादी फ़िल्म-सिद्धांत, नारीवाद और अर्थशास्त्र, नारीवादी दर्शन, नारीवाद और साम्प्रदायिकता, नैंसी शोदॅरौ, पर्यावरणीय नारीवाद, पब्लिक-प्रायवेट, पण्डिता रमाबाई सरस्वती, पितृसत्ता, प्रेम, प्रेम-अध्ययन और नारीवादी दर्शन, भारत में स्त्री-आरक्षण-1 और 2, महादेवी वर्मा, मैरी वोल्सनक्रॉफ़्ट, राजनीतिक दर्शन के नारीवादी आयाम, रमाबाई रानाडे, ल्यूस इरिगरे, स्त्री और साम्प्रदायिकता, स्त्री-श्रम, सम्पत्ति : नारीवादी परिप्रेक्ष्य, सिमोन द बोउवार, स्त्री-आरक्षण, हेलन सिचू।

संदर्भ

1. टी. लैकर (1990), *मेकिंग सेक्स : बॉडी ऐंड जेंडर फ़्रॉम ग्रीक्स टु फ़्रॉयड,* लंदन.
2. जे.डब्ल्यू. स्कॉट (1988), *जेंडर ऐंड द पॉलिटिक्स ऑफ़ हिस्ट्री,* न्यूयॉर्क.
3. बी. टेलर (1983), *ईव ऐंड द न्यू यरूशलम : सोशलिज़्म ऐंड फ़ेमिनिज़्म इन द नाइंटीथ सेंचुरी,* लंदन.
4. कुमकमु संगारी और सुदेश वैद (सम्पा.) (1989), *रिकास्टिंग वुमॅन : एसेज़ इन कोलोनियल हिस्ट्री,* काली फ़ॉर वुमॅन, नयी दिल्ली.

— सुप्रिया पाठक

निकोलस काल्डोर

(Nicholas Kaldor)

उत्तर-कींसियन अर्थशास्त्र के मुख्य प्रणेताओं में से एक निकोलस काल्डोर (1908–1986) आर्थिक प्रोत्साहन देने वाली नीतियाँ बनाने के ज़रिये बाज़ार प्रणाली को सुधारने में विश्वास रखते थे। मसलन, अगर अर्थव्यवस्था का फ़ायदा बचत करने में है और ख़र्च करने से नुक़सान हो रहा है तो वे ख़र्च पर टैक्स लगा कर उस गतिविधि को दण्डित करना पसंद करते। और, अगर कारख़ाना उत्पादन लाभकारी है और सेवा क्षेत्र की गतिविधियाँ आर्थिक वृद्धि को धीमा कर रही हैं तो काल्डोर के मुताबिक़ सरकार को मैन्युफ़ेक्चरिंग को टैक्स रियायतें देनी चाहिए और सेवा क्षेत्र पर ज़्यादा कर लगाने चाहिए। वे चाहते थे कि कर प्रणाली कुछ इस तरह से बनायी जाए कि उससे अर्थव्यवस्था का प्रदर्शन सुधर सके। काल्डोर ने मुद्रास्फीति नियंत्रित करने के लिए कड़ी मुद्रा नीति अपनाने का विरोध किया। बजाय इसके वे वेतन और दाम के उस समीकरण को नियंत्रित करने के पक्ष में थे जिसके कारण मुद्रास्फीति का दबाव बनता है। वे इस तजवीज़ से सहमत नहीं थे कि अर्थव्यवस्थाएँ तभी बेहतर काम करती हैं जब सरकारें अपना हाथ उनसे दूर रखें। उन्होंने सरकारों को सक्रिय हस्तक्षेप करने की सलाह दी ताकि बढ़ती हुई महँगाई पर लगाम कसी जा सके।

निकोलस काल्डोर का जन्म बुडापेस्ट, हंगरी में हुआ था। उनके पिता फ़ौजदारी वकील थे, और माँ एक धनी व्यापारी परिवार की थीं। उनका लालन-पालन ख़ुशहाली में हुआ और उन्होंने बेहतरीन शिक्षा प्राप्त की। पिता उन्हें क़ानून पढ़ाना चाहते थे, पर काल्डोर ने अर्थशास्त्र का अध्ययन पसंद किया। काल्डोर को शुरू से ही राजनीति में भी दिलचस्पी थी। 1925 में वे बर्लिन विश्वविद्यालय पढ़ने गये और दो साल बाद लंदन स्कूल ऑफ़ इकॉनॉमिक्स में फ्रेड्रिख़ हायक के निर्देशन में अध्ययन शुरू किया। उन्होंने केम्ब्रिज के किंग्स कॉलेज में अध्यापन किया जो कींस के अनुयायियों का गढ़ था। शुरू में उनका सरोकार आर्थिक सिद्धांत था, पर बाद में अपना ज़्यादा समय नीतिगत मसलों पर ख़र्च करने लगे। काल्डोर ने ब्रिटेन समेत कई देशों की सरकारों के आर्थिक सलाहकार की भूमिका निभायी।

1951 में लाभ और आमदनी पर करारोपण के शाही कमीशन में काम करते हुए काल्डोर ने ब्रिटिश कर प्रणाली की जाँच की, लेकिन इस प्रक्रिया में वे कमीशन के भीतर हुई बहस के दौरान अल्पमत में आ गये। उन्होंने एक लम्बी अल्पमत-रपट लिखी जो बाद में एक पुस्तक बन गयी।

निकोलस काल्डोर (1908–1986)

काल्डोर का मुख्य सुझाव था कि आमदनी पर कर लगाने के बजाय ख़र्च पर लगाया जाना चाहिए। पचास के दशक में उन्होंने न केवल विकसित देशों को यह सुझाव दिया, बल्कि भारत, श्रीलंका, गुयाना, तुर्की, ईरान, वेनेज़ुएला और घाना जैसे विकासशील देशों के लिए भी यही सलाह दी। काल्डोर का विचार था कि आमदनी के ज़रिये यह ठीक-ठीक पता नहीं लगाया जा सकता कि व्यक्ति की टैक्स अदायगी की क्षमता क्या है। उन्होंने उदाहरण दिया कि पूँजीगत लाभों पर केवल तभी टैक्स लगता है जब परिसम्पत्तियाँ बिक जाती हैं। वरना उनसे होने वाले लाभ टैक्सों से बचे रहते हैं और आय कर प्रणाली मालदार लोगों पर टैक्स लगाने में नाकाम रहती है। बहुत से मालदार लोग अपनी सम्पत्ति विरासत में प्राप्त करते हैं और कोई उल्लेखनीय अतिरिक्त आमदनी नहीं करते। आमदनी पर कर लगाने की नीति के कारण ये लोग करारोपण से बच निकलते हैं।

काल्डोर ने आय कर में गम्भीर आर्थिक ख़ामियाँ भी खोज निकालीं। चूँकि ब्याज और लाभ पर भी टैक्स लगता है इसलिए आय कर बचत और निवेश को हतोत्साहित करने वाला साबित होता है। मुनाफ़ा हासिल करने के लिए कामयाबी से जोखिम लेने वाली गतिविधियों से होने वाली आमदनी पर करों की ऊँची दर आरोपित की जाती है इसलिए अर्थव्यवस्था में जोखिम लेने की प्रवृत्ति हतोत्साहित होती है। इन तमाम कारणों से काल्डोर का सुझाव था कि आय कर को

व्यय कर में बदल देना चाहिए। व्यय अथवा उपभोग कर को एक ऐसे आय कर के रूप में देखा जाना चाहिए जिसके मुताबिक़ सभी तरह की नयी बचत कर योग्य आमदनी में से घटा दी गयी हों। अगर कोई परिवार अपनी बचत या सम्पत्ति को चालू ख़र्च में इस्तेमाल करता है तो उस वर्ष उसकी नकारात्मक बचत पर टैक्स लगना चाहिए। सालाना बचत को कर मुक्त करने के कारण कर-राजस्व में आने वाली कमी को दुरुस्त करने के लिए काल्डोर को टैक्स की दर बढ़ाने में कोई आपत्ति नहीं थी। वे जितना ज़्यादा उपभोग हो, उतना ही ऊँचा टैक्स लगाने के तरफ़दार थे। उन्होंने सुझाव दिया कि उपभोग पर सौ से लेकर तीन सौ फ़ीसदी तक टैक्स लगाया जा सकता है। इससे बचत करने की प्रेरणा मिलेगी और नतीजे के तौर पर प्रौद्योगिकीय सुधार, उत्पादकता वृद्धि, ज़्यादा आमदनी एवं बचत व निवेश में उछाल की उपलब्धि होगी।

दिलचस्प बात यह है कि काल्डोर ब्रिटिश लेबर सरकार समेत कई विकासशील देशों की सरकारों के आर्थिक सलाहकार रहे, पर बहुत कम देशों ने उनकी व्यय कर संबंधी सिफ़ारिश मानी। ब्रिटेन ने तो कभी व्यय कर अपनाया ही नहीं। केवल भारत और श्रीलंका ने यह प्रयोग करके देखा। पर इसके ख़िलाफ़ उभरे जन-असंतोष के कारण जल्दी ही व्यय कर की नीति त्याग देनी पड़ी। इस नाकामी के बाद काल्डोर ने कर नीति के ज़रिये कुछ निश्चित उद्योगों या सेक्टरों को प्रोत्साहित करने पर ज़ोर देना शुरू किया। उन्होंने केस्ने द्वारा उत्पादक और अनुत्पादक क्षेत्रों के बीच फ़र्क़ करने के विचार को अपनाया।

विकसित देशों में आर्थिक वृद्धि के अनुभवों की जाँच करते हुए काल्डोर ने पाया कि पचास और साठ के दशक के बीच बारह औद्योगिक देशों की आर्थिक वृद्धि कारख़ाना उत्पादन में हुई बढ़त पर निर्भर रही है। उन्होंने यह भी पाया कि जब फ़र्में ज़्यादा माल पैदा करती हैं तो हर मज़दूर अधिक उत्पादक हो जाता है। सुधरी हुई उत्पादकता घरेलू अर्थव्यवस्था का विस्तार करती है और वैश्विक अर्थव्यवस्था में स्पर्द्धा बेहतर होती है। इसी तरह जब लोग कारख़ानों में बनी अधिक चीज़ें चाहते हैं तो फ़र्में भी अपने उत्पादन का विस्तार करती हैं। इससे बड़े पैमाने पर उत्पादन होता है यानी इकॉनॉमी ऑफ़ स्केल पैदा होती है और लागत गिरती है।

काल्डोर इस निष्कर्ष पर पहुँचे कि कारख़ाना उत्पादन में बढ़ोतरी होने से दूसरे क्षेत्रों की उत्पादकता में भी वृद्धि होती है। कृषि क्षेत्र से निकलने वाली अतिरिक्त श्रम-शक्ति काम में आती रहती है और इस क्षेत्र की उत्पादकता और जीवन-स्तर में भी बढ़ोतरी होती है। उद्योगीकरण पूरी अर्थव्यवस्था में प्रौद्योगिकी उन्नयन की दर को भी बढ़ाता है। अपने इन तमाम अवलोकनों से काल्डोर ने नतीजा निकाला कि सरकार को ऐसी नीतियाँ बनानी चाहिए जिनसे घरेलू कारख़ाना उत्पादन के क्षेत्र को प्रोत्साहन मिले और यह क्षेत्र अर्थव्यवस्था की चालक शक्ति बन जाए। उन्होंने सुझाव दिया कि सरकार इसके लिए कारख़ाना उत्पादित वस्तुओं की सीधी ख़रीद भी कर सकती है या टैक्स रियायतें दे कर इस क्षेत्र की मदद कर सकती है। उनका सुझाव था कि कौन सी फ़र्म कितने अधिक लोगों को रोज़गार देती है, इस आधार पर अगर उसे टैक्स रियायतें मिलें तो कारख़ानों में रोज़गार को प्रोत्साहन मिलेगा।

काल्डोर ने मुद्रास्फीति के प्रश्न पर आधुनिक मौद्रिकवाद की इस थीसिस को ग़लत ठहराया कि अर्थव्यवस्था में मुद्रा की आपूर्ति बढ़ने के कारण दाम बढ़ते हैं, इसलिए मुद्रा सप्लाई तीन से पाँच फ़ीसदी सालाना की धीमी गति से ज़्यादा नहीं होनी चाहिए। उनका तर्क था कि मुद्रा सप्लाई बढ़ने से तो आर्थिक गतिविधियों में तेज़ी आती है। लोग ज़्यादा उधार लेते हैं और अधिक धन बाज़ार में आता है। अगर मुद्रा की आपूर्ति धीमी होगी तो बेरोज़गारी पैदा होगी। वे मोनेटरिस्ट अर्थशास्त्रियों द्वारा हमेशा मुद्रास्फीति का रोना रोते रहने से भी सहमत नहीं थे। अगर दामों के साथ आमदनी भी बढ़ रही हो तो मुद्रास्फीति बढ़ने से अर्थव्यवस्था को कोई ख़ास नुक़सान नहीं होता। उन्होंने बेरोज़गारी बढ़ने को मुद्रास्फीति बढ़ने से होने से वाले मामूली नुक़सानों से अधिक घातक क़रार दिया।

देखें : अर्थ-विज्ञान का समाजशास्त्र, आर्थिक जनसांख्यिकी, अल्फ्रेड मार्शल, अमर्त्य कुमार सेन, अंतर्राष्ट्रीय मुद्रा कोष, आधार और अधिरचना, ऑस्कर लांगे, एडम स्मिथ, करारोपण, कल्याणकारी अर्थशास्त्र, क्लासिकल अर्थशास्त्र, कार्ल हाइनरिख़ मार्क्स-3, कार्ल मेंगर, कींसियन अर्थशास्त्र, गुन्नार मिर्डाल, जोआन रोबिंसन, जॉन कैनेथ गालब्रेथ, जॉन मेनार्ड कींस, जॉन स्टुअर्ट मिल, जोसेफ शुमपीटर, जैव विविधता, ट्रस्टीशिप, डेविड रिकार्डो, ढाँचागत समायोजन कार्यक्रम, थॉमस मन और वणिकवाद, थॉमस रॉबर्ट माल्थस, दक्षता, धन, नियोक्लासिकल अर्थशास्त्र, नीतिशास्त्र और अर्थशास्त्र, निकोलस काल्दोर, नियोजन, नियोजन : मार्क्सवादी विमर्श, पण्य, पण्य-पूजा, पेटेंट, पॉल सेमुअलसन, पियरो स्राफ़ा, पूँजी, प्रतियोगिता, फ्रांस्वा केस्ने और प्रकृतिवाद, फ्रेड्रिख़ वॉन हायक, बहुराष्ट्रीय निगम, बाज़ार, बाज़ार की विफलताएँ, बाज़ार-समाजवाद, बौद्धिक सम्पदा अधिकार, ब्रेटन वुड्स प्रणाली, भारत में बहुराष्ट्रीय निगम, भारत में नियोजन, भारत में पेटेंट क़ानून, भारत में शेयर संस्कृति, भूमण्डलीकरण और पूँजी बाज़ार, भूमण्डलीकरण और वित्तीय पूँजी, भूमण्डलीकरण और वित्तीय उपकरण, मार्क्सवादी अर्थशास्त्र, मिल्टन फ्रीडमेन, मूल्य, राजकोषीय नीति और मौद्रिक नीति, रॉबर्ट ओवेन, विलफ्रेडो परेटो, विश्व व्यापार संगठन, विश्व बैंक, विलियम पेटी, विलियम स्टेनली जेवंस, वैकासिक अर्थशास्त्र, शोषण, साइमन कुज़्नेत्स।

संदर्भ

1. मार्क ब्लॉग (1989), 'निकोलस काल्डोर 1908-86', संकलित :

डेविड ग्रीनवे और जॉन आर. प्रेसली (सम्पा.), *पायनियर्स ऑफ़ मॉडर्न इकॉनॉमिक्स इन ब्रिटेन,* सेंट मार्टिंस प्रेस, न्यूयॉर्क.

2. एंथनी पी. थिर्लवाल (1987), *निकोलस काल्डोर,* न्यूयॉर्क युनिवर्सिटी प्रेस, न्यूयॉर्क.
3. मरज़ोरी एस. टर्नर (1993), *निकोलस काल्डोर ऐंड द रियल वर्ल्ड,* एम.ई. शार्प, आरमंक, न्यूयॉर्क.
4. स्टीवन प्रेसमैन (1995), 'दि फ़ीज़ीबिलिटी ऑफ़ ऐन एक्सपेंडीचर टैक्स', *इंटरनैशनल जरनल ऑफ़ सोशल इकॉनॉमिक्स,* खण्ड 22, अंक 8.

— अभय कुमार दुबे

निजी सम्पत्ति, अन्य परिप्रेक्ष्य

(Private Property: Other Perspective)

आम तौर पर उदारतावादी और अनुदारवादी चिंतकों ने निजी सम्पत्ति का समर्थन किया है। दिलचस्प बात यह है कि निजी सम्पत्ति की इस पैरोकारी का परिप्रेक्ष्य अलग-अलग है। इस अंतर को उन्नीसवीं सदी में उपयोगितावादी विमर्श और बीसवीं सदी में स्वतंत्रतावादी सिद्धांतकार रॉबर्ट नॉज़िक के सूत्रीकरणों के रूप में देखा जा सकता है। उपयोगितावादी विमर्श ने कल्याणकारी राज्य की अवधारणा को मज़बूत किया जिसका परिष्कृत सैद्धांतिक समर्थन बीसवीं सदी में जॉन रॉल्स के न्याय-सिद्धांत में मिलता है। इसके बरक्स नॉज़िक द्वारा प्रतिपादित ऐतिहासिक अधिकार के सिद्धांत ने नव-दक्षिणपंथियों को कई तरह के तर्क प्रदान किये जिनके आधार पर उन्होंने आर्थिक जीवन में राज्य के हस्तक्षेप का विरोध किया।

अट्ठारहवीं और उन्नीसवीं सदी के दौरान डेविड ह्यूम, जेरेमी बेंथम, जेम्स मिल और जॉन स्टुअर्ट मिल के विचारों ने उपयोगितावाद का ढाँचा खड़ा किया। इस दर्शन का ऐतिहासिक महत्त्व इस लिहाज़ से है कि इसके वैचारिक दबाव के तहत लिए गये आर्थिक और राजनीतिक सुधारों के कार्यक्रम के आधार पर ब्रिटेन का कुलीनतंत्रीय और पदानुक्रमवादी समाज एक संसदीय लोकतांत्रिक व्यवस्था में विकसित हुआ। उपयोगितावादी विचारकों ने निजी सम्पत्ति का तो समर्थन किया, पर वे लॉक की इस धारणा से सहमत नहीं थे कि प्राकृतिक अधिकारों के सिद्धांत के मुताबिक़ सम्पत्ति की संस्था सरकार के बिना और उसके पहले से मौजूद है। इन विद्वानों ने निजी सम्पत्ति की परिभाषा मानवीय जीवन के लिए उसकी ज़बरदस्त उपयोगिता के आधार पर की और दावा किया कि उसका अस्तित्व सरकार के वैधानिक और राजनीतिक प्राधिकार के बिना क़ायम नहीं रह सकता। सम्पत्ति के अधिकार को सार्थक बनाने के लिए उपयोगितावादियों ने उसकी क़ानूनी सुरक्षा पर काफ़ी ज़ोर दिया। वे यह मान कर चले कि दुनिया में सम्पत्ति और संसाधन कम रहेंगे और मनुष्य की इच्छाएँ और आवश्यकताएँ बढ़ती चली जाएँगी। नतीजे के तौर पर टकराव और हिंसा की परिस्थितियाँ बनेंगी (उपयोगितावादी इनसानी फ़ितरत को अच्छी निगाहों से नहीं देखते) जिनसे बचने के लिए क़ानून का संस्थागत नियंत्रण ज़रूरी है।

निजी सम्पत्ति के पक्ष में उपयोगितावादियों का दूसरा तर्क यह था कि मनुष्य क्षणजीवी नहीं होता, बल्कि वह भविष्य को भौतिक रूप से सुरक्षित करने के लिए बनायी गयी योजना के हिसाब से जिंदगी गुज़ारता है। भविष्य से की जाने वाली अपेक्षाएँ ही उसे सुख और ख़ुशहाली की अनुभूति देती हैं। कुंठित अपेक्षाएँ दुःख का स्रोत साबित होती हैं। जो बोता है, उसे आने वाले कल में फ़सल काटने की उम्मीद भी होती है। अगर अपने श्रम के परिणामों को भोगने की आशा नहीं होगी तो असुरक्षा की भावना पनपेगी और दुःख सतायेगा।

उपयोगितावादियों ने निजी सम्पत्ति के पक्ष में प्रोत्साहन का महत्त्वपूर्ण तर्क भी विकसित किया। उनकी धारणा थी कि श्रम एक तकलीफ़देह गतिविधि है और कोई व्यक्ति ख़ुशी से श्रम करने के लिए तैयार नहीं होता। इसलिए जब तक श्रम करने के लिए प्रोत्साहन की व्यवस्था नहीं होगी, तब तक लोग मेहनत के ख़िलाफ़ अपनी कुदरती हिचक के शिकार बने रहेंगे। प्रोत्साहन के माध्यम से लोगों को कठोर से कठोर परिश्रम करने की तरफ़ ले जाया जा सकता है। उचित स्वामित्व की प्रणाली प्रोत्साहन और पारितोषिक की व्यवस्था करती है। उपयोगितावादी उदाहरण देते हैं कि अगर श्रम का परिणाम सबको बराबर-बराबर ही मिलना है तो एक व्यक्ति दूसरे के मुक़ाबले अधिक श्रम क्यों करेगा? अगर परिणाम व्यक्तिगत आधार पर दिया जाएगा तो लोग अपने-अपने स्तर पर अधिक श्रम करेंगे। फलस्वरूप उत्पादकता बढ़ेगी।

उपयोगितावादी दलील कहती है कि अगर व्यक्तिगत स्तर पर सम्पत्ति बढ़ेगी तो कुल मिला कर समाज की सम्पत्ति में ही वृद्धि होगी। इस तरह निजी सम्पत्ति का अधिकार न केवल व्यक्ति के लिए लाभप्रद है, बल्कि उसकी सामाजिक उपयोगिता भी है। सरकार अगर सभी का सुख बढ़ाना चाहती है तो उसे निजी सम्पत्ति के अधिकार का पक्ष लेते हुए उत्पादकता में वृद्धि सुनिश्चित करना चाहिए।

स्वतंत्रतावादी विचार रॉबर्ट नॉज़िक ने अपनी विख्यात रचना *एनार्की, स्टेट ऐंड यूटोपिया* (1974) में प्रतिपादित

किया कि अगर सम्पत्ति न्यायपूर्ण तौर-तरीक़ों से हासिल या हस्तांतरित की गयी है तो उसके स्वामित्व में किसी क़िस्म का हस्तक्षेप नहीं किया जाना चाहिए। न सामाजिक न्याय के नाम पर और न ही समाज के किसी अन्य वृहत्तर हित के नाम पर। ज़ाहिर है यह स्वतंत्रतावादी सिद्धांत राज्य की गतिविधियों के दायरे को बहुत सीमित कर देता है। लोक-कल्याण के नाम पर अपनायी जाने वाली वितरणमूलक नीतियों द्वारा किये जाने वाले सम्पत्ति या संसाधनों के हस्तांतरण को नॉज़िक वैध सम्पत्ति की चोरी क़रार देते हैं।

नॉज़िक की मान्यता है कि लोगों को चीज़ों का स्वामित्व एक ऐतिहासिक प्रक्रिया के ज़रिये मिलता है, इसलिए उस स्वामित्व को रखने या किसी और को दे देने का फ़ैसला वे ही अपने विवेकानुसार कर सकते हैं। सम्पत्ति पर ऐतिहासिक अधिकार के सिद्धांत को चार भागों में बाँट कर देखा जा सकता है : पहला, सम्पत्ति का अधिग्रहण न्यायपूर्ण होना चाहिए। यह स्पष्ट होना चाहिए कि किन परिस्थितियों में सम्पत्ति प्रकृत-अवस्था से हासिल की गयी है। दूसरा, सम्पत्ति का हस्तांतरण न्यायपूर्ण होना चाहिए। बाज़ार के नियमों के अनुसार होने वाला विनिमय, वस्तु-विनिमय और परोपकार के तहत किया जाने वाला आदान-प्रदान वैध समझा जा सकता है (चोरी, ज़बरिया वसूली या टैक्स लगाना नहीं)। सम्पत्ति के पूर्व स्वामी और होने वाले स्वामी की स्थिति वैध होनी चाहिए। तीसरा, अगर अतीत में सम्पत्ति के स्वामित्व से संबंधित कोई अन्याय हुआ है तो उसका परिष्कार होना ज़रूरी है। परिष्कार के बाद अगर कोई व्यक्ति सम्पत्ति का स्वामित्व प्राप्त करता है तो उस मालिकाने को वैध माना जाएगा। चौथा, इन तीन तरीक़ों के अलावा किसी और तरीक़े से प्राप्त स्वामित्व जायज़ नहीं माना जा सकता। स्वामित्व के ऐतिहासिक अधिकार का सिद्धांत स्पष्ट करता है कि सम्पत्ति के वितरण का समर्थन या उसकी आलोचना उसमें होने वाले हानि-लाभ के आधार पर न करके उसकी ऐतिहासिक स्थिति की रोशनी में होनी चाहिए।

सम्पत्ति प्राप्त करने के न्यायपूर्ण तौर-तरीक़ों के मामले में नॉज़िक जॉन लॉक द्वारा बतायी गयी दो विधियों में से एक को पसंद करते हैं। लॉक का कहना था कि प्रकृत-अवस्था से सम्पत्ति हासिल करते समय दूसरों के लिए 'पर्याप्त और समुचित' छोड़ देना चाहिए ताकि दूसरों के सम्पत्ति हासिल करने के अधिकार पर आँच न आ सके।

निजी सम्पत्ति की पैरोकारी कई अर्थशास्त्रियों ने भी की है, पर उनका ज़ोर उसके नैतिक पहलुओं पर न हो कर सम्पत्ति के इस रूप की दक्षता पर है। मुक्त बाज़ार के समर्थन ऐसे ही अर्थशास्त्रियों में एक फ्रेड्रिख़ वॉन हॉयक ने अन्य अर्थशास्त्रियों से एक क़दम आगे जा कर अपनी रचना *रोड टु सर्फ़डम* (1944) में निजी सम्पत्ति को सर्वाधिक मूलभूत नागरिक अधिकार के रूप में चित्रित किया है।

देखें : अधिकार, अधिकार : सैद्धांतिक यात्रा, अरस्तू, अफ़लातून, अनुदारतावाद, अराजकतावाद, अन्य-अन्यीकरण, उदारतावाद, उपयोगितावाद, एडमण्ड बर्क, क्रांति, ज्याँ-ज़ाक रूसो, जॉन लॉक, जेरेमी बेंथम, जॉन स्टुअर्ट मिल, जॉन रॉल्स, थॉमस हॉब्स, थॉमस पेन, न्याय, न्याय : नारीवादी आलोचना, न्याय : रॉल्स का सिद्धांत, नागरिकता, नागरिकता : अन्य परिप्रेक्ष्य-1 और 2, नागर समाज, पनोप्टिकॉन, फ्रेड्रिख़ वॉन हायक, बुद्धिवाद, माइकेल जोसेफ़ ओकशॉट, माइकिल वाल्ज़र, मिशेल पॉल फ़ूको-1 और 2, यूटोपिया, राजनीतिक दर्शन के नारीवादी आयाम, रॉबर्ट नॉज़िक, राज्य-1 और 2, विल किमलिका, *सम्पत्ति, सम्पत्ति : साझा और सरकारी, सम्पत्ति : मार्क्सवादी परिप्रेक्ष्य, सम्पत्तिः नारीवादी परिप्रेक्ष्य,* सविनय अवज्ञा, स्वतंत्रतावाद, सर्वसत्तावाद, सम्प्रभुता, समाजवाद, सरकारियत, सामाजिक समझौता, हेनरी डेविड थोरो।

संदर्भ

1. जॉन लॉक (1967), *टू ट्रीटाइज़िज़ ऑन गवर्नमेंट,* केम्ब्रिज युनिवर्सिटी प्रेस, केम्ब्रिज.
2. रॉबर्ट नॉज़िक (1974), *एनार्की, स्टेट ऐंड यूटोपिया,* बेसिक बुक्स, न्यूयॉर्क.
3. मोहिंदर सिंह (2008), 'प्रॉपर्टी', संकलित : राजीव भार्गव और अशोक आचार्य (सम्पा.), *पॉलिटिकल थियरी : ऐन इंट्रोडक्शन,* पियर्सन एजुकेशन, नयी दिल्ली.
4. एंड्रू हेवुड (2004), 'प्रॉपर्टी, प्लानिंग ऐंड मार्केट', *पॉलिटिकल थियरी : ऐन इंट्रोडक्शन,* पालग्रेव मैकमिलन, न्यूयॉर्क.

— अभय कुमार दुबे

निर्भरता सिद्धांत

(Depedency Theory)

पचास के दशक में उभरा निर्भरता सिद्धांत कुछ देशों की अमीरी और कुछ देशों की ग़रीबी में लगातार बढ़ोतरी के बीच संबंध को एक निश्चित पैटर्न के रूप में देखता है। लातीनी अमेरिकी अर्थशास्त्री राउल प्रेबिश द्वारा किये गये अनुसंधानों से प्रकाश में आयी यह थियरी अमीर देशों (जो अधिकतर पश्चिमी हैं) को विश्व-व्यवस्था के केंद्र में और ग़रीब देशों (जिनमें से अधिकतर उपनिवेशवाद के शिकार रहे हैं) को उनकी परिधि के रूप में देखती है। केंद्र-परिधि (कोर-पैरिफ़री) मॉडल पर आधारित यह सूत्रीकरण मानता है कि परिधि के देश केंद्र-स्थित देशों के साथ निर्भरता के संबंधों में बँधे हुए हैं। संबंधों के इस पैटर्न को ऐतिहासिक परिस्थितियों का परिणाम मान कर निर्भरता सिद्धांत दावा करता है कि विश्व-अर्थव्यवस्था कुछ देशों का हित-साधन करने की

प्रक्रिया में कुछ अन्य देशों को कम विकसित रहने के लिए मजबूर कर देती है। अर्थात् परिधि के देशों के संसाधनों का प्रवाह केंद्र के देशों की तरफ़ होता है। राष्ट्रों की समृद्धि और दरिद्रता के कारणों की यह व्याख्या बाज़ार आधारित अर्थव्यवस्था के आधारभूत उसूल को ख़ारिज करते हुए यह मानने से इनकार करती है कि देर भले ही हो, पर अंततः विकास नीचे तक जाता है और सभी को लाभ पहुँचाता है। निर्भरता सिद्धांत ने विकास को परिभाषित करने के लिए केवल सकल घरेलू उत्पाद और विकास-दर जैसे सूचकांकों का सहारा लेने के बजाय जन-स्वास्थ्य और जीवन-सम्भाव्यता जैसे मानकों का इस्तेमाल करने की शुरुआत की। दिलचस्प बात यह है कि निर्भरता सिद्धांत ने एक तरफ़ तो नव-मार्क्सवादी चिंतन को प्रभावित किया है, लेकिन दूसरी तरफ़ पूँजीवादी उत्पादन विधि की पारम्परिक मार्क्सवादी व्याख्या में यक़ीन रखने वाले अर्थशास्त्रियों ने उसकी आलोचना की है।

निर्भरता सिद्धांत से पहले एशिया, अफ़्रीका और लातीनी अमेरिकी देशों में विकास के निचले स्तर की व्याख्या आधुनिकीकरण सिद्धांत की रोशनी में की जाती थी। माना जाता था कि तीसरी दुनिया के ये देश कुछ आंतरिक ख़ामियों के शिकार होने के कारण विकसित नहीं हो पा रहे हैं। उनके पास न तो पूँजी है, न ही उनकी बचत दर अच्छी है, न उनका औद्योगिक ढाँचा ढंग का है और न ही उनके पास तकनीकी विशेषज्ञता है। निर्भरता सिद्धांत ने अल्प-विकास के इन 'कथित' कारणों को मानने से इनकार कर दिया। उसने विकास के बजाय विकास की क्वालिटी का प्रश्न उठाते हुए उसके साथ समानता और बुनियादी आवश्यकताओं की पूर्ति का आग्रह जोड़ा। इसी के साथ निर्भरता सिद्धांत ने प्रथम विश्व के देशों और तीसरी दुनिया के देशों के बीच सत्ता संबंधी विषमता को रेखांकित करते हुए दिखाया कि ग़रीब देशों का विकास भीतरी नहीं बल्कि मुख्य रूप से उन पर आरोपित बाहरी परिस्थितियों के कारण रुका हुआ है।

निर्भरता सिद्धांत की शुरुआत 1949 में सिंगर-प्रेबिश थियरी के रूप में हुई। लातीनी अमेरिका के लिए गठित किये गये संयुक्त राष्ट्र आर्थिक आयोग में कार्यरत अर्जेंटीना के अर्थशास्त्री राउल प्रेबिश और हैंस सिंगर ने अपने अलग-अलग शोध-प्रबंधों में दावा किया कि अल्प-विकसित देशों और विकसित देशों के बीच व्यापार की शर्तें लम्बे अरसे से असमान होती चली जा रही हैं। अल्प-विकसित देश अपने कच्चे माल का जितना निर्यात करते हैं, उसके मुताबिक़ विकसित देशों के कारख़ानों में बनी वस्तुएँ ख़रीदने की क्षमता उनके पास नहीं रह गयी है। प्रेबिश का सुझाव था कि अगर अल्प-विकसित देश स्व-निर्भर विकास के रास्ते पर चलना चाहते हैं तो उन्हें निर्यातोन्मुख विकास के बजाय आयात-प्रतिस्थापन आधारित उद्योगीकरण का तरीक़ा अपनाना पड़ेगा। 1957 में इसी सिद्धांत को पॉल बरान ने *द पॉलिटिकल इकॉनॉमी ऑफ़ ग्रोथ* नामक रचना में मार्क्सवादी परिप्रेक्ष्य का इस्तेमाल करते हुए विकसित किया।

साठ और सत्तर के दशक में पॉल स्वीज़ी और आंद्रे गुंदर फ्रेंक ने भी निर्भरता सिद्धांत में उल्लेखनीय योगदान दिया। इन विद्वानों ने निर्भरता की व्याख्या बाहरी शक्तियों द्वारा आरोपित स्थितियों के संदर्भ में करते हुए दिखाया कि प्रत्यक्ष विदेशी निवेश, असमान व्यापार संधियों, क़र्ज़ पर वसूले जा रहे ब्याज के भुगतान और कारख़ाना निर्मित माल को महँगा बेच कर उसके बदले कच्चे माल का व्यापार करने के कारण केंद्र और परिधि के देशों के बीच असमान संबंधों की संरचनाएँ बन गयी हैं। गुंदर फ्रेंक ने तर्क दिया कि प्रत्यक्ष विदेशी निवेश तीसरी दुनिया की अर्थव्यवस्थाओं को चूस डालता है। परिधि की समृद्धि व्यवस्थित रूप से केंद्र की तरफ़ प्रवाहित होती चली जाती है। इसका परिणाम लाइलाज अल्प-विकास में निकलता है। फ्रेंक ने दावा किया कि पूँजीवाद एक विश्व-प्रणाली है जिसके तहत महानगरीय मर्मस्थल अर्थात् पश्चिम के विकसित देश अपने चारों ओर परिधि में घूमते 'उपग्रहीय' देशों की आर्थिक आमदनी हड़प कर अपने विकास में इस्तेमाल कर लेते हैं। निर्भरता सिद्धांत के पैरोकारों के अनुसार तीसरी दुनिया के देशों का अल्प-विकास दो तरह से सामने आता है : पहला, कहीं कम और कहीं ज़्यादा विकास में (क्योंकि कुछ क्षेत्रों को प्रत्यक्ष विदेशी निवेश की अधिक मात्रा मिलती है जिससे दूसरे क्षेत्र कमज़ोर रह जाते हैं); और दूसरा, विदेशी पूँजीवाद तीसरी दुनिया में अपनी दलाली करने वाला पूँजीपति और तकनीकशाह वर्ग खड़ा कर देता है ताकि स्थानीय हितों की कीमत पर विदेशी पूँजी के हितों की सेवा की जाती रहे।

निर्भरता सिद्धांत के पैरोकारों ने आरोप लगाया कि ग़रीब देशों के प्राकृतिक संसाधनों, सस्ते श्रम और बाज़ारों का दोहन किये बिना प्रथम विश्व के देशों की समृद्धि और ख़र्चीला जीवन-स्तर क़ायम नहीं रह सकता। अमीर देश अपनी ताक़त का इस्तेमाल करके न केवल अल्प-विकसित देशों की अर्थव्यवस्था पर पुरानी पड़ चुकी प्रौद्योगिकी मढ़ देते हैं, बल्कि उनके मीडिया, राजनीति, बैंकिंग, वित्त, शिक्षा, संस्कृति, खेल-कूद और मानवीय संसाधनों के विकास को भी कई तरीक़ों से नियंत्रित करते हैं।

सत्तर के दशक की बहसों को प्रभावित करने वाली यह व्याख्या नव-मार्क्सवादी क़रार दी गयी। लेकिन कई मार्क्सवादी अर्थशास्त्रियों ने इसकी कड़ी आलोचना भी की। उनका कहना था कि फ्रेंक वगैरह ने उत्पादन की विधि यानी पूँजीवादी का विनिमय की विधि का बाज़ार के साथ घालमेल कर दिया है। दूसरे, इन मार्क्सवादी अर्थशास्त्रियों को यह आपत्ति भी थी कि निर्भरता सिद्धांत अल्प-विकास की

स्थितियों को असम्भव विकास के पर्याय के रूप में देखता है। विश्व-अर्थव्यवस्था में जैसे-जैसे नव-उद्योगीकृत देशों की परिघटना सामने आयी, वैसे-वैसे निर्भरता सिद्धांत की दलीलें कमज़ोर पड़ती गयीं। तीसरे, यह भी कहा गया कि निर्भरता और अल्प-विकास को एक-दूसरे का पर्याय समझना भी एक भूल है, क्योंकि कनाडा जैसे देश निर्भर होने के साथ-साथ विकसित भी हैं। चौथी आलोचना यह थी कि विभिन्न देश निर्भरता की अलग-अलग मात्रा के शिकार होते हैं। इसलिए निर्भरता का एक सार्वभौम सिद्धांत बनाने के बजाय हाशियाग्रस्त अर्थव्यवस्थाओं की ठोस परिस्थितियों का अध्ययन किया जाना चाहिए।

आज निर्भरता सिद्धांत सत्तर के दशक की तरह प्रभावी नहीं रह गया है। लेकिन उसके द्वारा प्रचलित की गयी भाषा आज भी मार्क्सवादी और अन्य वामपंथी विमर्शों में प्रचलित है। ख़ास तौर से केंद्र और परिधि का मॉडल नव-उपनिवेशवादी शोषण की व्याख्या करने के लिए अक्सर इस्तेमाल किया जाता है।

देखें : आदर्शवाद, आतंकवाद, अंतर्राष्ट्रीय मुद्रा कोष, इमैनुएल कांट, इतिहास का अंत, एडवर्ड हैलेट कार, जाति-संहार, तृतीय विश्व, द्वितीय विश्व-युद्ध, नस्लवाद, नव-उपनिवेशवाद, निरस्त्रीकरण, पेटेंट, प्रथम विश्व-युद्ध, प्रगति, बौद्धिक सम्पदा अधिकार, ब्रेटन वुड्स प्रणाली, भारत में पेटेंट क़ानून, रंगभेद, उपनिवेशवाद, यथार्थवाद, युद्ध, युरोपीय यूनियन, रचनात्मकतावाद, राजनय, विश्व व्यापार संगठन, विश्व बैंक, विश्व-सरकार, वि-उपनिवेशीकरण, सभ्यताओं का संघर्ष, सम्प्रभुता, संयुक्त राष्ट्र, साम्राज्यवाद, शक्ति-संतुलन, शांति, शांतिवाद, शस्त्र-नियंत्रण, हथियारों की होड़।

संदर्भ

1. आंद्रे गुंदर फ्रेंक (1988), 'द डिवेलपमेंट ऑफ़ अंडरडिवेलपमेंट', सी.के. विल्बर (सम्पा.), *द पॉलिटिकल इकॉनॉमी ऑफ़ डिवेलपमेंट ऐंड अंडरडिवेलपमेंट*, रैंडम हाउस, न्यूयॉर्क.
2. डी. सियर्स (1981), *डिपेंडेंसी थियरी : अ क्रिटिकल रिएसेसमेंट*, पिंटर, लंदन.
3. डी. स्ट्रैंग (1990), 'फ्रॉम डिपेंडेंसी टु सॉवरेनिटी : ऐन ईवेंट हिस्ट्री एनालैसिस ऑफ़ डिकॉलोनाइज़ेशन 1870-1987', *अमेरिकन सोसियोलॉजीकल रिव्यू*, 55.

— अभय कुमार दुबे

नियोजन

(Planning)

नियोजन मनुष्य के सुचिंतित व्यवहार के कुछ बुनियादी गुणों में से एक है। बिना नियोजन के निजी और सामूहिक स्तर पर न वर्तमान सँवारा जा सकता है, और न ही किसी यक़ीन के साथ कहा जा सकता है कि भविष्य कैसा होने वाला है। इस लिहाज़ से नियोजन एक सांगठनिक प्रक्रिया होने के साथ-साथ तयशुदा पैमाने पर वांछित लक्ष्यों को प्राप्त करने के लिए मानस के स्तर पर चलने वाली एक प्रक्रिया भी है। जीवन के हर क्षेत्र में नियोजन करना पड़ता है। चाहे वह व्यापारिक नियोजन हो, या वास्तुशिल्पीय नियोजन; किसी समारोह के लिए की गयी ईवेंट प्लानिंग हो, या आबादी रोकने के लिए की जाने वाली फ़ेमिली प्लानिंग; नगर-नियोजन हो, या ज़मीन का इस्तेमाल करने संबंधी प्लानिंग। लेकिन अपने इन सार्वभौम और सर्वव्यापी अर्थों से अलग समाज-विज्ञान में नियोजन के कुछ आनुशासनिक और वैचारिक अर्थ भी हैं। एक उपादान के तौर पर नियोजन का अध्ययन एक आर्थिक संगठन की पद्धति के रूप में किया जाता है। चूँकि संसाधन हमेशा कम होते हैं और मानवीय आवश्यकताएँ अधिक, इसलिए भौतिक संसाधनों का नियोजित आबंटन अनिवार्य हो जाता है। एक विचार के तौर पर नियोजन का मतलब है मानव समाज को एक पूर्व-निर्धारित भविष्य को ओर ले जाने का बुद्धिसंगत प्रयास। सुसंसगत नियोजन के माध्यम से मानवीय समस्याएँ हल करने में वैचारिक आस्था का इतिहास काफ़ी पुराना है।

प्लानिंग का ज़िक्र होते ही 'नियोजन बनाम बाज़ार' की बहस सामने आ जाती है जो बीसवीं सदी के दूसरे दशक से ही अर्थनीति, राजनीति और समाज-रचना के दायरे में चल रही है। आर्थिक नियोजन का रूढ़ अर्थ है सोवियत शैली का ग्रोथ या आर्थिक संवृद्धि आधारित मॉडल जिसे द्वितीय विश्व-युद्ध के बाद कम्युनिस्ट पार्टी की हुकूमत वाले कई देशों ने अपनाया, और जिसे बाज़ार आधारित अर्थव्यवस्था वाले पूँजीवादी मॉडल के लिए चुनौती समझा गया। 'नियोजन बनाम बाज़ार' की बहस का सीधा अनुवाद 'लोकतंत्र बनाम तानाशाही' में भी कर दिया जाता है, जैसे कि नियोजन और लोकतांत्रिक व्यवस्था एक-दूसरे के विरोधी हों। दरअसल, इस शीतयुद्धकालीन बहस ने नियोजन के तात्पर्य और महत्त्व के साथ अन्याय किया है।

इसमें कोई शक नहीं कि संसाधनों के आबंटन की ज़िम्मेदारी बाज़ार के हाथ से छीन कर केंद्रीकृत नियोजन-तंत्र के हाथों में देने के बाद सोवियत अर्थव्यवस्था इकॉनॉमिक

प्लानिंग का संदर्भ-बिंदु बन गयी। इसके ईर्द-गिर्द एक विस्तृत मार्क्सवादी विमर्श खड़ा हो गया। लेकिन, इस उदाहरण से विचारधाराओं के आर-पार आधुनिक जीवन में नियोजन की भूमिका पूरी तरह स्पष्ट नहीं होती। कई विकासशील देशों ने नियोजन को बाज़ार की जगह नहीं, बल्कि सोवियत शैली के विपरीत बाज़ार के मददगार और पूरक की तरह अपनाया है। ख़ुद भारत की अर्थव्यवस्था इसका सबसे बड़ा उदाहरण है। जिन दिनों भारत के आर्थिक तंत्र पर कथित रूप से समाजवादी विचार हावी माना जाता था, उन दिनों तो व्यवस्था पंचवर्षीय योजनाओं के मुताबिक़ चलती ही थी, और आज जब बाज़ार की ताक़तें खुल कर खेल रही हैं उस समय भी पंचवर्षीय योजना की अहमियत बरक़रार है।

विकसित पूँजीवादी देशों में भी कई बार नियोजन की आर्थिक पद्धति का लाभकारी इस्तेमाल किया गया है। 1945 के बाद पश्चिमी देशों की अर्थव्यवस्थाओं में राज्य का हस्तक्षेप बढ़ता गया ताकि एक निश्चित सीमा तक आर्थिक वृद्धि क़ायम रखी जा सके, मुद्रास्फीति पर काबू किया जा सके, अंतर्राष्ट्रीय व्यापार बढ़ता रहे और बेरोज़गारी का प्रतिशत घटाया जा सके। 1946 में फ्रांस ने निर्देशकात्मक नियोजन की शुरुआत की जिसके तहत सरकार ने सोवियत शैली में आदेश जारी करने के बजाय अर्थव्यवस्था के विकास-पथ के बारे में पूर्वानुमान जारी करने का तरीक़ा अपनाया। इसका नतीजा यह निकला कि बाज़ार के स्तर पर इन भविष्यवाणियों के आधार पर निवेश का सिलसिला चल निकला। सरकार ने इस काम के लिए प्रमुख उद्योगों के लिए आयोगों का गठन किया। विभिन्न उद्योगों की मदद के लिए अनुसंधान का काम शुरू किया गया। नियोजन के लक्ष्यों के निर्धारण में फ्रांसीसी संसद ने भी सहभागिता की। सरकार ने नियोजित निवेश करने वाली फ़र्मों को राजकोषीय प्रोत्साहन देने की घोषणाएँ कीं। फ्रांस की यह कामयाबी देख कर साठ के दशक के दौरान ब्रिटेन में लेबर पार्टी और कंज़रवेटिव पार्टी की सरकारों ने नियोजन के ज़रिये अपनी आर्थिक समस्याएँ हल करने की कोशिश की। ब्रिटेन ने 1966 में पहली बार एक नैशनल प्लान बनाया जो नौ महीने के बाद नाकाम हो गया। लेकिन, इससे अन्य पूँजीवादी देशों को मिली कामयाबी का महत्त्व कम नहीं हो जाता। फ्रांस के अलावा नीदरलैण्ड्स को भी इस कामयाबी का उदाहरण क़रार दिया जा सकता है।

पचास और साठ के दशक में जापान का आर्थिक चमत्कार अंतर्राष्ट्रीय वाणिज्य और उद्योग मंत्रालय द्वारा की गयी सेंट्रलाइज़्ड प्लानिंग का ही नतीजा था। अगर जापानी नीति-निर्माता पारम्परिक श्रम-सघनता वाले खेतिहर उद्योगों में निवेश करने की सलाह ख़ारिज न करते और नियोजित रूप से पूँजी की सघनता वाले इस्पात, ऑटोमोबाइल, इलेक्ट्रिक और इलेक्ट्रॉनिक उद्योगों में पैसा न लगाते तो आज के जापान की शक्ल कुछ और होती। पूर्वी एशिया में हांगकांग, सिंगापुर, दक्षिण कोरिया और ताइवान जैसे पूँजीवादी देश भी अपना आर्थिक विकास केंद्रीकृत नियोजन और बाज़ार की शक्तियों के तालमेल के बिना नहीं कर सकते थे।

पूँजीवादी सरकारों द्वारा नियोजन की इन मिसालों के अलावा बाज़ार आधारित अर्थव्यवस्थाओं में फ़र्म और कारपोरेशनों के स्तर पर नियोजन के उपकरण के सघन इस्तेमाल को नज़रअंदाज़ नहीं किया जा सकता। हालाँकि ये संगठन बाज़ार की बाह्य परिस्थितियों को ध्यान में रख कर अपनी सारी गतिविधियाँ नियोजित करते हैं लेकिन उन्हें माइक्रो स्तर पर बुद्धिसंगत नियोजन के बेहतरीन उदाहरण के तौर पर देखा जा सकता है। बाज़ार का विरोध करने वाले समाजवादी नियोजन ने भी पूँजीवादी फ़र्मों की नियोजन-शैली से बहुत कुछ सीखा है।

सोवियत शैली के केंद्रीकृत नियोजन का आकर्षण इस आधारभूत तर्क में निहित है कि मनुष्य की प्रतिभा किसी भी आर्थिक समस्या को हल कर सकती है। इसलिए बाज़ार के निर्वैयक्तिक हाथों में थमाने के बजाय अर्थव्यवस्था को कुछ प्रशिक्षित विशेषज्ञों के हाथों में क्यों न रखा जाए। पहले क्या उत्पादित करना है और कितना उत्पादित करना है जैसे लक्ष्य तय किये जाएँ, और फिर मुनाफ़े की चिंता किये बिना नियोजकों की एक टीम 'आवश्यकताओं के लिए उत्पादन' के सिद्धांत में आस्था रखते हुए पूरी योजना बना डाले।

मानवीय आवश्यकताओं की विविधता की कोई सीमा नहीं होती। उपभोक्ताओं की रुचि और फ़ैशन में लगातार तब्दीली होती रहती है। इनकी संतुष्टि के लिए नियोजकों की कोई टीम प्लानिंग नहीं कर सकती। लेकिन, मनुष्य की बुनियादी आवश्यकताओं के बारे में मोटे तौर पर एक मतैक्य है इसलिए उन्हें हासिल करने के लिए नियोजन किया जा सकता है। 'आवश्यकताओं के लिए उत्पादन' पर आधारित नियोजन की सफलता के एक ज़बरदस्त उदाहरण के रूप में क्यूबा को देखा जाता है। आर्थिक रूप से पिछड़े हुए देश के तौर पर शुरुआत करने के बावजूद क्यूबा में इस समय 98 फ़ीसदी साक्षरता है और उसकी प्राथमिक स्वास्थ्य सेवाएँ बहुत से पश्चिमी देशों के मुक़ाबले की हैं। क्यूबा में आर्थिक संसाधन नियोजित रूप से भवन-निर्माण और खेती में लगाये गये। स्कूलों और अस्पतालों का बड़े पैमाने पर निर्माण किया गया। बुनियादी ज़रूरतों की चीज़ों की क़ीमतें कम रखी गयी। जनता को मुफ़्त शिक्षा, स्वास्थ्य सेवा, सस्ता खाद्य और सस्ती रिहाइश मुहैया कराने में नियोजन को सफलता हासिल हुई।

केंद्रीकृत नियोजन का दूसरा फ़ायदा यह हुआ कि बाज़ार की अनिश्चितताओं से काफ़ी हद तक छुटकारा पाया जा सका। पिछड़ी अर्थव्यवस्थाओं को भारी उद्योगों और

अधिसंरचनात्मक सुविधाओं का स्थायी आधार देने में नियोजन की सफलता की सारी दुनिया ने दाद दी। सोवियत संघ ने तीस के दशक में जो नियोजित आर्थिक विकास की नीतियाँ अपनायीं, उन्हीं के कारण वह द्वितीय विश्व-युद्ध के दौरान नाज़ी आक्रमण के सामने टिक पाया।

केंद्रीकृत नियोजन का एक अहम पहलू है राजनीतिक नियंत्रण अर्थात् अर्थव्यवस्था और राजनीति के बीच घनिष्ठता। इसके उलट बाज़ार आधारित पूँजीवाद आर्थिक प्रक्रिया और राजनीतिक प्रक्रिया को अलग-अलग करने में यक़ीन करता है। केंद्रीकृत नियोजन सम्पत्ति के सामूहिक स्वामित्व में भी विश्वास करता है ताकि वर्गीय हितों के टकराव और ख़ुदगर्ज़ी जैसी प्रचलित मानवीय बुराई से बचते हुए सामाजिक एकजुटता और सामुदायिकता की भावनाएँ सुदृढ़ हो सकें।

केंद्रीकृत नियोजन की प्रमुख समस्या दक्षता में कमी और वृद्धि की दर में गिरावट रही है। पचास के दशक तक ये समस्याएँ दिखाई नहीं पड़ी थीं, इसलिए ख्रुश्चेव ने पश्चिम को दफ़्ना देने का शेख़ीख़ोर दावा किया था। लेकिन उसके बाद सोवियत विकास दर गिरने लगी और अस्सी के दशक तक अर्थव्यवस्था सिकुड़ने की स्थिति में आ गयी।

बाज़ार और नियोजन में एक अंतर्विरोधी संबंध है। पूँजीवादी देशों ने बाज़ार की कमियों की पूर्ति करने के लिए नियोजन का सहारा लिया, और एक हद तक अपने मक़सद में सफल भी रहे। समाजवादी देशों ने इस तालमेल को शुरू में ख़ारिज करते हुए सिर्फ़ नियोजन से काम चलाना चाहा, लेकिन वे धीरे-धीरे ही सही पर बाज़ार के आगमन को स्थायी रूप से नहीं रोक पाये। बाज़ार के जो कुछ अवशेष उन अर्थव्यवस्थाओं में पहले से बचे हुए थे, उन्होंने समाजवादी नियोजन को प्रभावित किया। विश्व-युद्ध के दौरान बाज़ार के कई रूपों को सोवियत संघ में काम करने दिया गया। उन दिनों पार्टी ने 'श्रम बाज़ार' को भी एक सीमा तक सहन किया। देश में उत्पादित होने वाले आलू और सब्ज़ियों का पंद्रह फ़ीसदी हिस्सा किसानों की निजी मालिकाने वाली ज़मीनों से आता था। आगे चल कर उपभोक्ता वस्तुओं का एक कालाबाज़ार पूरे सोवियत संघ में विकसित होता चला गया। 1945 के बाद जहाँ पश्चिमी देशों ने नियोजन के पहलुओं को अपनाया, वहाँ युगोस्लाविया और हंगरी जैसे देश मार्केट सोशलिज़्म की अवधारणा के आस-पास अपनी अर्थव्यवस्थाओं को गोलबंद करने लगे। उन्होंने नियोजन का विकेंद्रीकरण किया और छोटे पैमाने पर पूँजीवादी प्रतिष्ठानों को पनपने का मौक़ा दिया गया।

देखें : अर्थ-विज्ञान का समाजशास्त्र, आर्थिक जनसांख्यिकी, अल्फ्रेड मार्शल, अमर्त्य कुमार सेन, अंतर्राष्ट्रीय मुद्रा कोष, आधार और अधिरचना, ऑस्कर लांगे, ऐडम स्मिथ, करारोपण, कल्याणकारी अर्थशास्त्र, क्लासिकल अर्थशास्त्र, कार्ल हाइनरिख़ मार्क्स-3, कार्ल मेंगर, कींसियन अर्थशास्त्र, गुन्नार मिर्डाल, जोआन रोबिंसन, जॉन कैनेथ गालब्रेथ, जॉन मेनार्ड कींस, जॉन स्टुअर्ट मिल, जोसेफ शुमपीटर, जैव विविधता, ट्रस्टीशिप, डेविड रिकार्डो, ढाँचागत समायोजन कार्यक्रम, थॉमस मन और वणिकवाद, थॉमस रॉबर्ट माल्थस, दक्षता, धन, नियोक्लासिकल अर्थशास्त्र, नीतिशास्त्र और अर्थशास्त्र, निकोलस काल्दोर, नियोजन : मार्क्सवादी विमर्श, पण्य, पण्य-पूजा, पेटेंट, पॉल सेमुअलसन, पियरो स्राफ़ा, पूँजी, प्रतियोगिता, फ्रांस्वा केस्ने और प्रकृतिवाद, फ्रेड्रिख़ वॉन हायक, बहुराष्ट्रीय निगम, बाज़ार, बाज़ार की विफलताएँ, बाज़ार-समाजवाद, बौद्धिक सम्पदा अधिकार, ब्रेटन वुड्स प्रणाली, भारत में बहुराष्ट्रीय निगम, भारत में नियोजन, भारत में पेटेंट क़ानून, भारत में शेयर संस्कृति, भूमण्डलीकरण और पूँजी बाज़ार, भूमण्डलीकरण और वित्तीय पूँजी, भूमण्डलीकरण और वित्तीय उपकरण, मार्क्सवादी अर्थशास्त्र, मिल्टन फ्रीडमेन, मूल्य, राजकोषीय नीति और मौद्रिक नीति, रॉबर्ट ओवेन, विलफ्रेडो परेटो, विश्व व्यापार संगठन, विश्व बैंक, विलियम पेटी, विलियम स्टेनली जेवंस, वैकासिक अर्थशास्त्र, शोषण, साइमन कुज़्नेत्स।

संदर्भ

1. एंड्रू हेवुड (2004), 'प्रॉपर्टी, प्लानिंग ऐंड द मार्केट', *पॉलिटिकल थियरी : ऐन इंट्रोडक्शन,* पालग्रेव मैकमिलन, न्यूयॉर्क.
2. जी. होजसन (1984), *द डेमॉक्रैटिक इकॉनॉमी : अ न्यू लुक एट प्लानिंग, मार्केट ऐंड पॉवर,* पेंगुइन, हार्मंड्सवर्थ.
3. ए. नोव (1983), *द इकॉनॉमिक्स ऑफ़ फ़ीज़िबिल सोशलिज़्म,* एलेन ऐंड अनविन, लंदन.
4. डी. मिलर (1989), मार्केट, *स्टेट ऐंड कम्युनिटी : थियरेटिकल फ़ाउंडेशन ऑफ़ मार्केट सोशलिज़्म,* ऑक्सफ़र्ड युनिवर्सिटी प्रेस, लंदन.

— अभय कुमार दुबे

नियोजन : मार्क्सवादी विमर्श

(Planning: Marxist Discourse)

फ्रेड्रिख़ एंगेल्स ने अपनी विख्यात रचना *ड्यूहरिंग मत-खण्डन* के दूसरे अध्याय में कहा है कि 'सामाजिक उत्पादन की अराजकता की जगह पूरे समाज और हर व्यक्ति की ज़रूरत के मुताबिक़ उत्पादन का नियोजित सामाजिक नियंत्रण क़ायम' होना चाहिए। इस कथन को छोड़ कर मार्क्स और एंगेल्स की रचनाओं में आर्थिक नियोजन के आधार पर समाजवाद का शीराज़ा खड़ा करने का उल्लेख शायद ही कहीं मौजूद हो। दरअसल, वैज्ञानिक समाजवाद के संस्थापकों ने भविष्य के समाजवाद की रूपरेखा पर कभी कोई विस्तृत वक्तव्य नहीं दिया। वे ऐसी कोशिश को 'यूटोपियन' मानते

थे। लेकिन, बीसवीं सदी के शुरुआती दशकों में सोवियत संघ द्वारा समाजवाद के निर्माण के लिए केंद्रीकृत आर्थिक नियोजन अपनाने के बाद इसके पक्ष-विपक्ष में सैद्धांतिक बहस फूट पड़ी जो तीस के दशक में अपने चरम पर पहुँची। बाज़ार की जगह नियोजन को स्थापित करने के पक्ष में ऑस्कर लांगे खड़े हुए थे जिनका तर्क था कि उत्पादन के साधनों के सार्वजनिक (सरकारी) स्वामित्व के साथ केंद्रीकृत नियोजन का संयोग किया जा सकता है। इसके लिए 'एकाउंटिंग प्राइसिज़' के आधार पर दाम निर्धारित करने होंगे। दामों का यह निर्धारण एक प्लानिंग बोर्ड करेगा और तब तक ये दाम कम या ज़्यादा किये जाते रहेंगे जब तक माँग और आपूर्ति के नियोजित लक्ष्य समान नहीं हो जाते। लांगे के मुताबिक़ यह स्थिति बाज़ार के दायरे में अनुकूलतम परिस्थिति को नापने वाले परेटो-मानक के मुताबिक़ होगी। नियोक्लासिकल अर्थशास्त्र के विद्वानों, ख़ासकर फ्रेड्रिख़ हायक ने इसका विरोध किया। उनकी मान्यता थी कि पहले तो सैद्धांतिक दृष्टि से ऐसा होना संदिग्ध लगता है, पर अगर सिद्धांत की दुनिया में ऐसा साबित भी कर दिया जाए तो व्यवहार में ऐसा होना असम्भव है।

इस बहस में लांगे का सैद्धांतिक पक्ष बहुत दिनों तक मज़बूत माना जाता रहा। लेकिन उनके बाद के कई मार्क्सवादी अर्थशास्त्री यह मानने के लिए तैयार नहीं हुए कि केंद्रीकृत नियोजन का काम ठीक वैसे ही आदर्श आर्थिक परिणाम निकालना है जैसे बाज़ार के तहत निकालने की कल्पना की जाती है। ख़ासकर मॉरिस डॉब की व्याख्याओं से परिप्रेक्ष्य निकला कि आर्थिक नियोजन का सार परस्पर निर्भर निर्णयों के बीच कार्यान्वयन से पहले का तालमेल मुमकिन करने में निहित है। बाज़ार परिस्थिति के विकास के बाद यानी घटना के बाद नियोजन करता है। सफल प्लानिंग का काम पूर्वानुमान के आधार पर नियोजन करने के बजाय परस्पर निर्भरता के समायोजन का होना चाहिए।

कहना न होगा कि यह मार्क्सवादी विमर्श केवल सोवियत अनुभव की रोशनी में ही नहीं हो रहा था। यह एक अकादमिक क़वायद भी थी। सोवियत अनुभव तो एक ख़ास तरह की ऐतिहासिक परिस्थिति की देन था। यह चार चरणों से हो कर गुज़रा : 1917-1923 यानी क्रांति का एकदम शुरुआती दौर, फिर 1928 तक की अवधि जब इस प्रश्न के इर्द-गिर्द काफ़ी बहसें हुईं, इसके बाद 1929 में पहली सोवियत पंचवर्षीय योजना बनी। स्तालिन के नेतृत्व में यह अवधि 1953 तक जारी रही। फिर आया स्तालिनोत्तर अवधि जो सोवियत संघ के विखंडन तक चली। इन चारों दौरों में की रचनात्मक पहलक़दमियाँ भी ली गयीं, और कई सफलताएँ भी मिलीं। कुल मिला कर नियोजन की शक्ल-सूरत तेज़ रफ़्तार से उद्योगीकरण, नाज़ी हमले के ख़िलाफ़ गोलबंदी, युद्ध के बाद पुनर्निर्माण और उसके बाद शीत-युद्ध की राजनीति की ज़रूरतों के हिसाब से बदलती गयी। शुरू में आर्थिक विकास तीव्र गति से हुआ, क्षेत्रीय विकास ने भी रफ़्तार पकड़ी, सौ फ़ीसदी रोज़गार दिया जा सका, मुद्रास्फीति की दर कम रखने में कामयाबी मिली, आम जनता के जीवन-स्तर में कुछ बढ़ोतरी हुई और सांस्कृतिक विकास की गुंजाइशें खुलती हुई प्रतीत हुईं। लेकिन, नियोजन का यह मॉडल अपनी ऐतिहासिक मुश्किलों के साथ अपने साथ राजनीतिक स्वतंत्रता के दमन, व्यक्तिगत आज़ादी के अतिक्रमण, मनमानी निर्णय-प्रक्रिया, दक्षता में कमी, बर्बादी, व्यापक प्रदूषण, पर्यावरण का क्षय, जिंसों की किल्लत और उपभोक्ता-संतोष की समस्या भी साथ में लाया।

विभिन्न उद्यमों द्वारा दी गयी जिन सूचनाओं के आधार पर योजना बनायी जाती थी वे घोषित किये जा चुके आर्थिक प्रोत्साहनों के लालच में गढ़ी जाती थीं। सूचना और काम की प्रेरणा के लिहाज़ से यह मॉडल गहरी ख़ामियों का शिकार था। इन्हीं सब कारणों से सत्तर के दशक के मध्य से सोवियत अर्थव्यवस्था में जड़ता आने लगी। जनता के जीवन-स्तर और कल्याण के प्रावधानों का क्षय होने लगा। 1985 में गोर्बाचेव के आगमन के बाद आर्थिक नियोजन की प्रक्रिया में कुछ सुधार की कोशिश की गयी, पर तब तक बहुत देर हो चुकी थी। आज सोवियत संघ अपने नियोजन के मॉडल में सुधार करने के लिए मौजूद ही नहीं है। दिलचस्प बात यह है कि आज पूरी तरह से विफल मान लिया गया यह मॉडल पूँजीवादी अर्थतंत्र के किसी बुनियादी विकल्प की खोज का नतीजा नहीं था। इसमें अमेरिकी पूँजीवाद के कई आयामों की सचेत नक़ल शामिल थी। मसलन, मैग्निटो गोर्स्क का दैत्याकार इस्पात नगर गैरी, इण्डियाना की प्रतिकृति था। सोवियत उद्यमों में किया जाने वाला उत्पादन टेलरवाद की थीसिस पर आधारित था। फ्रेड्रिक विनस्लो टेलर ने बेतेलहम स्टील कारपोरेशन की तरफ़ से समय और गति के जो अध्ययन किये थे, उनके आधार पर ही पूँजीवाद द्वारा मज़दूरों से तेज़ गति से उत्पादन करवाने के फ़ार्मूले ईज़ाद किये गये थे। 'वन मैन मैनेजमेंट फ़ैक्ट्री सिस्टम' जैसी लेनिन की पसंदीदा थीसिस इसी की देन थी जिसे मज़दूर एसोसिएशनों द्वारा किये जा सकने वाले सामूहिक प्रबंधन की जगह घोषित रूप से लागू किया गया था।

ज़ाहिर है नियोजन संबंधी मार्क्सवादी विमर्श काफ़ी-कुछ सोवियत या पूर्वी युरोपीय अनुभव से अलग विकसित हो रहा था। इस विमर्श में आर्थिक गतिविधि की परस्पर निर्भरता और निवेश के बड़े-बड़े फ़ैसलों में उसके महत्त्व को केंद्र में रखा गया था। डॉब का कहना था कि आर्थिक नियोजन में कुछ अनिश्चितताएँ ऐसी होती हैं जिनसे बचा नहीं जा सकता, पर बाज़ार की परिस्थितियों में पैदा होने वाली उन अनिश्चितताओं से ज़रूर बचा जा सकता है जो प्रतिद्वंद्वियों की मंशा और कार्ययोजना की गैर-जानकारी के कारण पैदा होती हैं। डॉब के अनुसार आर्थिक योजना सापेक्षिक लागत और दामों के मौजूदा

पैटर्न के बजाय भविष्य में अपेक्षित पैटर्न के मुताबिक़ बनायी जानी चाहिए। बाज़ार के विपरीत एक नियोजित अर्थव्यवस्था में आगे जा कर होने वाले परिवर्तनों का पहले से कमोबेश अंदाज़ा लगाया जा सकता है और उसके आधार पर पेशबंदी की जा सकती है। बाज़ार यह सुविधा नहीं देता क्योंकि उसमें नियोजित अर्थव्यवस्था की तरह संसाधनों का आबंटन तयशुदा नहीं होता।

आर्थिक नियोजन की इन निर्विवाद ख़ूबियों की रोशनी में पूँजीवादी अर्थशास्त्रियों ने जब सोवियत व्यवस्था की शुरुआती सफलताओं को देखा तो उन्हें लगा कि कम से कम युद्धकाल में तो वे इन उपायों को आज़मा ही सकते हैं। ऐसा प्रतीत होता है कि ऐसे ही मिले-जुले कारणों से मुक्त बाज़ार में विचारधारात्मक यक़ीन रखने वाले देशों, ख़ास कर ब्रिटेन में, द्वितीय विश्व-युद्ध के दौरान पूरे आर्थिक निज़ाम को प्रतिरक्षा और आक्रमण में झोंकने के लिए नियोजन को इस्तेमाल किया गया।

देखें : अर्थ-विज्ञान का समाजशास्त्र, आर्थिक जनसांख्यिकी, अल्फ्रेड मार्शल, अमर्त्य कुमार सेन, अंतर्राष्ट्रीय मुद्रा कोष, आधार और अधिरचना, ऑस्कर लांगे, ऐडम स्मिथ, करारोपण, कल्याणकारी अर्थशास्त्र, क्लासिकल अर्थशास्त्र, कार्ल हाइनरिख़ मार्क्स-3, कार्ल मेंगर, कींसियन अर्थशास्त्र, गुन्नार मिर्डाल, जोआन रोबिंसन, जॉन कैनेथ गालब्रेथ, जॉन मेनार्ड कींस, जॉन स्टुअर्ट मिल, जोसेफ शुमपीटर, जैव विविधता, ट्रस्टीशिप, डेविड रिकार्डो, ढाँचागत समायोजन कार्यक्रम, थॉमस मन और वणिकवाद, थॉमस रॉबर्ट माल्थस, दक्षता, धन, नियोक्लासिकल अर्थशास्त्र, नीतिशास्त्र और अर्थशास्त्र, निकोलस काल्दोर, नियोजन, पण्य, पण्य-पूजा, पेटेंट, पॉल सेमुअलसन, पियरो स्राफ़ा, पूँजी, प्रतियोगिता, फ्रांस्वा केस्ने और प्रकृतिवाद, फ्रेड्रिख़ वॉन हायक, बहुराष्ट्रीय निगम, बाज़ार, बाज़ार की विफलताएँ, बाज़ार-समाजवाद, बौद्धिक सम्पदा अधिकार, ब्रेटन वुड्स प्रणाली, भारत में बहुराष्ट्रीय निगम, भारत में नियोजन, भारत में पेटेंट क़ानून, भारत में शेयर संस्कृति, भूमण्डलीकरण और पूँजी बाज़ार, भूमण्डलीकरण और वित्तीय पूँजी, भूमण्डलीकरण और वित्तीय उपकरण, मार्क्सवादी अर्थशास्त्र, मिल्टन फ्रीडमेन, मूल्य, राजकोषीय नीति और मौद्रिक नीति, रॉबर्ट ओवेन।

संदर्भ

1. पैट डेवाइन (2000), 'इकॉनॉमिक प्लानिंग', संकलित : टॉम बॉटमोर वगैरह (सम्पा.), *अ डिक्शनरी ऑफ़ मार्क्सिस्ट थॉट,* माया ब्लैकवेल, नयी दिल्ली.
2. मॉरिस डॉब (1960), ऐन *एसे ऑन इकॉनॉमिक ग्रोथ ऐंड प्लानिंग,* रॉटलेज ऐंड कीगन पॉल, लंदन.
3. व्लॉद्ज़ीमीर ब्रस और काज़ीमीर्ज लास्की (1989), *फ्रॉम मार्क्स टु द मार्केट : सोशलिज़्म इन सर्च ऑफ़ अ इकॉनॉमिक सिस्टम,* क्लैरेंडन प्रेस, ऑक्सफ़र्ड.
4. ब्रैंको होरवाट (1982), *द पॉलिटिकल इकॉनॉमी ऑफ़ सोशलिज़्म,* मार्टिन रॉबर्टसन, ऑक्सफ़र्ड, लंदन.

— **अभय कुमार दुबे**

नियोक्लासिकल अर्थशास्त्र

(Neoclassical Economics)

विकसित देशों में आर्थिक विज्ञान की दुनिया पर नियोक्लासिकल अर्थशास्त्र द्वारा प्रतिपादित सिद्धांतों और पद्धतियों का प्रभुत्व है। मोटे तौर पर इन्हें बाज़ारोन्मुख अर्थव्यवस्था को प्रोत्साहन देने वाले और आर्थिक जीवन में राज्य के हस्तक्षेप को ख़ारिज करने वाले नियमों के रूप में जाना जाता है। भूमण्डलीकरण ने जिन आर्थिक प्रक्रियाओं को बेतहाशा गति प्रदान की है, उनकी बुनियाद में नियोक्लासिकल अर्थशास्त्र ही है। आर्थिक विज्ञान को सामाजिक और नैतिक सरोकारों से काट कर व्यक्तिवादी रुझानों में सीमित कर देने वाले इस आर्थिक विज्ञान के प्रवक्ताओं ने अपनी बात कहने के लिए ऐडम स्मिथ, रिकार्डो या मार्क्स की तरह इतिहास का हवाला देने या साहित्यिक और विमर्शी शैली में लेखन करने की आवश्यकता नहीं समझी। इन अर्थशास्त्रियों को दर्शन और नीतिशास्त्र में भी रुचि नहीं थी। उनका ज़ोर तो प्रत्यक्षवाद की मदद लेकर गणितीय विधियों के सहारे आर्थिक मॉडल खड़ा करने पर था। उन्होंने क्लासिकल अर्थशास्त्र के कई सिद्धांतों को गणितीय मॉडल के अनुसार पुनर्परिभाषित किया।

नियोक्लासिकल अर्थशास्त्र की आधार-भूमि क्लासिकल अर्थशास्त्र और ऑस्ट्रियायी आर्थिक विज्ञान द्वारा प्रतिपादित सिद्धांतों के संयोग से तैयार हुई। इसके पैरोकारों ने क्लासिकल अर्थशास्त्र से स्व-हित साधने की कोशिश में लगे हुए आर्थिक कर्त्ता, बाज़ार की प्रतियोगिता, अदृश्य हाथ और विकेंद्रीकृत अर्थव्यवस्था की धारणाएँ उधार लीं। ऑस्ट्रियायी आर्थिक विज्ञान द्वारा प्रवर्तित सीमांतीय सिद्धांत (मार्जिनल थियरी) का इस्तेमाल करके उन्होंने एक ऐसी आर्थिक पद्धति का तानाबाना खड़ा किया जिसका एक मात्र मक़सद उपभोक्ताओं और फ़र्मों को अधिकतम लाभ पहुँचाना था। लगान की अलग-अलग दरों का सिद्धांत प्रतिपादित करने में मार्जिनल थियरी का इस्तेमाल करके रिकार्डो पहले ही इस तरह के संयोग की ज़मीन तैयार कर चुके थे।

समझा जाता है कि 1890 में प्रकाशित अपनी विख्यात रचना *प्रिंसिपल्स ऑफ़ इकॉनॉमिक्स* में अल्फ्रेड मार्शल ने माँग और आपूर्ति का विश्लेषण करके नियोक्लासिकल पद्धति के लिए रास्ता तैयार किया। क्लासिकल अर्थशास्त्र का केंद्र ब्रिटेन था, पर नियोक्लासिकल अर्थशास्त्र के विकास का दायरा अधिक व्यापक था। मैंचेस्टर में जेवंस, लुज़ाने में लियोन वालरस और वियना में कार्ल मेंगर जैसे अर्थशास्त्रियों ने मिल कर जिन प्रवृत्तियों को स्थापित किया उनके आधार

पर नियोक्लासिकल अर्थशास्त्र अपने पूर्ववर्ती आर्थिक विज्ञान से अलग होता चला गया।

नियोक्लासिकल अर्थशास्त्र मानता है कि आर्थिक कर्त्ता के रूप में उपभोक्ता और फ़र्म की मुख्य दिलचस्पी अपनी उपयोगिता और लाभ को अधिकतम करने में होती है। इस उद्देश्य की पूर्ति जब तक नहीं हो सकती जब तक अर्थव्यवस्था में एक बुनियादी संतुलन की गारंटी नहीं की जाती। बिना इस संतुलन के नियोक्लासिकल पैरोकारों की मान्यता थी कि उनका बुनियादी विश्लेषण ध्वस्त हो जाएगा। इस लिहाज़ से उन्होंने उपयोगिता का आत्मपरक और व्यक्तिवादी विचार विकसित किया। दर्शन, इतिहास और विमर्श से ख़ुद को अलग करने के बाद आर्थिक शब्दावली में इस विचार की स्थापना के लिए इन अर्थशास्त्रियों ने गणित की विधियों का जम कर इस्तेमाल किया। पॉल सेमुअलसन की रचना *फ़ाउंडेशन ऑफ़ इकॉनॉमिक एनालिसिस* उत्पादन और वितरण के नियोक्लासिकल सिद्धांतों के सर्वश्रेष्ठ प्रतिपादन के रूप में देखी जाती है। दिलचस्प बात यह है कि द्वितीय विश्व युद्ध के बाद सेमुअलसन और मिल्टन फ्रीडमैन के बीच हुई पद्धतिमूलक बहस को अर्थशास्त्र की दुनिया बाज़ार के प्रभुत्व और सरकारी हस्तक्षेप के समर्थन के बीच होने वाली बहस के रूप में भी देखते हैं। इस लिहाज़ से सेमुअलसन कींसियन अर्थशास्त्र के पैरोकार लगते हैं। लेकिन, यह भी एक सच्चाई है कि अपनी गणितीय विधियों का इस्तेमाल करके सेमुअलसन ने अर्थव्यवस्था में संतुलन क़ायम करने वाली प्रणालियों और तुलनात्मक सांख्यकी पर ग़ौर करके अर्थव्यवस्था में गतिशीलता का सिद्धांत निकाला। उन्होंने उपभोक्ता-व्यवहार का एक परम सिद्धांत भी पेश किया जिसका मक़सद यह दिखाना था कि उपभोक्ता अधिकतम लाभ कैसे हासिल कर सकता है। दिलचस्प बात यह है कि इस व्यक्तिवादी रवैये के तहत ही सेमुअलसन अपने आर्थिक मॉडल के लोकोपकारी पक्ष की दावेदारियाँ भी करते नज़र आये। सेमुअलसन की किताब बताती है कि बीजगणित और कैलकुलस के माध्यम से आर्थिक विज्ञान की समस्याएँ किस तरह से समझी जा सकती हैं।

नियोक्लासिकल अर्थशास्त्र माँग और आपूर्ति के सिद्धांत के ज़रिये कई क्षेत्रों में आर्थिक समस्याएँ हल करने की कोशिश करता है। मसलन, संसाधनों की कमी होने पर, किसी एक उद्योग के पक्ष में दूसरे से भेदभाव होने की सूरत में, पेटेंट से संबंधित विवादों और विदेशी मुद्रा बाज़ार से संबंधित समस्याओं में इस सिद्धांत का इस्तेमाल किया जाता है। इसके अलावा यह अर्थशास्त्र फ़र्म थियरी, उपभोक्ता व्यवहार सिद्धांत, संतुलन सिद्धांत, मार्जिनल उत्पादकता सिद्धांत और मौद्रिकवाद की स्वीकृति के लिए भी जाना जाता है। इस अर्थशास्त्र का दावा है कि उसके सिद्धांत मूल्य-तटस्थ हैं। लेकिन उसके आलोचक ऐसा नहीं मानते। आलोचकों की निगाह में नियोक्लासिकल अर्थशास्त्र पूँजीवादी रुझानों से ग्रस्त है। उनका कहना है कि यह आर्थिक विज्ञान आधुनिक जगत की प्रकृति को समझने में नाकाम रहा है। गणितीय प्रमेयों द्वारा हर समय और हर परिस्थिति में संतुलन की खोज नाकाम होने के लिए अभिशप्त है। कारपोरेशन जैसी आधुनिक संस्था के विशिष्ट चरित्र की ओर यह विज्ञान ध्यान नहीं देता। सरकारों द्वारा आर्थिक क्षेत्र में हस्तक्षेप का विरोध करके, राष्ट्रीय अर्थव्यवस्थाओं के लिए स्व-विनियमनकारी तंत्र की वकालत करके और ट्रेड यूनियनों पर इज़ारेदारी प्रवृत्तियों का आरोप लगा कर इस विज्ञान ने एक ख़ास तरह की विचारधारा का अनुगामी होने का परिचय दिया है। आलोचकों की मान्यता है कि नियोक्लासिकल अर्थशास्त्री उद्यमशीलता की अवधारणा को भी नज़रअंदाज़ करते हैं, क्योंकि इसकी वजह से संतुलन गड़बड़ा जाता है। वे संसाधनों, प्रौद्योगिकी और प्राथमिकता संबधी धारणाएँ पहले ही बना लेते हैं और इस प्रकार अर्थशास्त्र के अनिवार्य पहलुओं की उपेक्षा हो जाती है। वे यह मान कर चलते हैं कि आर्थिक कर्त्ताओं के पास पहले से ही पूर्ण सूचना है जिसके आधार पर वे स्वतंत्र रूप से गतिविधियाँ करने में समर्थ हैं। उपयोगिताओं और लाभों को अधिकतम करने की नियोक्लासिकल थीसिस एकतरफ़ा है और इसके सही होने की परीक्षा नहीं की जा सकती क्योंकि यह आर्थिक कर्त्ता के ख़िलाफ़ होड़ कर रही ताक़तों पर ध्यान नहीं देती।

नियोक्लासिकल अर्थशास्त्र अपने समष्टिगत अवतार में दो तरह की पेशकश करता है। रोज़गार बढ़ाने के लिए वह तजवीज़ करता है कि वास्तविक वेतन में कटौती कर दी जानी चाहिए। दूसरे उनकी मान्यता है कि अगर बाज़ार में मुद्रा सप्लाई बढ़ा दी जाए तो उसके अनुपात में दामों में बढ़ोतरी हो जाएगी।

बीसवीं सदी में नियोक्लासिकल अर्थशास्त्र के विद्वानों ने कींसियन अर्थशास्त्र की प्रस्थापनाओं को यह कह कर आड़े हाथों लिया कि उनके पीछे आर्थिक कर्त्ताओं के बुद्धिसंगत व्यवहार के बारे में सही पूर्वानुमान का अभाव है।

देखें : अर्थ-विज्ञान का समाजशास्त्र, आर्थिक जनसांख्यिकी, अल्फ्रेड मार्शल, अमर्त्य कुमार सेन, अंतर्राष्ट्रीय मुद्रा कोष, आधार और अधिरचना, ऑस्कर लांगे, ऐडम स्मिथ, करारोपण, कल्याणकारी अर्थशास्त्र, क्लासिकल अर्थशास्त्र, कार्ल हाइनरिख़ मार्क्स-3, कार्ल मेंगर, कींसियन अर्थशास्त्र, गुन्नार मिर्डाल, जोआन रोबिंसन, जॉन कैनेथ गालब्रेथ, जॉन मेनार्ड कींस, जॉन स्टुअर्ट मिल, जोसेफ शुमपीटर, जैव विविधता, ट्रस्टीशिप, डेविड रिकार्डो, ढाँचागत समायोजन कार्यक्रम, थॉमस मन और वणिकवाद, थॉमस रॉबर्ट माल्थस, दक्षता, धन, नीतिशास्त्र और अर्थशास्त्र, निकोलस काल्दोर, नियोजन, नियोजन : मार्क्सवादी विमर्श, पण्य, पण्य-पूजा, पेटेंट, पॉल सेमुअलसन, पियरो

स्राफ़ा, पूँजी, प्रतियोगिता, फ्रांस्वा केस्ने और प्रकृतिवाद, फ्रेड्रिख़ वॉन हायक, बहुराष्ट्रीय निगम, बाज़ार, बाज़ार की विफलताएँ, बाज़ार-समाजवाद, बौद्धिक सम्पदा अधिकार, ब्रेटन वुड्स प्रणाली, भारत में बहुराष्ट्रीय निगम, भारत में नियोजन, भारत में पेटेंट क़ानून, भारत में शेयर संस्कृति, भूमण्डलीकरण और पूँजी बाज़ार, भूमण्डलीकरण और वित्तीय पूँजी, भूमण्डलीकरण और वित्तीय उपकरण, मार्क्सवादी अर्थशास्त्र, मिल्टन फ्रीडमेन, मूल्य, राजकोषीय नीति और मौद्रिक नीति, रॉबर्ट ओवेन, विलफ्रेडो परेटो, विश्व व्यापार संगठन, विश्व बैंक, विलियम पेटी, विलियम स्टेनली जेवंस, वैकासिक अर्थशास्त्र, शोषण, साइमन कुज़्नेत्स।

संदर्भ

1. जे.एफ़. हेनरी (1990), *द मेकिंग ऑफ़ नियोक्लासिकल इकॉनॉमिक्स,* अनविन हिमेन, बोस्टन एमए और लंदन.
2. जे.आर. हिक्स और डब्ल्यू. वेबर, (1973) *कार्ल मेंगर ऐंड द ऑस्ट्रियन स्कूल ऑफ़ इकॉनॉमिक्स,* क्लैरंडन प्रेस, ऑक्सफ़र्ड.
3. जे.आर. हिक्स (1975), 'मिस्टर कींस ऐंड द 'क्लासिक्स' : अ सजेस्टिड इंटरप्रिटेशन', *इकॉनोमेट्रिका,* 5.
4. अल्फ्रेड मार्शल (1920), *प्रिंसिपल्स ऑफ़ इकॉनॉमिक्स,* मैकमिलन, लंदन.

— अभय कुमार दुबे

निष्क्रिय क्रांति

(Passive Revolution)

निष्क्रिय क्रांति इतालवी मार्क्सवादी चिंतक और सामााजिक सिद्धांतकार एंतोनियो ग्राम्शी के विमर्श की केंद्रीय धारणाओं में से एक है। फ़ासीवादियों द्वारा कारागार में डाले जाने के बाद ग्राम्शी द्वारा किये गये जेल-लेखन में निष्क्रिय क्रांति की अवधारणा का प्रयोग दो अर्थों में किया गया है : एक ऐसी क्रांति जिसमें आम जनता ने भागीदारी न की हो, और सामाजिक परिवर्तन की ऐसी प्रक्रिया जो बेहद मंथर गति से चली हो।इस अवधारणा का इस्तेमाल करके ग्राम्शी ने इतालवी फ़ासीवाद का चरित्र समझने का प्रयास भी किया था। ग्राम्शी के अध्येताओं का मत है कि इसके सहारे न केवल पूँजीवादी बल्कि समाजवादी व्यवस्थाओं का विकास समझने की कोशिश भी की जा सकती है। भारतीय लोकतंत्र के विकास-क्रम की समझ के लिए पार्थ चटर्जी और सुदीप्त कविराज ने भी ग्राम्शी के इस विचार का प्रयोग किया है।

ग्राम्शी से पहले इटली के ही नियोपोलिटन रूढ़िवादी चिंतक विंसेंजो क्यूको ने निष्क्रिय क्रांति की धारणा का प्रयोग 1799 की इतालवी नियोपोलिटन क्रांति के वर्णन के लिए किया था। इस क्रांति में फ्रांसीसी क्रांति की भाँति न तो व्यापक जन-भागीदारी थी और न ही इसके कारण ज़मीनी स्तर पर सामाजिक संबंधों में कोई उलट-फेर हुआ था। इस क्रांति में बाहरी ताक़त की भूमिका फ्रांसीसी सेना ने निभायी थी जिसका सहारा लेकर पूँजीपति वर्ग का सचेत हिस्सा, अमूर्त क़िस्म का चिंतन करने वाले बुद्धिजीवियों और कुछ जैकोबिन क़िस्म के तत्त्वों ने क्रांति सम्पन्न की थी। इसीलिए क्यूको द्वारा इसे निष्क्रिय क्रांति की संज्ञा दी गयी।

ग्राम्शी की मान्यता थी कि रिसर्जिमेंटो (इटली का एकीकरण जिसके परिणामस्वरूप इटली एक आधुनिक पूँजीवाद राष्ट्र-राज्य के रूप में जन्मा) असल में एक निष्क्रिय क्रांति थी। इटली के एकीकरण के लिए दो प्रमुख राजनीतिक ताक़तें सक्रिय थीं। मॉडरेट पार्टी और एक्शन पार्टी। इनमें में से मॉडरेट पार्टी अपना राजनीतिक वर्चस्व क़ायम करने में कामयाब रही और परिणामस्वरूप राष्ट्रीय आंदोलन का नेतृत्व उसके हाथ में चला गया। मॉडरेटों ने कैवर, पिएमोंट राज्य और उसकी सेना, नौकरशाही एवं व्यापारियों के साथ गठबंधन जैसा संबंध बनाकर वह पूँजीवादी क्रांति सम्पन्न की जिसे फ्रांस में जैकोबिनों ने आम-जनता और किसानों की मदद से पूरा किया था। वस्तुतः इतालवी पूँजीपति वर्ग की प्रतिनिधि मॉडरेट पार्टी फ्रांसीसी क्रांति के जन-उफान से डरी हुई थी, इसलिए वह अपने आंदोलन के लिए समर्थन माँगने जनता के बीच जाने के लिए तैयार नहीं थी। वैसे भी उसे इस तरह का कार्यक्रम बनाने की ज़रूरत नहीं थीं। कारण यह था कि उसने अपने कार्यक्रम सहयोगियों की आकांक्षाएँ प्रतिबिम्बित करने का पूरा ध्यान रखा था। मसलन, उसमें राष्ट्रीयता की बात की गयी थी, आस्ट्रिया को बाहरी शत्रु के रूप में चिह्नित किया गया था और चर्च के क़ब्ज़े से भूमि छुड़ाने का ज़िक्र था। दूसरी और मेज़िनी और गैरिबैल्डी की एक्शन पार्टी उदार-जनतांत्रिक धारा की प्रतिनिधि होने के बावजूद ऐसा कार्यक्रम बनाने में विफल रही जो आम-जनता और किसानों की आकांक्षाओं और ज़रूरतों को प्रतिबिम्बित करते हुए उन्हें अपनी ओर खींचने और लामबन्द करने में सफल होता। नतीजतन, गैरिबाल्डी की पार्टी मॉडरेट पार्टी के समक्ष कोई चुनौती पेश नहीं कर सकी। राष्ट्रीय एकीकरण बिना जन-भागीदारी और इसी कारण जनाकांक्षाओं को जगह दिये बिना ही सम्पन्न हो गया। इसीलिए ग्राम्शी ने रिसर्जिमेंटो को 'क्रांति' रहित 'क्रांति' क़रार दिया।

यहाँ प्रश्न उठता है कि आख़िर ग्राम्शी ने इसे क्रांति कहा ही क्यों? जान ए. डेविस के मुताबिक़ यदि वे इसे क्रांति नहीं कहते तो ख़ुद को दूसरे कम्युनिस्ट इंटरनेशनल द्वारा अपनाये गये रास्ते 'पॉलिटिकल ग्रैजुएलिज्म' या राजनीतिक क्रमशःवाद के नज़दीक खड़ा पाते। वैसे भी, राष्ट्रीय एकीकरण इटली के एक पूँजीवादी राष्ट्र के रूप में उदय होने

की राह का कोई पहला नहीं बल्कि प्रत्यक्ष कारण था। एकीकरण ने राष्ट्र को जन्म दिया और फिर राष्ट्र के दायरे में उद्योगीकरण हुआ, पूँजीवादी जनतंत्र की स्थापना हुई और इटली यूरोप के शक्तिशाली राष्ट्रों की श्रेणी में पहुँच गया।

ग्राम्शी ने निष्क्रिय क्रांति का दूसरा प्रयोग मंथर-गति से होने वाले परिवर्तन के अर्थ में किया। इसका संबंध पूँजीपति वर्ग की हुकूमत के क़दम जमने से है। ग्राम्शी ने लिखा है कि निष्क्रिय क्रांति की संज्ञा का प्रयोग उस प्रक्रिया के लिए भी किया जा सकता है जिसके तहत सत्ता में आया पूँजीपति वर्ग पहले से विद्यमान ताक़तों (मसलन, कुलीन वर्ग) और प्रतिस्पर्धी ताक़तों को धीरे-धीरे कुंद कर देता है। रिसर्जिमेंटो के दौरान मॉडरेट पार्टी ने रैडिकल एक्शन पार्टी के प्रमुख तत्त्वों को आत्मसात कर उसे पंगु बना दिया और इस क्रम में उसका अपना भी कायांतरण हुआ। डेविस ने ग्राम्शी के इस विश्लेषण को रिसर्जिमेंटो के इतिहास में उनका सर्वाधिक महत्त्वपूर्ण योगदान कहा है।

ग्राम्शी ने निष्क्रिय क्रांति के अपने सूत्र के माध्यम से फ़ासीवाद को समझने की कोशिश भी की। जहाँ बोर्दिगा जैसे उनके वामपंथी साथी फ़ासीवादी परियोजना को युद्ध के बाद मज़दूरों के शक्ति-प्रदर्शन से भयभीत पूँजीपति वर्ग की एक तात्कालिक तरकीब और इसी कारण क्षणभंगुर मान कर चल रहे थे, वहीं ग्राम्शी ने इसे उदारतावादी राज्य की निरंतरता के रूप में देखा। उनके मुताबिक़ जब बूर्ज्वा वर्चस्व कमज़ोर पड़ने लगता है और पूँजीवाद अपने ही संकटों से घिर जाता है तब वर्चस्व की दोबारा बहाली के लिए राज्य द्वारा सीधे हस्तक्षेपकारी भूमिका में आना एक तरह की निष्क्रिय क्रांति का ही नमूना है। कारण यह कि राज्य की ओर से किये जाने वाले उपायों में जन-भागीदारी नहीं होती। वे ऊपर से लादे जाते हैं। तीस के दशक में अमेरिका में छायी महामंदी से उबरने के लिए रूज़वेल्ट द्वारा अपनायी गयी नीति 'न्यू डील' एक निष्क्रिय क्रांति ही थी। इसी तरह, इटली में फ़ासीवाद का सत्ता पर क़ाबिज़ होना और फ़ासीवादी तंत्र द्वारा इतालवी अर्थ-व्यवस्था में दूरगामी परिणाम लाने वाली नीतियाँ अपनाने को ग्राम्शी ने निष्क्रिय क्रांति के ज़रिये व्याख्यायित करने का प्रयास किया।

रोजर साइमन का मत है कि निष्क्रिय क्रांति की धारणा न केवल बूर्ज्वा बल्कि समाजवादी व्यवस्थाओं को समझने में भी काम आ सकती है। समाजवाद की ओर संक्रमण में मज़दूर-वर्ग की रणनीति का चरित्र निष्क्रिय-क्रांति के विरोधी (एंटी-पैसिव रिवोल्यूशन) का होना चाहिए। यानी उसका यह भरसक प्रयत्न होना चाहिए कि जिस तरह की व्यवस्था के लिए वह संघर्षरत है उसमें वह अपने साथ अधिक-से-अधिक जन-समूहों को लामबन्द करे।

भारत का एक राष्ट्र-राज्य के रूप में निर्माण उपनिवेशवाद के विरोध की प्रक्रिया के तहत हुआ। पार्थ चटर्जी ने भारतीय राष्ट्र-राज्य के निर्माण को निष्क्रिय क्रांति के सूत्रीकरण के तहत समझने का प्रयास किया है। इसी तरह का एक और प्रयास सुदीप्त कविराज के लेखन में देखने को मिलता है। सत्तर और अस्सी के दशक में भारतीय लोकतंत्र के घटनाक्रम ने कई मार्क्सवादी विश्लेषकों को अपने विचार बदलने पर मजबूर कर दिया था। हरित क्रांति के गर्भ से निकले धनी किसानों (ग्रामीण पूँजीपतियों) की बढ़ती हुई राजनीतिक ताक़त और मँझोली व दलित जातियों की प्रबल होती हुई गोलबंदी उनकी पुरानी प्रस्थापनाओं में फ़िट नहीं बैठ रही थी। भारतीय राज्य को इन नये महत्त्वकांक्षी तबक़ों की माँगों के प्रति अनुक्रिया करते देख कर मार्क्सवादियों ने अपने विश्लेषण को और समृद्ध किया। उन्होंने पूँजीपतियों, धनी किसानों और अधिकारी-तंत्र को तीन प्रभुत्वशाली वर्गों के रूप में चिह्नित करके दिखाया कि उनके बीच होड़ और गठजोड़ की प्रक्रिया उस राजनीतिक स्पेस में चल रही है जिसकी बागडोर अपेक्षाकृत स्वायत्त भारतीय राज्य के हाथों में है। इस मॉडल को सुदीप्त कविराज ने सैद्धांतिक रूप दिया। उन्होंने 'पैसिव रेवोल्यूशन' की रोशनी में अपना सूत्रीकरण किया। कविराज के मुताबिक़ भारत का यह मॉडल एक संक्रमणकारी स्थिति का ही प्रतिनिधित्व कर रहा है। दूसरी ओर भारतीय राज्य के बदलते हुए चरित्र की सबसे ताज़ा शिनाख़्त पार्थ चटर्जी ने राजनीतिक समाज की धारणा के सूत्रीकरण के ज़रिये की है। वे कहते हैं भारतीय राज्य अब स्वायत्त न रह कर कारपोरेट पूँजी के नैतिक-राजनीतिक वर्चस्व के तले आ गया है। उनके मुताबिक़ केंद्र और राज्यों की सरकारों पर नियंत्रण करने के लिए कारपोरेट पूँजी राजनीतिक दलों और चुनावी गोलबंदी के बजाय नौकरशाह-प्रबंधकों, मुद्रित व दृश्य-श्रव्य मीडिया और न्यायपालिका वग़ैरह का इस्तेमाल करती है। राजकीय क्षेत्र पर इस पूँजी का रुतबा इस क़दर ग़ालिब हो गया है कि मार्क्सवादी समेत तक़रीबन सभी तरह की पार्टियाँ निजी निवेश पर आधारित तेज़ आर्थिक विकास की रणनीति पर सहमत हो गयी हैं। इस लिहाज़ से पार्थ चटर्जी सुदीप्त कविराज द्वारा अपनाये गये पैसिव रेवोल्यूशन वाले मॉडल से सहमत नहीं हैं।

देखें : अर्नेस्टो चे गुएवारा, आधार और अधिरचना, ऑस्कर लांगे, आंगिक और पारम्परिक बुद्धिजीवी, एंतोनियो ग्राम्शी, कार्ल हाइनरिख़ मार्क्स-1, 2. 3 और 4, क्रांति, क्रांति : मार्क्सवादी विमर्श, ग्योर्गी लूकाच, नयी सदी में मार्क्सवादी विमर्श-1 से 9 तक, फ्रेड्रिख़ एंगेल्स, फ्रैंकफ़र्ट स्कूल, भारत में किसान संघर्ष-2 और 4, भारतीय कम्युनिस्ट पार्टी, भारतीय कम्युनिस्ट पार्टी (मार्क्सवादी), भारतीय इतिहास लेखन, भाषा का मार्क्सवादी सिद्धांत, भ्रांत चेतना, बोल्शेविक क्रांति, फ्रांस्वा-चार्ल्स मारी फ़ूरिये, क्यूबा की क्रांति, फ्रेंज़ फ़ानो, हिंसा-1 और 2, मानवेंद्र नाथ राय, माओ त्से-तुंग, माओवाद और माओ विचार, मार्क्सवाद-1 से 5 तक, मार्क्सवादी इतिहास-लेखन, मार्क्सवादी समाजशास्त्र, मार्क्सवाद और पारिस्थितिकी, मार्क्सवादी अर्थशास्त्र, मिख़ाइल मिख़ाइलोविच बाख़्तिन, समाजवादी वसंत-1 से 4 तक, रॉबर्ट

ओवेन, राज्य की मार्क्सवादी अवधारणा, लेनिनवाद, लियोन ट्रॉट्स्की, लिबरेशन थियोलॅजी, वाल्टर बेंजमिन, सांस्कृतिक क्रांति, सैं-सिमों, स्तालिन और स्तालिनवाद, सोवियत समाजवाद-1 से 3 तक, सोवियत सिनेमा, वर्चस्व, व्लादिमिर इलीच लेनिन।

संदर्भ

1. एंतोनियो ग्राम्शी (2006), 'सिलेक्सन फ्रॉम दी प्रिज़न नोटबुक्स', सम्पादित और अनूदित : क्विंटिन होअर और जी.एस. स्मिथ, ओरिएंट लोंगमैन, चेन्नई.
2. जॉन ए. डेविस (सम्पा.) (1979), 'ग्राम्शी ऐंड इटलीज़ पैसिव रेवोल्यूशन', क्रूम होल, लंदन.
3. पार्थ चटर्जी (2010), 'द स्टेट', नीरजा गोपाल जयल और प्रताप भानु मेहता (सम्पा.), द *ऑक्सफ़र्ड कम्पेनियन टु पॉलिटिक्स इन इण्डिया,* नयी दिल्ली.
4. सुदीप्त कविराज (1988), 'अ क्रिटीक ऑफ़ पैसिव रेवोल्यूशन', *इकॉनॉमिक ऐंड पॉलिटिकल वीकली,* खण्ड 23, अंक 45-7.

— विजय कुमार झा

निरस्त्रीकरण

(Disarmament)

निरस्त्रीकरण का सिद्धांत इस धारणा पर आधारित है कि युद्धों की मुख्य वजह हथियार होते हैं और उनके उन्मूलन या उनकी मात्रा में बेहद कमी कर देने से शांति उपलब्ध की जा सकती है। आज निरस्त्रीकरण का प्रस्ताव और उससे जुड़ी हुई प्रक्रिया का अध्ययन अंतर्राष्ट्रीय संबंधों के अनुशासन के तहत किया जाता है। पर, समाज को हिंसा और अपराधों से मुक्त करने के मक़सद से निरस्त्रीकरण का सहारा लेने की कोशिश के भी कई उदाहरण मौजूद हैं। मसलन, जापान की तोकुगावा शोगुन हुकूमत ने बंदूकों की संख्या में क्रमशः कटौती की नीति अपनाने का प्रयोग किया था। नतीजे के तौर पर आज जापान दुनिया का एक ऐसा देश है जो नागरिक इस्तेमाल के लिए न बंदूकें बनाता है और न ही आयात करता है, जबकि एक ज़माने में वहाँ प्रति व्यक्ति बंदूकों की संख्या दुनिया में शायद सबसे ज़्यादा हुआ करती थी। इसके ठीक उलट अमेरिका का उदाहरण है, जहाँ कैसी भी बंदूक रखने के लिए उसके अधिकतर राज्यों में किसी लाइसेंस की ज़रूरत नहीं होती। नतीजतन, अमेरिका के आलोचक मानते हैं कि यह समाज 'बंदूक और रोटी की संस्कृति' की भींच में फँसा हुआ है। अमेरिकी अर्थव्यवस्था हथियारों के विश्वव्यापी व्यापार से होने वाली आमदनी पर निर्भर है। इसलिए वहाँ की मिलिट्री-इण्डस्ट्रियल कॉम्प्लेक्स उत्तरोत्तर भारी-भरकम होता जा रहा है। निरस्त्रीकरण के संदर्भ में यह साफ़ कर देना ज़रूरी है कि उसे शस्त्र-नियंत्रण की अवधारणा से अलग करके देखा जाना चाहिए। निरस्त्रीकरण के पैरोकारों का दावा है कि हथियारों को पूरी तरह से प्रतिबंधित करने से ही शांतिपूर्ण अंतर्राष्ट्रीय संबंधों की स्थापना हो सकती है। इसके विपरीत शस्त्र-नियंत्रण का उद्देश्य महज़ विनियमनकारी है। इसका मक़सद शांति और परस्पर सौहार्द्र पर आधारित नयी विश्व-व्यवस्था बनाना नहीं हो सकता। इसके ज़रिये मौजूदा व्यवस्था को प्रबंधित ही किया जा सकता है, क्योंकि शस्त्र-नियंत्रण की संधियों के साथ-साथ हथियारों के प्रसार की प्रक्रिया भी चलती रहती है।

ऐतिहासिक रूप से निरस्त्रीकरण की दो परस्पर विपरीत परिघटनाओं की शिनाख़्त की गयी है। पहली परिघटना युद्ध में जीतने वाली ताक़तों द्वारा पराजित ताक़तों पर निरस्त्रीकरण थोपने की है। इसका सबसे ताज़ा उदाहरण प्रथम विश्व-युद्ध की समाप्ति पर हुई वरसाई संधि के रूप में देखा जा सकता है। 1919 में हुई इस संधि के तहत जर्मनी पर पाबंदी लगा दी गयी थी कि वह एक लाख से ज़्यादा सैनिकों की फ़ौज नहीं रख सकता। इस संधि पर दस्तख़त करने के बाद जर्मनी किसी तरह की आक्रामक गतिविधियाँ करने की स्थिति में नहीं रह गया था। दूसरे विश्व-युद्ध के बाद भी विजयी मित्र-राष्ट्रों ने जर्मनी और जापान पर इस तरह की पाबंदियाँ लगायी थीं। लेकिन निरस्त्रीकरण के इस परिप्रेक्ष्य के साथ दिक़्क़त यह है कि इसके नतीजे बहुत ख़राब निकलते हैं। वरसाई संधि के बाद जर्मनी ने अपने ऊपर लगी पाबंदियों से कतराने के लिए अपनी सीमाओं से बाहर के इलाक़ों में प्रशिक्षण कैम्प और गोला-बारूद की फ़ैक्ट्रियाँ लगाने की योजना पर कामयाब अमल किया। द्वितीय विश्व-युद्ध के बाद शीत युद्ध की राजनीति के आग्रहों के तले ख़ुद अमेरिका ने पश्चिम जर्मनी और जापान की फ़ौजी ताक़त बढ़ाने की भूमिका अदा की। साठ के दशक से अमेरिका और सोवियत संघ ने तनाव शैथिल्य (देताँ) की नीति अपनायी जिससे निरस्त्रीकरण को कुछ बल मिला। सत्तर के दशक से साल्ट (स्ट्रैट्जिक आर्म्स लिमिटेशन ट्रीटी), स्टार्ट (स्ट्रैट्जिक आर्म्स रिडक्शन ट्रीटी) और एबीएम (एंटी बैलेस्टिक मिलाइल ट्रीटी) जैसी संधियाँ हुईं। लेकिन निरस्त्रीकरण की प्रक्रिया को शीत-युद्ध के दौरान तेज़ी से बढ़ी हथियारों की होड़ नुकसान पहुँचाती रही। दूसरी परिघटना स्वैच्छिक निरस्त्रीकरण की है। इसके तहत विभिन्न राष्ट्रीय सरकारें परस्पर स्वीकार्य शर्तों के आधार पर सभी पक्षों द्वारा निरस्त्रीकरण करने की संधि करती हैं। हालाँकि निरस्त्रीकरण का अंतिम तर्क सभी तरह के हथियारों का उन्मूलन ही हो सकता है, पर स्वैच्छिक निरस्त्रीकरण की योजना मुख्यतः दो तरह से सामने आती है।

पहली योजना आदर्शवादी क़िस्म की है जिसे जनरल ऐंड कम्प्लीट डिसआर्मामेंट की संज्ञा दी गयी है। इसका एक ताज़ा उदाहरण 1986 के रिक्याविक शिखर सम्मेलन में सोवियत संघ के राष्ट्रपति मिख़ाइल गोर्बाचेव द्वारा रखा गया 1996 तक सभी आणविक बैलेस्टिक मिसाइलों का उन्मूलन करने का प्रस्ताव है। दिलचस्प बात यह है कि शिखर सम्मेलन के दूसरे पक्ष यानी अमेरिका के राष्ट्रपति रोनाल्ड रेगन भी इस पर राजी हो गये थे। यह दूसरी बात है कि ऐसी नौबत ही नहीं आयी, क्योंकि नब्बे के दशक की शुरुआत में ही सोवियत संघ का वजूद ख़त्म हो गया। लेकिन यह मानना पड़ेगा कि 1986 में इसी प्रस्ताव के कारण गोर्बाचेव की लोकप्रियता में काफ़ी इज़ाफ़ा हुआ था, क्योंकि उस समय कई प्रेक्षकों की मान्यता थी कि आणुविक होड़ ख़तरनाक रूप धारण करती जा रही है।

दूसरी योजना क्षेत्रीय निरस्त्रीकरण की है जिसके तहत एक ख़ास भौगोलिक क्षेत्र से कुछ क़िस्मों के हथियारों का उन्मूलन किया जाता है। आणुविक हथियार मुक्त क्षेत्र बनाने के प्रस्ताव इसके व्यावहारिक सबूत हैं। इस तरह के समझौतों में सबसे बड़ी दिक़्क़त यह आती है कि अगर किसी क्षेत्र में किसी एक देश ने आणुविक हथियार हासिल कर लिए तो फिर दूसरे देशों को इसी रास्ते पर चलने से नहीं रोका जा सकता। इसी वजह से दक्षिण एशियाई आणुविक मुक्त क्षेत्र बनाने के प्रस्ताव पर आज तक अमल नहीं हो सका। चूँकि भारत और पाकिस्तान के पास एटमी हथियार बनाने की क्षमताएँ हैं इसलिए नहीं लगता कि इस इलाक़े में एटमी निरस्त्रीकरण का मंसूबा कभी कामयाब होगा। लेकिन इसका मतलब यह भी नहीं निकाला जा सकता कि क्षेत्रीय निरस्त्रीकरण की सारी कोशिशें ही नाकाम हो गयी हैं। लातीनी अमेरिका 1967 के बाद से ही आणुविक परीक्षणों से मुक्त क्षेत्र इसी तरह की एक संधि के कारण बना हुआ है। इसी तरह 1959 की अंटार्कटिक संधि के कारण पिछली आधी सदी से अंटार्कटिक का न कोई फ़ौजी इस्तेमाल किया गया है और न ही वहाँ किसी भी तरह का आणुविक परीक्षण किया गया है। 1967 की एक संधि के कारण अंतरिक्ष को फ़ौजी गतिविधियों से मुक्त क्षेत्र बनाने में कामयाबी मिली है।

निरस्त्रीकरण सिद्धांत की व्यावहारिकता के आलोचक इन सफलताओं की अहमियत को संदेह की दृष्टि से देखते हैं। उनका कहना है किये सभी क्षेत्र सामरिक दृष्टि से ग़ैर-महत्त्वपूर्ण हैं। अगर किसी वजह से हालात बदलते हैं और इन क्षेत्रों की अहमियत में भी परिवर्तन होता है, तो फिर इन संधियों के ज़रिये निरस्त्रीकरण पर अमल नामुमकिन हो जाएगा। इन आलोचकों का यह भी कहना है कि हथियारों की मौजूदगी को युद्ध का कारण मानना भी अपने-आप में प्रश्नांकित करने योग्य है। हथियारों को तो समस्या के लक्षण के रूप में देखना चाहिए, न कि उसके मूलभूत कारण के रूप में। दूसरे, निरस्त्रीकरण के लिए होने वाली संधियों में हमेशा उनके कार्यान्वयन की पुष्टि न हो पाने की समस्या रहती है। अगर निरस्त्रीकरण की संधि में शामिल लोग हथियारों का ज़ख़ीरा भी बढ़ाते रहें तो विश्व शांति के लिए बेहद ख़तरनाक स्थिति पैदा हो सकती है।

निरस्त्रीकरण को मुख्यतः अव्यावहारिक मानने के कारण कई विश्वविद्यालयों और शोध संस्थानों की प्राथमिकता उसके शस्त्र-नियंत्रण, टकराव के निबटारे और किसी देश में किसी शस्त्र-प्रणाली पर पाबंदियाँ लगाने पर शोध करने में ज़्यादा देखी जाती है। दरअसल, निरस्त्रीकरण एक ऐसा विषय है जिस पर बहुत ज़्यादा साहित्य प्रकाशित नहीं हुआ है, और बहुत से लोग इस बारे में प्रकाशित क्लासिक पुस्तकों से वाक़िफ़ भी नहीं हैं।

देखें : आदर्शवाद, आतंकवाद, अंतर्राष्ट्रीय मुद्रा कोष, इमैनुएल कांट, इतिहास का अंत, एडवर्ड हैलेट कार, जाति-संहार, तृतीय विश्व, द्वितीय विश्व-युद्ध, नस्लवाद, नव-उपनिवेशवाद, निर्भरता सिद्धांत, पेटेंट, प्रथम विश्व-युद्ध, प्रगति, बौद्धिक सम्पदा अधिकार, ब्रेटन वुड्स प्रणाली, भारत में पेटेंट क़ानून, रंगभेद, उपनिवेशवाद, यथार्थवाद, युद्ध, युरोपीय यूनियन, रचनात्मकतावाद, राजनय, विश्व व्यापार संगठन, विश्व बैंक, विश्व सरकार, वि-उपनिवेशीकरण, सभ्यताओं का संघर्ष, सम्प्रभुता, संयुक्त राष्ट्र, साम्राज्यवाद, शक्ति-संतुलन, शांति, शांतिवाद, शस्त्र-नियंत्रण, हथियारों की होड़।

संदर्भ

1. सेमूल मेलमान (सम्पा.) (1958), *इंस्पेक्शन फ़ॉर डिसआर्मामेंट*, कोलंबिया युनिवर्सिटी प्रेस, न्यूयॉर्क.
2. अल्वा मिर्डाल (1978), *द गेम ऑफ़ डिसआर्मामेंट : हाउ द यूनाइटिड स्टेट्स ऐंड रशिया रन द आर्म्स रेस*, पेंथियन, न्यूयॉर्क.

— अभय कुमार दुबे

नीतिशास्त्र और अर्थशास्त्र

(Ethics and Economics)

क्या अर्थशास्त्र अपनी बुनियादी प्रकृति में एक नैतिक विद्या है? क्या उसकी आचरण संहिता नीतिशास्त्र के किन्हीं नियमों के तहत संचालित होती है? नियोक्लासिकल अर्थशास्त्र के उदय से पहले इन सवालों का जवाब साफ़ तौर से हाँ में दिया जा सकता था। लेकिन, जब से पॉल सेमुअलसन ने आर्थिक विश्लेषण को एक ऐसे अनुशासन के रूप में सूत्रबद्ध किया है जिसका प्राथमिक लक्ष्य न्यूनतम द्वारा अनुकूलतम परिणाम प्राप्त करने की विधि का पता करना हो, तभी से इन दोनों

शास्त्रों के बीच का संबंध बहसतलब हो गया है। दरअसल, नियोक्लासिकल सिद्धांत के तहत अर्थशास्त्र उत्तरोत्तर तकनीकी रूप लेता हुआ नैतिक प्रश्नों से अपना नाता तोड़ता जा रहा है। अगर किसी प्रणाली में परिवर्तन होता है तो उसके प्रभावों को अच्छा-बुरा बताये बिना इंजीनियरिंग की भाँति वह उनकी व्याख्या का प्रयास करता है। मसलन, अगर बाज़ार में दाम बढ़ गये हैं तो वह सिर्फ़ एक तथ्य का उल्लेख करेगा कि आपूर्ति कम हो गयी है। इस परिवर्तन से समाज पर सुख या दु:ख के संदर्भ में पड़ने वाले प्रभाव पर वह कोई विचार करने के लिए तैयार नहीं होगा। नियोक्लासिकल सिद्धांत सम्पदा की प्रकृति, उत्पादन और वितरण की चर्चा करते समय नीति-अनीति के प्रश्नों से ख़ुद को दूर रखता है। उसके पैरोकार अपने रवैये के पक्ष में जहाज़-निर्माण का उदाहरण देते हैं कि जहाज़ बनाने वाले उसकी रचना और रचना प्रक्रिया के प्रबंधन की चिंता करते हैं न कि जहाज़ की उपयोगिता की। कुल मिला कर गणितीय सूत्रों में ख़ुद को व्यक्त करने वाला नियोक्लासिकल सिद्धांत अर्थशास्त्र को एक विधायक विज्ञान की तरह देखता है जिसके तहत वह महज़ एक विधि रह जाता है। एक विधायक विज्ञान के रूप में अर्थशास्त्र का नैतिकता से कोई लेना-देना नहीं रह जाता। वह नैतिक या अनैतिक के बजाय ख़ुद को पूरी तरह से तटस्थ बताता है। उसका दावा होता है कि उसके निर्णय व्यक्तिपरक न हो कर वस्तुनिष्ठ होते हैं।

नियोक्लासिकल बोलबाले की आड़ में यह ऐतिहासिक तथ्य छिप जाता है कि अधिकांश अर्थशास्त्र नैतिक दर्शन से ही प्रवाहित हुआ है। किसी ज़माने में उसे अनैतिक या नैतिक रूप से तटस्थ विज्ञान क़रार दिये जाने के बारे में सोचा भी नहीं जा सकता था। अरस्तू, ऐडम स्मिथ, जॉन स्टुअर्ट मिल और मार्क्स जैसे दार्शनिकों और युगप्रवर्तक विद्वानों ने आर्थिक प्रश्नों पर समाज और व्यक्ति की ख़ुशहाली के संदर्भ में ही विचार किया था। एडिनबरा और केम्ब्रिज जैसे ब्रिटिश विश्वविद्यालयों में तो अर्थशास्त्र की पढ़ाई ही नैतिक दर्शन के तहत होती थी। दिलचस्प बात यह है कि नियोक्लासिकल अर्थशास्त्र के संस्थापक अल्फ्रेड मार्शल और डब्ल्यू.एस. जेवंस ने भी अपने ज़माने में ग़रीबी के प्रश्न का उत्तर खोजने के लिए अर्थशास्त्र के अध्ययन में रुचि ली थी। वे अर्थशास्त्रियों के अंत:करण को स्पर्श करना चाहते थे। 1885 में मार्शल ने केम्ब्रिज में अपना उद्घाटन भाषण देते हुए कहा था कि उनका उद्देश्य ऐसे स्नातकों का निर्माण करना है जिनके पास ठंडा दिमाग़ और भावावेशित हृदय हो।

अर्थशास्त्र का इतिहास बताता है कि उसके और नीतिशास्त्र के बीच संबंधों में तब्दीली की धीमी आहटें क्लासिकल अर्थशास्त्र के युग में ही सुनायी देने लगी थीं। स्मिथ ने अपनी रचना *वेल्थ ऑफ़ नेशंस* में स्व-हित में दिलचस्पी रखने वाले आर्थिक कर्त्ता को केंद्र में रखा था। डेविड ह्यूम का दावा था कि तथ्य और मूल्य न सिर्फ़ अलग-अलग होते हैं बल्कि उन्हें ऐसा होना भी चाहिए। ह्यूम के इस सूत्रीकरण में तथ्यात्मक, प्रत्यक्षवादी और आनुभविक आर्थिक विज्ञान और मानकीय (नॉर्मेटिव) आर्थिक विज्ञान के बीच अलगाव की सम्भावनाएँ निहित थीं। आर्थिक प्रणाली का अमूर्त मॉडल रचने की कोशिश डेविड रिकार्डो ने ही शुरू की थी। मार्क्स और उनके साथियों के बीच अर्थशास्त्र में गणित के इस्तेमाल को लेकर चर्चा हुई थी, और वे कमोबेश इस नतीजे पर पहुँच गये थे कि गणितीय सूत्रों के प्रयोग के बिना अर्थशास्त्र को एक समुचित विज्ञान में नहीं बदला जा सकता। दूसरी तरफ़ यह भी एक तथ्य है कि ये सभी विद्वान अर्थशास्त्र को नीतिशास्त्र से अलग करने के पक्ष में नहीं थे। स्मिथ द्वारा प्रवर्तित स्व-हित में दिलचस्पी रखने वाले आर्थिक कर्त्ता और स्वार्थी क़िस्म के आर्थिक कर्त्ता में फ़र्क़ आसानी से किया जा सकता था।

अर्थशास्त्र व्यक्तियों के व्यवहार और सामूहिकताओं (फ़र्मों और सरकारों) के व्यवहार में फ़र्क़ करता है। लेकिन नैतिकता परोपकार पर ज़ोर देती है इसलिए नीतिशास्त्र के मुताबिक़ अर्थशास्त्र को इन सभी आर्थिक कर्त्ताओं के लिए परोपकार करने के कर्त्तव्य निर्धारित करने चाहिए। इसके मुताबिक़ एक उत्पादक, उपभोक्ता या बचतकर्त्ता के रूप में इन सभी आर्थिक एजेंटों को अपने सामने मौजूद कुछ विकल्पों में एक का चयन करना पड़ेगा जिसके नतीजे अच्छाई (उचित) या बुराई (अनुचित) में निकलेंगे। इस संबंध में व्यक्तियों से भी ज़्यादा प्रभाव सामूहिकताओं द्वारा किये जाने वाले चयन का होगा। उत्पादन और निवेश संबंधी उनके फ़ैसलों से वर्तमान और भविष्य में लोगों और समाज का जीवन प्रभावित होता है। फ़र्मों और सरकारों द्वारा लिए गये वेतन और भत्ते संबंधी निर्णयों से आमदनी का बँटवारा तय होगा। व्यावहारिक स्थिति यह है कि फ़र्मों से भी ज़्यादा सरकारों द्वारा लिए जाने वाले राजकोषीय, वाणिज्यिक और निवेश फ़ैसलों से आर्थिक जीवन पर गहरा असर पड़ता है। इन्हीं सब कारणों से नियोक्लासिकल प्रत्यक्षवाद के दावों के बावजूद अर्थशास्त्र और नीतिशास्त्र के आपसी संबंधों को दरकिनार नहीं किया जा सकता।

इस रिश्ते की समझ बनाने में कई तरह के सिद्धांतों ने योगदान किया है जिनमें उपयोगितावाद और मार्क्सवाद का विशेष उल्लेख किया जा सकता है। सामाजिक समझौते के हामियों ने भी इसमें हाथ बँटाया है। हॉब्स और रूसो की शुरुआती सामाजिक समझौतापरक प्रस्थापनाओं के बाद जॉन रॉल्स द्वारा प्रतिपादित अधिकारों के विमर्श ने आर्थिक जीवन में नीतिशास्त्र के महत्त्व को स्थापित करने की भूमिका निभायी है। उपयोगितावाद और मार्क्सवाद व्यक्ति के बजाय सामाजिकता और सामूहिकता पर ज़ोर देते हैं, और उसी संदर्भ में असमानता और वंचनाओं की व्याख्या करते हैं। ये दोनों विचारधाराएँ सामाजिक पूँजी को उच्चतर महत्त्व देती हैं, और बाज़ार की नियंत्रणहीन गतिविधियों की जगह लोकोपकारी

नीतियों की वकालत करती हैं।

अर्थशास्त्र की कई शाखाओं में नैतिक प्रश्नों के आलोक में नीतियों पर चर्चा होती रही है : चाहे आमदनी के वितरण का सवाल हो, अंतर्राष्ट्रीय व्यापार का क्षेत्र हो, प्रतियोगिता के प्रश्न हों या फिर संसाधनों की किल्लत का मामला हो। इसी के साथ शोषण की अवधारणा भी नैतिक प्रश्न को पूरे आवेग के साथ उठाती है। मार्क्स द्वारा प्रतिपादित अतिरिक्त मूल्य का सिद्धांत इसका सबूत है। इजारेदार पूँजीवाद का अध्ययन बताता है कि किस तरह एकाधिकारवादी स्थितियाँ समाज की क़ीमत पर बेतहाशा मुनाफ़े का सृजन करती हैं। आर्थिक नैतिकता बताती है कि फ़र्में, सरकारें और व्यक्ति नियंत्रणहीन स्थिति में एक-दूसरे का शोषण करने की तरफ़ चले जाते हैं।

नीतिशास्त्र और अर्थशास्त्र के संबंधों को इस प्रकार पेश किया जा सकता है : आर्थिक कर्त्ताओं की नैतिकता उनके आचरण को प्रभावित करती है और इस प्रकार आर्थिक परिणामों पर असर डालती है। दूसरी तरफ़ से अर्थशास्त्री के अपने नैतिक दृष्टिकोण का नैतिकता और दूसरों के व्यवहार पर असर पड़ता है। ये प्रक्रियाएँ जाने-अनजाने रूप में चलती रहती हैं। चूँकि अर्थशास्त्री परिणामों में रुचि रखते हैं, इसलिए उन्हें लाज़मी तौर पर उनकी नैतिकता में भी रुचि रखनी चाहिए। कल्याणकारी अर्थशास्त्र नैतिक प्रश्नों में रुचि रखे बिना एक क़दम भी नहीं चल सकता। सार्वजनिक नैतिकता के आर्थिक पहलुओं पर ग़ौर किये बिना सार्वजनिक नीति का विकास ही नहीं हो सकता। अर्थशास्त्र चाहे तथ्यपरक और प्रत्यक्षवादी हो, या फिर मानकीय, उनकी सीमाएँ हमेशा परस्परव्यापी होती हैं। प्रत्यक्षवादी अर्थशास्त्र को भी प्रासंगिक होने के लिए अंततः किन्हीं न किन्हीं नैतिक मूल्यों पर आधारित होना पड़ता है।

देखें : अर्थ-विज्ञान का समाजशास्त्र, आर्थिक जनसांख्यिकी, अल्फ्रेड मार्शल, अमर्त्य कुमार सेन, अंतर्राष्ट्रीय मुद्रा कोष, आधार और अधिरचना, ऑस्कर लांगे, ऐडम स्मिथ, करारोपण, कल्याणकारी अर्थशास्त्र, क्लासिकल अर्थशास्त्र, कार्ल हाइनरिख़ मार्क्स-3, कार्ल मेंगर, कींसियन अर्थशास्त्र, गुन्नार मिर्डाल, जोआन रोबिंसन, जॉन कैनेथ गालब्रेथ, जॉन मेनार्ड कींस, जॉन स्टुअर्ट मिल, जोसेफ शुमपीटर, जैव विविधता, ट्रस्टीशिप, डेविड रिकार्डो, ढाँचागत समायोजन कार्यक्रम, थॉमस मन और वणिकवाद, थॉमस रॉबर्ट माल्थस, दक्षता, धन, नियोक्लासिकल अर्थशास्त्र, निकोलस काल्दोर, नियोजन, नियोजन : मार्क्सवादी विमर्श, पण्य, पण्य-पूजा, पेटेंट, पॉल सेमुअलसन, पियरो स्राफ़ा, पूँजी, प्रतियोगिता, फ्रांस्वा केस्ने और प्रकृतिवाद, फ्रेड्रिख़ वॉन हायक, बहुराष्ट्रीय निगम, बाज़ार, बाज़ार की विफलताएँ, बाज़ार-समाजवाद, बौद्धिक सम्पदा अधिकार, ब्रेटन वुड्स प्रणाली, भारत में बहुराष्ट्रीय निगम, भारत में नियोजन, भारत में पेटेंट क़ानून, भारत में शेयर संस्कृति, भूमण्डलीकरण और पूँजी बाज़ार, भूमण्डलीकरण और वित्तीय पूँजी, भूमण्डलीकरण और वित्तीय उपकरण, मार्क्सवादी अर्थशास्त्र, मिल्टन फ्रीडमेन, मूल्य, राजकोषीय नीति और मौद्रिक नीति, रॉबर्ट ओवेन, विलफ्रेडो परेटो, विश्व व्यापार संगठन, विश्व बैंक, विलियम पेटी, विलियम स्टेनली जेवंस, वैकासिक अर्थशास्त्र, शोषण, साइमन कुज़्नेत्स।

संदर्भ

1. डी.एम. हाउसमान और एम.एस. मेकफ़र्सन (1993), 'टेकिंग इथिक्स सीरियसली : इकॉनॉमिक्स ऐंड कंटेम्परेरी मॉरल फ़िलॉसफ़ी', *जरनल ऑफ़ इकॉनॉमिक लिटरेचर*, 31.
2. आई.एम.डी. लिटिल (2002), *इथिक्स, इकॉनॉमिक्स ऐंड पॉलिटिक्स : प्रिंसिपल्स ऑफ़ पब्लिक पॉलिसी*, ऑक्सफ़र्ड युनिवर्सिटी प्रेस, ऑक्सफ़र्ड.
3. जे.एफ़. हेनरी (1990), *द मेकिंग ऑफ़ नियोक्लासिकल इकॉनॉमिक्स*, अनविन हिमेन, बोस्टन एमए और लंदन.
4. अल्फ्रेड मार्शल (1920), *प्रिंसिपल्स ऑफ़ इकॉनॉमिक्स*, मैकमिलन, लंदन.

— अभय कुमार दुबे

नीरा देसाई

(Neera Desai)

स्वतंत्र भारत में जिन कई प्रतिभा सम्पन्न विदुषियों ने स्त्रियों की आर्थिक-सामाजिक दशा सुधारने के लिए तन्मयता और समर्पण से काम किया, उनमें समाजशास्त्री नीरा देसाई (1925-2009) का नाम उल्लेखनीय है। नीरा देसाई ने स्वतंत्र भारत में लोकतांत्रिक व्यवस्था के संस्थानीकरण में अभूतपूर्व योगदान दिया और स्त्रियों से संबंधित विषयों के अध्ययन के लिए न केवल कई संस्थान स्थापित किये, बल्कि स्त्री-अध्ययन को भारत की विश्वविद्यालयीय शिक्षा-शोध का एक अहम हिस्सा भी बनाया। 1954 में मुम्बई के एसएनडीटी स्त्री विश्वविद्यालय के समाजशास्त्र विभाग में नवनियुक्त प्राध्यापक नीरा देसाई ने अपनी अधिकतर छात्राओं को स्त्री-अधिकारों जैसे मूल प्रश्नों पर बिलकुल मौन पाया। अपने विद्यार्थियों की इस उदासीनता ने ही नीरा को स्त्रियों की समस्याओं का तार्किक विश्लेषण करने को प्रेरित किया। उन्हें भारतीय नारी आंदोलन की प्रणेताओं में से एक माना जाता है। समाजशास्त्र में अपने शोध के दौरान नीरा देसाई ने भारत में स्त्रियों की भूमिका के आर्थिक, मानवशास्त्रीय और ऐतिहासिक पहलुओं की जाँच की। 1957 में जब उनकी रचना *वुमॅन इन मॉडर्न इण्डिया* का प्रकाशन हुआ तो इस पुस्तक को भारतीय

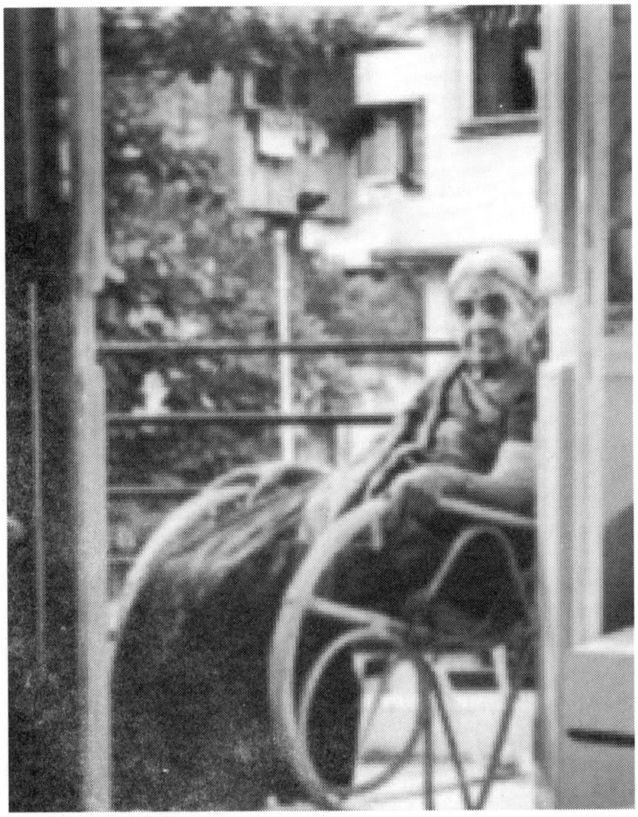

नीरा देसाई (1925–2009)

स्त्रियों की स्थिति पर लिखा गया एक मौलिक ग्रंथ माना गया। 1950 के आरम्भिक वर्षों में नीरा ने जो लिखा उसे 1970 के बाद स्त्री–अधिकारों के आंदोलन ने पूरी तरह सही साबित किया। नीरा देसाई के लिए अकादमिक उद्यम और सक्रिय एक्टिविज़म एक साथ चलते थे और भारत में नारी अधिकार आंदोलनों में विद्वत्ता और सक्रियतावाद का सामंजस्य करने वालों की वे पथ–प्रदर्शक थीं।

नीरा के अनुसार एक लड़की शिक्षा के माध्यम से आत्मसम्मान, समझदारी, निष्पक्षता और ज्ञान जैसे मूल्यों को आत्मसात करती है। एक नागरिक के रूप में अपना अस्तित्व पहचानती है ताकि एक वांछित सामाजिक परिवर्तन में भूमिका निभा सके। नीरा के अनुसार स्त्रियों की शिक्षा उनमें सामाजिक उद्देश्य की पहचान और सामाजिक और राष्ट्रीय विकास में अहम भूमिका निभाने की योग्यता प्रदान करती है। उन्होंने प्रस्ताव किया कि स्त्री विश्वविद्यालय का मक़सद केवल स्त्रियों के कॅरियर को बढ़ावा देने के लिए पाठ्यक्रम चलाने का ही न हो, बल्कि उसे इस बात का भी अध्ययन करना चाहिए कि देश में स्त्रियों की अवस्था कैसी है।

1972 में नीरा देसाई को भारत में स्त्रियों की दशा का विश्लेषण करने के लिए गठित की गयी समिति में शामिल किया गया। 1974 में इस समिति ने भारत में पहली बार स्त्रियों की स्थिति पर एक विस्तृत रिपोर्ट *समानता की ओर* का प्रकाशन किया। इसी साल नीरा देसाई ने भारतीय शिक्षा में एक नयी क्रांति का सूत्रपात किया जब उन्होंने एसएनडीटी स्त्री विश्वविद्यालय में स्त्रियों से संबंधित अध्ययन पर एक अनुसंधान केंद्र की स्थापना की। अपनी स्थापना के साथ ही यह अनुसंधान केंद्र अन्य शैक्षणिक संस्थाओं के लिए प्रेरणा स्रोत और अनुकरणीय उदाहरण बन गया।

1981 में जिन स्त्री–विचारकों ने स्त्रियों से संबंधित अध्ययन पर पहला राष्ट्रीय अधिवेशन आयोजित किया था, उनमें नीरा देसाई अग्रणी भूमिका में थीं। स्त्री–अध्ययन को विश्वविद्यालयों में एक विशिष्ट अनुशासन के रूप में विकसित करने के लिए नीरा देसाई ने स्वयं इसके पाठ्यक्रम, अध्ययन सामग्री, मौलिक शोध सामग्री और नारीवादी शिक्षण शास्त्र (फ़ेमिनिस्ट पैडागॉजी) की विषयवस्तु तैयार की। नीरा देसाई ने इस अध्ययन को भारतीय परिवेश के अनुरूप इस तरह ढाला कि यह अमेरिका या युरोप में प्रचलित अध्ययन–अध्यापन से बिलकुल अलग हो गया। 1982 में गठित इण्डियन एसोसिएशन ऑफ़ वुमंस स्टडीज़ की नीरा देसाई संस्थापक सदस्य थीं। 1988 में उन्होंने स्पैरो (साउंड ऐंड पिक्चर आर्काइव ऑन वुमॅन) की स्थापना की। इस अद्वितीय संस्थान का उद्देश्य ऐसा लेखागार बनाना था जो स्त्रियों के लिखित, मौखिक, फ़ोटो, फ़िल्म जैसे इतिहास को सहेज सके।

नीरा देसाई ने भारत में औरतों के अधिकारों के लिए संघर्षरत युवा नारीवादी बुद्धिजीवियों को केवल थोथे ज्ञान के स्थान पर वास्तविकता से जुड़े ऐसे बौद्धिक संसाधन विकसित करने के लिए कहा जो समाज के लिए उपयोगी और प्रासंगिक हों। स्त्री–अध्ययन का विकास स्त्रियों की संवेदनाओं, प्रवृत्तियों और दृष्टिकोण के अनुरूप करने के लिए उन्होंने पंचमहाभूतशिक्षण, प्रशिक्षण, दस्तावेज़ लेखन, अनुसंधान,और अभियान जैसे तत्त्व गिनाये। स्त्री–आंदोलन के आरम्भिक व अनिश्चित दिनों में भारत की युवा स्त्री अनुसंधानकर्ताओं और कार्यकर्ताओं को नीराबेन देसाई ने असीमित प्रोत्साहन, मार्गदर्शन और समर्थन दिया।

एक सजग सामाजिक कार्यकर्त्ता के रूप में नीरा देसाई नर्मदा बचाओ आंदोलन, काश्तकारी संगठन और मानवाधिकार तथा स्त्री–अधिकारों के लिए संघर्षरत कई संगठनों से जुड़ी रहीं। वे भारत की क्षेत्रीय भाषाओं में स्त्री समस्याओं पर नवीनतम लेखन की कमी से अवगत थी और इसलिए उन्होंने बहुत से लेखन का गुजराती तथा अन्य भाषाओं में अनुवाद भी किया। नीरा देसाई ने गुजराती में अत्यंत सरल भाषा में *स्त्री अभ्यास श्रेणी* नामक शृंखला में स्त्री–आंदोलन के बारे में पुस्तकें प्रकाशित कीं।

1925 में एक मध्यम वर्गीय गुजराती परिवार में जन्मी नीराबेन के माता–पिता उदार और प्रगतिशील विचारों के थे।

उनकी माँ अनुसुईया ने उन्हें घर से बाहर की दुनिया देखने को प्रोत्साहित किया तो पिता भद्राजी बलदेवजी ध्रुव ने उनकी शिक्षा एवं चरित्र निर्माण पर विशेष ध्यान दिया। मुम्बई में नीरा को एनी बेसेंट के दर्शन से प्रभावित थियोसोफ़िस्ट फ़ैलोशिप स्कूल में पढ़ायी के साथ राष्ट्रवादी विचारों की शिक्षा भी मिली और आस-पड़ोस से उन्होंने राजनीतिक और साम्प्रदायिक मुद्दों के बारे में सीखा। एक स्कूली छात्रा के रूप में भी नीराबेन ने अपनी सहपाठिनों मंदाकिनी (बाद में कुन्निकल नारायण) और उषा मेहता (जिन्होंने भारत के स्वतंत्रता आंदोलन के लिए एक भूमिगत रेडियो शुरू किया था) के साथ सक्रिय रूप से गाँधी द्वारा गठित वानर सेना के लिए काम किया। 1942 में नीरा ने अपनी पढ़ाई के लिए मुम्बई के एल्फ़िंस्टन कॉलेज में प्रवेश तो लिया लेकिन उसी समय भारत छोड़ो आंदोलन शुरू हो गया। नीरा इस आंदोलन में कूद पड़ीं। परिणामस्वरूप उन्हें कुछ समय के लिए कारावास में रहना पड़ा। अपने जेल प्रवास के दौरान नीरा का ऐसी स्त्रियों से सम्पर्क हुआ जो स्त्री-सशक्तीकरण से सम्बद्ध समस्याओं पर ज़मीनी काम कर रही थीं। भविष्य में अपने नारीवादी अभियान के लिए नीरा देसाई ने इन अनुभवों से प्रेरणा ग्रहण की।

भारत में स्त्री-अधिकारों के लिए नीरा देसाई ने जिस स्वतंत्रता संग्राम का सूत्रपात किया था वह अब भी जारी है। इस संघर्ष के लिए नीरा देसाई कई सक्रिय संस्थान अपने पीछे छोड़ गयी हैं।

देखें : अरुणा आसफ़ अली, आनंदीबाई जोशी, उपनिवेशवाद विरोधी आंदोलन में स्त्री-नेतृत्व-1 और 2, कमला देवी चट्टोपाध्याय, दलित-नारीवाद, पण्डिता रमाबाई सरस्वती, महादेवी वर्मा, दुर्गाबाई देशमुख, संतोष कुमारी देवी, सावित्रीबाई फुले।

संदर्भ

1. नीरा देसाई व उषा ठक्कर (2011), *वुमॅन इन इण्डियन सोसाइटी, नैशनल* बुक ट्रस्ट, नयी दिल्ली.
2. विभूति पटेल, 'नीरा देसाई (1925-2009) : पायनियर ऑफ़ वुमंस स्टडीज़ इन इण्डिया', *इकॉनॉमिक ऐंड पॉलिटिकल वीकली,* खण्ड 44, अंक 28.
3. मैत्रेयी कृष्णराज (2009), 'ए होमेज टू नीराबेन', *इकॉनॉमिक ऐंड पॉलिटिकल वीकली,* खण्ड 44, अंक 36.
4. नीरा देसाई, 'द मेकिंग ऑफ़ अ फ़ेमिनिस्ट', *इण्डियन जर्नल ऑफ़ जेंडर स्टडीज़,* खण्ड 2, अंक 2.

— रवि दत्त वाजपेयी

नेटवर्क

(Network)

नेटवर्क की अवधारणा सूचना-क्रांति के मर्म में है। तकनीकी रूप से नेटवर्क आपस में जुड़ी उन प्रणालियों का नाम है जिनके भीतर चुनिंदा सूचना-सामग्री का आदान-प्रदान किसी निश्चित उद्देश्य के तहत किया जाता है। नेटवर्क पर कोई सत्ता और संस्थागत कोटिक्रम लागू नहीं होता। प्रौद्योगिकी और उसके नियमों की समझ रखने वाला कोई भी व्यक्ति नेटवर्क तक पहुँच सकता है। नेटवर्क एक खुली संरचना है जिसका सीमाहीन विस्तार सम्भव है। इंटरनेट अपने-आप में एक ऐसे ही बेहद विशाल और विकेंद्रीकृत संचार नेटवर्क का उदाहरण है जिसे भूमण्डलीय पैमाने पर 'नेटवर्कों का नेटवर्क' कहा जाता है। लेकिन, इतना बताने भर से नेटवर्क के समाजवैज्ञानिक मायने साफ़ नहीं होते। कम्प्यूटर इंजीनियरिंग ने विभिन्न कम्प्यूटरों और सहयोगी इकाइयों के आपसी जोड़ के रूप में इस पद का प्रयोग शुरू किया था। समाज-विज्ञान ने इसे वहीं से लिया और फिर इस पद के इर्द-गिर्द मानवशास्त्र, अर्थशास्त्र और समाजशास्त्र के दायरों में गम्भीर चिंतन-मनन होने लगा।

अस्सी के दशक के उत्तरार्ध में समाज को नेटवर्कों के एक समुच्चय के रूप में कल्पित किया गया। नब्बे के दशक में सूचना-क्रांति के कारण हो रही व्यापक तब्दीलियों के मद्देनज़र राष्ट्र-राज्य द्वारा स्थापित सीमाओं का उल्लंघन करने वाली 'नेटवर्क-सोसाइटी' की अवधारणा सूत्रबद्ध की गयी। इसके पीछे एक नये क़िस्म के पूँजीवादी समाज की कल्पना थी जो अधिक लचीला, विकेंद्रित और व्यक्तिवादी रुझानों वाला होगा। नेटवर्क संबंधी चिंतन से ही 'सोशल नेटवर्किंग' और 'एक्टर-नेटवर्क' की धारणाएँ निकली हैं। लगभग एक ही समय (नब्बे के दशक के मध्य में) सूत्रीकृत किये जाने और परस्पर संबंधित होने के बावजूद समाजशास्त्र में इन तीनों विचारों की अलग-अलग जगह है। समाज-विज्ञान नेटवर्क को नये सामाजिक विन्यास के सूचक के रूप में देखता है जिसकी प्रकृति पर व्यक्तिवादी संस्कृति हावी है, और जो लोगों, जिंसों, पूँजी, संकेतों और सूचनाओं की भूमण्डलीय गतिशीलता सुलभ कराता है। आज नेटवर्क की अभिव्यक्ति वैज्ञानिक और अकादमीय हलकों के बाहर लोकप्रिय रूपक की शक्ल अख़्तियार कर चुकी है जिसका इस्तेमाल मनमाने ढंग से किसी भी संदर्भ में किया जाता है।

नया मीडिया डिजिटल प्रौद्योगिकी का पर्याय है और डिजिटल उपकरणों की ख़ास बात यह होती है कि वे अकेले काम करने के लिए मजबूर नहीं होते। वे सहजता और

स्वाभाविकता के साथ परस्पर जुड़ जाते हैं, और उनका यह इंटरफ़ेस नेटवर्क का रूप ले लेता है। ये नेटवर्क कई तरह के हो सकते हैं। किसी एक इमारत या किसी छोटे से भौगोलिक क्षेत्र में लोकल एरिया नेटवर्क (एलएएन) या इथरनेट के ज़रिये कम्प्यूटर आपस में जुड़ कर नेटवर्क बना सकते हैं। यह इलाक़ा किसी नगर पालिका, किसी राज्य, देश या कई देशों को मिला कर बनने वाला विशाल क्षेत्र भी हो सकता है (डब्ल्यूएएन यानी वाइट एरिया नेटवर्क)। बड़ा हो या छोटा, हर नेटवर्क का एक आधारभूत स्थापत्य होता है जिसे टोपोलॅजी कहते हैं। जितने कम्प्यूटर और उपकरण आपस में जुड़े होंगे, यह टोपोलॅजी उतनी ही जटिल होगी। अर्थात् नेटवर्कों को उनकी शक्ल-सूरत के आधार पर वर्गीकृत किया जा सकता है। पहली क़िस्म है स्टार टोपोलॅजी की जिसमें एक मुख्य कम्प्यूटर केंद्र में होता है और अपने साथ जुड़े अन्य उपकरणों के बीच होने वाले डेटा (सूचना सामग्री) के विनिमय की लगाम उसी के हाथों में रहती है। दूसरी क़िस्म है रिंग टोपोलॅजी जिसके तहत कम्प्यूटर और अन्य उपकरण वृत्ताकार जुड़ कर सिर्फ़ एक-दूसरे को ही सम्बोधित करते हैं। डिज़िटिल म्यूज़िक के क्षेत्र में यह टोपोलॅजी अधिक प्रचलित है। एमआईडीआई (म्यूज़िकल इंस्ट्रूमेंट डिजिटल इंटरफ़ेस) के तहत एक प्रधान उपकरण अपनी मातहत इकाइयों के साथ संचार-संबंध क़ायम करता है। एमआईडीआई की मिसाल बताती है कि विभिन्न उपकरणों के बीच समरसता क़ायम करने में कामयाबी कैसे मिली। अस्सी के दशक की शुरुआत में अलग-अलग कम्पनियों द्वारा बनाये गये डिजिटल म्यूज़िक सिंथेसाइज़रों के बीच जुड़ाव नहीं हो पाता था। उनकी आंतरिक डिज़ाइनें अलग-अलग होने के कारण संगीतकारों को काम करने में बहुत दिक़्क़त होती थी। इस समस्या से निबटने के लिए विभिन्न निर्माताओं ने एमआईडीआई प्रोटोकाल तैयार किया। 1982 में इसे बाक़ायदा लिखा गया और उसके बाद उसे सिंथेसाइज़र बनाने वाली प्रौद्योगिकी में अनिवार्यतः शामिल किया जाने लगा। इस परिवर्तन ने एक क्षण में पॉप म्यूज़िक के नज़ारे को बुनियादी रूप से बदल डाला। यह एक स्वैच्छिक प्रोटोकोल था जिसका आज भी अनुपालन किया जाता है।

कई तरह की टोपोलॅजीज़ को मिला कर एक इस तरह का नेटवर्क बनता है जो अक्सर इंटरनेट प्रयोग करने वालों के काम आता है। जैसे : डेटा स्टोर करने के लिए एक नेटवर्क, एक निश्चित इलाक़े के साथ संचार स्थापित करने के लिए उसका जुड़ाव और इंटरनेट तक पहुँच के लिए कई तरह के सर्वरों से उसका सम्पर्क।

ज़ाहिर है कि एक पेचीदा नेटवर्क आम तौर पर कई तरह की टोपोलॅजीज़ का संगम होता है। उसके उचित संचालन के लिए कुछ मानकों या आचार संहिताओं (प्रोटोकोल) की आवश्यकता पड़ती है। अगर प्रोटोकोल नहीं होगा तो मीडिया के विभिन्न रूपों के बीच समरसता (कॉम्पेटिबिलिटी) नहीं होगी। यह इसलिए आवश्यक है कि मीडिया उपकरण बाज़ार में अलग-अलग निर्माताओं द्वारा बनाये जाते हैं, कम्प्यूटरों के लिए अलग-अलग स्थापत्य और लेंग्वेजिज़ का इस्तेमाल किया जाता है। लाखों-करोड़ों उपकरणों को आपस में जोड़ने वाले इंटरनेट जैसा मेटा-नेटवर्क (महा-नेटवर्क) चल ही नहीं सकता अगर एक निश्चित प्रोटोकोल के तहत इन उपकरणों में आपसी संवाद सम्भव न हो। संचार में शामिल सभी पक्षों को इन नियमों का पालन करना पड़ता है। इनके संकेताक्षरों के पीछे 'पी' अक्षर होता है। जैसे : एफ़टीपी, टीसीपी, आईपी और एचटीटीपी।

नेटवर्क अगर जटिल क़िस्म का है तो उसे चलाने के लिए एक नहीं बल्कि कई संहिताओं की ज़रूरत होगी ताकि संचार प्रक्रिया के विभिन्न पक्षों का ठीक से प्रबंधन किया जा सके। ऐसा सबसे मशहूर मॉडल ओएसआई या ओपन सिस्टम इंटरकनेक्शन रिफ़रेंस मॉडल है जिसका सूत्रीकरण मानकीकरण के अंतर्राष्ट्रीय संगठन (आईएसओ) ने सत्तर के दशक में किया था। इंटरनेट की डिज़ाइन इसी पर आधारित है। इसके तहत नेटवर्क प्रणाली को सात परस्पर संबंधित परतों में बाँट दिया जाता है। हर परत अलग-अलग काम करती है और अपने से ऊपर और नीचे की परतों से सम्पर्क बनाये रखती है। वैसे तो सभी परतें अपने-अपने हिस्से में आये सभी तरह के काम करती हैं, पर ऊपरी परतें ज़्यादातर नेट का इस्तेमाल करने वालों को सेवा मुहैया कराने, विभिन्न एप्लीकेशन प्रोग्रामों और गतिविधियों के साथ काम करने की ज़िम्मेदारी निभाती हैं। निचली परतों के पास वास्तविक सूचना-संचार का दायित्व रहता है। नेट सर्फ़िंग कर रहे व्यक्ति को लगता है कि उसका वास्ता केवल सबसे ऊपर काम कर रही परत से है जो उसे ई-मेल या सर्वरों और मशीनों के बीच डेटा के दैनंदिन विनिमय की सुविधा प्रदान कर रही होती है। उसे नहीं पता होता कि उस परत के नीचे छह अन्य परतें प्रज़ेंटेशन, सेशन, ट्रांसपोर्ट, नेटवर्क, डेटा लिंक और फ़िज़ीकल हार्डवेयर से संबंधित काम में जुटी हुई हैं जिससे सूचना-सामग्री नीचे की तरफ़ सम्पीडित की जा रही है ताकि वह किसी नेटवर्क के हार्डवेयर से गुज़रती हुई उसके अगले सिरे पर फिर से जमा हो सके और इस प्रक्रिया में कम से कम शोरगुल हो और कम से कम विकृतियाँ पैदा हों।

इस संरचना के प्रत्येक स्तर पर विभिन्न प्रोटोकोल काम करते हैं जिनके कारण ये परतें आपस में संवाद करते हुए पूरी प्रणाली को चला पाती हैं। इस विवरण के आधार पर कहा जा सकता है कि नेटवर्क एक स्पष्ट आंतरिक स्थापत्य के आधार पर चलते हैं। उनका संचालन कुछ सार्वभौम नियमों और मानकों के तहत होता है। ऐसा न होने की सूरत

में नेटवर्क में शामिल विभिन्न प्लेटफ़ॉर्मों और प्रणालियों के बीच किसी भी तरह की सुसंगत अन्योन्यक्रिया सम्भव ही नहीं हो पायेगी।

नेटवर्क के तकनीकी पहलुओं पर ग़ौर करने के बाद समाज-विज्ञान में नेटवर्क संबंधी बहस के केंद्रीय मुद्दे पर भी विचार करना आवश्यक है। क्या नेटवर्क को केवल एक अवधारणा के तौर पर ही लिया जाना चाहिए ताकि उसके माध्यम से व्यक्तियों, प्राणियों या मशीनों के बीच बने संचार-सूत्रों को व्यक्त किया जा सके? क्या अवधारणा के तौर पर नेटवर्क को उसकी भौतिक संरचना से अलग किया जा सकता है? क्या इस हक़ीक़त को अनदेखा किया जा सकता है कि इस सामाजिक और सांस्कृतिक संरचना का उद्‌गम तो तकनीकी और प्रौद्योगिकीय है? क्या नेटवर्क पर विचार करते समय तारों, केबिलों, सरकिटों, कम्प्यूटरों के बिम्बों को पूरी तरह से ख़ारिज करना मुमकिन है? चूँकि नेटवर्क को उसके इन स्रोतों से पूरी तरह पृथक करके देखना सम्भव नहीं है, इसलिए अधिकतर समाज-वैज्ञानिकों ने उसे एक ऐसी उदीयमान शै के रूप में ग्रहण किया है जो जटिल, अ-रैखिकीय, विकेंद्रित और कोटिक्रमहीन है। इसका नतीजा नेटवर्कों को नियंत्रित करने वाली राजनीतिक-आर्थिक ताक़तों की संरचना और उनके इरादों पर बहुत कम विचार के रूप में निकला है। इस पहलू पर भी अभी ग़ौर नहीं किया गया है कि नेटवर्कों को चलाने वाले प्रोटोकाल किसी न किसी कोटिक्रम पर आधारित होते हैं। नेटवर्कों के दायरे में काम करने वाली सत्ता, पहुँच और नियंत्रण की संरचनाओं पर अनुसंधान होना अभी बाक़ी है।

देखें : अभिलेखागार, आख्यान, इंटरएक्टिविटी-प्रौद्योगिकीय विमर्श, इंटरएक्टिविटी-सामाजिक विमर्श, इंटरफ़ेस, एक्टर-नेटवर्क थियरी, डिजिटल डिवायड, दिन-प्रति दिन के अभिलेखागार, नया मीडिया, नेटवर्क सोसाइटी, प्रोपेगंडा, बाज़ारू संस्कृति, भारत में संचार-क्रांति, भारतीय मीडिया-1, 2 और 3, भारतीय मीडिया स्फ़ेयर, मास मीडिया, मीडिया और सरकार, मीडिया-पक्षधरता, मीडिया-स्टडीज़, संचार, संचार-क्रांति, स्मृति और अभिलेखागार, सोशल नेटवर्क विश्लेषण, सूचना, सूचना-समाज, वैकल्पिक मीडिया।

संदर्भ

1. डी. कॉर्नर (2004), *कम्प्यूटर नेटवर्क्स ऐंड इंटरनेट्स,* पियर्सन प्रेंटिस हाल, अपर सेडिल रिवर, एनजे.
2. एस. जानसन (1997), *इंटरफ़ेस कल्चर : हाऊ न्यू टेक्नॉलॉजी ट्रांसफ़ॉर्म्स द वे वी क्रिएट ऐंड कम्युनिकेट,* बेसिक बुक्स, न्यूयॉर्क.
3. डब्ल्यू. शे (1999), *अंडरस्टेंडिंग डेटा कम्युनिकेशंस ऐंड नेटवर्क्स,* ब्रुक्स कोल, पेसिफ़िक कोल, सीए.
4. टी. टेरानोवा (2004), *नेटवर्क कल्चर : पॉलिटिक्स फ़ॉर द इनफ़ॉर्मेशन एज,* प्लूटो, लंदन.

— अभय कुमार दुबे

नेटवर्क सोसाइटी

(Network Society)

बीसवीं सदी के आख़िरी वर्षों में सूचना-क्रांति और डिजिटल प्रौद्योगिकी पर निर्भर नये मीडिया के कारण दुनिया भर में सामाजिक संरचनाओं का विन्यास एक ऐतिहासिक परिवर्तन के दौर से गुज़रते हुए दिखाई दिया। आधुनिक राज्य और पूँजीवाद के इर्द-गिर्द काम करने वाले सामाजिक उसूल ऐसे सूचना-नेटवर्कों से प्रभावित होने लगे जो आर्थिक और राजनीतिक विनिमय में उत्तरोत्तर भागीदारी कर रहे थे। डिजिटल प्रौद्योगिकी का लाभ उठा कर भूमण्डलीकृत बाज़ारों में पूँजी बहुत तेज़ रफ़्तार से गति करने लगी। राष्ट्र-राज्यों ने भी ख़ुद को नेटवर्क-राज्य के रूप में कल्पित करना शुरू किया। उनकी प्रतिष्ठा और भविष्य उनकी स्वायत्तता और सम्प्रभुता के साथ-साथ अन्य राष्ट्रों के साथ उनकी नेटवर्कनुमा पार्टनरशिप पर भी निर्भर हो गया। एक विकेंद्रीकृत संचार नेटवर्क के तौर पर इंटरनेट व्यक्तिगत और सामुदायिक अन्योन्यक्रिया के प्रमुख ज़रिया बनता चला गया। औद्योगिक युग की प्रौद्योगिकियों का काम भौतिक वस्तुओं के उत्पादन को उत्तरोत्तर बढ़ाना था, लेकिन सूचना-प्रौद्योगिकियों ने ज्ञान और सूचना के अभूतपूर्व उत्पादन और वितरण के युग की सृष्टि कर दी। समकालीन पूँजीवादी समाज के तहत इस परिस्थिति का अध्ययन करके मैनुअल कैसेल्स ने 'नेटवर्क सोसाइटी' के सिद्धांत का प्रतिपादन किया। 1996, 1997 और 2000 में कैसेल्स का महाग्रंथ *द इनफ़ॉर्मेशन एज* तीन हिस्सों में प्रकाशित हुआ। पहले खण्ड *द राइज़ ऑफ़ इनफ़ॉर्मेशन सोसाइटी* में उन्होंने विस्तार से नेटवर्क की अवधारणा की रोशनी में नयी सदी की दहलीज़ पर होते हुए सामाजिक और सांस्कृतिक परिवर्तनों का विश्लेषण पेश किया।

नेटवर्क सोसाइटी के विचार का एक कैसेल्स-पूर्व इतिहास भी है। सत्तर के दशक में टोरंटो विश्वविद्यालय के समाजशास्त्री बैरी वेलमैन ने इस दिशा में सोचना शुरू कर दिया था। उनका आग्रह था कि समाजों का अध्ययन नेटवर्कों के एक नेटवर्क के रूप में किया जाना चाहिए, न कि कोटिक्रम के आधार पर संरचित समूहों के रूप में। इस सिलसिले में उनकी सैद्धांतिक रचना 1988 में *द नेटवर्क सिटी* के रूप में सामने आयी। सत्तर के दशक में ही वेलमैन के विचारों के आधार पर रोज़ेन हिल्ट्ज़ और मरे तुरौफ़ ने *द नेटवर्क नेशन* का प्रकाशन किया जिसमें दावा किया गया था कि कम्प्यूटर आधारित संचार में समाज को बदल डालने की क्षमता है। इन दोनों ने इंटरनेट के आगमन से पहले ही

एक कम्प्यूटर समर्थित संचार प्रणाली ईआईईएस की रचना भी करके दिखाई।

मैनुअल कैसेल्स भी मानते हैं कि नेटवर्क अपने आप में कोई नयी चीज़ नहीं है, पर सूचना-समाज के उदय ने उन्हें एक नयी ताक़त से सम्पन्न कर दिया है। नयी प्रौद्योगिकी के कारण अब नेटवर्कों का इस्तेमाल समन्वित निर्णय-प्रक्रिया और फ़ैसलों पर विकेंद्रित अमल के लिए किया जा सकता है जिसके कारण मानवीय क्रियाशीलता एक नये और ऊँचे स्तर पर पहुँच गयी है। प्रौद्योगिकी का महत्त्व मानने के बावजूद कैसेल्स की ख़ास बात यह है कि वे नेटवर्क को उसके प्रौद्योगिकीय स्रोत से परे जा कर एक ऐसी सामाजिक संरचना के रूप में देखने की कोशिश करते हैं जो उन्नीसवीं और उनके अनुसार बीसवीं सदी के औद्योगिक समाजों से अलग तरह की है। नेटवर्क आधारित सामाजिक संरचना बेहद गतिशील और खुली हुई होती है जिसके संतुलन को बिगाड़े बिना उसके साथ कई तरह के नवाचार किये जा सकते हैं। कैसेल्स के लिए नेटवर्क एक रूपक है जिसके आईने में सामाजिक संबंधों के मौजूदा क्षण की तस्वीर देखी जा सकती है। नेटवर्क उनके लिए एक ऐसे समाज की प्रतीक है जो उत्तरोत्तर केंद्र-च्युत होता जा रहा है, जिसका लचीलापन बढ़ता जा रहा है और बेहद व्यक्तिवादी रुझानों से सम्पन्न है। ज़ाहिर है कैसेल्स नेटवर्कों को नियंत्रित करने वाली कोटिक्रम आधारित प्रक्रियाओं को पूरी तरह से नज़रअंदाज़ करके उन्हें केवल गतिशीलता और खुलेपन के संदर्भ में ही समझते हैं।

इसी क्रम में आगे विचार करते हुए कैसेल्स एक ऐसे सामाजिक रूप की तजवीज़ करते हैं जिसमें वास्तविक दिक् और काल का रूपांतरण हो गया है। यह सामाजिक रूप 'समयहीन समय' और 'प्रवाही स्पेसों' से बना है। समयहीन समय का मतलब है कम्प्यूटरीकृत समय अर्थात् फटाफट होने वाला संचार और सूचना-विनिमय जो मनुष्य की संवेदन-शक्ति से भी ज़्यादा तेज़ है। रफ़्तार का आलम यह है कि चिंतन और आलोचना के लिए दरकार समय भी अनुपलब्ध हो गया है। साठ के दशक के मध्य में मार्शल मैकलुहन ने विद्युत आधारित प्रौद्योगिकियों का विश्लेषण करते हुए इस तरह के हालात पूर्व-कल्पित किये थे।

प्रवाही स्पेसों से कैसेल्स का तात्पर्य है कि स्थानिकताएँ अपने सांस्कृतिक, ऐतिहासिक और भौगोलिक तात्पर्यों से विरत हो कर अमूर्त हो गयी हैं। इस मुक़ाम पर पहुँच कर कैसेल्स के लिए नेटवर्क नये सामाजिक विन्यास का महज़ रूपक नहीं रह जाता, बल्कि स्वयं में एक विशिष्ट स्थानिक रूप बन जाता है जिसे अलग-अलग जगहों पर मौजूद नोड्स के साथ उसके कनेक्शनों के आधार पर परिभाषित किया जा सकता है।

यहीं सवाल उठता है कि कैसेल्स के लिए नेटवर्क विश्लेषण का एक औज़ार है या वे उसके माध्यम से नये सामाजिक और सांस्कृतिक रूपों का वर्णन कर रहे हैं? या ये दोनों ही बातें सही हैं? कैसेल्स इतना ज़रूर मानते हैं कि नेटवर्क उसी समय तक एक खुली प्रणाली की तरह काम कर पाते हैं। जब तक अपने दायरे के भीतर संवाद करने में समर्थ होते हैं। इसके लिए उन्हें समान रूप से स्वीकृत प्रोटोकोल की ज़रूरत होगी और इस मुक़ाम पर नियंत्रण और सत्ता के प्रश्न उठेंगे। चूँकि नेटवर्क ख़ुद में नेटवर्कों की बहुलता पर आधारित होंगे, इसलिए उन्हें जोड़ने और चलाने वाले स्विचों के पास सत्ता रहेगी। ये स्विच समाजों को सही रास्ते पर चलाने या गुमराह करने की ताक़त रखेंगे। नेटवर्कों के भीतर ही विशेष सुविधा और सीमांतीयता के मुक़ाम होंगे। हालाँकि नेटवर्कों के भीतर कोई केंद्र नहीं होगा, पर कुछ नोड्स की हैसियत अपनी ज़िम्मेदारी के कारण दूसरों से अधिक अहम होगी। लेकिन किसी नोड की यह हैसियत प्रणालीगत नहीं होगी। वे अपनी महत्ता ज़्यादा से ज़्यादा सूचनाएँ आत्मसात करके और उन्हें अधिक से अधिक क्षमता से संसाधित करके हासिल करेंगे। जैसे ही उनका यह प्रदर्शन कमज़ोर पड़ेगा, वे अपनी हैसियत खो देंगे।

इस विश्लेषण से स्पष्ट है कि कैसेल्स नेटवर्क सोसाइटी को किसी भी तरह के प्रणालीगत प्रभुत्व के अंदेशे से मुक्त मानते हैं। उनका यह आग्रह कुछ ताज्जुब में डालता है क्योंकि सत्ता की संरचनाएँ किसी न किसी रूप में नेटवर्कों में अंतर्निहित होती ही हैं। ऐतिहासिक और राजनीतिक कारकों से कुछ शहर इंटरनेट के लिए या किन्हीं अन्य नेटवर्कों के लिए दूसरों से ज़्यादा अहम हो जाते हैं। कैसेल्स इस तरह की पहलुओं की सीधी जाँच नहीं करते, पर वे नेटवर्कों, राजनीतिक प्राधिकार और मानवीय एजेंसी के बीच सूत्रों पर सवालिया निशान लगाते हैं। वे पूछते हैं, 'नेटवर्क को प्रोग्राम कौन करता है?' और वे नियम कौन बनाता है जिनका नेटवर्क द्वारा स्वचालित भाव से अनुपालन किया जाता है? कैसेल्स जवाब देते हैं कि यह काम सामाजिक अभिनेताओं का है। उनका विचार है कि नेटवर्क से क्या काम लिया जाए, इसे लेकर सामाजिक अभिनेताओं के बीच जद्दोजहद तो है, पर एक बार जब नेटवर्क की प्रोग्रामिंग हो गयी तो फिर उसके नियम सभी अभिनेताओं को मानने होंगे।

अपनी नेटवर्क थियरी का इस्तेमाल करके कैसेल्स समकालीन पूँजीवाद का विश्लेषण करते हैं। वे कहते हैं कि पूँजीवाद को किसी एक संरचनागत इकाई की तरह देखने के बजाय एक जटिल और गतिशील नेटवर्कों के नेटवर्क की तरह देखना चाहिए। नेटवर्कों के माध्यम से पूँजी प्रवाहित होती है। छोटे-छोटे नेटवर्क मिल कर पूँजी का महा-नेटवर्क बनाते हैं। उनके बीच द्वंद्व होता है, पर वह द्वंद्वात्मकता भी

उसी विराट तर्क की छाया में सम्पन्न होती है। नेटवर्कों की वजह से सामाजिक रिश्तों का व्यक्तीकरण हो गया है। यह समुदायों से बनने वाले संसार से अलग तरह की परिघटना है। समुदाय साझा मूल्यों पर आधारित होते थे, पर नेटवर्क सोसाइटी अपनी-अपनी पसंद और हितों के साधन पर आधारित होती है। व्यक्तियों के अलावा परिवारों और सामाजिक समूहों द्वारा बनाये गये नेटवर्क भी इसी प्रवृत्ति पर कार्यरत रहते हैं।

देखें : अभिलेखागार, आख्यान, इंटरएक्टिविटी-प्रौद्योगिकीय विमर्श, इंटरएक्टिविटी-सामाजिक विमर्श, इंटरफ़ेस, एक्टर-नेटवर्क थियरी, डिजिटल डिवायड, दिन-प्रति दिन के अभिलेखागार, नया मीडिया, नेटवर्क, प्रोपेगंडा, बाज़ारू संस्कृति, भारत में संचार-क्रांति, भारतीय मीडिया-1, 2 और 3, भारतीय मीडिया स्फ़ेयर, मास मीडिया, मीडिया और सरकार, मीडिया-पक्षधरता, मीडिया-स्टडीज़, संचार, संचार-क्रांति, स्मृति और अभिलेखागार, सोशल नेटवर्क विश्लेषण, सूचना, सूचना-समाज, वैकल्पिक मीडिया।

संदर्भ

1. मैनुएल कैसेल्स (1996), *द राइज़ ऑफ़ नेटवर्क सोसाइटी, द इनफ़ॉर्मेशन एज : इकॉनॉमी, सोसाइटी ऐंड कल्चर,* खण्ड 1, ब्लैकवेल, ऑक्सफ़र्ड.
2. अलेक्स गैलोवे (2004), *प्रोटोकोल : हाउ कंट्रोल एग्ज़िस्ट आफ़्टर डिसेंट्रलाइज़ेशन,* एमआईटी प्रेस, केम्ब्रिज, एमए.
3. टी. टेरानोवा (2004), *नेटवर्क कल्चर : पॉलिटिक्स फ़ॉर द इनफ़ॉर्मेशन एज,* प्लूटो, लंदन.

— अभय कुमार दुबे

नैंसी शोदॅरौ

(Nancy Chodorow)

अमेरिकी समाजशास्त्री और मनोविश्लेषण की आलोचक नैंसी शोदॅरौ (1944-) के विमर्श ने फ्रॉयड के सिद्धांतों में संशोधन का प्रस्ताव करते हुए उन्हें नारीवाद के लिए उपयोगी बनाने की भूमिका अदा की है। वे मुख्यत: 1978 में प्रकाशित अपनी पुस्तक *रिप्रोडक्शन ऑफ़ मदरिंग : साइकोएनालिसिस ऐंड द सोसियोलॅजी ऑफ़ जेंडर* के लिए विख्यात हैं। इस रचना का प्रकाशन उस ज़माने में हुआ था जब अमेरिका में ज़्यादातर नारीवादी मनोविश्लेषण को तिरस्कार की दृष्टि से देखती थीं। शोदॅरौ सबसे पहले तो फ्रॉयड के इस तर्क का खण्डन करती हैं कि बच्चों की सेक्शुअलिटी बहुरूपी होती है। वे शिशु को बालक या बालिका-शिशु के रूप में देखने पर ज़ोर देती हैं। उनका कहना है कि फ्रॉयड द्वारा पिता, शिश्न और मातृ-मनोग्रंथि पर दिया जाने वाला ज़ोर अनुचित है। इसके ज़रिये वे मानस के शुरुआती विकास में पिता की भूमिका को इतना अधिक रेखांकित कर देते हैं कि माँ के साथ बालिका-शिशु के संबंध की उपेक्षा हो जाती है। शोदॅरौ ने आग्रह किया कि बच्चे के विकास और व्यक्ति की लैंगिक इयत्ता की रचना में शिश्न को दिये जाने वाले महत्त्व के बजाय माँ के स्तन की संगठनकारी भूमिका पर रोशनी डाली जानी चाहिए। इसी तर्ज़ पर आगे बहस करते हुए शोदॅरौ ने स्त्रीत्व को एक दुर्बल इयत्ता का परिणाम बताने वाले फ्रॉयडियन विवरण को भी ठुकरा दिया। उन्होंने दावा किया कि फ्रॉयड मातृ-मनोग्रंथि से पहले की अवधि के महत्त्व का कमतर मूल्यांकन करते हैं और स्त्री की देह में शिश्न की कमी को केंद्रीय महत्त्व दे देते हैं। इस प्रक्रिया में स्त्री की अस्मिता एक कमी पर आधारित हो कर नकारात्मक हो जाती है। फ्रॉयड की निगाह में स्त्री एक ऐसे अस्तित्व में बदल जाती है जो पुरुष नहीं है। शोदॅरौ चाहती हैं कि स्त्री के मनोविश्लेषण को शिश्न-ईर्ष्या और बधियाकरण-ग्रंथि (कैस्ट्रेशन कॉम्प्लेक्स) की जकड़ से निकाला जाना चाहिए।

नैंसी शोदॅरौ उन नारीवादियों के बीच एक प्रमुख हस्ताक्षर के रूप में पहचानी जाती हैं जिन्होंने फ्रॉयड की स्थापनाओं की कड़ी आलोचना की, लेकिन साथ में स्त्री के अस्तित्व को समझने के लिए उनका नियोजित रूप से इस्तेमाल भी किया। शोदॅरौ और उनकी समकालीन विदुषियों को लग रहा था कि सेक्शुअल अस्मिता की रचना समझने का समाजशास्त्रीय मॉडल नाकाफ़ी साबित हो रहा है। जेंडर संबंधी भिन्नताएँ या सेक्स संबंधी भिन्नताएँ केवल समाजीकरण के आईने में देख कर नहीं समझी जा सकतीं, क्योंकि इनकी जड़ें कहीं गहरी होती हैं। इसलिए उन्होंने फ्रॉयड की रचनाओं पर ध्यान दिया। उन्होंने पाया कि फ्रॉयड ने मानवीय अस्मिता की रचना में सेक्स-संबंधी फ़र्क़ की निर्णायक भूमिका मानी है। इयत्ता पाने के लिए व्यक्ति को स्त्री या पुरुष बनना होता है। कोरे समाजशास्त्रीय रवैये से असंतुष्ट नारीवादियों को लगा कि फ्रॉयड के सिद्धांत का वे अपने लिए विनियोग कर सकती हैं। ख़ास तौर से 'डिफ़रेंस' या भिन्नता पर ज़ोर देने वाले नारीवादियों ने फ्रॉयड को और गहरायी से पढ़ कर जाना कि स्त्री और पुरुष की सामाजिक सत्ता की अलग-अलग संरचना किस तरह बच्चों की मानसिक बनावट पर असर डालती है।

उन्होंने यह भी पाया कि शिशुओं के सामाजिक वयस्क बनने की प्रक्रिया की सबसे ज़्यादा गहन जाँच-पड़ताल फ्रॉयड ने ही की है। 1933 में प्रकाशित अपनी एक

रचना *फ़ेमिनिटी* में फ्रॉयड 'स्त्री क्या है' के बजाय यह देखते हैं कि 'स्त्री बनती कैसे है'। ज़ाहिर है कि फ्रॉयड केवल यह मान लेने से संतुष्ट नहीं थे स्त्री ख़ास तरह के हारमोनों, आनुवंशिकी और कुछ सहजात विशेषताओं के मिश्रण का नतीजा है। पश्चिमी चिंतन में बचपन की आम तौर पर उपेक्षा की गयी थी, लेकिन फ्रॉयड ने बच्चों को महज़ अविकसित वयस्क मानने से इनकार कर दिया। उन्होंने शैशव को दो भागों में बाँटा— मातृ-मनोग्रंथि से पहले की अवधि और उसके बाद की अवधि। पहले की अवधि में शिशु माँ के साथ अभिन्न रूप से जुड़े रहते हैं और माँ ही उनके प्रेम का लक्ष्य होती है। दूसरी अवधि में वे माँ से अलग होना और पिता की तरफ़ झुकना शुरू करते हैं, यानी उनकी इयत्ता माँ से अलगाव और पिता से जुड़ाव पर निर्भर हो जाती है। फ्रॉयड ने अपने विमर्श में माँ से शिशु के अलगाव को इतना महत्त्व दिया है कि उसे माँ को ख़ारिज करने की संज्ञा दे दी है। माँ के इस अस्वीकार के बिना बच्चे को उसकी विशिष्ट शख़्सियत मिल ही नहीं सकती। चूँकि पिता के पास शिश्न है (जो न माँ के पास है और न ही बालिका-शिशु के पास), इसलिए बालिका-शिशु स्त्री बनने की प्रक्रिया में शिश्न की कमी की पूर्ति पुरुष के शिश्न के साथ सहवास की कामना के ज़रिये करती है। फ्रॉयड के मुताबिक़ बालिका को बहुत जल्दी ही यह एहसास हो जाता है कि बालक से उसकी भिन्नता शिश्न और भगनासा की भिन्नता का पर्याय ही नहीं है, बल्कि भगनासा शिश्न के मुक़ाबले कमतर भी है। इसलिए बालिका के जीवन में शिश्नधारी पुरुष हर तरह की सत्ता का स्रोत बन जाता है। 'डिफ़रेंस' पर ज़ोर देने वाले जिन नारीवादियों ने फ्रॉयड की प्रस्थापनाओं को पलटा, उनमें शोदॅरौ प्रमुख हैं। उन्होंने कैरेन होर्नी और मेलैनी क्लीन द्वारा मुहैया करायी गयी बुनियाद पर अपने विमर्श की रचना की।

फ्रॉयड सेक्सुअलिटी और मानस की रचना के केंद्र में पुत्र और पिता को रखते हैं, शोदॅरौ ने यही स्थान पुत्री और माँ को दिया है। पुत्र को अपनी लैंगिक इयत्ता हासिल करने के लिए अपनी माँ से अलग होना पड़ता है, लेकिन पुत्री को इस पृथकता की आवश्यकता नहीं पड़ती। शोदॅरौ के अनुसार फ्रॉयड ग़लती से (और अपने लैंगिक पक्षपात के कारण भी) यह मान बैठते हैं कि दूसरों से अलगाव किये बिना व्यक्ति अपनी इयत्ता हासिल नहीं कर सकता। वे कहती हैं कि संबंध-सूत्र तोड़ना और अपने आत्म के इर्द-गिर्द चौहद्दी बना लेना मानसिक दृढ़ता की नहीं बल्कि दुर्बलता की निशानी समझी जानी चाहिए। ऐसा करने की प्रक्रिया में पुरुष की इयत्ता में एक नकारात्मकता का प्रवेश हो जाता है, जबकि स्त्री की इयत्ता संबंधवाचक बनी रहती है। पुरुष की नकारात्मकता संबंधवाचकता की कमी के ज़रिये अभिव्यक्त होती है। वह

नैंसी शोदॅरौ (1944-)

निकटता से डरता है जिसका उसकी इयत्ता की शक्ल-सूरत पर गहरा असर पड़ता है।

शोदॅरौ की दलील है कि बालिका और माँ के बीच का अलगाव सम्पूर्ण न हो कर आंशिक रहता है। इस आंशिकता के पीछे भी माँ की देह में शिश्न की अनुपस्थिति कारण नहीं होती, बल्कि इसकी चालक-शक्ति माँ की शख़्सियत से प्राप्त दृढ़ता है। दूसरी तरफ़ बालक माँ से अपने रिश्ते को पूरी तरह से तोड़ देता है। चूँकि माँ ही बालक/बालिका के प्रथम प्रेम और जुड़ाव का केंद्र है, इसलिए इस प्रक्रिया में पुत्र को बहुत बड़ी मनोवैज्ञानिक क़ीमत चुकानी पड़ती है। फ्रॉयड के विमर्श में मातृ-मनोग्रंथि की रचना के क्षण से व्यक्तित्व का विकास शुरू होता है यानी बच्चे अपनी लैंगिक अस्मिता हासिल करने के लिए पिता की तरफ़ झुकना शुरू होते हैं। शोदॅरौ कहती हैं कि यह अस्मिता मातृ-मनोग्रंथि से पहले की अवधि में बनती है जब संवेदी धरातल पर बालक/बालिका माँ के निकटस्थ होते हैं और दोनों की उससे पृथकता का स्तर और रास्ता भी अलग-अलग रहता है।

शोदॅरौ की तरह फ्रॉयड भी यह बात मानते हैं कि लड़कों के बजाय मातृ-मनोग्रंथि के पहले की अवधि में लड़कियों का माँ से संबंध कहीं लम्बा होता है। लेकिन शोदॅरौ यह मानने के लिए तैयार नहीं हैं कि इसी कारण से

लड़कियाँ अपूर्ण रह जाती हैं और संस्कृति के दायरे में उनका प्रवेश मुश्किल हो जाता है। उल्टे इस कारण से स्त्री की संबंधधर्मिता गहन हो जाती है जिसकी वज़ह से वह आगे चल कर माँ बनने की तरफ़ बढ़ती है। वे माँ को चाहती रहती हैं, माँ बनना चाहती हैं क्योंकि बिना उसके वे उस संबंधवाचक अनुभव की पुनर्रचना नहीं कर सकतीं जो उन्हें शैशव में हुआ था। स्त्री के भीतर करवटें लेने वाली यह माँ और मातृमूलक व्यवहार का यह पुनर्जन्म ही उसे लालन-पालन में पिता के मुक़ाबले ज़्यादा नमनीय और ज़िम्मेदार बनाता है। दुर्भाग्य यह है कि मातृत्व की इन्हीं ज़िम्मेदारियों के कारण स्त्री उत्पीड़न और शोषण का निशाना बनी है। फ्रॉयड की मान्यता यह है कि स्त्री अपनी शक्ति की तुलनात्मक कमी की भरपाई बेटे के ज़रिये पुरुष-शक्ति प्राप्त करके करती है। ज़ाहिर है कि शोदॅरौ इससे असहमत हैं। वे माँ बनने और लालन-पालन करने की उसकी आकांक्षा को समाज और इयत्ता के एक बेहतर मॉडल के रूप में पेश करती है। शोदॅरौ का विचार है कि अपनी इन्हीं ख़ूबियों के कारण स्त्री-विमर्श नव-उदारतावादी व्यक्तिवाद और मर्दवादी रवैये को सुधार सकता है। प्राक्-मातृमनोग्रंथि अवस्था के बाद मातृछवि से ख़ुद को अलग करने में जो तनाव लड़कों को झेलना पड़ता है, उसी से उनकी भाषा इतनी सख़्त, खुरदुरी और सपाट हो जाती है। विकास के उषाकाल में लगे आंतरिक झटके से लड़कियाँ साफ़ बच जाती हैं, क्योंकि उन्हें अपनी माँ से अलग दीखने या अलग होने का कोई तनाव नहीं होता। इसलिए उनकी भाषा अधिक सहज, अंतरंग और प्रवाहपूर्ण होती है। उनकी भाषा किसी आंतरिक झटके, वियोग या कमी से नहीं फूटती, इसलिए उच्छल भी ज़्यादा होती है, और इस भाषा का उपयोग बृहत्तर समाज को स्पंदित रखने में भी हो सकता है।

आगे चल कर शोदॅरौ ने स्त्री-पुरुष के विभेद से परे जा कर स्त्रियों के बीच विभेद की भी जाँच की। 1989 में प्रकाशित अपनी रचना *फ़ेमिनिज़म ऐंड साइकोएनालिटिक थियरी* में उन्होंने यह भी तर्क दिया कि पुरुष के प्रभुत्व का कारण केवल एक ही नहीं है, न ही जेंडर-विभेद हमेशा विषमता का सूचक होता है।

देखें : अश्वेत नारीवाद, आनंदीबाई जोशी, इस्लामिक नारीवाद, गायत्री चक्रवर्ती स्पिवाक, चिपको आंदोलन, जूडिथ बटलर, जेंडर, दलित नारीवाद, देवदासी, देवकी जैन, नारीवाद, नारीवाद की पहली लहर, नारीवाद की दूसरी लहर, नारीवाद की तीसरी लहर, नारीवाद और अर्थशास्त्र, नारीवादी फ़िल्म-सिद्धांत, नारीवादी इतिहास-लेखन, नारीवाद और अर्थशास्त्र, नारीवादी दर्शन, नारीवाद और साम्प्रदायिकता, पर्यावरणीय नारीवाद, पब्लिक-प्रायवेट, पण्डिता रमाबाई सरस्वती, पितृसत्ता, प्रेम, प्रेम-अध्ययन और नारीवादी दर्शन, भारत में स्त्री-आरक्षण-1 और 2, महादेवी वर्मा, मैरी वोल्सनक्रॉफ़्ट, राजनीतिक दर्शन के नारीवादी आयाम, रमाबाई रानाडे, ल्यूस इरिगरे, स्त्री और साम्प्रदायिकता, स्त्री-श्रम, सम्पत्ति : नारीवादी परिप्रेक्ष्य, सिमोन द बोउवार, स्त्री-आरक्षण, हेलन सिचू।

संदर्भ

1. नैंसी शोदॅरौ (1978), *रिप्रोडक्शन ऑफ़ मदरिंग : साइकोएनालिसिस ऐंड द सोसियोलॅजी ऑफ़ जेंडर*, युनिवर्सिटी ऑफ़ कैलिफ़ोर्निया प्रेस, बर्कले.
2. नैंसी शोदॅरौ (1989), *फ़ेमिनिज़म ऐंड साइकोएनालिटिक थियरी*, येल युनिवर्सिटी प्रेस, न्य हैविन, सीटी.
3. ज़ग्मंड फ्रॉयड (1933), 'फ़ेमिनिटी' (1933), *न्यू इंट्रोडक्टरी लेक्चर्स इन साइकोएनालिसिस*, जे. स्ट्रैची (सम्पा.), पेंगुइन हारमंड्सवर्थ.

— अनामिका

नोआम चोमस्की

(Noam Chomsky)

प्रख्यात अमेरिकी चिंतक नोआम चोमस्की (1928-) की विश्वव्यापी ख्याति के मुख्यत: दो आधार हैं। एक ओर उन्हें भाषा-विज्ञान के क्षेत्र में मौजूद चिंतनधाराओं को बुनियादी रूप से प्रभावित करने का श्रेय जाता है। उन्होंने भाषा के बारे में आधुनिकतावादी नज़रियों का विकास किया। दूसरी ओर अपने धारदार राजनीतिक विश्लेषण तथा राजनीतिक सक्रियता से उन्होंने दुनिया भर में अपने ढेरों समर्थक और प्रशंसक भी पैदा किये। उन्होंने मूलत: पूँजीवाद तथा उसकी उत्पीड़नकारी नीतियों की अराजक-समाजवादी दृष्टिकोण से आलोचना करते हुए विपुल साहित्य की रचना की है।

नोआम चोमस्की का जन्म 7 दिसंबर, 1928 को अमेरिका के पेनिसिलवेनिया प्रांत के फ़िलाडेल्फ़िया शहर में हुआ था। उन्होंने मैसेच्युएट्स इंस्टिट्यूट ऑफ़ टैक्नोलॅजी में लगभग 55 साल तक अध्यापन किया। भाषाशास्त्र के संबंध में चोमस्की के दृष्टिकोण के मूल में यह स्थापना है कि भाषा का व्यवहार तथा भाषा सीखने के कुछ पहलू मानव मस्तिष्क में जन्मजात मौजूद होते हैं और वे केवल दी गयी शिक्षा पर आधारित नहीं होते। चोमस्की के इस नज़रिये को भाषा के मामले में सहजातवादी दृष्टिकोण कहा गया। चोमस्की ने पचास के दशक में भाषा के बारे में मौजूद अनुभववादी नज़रिये की विशेष तौर पर आलोचना की। उस समय इस विचार-पंथ का मुख्य तर्क यह था कि भाषा कैसे

सीखी जाती है यह पता करने के लिए प्रेरणा-अनुक्रिया मॉडल ख़ास तौर पर उपयोगी रहता है। चोमस्की के अनुसार इस दृष्टिकोण की सीमा यह है कि इसमें भाषा का व्यवहार करने वाले व्यक्ति द्वारा असीमित अभिव्यक्तियाँ पैदा करने तथा उनका सामना करने का सटीक आकलन नहीं हो पाता है। इसके अतिरिक्त भाषा-ग्रहण के बारे में अनुभववादी नज़रिया व्यक्ति द्वारा अर्जित ज्ञान एवं भाषा-प्रयोग की समानता के विषय को भी ठीक से विवेचित नहीं कर पाता है।

चोमस्की के अध्यापक रहे जेलिग हैरिस जैसे संरचनावादियों ने किसी भी भाषा को उसके वक्ता द्वारा निर्मित अभिव्यक्तियों के संकलन के रूप में देखा था। भाषा-वैज्ञानिक भाषा को व्याकरण के गणितीय फ़ार्मूलों के रूप में देख रहे थे जो अभिव्यक्तियों की संरचना का निर्माण करते हैं। इस सिद्धांत में हर भाषा का भिन्न व्याकरण, उसके भिन्न प्रयोग करने वाले तथा भिन्न-भिन्न अभिव्यक्तियों के रूप सामने आते रहते हैं। हालाँकि चोमस्की ने भी भाषाओं को पैदा करने वाले व्याकरण के गणितीय रूपों से असहमति नहीं जतायी (जैसे गणित के कई समीकरण असीमित अंक-समूहों को पैदा करते हैं) पर वह हैरिस के संरचनावाद के पार भी गये और अलग व्याकरण तथा भिन्न भाषा प्रयोगों पर आधारित अनुभववादी नज़रिये का विरोध किया। उन्होंने संरचनावादी तथा अनुभववादी दृष्टिकोण के स्थान पर मूल व्याकरण पर अपना भाषा संबंधी सिद्धांत केंद्रित किया। उनका कहना था कि यह मूल व्याकरण ही सभी भाषाओं का सार होता है। इसी मूल व्याकरण में निपुणता किसी भाषा को सम्भव बनाती है और यही मूल व्याकरण मानव मस्तिष्क में जन्मना उपस्थित रहता है।

चोमस्की के अनुसार सभी मनुष्य एक पूर्व निर्धारित बनावट के साथ आते हैं ताकि वे भाषा को आत्मसात कर सकें और भाषा को समझने की क्षमता उनमें निहित होती है। चोमस्की ने इसे अपनी प्रसिद्ध पुस्तक *लैंग्वेज ऐंड माइंड* (1972) में भाषा ग्रहण उपकरण भी कहा है जो सभी भाषाओं में समान रूप से मौजूद व्याकरणगत नियमों को धारण करता है। इसी के बल पर बच्चे उस भाषा के नियमों को सीख पाते हैं जो उन्हें सिखायी जाती है। यानी चोमस्की इसका खण्डन करते हैं कि मानव-मन अपने जन्म के समय किसी साफ़-सुथरी स्लेट की तरह होता है और उस पर लिखी जाने वाली इबारतें बाद के अनुभवों से बनती हैं। उनका मानना है कि मस्तिष्क का ऐसा तंत्र जन्म के समय से ही मौजूद रहता है जो भाषा एवं ज्ञान के दूसरे रूपों को सम्भव करता है। वे लिखते हैं, 'जब हम मानव-भाषा का अध्ययन करते हैं, तब हम उस चीज़ की तरफ़ बढ़ रहे होते हैं जिसे मानव-सार कहा जा सकता है। हम मस्तिष्क की विशिष्ट क्षमता समझने का प्रयास कर रहे होते हैं जो मनुष्यों में अनूठे रूप में मौजूद होती है।'

नोआम चोमस्की (1928-)

पर इस स्थापना के बावजूद चोमस्की यह भी कहते हैं कि भाषा के प्रयोक्ता अपनी इस जन्मना निपुणता के बारे में सजग हों, ऐसा कतई आवश्यक नहीं होता। यानी मानवीय कुशलता से जुड़ी सभी क्षमताओं के बारे में व्यक्ति स्वयं ही सचेत नहीं होते। चोमस्की के अनुसार कोई भी वाक्य अपनी व्याकरणिक संरचना में बदलाव से बोधगम्यता खो बैठता है और इसी वजह से व्याकरण से जुड़ी शुद्धता चोमस्की का ध्यान अपनी ओर आकृष्ट करती है। चोमस्की ने अपने भाषा संबंधी शोध के अंतर्गत व्युत्पत्तिकारी व्याकरण जैसे पदों का प्रयोग किया है। जेनरेटिव ग्रामर का काम वक्ता के आंतरिक ज्ञान को बाहर लाना है। इसी के तहत उन्होंने परिवर्तनशाली व्याकरण, प्रत्यक्ष संरचना एवं गहन संरचना की अवधारणाओं का भी विकास किया है। परिवर्तकारी व्याकरण वह होता है जिसमें वक्ता को व्याकरण के सबसे सूक्ष्म नियमों की जानकारी हासिल करनी होती है और उन्हीं सूक्ष्म नियमों के माध्यम से वह किसी वाक्य में परिवर्तन पैदा कर देता है। प्रत्यक्ष संरचनाओं का संबंध उन शब्दों से होता है जो वास्तव में लिखे जाते हैं, जबकि गहन संरचना किसी वाक्य के अंतर्निहित संदेश या अर्थ का पर्याय होती है। चोमस्की ने तर्कवाद को

अनुभववाद की तुलना में ज़्यादा महत्त्वपूर्ण सिद्ध किया और इस मामले में उनका दृष्टिकोण देकार्त के निकट है। यह तर्क देना कि भाषा-ग्रहण का बुनियादी हुनर हर जगह समान रूप से मानव मस्तिष्क में पहले से मौजूद रहता है, एक प्रकार से सार्वभौमिकता तथा तर्कवाद की स्थापना करता है।

भाषा संबंधी यह सार्वभौमिकतावादी चिंतन चोमस्की की राजनीतिक दृष्टि में भी देखा गया है जब वे सभी मनुष्यों की समान योग्यता स्वीकारने और उन्हें समान रूप से न्याय प्रदान करने का आग्रह करते हैं। चोमस्की ने अमेरिका की विदेश-सैन्य नीतियों, उसके पूँजीवाद एवं मीडिया के पक्षपात के पैने विश्लेषण किये हैं। चोमस्की के मुताबिक़ चीज़ों के बारे में उनका नज़रिया परम्परागत क़िस्म के अराजकतावादियों जैसा है और उसकी जड़ें ज्ञानोदय तथा उदारतावाद में निहित हैं। चोमस्की ने ग्लोबल जस्टिस (वैश्विक न्याय) की अवधारणा भी प्रस्तुत की है जिसमें उन्होंने राज्य एवं कारपोरेट स्वार्थों को मानवीय स्वतंत्रता के पूर्ण विकास के लिए ख़ासतौर पर बाधक बताया है। उन्होंने अमेरिका को ऐसा उत्पीड़नकारी राज्य क़रार दिया है जो अन्य देशों पर उस समय युद्ध थोपता है जब वे अपने संसाधनों एवं बाज़ार को अमेरिका के लिए खोलने से इनकार कर देते हैं। चोमस्की ने वियतनाम युद्ध के दौरान अमेरिकी सैन्यवाद तथा साम्राज्यवाद की कठोर आलोचना की। उनके इस रवैये ने उन्हें दुनिया भर के साम्राज्यवाद विरोधी आंदोलनों तथा अमेरिकापरस्ती का विरोध करने वाले समुदायों के बीच बेहद लोकप्रिय बना दिया।

उन्होंने अमेरिका द्वारा एक ओर दूसरे देशों को लोकतंत्र और मानवाधिकार का उपदेश देने तथा दूसरी ओर दुनिया की सबसे अलोकतांत्रिक-अधिनायकवादी सत्ताओं से साँठगाँठ रखने के दोहरे रवैया की भी निंदा की। इसके लिए उन्होंने केवल सिद्धांत ही नहीं प्रतिपादित किया बल्कि अमेरिकी अपराधों के आँकड़े भी विस्तार से प्रस्तुत किये। चिली में पिनोशे की या निकारागुआ की फ़ासीवादी सत्ता के समर्थन के कारण मानवाधिकारों का बर्बरता से हनन हुआ। अमेरिका द्वारा पाकिस्तान की ज़मीन पर ओसामा बिन लादेन को पकड़ने और उसकी हत्या करने को भी उन्होंने किसी देश की सम्प्रभुता का उल्लंघन बताया और लादेन की तरह ही पूर्व अमेरिकी राष्ट्रपति जॉर्ज बुश को विश्व में होने वाली अनगिनत हत्याओं, सैन्य-दख़ल तथा अस्थिरता के लिए ज़िम्मेदार ठहराया। उन्हें वामपंथी भी माना गया पर चोमस्की ने स्वयं को वाम-राजनीति से जोड़ने के स्थान पर अपने लिए एनार्को-सिंडिकलिस्ट जैसे संबोधन का प्रयोग किया है। इस तरह वे ख़ुद को प्रूधों और जॉर्ज सोरेल की विचार-परम्परा से जोड़ लेते हैं।

अमेरिका की तरह सोवियत संघ द्वारा भी अन्य देशों में हस्तक्षेप, सत्ता-पलट या सैन्य मदद देने की उन्होंने उतनी ही आलोचना की और तीसरी दुनिया के देशों के लिए इन दोनों शक्तिशाली सत्ताओं को ख़तरनाक बताया। चोमस्की का मानना है कि उनके विचार ऐसे रहे हैं जिसे सत्ता के शक्तिशाली समूह सुनना नहीं चाहते और इसीलिए अमेरिका में उनकी स्थिति राजनीतिक रूप से असहमत रहने वाले व्यक्ति जैसी हो गयी है। चोमस्की ने सत्ता के दैवीय-प्राकृतिक रूप की धारणा पर प्रहार किया और कहा कि सत्ता अगर न्यायसंगत नहीं है तो वह अवैध है और वह भंग करने योग्य है। यह ज़िम्मेदारी सत्ता की है कि वह स्वयं को न्यायसंगत सिद्ध करे।

चोमस्की ने पूँजीवाद के प्रभाव के कारण कार्यस्थलों पर बढ़ते शोषण एवं ग़ुलामी की संस्कृति पर भी विचार किया और कर्मचारियों-मज़दूरों द्वारा कार्यस्थल को अपने नियंत्रण में रखने का समर्थन किया। चोमस्की ने मीडिया, ख़ास तौर पर अमेरिकी मीडिया की संरचना एवं प्रभावोत्पाकता के बारे में भी विस्तार से अपना विवेचन तथा विश्लेषण प्रस्तुत किया है। उन्होंने मीडिया का विश्लेषण करते हुए प्रोपेगंडा मॉडल प्रस्तुत किया जो एडवर्ड एस. हर्मन के साथ सहलेखन में प्रकाशित पुस्तक *मैन्युफैक्चरिंग कनसेंट : द पॉलिटिकल इकॉनॉमी ऑफ़ मास मीडिया* (1988) के रूप में सामने आया। प्रोपेगंडा मॉडल के मुताबिक़ अमेरिका जैसे लोकतंत्र में अधिनायकवादी राज्यों के विपरीत नियंत्रण के अत्यंत सूक्ष्म तथा अहिंसक तरीक़ों का इस्तेमाल किया जाता है। इस संदर्भ में चोमस्की के इस वाक्य को प्रायः दोहराया जाता है— किसी लोकतंत्र में किया जाने वाला प्रोपेगंडा किसी अधिनायकवादी राज्य की निरंकुश हिंसा जैसा ही होता है। उन्होंने तथ्यों और विश्लेषणों से दिखाया है कि किस प्रकार अमेरिका द्वारा किसी राष्ट्र को विरोधी या शत्रु घोषित कर देने के बाद मुख्यधारा का अमेरिकी मीडिया अभिजन हितों के अनुरूप आचरण करने लगता है।

देखें : अराजकतावाद, अमेरिकीकरण, अर्थ-विज्ञान, फ़र्दिनैंद द सॅस्यूर, भाषा का मार्क्सवादी सिद्धांत, लक्षण-विज्ञान।

संदर्भ

1. जेपीबी एलेन और पाल वैन बरेन (सम्पा.) (1971), *चोमस्की : सेलेक्टेड रीडिंग्स*, ऑक्सफ़र्ड युनिवर्सिटी प्रेस, लंदन.
2. नोआम चोमस्की (1989), *नेसेसरी इल्यूजंस, थाट कंट्रोल इन डेमॉक्रैटिक सोसाइटीज़*, साउथऐंड प्रेस, न्यूयॉर्क.
3. नोआम चोमस्की (1972), *स्टडीज़ ऑन सीमैंटिक्स इन जेनरेटिव*

ग्रामर, माउटन, द हेग, माउटन.

4. नोआम चोमस्की (1988), *मैन्युफैक्चरिंग कंसेंट, द पॉलिटिकल इकॉनॉमी ऑफ़ मास मीडिया* (एडवर्ड हरमेन के साथ), पैंथियन बुक्स, न्यूयार्क.
5. रॉबर्ट एफ़. बर्कले (1997), *नोआम चोमस्की, अ लाइफ़ ऑफ़ डिसेंट,* केम्ब्रिज प्रेस, लंदन.
6. बैरी पैटमैन (सम्पा.)(2005), *चोमस्की ऑन अनार्किज़म,* एके प्रेस, ओकलैण्ड.

— वैभव सिंह

प

पण्डिता रमाबाई सरस्वती

(Pandita Ramabai Saraswati)

उन्नीसवीं सदी में हुए महाराष्ट्र और बंगाल के नवजागरणों की प्रमुख हस्तियों में से एक पण्डिता रमाबाई सरस्वती (1858–1922) एक विख्यात समाज सुधारक और असाधारण विदुषी होने के साथ-साथ भारत में नारीवाद के उदय से पूर्व स्त्री-मुक्ति की पहली विमर्शकारों में से एक थीं। 1888 में प्रकाशित उनकी पुस्तक *उच्च वर्ण की हिंदू औरतें* तत्कालीन समाज में स्त्रियों की दुर्दशा का प्रामाणिक वृत्तांत मानी जाती है। रमाबाई ने *स्त्री धर्म नीति* नामक पुस्तक भी लिखी जिसकी उस ज़माने में दस हज़ार प्रतियाँ बिकीं। उन्नीसवीं सदी के महाराष्ट्र को सावित्रीबाई फुले, आनंदीबाई जोशी, रमाबाई रानाडे, पार्वतीबाई आठवले, ताराबाई शिंदे, आनंदीबाई कर्वे और ऐसी ही कई श्लाघनीय स्त्रियों के ऐतिहासिक योगदान के लिए भी जाना जाता है। लेकिन इन के बीच रमाबाई मुख्य तौर से इसलिए अलग थीं कि उन्होंने अपनी सारी प्रतिष्ठा परिवार की संस्था की मदद के बिना ही कमायी। वेदों, महाभारत और गीता के बीस हज़ार श्लोकों को कंठस्थ करने वाली, *वाक्यपदीयम* और *अष्टाध्यायी* जैसे ग्रंथों की अध्येता, भारत के पहले स्वायत्त नारी-मुक्ति संगठन आर्य महिला समाज की नींव डालने वाली और समुद्र पार करने पर लगे प्रतिबंध का उल्लंघन करके सारी दुनिया की यात्राएँ करने वाली रमाबाई के जीवन को नारीवादी इतिहासकारों ने बीसवीं सदी की नारीवादी महिलाओं के लिए एक प्रखर उदाहरण के रूप में पेश किया है।

मराठी में रमाबाई के बारे में साहित्य उल्लेखनीय मात्रा में उपलब्ध रहा है, पर भारत के अंग्रेज़ी प्रधान अकादमीय हलकों में रमाबाई का ज़िक्र अस्सी के दशक से पहले न के बराबर ही होता था। राष्ट्रवादी कल्पनाशीलता तो छोड़ ही दीजिए, अस्सी से पहले की नारीवादी कल्पनाशीलता के रडार पर भी उनकी शख़्सियत दर्ज नहीं थी। विद्वानों का ध्यान रमाबाई की तरफ़ सम्भवत: पहली बार ध्यान उस समय गया जब 1980 में मधु किश्वर द्वारा सम्पादित 'मानुषी' ने उनके ऊपर एक लम्बा आलेख प्रकाशित किया। इसी दशक के उत्तरार्ध में कई बेहतरीन अकादमीय आलेखों के माध्यम से मीरा कोसम्बी ने रमाबाई के विलक्षण जीवन और योगदान पर विषद् प्रकाश डाला। दरअसल बौद्धिक जगत में रमाबाई की अखिल भारतीय स्थापना का श्रेय मीरा कोसम्बी को ही मिलना चाहिए। रमाबाई के अकादमीय उत्खनन की यह प्रक्रिया नब्बे के दशक के आख़िरी वर्षों में अपने शिखर पर पहुँची जब उमा चक्रवर्ती ने उन्हें केंद्र बना कर 'ब्राह्मणवादी पितृसत्ता' का सूत्रीकरण करते हुए एक महत्त्वाकांक्षी अध्ययन प्रकाशित किया। इस रचना को नारीवादी ही नहीं, बल्कि ग़ैर-नारीवादी क्षेत्रों में भी बड़े पैमाने पर सराहना मिली।

इन कृतियों में दर्ज रमाबाई के जीवन और उपलब्धियों की तथ्यात्मक रूपरेखा पर सरसरी नज़र डालने से ही पता चल जाता है कि विद्वत्ता, दुखों से टकराने वाली प्रबल जिजीविषा, संगठन-शक्ति, विपरीत परिस्थितियों से लोहा लेने की क्षमता और रैडिकल फ़ैसले लेकर उन पर अमल करने करने के मामले में उनका कोई सानी नहीं था। इससे यह भी पता चलता है कि आधुनिक भारतीय इतिहास की इस महानायिका को ज्ञान और राष्ट्रवाद की मिली-जुली राजनीति द्वारा किस क़दर उपेक्षा का शिकार बनाया गया है। उन्नीसवीं सदी के उत्तरार्ध में सक्रिय रही रमाबाई का जीवन बीसवीं सदी के आख़िरी वर्षों की किसी नारीवादी महिला नेता जैसा ही लगता है। बचपन से ही उन्हें लड़कों की तरह ही शिक्षा

पंडिता रमाबाई सरस्वती (1858–1922)

मिली, हालात ने उन्हें अपने पैरों पर खड़े होने लायक़ बनाया, स्वतंत्र चिंतन करने और उसके आधार पर फ़ैसले लेने की क्षमता विकसित हुई, अपनी भाषा और जाति के बाहर के व्यक्ति से उन्होंने अपनी मर्ज़ी से शादी की और विदेश यात्राएँ (इंग्लैण्ड, अमेरिका और जापान) कीं। परम्परागत समाज उन पर अपना कोप बरसाता रहा। पर रमाबाई ने कभी अपने स्त्री होने की थोपी गयी सीमाओं को अपनी गतिविधियों के आड़े नहीं आने दिया। रमाबाई ने भरापूरा सार्वजनिक जीवन जिया, सभाओं और जलसों में भाषण दिये, बड़े-बड़े संगठन चलाये और हर तरह की त्रासदियों व व्यस्तताओं के बीच लेखन कार्य जारी रखा।

पण्डिता रमाबाई का जन्म 1858 में कर्नाटक के चितपावन ब्राह्मण अनंतशास्त्री डोंगरे के घर में हुआ था। एक बार डोंगरे को अपने गुरु के साथ पुणे स्थित पेशवा के महल में जाने का मौक़ा मिला। वहाँ पेशवा की पत्नी को संस्कृत के श्लोकों का उच्चारण करते हुए सुन कर वे इतने प्रभावित हुए कि अपनी पत्नी को संस्कृत सिखाने का संकल्प कर बैठे। लेकिन न तो उनके परम्परानिष्ठ परिवार ने और न ही उनकी पत्नी ने उनका साथ दिया। पत्नी की मृत्यु के बाद तीर्थयात्रा के दौरान उनका परिचय एक ब्राह्मण परिवार से हुआ। यह ब्राह्मण अनंतशास्त्री की विद्वत्ता से इतना प्रभावित हुआ कि अपनी नौ साल की बेटी का विवाह चवालीस साल के विधुर से करने के लिए तैयार हो गया। इसके बात अनंतशास्त्री अपनी बालिका-वधु लक्ष्मीबाई के साथ कर्नाटक के ही गंगामुल जंगल में अध्ययन-मनन का तपस्वी जीवन गुज़ारने लगे। अपने संकल्प के मुताबिक़ उन्होंने लक्ष्मीबाई को संस्कृत सिखायी जिसकी ज़बरदस्त सामाजिक प्रतिक्रिया हुई। कट्टरपंथियों ने उन्हें आड़े हाथों लेना शुरू किया। क़दम पीछे हटाने के बजाय अनंतशास्त्री ने स्त्रियों को संस्कृत सिखाने पर लगे प्रतिबंध के ख़िलाफ़ दलीलें देने के लिए शास्त्रों का ही सहारा लिया और शास्त्रज्ञों की एक सभा में हुए वाद-विवाद में लगभग तीन सौ अकाट्य दृष्टांत पेश किये। इस प्रकरण के बाद एक हद तक उनकी धाक जम गयी और फिर उनके जीवन के कुछ वर्ष शांतिपूर्वक बीते। वे वेदों और शास्त्रों की शिक्षा देने वाला एक आश्रम चलाते रहे। साथ में थोड़ी सी खेती भी थी जिसकी देखभाल उनका परिवार करता था। लक्ष्मीबाई ने उन्हें छह संतानें दीं जिनमें तीन की अकाल मृत्यु हो गयी। बचे हुए एक भाई और दो बहिनों में में रमाबाई सबसे छोटी, मेधावी और विलक्षण स्मृति से सम्पन्न थीं। अनंतशास्त्री ने अपने तीनों बच्चों को संस्कृत पढ़ाने और शास्त्रों की शिक्षा देने में कोई कोताही नहीं की।

रमाबाई जब बालिका ही थीं, उनके पिता ने पूरे भारतीय उपमहाद्वीप की तीर्थयात्राओं का सिलसिला शुरू कर दिया। वे जगह-जगह पुराणों का पाठ करते और बदले में जो भी थोड़ी-बहुत दक्षिणा मिलती, उसी से काम चला कर आगे की यात्रा पर निकल जाते। इस तरह का कष्टसाध्य दरिद्र जीवन कई वर्ष तक चलता रहा। अचानक 1876 में दुर्दैव ने आक्रमण किया और रमाबाई के पिता, माँ और बड़ी बहिन का एक के बाद एक देहांत हो गया। वे अपने भाई श्रीनिवास के साथ सारी तकलीफ़ें झेलते हुए अगले दो सालों तक पिता की विरासत आगे बढ़ाती रहीं। रमाबाई पुराण वाचन करतीं, दक्षिणा पातीं, पूरे नियमों के साथ सभी तरह की धर्मविधियाँ सम्पन्न करतीं। 1878 में इसी तरह यात्रा करते-करते भाई-बहिन कलकत्ता पहुँचे जो उन्नीसवीं सदी के उस दौर से गुज़र रहा था जिसे बंगाल का नवजागरण कहा जाता है। ब्रह्म समाज के नेताओं और अन्य प्रतिष्ठित समाज सुधारकों ने चमत्कृत आँखों से इस युवा विदुषी को देखा और हाथों-हाथ लिया। रमाबाई ने सार्वजनिक व्याख्यान देने शुरू किये। वे प्राचीन संस्कृत ग्रंथों से उद्धरण ले कर स्त्री-मुक्ति के प्रश्न को सम्बोधित करने लगीं। यह प्रक्रिया उस समय अपने शिखर पर पहुँची जब एक सार्वजनिक समारोह में कलकत्ता के भद्र समाज ने रमाबाई को 'पण्डिता' और 'सरस्वती' की उपाधियाँ दीं।

लेकिन, त्रासदी ने रमाबाई का साथ यहाँ भी नहीं छोड़ा। अचानक उनके भाई भी चल बसे। इसके बाद उन्होंने पिता के आश्रम में शिक्षा लेने वाले अपने बचपन के मित्र विपिन बिहारी दास मेधावी से विवाह किया। एक बंगाली शूद्र

परिवार में जन्मे मेधावी उस समय तक वकील बन चुके थे। दो साल के सुखी दाम्पत्य के बाद मेधावी अपने पीछे केवल बाईस वर्ष की रमाबाई और एक बालिका शिशु को छोड़ कर हमेशा के लिए चले गये। जीवन के इस मुक़ाम पर रमाबाई को महाराष्ट्र से विशेष आमंत्रण मिला और वे जस्टिस रानाडे और उनकी पत्नी रमाबाई रानाडे के बुलावे पर पुणे पहुँचीं। महाराष्ट्र में पहले से काम कर रहे स्त्री संगठनों की गतिविधियों को आधार बना कर रमाबाई ने आर्य महिला समाज की स्थापना की जिसकी शाखाएँ महाराष्ट्र के अन्य क्षेत्रों में फैलती चली गयीं। बंगाल के ब्रह्म समाज की तर्ज़ पर कार्यरत महाराष्ट्र के प्रार्थना समाज के साथ रमाबाई ने निकट-सहयोग का रिश्ता बनाया। इसी दौरान उन्हें शिक्षा संबंधी हंटर कमीशन के सामने गवाही देने के लिए बुलाया गया। आयोग के सामने रमाबाई ने औरतों को डॉक्टरी की शिक्षा देने का कार्यक्रम अपनाने पर ज़ोर दिया ताकि बीमार स्त्रियों के उपचार की गारंटी हो सके। इस वक्तव्य के बाद रमाबाई ने ख़ुद चिकित्सक बनने की ठानी और इंग्लैण्ड जाने की योजना बना कर अंग्रेज़ी सीखने लगीं। इसी दौरान उनका सम्पर्क सिस्टर्स ऑफ़ द कम्युनिटी ऑफ़ सेंट मैरी द वर्जिन से हुआ। इंग्लैण्ड में वे इसी संस्था के कॉन्वेंट में रहीं और महाराष्ट्र भेजी जाने वाली सिस्टर्स को बदले में मराठी पढ़ाती रहीं। अपनी यात्रा के लिए ख़र्च जुटाने हेतु रमाबाई ने *स्त्री धर्म नीति* नामक पुस्तक लिखी।

इंग्लैण्ड में रमाबाई को पता चला कि उनकी श्रवण-शक्ति कमज़ोर होती जा रही है। इसके बावजूद उन्होंने प्राकृतिक विज्ञानों, गणित और अंग्रेज़ी का अध्ययन करने के लिए चेल्तनहेम वुमंस कॉलेज में दाख़िला लिया। वहाँ वे छात्र-अध्यापक के रूप में संस्कृत भी पढ़ाती थीं। उनकी पढ़ाई का ख़र्चा सिस्टर्स के संगठन ने उठाया। इंग्लैण्ड पहुँचने के कुछ दिन बाद ही रमाबाई ने अपनी दो साल की बेटी के साथ ईसाई धर्म अपना लिया। उन्होंने दलील दी कि हिंदू धर्म स्त्रियों और शूद्रों को कमतर हैसियत में रखता है, 'गिरी' हुई स्त्रियों के लिए उसके पास क्षमा और पुनर्वास के प्रावधान के बजाय कठोर दण्ड की व्यवस्था है। इसके उलट ईसाई धर्म प्रेम, क्षमा और मानव-मात्र की बराबरी में यक़ीन करता है। इंग्लैण्ड में चार साल तक पढ़ने के बाद रमाबाई अमेरिका गयीं और अपनी दूर कीं रिश्तेदार आनंदीबाई जोशी के स्नातक-समारोह में भाग लिया। रमाबाई ने पूरे अमेरिका की यात्राएँ कीं और भारत में ऊँची जाति की विधवाओं के लिए आश्रम खोलने की अपनी योजना का प्रचार किया। इसका नतीजा रमाबाई एसोसिएशन ऑफ़ बोस्टन के गठन में निकला जिसने अगले दस वर्षों तक रमाबाई की गतिविधियों के लिए धन जुटाने का भरोसा दिया।

रमाबाई की बेटी मनोरमा पहले ही इंग्लैण्ड से भारत लौट चुकी थी। अमेरिका से वापसी के बाद उन्होंने मुम्बई को अपना केंद्र बनाया और चौपाटी पर विधवा आश्रम शारदा सदन की स्थापना की। जस्टिस रानाडे और रामचंद्र भंडारकर जैसे प्रमुख समाज सुधारक इस संस्था के ट्रस्टी थे। 1891 में शारदा सदन आर्थिक कारणों से पुणे चला गया जहाँ उसे ब्राह्मण विधवाओं के बीच काम करने का ज़्यादा मौक़ा मिला। यहीं शारदा सदन में प्रवेश करने वाली पहली ब्राह्मण विधवा गोदूबाई नातु का डी.के. कर्वे के साथ दोबारा विवाह हुआ जिसमें रमाबाई ने वधू की माँ की भूमिका निभायी। शारदा सदन की गतिविधियाँ उस समय विवादग्रस्त हो गयीं जब तिलक के अख़बार 'केसरी' ने उस पर धर्मांतरण की कोशिशें करने का आरोप लगाया। सदन के ट्रस्टियों ने इस्तीफ़ा दे दिया और कई अभिभावकों ने अपने घर की स्त्रियों को वापिस बुला लिया। रमाबाई एसोसिएशन ने इन आरोपों की जाँच करायी और उन्हें आधारहीन पाया।

रमाबाई की सबसे महत्त्वपूर्ण रचना *उच्च वर्ण की हिंदू औरतें* 1888 में प्रकाशित हुई। उनके जीवन और कृतित्व का मुख्य संदेश स्त्रियों को शिक्षा और व्यावसायिक कुशलता के माध्यम से आत्मनिर्भरता के आग्रह पर टिका था। उनकी मान्यता थी कि चाहे जीवनयापन हो या भावनात्मक सहारे का सवाल हो, स्त्रियों को किसी पर निर्भर नहीं होना चाहिए। परिवार की संस्था के बारे में उनकी राय थी कि उसके दायरे में स्त्री को स्वतंत्रता और सुख मिल ही नहीं सकता। वे स्त्रियों की सभा में पुराण वाचन करतीं, फिर धर्म और आचरण पर उनका व्याख्यान होता। यह एक दिलचस्प तथ्य है कि ईसाई हो जाने के बाद भी रमाबाई ने पुराण वाचन को माध्यम बना कर चेतना के स्तर पर स्त्रियों के उत्थान का कार्यक्रम लगातार जारी रखा। रमाबाई के कार्यक्रमों में पुरुषों को आने की इजाज़त थी, पर उन्हें अपने घर की स्त्रियों के साथ आना पड़ता था। शारदा सदन की सभाओं में काशीबाई कानिटकर और रमाबाई रानाडे जैसी स्त्रियों के व्याख्यान भी होते थे। रमाबाई चाहती थीं कि स्त्रियाँ राजनीति में भी भागीदारी करें। इस मामले में वे अपनी समकालीन विभूतियों से आगे थीं। 1889 में मुम्बई में हुए दूसरे कांग्रेस अधिवेशन में रमाबाई के ही प्रयासों से सात-आठ महिला प्रतिनिधियों ने हिस्सा लिया था, बावजूद इसके कि रानाडे समेत दूसरे समाज सुधारक और राजनेता स्त्रियों को प्रतिनिधि बनाने के पक्ष में नहीं थे।

रमाबाई के जीवन का सबसे ज़्यादा विवादास्पद प्रकरण उनका धर्मांतरण रहा जिसके कारण उन्हें कई बार लोकापवाद झेलना पड़ा। लेकिन उन्होंने न केवल ईसाइयत के सांस्थानिक दबाव के सामने झुकने से इनकार किया, बल्कि दाब-धौंस व लोभ-लालच के तहत धर्मांतरण कराने के रवैये का भी विरोध किया। अपनी बेटी मनोरमा को इंग्लैण्ड में विदेशी ईसाइयों के बीच पालने के वे ख़िलाफ़ थीं। वे मनोरमा

को दी जाने वाली ईसाई शिक्षा को भी आलोचना की दृष्टि से देखती थीं। इसलिए अमेरिका जाने से पहले उन्होंने अपनी गॉड मदर सिस्टर जेरल्डाइन के विरोध के बावजूद मनोरमा को भारत भेज दिया था। जेरल्डाइन का कहना था कि रमाबाई अपनी सरगर्मियों के कारण मनोरमा के लालन-पालन पर ध्यान नहीं दे पाएँगी। लेकिन रमाबाई ने अपने सार्वजनिक जीवन और मातृत्व की दोहरी जिम्मेदारियों को बख़ूबी निभाया। मनोरमा एक ख़ुशमिजाज़ और योग्य युवती के रूप में बड़ी हुई। उसने अपनी माँ के कामकाज में हमेशा सकारात्मक योगदान किया।

हिंदू समाज सुधारकों के साथ एक बार संबंध बिगड़ जाने के बाद रमाबाई को फिर उनका सहयोग कभी नहीं मिला। इस विवाद के बाद रमाबाई मध्य प्रांत और गुजरात के अकाल पीड़ितों की सेवा में जुट गयीं। 1896 में उन्होंने केड़गाँव में मुक्ति सदन खोला और फिर शारदा सदन भी वहीं आ गया। रमाबाई ने दस साल तक धार्मिक तटस्थता की नीति अपनाने के बाद अंत में अपनी संस्था को खुले रूप से ईसाई घोषित कर दिया। वहाँ एक चर्च खोला गया और मिशनरी गतिविधियाँ भी चलायी जाने लगीं। इसी दौरान रमाबाई ने भेस बदल कर उत्तर भारत की यात्रा भी की और वृंदावन की शोषित-उत्पीड़ित विधवाओं को बचाने की कोशिश की। इस काम में उन्हें बेहद मामूली सफलता ही मिल सकी। केड़गाँव को केंद्र बनाने के बाद रमाबाई का ज़ोर ऊँची जाति की विधवाओं पर न रह कर निचली जाति के अकाल पीड़ितों के पुनर्वास पर होता चला गया। महाराष्ट्रियायी समाज से कटते चले जाने के कारण उनके जीवन का आख़िरी दौर एक तरह के एकांतवास में बीता। लेकिन यह एकांतवास भी अहर्निश गतिविधियों से परिपूर्ण था। उन्होंने शिक्षा संस्थाएँ और व्यावसायिक प्रशिक्षण देने के केंद्रों की स्थापना की। हिब्रू और यूनानी मूल की बाइबिल का मराठी अनुवाद भी किया। 1919 में उन्हें कैसरे-ए-हिंद स्वर्ण पदक से सम्मानित किया गया। 1921 में पुत्री मनोरमा का देहांत हुआ और अगले ही वर्ष 5 अप्रैल, 1922 को 64 वर्ष की उम्र में रमाबाई ने भी देह छोड़ दी।

देखें : अश्वेत नारीवाद, आनंदीबाई जोशी, इस्लामिक नारीवाद, गायत्री चक्रवर्ती स्पिवाक, चिपको आंदोलन, जूडिथ बटलर, जेंडर, दलित नारीवाद, देवदासी, देवकी जैन, नारीवाद, नारीवाद की पहली लहर, नारीवाद की दूसरी लहर, नारीवाद की तीसरी लहर, नारीवाद और अर्थशास्त्र, नारीवादी फ़िल्म-सिद्धांत, नारीवादी इतिहास-लेखन, नारीवाद और अर्थशास्त्र, नारीवादी दर्शन, नारीवाद और साम्प्रदायिकता, नैंसी शोदॅरौ, पर्यावरणीय नारीवाद, पब्लिक-प्रायवेट, पितृसत्ता, प्रेम, प्रेम-अध्ययन और नारीवादी दर्शन, भारत में स्त्री-आरक्षण-1 और 2, महादेवी वर्मा, मैरी वोल्सनक्रॉफ़्ट, राजनीतिक दर्शन के नारीवादी आयाम, रमाबाई रानाडे, ल्यूस इरिगरे, स्त्री और साम्प्रदायिकता, स्त्री-श्रम, सम्पत्ति : नारीवादी परिप्रेक्ष्य, सिमोन द बोउवार, स्त्री-आरक्षण, हेलन सिचू।

संदर्भ

1. मीरा कोसम्बी (1988), 'वुमॅन, इमेंसिपेशन ऐंड इक्वलिटी : पण्डिता रमाबाईज़ कंट्रब्यूशन टु वुमंस कॉज़', *इकॉनॉमिक ऐंड पॉलिटिकल वीकली,* खण्ड 23, अंक 44.
2. उमा चक्रवर्ती (1998), *रिराइटिंग हिस्ट्री : द लाइफ ऐंड टाइम्स ऑफ़ पण्डिता रमाबाई,* काली फ़ॉर वुमॅन प्रेस, नयी दिल्ली.
3. गेल ऑम्बेड्ट (2000), 'टुवर्ड्स अ थियरी ऑफ़ ब्राह्मनिक पैट्रियार्की', *इकॉनॉमिक ऐंड पॉलिटिकल वीकली,* खण्ड 35, अंक 4.

— अभय कुमार दुबे

पंजाब

(Punjab)

पंजाब शब्द फ़ारसी के पंज (पाँच) और आब (पानी) के मिलने से बना है। इसका अर्थ होता है पाँच नदियों की भूमि। ये पाँच नदियाँ हैं: ब्यास, सतलज, रावी, चेनाब और झेलम। पंजाब की राजनीति काफ़ी उथल-पुथल से भरी रही है। भारत विभाजन की सबसे ज़्यादा यातना झेलने वाले इस विशाल सांस्कृतिक क्षेत्र का पश्चिमी भाग पाकिस्तान में चला गया। आज़ादी के बाद सिक्ख नेताओं द्वारा की गयी अलग पंजाबी सूबे की माँग नहीं मानी गयी। दिल्ली के नेतृत्व की निगाह में इसका सीधा मतलब था एक धार्मिक बहुमत वाले राज्य की स्थापना करना। भारत के हिस्से में आये पंजाब प्रांत का फिर 1966 में विभाजन किया गया। इससे हिमाचल प्रदेश, हरियाणा और वर्तमान पंजाब के रूप में तीन राज्य बने। आज के पंजाब में सिक्ख जनसंख्या बहुमत में जरूर है पर साठ प्रतिशत सिक्खों के साथ इस राज्य में 37 प्रतिशत हिंदू भी हैं। यहाँ की जनसंख्या में मुसलमान कुल 1.5 प्रतिशत रह गये हैं। धार्मिक आधार पर राजनीतिक गोलबंदी पंजाब की राजनीति की ऐतिहासिक विशेषता रही है। एक अलग धार्मिक समुदाय के रूप में सिक्खों की रचना एक ऐतिहासिक राजनीतिक प्रक्रिया की देन है। साठ और सत्तर के दशक में यह प्रांत हरित क्रांति का केंद्र बना जिससे अन्य राज्यों की तुलना में यहाँ के किसानों की काफ़ी तरक़्क़ी हुई। लेकिन अस्सी के दशक में विभिन्न राजनीतिक कारणों से पंजाब को लम्बे अरसे तक उग्रवादी राजनीति का शिकार रहना पड़ा। 1990 के दशक के बाद से उग्रवाद की राजनीति प्रभावहीन

पंजाब : सिख आतंकवाद की त्रासदी

हो चुकी है।

भारत के उत्तर-पश्चिमी भाग में स्थित इस राज्य का कुल क्षेत्रफल 50.362 वर्ग किमी है। जनसंख्या के लिहाज़ से यह भारत का उन्नीसवाँ सबसे बड़ा राज्य है। इसके पूर्व में हिमाचल प्रदेश, दक्षिण में हरियाणा, दक्षिण-पूर्व में राजस्थान, पश्चिम में पाकिस्तान और उत्तर में जम्मू और कश्मीर है। पंजाब की राजधानी चंडीगढ़ है जिसका प्रशासन केंद्र शासित प्रदेश के रूप में होता है, क्योंकि यह हरियाणा की भी राजधानी है। पंजाबी यहाँ की सरकारी भाषा है। 2011 की जनगणना के अनुसार पंजाब की कुल जनसंख्या 2,77,04,236 है। यहाँ का जनसंख्या घनत्व 550 व्यक्ति प्रति वर्ग किमी और साक्षरता दर 76.68 प्रतिशत है। पुरुषों की साक्षरता दर 80.23 प्रतिशत और महिलाओं की साक्षरता दर 68.36 प्रतिशत है। यहाँ की विधायिका एकसदनीय है और इसमें कुल 117 सदस्य चुने जाते हैं। पंजाब से लोकसभा के 13 और राज्यसभा के 7 सदस्य चुने जाते हैं। पंजाब का अधिकांश भाग उपजाऊ है और यहाँ सिंचाई की बहुत अच्छी व्यवस्था है। पंजाब में गेहूँ का उत्पादन भारत में सबसे ज्यादा होता है। हरित क्रांति के कारण देश की खाद्य समस्या सुलझाने में भी पंजाब की महत्त्वपूर्ण भूमिका रही है।

पंजाब में राजनीतिक प्रतियोगिता मुख्यतः अकाली दल और कांग्रेस की बीच होती रही है। इस होड़ में एक नया पहलू खालिस्तान की माँग के कारण जुड़ा। हरियाणा और हिमाचल प्रदेश को संयुक्त पंजाब से अलग करके पंजाब राज्य की रचना होने के बाद भी कुछ समस्याएँ अनसुलझी रह गयीं थीं। हरियाणा के साथ पंजाब का नदी जल बँटवारा विवाद नहीं हल हुआ, और चंडीगढ़ के पंजाब के साथ-साथ हरियाणा की राजधानी भी बना रहा। लेकिन अस्सी के दशक में उभरे खालिस्तान के पृथकतावादी आंदोलन के पीछे इन समस्याओं की भूमिका न के बराबर ही थी। साठ के दशक में हुई हरित क्रांति के गर्भ से निकले मध्यवर्गीय सिक्ख किसानों के नवधनाढ्य हिस्से में धीरे-धीरे यह भावना बलवती होती चली गयी कि पंजाब देश को जितना देता है, केंद्र सरकार उसके मुताबिक़ उसके साथ इंसाफ़ नहीं करती। इस धनी किसान वर्ग के राजनीतिक नेता अकाली दल ने अधिक स्वायत्तता की माँगों के रूप में इस असंतोष को अभिव्यक्त करना शुरू किया। आनंदपुर साहिब प्रस्ताव इसी का परिणाम था। यही वह दौर था जब अकाली दल की लोकप्रियता सिक्खों के दायरों से निकल कर ग़ैर-सिक्खों के बीच भी बढ़ने लगी।

दिल्ली में सत्तारूढ़ इंदिरा गाँधी के नेतृत्व वाली कांग्रेस ने अकाली दल (जो मुख्यतः नरमपंथी धार्मिक नेतृत्व की नुमाइंदगी करता था) के ख़िलाफ़ उभरते हुए चरमपंथी और पुनरुत्थानवादी तत्त्वों (संत जनरैल सिंह भिंडराँवाले) को हवा देनी शुरू की। इस घोर अवसरवादी रणनीति का परिणाम अकालियों की कीमत पर खालिस्तान समर्थकों का बोलबाला बढ़ने में निकला। इसके बाद चरमपंथियों के हथियारबंद गुटों और भारतीय राज्य के बीच युद्ध शुरू हो गया। इस आंदोलन ने 3-6 जून 1984 को हुए ऑपरेशन ब्लू स्टार के बाद ज़्यादा हिंसक रूप धारण कर लिया। इस ऑपरेशन में भारतीय सेना स्वर्ण मंदिर के भीतर घुस गयी थी और वहाँ से हथियारों का बड़ा ज़ख़ीरा बरामद किया था। इस ऑपरेशन में विद्रोहियों के नेता जनरैल सिंह भिंडरावाले की मौत हो गयी। इसका एक नतीजा 31 अक्टूबर, 1984 को इंदिरा गाँधी की हत्या के रूप में भी सामने आया। इसके बाद दिल्ली तथा देश के दूसरे भागों में सिक्खों के ख़िलाफ़ हुई भीषण हिंसा ने पंजाब के युवा सिक्खों के बड़े तबक़े में अलगाववाद की भावना को बढ़ावा दिया। बाद में इंदिरा गाँधी के उत्तराधिकारी राजीव गाँधी ने अकाली नेता संत हरचंद सिंह लोंगोवाल के साथ समझौता करके पंजाब में विधान सभा के चुनाव कराये। लंबी जद्दोजहद के बाद यह राज्य एक बार फिर राजनीतिक मुख्य धार में आ पाया। पंजाब में इस उग्रवादी आंदोलन की शुरूआत के अलग-अलग कारण बताये गये हैं। वंदना शिवा के अनुसार, हरित क्रांति के कारण पारम्परिक ग्रामीण समुदाय के बिखराव ने हिंसा की संस्कृति को बढ़ावा दिया। कुछ विद्वानों ने सिक्खों के साम्प्रदायिक ध्रुवीकरण को आधुनिकता की प्रक्रिया से उपजी चिंताओं का परिणाम बताया। कुछ मार्क्सवादी विद्वानों ने इसके लिए हरित क्रांति के कारण उभरे कुलकों को जिम्मेदार बताया। जो भी हो, इस आंदोलन से जुड़े लोगों के मन में सिक्ख इतिहास की रूमानी तस्वीर थी और वे सिक्खों की वर्तमान स्थिति से ख़ुश नहीं थे।

बहरहाल, नब्बे के दशक के मध्य तक खालिस्तान आंदोलन कुछ हासिल किये बग़ैर ही ख़त्म हो गया। इसके कुछ प्रमुख कारण इस प्रकार माने जाते हैं : पहला, पंजाब या देश के दूसरे इलाक़ों में रहने वाले सिक्खों के ज़ेहन में खालिस्तान का सवाल शायद ठोस रूप से कभी नहीं रहा। इस आंदोलन के इतने व्यापक हो जाने का एक प्रमुख कारण यह था कि इससे निबटने के लिए सरकार ने कुछ ज़्यादा ही दमन का सहारा लिया। दूसरा, उग्रवादियों और सरकारी एजेंसियों द्वारा की गयी हिंसा से सामाजिक जीवन का अराजनीतीकरण हो गया। तीसरा, उग्रवादियों द्वारा गाँव में सम्मानित लोगों की हत्या से भी लोगों का उन पर से विश्वास ख़त्म हुआ। चौथा, आतंकवाद विरोधी मुहिम के दौरान बहुत से उग्रवादियों को गिरफ़्तार कर उन पर मुक़दमा चलाये बग़ैर ही जान से मार दिया गया। इससे आतंकवाद ज़रूर ख़त्म हुआ लेकिन इस प्रक्रिया में मानवाधिकारों को जम कर ठेस लगी।

आतंकवाद ख़त्म होने में सबसे बड़ी भूमिका राज्य में लोकतांत्रिक राजनीति की शुरुआत ने निभायी। 1985 में जब उग्रवाद अपने चरम पर था, तो विधानसभा के चुनाव हुए। इनमें अकालियों को 73 सीटें मिलीं और कांग्रेस सिर्फ़ 32 सीटों पर सिमट गयी। सुरजीत सिंह बरनाला राज्य के मुख्यमंत्री बने। लेकिन बरनाला सरकार हिंसा पर क़ाबू नहीं पा सकी। मई, 1987 में विधानसभा निलंबित कर दी गयी और राष्ट्रपति शासन लागू कर दिया गया। इसके बाद फ़रवरी, 1992 में राज्य में लोकसभा और विधानसभा चुनाव कराये गये। अकालियों ने इन चुनावों का विरोध किया। सिर्फ़ 24 फ़ीसद मतदाताओं ने ही मतदान किया। कांग्रेस को कुल 87 विधानसभा सीटों पर जीत मिली और बेअंत सिंह राज्य के मुख्यमंत्री बने। उन्होंने सितम्बर, 1992 में नगरपालिकाओं के और जनवरी, 1993 में ग्राम पंचायतों के चुनाव कराये। इन चुनावों में क्रमश: 70 प्रतिशत और 82 प्रतिशत मतदाताओं ने वोट डाला। इससे लोकतांत्रिक राजनीति की वैधता बढ़ी। इसके बाद अकालियों ने भी चुनावों में भाग लेना शुरू किया। 1994 में हुए तीन विधानसभा सीटों के लिए हुए उपचुनावों में इन्होंने अपने उम्मीदवार खड़े किये। इन चुनावों में प्रकाश सिंह बादल के नेतृत्व वाले अकाली दल को जीत भी मिली। इस तरह लोकतांत्रिक राजनीति ने उग्रवाद की धारा कमज़ोर करते हुए उसे ख़त्म कर दिया।

1996 के लोकसभा चुनावों तक पंजाब की राजनीति एक नयी दिशा ले चुकी थी। इस चुनाव में अकाली दल ने कांग्रेस को चुनौती देने के लिए भाजपा और बसपा से चुनावी गठजोड़ किया। कांग्रेस को दो, अकाली दल (बादल) को आठ और बसपा को तीन सीटों पर जीत मिली। 1997 में हुए विधानसभा चुनावों में अकालियों और भाजपा का गठबंधन क़ायम रहा। इन चुनावों में कांग्रेस की हार हुई और इसे सिर्फ़ 14 सीटों पर जीत मिली। दूसरी ओर, अकाली दल (बादल) को 75 और उसकी सहयोगी भाजपा को 18 सीटों पर जीत मिली। 1998 के संसदीय चुनावों में भी इस गठबंधन को भारी जीत मिली। 1998 के संसदीय चुनावों में भी इस गठबंधन को भारी जीत मिली। कुल 13 सीटों में अकाली दल (बादल) को नौ और भाजपा को तीन सीटें मिली। एक सीट पर इंदर कुमार गुजराल जीते जिन्हें अकालियों का समर्थन हासिल था। 1999 के संसदीय चुनावों में कांग्रेस को अच्छी सफलता मिली। कांग्रेस ने आठ संसदीय क्षेत्रों में जीत हासिल की। अकाली दल (बादल) को सिर्फ़ दो सीटें मिली। भाजपा, भाकपा और अकाली दल (मान) को एक-एक सीटें मिली। मतदाताओं द्वारा अकालियों की बजाय कांग्रेस को वरीयता देना इस बात का प्रमाण था। 2002 में हुए विधानसभा चुनावों में भी कांग्रेस को जीत मिली। इन चुनावों में कांग्रेस को 62 और उसके सहयोगी भाकपा को एक सीट पर जीत मिली। लेकिन 2004 में हुए चुनावों में कांग्रेस को सिर्फ़ दो सीटें मिली। दूसरी ओर, अकाली दल (बादल) और उसके सहयोगी भाजपा ने सारी सीटों पर क़ब्ज़ा जमा लिया।

2007 में राज्य की सत्ता पर अकाली दल (बादल) की वापसी हुई। इसके बाद, 2009 के संसदीय चुनावों में कांग्रेस को आठ और अकाली दल (बादल) को चार तथा भाजपा को एक सीट पर जीत मिली। स्पष्टत: 1996 के बाद हुए चुनावों में 'मुख्यधारा' के कई अन्य कई राज्यों की तरह ही पंजाब में स्थानीय मुद्दे चुनावी राजनीति में हावी होते गये। इन चुनावों ने यह साबित किया कि पंजाब की राजनीति में 1980 के दशक में उभरा सिक्ख पहचान का मुद्दा बहुत हल्का पड़ चुका है। पंजाब में कांग्रेस को सिक्खों को ऑपरेशन ब्लू स्टार और सिक्खों के ख़िलाफ़ 1984 के दंगों का ज़िम्मेदार माना जाता था। लेकिन अब पंजाब की राजनीति में ये बातें बहुत प्रभावशाली नहीं रह गयी हैं। मतदाताओं ने कई चुनावों में अकाली दल की तुलना में कांग्रेस का वरीयता दी है। लेकिन कई ऐसे मसले ज़रूर हैं जो भविष्य में पंजाब की राजनीति को अलग दिशा दे सकते हैं। मसलन, दलितों की राजनीतिक जागरूकता भविष्य की राजनीति को प्रभावित कर सकती है। इसके अलावा पंजाब के युवाओं की आकांक्षाओं को पूरा करना और कृषि में लगातार विकास भी ज़रूरी है। यदि अकाली और कांग्रेस सरकारें ऐसा करने में नाकाम रहती हैं तो राज्य में उग्रवादी राजनीति की वापसी भी हो सकती है।

देखें : अरुणाचल प्रदेश, असम, आंध्र प्रदेश, उत्तर प्रदेश, उत्तराखण्ड, ओडीशा, कर्नाटक, केरल, गोवा, छत्तीसगढ़, जम्मू और कश्मीर, झाड़खण्ड, तमिलनाडु, त्रिपुरा, दिल्ली, नगालैण्ड, पश्चिम बंग, बिहार, मणिपुर, महाराष्ट्र, मध्य प्रदेश, मिज़ोरम, मेघालय, राजस्थान, शिरोमणि अकाली दल, सिक्किम, हरियाणा।

संदर्भ

1. सुरिंदर एस. जोधका (2009), 'पहचान, राष्ट्र और लोकतंत्र : 1990 के दशक के दौरान भारतीय राजनीति में पंजाब', अरविंद मोहन (सम्पा.) *लोकतंत्र का नया लोक : चुनावी राजनीति में राज्यों का उभार,* भाग-2, वाणी प्रकाशन-लोकनीति-सीएसडीएस, नयी दिल्ली.

— कमल नयन चौबे

पतंजलि और *योगसूत्र*

(Patanjali aur *Yogsutra*)

योग को आत्म-साक्षात्कार के संदर्भ में जाना जाता है। भारतीय दार्शनिक एवं धार्मिक परिप्रेक्ष्यों में इसकी व्यापक स्वीकार्यता रही है। वैदिक एवं अवैदिक (जैन एवं बौद्ध) ही नहीं, बल्कि संहिता, अरण्यक और उपनिषदों में भी इसकी व्यापक चर्चा है। योग का सर्वप्रथम ज़िक्र वैदिक संहिताओं में ही मिलता है। गीता में ज्ञानयोग, भक्तियोग, कर्मयोग और राजयोग का वर्णन है। इसके अलावा हठयोग की चर्चा भी यत्र-तत्र मिलती है लेकिन दर्शन के रूप में राजयोग को ही स्थान प्राप्त है। उपनिषदों में योग का लक्षण, उसके अंग-प्रत्यंग तथा उसकी प्रक्रिया का विवरण समग्रता से उपलब्ध है। इनके नाम अद्वय, तारक, अमृतनाद, अमृत बिंदु, नाद बिंदु आदि दिये गये हैं। इस प्रकार के योग-प्रतिपादक उपनिषदों की संख्या इक्कीस है। इनके अध्ययन से योग के समस्त अंग, आसन, प्राणायाम, ध्यान, जारणा और समाधि का पूर्ण विवरण मिलने के साथ ही उस युग में योग के विकास की जानकारी मिलती है। वैसे तो योग पतंजलि से पहले से ही है, पर उसे एक दर्शन के रूप में स्थापित करने का श्रेय *योगसूत्र* के रचयिता पतंजलि को जाता है। *योगसूत्र* पर *व्यास-भाष्य,* वाचस्पति मिश्र कृत *तत्त्व वैशारदी* तथा विज्ञानभिक्षु की *योग वर्तिक* टीकाएँ महत्त्वपूर्ण मानी जाती हैं। कालांतर में और भी कई टीकाएँ लिखी गयीं, जिनमें राज मार्तण्ड (भोज) की *भोजवृत्ति,* भावगणेश की *वृत्ति,* रामानंदपति की *मणिप्रभा,* अनंत पण्डित की *योगचंद्रिका,* सदाशिवेंद्र सरस्वती की *योग-रत्नाकर* तथा नागेश भट्ट की *लध्वी* तथा *बृहती* टीकाएँ भी प्रचलित हैं।

योग-दर्शन के प्रणेता पतंजलि के जीवन-काल को लेकर काफ़ी मतभेद है। कुछ विद्वान उन्हें ईसा पूर्व चौथी शताब्दी का मानते हैं तो कुछ उन्हें ईसा पूर्व दूसरी शताब्दी या उससे भी पहले का। वास्तविकता चाहे जो हो लेकिन इतना ज़रूर है कि योग-दर्शन की प्राचीनता असंदिग्ध है। सिंधु घाटी की सभ्यता के अवशेषों में जो प्रस्तर मूर्तियाँ और मुहरें मिली हैं उन पर बनी योग मुद्राओं से पता चलता है कि आर्यों से पहले योग प्रचलित था।

योग का अर्थ है मिलन अर्थात् जीवात्मा का परमात्मा से मिलन। गीता में योग को 'दु:ख-संयोग का वियोग' बताया गया है। पतंजलि सिर्फ़ योग-दर्शन के प्रणेता और *योगसूत्र* रचयिता ही नहीं बल्कि *महाभाष्य* के रचयिता भी माने जाते हैं। *योगसूत्र* में चार पाद हैं : समाधिपाद, साधनपाद, विभूतिपाद तथा कैवल्यपाद। पतंजलि अपने ग्रंथ को *योगानुशासन* नाम भी देते हैं। *याज्ञवल्क्य स्मृति* के अनुसार हिरण्यगर्भ योग के वक्ता हैं और पतंजलि ने तो प्राचीनकाल में प्रतिपादित शास्त्र का उपदेश मात्र किया। उपर्युक्त अनुशासन का तात्पर्य इसी अर्थ में है। *योगसूत्र* के समाधिपाद में योग का लक्षण, चित्त की वृत्तियाँ, समाधि का भेद आदि विषयों की चर्चा है। साधनपाद में क्रियायोग, क्लेश तथा उसके भेद, क्लेशों को दूर करने के साधन, योग के यम, नियम आदि आठ अंगों का विशद विवरण दिया गया है। विभूतिपाद में समाधि तथा योग के अनुष्ठान से उत्पन्न होने वाली सिद्धियों का प्रतिपादन है। अंतिम कैवल्य पाद में निर्माण चित्त का वर्णन, विज्ञानवाद का निराकरण तथा कैवल्य का निर्णय है। इस प्रकार से यह ग्रंथ 195 सूत्रों के भीतर पूरे योग-दर्शन का प्रतिपादन करता है।

योग का लक्षण : पतंजलि ने अपने योगसूत्र में चित्त-वृत्तियों के निरोध को योग कहा है। वृत्तियों की लगातार सक्रियता की वजह से चित्त चंचल बना रहता है और किसी विषय पर एकाग्र नहीं रह पाता। इन वृत्तियों को योग-निर्दिष्ट साधनों द्वारा रोक दिया जाना ही योग है। आचार्यों का कहना है कि योग से क्लेश, कर्म तथा वासनात्मक प्रवृत्तियों का निरोध होता है। इन वृत्तियों के विनाश के लिए सम्प्रज्ञात तथा असम्प्रज्ञात योग की आवश्यकता पड़ती है। सम्प्रज्ञात योग में ध्येय वस्तु का ज्ञान बना रहता है। ध्याता तथा ध्यान दोनों ध्येयाकार हो जाते हैं। उनकी ध्येय से पृथक अनुभूति नहीं होती। असंप्रज्ञात योग में चित्त सर्वथा निरुद्ध हो जाता है। ध्येय वस्तु का ज्ञान भी नहीं रहता। ध्याता, ध्यान और ध्येय की त्रिपुटी का अनिर्वचनीय अद्वैत में विलय हो जाता है। पर इतने से ही योग का स्वरूप निष्पन्न नहीं होता। सुषुप्ति की दशा पर विचार करने पर वृत्तियों का निरोध होता है, परंतु सुषुप्ति को योग नहीं कहा जाता। इसके पीछे कारण है कि इसमें सिर्फ़ द्रष्टा-पुरुष अपने स्वरूप में प्रतिष्ठित होता है। द्रष्टा का अपना स्वरूप निर्लेप, असंग तथा चैतन्य होता है जिस वृत्ति-निरोध द्वारा यह स्थिति उत्पन्न होती है वही योगपद माना जाता है। वृत्तियों का निरोध आत्यन्तिक होना चाहिए। सुषुप्ति से उठने पर सब वृत्तियाँ पहले के समान

जाग्रत हो जाती हैं। सुषुप्ति में वृत्तियों का निरोध कुछ काल के ही लिए होता है, सर्वदा के लिए नहीं। इसीलिए सुषुप्ति को योग नहीं कहा जाता। वृत्ति-निरोध प्रज्ञा या ज्ञानमूलक होना चाहिए। प्रज्ञा के उदय होने पर ही जो वृत्ति-निरोध होता है, वही वस्तुतः योग है।

चित्त और उसकी भूमियाँ : मन, बुद्धि और अहंकार तीनों को समग्र रूप से चित्त कहा जाता है और चित्त कभी वृत्तिविहीन नहीं होता। जब चित्त इंद्रियों द्वारा बाह्य विषयों के सम्पर्क में आता है अथवा स्वयं मानस ही विषयों के सम्पर्क में आता है, तब वह विषय का 'आकार' ग्रहण कर लेता है। इस 'आकार' को ही 'वृत्ति' कहते हैं। जब पुरुष-चैतन्य के प्रकाश से यह चित्त-वृत्ति प्रकाशित होती है तब हमें उस विषय का ज्ञान होता है। इन अनित्य वृत्तियों का प्रवाह चित्त में चलता रहता है। वृत्तियाँ क्षीण होकर चित्त में अपने संस्कारों का आधान करती हैं तथा ये संस्कार परिपक्व होकर पुनः अन्य वृत्तियों का रूप धारण कर लेते हैं। इस प्रकार वृत्तियों से संस्कारों की एवं संस्कारों से वृत्तियों की उत्पत्ति का चक्र चलता रहता है। यह चित्त प्रकृति का सत्त्वप्रधान परिणाम है। अर्थात् प्रकृति के परिणामों में सबसे अधिक सत्व का उदय चित्त में होता है, तथापि त्रिगुणात्मक होने के कारण चित्त में सत्त्व, रज तथा तम की अधिकता और न्यूनता समय-समय पर बनी रहती है। इस कारण चित्त तीन प्रकार का होता है : प्रज्ञाशील, प्रवृत्तिशील, स्थितिशील।

1. प्रज्ञाशील : प्रज्ञा का अर्थ है ज्ञान। जब चित्त सात्विक होता है, तब उसमें तत्त्वज्ञान, प्रसन्नता, अभिरुचि, उत्साह, दया, क्षमा, धैर्य आदि सात्विक गुणों का उदय होता है।

2. प्रवृत्तिशील : रजोगुण की प्रबलता होने पर चित्त में कर्मों के लिए उद्योगशीलता दीख पड़ती है। वह परिताप, शोक, लाभ, ईर्ष्या आदि गुणों (राजस) से युक्त होता है। इस स्थिति में वह प्रवृत्तिशील कहा जाता है।

3. स्थितिशील : यह तामस चित्त की दशा है। ऐसी स्थिति में वह स्थिति (अर्थात् प्रवृति का विरोधी स्तब्धी भाव), विह्वलता, आवरण, भारीपन, आलस्य, दैन्य, निद्रा आदि तामस धर्मों को ग्रहण करता है।

योगसूत्र के मुताबिक़ सत्त्व, रज तथा तम के न्यूनाधिक भाव से रहने पर चित्त की पाँच भूमियाँ होती हैं : क्षिप्त, मूढ़, विक्षिप्त, एकाग्र और निरुद्ध। क्षिप्त चित्त में रजोगुण की अधिकता होने पर वह अस्थिर, चंचल और विषयोन्मुख होकर सुख-दुःख भोगता रहता है। मूढ़ चित्त में तमोगुण की अधिकता की वजह से वह विवेकशून्य, कर्त्तव्य-बोध रहित होकर प्रमाद, आलस्य, निद्रा में पड़ा रहता है या विवेकहीन कृत्यों में लगा रहता है। विक्षिप्त से तात्पर्य है क्षिप्त से बेहतर, क्योंकि इसमें सत्त्वगुण के कारण कभी-कभी स्थिरता आ जाती है, जबकि राजस क्षिप्त चित्त हमेशा चंचल बना रहता है। चित्त की चौथी भूमि चित्त की एकाग्रता में सत्त्वगुण की उत्कर्षता की वजह से रजोगुण और तमोगुण दबे रहते हैं और चित्त बाह्यवृत्तियों से प्रभावित हुए बग़ैर ध्येय पर एकाग्र रहता है। चित्त की पाँचवीं और अंतिम भूमि निरुद्ध के अंतर्गत वृत्तियों का कुछ समय तक निरोध हो जाता है, किंतु उनके संस्कार बने रहते हैं। जब सारी वृत्तियों और सारे संस्कारों का सर्वथा निरोध होकर अविद्या निवृत्त हो जाती है तो चित्त निरुद्ध होकर अविद्या में विलीन हो जाता है। यह मोक्ष की अवस्था है। इन पाँच चित्तभूमियों में से क्षिप्त, मूढ़ व विक्षिप्त योग के लिए उपयोगी नहीं होती, केवल एकाग्र और निरुद्ध ही समाधि के उपयोगी हैं।

अष्टांग योग : योग दर्शन का यह मान्य विचार है कि आत्मिक सत्य के संज्ञान से ही मोक्ष सम्भव है। इस तरह की प्रज्ञा मन से दूषित विचार नष्ट हो जाने पर ही सम्भव है। चित्त की शुद्धता और आत्म-प्रकाश की प्राप्ति के लिए योग ने आष्टांगिक साधनों को निर्दिष्ट किया है। इनमें से पहले पाँच बहिरंग साधन हैं तथा शेष तीन अंतरंग साधन कहलाते हैं :

1. यम से तात्पर्य संयम से है। इसके ज़रिये अहिंसा, सत्य, अस्तेय, ब्रह्मचर्य तथा अपरिग्रह के अनुपालन के जरिये मन और शरीर की शुद्धि पर बल दिया गया है।

2. नियम का अर्थ है सदाचरण रखना। इन आचरणों का पालन करना ही नियम कहलाता है— शौच यानी शारीरिक शुद्धि; संतोष यानी विशेष प्रयास के जो मिल जाए उसी से संतुष्ट रहना; तप यानी सुख, दुःख, आतप, शीत आदि द्वंद्वों के निराकरण और कठिन नियमों का पालन; स्वाध्याय-धार्मिक ग्रंथों के अनवरत अध्ययन के अभ्यास को स्वाध्याय कहते हैं; ईश्वर-प्रणिधान यानी भगवान का ध्यान तथा ईश्वर के प्रति आत्म-निवेदन ही ईश्वर-प्रणिधान है।

3. आसन अर्थात् शरीर का संयम। ध्यान के लिए वही आसन उत्तम है जिससे शरीर का सुख और चित्त की स्थिरता बनी रहे।

4. प्राणायाम का मतलब है श्वास का संयम तथा नियमन। श्वास का नियम तीन प्रकार का होता है : पूरक, कुम्भक और रेचक। नासिका द्वारा श्वास को भीतर ले जाने की क्रिया को पूरक, भीतर लाये गये श्वास को फुफ्फुस में रोके रखने को कुम्भक और रोके गये श्वास को धीरे-धीरे बाहर निकालने को रेचक कहते हैं। इस प्रक्रिया को अपनाकर ध्यानावस्था अधिक काल तक बनायी रखी जा सकती है।

5. इंद्रियाँ स्वभाव से ही विषयोन्मुख होती हैं। बाह्य विषयों की ओर प्रवृत्त होना उनका स्वभाव है। उनकी बहिर्मुखवृत्ति को अंतर्मुख बनाना, उन्हें बाह्य विषयों से

हटाकर भीतर मन के वश में रखना प्रत्याहार कहलाता है।

6. धारणा उस मानसिक नियमन को कहते हैं, जिसमें चित्त किसी इष्ट वस्तु का ध्यान करता है। किसी निश्चित वस्तु पर स्थिर रूप से ध्यान लगाने की योग्यता प्राप्त कर लेने पर ही मनुष्य योग की अन्य उच्चतर सीढ़ियों पर चढ़ने में समर्थ हो सकता है।

7. इष्ट वस्तु का सतत् चिंतन ही ध्यान है। ध्यान में किसी वस्तु का चिंतन अविराम और स्थिर रूप से होता है। ध्यान द्वारा योगी ध्येय वस्तु के वस्तुत: स्वरूप को ठीक-ठीक पहचानने में समर्थ हो जाता है।

8. समाधि का अर्थ है ध्येय वस्तु में चित्त की विक्षेपरहित एकाग्रता। समाधि में ध्यान ध्येय वस्तु का आकार ग्रहण कर लेता है। ध्यान और ध्येय की एकता होने पर ध्याता भी ध्येयाकार हो जाता है। समाधि में ध्याता, ध्यान और ध्येय की त्रिपुटी में ध्येय ही शेष रह जाता है तथा ध्याता एवं ध्यान ध्येयाकार हो जाते हैं। समाधि दो प्रकार की होती है— सम्प्रज्ञात और असम्प्रज्ञात। सम्प्रज्ञात समाधि में ध्येय वस्तु का ज्ञान बना रहता है। ध्याता तथा ध्यान दोनों ध्येयाकार हो जाते हैं; इनकी ध्येय से पृथक अनुभूति नहीं होती। असम्प्रज्ञात समाधि में चित्त सर्वथा निरुद्ध हो जाता है। ध्येय वस्तु का ज्ञान भी नहीं रहता। ध्याता, ध्यान, ध्येय की त्रिपुटी का अनिर्वचनीय अद्वैत में विलय हो जाता है।

पतंजलि ने योग सांख्य के पच्चीस तत्त्वों के अतिरिक्त ईश्वर को छब्बीसवाँ तत्त्व माना है। योग-प्रतिपादित ईश्वर एक विशेष पुरुष है। वह जगत का कर्ता, धर्ता, संहर्ता व नियंता नहीं है। असंख्य नित्य पुरुष तथा नित्य अचेतन प्रकृति स्वतंत्र तत्त्वों के रूप में ईश्वर के साथ-साथ विद्यमान हैं। साक्षात रूप में ईश्वर का प्रकृति से या पुरुष के बंधन और मोक्ष से कोई लेना-देना नहीं है। उनका कार्य अपने भक्तों के समाधि-पथ में आने-वाले विघ्नों को दूर करके समाधि-सिद्धि को सम्भव बना देना है। मुक्त पुरुषों से भी ईश्वर का कोई सहज घनिष्ठ संबंध नहीं है। मोक्ष कैवल्य है जिसमें सामीप्य, सारूप्य, सायुज्य की कोई प्रतिष्ठा नहीं है।

देखें : आर्यभट्ट और *आर्यभटीय*, उपनिषद्, कपिल, *अर्थशास्त्र* और कौटिल्य, गोपीनाथ कविराज, गोविंद चंद्र पाण्डे, चैतन्य महाप्रभु, जैन दर्शन, न्याय दर्शन, दया कृष्ण, द्रविड़ संस्कृति, नंद किशोर देवराज, न्याय दर्शन, नागार्जुन, पाणिनि और *अष्टाध्यायी*, पाश्चात्य काव्यशास्त्र, पुराण, पूर्व-मीमांसा दर्शन, बदरी नाथ शुक्ल, बादरायण, बौद्ध दर्शन, *भगवद्गीता*, भरत और *नाट्यशास्त्र*, मुकुंद लाठ, *भागवत पुराण*, *महाभारत*, यशदेव शल्य, योग दर्शन, रामानुजाचार्य, लोकायत, वात्स्यायन और *कामसूत्र*, वेदांत दर्शन, वैशेषिक दर्शन, शंकराचार्य, षड्-दर्शन-1 और 2, संस्कृत काव्यशास्त्र, स्मृति-साहित्य, सांख्य दर्शन-1 और 2, सिद्ध-नाथ परम्परा।

संदर्भ

1. चंद्रधर शर्मा (1991), *भारतीय दर्शन : आलोचन और अनुशीलन*, मोतीलाल बनारसीदास, दिल्ली.
2. आचार्य बलदेव उपाध्याय (1999), *भारतीय दर्शन की रूपरेखा*, चौखम्भा प्रकाशन, वाराणसी.

—अजय कुमार पाण्डेय

पूँजी

(Capital)

पूँजी क्या है? इस प्रश्न का उत्तर सरल भी है और पेचीदा भी। जब व्यक्ति किसी भी सम्पत्ति का मालिक होता है, तो कहा जाता है कि यह उसकी पूँजी है। यह पूँजी धनराशि के रूप में हो सकती है जिसका कहीं शेयरों में, सावधि जमा खाते में या किसी उद्यम में निवेश किया गया हो ताकि उससे ब्याज या लाभांश प्राप्त हो सके। यह पूँजी ज़मीन-जायदाद ख़रीदने में लगायी गयी रक़म हो सकती है जिसका मूल्य बाज़ार में कीमत परिवर्तन के मुताबिक़ बदलता रहता है। यह सम्पत्ति उस समय मानवीय पूँजी कहलाती है जब वह किसी व्यक्ति को मिले ख़ास तरह के प्रशिक्षण का रूप ग्रहण कर लेती है। यह पेशेवराना या तकनीकी प्रशिक्षण उस व्यक्ति के लिए आमदनी का स्रोत बन जाता है। कुल मिला कर पूँजी की सरल परिभाषा यह है कि अपने मालिक के लिए आमदनी का स्रोत बन जाने वाली कोई भी सम्पत्ति पूँजी के नाम से जानी जाती है। यहीं सवाल उठता है कि सम्पत्ति की यह सहज समझ तो अतीत, वर्तमान और भविष्य के सभी तरह के समाजों के लिए सही है। हर समाज में अ-जीवित वस्तुएँ आमदनी का स्रोत रही हैं। इसमें ख़ास बात क्या है?

इस प्रश्न का उत्तर मार्क्सवाद के पास है। जैसे ही मानव समाज पूँजीवाद के चरण में आता है, पूँजी का अर्थ और भूमिका बदल जाती है। हालाँकि पूँजी एक प्राक्-पूँजीवादी परिघटना है, पर पूँजीवादी समाज में उसका उत्पादन सभी तरह के अन्य उत्पादनों पर प्रभुत्व क़ायम कर लेता है। तब पूँजी को उत्पादन के पूँजीवादी संबंधों के तहत ही समझा जा सकता है, जब पूँजी अपने आप में कोई वस्तु नहीं रहती। वह वस्तु जैसी लगती ज़रूर है, पर असल में वह एक सामाजिक संबंध में बदल जाती है। अपने इस संस्करण में भी उसका काम धन पैदा करना ही होता है, पर धन पैदा करते हुए वह धनवानों और धनहीनों के बीच कुछ इस तरह के सामाजिक संबंधों का रूप ले लेती है कि उसका अंतिम

लाभ स्वामी के पक्ष में ही रहता है। वह धनवानों के लिए धन पैदा करके उनकी पूँजी को बढ़ाती है, और यह बढ़ी हुई पूँजी और अधिक धन पैदा करती है।

इस जटिल अर्थ में अर्थात् पूँजीवाद के तहत हम किसी भी धनराशि को पूँजी का नाम नहीं दे सकते। धन केवल उस समय पूँजी में बदलता है जब बाज़ार में होने वाला विनिमय वस्तु या उत्पाद को पण्य बना देता है। पण्यों की बिक्री की जाती है ताकि दूसरे पण्य ख़रीदे जा सकें और फिर दूसरे चरण में उन्हें फिर से बेचा जा जाता है। मार्क्स ने यहाँ पण्य को सी और धन को एम माना है। उनकी भाषा में ये दोनों चरण सी-एम-सी और एम-सी-एम की तरह पेश होते हैं। ज़ाहिर है कि सी-एम-सी का प्रस्थान-बिंदु सी यानी श्रम-शक्ति नामक कमोडिटी (पण्य) है जिसकी बिक्री से मज़दूरी यानी धन पैदा होता है जिससे वे पण्य ख़रीदे जाते हैं जो मज़दूर के जीवनयापन के लिए ज़रूरी हैं। श्रम-शक्ति को बाज़ार में ख़रीद-फरोख़्त के तहत लाने के लिए ज़रूरी है कि उसके स्वामी को, जो मज़दूर है, उसके श्रम के फल यानी उत्पाद से अलग कर दिया जाए। जब तक ऐसा नहीं होगा, वह बाज़ार में आ कर अपना श्रम बेचने के लिए तैयार ही नहीं होगा। इसीलिए जब तक श्रम की गतिशीलता पर लगे सामंती प्रतिबंध टूटेंगें नहीं, तब तक पूँजीवाद के लिए आवश्यक पूँजी के शुरुआती संचय की ऐतिहासिक शर्त पूरी नहीं होगी। ध्यान देने की बात यह है कि सी-एम-सी के क्रम में धन पूँजी की भूमिका में नहीं है, क्योंकि मज़दूर अपना श्रम बेच कर जो कमाता है वह अपने जीवनयापन के लिए पण्य ख़रीदने में ख़त्म हो जाता है।

लेकिन दूसरे क्रम यानी एम-सी-एम की शुरुआत एम यानी धन से होती है जिससे विभिन्न पण्य (श्रम-शक्ति, लागत सामग्री और उत्पादन के साधन) ख़रीदे जाते हैं ताकि उनसे बने उत्पाद को बेच कर ज़्यादा मात्रा में धन यानी एम प्राप्त किया जा सके। लेकिन यह दूसरा चरण एक ही सूरत में कामयाब हो सकता है जब अंत में प्राप्त धन की मात्रा शुरुआत में ख़र्च किये गये धन से अधिक हो। यहाँ धन पूँजी की भूमिका में है। धन की यह वृद्धि मार्क्स की निगाह में केवल तभी घटित हो सकती है जब हम उस पण्य की भूमिका समझ लें जिसे श्रम-शक्ति कहते हैं। श्रम-शक्ति नामक पण्य में एक ऐसा उपयोग-मूल्य निहित होता है जिसमें अपने से अधिक मूल्य उत्पादित करने की क्षमता है। यह श्रम-शक्ति बाज़ार में एक पण्य की तरह ही ख़रीदी और बेची जाती है। उत्पादन-प्रक्रिया में श्रम-शक्ति का मूल्य और उत्पादन के साधनों का मूल्य खप जाता है। नतीजे के तौर पर तैयार हुए पण्य को बेचने से लागत से ज़्यादा धन (अधिशेष मूल्य समेत) प्राप्त होता है और जो समीकरण सी-एम-सी था, वह एम-सी-एम हो जाता है।

बिना मज़दूरी के धन पूँजी नहीं बन सकता। लेकिन धन को पूँजी बनाने में मज़दूरी ख़त्म हो जाती है और पूँजी की मात्रा बढ़ जाती है। इस तरह पूँजी मूल्य में होने वाली वृद्धि की प्रक्रिया या स्वयं में गतिमान मूल्य के रूप में प्रकट होती है। अंत में मार्क्स के मुताबिक़ पूँजी के लिए जो फ़ार्मूला बनता है वह इस प्रकार है :

$$\mathbf{W = C + V + S}$$

इस फ़ार्मूले में डब्ल्यू कुल उत्पादन का मूल्य है, सी स्थिर पूँजी है, वी परिवर्तनशील पूँजी है और एस मूल्य आधिक्य है। अर्थात कुल उत्पादन का मूल्य स्थिर पूँजी, परिवर्तनशील पूँजी तथा मूल्य आधिक्य का जोड़ होता है। पूँजी के चक्र को इस तरह देखा जा सकता है :

एलपी

एम — सी .... पी ....सी'—एम'

एमपी

धन यानी एम से सी यानी पूँजी। फिर उससे एक तरफ़ एलपी यानी लेबर पॉवर या श्रम-शक्ति, और दूसरी तरफ़ यानी मींस ऑफ़ प्रोडक्शन या उत्पादन के साधन। एलपी और एमपी मिल कर उत्पादन-प्रक्रिया की मदद से सी यानी उत्पादक पूँजी को सी' अर्थात् बृहत्तर मूल्य से सम्पन्न पूँजी (कमोडिटी कैपिटल) में बदलते हैं। अंत में एम यानी धन के साथ अधिशेष मूल्य सम्मिलित हो कर पूँजी और बड़े रूप में सामने आती है। यह पूरा गति-चक्र पूँजी का सरकिट कहलाता है जिसमें पूँजी मूल्य के रूप में रूपांतरणों के एक पूरे सिलसिले से गुज़रती है।

रूपांतरण की प्रत्येक प्रक्रिया उसका मूल्यवर्धन करती जाती है। इसी सिलसिले का एक परिणाम पूँजी के औद्योगिक पूँजी बनने में निकलता है जिसे मार्क्स पूँजी के अस्तित्व का एक ऐसा रूप बताते हैं जिसमें वह न केवल अपने साथ अधिशेष मूल्य जोड़ती है बल्कि अपनी पुनर्रचना का काम भी करती चलती है। पूँजी का यह मूल्यवर्धन है तो एक वस्तुनिष्ठ गति, पर पूँजी के मालिक यानी उद्योगपति या पूँजीपति के लिए वह आत्मनिष्ठ लक्ष्य बन जाता है। विभिन्न पूँजियों और उनके व्यक्ति-रूपों यानी पूँजीपतियों की प्रतियोगिता का सारतत्त्व यही है कि पूँजी का हर मालिक उसके मूल्यवर्धन का प्रयास करता रहता है। मार्क्स ने स्थिर पूँजी और परिवर्तनीय पूँजी के बीच भी फ़र्क़ किया है।

देखें : अर्थ-विज्ञान का समाजशास्त्र, आर्थिक जनसांख्यिकी, अल्फ्रेड मार्शल, अमर्त्य कुमार सेन, अंतर्राष्ट्रीय मुद्रा कोष, आधार और अधिरचना, ऑस्कर रायज़ार्ड लांगे, ऐडम स्मिथ, करारोपण, कल्याणकारी अर्थशास्त्र, क्लासिकल अर्थशास्त्र, कार्ल हाइनरिख़ मार्क्स-3, कार्ल मेंगर, कींसियन अर्थशास्त्र, गुन्नार मिर्डाल, जोआन रोबिंसन, जॉन कैनेथ गालब्रेथ, जॉन मेनार्ड कींस, जॉन स्टुअर्ट मिल,

जोसेफ़ शुमपीटर, जैव विविधता, ट्रस्टीशिप, डेविड रिकार्डो, ढाँचागत समायोजन कार्यक्रम, थॉमस मन और वणिकवाद, थॉमस रॉबर्ट माल्थस, दक्षता, धन, नियोक्लासिकल अर्थशास्त्र, नीतिशास्त्र और अर्थशास्त्र, निकोलस काल्दोर, नियोजन, नियोजन : मार्क्सवादी विमर्श, पण्य, पण्य-पूजा, पेटेंट, पॉल सेमुअलसन, पियरो स्राफ़ा, प्रतियोगिता, फ्रांस्वा केस्ने और प्रकृतिवाद, फ्रेड्रिख़ वॉन हायक, बहुराष्ट्रीय निगम, बाज़ार, बाज़ार की विफलताएँ, बाज़ार-समाजवाद, बौद्धिक सम्पदा अधिकार, ब्रेटन वुड्स प्रणाली, भारत में बहुराष्ट्रीय निगम, भारत में नियोजन, भारत में पेटेंट क़ानून, भारत में शेयर संस्कृति, भूमण्डलीकरण और पूँजी बाज़ार, भूमण्डलीकरण और वित्तीय पूँजी, भूमण्डलीकरण और वित्तीय उपकरण, मार्क्सवादी अर्थशास्त्र, मिल्टन फ्रीडमेन, मूल्य, राजकोषीय नीति और मौद्रिक नीति, रॉबर्ट ओवेन, विलफ्रेडो परेटो, विश्व व्यापार संगठन, विश्व बैंक, विलियम पेटी, विलियम स्टेनली जेवंस, वैकासिक अर्थशास्त्र, शोषण, साइमन कुज़्नेत्स।

संदर्भ

1. अर्नेस्ट मेंडल (1971), *द फोर्मेशन ऑफ़ इकॉनॉमिक थॉट ऑफ़ कार्ल मार्क्स,* मंथली रिव्यू प्रेस, न्यूयॉर्क.
2. साइमन मोहुन (1991), 'कैपिटल', संकलित : टॉम बोटोमोर वग़ैरह (सम्पा.), *अ डिक्शनरी ऑफ़ मार्क्सिस्ट थॉट,* माया ब्लैकवेल, वर्ल्डव्यू प्रेस, नयी दिल्ली.
3. पी.एन. जुनानकर (1982), *मार्क्सिज़ इकॉनॉमिक्स,* फ़िलिप ऐन, डेडिंगटन.
4. कार्ल मार्क्स (1976), *कैपिटल : अ क्रिटीक ऑफ़ पॉलिटिकल इकॉनॉमी* (1867), अनुवाद : बी. फ़ाउकेस, पेंगुइन, हार्मंड्सवर्थ, 1976 (हिंदी में इस रचना का अनुवाद रामविलास शर्मा ने किया है).
5. मेघनाद देसाई (1979), *मार्क्सियन इकॉनॉमिक्स,* बेसिल ब्लेकवेल, ऑक्सफ़र्ड.

— अभय कुमार दुबे

पूँजी-नियंत्रण

(Capital Controls)

भूमण्डलीकरण अगर वित्तीय पूँजी के मुक्त प्रवाह की परिस्थितियाँ तैयार करता है, तो पूँजी-नियंत्रण के प्रावधानों के ज़रिये राष्ट्रीय सरकारें अपनी सीमाओं के आर-पार उन प्रवाहों को नियंत्रित करने की कोशिश करती हैं। ये नियंत्रण कोई नये नहीं हैं, पर साठ के दशक के आख़िरी सालों से इनकी उपयोगिता घटती जा रही थी। नब्बे के दशक में एशियाई वित्तीय प्रणाली और कई देशों की अर्थव्यवस्थाओं को लगे ज़बरदस्त झटके के बाद से अर्थशास्त्रियों के बीच इन उपायों के फ़ायदे-नुक़सानों पर फिर से बहस फूट पड़ी। इसकी शुरुआत 1998 से हुई जब मलेशिया की सरकार ने अपनी अर्थव्यवस्था को बचाने के लिए पूँजी के अंतर्वाह (इन फ़्लो) और बहिर्वाह (आउट फ़्लो) को नियंत्रित करने का फ़ैसला किया। मलेशियन सरकार का निशाना असल में सट्टेबाज़ी में लगी पूँजी थी। आम तौर पर पूँजी नियंत्रण दो कारणों से लागू किये जाते हैं। पहला, अर्थव्यवस्था के समष्टिगत प्रबंधन के लिए (मौद्रिक व राजकोषीय उपायों के बदल)। दूसरा, दूरगामी वैकासिक लक्ष्यों की प्राप्ति के लिए।

वित्तीय पूँजी के अंतर्वाह के दो रूप हैं। प्रत्यक्ष विदेशी निवेश और पोर्टफ़ोलियो निवेश। प्रत्यक्ष विदेशी निवेश में निवेशक प्रबंधन के ऊपर नियंत्रण रखता है। पोर्टफोलियो निवेशक केवल पूँजी उपलब्ध कराता है और प्रबंधन से कोई वास्ता नहीं रखता। दोनों तरह के निवेशकों की क़िस्म भी भिन्न है। पोर्टफ़ोलियो निवेशकों में ज़्यादातर संस्थागत निवेशक होते हैं, जैसे मेरिल लिंच, मोर्गन स्टेनली और फिडेलिटी इन्वेस्टमेंट। प्रत्यक्ष निवेश शैल, माइक्रोसॉफ्ट, कोक, नेस्ले आदि बहुराष्ट्रीय कम्पनियाँ करती हैं।

पोर्टफ़ोलियो निवेश थोड़ी अवधि के लिए होता है। कुछ हफ़्तों से लेकर कुछ वर्षों तक। जितनी तेज़ी से यह आता है उतनी ही तेज़ी से देश छोड़ कर भाग भी सकता है, क्योंकि संस्थागत निवेशक अपने शेयर बेच कर फटाफट पल्ला झाड़ लेते हैं। इसीलिए इस तरह के निवेश को हॉट मनी या उड़न-छू पूँजी कहा जाता है। प्रत्यक्ष विदेशी निवेश दीर्घावधि के लिए होता है। यह भारी मशीनी माल और कारखानों में किया जाता है। इसे आसानी से बेच कर बहुराष्ट्रीय निगम अपनी पूँजी नहीं निकाल सकते।

वित्तीय पूँजी के इस दोतरफ़ा प्रवाह के लिए राजनीतिक स्थिरता बहुत महत्त्वपूर्ण है। पोर्टफ़ोलियो निवेशक का मक़सद केवल पूँजीगत मुनाफ़ा और लाभांश कमाना होता है। इसलिए वे मुनाफ़े से प्राप्त पूँजी को अपने देश ले जाने को ज़्यादा महत्त्व देते हैं। दूसरी तरफ़ प्रत्यक्ष विदेशी निवेश करने वाले निवेशक बाज़ार, श्रम, उत्पादन लागत और अधिसंरचनात्मक सुविधाओं के विकास और आकार में ज़्यादा दिलचस्पी रखते हैं।

पोर्टफ़ोलियो पूँजी प्रवाह अधिक अस्थिर और चंचल होता है। इसमें बढ़ोतरी आने के पीछे प्रमुख कारण यह रहा है कि प्रमुख विकसित देशों में निवेश पर मुनाफ़े की दरें अपेक्षाकृत घट गयी थीं। इसलिए निवेशकों ने उन देशों में अपना धन लगाने का फ़ैसला किया जहाँ ब्याज दरें कुछ ज़्यादा थीं। दूसरा कारण यह था कि पिछले दस वर्षों में विकसित देशों में बचत का संस्थानीकरण होने के कारण निवेश के लिए पूँजी भारी पैमाने पर जमा हो गयी थी। यह रुझान संस्थागत निवेशकों के उदय से और मज़बूत हुआ है।

ये निवेशक शेयर बाज़ारों में कारोबार के ज़रिये अपना धंधा करते हैं।

दुनिया के अलग-अलग देशों में घड़ी की सुइयाँ जिस तरह हमेशा चलती रहती हैं, उसी तरह इन शेयर बाज़ारों में भी कहीं न कहीं लेन-देन चलता रहता है। एक शहर में लेन-देन बंद होता है तो गतिविधियों का केंद्र दूसरा शहर बन जाता है। न्यूयॉर्क में बाज़ार बंद होते ही विलिंगटन में लेन-देन शुरू हो जाता है। टोक्यो का बाज़ार बंद होते ही लंदन का खुल जाता है जिसके बंद होने के ढाई घंटे पहले न्यूयॉर्क में धंधा शुरू हो जाता है। प्रौद्योगिकी के बढ़ते क़दमों, ख़ासकर संचार और सूचना प्रणाली में हुई प्रगति ने भी पूँजी बाज़ारों के भूमण्डलीकरण में योगदान किया है। दिक् और काल की प्राकृतिक बाधाओं को लाँघ जाने वाली प्रौद्योगिकीय प्रगति का सबसे ज़्यादा असर इन बाज़ारों के भूमण्डलीकरण पर देखा जा सकता है। दस साल पहले चौबीस घंटे जारी रहने वाली ट्रेडिंग नामुमकिन थी, लेकिन आज यह आम बात है।

अगर कोई सरकार अपने नागरिकों की बचत को स्थानीय निवेश में इस्तेमाल करना चाहती है या फिर निवेश के कुछ रूपों को नागरिकों के लिए ही सुरक्षित रखना चाहती है तो वह पूँजी नियंत्रण के उपाय करना चाहेगी। दिलचस्प बात यह है कि पूँजी-नियंत्रण के उपाय ग़रीब और अमीर देश भिन्न-भिन्न कारणों से करते हैं। साठ के दशक के बाद जब पूँजी के पहले से कहीं ज़्यादा मुक्त प्रवाहों की नौबत आयी तो पश्चिम जर्मनी, हालैण्ड और स्विटज़रलैण्ड जैसे अमीर देशों की मुद्रा की माँग बढ़ गयी। नतीजतन उनका निर्यात महँगा हो गया। इसलिए उन्हें अनिवासियों द्वारा बैंक-जमा करने पर सीमाएँ आरोपित करनी पड़ीं।

ग़रीब या कम समृद्ध देश आम तौर पर अपनी पूँजी बाहर जाने से रोकने की कोशिश करते हैं। उदाहरण के लिए अगर किसी देश के नागरिक या वहाँ काम कर रहे विदेशी अपनी पूँजी बाहर ले जा कर प्रत्यक्ष या शेयर-पूँजी के रूप में कोई निवेश करना चाहते हैं, तो वे उन्हें रोकने के लिए नियम-क़ानून बनाते हैं। अगर कोई विदेशी अपनी कमायी या मुनाफ़े को स्वदेश ले जाना चाहता है तो एक अवधि निर्धारित की जा सकती है कि उससे पहले वह रिपेट्रिएशन की यह कार्रवाई नहीं कर सकता। विदेशी मुद्रा की उपलब्धि के लिहाज़ से भी रिपेट्रिएशन को चरणबद्ध ढंग से नियोजित करने का निर्देश दिया जा सकता है। नागरिकों द्वारा देश के बाहर बैंकों में धनराशि जमा करने पर प्रतिबंध भी लगाये जा सकते हैं। दूसरी तरफ़ सरकारें ज़रूरत के मुताबिक़ अपने नागरिकों को विदेशों में बैंक खाते खोलने और विदेशी मुद्रा में सौदे करने की सुविधा भी प्रदान कर सकती हैं। सरकारें विदेशी मुद्रा की जमा-राशियों पर ब्याज न देने के मक़सद से उन्हें नॉन इंटरेस्ट बियरिंग कैपिटल रिज़र्व की श्रेणी में रख सकती हैं। ऐसा करने से विदेशी मुद्रा की जमा-राशियाँ अनाकर्षक हो जाएँगी। देश के बाहर जाने वाली मुद्रा पर पाबंदियाँ लगाने का मुख्य मक़सद वित्तीय संकट के समय मुद्राओं के बीच संबंध में होने वाले परिवर्तनों को रोकना होता है ताकि मुद्रा के मूल्य में होने वाले ह्रास को रोका जा सके।

हाल ही में कुछ विकासशील देशों ने सट्टेबाज़ी में इस्तेमाल होने वाली पूँजी का अंतर्वाह नियंत्रित करने के लिए नियंत्रण के उपाय करने शुरू किये हैं। 1992 में चिली ने प्रत्येक विदेशी क़र्ज़ का बीस फ़ीसदी आरक्षित करने का नियम बनाया। इस सीमा को बाद में बढ़ा कर तीस फ़ीसदी तक कर दिया गया। इसके मुताबिक़ हर विदेशी ऋण का एक ख़ास प्रतिशत चिली के केंद्रीय बैंक में एक साल के लिए बिना किसी ब्याज के आरक्षित करना ज़रूरी हो गया। 1994 में ब्राज़ील ने शेयर मार्केट में विदेशी निवेश पर टैक्स लगाने का फ़ैसला किया। इसी साल चैक गणराज्य ने अपने बैंकों द्वारा किये जाने वाले विदेशी सौदों पर कर लगाने की नीति बनायी। इसके बाद चैक सरकार ने बैंकों और अन्य सरकारों द्वारा विदेशों से उठाये जाने वाले अल्पावधि क़र्ज़ों पर भी सीमाएँ आरोपित कर दीं। मलेशिया ने पहले 1994 में और फिर 1998 में पूँजी के अंतर्वाह पर पाबंदियाँ लगायीं और अंतर्राष्ट्रीय वित्तीय संस्थाओं की चिंताओं की कोई परवाह नहीं की।

पूँजी-नियंत्रणों पर पाबंदियाँ लगाने के फ़ायदे-नुक़सानों को लेकर विशेषज्ञों के बीच काफ़ी बहस है। मुक्त बाज़ार के समर्थकों की मान्यता है कि ये उपाय मुख्यत: प्रतिगामी ही साबित होते हैं, पर इनके समर्थकों का कहना है कि हाल के वर्षों में पूँजी-प्रवाहों में असाधारण वृद्धि हुई है और सरकारों के पास उन्हें अपने राष्ट्रीय हितों में नियंत्रित करने के कुछ ही उपाय बचे हैं जिनका इस्तेमाल करना ही चाहिए।

मुख्य तौर पर पूँजी-नियंत्रणों के विरोधी पाँच क़िस्म की दलीलें देते हैं : पूँजी-नियंत्रण के उपाय निवेशकों के अधिकारों की सीमित कर देते हैं और उनके पास अपनी मर्ज़ी से अपना धन निवेश करने का हक़ नहीं रहता, विदेशी निवेशक हतोत्साहित हो जाते हैं क्योंकि उनके पास अपनी कमयी स्वदेश ले जाने की गारंटी नहीं रहती, पूँजी-नियंत्रण बाज़ारों द्वारा लागू किये जाने वाले अनुशासन को भंग कर देता है (समझा जाता है कि बाज़ार विकासोन्मुख नीतियाँ अपनाने वाली अर्थव्यवस्थाओं को फ़ायदा पहुँचाते हैं और उसके विपरीत आचरण करने वाली अर्थव्यवस्थाओं को दण्डित करते हैं), पूँजी-नियंत्रण एक बार शुरू होने पर किसी सीमा में नहीं रहते और न केवल वे विदेशी मुद्रा पर राशन लगाते हैं बल्कि उपभोक्ताओं द्वारा आयातित माल ख़रीदने को भी

सीमित करते चले जाते हैं। पाँचवीं और आख़िरी आपत्ति यह है कि पूँजी-नियंत्रण उदीयमान अर्थव्यवस्थाओं को अलगाव में धकेल देते हैं और अगर उन्हें जल्दी ख़त्म न किया जाए तो उनके कारण कोई देश विश्वव्यापी आर्थिक विकास से कट जाता है। पूँजी-नियंत्रकों का कहना है कि दुनिया में श्रम आसानी से और इफ़रात में मिलता है, पर पूँजी मुश्किल से मिलती है। इसलिए बेहतर यही है कि पूँजी को लगातार गतिशील रखा जाए और विश्व के आर्थिक विकास की गारंटी करने के लिए वित्तीय बाज़ारों का पूर्ण एकीकरण हो जाए।

लेकिन इसके विपरीत पूँजी-नियंत्रण के समर्थक विदेशी पूँजी के अस्थिर और चंचल चरित्र को लेकर चेतावनी देते नज़र आते हैं। जो देश पहले से ही क़र्ज़दार हैं, उनकी मुद्रा हमेशा सट्टेबाजों के हमले के अंदेशे की शिकार रहती है। वे सिफ़ारिश करते हैं कि अगर विकासशील और कमज़ोर देशों को अपनी मुद्रा की रक्षा करनी है तो उनके सामने पूँजी-नियंत्रण के अलावा कोई और चारा नहीं है।

देखें : अंतर्राष्ट्रीय मुद्रा कोष, ढाँचागत समायोजन कार्यक्रम, पेटेंट, ब्रेटन वुड्स प्रणाली, भूमण्डलीकरण : भारतीय अर्थव्यवस्था का, भारत में पेटेंट क़ानून, भारत में बहुराष्ट्रीय निगम, भारत में शेयर संस्कृति, भूमण्डलीकरण, भूमण्डलीकरण का इतिहास-1 और 2, भूमण्डलीकरण और बेरोज़गारी, भूमण्डलीकरण और ग़रीबी, भूमण्डलीकरण और पूँजी बाज़ार, भूमण्डलीकरण और लोकतंत्र, भूमण्डलीकरण और राज्य, भूमण्डलीकरण और राष्ट्रीय सम्प्रभुता, भूमण्डलीकरण और वित्तीय पूँजी, भूमण्डलीकरण और वित्तीय उपकरण, भूमण्डलीकरण के आलोचक, भूमण्डलीकरण के ख़िलाफ़ प्रतिरोध, विश्व बैंक, विश्व व्यापार संगठन।

संदर्भ

1. एस. एडवर्ड्स (सम्पा.) (1997), *कैपिटल कंट्रोल्स, एक्सचेंज रेट्स, ऐंड मोनेटरी पॉलिसी इन वर्ल्ड इकॉनॉमी,* केम्ब्रिज युनिवर्सिटी प्रेस, केम्ब्रिज.
2. एम. कैहलर (सम्पा.) (1998), *कैपिटल कंट्रोल्स ऐंड फाइनेंशियल क्राइसिस,* कॉरनेल युनिवर्सिटी प्रेस, इथाका, न्यूयॉर्क.
3. कवलजीत सिंह (1999), *पूँजी का भूमण्डलीकरण,* अनु. : अभय कुमार दुबे, ऋतिका प्रकाशन, नयी दिल्ली.
4. एम. मारिस (1997), एलन एम. सीगल और बेवर्ली लार्सन, *गाइट टु इंटरनैशनल मनी ऐंड इंवेस्टिंग,* डाउ जोंस पब्लिशिंग कम्पनी (एशिया) इंक.

— अभय कुमार दुबे

पूँजीवाद

(Capitalism)

पूँजीवाद को कई तरह से परिभाषित किया जा सकता है। सबसे पहले यह एक आर्थिक प्रणाली है जिसके तहत उत्पादन के साधन पूँजी के मालिक वर्ग के हाथों में रहते हैं। समाज के ज़्यादातर हिस्से को स्वामित्व से वंचित रखने वाला यह आर्थिक निज़ाम एक समाज-व्यवस्था की रचना भी करता है। पण्य-उत्पादन के ज़रिये सामाजिक संबंधों का मौद्रिकीकरण करके जीवन के सभी पक्षों को आर्थिक आग़ोश में लेने वाला पूँजीवाद अपने उद्गम में मानव समाज के ऐतिहासिक विकास का एक चरण भी है। इसे एक विचार-प्रणाली और आंदोलन की संज्ञा भी दी जा सकती है। दरअसल, पूँजीवाद अपनी इन सभी परिभाषाओं का संयोग है। ग़ैर-मार्क्सवादी अर्थशास्त्री एक पद के रूप में पूँजीवाद का इस्तेमाल शायद ही कभी करते हों। पर, मार्क्सवादी लेखन में भी इसका प्रयोग बहुत बाद में होना शुरू हुआ है। कार्ल मार्क्स ने अपने लेखन में 'कैपिटलिस्टिक' या 'कैपिटलिस्ट' जैसे विशेषणों का इस्तेमाल तो किया है, लेकिन *कैपिटल* के पहले खण्ड में और *कम्युनिस्ट मैनि.फ़ेस्टो* के पृष्ठों पर संज्ञा के रूप में 'कैपिटलिज़म' का उल्लेख नहीं मिलता। 1877 में अपने रूसी अनुयायियों को लिखे पत्र में मार्क्स रूस के 'कैपिटलिज़म' में संक्रमण की समस्याओं का ज़िक्र करते हुए दिखते हैं। दरअसल, मार्क्स के जीवन-काल में 1854 में ही कैपिटल के साथ इज़म लगा कर इस शब्द का पहली बार प्रयोग मिलता है।

ऐडम स्मिथ और अन्य क्लासिकल अर्थशास्त्रियों द्वारा पूँजीवाद के लक्षणों के बारे में प्रदान की गयी अंतर्दृष्टियों के मुताबिक़ यह उत्पादन की एक ऐसी स्पर्धामूलक व्यवस्था है जिसके परिणाम उसमें काम कर रहे कर्त्ताओं की मंशा से भिन्न होते हैं। लेकिन क्लासिकल अर्थशास्त्री उन सामाजिक पूर्व-शर्तों या मनोवृत्तियों की शिनाख़्त नहीं कर पाये जो 'व्यावसायिक समाज' के उभार के लिए ज़िम्मेदार थीं। यह काम मार्क्स और मैक्स वेबर ने किया। मार्क्स ने संचय की आदिम प्रक्रिया पर ज़ोर दिया जिसकी वजह से प्रत्यक्ष उत्पादकों को उत्पादन के साधनों से अलग हो जाना पड़ा। नतीजे के तौर पर वर्ग संबंधों की रचना हुई जिसके तहत मज़दूर वर्ग मेहनताने पर काम करने के लिए उपलब्ध हुआ। मार्क्स ने छोटे मालिकों और सेवायोजकों की उस परिवर्तनकारी भूमिका को भी रेखांकित किया जिसके तहत उन्होंने उत्पादकता बढ़ाने की होड़ की और औद्योगिक क्रांति सम्पन्न हुई। दूसरी तरफ़ वेबर ने पूँजीवाद का श्रेय प्रोटेस्टेंट

मूल्यों को दिया। शुरुआती पूँजीपतियों के लिए ज़रूरी था कि वे आर्थिक लाभों के लिए प्रयास करते हुए भी स्वयं सादगी और किफ़ायत का जीवन जियें, अनुशासित रहें और वक़्त की बचत करें। वेबर का ख़याल था कि ईसाई शुद्धतावाद के प्रभाव में ये प्रवृत्तियाँ मज़बूत हुईं और पूँजीवाद के उभार की परिस्थितियाँ बनीं। मार्क्स और वेबर की इन दो अलग-अलग व्याख्याओं के आधार पर समाज-विज्ञान में पूँजीवाद के बारे में एक लम्बी बहस छिड़ गयी और एक-दूसरे से अलग रिसर्च एजेंडों की शुरुआत हुई।

मोटे तौर पर पूँजीवाद की शुरुआत को इस तरह समझा जा सकता है : पूँजीवाद की परिघटना के पहले से भी बाज़ार मौजूद था, मुद्रा थी, ख़रीद-फरोख़्त और लम्बी दूरी की तिजारत भी होती थी। लेकिन, रोज़ाना की ज़िंदगी में वस्तुओं और सेवाओं के प्रत्यक्ष उत्पादन की प्रक्रिया ने पण्य का रूप ग्रहण नहीं किया था। यानी श्रमिकों को मज़दूरी या वेतन पर नहीं रखा जाता था। सोलहवीं सदी से पहले आज की तरह मेहनताने के बदले मज़दूरी प्रचलित नहीं थी। दास और भू-दास अपने स्वामी के लिए श्रम करते थे जिससे अधिशेष उत्पाद पैदा होता था। या काश्तकार भू-स्वामी से लगान पर ज़मीन ले कर उत्पादन करते थे। शुरुआती क़िस्म के व्यावसायिक और कारख़ाना उद्यम ज़रूर थे। कुछ इतिहासकारों का दावा है कि मध्ययुगीन यूरोपियन मठों और दक्षिण चीन के कुछ व्यापारियों के काम-काज में पूँजीवादी तौर-तरीक़े झलकने लगे थे। लेकिन हुकूमतें अपनी आमदनी बढ़ाने के चक्कर में पूँजी संचय के किसी भी प्रयास को बार-बार विफल कर देती थीं। सोलहवीं और सत्रहवीं सदी में उत्तर-पश्चिमी युरोप के देशों में पूँजीवादी सामाजिक संबंधों का विकास प्रारम्भ हुआ। समझा जाता है कि इंग्लैण्ड के ग्रामीण क्षेत्रों में सामाजिक संबंध कुछ इस प्रकार के थे कि उनके आधार पर पूँजीवाद के विकास की मात्रा इतनी हो पायी कि एक पूरी सामाजिक संरचना उभर सकी। काश्तकारों को लगान देना पड़ता था, जिसके लिए उन्होंने गेहूँ और ऊन जैसे उत्पादों को बाज़ार में बेचना शुरू किया। इस तरह के उत्पादन को लगातार जारी रखने और उसकी मात्रा बढ़ाने के लिए वे केवल अपने परिजनों को श्रम-शक्ति पर निर्भर नहीं रह सकते थे। इसलिए उन्होंने भाड़े पर श्रमिक रखने शुरू किये और खेती के बेहतर साधनों का प्रयोग किया जिससे उन मज़दूरों की उत्पादकता बढ़ सके।

पूँजीवाद के इतिहास पर काम करने वालों के बीच इस बात पर सहमति है कि पंद्रहवीं सदी से अट्ठारहवीं सदी के बीच व्यापारिक पूँजी का विकास हुआ। राज्य की मदद से खड़ी की गयी इजारेदारियों द्वारा समुद्र-पार व्यापार और उपनिवेशीकरण ने हालैण्ड, स्पेन, पुर्तगाल, इंग्लैण्ड और फ्रांस के लिए इस अवधि में केंद्रीय भूमिका का निर्वाह किया। औद्योगिक पूँजी का उद्घाटन शक्ति-चालित मशीनों के इस्तेमाल के साथ हुआ। इसे औद्योगिक क्रांति के दौर की संज्ञा दी जाती है। इसकी शुरुआत इंग्लैण्ड में सूत कातने वाले उद्योग से हुई और फिर यह क्रांति तेज़ी से पश्चिमी युरोप और उत्तरी अमेरिका के देशों में फैलती चली गयी। भाप के इंजिन ने इसे सार्वभौम चरित्र और विस्तार प्रदान किया। इसी के समांतर राजनीतिक अर्थशास्त्र का एक सामाजिक विज्ञान के रूप में विकास हुआ और लैसे-फ़ेयर (अ-हस्तक्षेप) की विचारधारा पनपी।

हालाँकि पूँजीवाद के तहत सभी तरह के सामाजिक संबंध स्वाभाविक रूप से व्यावसायिक हो जाने के लिए मजबूर हैं, पर अपने-आप को टिकाने के लिए और बीच-बीच में आने वाले संकटों से पार पाने के लिए सार्वजनिक कल्याण की कई संस्थाओं के अव्यवसायीकरण का आग्रह भी उसी के तहत पनपा। बहुत से पूँजीवादी समाजों में मुफ्त शिक्षा, स्वास्थ्य सेवाओं, रिटायरमेंट के बाद की पेंशन जैसी सुविधाएँ दी जाने लगीं। अव्यवसायीकरण की प्रक्रिया के कारण इन देशों में आबादी के कुछ हिस्से जीवन-यापन के लिए वेतन या मज़दूरी पर निर्भर नहीं रह गये। दरअसल, पूँजीवाद में ये रक्षात्मक प्रवृत्तियाँ तीस के दशक की महामंदी और बेरोज़गारी के ज़बरदस्त दौर के कारण पनपीं। जॉन मेनार्ड कींस के आर्थिक चिंतन के आधार पर पूँजीवादी राज्यों ने बाज़ार में राज्य के हस्तक्षेप के लिए गुंजाइशें निकालीं जिससे इस व्यवस्था के लगातार टिके रहने की संभावना बढ़ गई। इन कामयाबियों का लाभ उठाते हुए द्वितीय विश्व-युद्ध के बाद विश्व अर्थव्यवस्था के पूँजीवादी ढाँचे का पुनर्गठन हुआ और ब्रेटन वुड्स प्रणाली उभरी। इसी के तहत विश्व बैंक और अंतर्राष्ट्रीय मुद्रा कोष जैसी संस्थाओं का गठन हुआ। सत्तर के दशक में तेल के दामों में आये भारी उछाल और स्टैगफ़्लेशन (उत्पादन-वृद्धि में जड़ता और मुद्रास्फीति का घातक योग) ने इस व्यवस्था को झकझोर दिया। ब्रेटन वुड्स सहमति टूट गयी और उसके बाद से पूँजीवाद के इन कल्याणकारी पहलुओं की आलोचना शुरू हुई।

हालाँकि आज भी सर्वाधिक विकसित पूँजीवादी राज्यों के कुल घरेलू उत्पाद के तीसरे से पाँचवें हिस्से को कल्याणकारी मदों पर ख़र्च किया जाता है, लेकिन विकसित पूँजीवादी देशों में नीतिगत रुझान अब (नियोक्लासिकल अर्थशास्त्र के आग्रह तले) बाज़ारोन्मुख नीतियों, निर्यातोन्मुख विकास, पब्लिक सेक्टर का महत्त्व घटाने, निजी पूँजी की सर्वोपरिता स्वीकार करते हुए निजीकरण और ढाँचागत समायोजन कार्यक्रमों की तरफ़ है। अविकसित और विकासशील देशों से भी पूँजीवाद के पैरोकार यही अपेक्षा करते हैं कि वे इन्हीं नीतियों को अपना कर विकास के रास्ते पर क़दम बढ़ाएँगे।

पूँजीवाद के कुछ अन्य उल्लेखनीय लक्षण हैं हज़ारों बहुराष्ट्रीय कम्पनियों का उद्‌भव, कारपोरेटवाद की स्थापना, उपभोक्तावाद का बोलबाला और नब्बे के दशक में भूमण्डलीकरण के कारण ताक़तवर हुई वित्तीय पूँजी की सत्ता। इन नयी प्रक्रियाओं के परिणामस्वरूप ब्रेडनवुड्स प्रणाली के बाद डब्ल्यूटीओ या विश्व व्यापार संगठन के नेतृत्व में एक नयी विश्व-व्यवस्था धीरे-धीरे तैयार हो रही है। ऐतिहासिक रूप से पूँजीवाद को अपने जीवन-काल में हमेशा से संगठित मज़दूर वर्ग और किसान आधारित आंदोलनों के कड़े प्रतिरोध का सामना करना पड़ा है। ऐसा कई बार लगा है कि ये प्रतिरोधी शक्तियाँ पूँजीवाद को अंतिम रूप से पराजित कर देंगी। ख़ास कर बीसवीं सदी की शुरुआत से लेकर द्वितीय विश्व युद्ध के काफ़ी बाद तक लगता रहा कि सोवियत कम्युनिस्ट क्रांति, चीनी कम्युनिस्ट क्रांति और वामपंथी रुझान वाले राष्ट्रीय मुक्ति संग्राम मिल-जुल कर एक ऐसी वैकल्पिक विश्व-व्यवस्था की रचना कर सकेंगे जो मानवता को पूँजीवाद के मुक़ाबले अधिक लाभान्वित करेगी। लेकिन ये क्रांतियाँ और आंदोलन सदी के आख़िरी सालों तक थकान प्रदर्शित करने लगे। पूँजीवादी निज़ाम से होड़ करने में नाकाम हो कर सोवियत संघ बिखर गया, चीनी अर्थव्यवस्था ने बाज़ारोन्मुख समाजवाद को अपना लिया और अन्य वामपंथी देशों ने भी आदर्श समाजवादी समाज बनाने के सपने को त्याग दिया।

इक्कीसवीं सदी के शुरुआती वर्षों में स्थिति यह है कि पूँजीवाद बिना किसी बड़ी चुनौती के अपना बोलबाला क़ायम करते हुए आगे बढ़ रहा है। लेकिन, यह समझ लेना एक भूल होगी कि उसकी समस्याएँ ख़त्म हो चुकी हैं। दुनिया के कुछ क्षेत्रों में पूँजीवादी वृद्धि के फलस्वरूप हुई आर्थिक वृद्धि और अति-उपभोग ने पृथ्वी, पर्यावरण और पारिस्थितिकी के अस्तित्व को ही जोखिम में डाल दिया है। कुछ हिस्से ऐसे भी हैं जहाँ पूँजीवादी विकास कमोबेश ग़ैरहाजिर है। पूँजीवाद की नियामक संस्थाएँ विश्व बैंक, आईएमएफ और डब्ल्यूटीओ ग़ैर-पूँजीवादी जीवन-शैलियों का आदर करते हुए उनके साथ तालमेल बैठाना नहीं सीख पाये हैं। इन संस्थाओं की कोशिश इन समाजों पर पण्यीकरण को बढ़ावा देने वाली नीतियाँ थोपने की कोशिश होती रहती है। इसकी प्रतिक्रिया में प्रतिरोधमूलक वैकल्पिक भूमण्डलीकरण का समर्थन करने वाले आंदोलनों ने थोड़ी-बहुत रफ़्तार पकड़ी है, पर उनकी शक्ल-सूरत साफ़ होना अभी बाक़ी है।

देखें : अर्नेस्टो चे गुएवारा, आधार और अधिरचना, ऑस्कर रायज़ार्ड लांगे, आंगिक और पारम्परिक बुद्धिजीवी, एंतोनियो ग्राम्शी, कार्ल हाइनरिख़ मार्क्स-1, 2. 3 और 4, क्रांति, क्रांति : मार्क्सवादी विमर्श, ग्योर्गी लूकाच, नयी सदी में मार्क्सवादी विमर्श-1 से 9 तक, निष्क्रिय क्रांति, फ्रेड्रिख़ एंगेल्स, फ्रैंकफ़र्ट स्कूल, भारत में किसान संघर्ष-2 और 4, भारतीय कम्युनिस्ट पार्टी, भारतीय कम्युनिस्ट पार्टी (मार्क्सवादी), भारतीय इतिहास लेखन, भाषा के मार्क्सवादी सिद्धांत, भ्रांत चेतना, बोल्शेविक क्रांति, फ्रांस्वा-चार्ल्स मारी फ़ूरिये, क्यूबा की क्रांति, फ्रेंज़ फ़ानो, हिंसा-1 और 2, मानवेंद्र नाथ राय, माओ त्से-तुंग, माओवाद और माओ विचार, मार्क्सवाद-1 से 5 तक, मार्क्सवादी इतिहास-लेखन, मार्क्सवादी समाजशास्त्र, मार्क्सवाद और पारिस्थितिकी, मार्क्सवादी अर्थशास्त्र, मिख़ाइल मिख़ाइलोविच बाख़्तिन, समाजवादी वसंत-1 से 4 तक, रॉबर्ट ओवेन, राज्य की मार्क्सवादी अवधारणा, लेनिनवाद, लियोन ट्रॉट्स्की, लिबरेशन थियोलॅजी, सांस्कृतिक क्रांति, सैं-सिमों, स्तालिन और स्तालिनवाद, सोवियत समाजवाद-1 से 3 तक, सोवियत सिनेमा, वर्चस्व, व्लादिमिर इलीच लेनिन।

संदर्भ

1. मैक्स वेबर (1974), *द प्रोटेस्टेंट इथिक ऐंड द स्पिरिट ऑफ़ कैपिटलिज़म,* पेंगुइन, हारमंड्सवर्थ.
2. कार्ल मार्क्स (1974), *कैपिटल,* खण्ड 1, अर्नेस्ट मेंडल लिखित परिचय के साथ, पेंगुइन, हारमंड्सवर्थ.
3. डेविड हार्वी (1999), *लिमिट्स ऑफ़ कैपिटल,* दूसरा संस्करण, वरसो, लंदन.
5. मिशेल चोसुदोव्स्की (1997), *ग्लोबलाइज़ेशन ऑफ़ पॉवर्टी : इम्पेक्ट ऑफ़ आईएमएफ ऐंड वर्ल्ड बैंक रिफ़ॉर्म्स,* द अदर इण्डिया प्रेस और माध्यम बुक्स, नयी दिल्ली.

— अभय कुमार दुबे

पनोप्टिकॉन

(Panopticon)

पनोप्टिकॉन शब्द दो घटकों से मिल कर बना है : पन और ऑप्टीकॉन। पन का मतलब है क़ैदी और ऑप्टीकॉन का मतलब है क़ैदियों पर नज़र रखने वाला निगरानीकर्त्ता। एक ऐसी जगह जहाँ क़ैदियों पर निगाह रखी जाती हो, जेल ही हो सकती है। इस पद और इससे जुड़ा सिद्धांत गढ़ने का श्रेय अंग्रेज़ दार्शनिक और सामाजिक सिद्धांतकार जेरेमी बेंथम को जाता है। उन्होंने 1785 में एक कारागार की डिज़ाइन के रूप में इसका इमारती ब्लूप्रिंट बनाया था। वे एक गोलाकार इमारत बनाना चाहते थे जिसके बीच में एक ऊँचा टॉवर बनाया जाना था। टावर और उसके चारों ओर कुछ दूर बनी चारदीवारी के बीच क़ैदियों या पागलों को रखने वाली कोठरियाँ बननी थीं। बेंथम की योजना थी कि इन कोठरियों में हमेशा रोशनी रखी जाए ताकि उसमें रहने वालों की गतिविधियों पर टॉवर से नज़र रखी जा सके। बेंथम का मक़सद था कि क़ैदियों या पागलों को अपनी निगरानी का पता नहीं लगना चाहिए। बेंथम

उपयोगितावादी दर्शन के पैरोकार थे और उनकी मान्यता थी कि अगर जेल को इस प्रकार बनाया जाए कि उसमें बंद क़ैदी अपने ऊपर निगरानी रखने वाले को देख ही न सकें तो निगरानी का ख़र्च बहुत कम हो जाएगा। चूँकि क़ैदियों को पता ही नहीं होगा कि उन पर नज़र रखी जा रही है या नहीं, इसलिए निगरानीकर्त्ता को हमेशा ड्यूटी पर रहने की ज़रूरत नहीं होगी। बेंथम की इस डिज़ाइन के आधार पर दुनिया भर में बहुत से कारागारों की तामीर की गयी है। पर समाज-विज्ञान के लिए पनोप्टिकॉन का महत्त्व केवल इसीलिए नहीं है। उसके लिए तो पनोप्टिकॉन का विचार एक रूपक की हैसियत प्राप्त कर चुका है। फ्रांसीसी चिंतक मिशेल फ़ूको ने अपनी रचना *डिसिप्लिन ऐंड पनिश* में बेंथम की इस अवधारणा के इस्तेमाल के ज़रिये दिखाया कि किस तरह आधुनिक समाज में कारागार ही नहीं, बल्कि फ़ौज, स्कूल, अस्पताल और फ़ैक्ट्रियों जैसी कोटिक्रम आधारित संरचनाओं का विकास ऐतिहासिक रूप से पनोप्टिकॉन के तर्ज़ पर ही हुआ है। फ़ूको के अनुसार आधुनिक समाज अनुशासन लागू करना चाहता है, जिसके लिए उसे अपने हर सदस्य पर हर हालत में निगरानी करने की ज़रूरत पड़ती है। निगरानी की यह प्रक्रिया कुछ इस तरह चलती है जैसे कि कुछ हो ही न रहा हो, सब कुछ सामान्य हो। यही पनोप्टिकॉन का उद्देश्य है।

ऐसी बात नहीं कि पनोप्टिकॉन के विचार में निहित सत्ताकेंद्रीयता के प्रबल आग्रहों से बेंथम भी अपरिचित थे। इसलिए उन्होंने इसे एक ऐसी अभूतपूर्व विधि के रूप में भी परिभाषित किया था जिसके ज़रिये एक मस्तिष्क दूसरे पर अपनी सत्ता स्थापित कर सकता है। वे इसे जेल के अलावा एक व्यापक फलक पर भी दखते थे। उनकी मान्यता थी कि अगर पनोप्टिकॉन जैसे स्थापत्य के तहत काम किया जाए तो लोगों को नैतिक दृष्टि से सुधारा जा सकेगा, उनकी तंदरुस्ती ठीक रहेगी, उद्योगों में नयी जान पड़ जाएगी, शिक्षा का प्रसार हो सकेगा, जनता के ऊपर बोझ कम होगा, अर्थव्यवस्था का आधार चट्टान की तरह ठोस होता चला जाएगा और क़ानून अपनी कमज़ोरियों के बावजूद सुदृढ़ हो सकेगा। इस कथन से ज़ाहिर है कि बेंथम को पनोप्टिकॉन से बहुत उम्मीदें थीं। शायद इसीलिए उन्होंने अपने जीवन का काफ़ी समय और अपनी धन-सम्पत्ति का एक बड़ा हिस्सा पनोप्टिकॉन की डिज़ाइन पर आधारित कारागार बनवाने की कोशिशों पर ख़र्च किया। इस चक्कर में बेंथम को कई तरह की राजनीतिक और वित्तीय कठिनाइयाँ झेलनी पड़ीं। 1811 में ब्रिटिश संसद की तरफ़ से उन्हें ऐसी इमारत खड़ी करने के लिए जगह ख़रीदने की इजाज़त मिली लेकिन इंग्लैण्ड के राजा ने उस पर अपनी मुहर लगाने से इनकार कर दिया। दो साल बाद संसद ने बेंथम को हुई वित्तीय हानि की भरपाई करने के लिए उन्हें 23,000 पाउंड का मुआवज़ा दिया। कुल मिला कर बेंथम के जीवनकाल में उनकी डिज़ाइन के आधार पर कोई भी जेलख़ाना नहीं बन सका। बाद में पनोप्टिकॉन के विचार से प्रभावित हो कर ब्रिटेन, अमेरिका, हंगरी, स्पेन, अर्जेंटीना, मैक्सिको, वियतनाम, फ्रांस, कनाडा, न्यूज़ीलैण्ड, ऑस्ट्रेलिया, क्यूबा और दक्षिण अफ्रीका में कई कारागारों का निर्माण किया गया। इंग्लैण्ड में वूस्टर स्टेट हॉस्पिटल और डर्बीशायर की राउंड मिल की इमारतें भी पनोप्टिकॉन से प्रभावित हो कर बनायी गयी मानी जाती हैं।

आज पनोप्टिकॉन स्थापत्य के रूप में फ़ैशन से बाहर हो चुका है। पर समाज और नगारिकों पर निगरानी क़ायम करने के सिद्धांत के रूप में उसका महत्त्व लगातार बढ़ा है। साहित्यिक और सांस्कृतिक निरूपणों में पनोप्टिकॉन जैसी संरचनाओं का ज़िक्र होता रहता है। इनमें फ्रेंज़ काफ़्का की विख्यात रचना *द कैसेल* और गैब्रियल गार्सिया मार्ख़ेज़ की *क्रॉनिकल ऑफ़ अ डैथ फ़ोरटोल्ड* भी शामिल है।

मिशेल फ़ूको पनोप्टिकॉन के विचार का विस्तार करते हुए उसे आधुनिक समाज की उस बुनियादी प्रवृत्ति पर लागू करते हुए 'पनोप्टीसिज़म' की धारणा पेश करते हैं जिसके तहत मानवीय आबादियों को कुछ ऐसी ताक़तों द्वारा प्रबंधित और नियंत्रित किया जाता है जो अक्सर अदृश्य रह कर बड़ी सफ़ाई और नफ़ासत से यह काम अंजाम देती हैं। फ़ूको लिखते हैं कि अगर पनोप्टिकॉन में रहने वाले क़ैदी हैं तो उनकी निगरानी का यह तरीक़ा उनके द्वारा की जाने वाली किसी साज़िश, पलायन की किसी सामूहिक योजना, भविष्य में किये जा सकने वाले किसी अपराध या एक-दूसरे पर पड़ने वाले किसी ख़राब प्रभाव की सम्भावनाएँ निरस्त कर देगा। अगर वह इमारत किसी अस्पताल की है तो निगरानी के ज़रिये संक्रामक रोग फैलने से रोका जा सकता है, अगर वह पागलख़ाना है तो पागलों द्वारा एक-दूसरे के ख़िलाफ़ हिंसा करने का ख़तरा ख़त्म किया जा सकता है, अगर वह स्कूल है तो बच्चों को नकल करने, शोरगुल करने, बातें करने और वक़्त बर्बाद करने से रोका जा सकता है। और, अगर वह कोई फैक्ट्री है तो मज़दूरों के बीच अव्यवस्था, चोरी, गुटबाज़ी जैसी गतिविधियों पर नज़र रखी जा सकती है जिनसे काम की रफ़्तार घटती है या उसका स्तर गिरता है या दुर्घटनाएँ होती हैं।

फ़ूको के अनुसार यह प्रक्रिया निगरानी करने वाले की निगरानीशुदा लोगों पर सत्ता की गारंटी करती है, बावजूद इसके कि निगरानीशुदा लोगों को अपने ऊपर सत्ता आरोपित किये जाने का एहसास नहीं होता। इस लिहाज़ से पनोप्टिकॉन स्वचालित प्रक्रिया का रूप ले लेता है। फ़ूको के मुताबिक़ निगरानी करने वाला अदृश्य व्यक्ति बिना किसी दिक़्क़त के निगरानीशुदाओं की व्यवहार-शैली से वाक़िफ़ हो जाता है। यह सिलसिला केवल निगरानीकर्त्ता और निगरानीशुदा के बीच संबंध तक ही सीमित नहीं रहता। 'पनोप्टिक निगाह'

निगरानीशुदाओं के लिए इतनी अनापत्तिजनक हो जाती है कि वे व्यक्ति के रूप में उसे आत्मसात कर लेते हैं, इस हद तक कि उनसे ख़ुद अपनी ही निगरानी करायी जा सकती है। वे अपने ही दमन और नियंत्रण के एजेंट हो जाते हैं। अपने विश्लेषण में फ़ूको इस नतीजे पर पहुँचते हैं कि न केवल उदारतावादी लोकतंत्रों में पनोप्टीसिज़म को आधार बनाया जाता है, बल्कि पूँजीवादी व्यवस्था ही विकास-दर और मुनाफ़े को लगातार बढ़ाते रहने के लिए पनोप्टीसिज़म को अपनाती है। फ़ूको के अनुसार पनोप्टिकॉन की संरचनाएँ ईसाइयत द्वारा दिये गये श्रम संबंधी मूल्यों, नैतिकताओं और केंद्रीकृत प्राधिकार (ईश्वर) के प्रति निष्ठा की तजवीज़ करती हैं। पूँजीवादी व्यवस्था में ईश्वर जैसे प्राधिकार की जगह आर्थिक जगत के अभिजनों को मिल जाती है।

फ़ूको का यह विश्लेषण इंटरनेट-पूर्व युग का है। लेकिन क्या इंटरनेट की डिजिटल दुनिया की निराकारता पनोप्टिकॉन से मुक्त है? क्लोज़ सरकिट टीवी और वीडियोग्राफी के ज़रिये की जाने वाली निगरानी को तो आसानी से पनोप्टिक निगाह की संज्ञा दी जा सकती है, पर स्लवोज जिज़ेक का तो कहना है कि बेंथम द्वारा प्रतिपादित पनोप्टिकॉन में तो निराकारता (वर्चुअलिटी) अपने शुद्धतम रूप में मिलती है। कोई नहीं जानता कि उस पनोप्टिकॉन के केंद्र में कोई है भी या नहीं। अगर पता हो तो कि वहाँ कोई है तो पनोप्टिकॉन का डरावनापन थोड़ा कम हो जाएगा। लेकिन, बेंथम की भाषा में तो वह एक एक बेहद अँधेरी जगह होती है। कोई पीछा कर रहा है, इस बात का एहसास ज़्यादा डरावना होता है बजाय इसके कि पता हो कि वास्तव में कोई पीछा कर रहा है। ऐसी अनिश्चितता बेहद संत्रासकारी होती है। सम्भवतः यहाँ जिजेक का साफ़ इशारा इंटरनेट संबंधी उन संहिताओं की तरफ़ है जिनके तहत आईएसपी के ज़रिए यूज़र्स और उनकी गतिविधियों का न केवल पता लगाया जा सकता है, बल्कि उनके कामकाज को रिकॉर्ड तक किया जा सकता है।

देखें : अर्थव्यवस्था का समाजशास्त्र, अभिजन, अभिरुचि, आत्महत्या, उन्मूलनवाद, एजेंसी, कर्मकाण्ड, कारागार, गोपनीयता, गृहविहीनता, जादू, जीवन-शैली, जेरेमी बेंथम, टेलरवाद, नृजातिवर्णन, प्राइवेसी, फ़ुरसत, बचपन, बुज़ुर्गियत का समाजशास्त्र, बेगानगी, भीड़, भ्रष्टाचार का समाजशास्त्र-1 और 2, सेवानिवृत्ति, विचलन, ज्ञान का समाजशास्त्र।

संदर्भ

1. जेरेमी बेंथम (1995), *पनोप्टिकॉन,* मिरन बोज़ोविक (सम्पा.), द *पनोप्टिकॉन राइटिंग्स,* वरसो, लंदन.
2. मिशेल फ़ूको (2008), *डिसिप्लिन ऐंड पनिश : द बर्थ ऑफ़ द प्रिज़न,* विंटेज बुक्स, न्यूयॉर्क.

— अभय कुमार दुबे

पब्लिक-प्राइवेट

(Public-Private)

उदारतावादी दर्शन सामाजिक संबंधों को दो अलग-अलग दायरों में बाँट कर दिखाता है। एक दायरा है पब्लिक का यानी सार्वजनिक दायरा, और दूसरा है प्राइवेट का यानी निजी दायरा। उदारतावाद के मुताबिक़ व्यक्ति समाज के दूसरे सदस्यों के साथ सहयोग और होड़ के रिश्तों के तहत सार्वजनिक दायरे में सक्रिय रहता है। इसी दायरे में वह वेतनभोगी श्रम करने के ज़रिये रोज़ी-रोटी कमाता है, अपने राजनीतिक-लोकतांत्रिक अधिकारों के लिए जद्दोजहद चलाता है और ये तमाम कार्य-व्यापार आम तौर पर सरकार और राज्य द्वारा बनाये गये नियम-क़ानूनों के तहत बुद्धिसंगत और वस्तुनिष्ठ ढंग से विनियमित होते हैं। इसके विपरीत निजी दायरे को घर और परिवार के भीतर बनने वाले संबंधों और गतिविधियों के रूप में परिभाषित किया गया है। उदारतावादी समझ यह है कि यह निजी दायरा मोटे तौर पर राज्य के अधिकार-क्षेत्र से बाहर काम करता है, और यह बुद्धि के साम्राज्य से बाहर मुख्यतः मनोभावों और आत्मनिष्ठता का दायरा है। स्त्री-अध्ययन ने पब्लिक और प्राइवेट के इस द्विभाजन को उसकी जेंडरीकृत प्रकृति के मुताबिक़ देख कर इसके इर्द-गिर्द एक पूरा विमर्श आयोजित किया है। उसकी मान्यता है कि सार्वजनिक को पुरुषत्व के हवाले कर दिया गया है, और निजी को स्त्रीत्व के।

इस विभाजन का ऐतिहासिक परिणाम यह हुआ है कि पुरुष न केवल सार्वजिनक दायरे में विचरण करता है, बल्कि उसकी निजी दायरे में भी पहुँच है। सार्वजनिक दायरे से प्राप्त अधिकारों और शक्तियों के दम पर पर वह निजी दायरे पर भी अपना प्रभुत्व जमा लेता है। जबकि स्त्री निजी दायरे में ही सिमटी रह जाती है, और सार्वजनिक दायरे में प्रवेश पाना उसके लिए सम्भव ही नहीं हो पाता। सार्वजनिक जीवन से प्राप्त भौतिक-राजनीतिक अधिकारों और प्राधिकारों के अभाव में उसे निजी दायरे के भीतर पुरुष-वर्चस्व की अधीनता स्वीकार करनी पड़ती है। नारीवाद के अनुसार निजी और सार्वजनिक दुनिया की अवधारणाएँ समाज में स्त्री-अधीनता को संस्थागत रूप देने के लिए काम करती रही हैं। सार्वजनिक और निजी के इसी द्विभाजन का प्रतिकार करने निजी को अराजनीतिक क़रार देने से इनकार करने के लिए नारीवादियों ने 'पर्सनल इज़ पॉलिटिकल' का नारा दिया है।

सार्वजनिक और निजी के द्विभाजन का उदय हॉब्स और रूसो जैसे चिंतकों द्वारा प्रतिपादित सामाजिक संविदा के सिद्धांत के मार्फ़त हुआ। इन दोनों दार्शनिकों ने सरकार और

राज्य की वैधता का विश्लेषण करने के क्रम में इन अवधारणाओं पर चर्चा की है। इनके लेखन में सार्वजनिक और राजनीतिक एक-दूसरे के पर्याय बन जाते हैं। साथ ही निजी को अराजनीतिक के ख़ाने में डाल दिया जाता है। नारीवाद कहता है कि सामाजिक संविदा के सिद्धांत द्वारा किया गया यह विभाजन मूलतः लैंगिक है। एक समय में सिर्फ़ पुरुषों को ही नागरिकता का अधिकार प्राप्त था इसलिए सार्वजनिक क्षेत्र अनिवार्यतः पौरुषपूर्ण था। हॉब्स और रूसो के अनुसार स्त्री की यौनिकता ने सार्वजनिक जीवन में उसके प्रवेश की सभी सम्भावनाओं को निषिद्ध कर रखा था। इसीलिए निजी दुनिया को यथासम्भव स्त्रियों का क्षेत्र बनाने का प्रयास किया गया। इस बँटवारे का स्वाभाविक परिणाम यह हुआ कि सैद्धांतिक जगत में सामाजिक संविदा के तहत सार्वजनिक दायरे की प्राथमिकता निजी के ऊपर स्थापित हो गयी।

नारीवादी चिंतकों ने कई तरह से निजी/सार्वजनिक के विमर्श की जेंडरीकृत संरचना खोलने की कोशिश की है। कुछ नारीवादियों ने ऐतिहासिक और मानवशास्त्रीय आईने में से इस विभाजन की उत्पत्ति और विकास के अध्ययन का प्रयास किया है। एस. ऑर्टनर ने 1974 में प्रकाशित अपने महत्त्वपूर्ण आलेख में दिखाया कि कैसे निजी और घरेलू क्षेत्र को पूरी दुनिया में स्त्री के साथ सिर्फ़ इस तर्क के आधार पर जोड़ दिया गया कि स्त्रीत्व का संबंध प्रकृति से है और पुरुषत्व का संबंध संस्कृति से। एल. डेविडॉफ़ की 1998 में प्रकाशित एक रचना में उन्नीसवीं सदी के इंग्लैण्ड में प्रचलित निजी/सार्वजनिक की अवधारणा पर प्रकाश डाला गया है। उन्होंने वे सभी लैंगिक प्रवृतियाँ (जैसे व्यक्तित्त्व और तार्किकता) रेखांकित की हैं जो बुनियादी तौर पर लैंगिक पूर्वग्रहों से ग्रसित थीं। डेविडॉफ ने यह भी दिखाया है कि इन प्रवृत्तियों ने समाज के साथ स्त्री के संबंधों के मद्देनज़र अपनी शक्ल-सूरत ग्रहण की थी।

आइरिस यंग ने अपने आलेख *द सोशलिस्ट फ़ेमिनिज़्म ऐंड द लिमिट्स ऑफ़ डुअल सिस्टम थियरी* में निजी/सार्वजनिक विमर्श के मार्क्सवादी संदर्भों की आलोचनात्मक व्याख्या की है। उन्होंने कहा कि कई मार्क्सवादी नारीवादियों ने उत्पादन और पुनरुत्पादन को पूँजीवाद और पितृसत्ता के खाँचों में रखा है। कुछ नारीवादी विदुषियों वे मार्क्सवाद पर भी सार्वजनिक जीवन में स्त्रियों को दोयम दर्जा दिलाने का आरोप लगाया है। उनका तर्क है कि इसने भी पितृसत्ता के सिद्धांतों के साथ गठजोड़ के कारण स्त्रियों को निजी क्षेत्र में सीमित किया।

सिल्विया वाल्बी 1990 में ने ब्रिटिश स्त्रियों की बदलती स्थिति की पड़ताल करते हुए लिखा है कि पारिवार की परिधि में पितृसत्ता द्वारा स्त्री का शोषण एक पुरुष द्वारा होता है जो सम्भवतः उसका पिता, पति या पुत्र होता है । पितृसत्ता के इस रूप में व्यापक सामाजिक गतिविधियों में स्त्रियों की सहभागिता रोक दी जाती है। आधुनिक युग में पितृसत्ता खुले रूप में स्त्रियों को रोज़गार, शिक्षा या राजनीति में सहभागिता से वंचित नहीं करती, लेकिन पितृसत्तात्मक रणनीति के तहत अलगाव (रोज़गार से) और अधीनता के ज़रिये उन्हें लगातार असमानता और भेदभाव झेलना पड़ता है। अब तक हुए अनगिनत शोधों ने तर्कसंगत ढंग से उजागर किया है सार्वजनिक और निजी दायरों में स्त्री और पुरुषों को जेंडरीकृत व्यक्ति में तब्दील करने की प्रक्रिया चलती है। घरेलू हिंसा के संदर्भ में ग्रेस और राइट 1995 में किया गया अनुसंधान दर्शाता है कि इस प्रकार की किसी घटना की छानबीन पुलिस या कोर्ट द्वारा होते समय विवाह की गरिमा, घर और परिवार की प्रतिष्ठा के नाम पर हिंसक मर्दाना व्यवहार के प्रति तटस्थता बरतते हुए उसे कई बार अपराधिक कृत्य नहीं माना जाता है।

कई नारीवादी अध्ययनों ने इस तथ्य पर प्रकाश डाला है कि इन क्षेत्रों को अलग-अलग करके देखने की बजाय या परस्पर विपरीत द्वि-विभाजन के विमर्श की तरह देखने के बजाय एक साथ जोड़ कर देखने की ज़रूरत है। उदाहरण के लिए वेतनभोगी कार्यों में पुरुषों की बेहतर स्थिति तब तक नहीं समझी जा सकती जब तक यह नहीं समझ लिया जाता कि महिलाएँ हमेशा घरेलू कार्यों और बच्चों के पालन-पोषण में व्यस्त रहती हैं। कुछ अध्ययनों में नागरिकता के प्रश्न के इर्द-गिर्द निजी / सार्वजनिक का विमर्श समझने का प्रयास किया गया है। लिस्टर ने 1997 की अपनी रचना में यह दिखाया है कि कैसे सार्वजनिक और निजी के द्विभाजन ने स्त्री को न सिर्फ़ नागरिक की कोटि से हो बाहर कर दिया, बल्कि उसकी राजनीतिक सहभागिता, आर्थिक और शारीरिक स्वतंत्रता को भी को ख़त्म कर डाला।

पब्लिक / प्राइवेट विमर्श के शुरुआती संस्करण को आलोचना का सामना भी करना पड़ा है। सिप्नोविच ने 2000 में तर्क दिया था कि इस विमर्श को नये सिरे से परिभाषित करने की आवश्यकता है। इन दोनों दायरों को पुरुषत्व और स्त्रीत्व के संकीर्ण निर्धारण से निकालना चाहिए। निजी दायरे को पितृसत्तात्मक प्राधिकार की जकड़ से मुक्त करना ज़रूरी है, पर उसे पूरी तरह से त्यागना नहीं। दरअसल, निजी दायरा स्त्री ही नहीं पुरुष के लिए भी राज्य के हस्तक्षेप से मुक्त स्वतंत्रता के दायरे के रूप में विकसित किया जा सकता है।

देखें : अश्वेत नारीवाद, आनंदीबाई जोशी, इस्लामिक नारीवाद, गायत्री चक्रवर्ती स्पिवाक, चिपको आंदोलन, जूडिथ बटलर, जेंडर, दलित नारीवाद, देवदासी, देवकी जैन, नारीवाद, नारीवाद की पहली लहर, नारीवाद की दूसरी लहर, नारीवाद की तीसरी लहर, नारीवाद और अर्थशास्त्र, नारीवादी फ़िल्म-सिद्धांत, नारीवादी इतिहास-लेखन, नारीवाद और अर्थशास्त्र, नारीवादी दर्शन, नारीवाद और साम्प्रदायिकता, नैंसी शोदॅरो, पर्यावरणीय नारीवाद, पण्डिता रमाबाई सरस्वती, पितृसत्ता,

प्रेम, प्रेम-अध्ययन और नारीवादी दर्शन, भारत में स्त्री-आरक्षण-1 और 2, महादेवी वर्मा, मैरी वोल्सनक्रॉफ़्ट, राजनीतिक दर्शन के नारीवादी आयाम, रमाबाई रानाडे, ल्यूस इरिगरे, स्त्री और साम्प्रदायिकता, स्त्री-श्रम, सम्पत्ति : नारीवादी परिप्रेक्ष्य, सिमोन द बोउवार, स्त्री-आरक्षण, हेलन सिचू।

संदर्भ

1. एम. डेंट्रेवस और यू. वोगेल (सम्पा.) (2000), *पब्लिक ऐंड प्राइवेट : लीगल, पॉलिटिकल ऐंड फ़िलॉसिफ़िकल पर्सपेक्टिव्ज़,* रॉटलेज, लंदन.
2. जे. लैंडिस (सम्पा.) (1998), *फ़ेमिनिज़म, द पब्लिक ऐंड द प्राइवेट,* ऑक्सफ़र्ड युनिवर्सिटी प्रेस, ऑक्सफ़र्ड.
3. सिल्विया वाल्ब (1998), 'इज़ सिटीज़नशिप जेंडर्ड', *सोशियॉलॅजी* खण्ड 28, अंक 2.

— सुप्रिया पाठक

पर्यावरणीय नारीवाद

(Ecofeminism)

पर्यावरणीय नारीवाद के अनुसार विकास के पश्चिमी मॉडल द्वारा प्रकृति का दोहन और पितृसत्ता द्वारा स्त्री का उत्पीड़न अनिवार्यतः अंतर्संबंधित परिघटनाएँ हैं। पर्यावरण का होता हुआ निरंतर होता क्षय और स्त्री की आधीनता का स्रोत पुरुष की मानसिकता में निहित है। पारिस्थितिकीय और नारीवादी परिप्रेक्ष्यों को जोड़ने वाले इस विचार का विकास सत्तर और अस्सी के दशकों में हुआ। पितृसत्ताओं को विभिन्न कोणों से चुनौती देने का दावा करने वाले ईकोफ़ेमिनिज़म की प्रकृति तरल क़िस्म की है। इसके साथ कई तरह के नारीवादी और पर्यावरणीय सिद्धातों-प्रवृत्तियों और आंदोलनकारी गतिविधियों का जुड़ाव रहा है। 1974 में प्रकाशित अपनी कृति *फ़ेमिनिज़्म ऑर डेथ* में फ्रांस्वा दोबोन्न ने पहली बार ईकोफ़ेमिनिज़म की चर्चा की थी। कुछ सिद्धांतकार इसे नारीवाद की तीसरी लहर के दायरे में रख कर भी देखते हैं। ईकोफ़ेमिनिज़म का दावा है कि उत्पीड़न के सभी रूप एक-दूसरे से जुड़े होते हैं। इसलिए उत्पीड़न की संरचनाओं को अलग-अलग नहीं बल्कि उनकी सम्पूर्णता में समझने की कोशिश करनी चाहिए। इस लिहाज़ से ईकोफ़ेमिनिज़म एक ऐसी बहुआयामी आलोचना-पद्धति की तजवीज़ करता है जो एक-दूसरे से अलग-अलग लगने वाले पहलुओं को समेटते हुए सांस्कृतिक आलोचना का दायरा विस्तृत कर सके। ईकोफ़ेमिनिज़म से संबंधित नारीवादी विदुषियों में रोज़मेरी रैडफ़र्ड रुदर, वंदना शिवा, सूसन ग्रिफिन, एलिस वाकर, इवोने गेबारा, सुन आइ ली-पार्क, पौला गुन एलेन, मोनिका स्जू, ग्रेटा गार्द आदि के नाम प्रमुख हैं। इस विचार को नारीवादी हल्कों में ही सुचिंतित आलोचना का सामना भी करना पड़ा है।

पिछले तीन दशकों (1970-2000) में पर्यावरणीय नारीवादियों ने अनेक धरनों, बहिष्कारों और अहिंसक आंदोलनों द्वारा स्त्री और पर्यावरण के लिए न्याय की गुहार लगायी है। उनका विरोध निजी कम्पनियों को बेची जा रही नदियों और उन पर बन रही विद्युत परियोजनाओं से पैदा हो रही विसंगतियों के ख़िलाफ़ है। यह नारीवाद प्रकृति-केंद्रित गतिविधियों के ज़रिये वनों की कटाई, प्रदूषण, पर्यावरणीय क्षरण जैसी समस्याओं और पितृसत्ता के बीच संबंधों की तरफ़ ध्यान आकर्षित करने में सफल हुआ है।

ईकोफ़ेमिनिज़म के अनुसार पितृसत्ता अपना प्रभुत्व क़ायम करने के लिए 'बाइनरी अपोज़ीशन' या द्विभाजनों के विमर्श की स्थापना करती है। जन्नत-जहन्नुम, दिमाग़-देह, मर्द-औरत, इनसान-जानवर, चेतना-तत्त्व, संस्कृति-प्रकृति, श्वेत-अश्वेत आदि द्विभाजनों में एक पक्ष बेहतर और दूसरा कमतर मान लिया गया है। इस ऊँच-नीच को न्यायोचित और स्वाभाविक करार देने के लिए कई तरह के धार्मिक और वैज्ञानिक तर्कों का सहारा लिया जाता है। इन द्विभाजनों के विचारधारात्मक प्रभाव का वर्णन करते हुए ग्रिफिन कहती हैं कि जब तक सभी तरह के बाइनरी अपोज़ीशन निष्प्रभावी नहीं होते तब तक मनुष्यता 'अपने ही ख़िलाफ़' बँटी रहेगी।

इस वैचारिक प्रवृत्ति का पहला उद्‌घाटन युरोपीय और यूरो-अमेरिकी धार्मिक और दार्शनिक विचार जगत के भीतर समाये पितृसत्तात्मक आग्रहों की शिनाख़्त के ज़रिये हुआ था। नारीवादी विदुषियों ने प्राचीन मेसोपोटेमिया और यूनान की संस्कृतियों के साथ-साथ यहूदी धर्म और ईसाइयत के भीतर खोज-बीन करके दिखाया कि किस तरह बुक ऑफ़ जेनेसिस से निकले कथा-वृतांतों में स्त्री (हव्वा) और ग़ैर-मानवीय जीव (साँप) का राक्षसीकरण किया गया है। नारीवादी इतिहासकार गर्डा लर्नर और पुरा-मिथकशास्त्री मारिजा गिम्बुटाज़ ने भूमध्यसागरीय और युरोपीय क्षेत्रों की उन संस्कृतियों का अध्ययन किया जो पितृसत्ता के उदय से पहले की थीं। गेम्बुटाज़ ने दावा किया कि पुराने युरोप में जीवन का सम्मान करने वाली ऐसी संस्कृतियों का अस्तित्व था जो मातृसत्तात्मक भी होती थीं और जिन पर भौतिकवादी पहलू बहुत हावी नहीं रहते थे। लेकिन आक्रमणकारी आर्यों ने धीरे-धीरे उन्हें नष्ट कर दिया। लर्नर ने दिखाया कि किस तरह नवपाषाण युग के छोटे-छोटे गाँव शहर-आधारित राज्यों में बदले और इस परिवर्तन के साथ ही पितृसत्तात्मक संस्कृतियों का उभार हुआ। इन दोनों ही सिद्धांतकारों ने

वंदना शिवा (*स्टेइंग एलाइव : वुमॅन, इकोलॅजी ऐंड सरवाइवल इन इण्डिया*)

पितृसत्ता से पहले की संस्कृतियों में जन्मदात्री देवियों और दूसरे तरह के प्रकृति संबंधी प्रतीकवाद को प्रबलता के साथ रेखांकित किया। उन्होंने कहा कि धीरे-धीरे पितृसत्तात्मक और युद्धप्रिय आकाशी देवता धरती की नुमाइंदगी करने वाले देवी-देवताओं की जगह लेते गये। सत्ता के ज़्यादातर प्राचीन प्रतीकों को दुष्टता या अराजकता का द्योतक क़रार दे दिया गया। साँप को पहले जीवन का प्रतीक माना जाता था, पर उसे दुष्टता और बुराई से जोड़ कर पुरुष देवता के पैरों तले कुचलवा दिया गया। पृथ्वी नर्क और आकाश स्वर्ग का स्थान घोषित हुआ। स्वर्ग से उसकी पार्थिवता छीन ली गयी।

लर्नर और गेम्बुटाज़ के इन सिद्धांतों पर प्राचीन मानवीय सभ्यताओं की खोज करने वाले पुराशास्त्रियों ने आपत्तियाँ कीं। लेकिन इस नारीवादी विद्वत्ता ने ईकोफ़ेमिनिज़म के लिए रास्ता खोल दिया। इससे निकली प्रेरणाओं के फलस्वरूप सत्तर के दशक में पहली बार नारीवादी और पर्यावरणीय सरोकारों को सैद्धांतिक धरातल पर जोड़ा गया। उस समय रुदर, मैरी डाली, ग्रिफ़िन और कैरोलिन मर्चेंट ख़ुद को स्पष्ट रूप से पर्यावरणीय नारीवाद के प्रवक्ता के रूप में नहीं देख रही थीं। लेकिन अस्सी और नब्बे के दशक में ईकोफ़ेमिनिज़म को केंद्र बना कर काफ़ी अकादमीय लेखन हुआ। सैद्धांतिक दायरे से बाहर इस प्रश्न ने एक्टिविस्टों को भी आकर्षित किया। कई सम्मेलन आयोजित किये गये और संस्थाएँ खड़ी की गयीं। परिणामस्वरूप यूरो-अमेरिकी ईकोफ़ेमिनिस्ट विदुषियों ने तीन बुनियादी महत्त्व के संकलनों (*रिक्लेम द अर्थ, हीलिंग द वूंड्स* और *रिवीविंग द वर्ल्ड*) का सम्पादन किया जिनमें विभिन्न संस्कृतियों से आये लेखकों ने योगदान किया था। पेत्रा केली ने हीलिंग द वूंड्स की भूमिका लिखी और भारत के चिपको आंदोलन, इंग्लैण्ड के ग्रीनहैम कामंस, पूर्व सोवियत संघ के क्रिम रीजन और वेस्टर्न शोशोन इण्डिन नेशन को 'ग्लोबल इकोलॅजीकल सिस्टरहुड' को आपस में जोड़ने वाली भुजाओं के रूप में चित्रित किया।

1988 में भारतीय भौतिकशास्त्री और पर्यावरण संबंधी अनुसंधानकर्त्ता वंदना शिवा ने अपनी कृति *स्टेइंग एलाइव : वुमॅन, इकोलॅजी ऐंड सरवाइवल इन इण्डिया* की रचना की। उन्होंने 'स्त्रीत्व के आधारभूत उसूल की मृत्यु' को उस 'कुविकास' के साथ जोड़ा। वंदना शिवा ने इसका कारण तीसरी दुनिया पर थोपी गयी उस सघन खेतिहर उत्पादन पद्धति को बताया जिसमें धरती, मिट्टी, पर्यावरण और पारिस्थितिकीय विविधता की चिंता न करके केवल अधिकतम पैदावार पर ही ज़ोर दिया जाता है। शिवा ने जर्मन मार्क्सवादी समाजशास्त्री मारिया मीज़ के साथ मिल कर 1993 में *ईकोफ़ेमिनिज़म : रिकनेक्टिंग अ डिवाडिड वर्ल्ड* की रचना भी की जिसमें अमीर और ग़रीब देशों में पूँजीवादी और पितृसत्तात्मक आर्थिक प्रणालियों को स्त्रियों के उत्पीड़न का ज़िम्मेदार ठहराया गया। शिवा के विमर्श में पर्यावरणीय नारीवाद के ग्लोबल चरित्र पर ख़ास तौर से ज़ोर दिया गया है।

विचार के क्षेत्र में ईकोफ़ेमिनिज़म ने वैज्ञानिक विश्व-दृष्टि और धर्म के बीच शत्रुता दिखाने वाले आग्रहों को भी आड़े हाथों लिया। पर्यावरणीय नारीवाद के प्रवक्ताओं ने ज़ोर दे कर कहा कि पश्चिमी धर्मशास्त्र और पश्चिमी विज्ञानवाद ने भौतिक और आध्यात्मिक को एक-दूसरे के ख़िलाफ़ खड़ा कर दिया है जिससे मानवता की काफ़ी क्षति हुई है। अपने युद्ध विरोधी रुख के कारण नारीवाद की इस प्रवृत्ति का एक अन्य योगदान पीस स्टडीज़ के क्षेत्र में भी रहा है।

आलोचना : पर्यावरणीय नारीवाद को उसके अनूठे रुख के कारण सराहना के साथ-साथ नारीवादी क्षेत्रों में आलोचना का सामना भी करना पड़ा है। आलोचकों का कहना है कि स्त्री के प्रकृति के साथ अटूट रिश्ते को दिखाने के चक्कर में यह नारीवाद जैविक तात्त्विकतावाद में फँस गया है जिसके कारण इसके तार्किक आयाम कमज़ोर हुए हैं। जैविक तात्त्विकतावाद के विरोधियों का कहना है कि स्त्री में स्त्रियोचित ही नहीं बल्कि पुरुषोचित गुण भी होते हैं, लेकिन

पितृसत्ता अपने स्वार्थ में उनके स्त्रियोचित गुणों को ही प्रोत्साहित करती है। पर्यावरणीय नारीवाद एक मात्र स्त्री को ही अपने स्त्रियोचित गुणों के कारण पर्यावरण और पारिस्थितिकी का रक्षक क़रार देता है। दूसरे, वह स्त्री के प्रकृति के साथ अटूट रिश्ते को स्थापित करने की प्रक्रिया में स्त्री-मुक्ति के अन्य सामाजिक-राजनीतिक और आर्थिक पहलुओं की उपेक्षा कर देता है।

देखें : अश्वेत नारीवाद, आनंदीबाई जोशी, इस्लामिक नारीवाद, गायत्री चक्रवर्ती स्पिवाक, चिपको आंदोलन, जूडिथ बटलर, जेंडर, दलित नारीवाद, देवदासी, देवकी जैन, नारीवाद, नारीवाद की पहली लहर, नारीवाद की दूसरी लहर, नारीवाद की तीसरी लहर, नारीवाद और अर्थशास्त्र, नारीवादी फ़िल्म-सिद्धांत, नारीवादी इतिहास-लेखन, नारीवाद और अर्थशास्त्र।

संदर्भ

1. नोएल स्टर्जन (1997), *ईको.फ़ेमिनिस्ट नेचर्स : रेस, जेंडर, .फ़ेमिनिस्ट थियरी ऐंड पॉलिटिकल एक्शन,* रॉटलेज, न्यूयॉर्क, 1997
2. कैरन वारेन (1997), *ईक्रोफ़ेमिनिज़्म : वुमॅन, कल्चर, नेचर, ब्लूमिंगटन,* इण्डियाना यूपी.
3. सूसन ग्रिफिन (1978), *वुमॅन ऐंड नेचर : द रोरिंग इनसाइड हर,* हार्पर ऐंड रो, न्यूयॉर्क.
4. वंदना शिवा (1988), *स्टेइंग एलाइव,* काली फ़ॉर वुमॅन, नयी दिल्ली.
5. मारिया मीज़ और वंदना शिवा (1993), *ईक्रोफ़ेमिनिज़्म,* ज़ेड बुक्स, लंदन और न्यू जर्सी.

— सुप्रिया पाठक

परस्पर विपरीत द्विभाजन

(Binary Opposition)

पूरी तरह विपरीत अर्थ देने वाले दो पदों का ऐसा युग्म जिनसे एक तीसरा अर्थ प्राप्त हो। शब्दों और पदों के इस तरह के जोड़ों के प्रभाव पर सबसे पहले अरस्तू ने अपनी रचना *पोइटिक्स* में विचार किया था। आधुनिक ज्ञान प्रणालियों के लिए एक अर्थ-सूचक प्रणाली के तौर पर परस्पर विपरीत द्विभाजन की सैद्धांतिक स्थापना फ़र्दिनैंद द सॅस्यूर ने की थी। उनका कहना था कि भाषा के दायरे में लक्षण (साइन) या शब्द अपना अर्थ अपने विलोम के मुक़ाबले देते हैं। इसके बाद रैडिक्लिफ़-ब्राउन ने सांस्कृतिक मानवशास्त्र के तहत परस्पर विपरीत द्विभाजनों से अर्थों की उत्पत्ति की व्याख्या की। संरचनावाद के अनुसार मानव मस्तिष्क परस्पर विलोमार्थक युग्मों में सोचता है। जैसे ऊँचा-नीचा, खाद्य-अखाद्य, काला-गोरा, कच्चा-पक्का, संस्कृति-प्रकृति आदि। लेवी-स्त्रॉस के मुताबिक़ किसी विश्लेषक का काम यही दिखाना है कि किस प्रकार परस्पर विरोधी चीज़ें किसी व्यवस्था का निर्माण करती हैं और व्यवस्था के भीतर से ही अर्थवान बनती हैं। समाज-विज्ञान में द्विभाजन की यह प्रणाली अब सॅस्यूर के संचनावादी भाषा-संसार से निकल कर राजनीति और संस्कृति के धरातल पर ख़ास तरह के अर्थ-सम्प्रेषण का औज़ार बन चुकी है। समकालीन उत्तर-संरचनावादी और नारीवादी सिद्धांतकारों ने दिखाया है कि इस तरह के परस्पर विपरीत द्विभाजनों से हिंसक और दमनकारी तरतमताओं की रचना होती है। एक श्रेणी में सकारात्मक और दूसरी में नकारात्मक अर्थों का निवेश करके एक को बेहतर और दूसरी को कमतर क़रार दे दिया जाता है। एक श्रेणी परम सत्य और कल्याण की प्रतीक बन जाती है, और दूसरी को शैतानी ताक़तों का नुमाइंदा मान लिया जाता है। इस तरह पुरुष की स्त्री के ऊपर, उपनिवेशक की उपनिवेशित के ऊपर, जन्म की मृत्यु के ऊपर, श्वेत की श्याम के ऊपर, सभ्य की असभ्य के ऊपर, विकसित की अविकसित के ऊपर, सुंदर की कुरूप के ऊपर, मनुष्य की पशु के ऊपर, शिक्षक की छात्र के ऊपर और चिकित्सक की रोगी के ऊपर श्रेष्ठता स्वयंसिद्ध मान ली जाती है। इन तरतमताओं के आधार पर सामाजिक और सांस्कृतिक प्रभुत्व और वर्चस्व की रचनाएँ खड़ी होती हैं।

इस प्रणाली के तहत उन शब्दों के जोड़े बनाये जाते हैं जिनकी अर्थवत्ता में उलटे-सीधे का अंतर हो। जैसे, धरती-समुद्र या बालक-वयस्क या हम-वे। परस्पर विपरीत धरती और समुद्र मिल कर पृथ्वी की सतह का अर्थ देते हैं। बालक-वयस्क से बनने वाले दायरे में हर कोई आ जाता है। हम-वे के ज़रिये अर्थ निकलता है कि किसी ख़ास दायरे में (जैसे कि राष्ट्र) में कौन शामिल है और कौन उसके बाहर है। इस मिसालों से ज़ाहिर है कि यह प्रणाली दो शब्दों में परस्पर विलोम के माध्यम से अतिरंजित अर्थों का निवेश करती है और फिर उनसे एक ऐसा अर्थ निकालती है जो दोनों अतिरंजित अर्थों के बीच मौजूद अस्पष्टताओं और अनेकार्थों को छिपा लेता है। आख़िरकार धरती और समुद्र के बीच एक परस्परव्यापी क्षेत्र होता है जिसे हम तट के नाम से जानते हैं। तट कभी तो धरती है, कभी समुद्र। बालक और वयस्क के बीच किशोर नामक श्रेणी है जिसे यह द्विभाजन छिपा लेता है। इसी तरह हम और वे के बीच में असहमतों की एक श्रेणी होती है जो न राष्ट्र के बाहर होते हैं और न ही भीतर। भारतीय बौद्धिक विमर्श भी कई तरह के द्विभाजनों के इर्द-गिर्द बुना गया है। ये हैं सेकुलर/साम्प्रदायिक, वाम/दक्षिण, अगड़े/पिछड़े, केंद्र/राज्य, चुनावबाज़/ग़ैर-चुनावबाज़, परिवर्तनकामी/यथास्थितिवादी लोक/तंत्र, आदि।

एक-दूसरे के ख़िलाफ़ खड़ी दो श्रेणियों से प्राप्त सूचना, परिभाषा या ज्ञान का कोई भी रूप उन दो श्रेणियों को स्वाभाविक, सहजात या नैसर्गिक का दर्जा दे कर उनके बीच या उनसे बाहर की संबंधित श्रेणियों को असामान्य, अप्राकृतिक, असामयिक और अनावश्यक मानने का आग्रह करता है। इसीलिए स्त्रीत्व और पुरुषत्व के बीच या उनके दायरे के बाहर की कोई भी सेक्शुअलिटी दमन, उपेक्षा और लोकापवाद का शिकार बनती है। विवाहित और अविवाहित से भिन्न श्रेणियों का भी यही हश्र होता है। बाहर की श्रेणियों को विक्षिप्त, मनोरोगी, गुमराह या प्रेतबाधा से ग्रस्त की संज्ञा दे कर मनश्चिकित्सकों के हवाले कर दिया जाता है।

सवाल यह है कि क्या परस्पर विपरीत द्विभाजन के पीछे प्रभुत्व स्थापित करने का इरादा ही होता है? असल में ऐसे द्विभाजन इरादतन तो होते ही हैं, उनकी पैदाइश ग़ैर-इरादतन भी हो सकती है। डेविड स्पर ने दिखाया है कि अपने निबंध *द एसे ऑन द ओरिजिंस ऑफ़ लेंग्वेज* में रूसो की दलील अरबी और फ़ारसी जैसी पूर्वी भाषाओं की सराहना से शुरू होती है। वे कहते हैं कि ये भाषाएँ जीवन से भरपूर हैं। लेकिन इसी के बाद वे पश्चिमी लेखन की 'तर्कपरकता और सटीकता' की कसौटी का इस्तेमाल करके इन भाषाओं को बुद्धिसंगत विन्यास और संस्कृति से वंचित क़रार दे देते हैं। रूसो को शायद ही इस बात का अंदाज़ा हो कि उनके इस भाषा संबंधी विमर्श से एक भीषण द्विभाजन निकलेगा जिसमें एक तरफ़ युरोपीय विज्ञान, उद्योग और लेखन की श्रेणी होगी और दूसरी तरफ़ पूर्व का आदिम संसार, तर्कबुद्धिहीनता और असभ्यता। यह द्विभाजन रूसो के संदर्भ में अनभिप्रेत हो सकता है, पर अपनी अधीनस्थ प्रजा को सभ्य करने का बोझ ढोने का स्वांग करने वाले श्वेतांग महाप्रभुओं को इस श्रेणी में नहीं रखा जा सकता।

साम्राज्यवाद द्वारा किया गया सर्वाधिक विनाशकारी द्विभाजन नस्ल की अवधारणा से निकला है। उपनिवेशित समाजों के भीतर और उनके बीच के बेहद पेचीदा शारीरिक और सांस्कृतिक भेदों को काली, भूरी, पीली और श्वेत नस्लों की श्रेणियों में बाँट कर उपनिवेशिवादियों ने श्वेत/अश्वेत का प्रभुत्वकारी द्विभाजन खड़ा किया। यह द्विभाजन इतना विकट है कि नस्लवाद के ख़िलाफ़ संघर्ष करने की स्वागतयोग्य प्रक्रिया में यह सिर के बल खड़ा हो जाता है। काली चेतना या अश्वेत चेतना या उपनिवेशितों की चेतना प्रभुत्वकारी हैसियत प्राप्त कर लेती है।

उत्तर-औपनिवेशिक सिद्धांत साम्राज्यिक द्विभाजन की इस पेचीदगी से वाक़िफ़ है। वह द्विभाजन बनाने वाली दोनों श्रेणियों के बीच वर्जित स्पेस में सक्रिय रहता है। वह लगातार इस द्विभाजन को अस्थिर करने के लिए काम करता है। उसके पैरोकार स्पष्टता की जगह द्वैध, एकलता की जगह बहुलता, इकहरेपन की जगह संकरता और सरलता की जगह जटिलता को रेखांकित करने के ज़रिये इस द्विभाजन की भीतरी संरचनाओं को गड़बड़ाने की कोशिश करते हैं।

समकालीन साहित्य-सिद्धांत परस्पर विपरीत द्विभाजन की दोनों में से किसी भी श्रेणी को परम मानने से इनकार करता है। देरिदा पहले तो यह दिखाते हैं कि पश्चिमी विचार के तहत द्विभाजन में जिस शब्द का पहले उल्लेख होता है उसे तरतमता के ज़रिये बाद में आने वाले शब्द पर हावी कर दिया जाता है। इसके बाद देरिदा यह स्पष्ट करते हैं कि इस तरतमता के बावजूद शब्दों या पदों का कोई भी युग्म अपने अर्थ संबंधी परम मूल्यों को क़ायम रखने के बजाय किस तरह बिना रुके हुए विभिन्न अर्थों से बने हुए एक ढलान पर फिसलता चला जाता है। दोनों श्रेणियों को बार-बार अर्थ संबंधी भिन्नताओं से दो-चार होना पड़ता है।

मानवशास्त्रियों ने जादू और लोकगाथाओं का अध्ययन करके निष्कर्ष निकाला है कि इन दोनों में उन श्रेणियों को महत्त्व दिया गया है जो जीवित / मृत के द्विभाजन के बीच के अस्पष्ट दायरे में मौजूद रहती हैं। जैसे, मनुष्य के बाल और नाख़ून जो शरीर का हिस्सा होते हुए भी काटे जा सकते हैं। शरीर से निकल कर बढ़ने के बावजूद इन्हें काटने पर किसी तरह का दर्द नहीं होता।

देखें : अर्थव्यवस्था का समाजशास्त्र, अभिजन, अभिरुचि, आत्महत्या, उन्मूलनवाद, एजेंसी, कर्मकाण्ड, कारागार, गोपनीयता, गृहविहीनता, जादू, जीवन-शैली, टेलरवाद, धर्म, प्राइवेसी, फ़ुरसत, बचपन, बुज़ुर्गियत का समाजशास्त्र, बेगानगी, भीड़, भ्रष्टाचार का समाजशास्त्र-1 और 2, सेवानिवृत्ति, विचलन, ज्ञान का समाजशास्त्र।

संदर्भ

1. एल. रसेल (2006), *बाउंडरी राइटिंग : ऐन एक्सप्लोरेशन ऑफ़ रेस, कल्चर, ऐंड जेंडर बाइनरीज़ इन कंटेम्परेरी ऑस्ट्रेलिया,* युनिवर्सिटी ऑफ़ हवाई प्रेस, होलोलूलू.
2. डेविड स्पर (1993), *द रेटरिक ऑफ़ इम्पायर : कोलोनियल डिस्कोर्स इन जर्नलिज़म, ट्रैवल राइटिंग ऐंड इम्पीरियल ऐडमिनिस्ट्रेशन,* ड्यूक युनिवर्सिटी प्रेस, डरहम ऐंड लंदन.
3. ई. लीच (1976), *कल्चर ऐंड कम्युनिकेशन,* केम्ब्रिज युनिवर्सिटी प्रेस, केम्ब्रिज.

— अभय कुमार दुबे

परम्परा की आधुनिकता

(Modernity of Tradition)

लॉयड आई. रुडोल्फ़ (*द मॉडर्निटी ऑफ़ ट्रैडिशन : पॉलिटिकल डिवेलपमेंट इन इण्डिया*)

भारत जैसे पारम्परिक और विकासशील समाज में परम्परा और आधुनिकता के बीच समुचित और कारगर रिश्ता बनाना शुरू से ही पेचीदा रहा है। उन्नीसवीं सदी और बीसवीं सदी की शुरुआत की विद्वत्ता का सारतत्त्व यह था कि आधुनिकता का जन्म पारम्परिक समाज के अवसान की शर्त पर ही हो सकता है। लेकिन बीसवीं सदी के उत्तरार्ध में ग़ैर-पश्चिमी समाजों के अध्ययन ने इस स्थापित धारणा को उत्तरोत्तर चुनौती दी है। ख़ास तौर से द्वितीय विश्व-युद्ध के बाद जब वि-उपनिवेशीकरण की प्रक्रिया के बाद नवोदित राष्ट्र अपने समाज-राजनीति और अर्थव्यवस्था नये सिरे से बनाने के उद्यम में लगे तो कुछ नये प्रत्ययों ने जन्म लिया। इनमें परम्परा की आधुनिकता का स्थान सर्वोपरि है। यह अवधारणा समाज और आधुनिक विचार के बीच अन्योन्यक्रिया का अध्ययन करके विकसित की गयी है। इसके अनुसार परम्परा और आधुनिकता का रिश्ता एक-दूसरे का विकल्प होने के बजाय एक भिन्न तरीक़े से संसाधित होता है। आधुनिकता परम्परा के उन पहलुओं के साथ सकारात्मक संवाद करती है जो उसके अनुकूल होते हैं, और एक पारम्परिक समाज भी आधुनिकता के उन्हीं पहलुओं को अपनाता है जो परम्परा का नवीकरण करने में समर्थ हों। भारतीय समाज के आधुनिकीकरण की प्रक्रिया से संबंधित विद्वत्ता पर भी काफ़ी अरसे तक कार्ल मार्क्स और मैक्स वेबर द्वारा आरोपित आग्रह हावी रहे हैं जिनके मुताबिक़ इस समाज की परिवर्तनरोधी जड़ता को आधुनिकीकरण में बाधक समझा जाता था। लेकिन साठ के दशक के बाद ऐसे कई समृद्ध अध्ययन सामने आये जिन्होंने इस समझ को न केवल चुनौती दी बल्कि परम्परा की आधुनिकता के प्रत्यय को और पुष्ट किया। दिलचस्प बात यह है कि ये अध्ययन न केवल समाजशास्त्र और राजनीतिशास्त्र के अनुशासनों में हुए, बल्कि समाज-विज्ञान से इतर साहित्य-अध्ययन के क्षेत्र में भी इस तरह की पहलक़दमियाँ दिखाई पड़ीं।

1967 में युनिवर्सिटी ऑफ़ शिकागो में कार्यरत लॉयड और सुज़ैन रुडोल्फ़ की जोड़ी ने भारत के राजनीतिक विकास की व्याख्या करते हुए दिखाया कि भारतीय समाज का आधुनिकीकरण अंजाम देने के लिए किस तरह से पारम्परिक संरचनाओं का इस्तेमाल किया जा रहा है। रुडोल्फ़ों के इस बहुचर्चित अध्ययन *द मॉडर्निटी ऑफ़ ट्रैडिशन : पॉलिटिकल डिवेलपमेंट इन इण्डिया* में सामाजिक स्तरीकरण, करिश्माई नेतृत्व और क़ानून पर अधिक चर्चा की गयी थी। रुडोल्फ़ इससे पहले 1965 में प्रकाशित अपने एक विशद आलेख में जाति-प्रथा और आधुनिक राजनीति की अन्योन्यक्रिया का 'जाति के लोकतांत्रिक पुनर्जन्म' के रूप में अध्ययन कर चुके थे। दरअसल, रुडोल्फ़ों के इस बौद्धिक उद्यम का सबसे पहला आयाम था भारतीय राजनीति के आधुनिकीकरण में जाति की संस्था की भूमिका पर गहरायी से विचार करना। उनके अध्ययन का दूसरा पहलू था गाँधी की अनूठी भूमिका पर प्रकाश डालना। उनके विश्लेषण ने दिखाया कि राजनीतिक आधुनिकीकरण के नेतृत्वकारी एजेंट के रूप में गाँधी ने अपनी कामयाबी अपनी राजनीतिक शैली को उत्तरोत्तर परम्परा का जामा पहना कर हासिल की। रुडोल्फ़ों के अध्ययन का तीसरा पहलू था समकालीन भारत में परम्परा प्रदत्त क़ानून और पश्चिम से लिए गये नये क़ानून के आयामों के सहअस्तित्व पर प्रकाश डालना।

तक़रीबन रुडोल्फ़ के समय में ही राजनीतिशास्त्री रजनी कोठारी भी जाति और आधुनिक चुनावी राजनीति के समागम का अध्ययन करते हुए दिखा रहे थे कि राजनीति में जातिवाद की परिघटना किस तरह राजनीति में जातिवाद का प्रवेश न हो कर जातियों का राजनीतिकरण है। 1969 में उनका क्लासिक ग्रंथ *पॉलिटिक्स इन इण्डिया* प्रकाशित हुआ, जिसका पहला वाक्य ही उनकी पूरी थीसिस का सारतत्त्व था।

सुज़ैन हूबर रुडोल्फ (*द मॉडर्निटी ऑफ़ ट्रैडिशन : पॉलिटिकल डिवेलपमेंट इन इण्डिया*)

इससे पहले कोठारी अपने सहयोगी विद्वानों (ऋषिकेश मारू आदि) के साथ मिल कर कुछ चुनिंदा निर्वाचन क्षेत्रों का अध्ययन कर चुके थे। कुल मिला कर कोठारी कहना यह चाहते थे कि भारत जैसे परम्पराबद्ध समाज के आधुनिकीकरण का रास्ता राजनीतीकरण की मंज़िल से होकर गुज़रता है। कोठारी ने आधुनिकीकरण की इस थियरी के भारतीय संदर्भ को इस प्रकार वाणी दी है : 'आधुनिकता के सम्पर्क में आने पर भारतवासियों ने सबसे बड़ा असर यह ग्रहण किया कि वे अपनी पारम्परिक अस्मिता के प्रति नये सिरे से सचेत होते चले गये। आधुनिकता के प्रभाव में उस अस्मिता की पुनर्व्याख्या करके उसमें नवजीवन का संचार किया गया और नयी संस्थाओं और विचारों के संदर्भ में उसका सुदृढ़ीकरण हुआ। यही था भारत के राजनीतिक आधुनिकीकरण का रास्ता। आधुनिकतावादी प्रेरणाओं ने लोगों को भारत की भारतीयता का दावा करने की, उस भारतीयता का पुनःसूत्रीकरण करने, और कुल मिला कर उसे एक आधुनिक चरित्र देने की गुंजाइश प्रदान की। भारत के आधुनिकीकरण पर परम्परा को ख़ारिज करने का मॉडल लागू नहीं होता। न ही आधुनिकता और आधुनिक संस्थाओं की शक्ति को नकार कर सिर्फ़ परम्परा की वांछनीयता पर ज़ोर देने वाला मॉडल भारत के मामले में कारगर है। इसी तरह आधुनिकता और परम्परा के कुछ-कुछ हिस्सों की ख़ास तरतीब पर ज़ोर देने वाला मध्यमार्गी मॉडल भी यह नहीं है।'

इस व्याख्या के बाद कोठारी यह बताना नहीं भूलते कि परम्परा अपने आप अपना पुनर्जागरण नहीं कर सकती थी। समसामयिक अर्थ ग्रहण करने के लिए उसे आधुनिक संस्थाओं और मूल्यों की आवश्यकता थी। परम्परा और आधुनिकता पर अलग-अलग ज़ोर देने और एक-दूसरे की क़ीमत पर उनका महत्त्व समझने के बजाय हमें दोनों के संबंध को समझना होगा, उस प्रक्रिया को समझना होगा जिसने इस प्रक्रिया को जन्म दिया है और उस मिश्रण को समझना होगा जो उस समय पैदा होता है जब एक पारम्परिक समाज नये ज़माने की ज़रूरतों को पूरा करने के ज़रिये नैरंतर्य का संधान करता है, और इस सिलसिले में अपनी समृद्ध विविधता को नष्ट किये बिना नयी एकता और नयी पहचान ग्रहण कर लेता है।

कोठारी के बाद 1989 में भीखू पारिख की दो बहुचर्चित रचनाएँ *कोलोनियलिज़्म, ट्रेडिशन ऐंड रिफ़ॉर्म : ऐन एलालिसिस ऑफ़ गाँधीज़ पॉलिटिकल डिस्कोर्स* और *गाँधीज़ पॉलिटिकल फ़िलॉसफ़ी : अ क्रिटिकल एग्ज़ामिनेशन* सामने आयीं जो गाँधी के विमर्श को उपनिवेशवाद, परम्परा और सुधार के परिप्रेक्ष्य में रख कर देखती थीं। पारिख ने इन रचनाओं में प्रदर्शित किया था कि आधुनिक राष्ट्र के निर्माण के लिए गाँधी किस तरह परम्परा के कुछ पहलुओं की पुनर्रचना करते हैं।

रुडोल्फ़ों, कोठारी और पारिख के बीच कई मतभेद थे। इनके बीच भी बहसें हुईं और समाज-विज्ञान की दुनिया ने उनकी प्रस्थापनाओं पर भी ख़ूब बहसें कीं। दिलचस्प बात यह है कि ये विद्वान किसी भी तरीक़े से मार्क्सवादी शिविर के नहीं हैं, हालाँकि कोठारी पर मानवेंद्र नाथ राय का गहरा प्रभाव रहा है, और भीखू पारिख ने मार्क्स के विचारधारा-सिद्धांत पर एक विख्यात पुस्तक लिखी है। लेकिन कुल मिला कर तीनों की टेक वही है कि अगर भारतीय समाज को आधुनिकीकरण के रास्ते पर चलना है तो परम्परा के कुछ पहलुओं का इस प्रक्रिया में विनियोग करना होगा। समाज-विज्ञान और मानविकी के क्षेत्र में मार्क्सवादी परम्परा से आये विद्वानों ने साठ से अस्सी के दशकों के बीच हुए इन सूत्रीकरणों को मोटे तौर पर नज़रअंदाज़ ही किया, क्योंकि कहीं न कहीं परम्परा की आधुनिकता का फ़िकरा 1953 में निकाले गये मार्क्स के भारत संबंधी निष्कर्षों की आलोचना का पर्याय था। लेकिन साहित्य-अध्ययन की दुनिया में सक्रिय रामविलास शर्मा ने रुडोल्फ़, कोठारी या पारिख के सिलसिले से जुड़े बिना (सम्भवतः वे इन तीनों की रचनाओं से परिचित भी नहीं थे) केवल अपने बौद्धिक संसाधनों की मदद से मध्ययुगीन भक्ति काल से लेकर आधुनिक युग में भारतेंदु युग

तक परम्परा और आधुनिकता के इसी रिश्ते को संसाधित किया। वैसे तो आधुनिकता के किसी भी झण्डाबरदार के लिए परम्परा के साथ अपना रिश्ता परिभाषित करना आसान नहीं है। लेकिन देखा गया है कि मार्क्सवाद से अ-प्रभावित रह गया आधुनिक मानस यह रिश्ता अपेक्षाकृत अधिक सहजता से बना लेता है। लेकिन जो मार्क्सवादी हो गया, उसे आधुनिक को दिक़्क़त होती है। उसके गले में परम्परा छछूँदर की तरह अटक जाती है। इसीलिए समाज-विज्ञान के क्षेत्र में मोटे तौर पर वामपंथी पर ग़ैर-मार्क्सवादी आधुनिकों ने एक ख़ास तरह की सैद्धांतिक कुशलता के साथ परम्परा को आधुनिकता के संयोग में संसाधित किया है, लेकिन इस सैद्धांतिक कौशल का मार्क्सवादी संस्करण केवल रामविलास शर्मा के यहाँ ही मिलता है।

आज़ादी के फ़ौरन बाद यानी 1948 के बाद से ही हिंदी साहित्य-जगत में ख़ुद को मार्क्सवाद से जुड़े लोगों के बीच परम्परा और आधुनिकता को लेकर भीषण बहस छिड़ गयी थी। 1949 से 1953 के बीच प्रगतिशील लेखक संघ के महासचिव रहे रामविलास शर्मा उस ज़माने में इस बहस के प्रमुख किरदारों में से एक थे। बहस में प्रगतिशील लेखक संघ की तत्कालीन राजनीति, कम्युनिस्ट पार्टी पर हावी बी.टी. रणदिवे की लाइन, पी.सी. जोशी द्वारा की गयी राजनीति और संस्कृति के संबंधों की व्याख्या और ई.एस.एस. नम्बूदिरीपाद का लेखक संघ के प्रति रवैया भी तैर रहा था। अपनी विपुलता और विविधता के कारण हिंदी-मार्क्सवाद के इस प्रकरण पर अलग से विस्तृत शोध की आवश्यकता है, क्योंकि इसके बिना मार्क्सवादियों द्वारा किये गये परम्परा के विभिन्न मूल्यांकनों की समीक्षा अधूरी रह जाएगी।

रामविलास शर्मा ने पहले तो मार्क्स की भारत संबंधी रचनाओं को ठंडे बस्ते में डाला और फिर मार्क्सवादी शब्दावली का जम कर प्रयोग करते हुए और बार-बार मार्क्सवादी वांगमय से ही उद्धरण उठाते हुए उन्होंने भारतीय समाज के संदर्भ में परम्परा का रूढ़ि से भेद किया, परम्परा में निहित आधुनिकता के पहलुओं को रेखांकित किया, परम्परा की पुन:रचना की प्रक्रिया को उभारा, इस प्रक्रिया में आधुनिकीकरण के रास्ते की समझ बनाते हुए भारतीय समाज के इतिहास में आधुनिकता के संरचनात्मक आधार की शिनाख़्त की। चूँकि उनका उद्यम परम्परा की आधुनिकता का मार्क्सवादी संस्करण है इसलिए वहाँ हर जगह आम जनता, किसान, कारीगर, शिल्पी वग़ैरह मौजूद हैं। ऋग्वेद से लेकर भक्तिकाल तक हर जगह पुरोहितों को अवांछित तत्त्वों की तरह पेश किया गया है। हर जगह यह दिखाने की कोशिश की गयी है कि भारत अध्यात्मवादी या भाववादी नहीं, बल्कि भौतिकवादी या यथार्थवादी देश है। उन्होंने ऋग्वेद से लेकर रामचंद्र शुक्ल तक हर जगह भौतिकवाद देख कर दावा किया कि वाल्मीकि से लेकर तुलसीदास तक लिखी गयी महान कविता के केंद्र में देवता नहीं बल्कि मनुष्य है।

देखें : आधुनिकता, भारतीय आधुनिकता, आधुनिकीकरण, रजनी कोठारी, भीखू पारेख, रामविलास शर्मा, व्यापारिक पूँजी, प्राक्-आधुनिकता और भारत-1, 2 और 3.

संदर्भ

1. लॉयड आई. रुडोल्फ़, और सुज़ैन हूबर रुडोल्फ़ (1967), द *मॉडर्निटी ऑफ़ ट्रेडिशन : पॉलिटिकल डिवेलपमेंट इन इण्डिया*, द युनिवर्सिटी ऑफ़ शिकागो प्रेस, शिकागो.
2. रजनी कोठारी (2005), *भारत में राजनीति : कल और आज*, अभय कुमार दुबे, सीएसडीएस-वाणी, दिल्ली.
3. भीखू पारेख (1989), *कोलोनियलिज़म, ट्रेडिशन ऐंड रिफ़ॉर्म : ऐन ऐनालिसिस ऑफ़ गाँधीज़ पॉलिटिकल डिस्कोर्स*, सेज, दिल्ली; *गाँधीज़ पॉलिटिकल फ़िलॉसफ़ी : अ क्रिटिकल एग्ज़ामिनेशन*, मैकमिलन, लंदन.
4. रामविलास शर्मा (1981 और 2011), *परम्परा का मूल्यांकन*, राजकमल प्रकाशन, नयी दिल्ली; *भारतीय संस्कृति और हिंदी प्रदेश* किताबघर, नयी दिल्ली.

— अभय कुमार दुबे

परिणामवाद

(Pragmatism)

परिणामवाद किसी वक्तव्य, कार्रवाई या आकलन के सहीपन का निर्धारण उसकी व्यावहारिकता के प्रभावानुसार करने की वकालत करता है। बीसवीं सदी के शुरुआती दौर में अमेरिकी दर्शन परिणामवाद से बहुत प्रभावित था। सी.एस. पर्स, विलियम जेम्स, जॉन डिवी, जॉर्ज हरबर्ट मीड और क्लेयरेंस इरविंग लेविस जैसे दार्शनिकों ने युरोपीय साहित्य और दर्शन से संबंधित अपने प्रशिक्षण का उपयोग करके ज्ञान के सिद्धांत में परिणामवादी सूत्रीकरणों का योगदान किया। उन्होंने देकार्त और इमैनुएल कांट के विमर्श में इस अवधारणा के सूत्र रेखांकित किये। परिणामवाद के प्रमुख सिद्धांतकार के रूप में पर्स का कहना था कि किसी अवधारणा का सम्पूर्ण तात्पर्य उसकी व्यावहारिक निष्पत्तियों में व्यक्त होता है। किसी अवधारणा की वस्तुनिष्ठ सच्चाई उसके द्वारा बताये गये आचरणों या उसके सम्भावित अनुभवों से ज़ाहिर होती है। पर्स के मुताबिक़ परिणामवाद ज्ञान की खोज को एक ऐसी प्रक्रिया के रूप में देखता है जिसकी शुरुआत संदेह से होती है लेकिन जिसका समाधान आस्था में होता है। पर्स के

सी.एस. पर्स : ('व्हाट प्रैगमैटिज़्म इज़?')

दार्शनिक उत्तराधिकारियों ने इस विचार को वस्तुनिष्ठता के प्रत्यक्षवादी आग्रहों से निकालने की कोशिश की। उनका कहना था कि अगर कोई समुदाय किन्हीं विचारों को अपना लेता है तो उसी से उन विचारों की प्रभावोत्पादकता साबित हो जाती है। परिणामवाद का नया संस्करण उन विचारों के आधार पर किये गये कार्यान्वयन के नतीजों का इंतज़ार करने की ज़रूरत नहीं समझता।

दरअसल, परिणामवादी मत प्राचीन काल में सक्रिय रहे संशयवादी विमर्श की देन है। संशयवादियों का कहना था कि प्रामाणिक ज्ञान हासिल करना सम्भव ही नहीं है। इसलिए व्यवहार और आचरण की आवश्यकताओं के मद्देनज़र जितनी मुमकिन सूचना हो, उसी से काम चलाना चाहिए। इसी आधार पर कांट ने परिणामवादी आस्था की धारणा सूत्रीकृत की थी। उनकी मान्यता थी कि मानवीय प्रयास की सीमाएँ सत्य का अन्वेषण करने में बाधक होती हैं, इसलिए सम्पूर्णता की बजाय हमें अपनी पड़ताल की पर्याप्तता पर ज़ोर देना चाहिए। पर्याप्तता के लिए कांट ने सैद्धांतिक के बजाय व्यावहारिक पैमाने की तजवीज़ की थी। कांट की इसी सिफ़ारिश के आधार पर परिणामवादियों ने सैद्धांतिक के ऊपर व्यावहारिक को प्राथमिकता देने की अनिवार्यता का पक्ष लिया। परिणामवादी दर्शन को प्रेरित करने में कांट के अलावा शोपेनहॉवर के इस विचार की भी आधारभूत भूमिका रही है कि बुद्धि हमेशा और हर जगह संकल्प की मातहती में रहती है। इसी आधार पर जॉर्ज ज़िमेल जैसे विचारकों ने व्यावहारिकता के तर्क को सैद्धांतिक तर्क से ऊपर रखना पसंद किया।

ज्ञान के अन्वेषण के संदर्भ में परिणामवादी रवैया कुछ इस तरह से काम करता है : अगर किसी प्रश्न के उपलब्ध उत्तर की सच्चाई साबित करने के लिए एक प्रमाण मौजूद है तो परिणामवादी तब तक उसे पर्याप्त मानते रहेंगे जब तक कोई भिन्न दावा स्पष्ट रूप से सामने न आ जाए। परिणामवादी उपलब्ध प्रमाण के आधार पर कहेंगे कि व्यावहारिक रूप से अभी तक यही सम्भव है, इसलिए इस आधार पर सच्चाई का दावा करने में क्या हर्ज़ है। इसी के साथ परिणामवादी तर्क मौजूदा संदर्भ को भी प्राथमिकता देता है। उदाहरण के लिए अगर विवाह की आयु-सीमा 19 वर्ष है, मतदान करने की आयु-सीमा 18 वर्ष है और बाज़ार से शराब ख़रीदने के अधिकार की आयु-सीमा 25 वर्ष है तो परिणामवादी इस विभिन्नता तो प्रश्नांकित करने के लिए तैयार नहीं होंगे। वे यह बहस नहीं चलाएँगे कि क्यों न इन तीनों आयु-सीमाओं को एक कर दिया जाए। वे कहेंगे कि अलग-अलग संदर्भों में ये आयु-सीमाएँ तब तक ठीक समझी जानी चाहिए जब तक इनके सहीपन की समीक्षा करने लायक आवश्यक नये प्रमाण न मिल जाएँ।

पर्स ने परिणामवाद में वैज्ञानिक पद्धति और प्रत्यक्षवादी नज़रिये का समावेश करके उसे वस्तुनिष्ठ तात्पर्य-निरूपण के सिद्धांत का रूप दिया। 'प्रयोग से पैदा होने वाले प्रभावों' और 'प्रेक्षण के आधार पर प्राप्त किये गये परिणामों' को रेखांकित करके पर्स ने अपने परिणामवाद को भाववादी दार्शनिक आग्रहों के मुक़ाबले खड़ा किया। पर्स एक ऐसे दार्शनिक थे जिन्होंने अपने जीवन में कोई पुस्तक नहीं लिखी, लेकिन उनके निबंध *व्हाट प्रैगमैटिज़्म इज़?* को इस दर्शन की बुनियादी रचना माना जाता है। विलियम जेम्स उनके दार्शनिक उत्तराधिकारी थे जिनकी रचना *प्रैगमैटिज़्म : अ न्यू नेम फ़ॉर सम ओल्ड वेज़ ऑफ़ थिंकिंग* 1907 में प्रकाशित हुई। जेम्स ने परिणामवाद को प्रत्यक्षवाद की छाया से मुक्त करते हुए उसे प्रभावोत्पादकता के निजी और आत्मगत मानकों की रोशनी में परिभाषित किया। परिणामवाद के निर्वैयक्तिक और वस्तुनिष्ठ संस्करण के अधिष्ठाता पर्स का मानना था कि ऐसा करने से उनका सिद्धांत बर्बाद हो जाएगा। जेम्स ने तर्क दिया कि सत्य वह है जो यथार्थ के प्रभाव में व्यक्तियों द्वारा माना जाता है। वह कोई वैज्ञानिक रहस्योद्घाटन नहीं है, बल्कि मानवीय गतिविधियाँ अपनी परिस्थितियों में उसका आविष्कार करती हैं। परिणामवाद के एक अन्य व्याख्याता जॉन डिवी ज्ञान के अन्वेषण को एक ऐसी प्रक्रिया मानते थे जो ख़ुद को संशोधित करती चलती है।

अर्थात् अन्वेषण की प्रक्रिया आगे होने वाले प्रयोगों की रोशनी में विकसित होती जाती है। परिणामवाद को विज्ञान की रोशनी में परिभाषित करने के सवाल पर डिवी भी पर्स से सहमत नहीं थे। उनका कहना था कि सामाजिक और सामुदायिक प्रक्रियाएँ ऐसे मूल्यों की रोशनी में चलती हैं जिनका विज्ञान से लाज़मी ताल्लुक़ नहीं होता। उन मूल्यों की जड़ें तो साधारण लोगों के मनोभावों में निहित होती हैं। इस तरह आधुनिक परिणामवाद के तीन संस्करण सामने आये। पर्स का परिणामवाद वैज्ञानिक और प्रत्यक्षवादी आग्रहों से भरा हुआ था। जेम्स के परिणामवाद पर निजी और आत्मगत छाप थी। डिवी का परिणामवाद लोकतांत्रिक प्रवृत्तियों से ओतप्रोत था। हालाँकि परिणामवाद का अधिकतर विकास अमेरिकी दार्शनिकों ने किया, पर युरोप के कई विचारकों ने भी उससे प्रेरणा ग्रहण की। इतालवी दर्शन के दायरे में उसका उपयोग विज्ञान के दर्शन पर काम करने वाले विचारकों द्वारा किया गया। ब्रिटेन के दार्शनिक पर्स और जेम्स की परिमामवादी विरासतों के बीच बँट गये।

समकाली चिंतकों में रिचर्ड रोर्ती को भी परिणामवादी माना जाता है। रोर्ती ने बुद्धिवाद, सांस्कृतिक अस्मिता और राजनीति के सवालों के बारे में तात्त्विकतावाद विरोधी रवैया अख़्तियार करने के लिए परिणामवाद का इस्तेमाल किया। रोर्ती ने दलील दी कि हम अपने चिंतन के लिए भाषा के मोहताज हैं, इसलिए हमारा कोई भी यथार्थ भाषा से परे नहीं हो सकता। यथार्थ के अस्तित्व को भाषा के बाहर रेखांकित करने वालों को रोर्ती ने ज्ञान के संदर्भ में निरूपणवादी की संज्ञा दी और ख़ुद को इस निरूपणवाद के विरोध में खड़ा किया।

देखें : अस्तित्ववाद, आत्मनिष्ठता-वस्तुनिष्ठता, इयत्ता, इमैनुएल कांट, इंद्रियानुभववाद, ईसैया बर्लिन, उत्तर-आधुनिकतावाद, उत्तर-औपनिवेशिकता, उदारतावाद, कल्पित समुदाय, ग्योर्ग विल्हेल्म फ्रेड्रिख़ हीगेल, घटनाक्रियाशास्त्र और एडमण्ड हसर, चेतना, जॉन लॉक, ज़ाक लकाँ, ज्याँ-फ्रांस्वा ल्योतर, ज्याँ-पॉल सार्त्र, ज़ाक देरिदा, जॉर्ज विल्हेल्म फ्रीड्रिख़ हीगेल, तत्त्वमीमांसा और अस्तित्वमीमांसा, तात्त्विकतावाद, थियोडोर लुडविग वीज़ेनग्रंड एडोर्नो, द्वैतवाद, नवउदारतावाद, फ्रांसिस बेकन, फ्रेड्रिख़ नीत्शे-1 और 2, बुद्धिवाद, भाववाद, भौतिकवाद, मनोविश्लेषण, मिशेल पॉल फ़ूको-1 और 2, यथार्थवाद, युरोपीय पुनर्जागरण, युरगन हैबरमास, युरोपीय ज्ञानोदय, रेने देकार्त, लुई अलथुसे, संत ऑग्स्टाइन, सोरेन आबी कीर्केगार्द, संरचनावाद और उत्तर-संरचनावाद, हरबर्ट स्पेंसर, ज्ञानमीमांसा, ज्ञान का समाजशास्त्र।

संदर्भ

1. सी.एस. पर्स (1934), 'व्हाट प्रैगमैटिज़्म इज़ ?', *कलेक्टिड पेपर्स*, केम्ब्रिज युनिवर्सिटी प्रेस, मैसाचुसेट्स.
2. रिचर्ड रोर्ती (1982), *कांसिक्वेंसिज़ ऑफ़ प्रैगमैटिज़्म, एसेज़, 1972-1980*, हारवेस्टर, ब्राइटन.
3. हिलेरी पुटनैम (1995), *प्रैगमैटिज़्म : ऐन ओपन क्वेश्चन*, ब्लैकवेल, ऑक्सफ़र्ड और केम्ब्रिज, एमए.
4. डब्ल्यू.बी. गैली (1975), *पर्स ऐंड प्रैगमैटिज़्म*, ग्रीनवुड प्रेस, वेस्टपोर्ट, सीटी.

— अभय कुमार दुबे

पश्चिम बंग

(Pashchim Banga)

भारत के पूर्वी भाग में स्थित राज्य पश्चिम बंग की स्थापना 1 नवम्बर, 1956 को हुई थी। इसकी राजधानी कोलकाता है। ममता बनर्जी की सरकार द्वारा नये नामकरण से पहले इसी राज्य को पश्चिम बंगाल के नाम से जाना जाता था। भारत विभाजन की यातना झेलने वाले इस राज्य की राजनीति को स्वतंत्रता के बाद से मुख्य तौर पर चार भागों में बाँट कर समझा जा सकता है : पहला, आज़ादी के बाद से 1967 तक; दूसरा, 1967 से 1977 तक; तीसरा, 1977 से सन् 2000 तक दौर जब मार्क्सवादी कम्युनिस्ट पार्टी के नेतृत्व में होने वाली वाम और जनवादी मोर्चे की राजनीति के तहत ज्योति बसु राज्य के मुख्यमंत्री रहे; और चौथा, 2000 से वर्तमान राजनीति तक। इस चौथे दौर में राज्य की राजनीति में माकपा को चुनौती मिली और आख़िरकार 2010 के विधानसभा चुनावों में लम्बे संघर्ष के बाद ममता बनर्जी के नेतृत्व में तृणमूल कांग्रेस उस पर अपनी जीत दर्ज करने में सफल हो गयी। नब्बे के दशक (या एक अर्थ में 1977 के बाद) की पश्चिम बंगाल की राजनीति में वे मुहावरे हावी नहीं रहे जो देश के अधिकांश भागों में थे। मंदिर और मण्डल की राजनीति ने पश्चिम बंग की राजनीति में किसी तरह का ध्रुवीकरण पैदा नहीं किया। विकासशील समाज अध्ययन पीठ द्वारा किये गये सर्वेक्षणों से यह बात सामने आयी है कि इस दौर में ऊँची जातियों, पिछड़ी जातियों तथा हिंदुओं और मुसलमानों ने वाम-मोर्चे का समर्थन किया। ज्योति बसु के मुख्यमंत्रित्व तक बंगाल में उदारीकरण की नीतियों का कोई ख़ास असर राज्य में नहीं हुआ। कुछ आलोचक मानते हैं कि इसी कारण पश्चिम बंग देश के अन्य राज्यों से बहुत ज़्यादा पिछड़ गया। 2000 के बाद के दौर में, ख़ासतौर पर 2005 के बाद, उद्योगीकरण करने और पूँजी निवेश को बढ़ावा देने की नीतियों ने ग़रीबों में असंतोष को सघन किया जिसका नतीजा राजनीतिक प्रतिरोध और वाम मोर्चा सरकार द्वारा उसके दमन में निकला।

पश्चिम बंग : वाम मोर्चा बनाम तृण मूल कांग्रेस

परिणामस्वरूप 2011 के चुनावों के बाद वाम-मोर्चे को ऐतिहासिक हार का सामना करना पड़ा। आज तृणमूल कांग्रेस की सरकार भी उन्हीं चुनौतियों का सामना कर रही है जिनसे वाम मोर्चे की सरकार जूझ रही थी।

पश्चिम बंग के उत्तर में नेपाल, भूटान और सिक्किम, पूर्व में असम और बांग्लादेश, पश्चिम में बिहार तथा झाड़खण्ड, तथा दक्षिण में झाड़खण्ड तथा ओडीशा हैं। इसका कुल क्षेत्रफल 88,752 वर्ग किमी है। क्षेत्रफल के हिसाब से यह भारत का तेरहवाँ सबसे बड़ा राज्य है। 2011 की जनगणना के हिसाब से इसकी कुल जनसंख्या 9,13,47,736 है। भारत के चौथे सबसे बड़े राज्य में 2011 की जनगणना के अनुसार साक्षरता दर 77.1 प्रतिशत है। इस लिहाज़ से भारत में इसका स्थान सोलहवाँ है। पश्चिम बंग की विधायिका एक सदनीय है। यहाँ की विधानसभा में कुल 295 सदस्य होते हैं। यहाँ से लोकसभा के 42 और राज्यसभा के 16 सदस्य चुने जाते हैं। बंगाली और अंग्रेज़ी यहाँ राजकीय भाषाएँ हैं। यहाँ का उच्च न्यायालय कोलकाता में स्थित है।

पश्चिम बंग में दो प्रमुख प्राकृतिक क्षेत्र हैं : दक्षिण में गंगा का मैदान और उत्तर में उप-हिमालय या हिमालय क्षेत्र। ईसा पूर्व तीसरी सदी में बंगाल का सीमाई इलाक़ा अशोक के साम्राज्य का भाग था। चौथी सदी में यह गुप्त साम्राज्य का हिस्सा बन गया। तेरहवीं सदी से लेकर अट्ठारहवीं सदी में ब्रिटिश साम्राज्य की स्थापना होने तक यहाँ पर बहुत से सुल्तानों और जमींदारों आदि का शासन रहा। 1757 में प्लासी की लड़ाई के बाद ब्रिटिश ईस्ट इण्डिया कम्पनी ने यहाँ पर अपना वर्चस्व मज़बूत किया। बंगाल को भारतीय सांस्कृतिक नवजागरण का अगुआ माना जाता है। ब्रिटिश काल में साहित्य, कला, धर्म और समाज-सुधार आदि की सबसे पहली शुरुआत बंगाल में ही हुई। भारतीय समाज के आधुनिकीकरण की प्रवृत्तियों का एक महत्त्वपूर्ण उद्गम बंगाल ही था। यह भारत के स्वतंत्रता संग्राम का एक मुख्य केंद्र भी रहा।

एक ओर यह उग्र राष्ट्रवादी आंदोलन का गढ़ था, तो दूसरी ओर रवींद्रनाथ ठाकुर ने राष्ट्रवाद की आलोचना बंगाल की धरती पर ही की। औपनिवेशिक दौर में 1905 में साम्प्रदायिक आधार पर बंगाल का विभाजन किया गया। लोगों बंग-भंग के ख़िलाफ़ चले ज़बर्दस्त आंदोलन के कारण इसे 1911 में वापस ले लिया गया। इसी वर्ष कोलकाता की बजाय दिल्ली को भारत की राजधानी बनाया गया। लेकिन 1912 में बंगाल से अलग हो कर बिहार और ओडीशा अलग राज्य बने। भारत की आज़ादी के वक़्त द्वि-राष्ट्र सिद्धांत के आधार पर देश का बँटवारा होने के कारण बंगाल का एक बार फिर विभाजन हुआ। मुसलिम बहुल पूर्वी बंगाल का इलाक़ा पाकिस्तान का भाग बन गया। 1971 की घटनाओं ने इसी पूर्वी पाकिस्तान को अलग सम्प्रभु राष्ट्र बांग्लादेश का रूप दिया। 1955 में कूच विहार रजवाड़े को पश्चिम बंगाल में मिला दिया गया। इसी वर्ष फ्रांसीसियों के क़ब्ज़े में रहे चंदननगर के इलाक़े को भी बंगाल में मिला दिया गया। इस तरह 1956 में पश्चिम बंगाल अपने वर्तमान स्वरूप में सामने आया।

आज़ादी के बाद पश्चिम बंगाल की राजनीति में कांग्रेस का वर्चस्व रहा। प्रफुल्ल चंद्र घोष राज्य के प्रथम मुख्यमंत्री बने। वे बहुत कम समय तक (15 अगस्त, 1947-14 जनवरी, 1948) राज्य के मुख्यमंत्री रहे। उनके बाद कांग्रेस के ही विधान चंद्र राय मुख्यमंत्री बने। वे 14 जनवरी, 1948 से 1 जुलाई, 1962 तक मुख्यमंत्री रहे। राय मशहूर डॉक्टर और स्वतंत्रता सेनानी थे। उन्होंने अपने मुख्यमंत्रित्व के दौरान बंगाल को विभाजन की त्रासदी से उबारा और पुनर्वास और विकास की कई योजनाएँ बनायी। भारतीय राजनीति में उनकी भूमिका के लिए उन्हें 1961 में भारत रत्न से भी सम्मानित किया गया। उनकी मृत्यु के बाद कांग्रेस के प्रफुल्ल चंद्र सेन राज्य के मुख्यमंत्री बने। वे पाँच साल मुख्यमंत्री रहे। लेकिन इस समय तक राज्य में कांग्रेस की कमज़ोरी स्पष्ट होने लगी थी। जून, 1966 में कांग्रेस के एक प्रभावशाली नेता अजय मुखर्जी को पार्टी विरोधी गतिविधियों

के कारण पार्टी से बाहर निकाल दिया गया। मुखर्जी ने हुमायूँ कबीर के साथ मिलकर बांग्ला कांग्रेस का गठन किया।

1967 के चुनावों के बाद किसी दल को स्पष्ट बहुमत नहीं मिला। 15 मार्च, 1967-2 नवम्बर, 1967 तक अजय मुखर्जी के नेतृत्व में यूनाइटेड फ्रंट की सरकार रही। इस सरकार में माकपा भी शामिल थी और इसके नेता ज्योति बसु उप-मुख्यमंत्री और गृहमंत्री थे। इसी दौर में माकपा में हुए विचारधारात्मक विभाजन के परिणामस्वरूप नक्सलबाड़ी आंदोलन शुरू हुआ। राज्य सरकार भूमि सुधार पर कोई स्पष्ट नीति नहीं बना पायी। इसके बाद प्रफुल्ल चंद्र घोष ने प्रोग्रेसिव डेमॉक्रैटिक एलायंस फ्रंट की सरकार का नेतृत्व किया। घोष की सरकार ज़्यादा समय तक नहीं चल पायी। कुछ समय के लिए राष्ट्रपति शासन लागू रहा और फिर से अजय मुखर्जी के नेतृत्व में यूनाइटेड फ्रंट की सरकार बनी (25 फ़रवरी, 1969-19 मार्च, 1970)। यूनाइटेड फ्रंट की इस सरकार में भी माकपा शामिल थी और ज्योति बसु इस सरकार के उप-मुख्यमंत्री थे।

इसके बाद कुछ समय तक कांग्रेस के नेतृत्व वाले गठबंधन के नेता के रूप में प्रफुल्ल चंद्र घोष राज्य के मुख्यमंत्री रहे (2 अप्रैल, 1971-19 मार्च, 1972)। 1972 में हुए विधानसभा चुनावों में कांग्रेस पार्टी को सफलता मिली और इंदिरा गांधी ने सिद्धार्थ शंकर राय को मुख्यमंत्री बनवाया। 1967-1977 का दौर इस लिहाज़ से महत्त्वपूर्ण है कि इसने राज्य में वामपंथी दलों को मज़बूती दी। 1964 में भारतीय कम्युनिस्ट पार्टी दो भागों (भारतीय कम्युनिस्ट पार्टी और मार्क्सवादी कम्युनिस्ट पार्टी) में बँट गयी थी। लेकिन 1977 तक उन्होंने एक साथ गठबंधन क़ायम कर चुनावी राजनीति करने पर सहमति बना ली। बीच में कुछ समय तक भाकपा ने कांग्रेस का समर्थन किया। लेकिन 1977 तक ये दोनों दल कुछ अन्य वाम रुझान वाले दलों के साथ मिल कर एक वाम मोर्चा गठित करने पर सहमत हो गए।

भूमि सुधार के मसले पर रैडिकल रवैया न अपनाने के कारण 1969 में माकपा से अलग हो कर ख़ुद को क्रांतिकारी और संसदीय रास्ते का विरोधी कहने वालों ने भारतीय कम्युनिस्ट पार्टी (मार्क्सवादी-लेनिनवादी) का गठन किया। इस पार्टी और नक्सलबाड़ी आंदोलन का देश के दूसरे भागों में काफ़ी प्रसार हुआ। लेकिन पश्चिम बंगाल में माकपा ने अपनी मज़बूत पकड़ बनाये रखी। 1972 के बाद कांग्रेस और सिद्धार्थ शंकर राय के कुशासन और आपातकाल की दमनकारी नीतियों के कारण माकपा के नेतृत्व वाले वामपंथी गठबंधन ने 1977 के चुनावों में जीत हासिल की।

ज्योति बसु राज्य के मुख्यमंत्री बने और उसके बाद उन्होंने 23 साल तक लगातार मुख्यमंत्री (21 जून, 1977 से 6 नवम्बर, 2000) रहने का अनूठा रिकॉर्ड बनाया। उनके नेतृत्व में वामपंथी सरकार ने भूमि सुधार का एक प्रभावी कार्यक्रम लागू किया जिसे 'आपरेशन बर्गा' के नाम से जाना गया। इसमें क़ानूनी प्रावधान किया गया कि ज़मीन पर वास्तविक रूप में खेती करने वाले बर्गादारों (बँटाईदारों) को बेदख़ल नहीं किया जा सकता है। हालाँकि इससे कई ज़रूरतमंद भू-स्वामियों के अधिकार भी छिन गये। लेकिन तेज़ी से भूमि सुधार होने के कारण ऑपरेशन बर्गा की तारीफ़ भी की जाती है। यह प्रक्रिया 1978 में शुरू हुई और 1980 के दशक के मध्य तक इसे पूरा कर लिया गया। बसु की सरकार ने राज्य में पंचायती राज व्यवस्था भी स्थापित की जो एक रैडिकल क़दम था, क्योंकि उस समय तक पंचायती राज को संवैधानिक दर्जा नहीं मिला था। इससे ग्रामीण लोगों और ग़रीब किसानों को पंचायत स्तर पर शासन में भागीदारी का मौक़ा मिला।

ज्योति बसु के नेतृत्व में पश्चिम बंगाल साम्प्रदायिक सद्भाव और सेकुलर मूल्यों की मिसाल के रूप में सामने आया। बसु ने 1984 में इंदिरा गाँधी की हत्या और 1992 में बाबरी मस्जिद गिराये जाने के बाद की स्थितियों में साम्प्रदायिक तत्त्वों पर सख़्ती से नियंत्रण किया। उनके ऊँचे राजनीतिक क़द के कारण ही 1996 में संयुक्त मोर्चे ने उनसे प्रधानमंत्री का पद स्वीकार करने का आग्रह किया, लेकिन उनकी पार्टी माकपा ने यह प्रस्ताव ठुकरा दिया। पार्टी के समर्पित कार्यकर्ता के रूप में बसु यह फ़ैसला स्वीकार तो किया, लेकिन बाद में उन्होंने इसे 'ऐतिहासिक भूल' भी क़रार लिया। नवम्बर, 2000 में बसु ने अपने गिरते स्वास्थ्य के कारण मुख्यमंत्री पद से इस्तीफ़ा दे दिया और उनकी जगह माकपा के ही बुद्धदेव भट्टाचार्य राज्य के मुख्यमंत्री बने। कई बार ज्योति बसु की मुख्यमंत्रित्व काल की इस आधार पर आलोचना की जाती है कि इसमें राज्य का तेज़ विकास नहीं हुआ और महाराष्ट्र, कर्नाटक आदि जैसे राज्यों की तुलना में पश्चिम बंगाल बहुत पिछड़ गया।

बुद्धदेव भट्टाचार्य के नेतृत्व में उनकी पार्टी ने दो विधानसभा चुनावों में जीत हासिल की। मुख्यमंत्री बनने के बाद भट्टाचार्य ने बंगाल की अर्थव्यवस्था के उदारीकरण का सिलसिला चला कर पूँजी निवेश आकर्षित किया। लेकिन उनके आलोचकों ने उद्योगीकरण की ख़ातिर कारपोरेट घरानों और बहुराष्ट्रीय कम्पनियों को विशेष औद्योगिक क्षेत्र बनाने के लिए देने हेतु किसानों की ज़मीन के अधिग्रहण की नीति की आलोचना की। बहरहाल, उनकी स्वच्छ छवि के कारण वाम मोर्चे को 2006 के विधानसभा चुनावों में भारी जीत हासिल हुई। भट्टाचार्य के दूसरे शासन-काल में समस्याएँ ज्यादा स्पष्ट हो कर सामने आने लगीं। सिंगूर, नंदीग्राम और लालगढ़ में होने वाले प्रतिरोध आंदोलनों ने भट्टाचार्य सरकार के ख़िलाफ़ नकारात्मक माहौल तैयार किया और कई वामपंथी एक्टिविस्टों ने भी वाम मोर्चे की आलोचना शुरू कर दी। यह आरोप लगाया गया कि वाम मोर्चे की सरकार ग़रीब

किसानों की बजाय उद्योगपतियों के हितों को वरीयता दे रही है। राज्य के कुछ इलाक़ों में माओवादी भी सक्रिय हो गये और उन्होंने वाम मोर्चे की नीतियों का विरोध किया।

वाम मोर्चे के ख़िलाफ़ के बन रहे नकारात्मक माहौल को ममता बनर्जी के नेतृत्व वाली तृणमूल कांग्रेस ने अपने पक्ष में भुनाया। बनर्जी पहले कांग्रेस में थीं। 1997 में उन्होंने कांग्रेस से अलग होकर अपनी पार्टी बनायी। वे लगातार वाम मोर्चे की सरकार के ख़िलाफ़ विरोध की राजनीति करती रहीं। इस लिहाज़ से पहले उन्होने राज्य में ख़ुद को माकपा के बाद सबसे बड़ी पार्टी के रूप में स्थापित किया। तृणमूल कांग्रेस ने 2009 का लोक सभा चुनाव कांग्रेस के साथ मिलकर लड़ा। इन चुनावों में इस गठबंधन को स्पष्ट जीत मिली। फिर 2011 में हुए चुनावों में 1977 के बाद वाम-मोर्चे को पहली बार हार का मुँह देखना पड़ा। इन चुनावों में 294 सदस्यीय विधानसभा में तृणमूल-कांग्रेस गठबंधन को 226 सटों पर जीत मिली, जबकि वाम-मोर्चे को सिर्फ़ 62 सीटों से संतोष करना पड़ा।

देखें : असम, अरुणाचल प्रदेश, आंध्र प्रदेश, उत्तर प्रदेश, उत्तराखण्ड, ओडीशा, कर्नाटक, केरल, छत्तीसगढ़, जम्मू और कश्मीर, झाड़खण्ड, तमिलनाडु, त्रिपुरा, दिल्ली, नगालैण्ड, पंजाब, बिहार, महाराष्ट्र, मध्य प्रदेश, मणिपुर, मिज़ोरम, मेघालय, भारतीय संघवाद, राजस्थान, राज्यों का पुनर्गठन-1, 2 और 3, राज्यों की राजनीति, संघवाद, हरियाणा।

संदर्भ

1. द्वैपायन भट्टाचार्य (2009), 'वेस्ट बंगाल: परमानेंट इंकम्बेंसी ऐंड पॉलिटिकल स्टेबेलिटी', संदीप शास्त्री, के.सी. सूरी और योगेंद्र यादव (सम्पा.), *इलेक्टोरल पॉलिटिक्स इन इण्डिन स्टेटस : लोकसभा इलेक्शंस 2004 ऐंड बियांड,* ऑक्सफ़र्ड युनिवर्सिटी प्रेस, नयी दिल्ली.
2. सुरभि बनर्जी (1997), *ज्योति बसु : द ऑथॅराइज़्ड बायोग्राफी,* वाइकिंग, नयी दिल्ली.
3. पॉल ब्रास (1990), द *पॉलिटिक्स ऑफ़ इण्डिया सिंस इंडिपेंडेंस,* केम्ब्रिज युनिवर्सिटी प्रेस, केम्ब्रिज.

— कमल नयन चौबे

पाश्चात्य काव्यशास्त्र

(Western Poetics)

पाश्चात्य काव्यशास्त्र के उद्‌भव के साक्ष्य ईसा के आठ शताब्दी पूर्व से मिलने लगते हैं। होमर और हेसिओड जैसे महाकवियों के काव्य में पाश्चात्य काव्यशास्त्रीय चिंतन के प्रारम्भिक बिंदु मौजूद मिलते हैं। ईसापूर्व यूनान में वक्तृत्वशास्त्रियों का काफ़ी महत्त्व था। समीक्षा की दृष्टि से उस समय की *फ्राग्स* तथा *क्लाउड्स* जैसी कुछ नाट्यकृतियाँ काफ़ी महत्त्वपूर्ण और उल्लेखनीय हैं। *फ्राग्स* में कविता को लेकर यह प्रश्न किया गया है कि वह उत्कृष्ट क्यों मानी जाती है ? काव्य समाज को उपयोगी प्रेरणा तथा मनोरंजन के कारण महत्त्वपूर्ण हैं या आनंद प्रदान करने तथा मनोरंजन के कारण ? इस तरह से काव्यशास्त्रीय चिंतन-सूत्र यूनानी समाज में बहुत पहले मौजूद रहे और विधिवत काव्य-समीक्षा की शुरुआत प्लेटो से हुई।

प्लेटो ने काव्य की सामाजिक उपादेयता का सिद्धांत प्रतिपादित किया। उसके अनुसार काव्य को उदात्त मानव-मूल्यों का प्रसार करना चाहिए। देवताओं तथा वीरों की स्तुति एवं प्रशंसा काव्य का मुख्य विषय होना चाहिए। काव्य-चरित्र ऐसे होने चाहिए जिनका अनुकरण करके आदर्श नागरिकता प्राप्त की जा सके। प्लेटो ने जब अपने समय तक प्राप्त काव्य की समीक्षा की तो उन्हें यह देख कर घोर निराशा हुई कि कविता कल्पना पर आधारित है। वह नागरिकों को उत्तमोत्तम प्रेरणा एवं विचार देने के बजाय दुर्बल बनाती है। प्लेटो के विचार से सुव्यवस्थित राज्य में कल्पनाप्रणव कवियों को रखना ठीक नहीं होगा, क्योंकि इस प्रकार के कलाकार झूठी भावात्मकता उभार कर व्यक्ति की तर्क-शक्ति कुंठित कर देते है जिससे भले-बुरे का विवेक समाप्त हो जाता है।

प्लेटो के कला और काव्य-संबंधी विवेचन से सौंदर्यशास्त्रीय एवं काव्यशास्त्रीय चिंतन में अनुकृति-सिद्धांत का समावेश हुआ। उनके अनुसार काव्य, साहित्य और कला जीवन और प्रकृति का किसी न किसी रूप में अनुकरण है। काव्य को कला का ही एक रूप मानने वाले प्लेटो के अनुसार कवि और कलाकार अनुकरण करते हुए मूल वस्तु या चरित्रों के बिम्बों और दृश्यों की प्रतिमूर्ति उपस्थित करते हैं। वे उस वस्तु या चरित्र की वास्तविकता का ज्ञान नहीं रखते। कलाओं और कविताओं को निम्न कोटि का मानने वाले प्लेटो अनुकरण के दो पक्ष मानते हैं— पहला जिसका अनुकरण किया जाता है और दूसरा अनुकरण का स्वरूप। अगर अनुकरण का तत्त्व मंगलकारी है और अनुकरण पूर्ण एवं उत्तम है तो वह स्वागत योग्य है। परंतु प्राय: अनुकृत्य वस्तु

अमंगलकारी होती है तथा कभी-कभी मगंलकारी वस्तु का अनुकरण अधूरा और अपूर्ण होता है। ऐसी दशा में कला सत्य से परे और हानिकारक होती है।

आगे चलकर प्लेटो के शिष्य अरस्तू ने कलाओं को अनुकरणात्मक मानते हुए भी उनके महत्त्व को स्वीकार किया। यह प्लेटो के विचारों से भिन्न दृष्टि थी। प्लेटो के विचार जहाँ नैतिक और सामाजिक हैं, वहीं अरस्तू की दृष्टि सौंदर्यवादी है। उन्होंने विरेचन-सिद्धांत प्रस्तुत किया। इस सिद्धांत के अनुसार गम्भीर कार्यों की सफल और प्रभावशाली अनुकृति वर्णन के रूप में न होकर कार्यों के रूप में होती है जिसमें करुणा और भय उत्पन्न करने वाली घटनाएँ होती हैं जो इन भावों के रेचन द्वारा एक राहत और आनंद प्रदान करती हैं। अरस्तू के विचार से भय और करुणा के दो भाव हमारे भीतर घनीभूत होते रहते हैं। इस प्रकार की त्रासदी को देखने पर कुशल अभिनय द्वारा ये भाव संतुलित और समंजित हो जाते हैं और इस प्रकार हमारे मन को राहत और आनंद की अनुभूति होती है। कविता या नाटक के पात्रों के बीच इन उत्तेजित वासनाओं और उसके दुष्परिणामों का हमारे शरीर और जीवन से सीधा संबंध न होने के कारण ये वासनाएँ परिष्कृत संवेदनाओं का रूप ग्रहण करती हैं। यही भावों का विरेचन है और कविता का यही वास्तविक प्रभाव और कार्य होता है।

अरस्तू ने कहा कि काव्य कल्पना पर आधारित होता है। वह वास्तविकता का चित्रण नहीं होता बल्कि उसका आधार सम्भावना है। काव्य वास्तव में अनुकरण है किंतु यही उसकी विशिष्टता है। लेकिन कवि वस्तुओं की पुनर्रचना करता है, नक़ल नहीं। अनुकरण के कारण ही काव्य आनंददायक होता है। उससे शिक्षा प्राप्त हो सकती है किंतु उसका उद्देश्य शिक्षा प्रदान करना नहीं है। इस प्रकार अरस्तू ने प्लेटो के काव्य संबंधी विचारों एवं आरोपों का निराकण किया।

औदात्य-सिद्धांत : प्लेटो और अरस्तू के बाद यूनानी काव्य-समीक्षा के क्षेत्र में एक प्रतिनिधि काव्यशास्त्री लोंजाइनस का नाम भी प्रमुखता से आता है। उन्होंने औदात्य-सिद्धांत का प्रतिपादन किया। लोंजाइनस के इस सिद्धांत की अवधारणा ने साहित्येतर इतिहास, दर्शन और धर्म जैसे विषयों को भी अपने अंतर्गत समावेशित किया। उनके अनुसार औदात्य वाणी का उत्कर्ष, कांति और वैशिष्ट्य है जिसके कारण महान कवियों, इतिहासकारों, दर्शनिकों को प्रतिष्ठा सम्मान और ख्याति प्राप्त हुई है। इसी से उनकी कृतियाँ गरिमामय बनी हैं और उनका प्रभाव युग-युगांतर तक प्रतिष्ठित हो सका है। उन्होंने 'उदात्त' को काव्य का प्रमुख तत्त्व माना। उनके अनुसार विचारों की उदात्तता, भावों की उदात्तता, अलंकारों की उदात्तता, शब्द-विन्यास की उदात्तता तथा वाक्य-विन्यास की उदात्तता किसी भी काव्य को श्रेष्ठ बनाती है। एक श्रेष्ठ कविता लोगों को आनंद प्रदान करती है तथा दिव्य-लोक में पहुँचाती है। इस सिद्धांत ने पाश्चात्य जगत को काफ़ी प्रभावित किया।

धीरे-धीरे समय के साथ यूनानी समीक्षा कमज़ोर पड़ने लगी और रोमन समीक्षा का प्रभाव बढ़ा। रोम कला, साहित्य और संस्कृति संबंधी विचार-विमर्श का केंद्र बना। वहाँ के सिसरो तथा वर्जिल जैसे समीक्षकों ने पाश्चात्य काव्यशास्त्र में उल्लेखनीय योगदान दिया। सिसेरो ने अपनी रचना *आर्स पोयटिका* में काव्य के विभिन्न पक्षों पर प्रकाश डाला है। होरेस ने कहा कि काव्य का उद्देश्य मनोरंजन करना, उपयोगी होना तथा प्रदान करना है। काव्य में सामंजस्य और औचित्य का होना आवश्यक है। काव्य में श्रेष्ठ विचारों के सामंजस्य के साथ ही पुरातन एवं नवीन का समन्वय होना चाहिए। काव्य के भावपक्ष तथा कलापक्ष दोनों की उत्कृष्टता के प्रति कवि को सजग तथा प्रयत्नशील होना चाहिए।

मध्ययुगीन समीक्षा : पाँचवीं से लेकर पंद्रहवीं शताब्दी के समय को पाश्चात्य काव्यशास्त्र की दृष्टि से अंधायुग माना जाता है। इस दौरान चर्च और पादरियों के प्रभाव के कारण काव्य तथा समीक्षा बुरी तरह से प्रभावित हुई। काव्य में उपेदशात्मकता को अधिक महत्त्व दिया गया। इस काल के काव्यशास्त्रियों में दांते प्रमुख हैं। उनका समय 1265 से 1391 के बीच का माना गया है। उन्होंने गरिमामण्डित स्तरीय जन-भाषा को काव्य के लिए सबसे उपयुक्त माना। काव्य में जन-भाषा के आग्रही दांते ने कहा कि प्रतिभा के साथ ही कवि के लिए परिश्रम और अभ्यास भी आवश्यक है। उनके मुताबिक़ उच्च विचार, राष्ट्र-प्रेम, मानवप्रेम और सौंदर्यप्रेम काव्य को महत्त्व प्रदान करते हैं।

पुनर्जागरण काल : मध्ययुगीन समीक्षा चर्च और पादरियों के प्रभाव में उपदेशात्मक हो गयी थी। रिनेसाँ या पुनर्जागरण काल में सिडनी और बेन जॉनसन ने उसे मुक्त कराया। सिडनी ने कहा कि आदिकाल से अब तक कविता ही ज्ञान-विज्ञान के प्रसार का माध्यम रही है तथा इसकी उपयोगिता प्रत्येक परिस्थिति में बनी रहेगी। काव्य का उद्देश्य सदाचरण की शिक्षा देने के साथ ही आनंद प्रदान करता है। प्रकृति के अनुकरण का अर्थ नक़ल नहीं बल्कि उसे भव्यतम रूप में प्रस्तुत कर प्रकृति के प्रति अनुराग उत्पन्न करना है। उसका वास्तविक अर्थ सृजनशीलता है। इसी काल के दूसरे प्रसिद्ध समीक्षक बेन जॉनसन ने भौतिकता के निर्वाह पर बल दिया तथा क्लासिक साहित्य के अनुकरण तथा अनुशीलन को रेखांकित किया।

नव्यशास्त्रवाद : सत्रहवीं और अट्ठारहवीं शताब्दी के बीच के समय को नव्यशास्त्रवादी समीक्षा के नाम से जाना जाता है। इसकी स्थापनाओं के अनुसार साहित्य में उन्नत

विचारों का गाम्भीर्य होना चाहिए। साहित्य में उपदेशात्मकता, अपेक्षित साहित्य रचना के लिए अभ्यास तथा अध्ययन का महत्त्व होता है। हृदय पक्ष की तुलना में बुद्धि और तर्क का महत्त्व अधिक है। इस समीक्षा के अंतर्गत उत्कृष्ट प्राचीन साहित्य के अध्ययन की अभिरुचि, पुरातन साहित्यिक मानदण्डों के पालन, साहित्य के वाह्य पक्ष की उत्कृष्टता तथा कलात्मक सौष्ठव पर बल दिया गया।

स्वच्छंदतावाद : अट्ठारहवीं सदी के उत्तरार्ध तथा उन्नीसवीं सदी के प्रारम्भ में स्वच्छंदतावाद ने ज़ोर पकड़ा और वर्ड्सवर्थ, कॉलरिज, शेली तथा कीट्स जैसे कवियों ने स्वच्छंदतावादी काव्य के ज़रिये स्वछंदतावाद नियामक समीक्षा सिद्धांत की प्रस्थापना दी। इसके तहत काव्य में कवि-कल्पना को महत्त्व प्रदान किया गया। आत्मानुभूति की अभिव्यक्ति पर अधिक बल तथा काव्य के भाव पक्ष को केंद्र में रखा गया। काव्य का उद्देश्य स्वांत:सुखाय तथा आनंद मानते हुए स्वच्छंदतावादी काव्य में प्रेरणा, प्रतिभा तथा कल्पना को प्रमुखता मिली।

यथार्थवाद : इस समीक्षा सिद्धांत में वस्तुस्थिति तथा तथ्यपरकता का आग्रह था। साहित्य की नवीनता, प्राचीन साहित्यिक मानदण्डों, परम्पराओं तथा रूढ़ियों को नकारने की प्रवृत्ति तथा शिल्पगत नवीनता आदि के आग्रह के कारण यर्थाथवाद का काफ़ी विकास हुआ और आगे चलकर इसी के गर्भ से प्रगतिवाद, समाजवादी यर्थाथवाद तथा मनोवैज्ञानिक यर्थाथवाद का विकास हुआ।

कलावाद : इस के अनुसार कला कला के लिए है। रचना किसी सिद्धि के लिए नहीं होती। नैतिकता, उपदेश या मनोरंजन काव्य का उद्देश्य नहीं है अपितु वह स्वांत:सुखाय है। इसके अंतर्गत अनुभूति की मौलिकता एवं नवीनता पर विशेष ज़ोर रहा।

अभिव्यंजनावाद : इस सिद्धांत का प्रतिपादन करते हुए क्रोचे ने कहा कि काव्य-वस्तु नहीं बल्कि काव्यशैली महत्त्वपूर्ण है। अर्थ की अपेक्षा शब्द महत्त्वपूर्ण हैं। और काव्य का सौंदर्य विषय पर नहीं बल्कि शैली पर निर्भर है। अभिव्यञ्जना ही काव्य का काव्यतत्त्व है।

प्रतीकवाद : उन्नीसवीं शताब्दी के उत्तरार्द्ध में बादलेयर, मेलार्मे, बर्लेन, तथा वैलरी आदि ने प्रतीकवाद को बल प्रदान किया। 1886 में कवि ज्याँ मोरेआस ने *फ़िगारो* नामक पत्र में प्रतीकवाद का घोषणापत्र प्रकाशित किया। इस समीक्षा-सम्प्रदाय ने काव्य में शब्द का महत्त्व सर्वोपरि बताया और कहा कि कविता शब्दों से लिखी जाती है, विचारों से नहीं। काव्य सर्वसाधारण के लिए नहीं बल्कि उसे समझ सकने वाले लोगों के लिए होता है। कवि किसी अन्य के प्रति नहीं अपनी आत्मा के प्रति प्रतिबद्ध होता है। शब्द अनुभूतियों और विचारों के प्रतीक होते हैं।

बीसवीं शताब्दी आते-आते समीक्षा की कई प्राणालियाँ विकसित हुईं। आधुनिक युग के इस दौर पर प्रमुख रूप से टी.एस. इलियट तथा आई.ए. रिचर्ड्स ने काफ़ी प्रभाव डाला। टी.एस. एलियट ने परम्परा तथा वैयक्तिक प्रतिभा के समन्वय, निर्वैयक्तिकता के सिद्धांत, वस्तुनिष्ठ समीकरण के सिद्धांत तथा अतीत की वर्तमानता के सिद्धांत का प्रतिपादन करके तुलनात्मकता के माध्यम से वस्तुनिष्ठ समीक्षा का तानाबाना खड़ा किया। आई.ए. रिचर्ड्स ने आधुनिक ज्ञान के आलोक में मूल्य-सिद्धांत की नयी व्याख्या करते हुए व्यावहारिक समीक्षा का सिद्धांत प्रस्तुत किया। इसी शताब्दी में न्यू क्रिटिसिज़म तथा शिकागो समीक्षा का भी प्रभाव देखा गया। काव्य के प्रमुख तत्त्व के रूप में स्ट्रक्चर व टेक्स्चर के माध्यम से वस्तुनिष्ठ समीक्षा असरदार बनी। शैली वैज्ञानिक समीक्षा-प्रणाली भी इसी दौर की देन है।

देखें : अष्टछाप, 'अंग्रेज़ी हटाओ' आंदोलन, छायावाद, डायग्लॉसिया, नगेंद्र और सैद्धांतिक समीक्षा, नयी कविता, नंद दुलारे वाजपेयी, नामवर सिंह, प्रेमचंद, प्रयोगवाद, प्रगतिवाद, भक्ति आंदोलन-1 और 2, भक्ति-काव्य-1 और 2, भारतेंदु हरिश्चंद्र, भारतेंदु युग-1 और 2, भाषा नियोजन-1 से 4 तक, भाषा के मार्क्सवादी सिद्धांत, महावीर प्रसाद द्विवेदी, महादेवी वर्मा, मीरांबाई और प्रेमाभक्ति, राहुल सांकृत्यायन, रामानुजाचार्य, रामानंद, रामचंद्र शुक्ल-1 और 2, रामविलास शर्मा, राष्ट्रीय-सांस्कृतिक कविता, रीतिकाल-1 और 2, विजय देव नारायण साही, वैष्णव धर्म, श्याम सुंदर दास, सम्पर्क भाषा-1 से 4 तक, संविधान सभा में भाषा-विवाद-1, 2 और 3, सच्चिदानंद हीरानंद वात्स्यायन अज्ञेय, संत-काव्य, संस्कृत काव्यशास्त्र, सिद्ध-नाथ परम्परा, सूफ़ीयत और प्रेमाख्यान, हजारी प्रसाद द्विवेदी, हिंदी विरोधी आंदोलन, हिंदी जाति-1, 2 और 3, हिंदी साहित्य का आदिकाल, हिंदी साहित्य का इतिहास, हिंदी साहित्य का इतिहास : नये परिप्रेक्ष्य, हिदी-पद्य में इतिहास, हिंदी-जगत और 'लोकप्रिय'-1 और 2, हिंदी नवजागरण, हिंदी-संस्थाएँ।

संदर्भ

1. भागीरथ मिश्र (1996), *काव्यशास्त्र,* विश्वविद्यालय प्रकाशन, वाराणसी.
2. सभापति मिश्र (2008-2009), *साहित्यशास्त्र और हिंदी आलोचना,* ग्रीनवर्ल्ड पब्लिकेशंस, इलाहाबाद.
3. सत्येंद्र सिंह, प्रकाश उदय और दुर्गा प्रसाद ओझा, *साहित्यशास्त्र और हिंदी आलोचना,* प्रकाशन केंद्र, लखनऊ.

— अजय कुमार पाण्डेय

परम्परा

(Tradition)

अतीत द्वारा वर्तमान को थमायी गयी कोई भी आस्था, विश्वास, चलन, रीति-रिवाज़, संस्था, प्रणाली, आचरण-पद्धति, राजनीतिक या सामाजिक व्यवस्था को परम्परा की श्रेणी में माना जाता है। अंग्रेज़ी के शब्द 'ट्रेडिशन' की व्युत्पत्ति 'ट्रॅडेर' से हुई है जिसका अर्थ ही है संचरण या हस्तांतरण। परम्परा अतीत की देन ज़रूर है, लेकिन अतीत की कोई निश्चित आयु निर्धारित नहीं की जा सकती। इसलिए यह तय करना मुश्किल है कि परम्परा समझे जाने के लिए किसी चीज़ का कितना प्राचीन होना ज़रूरी है। आम तौर पर परम्पराएँ पीढ़ियों के बीच निरंतरता की द्योतक होती हैं, पर कई बार परम्परा और आधुनिकता के बीच विभाजन रेखा खींचना मुश्किल हो जाता है। मसलन, भारतीय सभ्यता हज़ारों साल पुरानी होने के नाते निस्संदेह पारम्परिक है। लेकिन क्या उन्नीसवीं सदी में शुरू हुए औद्योगिक पूँजीवाद के शुरुआती रूपों को आधुनिकता के खाने में रखा जाएगा, परम्परा के ख़ाने में रखा जाएगा या फिर परम्परा बनती हुई आधुनिकता की श्रेणी में? क्या सार्विक मताधिकार अपने-आप में एक आधुनिक परम्परा नहीं है?

ज़रूरी नहीं कि परम्परा आधुनिकीकरण की प्रक्रिया में विघ्न ही डाले। उसके कुछ रूप आधुनिकीकरण का रास्ता साफ़ भी करते हैं। आधुनिकता भी अपनी तरफ़ से परम्परा के कई रूपों को क़ानून के ज़रिये संस्थाबद्ध करती है। यह दोतरफ़ा सिलसिला आधुनिकता के सार्वभौम पहलुओं का स्थानीय परिस्थितियों में अनुवाद करता है। भारतीय परम्परा और भारतीय आधुनिकता की अन्योन्यक्रिया का इस दृष्टि से समृद्ध अध्ययन हुआ है।

समाज-विज्ञान परम्परा और परम्परावाद के बीच में भी फ़र्क़ मानता है। परम्परावाद नवीनता का विरोधी हो सकता है, जबकि परम्परा अपनी पुनर्व्याख्या के ज़रिये नये संस्कारों और और नयी परम्पराओं को जन्म देती है। इस दृष्टि से परम्परा को पूरी तरह से स्थिर और अपरिवर्तनीय मानना उचित नहीं होगा। स्थान और समय के अनुसार इसमें तब्दीली आती रहती है। अतीत की पुनर्व्याख्या और पुन:परिभाषा से परम्परा की समझ बदल जाती है। परम्परा की एकाश्म समझ को नकारते हुए समाज वैज्ञानिकों ने परम्परा को विभेदीकृत ढंग से समझने की चेष्टा भी की है। उन्होंने ग्रामीण समाज के सांस्कृतिक जीवन के विश्लेषण की पद्धति के रूप में लघु परम्परा की धारणा का प्रतिपादन किया है। इसके बरक्स उच्च परम्पराएँ वे मानी जाती हैं जो अभिजनों के बीच विद्यालयों और देवालयों में सचेत रूप से पनपी हों। परम्परा के ये दोनों रूप भिन्न होने के साथ-साथ परस्पर निर्भर भी हैं।

परम्परा के प्रति मोटे तौर पर तीन तरह के रवैयों की शिनाख़्त की जा सकती है। ये तीनों रुझान परम्परा और परिवर्तन के बीच की चलने वाली द्वंद्वात्मकता की देन हैं : यथास्थितिवाद अर्थात् अतीत की निरंतरता और शुद्धता क़ायम रखने के लिए स्थापित चले आ रहे तौर-तरीक़ों और संस्थाओं में किसी भी तरह के परिवर्तन को अस्वीकार करना; अतीत के आधार वर्तमान की रचना अर्थात् अतीत की वापसी का प्रयास और किसी 'स्वर्ण युग' की धारणा से प्रेरित हो कर उसी के आधार पर परिवर्तन का कार्यक्रम तैयार करना; और परिवर्तन को इसलिए स्वीकार करना ताकि परम्परा का संरक्षण किया जा सके। इस तीसरे रवैये के समर्थक 'स्वाभाविक' परिवर्तन के पैरोकार होते हैं और उसे परम्परा के लिए घातक नहीं मानते।

यथास्थितिवाद : एंग्लो-अमेरिकी विचार में जिस प्रवृत्ति को कंज़रवेटिज़्म कहते हैं, उसे हिंदी में परम्परानिष्ठता के नाम से भी व्यक्त किया जा सकता है। यथास्थितिवाद परम्परानिष्ठता की ही एक अतिरेकपूर्ण अभिव्यक्ति है। माइकेल ओकशॉट ने 1962 में प्रकाशित अपने निबंध 'रैशनलिज़्म इन पॉलिटिक्स' में बताया है कि किस तरह यथास्थितिवाद मानवीय मनोविज्ञान में निहित है। यथास्थितिवादी अनजाने के मुक़ाबले जाने हुए को, अपरीक्षित की जगह परखे हुए को, रहस्य के मुक़ाबले तथ्य को, मुमकिन के बजाय मौजूदा को, दूरस्थ के मुक़ाबले निकटस्थ को, असीमित की अपेक्षा सीमित को, अतिप्रचुर के मुक़ाबले पर्याप्त को, सम्पूर्ण की अपेक्षा सुविधाजनक को और यूटोपियाई परमानंद के मुक़ाबले वर्तमान की हँसी को प्राथमिकता देते हैं। यथास्थितिवादी बदलाव को हमेशा अंदेशे की निगाह से देखते हैं। वे वर्तमान को ख़ारिज नहीं करते, पर उसका मूल्यांकन इस निगारह से करते हैं कि वह कितना परिचित है और उन्हें स्थिरता और सुरक्षा के प्रति कितना आश्वस्त कर सकता है। यथास्थितिवाद के प्रवक्ताओं का विचार है कि सामाजिक संस्थाएँ स्थापित नियमों और आचरणों के संदर्भ में ही अच्छी तरह काम कर पाती हैं।

कंज़रवेटिव विचार के विख्यात पैरोकार एडमण्ड बर्क ने फ़्रांसीसी क्रांति की आलोचना करते हुए कहा था कि समाज एक अनुबंध पर आधारित है जिसे केवल समाज के मौजूदा सदस्यों द्वारा नहीं किया गया है। समाज दरअसल आज के लोगों, अतीत के लोगों और भविष्य में जन्म लेने वालों के बीच भागीदारी का नाम है। युगों-युगों से जमा की गयी प्रज्ञा ही वर्तमान का मार्गदर्शन कर सकती है।

बर्क के विचारों को आड़े हाथों लेते हुए थॉमस पेन ने जवाब में कहा था कि वे जीवितों के अधिकारों और स्वतंत्रताओं पर मृतकों के प्राधिकार का बोलबाला चाहते हैं।

अतीत की श्रद्धेय समझी जाने वाली परम्पराओं का अनालोचनात्मक स्वीकार न केवल आधुनिक लोकतांत्रिक उसूलों के ख़िलाफ़ जाता है, बल्कि प्रत्येक पीढ़ी के उस अधिकार का उल्लंघन भी करता है जिसके मुताबिक़ वह अपना वर्तमान और भविष्य अपनी मर्ज़ी से बनाना चाहती है। जॉन स्टुअर्ट मिल ने भी 'रीति-रिवाज़ों की निरंकुशता' के ख़तरे की तरफ़ इशारा किया था।

अतीत के आधार पर वर्तमान की रचना : परम्परावादी चिंतन का यह रूप अतीतगामी परिवर्तन का पक्षधर है। वह वर्तमान से असंतुष्ट और भविष्य के प्रति अविश्वास का शिकार रहता है। उसके लिए वर्तमान की हर समस्या का हल अतीत में निहित है। यह विचार कभी-कभी इस क़दर रैडिकल साबित होता है कि उसके गर्भ से क्रांतियाँ भी जन्म लेती हैं। 1979 में ईरान में हुई इस्लामिक क्रांति को अतीतगामी परिवर्तन के ज़बरदस्त उदाहरण के रूप में देखा जा सकता है। अयातुल्ला खुमैनी के नेतृत्व में हुई इस क्रांति ने न केवल ईरान का रिश्ता उसके निकट अतीत से तोड़ दिया, बल्कि उसके भविष्य को प्राचीन इस्लामिक उसूलों के मुताबिक़ गढ़ने का समग्र कार्यक्रम पेश किया। अतीतगामी परिवर्तन हमेशा दावा करता है कि मानवीय इतिहास के बारे में उसकी दृष्टि पूरी तरह स्पष्ट है। वह इतिहास के एक ख़ास दौर को स्वर्णिम क़रार दे कर बाक़ी इतिहास को पतन और स्खलन के सिलसिले के रूप में पेश करने की परियोजना चलाता है।

अतीत के एक दौर को आदर्शीकृत करने के आधार पर राजनीतिक करने वाले इस तरह के रुझानों के कई उदाहरण मौजूद हैं। उन्नीसवीं सदी के युरोप में कंज़रवेटिज़्म ने तक़रीबन यही भूमिका निभायी थी। फ्रांस, रूस और जर्मनी में शासन के संवैधानिक और प्रतिनिधित्वमूलक रूपों की स्थापना के बावजूद कंजरवेटिव रवैया निरंकुश कुलीनतंत्र की तरफ़दारी करता रहा। बीसवीं सदी में इतालवीवाद ने मुसोलिनी के नेतृत्व में रोम की फ़ौजी ताक़त और अनुशासन की विरुदावलियाँ गा कर ही ख़ुद को स्थापित किया था। हिटलर और नाज़ियों ने 'फ़र्स्ट राइश' को आदर्श के रूप में पेश करने की कोशिश की थी। रोनाल्ड रीगन ने यही काम 'अमेरिकी वेस्ट' के दुस्साहसवाद से लेने का प्रयास किया था, और मार्गरेट थैचर का ख़याल था कि वे उन्नीसवीं सदी के मध्य के ब्रिटेन में प्रचलित शिष्टता, स्वयंसेवा और उद्यम को स्वर्णिम अवधि के रूप में चित्रित कर सकती हैं। भारत के राष्ट्रवादी इतिहासकारों ने भी अंग्रेज़ों की ग़ुलामी से उपजी आत्महीनता का मुक़ाबला करने के लिए गुप्त काल को स्वर्णिम अतीत के रूप में पेश किया था। भारतीय राजनीति की हिंदुत्ववादी प्रवृत्तियों पर इतिहास लेखन द्वारा की गयी इस इंजीनियरिंग की स्पष्ट छाप दिखाई पड़ती है।

परम्परा के संरक्षण के लिए परिवर्तन : आवश्यक नहीं कि परम्परा के पैरोकार हमेशा परिवर्तन का विरोध ही करते हों या उनकी मंशा केवल प्रतिगामी परिवर्तन का समर्थन करने की हो। उनका एक हिस्सा मानता है कि इतिहास की गति को रोका नहीं जा सकता। परम्परानिष्ठता का यह रूप प्रगतिशील रुझान दिखाते हुए क्रांतिकारी बदलाव के मुक़ाबले सुधारवादी बदलाव पर ज़ोर देता है ताकि ज़्यादा उथल-पुथल न हो और परम्परा के कई रूप सुरक्षित रहें। इस विचार का सूत्रीकरण बर्क के फ्रांसीसी क्रांति संबंधी लेखन में भी मिलता है। बर्क के अनुसार अगर फ्रांसीसी राजशाही ने सर्वसत्तावाद को जारी रखने का अड़ियल रवैया न अख़्तियार किया होता तो क्रांतिकारी परिस्थितियाँ ही न बनतीं। इग्लैण्ड में राजशाही इसीलिए बची रह सकी कि उसने अपने ऊपर आरोपित की जाने वाली संवैधानिक सीमाओं को स्वीकार कर लिया। 1917 में बोल्शेविकों को रूसी क्रांति करने का मौक़ा इसीलिए मिल पाया कि ज़ार निकोलस द्वितीय 1905 की क्रांति से कोई सबक सीखने के लिए तैयार नहीं था। पूरी उन्नीसवीं सदी में प्रतिक्रियावादी कंज़रवेटिज़्म की साख इसी तरह की ज़िदबाज़ी के कारण गिरती रही और बीसवीं सदी में फ़ासीवाद के साथ जुड़ कर पूरी तरह से ध्वस्त हो गयी।

अमेरिकी कंज़रवेटिज़्म अपने युरोपीय बिरादरों के मुक़ाबले परिवर्तन को कहीं कम संदेह से देखता है। कई प्रेक्षकों की मान्यता है कि अमेरिकी राजनीतिक संस्कृति पर प्रगतिकांक्षा और असीमित भविष्य की धारणा का ज़बरदस्त बोलबाला है। इसका एक कारण शायद यह भी है कि अमेरिका के पास कोई सामंती इतिहास नहीं है इसलिए वे स्वर्णिम अतीत की किसी फ़ंतासी से बचे रहते हैं। ब्रिटिश कंज़रवेटिज़्म भी सामाजिक-जनवादी सुधारों को स्वीकार करता है। युरोप में 1945 के बाद से ही क्रिश्चियन-डेमॉक्रैटिक पार्टियाँ मुक्त बाज़ार और सामाजिक न्याय के बीच संतुलन तलाशने में लगी हुई हैं।

देखें : अर्थव्यवस्था का समाजशास्त्र, अभिजन, अभिरुचि, आत्महत्या, उन्मूलनवाद, एजेंसी, कर्मकाण्ड, कारागार, गोपनीयता, गृहविहीनता, जादू, जीवन-शैली, टेलरवाद, परस्पर विपरीत द्विभाजन, प्राइवेसी, फ़ुरसत, बचपन, बुज़ुर्गियत का समाजशास्त्र, बेगानगी, भीड़, भ्रष्टाचार का समाजशास्त्र-1 और 2, सेवानिवृत्ति, विचलन, ज्ञान का समाजशास्त्र।

संदर्भ

1. एंड्रू हेवुड (2004), 'ट्रेडिशन, प्रोग्रेस एंड यूटोपिया', *पॉलिटिकल थियरी : ऐन इंट्रोडक्शन,* पालग्रेव मैकमिलन, न्यूयॉर्क.
2. माइकेल जोसेफ़ ओकशॉट (1991), *रैशनलिज़्म इन पॉलिटिक्स ऐंड अदर एसेज़,* मेथ्युन, लंदन, संशोधित संस्करण.
3. एन. ओसुलीवान (1976), *कंज़रवेटिज़्म,* डेंट, लंदन.
4. टी. ब्लैकवेल और जे. सियरब्रुक (1993), *द रिवोल्ट अगेंस्ट चेंज : टुवर्ड्स अ कंज़र्विंग रैडिकलिज़्म,* विंटेज, लंदन.

— **अभय कुमार दुबे**

पण्य

(Commodity)

सभी तरह के समाजों को अपने भौतिक वजूद की गारंटी करने के लिए उत्पादन करना पड़ता है। जब उत्पादन का यह सिलसिला विनिमय या लेन-देन की प्रणाली के ज़रिये संगठित होता है, तो उस प्रक्रिया के ज़रिये सामने आये उत्पाद को पण्य की संज्ञा दी जाती है। बाज़ार में ख़रीदने या बेचने योग्य वस्तुओं और सेवाओं को पण्य या कमोडिटी कहते हैं। इस तरह पण्य एक ऐसी वस्तु (या सेवा) है जो अपने उत्पादक के इस्तेमाल के लिए नहीं बल्कि बाज़ार में धन के बदले लेन-देन या विनिमय के लिए पैदा की जाती है। मार्क्सवाद के तहत पण्य का सिद्धांत वह बुनियादी श्रेणी है जिसके तहत पूँजी का वर्णन और विश्लेषण किया जाता है। पूँजी वह मूल्य है जिसका विस्तार उत्पादन और विनिमय के ज़रिये होता है। एक पूँजीपति धन की एक निश्चित मात्रा से उत्पादन शुरू करता है। उस धन से श्रम-शक्ति और उत्पादन के साधन ख़रीदे जाते हैं। नतीजे के तौर पर बने हुए उत्पाद को बाज़ार में लागत मूल्य से अधिक पर बेचा जाता है जिससे अतिरिक्त मूल्य या अधिशेष मूल्य पैदा होता है। इस तरह पूँजी एक ऐसे रूप में उभरती है जिसका वजूद पण्य उत्पादित करने वाली प्रणाली पर निर्भर है। उसके लिए मूल्य का धन के रूप में उभरना भी ज़रूरी है। पूँजी, पण्य, धन, ख़रीद-फ़रोख़्त और मूल्य की बुनियादी धारणाओं के माध्यम से पण्य के रूप में होने वाले उत्पादन का विश्लेषण किया जा सकता है।

आख़िर पण्य उत्पादित कैसे होता है? इसमें ख़र्च होने वाला श्रम दरअसल सामाजिक श्रम है, लेकिन पण्य उत्पादन की प्रणाली इसके टुकड़े-टुकड़े करके निजी श्रम में बदल देती है। परिणामस्वरूप बने उत्पाद को उसे उत्पादित करने वाला श्रमिक इस्तेमाल नहीं करता, बल्कि विनिमय के ज़रिये हासिल करने वाला कोई दूसरा व्यक्ति करता है। पण्य के उत्पादक उसके उत्पादन और अपने जीवन-यापन के लिए आवश्यक साधनों के लिए दूसरे उत्पादकों पर निर्भर करते हैं। लेकिन, इस प्रक्रिया में मज़दूर की जो मेहनत ख़र्च होती है, उसे वह समाज से स्वतंत्र अपने निजी श्रम के रूप में देखता है। वह मानता है कि अपनी निजी ज़रूरतें पूरी करने के लिए वह बाज़ार में उस श्रम का विनिमय कर रहा है। इस तरह पण्य के उत्पादक और अन्य मनुष्यों के बीच एक पेचीदा रिश्ता बनता है जिसमें श्रम के सामाजिक विभाजन की भूमिका होती है। पण्य का उत्पादक बाज़ार की शक्तियों को नियंत्रित नहीं कर सकता। वे इस रिश्ते को निर्वैयक्तिक बनाती चली जाती हैं। पण्य के उत्पादकों को लगने लगता है कि वस्तुओं से भरे इस संसार में वे स्वयं पण्य की भाँति हैं। सवाल यह है कि पण्य का संबंध किससे है। लोगों से या वस्तुओं से? लोगों के बीच के संबंध और चीज़ों व लोगों के बीच के संबंध का अंतर्विरोध ही पण्य उत्पादन का बुनियादी अंतर्विरोध है। मानवीय श्रम से पैदा होने वाली चीज़ें उन लोगों से स्वतंत्र और उनके क़ाबू के बाहर दिखने लगती हैं जिन्होंने दरअसल उन्हें बनाया है। यह प्रक्रिया पण्य को केंद्र में ले आती है। कार्ल मार्क्स के अनुसार समाजवाद का ऐतिहासिक लक्ष्य न केवल पूँजीवादी उत्पादन के अंतर्विरोधों का, बल्कि पण्य में निहित उस अंतर्विरोध का समाधान करना भी है जो पूँजीवादी उत्पादन का आधार है।

मार्क्स ने *कैपिटल* के पहले खण्ड में पहले तो यह दिखाया है कि पण्य-उत्पादन उत्पादकों के बीच का एक सामाजिक संबंध है जिसके तहत श्रम की विभिन्न क़िस्में, कौशल और मात्राएँ मूल्य के रूप में आपसी बराबरी हासिल करते हैं। फिर मार्क्स ने यह दिखाया है कि इस संबंध को उत्पादक ख़ुद कैसे समझते हैं या आम तौर पर समाज उसे कैसे समझता है। उत्पादकों के लिए यह एक सामाजिक संबंध है जो उनके नहीं बल्कि उनके श्रम के उत्पादों के बीच है। एक दर्जी और बढ़ई के बीच का सामाजिक संबंध एक कोट और मेज़ के बीच के संबंध में बदल जाता है, उस संबंध में जो उन चीज़ों में ख़र्च होने वाले श्रम के आधार पर नहीं बल्कि उनकी विनिमय दर से निर्धारित होता है। इसी जगह मार्क्स यह भी बताते हैं कि पण्यों के बीच का यह संबंध फ़र्ज़ी नहीं होता। इसका वजूद होता है, पर यह उत्पादकों के बीच संबंध को अपने पीछे छिपा लेता है।

पण्य की आवधारणा का इस्तेमाल कार्ल मार्क्स ने एक सुविकसित पण्य उत्पादन प्रणाली से उपजने वाले उत्पादन रूपों के विश्लेषण के लिए किया है। उनका सरोकार ऐसे रूपों से है जो आदिम अर्थों में पण्य नहीं हैं, जैसे श्रम-शक्ति जिसके दाम बाज़ार में मज़दूरी के रूप में मिलते हैं और जो ख़ुद एक पण्य के रूप में सामने आती है, बावजूद इसके कि वह पण्य के रूप में पैदा नहीं की जाती। श्रम एक ऐसा पण्य बन जाता है जिसका मूल्य उसे बनाने में ख़र्च होने वाले श्रम से नहीं तय होता। इस तरह उत्पादन और विनिमय की प्रणाली के तहत उत्पादित पण्य किसी एजेंट की सम्पत्ति होता है जिसे वह एजेंट किसी दूसरे एजेंट के हवाले कर सकता है। मान लीजिये कि एक एजेंट के पास तरह-तरह के पण्यों का मालिकाना हक़ है। वह चाहे तो किसी दूसरे एजेंट से सौदेबाज़ी की प्रक्रिया के तहत पण्यों का आदान-प्रदान कर सकता है। इस तरह किसी उत्पाद की एक निश्चित मात्रा किसी दूसरे उत्पाद की निश्चित मात्रा से विनिमय की जा सकती है।

विनिमय के दौरान पण्य दो तरह के मूल्य का वाहक होता है : पहला है उपयोग-मूल्य अर्थात् वह किसी न किसी

आवश्यकता की पूर्ति करता है, और दूसरा है विनिमय-मूल्य जो आदान-प्रदान के दौरान प्राप्त किया या दिया जाता है। चूँकि पण्यों को उत्पादित करके उनकी एक निश्चित मात्रा को आदान-प्रदान की प्रक्रिया में लाया जाता है, इसलिए एक निश्चित समय में उत्पादित किसी एक समरूप पण्य की मात्रा उसके समरूप मूल्य से जाना जाता है। यह अलग बात है कि वह समरूप मूल्य तरह-तरह के मूल्यों के विविध संग्रह से मिल कर बना होता है। मूल्य के तौर पर पण्य गुणात्मक रूप से समान और मात्रात्मक रूप से भिन्न होते हैं। उपयोग-मूल्य के तौर पर पण्यों के बीच गुणात्मक भिन्नता होती है।

मूल्य का श्रम सिद्धांत मूल्य की इस मात्रा को पण्य-उत्पादन प्रणाली के तहत ख़र्च किये जाने वाले सामाजिक श्रम के रूप में देखता है। इस श्रम की शिनाख़्त ठोस रूप से भी की जा सकती है, जैसे जुलाहे का श्रम जो कपड़ा पैदा करता है। और, इस श्रम की शिनाख़्त मूल्य के स्रोत के रूप में अमूर्त रूप से भी की जा सकती है। यह मूल्य उस समय दृश्यमान होता है जब विभिन्न पण्य विनिमय के दौरान एक-दूसरे के सामने आते हैं। तब विनिमय मूल्य पण्य से स्वतंत्र हो कर धन के रूप में दिखाई पड़ता है। धन की जिस मात्रा के बदले किसी पण्य को ख़रीदा या बेचा जाता है उसे उसके दाम के रूप में समझा जाता है। यहाँ दाम और मूल्य में फ़र्क़ समझना ज़रूरी है। पण्यों का दाम उनके मूल्य से अलग हो सकता है, क्योंकि उनके मूल्य में उत्पादन के लिए किया गया अमूर्त श्रम भी जुड़ा हुआ है। इस तरह विश्लेषणात्मक रूप से कहा जा सकता है कि एक पण्य उपयोग-मूल्य और मूल्य का द्वंद्वात्मक समागम है। अमूर्त श्रम का सिद्धांत और धन का सिद्धांत, दोनों के ही आधार से पण्य का विश्लेषण किया जाता है।

रिकार्डो और मार्क्स ने पण्य के उत्पादन की लागत के रूप में केवल श्रम को ही देखने का आग्रह किया। रिकार्डो का तर्क था कि उपयोगिता को किसी जिंस के विनिमय-मूल्य की अनिवार्य शर्त के रूप में देखा जाना चाहिए। दुर्लभ मूर्तियों या चित्रों के अपवादों को छोड़ कर रिकार्डो किसी चीज़ की अपेक्षाकृत दुर्लभता को उसके विनिमय-मूल्य का आधार बनाने के लिए तैयार नहीं थे। वे मानते थे कि अन्य सभी चीज़ों के मामले में उन्हें बनाने में किये गये श्रम के आधार पर उनका मूल्य तय किया जाना चाहिए। कौशल और श्रम की सघनता की अहमियत मानने से इनकार करते हुए रिकार्डो का आग्रह था कि जिंसों को बाज़ार में लाने में लगे वक़्त का फ़र्क़ उनके मूल्य पर छह से सात फ़ीसदी तक असर डाल सकता है। इसी वजह से रिकार्डो के मूल्य सिद्धांत को 'श्रम का 93 फ़ीसदी मूल्य सिद्धांत' भी कहा जा सकता है।

मार्क्स ने रिकार्डो के मूल्य सिद्धांत को आधार बनाते हुए अपनी रचना *कैपिटल* के पहले खण्ड में कहा है कि उपयोग-मूल्य संबंधित पण्य (जिंस या वस्तु) के भौतिक गुणों पर निर्भर होता है जिसकी प्राप्ति उस वस्तु के उपभोग की प्रक्रिया में होती है। मार्क्स के अनुसार मूल्य एक तकनीकी संबंध न हो कर मनुष्यों के बीच का एक सामाजिक संबंध है जो पूँजीवाद के तहत एक ख़ास तरह का भौतिक रूप अख़्तियार करके जिंस के रूप में प्रकट होता है। अर्थात् मूल्य सिर्फ़ एक दिमाग़ी अवधारणा नहीं है, बल्कि पूँजीवादी सामाजिक संबंध उसे भौतिक रूप दे देते हैं।

देखें : अर्थ-विज्ञान का समाजशास्त्र, आर्थिक जनसांख्यिकी, अल्फ्रेड मार्शल, अमर्त्य कुमार सेन, अंतर्राष्ट्रीय मुद्रा कोष, आधार और अधिरचना, ऑस्कर रायज़ार्ड लांगे, ऐडम स्मिथ, करारोपण, कल्याणकारी अर्थशास्त्र, क्लासिकल अर्थशास्त्र, कार्ल हाइनरिख़ मार्क्स-3, कार्ल मेंगर, कींसियन अर्थशास्त्र, गुन्नार मिर्डाल, जोआन रोबिंसन, जॉन कैनेथ गालब्रेथ, जॉन मेनार्ड कींस, जॉन स्टुअर्ट मिल, जोसेफ़ शुमपीटर, जैव विविधता, ट्रस्टीशिप, डेविड रिकार्डो, ढाँचागत समायोजन कार्यक्रम, थॉमस मन और वणिकवाद, थॉमस रॉबर्ट माल्थस, दक्षता, धन, नियोक्लासिकल अर्थशास्त्र, नीतिशास्त्र और अर्थशास्त्र, निकोलस काल्दोर, नियोजन, नियोजन : मार्क्सवादी विमर्श, पण्य-पूजा, पेटेंट, पॉल सेमुअलसन, पियरो स्राफ़ा, पूँजी, प्रतियोगिता, फ्रांस्वा केस्ने और प्रकृतिवाद, फ्रेड्रिख़ वॉन हायक, बहुराष्ट्रीय निगम, बाज़ार, बाज़ार की विफलताएँ, बाज़ार-समाजवाद, बौद्धिक सम्पदा अधिकार, ब्रेटन वुड्स प्रणाली, भारत में बहुराष्ट्रीय निगम, भारत में नियोजन, भारत में पेटेंट क़ानून, भारत में शेयर संस्कृति, भूमण्डलीकरण और पूँजी बाज़ार, भूमण्डलीकरण और वित्तीय पूँजी, भूमण्डलीकरण और वित्तीय उपकरण, मार्क्सवादी अर्थशास्त्र, मिल्टन फ्रीडमेन, मूल्य, राजकोषीय नीति और मौद्रिक नीति, रॉबर्ट ओवेन, विलफ्रेडो परेटो, विश्व व्यापार संगठन, विश्व बैंक, विलियम पेटी, विलियम स्टेनली जेवंस, वैकासिक अर्थशास्त्र, शोषण, साइमन कुज़्नेत्स।

संदर्भ

1. डंकन फ़ोली, 'कमोडिटी', संकलित : टॉम बॉटॅमोर (सम्पा.) (2001), *अ डिक्शनरी ऑफ़ मार्क्सिस्ट थॉट*, माया ब्लैकवेल, वर्ल्डव्यू पब्लिकेशंस, नयी दिल्ली.
2. इसाक आई. रूबिन (1928/1972), *एसेज़ ऑन मार्क्सिज़ थियरी ऑफ़ वेल्यू*, ब्लैक ऐंड रेड, डेट्रोइट.
3. कार्ल मार्क्स (1867/1976), *कैपिटल : अ क्रिटीक ऑफ़ पॉलिटिकल इकॉनॉमी* (1867), अनुवाद : बी. फ़ाउकेस, पेंगुइन, हार्मंड्सवर्थ, (हिंदी में इस रचना का अनुवाद रामविलास शर्मा ने किया है).

— अभय कुमार दुबे

पण्य-पूजा

(Commodity Fetishism)

पण्य-पूजा एक मार्क्सवादी सिद्धांत है जिसका ज़िक्र कार्ल मार्क्स के महाग्रंथ *कैपिटल* के पहले खण्ड में मिलता है। इस सिद्धांत के मुताबिक़ पूँजीवादी समाज उत्पादन और विनिमय की प्रक्रिया में भौतिक वस्तुओं में कुछ ऐसे लक्षण पैदा कर देता है जो होते तो तत्कालीन सामाजिक संबंधों की बदौलत हैं, पर लगते कुछ इस तरह हैं कि जैसे वे उस वस्तु के नैसर्गिक गुण हों। पूँजीवादी उत्पादन प्रणाली में व्याप्त इस सिंड्रॉम या संलक्षण को मार्क्स ने फ़ेटिशिज़म की संज्ञा दी है और इसके शुरुआती रूप को कमोडिटी फ़ेटिशिज़म या पण्य-पूजा क़रार दिया है। पूँजीवादी उत्पादन प्रणाली पण्य का महत्त्व इतना बढ़ा देती है कि इसके तहत हर सामाजिक संबंध का, मानवीय श्रम और स्वयं मनुष्य का पण्यीकरण (कमोडिफ़िकेशन) होने लगता है। मार्क्स ने *कैपिटल* के पहले खण्ड में पहले तो यह दिखाया है कि पण्य का उत्पादन उसके उत्पादकों के बीच का एक सामाजिक संबंध है जिसके तहत श्रम की विभिन्न क़िस्में, कौशल और मात्राएँ मूल्य के रूप में आपसी बराबरी हासिल करते हैं। फिर मार्क्स ने यह दिखाया है कि इस संबंध को उत्पादक ख़ुद कैसे समझते हैं या आम तौर पर समाज उसे कैसे समझता है। उत्पादकों के लिए यह एक सामाजिक संबंध है जो उनके नहीं बल्कि उनके श्रम के उत्पादों के बीच है। एक दर्जी और बढ़ई के बीच का सामाजिक संबंध एक कोट और मेज़ के बीच के संबंध में बदल जाता है, उस संबंध में जो उन चीज़ों में ख़र्च होने वाले श्रम के आधार पर नहीं बल्कि उनकी विनिमय दर से निर्धारित होता है। इसी जगह मार्क्स यह भी बताते हैं कि पण्यों के बीच का यह संबंध फ़र्ज़ी या काल्पनिक नहीं होता। इसका ठोस वजूद होता है, पर यह उत्पादकों के बीच के सामाजिक संबंध को अपने पीछे छिपा लेता है।

पूँजीवादी अर्थव्यवस्था में उत्पादक एक-दूसरे के सम्पर्क में बाज़ार के ज़रिये आते हैं। उस समय उनकी स्थिति अपने-अपने तरह के विशिष्ट सारतत्त्व से सम्पन्न अनूठे मनुष्यों जैसी न हो कर महज़ पण्य-उत्पादकों की होती है। व्यक्ति को व्यक्ति नहीं, बल्कि महज़ वस्तुओं और सेवाओं का उत्पादक समझा जाने लगता है। श्रम और श्रमिकों के बजाय वस्तुएँ और सेवाएँ यानी पण्य और पूँजी की अहमियत बढ़ जाती है। धन के बदले पण्यों का विनिमय करते समय व्यक्तियों के बीच का सामाजिक संबंध वस्तुओं के बीच संबंध की तरह लगने लगता है। मसलन, किसी वस्तु का दाम (जो कुछ सांस्कृतिक और सामाजिक प्रक्रियाओं के तहत तय होता है) उसके अंतर्निहित गुण की तरह देखा जाने लगता है।

पण्य-पूजा का सिद्धांत बताता है कि पूँजीवाद किस तरह अपने सार को छिपाते हुए अपना पुनरुत्पादन करता चला जाता है। जिस तरह उत्पाद या उसके उत्पादक का गुणात्मक अनूठापन विशुद्ध मात्रा के पीछे छिप जाता है, उसी तरह आत्मगत वस्तुगत और वस्तुगत आत्मगत लगने लगता है। अंततः बाज़ार में होने वाला विनिमय उत्पादन के वास्तविक सार का रूप ग्रहण कर लेता है। इसके प्रभाव में मनुष्य ख़ुद को उत्पादक समझने के बजाय उपभोक्ता समझने की भ्रांत धारणा का शिकार हो जाता है। परिणामस्वरूप वह विनिमय के दौरान पैदा होने वाले अधिशेष मूल्य और उसके माध्यम से होने वाले शोषण के यथार्थ से वाक़िफ़ नहीं हो पाता।

मार्क्स ने पण्य-पूजा के लिए धर्म का उदाहरण भी दिया है कि किस तरह लोग धर्म में (या मूर्तिपूजा में) एक तरह की काल्पनिक सत्ता आरोपित कर लेते हैं जिसके कारण धर्म का यथार्थ छिप जाता है। जिस तरह धर्म के ज़रिये ईश्वर या देवता अपने ही रचयिता मनुष्य के साथ अविभाज्य रिश्ते में जुड़ जाते हैं, उसी तरह पण्यों के उत्पादन के साथ पण्य-पूजा अविभाज्य रूप से संबंधित है।

दूसरी तरफ़, मार्क्स के अनुसार वस्तुओं में पूँजीवादी व्यवस्था द्वारा पैदा किये गये गुण काल्पनिक न हो कर वास्तविक होते हैं। वे सामाजिक गुण हैं और उनकी सत्ता वास्तविक होती है। मनुष्य उन्हें नियंत्रित कर पाने में असमर्थ है। वे अपना बोलबाला मनुष्य पर स्थापित कर ही लेते हैं। इन गुणों का सामाजिक सार तुरंत नहीं दिखाई देता और ऐसा लगता है कि ये उस वस्तु की नैसर्गिक प्रकृति की देन हैं। सैद्धांतिक विश्लेषण के ज़रिये ही इन गुणों के सामाजिक सार का उद्घाटन हो सकता है। पण्य-पूजा का सिद्धांत और मार्क्स द्वारा प्रतिपादित मूल्य सिद्धांत का आपस में अनिवार्य संबंध है। समाज कैसा भी हो, किसी भी युग का हो, मानव हमेशा से श्रम करता रहा है। पर केवल पूँजीवादी समाज में ही यह श्रम अपने ही उत्पादों की वस्तुनिष्ठ सम्पत्ति की तरह व्यक्त होता है जिसे हम उस उत्पाद के मूल्य की तरह देखते हैं। दूसरे तरह की अर्थव्यवस्थाओं में श्रम की शिनाख़्त एक सामाजिक प्रक्रिया की तरह की जा सकती थी। उसे किसी अधिकारी या किसी अनुबंध द्वारा स्पष्ट रूप से नियंत्रित या समन्वित होते हुए देखा जा सकता था। इसके विपरीत पूँजीवाद में पण्यों के उत्पादक व्यक्तिगत रूप से श्रम करते हैं और उनके बीच होने वाली समन्वय उनकी पीठ के पीछे बाज़ार की शक्तियों द्वारा होता है। उन्हें श्रम विभाजन की विस्तृत प्रणाली के तहत काम करना पड़ता है। इस श्रम का सामाजिक चरित्र अप्रत्यक्ष रूप से पण्यों के मूल्य के रूप में दिखाई पड़ता है। वस्तु की सामाजिक ख़ूबियों और और उनके भौतिक आकार-प्रकार में घालमेल हो जाता है।

इसकी एक मिसाल है सोना, जिसे मूल्य का सर्वोत्कृष्ट मानक समझा जाता रहा है, और कई तरह से

उसका क़ीमतीपन आज भी स्वीकारा जाता है। जबकि, असल में सोने के लिए सहज-स्वाभाविक समझा जाने वाला उसका यह क़ीमतीपन सामाजिक है। पण्य-पूजा (फ़ेटिशिज़म) का प्राथमिक रूप है। यही सिद्धांत पूँजी के फ़ेटिशिज़म का भी पता देता है। पूँजी का दर्जा, जो मुख्यतः सामाजिक है, उन आर्थिक संबंधों को छिपा लेता है जो उसके उत्पादन के लिए ज़िम्मेदार हैं। पूँजी का यह दर्जा उसकी सत्ता के रूप में सामाजिक श्रम की तमाम उत्पादक सम्भावनाओं का श्रेय उसी को दिलवा देता है। यहाँ तक कि पूँजी को ही मुनाफ़े का स्रोत समझ लिया जाता है, जबकि असल में मुनाफ़े का स्रोत होता है अधिशेष मूल्य। दरअसल, पूँजी इतनी ताक़तवर और स्वयं का पुनरुत्पादन करने वाली ताक़त के रूप में उभरती है कि एक स्थिति में बिना किसी श्रम के वह ब्याज के रूप में ख़ुद को उत्पादित करती चली जाती है। पण्य-पूजा के सिद्धांत के आधार पर पश्चिमी मार्क्सवाद ने विचारधारा के सिद्धांत का विकास किया है जिसमें मार्क्सवादी साहित्य-सिद्धांत के महारथी ग्योर्गी लूकाच और फ़्रैंकफ़र्ट स्कूल के विद्वानों की उल्लेखनीय भूमिका रही है।

देखें : अर्थ-विज्ञान का समाजशास्त्र, आर्थिक जनसांख्यिकी, अल्फ्रेड मार्शल, अमर्त्य कुमार सेन, अंतर्राष्ट्रीय मुद्रा कोष, आधार और अधिरचना, ऑस्कर रायज़ार्ड लांगे, ऐडम स्मिथ, करारोपण, कल्याणकारी अर्थशास्त्र, क्लासिकल अर्थशास्त्र, कार्ल हाइनरिख़ मार्क्स-3, कार्ल मेंगर, कींसियन अर्थशास्त्र, गुन्नार मिर्डाल, जोआन रोबिंसन, जॉन कैनेथ गालब्रेथ, जॉन मेनार्ड कींस, जॉन स्टुअर्ट मिल, जोसेफ़ शुमपीटर, जैव विविधता, ट्रस्टीशिप, डेविड रिकार्डो, ढाँचागत समायोजन कार्यक्रम, थॉमस मन और वणिकवाद, थॉमस रॉबर्ट माल्थस, दक्षता, धन, नियोक्लासिकल अर्थशास्त्र, नीतिशास्त्र और अर्थशास्त्र, निकोलस काल्दोर, नियोजन, नियोजन : मार्क्सवादी विमर्श, पण्य, पेटेंट, पॉल सेमुअलसन, पियरो स्राफ़ा, पूँजी, प्रतियोगिता, फ्रांस्वा केस्ने और प्रकृतिवाद, फ्रेड्रिख़ वॉन हायक, बहुराष्ट्रीय निगम, बाज़ार, बाज़ार की विफलताएँ, बाज़ार-समाजवाद, बौद्धिक सम्पदा अधिकार, ब्रेटन वुड्स प्रणाली, भारत में बहुराष्ट्रीय निगम, भारत में नियोजन, भारत में पेटेंट क़ानून, भारत में शेयर संस्कृति, भूमण्डलीकरण और पूँजी बाज़ार, भूमण्डलीकरण और वित्तीय पूँजी, भूमण्डलीकरण और वित्तीय उपकरण, मार्क्सवादी अर्थशास्त्र, मिल्टन फ्रीडमेन, मूल्य, राजकोषीय नीति और मौद्रिक नीति, रॉबर्ट ओवेन, विलफ्रेडो परेटो, विश्व व्यापार संगठन, विश्व बैंक, विलियम पेटी, विलियम स्टेनली जेवंस, वैकासिक अर्थशास्त्र, शोषण, साइमन कुज़्नेत्स।

संदर्भ

1. जे. बर्क और एस. मूर (1979), 'रीफ़िकेशन ऐंड कमोडिटी फ़ेटिशिज़्म रिविज़िटेड', *कनाडियन जरनल ऑफ़ पॉलिटिकल ऐंड सोशल थियरी,* खण्ड 3, अंक 1.
2. टी. क्रेवर (1975), 'मार्क्सिज़ कमोडिटी फ़ेटिशिज़म', *इनक्वारी,* खण्ड 18, अंक 1.
3. टी. डैंट (1996), 'फ़ेटिशिज़्म ऐंड सोशल वेल्यू ऑफ़ ऑब्जेक्ट्स', *सोसियोलॉजिकल रिव्यू,* अंक 44, अंक 3.
4. कार्ल मार्क्स (1867/1976), *कैपिटल : अ क्रिटीक ऑफ़ पॉलिटिकल इकॉनॉमी,* अनुवाद : बी. फाउकेस, पेंगुइन, हार्मंड्सवर्थ (हिंदी में इस रचना का अनुवाद रामविलास शर्मा ने किया है).

— अभय कुमार दुबे

पृथकतावाद

(Secessionism)

पृथकतावाद या सेसेशनिज़म लैटिन भाषा के शब्द सेसेशियो से बना है। इसका मतलब है किसी संगठन, किसी संघ या किसी राज्य से अलग होने की माँग करना और उसके लिए आंदोलन चलाना। यह आंदोलन शांतिपूर्ण भी हो सकता है और हथियारबंद भी। आम तौर पर पृथकतावाद के ज़रिये किसी स्थापित राजनीतिक प्राधिकार को चुनौती दी जाती है। दुनिया के अनगिनत देश, ख़ासकर बहुजातीय राज्य, पृथकतावादी राजनीति के दौरों से गुज़रते रहे हैं। पृथकतावाद के ज़रिये पुराने देशों का ख़ात्मा और नये देशों का जन्म होता रहा है। समाज वैज्ञानिकों और राजनेताओं के बीच किसी राष्ट्र से पृथक होने के अधिकार को लेकर काफ़ी बहस रही है। पृथक होने का सीधा संबंध आत्म-निर्णय के अधिकार के आधार पर किसी भू-क्षेत्र पर दावेदारी से है। नब्बे के दशक में सोवियत संघ और युगोस्लाविया के विघटन की रोशनी में पृथकतावादी राजनीति पर नये सिरे से विचार की शुरुआत हुई है। आम तौर पर पृथकतावाद का ताल्लुक़ अपनी अलग पहचान सुरक्षित रखने के लिए व्याकुल अल्पसंख्यक समूहों की राजनीति से जोड़ा जाता है। लेकिन ज़रूरी नहीं कि हर बार ऐसा ही हो। बहुसंख्यक लोग भी अलगाववाद की माँग करते हैं। स्वाभाविक तौर पर उनकी दावेदारी राज्य के ज़्यादा बड़े हिस्से पर होती है। पृथकतावादी आंदोलन ख़ुद को राजनीतिक मंच पर कई तरह के नामों से पेश करते हैं। अगर वे ख़ुद को स्वायत्तता या अधिकारों के विकेंद्रीकरण का आंदोलन कह रहे हैं तो समझा जा सकता है कि या तो उनकी गोलबंदी शुरुआती दौर में है, या फ़िलहाल उनका नरमदली हिस्सा आंदोलन पर हावी है और खुल कर अलगाववाद का पक्ष लेने वाला गरमदली हिस्सा मौक़े का इंतज़ार कर रहा है।

उदारतावादी राजनीतिक सिद्धांत के दायरे में पृथक होने के अधिकार के पाँच औचित्य गिनाये गये हैं : पूँजीवादी अराजकतावाद के तहत निजी स्तर पर राजनीतिक संगठन बना कर समान विचार के लोगों के साथ अपने मन-माफ़िक राजनीतिक व्यवस्था की स्थापना हेतु अलग होने का व्यक्तिगत अधिकार, आत्म-निर्णय के अधिकार के मुताबिक़

किसी मौजूदा राजनीतिक समुदाय से अलग हो कर पृथक राजनीतिक समुदाय बनाने का लोकतांत्रिक अधिकार, किसी भी मौजूदा समुदाय द्वारा अपने सदस्यों की निर्णयकारी क्षमताओं को बढ़ाने के मक़सद से अलग होने का अधिकार, अपनी संस्कृति और विशिष्ट राष्ट्रीय पहचान को आधार बना कर किसी अल्पसंख्यक समूह द्वारा स्वतंत्र और सम्प्रभु राज्य स्थापित करने के उद्देश्य से अलग होने का अधिकार, और किसी बहुसंख्यक संस्कृति से पीड़ित अल्पसंख्यक समुदाय द्वारा पृथक राष्ट्र की स्थापना का अधिकार।

एलन बुकानन ने सीमित परिस्थितियों में पृथक होने के अधिकार की वकालत करते हुए उसके ख़िलाफ़ जा सकने वाले आठ तर्कों को इस प्रकार गिनाया है : पृथकतावादी जिस भू-क्षेत्र को अधिगृहीत करके अपना घोषित करने जा रहे हों उसमें पहले से रहने वाले लोगों के अधिकारों की रक्षा का आग्रह, अगर अलग होने वाले भू-क्षेत्र की वजह से बाक़ी राज्य को अपनी प्रतिरक्षा करना नामुमकिन लगने लगा हो, बहुमत आधारित शासन का यह आग्रह कि अल्पमत को असहमति रहते हुए भी उसके निर्णयों का सम्मान करना चाहिए, अराजकता का डर कि अगर इसी तरह भू-क्षेत्र टूट-टूट कर अलग होते रहे तो अंत में क्या बचेगा, और समतामूलक न्याय का तर्क कि किसी राज्य के धनी और ख़ुशहाल हिस्सों को उसके दरिद्र और वंचित हिस्सों से अलग होने का अधिकार नहीं दिया जा सकता।

राजनीतिक प्राधिकार को चुनौतियाँ कई तरह से मिलती हैं। राजनीतिक क्रांतिकारी पूरे संविधान और व्यवस्था को ही उखाड़ फेंकना चाहते हैं। उनके पास अपनी नयी व्यवस्था बनाने की योजना होती है। लेकिन, पृथकतावादी न तो राज्य के प्राधिकार को समूल नष्ट करने की कोशिश करता है और न ही उसमें कोई बुनियादी परिवर्तन करने का प्रस्ताव करता है। उसका सरोकार केवल अपने समूह, संगठन या अपनी दावेदारी वाले भू-क्षेत्र तक ही सीमित रहता है। पृथकतावादी ऐसे किसी धार्मिक अथवा जातीय समूह की तरह भी नहीं होते जो किसी राज्य की सीमा को छोड़ कर कहीं और चले जाने की कोशिश के ज़रिये उसके प्राधिकार को चुनौती देते हैं। पृथकतावादी तो राज्य की सीमा छोड़ कर जाने के बजाय उसकी सीमाओं की रूपरेखा बदलने के फेर में रहते हैं।

पृथकतावाद के पक्ष में सबसे प्रभावशाली तर्क इस आधर पर दिया जाता है कि हर तरह के जन-गणों को अपना अलग राज्य बनाने का हक़ है, और वे दावा कर सकते हैं कि राज्य की सांस्कृतिक और राजनीतिक सीमाओं का चरित्र एक सा होना चाहिए। संयुक्त राष्ट्र महासभा का प्रस्ताव संख्या 1514 साफ़ तौर पर आत्म-निर्णय के राष्ट्रवादी उसूल की ताईद करता है। चूँकि आधुनिक राष्ट्र-राज्य व्यावहारिक तौर पर जातीय बहुलता से बनी संरचना है, इसलिए आत्म-निर्णय का यह अधिकार अलगाव के अधिकार में बदल जाता है।

पृथक होने का दूसरा प्रभावशाली औचित्य तब पैदा होता है जब कोई समूह अतीत में अपने साथ हुए अन्याय का परिष्कार करने के लिए अलग होने की माँग करता है। नब्बे के दशक की शुरुआत में बाल्टिक गणराज्यों के पृथकतावादी आंदोलन इसी तर्क पर आधारित थे। कई क्षेत्रों का दावा था कि पहले कभी उन्हें ज़बरन एक राज्य में मिला दिया गया था इसलिए अब उन्हें अलग होने और अपना पृथक भू-क्षेत्र क़ायम करने का मौक़ा मिलना चाहिए।

पृथक होने का तीसरा और मज़बूत तर्क तब बनता है जब कोई समूह आत्मरक्षा के लिए अलग होने की कोशिश करता नज़र आता है। किसी राज्य की सीमा में अगर बहुसंख्यक समुदाय किसी अन्य समुदाय के ख़िलाफ़ जाति-संहारी नीतियाँ अपना रहा है तो उसे पृथकतावाद के ज़रिये अपने अस्तित्व की हिफ़ाजत करने का पूरा हक़ है।

इन तमाम औचित्यों के बावजूद पृथक होने के अधिकार के साथ सबसे बड़ी व्यावहारिक दिक़्क़त यह है कि उसका सैद्धांतिक समर्थन करने वाले उसी समय तक उसके पक्ष में रह पाते हैं जब तक तक मसला किसी दूसरे देश में चल रहे पृथकतावादी आंदोलन तक सीमित होता है। अपने देश में चल रहे पृथकतवादी आंदोलन का समर्थन केवल एक बेहद कड़ी विचारधारात्मक मुद्रा के तहत ही किया जा सकता है। सोवियत संघ के बिखराव, युगोस्लाविया के हिंसक विखण्डन और कई बहुजातीय राज्यों में पृथकतावाद की माँगों के ज़ोर पकड़ने के बाद अंतर्राष्ट्रीय मंचों पर इस प्रश्न के इर्द-गिर्द आम सहमति बनना और भी मुश्किल हो गया है।

भारत में पृथकतावादी आंदोलन : भारतीय संविधान अपने राज्यों को संघ से पृथक होने का अधिकार नहीं देता। नगालैण्ड और सिक्किम में चले पृथकतावादी आंदोलनों को फ़ौजी कार्रवाई के ज़रिए दबाया जा चुका है, लेकिन इन राज्यों में पृथकतावादी भावनाएँ आज भी पायी जा सकती हैं। अलगाववादी राजनीति का असर मिज़ोरम में भी है, बावजूद इसके कि अस्सी के दशक में मिज़ो नेता लाल डेंगा के साथ तत्कालीन प्रधानमंत्री राजीव गाँधी ने ऐतिहासिक समझौता करके इस आंदोलन के तक़रीबन समाप्त कर दिया था। पंजाब के अलगाववादी खालिस्तानी आंदोलन ने अस्सी के दशक में पूरे देश को हिला दिया था। भारतीय राजनीति में आतंकवाद की परिघटना की शुरुआत यहीं से हुई। सिक्ख अलगाववाद को फ़ौज-पुलिस की कार्रवाई और राजनीतिक समझौते की मिली-जुली रणनीति के तहत ख़त्म बेअसर

किया जा सका। इस सिलसिले में कश्मीर का पृथकतावादी आंदोलन भी उल्लेखनीय है जिसका नेतृत्व पहले जम्मू-कश्मीर लिबरेशन फ्रंट और अब हुर्रियत कांफ्रेंस के हाथ में है। देश के कम से नौ राज्य ऐसे हैं जहाँ अलगाववादी गतिविधियाँ किसी न किसी रूप या किसी न किसी स्तर पर चलती रहती हैं।

देखें : आदर्शवाद, आतंकवाद, अंतर्राष्ट्रीय मुद्रा कोष, इमैनुएल कांट, इतिहास का अंत, एडवर्ड हैलेट कार, जाति-संहार, तृतीय विश्व, द्वितीय विश्व-युद्ध, नस्लवाद, नव-उपनिवेशवाद, निर्भरता सिद्धांत, निरस्त्रीकरण, पेटेंट, प्रथम विश्व-युद्ध, प्रगति, बौद्धिक सम्पदा अधिकार, ब्रेटन वुड्स प्रणाली, भारत में पेटेंट क़ानून, रंगभेद, उपनिवेशवाद, यथार्थवाद, युद्ध, युरोपीय यूनियन, रचनात्मकतावाद, राजनय, विश्व व्यापार संगठन, विश्व बैंक, विश्व-सरकार, वि-उपनिवेशीकरण, सभ्यताओं का संघर्ष, सम्प्रभुता, संयुक्त राष्ट्र, साम्राज्यवाद, शक्ति-संतुलन, शांति, शांतिवाद, शस्त्र-नियंत्रण, हथियारों की होड़।

संदर्भ

1. क्रिस्टोफर हीथ वेलमैन (2005), *अ थियरी ऑफ़ सेसेशन,* केम्ब्रिज युनिवर्सिटी प्रेस, 2005
2. डेविड गॉर्डन, (1998) *सेसेशन, स्टेट ऐंड लिबर्टी,* ट्राज़ेक्शन पब्लिशर्स, 1998
3. एलन बुकानन (1991), *सेसेशन : द मॉरलिटी ऑफ़ पॉलिटिकल डायवोर्स फ्रॉम फोर्ट सुम्टर टु लिथुआनिया ऐंड क्यूबेक,* वेस्टव्यू प्रेस, 1991
4. लियोपोल्ड कोह्र (1957), *द ब्रेकडाउन ऑफ़ नेशंस,* रॉटलेज ऐंड कीगन पॉल, 1957

— अभय कुमार दुबे

पाणिनि और *अष्टाध्यायी*

(Panini aur *Ashatadhyayi*)

पाणिनि संस्कृत के सबसे बड़े वैयाकरण थे। कोई ढाई हज़ार पहले उनके ग्रंथ *अष्टाध्यायी* ने संस्कृत भाषा को व्याकरणसम्मत रूप दिया। लेकिन *अष्टाध्यायी* सिर्फ़ एक व्याकरण-ग्रंथ भर न होकर अपने समय के भूगोल, सामाजिक, आर्थिक, शिक्षा, राजनीतिक जीवन, दार्शनिक-चिंतन, खान-पान, रहन-सहन, लोकजीवन और तत्कालीन भारतीय समाज का विश्वसनीय व तथ्यपरक ऐतिहासिक दस्तावेज़ भी है। पाणिनि के बाद जितने आचार्य हुए वे सभी *अष्टाध्यायी* की ही आलोचना-प्रत्यालोचना, टीका-टिप्पणी करते रहे। आज भी जब राजभाषा हिंदी के लिए पारिभाषिक शब्दावली बनाने की बात उठती है, तो *अष्टाध्यायी* पर ही दृष्टि जाती है। पाणिनि ने *अष्टाध्यायी* को आठ अध्यायों में बाँटा। प्रत्येक अध्याय के चार पाद हैं और प्रत्येक पाद में कई सूत्र हैं। सभी सूत्रों की संख्या लगभग चार सहस्त्र है। पूरी पुस्तक 14 सूत्रों (अइउण्, ऋलृक, एओङ्, ऐऔच, हयवरद, लण, ञमङणनम्, झभञ्, घढधष, जबगडदश्, खफछठथचटतव्, कपय्, शषसर्, हल्) पर, जिन्हें महेश्वर-सूत्र कहा जाता है, आधारित है। *अष्टाध्यायी* के अलावा पाणिनि की तीन और पुस्तकें *धातुपाठ, गणपाठ* और *उणादिसूत्र* भी बतायी जाती हैं। *धातुपाठ* में धातुओं की सूची है। संस्कृत के सभी शब्दों को इन्हीं कुछ धातुओं पर आधारित माना गया है। *गणपाठ* के कुछ अंश को ही पाणिनि रचित माना जाता है। तीसरे ग्रंथ *उणादिसूत्र* को कुछ विद्वान शकटायन की रचना मानते हैं, किंतु इसके पारिभाषिक शब्दों (उदात्त, उपधा, लोप) को देखते हुए यह रचना पाणिनि की ही लगती है। वैसे इसके विरुद्ध प्रमाण भी काफ़ी मिले हैं। इसलिए इस संबंध में निश्चय पूर्वक कुछ नहीं कहा जा सकता है। जो भी हो, पाणिनि को अमर रखने के लिए उनकी एक ही रचना *अष्टाध्यायी* पर्याप्त है।

पाणिनि के व्याकरण-सिद्धांतों से आधुनिक भाषाशास्त्र ने काफ़ी-कुछ लिया है। उन्नीसवीं सदी के युरोप में फ्रेंज़ बॉप उनके पहले अध्येता थे। इसके बाद फ़र्दिनैंद द सॅस्यूर, लियोनार्ड ब्लूमफ़ील्ड और रोमन जैकबसन जैसे भाषाशास्त्रियों ने पाणिनि और भर्तृहरि द्वारा प्रवर्तित सिद्धांतों के युरोपीय भाषाओं पर प्रभाव को रेखांकित किया। यह परम्परा नोआम चोम्स्की की 1957 तक की रचनाओं तक में देखी जा सकती है। समझा जाता है कि 1894 में सॅस्यूर ने पाणिनि और उनके बाद भर्तृहरि द्वारा विकसित किये गये स्फोट सिद्धांत का प्रयोग करके ही साइन थियरी का प्रवर्तन किया था। 1927 में अमेरिकी स्ट्रक्टरलिज़म के संस्थापक ब्लूमफ़ील्ड ने 'ऑन सम रूल्स ऑफ़ पाणिनि' शीर्षक से एक शोध आलेख लिखा था।

पाणिनि का जन्म पश्चिमोत्तर भारत में स्थित गांधार के शालातुर यानी आज के लहुर गाँव में हुआ था। शालातुर गाँव में जन्म लेने की वजह से उनका एक और नाम शालातुरीय भी पड़ गया। पाणिनि ने *अष्टाध्यायी* में यह उल्लेख भी किया है। इसी तरह से पाणिनि के कुछ अन्य नाम आहिक, शालंकि तथा दाक्षीपुत्र आदि भी मिलते हैं। दरअसल, पाणिनि के गुरु का नाम उपवर्ष, पिता का नाम पणिन और माता का नाम दाक्षी था। एक अनुमान के अनुसार कुछ लोग उन्हें पश्चिमोत्तर प्रदेश में रहने वाली दक्ष जाति का मानते हैं। एक दूसरी मान्यता यह भी है कि उन्हें पढ़ना-लिखना नहीं आता था। एक दिन अपनी अकुशाग्रता से दुःखी होकर वे तपस्या करने चले गये और शंकर के आशीर्वाद से वैयाकरण बन

सके। पाणिनि के जीवन-काल को लेकर कोई मतैक्य नहीं है। पीटरसन आदि कुछ विद्वान *सुभाषितावली* तथा कुछ अन्य ग्रंथों के आधार पर उनका समय ईसा के आरम्भिक वर्षों के समीप मानते हैं। मैक्समूलर तथा वेबर उन्हें ईसापूर्व 350 का मानते हैं। उन्होंने इसका प्रमाण यह दिया है कि पाणिनि के यहाँ यवन शब्द आता है जिसकी जानकारी सिकंदर के आक्रमण के समय भारतीयों को हुई होगी। भंडारकर और गोल्डस्कर ने इनका समय 500 ईसापूर्व से भी पहले निश्चित किया है। सत्यव्रत आदि कुछ विद्वानों ने उनका समय 2400 ईसापूर्व माना है। और डॉ. बेलवेकर 700 ईसापूर्व के आस-पास मानते हैं। वासुदेव शरण अग्रवाल ने उनके जीवन-काल को 5वीं सदी ईसापूर्व के मध्य माना है। यही गणना सबसे तर्कसंगत भी लगती है। अग्रवाल ने पाणिनि कृत *अष्टाध्यायी* के सूत्रों में वर्णित भारतीय सभ्यता के बिखरे सूत्रों को इकट्ठा कर उन्होंने *इण्डिया ऐज़ नोन टु पाणिनि* (1941) की रचना की। इस शोध ने पाणिनिकालीन समाज की जिन मान्यताओं को रेखांकित किया उसने काल-निर्धारण की नयी परिपाटी अपनाने के लिए भारतविदों को प्रेरित किया।

हालाँकि पाणिनि को संस्कृत का पहला वैयाकरण माना जाता है लेकिन यह भी एक तथ्य है कि उनके पहले आपिशलि, काशकृत्स्न और इंद्र आदि वैयाकरणों का नाम भी आता है। दरअसल, पाणिनि ने प्रत्यय, अव्ययीभाव, बहुब्रीहि, कृतु तद्धित, प्रथमा, द्वितीया, षष्ठी आदि पारिभाषिक शब्दों का प्रयोग बिना अर्थ बतलाये ही किया है। इसका तात्पर्य यह है कि उस समय तक भाषा इतनी विकसित हो चुकी थी कि लोग इन शब्दों को समझाने की आवश्यकता ही नहीं समझते थे। एक दूसरा सबसे बड़ा प्रमाण यह है कि पाणिनि इतने उच्च कोटि के व्याकरण की रचना ही नहीं कर पाते यदि उनके पीछे कोई परम्परा नहीं होती। इसलिए आपिशालि तथा काशकृत्स्न पाणिनि के पूर्व व्याकरण-सम्प्रदाय के जनक के तौर पर देखे जाते हैं। *तैत्तिरीय संहिता* में इंद्र नाम के एक ऋषि का उल्लेख प्रथम वैयाकरण के रूप में मिलता है किंतु सारे तथ्यों पर विचार करने के बाद निष्कर्ष यही निकलता है कि पाणिनि के समय तक कोई प्रसिद्ध व उल्लेखनीय वैयाकरण नहीं हो पाया था।

पाणिनि ने अपने पूर्व के वैयाकरणों को पढ़ कर और उनके परस्पर भेदों को देख कर उन्हें व्याकरण संगत करने का उद्यम किया। इसके लिए उन्होंने वैदिक संहिताओं, शाखाओं, ब्राह्मण, आरण्यक, उपनिषद् आदि का विस्तृत अध्ययन करके *अष्टाध्यायी* के लिए आधार-सामग्री जुटायी। इसके बाद शाकटायन, शाकल्य, भारद्वाज, गार्ग्य, सेनक, आपिशालि, गालव और स्फोटायन आदि आचार्यों के ज़माने के प्रचलित निरुक्त और व्याकरणों का अध्ययन व संग्रह किया ताकि उनका यथासम्भव प्रयोग किया जा सके। शाकटायन का निश्चित मत था कि सभी संज्ञा शब्द धातुओं से बनते हैं। पाणिनि ने उनके इस मत को स्वीकार किया किंतु उन्होंने स्पष्ट रूप से यह भी कहा कि ऐसे बहुत सारे शब्द हैं जो लोक की बोलचाल में घुलमिल गये हैं और जो धातु प्रत्यय से पकड़ में नहीं आ सकते हैं। पाणिनि ने लोक का प्रत्यक्ष निरीक्षण किया और समाज के बहुआयामी जीवन से शब्दों का संग्रह कर उनका वर्गीकरण कर सूची बनायी। उन्होंने एक सूची *अष्टाध्यायी* से अलग *धातुपाठ* की तैयार की जिसमें कुल 1943 धातुएँ हैं। *धातुपाठ* में दो प्रकार की धातुएँ हैं— पहली, जो पाणिनि के पहले प्रयुक्त हो चुकी थीं और दूसरी वे जो लोगों की बोलचाल में मिली थीं। दूसरी सूची में वेदों के अनेक आचार्य शामिल थे। किस आचार्य के नाम से कौन-सा चरण प्रसिद्ध था, उसमें पढ़ने वाले छात्र किस नाम से प्रसिद्ध थे और उन छंद या शाखाओं के क्या नाम थे— उन सबकी निष्पत्ति भिन्न-भिन्न प्रत्यय लगा कर पाणिनि ने दी है। जैसे एक आचार्य थे तित्तिरि। उनका चरण तैत्तरीय कहा जाता था और उस पाठशाला के छात्र एवं वहाँ की शाखा या संहिता तैत्तरीय कहलाती थी। पाणिनि ने तीसरी सूची गोत्रों की बनायी जिसमें उन्होंने वैदिक और लौकिक दोनों भाषाओं के परिवार या कुटुम्ब के आर्ष और लौकिक गोत्र दर्ज किये। छोटे-मोटे पारिवारिक नाम या अल्लों को उन्होंने गोत्रावयव कहा है। एक गोत्र या परिवार में होने वाले दादा, बूढ़े एवं चाचा (सपिंड, स्थविर पिता, पुत्र, पौत्र) आदि व्यक्तिओं के नाम कैसे रखे जाते थे, इसका ब्यौरेवार उल्लेख पाणिनि ने किया है। बीसियों सूत्रों के साथ लगे हुए गणों में गोत्रों के अनेक नाम पाणिनि के *गणपाठ* नामक परिशिष्ट ग्रंथ में हैं। पाणिनि की चौथी सूची भौगोलिक थी। गंधार और पंजाब के पाँच सौ ग्रामों के वास्तविक नाम पाणिनि ने दिये हैं। उनकी जनसंख्या लगभग दस सहस्त्र थी। उनसे उन्होंने उनके भूगोल संबंधी गणों की सूचियाँ बनायी। पंजाब की अनेक जातियों के नाम उन गाँवों के अनुसार थे जहाँ वे जातियाँ निवास करती थीं या जहाँ से उनके पुरखे आये थे। इस प्रकार निवास और अभिजन (पुरखों का स्थान) इन दोनों से उपनाम बनते थे, वे पुरुष नाम में जुड़ जाते थे क्योंकि ऐसे नाम भी भाषा के भाग थे।

गंधार की पूर्वी राजधानी तक्षशिला से पश्चिमी राजधानी पुष्कलावती कुल्लू कांगड़ा फैला हुआ था जिसे उस समय त्रिगर्त कहा जाता था। इसी में वह प्रदेश था जो सिंध नदी के उत्तर से दक्षिण तक व्याप्त था। इसके उत्तरी छोर पर सौबीर (सिंध) था, जिसे आज कबायली इलाक़े की पहचान मिली है। पाणिनि ने इस प्रदेश में रहने वाले क़बीलों की सूची बनायी और उनके संविधानों का अध्ययन किया। इस प्रदेश को ग्रामणीय क्षेत्र कहा जाता था। वहाँ ग्रामणी शासन व्यवस्था लागू थी और ग्रामीण शब्द उनके नेता या शासक की पदवी थी। पाणिनि के *गणपाठ* में कई क़बीलों के नाम मिलते हैं,

जैसे अफ़रीदी और मोहम्मद जिन्हें उन्होंने आप्रीत और मधुमंत कहा है। पाणिनि की सूचियों में एक सूची जनपदों की है। उस काल में कम्बोज, कच्छ, सूरमस और अश्मक नामक चार जनपदों में बँटे भू-भागों के सामाजिक और राजनीतिक जीवन एवं भाषाओं का जनपदीय विकास हो रहा था। पाणिनि ने *अष्टाध्यायी* के चौथे और पाँचवें अध्यायों में शब्दों की व्युत्पत्ति बतायी है। ब्राह्मण, क्षत्रिय, सैनिक, व्यापारी, किसान, रँगरेज़, बढ़ई, रसोइये, मोची, ग्वाले, चरवाहे, गड़रिये, बुनकर, कुम्हार आदि सैकड़ों पेशेवर लोगों से मिल-जुल कर उन्होंने उनके विशेष पेशों से जुड़े शब्दों का संग्रह किया। उन्होंने बताया कि किस शब्द में कौन-सा प्रत्यय लगता है। वर्णमाला के स्वर और व्यंजन रूप जो अक्षर है उन्हीं से प्रत्यय बनाये गये, जैसे वर्षा से वार्षिक।

पाणिनि ने आर्थिक जीवन का भी अध्ययन किया। उनकी नज़र उन सिक्कों पर भी गयी जो उस समय बाज़ारों में प्रचलित थे। जैसे शतमान, कार्षापण, सुवर्ण, अंध, पाद माशक, त्रिंशत्क, विंशतिक। कुछ लोग अदला-बदली या वस्तु-विनिमय से भी सामान ख़रीदते थे, जिसे निमान कहा जाता था। पाणिनि किसी मतविशेष के पक्षधर न हो कर बुद्ध की तरह मध्यमार्ग के अनुयायी थे। शब्द का एक अर्थ व्यक्ति से संबंधित है और दूसरा जाति से। उन्होंने दोनों को माना। गऊ का अर्थ गाय तो है ही, और गऊ जाति भी है। वाजप्यायन और व्याडि आचार्यों के अलग-अलग आग्रह थे। पाणिनि ने दोनों को स्वीकार किया। पाणिनि ने वैदिक और लौकिक भाषाओं की सामग्री से अपने व्याकरण की रचना की किंतु प्रधानता लौकिक संस्कृत को दी। उन्होंने बोलचाल की लौकिक संस्कृत को भाषा कहा। उन्होंने अध्यापन किया और सम्भवत: उनका संबंध तक्षशिला विश्वविद्यालय से रहा। कहा जाता है सामग्री-संग्रह के बाद कुछ समय तक उन्होंने एकांतवास करते हुए *अष्टाध्यायी* की रचना की। पाणिनि को मांगलिक और प्रमाणभूत आचार्य भी कहा जाता है। उनकी कृति का प्रत्येक अक्षर व्याकरण में प्रमाण माना जाता है। पतंजलि के अनुसार पाणिनि ने जो सूत्र एक बार लिखा उसे काटा नहीं।

देखें : आर्यभट्ट और *आर्यभटीय*, उपनिषद्, कपिल, *अर्थशास्त्र* और कौटिल्य, गोपीनाथ कविराज, गोविंद चंद्र पाण्डे, चैतन्य महाप्रभु, जैन दर्शन, न्याय दर्शन, दया कृष्ण, द्रविड़ संस्कृति, नंद किशोर देवराज, न्याय दर्शन, नागार्जुन, पतंजलि और *योगसूत्र*, पाश्चात्य काव्यशास्त्र, पुराण, पूर्व-मीमांसा दर्शन, बदरी नाथ शुक्ल, बादरायण, बौद्ध दर्शन, *भगवद्गीता*, भरत और *नाट्यशास्त्र*, मुकुंद लाठ, *भागवत पुराण*, *महाभारत*, यशदेव शल्य, योग दर्शन, रामानुजाचार्य, लोकायत, वात्स्यायन और *कामसूत्र*, वेदांत दर्शन, वैशेषिक दर्शन, शंकराचार्य, षड्-दर्शन-1 और 2, संस्कृत काव्यशास्त्र, स्मृति-साहित्य, सांख्य दर्शन-1 और 2, सिद्ध-नाथ परम्परा।

संदर्भ

1. वासुदेव शरण अग्रवाल (1953), *इण्डिया एज़ नोन टु पाणिनि*, लखनऊ विश्वविद्यालय, लखनऊ.
2. जॉर्ज कार्डोना (1998), *अ सर्वे ऑफ़ रिसर्च*, मोतीलाल बनारसीदास, दिल्ली.
3. भोलानाथ तिवारी (1995-96), *भाषा विज्ञान*, किताब महल, इलाहाबाद.

— अजय कुमार पाण्डेय

पारिस्थितिकीय दर्शन

(Ecosophy)

दर्शन की एक नवीन शाखा के रूप में पारिस्थितिकीय दर्शन (गहन पारिस्थितिकी) मानवेतर प्रजातियों, पारिस्थितिकीय तंत्र और प्राकृतिक प्रक्रियाओं पर बल देता है। पर्यावरण और हरित आंदोलन से ज़्यादा गम्भीर और दूरदर्शी यह विचार पर्यावरण के संबंध में उपयोगितावादी आग्रह ख़ारिज करते हुए नयी पर्यावरणीय मूल्य-व्यवस्था की स्थापना करने के पक्ष में है। गहन पारिस्थितिकी को सैद्धांतिक आधारभूमि प्रदान करने का श्रेय नार्वे के प्रमुख दार्शनिक अर्ने नेस्स (1912-2009) को है। उनके दार्शनिक विचारों पर स्पिनोज़ा, बौद्ध-दर्शन और गाँधी का प्रभाव था। 1962 में प्रकाशित रिशेल कार्सन की रचना *साइलेंट स्प्रिंग* से नेस्स को गहरी प्रेरणा मिली। उन्होंने अपने पर्यावरणीय दृष्टिकोण में अहिंसा का विचार शामिल किया, और दूसरी ओर व्यावहारिक स्तर पर अहिंसक विरोध प्रदर्शनों में भागीदारी की। 1972 में थर्ड वर्ल्ड फ़्यूचर कांफ्रेंस में नेस्स ने अपनी प्रस्तुति में पहली बार सतही और गहन पारिस्थितिकी के बीच अंतर की स्थापना की। अगले वर्ष उन्होंने *द शैलो ऐंड द डीप : लोंग-रेंज इकोलॅजी मूवमेंट्स* में स्पष्ट किया कि सतही पारिस्थितिकी प्रदूषण और संसाधन-क्षरण की चर्चा करती है और इसका मुख्य उद्देश्य विकसित देशों के निवासियों के स्वास्थ्य और समृद्धि की रक्षा करना है। गहन पारिस्थितिकी का सरोकार जैवमण्डलीय समतावाद और विविधता जैसे सरोकारों से है। जैवमण्डलीय समतावाद या बॉयोस्फ़ेरिक इगेलिटेरियनिज़्म ही गहन पारिस्थितिकी का सैद्धांतिक स्रोत है। गहन पारिस्थितिकी-विचारक अपने ऊपर रॉल्फ़ वाल्डो, इमर्सन, हेनरी डेविड थोरो, जॉन म्यूर, एल्डो लियोपोल्ड आदि का प्रभाव स्वीकार करते हैं।

जैवमण्डलीय समतावाद के अनुसार मनुष्य के अलावा

भी अन्य समस्त चराचर जगत को भी जीवन जीने और विकसित होने का अधिकार है। पारिस्थितिकीय विज्ञान तर्क और तथ्य पर आधारित है, मगर कैसे रहना चाहिए जैसे नैतिक प्रश्नों का जवाब नहीं देता। ऐसे प्रश्नों के लिए एक पारिस्थितिकीय प्रज्ञा की आवश्यकता होती है। इस प्रज्ञा का विकास गहन अनुभूति, गहन प्रश्नाकुलता और प्रतिबद्धता के ज़रिये हो सकता है। नेस्स ने सापेक्षिक महत्ता के आधार पर जीवों की श्रेणी बनाने का विचार ख़ारिज करते हुए कहा कि आत्मा, तर्क और चेतना जैसी कसौटियाँ इनसान द्वारा गढ़ी गयी हैं ताकि वह दूसरों से ख़ुद को श्रेष्ठ क़रार दे सके। उन्होंने इकॉलॉजीकल सेल्फ़ (पारिस्थितिकीय इयत्ता) के विचार की स्थापना करते हुए इकोसॉफ़ी के मर्म में आत्मानुभूति (स्वयं को बृहद अर्थों और संदर्भों में जानना) को रखा। उन्होंने अपनी पारिस्थितिकीय दृष्टि के आधार पर स्पष्ट किया कि जीवन के समस्त रूपों को जीवन जीने का सार्वभौम अधिकार है, जिसे सीमित नहीं किया जा सकता है। किसी विशेष प्रजाति को इस जीवन-अधिकार का दूसरों अधिक हिस्सा नहीं मिला है।

गहन पारिस्थितिकी के सिद्धांतकारों ने अपना दर्शन व्याख्यायित करने के लिए मुख्यत: आठ बिंदु गिनाये हैं : पहला, पृथ्वी पर मानव और मानवेत्तर जीवन का कल्याण एवं प्रस्फुटन/उन्नयन स्वयं में एक मूल्य है। इस मूल्य को मानवीय उद्देश्यों हेतु मानवेतर दुनिया की उपयोगिता से स्वतंत्र समझना होगा। दूसरा, जीवन-रूपों की समृद्धि और विविधता इन मूल्यों की अनुभूति में योगदान करती है। यह समृद्धि तथा विविधता अपने आप में भी मूल्य है। तीसरा, मनुष्य को अपनी अनिवार्य आवश्यकताएँ पूरी करने के अलावा इस समृद्धि और विविधता को कम करने का कोई अधिकार नहीं है। चौथा, मानवीय जीवन और संस्कृति का पल्लवन इनसानी आबादी में काफ़ी गिरावट की माँग करता है। इसी तरह मानवेतर जीवन का पल्लवन भी इनसानी आबादी घटने पर निर्भर है। पाँचवाँ, मानवेतर जगत में मानवीय हस्तक्षेप की मात्रा इतनी अधिक है कि उसके हालत बिगड़ते जा रहे हैं। छटाँ, नीतियाँ बदलने की ज़रूरत है जिससे आधारभूत आर्थिक, तकनीकी और विचारधारात्मक संरचनाएँ प्रभावित हो सकें। इसके परिणामस्वरूप भविष्य की स्थिति आज की स्थिति से भिन्न होगी। सातवाँ, यह वैचारिक परिवर्तन लाना होगा कि जीवन की गुणवत्ता (अंतर्निहित मूल्यों की स्थिति के साथ) की प्रशंसा की जानी चाहिए, न कि जीने के महँगे और ऊँचे मानकों को बढ़ाने की। बड़े और महान के बीच अंतर के प्रति जागरूकता भी बढ़ानी होगी। आठवाँ, जो इन बिंदुओं से सहमत हैं, उनका दायित्व है कि वे आवश्यक परिवर्तन लागू करने हेतु प्रत्यक्ष-अप्रत्यक्ष प्रयास करें।

गहन पारिस्थितिकी का दर्शन विकेंद्रीकरण का समर्थन करता है, उद्योगीकरण के वर्तमान स्वरूप की निंदा करता है और सर्वसत्तावाद की समाप्ति पर बल देता है। फ़िलहाल इसे हरित आंदोलन (ग्रीन मूवमेंट) का ही एक भाग माना जाता है, इस दायरे में गहन पारिस्थितिकीय नज़रिया रखने वाले लोग अलग दिखाई पड़ते हैं। साथ ही आधुनिक पारिस्थितिकीय आंदोलन से यह इस मायने में भी अलग है कि वह उसकी बुनियादी अवधारणा मनुष्य केंद्रीयता की आलोचना करते हुए मनुष्यों को पर्यावरण का आधिकारिक परिजन बताने का दावा ख़ारिज करता है। मनुष्य केंद्रीयता की जगह उसका बल पारिस्थितिकीय केंद्रीयता पर है।

गहन पारिस्थितिकी के विचारक साफ़ करते हैं कि मनुष्य केंद्रीयता की आलोचना का अर्थ मनुष्य को कमतर साबित करना या उससे घृणा करना नहीं है। उनकी कोशिश तो मनुष्य की जगह प्रकृति को केंद्र में लाना है। गहन पारिस्थितिकी का विचार एक स्तर पर पर्यावरणीय नारीवाद से जुड़ता भी है और उससे आगे भी जाता है। इकोफ़ेमिनिज़म अगर मनुष्य-केंद्रीयता के साथ-साथ पुरुष-केंद्रीयता की आलोचना करता है, तो गहन पारिस्थितिकी इससे आगे जाकर कहता है कि पर्यावरण / पारिस्थितिकी की समस्या का हल तब तक नहीं हो सकता है जब तक प्रकृति को उपभोग-वस्तु मात्र माना जाता रहेगा। पारिस्थितिकी को केंद्र बना कर ही इस समस्या का हल किया जा सकता है। यह दर्शन पारिस्थितिकीय विज्ञान की सहायता ले कर दिखाता है कि अंतत: सभी चीज़ें आपस में अंत:संबंधित होती हैं। गहन पारिस्थितिकी के विचारकों में रिशेल कार्सन, एल्डो लियोपोल्ड, बैरी कॉमनर, पॉल सिअर्स, फ्रिटजोफ काप्रा प्रमुख हैं।

गहन पारिस्थितिकी आलोचना से परे नहीं है। सामाजिक पारिस्थितिकीय से संबंधित विचारकों, जिनमें मुरे बुकचिन का नाम प्रमुख है, ने इस दर्शन की यह कह कर आलोचना की है कि इसके पास ऐसा कोई सिद्धांत नहीं है जिसके मुताबिक़ पर्यावरणीय संकट को सर्वसत्तावाद, वर्चस्व आदि से जोड़ कर प्रस्तुत किया जा सके। साथ ही यह भी देखना ज़रूरी है कि पर्यावरणीय संकट का मूल मानव के आपसी व्यवहार में निहित है। यह भी हो सकता है कि पर्यावरणीय दृष्टि से टिकाऊ व्यवस्था, जिसकी बात गहन पारिस्थितिकी विचारक करते हैं, सामाजिक शोषण की संरचना क़ायम रखती हो। गहन पारिस्थितिकी के विचारकों ने इस आलोचना का जवाब दिया है कि पर्यावरणीय दृष्टि आपसी व्यवहार से नहीं, बल्कि प्रकृति के प्रति दृष्टिकोण से तय होती है। यह भी हो सकता है कि सामाजिक समानता प्राप्त करने वाली व्यवस्था भी पर्यावरण के प्रति शोषण का नज़रिया रखती हो।

कुछ विचारकों ने यह आलोचना भी की है कि मनुष्य-केंद्रीयता के मुक़ाबले नयी मूल्य व्यवस्था बनाना एक ख़्वाब के अलावा और कुछ नहीं है। गहन पारिस्थितिकी के

बारे में यह भी कहा जाता है कि वह असामाजिक है और जनसंख्या के कम से कम होने पर तो बल देता है, मगर प्राकृतिक आपदाओं और महामारी जैसी परिघटनाओं पर मौन है। गहन पारिस्थितिकी के विचारकों का इस संबंध में कहना है कि वे मनुष्यता एवं पारिस्थितिकी के बीच एक नवीन रिश्ते की बात पर बल देते हैं। गहन पारिस्थितिकी-विचारक इस बात पर भी बल देते हैं कि स्वैच्छिक सादगी पर बल दिया जाना चाहिए। इसका अर्थ है कि व्यक्ति अपने उपभोग, जीवन-स्तर और जीवन-शैली को ऐसा बनाये कि उसका कम से कम नकारात्मक प्रभाव पर्यावरण पर पड़े।

देखें : चिपको आंदोलन, जैवविविधता, पर्यावरणीय नारीवाद, पारिस्थितिकवाद, पेटेंट, भारत में पेटेंट क़ानून, मार्क्सवाद और पारिस्थितिकी।

संदर्भ

1. बिल डेविड और जॉर्ज सेशंस (1985), *डीप इकॉलॅजी : लिविंग एज़ इफ़ नेचर मैटर्स,* परग्राइन स्मिथ, साल्ट लेक सिटी.
2. एलन ड्रेंगसन और इनोयू युइची (सम्पा.) (1995), *द डीप इकॉलॅजी मूवमेंट : ऐन इंट्रोडक्टरी एंथोलॅजी,* नॉर्थ अटलांटिक पब्लिशर्स, बर्कले.
3. पॉल हॉकेन (1993), *द इकॉलॅजी ऑफ़ कॉमर्स : द डिक्लेरेशन ऑफ़ सस्टेनिबिलिटी,* हार्पर कोलिंस, न्यूयॉर्क.

— शम्भू जोशी

पारिस्थितिकवाद

(Ecologism)

पारिस्थितिकवाद प्राकृतिक संसाधनों के लगातार दोहन और पर्यावरण की बदहाली के कारण पैदा हुई स्थिति के विश्लेषण और उसे दुरुस्त करने के लिए राजनीतिक कार्रवाई पर ज़ोर देता है। पारिस्थितिकवादियों (या पर्यावरणवादियों) की कोशिशों के कारण कई देशों में ग्रीन पार्टियों का उभार हुआ है और पर्यावरण से जुड़े मुद्दे राजनीतिक वाद-विवाद के केंद्र में आये हैं। इस बहस में इकोसेंट्रिज्म (पारिस्थितिक-केंद्रवाद) और एंथ्रोपोसेंट्रिज्म (मानवकेंद्रवाद) का मुद्दा भी प्रमुख रहा है। विकासशील और विकसित देशों के पर्यावरणीय आंदोलनों का एजेंडा अलग-अलग है। मार्क्सवादियों, नारीवादियों आदि ने भी अपने-अपने नज़रिये से पारिस्थितिकी से जुड़े मसलों का गहनता से विश्लेषण किया है। इसके कारण इको-फ़ेमिनिज़म या पारिस्थितिक-नारीवाद और पारिस्थतिक-समाजवाद जैसे विचार सामने आये हैं।

अठारहवीं और उन्नीसवीं सदियों में हुई औद्योगिक और वैज्ञानिक क्रांतियों के कारण प्राकृतिक संसाधनों के दोहन, शहरी विकास और पर्यावरणीय क्षय में बहुत बढ़ोतरी हुई। साठ के दशक से पहले राजनीतिक एजेंडे में पर्यावरण के प्रश्न को तुलनात्मक रूप से महत्त्व नहीं दिया जाता था। लेकिन आज यह मसला राजनीति के सर्वाधिक चुनौतीपूर्ण, विवादित और अहम विषयों में से एक है। 1972 में *लिमिट्स ऑफ़ ग्रोथ रिपोर्ट* का प्रकाशन हुआ। डॉनेला मीडॉ, डेनिस मीडॉस, जॉर्गन रेंडर और विलियम वेहर्न्स द्वारा तैयार इस रपट में चेतावनी दी गयी थी कि अगर संसाधनों का दोहन मौजदा दर से ही होता रहा तो आने वाले सौ वर्षों में मानवीय अस्तित्व ख़तरे में पड़ जाएगा। ग्रोथ यानी सम्वृद्धि की सीमा संबधी थीसिस का पर्यावरणीय चिंतन की दिशा में बहुत महत्त्व है। इसी तरह संसाधनों के सीमित होने के सिद्धांत को भी पर्यावरणीय चिंतन में अहम जगह हासिल है। दूसरा, इस रपट ने मानव और प्रकृति के बीच परस्पर निर्भर संबंधों पर ज़ोर दिया। तीसरा, इस रपट से यह बात भी सामने आयी कि यह मसला अल्पावधि तकनीकी समाधानों से नहीं सुलझ सकता, क्योंकि ऐसे हल पर्यावरणीय संकट के लिए ज़िम्मेदार बुनियादी आर्थिक, सामाजिक और राजनीतिक कारणों को दूर नहीं करते।

इकोलॅजी (या पारिस्थितिकी) शब्द का प्रयोग सबसे पहले अर्नेस्ट हेक्किल ने किया था। यह अभिव्यक्ति जीवों और उनके अपने वातावरण के बीच आपसी रिश्तों के अध्ययन से संबंधित है। इकोलॅजी के साथ ही कई मर्तबा पर्यावरण शब्द का इस्तेमाल भी समानार्थक रूप से किया जाता है। पारिस्थितिकी की चिंताओं से संबंधित आंदोलनों को पर्यावरणीय आंदोलन की भी संज्ञा दी जाती है। लेकिन पर्यावरण शब्द का अपेक्षाकृत व्यापक है, क्योंकि इसका संबंध हमारे पूरे परिवेश से है।

एंड्रू डॉबसन ने तर्क दिया है कि पारिस्थितिकवाद को एक विशिष्ट राजनीतिक विचारधारा मानना चाहिए। एक विचारधारा के रूप में सामने आने के लिए पारिस्थितिकवाद में तीन बुनियादी विशेषताएँ होनी चाहिए : पहली, अवधारणाओं और मूल्यों का ऐसा समूह जो वर्तमान सामाजिक और राजनीतिक व्यवस्था की समीक्षा पेश करे; दूसरी, किसी समाज की वैकल्पिक रूपरेखा; और तीसरी, वैकल्पिक रूपरेखा के अनुसार समाज को ढालने के लिए रणनीति और सामाजिक कार्यक्रम। डॉब्सन के अनुसार, पारिस्थितिकवाद इन तीनों ही कसौटियों पर कामयाब है। पहला, इसकी बुनियाद में यह विचार निहित हैं कि मनुष्यों और प्रकृति के बीच संबंधों पर नये सिरे से विचार होना

चाहिए। यह इस बुनियादी तथ्य को भी स्वीकार करता है कि मनुष्यों द्वारा की जाने वाली सम्वृद्धि की प्राकृतिक सीमाएँ हैं। दूसरा, यह टिकाऊ समाज के रूप में वैकल्पिक समाज की रूपरेखा पेश करता है। तीसरा, यह इस समाज को हासिल करने के लिए कई रणनीतियों को रेखांकित करता है। नील कार्टर ने पारिस्थितिकी से जुड़े लेखन और जर्मन ग्रीन पार्टी के 1980 के दशक के चुनावी घोषणापत्रों के आधार पर पारिस्थितिकवाद के पाँच प्रमुख सिद्धांत बताये हैं: पारिस्थितिकीय उत्तरदायित्व, सामाजिक न्याय, ग्रासरूट डेमॉक्रैसी, विकेंद्रीकरण और अहिंसा।

दरअसल, सम्वृद्धि की सीमा थीसिस के बाद पर्यावरणीय दर्शन में मानव-केंद्रवाद और पारिस्थितिक-केंद्रवाद संबंधी विवाद को काफ़ी बढ़ावा मिला। मानवकेंद्रवाद में आधुनिकता से जुड़ी इस मान्यता को सबसे प्रमुख स्थान दिया जाता है कि मनुष्य इस ब्रह्मांड के केंद्र में हैं और ब्रह्मांड की सभी वस्तुएँ मनुष्यों की भलाई के लिए है। मनुष्यों को यह हक़ है कि वह अपने फ़ायदे के लिए इनका उपयोग करे। इसके विपरीत आर्ने नेस और पीटर सिंगर जैसे लेखकों ने पारिस्थितिक-केंद्रवाद के विचार को आगे बढ़ाया। पारिस्थितिक-केंद्रवाद मानव-केंद्रवाद की 'अंध मानव भक्ति' ख़ारिज करते हुए तर्क देता है कि ग़ैर-मानवीय सत्ताओं में भी तात्विक मूल्य होते हैं।

पारिस्थितिक-केंद्रवादियों को मुख्य रूप से दो श्रेणियों में बाँटा जा सकता है। पहला है समग्रवादी दृष्टिकोण। आर्ने नेस ने 'गहन पारिस्थितिकी' की अवधारणा से इस विचार को आगे बढ़ाया। इसके मुताबिक़ इस ब्रह्मांड में कुछ भी और कोई भी पूरी तरह से स्वतंत्र नहीं है। हर चीज़ या प्राणी में मूल्य है। इसलिए मनुष्यों को यह हक़ नहीं है कि वे अपने फ़ायदे के लिए मनमाने तरीक़े से दूसरे प्राणियों का उपयोग करें। दूसरा नैतिक विस्तारवाद का दृष्टिकोण है। यह दुख़ या पीड़ा महसूस करने जैसे आधार पर नैतिक समुदाय को विस्तार देता है। इसमें पशुओं के अधिकारों पर बहत ज़्यादा जोर है। पीटर सिंगर ने उपयोगितावादी सिद्धांतों के आधार पर इस बात पर दावा किया है कि समान महत्त्व का सिद्धांत उन सभी जीवों पर लागू करना चाहिए जो पीड़ा अनुभव करते हैं। बहरहाल, समग्रवादी दृष्टिकोण के समर्थकों ने नैतिक विस्तारवादियों की इस आधार पर आलोचना की है कि वे इकोलॅजी या पारिस्थितिकी पर समग्रता से विचार करने में नाकाम रहे हैं।

पारिस्थितिक-केंद्रवाद को काफ़ी आलोचना का सामना करना पड़ा है। इस आलोचना का आधार यह है कि यह मनुष्य की हस्ती को चूहों या मच्छरों के बराबर कर देता है। इस विचार का एक अर्थ यह भी है कि चूँकि सभी जीवों का समान नैतिक महत्त्व है इसलिए मनुष्यों का भी उतना ही महत्त्व है जितना कि चूहों, साँपों आदि जीवों का। नॉर्टन जैसे बहुत से विद्वान इस बात पर ज़ोर देते हैं कि पारिस्थितिक-केंद्रवाद और मानवकेंद्रवाद को दो अलग-अलग ख़ानों में बाँटना सही नहीं है, क्योंकि दोनों के लक्ष्यों में कोई दूरगामी टकराव नहीं है। पारिस्थितिक-केंद्रवादी सभी जीवों को अहमियत देकर इस दुनिया को मनुष्यों की आने वाली पीढ़ियों के लिए भी सुरक्षित रखना चाहते हैं। कोई भी पारिस्थितिक-केंद्रवादी इस बात से इंकार नहीं कर सकता कर सकता है कि मनुष्यों को फलने-फूलने का अधिकार है। इसी तरह, मानव-केंद्रवादी भी इस बात को स्वीकार करेंगे कि मनुष्यों का भविष्य पूरी तरह से सुरक्षित रखने के लिए यह ज़रूरी है कि सभी जीवों को महत्त्व देते हुए जैव-विविधता क़ायम रखी जाए।

लेकिन पारिस्थितिक सिद्धांत की कुछ स्पष्ट सीमाएँ भी हैं। यह बुनियादी रूप से पश्चिमी औद्योगिक समाज से संबंधित है। कई बार पारिस्थितिक सिद्धांत और विकासशील समाजों के पर्यावरणीय आंदोलनों की माँगों में बहुत ज़्यादा जुड़ाव नहीं दिखता। विकासशील समाजों में पारिस्थितिकी की चिंता लोगों की जीविका से जुड़ी हुई है। कई दफ़ा ऐसा होता है कि इन समाजों में वन्य जीव संरक्षणवादियों की राजनीति और माँगें समाज के सबसे उपेक्षित तबक़ों की ज़रूरतों के ख़िलाफ़ जाती हैं या उनके प्रति संवेदनहीन होती हैं।

देखें : चिपको आंदोलन, जैवविविधता, पर्यावरणीय नारीवाद, पारिस्थितिकवाद, पारिस्थितिकीय दर्शन, पेटेंट, भारत में पेटेंट क़ानून, मार्क्सवाद और पारिस्थितिकी।

संदर्भ

1. नील कार्टर (2001), *द पॉलिटिक्स ऑफ़ द इनवायरनमेंट : आइडियाज़, एक्टिविज़्म, पॉलिसी,* केम्ब्रिज युनिवर्सिटी प्रेस, केम्ब्रिज.
2. एंड्रयू डॉबसन (2001), *ग्रीन पॉलिटिकल थॉट,* तीसरा संस्करण, रॉटलेज, लंदन.
3. ब्रायन नॉर्टन (1999), *टुवड्‌र्स युनिटी अमंग ऐनवायरनमेंटलिस्ट्स* ऑक्सफ़ोर्ड, लंदन.
4. आर्ने नेस (1989), *इकोलॉजी, कम्युनिटी ऐंड लाइफ़स्टाइल, केम्ब्रिज युनिवर्सिटी प्रेस,* लंदन.
5. पीटर सिंगर (1971), *प्रैक्टिकल एथिक्स,* केम्ब्रिज युनिवर्सिटी प्रेस, लंदन.

— कमल नयन चौबे

पार्टी-गठजोड़ की राजनीति

(Politics of Coalition)

जिन देशों में दो-दलों की होड़ के बजाय बहुदलीय होड़ से राजनीतिक प्रणाली की रचना होती है, वहाँ गठजोड़-राजनीति का मुख्य चरित्र विभिन्न पार्टियों के गठबंधनों के ज़रिये अभिव्यक्त होता है। तरह-तरह के विचारधारात्मक और सामाजिक हितों की नुमाइंदगी करने वाली पार्टियाँ कभी बेहद अस्थायी तो कभी कुछ-कुछ स्थायी क़िस्म का गठबंधन बना कर किसी राजनीतिक मुहिम के लिए चलायी गयी संयुक्त कार्रवाई या चुनाव में उतरती हैं। चुनाव में किसी एक पार्टी को बहुमत न मिलने की सूरत में भी कई दल सरकार बनाने के लिए आपस में जुड़ जाते हैं। उनका अपना सांगठनिक अस्तित्व, घोषणापत्र और कार्यक्रम बरक़रार रहता है, लेकिन संयुक्त कार्रवाई या सत्ता में साझीदार रहने की अवधि में उनकी ज़्यादातर गतिविधियाँ उस गठजोड़ के आधारभूत न्यूनतम साझा कार्यक्रम के मातहत ही चलती हैं। राष्ट्रीय संकट या युद्ध जैसे अपवादों की घड़ी में बनायी जाने वाली राष्ट्रीय सरकार भी सभी सक्रिय पार्टियों की नुमाइंदगी से बनती है जिससे पैदा होने वाली राजनीतिक वैधता को व्यापक सहमति का आधार बनाया जाता है। लेकिन भारत, फ्रांस, जर्मनी, इज़रायल और इटली जैसे कई देशों में पार्टी-गठजोड़ की राजनीति व्यावहारिक रूप से सत्ता में साझेदारी की विधि के रूप में रोज़मर्रा की परिघटना बन चुकी है। इन देशों में बड़े दलों के साथ-साथ छोटे दल भी मतदाता मण्डल के उल्लेखनीय हिस्से को अपनी ओर खींचने में समर्थ रहते हैं।

आम तौर पर गठजोड़ सरकारें उन देशों में नहीं बनतीं जहाँ पहले राष्ट्रपति का सीधा चुनाव होता है और फिर चुना गया नेता मंत्रिपरिषद् (काबीना) की नियुक्ति करता है, जैसे संयुक्त राज्य अमेरिका। ऐसी प्रणालियों में मंत्रिपरिषद् को निचले सदन का विश्वास जीतने की आवश्यकता नहीं पड़ती। लेकिन फ्रांस जैसे अर्ध-राष्ट्रपति प्रणाली वाले देशों में गठजोड़ सरकारें बनती रहती हैं, क्योंकि वहाँ राष्ट्रपति की तरफ़ से प्रधानमंत्री की औपचारिक नियुक्ति होती है और सरकार को संसद का विश्वास जीतना पड़ता है। दूसरी तरफ़ यूनाइटेड किंगडम, संयुक्त राज्य और जापान जैसे देशों में गठजोड़ सरकारों का नज़ारा नहीं दिखाई देता, क्योंकि वहाँ छोटे दल ख़ास प्रभावी नहीं होते।

गठजोड़ सरकार और एक पार्टी की सरकार के बीच की बहस बहुत कुछ निर्वाचन के लिए अपनायी जाने वाली विधि से भी जुड़ी है। अगर किसी देश में आनुपातिक चुनाव प्रणाली होने के साथ-साथ सार्वजनिक जीवन में दलों की संख्या भी ज़्यादा है तो यह प्रणाली अधिक संख्या में पार्टियों को संसद में लाने की वाहक बन सकती है। 'फ़र्स्ट-पास्ट-द-पोस्ट' क़िस्म की चुनाव प्रणाली छोटी पार्टियों के उम्मीदवारों की जीत में बाधक मानी जाती है। लेकिन, भारत जैसा देश इस नियम का अपवाद है जहाँ इसी क़िस्म की प्रणाली होने के बावजूद राजनीतिक होड़ पूरी तरह से गठजोड़ों की प्रतियोगिता बन चुकी है।

अगर चुनाव में किसी एक पार्टी को स्पष्ट बहुमत न मिले तो दो ही विकल्प बचते हैं : निचले सदन में सबसे ज़्यादा सदस्यों वाली पार्टी के नेतृत्व में अल्पमतीय सरकार बनना जिसे बाहर से दिये गये समर्थन पर निर्भर रहना पड़ता है; या पार्टियों का गठबंधन बना कर बहुमत प्राप्त करने वाली सरकार। इस तरह की गठजोड़ सरकार के घटक दलों में आम तौर पर भीतरी रस्साकशी तो चलती रहती है, पर उसकी गर्दन पर अविश्वास प्रस्ताव की तलवार नहीं लटकती। तकनीकी रूप से दो बड़े राजनीतिक दलों का महा-गठजोड़ भी सम्भव है। इज़रायल और जर्मनी को इसके उदाहरण के रूप में देखा जा सकता है। पर व्यावहारिक रूप से ऐसा कम ही होता है। आम तौर पर एक बड़ी पार्टी के नेतृत्व में ही छोटी पार्टियों का गठबंधन बनता है।

मोटे तौर पर गठजोड़ सरकारें तीन क़िस्म की होती हैं : दो बड़ी पार्टियों के बीच गठजोड़ पर आधारित सरकारें (जैसे इज़रायल और जर्मनी में बनी सरकारें), बड़े-बड़े मोर्चों के बीच गठजोड़ पर आधारित सरकारें (जैसे नैशनल फ्रंट, यूनाइटेड फ्रंट और लेफ़्ट फ्रंट के गठजोड़ से बनी सरकार), एक बड़ी राष्ट्रीय पार्टी के नेतृत्व में छोटी पार्टियों के गठजोड़ की सरकार (जैसे भारतीय जनता पार्टी की अगुआई में बनी राष्ट्रीय जनतांत्रिक गठजोड़ और कांग्रेस के नेतृत्व में बनी संयुक्त प्रगतिशील गठबंधन की सरकारें)। राजनीतिक रुझान के लिहाज़ से देखा जाए तो गठजोड़ों की एक चौथी क़िस्म समान विचारधारा वाले दलों के गठबंधन रूप में सामने आती है। भारतीय राज्य पश्चिम बंगाल में वाम मोर्चे के रूप में मार्क्सवादी विचारधारा के दल तीस साल तक लगातार हुकूमत करने में कामयाब रहे हैं। लेकिन ज़रूरी नहीं कि मार्क्सवादी दल हमेशा विचारधारात्मक क़िस्म का गठजोड़ ही बनाते हों। केरल में यही दल स्थानीय परिस्थितियों के मुताबिक़ अपने नेतृत्व में ग़ैर-मार्क्सवादी (यहाँ तक कि मुसलिम लीग जैसी धर्म आधारित) पार्टियों को साथ लेकर सरकारें बनाते रहे हैं।

गठजोड़ सरकारों की ख़ूबियाँ : गठजोड़ राजनीति के पैरोकारों का दावा है कि ऐसी सरकारों की सबसे बड़ी ख़ूबी उनका अधिक प्रतिनिधित्वमूलक होना है। किसी एक पार्टी की सरकार के मुक़ाबले वे जनमत के ज़्यादा बड़े दायरे की नुमाइंदगी करती हैं और यह विशेषता उनकी निर्णय-प्रक्रिया में भी झलकती है। ये सरकारें अपने मिले-जुले चरित्र के

कारण क्षेत्रीय विषमता की समस्या निबटाने में अधिक सक्षम होती हैं जिससे किसी एक क्षेत्र का तेज़ विकास होने के बजाय अधिकांशत: सर्वसमावेशी विकास की संभावना पैदा होती है। इन पैरोकारों का यह भी दावा है कि एकल पार्टी सरकार के मुक़ाबले गठजोड़ सरकारों के तहत बेहतर शासन और नीति-निर्माण सम्भव है। सरकार के भीतर जनमत की विभिन्न अभिव्यक्तियाँ होने के कारण नीतियाँ बनाते समय अधिक व्यापक और गहन बहस हो सकती है। इसके उलट एक पार्टी की सरकार द्वारा एकतरफ़ा सोच के आधार पर बनायी गयी नीतियाँ बहुमत के दम पर थोपने के उदाहरण मिलते हैं। भारत में इंदिरा गाँधी की सरकार द्वारा 1975 में लगायी गयी आंतरिक इमरजेंसी इसका सबसे बड़ा उदाहरण है। गठजोड़ राजनीति की संस्कृति उसके प्रमुख नेताओं द्वारा अपनाये गये सहमति हासिल करते हुए चलने के रवैये के आधार पर बनती है। राज्यों को अधिक अधिकार मिलते हैं, केंद्र-राज्य संबंधों में सुधार होता है और संघात्मकता मज़बूत होती है। मिली-जुली सरकारें (अगर गठजोड़ विचारधारा आधारित नहीं है) विचारधारात्मक ध्रुवीकरण को रोकती हैं जिससे राजनीति में अतिवादी नज़रिये को प्राथमिकता मिलना कम हो जाता है।

गठजोड़ सरकार की ख़ामियाँ : पार्टी-गठजोड़ से बनने वाली सरकारों के आलोचक उन्हें अधिक लोकतांत्रिक मानने के लिए तैयार नहीं हैं। वे ध्यान दिलाते हैं कि ये सरकारें गठजोड़ के भीतरी शक्ति-संतुलन से पैदा होने वाली विकृतियों के प्रभाव से ग्रस्त रहने के लिए अभिशप्त हैं। इसके पीछे मुख्य कारण होता है छोटी पार्टियों द्वारा सत्ता में अपनी हैसियत से ज़्यादा हिस्सा प्राप्त करने की कोशिश में लगे रहना। इससे राजनीतिक ब्लैकमेल की स्थिति पैदा होती है जिसके सामने बड़ी पार्टी को सरकार चलाते रहने के स्वार्थ के कारण झुकना पड़ता है। इज़रायल में धार्मिक पार्टियाँ, जर्मनी और फ़्रांस में ग्रीन पार्टियाँ, भारत में द्रमुक और तृणमूल कांग्रेस जैसी पार्टियों का रवैया इसका प्रमाण है। घटक दलों की महत्त्वाकांक्षाओं को संतुष्ट करने के लिए इन सरकारों में मंत्रियों की संख्या भी अधिक होती है जिसके कारण सरकार पर होने वाला ग़ैर-बजटीय ख़र्च काफ़ी बढ़ जाता है।

इसके अलावा चुनाव के बाद होने वाले गठजोड़ों की रचना-प्रक्रिया को प्रतीकात्मक राज्याध्यक्ष (चाहे वह राजा हो या राष्ट्रपति) की मनमर्ज़ी का मोहताज होना पड़ता है। ऐसी सरकारें अपने मतदाताओं के संदर्भ में भी पारदर्शी नहीं होतीं। जिन मुद्दों और वायदों के आधार पर वे चुनाव में वोट पाती हैं, उन्हें नीतियों में बदलने लायक समर्थन न मिल पाने की सूरत में पर्दे के पीछे होने वाले समझौतों के आधार पर नीतियों का निर्माण होता है। ऐसी सरकारों को अपने ज़्यादातर निर्णय अल्पकालीन नज़रिये के आधार पर करने पड़ते हैं। उसे डर लगा रहता है कि कहीं वह अलोकप्रिय न हो जाए। इसी डर के कारण वह दूरगामी असर वाले क़दमों को उठाने से हिचकती है और फ़ौरी कार्रवाइयों का प्रशासन बन कर रह जाती है।

देखें : कांग्रेस 'प्रणाली', गठजोड़ राजनीति, राष्ट्रीय जनतांत्रिक गठजोड़, वाम मोर्चा, संयुक्त प्रगतिशील गठबंधन।

संदर्भ

1. विलियम गेमसन (1961), 'ए थियरी ऑफ़ कोआलिशन फॉर्मेशन', *अमेरिकन सोसियोलॅजीकल रिव्यू*, अंक 26, 1961.
2. विद्युत चक्रवर्ती (2005), *फोर्जिंग पावर : कोआलिशन पॉलिटिक्स इन इण्डिया*, ऑक्सफ़र्ड युनिवर्सिटी प्रेस, नयी दिल्ली.
3. एच. विलियम रिकर (1962), द *थियरी ऑफ़ पॉलिटिकल कोआलिशन*, येल युनिवर्सिटी प्रेस, न्यू हैवन.
4. आर.के. पाण्डेय (2010), 'कोआलिशन पॉलिटिक्स इन इण्डिया : प्रॉस्पेक्ट्स ऐंड प्रॉब्लम्स', *इंटरनैशनल रिसर्च जरनल*, खण्ड 1, अंक 12.

— अभय कुमार दुबे

पांडुरंग वामन काणे

(Pandurang Vaman Kane)

भारतविद्, आलोचक, भाष्यकार और संस्कृत के विद्वान पांडुरंग वामन काणे (1880-1972) प्राचीन भारतीय इतिहास का पुनर्विवेचन कुछ इस तरह करना चाहते थे कि उससे न केवल समाज-सुधार में, बल्कि उससे भी आगे बढ़ कर स्वराज्य प्राप्त करने में सहायता मिले। राजेंद्रलाल मित्र और रामकृष्ण गोपाल भण्डारकर जैसे स्वदेशी चिंतकों की परम्परा को काणे ने अपनी विशाल पाँच खण्डीय रचना *हिस्ट्री ऑफ़ धर्मशास्त्र* द्वारा आगे बढ़ाया। सामाजिक नियमों और आचारों का यह विश्वकोश काणे की बौद्धिक उपलब्धियों का महान कीर्तिस्तम्भ है। प्राचीन भारत में सामाजिक प्रक्रियाओं के अध्ययन के लिए उनकी यह रचना अत्यंत महत्त्वपूर्ण मानी जाती है। काणे संस्कृत के विद्वान, शोधार्थी और शिक्षाशास्त्री ही न हो कर एक सक्रिय सामाजिक कार्यकर्ता भी थे। सामाजिक-आर्थिक संस्थाओं से उनके जुड़ाव का एक उदाहरण वाही के धर्म निर्णय मण्डल प्रज्ञा पाठशाला में उनकी सक्रियता से मिलता है। उन्होंने विधवाओं के मुंडन, बाल विवाह और अस्पृश्यता जैसी सामाजिक कुरीतियों की निंदा की और उनका तार्किक सामाजिक प्रतिरोध किया। उन्होंने

पांडुरंग वामन काणे (1880–1972)

वैदिक और धर्मशास्त्रीय व्याख्या और तर्कों–प्रमाणों के साथ समाज–सुधार आंदोलन द्वारा उठाये गये अंतरजातीय विवाह, विधवा विवाह जैसे मुद्दों का समर्थन किया और विवाह–विच्छेद अर्थात् तलाक़ के पक्ष में भी अपने विचार दृढ़ता से रखे। प्राचीन भारतीय समाज में गो–मांस भक्षण का चलन था या नहीं; अथवा क्या प्राचीनकाल में लड़कियों को यज्ञोपवीत (जनेऊ) धारण करने का अधिकार था— जैसे प्रश्नों पर होने वाली बहसों के दौरान स्वतंत्र भारत में काणे से प्राप्त स्रोतों का दोनों पक्षों द्वारा इस्तेमाल हुआ। काणे का मानना था कि भारतीय संविधान द्वारा प्राचीन भारत में व्याप्त पारम्परिक विचारों और आचार–व्यवस्था के नियमों की अनदेखी करने के कारण नागर समाज में एक ग़लत अवधारणा ने जन्म लिया जिसके तहत लोग अपने अधिकारों के लिए तो सचेत दीखते हैं परंतु अपने उत्तरदायित्व और कर्त्तव्य के प्रति उदासीन रहते हैं।

पांडुरंग वामन काणे का जन्म 7 मई, 1880 को महाराष्ट्र के रत्नागिरी ज़िले में चिपलून के क़रीब पेढेम (परशुराम) नामक स्थान पर चितपावन ब्राह्मण परिवार में हुआ था। वे अपनी तीन बहनों और छह भाइयों में दूसरे स्थान पर थे। उनके पिता वामन शंकर तालुका वकील थे। वैदिक शिक्षा की परम्परा से लकदक परिवार में पैदा होने के कारण काणे ने बचपन से ही साहित्यिक और शास्त्रीय ज्ञान आत्मसात करना शुरू कर दिया। 1896 में सोलह साल की उम्र में काणे का विवाह सुभद्रा देवी से हुआ। 1897 में डपोली के मिशन हाई स्कूल से मैट्रिक करने के उपरांत उच्च शिक्षा के लिए उन्होंने मुम्बई के विल्सन कॉलेज में दाख़िला लिया। उन्हें इंटरमीडिएट के दौरान संस्कृत में अध्ययन के लिए छात्रवृत्ति मिली। 1901 में प्रथम श्रेणी से उन्होंने स्नातक की परीक्षा उतीर्ण की और उन्हें भाऊ दाजी पारितोषिक ने नवाज़ा गया। 1903 में काणे ने अंग्रेज़ी ऐच्छिक विषय रख कर संस्कृत से परास्नातक किया और इस दौरान उन्होंने झाला वेदांत पारितोषिक जीता। उन्होंने 1908 में एलएलबी और 1912 में एलएलएम की डिग्री प्राप्त की। काणे ने अपने पेशेवर जीवन की शुरुआत 1904 से रत्नागिरि में राजकीय हाई स्कूल में पढ़ाने से की। 1907 में वे मुम्बई स्थानांतरित हो गये। पुणे के डेक्कन कॉलेज में संस्कृत के प्रोफ़ेसर के सहायक के पद हेतु कमतर योग्यता प्राप्त व्यक्ति की उनकी जगह पर नियुक्ति से विचलित हो कर काणे ने 1911 में सरकारी नौकरी से इस्तीफ़ा दे दिया 1911 से उन्होंने मुम्बई हाई कोर्ट में वकालत शुरू की। 1917 में गवर्नमेंट कॉलेज में काणे लॉ के प्रोफ़ेसर नियुक्त हुए और 1923 तक इस पद पर बने रहे। बाद में वे मुम्बई हाई कोर्ट और सुप्रीम कोर्ट के वकील भी रहे। काणे जिन अकादमिक और साहित्यिक संस्थाओं से जुड़े उनमें प्रमुख हैं पुणे स्थित संस्कृत अध्ययन के केंद्र डेक्कन कॉलेज और भंडारकर ओरिएंटल रिसर्च इंस्टिट्यूट, मुम्बई ब्रांच ऑफ़ द रॉयल एशियाटिक सोसाइटी और मुम्बई युनिवर्सिटी।

काणे ने संस्कृत साहित्य के क्षेत्र में अपने कार्य का श्रीगणेश *द हिस्ट्री ऑफ़ अलंकार लिटरेचर* (1905) से किया। इस कृति के लिए उन्हें 1905 में वी.एन. मांडलिक गोल्ड मेडल दिया गया। यहीं से भारत–विद्या के क्षेत्र में काणे के शोध–जीवन की शुरुआत हुई। 1906 में *आर्यन मैनर्स ऐंड मॉरल्स ऐज़ डिपिक्टेड इन द एपिक्स* के लिए उन्हें पुन: मांडलिक गोल्ड मेडल प्राप्त हुआ। 1913 में मुम्बई युनिवर्सिटी ने उन्हें द विल्सन फ़िलोलॉजिकल लेक्चर्स के लिए आमंत्रित किया। 1915 से 1917 तक युनिवर्सिटी स्प्रिंगर शोधार्थी के तौर पर काणे ने महाराष्ट्र के प्राचीन भौगोलिक इतिहास हेतु *एंशिएंट जियोग्राफी ऑफ़ महाराष्ट्रा* विषय पर शोध कार्य किया।

काणे ने भवभूति के *उत्तररामचरित* पर संस्कृत में नया भाष्य लिखा जिसका बाद में गुरुनाथ भट्टाचार्य विद्यानिधि ने बांग्ला में अनुवाद किया। 1910 में विश्वनाथ कविराज के *साहित्य दर्पण*, 1917 में बाण भट्ट के *हर्षचरित*; 1921 में बाण भट्ट की *क़ादंबरी*, 1926 में नीलकंठ भट्ट के *व्यवहारमयूख* और 1933 में ग्यारह पांडुलिपियों पर आधारित *कात्यायनस्मृति–सरोद्धरा* पर इसी नाम से लिखी गयी टीकाओं ने उनकी विद्वत्ता को अपार ख्याति दिलाई। 1951 में रची गयी दो भागों की *द हिस्ट्री ऑफ़ संस्कृत पोएटिक्स* शीर्षक शोध

प्रबंधिका को विद्वत्संसार में हाथो-हाथ लिया गया। इसके प्रथम भाग में अलंकारशास्त्र और उससे सम्बद्ध तत्त्वों की चर्चा की गयी है तथा दूसरे भाग में अलंकारशास्त्र के तहत आने वाले विषयों को विस्तार दिया गया है। इस प्रबंध में काणे ने दिखाया कि कैसे काव्यात्मकता के सिद्धांतों और साहित्यिक आलोचना का उद्‌भव हुआ। साथ ही उन्होंने काव्यात्मकता के सिद्धांतों के विभिन्न पहलुओं और भारत में साहित्यिक सिद्धांतों के इतिहास का सविस्तार वर्णन किया।

हालाँकि पांडुरंग वामन काणे ने प्राच्य-विद्या के क्षेत्र में विपुल योगदान किया, पर धर्मशास्त्रों पर किया गया उनका कार्य भारत-विद्या में उनका अतुलनीय योगदान माना जाता है। 1930 से 1962 के बीच लिखी गयी और पाँच भागों में प्रकाशित द *हिस्ट्री ऑफ़ धर्मशास्त्र : एंशिएंट ऐंड मेडिवल रिलिजंस ऐंड सिविल लॉ इन इण्डिया* प्राचीन और मध्यकालीन भारत में धर्म और नागरिक क़ानून की जानकारी और तथ्यों के विश्लेषण से लैस एक बेहतरीन ग्रंथ है। विस्तृत, वस्तुनिष्ठ और आलोचनात्मक होते हुए भी धर्मशास्त्रों से सम्बद्ध सभी सम्भव विषयों को समेटे हुए यह कृति ऐतिहासिक परिप्रेक्ष्य और मानकों पर ख़रा उतरती है। यह ग्रंथ ईसापूर्व छठी शताब्दी से अठारहवीं सदी तक के बृहद् कालक्रम में रचित धर्मशास्त्रों और धर्मशास्त्र विवेचकों के विचारों का अप्रतिम संकलन है।

1930 में प्रकाशित इसके प्रथम भाग में मुख्यत: धर्म की अवधारणा और स्रोतों, धर्मशास्त्र की उत्पत्ति के कारणों तथा आवश्यकता, कौटिल्य के अर्थशास्त्र पर चर्चा और पुराणों और महाकाव्यों का गहनता से अध्ययन मिलता है। 1941 में आये दूसरे खण्ड में समाज का वर्णों में विभक्त होना दिखाया गया है। साथ ही आश्रमों, संस्कारों, अस्पृश्यता, दासप्रथा और वैदिक बलि पर प्रकाश डाला गया है। 1946 में प्रकाशित तीसरे खण्ड में राजधर्म विषय पर विस्तृत विवरण के साथ व्यवहार, सदाचार और वर्जित तत्त्वों का विवेचन शामिल है। 1953 में प्रकाशित चौथे खण्ड में कर्मकाण्डीय जीवन की विस्तृत व्याख्या की गयी है। इसमें पातक (पाप), प्रायश्चित, कर्माविपाका (अशुभ का परिपक्व होना), अंत्येष्टि, असौक (जन्म और मृत्यु के समय की अशुद्धि), शुद्धि, श्रद्धा और तीर्थयात्रा पर विशद चर्चा है। चौथे भाग के लिए काणे को 1956 में साहित्य अकादेमी पुरस्कार भी मिला। आर.एन. दांडेकर ने इसे हिंदुओं के धार्मिक इतिहास से जुड़े वास्तविक तथ्यों, प्राचीन और मध्यकालीन भौगोलिक इतिहास तथा संस्कृत और सम्बद्ध विषयों का सापेक्ष और खरा कालक्रम दर्शाने वाली ज्ञान-संचयिका क़रार दिया है। *हिस्ट्री ऑफ़ धर्मशास्त्र* का पाँचवाँ और अंतिम खण्ड 1962 में प्रकाशित हो कर आया, पर व्रत, उत्सव, कला-दर्शन का सिद्धांत, प्राचीन ज्योतिष शास्त्र पर विचारों से सुसज्जित इसका प्रथम भाग 1958 में ही छप गया था। दूसरा भाग 1962 में प्रकाशित हुआ जिसमें पुराण और धर्मशास्त्र, तंत्र और धर्मशास्त्र के साथ साथ पूर्व-मीमांसा दर्शन पर चर्चा की गयी है। ऐसे सर्वज्ञान विषयक विश्वकोश के मार्फ़त काणे एक समाज-सुधारक की भूमिका में अवतरित होते हैं। उन्होंने हिंदू लॉ के संहिताकरण की वकालत की। इस ग्रंथ के माध्यम से उन्होंने हिंदू समाज के तार्किक और ज़रूरी पुनर्निर्माण के लिए जो दिशा-निर्देश प्रदान किये वे युगीन आवश्यकतानुसार स्वस्थ और समृद्ध सांस्कृतिक चेतना और विकास के लिए लोकतंत्र और राष्ट्रवाद जैसी नवीन अवधारणाओं का भी समावेश करने की अपील करते हैं। नवीन राष्ट्र के रूप में भारत के सामने प्रमुख समस्या यह थी कि धर्म और पारम्परिक संस्कारों का नवीन राज-व्यवस्था से किसी तरह के टकराव और अंतर्विरोध कैसे टाला जाए। इसी मक़सद से तत्कालीन भारत को नये सिद्धांतों और मूल्यों की आवश्यकता भी थी।

धर्मशास्त्र की गहरी पकड़ और अपनी विधिक पृष्ठभूमि ने पांडुरंग वामन काणे को हिंदू लॉ से जुड़े कई ग्रंथों की रचना के लिए प्रेरित किया। *धर्मशास्त्र-विचार* (1935), *वैदिक बेसिस ऑफ़ हिन्दू लॉ* (1936), और *हिंदू कस्टम्स ऐंड माडर्न लॉ* (1950) उनकी उल्लेखनीय कृतियाँ हैं। मराठी में *धर्मशास्त्र-विचार, पूर्वमीमांसापद्धतिचा इतिहास, संस्कृत साहित्य शास्त्राचा इतिहास* और हिंदी में *संस्कृत काव्य शास्त्र का इतिहास* उनकी महती अनूदित कृतियाँ हैं। भाऊ दाजी लाड विशेषांक, डी.डी. कोसम्बी स्मृति ग्रंथ, डॉ. एच.डी. वेलंकर मेमोरियल ग्रंथ और 1944 से *जर्नल ऑफ़ द मुम्बई ब्रांच ऑफ़ द रॉयल एशियाटिक सोसाइटी* के सफल और निरंतर सम्पादन द्वारा काणे ने स्वयं को समर्थ सम्पादक के रूप में स्थापित किया।

प्राचीन भारतीय साहित्य के क्षेत्र में गहरी रुचि, अप्रतिम पांडित्य और प्राच्य-विद्या में किये गये अथक अनुसंधान एवं पर्यवेक्षण तथा संस्कृत में सिमटे विस्तृत ज्ञान के पिटारे को अन्य भाषाओं में प्रस्तुत कर काणे ने उसे जनसुलभ कराया। 1942 में उन्हें महामहोपाध्यायाय विरुद से विभूषित किया गया। 1942 में इलाहाबाद विश्वविद्यालय, 1960 में पुणे विश्वविद्यालय और मुम्बई विश्वविद्यालय ने उन्हें ऑनरेरी डाक्टरेट से सम्मानित किया। 1946 में वे नागपुर में हुए आल इण्डिया ओरिएंटल कांफ्रेंस के अध्यक्ष निर्वाचित हुए। 1947 से 1949 के दौरान वे मुम्बई युनिवर्सिटी के कुलपति रहे। 1953 में काणे इण्डिन हिस्ट्री कांग्रेस के अध्यक्ष चुने गये। काणे 1948, 1951 और 1954 में इंटरनैशनल कांग्रेस ऑफ़ ओरिएंटलिस्ट्स में भारत सरकार के प्रतिनिधि के तौर पर शामिल हुए। 1951 में उन्हें लंदन स्कूल ऑफ़ ओरिएंटल ऐंड अफ़्रीकन स्टडीज द्वारा फ़ेलोशिप प्रदान की

गयी। अकादमिक जीवन में उनके योगदान के लिए भारत सरकार द्वारा उन्हें राज्य सभा सदस्य के रूप में मनोनीत किया। संस्कृत ज्ञान के क्षेत्र में उनके योगदान के लिए 1958 में सर्टिफिकेट ऑफ़ मैरिट से सम्मानित किया गया। भारत सरकार ने उन्हें 1959 में मुम्बई युनिवर्सिटी के एलफ़िंस्टन कॉलेज में नैशनल प्रोफ़ेसर ऑफ़ इण्डोलॉजी नियुक्त किया। और, इन सब से बढ़ कर संस्कृत के विद्वान, शोधार्थी, शिक्षाशास्त्री और समाजसुधारक पांडुरंग वामन काणे को 1963 में भारत सरकार ने देश के सर्वोच्च नागरिक सम्मान भारत रत्न से अलंकृत किया।

1974 में प्राच्य विषयों में शोध को बढ़ावा देने के लिए एशियाटिक सोसाइटी ऑफ़ मुम्बई ने महामहोपाध्याय डॉ. पी.वी. काणे इंस्टिट्यूट फ़ॉर पोस्ट ग्रेजुएट स्टडीज़ ऐंड रिसर्च की स्थापना की। काणे गोल्ड मेडल पुरस्कार की शुरुआत हुई जिसे प्राच्य-विद्या, विशेषकर वेद, धर्मशास्त्र और अलंकारशास्त्र के क्षेत्र में विशिष्ट शोध के लिए एशियाटिक सोसाइटी ऑफ़ मुम्बई की तरफ़ से प्रदान किया जाता है। समाज सुधार के क्षेत्र में व्यापक बुद्धिवादी तर्कणा पद्धति के महारथी इस महान प्राच्यविद्, शोधार्थी और शिक्षाशास्त्री का निधन 18 अप्रैल, 1972 को हुआ।

देखें : भारतीय इतिहास-लेखन-1 से 4 तक, दामोदर धर्मानंद कोसम्बी, रामशरण शर्मा, रोमिला थापर, पांडुरंग वामन काणे, रामकृष्ण भंडारकर, काशी प्रसाद जायसवाल, रणजीत गुहा, काशीनाथ विश्वनाथ रजवाड़े।

संदर्भ

1. राम शरण शर्मा (2005), *इण्डियाज़ एंशिएंट पास्ट,* ऑक्सफ़र्ड युनिवर्सिटी प्रेस, नयी दिल्ली.
2. एस.एन. गजेंद्रगडकर (सम्पा.)(1974), *पी.वी. काणे कॉमेमोरेशन मोनोग्राफ,* युनिवर्सिटी ऑफ़ मुम्बई प्रेस, मुम्बई,
3. एस,वी, वेलंकर (1960), *जीवन संग्रह: अ लिरिकल होमेज टू डॉ. पी.वी. काणे,* ब्राह्मण सभा, मुम्बई.
4. एस. पी. सेन (सम्पा.) (1973), *डिक्शनरी ऑफ़ नैशनल बायोग्राफी,* इंस्टिट्यूट ऑफ़ हिस्टोरिकल स्टडीज़, कोलकाता, खण्ड 3.
5. रामशरण शर्मा (1983), *मैटेरियल कल्चर ऐंड सोशल फार्मेशन इन एंशिएंट इण्डिया,* मैकिमलन, नयी दिल्ली.
6. ए. दत्त (सम्पा.)(1989), *इनसाइक्लोपीडिया ऑफ़ इण्डियन लिटरेचर, साहित्य अकादेमी,* खण्ड 3, नयी दिल्ली.

—निर्मल कुमार पाण्डेय

पिएर बोर्दियो

(Pierre Bourdieu)

सामाजिक जीवन में सत्ता संबंधों की रूपरेखा पर रोशनी डालने वाले फ्रांसीसी चिंतक पिएर बोर्दियो (1930-2002) को संस्कृति और शिक्षा के समाजशास्त्रीय पहलुओं के अध्ययन में नयी ज़मीन तोड़ने का श्रेय जाता है। सांस्कृतिक मानवविज्ञान और समाजशास्त्र के औज़ारों का इस्तेमाल करते हुए बोर्दियो ने इन अनुशासनों को वस्तुनिष्ठता और आत्मनिष्ठता की अतियों से बचाने पर ज़ोर दिया। वस्तुनिष्ठता पर बले देने वाले विद्वानों का आग्रह था कि समाज को एक ऐसी विशुद्ध बाह्य शक्ति की तरह समझा जाना चाहिए जो मानवीय कर्त्ता की गतिविधियों को निर्धारित करती है। दूसरी तरफ आत्मनिष्ठता की वकालत करने वालों का विचार था कि मानवीय कर्त्ता के पास ही सार्थक सामाजिक पहलक़दमी के ज़रिये नयी संरचनाएँ रचने की क्षमता होती है। इन दोनों रवैयों से ख़ुद को अलग करते हुए बोर्दियो ने सर्वेक्षण आधारित अनुसंधान और मानकीय सैद्धांतिक चिंतन का साथ-साथ प्रयोग किया। उन्होंने 'हैबिटस' और 'फ़ील्ड' की अवधारणाओं का विकास किया।

बोर्दियो के लिए हैबिटस का मतलब था आजीवन ज्ञानार्जन और समाजीकरण की प्रक्रिया के ज़रिये बनी व्यक्ति की मनोवृत्तियाँ; और फ़ील्ड का मतलब था सामाजिक परिस्थिति का वस्तुनिष्ठ यथार्थ। हैबिटस के माध्यम से उन्होंने मानवीय कर्त्ता की गहराइयों में झाँक कर देखा कि उसे अपनी इन्हीं मनोवृत्तियों के कारण किसी निर्धारित सामाजिक व्यवहार की श्रेणी में नहीं घटाया जा सकता। यही मनोवृत्तियाँ उसे वह लचीलापन प्रदान करती हैं जिनके सहारे वह किसी परिस्थिति में अपनी गतिविधियाँ करता है। फ़ील्ड की अवधारणा के माध्यम से बोर्दियो ने दिखाया कि सामाजिक परिस्थिति राजनीतिक, सांस्कृतिक, आर्थिक और सांस्कृतिक संरचनाओं के आपसी संबंधों से मिल कर बनी होती है। ये संबंध उन अवस्थितियों में मौजूद रहते हैं जो कर्त्ता अपने लिए बनाता है। फ़ील्ड में काम करते हुए कर्त्ता इन संबंधों को क़ायम भी रखता है और बदलता भी है। बोर्दियो ने इसके लिए महान आधुनिकतावादी चित्रकार माने का उदाहरण दिया कि किस तरह एक कर्त्ता के रूप में उसने अपने फ़ील्ड के लिए लाक्षणिक समझे जाने वाले संसाधनों का इस्तेमाल भी किया और उनसे संघर्ष भी। इस प्रक्रिया में माने को चित्रकला जगत के स्थापित अकादमीय मानकों को बदलने में कामयाबी मिली।

बोर्दियो के समाजशास्त्र की एक महत्त्वपूर्ण उपलब्धि संस्कृति को एक भौतिक शक्ति के रूप में व्याख्यायित करके

पिएर बोर्दियो (1930-2002)

सांस्कृतिक पूँजी की अवधारणा का विकास है। साठ के दशक के आख़िरी वर्षों में नव-मार्क्सवादी सोच के दायरे में काम करते हुए बोर्दियो ने वर्ग-रचना की प्रक्रिया में सामाजिक पूँजी के साथ-साथ सांस्कृतिक ज्ञान और अभिरुचियों की भूमिका की भी जाँच-पड़ताल की। अपने साथी विद्वान ज्याँ-क्लॉद पासरसन के साथ उन्होंने निष्कर्ष निकाला कि विभिन्न पीढ़ियों के बीच सत्ता और विशेष सुविधाओं का हस्तांतरण सांस्कृतिक पूँजी के रूप में होता है। बोर्दियो ने यह अवधारणा पूँजीपति वर्ग पर ही लागू नहीं की, बल्कि मध्य और उच्च वर्ग के बीच सत्ता और हैसियत के वितरण को भी इसी के ज़रिये समझने की कोशिश की। सांस्कृतिक पूँजी के प्रभाव को रेखांकित करने के लिए उन्होंने समाजशास्त्र की क्लासिक तकनीक का इस्तेमाल करते हुए बड़े पैमाने के सामाजिक सर्वेक्षण किये। हालाँकि उन दिनों फ़्रांसीसी गणराज्य में मैरिट संबंधी मूल्य प्रचलित थे, पर बोर्दियो ने तर्क दिया कि जिन लोगों के पास पहले से ही सुविधासम्पन्न पारिवारिक पृष्ठभूमि होती है वे कथित रूप से योग्यता आधारित शिक्षा प्रणाली का लाभ उठाने के मामले में फ़ायदे में रहते हैं। शिक्षा और घरेलू पृष्ठभूमि का मिला-जुला प्रभाव उनके लिए कुछ ऐसी अभिरुचियों और प्राथमिकताओं के विकास में सहायक होता है जिनके आधार पर 'मँझोले स्तर' की या 'मज़दूर-वर्गीय' के बरक्स एक तरह की 'वैध संस्कृति' परिभाषित होती है। यह सांस्कृतिक पूँजी एक पीढ़ी से दूसरी पीढ़ी को हस्तांतरित की जा सकती है। इसके आधार पर आर्थिक लाभ भी प्राप्त होता है। हालाँकि इन उच्चस्तरीय सांस्कृतिक अभिरुचियों की रचना सामाजिक रूप से होती है, पर वर्ग-व्यवस्था के प्रभाव में इन्हें कुछ विशेष वर्गों के लिए नैसर्गिक गुणों की तरह देखा जाता है।

बोर्दियो के इस प्रतिपादन से पहले समाजशास्त्री एमाइल दुर्खाइम अपने अवलोकनों के ज़रिये सामाजिक पूँजी की अवधारणा के सूत्रीकरण के लिए रास्ता साफ़ कर चुके थे। उन्होंने मैकेनिकल और ऑर्गनिक सामाजिक एकजुटता की व्याख्या की थी। इसी विचार को बोर्दियो भिन्न दिशा में ले गये और इसके आधार पर समाज में सामाजिक-आर्थिक ग़ैर-बराबरी के पुनरुत्पादन की व्याख्या की। बोर्दियो ने अपने साथी लोइक वाकाँ के साथ प्रकाशित रचना में लिखा कि सामाजिक पूँजी ऐसे वास्तविक और निराकार संसाधनों का योगफल है जो किसी व्यक्ति या समूह को किसी सामाजिक नेटवर्क की सदस्यता की बदौलत हासिल होते हैं। ये नेटवर्क आपसी जान-पहचान के कमोबेश संस्थागत रूप ले चुके संबंधों के ज़रिये टिके रहते हैं। व्यक्ति अपनी सामाजिक पूँजी के आधार पर हासिल की गयी उस सामाजिक-आर्थिक हैसियत को अगली पीढ़ी के हवाले कर पाता है जो उसने प्रभावशाली परिजनों, महँगे स्कूलों में पढ़ने वाले अपने सहपाठियों और किसी ख़ास क्लब के साथी सदस्यों की सोहबत के बदौलत हासिल की होती है। इस सामाजिक पूँजी को लगातार प्रासंगिक और प्रभावी रखने के लिए व्यक्ति आपसी मेल-जोल में अपने समय का योजनाबद्ध निवेश करता है।

सामाजिक पूँजी से सांस्कृतिक पूँजी की अवधारणा निकाल लेना संस्कृति संबंधी चिंतन के संदर्भ में एक रैडिकल उपलब्धि थी। क़रीब सौ साल पहले अंग्रेज़ शिक्षाशास्त्री और लेखक मैथ्यू अरनॉल्ड अपनी रचना *कल्चर ऐंड एनार्की* (1869) में तर्क दे चुके थे कि तेज़गति से हो रहे उद्योगीकरण, शहरीकरण और जन-साधारण द्वारा नागरिक अधिकारों की माँग से पैदा हुई बेचैनियों का निवारण सौंदर्यमूलक संस्कृति के उच्चतम रूपों के प्रचार-प्रसार से ही किया जा सकता है। अरनॉल्ड ने सुशिक्षित अभिजनों पर ज़िम्मेदारी डाली थी कि वे सामाजिक उथल-पुथल को शांत करने के लिए लोगों को सभ्य बनाने की मुहिम पर निकल जाएँ और इसके लिए सांस्कृतिक अभिरुचियों के विकास को औज़ार की तरह इस्तेमाल किया जाए। इस स्थापित विचार के मुक़ाबले बोर्दियो का सूत्रीकरण बताता था कि सौंदर्यमूलक उपलब्धियाँ अपने-आप में स्वयं-सिद्ध न हो कर वर्ग-संघर्ष का प्रत्यक्ष फलितार्थ होती हैं। लेकिन वर्ग-व्यवस्था इस हक़ीक़त को छिपा कर उन्हें एक तटस्थ क़िस्म की नैसर्गिक ख़ूबी और योग्यता का जामा पहना देती है।

बोर्दियो ने दिखाया कि बाख़ के संगीत और उत्तर-अनुभववादी कला का आनंद लेने की क्षमता या स्कीइंग का मज़ा लेने की ख़ूबी अपने-आप में किसी नैसर्गिक श्रेष्ठता का द्योतक नहीं है, बल्कि ये तमाम बातों को संकेतक की तरह इस्तेमाल करने के ज़रिये एक ख़ास तरह का सामाजिक समूह अपनी आंतरिक एकजुटता और दूसरे समूहों पर अपना रुतबा क़ायम रखता है। यह प्रक्रिया न केवल वर्गों के बीच चलती है, बल्कि वर्गों के भीतर भी चलती है। महँगे अभिजन स्कूलों में पढ़े उच्चवर्गीय लोग हमेशा बाख़ का क्लासिकल संगीत सुनना-सुनाना पसंद करेंगे, जबकि अच्छी शिक्षा से वंचित रहने वाले मज़दूर वर्ग की संगीत संबंधी अभिरुचियाँ अपेक्षाकृत भदेस क़िस्म की होंगी।

बोर्दियो ने अपना फ़ील्ड-वर्क साठ के दशक में किया था। वे यह मान कर चले थे कि उच्च-भ्रू पूँजीवादी संस्कृति की श्रेष्ठता का विचार काफ़ी टिकाऊ साबित होगा। लेकिन उनकी यह पूर्वधारणा सही नहीं निकली। बीसवीं सदी में ही बाद के वर्षों के दौरान बेहद बहुलतावादी लोकप्रिय संस्कृति के परिदृश्य का विकास हुआ। एक अपेक्षाकृत खुले बाज़ार में संस्कृति का उद्योग उभरा जिसके तहत भिन्न क़िस्म की सांस्कृतिक अभिरुचियाँ सभी के लिए उपलब्ध होने लगीं। दरअसल इस नये नज़ारे ने अभिरुचियों का सवाल अस्पष्ट कर दिया। हर वर्ग से आने वाले युवजन तरह-तरह की सांस्कृतिक अस्मिताओं के साथ प्रयोगरत हो गये। इससे उच्च-भ्रू और निम्न संस्कृति के रूपों के बीच वर्गीय फासले की धारणा पहले की तरह वैध नहीं रह गयी। बोर्दियो के सूत्रीकरण की दूसरी समस्या यह थी कि उन्होंने मज़दूर वर्ग को सांस्कृतिक रूप से निष्क्रिय भी मान लिया था। कुछ समकालीन समाजशास्त्रियों ने यह भी कहा है कि वर्ग को समाज व्यवस्था का आधार मानने का मार्क्सवादी विचार अब पुराना पड़ चुका है। चूँकि बोर्दियो की अवधारणा इसी पर टिकी है, इसलिए उनकी प्रस्थापनाओं की दोबारा जाँच की जानी चाहिए।

इन तमाम आलोचनाओं के बावजूद बोर्दियो द्वारा प्रतिपादित सांस्कृतिक पूँजी का सिद्धांत आज भी समाज-विज्ञान के हलकों में प्रभावी बना हुआ है। हालाँकि बोर्दियो ने अपने विश्लेषण में जेंडर के प्रश्न को नज़रअंदाज़ कर दिया था, पर नारीवादी विद्वानों ने उनकी अंतर्दृष्टियों का लाभ उठाते हुए उस सांस्कृतिक पूँजी को रेखांकित करने का प्रयास किया है जिसके कारण पितृसत्ता को अपना पुनरुत्पादन करने में आसानी होती है। सत्तर और अस्सी के दशकों में शिक्षा के समाजशास्त्र पर बोर्दियो के विचारों का काफ़ी असर रहा। कई समाजशास्त्री आज भी मानते हैं कि संस्कृति को एक भौतिक शक्ति के रूप में व्याख्यायित करने की अहमियत अभी ख़त्म नहीं हुई है।

देखें : अल्फ्रेड लुइस क्रोबर, ऑग्युस्त कॉम्त, क्लॉद लेवी-स्त्रॉस, क्लिफ़र्ड गीट्‌र्ज़, जॉर्ज ज़िमेल, टैलकॉट पार्संस, डेविड एमील दुर्ख़ाइम, फ्रेंज़ उरी बोआस, मारग्रेट मीड, मारसेल मौज़, मार्गरेट मीड, मिल्टन सिंगर, मैक्स वेबर, रुथ बेनेडिक्ट।

संदर्भ

1. पिएर बोर्दियो (1986), *डिस्टिंक्शन : अ सोशल क्रिटीक ऑफ़ द जजमेंट ऑफ़ टेस्ट,* रॉटलेज, लंदन.
2. पिएर बोर्दियो और ज्याँ-क्लॉद पासरसन (1973), *रिप्रोडक्शन इन एजुकेशन, सोसाइटी ऐंड कल्चर,* सेज, लंदन.
3. जेरेमी एफ. लेन (2000) *पिएर बोर्दियो : अ क्रिटीकल इंट्रोडक्शन,* प्लूटो प्रेस, लंदन.
4. डेरेक रोबिंस (2000), *बोर्दियो ऐंड कल्चर,* सेज, लंदन, 2000
5. पिएर बोर्दियो और लोइक वाकाँ, (1992) ऐन *इनविटेशन टु रिफ़्लेक्सिव सोसियोलॉजी,* युनिवर्सिटी ऑफ़ शिकागो प्रेस, शिकागो.

— अभय कुमार दुबे

पितृसत्ता

(Patriarchy)

पितृसत्ता का शाब्दिक अर्थ है 'पिता का शासन' और उस पर पुत्र या किसी अन्य पुरुष का उत्तराधिकार। यहाँ पिता का अर्थ जैविक पिता से तो है ही (जैसे कि परिवार की इकाई) और किसी सामाजिक इकाई (जैसे कोई समुदाय या क़बीला) के पुरुष-मुखिया से भी है। समाजशास्त्र इस अभिव्यक्ति का प्रयोग लैंगिक-संबंधों की एक प्रणाली के लिए करता है जिस पर जेंडर-विषमता हावी रहती है। ये विषम लैंगिक संबंध सभी तरह की सामाजिक संस्थाओं और संरचनाओं में अंतर्निहित होते हैं। राजनीतिशास्त्र में सत्रहवीं सदी के दौरान पैट्रियारकलिज़्म की चर्चा मिलती है जिसके ज़रिये राजाओं की परमसत्ता और उनके दैवी अधिकार का बचाव किया गया था। राज्य के उदारतावादी सिद्धांत को इसी पैट्रियारकलिज़्म से संघर्ष करना पड़ा था। लेकिन समाज-विज्ञान की इन प्रवृत्तियों से अलग बीसवीं सदी के शुरुआती दशकों से लेकर अब तक नारीवादी विदुषियों ने इस अवधारणा पर चिंतन करके उसके अर्थों पर नाटकीय प्रभाव डाला है। नारीवाद के प्रभाव में पितृसत्ता सभी पहलुओं को अपने आग़ोश में समेट लेने वाली एक ऐसी सामाजिक प्रणाली का पर्याय बन गयी है जिसके तहत सभ्यता की शुरुआत से ही स्त्रियों पर विभिन्न ढंग से पुरुष-प्रभुत्व थोपा जाता रहा है। स्त्री-अध्ययन और

जेंडर-अध्ययन के लिए पितृसत्ता एक बुनियादी विचार है। नारीवाद ने इसके इर्द-गिर्द कई सवाल उठाये हैं। मसलन, क्या पितृसत्ता एक प्रणाली है जिसे लागू किया जाता है या एक संरचना है जिसे कोई व्यक्ति चाहे-अनचाहे अपना सकता है? क्या इसे विशेष सुविधाओं और सत्ता पाने की सचेत कोशिशों के परिणाम के रूप में देखा जाना चाहिए? क्या पितृसत्ता पुरुष के अस्तित्व में नैसर्गिक रूप से निहित है या यह एक मूल्य-प्रणाली जिसे कुछ स्त्रियाँ भी अपना सकती हैं और कुछ पुरुषों द्वारा इसे ठुकराया भी जा सकता है?

पितृसत्ता पर हुए विमर्श से कई तरह के सिद्धांत निकले हैं जिनमें तीन सर्वाधिक उल्लेखनीय हैं : रैडिकल फ़ेमिनिस्ट, मार्क्सिस्ट फ़ेमिनिस्ट और द्वि-प्रणाली सिद्धांत। पितृसत्ता के भारतीय संस्करण का भी सूत्रीकरण किया गया है जिसमें जातिगत संरचनाओं के प्रभाव को केंद्रस्थ किया गया है। रैडिकल नारीवादियों के लिए पितृसत्ता वह मुख्य विभाजक रेखा है जिसके इधर-उधर समाज बँटा हुआ है। इस थियरी के अनुसार पुरुष-प्रभुत्व परिवार की संस्था के ज़रिये स्थापित किया जाता है। कुछ रैडिकल नारीवादी स्त्री-पुरुष की इस विषमता की जड़ दोनों की अलग-अलग जैविक संरचना और प्रजनन-क्षमता से दोनों के अलग-अलग रिश्ते में तलाशते हैं। कुछ ने स्त्री की सेक्शुअलिटी पर पुरुष के नियंत्रण को प्रमुख कारण क़रार दिया है। मार्क्सवादी नारीवादियों का विचार है कि पितृसत्ता पूँजीवादी आर्थिक प्रणाली का नतीजा है। उनके लिए स्त्री की अधीनता पूँजी द्वारा श्रम की अधीनता का ही उप-उत्पाद है। अर्थात् वर्ग-विषमता ही जेंडर-विषमता का निर्धारण करती है। मार्क्सवादी और समाजवादी नारीवाद अपने सिद्धांतों के लिए बहुत-कुछ फ्रेड्रिख़ एंगेल्स की रचना *परिवार, निजी सम्पत्ति और राजसत्ता का उदय* पर निर्भर है। अपनी इस विख्यात पुस्तक में एंगेल्स ने अमेरिकी मानवशास्त्री लेविस हेनरी मॉर्गन की रचना *एंशिएंट सोसाइटी* की मदद से दिखाया है कि किस तरह पुरुष ने निजी सम्पत्ति और उत्पादन के अधिशेष पर नियंत्रण करके राज्य और पितृसत्तात्मक व्यवस्था क़ायम की। एंगेल्स के अनुसार आदिम समाज में स्त्रियों की ज़िम्मेदारी जीवन का उत्पादन करने की थी, और पुरुष का काम जीवनोपयोगी वस्तुओं का उत्पादन करना था। द्वि-प्रणाली सिद्धांत मार्क्सवादी और रैडिकल नारीवाद का संश्लेषण है। इस नज़रिये का उभार वर्ग को सर्वोच्च महत्त्व देने वाले मार्क्सवादी दृष्टिकोण की आलोचना से हुआ है। यह नज़रिये रैडिकल फ़ेमिनिस्टों को भी जैविक भिन्नता को अत्यधिक महत्त्व देने के लिए आड़े हाथों लेता है। यह सिद्धांत स्त्री की अधीनस्थता के लिए पितृसत्ता और पूँजीवाद को बराबर का ज़िम्मेदार मानता है।

नारीवादी विमर्श की दुनिया पितृसत्ता के सवाल पर होने वाली बहसों और आलोचना-प्रत्यालोचनाओं से भरी हुई है। पितृसत्ता की ऐसी व्याख्याएँ भी हैं जिनमें लैंगिक-संबंधों की रचना में इतिहास और संस्कृति के विकास के साथ आने वाले परिवर्तनों की अनदेखी की गयी है। इन व्याख्याओं के लिहाज़ से पितृसत्ता सभी जगह सभी कालावधियों में एक ही है। कुछ अन्य व्याख्याओं में पितृसत्ता को किसी एक कारक (जैसे, जैविकी, पूँजीवाद या परिवार) में ही सीमित कर दिया गया है। लैंगिक-संबंधों की सभी क़िस्मों (जैसे समलैंगिकता) को नज़अंदाज़ करने वाली पितृसत्ता की परिभाषाएँ भी हैं जो उसे केवल स्त्री-पुरुष संबंधों की रोशनी में ही देखती हैं। पितृसत्ता की कुछ ऐसी परिभाषाएँ भी हैं जो सिर्फ़ संरचनाओं पर ही ज़ोर देती हैं और व्यक्तियों की भूमिका उनके विश्लेषण के दायरे में नहीं आती।

इन व्याख्यागत ख़ामियों से बचने के लिए सिल्विया वाल्ब ने पितृसत्ता के छह मुख्य मुक़ाम निर्धारित किये हैं : घरेलू उत्पादन, वेतनभोगी स्त्री-श्रम, राज्य, पुरुष-हिंसा, सेक्शुअलिटी और संस्कृति। वाल्बी की थियरी में पितृसत्ता को ऐतिहासिक विकास के मुताबिक़ समझने का लचीलापन भी है। हाल ही में पुरुष-अध्ययन ने पितृसत्ता पर ग़ौर करते हुए पाया है कि समाज में पितृसत्तात्मक लाभ विभिन्न लैंगिक संरचनाओं में समान रूप से बँटने के बजाय विभेदित तरीक़े से वितरित होते हैं। बॉब कॉनेल ने पितृसत्तात्मक लाभ पैदा करने वालों का एक जेंडर-पदानुक्रम बनाया है जिसके मुताबिक़ पुरुषों की ऐसी श्रेणियाँ (जैसे काले पुरुष और समलैंगिक पुरुष) भी हैं जिन्हें ये लाभ न के बराबर ही नसीब हो पाते हैं।

पितृसत्ता का इतिहास : नारीवादी विदुषियों ने पितृसत्ता का इतिहास रचने के लिए ज़बरदस्त बौद्धिक परियोजनाएँ चलायी हैं। उन्होंने पता लगाने की कोशिश की है कि पितृसत्तात्मक व्यवस्था का आधार क्या है और स्त्री-शोषण का उद्भव कब हुआ। उन्होंने पूछा है कि क्या मानव इतिहास के प्रारम्भिक दौर से ही स्त्री का शोषण होता आया है, या निजी सम्पत्ति, राज्य और कृषि के विकास के बाद से यह सिलसिला शुरू हुआ है। प्रमुख मार्क्सवादी फ़ेमिनिस्ट मानवशास्त्री इलीनॅर लीकॉक ने दिखाया है कि इरॉक्विस जनजाति स्त्री-पुरुष समानता में आस्था रखने वाला समुदाय था। यहाँ तक कि अट्ठारहवीं सदी तक में कई ऐसे समुदाय थे जिनमें स्त्री का वर्चस्व होता था। उन्नीसवीं सदी के बाद पुरुष-सत्ता की शुरुआत युरोपियन व्यापार के प्रभाव में हुई।

गर्डा लर्नर की पुस्तक *क्रिएशन ऑफ़ पैट्रियार्की* पहला नारीवादी इतिहास है जो राज्य के उदय का विश्लेषण करता है। गर्डा लर्नर पुरातात्त्विक तथा लिखित साक्ष्यों के आधार पर 3500 से 500 सदी ईसा-पूर्व के मध्य पितृसत्ता का विकासक्रम समझने के लिए मेसोपोटैमियन, सुमेरिअन, अकेडियन, बेबिलॉनियन और हिब्रू सभ्यता का विश्लेषण करती हैं। उन्होंने पितृसत्तात्मक व्यवस्था के उदय और राज्य एवं वर्ग के साथ उसके संबंधों की व्यापक तस्वीर प्रस्तुत की है। गर्डा लर्नर ने मेसोपोटामियन राज्य के तहत चौथी सदी ईसा-पूर्व में

पितृसत्तात्मक व्यवस्था/जेंडर संबंधों के उदय पर प्रकाश डाला है। लर्नर ने मानवशास्त्री क्लॉद मीलासू द्वारा विकसित मॉडल के आधार पर समकालीन समाजों का अध्ययन करके उसे निओलिथिक अवधि पर लागू किया है। सार रूप में लर्नर बताती हैं कि किस तरह प्रारम्भ में जैविक भिन्नता के आधार पर काम का बँटवारा किया गया, परंतु जैसे ही कृषि युग का प्रारम्भ हुआ इसने पुरुषों को यह अवसर प्रदान किया कि वह स्त्री पर नियंत्रण क़ायम कर लें। बड़ों ने बच्चों पर और मर्द ने स्त्री पर नियंत्रण क़ायम करना शुरू किया। इस पितृवंशीय परम्परा में स्त्रियों का आदान-प्रदान होने लगा। इस तरह लर्नर ने 8000-3000 ईसा-पूर्व से पितृसत्ता का उद्‌भव माना है।

गर्डा लर्नर 3500-3000 ईसा-पूर्व के बाद मेसोपोटैमियन समाज (सुमेरियन तथा अन्य समाजों के माध्यम से भी) के ज़रिये कई मातृवंशीय समाजों और धर्म के ज़रिये मातृ देवियों की जानकारी देती हैं। वे विभिन्न सबूतों के ज़रिये साबित करती हैं कि पहली सहस्राब्दी के प्रारम्भ में स्त्रियों की स्थिति तुलनात्मक रूप से बेहतर थी। उस ज़माने में मातृवंशीयता के प्रमाण भी मिलते हैं, उस समय में रानियों तथा कुलीन/सामंत स्त्रियों के पास कुछ अहम शक्तियाँ भी थीं। बढ़ी संख्या में मातृ देवियों के प्रमाण भी मिलते हैं। ज़ाहिर है कि उस समय तक स्त्रियों की यौनिक अधीनता स्थापित नहीं हुई थी। लेकिन धीरे-धीरे पितृसत्ता क़ायम हुई और स्त्रियों की यौनिकता का उपयोग मन्दिरों में देवदासी के रूप में होने लगा। उनकी भूमिकाएँ भी अलग-अलग खाँचों में बँटने लगीं। पत्नी, उपपत्नी, दासी या वेश्या के रूप में वे अपनी भूमिका का निर्वाह करने लगीं। गर्डा लर्नर ने दासता के मुद्दे को ख़ास तरीक़े से उठाया है। वे दासता के कारणों को स्त्री-उत्पीड़न के ज़रिये समझती हैं। लर्नर बताती हैं कि हम्मूराबी की क़ानून संहिता (1752 ईसा-पूर्व) के 282 में से 73 तथा मध्य आर्य क़ानून के 112 में से 59 क़ानून विवाह तथा यौनिकता के मुद्दे से जुड़े हुए हैं। इनके कारण परिवार की व्यवस्था में न सिर्फ़ पुरुषों की शक्ति बढ़ी, बल्कि उन्होंने अपनी पत्नियों, रख़ैलों और ग़ुलामों के यौनिक व्यवहारों को भी सूत्रबद्ध किया।

गर्डा लर्नर के अनुसार पुरुषों का वर्ग इस बात से निर्धारित होता था कि उनका उत्पादन के साधनों के साथ क्या संबंध हैं। जिनका उत्पादन के साधनों पर नियंत्रण था उनका प्रभुत्व भी था। जिनके पास साधन नहीं थे, उनका प्रभुत्व भी नहीं था। स्त्रियों के लिए उत्पादन के साधनों तक पहुँच तब सुनिश्चित होती जब वे किसी पुरुष के साथ संबंध बनाती थीं। अच्छी और बुरी औरत का संस्थानीकरण उसके पर्दा रखने और न रखने के आधार पर किया जाने लगा था। पूर्वी समाजों में एक मज़बूत और साम्राज्यवादी शासन की स्थापना के बाद मातृ देवियों का स्थान धीरे-धीरे पितृ देवताओं ने ले लिया। देवी की प्रजनन क्षमता नियंत्रित करने के लिए पूर्व में प्रतीकात्मक रूप से पुरुष देवताओं या भगवान की शादी देवी से किये जाने की प्रथा का प्रारम्भ हुआ। कामुकता और प्रजनन के लिए अलग-अलग देवियों का ज़िक्र होने लगा। स्त्रियों की यौनिकता को पाप और बुराई के साथ जोड़ कर देखे जाने की धारणा का विकास हुआ। गर्डा लर्नर के इस विमर्श ने पितृसत्ता की मूल संरचना एवं उसके कारणों पर काफ़ी प्रकाश डाला है।

भारतीय संदर्भ में पितृसत्ता के सूत्रीकरण में जाति का आईना महत्त्वपूर्ण है। समाज जातियों में बँटा है और पितृसत्ताओं की प्रकृति भी उसी के मुताबिक़ अलग-अलग है। प्राचीन भारत के इतिहास का हवाला देते हुए पितृसत्ता के के एक प्रधान ब्राह्मणवादी संस्करण को भी रेखांकित किया गया है। वी. गीता के अनुसार सामाजिक व्यवस्था में जेंडर और नातेदारी कुछ इस तरह से अंतर-संबंधित हैं कि स्त्री एक नागरिक के तौर पर अपनी अस्मिता खो देती है। लोकतांत्रिक राज्य-व्यवस्था पर स्त्रीत्व और सेक्शुअलिटी के साथ-साथ नातेदारी-संरचना से जुड़े आग्रह हावी हैं जो स्त्री को स्वतंत्र रूप से अपनी सामाजिक भूमिका चुनने से रोकते हैं। बलात्कार और यौन-उत्पीड़न की घटनाओं को स्त्री की दैहिक अस्मिता के अतिक्रमण की तरह न देख कर उसकी पवित्रता और कुँवारेपन के ख़ात्मे की तरह देखा जाता है। वी. गीता के अनुसार भारत में पूँजीवाद और स्त्रियों की अधीनस्थता के बारे में होने वाली बहसें अक्सर आधुनिक राज्य की भूमिका और विकास के इर्द-गिर्द हो जाती हैं। नतीजा यह निकला है कि राज्य को एक तरफ़ तो पितृसत्तात्मक ठहराया जाता है, और दूसरी तरफ़ उसमें पितृसत्ता को चुनौती देने की सम्भावनाएँ भी देखी जाती हैं।

देखें : अश्वेत नारीवाद, आनंदीबाई जोशी, इस्लामिक नारीवाद, गायत्री चक्रवर्ती स्पिवाक, चिपको आंदोलन, जूडिथ बटलर, जेंडर, दलित नारीवाद, देवदासी, देवकी जैन, नारीवाद, नारीवाद की पहली लहर, नारीवाद की दूसरी लहर, नारीवाद की तीसरी लहर, नारीवाद और अर्थशास्त्र, नारीवादी फ़िल्म-सिद्धांत, नारीवादी इतिहास-लेखन, नारीवाद और अर्थशास्त्र, नारीवादी दर्शन, नारीवाद और साम्प्रदायिकता, नैंसी शोदॅरो, पर्यावरणीय नारीवाद, पब्लिक-प्रायवेट, पण्डिता रमाबाई सरस्वती, प्रेम, प्रेम-अध्ययन और नारीवादी दर्शन, भारत में स्त्री-आरक्षण-1 और 2, महादेवी वर्मा, मैरी वोल्सनक्रॉफ़्ट, राजनीतिक दर्शन के नारीवादी आयाम, रमाबाई रानाडे, ल्यूस इरिगरे, स्त्री और साम्प्रदायिकता, स्त्री-श्रम, सम्पत्ति : नारीवादी परिप्रेक्ष्य, सिमोन द बोउवार, स्त्री-आरक्षण, हेलन सिचू।

संदर्भ

1. सिल्विया वाल्ब (1990), *थियराइज़िंग पेट्रियार्की,* ब्लैकवेल, ऑक्सफ़र्ड.
2. वी. बीची (1979), 'ऑन पेट्रियार्की', *फ़ेमिनिस्ट रिव्यू 3.*
3. गर्डा लर्नर (1987), *क्रिएशन ऑफ़ पैट्रियार्की,* ऑक्सफ़र्ड युनिवर्सिटी प्रेस, यूएसए.
4. वी. गीता (2008), *पैट्रियार्की,* शृंखला सम्पा. मैत्रेयी कृष्णराज, स्त्री, कोलकाता.

— अभय कुमार दुबे और सुप्रिया पाठक

पियरो स्राफ़ा

(Piero Sraffa)

इतालवी अर्थशास्त्री पियरो स्राफ़ा (1898-1983) नव-रिकार्डोवादी स्कूल के प्रमुख अर्थशास्त्री माने जाते हैं। उनका पहला योगदान तो यह है कि उन्होंने मूल्य के सीमांतीय सिद्धांत को तार्किक असंगतियों का शिकार क़रार दिया। दूसरे, उन्होंने पारम्परिक आर्थिक सिद्धांत की आलोचना की। अल्फ्रेड मार्शल द्वारा किये गये आपूर्ति के विश्लेषण की जगह उन्होंने इजारेदारी होड़ के मॉडल के लिए रास्ता साफ़ किया और डेविड रिकार्डो के मूल्य सिद्धांत और अधिशेष की क्लासिकल धारणा को आधार बनाते हुए मूल्य का एक अलग और नया सिद्धांत विकसित करने की कोशिश की। स्राफ़ा अपने पिता के एक दोस्त के ज़रिये लंदन में जॉन मेनार्ड कींस के सम्पर्क में आये और 1922 में उन्हीं के निमंत्रण पर इतालवी बैंकिंग पर दो लेख लिखे। इतालवी बैंक के दिवालियेपन आधारित एक लेख कींस द्वारा सम्पादित *इकॉनॉमिक जरनल* में प्रकाशित हुआ। दूसरा *मैंचेस्टर गार्जियन* में छपा जिसमें स्राफ़ा ने इतावली बैंकों द्वारा अपनी हालत की रपट देने वाली प्रक्रिया और सरकार द्वारा इस प्रक्रिया की निगरानी के तौर-तरीक़ों की आलोचना की थी। जैसे ही इन लेखों का इतालवी समेत चार अन्य भाषाओं में अनुवाद हुआ, मुसोलिनी की निगाह उन पर पड़ी। लेख पढ़ कर मुसोलिनी की नाराज़गी की ठिकाना न रहा। उसने स्राफ़ा के लेखों को इतालवी वित्तीय व्यवस्था की पीठ में छुरा भोंकने जैसी हरकत क़रार दिया और माँग की कि स्राफ़ा अपनी आलोचना को पूरी तरह से वापस लें। स्राफ़ा इस दबाव के सामने नहीं झुके, और मुसोलिनी का गुस्सा शांत होने तक उन्होंने इटली के बाहर रहना पसंद किया।

पियरो स्राफ़ा का जन्म ट्यूरिन, इटली के एक धनी और गणमान्य यहूदी परिवार में हुआ था। उनके पिता एक जाने-माने वकील थे जो न केवल वकालत करते थे, बल्कि उन्होंने कई विश्वविद्यालयों में क़ानून का अध्यापन भी किया था। माध्यमिक शिक्षा प्राप्त करने के बाद स्राफ़ा ने ट्यूरिन विश्वविद्यालय के विधि संकाय में दाखिला लिया। वहाँ उन्हें लुइगी इनौदी के निर्देशन में राजनीतिक अर्थशास्त्र पढ़ने का मौक़ा मिला। आगे चल कर इटली के राष्ट्रपति होने वाले इनौदी सार्वजनिक वित्त के विशेषज्ञ माने जाते थे। इतालवी फ़ौज में कुछ दिन काम करने के बाद स्राफ़ा ने 1920 में अपनी डिग्री पूरी की। उनकी डॉक्टोरल थीसिस 1914-20 की अवधि में इटली की मुद्रास्फीति पर केंद्रित थी। 1921 के वसंत में वे ब्रिटिश मौद्रिक समस्याओं का अध्ययन करने इंग्लैण्ड गये और वहीं उनका परिचय कींस से हुआ। बीस के दशक में ही उन्होंने इटली की सरकार के लिए कई परियोजना पूरी कीं। फ़ासीवादी सरकार के उत्तरोत्तर दमनकारी होते चले जाने के कारण उन्होंने कींस की मदद से केम्ब्रिज में अर्थशास्त्र के प्रवक्ता का पद प्राप्त कर लिया। लेकिन, स्राफ़ा को अंग्रेज़ी में व्याख्यान देने में दिक़्क़त होती थी। इस पर कींस ने उन्हें मार्शल लाइब्रेरी ऑफ़ इकॉनॉमिक्स में नौकरी दिलायी और रिकार्डो की रचनाओं का सम्पादक बनवा दिया।

कींस की ही मदद से स्राफ़ा को रॉयल इकॉनॉमिक सोसाइटी के लिए डेविड रिकार्डो की रचनाओं के सम्पादन का काम मिला। स्राफ़ा के विद्वत्तापूर्ण प्रयासों का नतीजा तीस साल बाद दस खण्डों की एक ग्रंथमाला के रूप में सामने आया। स्वीडिश रॉयल एकेडमी ऑफ़ साइंसेज़ द्वारा उन्हें स्वर्ण पदक से सम्मानित किया। अर्थशास्त्र में नोबेल पुरस्कार से पहले इसी पदक को सबसे बड़ा सम्मान माना जाता था। इसी प्रोजेक्ट पर काम करते हुए उनका ध्यान धन और आर्थिक नीति से हट कर मूल्य सिद्धांत के अमूर्त और सैद्धांतिक मुद्दों की तरफ़ गया। बीस के दशक तक युरोप के आर्थिक चिंतन पर माँग और आपूर्ति का विश्लेषण छा चुका था। स्राफ़ा ने इस धार में बहने से इनकार किया और अल्फ्रेड मार्शल द्वारा किये गये आपूर्ति के विश्लेषण की ख़ामियों की शिनाख़्त करने के बाद उन्होंने आपूर्ति की एक अधिक समुचित थियरी विकसित करने की शुरुआत की जो अधिशेष के क्लासिकल विचार पर आधारित थी। मार्शल की आलोचना करने वाले स्राफ़ा के लेख इसी दशक में इतालवी और अंग्रेज़ी पत्रिकाओं में प्रकाशित होने लगे।

मार्शल का कहना था कि एक फ़र्म का सप्लाई कर्व उद्योग की दूसरी फ़र्मों के सप्लाई कर्व से स्वतंत्र होता है। इस तरह किसी उद्योग का सप्लाई कर्व सभी फ़र्मों के सप्लाई कर्वों को जोड़ देने से प्राप्त हो सकता है। अगर कॉफी का मग बनाने वाले उद्योग में सौ फ़र्में सक्रिय हैं और उनमें से पचास एक डॉलर प्रति मग की बिक्री दर के आधार पर एक हज़ार मग बनाना चाहती हैं, और अन्य पचास उसी दर पर दो हज़ार मग बनाती हैं तो उद्योग का कुल उत्पादन 150,000 कॉफी मग हुआ। अलग-अलग दामों को आधार बना कर कॉफी मगों की आपूर्ति के बारे में इसी तरह की गणनाएँ की जा सकती हैं। स्राफ़ा का तर्क था कि एक फ़र्म में उत्पादन के हालात और उससे प्रभावित होने वाला उसका सप्लाई कर्व लाज़मी तौर पर सभी फ़र्मों को प्रभावित करता है। अगर एक फ़र्म कॉफी मगों का उत्पादन बढ़ाने का फ़ैसला करती है तो उसे ज़्यादा सामग्री की ज़रूरत पड़ेगी जिससे सामग्री के दाम बढ़ जाएँगे। अगर इसके कारण मगों की लागत बढ़ गयी तो सभी फ़र्मों का मुनाफ़ा गिरेगा। नतीजे के तौर पर दूसरी फ़र्में कम मग बनाना पसंद करेंगी। फ़र्मों और उनके उत्पादन की यह परस्पर निर्भरता मार्शल द्वारा प्रदर्शित सप्लाई कर्व को निरर्थक कर देती है।

स्राफ़ा ने यह मानने से भी इनकार कर दिया कि कारख़ाना उत्पादन *ह्रासमान आय* के उसूल के तहत होता है,

पियरो स्राफ़ा (1898–1983)

और दलील दी कि ज़्यादातर उत्पादन *वर्धमान आय* की अवस्था के तहत सम्पन्न होता है। ह्रासमान आय का सिद्धांत किसी एक उद्योग पर अलग से लागू किया ही नहीं जा सकता, क्योंकि वह उन सभी उद्योगों को प्रभावित करेगा जिनमें उस जिंस की उत्पादन के लिए ज़रूरत होगी। स्राफ़ा ने नतीजा यह निकाला कि दरअसल बाज़ार में आदर्श प्रतियोगिता का मॉडल चलता ही नहीं है। बजाय इसके परस्पर निर्भरता और मोनोपॅली (एकाधिकार) और ओलिगोपॅली (सीमित प्रतियोगिता) की मौजूदगी का मॉडल अपनाया जाना चाहिए। आगे चल कर स्राफ़ा द्वारा की गयी आलोचना के आधार पर जोआन रॉबिंसन ने इजारेदारी होड़ का मॉडल विकसित किया।

अर्थशास्त्र के इतिहास में केम्ब्रिज विवाद के नाम से विख्यात बहस में स्राफ़ा ने दावा किया कि मूल्य का पारम्परिक सिद्धांत दरअसल वृत्ताकार है, इसलिए इस सिलसिले में एक नये सिद्धांत का प्रतिपादन करना चाहिए। इस मक़सद को हल करने के लिए स्राफ़ा ने रिकार्डो के अर्थशास्त्र का सहारा लेने का फ़ैसला किया और अधिशेष की क्लासिकल समझ को आधार बनाया। क्लासिकल समझ के मुताबिक़ उत्पादन की प्रकृति वृत्ताकार होती है अर्थात् वस्तुओं का प्रयोग वस्तुओं के उत्पादन में होता है और जितनी वस्तुओं से शुरुआत की गयी थी उससे ज़्यादा का उत्पादन होने की सूरत में अधिशेष पैदा होता है। स्राफ़ा ने इस मॉडल की सुसंगति पर ज़ोर देते हुए दिखाया कि इसके ज़रिये सापेक्षिक दामों अथवा मूल्य की व्याख्या की जा सकती है। साथ ही मज़दूरी और मुनाफ़े के बीच आय के वितरण का निर्धारण भी किया जा सकता है।

स्राफ़ा ने अपने मॉडल को कई तरह के उत्पादनों पर लागू करके यह दिखाने में कामयाबी हासिल की कि उत्पादन की प्रौद्योगिकी ही आख़िर में सापेक्षिक दामों को निर्धारित करती है।

स्राफ़ा ने परम्परागत आर्थिक चिंतन से निकले हुए मानकों की सफल आलोचना की और मूल्य का एक भिन्न सिद्धांत विकसित करने का प्रयास भी किया। इस मामले में लीक से हट कर सोचने के लिए अर्थशास्त्र की दुनिया में उनका लोहा भी माना जाता है। लेकिन स्राफ़ा की ही भाँति पारम्परिक चिंतन के आलोचक अधिकतर अर्थशास्त्रियों ने स्राफ़ा के मॉडल पर चलना स्वीकार नहीं किया। नियो-क्लासिकल थियरी के प्रभाव के कारण नियो-रिकार्डियन अर्थशास्त्र बहुत आगे तक नहीं जा सका।

देखें : अर्थ-विज्ञान का समाजशास्त्र, आर्थिक जनसांख्यिकी, अल्फ्रेड मार्शल, अमर्त्य कुमार सेन, अंतर्राष्ट्रीय मुद्रा कोष, आधार और अधिरचना, ऑस्कर रायज़ार्ड लांगे, ऐडम स्मिथ, करारोपण, कल्याणकारी अर्थशास्त्र, क्लासिकल अर्थशास्त्र, कार्ल हाइनरिख़ मार्क्स-3, कार्ल मेंगर, कींसियन अर्थशास्त्र, गुन्नार मिर्डाल, जोआन रोबिंसन, जॉन कैनेथ गालब्रेथ, जॉन मेनार्ड कींस, जॉन स्टुअर्ट मिल, जोसेफ़ शुमपीटर, जैव विविधता, ट्रस्टीशिप, डेविड रिकार्डो, ढाँचागत समायोजन कार्यक्रम, थॉमस मन और वणिकवाद, थॉमस रॉबर्ट माल्थस, दक्षता, धन, नियोक्लासिकल अर्थशास्त्र, नीतिशास्त्र और अर्थशास्त्र, निकोलस काल्दोर, नियोजन, नियोजन : मार्क्सवादी विमर्श, पण्य, पण्य-पूजा, पेटेंट, पॉल सेमुअलसन, पूँजी, प्रतियोगिता, फ्रांस्वा केस्ने और प्रकृतिवाद, फ्रेड्रिख़ वॉन हायक, बहुराष्ट्रीय निगम, बाज़ार, बाज़ार की विफलताएँ, बाज़ार-समाजवाद, बौद्धिक सम्पदा अधिकार, ब्रेटन वुड्स प्रणाली, भारत में बहुराष्ट्रीय निगम, भारत में नियोजन, भारत में पेटेंट क़ानून, भारत में शेयर संस्कृति, भूमण्डलीकरण और पूँजी बाज़ार, भूमण्डलीकरण और वित्तीय पूँजी, भूमण्डलीकरण और वित्तीय उपकरण, मार्क्सवादी अर्थशास्त्र, मिल्टन फ्रीडमेन, मूल्य, राजकोषीय नीति और मौद्रिक नीति, रॉबर्ट ओवेन, विलफ्रेडो परेटो, विश्व व्यापार संगठन, विश्व बैंक, विलियम पेटी, विलियम स्टेनली जेवंस, वैकासिक अर्थशास्त्र, शोषण, साइमन कुज़्नेत्स।

संदर्भ

1. निकोलस काल्डोर (1985), 'पियरो स्राफ़ा 1898–1983', *प्रोसीडिंग्स ऑफ़ द ब्रिटिश एकेडमी,* 71 (1985),
2. ज्याँ-पियरे पोतियर, *पियरो स्राफ़ा : अनओर्थोडोक्स इकॉनॉमिस्ट (1898–1983),* रॉटलेज, लंदन और न्यूयॉर्क.
3. अलेसांद्रो रोंकाग्लिया (1978), *स्राफ़ा ऐंड द थियरी ऑफ़ प्राइसिज़,* विली, न्यूयॉर्क.
4. अलेसांद्रो रोंकाग्लिया (1981), 'पियरो स्राफ़ाज़ कंट्रीब्यूशन टु पॉलिटिकल इकॉनॉमी', संकलित : जे.आर. शेकलेटन और जी. लोक्सली (सम्पा.), *ट्वेल्व कंटेम्परेरी इकॉनॉमिस्ट्स,* विली, न्यूयॉर्क.

— अभय कुमार दुबे

पी.एस. वारियर

(P.S. Wariar)

पी.एस. वारियर (1869-1944)

आज सारी दुनिया में भारतीय आयुर्वेद को सम्पूर्ण और सर्वांगीण स्वास्थ्य के लिए उपयुक्त माना जाता है और इस आयुर्वेदिक पद्धति में केरल-आयुर्वेद ने अपनी विशिष्ट पहचान बनायी है। लाखों की संख्या में लोग स्वास्थ्य लाभ या उपचार हेतु केरल स्थित आयुर्वेदिक चिकित्सालयों में जाते है। यही आयुर्वेद अंग्रेज़ी शासन के दौरान भारत में विलुप्त होने की कगार पर था और यह मान लिया गया था कि एलोपैथी ही एकमात्र वैज्ञानिक चिकित्सा पद्धति है। अंग्रेज़ शासकों की मान्यता थी कि भारत में प्रचलित आयुर्वेदिक व यूनानी चिकित्सा पद्धतियाँ पश्चिमी चिकित्सा की तुलना में दोयम दर्जे की हैं। इसी तर्क के आधार पर एलोपैथी को शासकीय संरक्षण प्रदान किया। भारत में अपने प्रारम्भिक दिनों में एलोपैथी केवल युरोपियन समुदाय के लिए उपलब्ध थी लेकिन बाद में स्थानीय लोगों के लिए भी उसकी सुविधा प्रदान की गयी। वैसे भी भारत की अधिकतर ग़रीब व ग्रामीण जनता के लिए यह पश्चिमी चिकित्सा पहुँच से बहुत दूर ही रही है। भारतीय पारम्परिक चिकित्सा के प्रति अंग्रेज़ी शासन की दुर्भावना का सबसे बड़ा प्रमाण 1912 का मुम्बई मेडिकल एक्ट था जिसके अंतर्गत सभी चिकित्सकों को अपना पेशा करने के लिए पंजीयन अनिवार्य करके आयुर्वेद तथा यूनानी चिकित्सकों को इस पंजीयन के लिए अयोग्य क़रार दिया गया। भारत का नवशिक्षित वर्ग भी सारे पारम्परिक भारतीय ज्ञान और चिकित्सा पद्धति को अवैज्ञानिक एवं निरर्थक ही मानता था। इसके साथ ही भारतीय आयुर्वेद भी अपनी विसंगतियों जैसे जातिवाद, रूढ़िवाद, अव्यवस्थित-अलिखित ज्ञान, अनिश्चित औषधि निर्माण के कारण एलोपैथी के सम्मुख पोंगापंथी, ढोंगी और पाखण्डी ही दिखता था। यह भारतीय आयुर्वेद का सबसे अंधकारमय दौर था। लेकिन इसी समय में केरल में एक अत्यंत दृढ़ संकल्पी वैद्य पी.एस. वारियर (1869-1944) ने इस प्राचीन चिकित्सा पद्धति के पुनर्जागरण का अभियान चलाया। उन्होंने आयुर्वेद की शिक्षा और औषधि निर्माण को आधुनिक, सेकुलर और वैज्ञानिक रूप दिया। आज केरल का सबसे बड़ा ब्रांड केरल-आयुर्वेद इन्हीं वैद्य पी.एस. वारियर की ही विरासत है।

केरल के कालीकट शहर के निकट कोट्टक्कल कस्बे में 16 मार्च, 1869 को एक प्रतिष्ठित परिवार में पन्नियिन्पल्ली संकुन्नी वारियर का जन्म हुआ। इस परिवार के सदस्यों की चित्रकारी, संगीत व संस्कृत साहित्य में बहुत रूचि थी। संकुन्नी वारियर की माँ स्वयं भी संस्कृत तथा शास्त्रीय संगीत में पारंगत थीं। वारियर परिवार ने अपनी प्रतिष्ठा आयुर्वेदिक चिकित्सकों के रूप में अर्जित की थी। अपने घर के कलात्मक, धार्मिक और चिकित्सकीय वातावरण ने बालक संकुन्नी वारियर के मन पर स्थायी प्रभाव डाला। वारियर ने अपने समय के प्रतिष्ठित विद्वानों से संस्कृत सीखी, कोनथ अचुत्य वारियर से आयुर्वेद की आरम्भिक शिक्षा प्राप्त की और बाद में पारम्परिक गुरुकुल पद्धति में चार साल तक उस समय के प्रसिद्ध अष्टवैद्य कुट्टनचेरि वासुदेवनमूस के पास रहकर आयुर्वेद की उच्च शिक्षा प्राप्त की।

वारियर ने 20 वर्ष के आयु में अपनी आयुर्वेद की शिक्षा पूर्ण करके जब कोट्टक्कल में अपना चिकित्सालय आरम्भ किया तो उन्होंने अनुभव किया कि भारत में पश्चिमी चिकित्सा पद्धति बहुत तेज़ी से लोकप्रिय होती जा रही थी। जिज्ञासु होने के नाते वारियर इस नयी चिकित्सा प्रणाली के बारे में सीखने-जानने को बहुत उत्सुक थे किन्तु अंग्रेज़ी भाषा की अज्ञानता वारियर के लिए बहुत बड़ी बाधा थी। वारियर ने अपनी साधनों से निजी तौर पर अंग्रेज़ी सीखना शुरू किया और जल्दी ही इस भाषा में पारंगत हो गये। पश्चिमी चिकित्सा से उनका व्यक्तिगत साक्षात्कार तब हुआ जब अपनी आँखों की एक तकलीफ़ के लिए वारियर को एक सरकारी अस्पताल के सहायक सर्जन डॉ. वी. वर्गीज से परामर्श करने का अवसर मिला। उपचार पूरा होने पर डॉ. वी. वर्गीज ने वारियर को पश्चिमी चिकित्सा सिखाने की पेशकश की जिसे वारियर ने पूरी कृतज्ञता से स्वीकार किया और अगले तीन साल तक अस्पताल में प्रशिक्षण प्राप्त किया। अपने प्रशिक्षण में वारियर ने रोग के लक्षणों व निदान के तरीक़े, मरीज़ों को पश्चिमी दवाओं की खुराक व वितरण के तरीक़े, संज्ञाहरण (अनेस्थेसिया) देने की विधि और मामूली शल्य क्रिया जैसी विद्याएँ सीखीं। समकालीन वैद्यों से अलग हट कर एलोपैथी चिकित्सा पद्धति का भी अध्ययन करके वारियर ने अपने ज्ञान में स्वदेशी और पश्चिमी प्रणालियों को

समा लिया, बावजूद इसके कि उनकी मुख्य दक्षता आयुर्वेद में थी। लेकिन पश्चिमी चिकित्सा-ज्ञान, विशेष रूप से शल्य चिकित्सा, शरीर-रचना विज्ञान और शरीर-विज्ञान ने उनके दृष्टिकोण को बहुत प्रभावित किया।

एक वैद्य के रूप में वारियर ने देखा कि उनके द्वारा तजवीज़ की गयी आयुर्वैदिक औषधियों का शुद्ध तथा उचित अनुपात में मिलना असम्भव था। उन्होंने समझ लिया कि उपचार और औषधियों के मानकीकरण के बग़ैर आयुर्वेद पद्धति बिलकुल नष्ट हो जाएगी। उन्हें लगा कि एलोपैथी दवाएँ जब नियत खुराक और टिकाऊ पैकिंग में मिल रही हैं और एलोपैथिक पद्धति उपचार की एक निश्चित प्रक्रिया अपना रही हो तो आयुर्वेद को भी अपने उपचार व औषधियों में पारदर्शिता अपनानी होगी। इसी के बाद वारियर ने आयुर्वेद के मानकीकरण के लिए सबसे पहले 1902 में कोट्टक्कल में औषधि निर्माण हेतु आर्य वैद्यशाला की स्थापना की जहाँ उनकी देखरेख में प्रामाणिक आयुर्वेदिक ग्रंथों के आधार पर दवाएँ बनायी जाने लगीं। अंग्रेज़ी दवाओं की भाँति ही पहली बार आर्य वैद्यशाला ने आयुर्वैदिक औषधियों को मानक खुराक व पैकिंग में लम्बे समय तक उपयोगी रहने योग्य बनाया। आयुर्वैदिक औषधियों ने निर्माण के क्षेत्र में यह एक बहुत बड़ा परिवर्तन था।

1907 में वारियर ने आयुर्वेद वैद्य समाजम की स्थापना की। इसके पीछे वारियर का उद्देश्य एलोपैथी और आयुर्वेद में सामंजस्य तलाशना था। एक विद्वान चिकित्सक के रूप में वारियर जानते थे कि आयुर्वेद को एलोपैथी के कुछ नवीनतम तरीक़ों को अपनाना होगा। एक आयुर्वेद चिकित्सक के रूप में वारियर अन्य वैद्यों को बेहतर प्रशिक्षण देना चाहते थे। वारियर ने आयुर्वेद वैद्य समाजम में ट्रावनकोर, कोचीन तथा मालाबार के आयुर्वेदिक चिकित्सकों को जोड़ा था। इसके 50 साल बाद इन्हीं क्षेत्रों का विलय कर आधुनिक केरल राज्य की रचना हुई। देखा जाए तो वारियर ने एक सम्पूर्ण केरल राज्य की कल्पना अपने समय के बहुत पहले कर ली थी। पी.एस. वारियर ने आयुर्वेद के प्रचलित ज्ञान के संहिताकरण और प्रसार के लिए आयुर्वेदिक दवाओं के उपयोग, खुराक और अन्य जानकारी को सूचीबद्ध स्वरूप में प्रकाशित किया ताकि कोई भी सामान्य व्यक्ति चिकित्सक के पर्चे के बिना दवाओं का प्रयोग करने में सक्षम हो सके। आम लोगों को आयुर्वेद से परिचित करने के लिए उन्होंने मलयालम में *चिकित्सा समग्रहम्* नामक एक पुस्तक भी लिखी। इसी प्रकार वारियर ने अष्टांग हृदयम नमक पुस्तक का मलयालम संस्करण प्रकशित किया तथा अपने चचेरे भाई पी.वी. कृष्णा वारियर के साथ मिलकर आयुर्वेद के इतिहास पर मलयालम में एक पुस्तक तैयार की।

1917 में वारियर ने आयुर्वेद की प्रामाणिक शिक्षा के लिए आयुर्वेद पाठशाला की स्थापना की ताकि इस पारम्परिक शिक्षा को आधुनिक, सेकुलर तथा वैज्ञानिक बनाया जा सके। यह अपने समय का एक बड़ा क्रांतिकारी क़दम था क्योंकि इस आयुर्वेद पाठशाला में धर्म, जाति, वर्ण भेद के बिना छात्रों को प्रवेश मिलना शुरू हुआ। कई विद्यार्थियों को छात्रवृति भी दी गयी। वारियर ने इस आयुर्वेद पाठशाला की स्थापना का केवल व्यय ही नहीं उठाया बल्कि इसमें चिकित्सा विज्ञान के नवीनतम विषयों को स्वयं पढ़ाने का काम भी किया। आधुनिक चिकित्सा विज्ञान के ऐनाटोमी तथा फ़िज़ियोलॅजी जैसे विषयों को आयुर्वेद पाठशाला में पढ़ाने के लिए उन्होंने *अष्टांग शरीरम्* तथा *बृहत् शरीरम्* नमक दो पुस्तकों की रचना भी की। आज यह आयुर्वेद पाठशाला वैद्यरत्नम पी.एस. वारियर शासकीय आयुर्वेद महाविद्यालय के नाम से कालीकट विश्वविद्यालय के साथ अंगीकृत है।

आयुर्वेद में वैज्ञानिक दृष्टिकोण के प्रसार हेतु वारियर ने धन्वन्तरी नामक एक आयुर्वेद जर्नल का सम्पादन किया। उन्होंने आयुर्वेद को केवल व्यवसाय नहीं माना। उनका उद्देश्य इस गौरवपूर्ण ज्ञान, विद्या, शास्त्र को विलुप्त होने से बचाना और इस विलक्षण आयुर्विज्ञान का जीर्णोद्धार करना था। 1924 में उन्होंने एक धर्मार्थ चिकित्सालय की स्थापना की। इस आयुर्वेद चिकित्सालय में उन्होंने एलोपैथिक उपचार की व्यवस्था भी रखी थी। 1932 में भारत सरकार ने पी.एस. वारियर को वैद्यरत्नम की उपाधि से विभूषित किया। वारियर को आयुर्वेद औषधियों में प्रयुक्त विभिन्न जड़ी-बूटियों की शुद्धता के लिए उन्हें स्वयं उपजाने की व्यवस्था की। आज वैद्यशाला के बाग़ों में क़रीब एक हज़ार प्रकार की दुर्लभ जड़ी-बूटियाँ उगायी जाती हैं।

आयुर्वेद किसी एक रोग का नहीं बल्कि रोगी का सर्वांगीण उपचार करता है। इसीलिए आयुर्वेद में इतने सारे नियम, संयम, आहार, विचार, ध्यान, धारणा पर ज़ोर दिया जाता है। एक उत्कृष्ट वैद्य होने के नाते 1932 में वारियर ने आर्य वैद्यशाला के प्रांगण में एक भव्य मंदिर का निर्माण किया जिससे रोगी अपनी शारीरिक पीड़ा और मानसिक उद्वेलन से ऊपर उठ सके। उस समय की सारी सामजिक रूढ़ियों को नकारते हुए इस मंदिर में हर धर्म, जाति, वर्ण के व्यक्ति को प्रवेश की स्वतन्त्रता थी। वारियर स्वयं संस्कृत के बड़े ज्ञाता थे। उन्हें साहित्य, कविता, नाटक तथा नृत्य में गहरी रुचि थी। 1909 में वारियर ने परम सिवा विलासम नाट्य मण्डली की स्थापना की। 1939 में इस नाट्य मण्डली को पी.एस.वी. नाट्य संघम में परिवर्तित कर दिया गया जो आज केरल का एक प्रमुख कथकली समूह है। 1933 में ही उन्होंने अपनी अपनी सारी दौलत परिवार और कुटुम्ब को देने के बजाय

आर्य वैद्यशाला को प्रदान कर दी। 1944 में पी.एस. वारियर का निधन हुआ।

देखें : अब्दुल हमीद, आर.के. तलवार, इला भट्ट, एलाट्टुवलापिल श्रीधरन, कन्हैयालाल माणिकलाल मुंशी, कमला देवी चट्टोपाध्याय, गिजुभाई बधेका, देवकी जैन, धोंडो केशव कर्वे, नीरा देसाई, भारतीय लोकतंत्र का संस्थानीकरण-1, 2 और 3, विक्रम साराभाई, वी.के.आर.वी. राव, विद्याबेन शाह, संस्था, संस्थान और संस्थानीकरण।

संदर्भ

1. गीता कृष्णकुट्टी (2001), *अ लाइफ़ ऑफ़ हीलिंग : ए बायोग्राफी ऑफ़ वैद्यरत्नम पी.एस. वारियर,* वाइकिंग (इण्डिया), नयी दिल्ली.
2. के.वी. नायर (1954), *अ बायोग्राफी ऑफ़ वैद्यरत्नम पी. एस. वारियर,* केरल आयुर्वैद्यशाला, कोट्टक्कल.
3. के.एन. पानिक्कर (1992), 'इंडिजेनस मेडिसिन ऐंड कल्चरल हेजेमनी : अ स्टडी ऑफ़ रेवाऐटिलाइज़ेशन मूवमेंट इन केरलम', *स्टडीज़ इन हिस्ट्री,* खण्ड 8, अंक 2.

—रवि दत्त वाजपेयी

पुराण

(Puran)

वेदों और उपनिषदों की तरह ही भारतीय दर्शन में पुराणों का महत्त्वपूर्ण स्थान है। वेदों की ही तरह पुराण भारतीय संस्कृति की एक प्रतिनिधि धारा हैं। अथर्ववेद के एक मंत्र में पुराण का उल्लेख मिलता है। शतपथ ब्राह्मण में भी पुराण की चर्चा है। ऋग्वेद में अनेक कथाओं के संकेत मिलते हैं, जो उस ज़माने में सम्भवतः लोक में प्रचलित रहे होंगे। पुराणों के लिए भी वेदों की तरह विशेषज्ञ होते होंगे क्योंकि वेदों में उनके लिए पुराणवित शब्द आता है। कुछ विद्वानों को वेदों में आये 'पुराण' शब्द से आज के 18 पुराणों का आशय निकालने पर शंका है। शब्द के रूप में पुराण का अर्थ है पुरानी कथाओं या आख्यायिकाओं का संग्रह। बहुधा ये कथाएँ और गाथाएँ धार्मिक व सामाजिक भूमिका का आधार रखती हैं। बेहद प्राचीन काल से परम्परागत सम्पदा के रूप में ये सुरक्षित रही हैं। पुराकाल से इन ग्रंथों पर लोक-श्रद्धा रही है। जैन एवं बौद्ध धर्म के अनुयायियों में भी पुराणों के नाम से प्रसिद्ध कई ग्रंथ मिलते हैं, और उन ग्रंथों पर उनकी भी ऐसी ही श्रद्धा है। पुराणों में अपने जमाने के राजनीतिक, सामाजिक, कूटनीतिक और गृहस्थ जीवन के विभिन्न पक्षों पर विचार हुआ है। उन्होंने कृषि, वाणिज्य, राजधर्म, नृत्य, वाद्य, संगीत, मूर्तिकला, चित्रकला, वृक्षारोपण, वाप-कूप तड़ाग की प्रतिष्ठा, उद्यान की सजावट, भवन, दुर्ग तथा मार्गों का निर्माण आदि जीवनोपयोगी विविध विषयों को बहुत ही प्रमुखता से जगह दी तथा उनमें इस तरह की अच्छी-ख़ासी सामग्री उपलब्ध है। पुराणों की परिभाषा के अनुसार सृष्टि का विज्ञान (सर्ग), सृष्टि का विस्तार और प्रलय (प्रतिसर्ग), सृष्टि की आदि वंशावली, मन्वंतर (यानी किस-किस मनु का अधिकार कब तक रहा, उस काल की महत्त्वपूर्ण घटनाओं का वर्णन तथा इतिहास के प्रमुख राजवंशों के राजाओं का विवरण) इन सामग्रियों का क्रम से या बिना ही क्रम से वर्णन मिलता हो उन्हें पुराण कहा जाता है। महापुराणों के लिए इन पाँच लक्षणों का होना आवश्यक है। किंतु कई पुराणों में सभी लक्षण एक साथ नहीं भी पाये जाते हैं फिर भी प्रत्येक में इनमें से कुछ न कुछ लक्षण तो मिल ही जाते हैं।

पुराणों ने भारतीय साहित्यिक और सांस्कृतिक जीवन को गहरायी से प्रभावित किया है। तीर्थों व व्रत प्रसंगों पर, जन्मोत्सव, उपनयन, विवाह समारोहों, देहावसान आदि अवसरों पर पुराणों का पाठ एक सामान्य सी बात है। महाकाव्य, नाटक, कथाएँ और आख्यायिकाओं पर उनका प्रभाव देखा जा सकता है। भास, कालिदास, भवभूति, बाण भट्ट, दण्डी, श्री हर्ष, भारावि, माद्य आदि कवियों की रचनाओं पर पुराणों शैली का गहरा असर दिखता है। यही नहीं भारतीय भाषाओं के अनेक कवियों ने पुराणों से प्रभाव ग्रहण किया। इसके सबसे बड़े उदाहरण तुलसीदास हैं। पुराणों में मूलकथा के कई वाचक होते हैं। *रामचरितमानस* में राम कथा शिव पार्वती से, काकभुशुंडि गरुड़ से और तुलसीदास भक्तों से कह रहे हैं। *रामचरितमानस* की इस पुराण शैली की वजह से कुछ लोग इसे पुराण-काव्य मानते हैं। पुराणों में इतिहास सामग्री भी काफ़ी भरी पड़ी है जो इतिहास दिग्दर्शन के लिए बहुत उपयोगी है। कालक्रम के अनुसार व्यासों और सूतों ने उनकी मूलकथाओं में काफ़ी छेड़-छाड़ की हैं जिसकी वजह से उनमें अतिशयोक्तियाँ और विसंगतियाँ भी भरी पड़ी हैं। मतमतांतरों के विभिन्न पूर्वग्रह भी दिखते हैं। इसलिए उनके अध्ययन के लिए विवेक-दृष्टि अनिवार्य हो जाती है।

महाभारत की तरह पुराणों का वेदांतीकरण भी हुआ। उनके आदि रूप में वेदांत बिल्कुल न रहा हो, यह बात नहीं है। पर वेदांत के एक विशेष रूप का उसमें प्रवेश कराया गया। यह रूप उपनिषदों की तरह ब्रह्म और प्रकृति को परस्पर सम्बद्ध न मान कर अलग करता था और प्रकृति को ब्रह्म से परे बताता था। *महाभारत* की तरह पुराणों का वैष्णवीकरण भी हुआ। *महाभारत* में तो वैष्णवीकरण की यह प्रक्रिया स्पष्ट देखी जा सकती है। कृष्ण का एक रूप वह है जहाँ वे ईश्वर नहीं हैं। दूसरा वह है जहाँ वे ईश्वर के अवतार हैं। नाराशंसी काव्य की तरह पुराणों में वीरों के चरित्र का

वर्णन किया गया है और यह बहुत सम्भव है कि आगे चलकर इस वर्णन में अवतारों की कथा जोड़ी गयी हो। राजवंशों का इतिहास लिखने की परम्परा और लौकिक घटनाओं का विवरण देने की परम्परा पुराणों में बराबर बनी रही। यही इनकी मूल विशेषता लगती है। इसी के अनुरूप इनमें भूमण्डल और भारत का, नदियों, पर्वतों, जनपदों आदि का विवरण देने की प्रवृत्ति है। इस तरह की ऐतिहासिक और भौगोलिक सामग्री पुराणों में बिखरी पड़ी है। पुराण अपनी अति-कल्पना के लिए बदनाम भी हैं। हज़ारों साल तक जीवित रहना, हज़ारों पुत्र उत्पन्न करना, हज़ारों साल तक तपस्या करना, ऐसी असम्भव घटनाओं का वृत्तांत भी पुराणों में है। इस यथार्थ विरोधी पौराणिकता का प्रवेश भी पुराणों में कराया गया। इतिहास-तत्त्व कम होता गया और अतिरंजित, अतिमानवीय घटनाओं की बाढ़ आ गयी। इससे पुराणों का मूल चरित्र ही बदल गया।

दार्शनिक स्तर पर पुराण बहुत जगह ॠग्वेद के ज़्यादा क़रीब हैं। ब्रह्म को प्रकृति से अलग न मान कर संन्यास और वैराग्य की जगह कर्ममय जीवन बिताते हुए वे आनंदपूर्वक संसार में रहने का उपदेशन करते हैं। विष्णु पुराण ब्रह्म को प्रकृति से पृथक मानता है और भौतिक विश्व से उसका तादात्म्य स्थापित करते हुए इसी धारणा के अनुरूप ब्रह्म को सांसारिक भागों की प्राप्ति में सहायक बताता है। ब्रह्म के बारे में विचार है कि मनुष्य को आकाश, वायु, अग्नि, जल और पृथ्वी के रूप में दिखाई देने वाले तत्त्व ब्रह्म हैं। प्रकृति सत्व, रज और तम तीनों गुणों से सृजित है। इन तीनों का संयोग ब्रह्म में है और इस ब्रह्म की विशेषता है कि वह पुरुष को भोग प्रदान करने में कुशल है। सफल जीवन के लिए न तो वैराग्य और संन्यास की ज़रूरत है और न ही इंद्रियों के दमन की आवश्यकता है। जीवन का यह यथार्थवादी दर्शन भक्ति से जुड़ कर वैदिक कर्मकाण्ड का विकल्प बनता है। प्रकृति को ब्रह्ममय बताकर स्वर्ग और नरक की अवधारणा से मुक्त करता है। इस तरह अतिशयोक्तियों और विसंगतियों के बावजूद पुराणों का दार्शनिक पक्ष समाजोन्मुख है।

पुराणों में वैष्णव, शैव और शाक्त के सुंदर समन्वय का प्रयास हुआ है। स्पष्ट कहा गया कि शिव से विरोध रखने वाले वैष्णव की तथा विष्णु के निंदक शैव या शाक्त की घोर दुर्गति होती है। वेदों और ईश्वर की सत्ता के कट्टर आलोचक बौद्ध और जैन धर्म के आदि प्रवर्तक तीर्थंकर ऋषभदेव को भी पुराणों में ईश्वर के अवतारों में शामिल कर लिया गया है।

विभिन्न स्रोतों से महापुराणों की संख्या सामान्यत: इस क्रम में 18 मानी जाती है : ब्रह्म, पद्म, विष्णु, शिव या वायु, श्रीमदभगवत, नारद, मार्कण्डेय, अग्नि, भविष्य, ब्रह्मवैवर्त, लिंग, वराह, स्कंद, वाहन, कूर्म, मत्स्य, गरुड़ और ब्रह्माण्ड। इन अठारहों महापुराणों की कुल श्लोक संख्या 3,95,100 है। मान्यता है कि कृष्णद्वैपायन ने 28वीं बार पुराणों का सम्पादन करने के बाद 18 उपपुराणों की रचना की, हालाँकि इनमें से कई या तो अप्राप्य हैं या फिर खण्डित हैं : भागवत, माहेश्वर, ब्रह्मांड,. आदित्य, पराशर, सौर, नंदकेश्वर, सांब, कालिका, वरुण, उषनस्, मानव,. कापिल, दुर्वासस, शिवधर्म, वृहन्नारदीय, नारसिंह और सनत्कुमार। इनके अतिरिक्त महाभारत के खिल पर्व की गणना हरिवंश पुराण के नाम से होती है। इनके बाद 18 औपुराण या अतिपुराण भी माने गये हैं, जो दुष्प्राप्य और खण्डित हैं : कार्तव, ऋजु, आदि, मुद्गल, पशुपति, गणेश, सूर्य, परमानंद, बृहद्धर्म, महाभागवत, देवी, कल्कि, भार्गव, वाशिष्ठ, कौर्म, गर्ग, चंडी और लक्ष्मी। इनमें इतिहास, धर्मशास्त्र, समाजशास्त्र और दर्शनशास्त्र की सामग्री की प्रचुरता है।

पुराण-शैली के आधार पर ईसा की छठी और सातवीं शताब्दी में जैनों और बौद्धों ने भी पुराण ग्रंथों की रचना की। जैनों के 24 तीर्थंकरों के नाम पर 24 पुराण रचे गये ये सभी संस्कृत भाषा में हैं। नेपाली बौद्धों में नवधर्म के नाम से विख्यात नौ पुराणों का प्रचलन है। इनमें पुरानी कथाओं, इतिहास, जीवनचरित और व्रत आदि की प्रमुखता है।

पुराणों की रचना बहुधा सरल संस्कृत के गेय छंदों में हुई है। कुछ पुराणों में भागवत की भाँति पद्य व गद्य की उत्कृष्ट रचना-शैली भी मिलती है, पर अधिक मात्रा में नहीं। सर्वसाधारण में अधिकाधिक लोकप्रिय हो सके, इसी उद्देश्य से इनमें पुनरुक्तियों की चिंता न कर प्रत्येक विषय को सुंदर ढंग से रखा गया है। इनकी कथाओं का आरम्भ प्राय: मनोवैज्ञानिक ढंग से होता है, और कहीं बहुत थोड़े में, तो कहीं बहुत विस्तार के साथ किसी-न-किसी आदर्श या उद्देश्य की स्थापना में उनकी समाप्ति होती है। बहुत सारी कथाओं में असम्भव और अतिशयोक्तिपूर्ण कल्पनाएं भी की गयीं हैं, किंतु अनेक कथाओं की रोचकता का निर्वाह कुशलतापूर्वक किया गया है।

कई पुराणों में कुछ कथाएँ विविध रूपों में प्रस्तुत की गयी हैं। वंशावली का वर्णन भी कहीं-कहीं भिन्न है। यही नहीं, सैकड़ों ऐसी भी कथाएँ हैं जो महाभारत में भी हैं। कुछ ऐसी भी कथाओं का वर्णन पुराणों में आया है, जिनका मूल वेदों में पाया जाता है। कहीं उनमें समानता है, तो कहीं कुछ अंतर है। पुराणों में माहात्म्य-साहित्य की बहुलता है। तीर्थों, व्रतों, दानों आदि के महात्म्य के साथ पुराणों की फलश्रुति का भी माहात्म्य बताया गया है। लोक-रुचि जगाने के विचार से ही शायद ऐसा किया गया है, किंतु सूतों का हाथ भी इसके मूल में देखने में आता है।

अनेक भारतीय ग्रंथों की तरह ही पुराणों के रचनाकाल का निर्धारण करना कठिन है। पुराणों का रचना-काल निर्धारण करना कठिन काम है। इसी तरह इनकी सामग्री की मौलिकता

की पहचान करना भी मुश्किल है, क्योंकि उनमें बहुत बाद तक परिवर्तन होते रहे। इसलिए पुराणों की मौलिक और बाद की सामग्री में अंतर कर पाना मुश्किल है। इसी की वजह से पुराणों के काल-निर्धारण में भी दिक़्क़तें आती हैं। यह अलग बात है कि इन मुश्किलों के बावजूद काल-निर्धारण के प्रयास हुए हैं। समझा जाता है कि भागवत, वाराह और विष्णु पुराण 12वीं शताब्दी, ब्रह्मपुराण 14वीं शताब्दी, पद्मपुराण 16वीं तथा 16वीं, और नारदीयपुराण 16वीं या 17वीं शताब्दी की रचनाएँ हैं। परंतु अल बरुनी की 1031 ईस्वी की भारत संबंधी किताब में 18 महापुराणों एवं 18 उपपुराण के नाम शामिल होने से इस मत का खण्डन हो जाता है। *महाभारत* में भी सभी अठारह महापुराणों के पढ़ने व सुनने का महातम्य बताया गया है और महाभारत की रचना ईसा की प्रथम शताब्दी पूर्व मानी जाती है। इससे साबित है कि पुराणों का अस्तित्व भारतीय समाज में पहले से रहा है। पाठांतर तथा उनमें नयी कथाएँ जुड़ती रही हैं। भविष्य पुराण में सम्राट अकबर और महारानी विक्टोरिया के वर्णन से इस बात को और भी बल मिलता है, किंतु इतने भर से भविष्य पुराण के अस्तित्व व उसके आधुनिक होने का विचार मान्य नहीं हो जाता। भविष्य पुराण का नाम 'आपस्तंब धर्मसूत्र' में भी आया है, जिसका रचना-काल 300 वर्ष ईसापूर्व है। बाक़ी चीज़ें बाद में किसी ने जोड़ दी होंगी।

पुराणों को पढ़ने पर उनकी प्रतिष्ठा भली-भाँति प्रतिपादित होती है। अध्ययन के लिहाज़ से भी वेदों के साथ पुराण भी उपनिषद् काल में पढ़े जाते थे। वेदों के समान ही उन्हें महत्त्व प्राप्त था। नारद ने अपने विद्या-परिचय के दौरान इतिहास-पुराणरूप पाँचवें वेद की बात स्वीकारी है तथा उपनिषदों में वेदों के साथ ही पुराणों को पाँचवाँ वेद कहा गया है। ऋग्वेद में पुराने के अर्थ में पुराण शब्द का प्रयोग कई बार हुआ है। पुराण अपने मूल रूप में विशेषण हैं। प्राचीन समय से जिस साहित्य का संबंध रहा वह पुराण कहलाने लगा। आगे चल कर वह संज्ञा में बदल गया। आदि पर्व में *महाभारत* को भी पुराण और पाँचवाँ वेद भी कहा गया है। छांदोग्य उपनिषद् में वेदों के साथ ही पुराण को पाँचवाँ वेद कहा गया है। तात्पर्य यह कि पुराने जमाने में वेदों के समान ही पुराणों को लोकप्रियता और महत्त्व हासिल था।

पुराण पढ़ते हुए उपनिषदों का शंकर द्वारा किया गया भाष्य पढ़ने का आभास होता है। जैसे *भागवत* के आरम्भ में माया के कारण मिथ्या संसार सत्य प्रतीत होता है परंतु स्वयं परमात्मा इस माया से परे है, वैसे ही विष्णु पुराण में पराशर परमात्मा के लिए कहते हैं, 'जो विश्व के अधिष्ठान हैं, अति सूक्ष्म से भी सूक्ष्म हैं, प्राणियों में स्थित पुरुषोत्तम और अविनाशी है, जो परमार्थतः (वास्तव में) अति निर्मल ज्ञान-स्वरूप हैं, किंतु अज्ञानवश नाना पदार्थ से प्रतीत होते हैं... जो पर (प्रकृति) से भी पर, परमश्रेष्ठ अंतरात्मा में स्थित परमात्मा रूप, वर्ण, नाम और विशेषण आदि से रहित है; जिसमें जन्म, वृद्धि, परिणाम, क्षय और नाश इन विकारों का अभाव है, जिसको सर्वदा केवल है, इतना ही कह सकते हैं ... वही नित्य, अजन्मा, अक्षय, अव्यय तथा एक रूप होने तथा हेय गुणों के अभाव के कारण निर्मल परब्रह्म है। वही इन सब व्यक्त (कार्य) अव्यक्त (कारण) जगत के रूप से, तथा (इसके साक्षी) पुरुष और (महाकारण) काल के रूप से स्थित है। हे द्विज! परब्रह्म का प्रथम रूप पुरुष (महाकारण) और व्यक्त (महदादि) उसके अन्य रूप हैं तथा (सबको क्षोभित करने वाला होने से) काल उसका परम रूप है। इस प्रकार जो प्रधान पुरुष, व्यक्त और काल— इन चारों से परे है तथा जिसे पण्डित जन भी पाते हैं, वही भगवान विष्णु का विशुद्ध परमपद है।'

संसार को मिथ्या कहने वाली प्रवृत्ति पुराणों की मुख्य धारा नहीं है परंतु वह भी पुराणों में हैं, इसे अस्वीकार नहीं किया जा सकता। वह शंकर के प्रभाव से ही उत्पन्न हुई हो, ऐसा प्रतीत नहीं होता। क्षीणधारा के रूप में वह गीता में है और उसका पूरा प्रवाह ब्रह्मसूत्रों में दिखाई देता है। संसार को मिथ्या कहने वाली विचारधारा के जन्मदाता शंकर नहीं थे परंतु वह इसके पोषक अवश्य थे। उन्होंने और उनके अनुयायियों ने उसे अपने प्रचार से व्यापक रूप दिया। महाभारत की तरह पुराणों का वेदांतीकरण हुआ। उनके आदि रूप में वेदांत बिल्कुल न रहा हो, यह बात नहीं है। वेदांत के एक विशेष रूप का उनमें प्रवेश कराया गया है। यह रूप उपनिषदों की तरह ब्रह्म को और ब्रह्म को प्रकृति से परे बताता था।

पुराणों ने ब्रह्म को प्रकृति में व्याप्त माना। यह एक अपने युग के मुताबिक़ क्रांतिकारी दार्शनिक विचार था क्योंकि स्वर्ग और नरक की जगह लौकिकता में विश्वास क़ायम करने का संदेश था। किंतु व्यास और सूतों ने अपने मन मुताबिक़ अनेक चामत्कारिक परिवर्तन किये; जिसकी वजह से पुराण कर्मकाण्ड से मुक्त नहीं हो पाये। अतः सामाजिक परिवर्तन के लिए कोई विशेष प्रभाव नहीं डाल पाये और आज हमारे सामने अपने कर्मकाण्ड रूप में उपस्थित हैं।

देखें : आर्यभट्ट और *आर्यभटीय*, उपनिषद्, कपिल, *अर्थशास्त्र* और कौटिल्य, गोपीनाथ कविराज, गोविंद चंद्र पाण्डे, चैतन्य महाप्रभु, जैन दर्शन, न्याय दर्शन, दया कृष्ण, द्रविड़ संस्कृति, नंद किशोर देवराज, न्याय दर्शन, नागार्जुन, पतंजलि और *योगसूत्र*, पाणिनि और *अष्टाध्यायी*, पाश्चात्य काव्यशास्त्र, पूर्व-मीमांसा दर्शन, बदरी नाथ शुक्ल, बादरायण, बौद्ध दर्शन, *भगवद्गीता*, भरत और *नाट्यशास्त्र*, मुकुंद लाठ, *भागवत पुराण*, *महाभारत*, यशदेव शल्य, योग दर्शन, रामानुजाचार्य, लोकायत, वात्स्यायन और *कामसूत्र*, वेदांत दर्शन, वैशेषिक दर्शन, शंकराचार्य, षड्-दर्शन-1 और 2, संस्कृत काव्यशास्त्र, स्मृति-साहित्य, सांख्य दर्शन-1 और 2, सिद्ध-नाथ परम्परा।

संदर्भ

1. रामप्रताप शास्त्री, 'पुराण', वियोगी हरि (सम्पा.) (2011), *हमारी परम्परा,* सस्ता साहित्य मण्डल, नयी दिल्ली.
2. रामविलास शर्मा (2010), *भारतीय संस्कृति और हिंदी प्रदेश,* भाग एक, किताबघर प्रकाशन, नयी दिल्ली.

— अजय कुमार पाण्डेय

पुरुषत्व

(Masculinity)

नारीवाद की दूसरी लहर के प्रभाव में जिन नये अनुशासनों का विकास हुआ है उनमें पुरुष-अध्ययन या मैस्कुलिनिटी-स्टडीज़ का विशेष स्थान है। साठ के दशक में आये नारीवादी उछाल की रोशनी में समाजशास्त्रियों की समझ में आया कि उन्हें एक जेंडरीकृत अस्तित्व के रूप में पुरुष का अध्ययन करना चाहिए, क्योंकि पुरुष को केवल एक ख़ास तरह की जैविकी के आधार पर सेक्शुअल भिन्नता का वाहक नहीं माना जा सकता। पुरुष-अध्ययन के सर्वाधिक ख्याति प्राप्त विद्वान बॉब कॉनेल ने अपने शोधों के ज़रिये इस बात पर ज़ोर दिया है कि पुरुषत्व को सिर्फ़ जैविक पुरुष के साथ जोड़ा जाना असंगत है। शारीरिक आचार-व्यवहार के ज़रिये पौरुष उन लोगों में भी प्रतिबिम्बित होता है जो शरीर से पुरुष नहीं हैं। स्त्रियों और हिजड़ों में भी पौरुष देखा जा सकता है। इसलिए पुरुषत्व को एक ऐसी अवधारणा के रूप में ग्रहण करना चाहिए जो जेंडर व्यवहार को तय करती है। अपनी रचना *जेंडर ऐंड पॉवर* में कॉनेल ने दिखाया है कि पुरुष अगर बेहतर सत्ता, संसाधनों और सामाजिक दर्जे का स्वामी है, तो इसके पीछे एक प्रबल वर्चस्व की भूमिका है जिसका ऐतिहासिक रूप से सामाजिक पुनरुत्पादन होता रहा है। कॉनेल ने अपनी थीसिस साबित करने के लिए यह भी दिखाया कि पुरुष होने का लाभ यानी पितृसत्तात्मक डिविडेंड सभी श्रेणियों के पुरुषों को समान रूप से नहीं मिलता। अश्वेत पुरुष और समलैंगिक पुरुष इससे उस तरह लाभान्वित नहीं हो पाते जिस तरह इतरलैंगिक यानी हेटरोसेक्शुअल पुरुष होते हैं। कॉनेल का यह सिद्धांत मल्टीपल मेस्कुलिनिटीज़ (एकाधिक पुरुषत्व) के नाम से जाना जाता है। ज़ाहिर है कि वे पुरुष-समाज को एकाश्म रचना के तौर पर देखने के बजाय विभेदित संरचना के तौर पर ग्रहण करते हैं।

अकादमीय दृष्टि से पुरुष-अध्ययन एक नया अनुशासन ज़रूर है, लेकिन पुरुषों के जागरूक समूहों द्वारा मर्दानगी या पुरुषत्व की अभिव्यक्तियों पर आलोचनात्मक नज़रिये से सोचने की परम्परा कुछ पुरानी है। सत्तर के दशक से ही अमेरिका और ब्रिटेन में पुरुषों के इन समूहों की गतिविधियाँ शुरू हो गयी थीं। ख़ास तौर से नारीवाद और आम तौर से स्त्रियों को सकारात्मक नज़र से देखने वाले ये समूह मानते थे कि हर पुरुष में उत्पीड़क बनने का अंदेशा छिपा हुआ है। अगर पुरुषत्व का विचार उत्पीड़क होने से जुड़ा हुआ है, तो क्यों न पुरुषत्व से मुक्ति की कोशिश की जाए। ठीक उसी तरह जैसे स्त्रियाँ पितृसत्ता से छुटकारे के लिए संघर्ष कर रही हैं, पुरुषों को भी उत्पीड़नकारी मर्दानगी की जकड़ से निकलने के लिए जद्दोजहद करनी चाहिए। जिस समय जागरूक पुरुष-समूह इस तरह की गतिविधियाँ कर रहे थे, उसी समय कुछ नारीवादी विदुषियों, जैसे शीला राउबॉथम ने नये पुरुष की रचना का विचार प्रस्तुत किया। राउबॉथम का सूत्रीकरण था कि अगर नयी स्त्री की रचना करनी है तो उस परियोजना की सफलता नये पुरुष की रचना की शर्त पर निर्भर है। इस लिहाज़ से पुरुष-अध्ययन का एक दूसरा पहलू नये पुरुष की रचना से जुड़ा हुआ है।

पुरुष-अध्ययन जिस पुरुष को अपना केंद्र बनाता है, वह वस्तुतः सामाजिक-सांस्कृतिक व्यवहारों और सांस्कृतिक निरूपणों का एक समुच्चय है। इसका बहुवाचिक प्रयोग भी विभिन्न सांस्कृतिक परिदृश्यों में पुरुषों के संबंध में निर्मित ऐतिहासिक आख्यानों को दर्शाता है जिसके कारण एक ही समाज में रहने वाले पुरुषों के बीच भी पुरुषत्व का भाव उसके जातीय, वर्गीय तथा नस्लीय संदर्भों के कारण भिन्न-भिन्न होता है।

पुरुषत्व की नारीवादी आलोचना इस आधार पर की जाती है कि यह ऐतिहासिक रूप से स्त्री का अन्यीकरण करता रहा है। नारीवाद की समस्त धाराओं ने पुरुषत्व के संबंध में अपनी प्रस्थापनाएँ पेश की हैं और 1980 से ही इस विषय पर चिंतन-मनन हो रहा है। नारीवादियों के अनुसार पौरुष के साथ एक प्रकार का सत्ता-संबंध जुड़ा हुआ है जो न सिर्फ़ स्त्री एवं पुरुष के बीच ,बल्कि दो पुरुषों के बीच भी कार्य करता है। वे इसे जैविक निर्धारणवाद के चश्मे से देखने के बजाय सामाजिक संदर्भों में देखते हैं जिसके तहत विभिन्न सत्ता संस्थानों, विचारधाराओं एवं संस्कृतियों में जेंडर की निर्मिति के दौरान पुरुषत्व तथा स्त्रीत्व जैसी अवधारणाओं का जन्म होता है। सिमोन द बोउवार ने अपनी प्रसिद्ध कृति *द सेकेंड सेक्स* में लिखा है कि स्त्री पैदा नहीं होती है, बना दी जाती है। सिमोन के तर्क स्पष्ट करते हैं कि हमारे सामाजिक पदानुक्रम में निर्धारित जेंडर-विभेद के मुताबिक़ पुरुष सदैव 'स्व' तथा स्त्री 'अन्य' के रूप में अवस्थित है। सिमोन ने इस जेंडर-विभेद की वैचारिक जड़ों को मानवशास्त्र, मनोविश्लेषण तथा चिकित्सा-जगत में हो रहे अनुसंधानों के

भीतर भी तलाशा। सिमोन मानती हैं कि स्त्रीत्व को कमतर रूप में परिभाषित किया गया है। इसलिए सभ्यता हमेशा मर्दाना/पौरुषपूर्ण रही है और स्त्रियों को हमेशा ही बाहरी/अन्य के तौर पर देखा गया है।

इसमें कोई शक नहीं कि सिमोन का यह सूत्रीकरण नारीवाद द्वारा की गयी पुरुषत्व की आलोचना का सार है। लेकिन इसके बावजूद नारीवादियों में पुरुषत्व को परिभाषित करने के मामले में कुछ मतभेद भी हैं। उदाहरणस्वरूप प्राकृतिक विज्ञान के अनुसार पौरुष या मर्दानगी हारमोन या क्रोमोसोम की तरह मनोवैज्ञानिक कारकों का परिणाम है। गोल्डबर्ग ने 1979 में स्नायु-तंत्र की हारमोन प्रणाली के साथ अंतरक्रिया के माध्यम से पुरुषत्व का जैविकीय आधार तलाशने का प्रयास किया। लेकिन इस प्रकार के जैविक निर्धारणवाद से अंततः उन आग्रहों को ही बल मिला जो पुरुषों को प्राकृतिक रूप से प्राप्त पौरुष के पुनरुत्पादन की तरफ़ ले जाते हैं। ऐसे विद्वानों की भी एक परम्परा है जो मानते हैं कि आधुनिक समाज में पुरुषत्व को सर्वाधिक नुक़सान में रहना पड़ा है। ये लोग नारीवाद पर आरोप लगाते हैं कि उसके दबाव में मर्दानगी काफ़ी-कुछ मुलायम क़िस्म की हो गयी है। समाज के हित में इस नुक़सान की भरपाई करने के लिए पुराने क़िस्म के कठोर पौरुषपूर्ण व्यक्ति का जीर्णोद्धार किया जाना चाहिए ताकि पुरुष-दृष्टि से आदर्श समाज-निर्माण करते हुए उसी तरह की परम्पराएँ और रीति-रिवाज़ फिर से बहाल किये जा सकें।

पुरुषत्व को जैविक नज़रिये से देखने के रवैये के ख़िलाफ़ कॉनेल ने जेंडर की तार्किकता के मद्देनज़र समाज-वैज्ञानिक विश्लेषण का सहारा लिया और एकाधिक पुरुषत्व के सूत्रीकरण पर पहुँचे। कॉनेल के अनुसार पुरुषत्व के प्रचलित आदर्श के साथ समाज में कुछ ही पुरुष जीवन गुज़ार पाते हैं, परन्तु इसका लाभ अधिकतर पुरुषों को मिलता है। इस तरह पुरुषों को कॉनेल ने दूसरी श्रेणी का पुरुषत्व क़रार दिया है। उन्होंने पुरुषों का एक पदानुक्रम बनाया है जिसमें सबसे नीचे की श्रेणी अधीन-पुरुषत्व की है जिसमें सबसे ज़्यादा अधीनस्थता समलैंगिक पुरुषों के हिस्से में आयी है। कॉनेल के अनुसार जेंडर के पदानुक्रम में स्त्रीत्व का दर्जा सबसे नीचे होता है। हालाँकि इसके भी कई रूप हैं, जैसे आज्ञाकारी स्त्रीत्व, प्रतिरोधी स्त्रीत्व, स्त्री-समलैंगिकता परंतु अपने हर रूप में यह हमेशा पुरुषत्व के अधीन ही होती है।

कॉनेल ने पश्चिमी समाजों में हुए परिवर्तनों के हवाले से पुरुषत्व की अवधारणा के विकास की व्याख्या की। उन्होंने बताया कि बीसवीं सदी में ब्रिटेन में उद्योगीकरण के फलस्वरूप हुए सामाजिक परिवर्तनों के कारण जेंडर की श्रेणीबद्धता का अवमूल्यन हुआ। इससे वर्चस्वशाली पौरुष का भी क्षय हुआ। अपने प्रभाव में आयी इस गिरावट से डर कर पुरुषत्व की राजनीति के तहत पुरुष को सर्वाधिक महत्त्वपूर्ण और जेंडर संबंधों में पुरुष को श्रेष्ठ साबित करने की लामबंदी शुरू हुई। कॉनेल ने पुरुषत्व की राजनीति के मुख्य रूपों, जिसमें पुरुषत्व-चिकित्सा भी शामिल थी, की पहचान करने का प्रयास किया।

कॉनेल जैसे चिंतकों के प्रयासों से पुरुषत्व के विभिन्न रूपों पर ग़ौर करने की ज़मीन तैयार हुई है। उनके एकाधिक पुरुषत्वों के सूत्रीकरण को आपत्तियों का सामना भी करना पड़ा है। कुछ आलोचकों ने इस अवधारणा के अस्पष्ट, असमंजसपूर्ण तथा विरोधाभासी पहलुओं को रेखांकित करते हुए प्रश्न उठाया है कि यदि पुरुषत्व की परिभाषा में इतना वैविध्य और तरलता है तब प्रामाणिक तौर पर पुरुषत्व की पहचान कैसे सम्भव है? ये आलोचक मानते हैं कि पुरुषत्व कोई विशेषता या व्यक्तिगत व्यवहार नहीं है, बल्कि इसे एक विचारधारा की तरह समझा जाना ज़रूरी है जो यह तय करती है कि आदर्श पुरुष कैसा होना चाहिए।

देखें : अश्वेत नारीवाद, आनंदीबाई जोशी, इस्लामिक नारीवाद, गायत्री चक्रवर्ती स्पिवाक, चिपको आंदोलन, जूडिथ बटलर, जेंडर, दलित नारीवाद, देवदासी, देवकी जैन, नारीवाद, नारीवाद की पहली लहर, नारीवाद की दूसरी लहर, नारीवाद की तीसरी लहर, नारीवाद और अर्थशास्त्र, नारीवादी फ़िल्म-सिद्धांत, नारीवादी इतिहास-लेखन, नारीवाद और अर्थशास्त्र, नारीवादी दर्शन, नारीवाद और साम्प्रदायिकता, नैंसी शोदॅरो, पर्यावरणीय नारीवाद, पब्लिक-प्रायवेट, पण्डिता रमाबाई सरस्वती, पितृसत्ता, प्रेम, प्रेम-अध्ययन और नारीवादी दर्शन, भारत में स्त्री-आरक्षण-1 और 2, महादेवी वर्मा, मैरी वोल्सनक्रॉफ़्ट, राजनीतिक दर्शन के नारीवादी आयाम, रमाबाई रानाडे, ल्यूस इरिगरे, स्त्री और साम्प्रदायिकता, स्त्री-श्रम, सम्पत्ति : नारीवादी परिप्रेक्ष्य, सिमोन द बोउवार, स्त्री-आरक्षण, हेलन सिचू।

संदर्भ

1. रॉबर्ट डब्ल्यू. कॉनेल (1995), *मैस्कुलिनिटीज़,* पॉलिटी प्रेस, केम्ब्रिज.
2. एस. माइकल किमेल, जेफ़ हीर्न और रॉबर्ट डब्ल्यू. कॉनेल (सम्पा.) (2004), *हैंडबुक ऑफ़ मेन ऐंड मैस्कुलिनिटीज़,* युनिवर्सिटी ऑफ़ इलिनॉय प्रेस, इलिनॉय.
3. जॉन मैकइनेस (1998), *द ऐंड ऑफ़ मैस्कुलिनिटीज़,* ओपन युनिवर्सिटी प्रेस, बकिंघम.

— सुप्रिया पाठक

पूर्व-मीमांसा दर्शन

(Philosophy of Poorva-Mimansa)

मीमांसा का तात्पर्य है पूजित विचार या पूजित जिज्ञासा। शुरुआत में इस पद का प्रयोग वैदिक-कर्मकाण्ड संबंधी जिज्ञासा के संदर्भ होता था। फिर श्रुतियों के पारस्परिक विरोध का परिहार करके उनमें एक-वाक्यता स्थापित करने के लिए किये गये विचार-विमर्श को मीमांसा कहा गया। और आगे चल कर किसी भी विषय के समीक्षात्मक विवेचन के लिए इस शब्द का प्रयोग होने लगा तथा जिज्ञासा, मीमांसा व समीक्षा परस्पर पर्यायवाची समझे जाने लगे। लेकिन एक दर्शन के रूप में मीमांसा का संबंध कर्मकाण्ड तथा वेद की व्याख्या से है। यह वेद के मंत्र-ब्राह्मण रूपी पूर्वभाग या कर्मकाण्ड पर आधारित है। अतः इसे पूर्व-मीमांसा, कर्म-मीमांसा या धर्म-मीमांसा कहते हैं। वेदांत वेद के उत्तर भाग अर्थात् उपनिषद्-भाग या ज्ञानकाण्ड पर आधारित है, अतः इसे उत्तर-मीमांसा, ज्ञान-मीमांसा या ब्रह्म-मीमांसा कहते हैं। पूर्व-मीमांसा के लिए मीसांसा तथा उत्तर-मीमांसा के लिए वेदांत शब्द प्रचलन में है। रामानुजाचार्य *मीमांसासूत्र* और *वेदांतसूत्र* को एक ही शास्त्र के पूर्व तथा उत्तर खण्डों के रूप में स्वीकार्य बताते हैं। शंकराचार्य के पूर्वकालिक आचार्यों की एक लम्बी परम्परा रही है जो मीमांसा एवं वेदांत को एक ही शास्त्र मानती थी और कर्मज्ञान समुच्चय का प्रतिपादन करती थी। मण्डन मिश्र सम्भवतः इस परम्परा के अंतिम आचार्य थे। आठवीं शताब्दी में मीमांसा-दर्शन दो परम्पराओं में विभक्त मिलता है। पहली परम्परा प्रभाकर की कुमारिल भट्ट की है, जिसे भाट्ट मत कहा जाता है। दूसरी परम्परा प्रभाकर की है। उसे गुरु मत भी कहा जाता है। तीसरी परम्परा के रूप में मुरारी मिश्र का उल्लेख मिलता है, पर उनका कोई ग्रंथ उपलब्ध नहीं है।

मीमांसक स्वर्ग के अस्तित्व को मानते थे। *मीमांसासूत्र* के रचियता आचार्य जैमिनि वैदिक यज्ञों को न्यायसंगत मानते थे और उनके लिए यज्ञ स्वर्ग प्राप्ति का एक साधन मात्र थे। स्वर्ग पर आस्था आवश्यक मानने वाले इन चिंतकों ने भौतिक जगत के सुख-दुःख से छुटकारा पाना नहीं बल्कि स्वर्ग की प्राप्ति को ही मोक्ष माना। उन्होंने वेदों की प्रामाणिकता का पूरी तरह समर्थन किया। मीमांसा के पहले यज्ञ अग्नि, वायु, वरुण और इंद्र जैसे देवताओं को प्रसन्न करने के साधन थे। पूरी जनता को यज्ञ का अधिकार था। मीमांसा के समय में यज्ञ शूद्रों के लिए वर्जित कर दिया गया। मीमांसकों ने ब्राह्मणों की सर्वोच्चता को स्वीकार किया तथा दास-प्रथा को न्यायसंगत ठहराया। यह भी कहा जाता है कि मीमांसा अनीश्वरवादी दर्शन है तथा इसके अनुयायियों ने वैदिक देवी-देवताओं का भी मज़ाक़ उड़ाया है। लेकिन अपनी विषय-वस्तु के लिहाज़ से यह मूलतः आदर्शवादी है। इसका अनीश्वरवादी पक्ष आगे चल कर समाप्त हो गया तथा अंधविश्वास और कर्मकाण्ड का पर्याय बन गया।

मीमांसा का लक्ष्य वैदिक कर्मकाण्ड का संगत व्याख्यान करना रहा है। यह कार्य स्वयं ब्राह्मण-ग्रंथों ने प्रारम्भ किया और श्रौत सूत्रों ने आगे बढ़ाया। मीमांसा ने इसके निष्पादन में पूर्ण योगदान दिया। यदि मीमांसा यहीं तक सीमित रहती तो वह वैदिक कर्मकाण्ड की व्याख्या-मात्र रह जाती और उसे भारतीय दर्शनों में मान्य स्थान नहीं मिलता। मोक्ष को परम पुरुषार्थ मान कर मीमांसा ने वैदिक कर्मकाण्ड को दार्शनिक आधार प्रदान किया। प्राचीन काल में न्याय शब्द का प्रयोग पूर्व-मीमांसा के लिए किया जाता था। मीमांसा ने ज्ञान-मीमांसा तथा प्रमाण-मीमांसा के प्रसंग में न्याय-दर्शन के साथ संबंध जोड़ा। उसके सिद्धांतों को एक हद तक स्वीकार किया तथा कुछ हद तक उसका खण्डन भी किया। आचार्य जैमिनि के *मीमांसासूत्र* को पूर्व-मीमांसा का आदि ग्रंथ माना ज़रूर जाता है लेकिन जैमिनि पूर्व-मीमांसा के प्रवर्तक नहीं हैं। उन्होंने अपने से पहले के कई मीमांसा-आचार्यों की चर्चा की है जिन के ग्रंथ उपलब्ध नहीं है। बोधायन, उपवर्ष, भवदास और सुंदर पाण्डेय *मीमांसासूत्र* समर्थ भाष्यकार हैं।

जैमिनि-रचित *मीमांसासूत्र* में बारह अध्याय तथा तीन हज़ार सूत्र हैं जिनमें बताया गया है कि क्या करना चाहिए तथा क्या नहीं करना चाहिए। इसमें मुख्यतः धर्म की चर्चा है तथा धर्म-जिज्ञासा से ही यह शुरू होता है। आचार्य जैमिनि ने धर्म को वेद आधारित माना है। उन्होंने कर्म के लिए आदेश को ही धर्म क़रार देते हुए बताया है कि इसके फल की प्राप्ति अगले जीवन में होती है। जैमिनि मानते हैं फल किसी दाता पर निर्भर नहीं है बल्कि कर्म के अनुरूप स्वयं प्राप्त होता है। कुछ ऐसे ऐच्छिक कर्म होते हैं, जो यश के लिए किये जाते हैं तथा कुछ निषिद्ध कर्म होते हैं जिन्हें करना मनुष्य के लिए हानिकारक होता है। ये तीन प्रकार के आदेश या निषेध किसी व्यक्ति या ईश्वर के न हो कर वेद द्वारा निर्धारित हैं। मीमांसकों ने वेद और ब्राह्मणों को विशेष महत्त्व दिया है। उनकी मान्यता थी कि कर्म ही मानव जीवन का आधार है। कर्म के बिना मनुष्य कभी अपने उद्देश्य को प्राप्त नहीं कर सकता तथा इसके बिना ज्ञान निरुद्देश्य है। आदिकालीन वैदिक युग में यज्ञ देवताओं को प्रसन्न करने के लिए किये जाते थे। मीमांसाकों ने उन्हें पुनरुज्जीवित करके नये अर्थ दिये। इसके बाद यज्ञ अब केवल देवताओं को प्रसन्न करने के लिए या केवल आत्मा की शुद्धि के लिए नहीं बल्कि इसलिए किये जाने लगे कि वे वेदों और ब्राह्मणों द्वारा निर्देशित हैं।

जैमिनि ने वेदों को रहस्यमय पवित्रता से परिपूर्ण शाश्वत और स्वयं-भू माना। वे मनुष्य-रचित न होकर अपौरुषेय तथा नित्य हैं। इसलिए पुरुषकृत दोषों से रहित हैं। इनकी रचना वेद-प्रकाश ऋषियों ने की है। जैमिनि के अनुसार वेदों का परम सत्य शब्द के माध्यम से प्राप्त किया जा सकता है। स्वर ने ही शब्दों का रूप धारण किया है। अत: वेदों के शब्दों और स्वरों दोनों का ही पूरी तरह से अध्ययन करना और उनमें अंतर्निहित विचार पूरी तरह समझना आवश्यक है। मीमांसा के सिद्धांतकारों ने कहा कि वेदों पर उनकी आस्था अंधविश्वास पर न होकर उनकी वैधता और प्रामाणिकता पर आधारित है। उन्होंने इसके लिए तर्क का सहारा लिया। लेकिन इस संदर्भ में जैमिनि का 'नित्य शब्द सिद्धांत' गहरे रहस्यवाद का शिकार हो गया।

जैमिनि का कहना था कि शब्द ठीक-ठीक वही ध्वनियाँ और नाद नहीं हैं, जिन्हें हम सुनते हैं। वक्ता जो बोलता है और श्रोता जो सुनता है, वह केवल शब्दों की ध्वनि होती है। शब्द वास्तव में अक्षरों से रचे जाते हैं, जो स्थिर और शाश्वत है। ध्वनि शब्दों को स्पष्ट करती है। जैमिनि इस बात से तनिक भी विचलित नहीं थे कि भिन्न-भिन्न स्थानों पर अलग-अलग समय में अक्षरों का अलग-अलग प्रकार से उच्चारण किया जाता है। उनका कहना था कि वह परिवर्तन केवल उच्चारण और व्याख्या में होता है, लेकिन शब्द वास्तव में ज्यों के त्यों शाश्वत रहते हैं। प्रकाश की किरण केवल उस वस्तु को प्रकाशित करती है जिस पर वह गिरती है, उसे वह रचती नहीं है। इसी प्रकार शब्दोच्चार केवल वेदों की ध्वनि को व्यंजित करते हैं, वेदों की सृष्टि नहीं करते। इस प्रकार वेदों के शब्द दैवी हैं, शाश्वत हैं अत: पथ-प्रदर्शन करने वाली शक्ति के रूप में किसी भी त्रुटि से रहित हैं।

लेकिन शब्दों के रूप में वेदों के शाश्वत रूप का समर्थन करते हुए जैमिनि ने इस बात को मानने से इनकार किया कि किसी समान-शाश्वत आत्मा ने इन शब्दों को रचा अथवा उनका उच्चारण किया होगा। शब्द स्वयं में पूर्ण और आत्मनिर्भर होता है, उसे किसी अन्य स्रोत द्वारा अर्थ अथवा प्रामाणिकता की आवश्यकता नहीं होती। जैमिनि के इन विचारों के संबंध में स्तचेर्बाटस्की की टिप्पणी है कि इस विसंगत विचार का, जिसे सभी रूढ़िवादी और ग़ैर-रूढ़िवादी प्रणालियों ने अपने आक्षेपों और आक्रमणों का निशाना बनाया, मीमांसकों ने बड़ी ही द्वंद्वात्मक सूक्ष्मता वाले तर्कों और उक्तियों से समर्थन किया। सम्भवत: इस समर्थन में ही उनकी समस्त वैचारिक प्रतिभा ख़र्च हो गयी, क्योंकि अन्य सभी समस्याओं पर उन्होंने अत्यंत निश्चयात्मक रूप से यथार्थवादी, तत्त्ववाद विरोधी, नकारात्मक स्थिति अपनायी।

मैक्सम्युलर के अनुसार जैमिनि ने ईश्वर का उल्लेख इसलिए नहीं किया कि वह आक्रमणों से ईश्वर को बचाना चाहते थे। संसार में जो अन्याय व्याप्त दिखाई देता है उसके लिए जैमिनि ईश्वर को ज़िम्मेदार नहीं ठहराना चाहते थे, इसीलिए उन्होंने प्रत्येक चीज़ को कार्य-प्रभाव की परिधि में सीमित कर दिया और इस जगत में व्याप्त असमानताओं को अच्छे और बुरे कार्यों का स्वाभाविक परिणाम बतलाया। यह निश्चय ही अनीश्वरवाद नहीं था; दरअसल यह ईश्वर को क्रूरता अथवा अनावश्यक पक्षपात के उन आरोपों से, जो उस पर प्राय: लगाये जाते रहे हैं, मुक्त करने का प्रयत्न था। मीमांसकों को यदि नास्तिक कहा जाता था, तो इसका अर्थ इससे अधिक और कुछ नहीं था कि ईश्वर के क्रिया-कलापों को वे अपने ढंग से न्याय संगत सिद्ध करने का प्रयत्न करते थे।

मीमांसकों के अनुसार कर्म के नियमों के आधार पर संसार की उत्पत्ति हुई है। मीमांसक द्रव्यों के शाश्वत स्वरूप पर विश्वास करते हैं। ईश्वर के बिना जगत के विकास एवं पदार्थों से उसके उद्‌भव के सवाल पर मीमांसकों का कहना है कि प्रत्येक प्रभाव का एक कारण होता है। प्रत्येक कर्म का अपना फल होता है। प्रत्येक वस्तु में एक अंतर्निहित शक्ति होती है। यह शक्ति ही फल अथवा प्रभाव को जन्म देती है। यदि इस शक्ति को नष्ट कर दिया जाए तो प्रभाव कार्यान्वित नहीं होता। बीज में एक अक्षय शक्ति रहती है जिसके फलस्वरूप बीज से अंकुर निकलता है। यदि इस शक्ति को नष्ट कर दिया जाए तो उसमें से अंकुर नहीं फूटता। जैमिनि इस रहस्यमयी अदृश्य शक्ति को अपूर्व कहते हैं। किसी कर्म का फल अपूर्व द्वारा ही प्राप्त होता है।

मीमांसा दर्शन आत्मा के अस्तित्व को स्वीकार करके उसे शाश्वत मानता है। उसके अनुसार आत्मा पदार्थ से अलग और कर्म से स्वतंत्र नहीं है। शरीरस्थ आत्मा के होने पर चैतन्य की उत्पत्ति होती है। ज्ञानेंद्रियों के किसी विषय के साथ संयोग होने पर चैतन्य की उत्पत्ति होती है। मुक्त आत्मा विदेह तथा चेतनाविहीन होती है। लेकिन उसमें चैतन्य की शक्ति रहती है। आत्मा को जिन कष्टों और पीड़ाओं का अनुभव होता है, उनका कारण यह भौतिक शरीर है। इंद्रियों तथा अन्य अंगों के माध्यम से आत्मा बाह्य जगत से संबंध स्थापित करती है। और बाह्य जगत ही सभी व्यक्तियों के जीवंत अनुभवों का आधार है। इस प्रकार मीमांसा दर्शन बाह्य जगत से मनुष्य के संबंधों की व्याख्या करता है। वह बाह्य जगत को यथार्थ मानता है।

आत्मा के शरीरयुक्त होने पर उसे कई प्रकार के ज्ञान प्राप्त हो सकते हैं। प्रभाकर ने मीमांसा के अनुसार प्रत्यक्ष, अनुमान, उपमान और शब्द के अतिरिक्त एक पाँचवाँ प्रमाण अर्थापति को माना। उन्होंने प्रत्यक्ष, अनुमान, उपमान तथा शब्द की व्याख्या न्याय दर्शन के अनुरूप ही मानी। उपमान प्रमाण के बारे में न्याय दर्शन से थोड़ा-सा हट कर उन्होंने कहा कि यह उक्ति प्रत्यक्ष द्वारा प्रमाणित होती है। यदि कोई

मनुष्य जीवित है और घर पर नहीं है तो अर्थापति द्वारा जाना जा सकता है कि वह कहीं अन्यत्र है। इसके अलावा दो और प्रमाण सम्भव और अभाव या अनुपलब्ध माने गये हैं।

देखें : आर्यभट्ट और *आर्यभटीय,* उपनिषद्, कपिल, *अर्थशास्त्र* और कौटिल्य, गोपीनाथ कविराज, गोविंद चंद्र पाण्डे, चैतन्य महाप्रभु, जैन दर्शन, न्याय दर्शन, दया कृष्ण, द्रविड़ संस्कृति, नंद किशोर देवराज, न्याय दर्शन, नागार्जुन, पतंजलि और *योगसूत्र,* पाणिनि और *अष्टाध्यायी,* पाश्चात्य काव्यशास्त्र, पुराण, बदरी नाथ शुक्ल, बादरायण, बौद्ध दर्शन, *भगवद्गीता,* भरत और *नाट्यशास्त्र,* मुकुंद लाठ, *भागवत पुराण, महाभारत,* यशदेव शल्य, योग दर्शन, रामानुजाचार्य, लोकायत, वात्स्यायन और *कामसूत्र,* वेदांत दर्शन, वैशेषिक दर्शन, शंकराचार्य, षड्-दर्शन-1 और 2, संस्कृत काव्यशास्त्र, स्मृति-साहित्य, सांख्य दर्शन-1 और 2, सिद्ध-नाथ परम्परा।

संदर्भ

1. वियोगी हरि (सम्पा.) (2011), *हमारी परम्परा,* सस्ता साहित्य मण्डल, नयी दिल्ली.
2. चंद्रधर शर्मा (1991), भारतीय दर्शन : आलोचन और अनुशीलन, मोतीलाल बनारसी दास, दिल्ली.
3. सर्वपल्ली राधाकृष्ण (2012), *भारतीय दर्शन,* दो खण्ड, राजपाल ऐंड संस, दिल्ली.
3. के. दामोदरन (2001), *भारतीय चिंतन परम्परा,* अनुवाद : जी. श्रीधरन, पीपुल्स पब्लिशिंग हाउस, नयी दिल्ली.
4. सतीशचंद्र चट्टोपाध्याय और धीरेंद्र मोहन दत्त, *भारतीय दर्शन,* अनु. : हरिमोहन झा और नित्यानंद मिश्र, पुस्तक भंडार, पटना.

— अजय कुमार पाण्डेय

पेटेंट

(Patent)

पेटेंट बौद्धिक सम्पदा अधिकारों का एक अत्यंत महत्त्वपूर्ण आयाम है। सदियों से हुकूमतें पेटेंट के लाइसेंस देती रही हैं। किसी ज़माने में अनुपलब्ध जिंसों के आयात के लिए शासन पेटेंट का लाइसेंस देता था, पर आजकल आविष्कारों को प्रोत्साहन देने के लिए पेटेंटों का इस्तेमाल होता है। पेटेंट के ज़रिये ऐसे क्षेत्रों में आविष्कार की प्रवृत्तियों को होने वाले नुक़सानों को रोका जा सकता है जहाँ किसी आविष्कार की नक़ल करने में बहुत कम लागत आती है। दूसरे, पेटेंट के ज़रिये आविष्कार की सूचना देने वाले उस सूचना पर अपने अधिकार से वंचित नहीं हो पाते, भले ही अनगिनत लोग उस सूचना का इस्तेमाल करते रहें। व्यवहार में पेटेंट प्रणाली पूँजीवादी अर्थव्यवस्थाओं के तहत प्रचलित मुक्त बाज़ार का अपवाद है। इसीलिए कुछ ऐसी प्रतिसंतुलनकारी नीतियाँ अपनाना ज़रूरी होता है जिनसे पेटेंटों के बावजूद समाज को प्रौद्योगिकीय विकास का लाभ मिलते रहने की गारंटी की जा सके। पेटेंटधारी को अगर सीमित अवधि के लिए स्वामित्व दिया जाता है, तो जनता को भी उसके बारे में जानने का अधिकार रहता है। पेटेंट प्रणाली के कारण ट्रेड सीक्रेट के नाम पर नयी प्रौद्योगिकियों को छिपाना अब निजी कम्पनियों के लिए मुमकिन नहीं रह गया है।

पेटेंट देने की पहली शर्त यह होती है कि आविष्कार में नवीनता होनी चाहिए। आविष्कार स्वत: प्रकट होने वाला न हो कर उसे करने में अध्यवसाय और परिश्रम दिखना चाहिए। उसके औद्योगिक इस्तेमाल की सम्भावनाएँ स्पष्ट होनी चाहिए। किसी नयी चीज़ की रचना के साथ आविष्कार का क्षण जुड़ा रहना ज़रूरी है। यानी, उस क्षण के परिणामस्वरूप अस्तित्व में आने वाली रचना के बारे में पहले से किसी को पता नहीं होना चाहिए। देखा जाए तो आविष्कार की यह क्षण सुनिश्चित करने का कोई आम नियम अभी तक नहीं बन पाया है, हालाँकि प्रस्तावित सब्सटेंटिव लॉ ट्रीटी में यह प्रावधान भी है कि पेटेंट-पात्रता के लिए आवेदक को आविष्कार का पूरा ब्योरा दाख़िल करना होगा। आविष्कार की औद्योगिक उपयोगिता और उसकी व्यावहारिकता एक ऐसी कसौटी है जो अमूर्त विचारों, सिद्धांतों और सौंदर्यशास्त्रीय रचनाओं को अलग करके पेटेंट-पात्रता के दायरे से निकाल देती है।

यहाँ खोज और आविष्कार का अंतर भी अहम है। अमेरिकी कांग्रेस ने इसे 1930 में ही स्पष्ट कर दिया था। इसके अनुसार किसी भी खनिज या वनस्पति की खोज की जा सकती है, पर उसे पूरी तरह से प्रकृति की रचना समझा जाएगा। लेकिन कलम लगाने या कृषि की अन्य तकनीकों की मदद से किया गया किसी वनस्पति का आविष्कार प्रकृति की रचना नहीं है। प्रकृति उसका पुनरुत्पादन या उसकी आवृत्ति नहीं कर सकती। ऐसी वनस्पति को पेटेंट किया जा सकता है, क्योंकि उसमें नवीनता है, उसके पीछे मानवीय प्रयास है और उसका पैदावार बढ़ाने में उपयोग भी किया जा सकता है। इसी तरह सार्वजनिक दायरे में पहले से मौजूद ज्ञान के रूपों, जैसे पारम्परिक ज्ञान, का पेटेंट देने की भी मनाही है। चूँकि पेटेंटों के साथ जुड़ी हुई यह शर्त पारम्परिक ज्ञान और सार्वजनिक दायरे की परिभाषा स्पष्ट नहीं करती इसलिए होता यह है कि आविष्कार करने की प्रक्रिया में ज्ञान के पहले से मौजूद रूपों का इस्तेमाल होता रहता है जिससे उसकी नवीनता संदिग्ध हो जाती है। इस समस्या का कोई इलाज नहीं खोजा जा सका है, बावजूद इसके कि किसी आविष्कार से पहले उस क्षेत्र में उपलब्ध ज्ञान की लिखित घोषणा की जाती

है। पारम्परिक समुदायों के पास वाचिक परम्परा के रूप में संचित ज्ञान की लिखित जानकारी अक्सर उपलब्ध नहीं होती, इसलिए आविष्कारों में इस पूर्व-संचित ज्ञान के प्रयोग को विनियमित करना तक़रीबन नामुमकिन हो जाता है।

1994 में हुए ट्रिप्स समझौते (बौद्धिक सम्पदा संरक्षण के अधिकारों से संबंधित संधि) में कुछ ऐसे प्रावधान भी हैं जिनके तहत सारी शर्तें पूरी होने के बाद भी पेटेंट देने से इनकार किया जा सकता है। मसलन, अगर किसी आविष्कार के औद्योगिक इस्तेमाल से मानवीय, पशु और वनस्पति जगत को नुक़सान पहुँच रहा है या पर्यावरण को क्षति पहुँच रही है तो पेटेंट नहीं दिया जाएगा। ट्रिप्स समझौते से पहले कुछ जगहों पर किसी उत्पाद के मैन्युफ़ैक्चरिंग की प्रक्रिया और बने-बनाये उत्पादों के पेटेंट में फ़र्क़ किया जाता रहा है। औषधि निर्माण के क्षेत्र में दवा बनाने की प्रक्रिया तो पेटेंट की जाती थी, पर दवा नहीं ताकि स्वास्थ्य रक्षा के लिए दवा अधिक से अधिक लोगों को उपलब्ध हो सके। अगर ऐसा न होता तो पिछले तीन दशकों से भारत का स्वदेशी दवा उद्योग आज की तरह विकसित न हो पाता। लेकिन, ट्रिप्स के बाद यह फ़र्क़ करना मुमकिन नहीं रह गया है। अब प्रौद्योगिकी के सभी क्षेत्रों में निर्माण की प्रक्रिया और उत्पाद, दोनों का पेटेंट किया जा रहा है।

पेटेंटधारी की अनुमति के बिना उसके आविष्कार का प्रयोग करके औद्योगिक निर्माण और विपणन नहीं किया जा सकता। औषधि क्षेत्र और ट्रांसजेनिक ऑर्गनिज़्म के संदर्भ में यह अधिकार निःशर्त नहीं है। पहली बात तो यह है कि इस अधिकार की एक समय-सीमा (ट्रिप्स के तहत मोटे तौर पर बीस साल) रहती है। सामाजिक प्रासंगिकता के लिहाज़ से अलग-अलग समय सीमाओं को भी मान्यता दी गयी है। उदाहरण के लिए 1970 के पेटेंट एक्ट के तहत खाद्य अथवा औषधि के लिए सात साल के पेटेंट अधिकारों का ही प्रावधान है। पेटेंटधारी ख़ुद तय कर सकता है कि वह अपने आविष्कार का औद्योगिक दोहन ख़ुद कर सकता है या दूसरे को यह इजाज़त देगा। लाइसेंसधारी तय कर सकता है कि वह लाइसेंस के दायरे में आने वाले सभी देशों औद्योगिक निर्माण करेगा या संरक्षित उत्पादों का आयात करवायेगा।

पेटेंटधारी के ये अधिकार किसी भी तरह से परम या बिना शर्त नहीं होते। किसी देश में ऐसा क़ानून हो सकता है जो किसी विशेष आविष्कार का औद्योगिक इस्तेमाल रोकता हो। पेटेंटधारी के लिए विभिन्न देशों के क़ानूनों के तहत काम करना लाज़मी है। राज्य के क़ानून उसे मजबूर कर सकते हैं कि वह कुछ समय के बाद दूसरे मैन्यूफैक्चरर्स को उत्पाद बनाने की इजाज़त दे ताकि संबंधित बाज़ार की माँग पूरी हो सके। मेडिकल पेटेंटों के मामले में यह शर्त जनस्वास्थ्य की संरक्षा के लिहाज़ से बहुत फ़ायदेमंद साबित हुई है।

पेटेंट प्रणाली के आर्थिक फ़ायदे लम्बे अरसे से विवादास्पद रहे हैं। विकासशील देशों में ही नहीं, धनी देशों में भी उनकी उपयोगिता और सामाजिक भूमिका पर बहस चलती रही है। चूँकि पेटेंट मुक्त बाज़ार प्रतियोगिता के अपवाद के रूप में अस्तित्व में आये थे, इसलिए यह सवाल पूछा जाना लाज़मी है कि उनसे व्यापक समाज को क्या फ़ायदा हो रहा है। विवाद का कारण यह है कि पेटेंट से कुछ लोगों को फ़ायदा होता है और कुछ को नुक़सान। बड़ी कम्पनियों के लिए पेटेंट बहुत लाभकारी साबित हुए हैं, ख़ासकर औषधि क्षेत्र में। पर यह दावा विवादास्पद है कि इससे नये आविष्कारों को प्रोत्साहन मिला है। पेटेंट प्रणाली का प्रयोग करने वाली छोटी कम्पनियाँ नहीं मानती हैं कि उनके कारण उन्हें नये आविष्कारों के लिए जानकारी मिलेगी। आर्थिक रूप से कमज़ोर देशों के लिए भी पेटेंट प्रणाली विवादास्पद रही है। कड़े पेटेंट क़ानून इन देशों में स्थानीय स्तर पर नये आविष्कारों को प्रोत्साहन देने में नाकाम रहे हैं। वहाँ पेटेंट कराने के ज़्यादातर आवेदन विदेशियों की तरफ़ से ही आते हैं। एक बात यह भी है कि पेटेंटिड प्रौद्योगिकी ग़रीब देशों के लिए ग़ैर-ज़रूरी भी हो सकती है।

दूसरे, यह भी विवाद का विषय है कि पेटेंटों के कारण ग़रीब देशों को उनकी ज़रूरत के मुताबिक़ प्रौद्योगिकी का हस्तातंरण हो पाता है। व्यावहारिक तौर पर यह हस्तांतरण अभी उम्मीद से कम ही हुआ है। दरअसल, पेटेंट प्रणाली अमीर देशों के बीच प्रौद्योगिकी हस्तांतरण के लिए ही फ़ायदेमंद साबित हुई है। 1920 से 1970 के बीच अमीर देशों का पेटेंटों में हिस्सा केवल नब्बे से घट कर अस्सी फ़ीसदी ही हो पाया था। 1970 तक केवल छह फ़ीसदी पेटेंट ही विकासशील देशों के पास थे, जिनका अस्सी फ़ीसदी स्वामित्व विदेशियों के हाथ में था। विकासशील देशों द्वारा दिये गये पेटेंटों में से नब्बे फ़ीसदी का प्रौद्योगिकीय इस्तेमाल विदेशियों द्वारा उन देशों में किया ही नहीं गया। ज़ाहिर है कि पेटेंटों का प्रयोग प्रौद्योगिकी के प्रसार के बजाय उसे रोकने के लिए किया गया। 1974 में अंकटाड द्वारा किये गये एक अध्ययन में इस स्थिति को सुधारने की अपील की गयी थी, पर आज भी कोई ख़ास सुधार नहीं हो पाया है। हालत यह है कि 1999 में प्रति दस लाख लोगों में धनी देशों में 273, मध्यम दर्जे के विकसित देशों में सात, ब्राज़ील में तीन, चीन में दो और भारत में एक पेटेंट लाइसेंस दिया गया। यह इसके बावजूद है कि भारत, ब्राज़ील और चीन बड़े-बड़े विकासशील देश हैं और उनमें बौद्धिक सम्पदा अधिकारों का लाभ उठाने की क्षमता है।

भारत सरकार ने तो महसूस कर लिया है कि बौद्धिक सम्पदा अधिकार अंगीकार करने के बावजूद कुछ विशेष उपाय अपनाने होंगे ताकि उसके हितों को नुक़सान न पहुँच सके।

देखें : अंतर्राष्ट्रीय मुद्रा कोष, ढाँचागत समायोजन कार्यक्रम, ब्रेटन वुड्स प्रणाली, भूमण्डलीकरण : भारतीय अर्थव्यवस्था का, भारत में पेटेंट क़ानून, भारत में बहुराष्ट्रीय निगम, भारत में शेयर संस्कृति, भूमण्डलीकरण, भूमण्डलीकरण का इतिहास-1 और 2, भूमण्डलीकरण और बेरोज़गारी, भूमण्डलीकरण और ग़रीबी, भूमण्डलीकरण और पूँजी बाज़ार, भूमण्डलीकरण और लोकतंत्र, भूमण्डलीकरण और राज्य, भूमण्डलीकरण और राष्ट्रीय सम्प्रभुता, भूमण्डलीकरण और वित्तीय पूँजी, भूमण्डलीकरण और वित्तीय उपकरण, भूमण्डलीकरण के आलोचक, भूमण्डलीकरण के ख़िलाफ़ प्रतिरोध, विश्व बैंक, विश्व व्यापार संगठन।

संदर्भ

1. न्यूनो पेरेस द कारवैल्हो (2002), *द ट्रिप्स रिज़ीम ऑफ़ पेटेंट राइट्स,* क्यल्यूवेर लॉ इंटरनैशनल, लंदन.
2. डब्ल्यू.आर. कोर्निश (2003), *इंटलेक्चुल प्रापर्टी : पेटेंट्स, कॉपीराइट्स, ट्रेड मार्क्स, ऐंड एलाइड राइट्स,* स्वीट ऐंड मैक्सवेल, पाँचवाँ संस्करण लंदन.
3. जॉन एच. बार्टन (2003), *न्यूट्रीशन ऐंड टेक्नॉलॉजी ट्रांसफर पॉलिसीज़,* यूऐनसीटीएडी/आईसीटीएसडी,ड्राफ्ट पेपर, जिनेवा.
4. फिलिप कुलेट (2008), *बौद्धिक सम्पदा संरक्षण और टिकाऊ विकास,* आलेख : अभय कुमार दुबे, इंस्टीट्यूट फ़ॉर डेमॉक्रैसी ऐंड सस्टेनिबिलिटी, वाणी, नयी दिल्ली.

पेटी बूर्ज़्वा

(Petites Buorgeois)

पेटी बूर्ज़्वा फ्रांसीसी भाषा का शब्द है जिसका शाब्दिक अर्थ होता है बुर्ज़ के लोग। फ्रांस में बुर्ज़ शब्द का प्रयोग उस नगर के लिए किया जाता था जहाँ लोग एक चहारदीवार में घिरे रह कर अपना काम करते थे। इन कामगारों में शिल्पकारों, दस्तकारों और छोटे व्यापारियों की बहुतायत होती थी। ख़ास बात है कि इस समूह में न तो किसान शामिल होते थे और न ही ज़मींदार। ये कामगर और छोटे व्यापारी मज़दूरों और मालिकों के बीच एक ऐसी धुरी का काम करते थे जो वस्तुओं के उत्पादन और निर्माण की भूमिका अदा करती थी। इस पद को राजनीतिक दर्शन और अर्थशास्त्र में कार्ल मार्क्स ने प्रचलित किया। उन्होंने अपनी दो रचनाओं सोशलिज़्म : यूटोपियन ऐंड साइंटिफ़िक और थियरी ऑफ़ सरप्लस वैल्यू में इस फ्रेंच शब्द का प्रयोग ब्रिटिश मध्यवर्ग के संदर्भ में किया। उनकी निगाह में पेटी बूर्ज़्वा एक वर्ग के रूप में पूँजीपति वर्ग (बूर्ज़्वाज़ी) और मज़दूर वर्ग के बीच की सामाजिक संरचना थी। मार्क्स की स्पष्ट मान्यता थी कि मध्यवर्ग यानी पेटी बूर्ज़्वा का बढ़ता हुआ आकार पूँजीवाद के विकास का महत्त्वपूर्ण पहलू होता है।

सामाजिक संरचना पेटी बूर्ज़्वा में समाज के ऐसे लोग शामिल हैं जिनका सामाजिक स्तर न तो बहुत बड़ा है और न ही छोटा। एक तरह से निम्न मध्य-वर्ग से लेकर मध्य वर्ग तक राजनीतिक अर्थशास्त्र के हिसाब से इस श्रेणी में आता है। वह प्राय: छोटी दुकानों में काम करता है अथवा सरकारी कार्यालयों में लिपिक वर्ग अथवा छोटे- बाबुओं के रूप में कार्य करता है। पेटी बूर्ज़्वा पूँजीपतियों के लिए मज़दूरों से भिन्न काम तो करता है, पर वह मालिक की हैसियत नहीं प्राप्त कर पाता। उसकी हैसियत एक मातहत कर्मचारी की ही रहती है। मार्क्स ने समाज में सारी समस्यायों का जड़ इसी मध्यवर्ग को माना है जो मेहनत तो काफ़ी करता है लेकिन इतनी पूँजी नहीं कमा पाता कि उससे वह अपना कुछ नया काम कर सके। इसलिए वह ज़्यादा मेहनत करने के बावजूद वाजिब मेहनताना न मिलने के कारण अंदर-ही अंदर कुढ़ता रहता है और एक दिन ख़ुद समस्या का कारण बन जाता है। कार्ल मार्क्स ने यह भी भविष्यवाणी की थी कि आने वाला समय मध्यवर्ग का होगा।

एक वर्ग के रूप में पेटी बूर्ज़्वा की संरचना ग्यारहवीं सदी तक बनने लगी थी। मध्य और पश्चिम के नगरों को वाणिज्य का केंद्र समझा जाने लगा था। इन नगरों के माध्यम से एक संगठित अर्थव्यवस्था की शुरुआत होने लगी थी। इन नगरों में रहने वाले लोगों ने अपने हितों की रक्षा के लिए एक संगठन बनाना शुरू कर दिया। इस तरह विभिन्न व्यवसायियों के बीच इनकी एक मण्डली बन गयी। इन मण्डलियों का बनना स्वाभाविक न होकर इनका मक़सद सामंतवादी जमीदारों के ज़ुल्मों से बचने और उनसे टकराव टालने का था। होता यह था कि उस समय के सामंतवादी ज़मींदार शिल्पकारों, दस्तकारों और व्यापारियों से किराये और लगान के लिए किये गये क़रार से अधिक की वसूली करते थे। मध्य-युग के अंत तक यानी सोलहवीं सदी के आख़िर तक पश्चिमी युरोप में वर्ग के सदस्यों को सामंतवादी ताक़तों से बचने और अपने सामाजिक और राजनीतिक हितों के लिए राष्ट्रीय राजतंत्र यानी तत्कालीन राजा और रानी की शरण में रहना पड़ता था। इसलिए वे राजा द्वारा बसायी गयी बस्तियों के बीच ही रहना उचित समझते थे जो प्राय: शहर के बीचो-बीच होती थीं। इस तरह के उदाहरण हमें भारतीय राजतंत्र में भी देखने को मिलते हैं। भारत के लगभग सभी राजतंत्रों में राजाओं द्वारा बनाये गये क़िलों के आस-पास ऐसे लोगों की बस्तियाँ हमें देखने को मिल जाएँगी। चाहे लुहार हो, सुनार हो, जुलाहा हो, शिल्पकार हो अथवा मोची, ये सभी राजाओं के क़िलों के पास रहने में ही अपनी भलाई समझते थे। यह बात हिंदू राजाओं के शासन में ख़ास तौर पर देखने को मिलती है।

इंदौर, ग्वालियर, रीवा, बड़ोदरा आदि राजाओं का इतिहास इसका साक्षी रहा है। सोलहवीं और सत्रहवीं सदी के अंत तक इंग्लैण्ड और हालैण्ड का पेटी बूर्ज़्वा वित्तीय लेन-देन करने की हैसियत तक पहुँच गया था।

उन्नीसवीं सदी के मध्य तक अथवा कहें तो औद्योगिक क्रांति (1750-1850) तक आते-आते बूर्ज़्वा वर्ग की हालत में काफ़ी सुधार हो चुका था। व्यावसायिक और आर्थिक गतिविधियों में शामिल होने के साथ-साथ इस वर्ग का आकार भी बढ़ चुका था। इसमें दो प्रकार के लोग शामिल थे। पहला, उच्च वर्ग का प्रतिनिधित्व करने वाला बूर्ज़्वा वर्ग (जिसमें उद्योगपति, बैंकर, नौकरशाह आदि शामिल थे); और दूसरा निम्न-मध्यम और मध्यम वर्ग वाले लोग जिनमें शिल्पकार, दस्तकार, छोटे-मोटे व्यापारी, सरकारी कार्यालयों में बाबू और चपरासी की नौकरी करने वाले लोग शामिल थे। उन्नीसवीं सदी के अंत तक दूसरा विकास-क्रम यह हुआ कि पूँजीपतियों (यानी बूर्ज़्वा वर्ग) की ताक़त काफ़ी बढ़ गयी। इन लोगों ने उच्च वर्ग के रूप में न सिर्फ़ अपना एक अलग समूह बना लिया, अपितु वे पूँजी के बल पर सत्ता में भी भागीदारी करने लगे। बूर्ज़्वा वर्ग ने अपनी पूँजी का निवेश तकनीकपरक उद्योगों में करना शुरू कर दिया जहाँ मुनाफ़ा बहुत ज़्यादा था और लागत कम। परिणामस्वरूप वह समाज के अन्य लोगों से बहुत आगे निकल गया। लेकिन जो लोग इन पूँजीपतियों की फ़ैक्टरियों और कारख़ानों में शारीरिक श्रम से भिन्न काम करते थे, उन्हें बहुत कम वेतन मिलता था। जनसंख्या के आधार पर इन लोगों का समूह पूँजीपतियों के समूह से बहुत बड़ा था। यही वर्ग आगे चलकर पेटी बूर्ज़्वा के नाम से जाना जाने लगा। यह वर्ग हमेशा से अपने आप को ठगा हुआ महसूस करता है। चाहे वह सामंतवादियों का समय रहा हो, उदारतावादियों का अथवा पूँजीपतियों का—इनकी हालत एक कामगार और मज़दूर से थोड़ी ही अच्छी रही। इसीलिए ये लोग समय-समय पर पूँजीपति वर्ग के ख़िलाफ़ सड़कों पर उतरते रहे। उनकी इस प्रवृत्ति ने इन्हें समय-समय पर परिवर्तनकारी राजनीति का वाहक भी बनाया।

कार्ल मार्क्स ने बूर्ज़्वा और पेटी बूर्ज़्वा में अंतर साफ़ करते हुए कहा है कि आज समाज में दो वर्ग हैं और दोनों उद्योगीकरण की देन हैं। एक ऐसे लोगों का वर्ग है जो मालिक है, जिसके पास उनका अपना व्यवसाय है और जो वस्तुओं, उत्पादों और सेवाओं को बेचने और ख़रीदने के नाम पर पूँजी का संचय करता है। दूसरी तरफ़ पेटी बूर्ज़्वा नाम का वह विशाल वर्ग है जो इनके यहाँ कम करता है लेकिन जिसे अपने श्रम के बदले सही क़ीमत नहीं मिल पाती। मार्क्स मानते है कि मध्य काल तक यानी उद्योगीकरण के पहले तक बूर्ज़्वा वर्ग की संरचना में यह विभाजन देखने को नहीं मिलता। उस समय इस वर्ग के लोग स्व-रोज़गार करते थे, छोटे व्यवसायी थे, उद्यमी और बैंकर के रूप में काम करते थे। लेकिन वे किसी के ग़ुलाम नहीं थे। परंतु औद्योगिक पूँजीवाद ने समाज को दो वर्गों में बाँट दिया। एक बूर्ज़्वा और दूसरा पेटी बूर्ज़्वा। बूर्ज़्वा वर्ग पेटी बूर्ज़्वा का हमेशा शोषण करता रहेगा। मार्क्स ने इसे औद्योगिक मध्य-वर्ग का नाम भी।

उल्लेखनीय है कि मार्क्स और एंगेल्स ने मध्य वर्ग के विभिन्न हिस्सों का कोई वर्गीकरण पेश नहीं किया है। वे पुराने मध्यवर्ग यानी छोटे उत्पादकों, कारीगरों और किसानों को नये मध्यवर्ग यानी लिपिकों, सुपरवाइज़रों, तकनीकी कर्मचारियों, अध्यापकों और सरकारी अधिकारियों के बीच फ़र्क़ भी नहीं करते। बाद के मार्क्सवादी विद्वानों ने पेटी बूर्ज़्वा के राजनीतिक रुझानों पर ग़ौर किया। ख़ास तौर से उन्होंने फ़ासीवाद के उभार के सिलसिले में पेटी बूर्ज़्वा की भूमिका का विश्लेषण किया। मार्क्स आम तौर पर मानते थे कि पेटी बूर्ज़्वा समाज के परम्परानिष्ठ हिस्से की नुमाइंदगी करता है। वह जब मज़दूर आंदोलन में भी शामिल होता है तो उसका एजेंडा सुधार का होता है। बीस और तीस के दशक में मार्क्सवादियों ने पेटी बूर्ज़्वा को फ़ासीवाद के मुख्य सामाजिक आधार के रूप में देखा। लेकिन दूसरी तरफ़ विकसित पूँजीवादी समाजों में पेटी बूर्ज़्वा मध्यवर्गीय रैडिकलिज़्म का वाहक बन कर भी उभरा।

एडुअर्ड बर्न्सटीन ने पेटी बूर्ज़्वा की अपनी समझ के आधार पर ही मार्क्सवाद के क्रांति-सिद्धांत में अपना बहुचर्चित संशोधन पेश किया था। बर्न्सटीन का तर्क था कि वर्ग ध्रुवीकरण के तहत मध्यवर्ग विलुप्त नहीं होगा। बाद में पचास के दशक में कार्ल रेनर ने दिखाया कि सेवा-क्षेत्र में सक्रिय पेटी बूर्ज़्वा का आकार तो बढ़ता ही चला जा रहा है जिससे पूँजीवादी समाज की संरचना में बुनियादी परिवर्तन हो गये हैं। सत्तर के दशक में निकोस पौलंज़ा ने उत्पादक और अनुत्पादक श्रम में अंतर करके इस विमर्श को नया मोड़ दिया। उनका कहना था कि उत्पादक श्रम वह है जो प्रत्यक्ष भौतिक उत्पादन करके सरप्लस वैल्यू पैदा करता है। दूसरी तरफ़ मानसिक श्रम करने वाले लोग हैं। बाद के विद्वानों ने नतीजा निकाला कि पूँजीवादी समाजों में मज़दूर वर्ग का आकार छोटा हो जाएगा तथा मध्यवर्ग का आकार बढता जाएगा। इससे भविष्य के मज़दूर वर्गीय आंदोलन को राजनीतिक समस्याओं का सामना करना होगा।

कुछ दूसरे मार्क्सवादी विद्वानों ने इसका एकदम उल्टा नतीजा निकाला है। उनका कहना है कि दफ़्तरी काम के मशीनीकरण के कारण मध्यवर्ग का सर्वहाराकरण होता चला जाएगा। साथ में तकनीशियनों, इंजीनियरों और पेशेवर कर्मचारियों का एक नया मज़दूर वर्ग उभरेगा। इसमें रैडिकल सम्भावनाएँ होंगी। कुछ ग़ैर-मार्क्सवादी विद्वानों ने मज़दूर वर्ग के बूर्ज़्वाकरण की थीसिस का प्रतिपादन किया है। मारक्यूज़

जैसे कुछ मार्क्सवादी चिंतकों ने भी इसमें अपना स्वर मिलाया है।

देखें : अर्नेस्टो चे गुएवारा, आधार और अधिरचना, ऑस्कर रायज़ार्ड लांगे, आंगिक और पारम्परिक बुद्धिजीवी, एंतोनियो ग्राम्शी, कार्ल हाइनरिख़ मार्क्स-1 से 4 तक, क्रांति, क्रांति : मार्क्सवादी विमर्श, ग्योर्गी लूकाच, नयी सदी में मार्क्सवादी विमर्श-1 से 9 तक, निष्क्रिय क्रांति, फ्रेड्रिख़ एंगेल्स, फ्रैंकफ़र्ट स्कूल, भारत में किसान संघर्ष-2 और 4, भारतीय कम्युनिस्ट पार्टी, भारतीय कम्युनिस्ट पार्टी (मार्क्सवादी), भारतीय इतिहास लेखन, भाषा का मार्क्सवादी सिद्धांत, भ्रांत चेतना, बोल्शेविक क्रांति, फ्रांस्वा-चार्ल्स मारी फ़ूरिये, क्यूबा की क्रांति, फ्रेंज़ फ़ानो, हिंसा-1 और 2, मानवेंद्र नाथ राय, माओ त्से-तुंग, माओवाद और माओ विचार, मार्क्सवाद-1 से 5 तक, मार्क्सवादी इतिहास-लेखन, मार्क्सवादी समाजशास्त्र, मार्क्सवाद और पारिस्थितिकी, मार्क्सवादी अर्थशास्त्र, मिख़ाइल मिख़ाइलोविच बाख़्तिन, समाजवादी वसंत-1 से 4 तक, रॉबर्ट ओवेन, राज्य की मार्क्सवादी अवधारणा, लेनिनवाद, लियोन ट्रॉट्स्की, लिबरेशन थियोलॉजी, सर्वहारा, सांस्कृतिक क्रांति, सैं-सिमों, स्तालिन और स्तालिनवाद, सोवियत समाजवाद-1 से 3 तक, सोवियत सिनेमा, वर्चस्व, व्लादिमिर इलीच लेनिन।

संदर्भ

1. निकोस पूलांत्साज़ (1975), *क्लासिज़ इन कंटेम्परेरी कैपिटलिज़म,* न्यू लेफ़्ट, लंदन, 1975
2. एरिक ओलिन राइट (1978), *क्लास, क्राइसिस ऐंड द स्टेट,* न्यू लेफ़्ट, न्यूयॉर्क.
3. मार्टिन निकोलस (1967), 'प्रोलेतेरियत ऐंड मिडिल क्लास इन मार्क्स', *स्टडीज़ ऑन द लेफ़्ट, 7.*

पॉल सेमुअलसन

(Paul Samuelson)

अर्थशास्त्रीय व्याख्याओं में गणितीय विधियों को स्थापित करने वाले पॉल सेमुअलसन (1915-2009) ने अपने अनुसंधान और अवलोकनों से बीसवीं सदी के उत्तरार्ध में इस अनुशासन के विमर्श को गहरायी से प्रभावित किया। उन्होंने समष्टिगत अर्थशास्त्र (मैक्रोइकॉनॉमिक्स) और अंतर्राष्ट्रीय व्यापार के क्षेत्र में ख़ास तौर से नाम कमाया। सेमुअलसन ने बताया कि घरेलू अर्थव्यवस्थाएँ किस तरह से काम करती हैं, दूसरे देशों से व्यापार का उन पर क्या प्रभाव पड़ता है और आर्थिक नीतियों को आर्थिक प्रदर्शन सुधारने के लिए कैसे इस्तेमाल किया जा सकता है। अपनी इन्हीं ख़ूबियों के लिए सेमुअलसन को आर्थिक विज्ञान में अपने ज़माने के दो-तीन सबसे महत्त्वपूर्ण महारथियों में से एक माना जाता है। एक पेशेवर अर्थशास्त्री के रूप में सेमुअलसन ने आर्थिक विचारों को गणित की भाषा में व्यक्त करना पसंद किया। उनका दावा था कि गणित के बिना अर्थशास्त्र को न तो व्यवस्थित क्रम दिया जा सकता है और न ही स्पष्टता प्रदान की जा सकती है। इस लिहाज़ से वे अल्फ्रेड मार्शल के इस कथन के विपरीत खड़े हुए थे कि आर्थिक गद्य में गणितीय समीकरणों को लाना उसकी बर्बादी है। सेमुअलसन को लगता था कि गणितीय निरूपण के ज़रिये आर्थिक मॉडलों और उनके तर्कों की प्रकृति ही नहीं, आर्थिक सिद्धांतों की वैधता भी अधिक प्रमाणित हो सकती है। सेमुअलसन के प्रभाव के कारण ही स्नातक स्तर पर अर्थशास्त्र की शिक्षा में रैखिक बीजगणित के साथ-साथ अवकलन और समाकलन गणित का इस्तेमाल बढ़ता गया है। लेकिन इसका मतलब यह नहीं निकाला जा सकता कि सेमुअलसन गणित को एक अर्थशास्त्रीय औज़ार से अधिक महत्त्व देते थे। इसलिए जहाँ ज़रूरत नहीं थी, वहाँ उन्होंने गणित के प्रयोग से हमेशा परहेज़ किया और अर्थशास्त्र पर अपने युग की सबसे लोकप्रिय पाठ्यपुस्तक लिखने में कामयाबी हासिल की। उन्होंने इस अनुशासन के लगभग हर क्षेत्र पर लेखन किया।

ग़ैरी, इण्डियाना में जन्मे पॉल सेमुअलसन की प्राथमिक शिक्षा शिकागो में हुई और शिकागो विश्वविद्यालय में ही उन्होंने गणित और अर्थशास्त्र की पढ़ाई की। शुरू में ही उन्हें लग गया कि गणित का इस्तेमाल अर्थशास्त्र पर रैडिकल प्रभाव डाल सकता है। उन्होंने अपनी पीएचडी हार्वर्ड से की। उनकी थीसिस को समकालीन अर्थशास्त्र की गणितीय बुनियाद रखने वाला माना जाता है। उनके पेशेवर कॅरियर का ज़्यादातर हिस्सा मेसाचुसेट्स इंस्टीट्यूट ऑफ़ टेक्नॉलॉजी (एमआईटी) में गुज़रा। 1970 में उन्हें नोबेल पुरस्कार से सम्मानित किया गया।

द्वितीय विश्व युद्ध के बाद की अवधि अर्थशास्त्र की दुनिया में सेमुअलसन और मिल्टन फ्रीडमैन के बीच की उस बहस से जानी जाती है जिसके केंद्र में पद्धति का प्रश्न था। फ्रीडमैन की मान्यता थी कि पूर्वधारणा सही है या ग़लत, इससे कोई फ़र्क़ नहीं पड़ता। फ़र्क़ इससे पड़ता है कि उसके आधार पर बनी थियरी या की गयी भविष्यवाणियाँ सही साबित होती हैं या नहीं। इसके जवाब में सेमुअलसन का कहना था कि पूर्वधारणा का त्रुटिपूर्ण होना किसी विज्ञान के लिए ख़ूबी की बात नहीं हो सकती। उन्होंने पूर्वधारणा और भविष्यवाणी के बीच फ़र्क़ करने के तौर-तरीक़ों को अस्पष्ट और मनमाना क़रार दिया। किसी भी पूर्वधारणा को किसी दूसरे दृष्टि-बिंदु से हक़ीक़त से परे या भ्रांत क़रार दिया जा सकता है। सेमुअलसन ने ज़ोर दे कर कहा कि तर्कशास्त्र के उसूल के मुताबिक़ सच्ची पूर्वधारणा के आधार पर सच्चे निष्कर्ष निकाले जा सकते हैं, लेकिन भ्रांत पूर्वधारणाएँ दोनों

पॉल सेमुअलसन (1915–1915)

तरह के नतीजे दे सकती हैं। अगर हमें अर्थशास्त्र में सही और सटीक नतीजे चाहिए तो हमारी पूर्वधारणाएँ भी दुरुस्त होनी चाहिए।

फ्रीडमैन अगर आदर्श प्रतियोगिता के समर्थक और सरकारी हस्तक्षेप के विरोधी थे, तो सेमुअलसन कींसियन अर्थशास्त्र की सिफ़ारिशों के मुताबिक़ आर्थिक प्रदर्शन सुधारने के लिए राज्य की अधिकाधिक पहलक़दमियों के पक्ष में थे। सेमुअलसन ने पचास साल में 388 निबंध लिखे जो *कलेक्टिड साइंटिफिक पेपर्स* (1966–77) में संकलित हैं।

उपभोक्ताओं द्वारा किये जाने वाले उपभोग संबंधी चयन को समझने के संबंध में सेमुअलसन की व्याख्याएँ अर्थशास्त्र में महत्त्वपूर्ण मानी जाती हैं। इसके मुताबिक़ उपभोक्ता के व्यय का पता लगा कर उसके आधार पर उसकी प्राथमिकताओं का पता लगाया जा सकता है। फिर इन आँकड़ों का इस्तेमाल करके उपभोक्ता व्यवहार की कई पूर्वधारणाओं की परीक्षा की जा सकती है। मसलन, आर्थिक सिद्धांत कहता है कि उपभोक्ता का व्यवहार सुसंगत और सकर्मक होता है। अगर एक उपभोक्ता के पास एक से दामों वाली तीन चीज़ों के ख़रीदने का विकल्प है, तो वह कौन सी चीज़ ख़रीदेगा। सेमुअलसन का ख़याल था कि उपभोक्ता की प्राथमिकताओं की कसौटी पर इस सिद्धांत को कसा जाए और फिर भी यह ठीक निकले तो इसे वैध माना जा सकता है। उनका कहना था कि इस तरह के सिद्धांतों को जाँचने के लिए प्रयोग किये जाने चाहिए।

अंतर्राष्ट्रीय व्यापार के क्षेत्र में सेमुअलसन ने मुक्त व्यापार और संरक्षित व्यापार के अर्थव्यवस्था पर पड़ने वाले असर का अध्ययन किया। उन्होंने दिखाया कि भले ही लोगों और पूँजी का सारी दुनिया में मुक्त आवागमन मुश्किल हो, मुक्त व्यापार के फ़ायदे विभिन्न देशों के उत्पादन को समान पहुँचेंगे। विश्लेषण की लम्बी कवायद के ज़रिये सेमुलसन ने साबित किया कि अगर आलू के चिप्स हाथ से बनते हैं और अमेरिका में मज़दूरी फ्रांस से ज़्यादा है तो भी अंत में मुक्त बाज़ार के कारण फ्रांसीसी मज़दूर और अमेरिकी मज़दूर को मिलने वाला मेहनताना बराबर बैठेगा। यानी मज़ूदरी कम देने के कारण फ्रांस ज़्यादा चिप्स बनायेगा, अमेरिका को निर्यात करेगा जो वहाँ के बाज़ार में बेचे जाएँगे, इस बढ़ी हुई माँग से फ्रांस में चिप्स बनाने वालों को ज़्यादा दाम मिलेंगे और फ्रांसीसी मज़दूरों का वेतन बेहतर हो जाएगा। उधर अमेरिका में फ्रांसीसी चिप्स के मुक़ाबले टिकने के लिए अमेरिका को अपने चिप्स सस्ते करने पड़ेंगे जिससे वहाँ के मज़दूरों की बढ़ी हुई मज़दूरी घटेगी। सेमुअलसन का यह विश्लेषण एक प्रमेय (फ़ैक्टर प्राइस इक्विलीबिरियम थिओरम) के रूप में सामने आया जिसकी अहमियत तेज़ी से ग्लोबल होती हुई आर्थिक प्रणाली के संदर्भ में नहीं नकारी जा सकती।

इसी तरह सेमुअलसन–स्टोल्पर प्रमेय के माध्यम से किसी आयातित माल पर लगाये गये शुल्कों के प्रभाव की जाँच की जाती है। स्टोल्पर के साथ बनायी गयी इस प्रमेय के ज़रिये सेमुअलसन ने दिखाया कि विदेशी माल के साथ प्रतियोगिता करने के लिए लगाये गये शुल्क से उत्पादन सामग्री के ज़रिये होने वाली आमदनी तो बढ़ जाती है, पर बाक़ी सब की आदमनी घटती है। मसलन, विदेशी कारों पर अगर शुल्क लगाया जाता है तो घरेलू कारों की माँग बढ़ेगी और नतीजे के तौर पर उनके दाम भी बढ़ जाएँगे। इससे उत्पादक को फ़ायदा होगा, कार बनाने वाली सामग्री बेचने वालों को लाभ होगा, पर कार ख़रीदने वाले कुल मिला कर नुक़सान में रहेंगे।

सेमुअलसन ने ही कींस के सिद्धांतों का अमेरिकी आर्थिक जगत, अर्थशास्त्र के छात्रों और आम लोगों से परिचय कराया। राष्ट्रपति जॉन एफ़. कैनेडी और लिंडन बी. जॉनसन के आर्थिक सलाहकार के रूप में उन्होंने डेमॉक्रैटिक प्रशासन को बेरोज़गारी घटाने के लिए अर्थव्यवस्था में मुद्रा सप्लाई बढ़ाने और सरकारी ख़र्चा बढ़ाने के महत्त्व को समझाया। सेमुअलसन ने गालब्रेथ की तरह मौद्रिक नीति को पूरी तरह से ख़ारिज नहीं किया, बल्कि फ्रीडमैन और गालब्रेथ के बीच

का मुक़ाम चुना। उनका कहना था कि इन दोनों तर्कों को अर्थव्यवस्था के स्थिरीकरण के लिए इस्तेमाल किया जाना चाहिए।

देखें : अर्थ-विज्ञान का समाजशास्त्र, आर्थिक जनसांख्यिकी, अल्फ्रेड मार्शल, अमर्त्य कुमार सेन, अंतर्राष्ट्रीय मुद्रा कोष, आधार और अधिरचना, ऑस्कर रायज़ार्ड लांगे, ऐडम स्मिथ, करारोपण, कल्याणकारी अर्थशास्त्र, क्लासिकल अर्थशास्त्र, कार्ल हाइनरिख़ मार्क्स-3, कार्ल मेंगर, कींसियन अर्थशास्त्र, गुन्नार मिर्डाल, जोआन रोबिंसन, जॉन कैनेथ गालब्रेथ, जॉन मेनार्ड कींस, जॉन स्टुअर्ट मिल, जोसेफ़ शुमपीटर, जैव विविधता, ट्रस्टीशिप, डेविड रिकार्डो, ढाँचागत समायोजन कार्यक्रम, थॉमस मन और वणिकवाद, थॉमस रॉबर्ट माल्थस, दक्षता, धन, नियोक्लासिकल अर्थशास्त्र, नीतिशास्त्र और अर्थशास्त्र, निकोलस काल्दोर, नियोजन, नियोजन : मार्क्सवादी विमर्श, पण्य, पण्य-पूजा, पेटेंट, पियरो स्राफ़ा, पूँजी, प्रतियोगिता, फ्रांस्वा केस्ने और प्रकृतिवाद, फ्रेड्रिख़ वॉन हायक, बहुराष्ट्रीय निगम, बाज़ार, बाज़ार की विफलताएँ, बाज़ार-समाजवाद, बौद्धिक सम्पदा अधिकार, ब्रेटन वुड्स प्रणाली, भारत में बहुराष्ट्रीय निगम, भारत में नियोजन, भारत में पेटेंट क़ानून, भारत में शेयर संस्कृति, भूमण्डलीकरण और पूँजी बाज़ार, भूमण्डलीकरण और वित्तीय पूँजी, भूमण्डलीकरण और वित्तीय उपकरण, मार्क्सवादी अर्थशास्त्र, मिल्टन फ्रीडमेन, मूल्य, राजकोषीय नीति और मौद्रिक नीति, रॉबर्ट ओवेन, विलफ्रेडो परेटो, विश्व व्यापार संगठन, विश्व बैंक, विलियम पेटी, विलियम स्टेनली जेवंस, वैकासिक अर्थशास्त्र, शोषण, साइमन कुज़्नेत्स।

संदर्भ

1. जॉर्ज फ़ीवेल (सम्पा.) (1982), *सेमुअलसन ऐंड नियोक्लासिकल इकॉनॉमिक्स,* क्लुवर-निजहॉफ़, बोस्टन, मेसाचुसेट्स.
2. ई. कैरी ब्राउन और रॉबर्ट एम. सोलो (सम्पा.) (1983), *पॉल सेमुअलसन ऐंड मॉडर्न इकॉनॉमिक थियरी,* मैकग्रा हिल, न्यूयॉर्क.
3. द *कलेक्टिड साइंटिफ़िक पेपर्स ऑफ़ पॉल सेमुअलसन* (1966-67), पाँच खण्ड, एमआईटी प्रेस, केम्ब्रिज.
4. एड्रियन कैंड्री, (1981) 'पॉल सेमुअलसन ऐंड साइंटिफिक अवेकनिंग ऑफ़ इकॉनॉमिक्स', जे.आर. शेकिल्टन और गारेथ लॉक्सली (सम्पा.), *ट्वेल्व कंटेम्परेरी इकॉमिस्ट्स,* विली, न्यूयॉर्क.

— अभय कुमार दुबे

प्रगति

(Progress)

शाब्दिक रूप से प्रगति का मतलब है आगे की तरफ़ गति करना। अग्रगति की यह अवधारणा सभ्यता की शुरुआत से ही मनुष्य के साथ है। इस विचार के इतिहासकार रॉबर्ट निस्बेट ने इसका उद्‌गम प्राचीन ईसाई विचारों में तलाशा है, लेकिन उसे मानवीय इतिहास की मुख्य चालक शक्ति बनाने का श्रेय युरोपीय ज्ञानोदय काल में विकसित हुए बुद्धिवादी और वैज्ञानिक विचारों को जाता है। इसी के बाद से पश्चिमी बौद्धिक परम्परा ने 'इतिहास के बढ़ते क़दमों' की संकल्पना को अपना बुनियादी तत्त्व बना लिया। उदारतावादी चिंतकों ने मानना शुरू कर दिया कि मानवता दरिद्रता, अज्ञान और अंधविश्वास की बेड़ियों को तोड़ती हुई निरंतर प्रगति के पथ पर चली जा रही है। व्यक्ति और समाज के हर पहलू को तर्कबुद्धि की कसौटियों पर कसना, किसी भी क़िस्म के मिथक, रहस्यवाद, लोकोत्तर ज्ञान या वस्तुनिष्ठता की अवहेलना करने वाले रुझानों को प्रगति-विरोधी होने के नाते मानव-विरोधी क़रार दिया जाने लगा। यह दावा किया गया कि मनुष्य का प्रारब्ध सभ्यता के निचले स्तर से ऊँचे स्तर की तरफ़ यात्रा करना ही है। इमैनुएल कांट ने प्रगति के सिद्धांत का सूत्रीकरण सांस्कृतिक और व्यक्तिगत धरातल पर उत्तरोत्तर ऊर्ध्वगामी आत्म-चेतना के रूप में किया। कांट मानते थे कि मनुष्य 'प्रकृति की प्रच्छन्न योजना' के मुताबिक़ अनिवार्यतः प्रगति करता चला जाएगा। इस आग्रह ने इतिहास लेखन पर भी अपना बोलबाला स्थापित कर लिया और उन्नीसवीं सदी के मध्य में इसी तर्ज़ पर ब्रिटेन का इतिहास कुछ इस तरह लिखा गया कि जैसे वह नैतिक, बौद्धिक और भौतिक विकास का एक सिलसिला भर हो। प्रगति के विचार ने युरोपीय मानस में ज़बरदस्त आशावाद का संचार किया। समाजवादी समाज और पूँजीवादी समाज की संकल्पनाओं में मूलतः प्रगति की धारणा ही है। उन्नीसवीं सदी में जैविक क्रम-विकास के सिद्धांत ने इस विचार को प्रकृति के अनिवार्य नियम का प्रभामण्डल प्रदान कर दिया और प्रगति की अभिव्यक्तियाँ आम तौर पर 'ग्रोथ' और 'इवोल्यूशन' जैसी जीववैज्ञानिक शब्दावली में की जाने लगीं।

दार्शनिक रूप से देखा जाए तो ज्ञानोदय और उसके तुरंत प्रभाव के दौर ने प्रगति के विचार को स्थापित करने में प्रमुख भूमिका का निर्वाह किया। यही वह वक़्त था जब गुज़रे हुए समय के बरक्स समकालीनता की गुणात्मक नवीनता पूरी तरह से स्थापित हुई। इसे दो बातों ने सम्भव बनाया : ईसाइयत के बदले हुए मिजाज़ ने। ईसाइयत अब क़यामत का

इंतज़ार करने के मूड में नहीं थी (अर्थात् ईसाई तत्त्व-ज्ञान भविष्य को सम्भव मानने लगा), और वैज्ञानिक प्रगति के आधार पर पैदा हुई नयी चेतना ने (जिसके ज़रिये भविष्य-रचना संकल्पित की गयी)। इस तरह जिसे 'नवीन' कहा जा रहा था, उसे अब भविष्य (जो ख़ाली था, कोरी स्लेट था) में निरंतर और सीमाहीन ढंग से प्रक्षेपित किया जा सकता था। इस बिंदु पर आ कर आधुनिकता की ऐतिहासिक समय-चेतना निर्मित होनी शुरू हुई। यह दो घटकों से मिल कर बनी थी : काल की ईसाई अवधारणा की स्वीकारोक्ति कि समय का क़ाफ़िला कभी उल्टे पाँव नहीं लौटता, और चिरंतनता की ईसाई अवधारणा का नकार।

सम्पूर्ण मानवता प्रगति की तरफ़ ही जाएगी, यह धारणा ईसाइयत के धर्मप्रचारवादी उत्साह के माध्यम से भी पुष्ट हुई। इसके मुताबिक़ ईसाइयत के दायरे में सारी मानवता का समावेश किया जा सकता है, और तब उसे सार्वभौम रूप से एक ही दिशा में चलाया जा सकेगा। ज्ञानोदय के दौर में यह रवैया सेकुलरीकृत हो गया और धर्म की जगह विज्ञान ने ले ली। विज्ञान जैसे ही सार्वभौम प्रगति की चालक शक्ति बना, मनुष्य को सम्पूर्ण और त्रुटिहीन बनाने का प्रत्यक्षतावादी आग्रह ज़ोर पकड़ने लगा। इस संक्रमण का मुख्य लक्षण यह विचार था कि मानवीय कष्टों की ज़िम्मेदारी दैवी प्रारब्ध पर नहीं डाली जा सकती। उनका कारण तो मानवीय अज्ञान है जिसका इलाज विज्ञान के पास है।

इसमें कोई शक नहीं कि वैज्ञानिक क्रांति और बुद्धिवाद का विकास युरोपीय चिंतन को धार्मिक सिद्धांतों और जड़सूत्रों से आज़ाद करके देश-दुनिया के बारे में वस्तुनिष्ठ ज्ञान प्राप्त करने की तरफ़ ले गया। यह विश्वास सर्वोपरि हो गया कि मानवीय हस्तक्षेप के माध्यम से उन बाधाओं को दूर किया जा सकता है जो इनसान के आगे बढ़ने के रास्ते में अड़ी हुई हैं। ख़ामियाँ रेखांकित की जा सकती हैं, उनके समाधान खोजे जा सकते हैं और प्रकृति से मानवीय योजना के अनुसार काम लिया जा सकता है। प्रगति के विचार का मुख्य संदेश यह था कि अतीत की गिरफ़्त में रहने के बजाय उसकी कामयाबियों और नाकामियों से सबक सीख कर आगे बढ़ते चले जाना चाहिए। प्रगति के सिद्धांत ने हर नयी पीढ़ी को एक कार्यक्रम थमाया कि उसे पिछली पीढ़ी द्वारा संचित ज्ञान में वृद्धि करनी है। प्रगति के अपरिहार्य होने के आग्रह के तहत आर्थिक, सामाजिक और राजनीतिक परिवर्तनों के लिए होने वाली उथल-पुथल को 'आधुनिकीकरण' का नाम दिया गया। जिन समाजों में आधुनिकीकरण की प्रक्रिया तेज़ रफ़्तार से चली (पश्चिमी समाजों में), उन्हें उन 'पारम्परिक' समाजों के मुक़ाबले बेहतर और विकसित माना गया जो आधुनिक प्रगति की मान्यताओं के मुताबिक़ चलने में सफल नहीं हो पाए। इस लिहाज़ से युरोपीय समाज एशियायी, अफ़्रीकी और लातीनी अमेरिकी समाजों से आगे बढ़े हुए क़रार दे दिये गये।

चूँकि प्रगति वस्तुनिष्ठ और ज्ञेय है, इसलिए उसे नापा भी जा सकता है। मात्रात्मक आकलन करने के लिए वैज्ञानिक और प्रौद्योगिकीय आधार पर हुए विकास, उत्पादन, समृद्धि, उद्योगीकरण और शहरीकरण को प्रगति के घटकों के रूप में आँका जाने लगा। हर समाज और सरकार के लिए ज़रूरी समझा गया कि उन्हें ये घटक हासिल करने ही हैं। अगर अर्थव्यवस्था और प्रशासन में क्रमिक सुधार करने से ये उपलब्धियाँ हो सकती हैं तो ठीक है, वरना क्रांतिकारी उथल-पुथल के ज़रिये इन्हें प्राप्त करने की कोशिश की जाती है। समाज की उत्पादकता, उसके आधार पर बनने वाली जिंसों की बाज़ार में बिक्री और फिर उस बिक्री के आधार एक ख़ास जीवन-स्तर की प्राप्ति का बार-बार चलने वाला चक्र प्रगति के चक्र के रूप में रूढ़ हो गया। प्रगति के इन अर्थों के परिणामस्वरूप उद्योगीकरण और शहरीकरण राजनीतिक अर्थों में यही आधुनिकीकरण पश्चिमी समाजों में उदित संवैधानिक शासन की संरचनाओं का पर्याय माना गया। संवैधानिक शासन के सर्वश्रेष्ठ रूप की तरह धीरे-धीरे उदारतावादी-लोकतांत्रिक व्यवस्था स्थापित होती चली गयी। चूँकि पश्चिम के पास ये सभी घटक प्रचुर मात्रा में मौजूद थे, इसलिए उसने सारी दुनिया को प्रगति के पथ पर ले जाने वाले हरावल की आत्म-छवि ग्रहण कर ली।

प्रगति के विचार के पैरोकारों के बीच अक्सर एक आपसी बहस चलती रहती है कि आख़िर इतिहास किस तरह गति करता है। प्रगति के सबसे कट्टर समर्थक मानते हैं कि इतिहास सीधी रेखा में अपने पीछे अतीत को छोड़ता हुआ आगे बढ़ता चला जाता है। प्रगति के दूसरे क़िस्म के समर्थकों का दावा है कि इतिहास की गति सर्पिलाकार होती है। तीसरा विचार यह है कि इतिहास चक्रीय गति करता है। चक्रीय को ही इतिहास की सही गति समझने वाले ख़ुद को ग़ैर-पश्चिम प्रज्ञा का प्रतिनिधि कहते हैं। यह अलग बात है कि चक्रीय गति के व्याख्याकार पश्चिम में भी मौजूद हैं और उनकी मान्यता है कि प्रत्येक समाज प्रगति और अवनति के उतार-चढ़ाव से अनिवार्यतः गुज़रता रहता है।

देखें : अधिकार, अधिकार : सैद्धांतिक यात्रा, अरस्तू, अफ़लातून, अनुदारतावाद, अराजकतावाद, अन्य-अन्यीकरण, उदारतावाद, उपयोगितावाद, एडमण्ड बर्क, क्रांति, ज्याँ-ज़ाक रूसो, जॉन लॉक, जेरेमी बेंथम, जॉन स्टुअर्ट मिल, जॉन रॉल्स, थॉमस हॉब्स, थॉमस पेन, न्याय, न्याय : नारीवादी आलोचना, न्याय : रॉल्स का सिद्धांत, नागरिकता, नागरिकता : अन्य परिप्रेक्ष्य-1 और 2, नागर समाज, पनोप्टिकॉन, प्रगति : आलोचनात्मक परिप्रेक्ष्य, फ्रेड्रिख़ वॉन हायक, बुद्धिवाद, माइकेल जोसेफ़ ओकशॉट, माइकिल वाल्ज़र, मिशेल पॉल फ़ूको-1 और 2, यूटोपिया, राजनीतिक दर्शन के नारीवादी आयाम, रॉबर्ट नॉज़िक, राज्य-1 और 2, विल किमलिका, सविनय अवज्ञा,

स्वतंत्रतावाद, सर्वसत्तावाद, सम्प्रभुता, समाजवाद, सरकारियत, सामाजिक समझौता, हेनरी डेविड थोरो।

संदर्भ

1. एंड्रू हेवुड (2004), 'ट्रेडिशन, प्रोग्रेस ऐंड यूटोपिया', *पॉलिटिकल थियरी : ऐन इंट्रोडक्शन,* पालग्रेव मैकमिलन, न्यूयॉर्क.
2. आर. निस्बेट (1980), *हिस्ट्री ऑफ़ द आइडिया ऑफ़ प्रोग्रेस,* बेसिक बुक्स, न्यूयॉर्क, 1980
3. जे.बी. बरी (1920/1956), *द आइडिया ऑफ़ प्रोग्रेस,* डोवर, न्यूयॉर्क.
4. एल. लॉडेन (1977), *प्रोग्रेस ऐंड इट्स प्रॉब्लम्स,* युनिवर्सिटी ऑफ़ कैलिफ़ोर्निया प्रेस, बर्कले, सीए.

— अभय कुमार दुबे

प्रगति : आलोचनात्मक परिप्रेक्ष्य

(Progress: Critical Perspectives)

प्रगति के विचार का इतिहास लिखने वालों का दावा है कि पिछले तीन हज़ार साल के दौरान युरोप को इससे ज़्यादा किसी और ख़याल ने प्रभावित नहीं किया। लेकिन सिक्के का दूसरा पहलू यह है कि पहले युरोपीय मानस और फिर दुनिया में सोच-विचार के अधिकतर दायरों पर हावी हो जाने के बावजूद इस विचार की सत्ता को बार-बार प्रश्नांकित किया गया है। उन्नीसवीं सदी के स्वच्छंदतावादी चिंतकों का दावा था कि प्रगति के हाथों मनुष्य की स्थिति अपने आप बेहतर नहीं होती और कभी-कभी तो उसके कारण वह बदतर हो जाती है। इसी सदी के उत्तरार्ध में फ़्रेड्रिख़ नीत्शे प्रगति के विचार के कड़े आलोचक के रूप में उभरे। उन्होंने उसकी जगह 'जो है उसी की चिरंतन पुनरावृत्ति' का विचार पेश किया। इसी परम्परा में जर्मन इतिहासकार ओसवाल्ड स्पेंगलर ने इतिहास के चक्रीय सिद्धांत को अपनाया। 1920 में प्रकाशित अपनी रचना *डिक्लाइन ऑफ़ वेस्ट* में स्पेंगलर ने आधुनिकतावादियों के अंध-आशावाद को चुनौती दी। प्रथम विश्व-युद्ध के विनाश और सर्वसत्तावाद के उभार का हवाला देते हुए उन्होंने कहा कि वैज्ञानिक और प्रौद्योगिकीय विकास लोक़तंत्र और नैतिक प्रगति की गारंटी नहीं करते। 1932 में अंग्रेज़ भौतिकशास्त्री मोंटेग्यू डेविड एडर ने कहा कि प्रगति के ज़रिये सभ्यता के बढ़ते क़दमों का जो दावा किया जा रहा है उसकी असलियत कुछ और है। दरअसल, मनुष्य पहले के मुक़ाबले अधिक दुखी है और उसके पर्यावरण की बुरी तरह से क्षति हो रही है।

ब्रिटिश इतिहासकार जे.बी. बरी ने प्रथम विश्व-युद्ध के बाद ही दलील दी थी कि प्रगति का विचार अपने अंत को प्राप्त कर चुका है। बरी का मतलब यह था कि फ़्रांसिस बेकन ने प्रकृति को मनुष्य के नियंत्रण में लाने की जो वैज्ञानिक तजवीज़ की थी, उसके आधार पर अब भरोसेमंद सामाजिक प्रगति की और अधिक गारंटी नहीं की जा सकती। दरअसल, विश्व-युद्ध के दौरान विज्ञान चालित फ़ौजी विनाश ने विज्ञान और प्रगति के रिश्ते को समस्याग्रस्त कर दिया था। इस मुक़ाम पर प्रगति के विचार को फिर से स्थापित करने की भूमिका दो तरह के समाज वैज्ञानिकों ने निभायी। एक तरफ़ डार्विन की थियरी से प्रभावित विद्वानों ने प्रगति को जैविक क्रम-विकास के ताज़े चरण के रूप में पेश किया। दूसरी तरफ़ तर्कसंगत-प्रत्यक्षवाद के पैरोकारों ने कहा कि भले ही सामाजिक प्रगति प्रेक्षणीय और प्रदर्शनीय न हो, पर वैज्ञानिक प्रगति अवश्य है।

डार्विन के सिद्धांतों के इस्तेमाल का नतीजा यह निकला कि प्रगति के सिलसिले को लाखों-लाख वर्षों के दौरान हुए क्रम-विकास से जोड़ दिया गया। इसके कारण उसकी तत्कालीन विफलताएँ और हानियाँ मामूली लगने लगीं। दूसरे प्रयास के परिणामस्वरूप सत्रहवीं सदी की वैज्ञानिक क्रांति को रिनेसाँकालीन वैज्ञानिक क्रांति से अलग करके एक प्रगति के क़ाफ़िले के हरावल की तरह स्थापित कर दिया गया।

बीसवीं सदी की शुरुआत में हुए इस जीर्णोद्धार का मतलब यह नहीं था कि प्रगति के विचार को मिलने वाली चुनौतियाँ कमज़ोर पड़ गयी थीं। सवाल लगातार पूछे जाते रहे और परिणामों को सामाजिक और मानवीय कसौटियों पर कसा जाता रहा। आलोचकों ने एक परिकल्पना पेश की कि अगर अरस्तू आज के ज़माने में होते तो पिछले ढाई हज़ार साल में होने वाली वैज्ञानिक प्रगति का आकलन किस प्रकार करते? जवाब यह निकला कि अरस्तू परिणामों की चिंता किये बिना अंतहीन उत्पादन और उपभोग के आदर्श की किसी क़ीमत पर सराहना नहीं करते। हाँ, वे यह ज़रूर मानते कि विज्ञान ने यथार्थ का अधिक विस्तृत ज्ञान प्राप्त करने की क्षमताएँ विकसित करने में सफलता अवश्य प्राप्त की है। लेकिन साथ में वे यह सवाल भी पूछते कि आख़िर विज्ञान प्रदत्त शक्तियों का इस्तेमाल करके किन चीज़ों का ज्ञान प्राप्त किया जा रहा है और उसके पीछे का मक़सद क्या है?

समाजशास्त्री पी.ए. सोरोकिन के अनुसार प्राचीन काल के चीनी, बेबीलोनियन, हिंदू, यूनानी, रोमन और अधिकतर मध्ययुगीन सिद्धांत रैखिक प्रगति के मौजूदा सिद्धांत के मुक़ाबले सामाजिक प्रगति की तालबद्ध, चक्रीय या किसी निश्चित रुझान से बँधी न रहने वाली गति के पैरोकार थे। सोरोकिन को यक़ीन है कि इतिहास की गति की यह समझ

हक़ीक़त के ज़्यादा नज़दीक है। ज़ाहिर है कि प्रगति का विचार सार्वभौम होने का दावा ज़रूर करता है, पर उसकी पश्चिम-केंद्रीयता उसे ग़ैर-पश्चिमी अनुभव के संदर्भ में समस्याग्रस्त कर देती है। राजनीतिक और सामाजिक प्रगति को केवल पश्चिमी आईने में देखे जाने की प्रवृत्ति के कारण ग़ैर-पश्चिमी संस्कृतियों और परम्पराओं की बुनियाद पर खड़े प्रगति के अलग तरह के मॉडलों की उपेक्षा हो जाती है।

आलोचकों का कहना है कि दुनिया इतनी बड़ी और विविध है कि केवल तार्किकता के माध्यम से उसे समझने की कोशिश कभी पूरी तरह कामयाब नहीं हो सकती। चूँकि प्रगति का विचार तर्कबुद्धि को श्रेष्ठ और सभी समस्याओं के हल मानने के साथ बँधा हुआ है इसलिए वह भी जीवन और जगत के सभी पहलुओं को अपने दायरे में नहीं समेट सकता। यही कारण है प्रगति के विचार पर आधारित उदारतावाद और समाजवाद जैसी विचार-प्रणालियाँ समग्र यथार्थ की व्याख्या करने की कोशिश में अंततः उसे विकृत कर देती हैं।

प्रगति के विचार को बीसवीं सदी में सबसे बड़ी चुनौती उत्तर-आधुनिक चिंतकों ने दी है। वे इस विचार को उन 'महा-आख्यानों' की श्रेणी में रखते हैं जिनके बोलबाले के तहत छोटे आख्यान छटपटाते रह जाते हैं। पहले एडोर्नो और होर्ख़ाइमर ने और फिर बाउमेन और ल्योतार्द जैसे विचारकों ने बीसवीं सदी में मानवता के साथ हुई भीषण ज़्यादतियों की ज़िम्मेदारी प्रगति के विचार पर डाली है। इस सिलसिले में उन्होंने नाज़ियों के तहत आशवित्ज़ में हुए यहूदी संहार, स्तालिनवाद के नेतृत्व में हुई गुलाग की परिघटना और आणविक हथियारों की होड़ के उदाहरण दिये हैं। उन्होंने तर्कबुद्धि और मनुष्य की अच्छाइयों की जीत की भविष्यवाणी करने वाली ज्ञानोदय की परम्परा को आड़े हाथों लेते हुए कहा है कि जो तर्कसंगत की श्रेणी में नहीं आता, जो स्पष्ट न हो कर विभ्रमात्मक और प्रगतिशील न हो कर प्रतिगामी लगता है, उसे ख़ारिज करने के कारण ही मनुष्यता को इन बर्बरताओं से गुज़रना पड़ा है। उत्तर-आधुनिक चिंतकों ने विज्ञान की वस्तु-पूजा सरीखी सराहना की आलोचना करते हुए कहा है कि विज्ञान को ज्ञान का सर्वश्रेष्ठ और सर्वोच्च स्रोत मानने का नतीजा वैचारिक जकड़बंदी, विविधता के सामान्यीकरण और विशेषज्ञ-संस्कृति के विरोधियों की आवाज़ बंद करने में निकला है।

पर्यावरणवादियों ने प्रगति के विचार की विस्तृत आलोचना पेश की है। नियो-लुड्डाइट लेखक किर्कपैट्रिक सेल ने अपनी रचना 'फ़ाइव फ़ेसिज़ ऑफ़ मिथ' में विश्लेषण किया है कि किस प्रकार प्रगति के फलितार्थों के कारण मनुष्यता अवश्यम्भावी पर्यावरणीय विनाश के कगार तक पहुँच चुकी है।

देखें : अधिकार, अधिकार : सैद्धांतिक यात्रा, अरस्तू, अफ़लातून, अनुदारतावाद, अराजकतावाद, अन्य-अन्यीकरण, उदारतावाद, उपयोगितावाद, एडमण्ड बर्क, क्रांति, ज्याँ-ज़ाक रूसो, जॉन लॉक, जेरेमी बेंथम, जॉन स्टुअर्ट मिल, जॉन रॉल्स, थॉमस हॉब्स, थॉमस पेन, न्याय, न्याय : नारीवादी आलोचना, न्याय : रॉल्स का सिद्धांत, नागरिकता, नागरिकता : अन्य परिप्रेक्ष्य-1 और 2, नागर समाज, पनोप्टिकॉन, प्रगति, फ्रेड्रिख़ वॉन हायक, बुद्धिवाद, माइकेल जोसेफ़ ओकशॉट, माइकिल वाल्ज़र, मिशेल पॉल फ़ूको-1 और 2, यूटोपिया, राजनीतिक दर्शन के नारीवादी आयाम, रॉबर्ट नॉज़िक, राज्य-1 और 2, विल किमलिका, सविनय अवज्ञा, स्वतंत्रतावाद, सर्वसत्तावाद, सम्प्रभुता, समाजवाद, सरकारियत, सामाजिक समझौता, हेनरी डेविड थोरो।

संदर्भ

1. ज़िग्मंट बाउमैन (1989), *मॉडर्निटी ऐंड द होलोकास्ट,* पॉलिटी प्रेस, केम्ब्रिज.
2. एम. होर्ख़ाइमर और टी.डब्ल्यू. एडोर्नो (1972), *डॉयलेक्टिक ऑफ़ इनलाइटेनमेंट,* एलेन लेन, लंदन.
3. एंड्रू हेवुड (2004), 'ट्रेडिशन, प्रोग्रेस ऐंड यूटोपिया', *पॉलिटिकल थियरी : ऐन इंट्रोडक्शन,* पालग्रेव मैकमिलन, न्यूयॉर्क.
4. एल. लॉडेन (1977), *प्रोग्रेस ऐंड इट्स प्रॉब्लम्स,* युनिवर्सिटी ऑफ़ कैलिफोर्निया प्रेस, बर्कले, सीए.

— अभय कुमार दुबे

प्रगतिवाद

(Progressivism)

हिंदी साहित्य में प्रगतिवादी आंदोलन ने कविता को अशरीरी, अमांसल और अयथार्थ लोक से मुक्ति दिलाई और 'लघुता पर साहित्यिक दृष्टिपात' की परम्परा स्थापित की। मार्क्सवाद के साहित्यिक रूप के तहत विकसित इस आंदोलन के कारण हिंदी साहित्य लोक-संवेदना और लोक-भूमि पर दृढ़ता से पैर जमा सका। प्रगतिवाद ने दमनकारी-साम्राज्यवादी-सामंतवादी-कलावादी मूल्यों का प्रतिरोध किया। प्रगतिवाद के तहत साम्राज्यवाद का खण्डन करते हुए राजनीतिक जागरूकता पर बल दिया गया। प्रगतिवाद ने मेहनतकशों के श्रम का आदर, शोषण-अन्याय का चित्रण और प्रतिकार, क्रांतिकारी रोमांटिसिज़िम, सामाजिक उपयोगिता के प्रश्न, लघुमानववाद और व्यक्ति-स्वातंत्र्यवाद का विरोध, व्यक्तिवाद-अहंवाद-नस्लवाद का नकार, वस्तु की महत्ता पर बल, धर्म और ईश्वर में अविश्वास, यौनवादी-रीतिवादी साहित्य का तिरस्कार, मानवतावाद का समर्थन, इतिहास के

प्रति सजगता, बुद्धिवाद-विवेकवादी आधुनिकता का ग्रहण, रूढ़िवाद-यथातथ्यवाद का खण्डन, भौतिकवादी मूल्यों की प्रतिष्ठा, लोक-साहित्य की ओर उन्मुखता, कविता के साधारणीकरण और सम्प्रेषण व्यापार के प्रति सजगता, शिल्पगत चमत्कारों से दूरी, काव्यभाषा की सजगता, लोक-छंदों का आदर, कविता की स्वाभावोक्ति कला की प्रशंसा जैसी प्रवृत्तियों को प्रमुखता दिलाई। प्रगतिवादी प्रवृत्तियाँ केवल हिंदी तक ही सीमित नहीं रहीं। इसमें शुरू से ही उर्दू के साहित्यकार भी बड़े पैमाने जुड़े रहे। अन्य भारतीय भाषाओं के साहित्यकार भी प्रगतिवाद की प्रेरणाओं से अछूते नहीं रहे। न केवल उनकी सृजनशीलता में इससे नये मोड़ आये बल्कि वे प्रगतिवादी मुहिम के साथ सांगठनिक रूप से भी जुड़े। प्रगतिवाद के प्रभाव के तहत ही 1943 में मुम्बई में जन नाट्य संघ (इप्टा) की स्थापना की स्थापना हुई। संघ की नाटक मण्डलियों ने सारे देश में घूम-घूम कर उपरोक्त विषय-वस्तुओं को केंद्रस्थ करने वाले नाटक खेले। आज़ादी के बाद फ़िल्म और थियेटर की अधिकतर बड़ी हस्तियाँ इप्टा से जुड़ी हुई थीं।

विद्वानों का एक वर्ग मानता है कि 1935 में पेरिस में ई.एम. फ़ॉर्स्टर के सभापतित्व में हुए अधिवेशन से अनुप्रेरित होकर मुल्कराज आनंद, सज्जाद ज़हिर आदि ने प्रेमचंद के सभापतित्त्व में 1936 में एक अधिवेशन लखनऊ में आयोजित किया। भारत के प्रगतिशील साहित्यिक आंदोलन की शुरुआत यहीं से हुई। इस अधिवेशन में दिया गया प्रेमचंद का भाषण आज भी प्रगतिवाद का केंद्रीय वक्तव्य बना हुआ है। 1938 में कोलकाता अधिवेशन में रवींद्रनाथ ठाकुर को सभापतित्त्व प्रदान किया गया। वे स्वयं तो उपस्थित नहीं हो सके पर उनका भाषण पढ़ा गया जिसका प्रेरक प्रभाव पड़ा। इसी वर्ष सुमित्रानंदन पंत के सम्पादकत्व में *रूपाभ* पत्रिका में प्रगतिशील साहित्य का घोषणापत्र प्रकाशित हुआ। दिलचस्प बात यह थी कि प्रेमचंद और रवींद्रनाथ दोनों ही न तो कम्युनिस्ट थे और न ही भौतिकवादी दर्शन के पूरी तरह समर्थक। वे भारतीय सांस्कृतिक परम्पराओं के प्रति समर्पित होने के साथ-साथ पददलित, शोषित, वंचित जनता के उन्नयन और साहित्य में नये विचारों के पक्षपाती थे। इसीलिए उन्होंने अपनी दृष्टि के खुलेपन के कारण प्रगतिवाद का समर्थन किया। भगवत शरण उपाध्याय ने 'प्रगति के ऐरावत' को 'रविठाकुर-प्रेमचंद की राह' कहा। लेकिन जैसे-जैसे प्रगतिशील आंदोलन में मार्क्सवादी विचारधारा और कम्युनिस्ट पार्टी के साथ रिश्तों के सवाल को लेकर बहसें बढ़ीं, रचनाकारों के बीच मतभेद भी बढ़ते गये 1942 और 1953 में दिल्ली, 1947 और 1952 में इलाहाबाद और 1949 में लखनऊ प्रगतिशील लेखकों के सम्मेलन-केंद्र बने। साहित्य से जुड़ी तमाम समस्याओं पर वैचारिक युद्ध हुआ। इन दो दशकों में भारी सांस्कृतिक-राजनीतिक गहमागहमी रही। अनेक घोषणापत्र सामने आये जिनके अध्ययन से प्रगतिशील आंदोलन की वैचारिक जद्दोजहद का पता लगता है।

प्रगतिवाद के हिंदी साहित्य पर प्रभाव को छायावाद और राष्ट्रवाद के साथ उसकी अन्योन्यक्रिया के माध्यम से भी समझा जा सकता है। दरअसल, हिंदी-साहित्य में प्रगतिवाद का प्रवेश इतनी तीव्र गति से हुआ कि छायावाद की वाचकी-सूक्ष्मता और आध्यात्मिकता चकित रह गयी। मध्ययुगीन परलोकोन्मुखी दृष्टि के स्थान पर छायावाद लोकोन्मुखी वैयक्तिक चेतना को प्रकृति के सहचरत्व में प्रस्तुत करने में लगा हुआ था, पर प्रगतिवाद ने छायावाद के आदर्शवाद को उखाड़ कर साहित्य को ठोस राजनीति के धरातल पर खड़ा कर दिया। छायावाद के प्रसिद्ध आलोचक नगेंद्र ने कहा कि, 'प्रगतिवाद छायावाद की भस्म से पैदा नहीं हुआ, वह उसके यौवन का गला घोंटकर ही उठ खड़ा हुआ।' इस स्थापना पर विवाद हुआ। कहा गया कि प्रगतिवाद तो छायावाद का ही विस्तार है। उसकी जड़ें हमारे देश में हैं। वह सीधी-सपाट भाषा में मज़दूर-किसान के शोषण के विरुद्ध आवाज़ उठाते हुए सामंतवाद-पूँजीवाद का खुला विरोध कर रहा है। द्वंद्वात्मक भौतिकवाद पर आधारित जनवादी लोकोन्मुखी प्रगतिशीलता के आधार पर प्रेमचंद की 'आदर्शोन्मुख यथार्थवाद' प्रगतिवादी व्याख्या की गयी। छायावाद के दो प्रमुख हस्ताक्षर पंत और निराला प्रगतिवाद की ओर झुके। पंत तो थोड़े दिन तक प्रगतिवाद की हवा खा कर अरविंदवाद में चले गये, लेकिन निराला इस क्षेत्र में देर तक डटे रहे।

प्रगतिवाद के उदय और प्रसार के साथ एक प्रश्न यह भी जुड़ा हुआ है कि क्या गहरे संरचनापरक अर्थ में वह साहित्य का आंदोलन था? क्या वह सृजन-प्रक्रिया में कोई क्रांतिकारी परिवर्तन करता है? दरअसल, प्रगतिवाद भाषा में कहने के ढंग को बदलता है और कृत्रिमता को प्रश्रय नहीं देता। रामविलास शर्मा ने प्रगतिवाद को भारतीय संस्कृति की शक्तिशाली विरासत में स्थापित करने का बौद्धिक उद्यम किया। प्रगतिवाद के प्रमुख व्याख्याता शिवदान चौहान ने 'हिंदी कविता का विकास' प्रदर्शित करते हुए उसे सहज-सौम्य रूप देने का प्रयास किया। 1955 में *काव्यधारा* शीर्षक एक पुस्तिका में उन्होंने कहा कि, 'उत्तर छायावाद-युग के अनेक तरुण कवि प्रगतिवाद प्रेरित नये जीवनादर्श और जन-मंगल के उत्साहित भरे गीत गाते हुए सामने आये। इनमें नरेंद्र शर्मा तो थे ही, शिवमंगल सिंह 'सुमन', केदारनाथ अग्रवाल, त्रिलोचन, नागार्जुन, रांगेय राघव आदि प्रमुख थे। छायावादी ढर्रे के अनेक तरुण कवियों— शम्भुनाथ सिंह, विद्यावती 'कोकिल' आदि में प्रगतिवाद की अनुगूँज सुनायी दी। गाँधीवादी कवियों सोहनलाल द्विवेदी आदि ने नये विषयों पर कविताएँ लिखीं। यहाँ तक की प्रयोगवादी चेतना से आक्रांत कवि गिरिजा कुमार माथुर, गजानन माधव मुक्तिबोध,

नेमिचंद्र जैन, भारतभूषण अग्रवाल, शमशेर, प्रभाकर माचवे, रामविलास शर्मा आदि भी प्रगतिशील काव्य धारा के प्रवाह में रहे। इस समय में प्रगतिवाद का इतना ज़ोर रहा कि युगांतर उपस्थित हो गया। किंतु नये तरुण-प्रगतिशील कवि भारतीय जनमानस से गहरे जुड़ नहीं पाये। इनकी कविता किसान-मज़दूर की 'सहानुभूति' बनकर रह गयी। इनमें किसी नये काव्यादर्श का विकास नहीं हो सका। ये कवि अपनी दलगत राजनीति के दलदल में फँसते गये। फलतः कविता राजनीति के संकीर्ण पथों पर भटक गयी। उसमें अनुभूति का खुलापन मारा गया। और बहुत से पाठक इस कविता से चिढ़ने लगे। लोग कविता सुनने से ही कतराने लगे, क्योंकि यह कविता नये रागों के विपरीत पड़ती थी, उसमें हृदय-संवेदना का अभाव होता गया।'

प्रगतिवादी धारा की एक प्रमुख आलोचना यय है कि उन्होंने लेनिन से प्रभावित होकर साहित्य को दलीय आधार पर प्रचार का अंग तो बनाया लेकिन वे लेनिन जैसी व्यापक और उदार दृष्टि अपने में समाहित नहीं कर सके। राजनीतिक और वैचारिक दलबंदी से निकलने वाली संकीर्णता ने कई बार प्रगतिवादियों भारतीयता की सांस्कृतिक अभिव्यक्तियों के ख़िलाफ़ खड़ा कर दिया। वे भारतीय परम्पराओं, मिथकों, लोक-विश्वासों, आस्थाओं, देवी-देवताओं से जुड़े लोक-मानस को ठीक से समझे बग़ैर उसका मज़ाक उड़ाने में लगे रहे। इस अभियान में प्रगतिवाद के सांस्कृतिक सिपहसालार शिवदान सिंह चौहान की भूमिका प्रमुख रही।

प्रगतिवाद के बारे में एक व्याख्या यह भी है कि हिंदी साहित्य में प्रगतिवाद का उदय राष्ट्रीय काव्यधारा के भीतर से हुआ। माखनलाल चतुर्वेदी, दिनकर, भगवतीचरण वर्मा, बालकृष्ण शर्मा नवीन जैसे कवियों के भीतर से प्रगतिवाद फूटा। यह व्याख्या प्रगतिवादी अवधि पर कई कोणों से विचार करने की ज़रूरत पेश करती है। छायावाद के दो प्रबल प्रतिनिधियों निराला और पंत ने *कुकुरमुत्ता* और *ग्राम्या* के माध्यम से नयी वैचारिक भूमि तैयार की। पंत ने *युगकवि* में नूतन युग की माँग के अनुरूप प्रगतिवादी सिद्धांतों का विवेचन किया। यह अपने ही ढंग की प्रगतिवादी कलाकृति है। 1940 से 1954 तक प्रगतिवादी कविता की धूम रही। इस बीच जो प्रगतिवादियों के साहित्य में रूसी समाजवाद और राज्य के जयगान भी गाये गये और फ़ासिस्ट विरोधी नारे भी गूँजे। स्तालिनग्राद की लड़ाई पर लिखी गयी रांगेय राघव की कृति *अजेय खँडहर* और शिवमंगल सुमन की *मास्को अभी दूर है* ऐसी ही रचनाएँ हैं। इन रचनाओं में एक नयी विश्वचेतना का जन्म हुआ और एक नया जागरण देखने को मिला।

प्रगतिवाद पर शिवकुमार मिश्र ने *नया हिंदी काव्य,* विजय शंकर ने *हिंदी काव्य में प्रगतिवाद,* उमेश मिश्र ने *प्रगतिवादी काव्य* शीर्षक से अनुसंधान कार्य किया। अपने-अपने ढंग से नंद दुलारे वाजपेयी, प्रकाशचंद्र गुप्त, रामविलास शर्मा, शिवदान सिंह चौहान आदि ने भी प्रगतिवादी परिप्रेक्ष्य को स्पष्ट करने का प्रयास किया। *हंस, रूपाभ, नया साहित्य, काव्यधारा* और *कृति* जैसी पत्रिकाओं ने ऐसा तमाम साहित्य प्रकाशित किया जो प्रगतिवाद के दायरे में माना जाता है। इस दौर के कुछ उल्लेखनीय काव्य-संग्रह इस प्रकार हैं : निराला का *नये पत्ते* और *कुकुरमुत्ता,* पंत का *ग्राम्या,* रामेश्वर शुक्ल अंचल का *करील,* नरेंद्र शर्मा का *रक्त चंदन* और *अग्निशस्य,* गिरिजा कुमार माथुर का *धूप के धान,* नागार्जुन का *युगधारा* और *संतरी पंखों वाली,* रांगेय राघव का *अजेय खँडहर* और *पिघलते पत्थर,* त्रिलोचन का *धरती,* केदारनाथ अग्रवाल का *युग की गंगा, लोक और आलोक, फूल नहीं रंग बोलते हैं,* शिवमंगल सिंह सुमन का *प्रलय सृजन* और *विश्वास बढ़ता ही गया*। शमशेर बहादुर सिंह यूँ तो प्रगतिवादी दल में थे लेकिन उनमें प्रयोगवाद के संस्कार अधिक सक्रिय रहे। शील का संकलन *अँगड़ाई* इस क्षेत्र की एक उपलब्धि है। इसी प्रवाह में मुक्तिबोध आये। उन्होंने *भूरी भूरी खाक धूल* और *चाँद का मुँह टेढ़ा है* से प्रगतिशील काव्य को ऊँचाई पर पहुँचाया। लम्बी कविताओं का एक दौर चला जिसमें मुक्तिबोध की लम्बी कविता *अँधेरे में* आधुनिक भारत के अंतर्विरोधों का दहकता हुआ दस्तावेज़ बनकर सामने आयी। नेहरू-युग का राजनीतिक मोहभंग मुक्तिबोध की इस काव्यात्मकता में निथुर-निचुड़ कर आया।

देखें : अष्टछाप, 'अंग्रेज़ी हटाओ' आंदोलन, छायावाद, डायग्लॉसिया, नगेंद्र और सैद्धांतिक समीक्षा, नयी कविता, नंद दुलारे वाजपेयी, नामवर सिंह, प्रेमचंद, प्रयोगवाद, पाश्चात्य काव्यशास्त्र, भक्ति आंदोलन-1 और 2, भक्ति-काव्य-1 और 2, भारतेंदु हरिश्चंद्र, भारतेंदु युग-1 और 2, भाषा नियोजन-1 से 4 तक, भाषा के मार्क्सवादी सिद्धांत, महावीर प्रसाद द्विवेदी, महादेवी वर्मा, मीरांबाई और प्रेमाभक्ति, राहुल सांकृत्यायन, रामानुजाचार्य, रामानंद, रामचंद्र शुक्ल-1 और 2, रामविलास शर्मा, राष्ट्रीय-सांस्कृतिक कविता, रीतिकाल-1 और 2, विजय देव नारायण साही, वैष्णव धर्म, श्याम सुंदर दास, सम्पर्क भाषा-1 से 4 तक, संविधान सभा में भाषा-विवाद-1, 2 और 3, सच्चिदानंद हीरानंद वात्स्यायन अज्ञेय, संत-काव्य, संस्कृत काव्यशास्त्र, सिद्ध-नाथ परम्परा, सूफ़ीयत और प्रेमाख्यान, हजारी प्रसाद द्विवेदी, हिंदी विरोधी आंदोलन, हिंदी जाति-1, 2 और 3, हिंदी साहित्य का आदिकाल, हिंदी साहित्य का इतिहास, हिंदी साहित्य का इतिहास : नये परिप्रेक्ष्य, हिंदी-पद्य में इतिहास, हिंदी-जगत और 'लोकप्रिय'-1 और 2, हिंदी नवजागरण, हिंदी-संस्थाएँ।

संदर्भ

1. नामवर सिंह (1954), *आधुनिक साहित्य की प्रवृत्तियाँ,* किताब महल, प्रयाग.
2. प्रेमनारायण शुक्ल (1960), *हिंदी साहित्य के विविधवाद,* पद्मजा प्रकाशन, कानपुर.
3. रांगेय राघव (1964), *प्रगतिशील हिंदी के मानदण्ड,* सरस्वती पुस्तक सदन, आगरा.

4. गजानन माधव मुक्तिबोध (1964), *नयी कविता का आत्मसंघर्ष तथा अन्य निबंध,* विश्वभारती प्रकाशन, नागपुर.
5. केदारनाथ सिंह (1971), *आधुनिक हिंदी कविता में बिम्बविधान,* भारतीय ज्ञानपीठ, नयी दिल्ली.
6. कृष्णदत्त पालीवाल (2002), *हिंदी आलोचना के नये वैचारिक सरोकार,* वाणी प्रकाशन, नयी दिल्ली.

— कृष्णदत्त पालीवाल

प्रजनन-प्रौद्योगिकी

(Reproduction Technology)

नारीवाद मातृत्व को स्त्री-जीवन का केंद्रीय आयाम मानने वाली सामाजिक-सांस्कृतिक धारणा के साथ शुरू से ही बहस चलाता रहा है। इसका मुख्य मुद्दा है अपनी प्रजनन-क्षमता पर स्त्री का नियंत्रण, प्रजनन-नियंत्रण प्रौद्योगिकी की उपलब्धता और उस तक पहुँच। रैडिकल नारीवादियों ने यह प्रश्न विशेष रूप से उठाया है। सत्तर के दशक में सुलामिथ फ़ायरस्टोन ने प्रजनन-प्रौद्योगिकी को स्त्री-मुक्ति की सम्भावना के रूप में देखते हुए विश्लेषण किया कि स्त्री-पुरुष के बीच असमानता की जड़ें उनकी जैविकीय भिन्नता में निहित है। गर्भधारण, गर्भ-वहन, जन्म देने तथा बच्चे को स्तनपान कराने की भूमिका स्त्री को हमेशा उसके जैविकीय कार्यों से जोड़े रखती है। इसी वजह से उसे पुरुषों पर निर्भर रहना पड़ता है। इसी प्रक्रिया में जेंडर आधारित विभेदों का विकास होता है जिसे समाप्त करने की अनिवार्य शर्त है कि प्राकृतिक प्रजनन की जगह कृत्रिम प्रौद्योगिकी प्रचलित की जाए। प्राकृतिक प्रजनन से जुड़ी सभी प्रक्रियाएँ स्त्री-शरीर को दुर्बल बनाती हैं। उनसे स्त्री-शरीर मुक्त करने की ज़रूरत है। एक रणनीति के तहत भ्रूण को 'कृत्रिम गर्भ' में विकसित करने की प्रक्रिया को अपनाना होगा। फ़ायरस्टोन ने नतीजा निकाला कि ऐसे प्रौद्योगिकीय उपादानों से ही स्त्री अपनी देह और प्रजनन-क्षमता पर पूरा नियंत्रण प्राप्त कर पायेगी।

प्रजनन-प्रौद्योगिकी का तात्पर्य ऐसे चिकित्सकीय ज्ञान और उसके प्रयोगों से है जिसका संबंध मानवीय प्रजनन तथा उसकी यौनिकता से है। प्रजनन की पुरानी प्रौद्योगिकी का उद्देश्य गर्भनिरोध या गर्भपात के माध्यम से मानवीय प्रजनन पर नियंत्रण करना था। दूसरे क़िस्म की प्रजनन-प्रौद्योगिकी का ताल्लुक़ चिकित्सकीय प्रयोगों द्वारा बच्चे के जन्म की प्रक्रिया से है। गर्भाधान की प्रौद्योगिकी एक तीसरी तकनीक है जिसका उद्देश्य बाँझपन से मुक्ति, कृत्रिम वीर्य-रोपण, किराये की कोख में गर्भाधान यानी सरोगेसी, अण्डाणुओं के निषेचन और इन-विट्रो निषेचन को बढ़ावा देना है। प्रजनन की एक अन्य प्रौद्योगिकी का संबंध भ्रूण के स्वास्थ्य और उसके आनुवंशिक गुणों में आवश्यकतानुसार फेरबदल करना है। इस प्रौद्योगिकी में अल्ट्रासाउण्ड, गर्भाशय की जाँच तथा आनुवंशिक छानबीन के माध्यम से भ्रूण के सामान्य चरित्र का निर्धारण किया जाता है। पाँचवें क़िस्म की प्रजनन प्रौद्योगिकी उम्र बढ़ने के बावजूद शरीर की प्रजनन क्षमता बनाये रखने का काम करती है। रजोनिवृत्ति के बाद भी स्त्री के शरीर में हारमोन-प्रतिस्थापन चिकित्सा तथा वियाग्रा जैसी दवाओं के माध्यम से पुरुषों की यौन-क्षमता बढ़ाने की तरकीबें इसकी मिसाल हैं।

फ़ायरस्टोन का विमर्श प्रजनन-प्रौद्योगिकी के रूप में स्त्री-मुक्ति की आशाओं से लबालब था। लेकिन बाद में कई नारीवादियों ने उनके विचार पर संशय व्यक्त किया। इस बात पर तो नारीवादियों में सर्वसम्मति थी कि प्रजनन-नियंत्रण की प्रौद्योगिकी ने स्त्रियों को व्यापक तौर पर लाभान्वित किया है, बावजूद इसके अभी भी इन संसाधनों तक सभी स्त्रियों की समान पहुँच सुनिश्चित नहीं हो पायी है। पर इस मतैक्य के साथ कुछ चिंताएँ भी जुड़ी हुई थीं जिनका संबंध इस प्रौद्योगिकी में निहित के स्वास्थ्यगत जोखिमों, गर्भनिरोधकों के हानिकारक दुष्परिणामों एवं अविकसित देशों की स्त्रियों पर किये जा रहे गर्भनिरोध या बंध्याकरण के लिए सुइयों के प्रयोग से था। नारीवादियों ने कुछ प्रौद्योगिकियों की विशेष आलोचना की है। ख़ासतौर पर बच्चे के जन्म का प्रबंधन करने वाली प्रौद्योगिकी की। गर्भनिरोध की तकनीकों, आनुवंशिक गुणों की भ्रूण में छानबीन, इन-विट्रो निषेचन तथा हारमोन प्रतिस्थापन चिकित्सा पद्धति विशेष रूप से नारीवादी आलोचना के केंद्र में है।

वस्तुतः प्रजनन-प्रौद्योगिकी के प्रश्न पर नारीवादी धाराओं में काफ़ी मतभेद हैं। इस सिलसिले में प्रजनन-प्रौद्योगिकी पर लगाये गये सवालिया निशान ग़ौर करने क़ाबिल हैं। क्या इस प्रौद्योगिकी ने स्त्रियों की स्वायत्तता में बढ़ोतरी की है? भारत की महिलाओं पर इसका क्या प्रभाव पड़ा है? किस क़ीमत पर यह स्वायत्तता प्राप्त की गयी है? स्वास्थ्य-कर्मियों के कुछ समूहों ने इस प्रौद्योगिकी को अत्यंत लाभकारी क़रार देने वाले मिथक को मानने से इनकार कर दिया है। कुछ देशों में परिवार नियोजन कार्यक्रम के दौरान निरोधक दवाओं के भयानक दुष्परिणामों की तरफ़ ध्यान खींचते हुए उन्होंने दिखाया कि इस पूरी प्रकिया में स्त्री-स्वास्थ्य तथा प्रजनन अधिकारों की लगातार अनदेखी हुई है। राज-सत्ता का उद्देश्य स्त्री का गर्भनिरोध नहीं, बल्कि जनसंख्या नियंत्रण है। इसी तरह रैडिकल नारिवादियों के एक हिस्से ने प्रजनन-प्रौद्योगिकी को सिरे से ख़ारिज करते हुए

तर्क दिया है कि यह एक पितृसत्तात्मक प्रौद्योगिकी है जिसने स्त्री-शरीर पर नियंत्रण के माध्यम से प्रजनन-प्रक्रिया को स्त्री से छीन कर चिकित्सा उद्योग को सौंप दिया है। यह उद्योग स्त्री-शरीर के अस्तित्व को ही अस्वीकार करता है।

एक ख़ास तरह की प्रौद्योगिकी में स्त्री के अंडाणु तथा पुरुष के शुक्राणु का संयोग गर्भ के बाहर प्रयोगशालाओं में सम्पन्न कराने के लिए हारमोनल दवाओं का प्रयोग किया जाता है। इसके बाद शल्य-क्रिया के माध्यम से किसी एक निषेचित अण्डे का चुनाव किया जाता है। निषेचन की प्रक्रिया को परख-नली में सम्पन्न कराने के उपरांत उसे स्त्री शरीर में प्रतिस्थापित किया जाता है। एक अंतर्राष्ट्रीय नारीवादी समूह फ़ेमिनिस्ट इंटरनैशनल नेटवर्क ऑफ़ रज़िस्टेंस टू रिप्रोडक्टिव ऐंड जेनेटिक इंजीनियरिंग ने विट्रो-निषेचन प्रौद्योगिकी का पुरज़ोर विरोध किया है। इस समूह के लेखकों तथा कार्यकर्ताओं का मानना है कि विज्ञान ने इस पुरुषवादी प्रौद्योगिकी के माध्यम से स्त्री का कार्य, जिसे सिर्फ़ वही कर सकती थी, छीन कर पुरुषों के हाथ में दे दिया है। इस प्रौद्योगिकी की ईजाद उन गिनी-चुनी महिलाओं के प्रजनन में सहायक भूमिका अदा करने हेतु किया गया था जो बच्चे पैदा कर पाने में असमर्थ थीं। लेकिन अब इसे मानव-प्रजनन के प्राथमिक विकल्प के रूप में देखा जाने लगा है। आलोचकों का मानना है कि विट्रो-निषेचन जैसी प्रौद्योगिकी ने स्त्री की प्रजनन-क्षमता को पुरुष-नियंत्रण मे ला दिया है। यह पुरुषों में पैदा हुई गर्भाशय-ईर्ष्या का परिचायक है। इस प्रौद्योगिकी-हस्तक्षेप ने स्त्री-शरीर को विज्ञान की एक पितृसत्तात्मक रणनीति के तहत एक ऐसी विशेषता से दूर कर दिया है जिसके कारण वे न सिर्फ़ मर्दों से भिन्न ही नहीं, बल्कि श्रेष्ठ भी थीं।

फ़ायरस्टोन द्वारा प्रजनन-प्रौद्योगिकी के संदर्भ में दिये गये तर्कों पर नारीवादियों ने तरह-तरह से विचार किया है। नारीवाद का आरोप रहा है कि सत्ता के साथ चिकित्सा और विज्ञान के पितृसत्तात्मक हितों के आपसी गठजोड़ ने स्त्रियों की स्वायत्तता और उनकी ज्ञान-परम्परा को सदैव कमतर करके आँका है। नारीवादी समूहों ने प्रजनन-प्रौद्योगिकी को सामाजिक सत्ता-संबंधों के व्यापक ढाँचे के भीतर विश्लेषित करने का प्रयास किया। वॉकमैन ने उन व्यापक संदर्भों की तरफ़ ध्यान दिलाने का प्रयास किया जो विकास की दिशा तय करते हुए इस प्रौद्योगिकी की उपलब्धता तथा उसके उपयोग को भी निर्धारित करतें हैं। उन्होंने दवा बनाने वाली कम्पनियों के व्यावसायिक हितों की चर्चा करते हुए बताया कि किस प्रकार इन कम्पनियों ने गर्भनिरोधक दवाओं के ज़रिये भरपूर लाभ कमाया। उसी प्रकार रॉबर्ट ने उस पुरुषवादी वर्चस्व को रेखांकित किया जो इन प्रजनन-प्रौद्योगिकी की उपलब्धता और उसके प्रयोग को नियंत्रित करती है। इस क्रम में चिकित्सा, व्यवसाय, क़ानून, राज्य एवं धार्मिक विचारधाराएँ तो अपनी भूमिकाएँ निभाती ही हैं, साथ ही स्त्री-पुरुष रिश्ते भी महत्त्वपूर्ण हैं जिनके ज़रिये इस पुरुष-प्रधान समाज में इतरलैंगिकता को प्रकृति की देन बताने का मिथक बनाये रखते हैं।

इन आलोचनाओं के बरक़्स प्रजनन-प्रौद्योगिकी कई तरह के तर्कों के आधार पर स्वयं को जायज़ भी ठहराती है कि इसके कारण अब स्त्रियों को 'चुनाव' का अधिकार तथा 'स्वायत्तता' प्राप्त है। कई नारीवादियों ने इस वैज्ञानिक और प्रौद्योगिकीय प्रक्रिया को स्वागत-योग्य क़रार देते हुए कहा है कि यह प्रौद्योगिकी मूल्य-निरपेक्ष है। इसका अच्छा-बुरा होना इस्तेमाल करने वालों पर निर्भर करता है। इन नारीवादियों ने इस प्रौद्योगिकी को न सिर्फ़ स्त्री के प्रजनन-अधिकार तथा ख़ुद निर्णय लेने की क्षमता के रूप में देखा है, बल्कि इस बात पैरवी भी की कि इसका प्रयोग सभी स्त्रियों को करना चाहिए। यह दृष्टिकोण अधिकतर उदारतावादी तथा लेस्बियन समूहों का है। वे इस प्रौद्योगिकी पर सवाल खड़े करने के बजाय उस तक सभी स्त्रियों की पहुँच और उसके वितरण को लेकर चिंतित हैं। प्रजनन-प्रौद्योगिकी की इस पैरोकारी के विपरीत उत्तर-संरचनावादी लेखक तथा बुद्धिजीवी प्रजनन-प्रौद्योगिकी के सभी स्त्रियों पर समान प्रभाव की धारणा के ख़िलाफ़ हैं।

देखें : अश्वेत नारीवाद, आनंदीबाई जोशी, इस्लामिक नारीवाद, गायत्री चक्रवर्ती स्पिवाक, चिपको आंदोलन, जूडिथ बटलर, जेंडर, दलित नारीवाद, देवदासी, देवकी जैन, नारीवाद, नारीवाद की पहली लहर, नारीवाद की दूसरी लहर, नारीवाद की तीसरी लहर, नारीवाद और अर्थशास्त्र, नारीवादी फ़िल्म-सिद्धांत, नारीवादी इतिहास-लेखन, नारीवाद और अर्थशास्त्र, नारीवादी दर्शन, नारीवाद और साम्प्रदायिकता, नैंसी शोदॅरौ, पर्यावरणीय नारीवाद, पब्लिक-प्रायवेट, पण्डिता रमाबाई सरस्वती, पितृसत्ता, प्रेम, प्रेम-अध्ययन और नारीवादी दर्शन, भारत में स्त्री-आरक्षण-1 और 2, महादेवी वर्मा, मैरी वोल्सनक्रॉफ़्ट, राजनीतिक दर्शन के नारीवादी आयाम, रमाबाई रानाडे, ल्यूस इरिगरे, स्त्री और साम्प्रदायिकता, स्त्री-श्रम, सम्पत्ति : नारीवादी परिप्रेक्ष्य, सिमोन द बोउवार, स्त्री-आरक्षण, हेलन सिचू।

संदर्भ

1. शुलामिथ फ़ायरस्टोन (1979), *द डायलेक्टिक ऑफ़ सेक्स : द केस फ़ॉर फ़ेमिनिस्ट रेवोल्यूशन,* द वुमॅन प्रेस, लंदन.
2. ज्योत्सना अग्निहोत्री गुप्ता (2000), *न्यू रिप्रोडक्टिव टेक्नॉलॅजी : वुमंस हेल्थ ऐंड ऑटोनॅमी,* सेज, नयी दिल्ली.
3. एम. स्टेनवर्थ (सम्पा.) (1987), *रिप्रोडक्टिव टेक्नॉनलॅजीज़,* पॉलिटी प्रेस, केम्ब्रिज.
4. डी. स्टाइनबर्ग, (1997) *बॉडीज़ इन ग्लास : जेनेटिक्स, यूजेनिक्स ऐंड एम्ब्राओ एथिक्स,* मंचेस्टर युनिवर्सिटी प्रेस, मैंचेस्टर.

— **सुप्रिया पाठक**

प्रतिनिधित्व

(Representation)

कहने के लिए प्रतिनिधित्व का मतलब है जो वास्तव में उपस्थित नहीं है (व्यक्ति, समूह, संगठन या कोई क्षेत्र) उसकी किसी अन्य के माध्यम से उपस्थिति दर्ज होना। प्रतिनिधित्व का वाहक व्यक्ति भी हो सकता है और झण्डे जैसी कोई अमूर्त चीज़ भी प्रतिनिधित्व कर सकती है। लेकिन आधुनिक प्रतिनिधित्वमूलक सरकार के संदर्भ में इसका मतलब होता है किसी निर्वाचित विधायक या सांसद के माध्यम से मतदाताओं या नागरिकों के किसी समूह या क्षेत्र की नुमाइंदगी करते हुए उनकी हित-रक्षा की ज़िम्मेदारी उठाना। प्रतिनिधि का काम किसी राय या मत को किसी सभा में पहुँचाने भर का नहीं होता। इस लिहाज़ से वह दूत से अलग है, क्योंकि वह उस राय या एजेंडे के निर्माण में नेतृत्वकारी भूमिका भी निभाता है। प्रतिनिधित्व का विचार इस आग्रह पर आधारित है कि सभी सार्वजनिक संबंध प्रतिनिधित्व-आधारित ही होते हैं। पहले यह माना जाता था कि शासन वही अच्छा है जिसमें लोग शासन प्रक्रिया पर सीधे नियंत्रण कर सकें। यह विचार केवल छोटे-छोटे नगर-राज्यों की स्थिति में ही व्यावहारिक था। दूसरे, सरकारों का अध्ययन यह भी बताता है कि शासन प्रत्यक्ष और अप्रत्यक्ष प्रक्रियाओं का मिश्रण होता है। चूँकि प्रतिनिधित्व इस तरह का कारगर मिश्रण मुहैया करा सकता है, इसलिए सत्रहवीं सदी के बाद से दुनिया में प्रत्यक्ष-नियंत्रण के बजाय प्रतिनिधित्व के माध्यम से नियंत्रण का ही बोलबाला होता चला गया है। प्रतिनिधिक लोकतंत्र एक सर्वाधिक वांछित व्यवस्था मानी जाती है, पर प्रतिनिधित्व करवाने वालों की आकांक्षाएँ और माँगें अक्सर उनके प्रतिनिधियों के सामाजिक-आर्थिक उद्गम, नीतियों और राजनीति के अंतर्विरोध में चली जाती हैं। यही कारण है कि इस विचार की कामयाबी के बावजूद इसके साथ समाज-वैज्ञानिक बहसों का एक पूरा ऐतिहासिक सिलसिला मौजूद है।

प्रतिनिधित्व के विचार पर आपत्ति करने वालों में रूसो का नाम प्रमुख है। उनका कहना था कि प्रतिनिधिक संस्थाएँ पूरे समुदाय के नाम पर केवल कुछ लोगों की इच्छा का पालन ही करती हैं। मतदाता केवल चुनते समय ही स्वतंत्र होते हैं। जैसे ही वे निर्वाचित व्यक्ति के हाथों में अपनी नुमाइंदगी सौंपते हैं वैसे ही उन्हें मजबूरन एक विजातीय इच्छा के अधीन हो जाना पड़ता है। रूसो के मुताबिक़ स्व-शासन में सीधी भागीदारी एक आत्यंतिक रूप से मूल्यवान आग्रह है। केवल राजनीतिक रूप से सक्रिय और अपना प्रतिनिधित्व सीधे अपने हाथ में रखने वाले लोग ही स्वतंत्र माने जा सकते हैं। प्रतिनिधि या प्रतिनिधिक संस्थाओं के हाथों में अधिकार जाते ही सक्रिय नागरिकता की सम्भावनाएँ कमज़ोर होने लगती हैं।

रूसो के विपरीत थॉमस हॉब्स का ख़याल था कि प्रत्येक प्रभावी सरकार प्रतिनिधित्व पर ही टिकी होती है। यद्यपि समय और दायरे के लिहाज़ से प्रतिनिधित्व की सीमा तय की जा सकती है, पर सामाजिक समझौते के तहत लोगों द्वारा सम्प्रभु में अपने अधिकार आरोपित कर देने के बाद वह उनका असीमित प्रतिनिधि हो जाता है। इसके बाद सम्प्रभु जो भी करेगा, वह अधिकारपूर्वक और लोगों के लिए बाध्यकारी होगा। हॉब्स के विपरीत कुछ सिद्धांतकारों का विचार है कि प्रतिनिधि को कभी न कभी उन लोगों के सामने जवाबदेही करनी ही पड़ती है जिनकी नुमाइंदगी वह कर रहा है। इसलिए उसे शुरू में दिया गया अधिकार नहीं अंत में माँगा गया जवाब ही प्रतिनिधित्व को परिभाषित करता है। प्रतिनिधि के कंधों पर दायित्व होते हैं, और उसे अपना प्रतिनिधि बनाने वालों के पास विशेष अधिकार और शक्तियाँ होती हैं।

प्रतिनिधित्व की शुरुआत और ख़ात्मे से अलग उसके बारे में तीसरा महत्त्वपूर्ण विचार एडमण्ड बर्क का है। इससे प्रतिनिधित्व की प्रक्रिया पर रोशनी पड़ती है। बर्क मानते हैं कि प्रतिनिधि उन लोगों से स्वायत्त होता है जिनका वह प्रतिनिधित्व कर रहा है, इसलिए वह विभिन्न विषयों पर स्वतंत्र राय बना सकता है। किसी विधायिका या संसद के लिए चुना गया प्रतिनिधि किन्हीं दूसरे लोगों द्वारा किये गये विचार या निर्णय का यांत्रिक वाहक नहीं हो सकता। उसका दायित्व व्यापक जन-स्वार्थ की सिद्धि से जुड़ा होता है। बर्क के इस विचार के विपरीत अन्य सिद्धांतकारों का मत है कि प्रतिनिधि उसे जनादेश से कुछ भी करने के लिए स्वतंत्र नहीं है जो उसे थमाया गया है या जिसके बिना पर उसे चुना गया है। इन दोनों परस्पर विपरीत दावों को 'मैंडेट-इंडिपेंडेंस विवाद' के नाम से जाना जाता है।

प्रतिनिधित्व से जुड़ा एक अन्य बेहद अहम मुद्दा यह है कि प्रतिनिधि कैसा होना चाहिए। क्या प्रतिनिधि को ठीक वैसा ही होना चाहिए जैसे लोगों का वह प्रतिनिधित्व कर रहा है? क्या एक श्वेत व्यक्ति काले या अश्वेतों का प्रतिनिधित्व कर सकता है? क्या एक पुरुष स्त्रियों की नुमाइंदगी कर सकता है? क्या एक ब्राह्मण दलितों का प्रतिनिधित्व करने का दावा कर सकता है? प्रतिनिधित्व संबंधी इस उलझन की जड़ें अस्मिता के सवाल में निहित हैं। मानवाधिकारों, नागरिक अधिकारों और लैंगिक अधिकारों के इर्द-गिर्द होने वाली बहसों और गतिविधियों का व्यावहारिक निचोड़ यही निकला है कि प्रतिनिधि और उसके ज़रिये अपना प्रतिनिधित्व करवाने वालों के बीच एक सीमा तक सादृश्यता होनी ज़रूरी है। यह समरूपता न होने पर भी नुमाइंदगी की तकनीकी खानापूरी तो

हो जाती है, पर लोगों के वास्तविक हितों की नुमाइंदगी न होने का ख़तरा बना रहता है। ज़रूरी नहीं कि स्त्रियों की नुमाइंदगी करने वाला पुरुष या दलितों की नुमाइंदगी करने वाला कोई द्विज इरादतन उनका पूरा प्रतिनिधित्व न करना चाहता हो। दरअसल, इरादा नेक होने और प्रतिनिधित्व की पूरी कोशिश करने पर भी परिप्रेक्ष्य की कमी के कारण नुमाइंदगी में कमी रह सकती है। प्रतिनिधि का लोगों के बीच का होना या समान सामुदायिक चिह्नों या अस्मिता का धारक होने से समूह और उसके प्रतिनिधि के बीच एक आत्यंतिक तादात्म्य भी बना रहता है। प्रतिनिधि और प्रतिनिधित्व कराने वालों के बीच हमदिली की गारंटी हो जाने के बाद प्रतिनिधि समूह से किसी भी सीमा तक भिन्न हो सकता है : शिक्षा में, योग्यता में, आत्म-विश्वास में।

लेकिन प्रतिनिधि की सादृश्यता का यह आग्रह उस समय साँसत में पड़ जाता है जब किसी मिले-जुले समूह की नुमाइंदगी की नौबत आती है। विभिन्न अस्मिताओं, विभिन्न धर्मों, विभिन्न जातियों और विभिन्न संस्कृतियों से बने किसी मतदाता-मण्डल की नुमाइंदगी करने का अधिकार किसे है? क्या वह जो सबसे ज़्यादा योग्य है या शिक्षित है या सबसे अधिक प्रेरक नेतृत्व का वाहक है? यह एक बहुत मुश्किल सवाल है। आम तौर पर हर मिले-जुले समूह में किसी एक क़िस्म के लोग संख्या में ज़्यादा होते हैं। सच्चे प्रतिनिधित्व का संकट उस समय बहुत विकट हो जाता है जब मतदाता-मण्डल में शामिल अल्पसंख्याएँ लगातार बहुसंख्या के बीच से चुने हुए व्यक्ति को ही अपना प्रतिनिधि मानने के लिए मजबूर होती हैं।

प्रतिनिधित्व से संबंधित उलझनें और भी हैं। मसलन, प्रतिनिधि को किसके प्रति उत्तरदायी होना चाहिए : केवल उन लोगों के प्रति जिन्होंने उसे वोट दिया है या उन लोगों के प्रति भी जिन्होंने उसके ख़िलाफ़ वोट डाला है? मतदाताओं और अपनी पार्टी में से किसके प्रति उसे अधिक जवाबदेह होना चाहिए? पार्टी अगर अपनी वह नीति बदल देती है जिसकी पैरोकारी करते हुए प्रतिनिधि चुना गया था, तो प्रतिनिधि को पार्टी छोड़नी चाहिए या विधायिका में अपनी सीट? प्रतिनिधि की निष्ठाओं का प्रश्न बहुत महत्त्वपूर्ण है और इसका सम्पूर्ण सैद्धांतिक समाधान अभी तक नहीं हो पाया है।

देखें : अधिकार, अधिकार : सैद्धांतिक यात्रा, अरस्तू, अफ़लातून, अनुदारतावाद, अराजकतावाद, अन्य-अन्यीकरण, उदारतावाद, उपयोगितावाद, एडमण्ड बर्क, क्रांति, ज्याँ-ज़ाक रूसो, जॉन लॉक, जेरेमी बेंथम, जॉन स्टुअर्ट मिल, जॉन रॉल्स, थॉमस हॉब्स, थॉमस पेन, न्याय, न्याय : नारीवादी आलोचना, न्याय : रॉल्स का सिद्धांत, नागरिकता, नागरिकता : अन्य परिप्रेक्ष्य-1 और 2, नागर समाज, पनोप्टिकॉन, प्रगति, प्रगति : आलोचनात्मक परिप्रेक्ष्य, फ्रेड्रिख़ वॉन हायक, बुद्धिवाद, माइकेल जोसेफ़ ओकशॉट, माइकिल वाल्ज़र, मिशेल पॉल फ़ूको-1 और 2, यूटोपिया, राजनीतिक दर्शन के नारीवादी आयाम, रॉबर्ट नॉज़िक, राज्य-1 और 2, विल किमलिका, सविनय अवज्ञा, स्वतंत्रतावाद, सर्वसत्तावाद, सम्प्रभुता, समाजवाद, सरकारियत, सामाजिक समझौता, हेनरी डेविड थोरो।

संदर्भ

1. एच.एफ़. पिटकिन (1967), द *कम्पेप्ट ऑफ़ रिप्रज़ेंटेशन,* युनिवर्सिटी ऑफ़ कैलिफोर्निया प्रेस, बर्कले.
2. थॉमस हॉब्स, *लेवायथन* (1651), सी.बी. मेकफर्सन (सम्पा.), पेंगुइन, हारमंड्सवर्थ.
3. ज्याँ-ज़ाक रूसो (1978), द *सोशल कांट्रेक्ट* (1762), आर.डी. मास्टर्स (सम्पा.), सेंट मार्टिंस, न्यूयॉर्क.
4. एडमंड बर्क (1949), *बर्क्स पॉलिटिक्स,* आर.जे.एस. हॉफ़मैन और पी. लेवैक (सम्पा.), नॉफ़, न्यूयॉर्क.

— अभय कुमार दुबे

प्रति-संस्कृति, -विमर्श, -इतिहास, -वर्चस्व, -स्मृति

(Counter-culture, -discourse, -hegemony, -memory, -history)

साठ के दशक के दौरान उभरी प्रति-संस्कृति की अवधारणा के बाद से ही समाज-विज्ञानों और अन्य विमर्शी लेखन में 'प्रति-' या 'काउंटर-' के इस्तेमाल का चलन हो गया है। समाज-विज्ञान की रचनाओं में आम तौर पर प्रति-विमर्श, प्रति-वर्चस्व, प्रति-आख्यान, प्रति-इतिहास और प्रति-स्मृति जैसी अभिव्यक्तियों के प्रयोग देखे जा सकते हैं। हालाँकि इनके पीछे कई बार असहमति के स्वर और विकल्प संबंधी दावेदारियों को और प्रभावी बनाने की मंशा ही होती है, पर महज़ लेखकीय रणनीति के अलावा भी ऐसी प्रत्येक अवधारणा के पीछे किसी न किसी सुचिंतित बौद्धिक हस्तक्षेप और आंदोलनकारी पहलक़दमियों की भूमिका रही है।

प्रति-संस्कृति : यह विचार पश्चिमी देशों में साठ के दशक में उभरे असहमति के युवा-स्वर की देन है। सबसे पहले इसका इस्तेमाल उन मध्यवर्गीय नौजवानों द्वारा किया गया था जो पूँजीवाद, प्रोटेस्टेंटवाद और सैन्यवाद के सम्मिलित प्रभाव के तहत विकसित किये जा रहे भोगवादी और आनंदवादी रवैये को अस्थिर करना चाहते थे। इन युवक आंदोलनकारियों ने स्थापित सांस्कृतिक मूल्यों के मुक़ाबले कई वैकल्पिक प्रस्ताव रखे। वे यौन-दमन के विपरीत यौन-

मुक्ति, समझौतापरस्ती के विपरीत सीधी-कार्रवाई, भौतिकवादी निष्ठुरता के विपरीत आध्यात्मिकता, युद्ध के ख़िलाफ़ शांतिवाद, अभिव्यक्ति पर लगे संस्थागत संयमों के मुक़ाबले उन्मुक्त आत्माभिव्यक्ति और उद्योगवादी रवैये के विपरीत पर्यावरण संबंधी सरोकारों पैरोकार थे।

प्रति-संस्कृति के आंदोलनों में भाग लेने वाले युवकों और छात्रों ने इन विकल्पों को अपनी ही ज़िंदगी पर लागू करके दिखाया। समाज के स्थापित मूल्य जिन-जिन वर्जनाओं की वकालत करते थे, युवकों ने एक-एक करके उन सभी का उल्लंघन किया। अमेरिकन हिप्पी-संस्कृति इसी नज़रिये की मुखर अभिव्यक्ति थी। हिप्पियों ने चेतन से अवचेतन के संसार में जाने के लिए केवल नशीले पदार्थों के प्रयोग को ही लोकप्रिय नहीं किया, उन्होंने नये सामुदायिक जीवन के रूप में कम्यूनों के प्रयोग भी किये, वैकल्पिक अख़बार और पत्रिकाओं का प्रकाशन किया, खुले विद्यालयों की स्थापना की। प्रति-संस्कृति के प्रतीक के तौर पर नये क़िस्म की पोशाक और व्यवहार-शैली का चलन हुआ। मीडिया के विभिन्न संस्करणों (जैसे रॉक म्यूज़िक) इसका प्रमुख माध्यम बना। पेरिस में हुई 1968 की आम हड़ताल, 1969 का पहला वुडस्टॉक फेस्टिवल, नागरिक अधिकार आंदोलन की मुहिमें और वियतनाम युद्ध विरोधी प्रदर्शनों ने समाज की मुख्यधारा के मुक़ाबले वैकल्पिक दृष्टि की स्थापना का दावा किया।

प्रति-संस्कृति के पैरोकारों ने यथास्थिति के ख़िलाफ़ जिस सामाजिक क्रांति का सपना दिखाया था, वह अंततः धरती पर नहीं उतरी। लेकिन उसने पश्चिमी संस्कृति को गहरायी से प्रभावित किया और उसका बौद्धिक फ़ैशन बड़ी तेज़ रफ़्तार से दुनिया के अन्य क्षेत्रों के विमर्शी हलकों का अंग बनता चला गया। नारीवादी विमर्श, समलैंगिक आंदोलन और पर्यावरणवादी सरोकारों की धार इस रुझान से और तीखी हुई। भूमण्डलीकरण की प्रक्रिया के दौरान उभरी सूचना-प्रौद्योगिकियों के बारे में यह भी माना जाता है कि उनके कारण सामाजिक जीवन और आचार-व्यवहार में जो लचीलापन और व्यक्तिगत स्तर पर सशक्तीकरण का पहलू उभरा है वह प्रति-सांस्कृतिक मूल्यों के अनुरूप है। इसी के साथ यह बात भी कही जा रही है कि सम्भवतः प्रति-संस्कृति की अवधारणा ने साठ के दशक में ही समकालीन पूँजीवाद की ध्वंसकारी शक्तियों को पहचान लिया था कि एक न एक दिन पूँजीवाद की ताक़तें ही पारम्परिक सामाजिक संरचनाओं को अस्थिर कर देंगी। प्रति-संस्कृति के आईने में इतिहास की पुनर्व्याख्या करने के प्रयास भी हुए हैं। ऐसी कोशिशें ईसाई धर्म के शुरुआती इतिहास को उस ज़माने की स्थापित यहूदी और रोमन संस्कृतियों के मुक़ाबले प्रति-संस्कृति के उदाहरण के रूप में चिह्नित करती हैं। इसी तरह ब्रिटिश पूँजीवाद के शुरुआती दौर में क्वेकर और मैथोडिस्ट आंदोलन को एंग्लीकन धर्म के मुक़ाबले प्रति-संस्कृति के उदाहरणों की तरह पढ़ा जाता है।

प्रति-इतिहास / प्रति-स्मृति : साठ के दशक में ही मिशेल फ़ूको ने मनोविज्ञान द्वारा प्रस्तावित विक्षिप्तता के अधिकारिक मान लिए गये इतिहास की आलोचना पेश की। फ़ूको का कहना था कि नैरंतर्य और अस्मिता की मनोवैज्ञानिक पदावली में मनोरोगों का जो संस्थागत और ऐतिहासिक वृत्तांत तैयार किया गया है, उसे विभिन्न अवधारणाओं और पढ़ने की विभिन्न रणनीतियों का इस्तेमाल करते अस्थिर किया जाना चाहिए। इसी लिहाज़ से फ़ूको ने इतिहास के अलग-अलग मुक़ामों पर इस वृत्तांत की विभिन्न विधियों से जाँच की। इस प्रक्रिया में रैखिक नैरंतर्य भंग करने वाला और एक बजाय अनेक आवाज़ों से सम्पन्न एक प्रति-इतिहास की संरचनाएँ उभरीं। इसके ज़रिये फ़ूको ने बताया कि मनोरोगियों को क़ैद करने, उन पर निगरानी रखने और मनोचिकित्सकीय विनियमनों के प्रभाव में पैदा हुए विमर्शों ने समाज में कुछ विशेष सत्ता-संबंधों को जन्म दिया है। मनोरोगों के इतिहास के इस रैखिक मॉडल द्वारा स्थापित अधिकारिक और संस्थागत स्मृति के मुक़ाबले फ़ूको एक प्रति-स्मृति की स्थापना करने की कोशिश करते हुए नज़र आते हैं।

प्रति-विमर्श : इस अवधारणा का सूत्रीकरण अस्सी के दशक में रिचर्ड टेर्डीमैन ने प्रतीकात्मक प्रतिरोध के सिद्धांत और व्यवहार को सिद्धांतबद्ध करने के लिए किया था। उन्होंने उन्नीसवीं सदी के फ्रांसीसी साहित्य का विश्लेषण करके नतीजा निकाला था कि स्थापित विमर्शों में अपने ख़िलाफ़ उठायी गयी या उठ सकने वाली किसी भी आवाज़ को नज़रअंदाज़ करने या अपने भीतर सोख लेने की क्षमता होती है। उनका कहना था कि यथार्थ की स्थापित संरचनाएँ और उन्हें भीतर से उलट देने के प्रयासों के बीच होने वाले टकराव में ही वह मर्म निहित होता है जिसके इर्द-गिर्द सांस्कृतिक और ऐतिहासिक परिवर्तन अपनी शक्ल-सूरत ग्रहण करते हैं।

हालाँकि टेर्डीमैन का अध्ययन फ्रांसीसी साहित्य तक ही सीमित था, पर उत्तर-औपनिवेशिकता के सिद्धांतकारों ने इस सूत्रीकरण का दूसरे संदर्भों में भी इस्तेमाल किया। उन्होंने दावा किया कि औपनिवेशिक और नव-औपनिवेशिक विमर्श ख़ुद को मिलने वाली किसी भी चुनौती को होशियारी से पचा जाते हैं। इसलिए हाशियों से उठने वाले प्रतिरोध के स्वरों की पेचीदगियों को समझना और रेखांकित करना ज़रूरी है। यह काम प्रति-विमर्श के ज़रिये हो सकता है। इन सिद्धांतकारों के अनुसार प्रति-विमर्श ऐतिहासिक प्रक्रियाओं और साहित्यिक आंदोलनों के आईने में उतना नहीं झलकता, जितना किसी ख़ास इबारतों की आलोचनाओं में उसका अक़्स देखा जा सकता है। एक बार अनुलंघनीय मान लिए गये पाठों को

चतुरायी के साथ दोबारा स्थापित किया जाता है ताकि चुनौतियों की धार कुंद की जा सके। उत्तर-औपनिवेशिक सिद्धांतकारों ने प्रति-विमर्श का सिद्धांत लागू करके आधार पर मानवशास्त्रीय, ऐतिहासिक, साहित्यिक और विधिक पाठों की आलोचना तैयार की है।

देखें : अर्थव्यवस्था का समाजशास्त्र, अभिजन, अभिरुचि, आत्महत्या, उन्मूलनवाद, एजेंसी, कर्मकाण्ड, कारागार, गोपनीयता, गृहविहीनता, जादू, जीवन-शैली, टेलरवाद, परम्परा, परस्पर विपरीत द्विभाजन, प्राइवेसी, फ़ुरसत, बचपन, बुज़ुर्गियत का समाजशास्त्र, बेगानगी, भीड़, भ्रष्टाचार का समाजशास्त्र-1 और 2, सेवानिवृत्ति, विचलन, ज्ञान का समाजशास्त्र।

संदर्भ

1. टी. रोज़ाक (1968), *द मेकिंग ऑफ़ अ काउंटर कल्चर : रिफ़्लेक्शंस ऑन अ टेक्नोक्रेटिक सोसाइटी ऐंड इट्स यूथफुल अपोज़ीशन*, फ़ेबर ऐंड फ़ेबर, लंदन.
2. जे.एम. यिंगर (1982), *काउंटरकल्चर्स : द प्रोमिस ऐंड पेरिल ऑफ़ अ वर्ल्ड अपसाइड डाउन*, फ्री प्रेस, न्यूयॉर्क.
3. मिशेल फ़ूको (1970), *मैडनेस ऐंड सिविलाइज़ेशन : अ हिस्ट्री ऑफ़ इनसेनिटी इन द एज ऑफ़ रीज़न*, अनु. रिचर्ड हावर्ड, लंदन.
4. आर. टेर्डीमैन (1985), *डिस्कोर्स / काउंटर-डिस्कोर्स : द थियरी ऐंड प्रेक्टिस ऑफ़ सिम्बोलिक रज़िस्टेंस इन नाइंटींथ सेंचुरी फ़्रांस*, कॉरनेल युनिवर्सिटी प्रेस, इथाका और लंदन.

— अभय कुमार दुबे

प्रतियोगिता

(Competition)

प्रतियोगिता अर्थात् बाज़ार में पूँजी के विभिन्न रूपों और स्तरों के बीच होने वाली होड़ पूँजीवादी आर्थिक प्रणाली का केंद्रीय तत्त्व है। अर्थव्यवस्था के एक क्षेत्र में अलग-अलग पूँजियाँ सक्रिय रहती हैं। उनकी उत्पादकता में अंतर होता है। कुछ पूँजियाँ अधिक विनिमय-मूल्य पैदा करके अच्छा मुनाफ़ा देती हैं, कुछ दूसरी पूँजियाँ कम मुनाफ़ा देती हैं और कुछ घाटे का कारण बनती हैं। घाटा देने वाली पूँजी कम आकार की और कम उत्पादकता का स्रोत होती है। प्रतियोगिता उसे मजबूर करती है कि वह अधिक उत्पादकता वाली बड़ी पूँजी द्वारा चलायी जाने वाली संचय की प्रक्रिया में चली जाए। पूँजियों की प्रतियोगिता ही विनिमय-मूल्य के आधार पर उत्पाद का दाम तय करती है। मूल्य और क़ीमत के बीच का संबंध विभिन्न क्षेत्रों के बीच पूँजी की गतिशीलता पर भी आधारित होता है। बाज़ार में होने वाली होड़ को आम तौर पर प्रतियोगिता की आदर्श स्थिति के आधार पर विश्लेषित किया जाता है। यह दूसरी बात है कि बाज़ारों में यह आदर्श स्थिति कभी उपलब्ध नहीं हो पाती।

प्रतियोगिता एक पेचीदा आवधारणा है। कार्ल मार्क्स की रचना *कैपिटल* के पहले खण्ड में इसका ज़िक्र नहीं है। वे तीसरे खण्ड में इसकी चर्चा करते नज़र आते हैं जिसे उनकी मृत्यु के बाद एंगेल्स के सम्पादन में छापा गया था। वस्तुतः उन्नीसवीं सदी में प्रतियोगिता को सहयोग के मुक़ाबले रख कर देखा जाता था। प्रतियोगिता को बुराई मानने का चलन था। समझ यह थी कि होड़ की वजह से मज़दूरी में गिरावट आती है और मज़दूर की बदहाली बढ़ती है, जबकि सहयोग को बेहतर और न्यायसंगत आमदनी की गारंटी के रूप में देखा जाता था। लेकिन, आधुनिक विचार के तहत प्रतियोगिता एक ऐसी स्थिति है जिसके तहत ज़्यादा से ज़्यादा संख्या में फ़र्मों से आपस में आदर्श होड़ करने की अपेक्षा की जाती है।

बाज़ार की प्रतियोगिता का यह सिलसिला जिस आदर्श स्थिति से शुरू माना जाता है, वह दरअसल है क्या? प्रतियोगिता की आदर्श स्थिति की कुछ बुनियादी शर्तें इस प्रकार हैं : सबसे पहली बात तो यह है कि बाज़ार में क्रेताओं और विक्रेताओं की बड़ी संख्या को प्रवेश करने और बाहर निकलने की आज़ादी होनी चाहिए। जिस उत्पाद के लिए प्रतियोगिता हो रही है वह समरूप होना चाहिए। सरकार की तरफ़ से बाज़ार में किसी भी तरह के हस्तक्षेप का अभाव ज़रूरी है। परिवहन की लागत भी प्रतियोगिता के आदर्श स्वरूप को बिगाड़ सकती है। अंतिम शर्त यह है कि प्रतियोगिता में भाग ले सभी क्रेताओं और विक्रेताओं के पास सभी संबंधित सूचनाएँ होने की आदर्श स्थिति उपलब्ध होनी चाहिए। बड़ी संख्या की शर्त का मतलब है कोई प्रतियोगितारत शक्ति दाम को प्रभावित न कर पाए। उन्हें दाम तय नहीं करना है, बल्कि दाम स्वीकार करना है। समरूप उत्पाद का मतलब है सभी क्रेता उत्पाद को एक सा ही मानें भले ही उसकी संरचना में कुछ अंतर क्यों न हो। आदर्श स्थिति यह भी मान कर चलती है कि प्रत्येक फ़र्म के लिए डिमांड कर्व पूरी तरह से लोचदार होना चाहिए। हर फ़र्म का उत्पाद बराबर समझा जाना चाहिए।

अगर ये सारी शर्तें पूरी हो जाएँ तो क्या होगा? चूँकि सरकार किसी तरह का हस्तक्षेप नहीं करेगी इसलिए क्रेता और विक्रेता स्वतंत्र रूप से बिना किसी दख़लंदाज़ी के बाज़ार के दाम तय करने की सहमति पर पहुँच जाएँगे। कोई परिवहन लागत नहीं होगी इसलिए स्थानीय स्तर पर कोई इजारेदारी प्रतियोगिता को प्रभावित नहीं कर पायेगी। लेकिन अगर सभी

क्रेताओं और विक्रेताओं के पास समान सूचना नहीं हुई तो वे बाज़ार में अपनी गतिविधियाँ कैसे अंजाम देंगे?

यह एक बहुत बड़ा सवाल है। आदर्श प्रतियोगिता के पैरोकार इस सवाल का जवाब देने में नाकाम रहे हैं। दरअसल किसी भी बाज़ार में प्रतियोगिता के पहले चरण में बड़ी संख्या में क्रेता और विक्रेता एक-दूसरे से प्रतियोगिता में संलग्न हो सकते हैं। पर परिस्थिति आदर्श नहीं होती। पूँजी के विभिन्न रूप और आकार एक-दूसरे से अलग उत्पादकता का स्रोत होते हैं। उत्पाद भी समरूप नहीं होता। उसकी विभिन्नता उत्पादकों को एक-दूसरे पर श्रेष्ठता क़ायम करने का मौक़ा देती है। जिसके कारण प्रतियोगिता के दूसरे चरण में प्रतियोगिता के कारण ही फ़र्मों की संख्या कम होती चली जाती है जिसे ओलिगोपॅली कहते हैं। ओलिगोपॅली के तहत होने वाली होड़ फिर डुओपॅली को यानी केवल दो उत्पादकों के बीच की प्रतियोगिता को जन्म देती है। अंत में किसी एक उत्पादक की इजारेदारी (एकाधिकार) यानी मोनोपॅली का जन्म होता है।

ऐसी कोई अर्थव्यवस्था नहीं है और न हो सकती है जहाँ बाज़ार की शक्तियों को किसी हस्तक्षेप का सामना न करना पड़ता हो। राज्य किसी न किसी रूप में हस्तक्षेप करता ही है। दरअसल, कई मामलों में बाज़ार की ताक़तें ही उसे हस्तक्षेप करने के लिए आमंत्रित करती हैं। पूँजीवादी वर्ग के जिस हिस्से के पास कम पूँजी होती है, वह चाहता है कि राज्य उसे पूँजी की आपूर्ति कराये, या फिर ऐसे क्षेत्रों में उसे निवेश करने के लिए मजबूर न किया जाए जिनमें ज़्यादा पूँजी लगती हो और मुनाफ़ा तुरंत हासिल न होता हो। आज़ादी से पहले भारत में देशी पूँजीपतियों ने बोंबे प्लान नामक योजना के तहत इस तरह की माँग की थी। भारतीय पूँजीपति ऐसे किसी व्यवसाय में निवेश करने के लिए तैयार नहीं थे जो मुनाफ़े के लिए लम्बे अरसे तक इंतज़ार करना पड़े। वे न तो इस्पात के कारख़ाने खोलना चाहते थे, न उनकी बिजली बनाने में रुचि थी और न ही सड़कें बनाने में।

ऐसी परिस्थितियों में राज्य प्रतियोगिता को प्रभावित करता है, और कई मामलों में उसकी कोशिशों के कारण ही एकाधिकार की स्थिति बनती है। सरकार क़ानून बना कर प्रतिद्वंद्वी फ़र्मों को प्रतियोगिता से बाहर कर देती ताकि राष्ट्रीय सुरक्षा और जन-सुरक्षा का मक़सद पूरा हो सके। दूसरी तरफ़ कोई घरेलू एकाधिकार तब तक क़ायम नहीं रह सकता जब तक सरकार क़ानून बना कर विदेशी फ़र्मों को प्रतियोगिता से बाहर न रखे। आम तौर पर घरेलू बाज़ार के संरक्षण के लिए सरकारों को ऐसा करना पड़ता है, क्योंकि देशी उद्योगपति ऐसी माँग करते हैं।

बौद्धिक सम्पदा अधिकार की अवधारणा के तहत पूँजीवादी देशों में प्रचलित पेटेंट प्रणाली बाज़ार की प्रतियोगिता को प्रारम्भ में ही गड़बड़ा देती है। जिस फ़र्म के पास पेटेंट होता है, उसके पास उत्पाद की इजारेदारी भी होती है। दूसरी फ़र्में उससे प्रतियोगिता कर ही नहीं सकतीं।

इजारेदारी प्राप्त करते ही फ़र्में मनमाने दाम निर्धारित करने लगती हैं। इस रवैये से निबटने के लिए सरकारों को प्रतियोगिता को बढ़ावा देने वाले क़ानून बनाने पड़ते हैं। अमेरिका में 1890 में संघीय स्तर पर शेरमन एक्ट पारित किया गया था ताकि इजारेदाराना रवैये पर नियंत्रण किया जा सके। ब्रिटेन में 1948 से ही इजारेदारी को नियंत्रित करने के लिए क़ानून है। इसी तरह भारत में प्रतिस्पर्धा आयोग (कॉम्पिटीशन कमीशन) इसी मक़सद को ध्यान में रख कर बनाया गया है।

देखें : अर्थ-विज्ञान का समाजशास्त्र, आर्थिक जनसांख्यिकी, अल्फ्रेड मार्शल, अमर्त्य कुमार सेन, अंतर्राष्ट्रीय मुद्रा कोष, आधार और अधिरचना, ऑस्कर रायज़ार्ड लांगे, ऐडम स्मिथ, करारोपण, कल्याणकारी अर्थशास्त्र, क्लासिकल अर्थशास्त्र, कार्ल हाइनरिख़ मार्क्स-3, कार्ल मेंगर, कींसियन अर्थशास्त्र, गुन्नार मिर्डाल, जोआन रोबिंसन, जॉन कैनेथ गालब्रेथ, जॉन मेनार्ड कींस, जॉन स्टुअर्ट मिल, जोसेफ़ शुमपीटर, जैव विविधता, ट्रस्टीशिप, डेविड रिकार्डो, ढाँचागत समायोजन कार्यक्रम, थॉमस मन और वणिकवाद, थॉमस रॉबर्ट माल्थस, दक्षता, धन, नियोक्लासिकल अर्थशास्त्र, नीतिशास्त्र और अर्थशास्त्र, निकोलस काल्दोर, नियोजन, नियोजन : मार्क्सवादी विमर्श, पण्य, पण्य-पूजा, पेटेंट, पॉल सेमुअलसन, पियरो स्राफ़ा, पूँजी, फ्रांस्वा केस्ने और प्रकृतिवाद, फ्रेड्रिख़ वॉन हायक, बहुराष्ट्रीय निगम, बाज़ार, बाज़ार की विफलताएँ, बाज़ार-समाजवाद, बौद्धिक सम्पदा अधिकार, ब्रेटन वुड्स प्रणाली, भारत में बहुराष्ट्रीय निगम, भारत में नियोजन, भारत में पेटेंट क़ानून, भारत में शेयर संस्कृति, भूमण्डलीकरण और पूँजी बाज़ार, भूमण्डलीकरण और वित्तीय पूँजी, भूमण्डलीकरण और वित्तीय उपकरण, मार्क्सवादी अर्थशास्त्र, मिल्टन फ्रीडमेन, मूल्य, राजकोषीय नीति और मौद्रिक नीति, रॉबर्ट ओवेन, विलफ्रेडो परेटो, विश्व व्यापार संगठन, विश्व बैंक, विलियम पेटी, विलियम स्टेनली जेवंस, वैकासिक अर्थशास्त्र, शोषण, साइमन कुज़्नेत्स।

संदर्भ

1. डब्ल्यू.एच. फ़ेलनर (1960), *कम्पटीशन एमंग अ फ़्यू : ओलिगोपॅली ऐंड सिमिलर मार्केट स्ट्रक्चर,* ए.एम. केली, न्यूयार्क.
2. जी.जे. स्टिगलर (1962), 'इनफ़र्मेशन इन द लेबर मार्केट', *जरनल ऑफ़ पॉलिटिकल इकॉनॉमी,* अंक 70, अक्टूबर विशेषांक.
3. पॉल बरान और पॉल स्वीज़ी (1966), *मोनोपॅली कैपिटलिज़म,* मंथली रिव्यू प्रेस, पेंगुइन, लंदन.

— **अभय कुमार दुबे**

प्रथम विश्व-युद्ध

(First World War)

बीसवीं सदी की शुरुआत में हुए प्रथम विश्व-युद्ध (1914-1918) को दुनिया का राजनीतिक नक़्शा पूरी तरह बदल देने का श्रेय जाता है। इस विश्व-युद्ध के कारण साम्राज्यों और राजवंशों के अंत की शुरुआत हुई, रूस में अक्टूबर क्रांति को सफल होने का मौक़ा मिला और उपनिवेशवाद के ख़िलाफ़ आत्म-निर्णय और राष्ट्रवाद के आधार पर चलने वाले संघर्ष को लोकप्रिय आधार मिला। इस विश्व-युद्ध के नतीजे के तौर पर लीग ऑफ़ नेशंस के रूप में राष्ट्रों के बीच एक विश्व-व्यवस्था बनाने की परियोजना परवान चढ़ी। दरअसल, इस विश्व-युद्ध के परिणामों ने कई नये विचारों को बढ़ावा दिया। राष्ट्रीय स्वार्थों को युद्ध की तबाही का ज़िम्मेदार मान कर राष्ट्रवाद की आलोचना का रास्ता खुला, अंतर्राष्ट्रीयतावादी चिंतन प्रोत्साहित हुआ, युद्ध-विरोधी शांतिवाद लोकप्रिय होता चला गया और आधुनिकता की आलोचना के लिए ज़मीन तैयार हुई। विश्व-युद्ध से स्पष्ट हो गया कि उन्नीसवीं सदी से चला आ रहा पुराना शक्ति-संतुलन अब कारगर नहीं रह गया है। दरअसल, प्रथम विश्व-युद्ध एक ऐसा युद्ध था जिसमें कुछ ही वर्षों बाद उससे भी बड़े महायुद्ध के बीज मौजूद थे। जॉन मेनार्ड कींस ने इस युद्ध के विजेताओं द्वारा पराजितों पर थोपी गयी शर्तों का विश्लेषण करते हुए द्वितीय विश्व-युद्ध की सम्भावनाएँ रेखांकित कर दी थीं।

यह युद्ध दो ताक़तवर गठजोड़ों के बीच लड़ा गया। एक तरफ़ मित्र राष्ट्र थे जिनमें रूस, फ्रांस, ब्रिटेन, इटली, अमेरिका, सर्बिया, बेल्जियम, जापान, रोमानिया, पुर्तगाल और यूनान शामिल थे। दूसरी तरफ़ ऑस्ट्रिया-हंगरी, जर्मनी, तुर्की का ओटोमन साम्राज्य और बल्गेरिया थे जिन्हें केंद्रीय ताक़तें या सेंट्रल पावर्स की संज्ञा दी गयी थी। चूँकि युद्ध में शामिल ताक़तों के पास उपनिवेश भी थे, इसलिए उन्होंने उपनिवेशित देशों और समाजों को भी युद्ध में खींच लिया। युरोप, अफ्रीका, मध्य-पूर्व, चीन और प्रशांत महासागरीय द्वीपों पर लड़े गये इस युद्ध में छह करोड़ युरोपियनों समेत सात करोड़ फ़ौजी झोंके गये जिनमें क़रीब डेढ़ करोड़ को अपनी जान से हाथ धोना पड़ा। लड़ाई में अंततः मित्र राष्ट्रों की जीत हुई और नतीजे के तौर पर जर्मन, रूसी, ओटोमन और ऑस्ट्रो-हंगेरियन साम्राज्यों का अंत हो गया। साथ में रोमानोव और ओटोमन जैसे राजवंश भी इतिहास के कूड़ेदान में चले गये। युरोप व मध्य-पूर्व में नये देशों की स्थापना हुई।

प्रथम विश्व-युद्ध ख़त्म होने के दो साल बाद ही भारतीय स्वतंत्रता आंदोलन में ज़बरदस्त उछाल आया। दरअसल, यही वह अवधि थी जब भारतीय राष्ट्रीय कांग्रेस प्रतिवेदन और ज्ञापन देने वाली पार्टी से बदल कर आंदोलनकारी दल बनी। इसके पीछे युद्ध में बड़े पैमाने पर भारतीय सिपाहियों की भागीदारी की भूमिका थी। ब्रिटेन को शक था कि जब वह विश्व-युद्ध में फँसा होगा, तो भारत में औपनिवेशिक शासन के ख़िलाफ़ विद्रोह हो जाएगा। पर ऐसा नहीं हुआ और कांग्रेस के राजनीतिक नेतृत्व ने ब्रिटिश युद्ध-प्रयासों के प्रति सकारात्मक उत्साह दिखाया, क्योंकि उसे समर्थन के बदले स्व-शासन प्राप्त होने की उम्मीद थी। शुरू में तो ब्रिटेन की तरफ़ से लड़ने वाली भारतीय सेना ब्रिटिश सेना से भी बड़ी थी। भारतीय संसाधनों का अंग्रेज़ों ने अपने पक्ष में जम कर इस्तेमाल किया। क़रीब तेरह लाख भारतीय फ़ौजी और श्रमिक लड़ाई में भाग लेने के लिए युरोप, अफ्रीका और मध्य-पूर्व ले जाए गये। 47,776 भारतीयों ने जना गँवायी। युद्ध ख़त्म होने के बाद जब अंग्रेज़ कांग्रेस नेतृत्व की उम्मीदों पर खरे नहीं उतरे तो साम्राज्य से सहयोग के दौर का अंत हो गया और गाँधी के नेतृत्व में यह पार्टी एक संघर्षशील आंदोलन में बदलती चली गयी।

भारत ही नहीं, उपनिवेशवाद के जुए के नीचे कराहते समाजों के उदीयमान राष्ट्रवादी नेतृत्व ने प्रथम विश्व-युद्ध से पहला सबक यही सीखा कि अगर उपनिवेशित अपने विजातीय आकाओं की रक्षा के लिए लड़ सकते हैं, तो अपनी राजनीतिक स्वतंत्रता के लिए संघर्ष क्यों नहीं कर सकते। उपनिवेशवाद विरोधी गोलबंदी की यह शुरुआत ढाई दशक की जद्दोजहद के बाद द्वितीय विश्व-युद्ध ख़त्म होते ही राष्ट्रीय स्वतंत्रताओं के सिलसिले और वि-उपनिवेशीकरण की प्रक्रिया के रूप में फलीभूत हुई।

प्रथम विश्व-युद्ध की शुरुआत के कारण क्या थे, इस प्रश्न पर एकमत का अभाव है। घटनात्मक रूप से देखा जाए तो 28 जून, 1914 को ऑस्ट्रिया-हंगरी राजसिंहासन के उत्तराधिकारी आर्कड्यूक फ्रेंज़ फ़र्दिनैंद की सर्ब राष्ट्रवादी कैवरिलो प्रिंसिप द्वारा की गयी हत्या से इस लड़ाई की शुरुआत मानी जाती है। लेकिन, ज्यादातर युरोपियन प्रेक्षकों की मान्यता है कि विश्व-युद्ध के कारण उन पेचीदा गठजोड़ों में निहित थे जिनके आधार पर दुनिया में शक्ति-संतुलन क़ायम रखा जाता था। पर, एक दूसरा और प्रभावशाली मत यह भी है कि औपनिवेशिक मुद्दे के इर्द-गिर्द होने वाली राष्ट्रों की होड़ युद्ध का कारण बनी। अमेरिकी इतिहासकार और समाजशास्त्री डब्ल्यू.ई.बी. दु बोई ने 1915 में ही *अफ्रीकन रूट्स ऑफ़ वार* लिख कर तर्क दिया था कि अफ्रीका के प्राकृतिक संसाधनों पर क़ब्ज़ा करने के लिए होने वाली उपनिवेशवादी प्रतियोगिता के गर्भ से युद्ध निकला। इसी युद्ध को 1884-1885 में बर्लिन कांफ्रेंस द्वारा किसी तरह से टाल दिया गया था। दु बोई का यह भी कहना था कि अगर पीली, भूरी और काली जातियों को

प्रथम विश्व-युद्ध (1914-1918)

वाले क्षेत्रों में भी लड़ाई हुई। अरब विद्रोह के इन लघु-प्रकरणों का रोमानी रोजनामचा टी.ई. लारेंस की रचना *सेविन पिलर्स ऑफ़ विज़डम* में दर्ज है जिसके आधार पर लोकप्रिय फ़िल्म 'लारेंस ऑफ़ अरेबिया' बनी है। दरअसल, जर्मनों और तुर्कों की पराजय से उपनिवेशवाद की शक्ल-सूरत पूरी तरह से बदल गयी। 1919 में इन ताकतों के उपनिवेश एक तरह के ट्रस्ट के रूप में नवगठित लीग ऑफ़ नेशंस को सौंप दिये गये। लीग ने विजेता देशों को इन उपनिवेशों पर तब तक 'स्थानीय जनता' के हित में हुकूमत करने का ठेका थमा दिया जब तक वे 'स्व-शासन करने योग्य' न हो जाएँ।

लोकतांत्रिक आदर्श के मुताबिक़ स्वतंत्र न किया गया तो उपनिवेशवादियों यानी गोरों और उपनिवेशितों यानी अश्वेतों के बीच ज़बरदस्त युद्ध होना लाजमी है।

लेनिन और रोज़ा लक्ज़ेमबर्ग जैसे मार्क्सवादी सिद्धांतकारों का आकलन भी यही मानता है कि औपनिवेशिक प्रश्न युद्ध की जड़ में था। अगर यह मान भी लिया जाए कि युद्ध का कारण युरोपीय देशों के बीच के झगड़े में निहित था, फिर भी इस हक़ीक़त से इनकार नहीं किया जा सकता कि अफ्रीका इस ख़ूनी नाटक का मख्य थिएटर था। 1914 में टोगोलैण्ड के जर्मन उपनिवेश को फ्रांसीसी और ब्रिटिशि फ़ौजों ने जीता, और 1916 में इसी तरह की लड़ाई कैमरून के लिए हुई जिसमें जर्मनी को अपने उपनिवेश का क़ब्ज़ा छोड़ना पड़ा। जर्मनों के हाथ से दक्षिण-पश्चिमी अफ्रीका भी इसी दौर में निकला। जर्मनों ने पूर्वी अफ्रीका में अपने उपनिवेश की रक्षा के लिए सबसे ज़बरदस्त मोर्चा लिया। अंग्रेज़ों ने जर्मनों से लड़ने के लिए सबसे पहले भारतीय सैनिकों को पूर्वी अफ्रीका भेजा। इसके बाद दक्षिण अफ्रीका से गोरे सिपाही भर्ती किये। बाद में महामारी के डर से ये ब्रिटिश फ़ौजी मोर्चे से हटा लिए गये और लड़ाई की बागडोर श्वेत अफ़सरों के नेतृत्व में लड़ने वाले बेल्जियन कोंगो के अफ्रीकी अस्करी सिपाहियों को थमा दी गयी। किंग्स अफ्रीकन राइफल्स के इन काले योद्धाओं के अलावा अन्य काली यूनिटों को भी युद्ध में झोंका गया। यह मोर्चा नवम्बर, 1918 तक चला और युरोप में होने वाले युद्धविराम के तीन दिन बाद ही इसका अंत हुआ।

इस युद्ध ने जर्मन औपनिवेशिक हितों को एशिया में भी धक्का पहुँचाया। मध्य-पूर्व में ऑटोमन साम्राज्य के क़ब्ज़े

युद्ध में उपनिवेशित सिपाहियों, ख़ास कर अफ्रीकियों की भागीदारी के मुद्दे का तीस के दशक में जर्मन फ़ासीवादियों ने सत्ता में आने के लिए जम कर दोहन किया। हिटलर ने अपने भाषणों में एक तरफ़ तो फ्रांसीसियों द्वारा काले सिपाहियों के इस्तेमाल की यह कह कर निंदा कि उन्होंने नीग्रो रक्त को प्रदूषित कर दिया है, और दूसरी तरफ़ जर्मन क्षेत्रों पर हमलावर नीग्रो दलों के टूट पड़ने की डरावनी छवियाँ उकेरीं। सोवियत संघ में लियोन ट्राट्स्की ने फ्रांस पर आरोप लगाया कि उसने 'युरोप की क्रांतिकारी जनता' का दमन करने के लिए अफ्रीकी उपनिवेशों से लाये गये सिपाहियों का इस्तेमाल किया था। कुल मिला कर युद्ध के बाद क़रीब बीस साल तक औपनिवेशिक प्रश्न का राजनीतीकरण होता रहा। इसका परिणाम द्वितीय विश्व-युद्ध के आख़िर में उपनिवेशवाद विरोधी राजनीति के रूप में सामने आया।

देखें : आदर्शवाद, आतंकवाद, अंतर्राष्ट्रीय मुद्रा कोष, इमैनुएल कांट, इतिहास का अंत, एडवर्ड हैलेट कार, जाति-संहार, पृथकतावाद, तृतीय विश्व, द्वितीय विश्व-युद्ध, नस्लवाद, नव-उपनिवेशवाद, निर्भरता सिद्धांत, निरस्त्रीकरण, पेटेंट, प्रगति, बौद्धिक सम्पदा अधिकार, ब्रेटन वुड्स प्रणाली, भारत में पेटेंट क़ानून, रंगभेद, उपनिवेशवाद, यथार्थवाद, युद्ध, युरोपीय यूनियन, रचनात्मकतावाद, राजनय, विश्व व्यापार संगठन, विश्व बैंक, विश्व-सरकार, वि-उपनिवेशीकरण, सभ्यताओं का संघर्ष, सम्प्रभुता, संयुक्त राष्ट्र, साम्राज्यवाद, शस्त्र-नियंत्रण, शांति, शांतिवाद, शीत-युद्ध, हथियारों की होड़।

संदर्भ

1. डब्ल्यू.ई.बी. दु बोई (1915), 'दि अफ्रीकन रूट्स ऑफ़ वार', *अटलांटिक मंथली,* 115.
2. कीथ रोबिंस (1985), *द फ़र्स्ट वर्ल्ड वार,* ऑक्सफ़र्ड युनिवर्सिटी प्रेस, लंदन और न्यूयॉर्क.

3. जैक जे. रॉथ (सम्पा.) (1967), *वर्ल्ड वार I : ए टर्निंग पाइंट इन मॉडर्न हिस्ट्री,* अल्फ्रेड ए. नॉफ, न्यूयॉर्क.
4. रोजर चिकरिंग (2004), *इम्पीरियल जर्मनी ऐंड द ग्रेट वार, 1914-1918,* केम्ब्रिज यूनिवर्सिटी प्रेस, केम्ब्रिज.

— अभय कुमार दुबे

प्रभुत्वशाली जाति

(Dominent Caste)

प्रभुत्वशाली जाति या दबंग जाति की अवधारणा भारतीय समाजशास्त्र की एक बुनियादी प्रस्थापना है। प्रख्यात समाजशास्त्री मैसूर नरसिम्हचार श्रीनिवास ने इसका प्रतिपादन किया था। इसे भारत की सामाजिक संरचना को समझने का एक बेहद महत्त्वपूर्ण संदर्भ माना जाता है। इस अवधारणा के महत्त्व का अंदाज़ा इस बात से लगाया जा सकता है कि पिछले पाँच दशकों में यह समाज-विज्ञानों के विभिन्न अनुशासनों की केंद्रीय शब्दावली में लगातार शामिल रही है। भारत में जाति-अध्ययन का शायद ही कोई ऐसा पहलू हो जिसका अध्ययन-विश्लेषण इस अवधारणा से प्रभावित न रहा हो। प्रभुत्वशाली जाति का विचार श्रीनिवास द्वारा मैसूर के पास स्थित एक बहु-जातीय गाँव रामपुरा में किये फ़ील्डवर्क का निष्कर्ष कहा जा सकता है। श्रीनिवास ने यह फ़ील्डवर्क 1952 में किया था। ग्रामीण समाज में किसी जाति के प्रभुत्व पर श्रीनिवास का व्यवस्थित चिंतन इसी के बाद शुरू हुआ। प्रभुत्वशाली जाति का विचार बताता है कि भारतीय समाज में किसी जातिगत समूह के रंग-रुतबे के लिए उसका कर्मकाण्डीय दर्जा ऊँचा होना एक अनिवार्य शर्त नहीं है। हालाँकि आनुष्ठानिक दर्जा किसी जाति को प्रभुत्वशाली बनाने में कारक की भूमिका निभा सकता है, पर कर्मकाण्डीय लिहाज़ से ऊँचे समझी जाने वाले जाति-समूह किसी इलाक़े में अपने से कहीं नीचे समझे जाने वाले जाति-समूहों के सामने कमतर नज़र आ सकते हैं। प्रभुत्वशाली जाति की अवधारणा भारतीय समाजशास्त्र में श्रीनिवास का महज़ एक मौलिक योगदान ही नहीं है, बल्कि उसने ज्ञानशास्त्रीय स्तर पर भी एक स्थायी परिप्रेक्ष्य को जन्म दिया है। श्रीनिवास के इस अध्ययन से पहले भारतीय समाज को देखने-समझने की नज़र भारत-विद्या (इण्डोलॅजी) से प्रभावित थी, जिसका मूल स्रोत संस्कृत साहित्य था। यह एक ऐसी दृष्टि थी जो कुछ ग्रंथों के आधार पर समाज का विश्लेषण करके संतुष्ट हो जाती थी। श्रीनिवास ने समाजशास्त्र पर हावी इस किताबी नज़रिये को छोड़ कर सामाजिक प्रक्रियाओं को ख़ुद समाज के बीच जाकर समझने की शुरुआत की और समाज-विज्ञानों में शोध की एक नयी पद्धति सहभागी प्रेक्षण को प्रतिष्ठित किया।

श्रीनिवास के अनुसार प्रभुत्वशाली जाति का दर्जा हासिल करने के लिए किसी जाति को कुछ ख़ास शर्तें पूरी करनी होती हैं। एक, उसके सदस्यों का संख्या बल अन्य जातियों के मुक़ाबले ज़्यादा हो। दो, उसकी आर्थिक और राजनीतिक ताक़त भी ज़्यादा होनी चाहिए। तीन, किसी जाति के प्रभुत्वशाली बनने की यह प्रक्रिया तब और आसान हो जाती है अगर संख्या बल और ताक़त के अलावा जातियों के स्थानीय पदानुक्रम में ऐसी जाति का दर्जा बहुत निम्न न हो। जिस जाति के पास प्रभुत्व के सबसे ज़्यादा कारक या तत्त्व होते हैं, वह अन्य जातियों पर निर्णायक प्रभुत्व स्थापित करने की स्थिति में आ जाती है। श्रीनिवास बताते हैं कि समय के साथ ग्रामीण भारत में प्रभुत्व के इन कारकों में शिक्षा और उससे मिलने वाले रोज़गार का कारक लगातार अहम होता गया है। यानी अगर किसी जाति के सदस्य ज़्यादा शिक्षित और नौकरीपेशा होते हैं तो इससे उस जाति को अपना प्रभुत्व स्थापित करने में सहूलियत मिलती है। ध्यान रहे कि यहाँ शिक्षा का अर्थ पश्चिमी और ग़ैर-पारम्परिक शिक्षा प्रणाली से है। श्रीनिवास के अनुसार ग्रामीण जनता शिक्षा की अहमियत को लेकर लगातार सजग होती गयी है।

प्रभुत्वशाली जाति के इस विमर्श में यह बात क़ाबिले-ग़ौर है कि किसी जाति-समूह का प्रभुत्व हर जगह एक सा नहीं होता यानी यह एक सामान्य परिघटना नहीं है। आमतौर पर प्रभुत्व के कारकों का वितरण जातियों में अलग-अलग होता है। मसलन, किसी जाति का आनुष्ठानिक दर्जा ऊँचा हो सकता है, लेकिन अगर वह आर्थिक या संख्या बल के लिहाज़ से कमज़ोर है तो प्रभुत्व के द्वंद्व में पिछड़ जाएगी। इसी तरह किसी जाति का संख्या बल ज़्यादा हो सकता है पर अगर वह आर्थिक रूप से कमज़ोर है और उसकी आनुष्ठानिक हैसियत भी ऊँची नहीं है तो भी वह प्रभुत्वशाली जाति का दर्जा हासिल नहीं कर पायेगी।

रामपुरा गाँव की सामाजिक संरचना का अध्ययन करते हुए श्रीनिवास ने देखा कि वहाँ की किसान जाति ओक्कालिगा की स्थिति प्रभुत्व स्थापित करने के लिहाज़ से अन्य जातियों के मुक़ाबले ज़्यादा अनुकूल थी। यह जाति संख्या की दृष्टि से गाँव में सबसे बड़ी थी। उनके पास जितनी ज़मीन थी वह गांव की सारी जातियों की कुल ज़मीन से ज़्यादा बैठती थी। इसके अलावा साक्षरों और शिक्षितों की संख्या भी इसी जाति में सबसे ज़्यादा थी। इस किसान जाति का आनुष्ठानिक दर्जा बहुत ऊँचा नहीं माना जाता। सामाजिक पदानुक्रम में उन्हें ब्राह्मणों और लिंगायतों से काफ़ी नीचे रखा जाता है। वर्ण के

हिसाब से उन्हें शूद्रों की श्रेणी में रखा जाता है। श्रीनिवास ने देखा कि इसके बावजूद गाँव के सामाजिक-आथिक जीवन में उक्त जाति का हस्तक्षेप सबसे ज़्यादा निर्णायक रहता था। श्रीनिवास ने अपने अध्ययन में पाया कि पिछले पाँच दशकों में ओक्कालिगा जाति का प्रभुत्व और बढ़ा, जिसकी एक बड़ी वजह यह थी कि गाँव के ब्राह्मण पश्चिमी शिक्षा के दम पर कस्बों और शहरों में नौकरी पाने लगे थे। लेकिन पश्चिमी शिक्षा हासिल करने, शहरी जीवन के ख़र्च तथा दहेज की बढती माँग के कारण उन्हें अपनी ज़मीन ग़ैर-ब्राह्मणों, ख़ासकर ओक्कालिगाओं को बेचनी पड़ी। यह एक दीर्घ प्रक्रिया थी जो 1900 से 1948 तक लगातार जारी रही। बाद में सरकारी नौकरियों में ब्राह्मणों के वर्चस्व को ग़ैर-ब्राह्मण समुदाय चुनौती देने लगे। उन्हें महसूस हुआ कि पश्चिमी शिक्षा हासिल किये बिना उनकी सामाजिक स्थिति नहीं सुधर सकती। श्रीनिवास के विवरण से पता चलता है कि रामपुरा में जातियों के प्रभुत्व का इस ग़ैर-ब्राह्मण आंदोलन का गहरा असर पड़ा। तीसरे दशक में रामपुरा और आसपास के गाँवों की सम्पन्न किसान जातियाँ अपने बच्चों को पश्चिमी शिक्षा के लिए बंगलुरु और मैसूर जैसे शहरों में भेजने लगीं।

इस उदाहरण से पता चलता है कि जब कोई जाति किसी एक क्षेत्र में प्रभुत्व स्थापित कर लेती है तो एक समय के बाद प्रभुत्व के अन्य रूपों पर भी उसका अधिकार होने लगता है। इस तरह अगर कोई जाति आनुष्ठानिक दर्जे के लिहाज़ से नीची मानी जाती है, लेकिन संख्या और सम्पन्नता की दृष्टि से बलशाली होती जाए तो वह संस्कृतीकरण के ज़रिये सामाजिक पदानुक्रम में ऊपर भी उठ सकती है।

प्रभुत्वशाली जाति के इस संरचनात्मक विवरण के बाद यह देखना भी ज़रूरी है कि सामाजिक सत्ता और अंतरजातीय विवादों को निपटाने की व्यवस्था आदि में उसकी क्या और कैसी भूमिका रहती है। प्रभुत्वशाली जाति का सदस्य होने के नाते ऐसी जाति के प्रमुख लोगों के लिए सत्ता-संरचना में पैठ करना अन्य जातियों की तुलना में ज़्यादा आसान होता है। राजनीतिज्ञों के लिए वे वोट बैंक का काम करते हैं। प्रभुत्वशाली जाति के दबंग सदस्यों और राजनीतिज्ञों के बीच का यह संबंध वृहत्तर राजनीति को भी प्रभावित करता है। गाँव या क्षेत्र के स्थानीय झगड़ों और विवादों में प्रभुत्वशाली जाति के लोग ही अहम और निर्णायक भूमिका में होते हैं। मसलन, श्रीनिवास ने अपने अध्ययन के दौरान देखा कि प्रभुत्वशाली जाति गाँव की पारम्परिक पंचायतों में भी फ़ैसलाकुन दख़ल रखती है। अंतरजातीय विवादों में संबंधित जातियों के सदस्यों के अलावा प्रभुत्वशाली जाति के सदस्य भी शामिल होते थे। उनकी न्यायिक सत्ता गाँव की सभी जातियों पर चलती थी।

प्रभुत्व की अवधारणा पर काम करते हुए बाद में श्रीनिवास को लगा कि उनके विश्लेषण से कुछ चीज़ें छूट गयी हैं। इसलिए प्रभुत्वशाली जाति के विचार को पुनः व्यवस्थित करते हुए उन्होंने उसमें दो और कारकों को शामिल किया। एक, खेती की परम्परा और दूसरी, अपने जाति-समूह के हितों को मज़बूत करने के लिए हिंसा का प्रयोग करने की तत्परता। उनके अनुसार पूर्व-औपनिवेशिक काल में किसी जाति समूह की संख्या तथा उसकी हिंसा करने की क्षमता दो ऐसे तत्त्व थे जिनसे आंतरिक व्यवस्था बनाये रखने तथा सत्ता के ऊँचे पायदान पर पहुँचने में मदद मिलती थी। आज़ादी के बाद देश में जैसे-जैसे लोकतांत्रिक राजनीति का विस्तार होता गया है वैसे-वैसे किसी जाति का संख्या-बल उसके राजनीतिक महत्त्व या प्रतिष्ठा का महती कारक भी बनता गया है।

श्यामा चरण दुबे, योगेश अटल और टी.के. उम्मन के अनुसार श्रीनिवास द्वारा सुलझायी ये चारों ही मान्यताएँ विवादास्पद हैं कि दबंग जाति एक सुगठित और एकमत समूह होती है, सत्ता किसी एक जाति में केंद्रित होती है, शक्ति केवल प्रदत्त लक्षण अर्थात् जन्मजात है और गाँव की शक्ति संरचना कभी बदलती नहीं है। उम्मन ने लिखा कि दबंग होने के लिए अपेक्षित साधनों के होते हुए भी जातियाँ परस्पर विरोधी गुटों में बँटी होती हैं और इस प्रकार उनके प्रभुत्व पर विपरीत प्रभाव पड़ता है। जाति-व्यवस्था का विभिन्न इकाइयों में बँटना प्रत्येक जाति को कुछ सीमा तक स्वायत्तता प्रदान करता है। इससे सत्ता का छितराव होता है, संकेंद्रण नहीं। उम्मन मानते हैं भारत का गाँव अलग-थलग नहीं है। वह अन्य गाँवों से जुड़ा है। इसलिए किसी भी जाति के दबदबे को क्षेत्रीय या उपक्षेत्रीय परिप्रेक्ष्य में देखना चाहिए।

देखें : इरावती कर्वे, जातियों का राजनीतीकरण, जाति और जाति-व्यवस्था-1, 2, 3 और 4, गोविंद सदाशिव घुर्ये, भारतीय समाजशास्त्र-1 और 2, मैसूर नरसिम्हचार श्रीनिवास, देवकी जैन, धीरूभाई शेठ, धूर्जटि प्रसाद मुखर्जी, नीरा देसाई, योगेश अटल, राधा कमल मुखर्जी, वेरियर एलविन, संस्कृतीकरण, श्यामा चरण दुबे-1 और 2, त्रिलोकी नाथ मदन।

संदर्भ

1. एम.एन. श्रीनिवास (2002), *विलेज, कास्ट, जेंडर ऐंड मैथड : एसेज़ इन इण्डिन सोशल एंथ्रोपोलॅजी,* ऑक्सफ़र्ड युनिवर्सिटी प्रेस, नयी दिल्ली.
2. एम.एन. श्रीनिवास (1955), 'द सोशल सिस्टम ऑफ़ अ मैसूर विलेज', मैकिम मैरियट (सम्पा.), *विलेज इन इण्डिया : स्टडीज़ इन द लिटिल कम्युनिटी, युनिवर्सिटी* ऑफ़ शिकागो प्रेस, शिकागो.
3. ग्लोरिया गुडविन रहेजा (1989), 'इण्डिया : कास्ट, किनशिप ऐंड डोमिनेंस रिकम्पीडर्ड', *ऐनुअल रिव्यू ऑफ़ एंथ्रोपोलॅजी,* 17.
4. मिरियम शर्मा, (1978) *द पॉलिटिक्स ऑफ़ इनयीक्वलिटी : द कम्पटीशन ऐंड कंट्रोल इन ऐन इण्डियन विलेज,* युनिवर्सिटी प्रेस ऑफ़ हवाई, होनोलूलू.

— नरेश गोस्वामी

प्रयोगवाद

(Experimentalism)

हिंदी साहित्य में प्रयोगवाद की संज्ञा उसके विरोधियों द्वारा गढ़ी गयी है, उसी तरह जैसे छायावाद को उसका नाम विरोधियों द्वारा दिया गया था। यह अलग बात है कि प्रतिवाद किये जाने पर दोनों नाम स्वीकृति पा गये। वास्तव में प्रयोगवाद का आरम्भ 1943 में अज्ञेय के सम्पादन में निकले *तार सप्तक* से होता है। अज्ञेय का कहना था कि प्रयोग का कोई 'वाद' नहीं है— हम वादी नहीं रहे, न हैं। हमें प्रयोगवादी कहना ऐसा ही है जैसे हमें कवितावादी कहना। 1951 में प्रकाशित *दूसरा सप्तक* की भूमिका में भी अज्ञेय ने कहा, 'प्रयोग अपने आप में इष्ट या साध्य नहीं है।' *तार सप्तक* के कवि काव्य-विषयों पर अलग-अलग राय रखते थे, लेकिन उसके प्रकाशन से हिंदी कविता की पुरानी रीढ़ चरमरा गयी। अज्ञेय ने *तार सप्तक* की भूमिका में पहली बार आधुनिकता, परम्परा, प्रयोग, प्रगति, काव्य-सत्य, साधारणीकरण, काव्य-भाष्य, काव्य-शिल्प आदि अनेक नये प्रश्न उठाये। प्रश्नाकुल कवि और सम्पादक के रूप में अज्ञेय ने पश्चिमी आलोचक रोलाँ बार्थ की तरह अनेक असुविधाजनक प्रश्न उठाकर नये विषयों पर बहस आरम्भ करने का श्रेय प्राप्त किया। *तार सप्तक* में पश्चिम और साम्यवादी रूस की विचारधाराएँ काव्यांदोलन के दायरे में सजग रूप से टकरायीं। इस अर्थ में *तार सप्तक* के सातों कवि अपने को 'राहों का अन्वेषी' मानते रहे। वैचारिक मतभेद होने पर भी मुक्तिबोध, नेमिचंद्र जैन, भारतभूषण अग्रवाल, प्रभावकर माचवे, गिरिजा कुमार माथुर, रामविलास शर्मा और अज्ञेय (तार सप्तक के सात कवि) सभी का आग्रह 'प्रयोग' पर है। प्रगतिवाद, प्रयोगवाद और नयी कविता के दायरों में ये कवि एक-दूसरे को छूते रहे।

परिशुद्ध रूप में *तार सप्तक* 1966 में फिर से प्रकाशित हुआ। इस द्वितीय संस्करण से कई विवाद पैदा हुए : जैसे, इस संकलन की मूल कल्पना किसकी थी। नेमिचंद्र जैन ने 'वास्तविक श्रेय किसको मिले' का प्रश्न उठाया। शमशेर बहादुर सिंह ने संकलन की समीक्षा करते हुए बताया, 'इसकी मूल कल्पना प्रभाकर माचवे और नेमिचंद्र जैन की थी। नाम *तार सप्तक* प्रभाकर माचवे का सुझाया हुआ था।' अज्ञेय से सहयोग-सम्पर्क बढ़ने पर मूल योजना पर अमल के लिए अज्ञेय पर उसके सम्पादन का भार डाला गया। इस संकलन में अज्ञेय ने भवानीप्रसाद मिश्र को लेने का भी मन मनाया था, किंतु जेल चले जाने के कारण उन्हें इसमें सम्मिलित नहीं किया जा सका। जेल से छूटने के बाद उन्हें दूसरा सप्तक के प्रथम कवि के रूप में स्थान मिला। पहले सप्तक में अज्ञेय ने रामविलास शर्मा को शामिल किया, जिन्होंने बाद में अज्ञेय जी को हर प्रकार से तार-तार कर डालने का शत्रुभाव से भरा अभियान चलाया।

तार सप्तक में संकलित कविताओं को पढ़ कर पाठक स्वत: इस निष्कर्ष पर पहुँच जाता है कि गिरिजा कुमार माथुर को छोड़कर शेष सभी कवियों का झुकाव मार्क्सवाद की ओर था। मुक्तिबोध की रचना 'पूँजीवादी समाज के प्रति', नेमिचंद्र जैन की 'कवि गाता है', भारतभूषण अग्रवाल की 'अपने कवि से', माचवे की 'बीसवीं सदी' और रामविलास शर्मा की 'विश्व शांति' शीर्षक कविताओं का स्वर मार्क्सवादी है। स्वयं अज्ञेय 'लाल आग मेरे भावी गौरव का रथ है' की घोषणा करते हुए दिखते हैं। युग की प्रचलित प्रवृत्ति अज्ञेय से दूर कैसे रह भी सकती थी। इसीलिए कई आलोचक मानते हैं कि संवेदना और मूल्य-दृष्टि के भीतरी तनाव होते हुए भी प्रगतिवाद का जन्म प्रयोगवाद की मूल चेतना से ही हुआ है। इस दृष्टि से 'प्रयोगवाद' को 'व्यक्ति' और 'प्रगतिवाद' को 'समाज' से जोड़ने का विभाजन एक तरह का सरलीकरण प्रतीत होता है।

यह भी कहा जाता रहा है कि प्रयोगवाद मात्र शिल्प का ऐसा आंदोलन है जिसमें अंतर्वस्तु का महत्त्व गौण है। 'प्रयोग' शब्द जिस तरह अंग्रेज़ी के 'एक्सपेरिमेंट' का हिंदी पर्याय है, वैसे 'प्रयोगवाद' का 'एक्सपेरिमेंटलिज़म' जैसा कोई समानांतर आधार नहीं है। न युरोप में वैसा कोई 'वाद' ही चला दिखाई देता है। अज्ञेय ने भी 'प्रयोग' को सत्य प्राप्त करने का साधन मात्र माना— साध्य नहीं। यह ज़रूर है कि प्रपद्यवादियों ने बहुत बाद में नये जोश में आकर प्रयोग को कविता का साध्य घोषित कर दिया। 'प्रपद्यवादी' ही नकेनवादी कहलाये। नलिनविलोचन शर्मा, केसरी कुमार और नरेश के प्रथम नामाक्षरों को लेकर नकेन नाम से कविता संग्रह का प्रकाशन *तार सप्तक* के कई वर्ष बाद हुआ। अज्ञेय की खुली आलोचना करते हुए नकेनवादियों ने यह फ़िकरा भी उछाला कि 'प्रयोगवाद सर्वत्र स्वतंत्र' है— उसके लिए शास्त्र या दल निर्धारित नियम अनुपयुक्त हैं। वह शास्त्र को अँगूठा दिखाने वाला आंदोलन है। लेकिन बिहार का यह चमत्कारवादी आंदोलन अन्य हिंदी प्रदेशों में मान्यता न प्राप्त कर सका।

अज्ञेय ने *तार सप्तक* की भूमिका में काव्य के प्रति एक अन्वेषी का दृष्टिकोण अपनाकर कहा कि वे 'राही नहीं राहों के अन्वेषी' हैं। नयी-नयी काव्यभूमियों को खोजने का संकल्प ही प्रयोगशीलता में ढला है। सभी महत्त्वपूर्ण विषयों पर इन सातों कवियों की राय अलग-अलग है कि वे एक-दूसरे के कुत्तों-मित्रों पर भी हँसते हैं, लेकिन उनमें कोई

गुटबद्धता नहीं है, चिंतन का खुलापन है। अज्ञेय ने यह भी माना कि निरंतर प्रयोग से भाषा का चमत्कार मारा जाता है। इसीलिए कवि को लोक जीवन में उतर कर शब्द बीनने पड़ते हैं, 'भाषा की क्रमशः संकुचित होती सार्थकता की केंचुली फाड़ कर उसमें नया अधिक व्यापक, अधिक सारगर्भित अर्थ भरना पड़ता है। नया कवि इस कठिनाई को निरंतर झेलता है।'

प्रयोगवाद को लेकर नंद दुलारे वाजपेयी ने 'प्रयोगशील कविताएँ' शीर्षक लेख लिखकर अज्ञेय की ख़बर ली और इन कवियों को 'राह भूले स्कूली बच्चे' तक कह डाला। यह भी कहा कि ये कविताएँ काव्य की चौहद्दी में नहीं आतीं और भाषा के साधारणीकरण सिद्धांत की उपेक्षा करती हैं। प्रयोगवाद के कवि 'अतिरिक्त पुष्टिवाद' से ग्रस्त हैं इसलिए उनकी कविता में राग-तत्त्व क्षीण है। वाजपेयी के इन आक्षेपों का उत्तर अज्ञेय ने *दूसरा सप्तक* की भूमिका में यह कह कर दिया कि प्रयोग अपने में साध्य नहीं है— साध्य है साधारणीकरण। कवि का क्षेत्र रागात्मकता का क्षेत्र होने के कारण उस पर जीवन की जटिलताओं का प्रभाव पड़ा है। हमारे राग नहीं बदले लेकिन जीवन के दबाव से रागात्मक संबंधों की प्रणालियाँ बदल गयीं हैं। जो कवि इन बदली प्रणालियों पर ध्यान नहीं दे रहे हैं वे जीवन की वास्तविकताओं से कट गये हैं। नये कवि का यह दायित्व है कि नये जीवन के नये राग-संबंधों की प्रणालियों के प्रति वह सावधानी बरते। इन 'प्रयोगशील' कवियों का ध्यान साधारणीकरण पर पूरी तरह है, वे इस सिद्धांत को मानते हैं। यह कहना कि वे साधारणीकरण के सिद्धांत को नहीं मानते, इन कवियों के साथ दोहरा अन्याय है।' इस तरह अज्ञेय ने हिंदी के नये समीक्षाशास्त्र की नींव को दृढ़ किया और विरोधियों के प्रहारों को झेल कर भी अपने संकल्प-पथ से विचलित नहीं हुए। अज्ञेय ने पाया कि *तार सप्तक* के वृत्त से बाहर रहने वाले लक्ष्मीकांत वर्मा और जगदीश गुप्त के कृतित्व में प्रयोगशीलता की प्रतिष्ठा कम नहीं है।

तार सप्तक के कवियों में सर्वाधिक रचना-सामर्थ्य का उदाहरण ख़ुद अज्ञेय ने प्रस्तुत किया। उपन्यास, कहानी, यात्रा-वृत्त, संस्मरण, निबंध सभी विधाओं में लिखने पर भी उन्होंने अपने को मूलतः कवि कहा, कथाकार नहीं। रचना-सामर्थ्य में नेमिचंद्र जैन और रामविलास शर्मा उनसे पीछे रहे। गजाननमाधव मुक्तिबोध ने अवश्य ही पाठकों का ध्यान खींचा और *चाँद का मुँह टेढ़ा है* शीर्षक काव्य-संग्रह के प्रकाशित होते ही वे चर्चा के केंद्र में आ गये। उनका कवि-व्यक्तित्व सहसा ही महत्त्वपूर्ण हो गया। प्रयोगवाद के काल में तो वे विशेष ख्यातिलब्ध कवि नहीं रहे, लेकिन नयी कविता के दौर में उनके काव्य-व्यक्तित्व और काव्य-संघर्ष का गौरवपूर्ण इतिहास दर्ज है। गिरिजा कुमार माथुर ने *धूप के धान* और *शिलापंख चमकीले* काव्य संग्रहों की कविताओं से ऐसा माहौल बनाया कि राम विलास शर्मा ने उन्हें 'नये युग का वैतालिक कवि' क़रार दिया। कवि-कर्म के प्रति सजगता माथुर को अज्ञेय की ओर ले जाती है। इस काल में प्रभाकर माचवे और भारत भूषण अग्रवाल के काव्य-संकलन भी आते रहे लेकिन इनमें से किसी को भी कोई नये मोड़ देने का श्रेय प्राप्त नहीं हुआ। अज्ञेय ने *हरी घास पर क्षण भर, बावरा अहेरी, इंद्रधनु रौंदे हुए थे,' अरी ओ करुणाप्रभामय* और *आँगन के पार द्वार* जैसे महत्त्वपूर्ण कविता संग्रह देकर नयी मौलिकता का प्रमाण दिया।

अज्ञेय की आधुनिकता पर इस काल में चौतरफ़ा प्रहार हुए लेकिन उन्होंने इन प्रहारों से शक्ति अर्जित की और कहा कि, 'इसलिए मैं कवि हूँ/ आधुनिक हूँ नया हूँ/ काव्य सत्य की तलाश में कहाँ नहीं गया हूँ'। यह भी उन्होंने बार-बार कहा, 'किसी की कली थी मैंने अनचाहे बीन ली'। इस कवि ने यह भी माना कि, 'मैं वह धनुही जिसे साधने में प्रत्यंचा टूट गयी है'। लेकिन बाण तो दूर तक गया। अज्ञेय ने काव्य पर गम्भीर से गम्भीर चिंतन किया जिसका प्रगतिवादियों की तरफ़ से लगातार तिरस्कार होता रहा। लेकिन उस समय अज्ञेय कह रहे थे कि वे कैसे 'दूर दूर दूर मैं वहाँ हूँ, मैं सेतु हूँ'। तब कही गयी उनकी बात आज भी सुनायी पड़ती है, 'शब्द की अर्थवत्ता की सही पकड़ ही कृतिकार को कृती बनाती है।' ध्यान रहे कि शब्द की अर्थवत्ता की खोज में शब्द की ऐतिहासिक पकड़ और अर्थ की सामाजिक परख दोनों निहित हैं। दूसरा-तीसरा सप्तक के कवियों में भवानी प्रसाद मिश्र, शमशेर, रघुवीर सहाय आदि कवियों में जो भाषा-चेतना मिलती है, उसका श्रेय भी किसी न किसी स्तर पर अज्ञेय को दिया जा सकता है।

देखें : अष्टछाप, 'अंग्रेज़ी हटाओ' आंदोलन, छायावाद, डायग्लॉसिया, नगेंद्र और सैद्धांतिक समीक्षा, नयी कविता, नंद दुलारे वाजपेयी, नामवर सिंह, प्रेमचंद, प्रगतिवाद, पाश्चात्य काव्यशास्त्र, भक्ति आंदोलन-1 और 2, भक्ति-काव्य-1 और 2, भारतेंदु हरिश्चंद्र, भारतेंदु युग-1 और 2,

भाषा नियोजन-1 से 4 तक, भाषा के मार्क्सवादी सिद्धांत, महावीर प्रसाद द्विवेदी, महादेवी वर्मा, मीरांबाई और प्रेमाभक्ति, राहुल सांकृत्यायन, रामानुजाचार्य, रामानंद, रामचंद्र शुक्ल-1 और 2, रामविलास शर्मा, राष्ट्रीय-सांस्कृतिक कविता, रीतिकाल-1 और 2, विजय देव नारायण साही, वैष्णव धर्म, श्याम सुंदर दास, सम्पर्क भाषा-1 से 4 तक, संविधान सभा में भाषा-विवाद-1, 2 और 3, सच्चिदानंद हीरानंद वात्स्यायन अज्ञेय, संत-काव्य, संस्कृत काव्यशास्त्र, सिद्ध-नाथ परम्परा, सूफ़ीयत और प्रेमाख्यान, हजारी प्रसाद द्विवेदी, हिंदी विरोधी आंदोलन, हिंदी जाति-1, 2 और 3, हिंदी साहित्य का आदिकाल, हिंदी साहित्य का इतिहास, हिंदी साहित्य का इतिहास : नये परिप्रेक्ष्य, हिदी-पद्य में इतिहास, हिंदी-जगत और 'लोकप्रिय'-1 और 2, हिंदी नवजागरण, हिंदी-संस्थाएँ।

संदर्भ

1. रामस्वरूप चतुर्वेदी (1983), *हिंदी साहित्य और संवेदना का विकास,* लोकभारती प्रकाशन, इलाहाबाद.
2. धीरेंद्र वर्मा (सम्पा.) (1969), हिंदी साहित्य, तृतीय खण्ड, भारतीय हिंदी परिषद्, प्रयाग.
3. नंददुलारे वाजपेयी (सं. 2007), *आधुनिक साहित्य,* भारती भंडार, इलाहाबाद.
4. नेमिचंद्र जैन (1968), *बदलते परिप्रेक्ष्य,* राजकमल प्रकाशन, नयी दिल्ली.
5. नामवर सिंह (1954), *आधुनिक साहित्य की प्रवृत्तियाँ,* किताब महल, प्रयाग.
6. कृष्णदत्त पालीवाल (2002), *हिंदी आलोचना के नये वैचारिक सरोकार,* वाणी प्रकाशन, नयी दिल्ली.

— कृष्णदत्त पालीवाल

प्रशासन और सुशासन

(Administration)

सार्वजनिक प्रशासन की धारणा आधुनिक राज्य के साथ शुरू से ही जुड़ी रही है, पर गवर्नेंस के विचार का अधिक प्रचलन अस्सी के दशक से हुआ है। आधुनिक राज्य स्वयं को क़ानून के मुताबिक़ चलने वाली संस्था के रूप में देखता है। क़ानून के ज़रिये ही उसके कर्त्तव्य परिभाषित होते हैं जिन्हें पूरा करने के लिए प्रशासन-तंत्र का एक औज़ार की तरह इस्तेमाल किया जाता है। सार्वजनिक प्रशासन का सैद्धांतिक सूत्रीकरण राजनीतिशास्त्र के अलावा इतिहास, क़ानून, समाजशास्त्र, प्रबंधन और मनोविज्ञान के मिश्रण से किया गया है। उत्तरदायित्व, पारदर्शिता, न्याय, निष्पक्षता और समानता से साथ-साथ नीतिशास्त्रीय आग्रह भी उत्तम प्रशासन के लिए मानक के तौर पर काम करते हैं। प्रशासन की गतिविधियाँ एक ऐसी सहयोगात्मक परियोजना के तौर पर देखी जाती हैं जिसमें हित-समूहों, नागरिकों, उद्योग जगत, विधिकर्त्ताओं और न्यायपालिका की भूमिका की अनदेखी नहीं की जा सकती।

जर्मन समाजशास्त्री मैक्स वेबर राज्य को बुद्धिवाद और विधि की संकल्पना पर आधारित संस्था के रूप में देखते थे, इसलिए उन्होंने क़ानून लागू करने के लिए अधिकारीतंत्र जैसे औपचारिक बंदोबस्त का सूत्रीकरण किया। प्रशासन की युरोपीय अवधारणा काफ़ी-कुछ वेबर के इसी विमर्श के इर्द-गिर्द गोलबंद की गयी है कि सभी सार्वजनिक कार्रवाइयों का आधार क़ानून में निहित होता है। आगे चल कर प्रशासन की इस धारणा ने ख़ुद को केवल एक उपकरण के रूप में सीमित करने से इनकार किया। समाज-वैज्ञानिकों ने दावा किया कि प्रशासन केवल नीतिगत कार्यान्वयन तक ही नहीं रह सकता। उसे नीति-निर्माण में भी भागीदारी करनी होगी।

1887 में अमेरिकी राजनेता वुड्रो विल्सन ने अपनी रचना द *स्टडी ऑफ़ ऐडमिनिस्ट्रेशन* के ज़रिये प्रशासन के विचार को और स्पष्ट किया। विल्सन ने प्रशासन और राजनीति के संबंधों की जाँच करते हुए प्रशासनिक एजेंसियों की अधिकतम सक्षमता पर ज़ोर दिया। उन्होंने राजनीति और प्रशासन के दायरों के द्विभाजन का सूत्रीकरण किया। उनका कहना था कि प्रशासन राज्य की उस इच्छा को धरती पर उतारता है जिसकी अभिव्यक्ति राजनीतिक प्रक्रिया के ज़रिये होती है। विल्सन के इस निबंध ने आने वाले ज़माने के लिए प्रशासन संबंधी सिद्धांत पर काफ़ी असर डाला। कई विद्वानों ने इसी आधार पर इस सिद्धांत का विकास किया। यह मान्यता बनी कि लोकतंत्र और सक्षम प्रशासन एक-दूसरे के साथ चल सकते हैं, सरकार द्वारा कार्यांवयन की गतिविधियों का वैज्ञानिक विश्लेषण किया जा सकता है, और प्रशासन में प्रबंधन की प्रौद्योगिकी का समावेश भी सम्भव है। विल्सन स्वयं भी प्रबंधन-विज्ञान में दिलचस्पी रखते थे।

प्रशासन को उत्तरोत्तर दक्ष बनाने के लिए बीसवीं सदी की शुरुआत में फ्रेड्रिख़ डब्ल्यू. टेलर द्वारा विकसित वैज्ञानिक प्रबंधन की तकनीकों का सहारा लिया गया। टेलर सिस्टम के प्रभाव में प्रशासन की पद्धति एक विज्ञान की तरह विकसित की गयी। इसके बाद सक्षम प्रशासनिक ढाँचे का मतलब हो गया कार्य-क्षेत्रों का विभाजन, नियंत्रण के सुनिश्चित दायरे, संगठन के भीतर वरिष्ठता-कनिष्ठता क्रम, आंतरिक निर्देश-शृंखला के तहत संगठन के संचालन, काम की रपट पेश करने के प्रावधान, विभागीकरण, मानकों और कसौटियों का विकास, राजनीति के साथ तालमेल बैठा कर चलना और क्रियाविधि संबंधी संहिताएँ। प्रशासनिक सिद्धांत में कम्पनी

प्रबंधन के अध्येता फ्रांसीसी इंजीनियर हेनरी फ़ेयोल ने औद्योगिक संगठनों के तौर-तरीक़ों का समावेश किया। तीस के दशक में आर्थर गुलिक ने प्रशासन को पीओएसडीसीओआरबी यानी प्लैनिंग, ऑर्गनाइज़िंग, स्टाफ़िंग, डायरेक्टिंग, कोआर्डिनेटिंग, रिपोर्टिंग और बजटिंग के घटकों में बाँट कर परिभाषित कर दिखाया। गुलिक का यह विन्यास बहुत दिनों तक प्रभावी रहा और उसके नेतृत्व में प्रशासनिक सिद्धांत पर बुद्धिवाद और वैज्ञानिकता के आग्रह छाये रहे। 1947 में हरबर्ट साइमन ने अपनी रचना *ऐडमिनिस्ट्रेटिव बिहेवियर* के ज़रिये प्रशासन संबंधी अध्ययन के कारनेगी स्कूल की स्थापना की। इस स्कूल ने राजनीतिशास्त्र में संस्थागत विश्लेषण के अनुशासन की अहमियत को फिर से रेखांकित किया। साइमन तर्कपरक प्रत्यक्षवाद के हामी थे। उन्होंने गुलिक की सिफ़ारिशों को अपर्याप्त क़रार देते हुए कहा कि वे पूरी तरह से वैज्ञानिक नहीं हैं और इसीलिए अधिकारी उनकी मदद से हर परिस्थिति का मुक़ाबला नहीं कर पाते। उनका विचार था कि कोरा बुद्धिवाद अफ़सरों को सही फ़ैसले लेने की तरफ़ नहीं ले जा सकता। सीमित बुद्धिवाद के विचार का प्रतिपादन करते हुए साइमन ने कहा कि निर्णय-प्रक्रिया में सरकारी अफ़सरों के पास बुद्धिवादी दृष्टिकोण के अलावा और भी विकल्प होने चाहिए। साइमन के ज़माने में ही व्यवहारवादी राजनीतिक सिद्धांतशास्त्री रॉबर्ट दाह्ल ने सिफ़ारिश की कि प्रशासन-विज्ञान के लिए मानवीय व्यवहार की पेचीदगी का ध्यान रखना ज़रूरी है।

अस्सी के दशक में न्यू पब्लिक ऐडमिनिस्ट्रेशन (एनपीएम) के तहत निजी कम्पनियों में अपनाये जाने वाले तौर-तरीक़ों की रोशनी में पश्चिमी देशों ने अपने प्रशासनिक बंदोबस्त की नये सिरे से विन्यास शुरू किया। इसके बाद से सार्वजनिक प्रशासन के पुराने सिद्धांत और ऐनपीएम के बीच बहस जारी है। ऐनपीएम के आने से पहले उत्तम प्रशासन का मतलब था सावधानी और ईमानदारी से काम करते हुए एक स्थापित प्रक्रिया का पालन करना और नियम-क़ानूनों के दायरे में रहना। इस परम्परा के तहत वरिष्ठ प्रशासनिक अधिकारियों से उम्मीद की जाती थी कि प्रबंधन में भाग लेने के बजाय वे नीति-निर्माण पर ज़्यादा ज़ोर देंगे। एनपीएम प्रबंधन, कार्रवाई और गवर्नेंस को प्रमुखता देता है। वह लोक-सेवकों को बेहतर मैनेजर बनाने की कोशिश करता है।

आजकल प्रशासन को सुशासन के साथ जोड़ कर देखा जाने लगा है। कभी-कभी सुशासन के लिए गवर्नेंस शब्द का इस्तेमाल किया जाता है। यह एक लैटिन शब्द *गबरनेयर* से निकला है जिसका मतलब होता है मार्गदर्शन करना, नियम बनाना और संचालन करना। ज़ाहिर है कि क़ानून द्वारा थमाये गये कर्त्तव्यों को पूरा करने तक सीमित रहने के बजाय गवर्निंग के ज़रिये प्रशासन सार्वजनिक मामलों के प्रबंधन के ज़्यादा नज़दीक पहुँच जाता है। विश्व बैंक, अंतर्राष्ट्रीय मुद्रा कोष और संयुक्त राष्ट्र ने गवर्नेंस के विमर्श को अस्सी के दशक के बाद प्रमुखता देते हुए उसे सुशासन का पर्याय बना दिया है। सुशासन का विचार मुख्यत: दस मूल्यों पर आधारित माना जाता है। पहला है लोकतांत्रिक बहुलवाद जिसके तहत विविधता के प्रति सहिष्णुता, सभी के लिए समानता और स्वतंत्रता और गवर्निंग की प्रक्रिया में सभी की भागीदारी पर ज़ोर दिया जाता है। दूसरा है क़ानून के तहत और जनता की निगाह में वैधता जो संवैधानिक ज़रिये और स्वतंत्र व निष्पक्ष चुनावों से हासिल की जाती है। तीसरा है एक-दूसरे से होड़ करने वाले हितों की परस्पर सहमति क़ायम करने की प्रक्रिया। चौथा है निर्णय-प्रक्रिया में जनता की भागीदारी सुनिश्चित करना। पाँचवाँ है क़ानून के शासन की गारंटी करना ताकि किसी के साथ भेदभाव होता न दिखे। छठा है व्यवस्था में सक्रिय विभिन्न दावेदारों के प्रति शासन प्रणाली की संवेदनशीलता और अनुक्रिया करने की क्षमता। सातवाँ है सत्ता का बेज़ा इस्तेमाल रोकने के लिए गवर्नेंस के लिए ज़िम्मेदारी संस्थाओं की जवाबदेही। आठवाँ है शासन द्वारा की गयी कार्रवाइयों की पारदर्शिता और स्वीकार किये गये लक्ष्यों की पूर्ति। नवाँ है लोक-सेवा से संबंध नीतिशास्त्रीय और नैतिक उत्तरदायित्व का पालन। टिकाऊ मानव-विकास उपलब्ध करने के लिए दूरगामी रणनीतिक दृष्टि का विकास। इन दस मूल्यों से ज़ाहिर है कि उत्तम गवर्नेंस का संबंध न केवल सरकारी संस्थाओं से है, बल्कि इस प्रक्रिया से संबंधित तमाम ग़ैर-सरकारी सहभागियों से भी है।

सुशासन में बाधक समझे जाने वाले कारकों में भ्रष्टाचार, अफ़सरों की रिश्वतखोरी, लालफ़ीताशाही, काहिली आदि का ज़िक्र किया जाता है। अक्सर होता यह है कि विभिन्न देशों के पास नीतियों के कार्यान्वयन का विधिक जनादेश तो होता है, पर ज़मीन पर वे नीतियाँ लागू नहीं हो पातीं। सरकारी विभाग एक-दूसरे से टकराते रहते हैं, और विभिन्न मंत्रालयों में कार्य-क्षेत्र को लेकर विवाद होता रहता है। एक मंत्रालय द्वारा उत्साह से शुरू किया गया कार्यक्रम दूसरे मंत्रालय द्वारा अनावश्यक और समस्यापूर्ण समझा जाता है। ग़रीब देशों के पास कई तरह के समाज-कल्याण संबंधी कार्यक्रमों, पर्यावरण की सुरक्षा करने वाले उपायों और आर्थिक विकास की नीतियों को लागू करने लायक संसाधनों का अभाव होता है।

दिलचस्प बात यह है कि सुशासन की गारंटी करने के लिए विश्व-संस्थाओं ने जिन मानदण्डों की स्थापना की है, वे पहली नज़र में ही दोहरे लगते हैं। विश्व बैंक और मुद्रा कोष अन्य अंतर्राष्ट्रीय अनुदान संस्थाओं के साथ मिल कर अविकसित देशों पर 'गुड गवर्नेंस' की शर्तें थोपते हैं, जबकि दूसरी तरफ़ विकसित देशों के लिए उदारतावादी लोकतंत्र के आधारभूत गुणों के मुताबिक़ शर्तें बनायी जाती हैं। इन शर्तों

के आलोचकों का कहना है कि यह पूरी डिज़ाइन एशियाई, अफ़्रीकी और लातीनी अमेरिकी देशों पर पश्चिम के प्रभाव को थोपने के लिए तैयार की गयी है।

देखें : अधिकार, अधिकार : सैद्धांतिक यात्रा, अरस्तू, अफ़लातून, अनुदारतावाद, अराजकतावाद, अन्य-अन्यीकरण, उदारतावाद, उपयोगितावाद, एडमण्ड बर्क, क्रांति, ज्याँ-ज़ाक रूसो, जॉन लॉक, जेरेमी बेंथम, जॉन स्टुअर्ट मिल, जॉन रॉल्स, थॉमस हॉब्स, थॉमस पेन, न्याय, न्याय : नारीवादी आलोचना, न्याय : रॉल्स का सिद्धांत, नागरिकता, नागरिकता : अन्य परिप्रेक्ष्य-1 और 2, नागर समाज, पनोप्टिकॉन, प्रतिनिधित्व, प्रगति, प्रगति : आलोचनात्मक परिप्रेक्ष्य, फ्रेड्रिख़ वॉन हायक, बुद्धिवाद, माइकेल जोसेफ़ ओकशॉट, माइकिल वाल्ज़र, मिशेल पॉल फ़ूको-1 और 2, यूटोपिया, राजनीतिक दर्शन के नारीवादी आयाम, रॉबर्ट नॉज़िक, राज्य-1 और 2, विल किमलिका, सविनय अवज्ञा, स्वतंत्रतावाद, सर्वसत्तावाद, सम्प्रभुता, समाजवाद, सरकारियत, सामाजिक समझौता, हेनरी डेविड थोरो।

संदर्भ

1. एच.ए. साइमन (1947), *ऐडमिनिस्ट्रेटिव बिहेवियर,* फ्री प्रेस, न्यूयॉर्क.
2. एच.जी. फ्रेड्रिकसन (1997), *द स्पिरिट ऑफ़ पब्लिक ऐडमिनिस्ट्रेशन,* जोसी-बैस, सैन फ्रांसिस्को.
3. यूनाइटिड नेशंस डिवेलपमेंट प्रोग्राम (1998), *गुड गवर्नेंस ऐंड सस्टेनेबिल ह्यूमैन डिवेलपमेंट,* यूएनडीपी, न्यूयॉर्क.
4. ओ.पी. द्विवेदी (2002), 'ऑन कॉमन गुड ऐंड गुड गवर्नेंस : ऐन आल्टरनेटिव एप्रोच', डी. ओलोवू और एस. सैकू (सम्पा.), *बेटर गवर्नेंस ऐंड पब्लिक पॉलिसी,* कुमारियन प्रेस, ब्लूमफ़ील्ड, कनेक्टीकट.
5. डी. ओसबोर्न और टी. गेबलर (1992), *रिइनवेंटिंग गवर्नमेंट,* एडिसन-वेज़ली, न्यूयॉर्क.

— अभय कुमार दुबे

प्राइवेसी

(Privacy)

प्राइवेसी एक बहुआयामी अवधारणा है। यह इतनी तरल और अनिश्चित है कि उसकी कोई सरल और सम्पूर्ण परिभाषा तय नहीं की जा सकती। लिहाज़ा उसे संदर्भ और संस्कृति के संश्लिष्ट और विवादित सीमांतों के बीच रख कर ही समझा जा सकता है। आधुनिक समाज में प्राइवेसी के साथ विचार का एक और ध्रुवांत पब्लिसिटी भी विकसित हुआ है। इस तरह जब प्राइवेसी की बात की जाती है तो उसके नेपथ्य में अक्सर पब्लिसिटी का विचार भी चहलक़दमी कर रहा होता है। इसलिए इन दोनों पदों को एक दूसरे के सामंजस्य में देखा जाना चाहिए। प्राइवेसी के परिप्रेक्ष्य से सूचनाओं को उजागर करने या उन्हें लेकर गोपनीयता बरतने जैसे नैतिक और आदर्शगत पहलू एक साथ जुड़े हैं। व्यक्ति या समूह कब अपनी इच्छा से निजी सूचनाएँ सार्वजनिक करता है और कब उसे किसी आदेश या क़ानून के तहत ख़ास तरह की सूचनाओं को गुप्त रखना पड़ता है— यह सब संदर्भों, सामाजिक भूमिकाओं तथा संस्कृति आदि से तय होता है। इस बिंदु पर प्राइवेसी का मसला सूचना के समाजशास्त्र में प्रवेश कर जाता है।

प्राइवेसी को विशेषण की तरह देखा जा सकता है। उससे सूचना की स्थिति या हैसियत का बोध होता है। इससे यह पता चलता है कि कोई सूचना प्रकट है या गुप्त। मसलन रोज़मर्रा के जीवन में स्त्री या पुरुष का अंतर एक सार्वजनिक सूचना होती है। लेकिन उनके राजनीतिक और धार्मिक विचार या विश्वास अदृश्य और अज्ञात होते हैं। यहाँ इस तथ्य को अनदेखा नहीं करना चाहिए कि रोज़मर्रा के अनुभवों में प्राइवेसी/निजता और पब्लिसिटी/सार्वजनिकता के आदर्शों का हमेशा पालन नहीं किया जाता। सरकार और कॉरपोरेट मामलों की जिन रपटों/ सूचनाओं को सार्वजनिक करना अनिवार्य होता है उन पर प्रतिबंध लगाया जा सकता है या फिर उन्हें झूठा भी क़रार दिया जा सकता है। कई बार ऐसी सूचनाओं को नष्ट भी कर दिया जाता है। इसी तरह बाल-शोषण या वैवाहिक साथी के साथ अत्याचार करने जैसी सूचनाएँ कई बार इसलिए छिपी रह जाती हैं, क्योंकि घर की अंदरूनी गतिविधियों और संरचना को भेद पाना मुश्किल होता है।

प्राइवेसी को सर्विलांस नहीं समझा जाना चाहिए क्योंकि इसमें तकनीकी उपायों के ज़रिये निगरानी का तत्त्व निहित है। उसका उद्देश्य नियंत्रण, सुरक्षा, प्रबंधन, दस्तावेज़ीकरण तथा मनोरंजन करना होता है। उसे सूचनाओं को उजागर करने का तरीक़ा भी माना जा सकता है, जिसमें प्राइवेसी का अतिक्रमण भी हो सकता है। मसलन इसके द्वारा गोपनीय सूचनाएँ व्यावसायिक कम्पनियों को भी बेची जा सकती हैं। इसके साथ ही सर्विलांस प्राइवेसी को सुनिश्चित करने का तरीक़ा भी हो सकता है। इस संदर्भ में बायोमीट्रिक पहचान, ख़ातों की निगरानी या घर और दफ़्तर आदि की सुरक्षा के लिए लगाये गये कैमरों को रखा जा सकता है।

प्राइवेसी अपनी निर्मिति में अनिवार्यतः सामाजिक होती है। क्योंकि इसमें हमेशा कोई अन्य मौजूद होता है जिससे किसी तथ्य या सूचना को छिपाया जाता है। या जिसे किसी तथ्य के बारे में सूचित करने का हक़दार माना जाता है। सूचना का चरित्र सामाजिक भूमिकाओं से तय होता है।

उसमें सत्ता का प्रश्न गहरे धँसा है। निजी सूचनाओं को एकत्र करने, ऐसी सूचनाओं को एकत्र करने की परिस्थितियाँ और उनके उपयोग का अधिकार सामाजिक स्तरीकरण की परिघटना से भी जुड़ा है। बड़ी संस्थाओं के कर्मचारियों तथा उनके ग्राहकों, या पुलिस और संदिग्ध तथा वैयक्तिक संबंधों जैसे अभिभावकों व बच्चों के मामले में ऐसे नियम अपेक्षाकृत आसान होते हैं कि कौन व्यक्ति सूचना पाने के लिए अधिकृत है और किसे ऐसी सूचनाएँ प्रदान करने के लिए बाध्य किया जा सकता है। जेंडर तथा जातीयता के मसलों में उच्चतर सत्ता का नियंत्रण सूचना की असमानता की ओर इशारा करता है।

प्राइवेसी की उम्मीद में गोपनीयता का भाव भी साथ चलता है, जो इस बात का स्मरण कराता है कि सूचना से जुड़े सारे मसले अंततः सामाजिक होते हैं। यहाँ यह महत्त्वपूर्ण नहीं होता कि सूचना पहली बार कब उजागर हुई या फिर सूचना कब अस्तित्व में आयी। विश्वसनीयता का आधार यह अपेक्षा होती है कि अगर किसी को निजी सूचना दी गयी है तो उसका दुरुपयोग नहीं किया जाएगा। इस तरह प्राइवेसी में सूचना की गोपनीयता भी निहित होती है। सूचना को सीमित करने का मतलब होता है कि प्राइवेसी में गोपनीयता भी शामिल हो गयी है। संस्थाओं और व्यक्तियों द्वारा जब सूचना की सुरक्षा की जाती है तो उसमें अनिवार्यतः गोपनीयता का कोई तत्त्व मौजूद होता है।

निजता को जब व्यक्तिगत अधिकार की तरह देखा जाता है तो उसमें यह भाव पूर्व-प्रदत्त होता है कि व्यक्ति अपने से संबंधित सूचना को नियंत्रित कर सकता है या नहीं। यह ज़रूरी नहीं है कि व्यक्ति की निजी सूचनाएँ गोपनीय ही हों लेकिन इसके फ़ैसले का अंतिम अधिकार संबंधित व्यक्ति के पास ही होता कि वह उक्त सूचना को दूसरों के साथ साझा करना चाहता है या नहीं। इसके उलट गोपनीयता से जुड़े नियमों में सूचनाओं को प्रतिबंधित करने की बाध्यता निहित होती है। इसके साथ अक्सर वे उपबंध भी जुड़े होते हैं कि ऐसी सूचनाओं का उल्लंघन कौन कर सकता है। सिद्धांततः व्यक्ति और संस्थाएँ गोपनीय समझी जाने वाली सूचनाओं को सार्वजनिक नही कर सकते। गोपनीयता चाहे वैध हो या अवैध— दोनों ही मामलों में सामूहिक एकजुटता को मज़बूत करती है।

सर्विलांस की तकनीक के बढ़ते उपयोग के मद्देनज़र मौजूदा दौर में व्यक्तिगत और संस्थाओं की सूचनाएँ जैसे कम्प्यूटर डाटा, इंटरनेट मॉनिटरिंग, वीडियोकैम, या डीएनए विश्लेषण आदि पहले की तरह सुरक्षित नहीं रह गयी हैं। इससे निजी सूचनाओं को दूसरे लोगों के साथ साझा करने की सीमा तथा सूचना दिये जाने के बाद उक्त सूचना के इस्तेमाल को लेकर नये तरह के अंदेशे भी पैदा होने लगे हैं।

प्राइवेसी का एक अन्य रूप निर्णयमूलक है जो सूचना के बजाय व्यहार से ज़्यादा संबंधित होता है। जीवन शैली के चुनाव और यौनिक रुझान जैसे मसलों को इस श्रेणी में रखा जा सकता है। प्राइवेसी की इस निर्णयात्मकता में स्वतंत्रता का अधिकार बुनियादी अहमियत रखता है।

प्राइवेसी को सूचना के नियंत्रण में व्यक्ति की क्षमता के लिहाज़ से भी देखा जा रहा है। इसके लिए बाहर की ओर जाने वाली और बाहर से व्यक्ति की ओर आने वाली सूचनाओं को संदर्भ बिंदु बनाया जाता है। उदाहरण के लिए टेलिफ़ोन, कम्प्यूटर और क्रेडिट कार्ड के ज़रिये होने वाले सम्प्रेषण तथा बायोमीट्रिक डाटा व भावनाओं और अनुभूति को बर्हिमुख सूचनाओं की श्रेणी में रखा जाता है जबकि एकांत की इच्छा, अनचाहे विज्ञापनों और शोर से मुक्ति को अंतर्मुख सूचनाओं की तरह देखा जाता है। इन दोनों ही श्रेणियों में अध्येताओं का ज़ोर इस बात पर रहा है कि व्यक्ति ऐसी सूचनाओं को किस सीमा तक नियंत्रित कर सकता है।

प्राइवेसी की अवधारणा को सांस्कृतिक विशिष्टता के संदर्भ में रखकर देखा जाए तो समकालीन समाजों में कई तरह के रुझान दिखाई देते हैं। उदाहरण के लिए अमेरिका में निजी सूचनाओं के संबंध में चयन की आज़ादी पर ज़्यादा ज़ोर दिया जाता है। वहाँ निजी सूचनाओं का कारोबार करने वाली संस्थाओं में सरकार की निगरानी और दख़ल को बुरा माना जाता है। ऐसी संस्थाएँ व्यक्ति की निजी और अंतरंग सूचनाओं का धड़ल्ले से व्यापार करती हैं जिससे संबंधित व्यक्ति को प्रकट लाभ भी नहीं होता जबकि युरोपीय देशों में ऐसी सूचनाओं का इस्तेमाल करने से पहले व्यक्ति से सहमति लेनी पड़ती है। युरोपीय देशों में व्यक्ति की निजता का अतिक्रमण करने वाली प्रौद्योगिकी के पेशे-नज़र सुरक्षा के व्यापक प्रबंध किये गये हैं। कनाडा सहित एशियाई देशों में भी प्राइवेसी की सुरक्षा और भविष्य की सम्भावित समस्याओं के संबंध में चाक-चौबंद व्यवस्था की गयी है। अमेरिका में तकनीकी के नियमन को लेकर कोई एकमुश्त नीति नहीं है। तकनीक के नये रूपों से प्राइवेसी के अतिक्रमण की घटनाओं में वहाँ न्यायिक समीक्षा की व्यवस्था की जाती है जो सिर्फ़ उस ख़ास समस्या या संकट से निपटने के लिए क़ानून बनाती है।

प्राइवेसी की अवधारणा आधुनिक राष्ट्र-राज्य तथा पूँजीवाद व लोकतंत्र से जन्मे राजनीतिक और आर्थिक अधिकारों के विस्तृत ढाँचे से निकली है। लिहाज़ा प्राइवेसी के संबंध में जो भी नियम और क़ानून बनाये गये हैं वे इस आधुनिक राज्य से ही वास्ता रखते हैं। हालाँकि अब प्राइवेसी और उसे नियंत्रित करने की गरज़ से बनाये गये नियमों की दिशा एक दूसरे के विपरीत जाती दिखायी देती है लेकिन उन दोनों का विकास साथ-साथ हुआ है।

राजनीतिक लोकतंत्र सरकार की जवाबदेही और सार्वजनिक दायरों में खुलेपन को लेकर चलने वाली बहसों से उर्जा हासिल करता है। नागर समाज के सार्वजनिक मंचों पर जनता अपने विचारों को तभी ज़ाहिर कर सकती है जब सरकार इस अधिकार में अपनी तरफ़ से कोई दख़लअंदाज़ी न करे। लेकिन एक जटिल और परस्पर निर्भर होते समाज में सरकार को लोगों के स्वास्थ्य, सुरक्षा, न्याय तथा राष्ट्रीय रक्षा के संबंध में सूचनाएँ जुटाने के लिए लोगों के निजी सीमांतों का साधिकार अतिक्रमण करती है।

प्राइवेसी को अमूमन व्यक्ति की अस्मिता के तौर पर भी देखा जाता है। इस ऐतबार से आधुनिक नागरिक की धारणा में निजी सूचनाओं को नियंत्रित करने की क्षमता उसके व्यक्तित्व की प्रतिष्ठा तथा गरिमा के लिए बुनियादी शर्त मानी जाती है।

प्राइवेसी को वस्तु और व्यक्ति के अधिकार की तरह भी देखा जा सकता है। लेकिन इसके सामाजिक निहितार्थ अलग ढंग से सामने आते हैं। वस्तु के तौर पर व्यक्ति निजी सूचना को बेच या खरीद सकता है और उसका व्यापार भी कर सकता है। इसमें स्वेच्छा और दबाव दोनों काम करते हैं। इंटरनेट पर ऐसी बहुतेरी साइट हैं जो निजी सूचनाएँ हासिल करने के एवज़ में लोगों को पारिश्रमिक देने की पेशकश करती हैं। लेकिन निजी सूचनाओं और प्राइवेसी पर घात लगाये बैठे बेलगाम आक्रांताओं की यह छवि बहुत हद तक एकतरफ़ा कही जाएगी। ज़्यादातर संस्थाएँ निजता के मूल्यों का सम्मान करती हैं और इस बात को लेकर सचेत रहती हैं कि निजी सूचनाओं के सीमांतों का अतिक्रमण करने से उनके बारे में एक नकारात्मक छवि बनती है। इसके अलावा जैसा कि इरविंग गॉफ़मेन जैसे समाजशास्त्रियों ने अपने अध्ययन से स्पष्ट किया है, लोगबाग सामाजिक व्यवहार के तौर-तरीक़ों और प्रथाओं के ज़रिये भी एक दूसरे के सम्मान और प्राइवेसी का ख़याल रखते हैं।

देखें : अर्थव्यवस्था का समाजशास्त्र, अभिजन, अभिरुचि, आत्महत्या, उन्मूलनवाद, एजेंसी, कर्मकाण्ड, कारागार, गोपनीयता, गृहविहीनता, जादू, जीवन-शैली, टेलरवाद, धर्म, फ़ुरसत, बचपन, बुज़ुर्गियत का समाजशास्त्र, बेगानगी, भीड़, भ्रष्टाचार का समाजशास्त्र-1 और 2, विचलन, ज्ञान का समाजशास्त्र।

संदर्भ

1. सी. बेनेट और आर. ग्रांट (सम्पा.) (1999), *विज़ंस ऑफ़ प्राइवेसी,* युनिवर्सिटी ऑफ़ टोरंटो प्रेस, टोरंटो.
2. ए. एलेन (2003), *एकाउंटेबिलिटी फ़ॉर प्राइवेट लाइफ़,* रॉमैन ऐंड लिटिलफ़ील्ड, लैनहम, एमडी.
3. ई. एल्डरमैन और सी. कैनेडी (1995), *द राइट टू प्राइवेसी,* नॉप, न्यूयॉर्क.
4. ओ. गैंडी (1993), *द पैनॉप्टिक सोर्ट : अ पॉलिटिकल इकॉनॉमी ऑफ़ पर्सनल इंफ़र्मेशन,* वैस्टव्यू प्रेस, बाउल्डर, सीओ.

— **नरेश गोस्वामी**

प्रारम्भिक इस्लाम

(Early Islam)

इस्लाम को आम तौर पर महज़ एक धर्म के रूप पेश किया जाता है। यह प्रस्तुतीकरण स्वाभाविक भी है और ऐतिहासिक रूप से जायज़ भी। मौजूदा आँकड़े यह साबित करने के लिए काफ़ी हैं कि विश्व में इस समय 23 फ़ीसदी मुसलमान आबादी है जो इस्लाम को धर्म के रूप में स्वीकार करती है। आधुनिक इतिहास भी इस्लाम को दुनिया के महानतम धर्मों में से एक बताता है। दिलचस्प बात यह है कि इस्लाम की इस सामान्य समझ को साबित करने के लिए यहूदी धर्म, ईसाइयत और इस्लाम के बीच की सैद्धांतिक एकरूपता, विशेषकर एक ईश्वर की मान्यता को अक्सर एक प्रमाण के तौर पर प्रस्तुत किया जाता है। समाजशास्त्र के आलोचनात्मक दृष्टिकोण से इस्लाम के इस प्रस्तुतीकरण पर दो प्रश्न उठाये जा सकते है। पहला सवाल इस्लाम को धर्म बताने वाली सामान्य समझ की संरचना से जुड़ा है। विश्लेषण के नज़रिये से यह देखना लाज़मी है कि इस्लाम के स्थापित और निर्धारक तत्त्व क्या हैं? दूसरा प्रश्न इस्लाम को एक ऐतिहासिक परिघटना के रूप में समझने से संबंधित है। यह जानना भी ज़रूरी है कि मुहम्मद साहब के नेतृत्व में ग़ुलामों और मज़लूमों का एक स्वत: उपजा आंदोलन कैसे एक व्यवस्थित धर्म में तब्दील हो गया! इन दोनों प्रश्नों के विश्लेषण के लिए इस्लाम के आरम्भिक इतिहास का अध्ययन प्रासंगिक हो जाता है।

यह बताया जाता है कि सातवीं सदी में मक्का शहर के लोग उस समय तक प्रचलित इस्माइली धर्म से भटक गये थे। ये लोग मूर्तिपूजक थे और बहुत से देवी-देवताओं को मानते थे। हर क़बीले का अपना देवता होता था। उल्लेखनीय बात यह है कि क़ाबा, जो बाद में इस्लाम का पवित्र स्थल बना, मक्का के सभी क़बीलों के लिए एक ख़ास मज़हबी दर्जा रखता था। विभिन्न क़बीलों के लोग क़ाबा के भीतर अपने देवी-देवताओं की मूर्तियाँ रखते थे। हर साल मक्का में एक उत्सव होता था और लोग क़ाबा में सामूहिक पूजन करते थे।

हज़रत मुहम्मद (जिनके नाम के साथ 'सल्लल्लाहु अलैहि वसल्लम' लगाना इस्लामी मज़हबी नज़रिये से लाज़मी है), का जन्म 570 ई में मक्का के क़ुरेश क़बीले में हुआ। मुहम्मद बहुत छोटी उम्र में ही यतीम हो गये और

उनकी परवरिश उनके दादा ने की। मुहम्मद के जीवन के पहले 40 वर्षों के बारे में जानकारी सीमित है। परंतु इस्लाम-पूर्व स्रोत और हदीस साहित्य बताता है कि वे निहायत चरित्रवान व्यक्ति थे और उन्हें आदर की नज़र से देखा जाता था। उन्होंने एक विधवा महिला, जिनका नाम ख़ादीजा था, के यहाँ नौकरी कर ली। वे ख़ादीजा के व्यापार की देखभाल किया करते थे और व्यापार के सिलसिले में काफ़ी भ्रमण करते थे। कुछ वर्षों बाद उन्होंने ख़ादीजा से विवाह कर लिया।

सन् 613 में, जब मुहम्मद साहब की उम्र चासीस वर्ष थी, एक विचित्र घटना घटी। उन्हें इस बात का अहसास हुआ कि अल्लाह ने उन्हें नबी बना कर भेजा है और उनका काम लोगों को एक ईश्वर, अल्लाह की आराधना के लिए प्रेरित करना है। उन्होंने समानता और स्वतंत्रता के उसूलों को एक ईश्वरवाद के मूल से जोड़ कर इस बात कि तबलीग़ (प्रचार) शुरू की कि मर्द-औरत, ग़ुलाम-मालिक अल्लाह के बनाये हुए हैं। इन सबका इनसानी दर्जा बराबर है। मुहम्मद साहब ने यह दावा किया कि जिब्रील नामक फ़रिश्ता उनके लिए अल्लाह के दिव्य संदेश लाता है।

अल्लाह के इन पैग़ामों को सभी को बताने के उद्देश्य से मुहम्मद ने अपने मत का प्रचार प्रारम्भ किया। उनके विचारों का जम कर विरोध हुआ। मक्का के प्रभुत्वशाली वर्ग ने मुहम्मद साहब और उनके मानने वालों को यातनाएँ देना शुरू कर दीं। यहाँ तक कि मुहम्मद साहब पर कई बार जानलेवा हमले भी हुए। इस आरम्भिक विरोध के दो परिणाम निकले। पहला, मुहम्मद की विचारधारा और उनके अनुयायी एक मत में परिवर्तित हो गये। इस मत को इस्लाम कहा गया और इसके मानने वाले मुसलमान कहे गये। दूसरा, मुहम्मद के बराबरी के संदेश ने तत्कालीन अरब के दमित, शोषित वर्गों को उनकी ओर आकृष्ट किया। यही कारण था कि मदीना के लोगों ने मुहम्मद साहब को मक्का छोड़ कर मदीना आने कि दावत दी। उन्होंने इस दावत को स्वीकार किया और 622 में अपने मानने वालों के साथ मक्का छोड़ दिया। इस घटना को हिजरत कहते है और यहाँ से इस्लामी कैलेंडर जिसे हिजरी कहा जाता है, का आरम्भ होता है।

मदीना में इस्लाम को मानने वालों कि संख्या में इजाफ़ा हुआ। मदीना के यहूदी और ईसाइयों के साथ मुसलमानों को मक्का जैसी दुश्वारियों का सामना नहीं करना पड़ा। इसका सीधा कारण यह था कि मुसलमान भी यहूदियों और ईसाइयों कि तरह एक ईश्वर की इबादत करते थे। हालाँकि तीनों धर्मों में आख़िरी नबी के प्रश्न पर स्वाभाविक विरोधाभास था। इन विरोधाभासों को दूर करने के लिए मुहम्मद साहब ने मदीना में एक नयी व्यवस्था क़ायम की। सभी धर्मावलम्बियों को धार्मिक आज़ादी दी गयी और मुसलमानों को यह हिदायत दी गयी कि वे सब धर्मों के विश्वासों का आदर करें। इस व्यवस्था ने लोगों को इस्लाम की ओर आकर्षित किया और कुछ ही वर्षों में मुसलमान बेहद मज़बूत हो गये।

मुहम्मद साहब की मक्का वापसी इस्लाम के इतिहास की दूसरी सबसे अहम घटना है। 628 ईस्वी में मुसलमानों ने मक्का के शासकों को युद्ध में हरा कर और मुहम्मद साहब के नेतृत्व में स्थापित तत्कालीन इस्लामी राजनीतिक व्यवस्था का हिस्सा बना लिया। क़ाबा से तमाम मूर्तियाँ हटा दी गयीं और क़ाबा इस्लाम का सबसे महत्त्वपूर्ण धार्मिक स्थल बन गया।

मक्का-विजय का एक उल्लेखनीय वाक़या यह है कि जब मुसलमानों ने युद्ध में फ़तेह हासिल कर ली और उनका लश्कर शहर में प्रवेश करने लगा, तब मुहम्मद साहब ने मुसलमानों को सर झुका कर शहर में दाख़िल होने की हिदायत दी। मक्का पहुँच कर उन्होंने घोषणा की कि किसी पर कोई ज़बरदस्ती नहीं होगी और सब को शांति से रहने का अधिकार होगा।

मक्का फ़तेह के बाद भी मुहम्मद साहेब मदीना में ही रहे। जहाँ एक ओर वे इस्लाम के सामाजिक/राजनीतिक प्रोजेक्ट को अमली जमा पहनाने में लगे थे वहीं दूसरी ओर वे मज़लूमों और मिसकीनों के शोषण के सवाल को लेकर चिंतित थे। मुहम्मद साहब के अंतिम वक्तव्य, और विशेषकर उनका अंतिम ख़ुतबा जो उन्होंने मक्का में सन् 632 में दिया, साबित करता है कि उनकी राजनीति का केंद्र बिंदु ग़ुलाम, यतीम और औरतें थे। यह ख़ुतबा मुसलमानों को यह ताक़ीद करता है कि सब इनसान बराबर हैं, कोई किसी से न बड़ा है न छोटा; मजलूमों, ग़ुलामों और औरतों के ख़ास अधिकार है, जो इन अधिकारों को अवहेलना करे वह अल्लाह के मानने वालों में से नहीं हो सकता। इसी वर्ष यानी सन् 632 में मुहम्मद साहब का मदीना में इंतकाल हो गया।

इस समय तक इस्लाम एक आंदोलन से धर्म और धर्म से एक व्यवस्था में बदलना शुरू हो चुका था। शुरुआती दिनों में इस्लाम को मानने का अर्थ था एक अल्लाह में यक़ीन और मुहम्मद साहब को आख़िरी नबी स्वीकार करना। यही इस्लाम के पहले कालीमे 'ला इला हा इलाल्लाह मुहम्मद दूर रसूल अल्लाह' का अर्थ भी है। बाद के वर्षों में दिन में पाँच बार इबादत जिसे सलात (फ़ारसी में नमाज़) कहा जाता है, साल में रमजान के महीने में 30 दिन के रोज़े जीवन में एक बार हज, अपनी आमदनी का एक हिस्सा (चालीसवाँ भाग) मजलूमों और बेसहारों को देना, जिसे ज़कात कहते हैं, इस्लाम के बुनियादी आधार बन गये। इन्हें इस्लाम के पाँच स्तम्भ भी कहा जाता है। मुहम्मद साहब को मिलने वाले दिव्य संदेश (जिन्हें वही कहा जाता है) को इकट्ठा करने

का काम भी मुहम्मद की मृत्यु के बाद शुरू हुआ। इन्हीं संदेशों के व्यवस्थित स्वरूप को क़ुरान कहा जाता है। इसी तरह मुहम्मद और उनके साथियों (सहबा-ए-इकराम)के आपसी जीवन से जुड़ी घटनाओं के संकलन को हदीस कहा गया। आने वाले वर्षों में क़ुरान और हदीस इस्लामी क़ानून यानी शरिया की बुनियाद बने।

मुहम्मद साहब के निधन के फ़ौरन बाद उनके उत्तराधिकार का सवाल पैदा हुआ। चूँकि मुहम्मद साहब को पहले ही से आख़िरी नबी माना जाने लगा था, इसलिए मसला किसी नये नबी की मान्यता का नहीं था। बल्कि यह था कि इस व्यवस्था का संचालक कौन हो। मुहम्मद साहब के सबसे नज़दीकी दोस्त अबू-बकर उनके पहले उत्तराधिकारी या ख़लीफ़ा बने। लेकिन यह चुनाव सर्वमान्य नहीं था और मुसलमानों के भीतर ही कई गुट बन चुके थे। एक गुट मुहम्मद साहब के चचेरे भाई, अली, को ख़लीफ़ा बनाना चाहता था। उतराधिकार के इन आपसी युद्धों के बीच उमर, उस्मान और अली ख़लीफ़ा बने। इस्लाम के इन पहले चार ख़लीफ़ाओं को खुलफ़ा-ए-राशिउन कहा जाता है। लेकिन इस सब के बावजूद इस्लाम एक राजनीतिक ताक़त के रूप में विकसित होता रहा और कुछ ही वर्षों में एशिया, अफ्रीका और यहाँ तक की युरोप में भी इस्लामी हुकूमतें स्थापित हो गयीं।

देखें : अबू-अला मौदूदी, अबुल कलाम आज़ाद, आरक्षण और धर्म, इस्लाम, जवाहरलाल नेहरू, बांग्लादेश के लिए मुक्ति संग्राम, भारतीय इस्लाम, उपनिवेशवाद, उपनिवेशवाद विरोधी आंदोलन-1, 2 और 3, उपनिवेशवाद विरोधी संघर्ष में स्त्री-नेतृत्व-1, मोहनदास कर्मचंद गाँधी-1 और 2, मुसलिम राजनीतिक विचार, मुहम्मद इक़बाल, मुहम्मद अली जिन्ना, हज़रत मुहम्मद-1 और 2.

संदर्भ

1. जॉन इस्पोसिटो (2000), *ऑक्सफ़र्ड हिस्ट्री ऑफ़ इस्लाम,* ऑक्सफ़र्ड युनिवर्सिटी प्रेस, ऑक्सफ़र्ड.
2. पी.एम. होल्ट और बर्नार्ड लेविस (1977), *केम्ब्रिज हिस्ट्री ऑफ़ इस्लाम,* खण्ड 1 और 2, केम्ब्रिज युनिवर्सिटी प्रेस, केम्ब्रिज.
3. बर्नार्ड लेविस (1993), *द अरब्स इन हिस्ट्री,* ऑक्सफ़र्ड युनिवर्सिटी प्रेस, ऑक्सफ़र्ड.
4. एफ़, रहमान (1982), *इस्लाम ऐंड मॉडर्निटी : ट्रांसफ़र्मेशन ऑफ़ ऐन इंटलेक्चुअल ट्रेडिशन,* युनिवर्सिटी ऑफ़ शिकागो प्रेस, शिकागो.

— हिलाल अहमद

प्राच्यवाद

(Orientalism)

समाज-विज्ञान की दुनिया में चर्चित होने से पहले ओरिएंटलिज़म यानी प्राच्यवाद का मतलब था पश्चिमी विश्व के लेखकों, डिज़ाइनरों और कलाकारों द्वारा पूर्वी देशों की संस्कृतियों का वर्णन और अध्ययन। उन्नीसवीं सदी के फ्रांसीसी कलाकार उत्तरी अफ्रीका और पश्चिमी एशिया की यात्राओं के दौरान ग्रहण किये गये प्रभावों को अपनी कलाकृतियों में इस्तेमाल करते थे। लॉर्ड बायरन ने 1812 में ओरिएंटल स्टडीज़ जैसी अभिव्यक्ति का प्रयोग किया था। लेकिन, 1978 में प्रकाशित एडवर्ड सईद की रचना *ओरिएंटलिज़म* ने प्राच्यवाद के इस निर्दोष प्रतीत होने वाले अर्थ को पूरी तरह बदल दिया। आज का समाज-विज्ञान प्राच्यवाद को उस विचारधारा की तरह देखता है जिसके तहत अट्ठारहवीं और उन्नीसवीं सदी के दौरान ख़ुद को केंद्र में रख कर अपनी श्रेष्ठता प्रमाणित करने के लिए पश्चिम द्वारा पूर्वी संस्कृतियों की स्थावर संरचना बनायी गयी थी। ज्ञान की बेहद परिष्कृत राजनीति के अंतर्गत युरोकेंद्रित पूर्वग्रहों का प्रयोग करके एशिया और मध्य-पूर्व की भ्रांत और रोमानी छवियाँ गढ़ी गयीं ताकि पश्चिम की औपनिवेशिक और साम्राज्यवादी महत्त्वाकांक्षाओं को तर्क प्रदान किया जा सके। एडवर्ड सईद ने अपना यह विश्लेषण अरब और इस्लामी सभ्यताओं के संदर्भ में किया था। लेकिन, इसका प्रभाव वहीं तक सीमित नहीं रहा। आज सईद द्वारा प्रवर्तित प्राच्यवाद की अवधारणा का सकारात्मक उपयोग मानविकी के विभिन्न अनुशासनों (इतिहास लेखन, संस्कृति-अध्ययन, साहित्य-सिद्धांत) में काम करने वाले विद्वानों द्वारा युरोकेंद्रीयता का प्रतिरोध रचने और पूर्वी सभ्यता व विचार की स्वायत्त दावेदारियों के लिए किया जाता है। प्राच्यवाद का विमर्श उत्तर-औपनिवेशिक सिद्धांत के आधारभूत प्रतिपादनों में से एक है। भारत का अध्ययन करने वाले ज्ञान प्रकाश, निकोलस डिर्क और रोनाल्ड इण्डेन जैसे समाज वैज्ञानिकों, और हामिद दुबोशी, होमी भाभा और गायत्री चक्रवर्ती स्पिवाक जैसे साहित्यशास्त्रियों पर भी ओरिएंटलिज़म की थीसिस का प्रभाव देखा जा सकता है।

प्राच्यवाद की आलोचना दावा करती है कि युरोपीय विद्वानों और अनुसंधानकर्ताओं ने अफ्रीका, एशिया और मध्य-पूर्व का जो चित्रण किया है वह तथ्यों अथवा यथार्थ पर आधारित न हो कर कुछ पूर्व-निर्धारित रूढ़ियों पर टिका हुआ है। यह सभी पूर्वी समाजों को तर्कबुद्धि से वंचित, दुर्बल और स्त्रैण 'अन्य' के रूप में पेश करता है। उसके बरक्स

पश्चिम को बुद्धिसंगत, बलवान और पौरुषपूर्ण दिखाया जाता है। यह दुराग्रह पश्चिमी विद्वत्ता में इतना रच-बस गया है कि बहुत से पश्चिमी प्रेक्षक भी इसे नहीं देख पाते, और साम्राज्यवादी प्रभुत्व के तहत बहुत से पूर्वी विद्वानों ने भी इसे आत्मसात कर लिया है। इस प्रक्रिया में हुआ यह है कि पश्चिम सभ्यता का मानक बन गया है जिसमें 'एग्ज़ॉटिक' प्राच्य फ़िट नहीं हो सकता। इस प्रकार ऑक्सीडेंट (पश्चिम) अपने विपरीत ध्रुव की तरह ओरिएंट (पूर्व) को रचता है। कई उत्तर-औपनिवेशिक विद्वानों के अनुसार इसी प्रक्रिया में पश्चिम ने अधिकांशतः अपनी परिभाषा इस नकारात्मक दावे के माध्यम से ही की है कि वह उस 'अन्य' के विपरीत है जो कि पूर्व है। इस परियोजना के गर्भ से पश्चिम के मिथक ने जन्म लिया है जिसके आधार पर वह पूर्व पर थोपे गये अपने राजनीतिक-आर्थिक और सांस्कृतिक प्रभुत्व को जायज़ ठहराता है।

समाज-विज्ञान को गहरायी से प्रभावित करने वाली प्राच्यवाद की यह अवधारणा तुलनात्मक साहित्य के औज़ारों से गढ़ी गयी है। इसके लिए फ़ूको द्वारा प्रवर्तित सत्ता और ज्ञान के अंतर्संबंधों के साथ-साथ एंटोनियो ग्राम्शी द्वारा विकसित वर्चस्व की अवधारणा का इस्तेमाल किया गया है। कोलम्बिया विश्वविद्यालय में तुलनात्मक साहित्य के प्रोफ़ेसर के रूप में अंर्स्ट रेनन (जिनकी रचनाओं पर नस्लवाद का प्रभाव माना जाता है) का अध्ययन करते समय सईद यूरोकेंद्रीयता के उद्गम की शिनाख़्त करने में कामयाब रहे। उन्होंने देखा कि रेनन ने किस तरह प्राधिकार की परिभाषा बदल दी और दैवी समझे जाने वाले ग्रंथों के बजाय उसका आधार पश्चिम की श्रेष्ठता पर बल देने वाले भाषाशास्त्रीय तर्क में तलाशा। परिणामस्वरूप सामी भाषाओं और 'प्राच्य' का अवमूल्यन हुआ। युरोकेंद्रीयता के स्रोतों की खोज करने के बाद सईद ने साबित किया कि प्राच्य दरअसल पश्चिमी विमर्श की गढ़ंत है और इस गढ़ंत का मक़सद है अरब और इस्लामिक दुनिया पर अपना प्रभुत्व न्यायसंगत सिद्ध करना। इसके लिए सईद ने ब्रिटिश, फ्रांसीसी और अमेरिकी आधुनिक इतिहास द्वारा इस्लामिक विश्व के साथ किये गये सुलूक की जाँच-पड़ताल की। उन्होंने प्राचीन यूनानी दुखांत नाटक द *पर्शियंस* से लेकर मैकाले, रेनन और मार्क्स तक के उदाहरण दिये। उन्होंने गुस्ताव वॉन ग्रुनबाउम और *केम्ब्रिज हिस्ट्री ऑफ़ इस्लाम* का सहारा लेकर दिखाया कि इस्लाम और पूर्व को किस तरह से विकृतियों और रूढ़ छवियों में गढ़ा गया है। सईद ने दिखाया कि प्राच्यवादी विचारधारा ने इस्लाम को ईसाइयत की विधर्मी प्रतिकृति क़रार दिया और पूर्व की स्त्रियों की यौनिकता को लुभावने रंगों में रँग डाला। इस्लाम को एक ऐसी विलक्षण एकात्मक परिघटना और संस्कृति के रूप में पेश किया गया जिसमें किसी तरह के नवाचार की कोई गुंजाइश नहीं थी। सईद द्वारा प्रवर्तित प्राच्यवाद की आलोचना यह भी कहती है कि पश्चिम का यह विमर्श उन्नीसवीं सदी के साथ ख़त्म नहीं हुआ और आज भी जारी है। तीसरी दुनिया के देशों के बारे में पश्चिम की समझ इसी आधार पर गढ़ी गयी है।

प्राच्यवाद के सिद्धांत को कड़ी आलोचना का सामना भी करना पड़ा है। ख़ास तौर से ख़ुद को प्राच्यवादी कहने वाले विद्वानों ने तर्क दिया कि समग्र प्राच्यवादी बौद्धिकता को एक ही खाने में रख कर सईद ने ग़लती की है। दरअसल, इसमें दो तरह की प्रक्रियाएँ हैं। एक वास्तविक और सकारात्मक प्राच्यवाद है जिसकी नुमाइंदगी सर विलियम जोंस, सेमुअल जानसन, विलियम बेकफ़र्ड और लॉर्ड बायरन जैसे लोग करते हैं। यह प्राच्यवाद मानवतावाद से उपजा है, न कि साम्राज्यवाद से। इसने धार्मिक जड़सूत्रवाद को ख़ारिज करते हुए इस्लाम का अध्ययन किया है जिससे वैकल्पिक संस्कृतियों की खोज का रास्ता खुला है। प्राच्यवाद की दूसरी प्रवृत्ति धार्मिक और राजनीतिक मक़सदों से किये गये भ्रांत और प्रचारात्मक साहित्य की है।

इतिहासकार बर्नार्ड लेविस के मुताबिक़ सईद ने ज्ञानोदय और विक्टोरियाई दौर में पश्चिमी विद्वानों द्वारा किये गये पूर्व की संस्कृतियों के कई बेहतरीन अध्ययनों को नज़रअंदाज़ किया है। उनकी व्याख्या यह नहीं बताती कि सोलहवीं और सत्रहवीं सदी में फ्रांसीसी और ब्रिटिश अध्येताओं द्वारा इस्लाम का अध्ययन क्यों किया गया था, जबकि उस समय तो दूर-दूर तक मध्य-पूर्व पर उनके साम्राज्यवाद की कोई सम्भावना नहीं दिख रही थी। इसी तरह सईद इतालवी, डच और जर्मन विद्वानों के ज़बरदस्त योगदान पर भी ध्यान नहीं देते, जबकि इस बौद्धिक परियोजना के साथ किसी भी तरह का साम्राज्यवादी इरादा नहीं जुड़ा हुआ था।

सईद के समर्थकों का जवाबी तर्क है कि ये आलोचनाएँ सही होते हुए भी प्राच्यवाद की बुनियादी थीसिस को ख़ारिज नहीं करतीं। पश्चिमी मीडिया, साहित्य और फ़िल्मों में उन्नीसवीं और बीसवीं सदी के दौरान हुआ पूर्व का निरूपण इसका प्रमाण है। *ओरिएंटलिज़्म* के एक परवर्ती संस्करण में सईद ने यह तो स्वीकार कर लिया कि जर्मन विद्वत्ता उनकी थीसिस के दायरे से बाहर रह गयी, लेकिन प्राच्यवाद की उनकी समझ का दूसरा चरण 1993 में प्रकाशित रचना *कल्चर ऐंड इम्पीरियलिज़्म* के साथ सामने आया। उन्होंने तर्क दिया कि बीसवीं सदी का इलेक्ट्रॉनिक और उत्तर-आधुनिक अमेरिका अरबों और इस्लाम के अमानवीय बिम्बों को पुष्ट करता है। अपने विश्लेषण को आगे बढ़ाते हुए वे अफ्रीका, भारत और सुदूर पूर्व तक गये और साम्राज्यवादी

सांस्कृतिक परियोजना के दायरे में जोसेफ़ कोनराड, जेन आस्टिन और अल्बैर कामू जैसे रचनाकारों को भी समेट लिया।

देखें : उत्तर-औपनिवेशिकता, एडवर्ड विलियम सईद, एंतोनियो ग्राम्शी, क्लॉद लेवी-स्त्रॉस, गायत्री चक्रवर्ती स्पिवाक, प्राधिकार, भारतीय इतिहास-लेखन-1 से 4 तक, मिशेल पॉल फूको-1 और 2, रणजीत गुहा, वर्चस्व, संरचनावाद और उत्तर-संरचनावाद।

संदर्भ

1. एडवर्ड सईद (1979), *ओरिएंटलिज़्म*, न्यूयॉर्क, विंटेज.
2. एडवर्ड सईद (1993), *कल्चर ऐंड इम्पीरियलिज़्म*, न्यूयॉर्क, विंटेज.
3. बर्नार्ड लेविस (1993), *इस्लाम ऐंड द वेस्ट*, ऑक्सफ़र्ड युनिवर्सिटी प्रेस.
4. जे.एम. मेकेंज़ी (1995), *ओरिएंटलिज़्म : हिस्ट्री, थियरी ऐंड आर्ट्स*, मेंचेस्टर युनिवर्सिटी प्रेस, मेंचेस्टर.
5. रोनाल्ड इंडेन (1986), 'ओरिएंटलिस्ट कंस्ट्रक्शंस ऑफ़ इण्डिया', *मॉडर्न एशियन स्टडीज़*, खण्ड 20, अंक 3.

— अभय कुमार दुबे

प्रेम

(Love)

प्रेम मानवीय जीवन का एक आधारभूत मनोभाव है। लेकिन, प्रेम के विषय में विस्तृत और गहन विचार-विमर्श करने के बाद समाज-वैज्ञानिकों ने नतीजा निकाला है कि इसकी कोई एक सार्वभौम परिभाषा देना मुश्किल है। एक से अधिक संस्कृतियों में निजी धरातल पर प्रेम की अनुभूति कमोबेश एक सी हो सकती है, लेकिन सामाजिक संरचना पर उसके प्रभाव का सवाल उठते ही अनुभूति और व्यवहार का समीकरण बहुत पेचीदा हो जाता है। विभिन्न समाजों के विकास की गति अलग-अलग होने के कारण उनमें प्रचलित प्रेम के प्रमुख और गौड़ रूप एक से नहीं होते। उपन्यासकार, कवि, नाटककार और संगीतकार प्रेम की सार्वभौम महिमा गाते हैं। उनकी दृष्टि प्रेम के रोमानी, सेक्सुअल, आत्मनिष्ठ और तर्कातीत पहलुओं पर अधिक होती है। लेकिन सामाजिक दृष्टि से देखने पर प्रेम अपनी आत्मनिष्ठता के बावजूद वस्तुनिष्ठ संरचनाओं से अप्रभावित नहीं होता। समाज में प्रेम संबंधी निर्णय उत्पादन संबंधों, सत्ता संबंधों, जातिगत और वर्गगत संरचनाओं, अर्थव्यवस्था और बाज़ार के विकास के स्तरों और लैंगिक संबंधों की स्थिति के आधार पर लिए जाते हैं। रचनात्मक साहित्य में प्रेम की विद्रोही प्रकृति के दृष्टांतों की काफ़ी चर्चा मिलती है, लेकिन अध्येताओं ने यह भी पता लगाया है कि प्रेम सामाजिक समझौते और परम्परानिष्ठता की प्रवृत्तियों को पुष्ट करने की भूमिका भी निभाता है। हालाँकि प्रेम के विद्वत्तापूर्ण अध्ययनों पर पश्चिमी परिप्रेक्ष्य ही छाया हुआ है, लेकिन इससे संबंधित सिद्धांतीकरण के आईने में अन्य संस्कृतियों में प्रेम से जुड़ी व्यवहार-शैलियों और संहिताओं को समझा जा सकता है।

समाज-विज्ञानों के उभार से पहले प्रेम जैसे विषय पर केवल दर्शन और साहित्य के क्षेत्र में ही चर्चा होती थी। लेकिन, प्रेम का आधुनिक विमर्श उसकी क़िस्मों का वर्गीकरण करके उसे वस्तुगत रूप से समझने की कोशिश करता है। वर्गीकरण का एक तरीक़ा प्रेम को छह श्रेणियों में बाँटता है जिनका नामकरण प्राचीन यूनानी दर्शन से लिए गये पदों के आधार पर किया गया है। पहली श्रेणी है इरोज़ की जो काम का यूनानी देवता है। ज़ाहिर है कि इरोज़ के नाम से जो प्रेम है उसमें दैहिकता की प्रधानता है इसलिए इसे ऐंद्रिक प्रेम कहा जा सकता है। इसके तहत प्रेमी या प्रेमिका की शारीरिक छवि और उपस्थिति निर्णायक बन जाती है। पहली नज़र में बिना किसा तार्किक आधार पर हो जाने वाला यह प्रेम बड़ी आह्लादकारी अनुभूति देता है। लेकिन इस क़िस्म का प्रेम जितनी तेज़ी से होता है, उतनी ही तेज़ी से इसका अवसान भी हो सकता है। ख़त्म हो जाने पर प्रेम करने वाले अक्सर चकित हो सोचते हैं कि आख़िर उन्होंने अपने प्रेमी/प्रेमिका में क्या देखा था? प्रेम का दूसरा रूप मैनिया के नाम से जाना जाता है। इरोज़ अगर प्रेम की प्रसन्न अवस्था है तो मैनिया उसका अशुभ पक्ष है। इसे हम उन्मादी प्रेम कह सकते हैं जिसके तहत व्यक्ति अपने प्रेमी/प्रेमिका के पीछे दीवाना हो कर पड़ जाता है। उत्कट ईर्ष्या की प्रधानता प्रेमी या प्रेमिका पर पूरी तरह से क़ब्ज़ा करने की इच्छा रखने वाला यह प्रेम हिंसक भी हो सकता है। एकतरफ़ा होने पर इसके दुष्परिणाम घोर अपराधी कृत्यों में भी निकल सकते हैं। इरोज़ और मैनिया के विपरीत तीसरी क़िस्म स्टोर्ज की है जिसका विकास शांतिपूर्ण तरीक़े से क्रमश: लम्बे समय में होता है। स्नेहपूर्ण प्रेम की यह श्रेणी कुछ ऐसी है जिसमें प्रेम-संबंध ख़त्म होने के बावजूद दोनों पक्षों में मैत्री बनी रहती है। इस प्रकार के प्रेम का उद्देश्य होता है परस्पर संतोषजनक दीर्घकालीन रिश्तों की उपलब्धि, भले ही इसमें ऐंद्रिक सघनता का अभाव हो। प्रेम की दो अन्य श्रेणियाँ हैं एगैप यानी परोपकार-प्रधान प्रेम और प्रैग्मा यानी व्यावहारिक और परिणामवादी प्रेम। परोपकारी प्रेम बदले में कुछ नहीं चाहता और प्रेमी को ज़्यादा से ज़्यादा देना चाहता है। परिणामवादी प्रेम अपने साथी की ख़ूबी या सामाजिक-आर्थिक उपलब्धि पर फ़िदा हो जाता है। अगर किसी के व्यक्तित्व में सुरक्षा देने,

एंथनी गिडेंस (*द ट्रांसफ़र्मेशन ऑफ़ इंटीमेसी*)

माता-पिता बनने या सेवा करने की भावना अधिक झलकती है तो इसलिए उसे पसंद किया जा सकता है। अमीरी, कुलीनता या ऊँचे पद पर होना भी इन ख़ूबियों में आता है। इस वर्गीकरण में प्रेम की एक निहायत क्षणभंगुर श्रेणी भी शामिल है जिसे लुडुस का नाम दिया गया है। किसी को पटाना, फुसलाना, सेक्शुअल मक़सद के लिए झूठ बोलना और मक़सद पूरा हो जाने के बाद फटाफट अलग हो जाना इसी तरह के प्रेम से जुड़ी गतिविधियाँ हैं।

इन छह श्रेणियों के सूत्रीकरण से पहले आम तौर पर प्रेम को दो व्यापक श्रेणियों में बाँट कर देखा जाता था। इनमें पहली श्रेणी है रोमानी प्रेम की जिसकी ज़मीन भावपूर्ण, कामनाप्रधान और तर्कातीत होती है। ऐंद्रिक प्रेम और उन्मादी प्रेम दरअसल रोमानी प्रेम के तहत आते हैं। दूसरी है सहचर-उन्मुख प्रेम जो अधिक सचेत माना जाता है और जिसकी समझ अपेक्षाकृत समझ-बूझ कर अपना साथी चुनने के संदर्भ में बनती है। परोपकारोन्मुख प्रेम, मैत्रीपूर्ण प्रेम और परिणामवादी प्रेम इसी श्रेणी की सम्मिलित अभिव्यक्ति है। प्रेम के इस श्रेणी-विभाजन का मतलब यह कतई नहीं है कि प्रेमी-प्रेमिका हमेशा-हमेशा के लिए एक ही श्रेणी के हो कर रह जाते हैं। उनकी भावनाएँ वक़्त के साथ बदलती रह सकती हैं। मसलन, एक का संबंध ऐंद्रिकता से शुरू हो कर मैत्रीपूर्ण या परोपकार-प्रधान प्रेम में विकसित हो सकता है। दूसरी तरफ़ एक व्यक्ति किन्हीं दो व्यक्तियों से अलग-अलग क़िस्म का प्रेम कर सकता है। एक के प्रति वह उन्मादी प्रेम में लिप्त हो सकता है, तो दूसरे के प्रति उसकी भावनाएँ परिणामवादी हो सकती हैं।

प्रेम की समझ हासिल करने के मामले में मनोविश्लेषण ने समाज-विज्ञान की काफ़ी मदद की है। मनोविज्ञान के महारथी कार्ल युंग और उनके साथियों की मान्यता है कि रोमानी प्रेम किसी व्यक्ति के प्रति अचानक पैदा हुए अचेत आकर्षण से उपजता है। युंग के मुताबिक़ इनसान की शख़्सियत में एक अचेत हिस्सा होता है और एक जागरूक। आम तौर पर पुरुष के भीतर अचेत हिस्सा स्त्री-लिंग की और स्त्री के भीतर पुरुष-लिंग की नुमाइंदगी करता है। युंग की इस थियरी के मुताबिक़ व्यक्ति जब किसी के प्रति अचानक आकर्षण महसूस करता है तो वह अपनी ही चेतना के उस हिस्से से प्रेम कर रहा होता है जिसके बारे में उसे पता नहीं है और जो उसके भीतर मौजूद भिन्न जेंडर का प्रतिनिधित्व कर रहा है। युंग का यह भी कहना था कि व्यक्ति के इस अवचेतन की चालक-शक्ति अक्सर उसे जन्म देने वालों में से विपरीत लिंग से मिलती है। यानी पुरुष का यह अवचेतन उसकी माँ से प्रभावित होगा, और स्त्री का अवचेतन उसके पिता से। इसीलिए व्यक्ति अक्सर अपनी स्वैरकल्पना में अपने प्रेमी/प्रेमिका की वही छवि पालता है जो उसके अवचेतन में मौजूद होती है। हालाँकि युंग की यह थियरी सीधे-सीधे प्रमाणित नहीं की जा सकती, पर कई अनौपचारिक प्रेक्षणों में देखा गया है कि लोग ऐसे व्यक्तियों के प्रति आकर्षित होते हैं जो उनके माँ-बाप से मिलते-जुलते हों।

प्रेम के लैंगिक आयामों की भी जाँच की गयी है। आम तौर पर समझा जाता है कि स्त्रियाँ पुरुषों के मुक़ाबले ज़्यादा रोमांटिक होती हैं, जबकि पुरुष न केवल सोच-समझ कर प्रेम में पड़ता है बल्कि उसके पीछे स्त्री का यौन-दोहन करने की मंशा भी होती है। लेकिन यह धारणा अनुसंधानों पर खरी नहीं उतरती। पता यह चला है कि पुरुष स्त्री के मुक़ाबले ज़्यादा जल्दी इश्क़ में गिरफ़्तार होते हैं, प्रेम करने से पहले वे कम सोचते-समझते हैं और रिश्ता टूटने पर उन्हें पहुँचने वाली जज़्बाती तकलीफ़ अधिक गहरी होती है। अनुसंधान यह भी बताता है कि स्त्रियाँ पुरुष के मुक़ाबले ऐंद्रिक या उन्मादी प्रेम में कम पड़ती हैं। उनकी प्राथमिकता मैत्रीपूर्ण या परिणामवादी प्रेम की तरफ़ झुकती है। इसकी वजह यह है कि प्रेम में विफल होने पर स्त्री को सामाजिक-आर्थिक दृष्टि से अधिक हानि उठानी पड़ सकती है।

एंथनी गिडेंस ने उत्तर-आधुनिक युग के लिए रोमानी प्रेम के बरक्स संगमी प्रेम की अवधारणा प्रतिपादित की है। गिडेंस कहते हैं कि रोमानी प्रेम लैंगिक लोकतंत्र की कसौटी पर खरा नहीं उतरता। स्त्री-पुरुष जब प्रेम में पड़ते हैं तो उस समय रोमानी प्रेम के तहत दोनों एक-दूसरे में समा जाना

चाहते हैं। अपने साथी के लिए उन्हें अपने अहं का त्याग करने में भी कोई हिचक नहीं होती। उस समय ऐसा लगता है कि वे एक जन्म के नहीं बल्कि जन्म-जन्म के हमजोली हैं। लेकिन यह समतामूलक स्थिति तभी तक क़ायम रहती है जब तक प्रेम विवाह में नहीं बदलता। विवाह होते ही समाज द्वारा निर्धारित जेंडर-भूमिकाएँ हस्तक्षेप करती हैं और स्त्री-पुरुष के बीच की स्थापित तरतमता उस रिश्ते पर क़ाबिज़ हो जाती है। इश्क़ का बुखार उतर जाता है और असलियत में स्त्री को अपना कॅरियर, अपनी महत्त्वाकांक्षाएँ और अपनी पहचान तक पुरुष के लिए समर्पित करनी पड़ जाती है। गिडेंस का कहना है कि इन्हीं कमियों की वजह से नयी सदी की स्त्रियाँ रोमानी प्रेम के बजाय संगमी प्रेम पर अधिक भरोसा करने की तरफ़ बढ़ रही हैं।

संगमी प्रेम (कॉनफ़्लुएंट लव) के आधार में भी स्त्री और पुरुष की परस्पर पसंद मौजूद है, लेकिन प्रेम की यह समझौता वार्ता उन दो नदियों की तरह काम करती है जो साथ-साथ बहती हैं, एक ख़ास मुक़ाम पर एक-दूसरे के साथ संगम करती हैं और फिर अपनी-अपनी शख़्सियत पर क़ायम रहते हुए अपने-अपने रास्ते बहती चली जाती हैं। रोमानी प्रेम की तरह संगमी प्रेम दो शख़्सियतों के एक-दूसरे में स्थायी रूप से समा जाने का नाम नहीं है। इसके तहत दोनों पक्ष अपना-अपना व्यक्तित्व और अहं क़ायम रखते हुए एक-दूसरे के लिए उतने ही खुलते हैं, जितनी आवश्यकता होती है। सेल्फ़ डिस्क्लोज़िंग इंटीमेसी यानी स्व-घोषित अंतरंगता और समानता पर आधारित संगमी प्रेम रोमानी के मुक़ाबले कहीं अधिक योजनाबद्ध, तर्कआधारित, लोकतांत्रिक, मैत्रीपूर्ण और परिणामवादी है। यह पुरुष और स्त्री को बराबर के मौक़े देता है, लेकिन रोमानी प्रेम के मुक़ाबले स्त्री को अधिक मौक़े देता है। गिडेंस ने संगमी प्रेम के तहत विकसित होने वाली सेक्शुअलिटी को प्लास्टिक क़रार दिया है। यहाँ प्लास्टिक से उनका मतलब कृत्रिम न हो कर सेक्शुअलिटी की परिवर्तनशील प्रकृति से है।

देखें : अश्वेत नारीवाद, आनंदीबाई जोशी, इस्लामिक नारीवाद, गायत्री चक्रवर्ती स्पिवाक, चिपको आंदोलन, जूडिथ बटलर, जेंडर, दलित नारीवाद, देवदासी, देवकी जैन, नारीवाद, नारीवाद की पहली लहर, नारीवाद की दूसरी लहर, नारीवाद की तीसरी लहर, नारीवाद और अर्थशास्त्र, नारीवादी फ़िल्म-सिद्धांत, नारीवादी इतिहास-लेखन, नारीवाद और अर्थशास्त्र, नारीवादी दर्शन, नारीवाद और साम्प्रदायिकता, नैंसी शोदॅरौ, पर्यावरणीय नारीवाद, पब्लिक-प्रायवेट, पण्डिता रमाबाई सरस्वती, पितृसत्ता, प्रेम-अध्ययन और नारीवादी दर्शन, भारत में स्त्री-आरक्षण-1 और 2, महादेवी वर्मा, मैरी वोल्सनक्रॉफ़्ट, राजनीतिक दर्शन के नारीवादी आयाम, रमाबाई रानाडे, ल्यूस इरिगरे, स्त्री और साम्प्रदायिकता, स्त्री-श्रम, सम्पत्ति : नारीवादी परिप्रेक्ष्य, सिमोन द बोउवार, स्त्री-आरक्षण, हेलन सिचू।

संदर्भ

1. सूज़न एस. हेंड्रिक और क्लायड हेंड्रिक (1992), *रोमांटिक लव*, सेज, न्यूबरी पार्क, कैलिफ़.
2. जे.ए. ली (1977), *कलर्स ऑफ़ लव : ऐन एक्सप्लोरेशन ऑफ़ वे ऑफ़ लविंग*, न्यू प्रेस, डॉन मिल्स, ओंटारियो.
2. जे.ए. ली (1988), 'लव स्टायल्स', रॉबर्ट जे. स्टेनबर्ग और एम.एल.बार्न्स (सम्पा.), *द साइकोलॅजी ऑफ़ लव*, येल युनिवर्सिटी प्रेस, न्यू हैविन, कनेक्टीकट.
3. रॉबर्ट जे. स्टेनबर्ग, (1998) *क्यूपिड्स एरो : द कोर्स ऑफ़ लव थ्रू टाइम्स*, केम्ब्रिज युनिवर्सिटी प्रेस, केम्ब्रिज और न्यूयॉर्क.
4. एंथनी गिडेंस (1992), *द ट्रांसफ़र्मेशन ऑफ़ इंटीमेसी*, पॉलिटी प्रेस, केम्ब्रिज.
5. ज़िग्मंट बाउमैन (2003), *लिक्विड लव : ऑन द फ्रेलिटी ऑफ़ ह्यूमैन बॉंड*, पॉलिटी प्रेस, केम्ब्रिज.

— अभय कुमार दुबे

प्रेम-अध्ययन और नारीवादी दर्शन

(Love-Studies and Feminist Philosophy)

नब्बे के दशक से पहले समाज-विज्ञान और मानविकी में प्रेम-अध्ययन या लव-स्टडीज़ का कोई ख़ास वजूद नहीं था। समाजशास्त्री विवाह की संस्था पर तरह-तरह से विचार करते थे। दार्शनिकों के बीच ईश्वर से प्रेम, मनुष्य मात्र से प्रेम, प्रेम और मैत्री, मातृ-प्रेम, भाई-बहिन के प्रेम जैसे विषयों पर गहन चर्चाएँ होती रहती थीं। प्रेम पर विचार करने की प्रक्रिया कुछ थी ही ऐसी कि उसके तहत प्रेम के विचार को प्रतिबद्धता, आदर, विश्वास, देखभाल और मैत्री जैसे भावानुवादों से गुज़रना ही पड़ता था। लेकिन अब यह स्थिति तेज़ी से बदल रही है। प्रेम के विचार पर एक नया विमर्श विकसित होने लगा है जो बिना किसी भावात्मक बैसाखी के इस अवधारणा की जाँच-पड़ताल करने में दिलचस्पी रखता है। लव-स्टडीज़ की दुनिया बहु-अनुशासनीय है। उसमें समाजशास्त्री, इतिहासकार, दार्शनिक, मनोविद् और धर्मशास्त्री तो शामिल हैं ही, स्नायु-वैज्ञानिकों, अर्थशास्त्रियों और प्रबंधन की दुनिया के सिद्धांतकारों ने भी इसमें अपना योगदान किया है। नारीवादी सिद्धांतकारों और जेंडर स्टडीज़ के विद्वानों और विदुषियों ने भी लव-स्टडीज़ को विकसित करने में प्रमुख भूमिका निभायी है। पिछले पंद्रह साल में ग्लोबल पैमाने पर इस तरह के विमर्शकारों के नेटवर्क बन

गये हैं। कई अंतर्राष्ट्रीय सम्मेलन हुए हैं जिन्होंने प्रेम और सामाजिक-आर्थिक राजनीति की शक्ल-सूरत उकेरने की कोशिश की है। 2006 में फ्रांचेस्का ओरसिनी द्वारा सम्पादित पुस्तक *लव इन साउथ एशिया* के प्रकाशन ने लव-स्टडीज़ के भारतीय अध्याय का उद्घाटन किया है।

पवित्र प्रेम बनाम सेक्शुअल प्रेम : आज के ज़माने में रोमानी प्रेम और सेक्शुअलिटी जिस तरह से एकाकार लगते हैं, वैसी प्रतीति उन्नीसवीं सदी में सम्भव नहीं थी। हालाँकि आधुनिकता ने अन्य क्षेत्रों में व्यक्ति की सत्ता का आग़ाज़ अट्ठारहवीं सदी में ही कर दिया था, पर अंतरंग संबंधों के धरातल पर आधुनिकता का पदार्पण थोड़ी देर से ही हुआ। उन्नीसवीं सदी सेक्स से डरने वाली सदी थी। उसके लिए सेक्स एक ऐसी ऐंद्रिकता का पर्याय था जिसके कारण वैवाहिक संबंधों में निहित आध्यात्मिकता नष्ट हो सकती थी। विवाह के आध्यात्मिक सारतत्त्व को बचाने के ही लिए इस सदी में प्रेम का विमर्श कुछ इस तरह से चलाया गया कि प्रेम और सेक्स एक-दूसरे से अलग-अलग हो गये। प्रेम को पूरी तरह से सेक्सविहीन करने की कोशिश की गयी। नतीजा यह निकला कि सेक्स का एक्ट एक तरह की यांत्रिकता का शिकार हो गया जिसके गर्भ से पोर्नोग्राफ़ी ने जन्म लिया। यह विक्टोरियाई नैतिकता के पैरोकारों की कारिस्तानी थी जिसे अंग्रेज़ अपने साथ भारत लाये और जिसके चश्मे से देखने पर उन्हें भारतवासी यौनस्वच्छंदता की गिरफ़्त में फँसे हुए लगे। इस विक्टोरियाई नैतिकता का गहरा असर भारतीय मानस पर पड़ा। इसीलिए प्रेम की पवित्रता का विचार आज तक हमारी नैतिकता पर हावी है। यहाँ तक कि स्त्री और पुरुष के फ्री-यूनियन में विश्वास करने वाले फ्रेड्रिख़ एंगेल्स के अनुयायियों का मार्क्सवाद प्रेम और सेक्शुअलिटी पर विचार करने से आज तक कतरा रहा है।

बहरहाल, उन्नीसवीं सदी में व्याप्त सेक्स और प्रेम का शत्रुतापूर्ण संबंध बीसवीं सदी में आधुनिकता के विकसित होते हुए दबावों को नहीं झेल पाया। नयी सदी ने सेक्सविहीन प्रेम पर टिकी हुई और केवल प्रजनन के उद्देश्य से यौनक्रिया करने की वकालत करने वाली विवाह की संस्था को सेक्शुअल मैरिज में बदल दिया। स्त्री-पुरुष के बीच रिश्ते की दीर्घकालीन सफलता के लिए ज़रूरी समझा जाने लगा कि वे एक-दूसरे में यौनाकर्षण महसूस करें। आनंद देने और प्राप्त करने की प्रक्रिया प्रेम की परिभाषा का अंग बन गयी। यौन संतुष्टि को एक सफल विवाह की आवश्यक शर्त का दर्जा मिला। विमर्श में हुए इस परिवर्तन ने रोमानी प्रेम की अवधारणा को आधुनिक मनुष्य के जीवन में सर्वोच्चता प्रदान कर दी।

नारीवाद की दार्शनिक आवाज़ : जिस समय बीसवीं सदी में रोमानी प्रेम का डंका अपने चरम पर बज रहा था, नारीवाद ने अपने आलोचनात्मक प्रहार से उसके ऊपर सवालिया निशान लगाने की शुरुआत की। सत्तर और अस्सी के दशक के रैडिकल नारीवादियों ने प्रेम की आधुनिक अवधारणा को जम कर प्रश्नांकित किया। टाइ-ग्रेस एत्किम्पन ने प्रेम उत्पीड़क (पुरुष) के प्रति उत्पीड़ित (स्त्री) की अनुक्रिया करार दे कर सभी को चौंका दिया। एत्किम्पन और सुलामिथ फ़ायरस्टोन ने दावा किया कि प्रेम के विचार का इस्तेमाल स्त्री के उत्पीड़न के लिए होता रहा है। उन्होंने प्रेम के इतिहास को उस ईसाई अवधारणा में चिह्नित किया जिसमें माना जाता था कि प्रेम का सम्पूर्ण उदाहरण तो वही हो सकता है जिसके तहत किसी के प्रेम में ख़ुद को पूरी तरह से क़ुर्बान कर देने की हद तक जाया जा सकता है। प्रेम के इसी ईसाई तात्पर्य के कारण रोमांटिक लव में कष्ट भोग कर प्रेम की सम्पूर्णता उपलब्ध करने का आग्रह उभरा था। सच्चा प्रेम सम्भव ही नहीं माना जाता जब तक उसमें कष्टभोगी होने का घटक शामिल न हो। एत्किम्पन ने प्रेम के बजाय मैत्री को प्रमुखता दी और कहा कि प्रेम एकतरफ़ा हो सकता है लेकिन मित्रता में दोनों पक्ष सक्रिय होते हैं, अन्योन्यक्रिया करते हैं और उसके प्रति दोनों को ही उत्तरदायित्व महसूस होता है।

दिलचस्प बात यह है कि रैडिकल नारीवादियों द्वारा प्रेम के बजाय मैत्री पर बल देने का विचार कोई नयी बात नहीं थी। बीसवीं सदी से बहुत पहले दर्शन के क्षेत्र में इमैनुएल कांट नीतिशास्त्र और राजनीति के संदर्भ में यह बात बहुत पहले कह चुके थे। विमर्श के क्षेत्र में रैडिकल नारीवाद की आभा जैसे ही मंद पड़ी, फ्रांसीसी नारीवाद की प्रमुख हस्ताक्षर और दार्शनिक ल्यूस इरिगरे के हस्तक्षेप ने प्रेम और नारीवाद के वैचारिक संबंधों को तक़रीबन पूरी तरह से बदल डाला। कांट ने प्रेम को एक कर्त्तव्य के रूप में पेश किया था। इस मामले में वे देकार्त द्वारा प्रवर्तित नीतिशास्त्र के अनुयायी थे। देकार्त की किताब में प्रेम के कुछ रूप ही नैतिक रूप से स्वीकार योग्य थे। मसलन, माता-पिता और उनकी संतान का प्रेम देकार्त की निगाह में शुद्धतम था। कुल मिला कर देकार्त और कांट की मान्यता थी कि ऐंद्रिक प्रेम तो नैतिक हो ही नहीं सकता, क्योंकि उसमें स्वाभाविक रूप से स्थायित्व का अभाव होता है।

देकार्त के साथ-साथ स्पिनोज़ा, हीगेल, फ्रॉयड और लेविनास द्वारा स्थापित पश्चिमी दर्शन की इस स्थापित नीतिशास्त्रीय परम्परा के मुक़ाबले इरिगरे ने प्रेम को एक मनोभाव की तरह व्याख्यायित किया। कांट ने प्रेम को परोपकार और दूसरे के प्रति सरोकार की सीमाओं में बाँध दिया था, पर इरिगरे ने उसे दोनों सिरों पर खुला रखने का आग्रह किया। कांट ने रोमानी प्रेम का तिरस्कार करके एक तरह के डि-सेक्शुअलाइज़ लव की रूपरेखा तैयार की थी, लेकिन इरिगरे ने प्रेम और श्रृंगारिकता या ऐंद्रिकता को एक-

दूसरे से अलग करने से इनकार कर दिया। उन्होंने कहा कि सच्चा प्रेम परवान चढ़ ही नहीं सकता अगर उसके साथ ऐंद्रिकता न जुड़ी हो। इरिगरे के प्रेम-विमर्श की एक और ख़ास बात थी कि उन्होंने स्व-प्रेम की धारणा को रेखांकित किया, जबकि कांट प्रेम के इस रूप को मानवीय अस्तित्व के लिए अनावश्यक मानते थे। अपनी विख्यात रचना *शुद्ध बुद्धि की समीक्षा* में कांट ने यहाँ तक कहा कि स्व-प्रेम तो सीधे-सीधे नैतिकता का विरोधी होता है। इसके उलट इरिगरे स्व-प्रेम के अभाव को एक नैतिक समस्या के तौर पर देखती हैं। उन्होंने स्पष्ट किया कि स्त्री अगर ख़ुद को प्रेम नहीं कर सकती तो वह पुरुष के प्रति कामना या प्रेम का एहसास भी नहीं कर पाएगी। वे फ्रॉयड की इस हिदायत का भी खण्डन करती हैं कि स्त्री अगर पुरुष से प्रेम करना चाहती है तो उसे ख़ुद से प्रेम को तिलांजलि देनी होगी। फ्रॉयड के कथन का एक मतलब यह भी निकलता है कि स्त्री पुरुष से प्रेम करके उस अभाव की भरपाई कर सकती है जो उसे स्व-प्रेम छोड़ देने से सतायेगा। इसके जवाब में इरिगरे कहती हैं कि स्त्री को प्रेम करने के लिए पुरुष की वापसी का इंतज़ार करने की ज़रूरत नहीं होनी चाहिए। चूँकि वह स्वायत्त और स्वतंत्र कर्ता है इसलिए उसकी इयत्ता या उसका आत्म उससे अलग भी है और उसमें समाहित भी। वे बच्चे से इसलिए प्रेम करती है क्योंकि वह ख़ुद भी कभी बचपन के दौर से गुज़री है। बच्चे को प्रेम करने के लिए उसे स्व-प्रेम को तिलांजलि देने की आवश्यकता नहीं है।

प्रेम की व्याख्या के इसी मुक़ाम पर इरिगरे तर्क देती हैं कि स्व-प्रेम ही प्रेम की द्विपक्षीयता की कुंजी है। लेकिन इस द्विपक्षीयता को एक-दूसरे में खो कर इकाई बनने के आग्रह की वे सिफ़ारिश नहीं करतीं। दोनों पक्षों को एक-दूसरे से प्रेम करते हुए अपने स्वतंत्र अस्तित्व को क़ायम रखना ही होगा। इरिगरे के मुताबिक़ दो लोग प्रेम के प्रभाव में एक-दूसरे की तरफ़ खिंचते हैं, लेकिन उसी समय परस्पर फ़ासला भी क़ायम रखते हैं। इसीलिए 'आई लव यू' उचित सम्बोधन नहीं है, बल्कि प्रेम की सही अभिव्यक्ति है 'आई लव टु यू'। प्रेम करने वालों को पता हो ना चाहिए कि अलग कैसे हुआ जाता है और फिर साथ-साथ कैसे आया जाता है।

देखें : अश्वेत नारीवाद, आनंदीबाई जोशी, इस्लामिक नारीवाद, गायत्री चक्रवर्ती स्पिवाक, चिपको आंदोलन, जूडिथ बटलर, जेंडर, दलित नारीवाद, देवदासी, देवकी जैन, नारीवाद, नारीवाद की पहली लहर, नारीवाद की दूसरी लहर, नारीवाद की तीसरी लहर, नारीवाद और अर्थशास्त्र, नारीवादी फ़िल्म-सिद्धांत, नारीवादी इतिहास-लेखन, नारीवाद और अर्थशास्त्र, नारीवादी दर्शन, नारीवाद और साम्प्रदायिकता, नैंसी शोदॅरौ, पर्यावरणीय नारीवाद, पब्लिक-प्रायवेट, पण्डिता रमाबाई सरस्वती, पितृसत्ता, प्रेम, भारत में स्त्री-आरक्षण-1 और 2, महादेवी वर्मा, मैरी वोल्सनक्रॉफ़्ट, राजनीतिक दर्शन के नारीवादी आयाम, रमाबाई रानाडे, ल्यूस इरिगरे, स्त्री और साम्प्रदायिकता, स्त्री-श्रम, सम्पत्ति : नारीवादी परिप्रेक्ष्य, सिमोन द बोउवार, स्त्री-आरक्षण, हेलन सिचू।

संदर्भ

1. कर्ट फ्रे और माज़ाद रोज़्ज़ाट, 'आर लव स्टायल रिलेटिड टु सेक्शुअल स्टायल्स?', *द जर्नल ऑफ़ सेक्स रिसर्च,* खण्ड 35, अंक 3, अगस्त 1998, पृष्ठ 265-271
2. मार्गरीटा ल केज़, 'लव, दैट इंडिस्पेंसेबिल सप्लीमेंट : इरिगरेऐंडकांट ऑन लव ऐंड रिस्पेक्ट', *हायपैटिया,* खण्ड 20, अंक 3, पृष्ठ 92-114
3. ल्यूस इरिगरे, *द वेज़ ऑफ़ लव,* अनु. हाइदी बोस्टन और स्टीफ़न प्लूसेक, कंटीनुमस, लंदन, 2002
4. मीना खण्डेलवाल, 'अरेंजिंग लव : इंटेरोगेटिंग द वैंटेज पाइंट इन द क्रॉस बॉर्डर फेमिनिज़म', *साइंस,* खण्ड 34, अंक 3,
5. कैरल ऐन डगलस, 'लव ऐंड फेमिनिज़म : शी इज़ नॉट व्हाट यू बारगेंड फॉर', *ऑफ़ अवर बैक्स,* खण्ड 8, अंक 2, फ़रवरी, 1978, पृष्ठ 14-15
6. फ्रांचेस्का ओरसिनी, *लव इन साउथ एशिया,* ऑक्सफ़र्ड युनिवर्सिटी प्रेस, दिल्ली, 2006

— अभय कुमार दुबे

प्रेमचंद

(Premchand)

हिंदी साहित्य में आदर्शोन्मुख यथार्थवाद के संस्थापक प्रेमचंद (1880-1936) प्रेमचंद ने अपनी कहानियों, उपन्यासों और निबंधों के माध्यम से भारतीय स्वाधीनता आंदोलन और तत्कालीन समाज के कई पक्षों का भाष्य किया। उर्दू साहित्य की परम्परा से आ कर हिंदी के सर्वाधिक सफल, लोकप्रिय और चर्चित साहित्यकार बने प्रेमचंद के सृजन-चिंतन के अनेक कोण हैं जिनकी बहुलार्थक व्यंजनाओं को उद्घाटित करने की प्रक्रिया आज तक चल रही है। एक सम्पूर्ण युग की नुमाइंदगी करने वाले प्रेमचंद का छाया-प्रभाव हमें उनके बाद के रचनाकारों में स्वीकृति और अस्वीकृति दोनों रूपों में देखने को मिलता है। आज के राजनीतिक-सांस्कृतिक-आर्थिक-नैतिक प्रश्नों में प्रेमचंद की प्रस्तुति मिलने का कारण यह है कि उनके सम्पूर्ण सृजन और चिंतन का केंद्रीय विचार मानव-मुक्ति की तलाश है। भारत का राष्ट्रीय मुक्ति आंदोलन देशभक्ति, राजभक्ति, राष्ट्रीयता और अनेक तरह की वैचारिक संरचनाओं और ऊहापोहों गुज़रता हुआ आगे बढ़ा है। संघर्ष के इन ऐतिहासिक क्षणों में प्रेमचंद एक साक्षी बन कर लगातार मौजूद रहे और उनका सर्जक उन क्षणों का

सामाजिक-सांस्कृतिक इतिहास अपनी कृतियों में रचता रहा। प्रेमचंद के सृजन-चिंतन का रूप संघर्ष और क्रांति, बदलाव और विद्रोह से निर्मित हुआ है। यही कारण है कि उनका रचना-संसार साम्राज्यवाद विरोधी, व्यक्तिवाद विरोधी, उपनिवेशवाद विरोधी, सामंतवाद विरोधी और पूँजीवाद विरोधी है।

प्रेमचंद के सृजन और चिंतन (निबंधकार-पत्रकार-अनुवादक) का दौर 1901-36 तक रहा। स्वाधीनता आंदोलन के अंतर्विरोध प्रेमचंद के सृजन में निहित अंतर्विरोधों के पर्याय जैसे हैं। उपन्यास और आंदोलन के बीच एक द्वंद्वात्मक रिश्ता उभरता है। उनके यहाँ जन-समाज का यथार्थ है, लेकिन नग्न यथार्थवाद नहीं है। प्रेमचंद के मानस में दयानंद का आर्यसमाजी आंदोलन, विवेकानंद का हिंदू जागरण का सांस्कृतिक आंदोलन और बालगंगाधर तिलक का राष्ट्रीय-मुक्ति आंदोलन 1918 तक सक्रिय रहता है। फिर वे इन विचारों को पीछे करते हुए रूसी-क्रांति, मार्क्स-लेनिन की ओर घूमते हैं। लेकिन इस काल में भी स्वदेशी के प्रति उनका उत्साह ठंडा नहीं पड़ता। गाँधी के प्रति उनका आकर्षण उन्हें गाँधी-भक्ति की तरफ़ नहीं ले जाता, बल्कि उनके आख़िरी दौर की रचनाएँ महाजनी सभ्यता के यथार्थ से जूझती नज़र आती हैं। प्रेमचंद ने अंततः सभी विचारधाराओं के मॉडल नकारते हुए कहा कि जनता को जानना होगा, वरना व्यवस्था उनके जीवन को हड़प जाएगी।

प्रेमचंद की रचनाशीलता संस्कृत साहित्य की समृद्ध कथा-आख्यायिका परम्परा की नहीं थी। वे उर्दू की अफ़साना-निगारी की देन थे। उन्नीसवीं और बीसवीं सदी के संधिकाल पर उर्दू साहित्य में मौलाना अब्दुल हलीम 'शरर' (1860-1926), मिर्ज़ा मौहम्मद हादी 'रूपवा' (1858-1931), रतननाथ सरशार (1847-1902) की धूम थी। सरशार की रचना *फ़सानाए आज़ाद* का नशा सिर चढ़कर बोल रहा था। प्रेमचंद को यह उपन्यास बहुत पसंद था और उन्होंने इसकी हिंदी में प्रस्तुति भी की। पूरे उपन्यास में भारतीय समाज अपनी लोक-संस्कृति और भाषा-अस्मिता के साथ सदाबहार रंगों में उपस्थित है। इसी प्रभाव-प्रेरणा से प्रेमचंद ने भारतीय जनजीवन को चित्रित करने का ज़िम्मा अपने कथा-साहित्य में उठाया। भारतीय सभ्यता-संस्कृति की लय के साथ-साथ ग़रीबी, अपमान, शोषण-दमन और बेरोज़गारी से भरे समाज में सांस्कृतिक विमर्श के लिए प्रेमचंद की निगाह ने गाँवों और शहरों का कोना-कोना टटोला। भारतीय धर्म-दर्शन-अध्यात्म की जटिलताओं के महाकाव्यात्मक-महागाथात्मक इतिहास दृष्टिगत रखते हुए प्रेमचंद ने राष्ट्रीय आंदोलन की आवश्यकताओं का साक्षात्कार किया।

प्रेमचंद (1880-1936)

बहुधर्मी, बहुभाषी, बहुलतावादी संस्कृति का यथार्थ-बिम्ब कैसे गूँथा कैसा जाए— यह प्रेमचंद के लिए बुनियादी समस्या रही है। तॉल्स्तॉय उन्हें पसंद थे लेकिन उनका जादू प्रेमचंद पर न चल सका। दरअसल, पश्चिम का कोई उपन्यास उनका 'मॉडल' नहीं था। वे तो भारतीय गाँव और शहर को उसकी आंतरिक संस्कृति के साथ समग्रता में अपनी रचनाओं में परोस देना चाहते थे। उन्हें ब्राह्मणवादी-संस्कृति से घृणा थी। उर्दू साहित्यकार के रूप में युवा-मानस के प्रेमचंद ने *असरारे मुआबिद, हमखुर्मा व हम सबाब, बज़ारे हुस्न, जलवाए ईसार, नौशाए क़ाफ़ियत* और *चौगाने हस्ती* की रचना की। फिर 1924-36 तक हिंदी-हिंदुस्तानी की गाँधीवादी रंगत में आ गये। उनकी रचनाएँ उत्तरोत्तर एक सांस्कृतिक-राजनीतिक क्रांति के घेरे में भारत की राजनीति को 'अंतर्वस्तु' बना कर जनता की वेदना-यातना का प्रतिनिधित्व करने लगीं। उनके केंद्र में अपढ़-निरीह-असंगठित किसान-मज़दूर और ग़रीबी से सताये हुए स्त्री-पुरुष स्थापित होते चले गये। जिस आदर्शोन्मुख यथार्थवाद की चर्चा प्रेमचंद करते हैं, उसका पूरा चेहरा पुराने यथार्थवाद या पश्चिमी यथार्थवाद का नहीं है। वे कहते हैं कि 'साहित्यकार का लक्ष्य देशभक्ति और राजनीति के पीछे चलने वाली सच्चाई नहीं है, बल्कि उसके आगे मशाल दिखाती हुई चलने वाली सच्चाई है'। इस कथन का ध्वन्यार्थ है : छोटे-छोटे दायरे से ऊपर उठकर मानव-मुक्ति की तलाश।

हिंदी में लिखा *कायाकल्प* (1926) प्रेमचंद की मानसिकता और युगभूमि का सांस्कृतिक दस्तावेज़ है। स्वाधीनता-संग्राम की भाषा थी खड़ी बोली। इस खड़ी बोली के नवजागरण में प्रेमचंद ने बोलचाल की भाषा में सर्जनात्मकता की ताक़त भर कर जन-संवाद किया। उनकी रचना *कर्मभूमि* (1932) इसी भाषा का यौवन प्रदीप्त है। *गोदान* (1936) के माध्यम से उन्होंने हिंदी के जातीय उपन्यास का ढाँचा गढ़ा। यह ढाँचा संस्कृत महाकाव्य, दशकुमार चरित्र-संग्रहों, मिट्टी की गाड़ियों, कर्पूरमंजरियों, किशोरीदास गोस्वामी और गोपालदास गहमरी के वृतांत्तों से अलग तरह का है।

प्रेमचंद जैसा संत-सूफ़ी रचनाकार आज ही हिंदी में कोई दूसरा नहीं है। यही है वह कलेजे वाला संत जो जेल में बंद अज्ञेय की कहानी जैनेंद्र कुमार के कहने पर छापता है। चूँकि रचनाकार वात्स्यायन जेल में बंद अपराधी हैं, उनका नाम दिया नहीं जा सकता। उसे प्रेमचंद 'अज्ञेय' नाम देकर वह कहानी छाप देते हैं। हमें भूलना नहीं चाहिए क्रांतिकारी कवि-कथाकार वात्स्यायन को 'अज्ञेय' नाम प्रेमचंद का दिया हुआ है। संयोग यह है कि दोनों ही अपने-अपने क्षेत्रों के विद्रोही रचनाकार है और दोनों ही साहित्य को नया मोड़ देने में अग्रणी रहते हैं।

प्रेमचंद ने अपनी राजनीतिक समझ *प्रेमाश्रम* की रचना के दौरान पैनी की। उस समय स्वराज, स्वदेश और स्वदेशी के तीन स्वर प्रबल थे। प्रेमचंद ने बहुत बड़े फलक पर *प्रेमाश्रम* रचा। इसमें सामंतवाद-उपनिवेशवाद कई परतों में ढल कर रेखांकित हुआ और नारी-अछूत, शिक्षा-संस्था, परिवार-देश की अनगिनत समस्याएँ 'चिंता का चक्र' बन कर यहाँ सृजन-बिम्ब में रूपायित हुईं। उपनिवेशाद के आर्थिक-सांस्कृतिक आधारों का मूलगामी और एकाग्र चिंतन एक विराट इतिहास-चक्र की धुरी पर घूमा। कल्पनाओं में बनते हुए भारतीय राष्ट्र की ये बेचैनियाँ भारत के अन्य साहित्यकारों में इस तरह नहीं दिखाई देतीं। इसीलिए प्रेमचंद के उपन्यासों को 'सामाजिक उपन्यास', 'आर्थिक उपन्यास', 'किसान जीवन के उपन्यास', 'राजनीतिक उपन्यास' जैसे विशेषणों में नहीं बाँधा जा सकता। प्रेमचंद ने राजनीतिशास्त्र, अर्थशास्त्र, समाजशास्त्र और धर्मशास्त्र का अच्छा-ख़ासा अध्ययन किया था। इसकी पूरी झलक *प्रेमाश्रम* (1918), *रंगभूमि* (1922-24), *कायाकल्प* (1924-25) और *निर्मला* (1925-27) में मिलती है। उनके उपन्यास *सेवा सदन* के केंद्र में नारी समस्या है।

गाँधी के असहयोग आंदोलन की आवाज़ पर मुक्ति-संघर्ष के संकल्प से भर कर प्रेमचंद ने सरकारी नौकरी से इस्तीफ़ा दे दिया था। गाँधी-विचार से प्रभावित होने पर भी प्रेमचंद ठेठ गाँधी भक्त नहीं कभी नहीं बने। गाँधी से दो क़दम आगे बढ़ कर प्रेमचंद ने आर्थिक-सांस्कृतिक शोषण के समाजशास्त्र की व्याख्या अपनी पत्रकारिता (*हंस* और *जागरण* आदि) के ज़रिये की। *रंगभूमि* के बाद प्रेमचंद *गबन* तक आते-आते गाँधी-विचार के युटोपिया से दूर हटते जाते हैं। आदर्शवाद से हट कर वे आर्थिक समस्याओं से जूझते हैं। उनकी खोज भारतीय ढँग के समाजवाद की है।

प्रेमचंद की अंतिम पूरी रचना *गोदान* (1932-36) है। *रंगभूमि* का अपराजेय नायक सूरदास इसमें गायब है और केंद्र में है लाचार होरी किसान। इस पूरे उपन्यास में कोई संघर्ष-भरा आंदोलन नहीं है, केवल जन-गाथा की विवशताएँ और पूँजीवादीतंत्र की वेदनाएँ हैं। किसान-मज़दूर का कोई संगठन-मोर्चा नहीं है। उन्होंने दिखाया है कि किसानों का जीवन कैसा पशुओं-सा है। महाजन-साहूकार-पुजारी और पुरोहित सभी शोषण कर रहे हैं। पूरा समाज किसान के श्रम को लूट कर आनंद बना रहा है। गाँव-शहर की बेमेल धुरी उभर रही है। नारी-स्वातंत्र्य ख़तरे में है। उच्चवर्गीय 'संस्कृति' और नैतिकता के सारे प्रश्न मुरझाये हुए हैं। होरी की मृत्यु के बाद होने वाला 'गोदान' एक क्रूर व्यंग्य बनकर पाठक को भीतर तक झकझोरता रहता है। दरअसल, प्रेमचंद की यह रचना भारतीय समाज की चिंताओं-समस्याओं का बहुवचन है। प्रेमचंद का अंतिम अधूरा उपन्यास *मंगलसूत्र* जीवनी-आत्मकथा-कहानी का मिश्र प्रयोग है। हर तरह का शिल्पगत ढाँचा तोड़ कर उन्होंने इस उपन्यास में पूँजीवादी व्यवस्था के अमानवीकरण पर व्यंग्य किया है।

देखें : अरविंद घोष, कन्हैयालाल माणिकलाल मुंशी, क़ाज़ी नज़रुल इस्लाम, कुमारन् आशान्, गजनान माधव मुक्तिबोध, गोवर्धन राम त्रिपाठी और गुजराती अस्मिता, जय प्रकाश नारायण, फ़क़ीर मोहन सेनापति और ओडिया अस्मिता, बंकिम चंद्र चट्टोपाध्याय, भारतेंदु हरिश्चंद्र, महादेव गोविंद रानाडे, महावीर प्रसाद द्विवेदी, रवींद्रनाथ ठाकुर, राजा राममोहन राय, रामविलास शर्मा, रामचंद्र शुक्ल, रुक्मिणी देवी अरुंडेल, विनोबा भावे, वल्लत्तोल नारायण मेनन, सच्चिदानंद हीरानंद वात्स्यायन अज्ञेय, सुब्रह्मण्य भारती, हजारी प्रसाद द्विवेदी।

संदर्भ

1. रामविलास शर्मा (1958), प्रेमचंद और उनका युग, राजकमल प्रकाशन, नयी दिल्ली.
2. कमलकिशोर गोयनका (2013), *प्रेमचंद (भारतीय साहित्य के निर्माता सीरीज),* साहित्य अकादमी, नयी दिल्ली.
3. नामवर सिंह (2010), *हिंदी का गद्यपर्व,* राजकमल प्रकाशन, नयी दिल्ली.
4. मदन गोपाल (1995), *कलम का मज़दूर : प्रेमचंद,* राजकमल प्रकाशन, नयी दिल्ली.
5. वीरभारत तलवार (1990), *किसान, राष्ट्रीय आंदोलन और प्रेमचंद,* वाणी प्रकाशन, दरियागंज, दिल्ली, प्र.स. 1990
6. खगेंद्र ठाकुर (2012), *उपन्यास की महान परम्परा,* स्वराज्य प्रकाशन, नयी दिल्ली.

— कृष्णदत्त पालीवाल

प्रेस की स्वतंत्रता

(Freedom of Press)

प्रेस की आज़ादी का मतलब है सरकार के हस्तक्षेप के बिना सूचनाओं और मतों के प्रकाशन और प्रसारण का व्यक्तिगत और सांगठनिक अधिकार। अर्थात् अपने साधनों का इस्तेमाल करके कोई भी व्यक्ति या संगठन अपने विचारों के प्रकाशन के लिए कोई भी अख़बार निकाल सकता है, पत्रिका प्रकाशित कर सकता है या वेब साइट शुरू कर सकता है। ऐतिहासिक रूप से यह आज़ादी राजनीतिक कार्यकर्त्ताओं, लेखकों, पत्रकारों और विचारकों द्वारा कई सदियों तक किये गये संघर्षों का फलितार्थ है। इसे पाने के लिए लोगों को जेलें काटनी पड़ी हैं और अपनी जान से भी हाथ धोना पड़ा है। लोकतांत्रिक देशों का संविधान प्रेस की आज़ादी की गारंटी देता है, लेकिन सर्वसत्तावादी राज्यों में आज भी इस स्वतंत्रता के लिए संघर्ष जारी है। लोकतांत्रिक विचार के लिए अत्यंत मूल्यवान समझी जाने वाली यह आज़ादी अपने-आप में परम और असीमित नहीं है। अधिकारों के विशाल दायरे में इसे संतुलित करने वाले अधिकार और क़ानून भी मौजूद हैं। जैसे, मान-हानि के लिए सुरक्षा प्रदान करने का क़ानून या सार्वजनिक शांति और सुरक्षा की गारंटी करने का क़ानून या राष्ट्रीय सुरक्षा को प्राथमिकता देने वाले क़ानून।

प्रेस की आज़ादी के साथ फ़ोर्थ एस्टेट (लोकतंत्र का चौथा खम्भा) की अवधारणा भी जुड़ी है जिसके ज़रिये प्रेस और समाज के संबंधों पर रोशनी पड़ती है। उदारतावादी राजनीतिक सिद्धांत प्रेस को जन-हित के रक्षक और सरकार के कामकाज की निगरानी करने वाले पहरुए के तौर पर देखता है। लेकिन ध्यान रखने वाली बात यह है कि प्रेस की यह हैसियत संविधान-प्रदत्त न हो कर परम्परा-आधारित है। भारतीय संविधान सभा में भी इस विषय पर बहस के दौरान डॉ. भीमराव आम्बेडकर ने स्पष्ट कर दिया था कि प्रेस को भी वही अधिकार प्राप्त होंगे जो कि एक सामान्य नागरिक के पास होते हैं। आम्बेडकर ने संविधान में प्रेस के लिए अलग से अधिकारों की व्यवस्था करने से इनकार कर दिया था। हालाँकि अमेरिकी संविधान के अनुच्छेद-एक में प्रेस की स्वतंत्रता की अलग से व्यवस्था है और हमारे संविधान निर्माताओं के सामने अमेरिकी मॉडल मौजूद था, लेकिन संविधान सभा के अधिकांश सदस्यों का मानना था कि संविधान में विधायिका, कार्यपालिका और न्यायपालिका के बाद प्रेस को व्यवस्था के चौथे अंग के रूप में स्थापित करना उचित नहीं होगा।

पंद्रहवीं सदी तक राजा को दैवी अधिकारों से सम्पन्न माना जाता था। प्रजा का उत्तरदायित्व था राजा के आदेशों का पालन करना। युरोप में रोमन चर्च को भी अभूतपूर्व शक्ति हासिल थी। किसी को भी उसके आदेशों का उल्लंघन करने का अधिकार नहीं था। पश्चिमी दर्शन में प्लेटो से लेकर मैकियावेली तक राज्य के अधिकारों की सर्वोच्चता का अनुमोदन ही मिलता है। प्लेटो ने सर्वाधिकार सम्पन्न राज्य की सत्ता की अवधारणा प्रस्तुत की थी और सुकरात मानते थे कि यदि लोगों को सभी स्वतंत्रताएँ दी गयीं तो राज्य की सुरक्षा ख़तरे में पड़ जाएगी। प्लेटो का तो यह तक कहना था कि कवियों को अपनी रचनाएँ पहले मजिस्ट्रेट को सौंपनी चाहिए जो यह तय करेंगे कि वे नागरिकों के आध्यात्मिक स्वास्थ के लिए अच्छी हैं या नहीं। मैकियावेली का विचार था कि सभी राज्य की सुरक्षा के अधीन हैं। थॉमस हॉब्स तो राज्य को मानवीय जीवन के नियंता के रूप में देखते थे, और हीगेल ने ने सत्रहवीं सदी की सरकारों के तानाशाही रवैये को सही ठहराया था। लेकिन, अट्ठारहवीं सदी के अंत तक इस तरह के अधिनायकवादी राज्य का विचार कमज़ोर पड़ गया। सुधारवादी आंदोलनों ने धर्म और राजनीति के गठजोड़ को चुनौती दी। बौद्धिक क्रांति के चलते धर्मशास्त्र का स्थान विज्ञान ने और मिथकीय अनुभवों का स्थान तर्कशास्त्र ने ले लिया। लॉक, मिल्टन, जैफ़रसन और मिल ने व्यक्ति की गरिमा और क्षमता को राज्य की श्रेष्ठता के सिद्धांत के ऊपर स्थापित किया। लॉक ने जनता की इच्छा को सर्वोपरि तथा सरकार को जनता से कम महत्त्वपूर्ण माना। जॉन मिल्टन ने कहा कि व्यक्ति के पास इतनी तर्क समानता और बुद्धिमत्ता होती है कि वह अच्छे और बुरे, सही और ग़लत तथा सच और झूठ के बीच भेद कर सकता है। जैफ़रसन ने कहा कि लोगों को शासन की आलोचना करने का अधिकार है तथा जो सरकार आलोचना सहन नहीं कर सकती उसे गिर जाना चाहिए। उन्होंने कहा कि प्रेस का काम व्यक्ति को सूचनाएँ देने का है ताकि व्यक्ति सरकार के कामकाज पर निगाह रख सकें। जैफ़रसन पहले विचारक थे जिसने अट्ठाहरवीं सदी में ही सूचना प्रदान करने को जन-संचार का प्राथमिक कार्य घोषित कर दिया था। जॉन स्टुअर्ट मिल समाज के अंतिम व्यक्ति के मत को भी महत्त्वपूर्ण मानते थे।

अट्ठाहरवीं और उन्नीसवीं शताब्दी में दुनिया के विकसित राष्ट्रों में लोकतंत्र का तेज़ी से विकास हुआ, संवैधानिक लोकतंत्र की स्थापना हुई जिसमें व्यक्तिगत स्वतंत्रता को सुनिश्चित करने के लिए संविधान में नागरिकों को अधिकार दिये गये। इस परिघटना में एक विरोधाभास भी था कि लोकतंत्र अपनाने वाले अनेक राष्ट्र साम्राज्यवादी गतिविधियों में लिप्त थे और एशिया-अफ़्रीका के देशों को उपनिवेश बनाने का काम कर रहे थे। दूसरे विश्व-युद्ध के बाद चली वि-उपनिवेशीकरण की लहर के तहत से मुक्त होने वाले कई देशों ने भी लोकतंत्र अपनाया तथा संविधान सम्मत

शासन व्यवस्था की आधारशिला रखी।

भारत में प्रेस की आज़ादी : भारतीय संविधान में मौलिक अधिकारों की व्यवस्था है। इसके अनुच्छेद 19 में बोलने और अभिव्यक्ति की स्वतंत्रता का उल्लेख है। इसके तहत प्रत्येक नागरिक को किसी भी माध्यम से अपने विचार व्यक्त करने का आधार है। प्रेस की स्वतंत्रता इसी का हिस्सा है। प्रेस की स्वतंत्रता का वास्तविक और व्यावहारिक अर्थ क्या है? इस प्रश्न का उत्तर भारतीय सर्वोच्च न्यायालय ने अपने फ़ैसलों में अनेक बार दिया है। राकेश थॉपर बनाम भारत संघ (1950) मामले में सर्वोच्च न्यायालय ने व्याख्या दी है कि प्रेस की स्वतंत्रता में प्रकाशन की स्वतंत्रता के साथ-साथ वितरण की स्वतंत्रता भी शामिल है। ब्रजभूषण बनाम भारत संघ (1950) मामले में सर्वोच्च न्यायालय ने व्याख्या दी है कि धारा 19(1) के तहत 'पूर्व सेंसरशिप' की अनुमति नहीं दी जा सकती। *इण्डिन एक्सप्रेस* बनाम भारत संघ (1957) मामले में सर्वोच्च न्यायालय ने स्पष्ट किया कि प्रेस की स्वतंत्रता में देश के क़ानूनों का पालन न करने की छूट शामिल नहीं है। *सकाल* समाचारपत्र बनाम भारत संघ (1960) मामले में समाचारपत्र की पृष्ठसंख्या और मूल्य के बीच संबंध को क़ानूनी आधार पर तय करने की सरकार की कोशिश को सर्वोच्च न्यायालय ने प्रेस की स्वतंत्रता का उल्लंघन माना है। इन तमाम मुक़दमों में समाचारों, तस्वीरों और अन्य सम्पादकीय सामग्री के प्रकाशन, वितरण और ब्रिक्री से जुड़े-मुद्दे शामिल थे। विज्ञापन सामग्री से जुड़े मुद्दे भी सर्वोच्च न्यायालय के समक्ष आये। हमदर्द दवाख़ाना बनाम भारत संघ (1955)मामले के तहत जब जादुई असर वाली दवाइयों के विज्ञापन का मुद्दा सामने आया तो सर्वोच्च न्यायालय ने स्पष्ट किया कि धारा (19)(1) में 'वाणिज्यिक अभिव्यक्ति' शामिल नहीं है। लेकिन 1986 में टाटा बनाम भारत संघ मामले में सर्वोच्च न्यायालय ने अपना पहले का फ़ैसला उलटते हुए 'वाणिज्यिक अभिव्यक्ति' को प्रेस की स्वतंत्रता का हिस्सा माना।

सिनेमा में प्रेस की स्वतंत्रता का मुद्दा हमेशा से विवाद में रहा है। भारत में सिनेमेटोग्राफ़ अधिनियम, 1952 के तहत केंद्रीय फ़िल्म प्रमाणन बोर्ड का गठन किया गया है। यह बोर्ड फ़िल्मों का 'प्रीव्यू' कर देखता है कि उन्हें उसके दिशा-निर्देशों का पालन करते हुए बनाया गया है या नहीं। किसी फ़िल्म को पदर्शन के उपयुक्त पाये जाने पर ही बोर्ड उसे प्रमाणपत्र देता है। इस व्यवस्था को 'प्री-सेंसरशिप' मानते हुए ख़्वाजा अहमद अब्बास ने 1971 में सर्वोच्च न्यायालय का दरवाज़ा खटखटा कर सेंसरशिप को धारा 19(1) (क) में दी गयी स्वतंत्रता का उल्लंघन माना। लेकिन सर्वोच्च न्यायालय ने फ़िल्मों में सेंसरशिप को धारा 19 (2) के तहत उचित ठहराया।

भारतीय संविधान की धारा 19 (2) में सार्वजनिक व्यवस्था, नैतिकता, विदेशों से मैत्रीपूर्ण संबंध, न्यायालय की अवमानना, मानहानि, देश की अखण्डता और सम्प्रभुता, देशद्रोह जैसे विषय शामिल हैं। इनमें से अनेक विषय संविधान संशोधन अधिनियमों के माध्यम से धारा 19(2) में जोड़े गये हैं। सरकार ने धारा 19(2) को मज़बूत बनाने का काम पहले संविधान संशोधन से ही आरम्भ कर दिया था।

भारतीय दण्ड संहिता की धारा 124 (क) में देशद्रोह को अभी तक बनाये रखना तथा विनायक सेन जैसे मामलों में इस धारा का प्रयोग करना यह साबित करता है कि शासन तंत्र वाक् और अभिव्यक्ति की स्वतंत्रता सुनिश्चित करने से अधिक इस स्वतंत्रता को क़ानूनी और संवैधानिक रूप से प्रतिबंधित करने के प्रति सजग है। धारा 19(2) में उल्लिखित मानहानि के माध्यम से प्रेस की स्वतंत्रता को किस तरह से सीमित किया जा सकता है, इसका विशेष उदाहरण पी.बी. सावंत बनाम *टाइम्स नाउ* (2011) मामला है। सर्वोच्च न्यायालय के पूर्व न्यायधीश और प्रेस परिषद् के पूर्व अध्यक्ष पी.बी. सावंत की तस्वीर *टाइम्स नाउ* चैनल पर उनसे असंबंधित किसी समाचार के साथ चला दी गयी। चैनल का कहना था कि ऐसा ग़लती से हुआ, क्योंकि उनका नाम संबंधित न्यायाधीश सामंत (जिनका चित्र दिखाया जाना था) से मिलता-जुलता था। चैनल को जैसे ही ग़लती का पता चला, उसने तस्वीर हटा ली तथा लगातार पाँच दिन तक माफ़ी माँगी। लेकिन न्यायमूर्ति सावंत ने पुणे न्यायालय में मानहानि का मुक़दमा दायर कर दिया। न्यायालय ने उनके हक़ में एक करोड़ की क्षतिपूर्ति का आदेश दे दिया। इस आदेश के विरुद्ध *टाइम्स नाउ* को न तो मुम्बई उच्च न्यायालय से राहत मिली और न ही सर्वोच्च न्यायालय से। मानहनि के एक ऐसे मामले में, जिसमें मानहानि का होना ही संदिग्ध है, सर्वोच्च न्यायालय ने जिस तरह का असंवेदनशील रवैया दिखाया, वह भारत में प्रेस की स्वतंत्रता के लिए ख़तरे की घंटी है।

सरकारी गोपनीयता अधिनियम (1923) जैसे क़ानून भी प्रेस की स्वंत्रता को सीमित करते हैं। इस क़ानून के तहत यदि कोई व्यक्ति (जिसमें पत्रकार भी शामिल हैं) 'गोपनीय क़ाग़जात' अपने पास रखता है, उन्हें किसी को देता है या किसी भी तरह से उनका उपयोग करता है तो उसे गिरफ़्तार कर मुक़दमा चलाया जा सकता है। इस क़ानून के तहत किया गया अपराध ग़ैर-जमानती है। 1999 में *कश्मीर टाइम्स* के नयी दिल्ली स्थित ब्यूरो प्रमुख इफ़्तिख़ार गिलानी को सरकारी गोपनीयता क़ानून के तहत गिरफ़्तार कर जेल में डाल दिया गया था। बाद में जाँच एजेंसियाँ सबूतों के अभाव में उनके विरुद्ध अभियोग पत्र नहीं ला सकीं तथा लगभग एक वर्ष तक उन्हें जेल में रखने के बाद रिहा कर दिया गया। वास्तव में सरकार ने इफ़्तिख़ार गिलानी की गिरफ़्तारी इसलिए की थी

ताकि उनके श्वसुर और हुर्रियत कांफ्रेंस के नेता सैयद अली शाह गिलानी को वार्ता की मेज़ पर लाने के लिए दबाव बनाया जा सके।

दुनिया में अनेक सरकारें प्रेस की स्वतंत्रता (उनके अनुसार दुरुपयोग) व्यवस्था के लिए ख़तरा हैं। विकीलीक्स का उदाहरण इसका सबूत है। विकीलीक्स के खुलासों ने अमेरिका और उसके मित्र देशों की नींद उड़ा दी और इसके संस्थापक जूलियन असांज के विरुद्ध साज़िश रच कर उन्हें बलात्कार के आरोप में गिरफ़्तार कर लिया। इसके बाद उनके प्रमोटर्स पर शिकंजा कसा गया। परिणामस्वरूप 2011 में आर्थिक संकट के चलते विकीलीक्स बंद हो गया। भारत में कुछ इसी तरह का बर्ताव तहलका और उसके सम्पादक तरुण तेजपाल के साथ किया गया जब उन्होंने राष्ट्रीय जनतांत्रिक गठजोड़ (ऐनडीए) सरकार के मंत्रियों और नेताओं के भ्रष्टाचार का पर्दाफ़ाश किया।

दिसम्बर, 2011 भारत सरकार ने फ़ेसबुक और ट्विटर पर 'आपत्तिजनक सामग्री' हटाने के लिए जिस तरह का दबाव डाला, वह प्रेस की स्वतंत्रता के प्रति उसकी असंवेदनशीलता को दर्शाता है। चीन की सरकार ने भी प्रेस की स्वतंत्रता को बार-बार नियंत्रित करने की कोशिश की है। गूगल पर प्रतिबंध इस बात का सबसे बड़ा उदाहरण है। वास्तव में, वेब माध्यम पर प्रेस की स्वतंत्रता एक बड़ा मुद्दा है। इस माध्यम पर प्रेस की स्वतंत्रता के दुरुपयोग के खतरे भी अधिक हैं और इस दुरुपयोग को रोकना आसान नहीं है। लेकिन विभिन्न देशों की सरकारों द्वारा प्रेस की स्वतंत्रता को दुरुपयोग रोकने के नाम पर सीमित करने की कोशिश भी जायज़ नहीं ठहरायी जा सकती।

देखें : अभिलेखागार, आख्यान, इंटरएक्टिविटी-प्रौद्योगिकीय विमर्श, इंटरएक्टिविटी-सामाजिक विमर्श, इंटरफ़ेस, एक्टर-नेटवर्क थियरी, डिजिटल डिवायड, दिन-प्रति दिन के अभिलेखागार, नया मीडिया, नेटवर्क, नेटवर्क सोसाइटी, प्रोपेगंडा, बाज़ारू संस्कृति, भारत में संचार-क्रांति, भारतीय मीडिया-1, 2 और 3, भारतीय मीडिया स्फ़ेयर, मास मीडिया, मीडिया और सरकार, मीडिया-पक्षधरता, मीडिया-स्टडीज़, संचार, संचार-क्रांति, स्मृति और अभिलेखागार, सोशल नेटवर्क विश्लेषण, सूचना, सूचना-समाज, वैकल्पिक मीडिया।

संदर्भ

1. लिओनार्ड डब्ल्यू. लेवी (1985), *इमरजेंस ऑफ़ अ फ़्री प्रेस,* ऑक्सफ़र्ड युनिवर्सिटी प्रेस, न्यूयॉर्क, 1985
2. अम्बरीश सक्सेना (2004), *राइट टु इनफ़ॉरमेशन ऐंड फ़्रीडम ऑफ़ प्रेस,* कनिष्क पब्लिशर्स डिस्ट्रीब्यूटर्स, नयी दिल्ली, 2004
3. के. सेंडर्स (2003), *इथिक्स ऐंड जर्नलिज़म,* सेज, लंदन, 2003

—अम्बरीष सक्सेना

प्रोपेगंडा

(Propeganda)

प्रोपेगंडा का हिंदी में शाब्दिक अर्थ है प्रचार, अधिप्रचार अथवा मत-प्रचार। प्रोपेगंडा किसी विशेष उद्देश्य से, विशेष तौर से राजनीतिक उद्देश्य के तहत, किसी विचार और नज़रिये को फैलाने के लिए किया जाता है। लेकिन इसकी बुनियाद आम तौर पर सत्य नहीं टिकी होती। प्रोपेगंडा की शुरुआत युद्ध के दौरान दुश्मन की सेना को नैतिक रूप से पराजित करने के लिए एक अफ़वाह के रूप में हुई थी। इसके बाद ज़िक्र मिलता है कि 1622 में पंद्रहवें पोप ग्रेगरी ने वेटिकन में प्रोटेस्टेंट सुधारों के ख़िलाफ़ प्रोपेगंडा का काम सँभाला था। प्रोपेगंडा की छवि नकारात्मक उस समय बनी जब प्रथम विश्व-युद्ध के दौरान ब्रिटिश सरकार ने अपने राजनीतिक हितों के पत्र में व्यवस्थित रूप से प्रोपेगंडा किया। कालांतर में इसका उपयोग चुनाव-प्रचार के लिए भी होने लगा। प्रारम्भ में इसे राजनीतिक पार्टियों के चुनाव-प्रचार के दौरान प्रत्याशी के हित में समर्थन खींचने के लिए इस्तेमाल होता था। तत्पश्चात इसकी उपयोगिता समझते हुए इसका विस्तार हुआ और इसे विज्ञापन का भी अंग बना लिया गया। विज्ञापन के साथ जुड़ने पर प्रोपेगंडा में सकारात्मक पक्ष भी आया। वह भावनाओं को स्पर्श करने वाले एक सुखद एहसास के वाहक की भूमिका निभाने लगा, और एक ख़ास संदर्भ में रचनात्मक हो गया।

प्रोपेगंडा द्वारा उपलब्ध करायी गयी सूचना का आधार ऐतिहासिक रूप से सकारात्मक न होकर हमेशा से ही नकारात्मक रहा है। इसके माध्यम से दी जाने वाली जानकारी प्रायः एक तरफ़ा और भ्रामक प्रकृति की होती है। प्रोपेगंडा का उपयोग राजनीतिक कारणों से किसी दृष्टिकोण-विशेष को बढ़ावा देने के लिए शुरू किया गया था। आज प्रोपेगंडा का फलक काफ़ी व्यापक हो गया है और इसका उपयोग जान-बूझ कर किसी व्यक्ति, संस्था, राष्ट्र, उत्पाद अथवा किसी राजनीतिक पार्टी के बारे में नकारात्मक सूचना फ़ैलाने के लिए किया जाने लगा है। प्रोपेगंडा का दूसरा पक्ष यह है कि इसे एक विशेष प्रकार के संदेश के रूप में भी देखा जाता है। एक ऐसे संदेश के रूप में जिसे किसी विशेष संस्कृति, दर्शन, विचार अथवा मत को किसी नारे आदि के माध्यम से बाजार और समाज में प्रचलित करने के लिए किया प्रचारित जाता है।

युद्ध के दौरान झूठ को सच साबित करने के लिए प्रोपेगंडा का उपयोग किया जाता रहा है। अमेरिका इस प्रोपेगंडा का सबसे बड़ा प्रयोक्ता माना जाता है। वह युद्ध के दौरान हमेशा ऐसी ख़बर फैलाता है कि वह मानवता की रक्षा

और आतंकवाद से लड़ने के लिए युद्ध कर रहा है, जबकि उसका मक़सद कुछ और होता है। इसका सबसे बड़ा उदाहरण पिछले दो दशकों में हुए इराक़ और अफ़ग़ानिस्तान के युद्धों में देखने को मिला। अमेरिका हमेशा यह बताता रहा कि आतंकवाद से लड़ने के लिए ऐसा करना ज़रूरी था जबकि सच्चाई यह थी कि वह अपने सैनिकों के साथ-साथ ऐसे पत्रकारों की फ़ौज भी लेकर चल रहा था जो उसके पक्ष के थे या जिन्हें ख़रीद लिया गया था। ये पत्रकार अपनी ख़बरों को लाइव (आँखों देखा हाल) दिखाने के नाम पर ऐसी जानकारी का प्रसारण करते रहे जो सच नहीं थी। ऐसी पत्रकारिता को ही जड़ित पत्रकारिता या इम्बेडिड जर्नलिज़म कहा जाता है। इस तरह की पत्रकारिता में एक पक्ष की इच्छा के अनुसार रिपोर्टिंग की जाती है और सच को ग़ायब कर दिया जाता है। कई बार इस इस पत्रकारिता का उपयोग राजनीतिक पार्टियों द्वारा अपने पक्ष में जनमत बनाने के लिए भी किया जाता है।

कुछ संचारशास्त्रियों की मान्यता है कि प्रोपेगंडा का उद्भव जन-संचार माध्यमों के विकास के बाद हुआ। वे इसे संचार के हिस्से के रूप में देख कर मानते हैं कि जनमत को अपनी तरफ़ आकर्षित करने के लिए किया जाने वाला संचार प्रोपेगंडा का एक प्रकार है। यहाँ संचार और प्रोपेगंडे के संबंध पर ग़ौर करना ज़रूरी है।

इक्कीसवीं सदी के प्रारम्भिक दौर में रेडियो के अविष्कार ने प्रोपेगंडा को एक विशेष उछाल दिया। रेडियो के माध्यम से काफ़ी कम समय में एक व्यापक जन-समूह तक अपनी बात को पहुँचाया जा सकता है। रेडियो के विकास ने स्वयं-प्रेरित और प्रायोजित सूचना को फैलाने का ही काम नहीं किया, वरन् इसने उस विज्ञापन का भी सूत्रपात्र किया जिसके विकसित रूप आज विभिन्न रूपों में हमारे सामने हैं। रेडियो के विकास के पहले इतने कम समय में एक व्यापक जन-समूह तक सीधे-तौर पर अपनी बात पहुँचा पाना असम्भव सा था। यह ज़रूर है कि प्रिंट माध्यम द्वारा भी सीधे तौर पर सूचना का सम्प्रेषण किया जा सकता था, लेकिन समाचार पत्रों के पाठक कम ही थे। पाठक बनने के साथ साक्षरता की शर्त भी जुड़ी हुई थी। रेडियो ने विज्ञापन के एक नवीन संसार का अनावरण किया जहाँ पढ़ने की योग्यता होना ज़रूरी नहीं था। इससे विज्ञापन की पहुँच और प्रभाव का दायरा असीमित हो गया। विज्ञापन के साथ-साथ राजनीतिक प्रोपेगंडा का भी विस्तार बहुत तेजी से हुआ।

रेडियो के बाद प्रोपेगंडा को टीवी के आगमन ने एक और नया उछाल दिया। टीवी ने रेडियो को अपदस्थ तो नहीं कर पाया, लेकिन रेडियो के मुक़ाबले इसकी विश्वसनीयता लोगों को ज़्यादा प्रामाणिक नज़र आयी। बड़ी-बड़ी कम्पनियों ने जब अपने उत्पादों को बढ़ा-चढ़ा कर पेश किया तो लोगों ने उस प्रचार में अपनी छवि देखनी शुरू कर दी। इसीलिए विज्ञापन गुरु अलेक पद्मसी ने एक बार कहा था कि भारत के लोग जब किसी वस्तु के ग्राहक बनते हैं तो वह तर्क से कम और भावना से ज़्यादा बनते हैं। उन्होंने लिरिल साबुन के विज्ञापन का उदाहरण देते हुए कहा कि 'आपको क्या लगता है यह जो लड़की बिकनी पहनकर झरने में नहाती है और नींबू की ख़ुशबू के एहसास जैसी तरोताज़ा महसूस करती है, तो वह क्या सचमुच वास्तविक भारत के गाँवों और शहरों में सम्भव है? जहाँ एक बाल्टी पानी ढंग से नहाने के लिए नसीब होता, वहाँ वह नींबू की ख़ुशबू वाले एहसास का अनुभव कैसे हो सकता है?' इसी आधार पर पद्मसी कहते हैं कि विज्ञापन प्रोपेगंडा के माध्यम से उपभोक्ता के सामने एक ऐसी छवि निर्मित कर देता है जिसमें उपभोक्ता अपनी छवि देखने लगते हैं।

हाल ही के वर्षों में इंटरनेट और ई-मेल के आविष्कार ने प्रोपेगंडा को वैश्विक विस्तार दिया। मसलन वेब-माध्यमों में वह ताक़त है जो स्थानीय मुद्दे को वैश्विक मुद्दा बना सकती है। भौगोलिकता की सारी सीमाओं का वेब-माध्यमों ने उल्लंघन करके सम्पूर्ण दुनिया को एक छोटे से गाँव में तब्दील कर दिया है। क्षण भर में लोकल से ग्लोबल हो जाने के लिए लोगों ने इंटरनेट प्रणाली का जम कर लाभ उठाया है। एक स्थानीय गायक और लोकल संगीत कैसे कुछ समय में ही इंटरनेट के माध्यम से सबसे लोकप्रिय संगीत बन जाता है इसका सबसे सशक्त उदाहरण है कोलाबेरी डी नामक गीत। मार्केटिंग की भाषा में जिसे हम वाइरल मार्केटिंग के नाम से जानते हैं दरअसल वह मीडिया की भाषा में प्रोपेगंडा ही है।

एक तरफ़ तो प्रोपेगंडे को नकारात्मक बात सकारात्मक ढंग से पेश करने वाला माध्यम की तरह देखा जाता है, और दूसरी तरफ़ प्रोपेगंडा प्रचार का एक ऐसा हुनर भी है जिसमें किसी विषय-वस्तु को कुछ इस तरीक़े से पेश किया जाता है कि उसकी तरफ़ लोग आकर्षित हो जाएँ। संबंधित विषय को एक ऐसी भाषा, लय और संगीत के माध्यम से प्रस्तुत किया जाए कि आम उपभोक्ता अपनापन महसूस करके उस उत्पाद के साथ जुड़ जाता है। इसके लिए मीडिया के विभिन्य माध्यमों का सहारा लिया जाता है। जैसे : टेलिविज़न, रेडियो, बैनर, इंटरनेट, बिलबोर्ड, लीफ़लेट इत्यादि। भावनाओं को स्पर्श देने की इस भूमिका में नकारात्मक पक्ष सिर्फ़ इतना ही है कि ऐसा प्रोपेगंडा मनुष्य की तार्किकता का संहार करके उसकी जगह पर भावनात्मक पक्ष को ज़्यादा प्रभावी बना देता है।

अमेरिका के एक विज्ञापन-लेखक ट्रीस्ट्रियन टोलिवर ने प्रोपेगंडा के बारे में कहा है : मैं हमेशा अपने बारे में यही सोचता हूँ कि आपको लोग इसलिए नहीं पसंद करते कि

आपने क्या किया और उनके लिए क्या किया। बल्कि आपको हमेशा इसलिए याद किया जाता है कि आपने अपनी बातों के माध्यम से उन्हें क्या महसूस कराया। मसलन प्रोपेगंडा में यह बात बहुत मायने नहीं रखती की किसी बात को आपने कितने अच्छे तरीक़े से रखा बल्कि सबसे महत्त्वपूर्ण चीज होती है उससे निकलने वाली वह अनुभूति और प्रेरणा जो लोगों पर अपनी छाप छोड़ जाए। प्रोपेगंडा के सुखद एहसास में लम्बे समय तक याद रखे जाने की क्षमता होती है। इस लिहाज़ से विज्ञापन में प्रोपेगंडा का इस्तेमाल उसे सिर्फ़ नकारात्मक न बन कर सकारात्मक रूप भी देने लगा है। इस पहलू के मुताबिक़ प्रोपेगंडा रचनात्मक प्रकृति की अवधारणा पर आधारित एक सम्पूर्ण प्रक्रिया का नाम है। इसका उपयोग किस प्रकार से किया जाना है— यह पूरी तरह उपभोगकर्ता पर निर्भर करता है।

देखें : अभिलेखागार, आख्यान, इंटरएक्टिविटी-प्रौद्योगिकीय विमर्श, इंटरएक्टिविटी-सामाजिक विमर्श, इंटरफ़ेस, एक्टर-नेटवर्क थियरी, डिजिटल डिवायड, दिन-प्रति दिन के अभिलेखागार, नया मीडिया, नेटवर्क, नेटवर्क सोसाइटी, बाज़ारू संस्कृति, भारत में संचार-क्रांति, भारतीय मीडिया-1, 2 और 3, भारतीय मीडिया स्फ़ेयर, मास मीडिया, मीडिया और सरकार, मीडिया-पक्षधरता, मीडिया-स्टडीज़, संचार, संचार-क्रांति, स्मृति और अभिलेखागार, सोशल नेटवर्क विश्लेषण, सूचना, सूचना-समाज, वैकल्पिक मीडिया।

संदर्भ

1. एल. मिलन और एस. रैम्पटन (2004), 'वार इज़ सेल', डी. मिलर (सम्पा.) *टेल मी लाइज़ : प्रोपेगंडा ऐंड मीडिया डिस्टॉर्शन इन द अटैक ऑन इराक़,* प्लूटो प्रेस, लंदन.
2. डी. वेल्श (1993), *द थर्ड राइख़ : पॉलिटिक्स ऐंड प्रोपेगंडा,* रॉटलेज, लंदन और न्यूयॉर्क.

— संजय सिंह बघेल

प्रौद्योगिकी

(Tchnology)

समाज और संस्कृति में प्रौद्योगिकी और उसके विभिन्न रूपों की भूमिका समाज-विज्ञान के मुख्य सरोकारों में से एक है। अंग्रेज़ी का शब्द 'टेक्नॉलॅजी' प्राचीन यूनानी शब्द 'टेक़्ने' से बना है जिसका मतलब होता है कला या शिल्प। आधुनिक युग में टेक्नॉलॅजी को तकनीक के उन अर्थों में ग्रहण किया जाता है जिनके ज़रिये किसी भी कच्चे माल को एक निश्चित डिज़ाइन और उद्देश्य के तहत कामकाजी और उपयोगी रूप दिया जा सकता है। इस प्रक्रिया के उपसंहार के रूप में दो चीज़ें सामने आती हैं : तकनीक का उत्पाद और उसे बनाने वाली प्रक्रिया यानी टेक्नॉलॅजी। प्रौद्योगिकी के ज़रिये उत्पाद को बहुत बड़े पैमाने पर पैदा करके बाज़ार में सस्ती दर पर बेचा जा सकता है। उत्पादन की विधियों और उत्पादन संबंधों से जुड़ी इस प्रक्रिया की प्रमुख चालक-शक्ति के रूप में प्रौद्योगिकीय विकास सामाजिक विन्यास और सत्तामूलक संरचनाओं पर गहरा असर डालता है। दरअसल, औद्योगिक और उत्तर-औद्योगिक समाज में अपने कुछ रूपों का अनूठा और व्यापक प्रसार होने के कारण प्रौद्योगिकी ने सामाजिक, सांस्कृतिक और राजनीतिक रूपांतरण की ऐतिहासिक शक्ति का दर्जा प्राप्त कर लिया है। कारख़ाने और बाज़ार के दायरे से निकल कर वह रोज़ाना की ज़िंदगी पर अपनी निर्णायक छाप छोड़ने लगी है।

बीसवीं सदी के उत्तरार्ध में हुए दार्शनिक ऊहापोह का निष्कर्ष है कि टेक्नॉलॅजी का सार किसी भी तरह से टेक्नॉलॅजीकल नहीं होता। उत्तर-आधुनिक विचार की मान्यता है कि प्रौद्योगिकी ज्ञान के विभिन्न रूपों को निर्णायक रूप से प्रभावित करती है। अर्थात् हम जिस तरह सोचते और अनुभव को ग्रहण करते हैं, उसे प्रौद्योगिकी अपनी ताक़त के दम पर बदल डालती है। प्रौद्योगिकी द्वारा किये जाने वाले मीडिया-निरूपणों ने यथार्थ की मानवीय समझ को काफ़ी-कुछ अपना मोहताज बना लिया है। दूसरी तरफ़ कुछ अध्येताओं ने प्रौद्योगिकी के प्रभाव में होने वाले सांस्कृतिक परिवर्तनों के बाजाय स्वयं प्रौद्योगिकी को ही संस्कृति के उत्पाद के तौर पर समझने की चेष्टा की है। इस विचार के अनुसार प्रौद्योगिकी की रचना और विकास की प्रक्रिया किसी भी तरह से स्वायत्त न हो कर सामाजिक रूप से संसाधित होती है।

प्रौद्योगिकी से संबंधित समाज-वैज्ञानिक चिंतन के पहले दौर पर काफ़ी हद तक नियतत्त्ववादी रवैया हावी था। इस सोच के तहत पूर्व-निर्धारित ढंग से माना जाता था कि प्रौद्योगिकी अपने-आप में निष्पक्ष और स्वायत्त है। समाज पर उसके कुछ निश्चित क़िस्म के असर होने लाज़मी हैं। पश्चिमी औद्योगिक समाजों की प्रगति में प्रौद्योगिकी की भूमिका के तर्ज़ पर फ़ैसला किया जाता था कि कौन सा समाज आगे और किस समाज को अपना प्रौद्योगिकीय पिछड़ापन त्याग कर आगे बढ़ना है। चिंतन का यह तरीक़ा उन सामाजिक और सांस्कृतिक प्रक्रियायों को नज़रअंदाज़ करता था जो प्रौद्योगिकियों की रचना और इस्तेमाल पर गहरा असर डालती थीं। इसलिए प्रौद्योगिकी को समाज से बाहर और उससे स्वतंत्र मानने वाला नियतत्त्ववाद जल्दी ही अपनी साख खो बैठा। इस रवैये की आलोचना करने वाले विद्वानों ने अपने विश्लेषण से दिखाया कि सामाजिक प्रभावों से

स्वतंत्र माहौल में तैयार करके प्रौद्योगिकियाँ अपना विकास करने के लिए आतुर समाजों को नहीं थमायी जातीं। असल मे विभिन्न समाजों और संस्कृतियाँ में प्रौद्योगिकी-रचना उनकी अपनी प्राथमिकताओं के मुताबिक़ होती है।

प्रौद्योगिकी के प्रश्न पर दार्शनिक सोच-विचार की एक समृद्ध परम्परा विकसित हुई है। फ़्रैंकफ़र्ट स्कूल के चिंतकों ने प्रौद्योगिकी के उदय और आधुनिक बुद्धिवाद के विकास के बीच एक संबंध देखा है। इस चिंतक-मण्डली के प्रमुख सदस्य मैक्स होर्ख़ाइमर द्वारा 'यांत्रिक तर्कपरकता' की अवधारणा पेश की गयी है। दूसरी तरफ़ अपने निबंध 'दि क्वेश्चन कम्पर्निंग टेक्नॉलॅजी' में मार्टिन हाइडेगर ने प्रौद्योगिकी की केवल यांत्रिक नज़रिये के तहत व्याख्या करने से इनकार करते हुए कहा है कि टेक्नॉलॅजी को महज़ एक साधन समझने के बजाय सत्य के अनावरण की एक विधि के तौर पर ग्रहण करना चाहिए। ऐसा करते ही प्रौद्योगिकी कारख़ाना आधारित उत्पादन का औज़ार न रह कर प्रकृति पर एक ख़ास तरह का विन्यास आरोपित करने की चुनौती की तरह उभरेगी।

1979 में प्रकाशित अपनी विख्यात रचना *द पोस्टमॉडर्न कण्डीशन* में ल्योतर ने प्रौद्योगिकी के प्रभाव की व्याख्या उसके औद्योगिक रूपों और आर्थिक संबंधों के दायरे के बार जा कर की। ल्योतर का कहना था कि आधुनिक प्रौद्योगिकी ने ज्ञान की प्रकृति को ही पूरी से रूपांतरित कर दिया है। समकालीन संस्कृति के भीतर ज्ञान का मूल्यांकन की प्राथमिक कसौटी प्रौद्योगिकी मुहैया कराती है। यह कहते हुए ल्योतर इस नतीजे पर पहुँचे कि प्रौद्योगिकी के प्रभाव में ज्ञान के सभी रूप कम्प्यूटर की भाषा में अनूदित होते चले जाएँगे और अनूदित होने से इनकार करने वाले रूपों को त्याग दिया जाएगा। ल्योतर के अनुसार उत्तर-आधुनिक स्थिति का मतलब है कम्प्यूटरों का वर्चस्व और यथार्थ का कम्प्यूटरीय अर्थ-ग्रहण। इसका एक अर्थ यह भी निकलता है कि मानवीय आत्मपरकता आधुनिक प्रौद्योगिकी में निहित यांत्रिक प्रवृत्तियों के प्रभाव में विस्थापित भी हो सकती है। अगर ऐसा हुआ तो ज्ञान के संदर्भ में सोचने वाले कर्त्ता की प्राथमिकता दोयम दर्जे की हो जाएगी। अर्थात् देकार्तवादी चिंतन ने जिस इयत्ता को मनुष्य के आभ्यंतर में स्थित माना था, वह प्रौद्योगिकीय प्रभाव के कारण बाह्यांतर में चली जाएगी। इसके व्यावहारिक प्रभाव के तहत ज्ञान बाज़ार आधारित विनिमय-मूल्य से जुड़ जाएगा और बाह्य शक्तियाँ उसे अपने खेल का हिस्सा बना लेंगी।

ल्योतर के विमर्श में एक बहसतलब दावा निहित था कि प्रौद्योगिकी के रूप में भौतिक शक्तियाँ ने केवल सामाजिक मानकों और संबंधों को बदलेंगी, बल्कि मनुष्य द्वारा अपने और अपनी क्षमताओं के बारे में सोचने के तौर-तरीक़ों में भी रैडिकल परिवर्तन कर देंगी। प्रौद्योगिकी की शक्ति पर ज्याँ बौद्रिया के विचार ने भी कमोबेश ल्योतर के निष्कर्षों को पुष्ट किया है। उन्होंने सीएनएन चैनल द्वारा खाड़ी युद्ध के दर्शनीय प्रसारण का हवाला देते हुए कहा कि प्रौद्योगिकी मीडिया-निरूपण की प्रक्रिया का सहारा लेकर हमारे सामने एक ऐसा यथार्थ परोसती है जो वास्तव में उस तरह से घटित नहीं हुआ होता है।

मार्शल मैकलुहन ने 1964 में दावा किया था कि प्रौद्योगिकी को (ख़ासकर प्रिंटिंग प्रौद्योगिकी को) आधुनिकता के एक कारण के रूप में देखा जा सकता है। मैकलुहन ने यह 'मीडियम ही मैसेज है' जैसा मशहूर फिकरा गढ़ कर यह दिखाने की कोशिश की थी कि माध्यम की प्रकृति उसके द्वारा सम्प्रेषित की जा रही सूचना के सार को गहरायी से प्रभावित करती है। लेकिन अस्सी के दशक में अध्येताओं ने टेलिविज़न को लोगों के घरों और रोज़ाना की ज़िंदगी में मौजूद प्रौद्योगिकीय उपस्थिति के तौर पर जाँचना शुरू किया। टीवी दर्शकों द्वारा संदेश-ग्रहण करने की प्रक्रियाओं का अध्ययन किया गया। यह सिलसिला टीवी, वीडियो, सैटेलाइट, कैबिल, डिजिटल, सीडी सिस्टम, रिमोट कंट्रोल, कम्प्यूटर और इंटरनेट जैसी मीडिया प्रौद्योगिकियों द्वारा निजी संबंधों और घरों के भीतर हावी सत्ता-संबंधों में हस्तक्षेप की गहरी पड़ताल में विकसित होता चला गया।

देखें : अर्थव्यवस्था का समाजशास्त्र, अभिजन, अभिरुचि, आत्महत्या, उन्मूलनवाद, एजेंसी, कर्मकाण्ड, कारागार, गोपनीयता, गृहविहीनता, जादू, जीवन-शैली, टेलरवाद, परम्परा, परस्पर विपरीत द्विभाजन, प्रति-(संस्कृति, विमर्श, इतिहास, वर्चस्व, स्मृति), प्राइवेसी, फ़ुरसत, बचपन, बुजुर्गियत का समाजशास्त्र, बेगानगी, भीड़, भ्रष्टाचार का समाजशास्त्र-1 और 2, सेवानिवृत्ति, विचलन, ज्ञान का समाजशास्त्र।

संदर्भ

1. ज्याँ-फ्रांस्वा ल्योतर (1979), *द पोस्टमॉडर्न कण्डीशन : रिपोर्ट ऑन नॉलेज,* अनु, जियॉफ़ बेनिंगटन, मैंचेस्टर युनिवर्सिटी प्रेस, मैनचेस्टर.
2. मार्टिन हाइडेगर (1996), *बेसिक राइटिंग्ज़ : मार्टिन हाइडेगर,* सम्पा. डेविड फैरेल क्रेल, रॉटलेज, लंदन.
3. मैक्स होर्ख़ाइमर (1992), *इक्लिप्स ऑफ़ रीज़न,* कंटीनुम, न्यूयॉर्क.
4. आर. सिल्वरस्टोन और ई. हर्श (सम्पा.) (1994), *कंज़्यूमिंग टेक्नॉलॅजीज़ : मीडिया ऐंड इनफर्मेशन इन डोमेस्टिक स्पेस,* रॉटलेज, लंदन.

— अभय कुमार दुबे

फ

फ्रेंज़ उरी बोआस

(Franz Uri Boas)

सांस्कृतिक सापेक्षतावाद के सिद्धांत के लिए रास्ता साफ़ करने वाले अमेरिकी मानवशास्त्री फ्रेंज़ उरी बोआस (1858–1942) को आधुनिक मानवशास्त्र का पितामह माना जाता है। सांस्कृतिक सापेक्षतावाद के सूत्रीकरण के बाद ही संस्कृतियों को समझने के क्रमविकासीय रवैये की जकड़ से निकला जा सका। संस्कृतियों के आंतरिक पक्षों को उन्हीं की शर्तों पर समझने की विधियाँ विकसित की गयीं। बोआस का आग्रह था कि संस्कृति को एकवचन के रूप में न समझ कर बहुवचन के रूप में देखा जाए, क्योंकि हर संस्कृति के पास अपने अलग नैतिक, आचरणगत और आस्थागत मानक होते हैं। संस्कृतियों की इन विशिष्ट मूल्य-प्रणालियों का तात्पर्य ग्रहण करने के लिए उन्हें किन्हीं बाह्य आधारों के बजाय उनकी आंतरिक कसौटियों पर कस कर समझना अनिवार्य है। 1896 में बोआस के प्रयासों से ही कोलम्बिया विश्वविद्यालय में मानवशास्त्र का स्नातक पाठ्यक्रम शुरू हुआ। बोआस का तर्क था कि संस्कृति को जैविकी या किसी सांकेतिक विचार (जैसे भाषा) में नहीं घटाया जा सकता। संस्कृति को किसी 'चीज़' की तरह समझने के बजाय बोआस का ज़ोर उसे किसी संज्ञा के बजाय विशेषण की तरह ग्रहण करने पर था। उन्होंने मानवशास्त्र के अध्ययन में 'फ़ोर फ़ील्ड थियरी' प्रचलित की जिसके बाद यह अनुशासन चार-पक्षीय (भौतिक, भाषायी, पुरातात्त्विक और सांस्कृतिक) बन गया। लोकगाथाओं का अध्ययन प्रोत्साहित करने का श्रेय भी बोआस को जाता है।

फ्रेंज़ उरी बोआस का जन्म मिंडेन, वेस्टफ़ालिया के एक जर्मन यहूदी परिवार में हुआ। उनके माता-पिता शिक्षित, ख़ुशहाल और उदारतावादी थे। अपनी शुरुआती शिक्षा-दीक्षा में ही बोआस प्राकृतिक इतिहास में रुचि लेने लगे। उन्होंने भौतिकशास्त्र में डॉक्टरेट करने के बाद भूगोल का अध्ययन शुरू किया। कांट के दर्शन में भी उनकी गहरी दिलचस्पी थी। बैफ़िन आइलैण्ड में फ़ील्डवर्क करते हुए उनकी दिलचस्पी ग़ैर-पश्चिमी संस्कृतियों के अध्ययन में हुई। उत्तर-पश्चिमी प्रशांत क्षेत्र के स्थानीय अमेरिकनों का अध्ययन करने के लिए उन्हें न्यूयॉर्क होते हुए ब्रिटिश कोलम्बिया जाना पड़ा। वहीं उन्हें *साइंस* पत्रिका के सहायक सम्पादक की नौकरी मिल गयी। जर्मनी में बढ़ते हुए उग्र-राष्ट्रवाद, यहूदी विरोध और भूगोलविद् के रूप में रोज़ी-रोटी के अवसर कम होने के कारण उन्होंने अमेरिका में ही रुक जाने का फ़ैसला किया। शुरू में उन्होंने अमेरिका के संग्रहालयों में काम किया। 1896 में वे कोलम्बिया विश्वविद्यालय में भौतिक मानवशास्त्र के प्रवक्ता बनाये गये। 1942 में दिल का दौरा पड़ने से हुए निधन से पहले अभूतपूर्व अध्यवसाय और सतत मौलिक चिंतन के दम पर फ्रेंज़ बोआस मानवशास्त्र के शीर्ष-पुरुष के रूप में अपना नाम स्थापित कर चुके थे। उनकी स्थापनाओं और उनकी प्रतिभाशाली शिष्य-मण्डली ने आने वाले कई दशकों तक मानवशास्त्र की दुनिया पर अपना बौद्धिक बोलबाला क़ायम रखा।

बोआस की विद्वत्ता और संस्थागत प्रयासों ने मानवशास्त्र को नीचे से ऊपर तक बदल डाला। उनसे पहले मानवशास्त्र समाज का अध्ययन करने के लिए उसे बर्बरता से सभ्यता के बीच के चरणों में बाँट कर देखता था। बोआस ने अपने अध्ययनों के ज़रिये दिखाया कि यह रवैया पद्धति और सिद्धांत के तौर पर बुनियादी तौर से ग़लत है। उन्होंने संस्कृति के किसी एकक और सार्वभौम मॉडल की रचना को असम्भव क़रार देते हुए अपने छात्रों को विभिन्न समाजों में

फ्रेंज़ उरी बोआस (1858–1942)

सहभागी प्रेक्षक के तौर पर जम कर काम करने का प्रशिक्षण दिया। उनका आग्रह था कि अगर किसी समाज को समझना है तो सहभागी प्रेक्षक को लाज़मी तौर पर उसकी भाषा भी सीखना चाहिए। बोआस का कहना था कि जिस समाज का अध्ययन किया जाए, उसके बारीक़ से बारीक़ तथ्यों का वर्णन करना ज़रूरी है। उस समाज की रोज़ाना की ज़िंदगी की कोई भी बारीक़ी शोधकर्ता के फ़ील्ड वर्क से छूटनी नहीं चाहिए।

अपने युग के अग्रणी समाज वैज्ञानिकों की भाँति बोआस भी बहुमुखी प्रतिभा और विद्वत्ता से सम्पन्न थे। उन्होंने भौतिकशास्त्र में डॉक्टरेट की, और उसके बाद भूगोल का अध्ययन किया। इस प्रक्रिया में विकसित वैज्ञानिक पद्धति का प्रयोग करके उन्होंने मानवीय संस्कृतियों और समाजों का अध्ययन करने की परम्परा डाली। उनसे पहले ज्ञान के इस क्षेत्र पर पहले से स्थापित चले आ रहे भारी-भरकम सिद्धांतों और संस्मरणात्मक जानकारियों का बोलबाला रहता था।

बोआस के छात्र और विख्यात मानवशास्त्री अल्फ्रेड क्रोबर समेत कुछ विद्वानों की मान्यता है कि बोआस का बुनियादी अनुसंधान-प्रारूप भौतिकशास्त्रीय वैज्ञानिकता से आक्रांत था। दरअसल, बोआस अपने शोध के लिए भौतिकी के ऊपर इतिहास को स्पष्ट प्राथमिकता देते थे। उनके ऊपर अट्ठारहवीं सदी में विकसित हुई उस जर्मन बौद्धिक परम्परा का काफ़ी असर था जो कांट के सार्वभौम बुद्धिवाद और हर्डर द्वारा मानवीय रचनाशीलता की अंतर्निहित विविधता में विश्वास के बीच जोड़ की वकालत करती थी। इस समीकरण के पैरोकार भाषाशास्त्री-दार्शनिक विल्हेल्म वॉन हुम्बोल्ट थे। इसी परम्परा में पगे इतिहासकारों द्वारा विकसित अवधारणाओं को बोआस ने अपने मानवशास्त्र का आधार बनाया। 1887 में लिखे गये अपने एक निबंध 'दि स्टडी ऑफ़ जिओग्राफ़ी' में भौतिक विज्ञान और ऐतिहासिक विज्ञान में फ़र्क़ करते हुए भूगोल को ऐतिहासिक विज्ञान की श्रेणी में रखने पर ज़ोर दिया। बैफ़िन आइलैण्ड में फ़ील्डवर्क करके लौटने के बाद उन्होंने नृशास्त्रीय वर्गीकरण के सिद्धांत प्रस्तावित किये और उन्हें मानवशास्त्र पर लागू करने का आग्रह किया।

बोआस और उनके छात्रों की दूसरी सबसे बड़ी उपलब्धि मानवशास्त्र को क्रम-विकासीय रवैये से प्रभावित आग्रहों से मुक्त करने की थी। बोआस डार्विन द्वारा प्रतिपादित क्रम-विकास के सिद्धांत के समर्थक थे, लेकिन वे यह मानने के लिए तैयार नहीं थे कि इसे सांस्कृतिक और ऐतिहासिक परिघटनाओं पर भी उसी तरह लागू किया जा सकता है। बोआस और उनके अनुयायियों ने ओर्थोजेनेसिस के आधार पर गढ़ी गयी अवधारणाओं का खण्डन किया। ओर्थोजेनेसिस का मतलब था क्रम-विकास का प्रयोजनमूलक सिद्धांत। इसके तहत मान लिया जाता था कि समाज और संस्कृतियाँ प्राकृतिक चयन से बेपरवाह हो कर क्रमशः एक चरण से दूसरे चरण में विकसित होती चली जाती हैं। एडवर्ड टायलर, लेविस हेनरी मॉर्गन और हर्बर्ट स्पेंसर द्वारा निकाले गये निष्कर्षों का आधार ओर्थोजेनेसिस ही था। ज़ाहिर है कि बोआस की दिलचस्पी डार्विन द्वारा प्रतिपादित क्रम-विकास के पक्ष में क्रम-विकास के ओर्थोजेनेटिक विचार को ख़ारिज करने की थी।

बोआस की निगाह में मॉर्गन के सांस्कृतिक क्रम-विकास और डार्विन के सिद्धांत के बीच फ़र्क़ साफ़ था। उन्होंने बैफ़िन आइलैण्ड में रहने वाले आइनुइट लोगों के बीच फ़ील्डवर्क किया था, और जर्मन छात्रों के बीच स्नातक स्तर की पढ़ाई की थी। सांस्कृतिक क्रम-विकास के समर्थकों के लिहाज़ से समकालीन होने के नाते आइनुइट लोग जर्मनों के मुक़ाबले विकास की पूर्व अवस्था में समझे जाने चाहिए थे। ज़ाहिर है कि ऐसे निष्कर्ष डार्विन के सिद्धांत की लोक-प्रचलित समझ (इनसान से पहले बंदर था) की रोशनी में ही निकाले जा सकते थे। जबकि डार्विन का कहना तो यह था कि इनसान और चिम्पांजी के विकास में कोई फ़र्क़ नहीं है। डार्विन का ज़ोर उस प्रक्रिया को दिखाने में था जिसके तहत एक प्रजाति का रूपांतरण दूसरी प्रजाति में होता है। प्रजातियों और उनके पर्यावरण के बीच संबंध के केंद्र में डार्विन ने 'अनुकूलन' की क्रिया को स्थापित किया और परिवर्तन की विधि को 'प्राकृतिक चयन' के रूप में दिखाया। इसके उलट मॉर्गन, टायलर और स्पेंसर की तरफ़ से संस्कृतियों में परिवर्तन की ऐसी कोई क्रिया और विधि नहीं बतायी गयी

थी। बोआस और उनके अनुयायियों ने यह भी दिखाया कि सांस्कृतिक क्रम-विकास के समर्थकों के ज़्यादातर दावे तथ्यों और आँकड़ों की कसौटी पर खरे नहीं उतरते, या उनकी ग़लत-सलत व्याख्या पर आधारित हैं।

मॉर्गन का कहना था कि मानव समाज पहले मातृवंशीय आधार पर संगठित थे, और उस स्थिति से विकसित हो कर वे पितृवंशीय संगठन पर पहुँचे। इसी आधार पर संग्रहालय में क्यूरेटरों द्वारा मानव प्रगति का सिलसिला दिखाया जाता था। लेकिन बोआस ने अपने अनुसंधान द्वारा ऐसे समाजों का प्रमाण प्रस्तुत किया जो पहले पितृवंशीय थे और फिर विकसित हो कर मातृवंशीय बने। उन्होंने संग्रहालय द्वारा अपनाये जाने वाले वर्गीकरण और कार्य-कारण सिद्धांत की आलोचना करते हुए कहा कि पुरावशेषों के बदलते हुए आकार समाज की प्रौद्योगिकीय प्रगति के प्रतीक नहीं हैं। बल्कि उनके बदले हुए रूप में उन परिस्थितियों को पढ़ा जाना चाहिए जिनके तहत उनका निर्माण और प्रयोग किया गया होगा। मौक़ा मिलने पर हार्वर्ड विश्वविद्यालय के पीबॉडी म्यूज़ियम में बोआस ने पुरावशेषों का वर्गीकरण और प्रदर्शन अपने तरीक़े से करके सभी को चौंका दिया।

कोलम्बिया विश्वविद्यालय में बोआस ने कई विभागों को एक करके मानवशास्त्र का विभाग खड़ा किया और उसी के बाद इस अनुशासन में पहला पीएचडी अध्ययन हुआ। इसी दौर में बोआस के प्रयासों से अमेरिकन एंथ्रोपोलॅजीकल एसोसिएशन गठित हुई। इसी दौर में उन्होंने मानवशास्त्र को 'फ़ोर फ़ील्ड' वाले अनुशासन की अवधारणा दी। ख़ुद उनके अध्ययनों ने भौतिक, भाषायी, पुरातात्त्विक और सांस्कृतिक क्षेत्रों में महत्त्वपूर्ण योगदान किया। भौतिक मानवशास्त्र में बोआस की कोशिशों के कारण ही नस्ली वर्गीकरण की स्थावर विधियों पर ज़ोर कम हुआ और मनुष्य के जैविकीय क्रम-विकास पर अधिक बल दिया जाने लगा। भाषायी मानवशास्त्र की सीमाओं का बोआस के कारण संज्ञानात्मक अध्ययनों के रूप में विस्तार हुआ। उन्होंने आग्रह किया कि निरक्षर समाजों के अध्ययन के मानक भी वही होने चाहिए जो साक्षर समाजों के अध्ययन के लिए अपनाये जाते हैं। सांस्कृतिक मानवशास्त्र में उन्होंने और बॉनिस्लॉ मैलिनॉस्की ने संस्कृति के प्रति संदर्भगत दृष्टिकोण की स्थापना की जिसे सांस्कृतिक सापेक्षतावाद के नाम से जाना जाता है।

1911 में बोआस की सबसे महत्त्वपूर्ण रचना *माइंड ऑफ़ प्रिमिटिव मैन* प्रकाशित हुई। इस अध्ययन में उन्होंने स्थापित किया कि किसी भी समाज और संस्कृति की जैविकी, उसकी भाषा, उसकी भौतिकी और उसके प्रतीकों का संसार अपने आप में स्वायत्त होता है। सांस्कृतिक और ग़ैर-सांस्कृतिक शक्तियों के प्रभाव में हुए ऐतिहासिक विकास के दौरान मानव प्रकृति की रचना होती है। बोआस ने ज़ोर देकर कहा कि मानव समाज का बुनियादी लक्षण उसकी सांस्कृतिक विविधता है। बोआस की एक अन्य रचना *रेस, लेंग्वेज ऐंड कल्चर* उस युग में प्रकाशित होने वाली सबसे प्रभावशाली नस्लवाद विरोधी कृति थी। इस विमर्श में अंतर्निहित समतामूलकता के आग्रह ने मानवशास्त्रियों की आने वाली पीढ़ियों पर गहरा असर डाला। बोआस ने बहुलतावादी मानवशास्त्र की जिस समृद्ध विरासत को अपने पीछे छोड़ा उसे आगे बढ़ाने में उनके सुयोग्य शिष्यों रुथ बेनेडिक्ट, मार्गरेट मीड और अल्फ्रेड क्रोबर ने उल्लेखनीय योगदान किया।

देखें : अल्फ्रेड लुइस क्रोबर, ऑग्युस्त कॉम्त, क्लॉद लेवी-स्त्रॉस, क्लिफ़र्ड गीर्ट्ज़, जार्ज ज़िमेल, टैलकॉट पार्सस, डेविड एमील दुर्ख़ाइम, पिएर बोर्दियो, मारग्रेट मीड, मारसेल मौज़, मार्गरेट मीड, मिल्टन सिंगर, मैक्स वेबर, रुथ बेनेडिक्ट।

संदर्भ

1. रुथ बेनेडिक्ट (1943), 'फ्रेंज़ बोआस', *साइंस,* न्यू सीरीज़, खण्ड 97, अंक 2507.
2. फ्रेंज़ बोआस (1911), *हैंडबुक ऑफ़ अमेरिकन इण्डियन लेंग्वेजिज़* (खण्ड 1), ब्यूरो *ऑफ़* अमेरिकन एंथ्रोपोलॅजी, बुलेटिन 40, वाशिंगटन.

— अभय कुमार दुबे

फ्रेंज़ फ़ानो

(Frantz Fanon)

फ्रेंज़ फ़ानो (1925-1961) के रैडिकल विमर्श ने उत्तर-औपनिवेशिक सिद्धांत को गहरायी से अनुप्राणित किया है। उन्होंने संस्कृति के क्षेत्र में जारी औपनिवेशिक प्रक्रियाओं की विस्तार से पड़ताल करते हुए अश्वेत तथा अन्य ग़ैर-युरोपीय समुदायों के सांस्कृतिक दमन और उत्पीड़न की व्याख्या की है। उनका नाम संस्कृति के माध्यम से उपनिवेशवाद का प्रतिरोध करने वाले विचारकों में भी गिना जाता है। *द रेचेड ऑफ़ द अर्थ* (1961) और *ब्लैक स्किन, व्हाइट मास्क* (1952) उनकी दुनिया भर में प्रसिद्ध और बहुपठित कृतियाँ हैं। अपनी कृतियों में उन्होंने कुचले और भुला दिये गये इतिहास के पुनरान्वेषण के महत्त्व को रेखांकित किया है, जिससे कि उसका इस्तेमाल संस्कृति के क्षेत्र में हीनतर ठहरा दिये गये समुदायों की पहचान और आत्मसम्मान की

फ्रेंज़ फ़ानो (1925-1961)

पुनर्स्थापना के लिए किया जा सके। अफ़्रीकी महाद्वीप में अश्वेत पर गोरों के वर्चस्व और उनके सांस्कृतिक जगत को छिन्न-भिन्न कर देने की साम्राज्यवादी प्रक्रियाओं को उलट देने के लिए फ़ानो ने अश्वेतों के सांस्कृतिक प्रतिरोध का विशेष तौर पर पक्ष लिया और राष्ट्रीय संस्कृति निर्मित करने की ज़रूरत पर बल दिया जो संस्कृतियों को बुरा या अच्छा, उच्च या निम्न में बाँटने की साज़िश को व्यापक रूप से प्रश्नांकित कर सके। अफ़्रीका के देशों में साम्राज्यवाद का प्रभाव काफ़ी था, इसलिए फ़ानो ने बार-बार राष्ट्रीय चेतना, राष्ट्रीय संस्कृति और अफ़्रीकन-नीग्रो संस्कृति के विकास पर बल दिया और बुद्धिजीवियों के लिए इसके विकास को प्रमुख ज़िम्मेदारी के रूप में परिभाषित किया। अश्वेतों के पक्ष में उनका यह वाक्य किसी लोकप्रिय उक्ति की तरह अक्सर दोहराया जाता है : 'राष्ट्रीय चेतना, जो कि राष्ट्रवाद नहीं है, केवल वही हमें एक व्यापक अंतर्राष्ट्रीय पहचान प्रदान कर सकती है।' उन्होंने प्रतिरोधी चरित्र की राष्ट्रीय संस्कृति के विकास और कहानी कहने वाले समूहों के बीच भी संबंध देखा। कहानी सुनाने वाले राष्ट्रीय संस्कृति के विकास के दौर में ही अपनी जनता से अधिक गहन रिश्ते क़ायम करते हैं। उनकी कल्पनाशीलता व प्रयोग की क्षमता बढ़ जाती है और वे कहानियों के माध्यम से एक नये मनुष्य के जन्म में सहायता करते हैं।

फ़ानो ने उत्पीड़ितों की दमित चेतना के पक्ष में लिखा और इस बात पर निरंतर ज़ोर दिया कि बाह्य ग़ुलामी वास्तव में कुछ मूल्यों व प्रतीकों के आभ्यंतरीकरण पर निर्भर करती है जिसमें राजनीतिक, आर्थिक दासता भी अपने अस्तित्व की हीनता के कारण सहज ही स्वीकार कर ली जाती है। यानी आर्थिक रूप से निर्बल समुदाय स्वतः ही प्रजातीय व सांस्कृतिक रूप से हीन घोषित कर दिये जाते हैं। उनके बीच की भिन्नता को भुलाकर उन्हें एक वर्ग में डाल दिया जाता है जैसे कि नीग्रो कहकर सभी अफ़्रीकी समुदायों को श्वेतों की तुलना में हीनतर बना दिया जाता है।

भाषा के क्षेत्र में जारी इस दमन-प्रक्रिया को उन्होंने उदाहरण के रूप में प्रयोग करते हुए दिखाया है कि किस प्रकार फ्रांस का उपनिवेश होने के कारण क्रियोल भाषा को हीनतर व अनुपयोगी सिद्ध कर दिया गया और शासितों पर यह दबाव डाला गया कि वे अपने औपनिवेशिक शासकों की भाषाओं का प्रयोग करें। अपनी संस्कृति को जीवन-व्यवहार के लिए अपर्याप्त मानने का बोध, प्रभुत्वशाली संस्कृति में स्वयं को स्वीकार कर लेना और स्वयं को उसमें समायोजित कर लेने की इच्छा भी सांस्कृतिक उपनिवेशवाद का परिणाम होती है। फ़ानो ने श्वेत दुनिया के उन मूल्यों को भी आलोचना के दायरे में खींचा जिसके अंतर्गत सार्वभौमिकता, तार्किकता, प्रगति व नस्लवाद के बल पर दुनिया की विभिन्न संस्कृतियों के मध्य ख़ास तरह का श्रेणी-तंत्र तैयार किया जाता है और उन्होंने इतिहास को इन्हीं श्वेत मूल्यों से देखने के स्थान पर उसके बारे में अधिक बहुलतावादी दृष्टिकोण अपनाने की सलाह दी जिससे कि संस्कृतियों में एकरूपता लाने की प्रवृत्तियों पर रोक लग सके। फ़ानो ने शासित संस्कृतियों के संचालकों को भी इस प्रक्रिया का शिकार बनते देखा और बताया कि अगर कुछ संस्कृतियाँ हीनता की क़ैद में चली जाती हैं तो जो लोग श्रेष्ठता सिद्ध करते हैं वे स्वयं ही उस श्रेष्ठता की क़ैद का शिकार हो जाते हैं। यानी शासक व विजेता लोग स्वयं की मुक्ति को भी असम्भव बना देते हैं। फ्रेंज फ़ानो के लेखन ने होमी भाभा और एडवर्ड सईद जैसे उत्तर-औपनिवेशिक विचारकों को गहरायी से प्रभावित किया है।

वेस्टइंडीज की पृष्ठभूमि वाले फ़ानो का जीवन किताबी लेखन के अलावा भी कई मोर्चों पर सक्रिय रहा। उन्होंने द्वितीय विश्व-युद्ध में फ्रांस की सेना में शामिल होकर युद्ध लड़ा। उसके बाद विश्वविद्यालय में मनोचिकित्सा विभाग में अध्ययन किया। बाद में फ्रांस की नीतियों से आहत होकर उन्होंने अल्जीरिया में फ्रांस के प्रभुत्व के ख़िलाफ़ संघर्ष किया। उन्हीं के शब्दों में : 'अगर मनोचिकित्सा का उद्देश्य यह है कि वह व्यक्ति को अपने समाज से अजनबी होने से बचाये तो मैं यही घोषणा करता हूं कि अरब इस देश में हमेशा के लिए हर चीज़ से काट दिये गये हैं। उनका अस्तित्व पूरी तरह से कुचल डाला गया है।' फ़ानो ने फ्रांस की अपनी मनोचिकित्सा विभाग की नौकरी से त्यागपत्र देकर अल्जीरिया के संघर्ष में भागीदारी की। घाना में वे अस्थायी

अल्जीरियन सरकार के राजदूत भी बने और उन्होंने अल्जीरियन सेना की मदद की। घाना में रहने के दौरान उन्हें रक्त-कैंसर का पता चला और इसके बावजूद उन्होंने दस महीने में अपनी पुस्तक द *रेचेड ऑफ़ द अर्थ* को पूरा किया जो उनकी मृत्यु के बाद प्रमुख अस्तित्ववादी विचारक ज्याँ-पाल सार्त्र द्वारा प्रकाशित की गयी थी। उनकी मृत्यु मेरीलैण्ड में 6 दिसम्बर, 1961 को हुई जहाँ उनका कैंसर का इलाज़ चल रहा था। मृत्यु के बाद उनके आग्रह के अनुसार ही उनकी देह वापस अल्जीरिया लायी गयी जहाँ अल्जीरियन नैशनल लिबरेशन आर्मी ने उन्हें पूरे सम्मान के साथ दफ़नाया।

सार्त्र ने ही उनकी अंतिम किताब की भूमिका भी लिखी थी जिसमें उन्होंने कहा था : 'एक विद्रोही की बंदूक उसकी मानवीयता की पहचान होती है।' फ़ानो ने स्वयं भी गोरी नस्लों के वर्चस्व के ख़िलाफ़ अन्य नस्लों के सम्मान वापसी के लिए सशस्त्र संघर्ष की वकालत की थी। उनका मत था कि उपनिवेशवाद स्वयं में कोई विचारधारा नहीं है क्योंकि यह अपनी हिंसा व क्रूरता को किसी प्रकार का आवरण नहीं पहनाता बल्कि उसे पूरी तीव्रता से व्यक्त करता है। उसकी हिंसा को किसी अधिक बड़ी हिंसा से ही रोका जा सकता है। *रेचेड ऑफ़ द अर्थ* में उन्होंने उपनिवेशवाद के शिकार समुदायों के मनोविज्ञान व उनके संघर्ष के बारे में बेबाक विश्लेषण प्रस्तुत किया है। उनके अनुसार श्वेत व अश्वेत के मध्य जो द्वैधता है, जिसमें अश्वेत हमेशा बुरे व श्वेत अच्छे समुदायों के रूप में दिखाये जाते हैं। इसे समाप्त करने के लिए एक पूरी तरह से नयी दुनिया का निर्माण करना पड़ेगा। इस यूटोपियन इच्छा को पूरा करने के लिए उन्होंने समग्र हिंसा पर आधारित समग्र परिवर्तन का रास्ता भी सुझाया और उनके अनुसार यह ऐतिहासिक काम किसानों के माध्यम से ही सम्भव हो सकता है।

फ़ानो ने युरोपीय सत्ता-संस्कृति के व्यापक प्रभाव का ही केवल तीक्ष्ण खण्डन नहीं किया बल्कि उन्होंने सार्वभौम मानवतावाद को भी आड़े हाथों लिया जो उनके अनुसार ग़ैर युरोपीय नस्लों व संस्कृतियों के उत्पीड़न का ही एक औज़ार बन गया था और इसके मार्फ़त उनके शोषण को सही सिद्ध करना ज़्यादा आसानी से सम्भव हो गया था। इसी कड़ी में फ़ानो ने निरंतर युरोप के ख़िलाफ़ लिखा और युरोप की हर मामले में फूहड़ नक़ल व अनुकरण को मानवता के सबसे घातक कार्यों में से एक माना। युरोप को उन्होंने अतिक्रमणकारी शक्ति के रूप में देखा जो अपनी हर हिंसा व दुनिया की 80 फ़ीसदी आबादी के औपनिवेशीकरण को अपने ही मूल्यों के बल पर जायज़ ठहराने में कामयाब हो जाता है। इसीलिए उन्होंने उपनिवेशवाद की समाप्ति को किसी आसान रास्ते से सम्भव होते नहीं देखा और कहा कि नवउपनिवेशवाद तीसरी दुनिया के सामने हमेशा से खड़ी तल्ख़ सच्चाई है और इससे तभी बचा जा सकता है जबकि देश आर्थिक व सांस्कृतिक स्तर पर आत्मनिर्भर होने की नीति को अंगीकार करे। फ़ानो को उनके आलोचकों ने हिंसा प्रचारक कहकर ख़ारिज करने का प्रयास भी किया है पर फ़ानो के राजनीतिक व सांस्कृतिक दर्शन में हिंसा केवल एक चरण है जो उपनिवेशवाद को समाप्त करने में उपयोगी है और बाद में एक समग्र आत्मनिर्भरता की अवस्था में उसकी आवश्यकता नहीं रह जाती है।

देखें : अश्वेत नारीवाद, अहिंसा-1 और 2, आतंकवाद, आशिस नंदी-1 और 2, उत्तर-औपनिवेशिकता, एडवर्ड विलियम सईद, काला राष्ट्रवाद, क्रांति, हिंसा, संरचनागत हिंसा।

संदर्भ

1. फ्रेंज़ फ़ानो (1963), *द रेचेड ऑफ़ द अर्थ* (अंग्रेज़ी अनुवाद), ग्रोव वेडनफ़ील्ड, न्यूयॉर्क.
2. इरेन ग्रैंडजिएर (1974), *फ्रेंज़ फ़ानो, अ क्रिटिकल स्टडी*, वाइल्डवुड हाउस, लंदन.
3. निजेल सी. गिब्सन (2003), *फ़ानो : द पोस्टकोलोनियल इमेजिनेशन*, पॉलिटी प्रेस, ऑक्सफ़र्ड.
4. लुइस आर. गार्डन (1995), *फ़ानो ऐंड द क्राइसिस ऑफ़ युरोपियन मैन, ऐन एसे ऑन फ़िलॉसफ़ी ऐंड द ह्यूमेन साइंसेज*, रॉटलेज़, न्यूयॉर्क.
5. डेविड मैके (2000), *फ्रेंज़ फ़ानो, अ बायोग्राफ़ी*, पिकाडोर प्रेस, न्यूयॉर्क.

— वैभव सिंह

फ़्रांस्वा केस्ने और प्रकृतिवाद

(Francois Quesnay and Physiocracy)

आर्थिक जीवन केंद्र में मानवीय श्रम की महिमा प्रतिष्ठित करने वाले प्रकृतिवादी चिंतकों को आधुनिक अर्थशास्त्र के पहले विचारकों के रूप में देखा जाता है। इन विद्वानों की मण्डली के प्रमुख फ़्रांस्वा केस्ने (1694-1774) थे जिन्हें मुक्त बाज़ार नीतियाँ (लैसे-फ़ेयर) सर्वप्रथम प्रस्तावित करने का श्रेय भी जाता है। फ़्रांसीसी ज्ञानोदय के दौर में दिदेरो और द'अलेम्बर्त के सम्पादन में प्रकाशित *इनसाइक्लोपीदी* में केस्ने ने कई लेखों का योगदान किया जिनमें अर्थव्यवस्था के एक क्षेत्र से दूसरे क्षेत्र में धन, माल और लोगों के वृत्ताकार परिसंचरण के रूप में आर्थिक प्रक्रियाओं का विश्लेषण किया गया था। इन लेखों को बड़े

फ्रांस्वा केस्ने (1694-1774)

पैमाने पर लोकप्रियता और सराहना मिली। केस्ने के अनुयायियों की संख्या तेज़ी से बढ़ी और उन्हें फ़ीज़ियोक्रेट की संज्ञा दी गयी। फ्रेंच भाषा में फ़ीज़ियोक्रेसी का अर्थ होता है प्रकृति का शासन। इन लेखों में सर्वाधिक महत्त्वपूर्ण था 'कॉर्न' शीर्षक से लिखा गया लेख जिसमें केस्ने ने साबित किया था कि फ्रांसीसी अर्थव्यवस्था में केवल कृषि का क्षेत्र ही उत्पादक है जिसमें उत्पादन लागत से ज़्यादा मिलता है। केस्ने का ख़याल था कि कृषि से पैदा होने वाले इस अधिशेष का कारण है भूमि के प्रकृति प्रदत्त उत्पादक गुण जिनका दोहन मानवीय श्रम के माध्यम से किया जा सकता है। यह विचार वणिकवादी अर्थशास्त्र के तहत प्रचलित सूत्रों से भिन्न था। इसका मतलब था कि समृद्धि उत्पादन की प्रक्रिया में पैदा होती है न कि वाणिज्य के ज़रिये। चूँकि केस्ने उत्पादन को केवल भूमि और खेती से जोड़ कर ही देख रहे थे, इसलिए उन्होंने साथ में यह भी जोड़ दिया कि कारख़ाना आधारित उत्पादन से अधिशेष पैदा नहीं हो सकता। उनके विचारों के इस पहलू को आगे चल कर ज़बरदस्त आलोचना का सामना करना पड़ा।

केस्ने से पहले रिचर्ड केंटिलन अर्थव्यस्था के संचालन की व्याख्या आर्थिक संबंधों के वृत्ताकार परिसंचरण के रूप में कर चुके थे। केस्ने ने इन्हीं विचारों को एक नये धरातल पर ले जाते हुए अपनी कृति द *इकॉनॉमिक टेबिल* (तेब्लो ईकॉनॉमीक या आर्थिक तालिका) में अर्थव्यवस्था के विभिन्न हिस्सों के आपसी रिश्तों की विस्तार से जाँच की और विश्लेषण की गणितीय विधियों का इस्तेमाल किया। दरअसल, केस्ने अर्थशास्त्र में गणितीय फ़ार्मूलों का प्रयोग करके समग्र अर्थव्यवस्था का मॉडल बनाने वाले पहले विद्वान थे।

फ्रांस्वा केस्ने का जन्म फ्रांस में वर्साई के पंद्रह मील पश्चिम में स्थित एक गाँव मीरी में हुआ था। वे निकोलस केस्ने के तेरह बच्चों में से आठवें नम्बर के थे। पिता एक छोटे-मोटे किसान थे। खेतिहर माहौल में पालन-पोषण होने के कारण केस्ने को बचपन में औपचारिक शिक्षा न के बराबर ही मिल पायी। ग्यारह साल की उम्र तक वे निरक्षर ही रहे। फिर एक दयालु माली ने उन्हें लिखना-पढ़ना सिखाया और पड़ोस के एक छोटे शहर की प्राथमिक पाठशाला में उन्हें दाख़िला लेने का मौक़ा मिला। खेतों और घर में कठोर परिश्रम करने के बावजूद केस्ने को शुरू से ही पुस्तकों से प्रेम था। वे अक्सर पेरिस तक पैदल जा कर प्लेटो और अरस्तू की रचनाओं की इस्तेमालशुदा प्रतियाँ ख़रीदते थे। 17 साल की उम्र में उन्होंने शल्य चिकित्सक बनने का फ़ैसला किया, मेडिकल परीक्षा पास करके डिग्री हासिल की और पेरिस के दक्षिण में स्थित एक गाँव मांते में प्रैक्टिस शुरू कर दी। 1735 में केस्ने को विलेरॉय के ड्यूक का निजी चिकित्सक बनने का मौक़ा मिला। 1744 में उन्होंने औषधि विज्ञान में डॉक्टरेट हासिल की और फ्रांसीसी विज्ञान अकादमी के सदस्य बने। पाँच साल बाद अपने वर्साई निवास के दौरान वे फ्रांस के सम्राट लुई पंद्रहवें की प्रेयसी मादाम द पॉम्पादुर के निजी चिकित्सक तैनात किये गये। पॉम्पादुर राजनीतिक रूप से प्रभावशाली महिला थीं। वर्साई स्थित महल के निचले तल्ले में रहते हुए केस्ने का फ़्लैट बुद्धिजीवियों का अड्डा बन गया। पॉम्पादुर के कारण डॉक्टर केस्ने को सम्राट का चिकित्सकीय सलाहकार बनने का मौक़ा भी मिला और उनकी स्वास्थ्य संबंधी सलाहों से प्रभावित हो कर लुई उन पर कृपालु हो गया। दिदेरो, हेल्वेतियस, त्युरगो और बुफ़ों जैसे बुद्धिजीवियों की सोहबत में केस्ने अर्थशास्त्र और गणित में दिलचस्पी लेने लगे। उस समय तक आयुर्विज्ञान संबंधी उनकी कई पुस्तकें प्रकाशित हो चुकी थीं। अपनी बौद्धिक ख्याति और सम्पर्कों की बदौलत उन्हें दिदेरो और द'अलम्बर्त के *इनसाइक्लोपीदी* में लिखने के लिए आमंत्रण प्राप्त हुआ।

केस्ने ने इस धारणा को अपना आधार बनाया कि कोई अर्थव्यवस्था खाद्य, कच्चा माल और खेतिहर माल का उत्पादन करने वाले कृषि क्षेत्र पर निर्भर होती है। फिर नम्बर आता है कारख़ाना उत्पादन का जिसमें केस्ने ने घरेलू

डेनिस दिदेरो (1713–1784)

व अंतर्राष्ट्रीय वाणिज्य में लगे हुए सेवा क्षेत्र को भी शामिल कर लिया। तीसरा क्षेत्र उन्होंने भू-स्वामियों का माना जो उत्पादन में किसी क़िस्म का योगदान दिये बिना खेती से पैदा होने वाले अधिशेष पर लगान के रूप में अपना दावा ठोकता रहता है।

द इकॉनॉमिक टेबिल में केस्ने ने दिखाया कि कृषि में जितनी लागत लगती है उससे दोगुना उत्पादन होता है। चूँकि यह पैदावार खेती की बेहतर प्रौद्योगिकी पर भी निर्भर है, इसलिए केस्ने ने ऐसी नीतियाँ भी प्रस्तावित कीं जिनसे पैदावार बढ़ सके। आख़िर में केस्ने ने यह मान्यता बनायी कि लगान से होने वाली भू-स्वामी की सारी आमदनी खेतिहर माल और कारख़ाना आधारित माल के बीच ख़र्च बराबर-बराबर ख़र्च हो जाएगी। इस मान्यता के आधार पर ही उन्होंने अर्थव्यवस्था का अपना मशहूर टेढ़ा-मेढ़ा (ज़िग-ज़ैग) मॉडल खड़ा किया।

इसके मुताबिक़ अगर भू-स्वामी लगान से एक हज़ार डॉलर कमाता है और उसका आधा खेतिहर और आधा औद्योगिक उत्पादों पर ख़र्च करता है तो दोनों क्षेत्रों के पास पाँच-पाँच सौ डॉलर पहुँचेंगे। फिर इन दोनों क्षेत्रों में काम कर रहे लोग अपनी-अपनी आमदनी का आधा-आधा दूसरे सेक्टर का माल ख़रीदने में ख़र्च करेंगे। इस तरह प्रत्येक उत्पादक सेक्टर ढाई-ढाई सौ डॉलर प्राप्त करेगा। फिर दूसरे दौर में इस अतिरिक्त आमदनी का आधा-आधा दूसरे सेक्टर में उत्पादित वस्तुएँ ख़रीदने पर ख़र्च किया जाएगा। यह प्रक्रिया तब तक चलती रहेगी जब तक वह अतिरिक्त आमदनी बहुत कम नहीं रह जाती। केस्ने ने दिखाया कि अगर खेतिहर उत्पादों पर ख़र्च होने वाली सभी आमदनी और कारख़ाना उत्पादन ख़रीदने पर ख़र्च की गयी सभी रक़म जोड़ दी जाए तो उसका योगफल एक हज़ार डॉलर में निकलता है। केस्ने के मॉडल की विशेषता यह प्रदर्शित करने में भी थी कि इस सिलसिले में प्रत्येक उत्पादक सेक्टर के भीतर भी अधिशेष पैदा होता है, इसलिए अर्थव्यवस्था के हर क्षेत्र का बारीक़ी से अध्ययन किया जाना चाहिए।

हालाँकि प्रकृतिवादियों ने वणिकवादियों की आलोचना की, पर आर्थिक सिद्धांत के प्रयोग के मामले में उनका रवैया एक सा था। दोनों तरह के विद्वानों की कोशिश थी कि आर्थिक सिद्धांतों की व्याख्या करने के बाद नीतिगत सिफ़ारिशें भी की जाएँ ताकि उनके आधार पर आर्थिक वृद्धि अंजाम दी जा सके। चूँकि केस्ने अर्थशास्त्री होने से पहले पेशे से डॉक्टर थे, इसलिए वे तो अर्थव्यवस्था के साथ एक मरीज़ की तरह पेश आते थे। इसलिए अपनी *द इकॉनॉमिक टेबिल* के अंत में उन्होंने दो तालिकाएँ पेश कीं। एक में फ्रांस की तत्कालीन हालत का मुजाहिरा था, और दूसरी में उनके सुझाये गये नये उपायों के आधार पर हुई सम्भावित प्रगति का तख़मीना था। केस्ने ने एक महत्त्वपूर्ण सुझाव यह दिया कि करारोपण केवल अनुत्पादक भू-स्वामियों पर किया जाए। कारख़ानों पर वे कोई टैक्स न लगाया जाए, क्योंकि वे अधिशेष पैदा करने में असमर्थ हैं। केस्ने ने फ्रांसीसी कृषि की पुनर्संरचना और उसके आमूल आधुनिकीकरण की वकालत भी की। वे छोटी जोतों और पुरानी प्रौद्योगिकी के ख़िलाफ़ थे। केस्ने ने बचत करने या धन की जमाखोरी की भी निंदा की, क्योंकि उनके मुताबिक़ उसके कारण धन और माल का वृत्ताकार परिसंचरण रुक जाता है। माँग घट जाती है जिससे राष्ट्रीय उत्पादन में जड़ता आती है। वणिकवादियों के विपरीत वे राष्ट्रों के बीच मुक्त व्यापार के समर्थक साबित हुए। उनका विचार था कि इससे अंतर्राष्ट्रीय बाज़ार में फ्रांसीसी खेतिहर उत्पादों की माँग बढ़ेगी।

इस विवरण से ज़ाहिर है कि केस्ने के सिद्धांतों में भविष्य का आधुनिक अर्थशास्त्र अपनी अनुगूँजें सुना रहा था। अर्थव्यवस्था में माँग के महत्त्व और ख़र्च के ज़रिये आर्थिक वृद्धि प्रोत्साहित करने की तरक़ीब को समझने के लिहाज़ से वे कींस के पुरोगामी थे। गणितीय मॉडल बनाने के मामले में वे नियोक्लासिकल अर्थशास्त्रियों के पहले प्रेरणास्रोत थे। मुक्त व्यापार प्रस्तावित करने के लिहाज़ से उन्होंने यह कहा जा सकता है कि उन्होंने ऐडम स्मिथ के शिक्षक की भूमिका अदा की। कार्ल मार्क्स ने भी माना है

कि उत्पादन के ज़रिये आर्थिक अधिशेष प्राप्त करने और उसके ज़रिये पूँजीवादी अर्थव्यवस्था द्वारा वृद्धि के रास्ते पर चल निकलने की उनकी अंतर्दृष्टि बहुत क़ीमती है।

दिलचस्प बात यह है कि इसके बाद भी केस्ने का महत्त्व वह नहीं है जो ऐडम स्मिथ या अन्य क्लासिकल अर्थशास्त्रियों का है। पेशेवर अर्थशास्त्रियों की दुनिया के बाहर केस्ने को ज़्यादा नहीं जाना जाता। केस्ने की रचना *द इकॉनॉमिक टेबिल* काफ़ी कठिन शैली में लिखी गयी है जिसे आसानी से नहीं समझा जा सकता। इसका सबसे बड़ा कारण यह है कि वे कारख़ाना उत्पादन के महत्त्व को समझने में असमर्थ रहे और उन्होंने उसे खेतिहर उत्पादन से कमतर माना। इस संदर्भ में ऐडम स्मिथ ने भी केस्ने की कड़ी आलोचना की है।

देखें : अर्थ-विज्ञान का समाजशास्त्र, आर्थिक जनसांख्यिकी, अल्फ्रेड मार्शल, अमर्त्य कुमार सेन, अंतर्राष्ट्रीय मुद्रा कोष, आधार और अधिरचना, ऑस्कर रायज़ार्ड लांगे, ऐडम स्मिथ, करारोपण, कल्याणकारी अर्थशास्त्र, क्लासिकल अर्थशास्त्र, कार्ल हाइनरिख़ मार्क्स-3, कार्ल मेंगर, कींसियन अर्थशास्त्र, गुन्नार मिर्डाल, जोआन रोबिंसन, जॉन कैनेथ गालब्रेथ, जॉन मेनार्ड कींस, जॉन स्टुअर्ट मिल, जोसेफ़ शुमपीटर, जैव विविधता, ट्रस्टीशिप, डेविड रिकार्डो, ढाँचागत समायोजन कार्यक्रम, थॉमस मन और वणिकवाद, थॉमस रॉबर्ट माल्थस, दक्षता, धन, नियोक्लासिकल अर्थशास्त्र, नीतिशास्त्र और अर्थशास्त्र, निकोलस काल्दोर, नियोजन, नियोजन : मार्क्सवादी विमर्श, पण्य, पण्य-पूजा, पेटेंट, पॉल सेमुअलसन, पियरो स्राफ़ा, पूँजी, प्रतियोगिता, फ्रेड्रिख़ वॉन हायक, बहुराष्ट्रीय निगम, बाज़ार, बाज़ार की विफलताएँ, बाज़ार-समाजवाद, बौद्धिक सम्पदा अधिकार, ब्रेटन वुड्स प्रणाली, भारत में बहुराष्ट्रीय निगम, भारत में नियोजन, भारत में पेटेंट क़ानून, भारत में शेयर संस्कृति, भूमण्डलीकरण और पूँजी बाज़ार, भूमण्डलीकरण और वित्तीय पूँजी, भूमण्डलीकरण और वित्तीय उपकरण, मार्क्सवादी अर्थशास्त्र, मिल्टन फ्रीडमेन, मूल्य, राजकोषीय नीति और मौद्रिक नीति, रॉबर्ट ओवेन, विलफ्रेडो परेटो, विश्व व्यापार संगठन, विश्व बैंक, विलियम पेटी, विलियम स्टेनली जेवंस, वैकासिक अर्थशास्त्र, शोषण, साइमन कुज़्नेत्स।

संदर्भ

1. ए.वी. ऐनीकिन (1983), *आर्थिक विज्ञान का युवा काल : मार्क्स-पूर्व का अर्थशास्त्र,* अनुवाद : गिरीश मिश्र, पीपुल्स पब्लिशिंग हाउस, नयी दिल्ली.
2. मैक्स बीयर (1939), ऐन *इनक्वारी इन टु फ़ीज़ियोक्रेसी,* जॉर्ज एलेन ऐंड अनविन, लंदन.
3. हेनरी हिग्स (1897), *द फ़ीज़ियोक्रेट्स,* मैकमिलन, लंदन, 1897
4. रोनाल्ड मीक (1963), *द इकॉनॉमिक्स ऑफ़ फ़ीज़ियोक्रेसी : एसेज़ ऐंड ट्रांसलेशंस,* हार्वर्ड युनिवर्सिटी प्रेस, केम्ब्रिज.
5. गियानी वेज्जी (1987), *द इकॉनॉमिक्स ऑफ़ फ्रांस्वा केस्ने,* ड्यूक युनिवर्सिटी प्रेस, डरहम, नॉर्थ कैरोलिना.

— अभय कुमार दुबे

फ्रांस्वा-चार्ल्स मारी फ़ूरिए

(Francois-Charls Mary Fourier)

उन्नीसवीं सदी के शुरुआती दौर में फ्रांस्वा-चार्ल्स मारी फ़ूरिए (1772-1837) फ्रांसीसी समाजवादी दर्शन के मुख्य प्रणेताओं में से एक थे। सैं-सिमों और रॉबर्ट ओवेन के साथ उन्हें काल्पनिक समाजवाद के संस्थापकों में से एक माना जाता है। मार्क्सवादी हलकों में उन्हें एक ऐसे सामाजिक दर्शन का प्रतिपादक माना जाता है जो ऐतिहासिक भौतिकवाद का अग्रदूत था। 'फ़ेमिनिज़्म' या नारीवाद शब्द का पहली बार प्रयोग करने का श्रेय भी फ़ूरिए को ही जाता है। हालाँकि वे 'समान अधिकार' के विमर्श को पसंद नहीं करते थे, फिर भी 1808 में प्रकाशित अपनी पुस्तक *थियरी ऑफ़ द फ़ोर मूवमेंट्स* में उन्होंने दावा किया था कि स्त्रियों को आज़ादी मुहैया कराना सभी तरह की सामाजिक प्रगति का आधारभूत सामान्य सिद्धांत होना चाहिए। उस ज़माने में बौद्धिक जगत पर रूसो के स्त्री विरोधी विचारों का ख़ासा असर था, पर फ़ूरिए ने उसकी परवाह किये बिना माँग की कि लैंगिक आधार पर पाबंदियाँ लगाने के बजाय कौशल, क्षमता और रुझान के आधार पर स्त्रियों को सभी तरह के काम करने की इजाज़त मिलना ज़रूरी है। उन्होंने स्त्री को एक सम्पूर्ण व्यक्ति के रूप में देखने की कोशिश की न कि स्त्री-पुरुष युगल के आधे हिस्से के रूप में। वे पारम्परिक विवाह को स्त्री-अधिकार आंदोलन के लिए नुक़सानदेह मानते थे। फ़ूरिए के दिल में ठुकराये हुए प्रेमियों और सेक्शुअल आधार पर ख़ारिज किये जा चुके लोगों के प्रति बड़ा दर्द था। वे समलैंगिकता का समर्थन करते हुए उसे निजी चयन का मामला मानते थे।

फ़ूरिए का जन्म बेसांशों (फ्रांस) के एक धनी व्यापारी के परिवार में हुआ था। उनकी शिक्षा बेसांशों के ही एक जेसुइट कॉलेज में हुई जहाँ उन्होंने विज्ञान, साहित्य और संगीत में असाधारण प्रतिभा का परिचय दिया। कॉलेज के बाद उन्होंने सैनिक इंजीनियरिंग कॉलेज में प्रवेश पाने का विफल प्रयास किया। इसके बाद वे स्वाध्याय में लग गये और साथ में पारिवारिक दबाव में विरासत में प्राप्त व्यापार भी करते रहे, हालाँकि उन्हें अपने इस धंधे से कभी ख़ुशी नहीं मिली। 1793 में फ़ूरिए ने जैकोबिन कान्वेंट के ख़िलाफ़ लिओं-विद्रोह में भागीदारी की जिसके विफल होने पर उन्हें जेल जाना पड़ा। उनकी सारी सम्पत्ति ज़ब्त कर ली गयी। जेल से निकलने के बाद वे फिर बेसांशों लौटे।

तीस साल की उम्र होने तक फ़ूरिए को यक़ीन हो चुका था कि उनका तो जन्म ही समाज सुधारक बनने के लिए हुआ है। 1808 में भौतिक गति के नियमों की भाँति उन्होंने

फ़्रांस्वा-चार्ल्स मारी फ़ूरिए (1772-1837)

सामाजिक गति के नियमों के उद्‌घाटन का दावा करते हुए अपनी पुस्तक 'चार गतियों और सामान्य भवितव्यों का सिद्धांत' की रचना की। अपने जीवन के अंतिम वर्ष पेरिस में बिताते हुए फ़ूरिए ने बड़े अध्यवसाय के साथ लेखन कार्य जारी रखा। उन्होंने सामाजिक, आर्थिक, नैतिक, नीतिशास्त्र और शिक्षा संबंधी विषयों पर विचार व्यक्त किये। अक्टूबर, 1837 में पेरिस में ही उनका निधन हुआ।

फ़ूरिए की मान्यता थी एक-दूसरे की चिंता और परस्पर सहयोग ही किसी समाज को सफलता, उत्पादकता में वृद्धि और प्रगति के रास्ते पर ले जा सकता है। उनके ख़याल से ग़रीबी सामाजिक अव्यवस्था का सबसे बड़ा स्रोत थी, न कि ग़ैर-बराबरी। इसलिए वे चाहते थे कि मज़दूरों को उनके योगदान के मुताबिक़ मेहनताना दिया जाए और जो लोग काम करने के क़ाबिल नहीं है उन्हें भी अपना ख़र्चा चलाने के लिए ठीक-ठाक क़िस्म की रकम मिलनी चाहिए।

फ़ूरिए को यक़ीन था कि मनुष्य मुख्यत: 12 क़िस्म की कामनाओं से संचालित होता है जिसके मुताबिक़ समाज 810 क़िस्म के चरित्रों में बँटा रहता है। इस लिहाज़ से गणना करके फ़ूरिए ने फ़ार्मूला दिया कि एक सामाजिक इकाई (फ़ालांक्स) में 1620 लोग होने चाहिए, क्योंकि छोटी सामाजिक इकाई में ही परस्पर सहयोग और सरोकार सम्भव है। समाज को इस तरह की छोटी-छोटी इकाइयों में बाँट कर नये समाज की परियोजना लागू करने के इच्छुक फ़ूरिए का ख़याल था कि दुनिया में एक दिन इस तरह की साठ लाख इकाइयाँ होंगी जिन पर वर्ल्ड कांग्रेस ऑफ़ फ़ालांक्स का शासन होगा। फ़ूरिए ने कल्पना की थी कि ये छोटी इकाइयाँ चार मंज़िले ग्रांड होटलों में रहेंगी जिनमें सबसे ऊपर के तल्ले में सबसे अमीर और सबसे नीचे के तल्ले में सबसे ग़रीब लोग रहेंगे। जो जैसा काम करेगा उसके पास वैसी सम्पत्ति होगी, और व्यक्ति को उसकी दिलचस्पी और इच्छाओं के हिसाब से काम दिया जाएगा। फ़ूरिए तिजारत को सभी बुराइयों की जड़ मानते थे। चूँकि तिजारत यहूदियों से जोड़ कर देखी जाती थी इसलिए उनका आग्रह था कि छोटी इकाइयों के समुदाय में यहूदियों से खेती का काम करवाया जाना चाहिए। मानवजाति की मुक्ति में शिक्षा की भूमिका पर फ़ूरिए ने विशेष बल दिया था।

फ़्रांस में सैं-सिमों की भाँति फ़ूरिए भी 1789 की फ़्रांसीसी क्रांति की विफलताओं का संबंध ज्ञानोदय की अवधि में विकसित कुछ विचारों से जोड़ कर देखते थे। उन्हें लगता था कि ज्ञानोदय ने मानवीय प्रकृति को जिस तरह समझा, उसी के कारण क्रांति विनाशकारी रास्ते की तरफ़ भटक गयी। इसी आधार पर दोनों ने अलग-अलग शैली में मनुष्य की सहजात प्रकृति के बारे में अपनी अलग-अलग धारणाएँ बनायीं और सुधार के ज़रिये नयी समाज-व्यवस्था गढ़ने की मुहिम चलायी। सैं-सिमों और फ़ूरिए को यक़ीन था कि मनुष्य का मानस बदला जा सकता है और उनकी रची गयी व्यवस्था में रहने वाले लोग परस्पर अन्योन्य-क्रिया करते हुए समरसता को प्राप्त कर सकते हैं। ज़ाहिर था कि इस सामाजिक परियोजना में ज्ञानोदय के विचारों की आलोचना निहित थी।

फ़्रांसीसी राजनीति पर फ़ूरिए के विचारों का असर 1848 की क्रांति और पेरिस कम्यून तक देखा जा सकता है। उनकी प्रेरणा से उन्नीसवीं सदी के अमेरिका में कई कम्यून बसाये गये जिनमें ओहाइयो का यूटोपिया नामक कम्यून बहुचर्चित हुआ। फ़्रांस में विफल प्रयोगों के बाद अमेरिका जा कर छोटी सामुदायिक इकाई की स्थापना की कोशिश करने वाले विक्तोर कोंसीदेरों फ़ूरिए के प्रमुख अनुयायियों में से एक थे। बीसवीं सदी में सुर्रियलिस्ट चित्रकारों से लेकर मार्क्सवाद की रूढ़िमुक्त व्याख्या करने वाले फ़्रैंकफ़र्ट स्कूल के प्रमुख चिंतक वाल्टर बेंजामिन तक पर उनका प्रभाव मिलता है।

उन्नीसवीं सदी के तीसरे से चौथे दशक के बीच कई वर्ष तक फ़्रांस में फ़ूरिएवाद मुख्य समाजवादी प्रवृत्ति रहा। एक तरह से यह विचार सैं-सिमों से ज़्यादा टिकाऊ साबित हुआ। इसमें सैं-सिमों के धार्मिक पहलुओं की झलक नहीं थी। वह अधिक यथार्थवादी उपभोक्ता सहकारी इकाइयों की तजवीज़ करता था। लेकिन फ़ूरिएवाद की मुख्य सीमा यह थी की उसे फ़्रांसीसी मज़दूरों के बीच कम और युवा बुद्धिजीवियों के बीच अधिक लोकप्रियता प्राप्त थी। 1848

की क्रांति ने फ़ूरिएवादियों को विचारों की दुनिया से निकल कर राजनीतिक कार्रवाई की ज़मीन पर सक्रिय होने के लिए मजबूर किया। माक्सवादी विद्वानों की मान्यता है कि इस दौरान उनकी गतिविधियाँ और राजनीतिक मुद्रा ज़्यादा से ज़्यादा निम्न-पूँजीवादी क़िस्म की थीं। उन्होंने जून के लोकप्रिय विद्रोह का समर्थन नहीं किया और एक वर्ष बाद लुई बोनापार्त की सरकार को चुनौती देने की कोशिश की जिसे आसानी से कुचल दिया गया। जो थोड़े-बहुत फ़ूरिएवादी बच गये, उन्होंने सहकारी गतिविधियों में भाग लेना शुरू कर दिया।

मार्क्स और एंगेल्स ने फ़ूरिए के कई सिद्धांतों, मौलिक अंतर्दृष्टियों और विश्लेषणों की प्रशंसा की है, पर साथ में उन पर वर्ग संघर्ष से दूर रहने की प्रवृत्तियों आरोप भी लगाया है। मार्क्स का फ़ूरिएवादियों के बारे में कहना था कि उन्होंने अपने गुरु की शिक्षा के रैडिकल मर्म को न समझ कर उसे निम्न-पूँजीवादी गतिविधियों में खपा दिया। 'कम्युनिस्ट घोषणापत्र' में मार्क्स और एंगेल्स ने सैं-सिमों और रॉबर्ट ओवेन के साथ फ़ूरिए के चिंतन को भी यूटोपियायी समाजवाद की श्रेणी में डाल कर कुछ इस तरह परिभाषित किया है : 'वर्ग संघर्ष की अविकसित स्थिति और उनके अपने माहौल के कारण इस क़िस्म के समाजवादी ख़ुद को सभी तरह की वर्ग-शत्रुताओं से परे मान बैठे थे। वे समाज के सभी सदस्यों, यहाँ तक कि सर्वाधिक सुविधाभोगियों तक की स्थिति में सुधार करना चाहते थे। यही वजह है कि वे बिना वर्ग-भेद किये हुए आदतन पूरे समाज से अपील करते रहते थे, और कुल मिला कर प्राथमिकता शासक वर्ग को ही मिल जाती थी।' मार्क्स ने कहा कि ऐसे समाजवादी चिंतक सभी तरह की राजनीतिक और क्रांतिकारी कार्रवाई को ख़ारिज करके छोटे-छोटे प्रयोगों, शांतिपूर्ण प्रयासों, शिक्षा और सुधार के ज़रिये एक नये सामाजिक धर्म-सिद्धांत की स्थापना करना चाहते थे जो विफल होने के लिए अभिशप्त था।

देखें : अर्नेस्टो चे गुएवारा, आधार और अधिरचना, ऑस्कर रायज़ार्ड लांगे, आंगिक और पारम्परिक बुद्धिजीवी, एंतोनियो ग्राम्शी, कार्ल हाइनरिख़ मार्क्स-1 से 4 तक, क्रांति, क्रांति : मार्क्सवादी विमर्श, ग्योर्गी लूकाच, नयी सदी में मार्क्सवादी विमर्श-1 से 9 तक, निष्क्रिय क्रांति, पेटी बूर्ज़्वा, फ्रेड्रिख़ एंगेल्स, फ्रैंकफ़र्ट स्कूल, भारत में किसान संघर्ष-2 और 4, भारतीय कम्युनिस्ट पार्टी, भारतीय कम्युनिस्ट पार्टी (मार्क्सवादी), भारतीय इतिहास लेखन, भाषा का मार्क्सवादी सिद्धांत, भ्रांत चेतना, बोल्शेविक क्रांति, क्यूबा की क्रांति, फ्रेंज़ फ़ानो, हिंसा-1 और 2, मानवेंद्र नाथ राय, माओ त्से-तुंग, माओवाद और माओ विचार, मार्क्सवाद-1 से 5 तक, मार्क्सवादी इतिहास-लेखन, मार्क्सवादी समाजशास्त्र, मार्क्सवाद और पारिस्थितिकी, मार्क्सवादी अर्थशास्त्र, मिख़ाइल मिख़ाइलोविच बाख़्तिन, समाजवादी वसंत-1 से 4 तक, रॉबर्ट ओवेन, राज्य की मार्क्सवादी अवधारणा, लेनिनवाद, लियोन ट्रॉट्स्की, लिबरेशन थियोलॅजी, वाल्टर बेंजामिन, सर्वहारा, सांस्कृतिक क्रांति, सैं-सिमों, स्तालिन और स्तालिनवाद, सोवियत समाजवाद-1 से 3 तक, सोवियत सिनेमा, वर्चस्व, व्लादिमिर इलीच लेनिन।

संदर्भ

1. ए.वी. एनिकन (1983), *आर्थिक विज्ञान का युवाकाल : मार्क्स-पूर्व का राजनीतिक अर्थशास्त्र,* अनुवाद : गिरीश मिश्र, पीपुल्स पब्लिशिंग हाउस, नयी दिल्ली.
2. जॉर्ज लिचहीम (1969), *द ऑरिजिंस ऑफ़ सोशलिज़म,* वीडनफ़ेल्ड ऐंड निकल्सन, लंदन.
4. ज़ाक रांसिएर (2009), *सर्वहारा रातें : उन्नीसवीं सदी के फ्रांस में मज़दूर-स्वप्न,* अनुवाद : अभय कुमार दुबे, सीएसडीएस-सराय-वाणी, नयी दिल्ली.

— अभय कुमार दुबे

फ्रांसीसी क्रांति

(French Revolution)

फ्रांसीसी क्रांति (1798-1799) आधुनिक विश्व की ऐसी पहली घटना थी जिसके बाद क्रांति का मतलब नये समाज की रचना का पर्याय समझा जाने लगा। इससे ठीक पहले हुई अमेरिकी क्रांति उपनिवेशवाद के ख़िलाफ़ गणतांत्रिक मूल्यों की जीत होते हुए भी केवल शासकों और व्यवस्था के कुछ पहलुओं को ही बदल सकी थी। फ्रांसीसी क्रांति ने न केवल सामंतवाद के बंधन में जकड़े फ्रांस को आमूल-चूल बदल डाला, बल्कि सारी दुनिया को प्रभावित करने वाली ऐसी नयी विचारधाराओं को जन्म दिया जिनका दावा था कि नया समाज बनाने के लिए अतीत से कुछ लेना ज़रूरी नहीं होता। मार्क्स के क्रांतिकारी सिद्धांत काफ़ी-कुछ इसी क्रांति और उसके फलितार्थों के अनुभव पर आधारित थे। फ्रांसीसी क्रांति ने एक नये राष्ट्र (हैती) की रचना ही नहीं की, बल्कि राष्ट्रवाद के आधुनिक सिद्धांत को भी जन्म दिया जो युरोपीय युद्धों के दो दशकीय सिलसिले के दौरान पूरे पश्चिम युरोप में फैलता चला गया। नवजागरण काल में विकसित समानता, बराबरी और भाईचारे के उसूलों को सार्वभौमिक मूल्य के रूप में प्रतिष्ठित करने वाली इस क्रांति को सच्चे अर्थों में नयी दुनिया की बुनियाद रखने का श्रेय दिया जा सकता है।

1789 से पहले फ्रांस सामंतवाद और निरंकुश राजशाही की भींच में था। राजा कुलीन वर्ग पर कोई टैक्स नहीं लगाता था ताकि उसकी नीतियों में सामंतों द्वारा हस्तक्षेप न हो। राजस्व उगाहने के लिए समाज के बहुसंख्यक ग़ैर-

कुलीन हिस्से से भारी टैक्स वसूला जाता था। चूँकि पैसे वाले कोई कर नहीं देते थे, इसलिए हुकूमत हमेशा ही राजकोषीय संकट की शिकार रहती थी। हालत यह थी कि ख़ज़ाने के लिए ओहदों और कुलीनता की सनदों तक को बेचा जाने लगा था। इसी वित्तीय विशेष सुविधा के कारण फ्रांसीसी कुलीन वर्ग को इंग्लैण्ड जैसी संसदीय प्रणाली विकसित करने की ज़रूरत महसूस नहीं होती थी। फ्रांसीसी सम्राट लुई पंद्रहवें ने कई युद्ध लड़े जिनका बोझ ख़ज़ाने पर पड़ा। उसके बाद लुई सोलहवें ने अमेरिकी क्रांति के दौरान इंग्लैण्ड विरोधी भूमिका निभायी और वहाँ के क्रांतिकारियों को गोला-बारूद और रसद की मदद पहुँचायी। नतीज़े के तौर पर वित्तीय हालत बेहद ख़राब हो गयी और राष्ट्रीय ऋण असह्य हो गया। जनता पर करों का बोझ बढ़ा। फ्रांस के सबसे बड़े भू-स्वामी कैथॅलिक चर्च ने फसलों पर एक अलोकप्रिय क़िस्म का टैक्स थोप दिया जिसके कारण आबादी के एक बड़े हिस्से के लिए दो जून का ख़ाना मुहाल हो गया। दूसरी तरफ़ कुलीन वर्ग और दरबार के नुमाइंदों का भोग-विलास जारी रहा। वर्साई के राजप्रासाद में रानी मैरी-आत्वाँ की फ़िज़ूलख़र्चियों का तो कोई ठिकाना ही न था।

यह दौर कई मोर्चों पर राजशाही की नाकामियों का था। न तो पुराने सैनिकों और अफ़सरों के लिए किसी तरह की सामाजिक सुरक्षा का इंतज़ाम था, न ही उसे रोज़गार की चिंता थी और न ही रोटी के बढ़ते हुए दामों की। 1774 में फसल ख़राब हो जाने से भुखमरी के कारण ग़रीबों की मौत हो जाना आम बात हो गयी। पेरिस में खाद्यान्न को लेकर दंगे तक हुए। राजशाही की निरंकुशता और कुलीनों व पादरियों की विशेष सुविधाओं के ख़िलाफ़ चौतरफ़ा असंतोष का माहौल था जिसके तहत समाज के अधिकतर वर्गों के सोचने-समझने वाले हिस्सों के बीच नवजागरण द्वारा स्थापित मनुष्य के अविभाज्य अधिकारों का आदर्श धीरे-धीरे एक सामाजिक-राजनीतिक तर्क ग्रहण करने लगा। लुई सोलहवें ने त्युरगोत जैसे प्रतिष्ठित प्रकृतिवादी और आर्थिक मामलों के विशेषज्ञ को वित्तीय बागडोर सौंपी, लेकिन वे भी अपने नेक इरादों के बावजूद हालात को बदलने में सफल नहीं हो पाये।

त्युरगोत जैसे मंत्रियों ने जब कुलीन वर्ग और पादरियों की सुविधाएँ और ख़र्चे कम करने की तजवीज़ की तो उससे निबटने के लिए सुविधाभोगी वर्गों ने 1789 में डेढ़ सौ साल से भी ज़्यादा ठंडी पड़ी एस्तातेज़ जेनराल की बैठक बुलायी। वोटिंग अधिकारों पर हुई पेचीदा राजनीति के बाद हुए निर्वाचन के परिणामस्वरूप इस सभा में पहली एस्तात यानी सामंतों के 291, दूसरी एस्तात यानी पादरियों के 300 और तीसरी एस्तात यानी बाक़ी फ्रांस के 610 प्रतिनिधि चुने गये। इन सभी की बैठक होते ही तीसरी एस्तात अलग हो गयी। उसने जनता के प्रतिनिधि के रूप में ख़ुद को राष्ट्रीय एसेम्बली घोषित करने का रैडिकल क़दम उठा लिया और शपथपूर्वक संविधान बनाने में जुट गयी। इसी दौरान पेरिस और उसके आस-पास फ़ौज जमा होने लगी। लोगों को लगा कि ये सैनिक राष्ट्रीय संविधान सभा का काम रोकने के लिए बुलाये गये हैं। उधर सम्राट ने अपने वित्तीय सलाकार नेकर को तीसरी एस्तात का मार्गदर्शक होने के आरोप में बर्ख़ास्त कर दिया। इस ख़बर ने आग में घी का काम किया। अब तक पेरिस में हालत यह हो चुकी थी कि एक तरफ़ वर्साई में संविधान सभा बिना विश्राम के संविधान बनाने में लगी थी, दूसरी ओर शहर में दंगे हो रहे थे और लूटमार चल रही थी। विद्रोह के लिए उतावले हो रहे लोगों को जल्दी ही फ्रेंच गार्ड्स का समर्थन मिल गया। अब उनके पास हथियार और प्रशिक्षित सिपाही भी थे। उन्होंने पेरिस स्थित बास्ती क़िले पर धावा बोला जिसे जेल के तौर पर इस्तेमाल किया जाता था और जो जनता की निगाहों में निरंकुशता के प्रतीक की हैसियत ले चुका था। कई घंटों के संघर्ष के बाद बास्ती पर क़ब्ज़ा करके उसे ढहा दिया गया। गवर्नर मारक्विस बर्नार्ड का सिर भाले पर टाँग कर सारे शहर में घुमाया गया, और शहर के मेयर को गोली मार दी गयी। संविधान सभा के अध्यक्ष ने पेरिस के मेयर का पद सँभाला और सत्ता का नया ढाँचा स्थापित हुआ जिसे *कम्यून* कहा गया। बास्ती के क़िले पर हुआ हमला फ्रांसीसी क्रांति की केंद्रीय घटना है जिसके प्रतीकात्मक महत्त्व के कारण 14 जुलाई का दिन फ्रांस में राष्ट्रीय अवकाश के रूप में मनाया जाता है। 4 अगस्त को संविधान सभा द्वारा सामंतवाद का उन्मूलन कर दिया गया। पादरी वर्ग की सम्पत्ति राष्ट्र की सम्पत्ति घोषित कर दी गयी। अक्टूबर में क़रीब सात हज़ार स्त्रियों ने तोपों और छोटे हथियारों से लैस हो कर वर्साई की तरफ़ कूच किया। राजप्रासाद पर हुए हमले और हिंसा के कारण सम्राट को अपने लाव-लश्कर के साथ पेरिस रहने के लिए आना पड़ा।

इसके बाद के घटनाक्रम में क्रांतिकारी प्रक्रिया उत्तरोत्तर अतिवादी रूप ग्रहण करती चली गयी। विभिन्न दलबंदियाँ उसका नियंत्रण अपने हाथ में लेने के लिए होड़ करने लगीं। 1791 में सम्राट ने पलायन की कोशिश की पर उसे गिरफ़्तार कर लिया गया। 1792 में राजशाही का उन्मूलन करके फ्रांस को गणराज्य घोषित किया गया। सम्राट पर मुक़दमा चला कर 1793 में उसे मौत की सज़ा दी गयी। क्रांतिकारियों ने नये कलैण्डर को मान्यता दी। इस प्रकार *एंसिऐन रेजिम* (पुराना राज्य) का अंत हुआ।

यही वह अवधि थी जब फ्रांसीसी राजनीति में राजनीतिक क्लबों का उभार हुआ जिसमें जैकोबिन क्लबों की अगुआ भूमिका थी। प्रति-क्रांति की देशी-विदेशी कोशिशों के मुक़ाबले क्रांति की रक्षा करने के नाम पर जैकोबिन नेता और वकील मैक्समिलियन रॉब्सपिएर के नेतृत्व में कमेटी

पेरिस स्थित बास्ती के क़िले पर धावा

फ़ॉर पब्लिक सेफ़्टी का गठन हुआ जिसका नतीजा 1793-94 के बीच दिल दहला देने वाले आतंक के साम्राज्य के रूप में निकला। अभिलेखागारों में दर्ज रिकॉर्डों के अनुसार इस दौरान 16,594 लोगों को गिलोटिन पर मौत की सज़ा मिली। आतंक के साम्राज्य की शुरुआत में गिलोटिन पर लुई सोलहवें और मैरी-अंत्वोन्यत का रक्त लग ही चुका था। कुछ इतिहासकार तो यह भी मानते हैं कि इस अवधि में क़रीब चालीस हज़ार लोग सरसरी तौर पर या बिना मुक़दमा चलाये मौत के घाट उतार दिये गये। 1794 में रॉब्सपिएर के सत्ता से अपदस्थ होने और मौत की सज़ा पाने तक यह सिलसिला चलता रहा। आतंक के बाद 22 अगस्त, 1795 को फ्रांस का संविधान पारित हुआ जिस पर मुहर लगाने के लिए जनमतसंग्रह कराया गया। संविधान के पक्ष में 1,057,000 और विपक्ष में 49,000 वोट पड़े।

फ्रांसीसी क्रांति सुविधाभोगी वर्ग द्वारा शुरू की गयी थी, पर उसका नियंत्रण बहुत जल्दी ही मध्य वर्ग के हाथों से होते हुए निम्न वर्ग के हाथ में चला गया। इसी निम्न वर्ग के समर्थन से रॉब्सपिएर को सत्ता मिली थी। उसके पतन के बाद क्रांति एक बार फिर मध्य वर्ग के हाथों में चली गयी। इसके बाद शासन चलाने के कई रूप आज़माये गये लेकिन कोई भी टिकाऊ साबित नहीं हो पाया। क्रांतिकारियों की इस लगातार नाकामी का नतीजा 1799 में नेपोलियन बोनापार्ट द्वारा किये गये तख़्ता पलट में निकला।

फ्रांसीसी क्रांति के बारे में सबसे बड़ा विवाद यह है कि नवजागरण के विचारों का उसके घटनाक्रम से क्या संबंध था? नवजागरण के आदर्शों से उसका सीधा संबंध जोड़ा जाता है, जबकि इस रिश्ते में कई जटिलताएँ भी हैं। क्रांति की अनुदारवादी आलोचना (ख़ास तौर से एडमण्ड बर्क द्वारा) का दावा है कि रॉब्सपिएर का क्रांतिकारी अतिवाद रूसो के विचारों से निकला था। एक तरह से यह दावा सही भी है क्योंकि रॉब्सपिएर और उनके साथी रूसो के नाम का ही दम भरते थे। इसमें कोई शक नहीं कि पेरिस के जैकोबिन क्लबों के दार्शनिक सदस्यों में सर्वाधिक लोकप्रिय रूसो ही थे। क्रांति के प्रेरणास्रोत के रूप में रूसो को मानने के कारण ही बाद में उन्हें फ्रांस के राष्ट्रीय नायक का दर्जा भी दिया गया। लेकिन यह एक हक़ीक़त है कि रूसो समेत नवजागरण के चिंतकों ने जिस संशयवादी बुद्धिवाद की वकालत की थी, उसमें न तो अतिवाद था और न ही क्रांति के दौरान अपनाये गये राजनीतिक समाधानों का कोई स्थान था।

मार्क्सवादी व्याख्या कहती है कि क्रांति सामंती कुलीन वर्ग और पूँजीवादी वर्ग के बीच संघर्ष का परिणाम थी। कुछ इतिहासकारों की मान्यता है कि *ऑसिएँ रेज़ीम* के तहत चल रही पुरानी कुलीनवर्गीय व्यवस्था को उदीयमान पूँजीपति वर्ग, नाराज़ किसानों और शहरी वेतनभोगियों के गठजोड़ के सामने हथियार डालने पड़े। एक अन्य व्याख्या इस गठजोड़ को किसी सुचिंतित योजना का परिणाम न मान कर संयोग के रूप में देखती है। इस व्याख्या के अनुसार कुलीन वर्ग और पूँजीपति वर्ग द्वारा चलाये जा रहे विभिन्न सुधार आंदोलनों के नियंत्रण से बाहर हो जाने के कारण क्रांति की नौबत आयी। क्रांति के ठीक पहले ग़रीबी में हुई बेतहाशा वृद्धि का कारण कुछ विद्वानों की निगाह में कई साल से चल रहे मौसम के बदलावों में देखा जाता है। इस व्याख्या के पक्ष में 1783 में 'लाकी इरप्शन' और उसके बाद पैदा हुआ ज़बरदस्त एल निनो प्रभाव के तर्क दिये जाते हैं।

देखें : अमेरिकी क्रांति, औद्योगिक क्रांति-1 और 2, क्रांति : मार्क्सवादी विमर्श, क्यूबा की क्रांति, चीन की कम्युनिस्ट क्रांति, थॉमस पेन, दास प्रथा, बोल्शेविक क्रांति, युरोपीय पुनर्जागरण, युरोपीय ज्ञानोदय, सन् 1857 का संग्राम-1, 2, 3 और 4.

संदर्भ

1. जॉर्ज रुड (1991), *द फ्रेंच रेवोल्यूशन : इट्स कॉजेज़, इट्स हिस्ट्री ऐंड इट्स लीगेसी आफ़्टर 200 इयर्स,* ग्रोव प्रेस, न्यूयॉर्क.
2. अल्बर्ट सोबोउल (1997), *अ शॉर्ट हिस्ट्री ऑफ़ द फ्रेंच रेवोल्यूशन,* युनिवर्सिटी ऑफ़ कैलिफोर्निया प्रेस, कनेक्टीकट.
3. जॉर्ज लेफ़ेब्र (1971), *द फ्रेंच रेवोल्यूशन : फ्रॉम इट्स ओरिजिंस टु 1793,* कोलम्बिया युनिवर्सिटी प्रेस, मैसाचुसेट्स.
4. क्रिस्टोफर हिब्बर्ट (1980), *द डेज़ ऑफ़ द फ्रेंच रेवोल्यूशन,*

क्विल, विलियम मोरो, न्यूयॉर्क.
5. विलियम डॉयल (1990), *द ऑक्सफ़र्ड हिस्ट्री ऑफ़ द फ्रेंच रेवोल्यूशन*, ऑक्सफ़र्ड युनिवर्सिटी प्रेस, ऑक्सफ़र्ड.
6. एडमण्ड बर्क (सम्पा. : सी.सी. ओ'ब्राइन) (1967), *रिफ्लेक्शंस ऑन द रेवोल्यूशन इन फ्रांस*, पेंगुइन, हारमंड्सवर्थ.

— अभय कुमार दुबे

फ़क़ीर मोहन सेनापति और ओडिया अस्मिता

(Faqir Mohan Senapati and Odia Identity)

ओडीशा के सांस्कृतिक अग्रदूत फ़क़ीर मोहन सेनापति (1843-1918) आधुनिक ओडिया अस्मिता के निर्माता थे। उन्हें ओडिया भाषा के पुनरुत्थान का श्रेय भी दिया जाता है। अलग ओडिया पहचान का दावा भाषा और संस्कृति पर आधारित था और इस भाषायी आंदोलन के कर्णधार के रूप में उन्होंने भाषा-अस्मिता की लड़ाई के सफल अभियान का नेतृत्व किया। सेनापति ने उन्नीसवीं सदी में न केवल ओडिया माध्यम से शिक्षा सुलभ कराने के लिए कई पाठ्यपुस्तकों की रचना की, बल्कि मूल संस्कृत से रामायण, महाभारत, भगवद्गीता, उपनिषदों, पुराणों का ओडिया में अनुवाद किया। उन्होंने केवल चार उपन्यास लिखे, लेकिन उनकी गिनती ओड़िया की सर्वकालीन सर्वश्रेष्ठ रचनाओं होती है। इन रचनाओं में ओडीशा के ऐतिहासिक-सामजिक परिदृश्य का सूक्ष्म व सटीक चित्रण किया गया है। फ़क़ीर मोहन द्वारा रचित उपन्यास *छ मन अथा गुंथा* को हिंदी में मुंशी प्रेमचंद के *गोदान* के समकक्ष माना गया है, हालाँकि यह रचना प्रेमचंद के बहुत पहले लिखी गयी थी। इस उपन्यास में फ़क़ीर मोहन ने तत्कालीन औपनिवेशक शासन, जातिवादी ग्रामीण सामजिक व्यवस्था, ग्रामीण ओडीशा की असीमित दरिद्रता, मानव स्वभाव की बारीक़ियों और लोगों के मनोभावों का अद्वितीय वर्णन किया है। ओडिया में लघु कथाएँ लिखने का प्रचलन भी फ़क़ीर मोहन ने ही शुरू किया। अपनी पच्चीस कहानियों के माध्यम से उन्होंने सामाजिक कुरीतियों और ओडिया समाज की विसंगतियों पर करारा प्रहार किया। एक कवि को रूप में फ़क़ीर मोहन की कविताएँ बौद्ध अवतार, पूजा फूल, धूलि ओडिया काव्य की महानतम कृतियाँ मानी जाती हैं। फ़क़ीर मोहन ने लेखन को अपना सामाजिक दायित्व मान कर उसके ज़रिये समाज में परिवर्तन लाने का प्रयास किया। उपदेशात्मक शैली का इस्तेमाल करने के बजाय वे व्यंग्यात्मक लहजे में गम्भीर बात कहने की विशिष्ट शैली अपनाते थे।

आधुनिक ओडीशा की सांस्कृतिक रचना में फ़क़ीर मोहन के योगदान को समझने के लिए पहले अंग्रेज़ों के शासनकाल में उत्कल प्रदेश की स्थिति पर एक नज़र डालना ज़रूरी है। अंग्रेज़ी भाषा व अंग्रेज़ी शिक्षा व्यवस्था से निकला भारतीय वर्ग न केवल निजी क्षेत्रीय भाषा-संस्कृति को दूसरे दर्जे की मानता था, बल्कि भारत की अन्य विविध क्षेत्रीय भाषाओं व संस्कृतियों के प्रति भी उनके मन में तिरस्कार का भाव था। ब्रिटिश शासन के ही तहत भारत में एक आंतरिक उपनिवेशवाद की नींव भी पड़ी। इसके तहत कुछ क्षेत्रों का विकास हुआ, और कुछ की उपेक्षा हुई। ब्रिटिश शासन में मुम्बई, मद्रास व कोलकाता के विकसित भारतीयों के मुक़ाबले इनके पड़ोसी राज्य के निवासियों को अपनी क्षेत्रीय पहचान बनाये रखने के लिए वैचारिक-बौद्धिक स्तर पर कड़ा संघर्ष करना पड़ा। इसका एक उदाहरण ओडीशा है। इस संघर्ष ने न केवल उड़ीसा की क्षेत्रीय पहचान की रक्षा की, बल्कि ओडिया भाषा, उसके साहित्य और रचनात्मकता का अभूतपूर्व विकास भी किया।

ओडीशा का साम्राज्य एक समय उत्तर में गंगा नदी से लेकर दक्षिण में कावेरी तक की विशाल भूमि में फैला हुआ था। लेकिन सत्रहवीं सदी के अंत तक यहाँ के लोग बदहाली के शिकार हो गये। पहले उन्हें मुग़लों-अफ़ग़ानों का दमनकारी शासन झेलना पड़ा और उसके बाद मराठा हुकूमत द्वारा किये गये शोषण के कारण ओडीशा के लोग बेहद खराब स्थिति में पहुँच गये। 1803 में ब्रिटिश शासकों ने क़ानून-व्यवस्था के नाम पर जब ओडीशा पर क़ब्ज़ा किया तो पूरे प्रांत में केवल तीन ज़िले कटक, पुरी और बालासोर बचे थे। शेष ओडिया भाषी इलाके बंगाल प्रेसीडेंसी, मद्रास प्रेसीडेंसी और केंद्रीय प्रेसीडेंसी के हवाले किये जा चुके थे। ईस्ट इण्डिया कम्पनी ने भी यहाँ के लोगों का ज़बरदस्त आर्थिक शोषण किया। ब्रिटिश कम्पनी ने गुमाश्ते के रूप में पड़ोसी राज्य बंगाल के लोगों को भारी संख्या में तैनात किया। ईस्ट इण्डिया कम्पनी के अधिकारी ओडीशा के ज़मींदारों की मालगुजारी और लगान अचानक बहुत ज़्यादा बढ़ा देते थे। जब ओडिया ज़मींदार अपना बढ़ा हुआ लगान देने में चूक जाते तो कोलकाता के फ़ोर्ट विलियम में सूर्यास्त के पहले उनकी ज़मींदारी की नीलामी कर दी जाती थी। इस प्रक्रिया को ओडीशा में सनसेट लॉ के नाम से जाना जाता था। एक अध्ययन के अनुसार 1804-1816 के बीच क़रीब 52 फ़ीसदी ओडिया ज़मींदारों की ज़मीन उनसे छीन कर बंगाली गुमाश्तों को दे दी गयी। जायदाद से बेदख़ली के इस व्यापक अभियान से क्षुब्ध होकर सन 1817 में स्थानीय उड़िया लोगों ने विद्रोह

कर दिया जिसे पाईक विद्रोह के नाम से जाना जाता है। ब्रिटिश कम्पनी की फ़ौजों ने इस विद्रोह को कुचल दिया और इसके बाद स्थानीय लोगों के पास सम्पूर्ण पराधीनता के सिवा और कोई चारा नहीं बचा।

शिक्षित बंगाली समाज के डॉक्टरों, प्रोफ़ेसरों, इंजीनियर, वकील, नौकरशाहों और व्यापारियों के रूप में ओडीशा के जीवन के सभी पहलुओं बंगाल का बोलबाला हो गया। बांग्लाभाषियों को यक़ीन हो गया कि अब ओडिया भाषा को हटाने और ओडीशा में आधिकारिक भाषा के रूप में बांग्ला भाषा की स्थापना करने का समय आ गया है। मार्च, 1869 में प्रसिद्ध बंगाली विद्वान राजेंद्र लाल मित्र ने एक व्याख्यान में आग्रह किया कि उत्कल के हर शुभचिंतक को उत्कल की भाषा के स्थान पर बांग्ला भाषा का प्रयोग करना चाहिए, क्योंकि जब तक उत्कल भाषा का अंत नहीं होगा तब तक इस राज्य का विकास असम्भव है। इसी दौरान पुरी ज़िला स्कूल के एक शिक्षक कांतिलाल भट्टाचार्य ने एक पुस्तक लिखी जिसका शीर्षक था *ओडिया स्वतंत्र भासानोई*। अपनी भाषा को हटाने के इन प्रयासों का स्थानीय उड़िया लोगों ने पुरज़ोर विरोध किया। इस अभियान की अगुआई की *उत्कल दीपिका* के सम्पादक गौरी शंकर राय और बालासोर शहर के फ़क़ीर मोहन सेनापति ने। इन प्रयासों के परिणामस्वरूप तत्कालीन कम्पनी प्रशासन ने ओडीशा के स्कूलों में ओडिया माध्यम से पढ़ाने का निर्णय लिया। अब समस्या यह आयी कि पढ़ने-पढ़ाने के लिए ओडिया में पाठ्यपुस्तकें तो उपलब्ध थी ही नहीं। फ़क़ीर मोहन सेनापति ने पहल करके स्वयं ओडिया में अंकगणित, ओडिया व्याकरण और दो खण्डों में भारतीय इतिहास पर पाठ्यपुस्तकें लिखी जिन्हें बालासोर उत्कल प्रेस से 1869-70 में प्रकाशित किया गया।

फ़क़ीर मोहन सेनापति (1843-1918)

फ़क़ीर मोहन के पूर्वज कटक ज़िले के थे लेकिन बाद में वे बालासोर चले आये थे। यहीं मल्लिकाशपुर गाँव में 13 जनवरी, 1843 को बालक ब्रज मोहन का जन्म हुआ। अपने बचपन में इस बालक ने अपने पिता लक्ष्मण चरण और माँ तुलसी देवी को खो दिया। बालक की दादी कुचिला देवी, जिसे वे ठाकुर माँ बुलाते थे, ने उनकी परवरिश की। ब्रज मोहन एक बीमार बच्चा था। उसकी दादी ने एक मुसलमान दरगाह पर मनौती माँगी कि यदि बालक जीवित बच रहा तो वे उसे फ़क़ीरी के लिए दे देंगी। जब ब्रज मोहन का स्वास्थ्य सुधर गया तो दादी बच्चे को छोड़ने को राजी नहीं हुईं। समझौते के तौर पर इस बालक का नाम फ़क़ीर मोहन रखा गया और यह भी तय किया गया कि मुहर्रम के दौरान आठ दिनों तक बालक को दरगाह में फ़क़ीरी चोले में रहना होगा। नौ वर्ष की उम्र मे फ़क़ीर मोहन गाँव के प्राथमिक विद्यालय में पढ़ने गये जहाँ उन्हें रिश्तेदारों को पत्र लिखने और अदालतों में दरख़्वास्त लिखना सिखाया गया। उन दिनों ओडिया में बाइबिल के अलावा अन्य कोई मुद्रित पुस्तक उपलब्ध ही नहीं थी।

फ़क़ीर मोहन का बचपन अत्यंत ग़रीबी में बीता। उन्हें पढ़ाई छोड़ कर बालासोर में नौकाओं के पाल सिलने का काम करना पड़ा। जब यह व्यापार बंद हुआ तो फ़क़ीर मोहन नमक बनाने के काम में लग गये। कुछ ही दिनों में यह काम भी बंद हो गया। 1862 में फ़क़ीर मोहन पड़ोसी गाँव बाराबती के स्कूल में पढ़ने गये और वार्षिक परीक्षा में अव्वल आये। लेकिन उन्हें स्कूल छोड़ना पड़ा क्योंकि फ़ीस के रूप में चार आने दे पाना भी फ़क़ीर मोहन के लिए सम्भव नहीं था। एक विद्यार्थी के रूप में स्कूल छोड़ने के तुरंत बाद ही उन्हें इसी स्कूल में ढाई रुपये प्रति माह पर एक शिक्षक के रूप में नियुक्त किया गया। भूगोल पढ़ाने के लिए फ़क़ीर मोहन ने अपने हाथ से नक़्शे बनाये और बिना किसी सहयोग के स्वयं ही गणित सीखा। फ़क़ीर मोहन की बुद्धिमत्ता व परिश्रम को देखकर उन्हें बालासोर मिशन स्कूल में दस रुपये के मासिक वेतन पर प्रधानाध्यापक नियुक्त किया गया। मात्र तेरह वर्ष की आयु में फ़क़ीर मोहन का पहला विवाह लीलावती देवी से हो चुका था। उनकी मृत्यु के बाद 1871 में उन्होंने कृष्णा कुमारी देवी से विवाह किया। इस विवाह से फ़क़ीर मोहन बेहद सुखी व प्रसन्न थे लेकिन दुर्भाग्यवश इनकी दूसरी पत्नी का भी 1894 में निधन हो गया ।

बालासोर मिशन स्कूल में प्रधानाध्यापक के तौर पर 1868 में फ़क़ीर मोहन ने अपने पाँच मित्रों के साथ मिल कर बालासोर में पी.एम. सेनापति ऐंड को. उत्कल प्रेस के नाम से एक छापाख़ाना खोला जहाँ से ओडिया भाषा में पाक्षिक पत्रिका *बोधदायनी* और *बालासोर संबाद बाहिका* का प्रकाशन शुरू हुआ। इसके एक भाग में साहित्यिक विमर्श व दूसरे भाग में समाचार होते थे। इससे पहले 1866 में कटक मुद्रण कम्पनी ने *उत्कल दीपिका* नामक साहित्यिक पत्रिका का प्रकाशन किया था। क़ुल मिला कर फ़क़ीर मोहन लम्बे समय तक इस पत्रिका का प्रकाशन नहीं कर पाये क्योंकि इस पत्रिका के लिए ज़रूरी संख्या में ग्राहक नहीं मिल सके। दूसरे, अपनी नौकरी के कारण वे प्रेस और पत्रिका को समुचित समय भी नहीं दे पाये। 1871 में फ़क़ीर मोहन को

नीलगिरि की रियासत के दीवान के रूप में नियुक्त किया गया और इसके अगले 25 सालों तक वे विभिन्न स्थानों में प्रशासक के रूप में काम करते रहे।

1918 में फ़क़ीर मोहन ने अपनी जीवनी *आत्मजीवन चरित* की रचना की जिसका प्रकाशन उनके मरणोपरांत 1927 में हो पाया। ओडिया भाषा में लिखी गयी यह पहली आत्मकथा थी। यह केवल फ़क़ीर मोहन सेनापति का जीवन वृत्तांत नहीं बल्कि उस दौर के ओडीशा की ऐतिहासिक, सामजिक व सांस्कृतिक स्थिति का तथ्यात्मक अध्ययन है।. फ़क़ीर मोहन ओडीशा को अलग प्रांत बनाये जाने के हिमायती थे। ख़राब स्वास्थ्य के बावजूद भी उन्होंने 1917 में उत्कल सम्मिलनी के वार्षिक सम्मेलन की अध्यक्षता की जिसका उद्देश्य अलग ओडीशा प्रांत का निर्माण करना था। इसी वर्ष उन्होंने कटक में उत्कल साहित्य समाज के वार्षिक सम्मेलन की अध्यक्षता भी के यह सम्मलेन सभी ओडिया भाषी इलाक़ों के एकीकरण के लिए संघर्ष करने के लिए बुलाया गया था। लम्बी बीमारी के बाद 14 जून, 1918 को फ़क़ीर मोहन सेनापति का निधन हुआ। उनकी मृत्यु के समय उनके पास कोई क़रीबी रिश्तेदार नहीं था।

देखें : कन्हैयालाल माणिकलाल मुंशी, क़ाज़ी नज़रुल इस्लाम, कुमारन् आशान्, गजानन माधव मुक्तिबोध, गोवर्धन राम त्रिपाठी और गुजराती अस्मिता, प्रेमचंद, बंकिम चंद्र चट्टोपाध्याय, भारतेंदु हरिश्चंद्र, महादेव गोविंद रानाडे, महावीर प्रसाद द्विवेदी, रवींद्रनाथ ठाकुर, रामविलास शर्मा, रामचंद्र शुक्ल, वल्लतोल, सच्चिदानंद हीरानंद वात्स्यायन अज्ञेय, सुब्रह्मण्यम भारती, हजारी प्रसाद द्विवेदी।

संदर्भ

1. जतीन्द्र क. नायक और प्रदीप्त दास (1997), *स्टोरी ऑफ़ माय लाइफ़* (फ़क़ीर मोहन सेनापति की ओडिया में रचित आत्मकथा का अंग्रेज़ी अनुवाद), सतीर्थ पब्लिकेशंस, भुवनेश्वर.
2. जे. के. समल और पी. के. नायक (1995), *मेकर्स ऑफ़ मॉडर्न ओडीशा,* अभिनव पब्लिकेशंस, नयी दिल्ली.
3. गगनेंद्र नाथ दास (2006), 'फ़क़ीर मोहन सेनापति : डिस्कवरी फ़्रॉम बिलो' , *इकॉनॉमिक ऐंड पॉलिटिकल वीकली,* खण्ड 41, अंक 46.

—रवि दत्त वाजपेयी

फर्दिनैंद द सॅस्यूर

(Ferdinand de Sassure)

बीसवीं सदी के शुरुआती वर्षों में अपने सूत्रीकरणों से चिंतन जगत को 'भाषायी मोड़' देने के लिए विख्यात स्विस भाषाशास्त्री फ़र्दिनैंद द सॅस्यूर (1857-1913) संरचनावाद के प्रवर्तक और आधुनिक भाषा-विज्ञान के जनक माने जाते हैं। सॅस्यूर मुख्यत: संस्कृत के विद्वान थे और उनके सूत्रीकरणों पर पाणिनि की रचना *अष्टाध्यायी* और भर्तृहरि की कृति *वाक्यपदीयम्* की गहरी छाप है। *वाक्यपदीयम्* में प्रवर्तित स्फोट सिद्धांत से प्रभावित सॅस्यूर के विचारों ने यथार्थ और भाषा के बीच संबंधों में बुनियादी परिवर्तन किया जिससे किसी स्थापित यथार्थ के आईने में भाषा को देखने के बजाय भाषा के आईने में यथार्थ को देखने का आग्रह रेखांकित हुआ। इस तरह भाषा सिर्फ़ यथार्थ को व्यक्त करने वाला उपकरण नहीं रह गयी, बल्कि यथार्थ की प्रकृति को तय करने वाली बन गयी। बीसवीं सदी से पहले भाषा को स्वरों एवं व्यंजनों के ऐसे व्याकरणिक संयोजन की व्यवस्था के रूप में समझा जाता था जिसमें संवादों के माध्यम से सम्प्रेषण एवं अक्षरों के संयोजन से लेखन सम्भव होता है। इस धारणा से हटते हुए सॅस्यूर ने अपने व्याख्यानों से स्थापित किया कि भाषा एक सामाजिक यथार्थ है। भाषा एक संरचना है जो समाज की सामूहिक अंत:क्रियाओं एवं अनुभवों से निर्मित होती है। सॅस्यूर ने भाषा को प्रारूपिक दृष्टि से यादृच्छिक माना है। भाषा की इसी यादृच्छिकता को उन्होंने समस्त भाषाओं की प्रकार्यात्मक समरूपता का आधार बताया। भाषा की यादृच्छिकता को सॅस्यूर ने विभिन्न आधारों पर दर्शाया जिनमें चार का उल्लेख विशेष रूप से किया जाता है। प्रथम, भाषा में जो अनुशासन/व्यवस्था है उसमें पूर्ण अपने अंश से बड़ा है। द्वितीय, अवधारणाएँ संकेतित (सिग्निफ़ाइड) एवं ध्वनि तथा प्रतीक संकेतक (सिग्निफ़ायर) होते हैं। तृतीय, भाषायी तत्त्वों का निर्धारण उनकी क्रियात्मकता से होता है न कि उनके आंतरिक गुण से और चतुर्थ, भाषा की प्रकृति सामाजिक होती है। इसी कारण से वह अर्थ के संधान एवं व्याख्या हेतु एक बृहद परिप्रेक्ष्य की अपेक्षा करती है। यादृच्छिक होने के कारण भाषा की अर्थवत्ता वैकल्पिक होती है।

सॅस्यूर का जन्म 26 नवम्बर ,1857 को स्विट्ज़रलैण्ड के जिनेवा में हुआ था। प्राकृतिक विज्ञान में दक्षता प्राप्त करने की अपने परिवारिक परम्परा से इतर सॅस्यूर की दिलचस्पी भाषा में थी। मात्र पंद्रह वर्ष की उम्र में ही उन्होंने भाषाओं की सामान्य व्यवस्था पर एक गम्भीर लेख लिख कर संसार की समस्त भाषाओं के मूल में आधारभूत व्यंजनों की व्याख्या का प्रयास किया था। पारिवारिक आग्रहों के कारण 1875 में

फर्दिनैंद द सॅस्यूर (1857-1913)

सॅस्यूर ने भौतिक एवं रसायनशास्त्र के अध्ययन के लिए जिनेवा विश्वविद्यालय में प्रवेश तो ले लिया लेकिन इस पढ़ाई में उनका मन नहीं लगा। इसलिए अपने परिवार की इजाज़त ले कर एक साल बाद वे भारतीय भाषाओं के उच्च अध्ययन के लिए जर्मनी के लेपज़िग विश्वविद्यालय में पढ़ने के लिए चले गये जो उस ज़माने में भाषा-विज्ञान के अध्ययन के लिए विशेष रूप से जाना जाता था। इसी विश्वविद्यालय में सॅस्यूर ने स्नातक स्तर पर 'प्रिमिटिव वॉवेल सिस्टम इन इण्डोयुरोपियन लैंग्वेजेज़' विषय पर लघु शोध प्रबंध लिखा। सॅस्यूर को 1880 में 'लोकेटिव एब्सल्यूट इन संस्कृत' पर डॉक्टर की उपाधि प्राप्त हुई। इन व्यवस्थित रचनाओं के अतिरिक्त सॅस्यूर ने अपने जीवनकाल में कुछ भी प्रकाशित नहीं किया। 1891 में जिनेवा विश्वविद्यालय में प्रोफ़ेसर पद पर नियुक्ति के पहले सॅस्यूर ने फ्रांस में भारतीय भाषाओं का अध्यापन किया। इसके बाद वे जिनेवा में भी भारतीय भाषाएँ पढ़ाते रहे। 1907 से सॅस्यूर ने सामान्य भाषा-विज्ञान के अध्यापन का जो कार्य प्रारम्भ किया वह 1913 में उनकी मृत्यु के दो वर्ष पूर्व तक जारी रहा। सॅस्यूर को जीवन-काल से अधिक लोकप्रियता और प्रसिद्धि मरणोपरांत मिली। 1916 में चार्ल्स बैली एवं सोचेहोये ने अपने गुरु सॅस्यूर द्वारा कक्षा में दिये गये व्याख्यानों को *कोर्स इन जनरल लिंग्विस्टिक* के रूप में प्रकाशित किया। यह पुस्तक सॅस्यूर की स्थायी प्रसिद्धि की वाहक साबित हुई। सॅस्यूर फ्रांसीसी के अतिरिक्त लैटिन, ग्रीक एवं संस्कृत के भी विद्वान थे।

सॅस्यूर ने संकेतित एवं सांकेतिक के प्रयोग एवं उदाहरणों से प्रदर्शित किया कि प्रत्येक भाषा में शब्दों के अर्थ वाक्य में प्रयुक्त अन्य शब्दों से संबंधन एवं विभेदन पर आधारित होते हैं। इस भाषायी विश्लेषण से परस्पर विपरीत द्विभाजन (बायनरी अपोजिशन) की अवधारणा का जन्म हुआ जिसने आगे चलकर अनेक विश्लेषणों एवं चिंतन धाराओं को जन्म दिया। सॅस्यूर ने सांकेतिक के मध्य भी यादृच्छिक संबंधों को दर्शाया। इसी आधार पर उन्होंने कहा कि जगत में स्थित वस्तु का उसके सूचक ध्वन्यार्थ से वास्तव में कोई संबंध नहीं होता है। यह संबंध सामूहिक साहचर्यों के सामान्य अनुभव और सहमति पर आधारित होता है। सॅस्यूर ने शब्दों के अर्थ की निश्चयात्मकता को भी नकारा है। वे कहते हैं कि शब्दों के अर्थ में निश्चयात्मकता का समावेश संस्कृति, इतिहास, सामाजिक दशाओं के प्रभाव आदि के कारण आता है।

सॅस्यूर ने भाषा-व्यवस्था (लांगे) एवं भाषा-व्यवहार (पारोल) की चर्चा की है। भाषा-व्यवस्था को वे भाषा के संगठनात्मक पक्ष से जोड़ते हैं जो भाषा के व्याकरणिक पक्ष से संबंधित है। भाषा-व्यवहार को वे व्यक्ति द्वारा प्रयुक्त विशेष संदर्भों में भाषा के प्रयोग से जोड़ते हैं। उनका विशेष ध्यान भाषा-व्यवस्था के अध्ययन की ओर रहा है। सॅस्यूर ने भाषा के अर्थान्वयन के लिए जो आधार प्रस्तुत किया है उससे भाषा के उर्ध्वाधर एवं क्षैतिज अर्थ प्रकट होते हैं। इसके अनुसार भाषाओं में अर्थान्वयन प्रतीकों का संबंधन एवं चयन वाक्य रचना संबंधी व्याकरणीय (सिनटैग्मेटिक अक्ष) और रूप निदर्शनात्मक (पैराडिग्मैटिक अक्ष) के माध्यम से किया जाता है। इस विधि से वाक्यों की बनावट को देखने पर यह समझना आसान हो जाता है कि वाक्यों में शब्दों के अर्थ अन्य शब्दों के प्रयोग के सापेक्ष अर्थ का किस प्रकार उत्पादन करते हैं। दीर्घ स्वरों की उत्पत्ति के संदर्भ में सॅस्यूर द्वारा स्थापित मान्यताओं का भी आगे चलकर विद्वानों ने समर्थन किया। सॅस्यूर ने जब यह स्थापित किया कि दीर्घ स्वरों की उत्पत्ति में ह्रस्व स्वरों एवं सोनेन्ट कोफ़िशिएंट का समावेश है, तब उनकी इस बात को मानने के लिए कोई तैयार नहीं था।

सॅस्यूर का कार्यक्षेत्र ऐतिहासिक भाषा-विज्ञान रहा है और वे इसके जनक भी माने जाते हैं। इस अर्थ में विवरणात्मक भाषा-विज्ञान (जिसके प्रमुख सिद्धांतकार ब्लूमफ़ील्ड माने जाते हैं) एवं भाव या परिणामवादी भाषा-विज्ञान (जिसके प्रमुख सिद्धांतकार नोआम चोमस्की हैं) पर सॅस्यूर का प्रभाव है, क्योंकि इन विचार सम्प्रदायों का जन्म भाषा के ऐतिहासिक परिप्रेक्ष्य के बिना सम्भव न था। लेकिन सॅस्यूर के योगदान की यह कह कर आलोचना भी की जाती है कि भाषा-अध्ययन के लिए उन्होंने जिस कालक्रमिक एवं

ऐतिहासिक अध्ययन का प्रस्ताव किया है वह अलग-अलग पद्धतियों की अपेक्षा करता है जो उनके पास उपलब्ध नहीं हैं। यद्यपि सॅस्यूर द्वारा भाषा-व्यवस्था को लांगे एवं पारोल में विभक्त किया जाना भाषा के वैज्ञानिक अध्ययन के लिए आधार स्तम्भ साबित हुआ किंतु भाषा को इस प्रकार से विभक्त करना और व्याकरणिक नियमों में भाषा-व्यवहार का प्रभाव खोजना एक तरह के अनवस्था दोष को जन्म देता है। सॅस्यूर की यह आलोचना भी की जाती है कि भाषाएँ भाव की भी संवाहक होती हैं किंतु सॅस्यूर ने भाव-सम्प्रेषण के पक्ष को अपने अध्ययन में समुचित स्थान नहीं दिया है।

ज्ञानमीमांसीय दृष्टि से सॅस्यूर अनुभववादी हैं। वे भाषा पर जिन प्रभावों को रेखांकित करते हैं वे अनुभवजन्य हैं। इसी आधार पर चोमस्की जैसे भाववादी भाषा वैज्ञानिक सॅस्यूर की आलोचना करते हैं। चोमस्की मूलभूत व्याकरणिक नियमों को मानव-मस्तिष्क में निहित मानते हैं लेकिन अनुभववादी होने के कारण सॅस्यूर ने इस तथ्य की उपेक्षा की है। इसी कारण वे विभिन्न भाषाओं में सार्वभौमिक रूप से व्याप्त तत्त्वों को नहीं खोज पाते।

इन आलोचनाओं के बावजूद सॅस्यूर का प्रभाव कालजयी है। वे परस्पर विपरीत द्विभाजन को (बायनरी अपोजिशन) सामने लाने वाले प्रमुख विचारक हैं। इस अवधारणा का संस्कृति-अध्ययन में शक्ति संबंधों को समझने एवं व्याख्या करने में पथ-प्रदर्शक के रूप में उपयोग हो रहा है। भाषा को सांस्कृतिक एवं सामाजिक निर्मिति बता कर सॅस्यूर ने भाषा की व्याख्या के एकार्थक पहलू के दोषों को दूर करने में अप्रितम योगदान दिया है। उनके चिंतन ने मात्र भाषा-विज्ञान ही नहीं बल्कि लक्षण-विज्ञान, अर्थ-विज्ञान और मानवशास्त्र को भी प्रभावित किया। सॅस्यूर के संरचनावाद का उत्तर-आधुनिकतावाद और नारीवाद जैसे चिंतन पर गहरा प्रभाव देखा जा सकता है।

देखें : अर्थ-विज्ञान, डायग्लॉसिया, नोआम चोमस्की, परस्पर विपरीत द्विभाजन, भाषा का मार्क्सवादी सिद्धांत, राष्ट्र-भाषा और राज-भाषा, लक्षण-विज्ञान, संरचनावाद और उत्तर-संरचनावाद, सम्पर्क-भाषा : हिंदी/अंग्रेज़ी-1 से 4 तक।

संदर्भ

1. फ़र्दिनैंद द सॅस्यूर (2006), *राइटिंग्ज़ इन जनरल लिंग्विस्टिक्स*, आक्सफ़र्ड युनिवर्सिटी प्रेस, न्यूयॉर्क.
2. चैरिस बार्कर (2000), *कल्चरल स्टडीज़, थियरी ऐंड प्रैक्टिस*, सेज, लंदन.
3. विनफ्रेड पी. लेहमैन (सम्पा.) (1968), *अ रीडर इन नाइंटींथ सेंचुरी हिस्टोरिकल इण्डो-युरोपियन लिंग्विस्टिक्स*, इण्डियाना युनिवर्सिटी प्रेस, इण्डियाना.

— विश्वनाथ मिश्र और उपासना पाण्डेय

फ़र्नैंद ब्रॉदेल

(Fernand Braudel)

इतिहास-लेखन की अनाल परम्परा में फ़र्नैंद ब्रॉदेल (1902-1985) को ल्यूसिआँ फ़ेब्र और मार्क ब्लॉक का उत्तराधिकारी माना जाता है। लेकिन अनाल की प्रस्थापनाओं को विश्व-स्तर पर प्रतिष्ठित करने का सबसे ज़्यादा श्रेय सम्भवत: ब्रॉदेल को ही जाता है। दूसरे विश्व-युद्ध के बाद उनके सभ्यता-विमर्श, *अनाल* जर्नल के सम्पादक के तौर पर उनकी सृजनशीलता और बौद्धिक नेतृत्व ने अनाल को इतिहास-लेखन का एक ऐसा संदर्भ बना दिया कि इतिहास लेखन के किसी भी विमर्श को उसका ज़िक्र करना अनिवार्य लगता था। इस तरह बीसवीं सदी के इतिहास-लेखन व चिंतन पर ब्रॉदेल का व्यापक असर रहा है। ब्रॉदेल के कृतित्व का ताल्लुक़ मुख्यत: तीन विषयों से रहा है: भूमध्यसागरीय क्षेत्र, सभ्यता और पूँजीवाद, तथा फ्रांस की अस्मिता। उनके अनुसंधान की ख़ासियत यह थी कि वे अपने विषय पर दशकों तक चरणबद्ध ढंग से काम करते थे। मसलन, भूमध्यसागर के क्षेत्र पर ब्रॉदेल ने लगभग छह, सभ्यता और पूँजीवाद के अंत:संबंधों पर तीन तथा फ्रांसीसी समाज और इतिहास पर लगभग डेढ़ दशकों तक काम किया। इससे ज़ाहिर होता है कि ब्रॉदेल की रुचि किसी एक काल-खण्ड, घटना या शासन काल तक सीमित न होकर समाज और अर्थव्यवस्था की दीर्घावधि प्रक्रियाओं (लाँग ड्यूरी) में थी।

उनकी रचना *द मेडिटरेनियन ऐंड द मेडिटरेनियन वर्ल्ड इन द एज ऑफ़ फ़िलिप सेकंड* को ऐतिहासिक-चिंतन के क्षेत्र में ऐसी क्रांति की संज्ञा दी जाती है जो न केवल बीसवीं सदी के लिए नये मानक स्थापित करती है बल्कि यह भी दिखाती है कि इतिहास का वैश्विक विन्यास कैसा होना चाहिए। ब्रॉदेल की यह रचना सिर्फ़ युरोप के अकादमिक जगत में ही नहीं बल्कि दुनिया भर के इतिहासकारों को नये स्रोतों और प्रस्थापनाओं का संधान करने के लिए प्रेरित करती रही है। इसे समाज-विज्ञानों के विभिन्न अनुशासनों की अंतर्दृष्टियों और शोध-पद्धतियों का विराट संश्लेषण माना जाता है।

ग़ौरतलब है कि भूमध्यसागरीय क्षेत्र को युरोप में खेती, धर्म, अर्थव्यवस्था, संस्कृति का मानक माना जाता था। हालाँकि पंद्रहवीं और सोलहवीं सदी तक इस क्षेत्र का वर्चस्व क्षीण पड़ने लगा था परंतु युरोप की क्षेत्रीय संस्कृतियों में इस सभ्यता के अनेकानेक लक्षण रच-बस गये थे। ब्रोदेल की इतिहास-दृष्टि में भूमध्यसागर एक बहुलार्थी पद बनकर उभरता है। उनके अनुसार भूमध्यसागर जनसमुदायों के जीवन

फ़र्नैंद ब्रॉदेल (1902–1985)

और कर्म का एक विशाल और जटिल विस्तार है। ब्रॉदेल की दृष्टि में इस क्षेत्र को मैदानी और मरुस्थलीय क्षेत्रों से विच्छिन्न नहीं कहा जा सकता क्योंकि ये सभी क्षेत्र आपस में मिलकर एकमुश्त संरचना का निर्माण करते हैं। ब्रॉदेल का मत है कि इस मामले में कृत्रिम सीमाओं को महत्त्व देना वास्तविक स्थिति को झुठलाना होगा।

तीन खण्डों वाली इस रचना का पहला भाग समाज और भौतिक वातावरण के सहसंबंधों पर केंद्रित है। यहाँ इतिहास के निर्माण में भौतिक तत्त्वों की भूमिका पर विचार करते हुए ब्रॉदेल कहते हैं कि इतिहास का यह चरण हमें अक्सर दिखायी ही नहीं देता क्योंकि इसमें बदलाव की गति बहुत धीमी और वर्तुलाकार होती है। परंतु समाज के साभ्यतिक ढाँचे की रचना में यह चरण बहुत अहम भूमिका निभाता है। पुस्तक के दूसरे खण्ड में ब्रॉदेल सामूहिक नियति और आम प्रवृत्तियों पर दृष्टिपात करते हुए विभिन्न सामाजिक संरचनाओं के अंत:सूत्रों के साथ आर्थिक तंत्रों, वैज्ञानिक-तकनीकी विकास, राजनीतिक संस्थाओं, अवधारणागत बदलावों तथा सभ्यताओं को प्रभावित करने वाली शक्तियों की चर्चा करते हैं। उदाहरण के लिए इस प्रसंग में ब्रॉदेल यह दर्शाते हैं कि स्पेनी और तुर्क साम्राज्य के उदय में पंद्रहवीं और सोलहवीं शताब्दी के दौरान होने वाली आर्थिक वृद्धि की महती भूमिका थी। पुस्तक के तीसरे भाग में ब्रॉदेल राजनीतिक घटनाओं और शासकों पर विचार करते हुए फ़िलिप द्वितीय, डॉन गार्सिया दी तोलेदो तथा डॉन जॉन जैसे चरित्रों और सोलहवीं सदी के युद्धों व संधि वार्ताओं का पूरे विस्तार से ब्योरा देते हैं।

लेकिन यहाँ भी वे इस बात को लेकर सजग है कि शासकों और घटनाओं का चित्रण कहीं भौगोलिक और सामाजिक इतिहास पर हावी न हो जाए। इसलिए ब्रॉदेल लगातार यह भी बताते चलते हैं कि कई मामलों में बदलाव का वाहक बनने के बावजूद आम तौर पर ऐसे तमाम शासक भौगोलिक और सामाजिक संरचनाओं का अतिक्रमण नहीं कर पाते थे। ज़ाहिर है कि एक इतिहासकार के रूप में ब्रॉदेल व्यक्तिगत उपलब्धियों, प्रवृत्तियों और कारनामों को उसी सीमा तक महत्त्व देते हैं जिस सीमा तक वे संरचनाओं के महत्त्व को उजागर करती हैं। वे इस बात को लेकर ख़ासे चौकस नज़र आते हैं कि इस काल का कोई भी शासक या घटना पुस्तक की मूल परियोजना को न हथिया ले। ब्रॉदेल किसी भी एकल विचार, वस्तु या प्रभाव को लेकर इतने सावधान हैं कि वे भूमध्यसागरीय क्षेत्र को भी एक मुक़म्मल इकाई न मानकर उसे समुद्र, द्वीप, प्रायद्वीप और तटीय क्षेत्रों की जटिल संरचना बताने पर ज़ोर देते हैं।

ब्रॉदेल की दूसरी प्रसिद्ध और महत्त्वपूर्ण रचना *सिविलाइज़ेशन ऐंड कैपिटलिज़म 1400–1800* मानी जाती है। पूर्वोक्त पुस्तक की तरह यह भी तीन खण्डों की बृहदाकार रचना है। पुस्तक के पहले भाग में ब्रॉदेल लोगों के आर्थिक कार्यकलापों और रोज़मर्रा के सामाजिक जीवन की प्रवृत्तियों, फ़ैशन, खान-पान की आदतों आदि का बेहद सघन ब्योरा पेश करते हुए यह प्रतिपादित करते हैं कि प्राक्-औद्योगिक काल में युरोप की क्षेत्रीय अर्थव्यवस्थाएँ खाद्यान्न की कमी, संसाधनों के अनुपात में आबादी के असंतुलित विकास, श्रम की निम्न उत्पादकता तथा तकनीकी पिछड़ेपन आदि जैसी समस्याओं से ग्रस्त थीं। दूसरे भाग में ब्रॉदेल नयी आर्थिक प्रवृत्तियों- बाज़ार, विनिमय, साझेदारी और क़ागज़ी मुद्रा के उदय का हवाला देते हैं। पुस्तक का तीसरा खण्ड पूँजीवाद के उत्थान पर केंद्रित है जिसमें ब्रॉदेल पूँजीवादी अर्थव्यवस्था के विकास की तहक़ीक़ात करते हुए दिखाते हैं कि औद्योगिक क्रांति से पहले उसकी विकास-यात्रा किन-किन केंद्रों से होकर गुज़री थी। इस तरह जहाँ तेरहवीं से पंद्रहवीं सदी के बीच वेनिस और जिनेवा आर्थिक गतिविधियों के शीर्ष पर रहे तो सोलहवीं सदी में एंटवर्प वाणिज्य और व्यापार का केंद्र बन गया। बाद में सोलहवीं से लेकर अट्ठारहवीं सदी के बीच इन गतिविधियों का रुख एम्सटर्डम की ओर मुड़ गया तो अट्ठारहवीं सदी के बाद ऐसी तमाम गतिविधियाँ लंदन से संचालित होने लगी।

विद्वानों के अनुसार पूँजीवादी अर्थव्यवस्था की पड़ताल में ब्रॉदेल यह मौलिक प्रस्तावना रखते हैं कि वह एक वैश्विक परिघटना है इसलिए उसकी कोई भी व्याख्या वैश्विक संदर्भों में ही की जानी चाहिए। उनकी यह निष्पत्ति भी उल्लेखनीय मानी जाती है कि औद्योगिक क्रांति के दौरान यांत्रिक और तकनीकी विकास इसलिए सम्भव हुआ था क्योंकि एशिया, अफ्रीका और अमेरिका की बनिस्बत युरोप में श्रम-शक्ति सीमित थी। पूँजीवाद की व्याख्या में ब्रॉदेल ने यह भी चिह्नित किया था कि आम धारणा के विपरीत पूँजीपति बाज़ार की खुली प्रतिस्पर्द्धा में उतरने के बजाय

हमेशा एकाधिकारवाद का सहारा लेते हैं। उनके अनुसार अध्ययन के इस समूचे कालखण्ड में पूँजीपतियों की रुचि मुक्त बाज़ार में नहीं रही। यहाँ यह नोट करना महत्त्वपूर्ण है कि पूँजीवाद की आलोचना में ब्रॉदेल ऐडम स्मिथ के उदारतावाद और मार्क्सवाद दोनों से अलग रवैया अख़्तियार करते हैं। उनका मानना है कि आधुनिक इतिहास में पूँजीवाद के अंतर्गत राज्य ने आम तौर पर प्रतिस्पर्द्धा की रक्षा करने के बजाय एकाधिकारवादी तत्त्वों को संरक्षण दिया है।

बॉदेल को इतिहास लेखन का पारम्परिक ढाँचा नाकाफ़ी लगता था। उनके मुताबिक़ ऐसा इतिहास रोशनी की एक क्षीण सी लक़ीर की तरह था जिससे नेपथ्य उद्घाटित नहीं होता था। उसमें तथ्यों की तो भरमार थी लेकिन बृहत्तर संरचनाओं का सुराग नहीं मिलता था। इस विसंगति के लिए ब्रॉदेल इतिहासकारों की कुछ ख़ास घटनाओं को ज़्यादा महत्त्व देने, व्यक्तिगत कार्यों और उपलब्धियों पर ज़ोर देने तथा इतिहास की प्रक्रियाओं को छोटे-छोटे काल-खण्डों में समेटने की प्रवृत्ति को ज़िम्मेदार मानते थे। उनका मानना था कि इतिहास को कुछ निश्चित काल-खण्डों में बाँटने की यह प्रवृत्ति उसे राजनीतिक घटनाओं का पिटारा बना देती है। उनका यक़ीन था कि अगर इतिहासकार दुनिया को बेहतर ढंग से समझना चाहते हैं तो उन्हें घटनाओं को तात्कालिकता या एक निश्चित काल-खण्ड के साँचे में रखकर देखने की परिपाटी से मुक्त होना पड़ेगा। ब्रॉदेल की दृष्टि में आम तौर पर इतिहासकार इन छोटे छोटे काल-खण्डों को इतिहास का केंद्र मान लेते हैं जबकि हक़ीक़त में इतिहास का कोई केंद्र ही नहीं होता। वह प्रक्रियाओं के अंतर्संबंधों में फलता है और यही उसका मर्म होता है। ब्रॉदेल कहते हैं कि वास्तविक जीवन में व्यक्ति के तमाम कार्यकलाप एक ज़्यादा बड़े और जटिल यथार्थ में धँसे होते हैं। अलग-अलग प्रक्रियाओं के बहुविध मेल से बनी ये संरचनाएँ इतनी व्यापक होती हैं कि उनके नियामक तत्त्वों को पूरी स्पष्टता से समझना मुश्किल होता है।

ब्रॉदेल कहते हैं कि इतिहास की प्रक्रिया में इन संरचनाओं को समझने के लिए इतिहासकार को अपनी दृष्टि को समय के तात्कालिक और निश्चित साँचों के परे ले जाना होता है। व्यावहारिक स्तर पर इसका मतलब यह है कि इतिहासकार को न केवल सांस्कृतिक, भौगोलिक, आर्थिक व राजनीतिक क्रियाओं-गतिविधियों के सह-संबंधों पर विचार करना चाहिए बल्कि समय की दीर्घ और अल्प अवधियों के आर-पार देखने में भी सक्षम होना चाहिए। ब्रॉदेल के अनुसार दृष्टि का कोण या पटल बदलते ही यह साफ़ हो जाता है कि समय कोई एकसार और इकहरी परिघटना नहीं है। उसकी गति हमेशा एक सी नहीं रहती। कभी वह तेज़ी से बीतता है तो कभी बहुत धीमे। लिहाज़ा पारम्परिक इतिहास या घटनाओं की लय से उसका प्रत्यक्ष संबंध नहीं होता। ब्रॉदेल समय की इन विविध गतियों के बीच अपेक्षाकृत दीर्घ और स्थिर खण्डों को भौगोलिक, सामाजिक तथा व्यक्तिनिष्ठ समूहों में बाँटने का प्रस्ताव रखते हैं।

ब्रॉदेल की इतिहास-दृष्टि ऐतिहासिक साक्ष्यों को समय के विशाल फलक पर रखने के साथ शोध पद्धतियों व समाज-विज्ञानों में शोध के विभिन्न रूपों के प्रति खुलेपन का आग्रह भी करती है। लेकिन उन्हें इस बात का अफ़सोस था कि इतिहास और समाज-विज्ञानों ने एक दूसरे के विरुद्ध दीवारें खड़ी कर ली हैं, जिसके कारण अतीत और वर्तमान को समझने की सम्भावनाएँ क्षीण हो गयी हैं।

अगर ब्रॉदेल का समग्र मूल्यांकन किया जाए तो उन्हें इतिहास-लेखन के क्षेत्र में अनाल धारा का सबसे प्रखर वारिस माना जाता है। निस्संदेह मार्क ब्लॉक और ल्यूसियाँ फ़ेब्र की तरह उन्होंने ऐतिहासिक शोध को राजनीतिक घटनाओं के वर्चस्व से मुक्त किया लेकिन समय की बहुलतावादी दृष्टि उन्हें अनाल के स्वीकृत दायरे से बाहर ले जाती है। उनके विश्लेषण में व्यक्ति संरचनाओं के उद्घाटन में केवल एक निमित्त की तरह मौजूद रहता है। व्यक्ति को इतिहास की प्रक्रियाओं में हाशिये पर रखने की यह प्रवृत्ति अनाल या किसी भी अन्य धारा के इतिहासकार में नहीं पायी जाती। इसलिए इतिहास के कई विद्वानों का मानना है कि ब्रॉदेल इतिहास के जिस ढाँचे की तजवीज़ करते हैं उसमें मनुष्य की उपस्थिति कहीं नहीं दिखायी देती।

देखें : अनाल स्कूल, अरनॉल्ड जोसेफ़ टॉयनबी, ओसवाल्ड स्पेंगलर, ल्यूसियाँ फ़ेब्र, मार्क्सवादी इतिहास-लेखन, मार्क ब्लॉक, इतिहास और आख्यान।

संदर्भ

1. पीटर बर्क (1990), द *फ्रेंच हिस्टोरिकल रेवोल्यूशन : द अनाल स्कूल 1929-89*, पॉलिटी, केम्ब्रिज.
2. इमैनुएल वालर्स्टाइन (1991), 'ब्रॉदेल ऑन कैपिटलिज़म, ऑर एवरीथिंग अपसाइड डाउन', *जर्नल ऑफ़ मॉडर्न हिस्ट्री,* खण्ड 63, अंक 2.
3. एस. किन्सर (1981), 'अनालिस्ट पैरडाइम ? द जियोहिस्टोरिकल स्ट्रक्चरलिज़म ऑफ़ फ़र्नैंद ब्रॉदेल', *अमेरिकन हिस्टोरिकल रिव्यू*, खण्ड 86, अंक 1.

— नरेश गोस्वामी

फ़लसिफ़ा और क़लाम

(Falsifa and Kalam)

इस्लामिक दायरे में दर्शन के अध्ययन की शुरुआत यूनानी दर्शन के अधिकतर अरबी और कुछ-कुछ फ़ारसी अनुवादों से हुई। आठवीं सदी से शुरू और अंदलूसिया से भारत तक पहुँची इसी परम्परा को फ़लसिफ़ा का नाम दिया गया है। यह परम्परा विशुद्ध रूप से धार्मिक नहीं थी, और न ही इस्लामिक धर्मशास्त्र की सेवा करने के लिए इसकी शुरुआत हुई थी। फ़लसिफ़ा के साथ जुड़े हुए कुछ दार्शनिक ईसाई और यहूदी भी थे, और इसमें भाग लेने वाले मुसलमान दार्शनिकों की भी सांस्कृतिक, सामाजिक और भाषायी पृष्ठभूमि में अंतर था। कुल मिला कर इस दर्शन का चरित्र सामासिक था। इस्लाम में दर्शन की दूसरी प्रमुख परम्परा क़लाम की है। इसकी शुरुआत भी आठवीं सदी में हुई। अगर फ़लसिफ़ा का मक़सद इस्लामिक विश्वासों को यूनानी दर्शन द्वारा प्रदत्त कसौटियों पर कस कर देखना था, तो क़लाम का उद्देश्य तर्कशास्त्र के ज़रिये इस्लामिक प्रक्रियाओं की परख करते हुए उन्हें न्यायोचित ठहराना था। इस्लामिक दर्शन की इन दोनों परम्पराओं में कई समानताएँ थीं। इन दोनों का विकास भी 813 से 833 के बीच हुकूमत करने वाले अबासिद ख़लीफ़ा अल-मामुन के संरक्षण में हुआ। ख़लीफ़ा ने बग़दाद में एक अकादमी स्थापित की जिसे बाइत-अल-हिक्रमा (हाउस ऑफ़ विज़डम) के नाम से जाना जाता है। उन्होंने धर्म और विज्ञान के क्षेत्र में यूनानी दर्शन और हिक्रमत को लाने की आज़ादी दी, और क़लाम से जुड़े हुए मुताज़िलाह स्कूल को सरकारी दर्जा दिया।

बग़दाद की अकादमी अपनी वैचारिक सहिष्णुता और वैज्ञानिक खोजों को प्राथमिकता देने के लिए जानी जाती थी। ख़िलाफ़त में शामिल विभिन्न राज्यों के विद्वान सरकारी मदद और संरक्षण में चलने वाले ज्ञान के केंद्रों में जाकर अध्ययन-मनन करते थे ताकि साम्राज्य की निरंतरता की गारंटी करने वाली एक विश्व-दृष्टि की रचना की जा सके। उन दिनों ज्ञान और विद्वत्ता के क्षेत्र में ख़लीफ़ा के प्राधिकार को चुनौती देने वाले कई दार्शनिक और राजनीतिक प्रश्न उठाये जा रहे थे। ख़ुदायी इलहाम के ज़रिये प्राप्त इस्लाम के सिद्धांतों को भी भौतिकवादी, यहूदी, ईसाई और भारतीय प्रस्थानबिंदुओं से चुनौतियाँ दी जा रही थीं। इब्न रश्द, इब्न सिना और अल-फ़राबी और अल-किंदी जैसे विद्वानों ने यूनानी दर्शन की मदद से इन प्रश्नों की गहन समीक्षा की और इस्लामिक धर्मशास्त्र की दार्शनिक व्याख्याएँ पेश कीं। यूनानी दर्शन की रचनाओं के अरबी अनुवाद पर आधारित इस दार्शनिक आंदोलन के शीर्ष पर इराक़ी विद्वान अल-किंदी थे। किंदी ने यूनानी दर्शन की रचनाओं के अनुवाद की ज़बरदस्त मुहिम चलायी और क़लाम द्वारा स्थापित आग्रहों से अलग हट कर दार्शनिक जाँच-पड़ताल की विधियाँ स्थापित कीं।

क़लाम की स्थापना की श्रेय वसील इब्न अता (700-748) को दिया जाता है। चूँकि इस अवधि में इस्लाम का प्रसार पागान परम्परा के इलाक़ों से आगे निकल कर ऐसे क्षेत्रों में हो रहा था जहाँ दार्शनिक और धर्मशास्त्रीय चिंतन की पहले से जमी हुई गहन परम्पराएँ थीं, इसलिए अता और बाद में उनके अनुयायियों को लगा कि इस्लाम पर आधारित नयी न्यायिक प्रणाली को विजितों के गले उतारने के लिए इस्लाम को मज़बूत दार्शनिक आधार पर खड़ा करना ज़रूरी है। इस प्रक्रिया में क़लाम के दो विचार-पंथ विकसित हुए। इनमें से एक अशारी स्कूल कहा जाता है, और दूसरा मुताज़िलाह स्कूल जिसे सरकारी संरक्षण मिला।

दोनों दार्शनिक परम्पराओं, क़लाम और फ़लसिफ़ा का ज़ोर इस बात पर था कि मनुष्य को ईश्वर का अर्थ-ग्रहण करने के लिए महज़ आस्था और विश्वास पर भरोसा न करके अपनी बुद्धि और प्रज्ञा का इस्तेमाल करना चाहिए। दोनों मान कर चलती हैं कि मनुष्य के अधिकारों पर ईश्वर के अधिकार को श्रेष्ठता दी जानी चाहिए, और इसी के अनुसार मनुष्य को इस जगत में ईश्वर द्वारा निर्धारित विस्तृत व्यवस्था में अपना स्थान स्वीकारना चाहिए। दो ही दर्शन एक सदाचारपूर्ण नागरिक जीवन के समर्थक हैं। दार्शनिकों ने जिस शहर की संकल्पना की है और दैवी विधि के ज़रिये जो शहर रचा जाना चाहिए, उनके बीच समानता यही है कि उनकी मुख्य भूमि न्याय और सदाचार है। इस तरह दोनों दर्शन एक ऐसे नेता की आवश्यकता पर पहुँचते हैं जिसका काम दैवी विधि के मुताबिक़ हूकूमत करना होगा। इसके लिए वे किसी ऐसे दार्शनिक, ख़लीफ़ा या सुल्तान की सिफ़ारिश करते हैं जो अल्लाह से डरता हो, नैतिक नियमों से बँधा हो, न्यायप्रिय और ईमानदार हो, शक्तिशाली हो और अपनी प्रजा की ख़ुशहाली के लिए प्रतिबद्ध हो।

इसी मुक़ाम पर फ़लसिफ़ा और क़लाम परम्परा के बीच अंतर समझना ज़रूरी है। यूनानी दर्शन का अनुवाद करने की प्रक्रिया में अरब दार्शनिकों ने कई पदों को अपनी इस्लामिक अवधारणाओं के मुताबिक़ बदल दिया। मसलन, अरस्तू ने जिसे 'फ़र्स्ट मूवर' या 'अनमूव्ड मूवर' कहा था, उसे अरबी के अनुवाद में 'अल्लाह' कहा गया। लेकिन इस शाब्दिक परिवर्तन के बावजूद 'मूवर' की प्रकृति से संबंधिक समझ में अंतर नहीं पड़ा। इब्न रश्द का विचार था कि अरस्तू के मुताबिक़ 'अनमूव्ड मूवर' स्वयं ही पदार्थ या द्रव्य का हिस्सा है, और उसका प्रभाव कार्य-कारण संबंधों की शृंखला के तौर पर देखा जा सकता है। फ़लसिफ़ा परम्परा द्वारा की गयी यह व्याख्या मुताज़िलाह स्कूल के अनुयायियों की समझ

से अलग है। क़लाम से संबंधित चिंतकों का विचार था कि अल्लाह ने सभी तरह के द्रव्य की रचना की है और वह ख़ुद द्रव्य के बाहर है। वह अपनी सृष्टि से भिन्न रह कर उस पर असर डालते हुए इस जगत को नियंत्रित करता है। वह प्राकृतिक क़ानून बनाता है, और जब चाहता है अपने चमत्कारों के ज़रिये उन्हें बदल डालता है। दिलचस्प बात यह है अल्लाह से संबंधित मतभेद केवल फ़लसिफ़ा और क़लाम के अनुयायियों के बीच ही नहीं थे, फ़लसिफ़ा से जुड़े दार्शनिकों के बीच भी समझ का अंतर था। मसलन, इब्न रश्द के विचार के विपरीत उनके एक सहयोगी मैमोनाइड्स की मान्यता थी कि ईश्वर को केवल नकारात्मक रूप से ही जाना जा सकता है यानी उसे जाना ही नहीं जा सकता इसलिए ऐसी कोशिश करना भी फ़िज़ूल है। क़ुरान में अल्लाह का वर्णन न्यायपूर्ण और दयावान के रूप में अवश्य किया गया है, लेकिन इन ख़ूबियों के बारे में हमारे जो विचार हैं उनके मुताबिक़ अल्लाह को नहीं समझा जा सकता। मैमोनाइड्स की उलझन यह थी कि अगर अल्लाह ही किसी व्यक्ति द्वारा किये जाने वाले अच्छे और बुरे कामों को पूर्व-निर्धारित करता है तो फिर वही इस दुनिया और उस दुनिया में बुरा काम करने वाले व्यक्ति को दण्डित क्यों करता है? इस लिहाज़ से ईश्वर को न्यायप्रद कैसे माना जा सकता है?

आधुनिक विचार और राजनीति पर क़लाम और फ़लसिफ़ा की छाप के उदाहरण भी मिलते हैं। समझा जाता है कि बीसवीं सदी के प्रमुख विद्वान, मानवशास्त्री और राजनीतिक दार्शनिक लियो स्ट्रॉस ने इमैनुएल कांट की स्थापनाओं और उनके आधार पर स्थापित अमेरिकी लोकतांत्रिक निज़ाम की आलोचना करने के लिए फ़लसिफ़ा और क़लाम से प्राप्त सूत्रों का इस्तेमाल किया है। स्ट्रॉस ख़ुद भी कांटियन दर्शन में प्रशिक्षित थे, लेकिन उन्होंने साठ के दशक के अमेरिका में सामाजिक-राजनीतिक स्थायित्व के लिए जो तजवीज़ें कीं वे मुसलमान और यहूदी दर्शन से प्रभावित थीं। उन्होंने कहा कि कांट ने परम्परा के ऊपर बुद्धिवाद को प्राथमिकता दे कर दर्शन को सांस्कृतिक, धार्मिक और रहस्यवादी आभा से वंचित कर दिया। नतीजा यह निकला कि द्वितीय विश्व-युद्ध बाद केवल बुद्धिवाद, व्यक्तिवाद और सापेक्षतावाद के आधार पर विकसित हुआ अमेरिकी समाज अपनी समस्याओं को सुलझाने में नाकाम हो गया। लियो स्ट्रॉस का इशारा था कि अमेरिकी राष्ट्रपति लिंडन जानसन ग़रीबी और नस्ली भेदभाव का उन्मूलन करके 'ग्रेट सोसाइटी' की स्थापना करना चाहते हैं, लेकिन हो उल्टा रहा है। अमेरिकी समाज नस्ली दंगों और अराजकता के गर्त में गिरता जा रहा है। इसलिए ज़रूरी यह है कि पुराने इस्लामिक और यहूदी धार्मिक दर्शन को अमेरिकी आवश्यकताओं के हिसाब से अनुकूलित करके अपनाया जाना चाहिए। स्ट्रॉस ने क़लाम और फ़लसिफ़ा की शिक्षाओं को जोड़ते हुए एक नव-अनुदारतावादी राजनीतिक दर्शन की प्रस्तावना की जो ज्ञानोदय-पूर्व धारणाओं में रची-बसी थी। इसके अनुसार समाज को एक मिथकीय नेता, एक मुश्तरका लक्ष्य और एक मुश्तरका दुश्मन की आवश्यकता है। इनसे लैस हो कर अमेरिका सारी दुनिया को अपनी अच्छाइयों का पाठ पढ़ा सकता है। इस्लाम में अगर मिथिकीय नेता का स्थान ख़लीफ़ा के पास था, तो अमेरिका में वह स्थान राष्ट्रपति को मिल सकता है। इस्लाम का मुख्य लक्ष्य एकेश्वरवाद और मुख्य शत्रु पागानवाद था तो बीसवीं सदी के संदर्भ में इनका स्थान क्रमशः लोकतंत्र और साम्यवाद को दिया जा सकता है।

क़लाम और फ़लसिफ़ा की दार्शनिक परम्परा बारहवीं सदी तक बेरोकटोक विकसित होती रही। लेकिन इसके बाद इसमें विघ्न आया क्योंकि ख़िलाफ़त की राजनीतिक, आर्थिक, सामाजिक और फ़ौजी ताक़त में गिरावट आने लगी। विशाल इस्लामिक साम्राज्य क्षेत्रीय राजवंशों में टूटने लगा। इसी के साथ हाउस ऑफ़ विज़डम के बेहतरीन दिन भी ख़त्म हो गये। परिणाम यह निकला कि क़लाम ने धीरे-धीरे फ़लसिफ़ा पर श्रेष्ठता हासिल कर ली। यह विकास-क्रम उस समय अपने चरम पर पहुँचा जब क़लाम के अशारी स्कूल के विद्वान अल-ग़ज़ाली ने द *इनकोहरेंस ऑफ़ फ़िलॉसफ़र्स* लिख कर फ़लसिफ़ा की वैधता पर ज़बरदस्त आक्रमण किया। ग़ज़ाली के तर्कों का जवाब इब्न रश्द द्वारा द *इनकोहरेंस ऑफ़ द इनकोहरेंस* लिख कर ज़रूर दिया गया, पर अल-ग़ज़ाली के बाद फ़लसिफ़ा के प्रभाव को टिकाना मुश्किल हो गया।

देखें : अबू-अला मौदूदी, अल-किंदी, अल-ग़ज़ाली, इब्न ख़ाल्दून, प्रारम्भिक इस्लाम, इस्लामिक नारीवाद, जिहाद, भारतीय इस्लाम, मसजिद, हज़रत मुहम्मद-1 और 2, मुहम्मद अली जिन्ना, मुहम्मद इक़बाल, सैयद अहमद ख़ाँ।

संदर्भ

1. रिचर्ड ई. रूबेंस्टीन (2004), *अरिस्टोटिल्स चिल्ड्रंस : हाउ क्रिश्चियन, मुसलमान, ऐंड ज्यूज़ रिडिस्कवर्ड एंशिएंट विज़डम ऐंड इल्युमिनेटिड डार्क एजिज़,* फ़्लोरिडा.
2. ओलिवर लीमैन (1985), *ऐन इंट्रोडक्शन ऑफ़ मिडीवल इस्लामिक फ़िलॉसफ़ी,* केम्ब्रिज युनिवर्सिटी प्रेस, केम्ब्रिज.
3. ओलिवर लीमैन और एच.एस. नस्र (सम्पा.) (1998), द *रॉटलेज हिस्ट्री ऑफ़ इस्लामिक फ़िलॉसफ़ी,* रॉटलेज, लंदन.
4. मोहसिन मेहदी (1962), *अल-फ़राबीज़ फ़िलॉसफ़ी ऑफ़ प्लेटो ऐंड अरिस्टोटिल,* इल, ग्लेंको.

—अभय कुमार दुबे

फ़ासीवाद

(Fascism)

फ़ासीवाद बीसवीं सदी में ही पैदा हो कर शिखर पर पहुँचा और शताब्दी के अवसान से काफ़ी पहले ही प्रभावहीन हो गया। राष्ट्रवाद के प्रजातीय संस्करण, वर्ग-संघर्ष विरोधी समाजवाद और प्रभुवर्गीय सर्वसत्तावाद के गठजोड़ की पैरोकारी करने वाला यह विचार लोकतंत्र को मूर्खतापूर्ण, भ्रष्ट और मंदगति से चलने वाली व्यवस्था मानता है। मार्क्सवाद और उदारतावाद उसकी निगाह में युद्ध और फूट के एजेंट हैं। फ़ासीवाद युरोपीय ज्ञानोदय और फ्रांसीसी क्रांति से निकली राजनीतिक संस्कृति को पतनशीलता के ख़ाने में डालते हुए एक नयी सभ्यता की बुनियाद डालने के दावे के साथ उभरा था। वह इस नयी सभ्यता को सामुदायिकता का समर्थक, व्यक्तिवाद विरोधी, समाज के सभी वर्गों को मानवीय सामूहिकता के सूत्र में बाँधने वाला, एक समरस और सावयवी राष्ट्र की रचना का आधार बनाना चाहता था। इस विचार के आधार पर बीसवीं सदी के पूर्वार्ध में फ़ासीवादी राज्य ने नस्ली शुद्धता उपलब्ध करने के लिए जाति-संहार की परियोजना चलायी और सैन्यवाद का झण्डा बुलंद किया। फ़ासीवादी परियोजना मुख्यत: उसकी दो राजनीतिक अभिव्यक्तियों के लिए जानी जाती है : इटली में मुसोलिनी का फ़ासीवादी आंदोलन और जर्मनी में हिटलर का नाज़ीवाद। ये दोनों ही प्रवृत्तियाँ द्वितीय विश्व-युद्ध की भीषण त्रासदी की ज़िम्मेदार मानी जाती हैं। पश्चिमी आधुनिकता की समस्याओं को उदारतावाद और मार्क्सवाद के दायरे से बाहर हल करने की महत्त्वाकांक्षा रखने वाले फ़ासीवाद का सितारा बहुत तेज़ी से उभरा। पर युद्ध में हुई ऐतिहासिक पराजय ने उसे और भी ज़्यादा तेज़ी से धूमिल कर दिया।

अपने विश्वव्यापी प्रभाव के बावजूद इस तथ्य से इनकार नहीं किया जा सकता कि विचारधारा, राजनीतिक आंदोलन और एक ख़ास क़िस्म के राज्य के तौर पर फ़ासीवाद मुख्यत: एक युरोपीय परिघटना है। बीसवीं सदी के शुरुआती वर्षों में इटली के मज़दूर आंदोलन पर 'सर्वहारा राष्ट्रवाद' की पैरोकारी करने वाले क्रांतिकारी सिंडिकलिज़्म का काफ़ी असर था। 1910-12 के बीच मुसोलिनी के नैशनलिस्ट सिंडीकलिज़्म और इस क्रांतिकारी सिंडीकलिज़्म ने मिल कर तिजारती सभ्यता की जगह संतों और योद्धाओं को सिर-माथे बैठाने वाली एक युद्धप्रिय, मर्दाना और वीरोचित सभ्यता रचने का आह्वान किया ताकि पूँजीवादी भोगवाद और ख़ुदग़र्ज़ी को ख़त्म किया जा सके। इन लोगों को यह कहने में कोई संकोच नहीं था कि यह सभ्यता केवल नेतृत्वकारी क्षमताओं और योग्यताओं से लैस एक छोटा सा प्रभु वर्ग ही क़ायम कर सकता है। जनता को तो सिर्फ़ इस प्रभु वर्ग के पीछे चलने की भूमिका ही अदा करनी थी। प्रथम विश्व-युद्ध के ठीक पहले इस विचार की अगुआई में दोनों तरह के सिंडीकलिज़्मों द्वारा मिल कर इटली में एक उग्र हस्तक्षेपकारी आंदोलन छेड़ा गया।

पूँजीवादी अर्थव्यवस्था, समाज और मज़दूर वर्ग की ज़िंदगी में इन्हीं दिनों कुछ ऐसे परिवर्तन हो रहे थे जिनसे मार्क्स की भविष्यवाणियाँ प्रश्नांकित हो रही थीं। सर्वहारा राष्ट्रवाद का सूत्रीकरण करने वाला क्रांतिकारी सिंडीकलिज़्म मार्क्सवाद में संशोधन करने की कोशिशों का एक रूप था। इस संशोधनवादी परियोजना में वैचारिक योगदान करते हुए जॉर्ज सोरेल ने बुद्धिवाद और भौतिकवाद विरोधी समाजवाद की तजवीज़ की। सोरेल को हिंसा के प्रश्न पर व्यवस्थित दार्शनिक विचार करने वाले चिंतक के रूप में जाना जाता है। उनकी मान्यता थी कि जनता को सक्रिय और गोलबंद करने के लिए किसी तर्कपरक कार्यक्रम की नहीं बल्कि मिथकों और छवियों के इस्तेमाल की ज़रूरत होती है। चूँकि पूँजीवादी समाजों का सर्वहारा आम हड़ताल और क्रांतिकारी हिंसा का इस्तेमाल करने की योजना पर अमल करने में अक्षम साबित हो रहा था, इसलिए सोरेल के अनुयायियों ने मार्क्सवाद को पूरी तरह से छोड़ कर मज़दूरों की जगह राष्ट्रवाद की तेज़ी से उदित हो रही ज़बरदस्त ताक़त का आसरा लिया। उन्होंने वर्ग-संघर्ष की जगह राष्ट्रीय, नैतिक और मनोवैज्ञानिक क्रांति का सूत्रीकरण किया।

प्रथम विश्व-युद्ध ने व़ादियों के सामने साफ़ कर दिया कि राष्ट्रवाद में जनता को अपनी ओर खींचने की बेमिसाल ताक़त है। आधुनिक राज्य और आर्थिक नियोजन के साथ जुड़ कर राष्ट्रवाद उदारतावाद और मार्क्सवाद का व्यावहारिक विकल्प पेश कर सकता है। विश्व-युद्ध ने यह भी स्पष्ट किया कि आम लोगों को अंतर्राष्ट्रवाद में ज़रा भी दिलचस्पी नहीं होती और वे करिश्माई नेतृत्व के नैतिक आह्वान से उत्प्रेरित हो कर अपने राज्य की हिफ़ाज़त के लिए बड़े से बड़ा त्याग करने के लिए तैयार हो सकते हैं। वादियों को लगा कि जनता बुनियादी तौर पर आज्ञापालक क़िस्म की होती है और उसे प्रोपेगंडा के ज़रिये फुसलाया जा सकता है। इसलिए लोकतांत्रिक स्वतंत्रताओं को मुल्तवी करके तानाशाहीनुमा हुकूमत क़ायम करने पर उसे कोई आपत्ति नहीं होगी।

फ़ासिज़्म इतालवी भाषा के शब्द 'फ़ैसियों' की देन है जिसका मतलब होता है लकड़ी का गट्ठा। प्राचीन रोम का राज-चिह्न लकड़ी का गट्ठा (राष्ट्र की एकताकारी शक्ति) और कुल्हाड़ी (राजकीय शक्ति) थी। मुसोलिनी ने मार्च, 1919 में फ़ैसियों नाम से एक क्लब की स्थापना की जिसका मक़सद वर्ग-संघर्ष आधारित समाजवाद का विरोध और राष्ट्रीय समाजवाद के लिए काम करना था। इस क्लब के

एडोल्फ़ हिटलर (1889–1945)

बेनिटो मुसोलिनी (1883–1945)

सदस्य फ़ासिस्ट कहलाये और उनका विचार फ़ासिज़म। एक राजनीतिक पार्टी बनी जिसके स्वयंसेवकों का संगठन काली शर्ट पहनता, फ़ौजी क़वायद करता और अपने सेनापति मुसोलिनी को सेल्यूट मारना। फ़ासिज़म का तेज़ी से प्रसार हुआ और दो साल के भीतर पूरे इटली में दो हज़ार से ज़्यादा फ़ैसियों स्थापित हो चुके थे। 1923 तक उसकी सदस्य संख्या 23 लाख तक पहुँच गयी। बीस और तीस के दशक तक फ्रांस, स्पेन, बेल्जियम , हंगरी, क्रोशिया और रूमानिया में इतालवी फ़ासीवाद से मिलते-जुलते आंदोलन उभरने लगे थे। फ़ासिस्ट पार्टियाँ मोहभंग का शिकार हो चुके उदारतावादियों, मार्क्सवादियों, मज़दूरों, किसानों और कुलीन वर्गों के नुमाइंदों को अपनी ओर खींचने में लगी हुई थीं। लेकिन फ़ासीवादी राज्य का सपना व्यावहारिक रूप से केवल इटली और जर्मनी में ही साकार हुआ।

शुरू में मुसोलिनी और उसकी पार्टी को राजशाही के साथ सत्ता में साझेदारी करनी पड़ी। लेकिन 1924 के चुनाव में उसे पूरा बहुमत मिल गया। इतालवी संसद के एक प्रमुख समाजवादी सदस्य की हत्या के कारण उपजे विवाद का फ़ायदा उठा कर मुसोलिनी ने 1926 में ग्रांड कौंसिल बना कर सत्ता के शिखर पर क़ब्ज़ा कर लिया। सत्ता और समाज का अपेक्षाकृत निचली पायदानों का फ़ासिस्टीकरण करने के लिए मुसोलिनी ने अन्य सभी तरह की ट्रेड यूनियनों और हड़तालों पर प्रतिबंध लगा कर फ़ासिस्ट ट्रेड यूनियनों के तहत मज़दूर वर्ग को संगठित करने का अभियान चलाया। युवक संगठनों में गोलबंद करके नौजवानों का बड़े पैमाने पर फ़ासीवादीकरण किया गया। स्त्रियों को फ़ासीवादी राज्य के लिए बलवान पुत्र सप्लाई करने वाली माँ की आदर्श भूमिका प्रदान की गयी। 1932 में मुसोलिनी ने अपने एक भाषण में बीसवीं सदी को फ़ासीवाद की सदी बताया। उसने स्वतंत्रता को राज्य की स्वतंत्रता और उसके मातहत व्यक्ति की स्वतंत्रता का पर्याय क़रार दिया।

फ़ासीवाद के अध्येताओं का विचार है कि मुसोलिनी ने फ़ासीवादी राज्य का ढाँचा तो खड़ा कर दिया, पर सामाजिक इंजीनियरिंग करके नये फ़ासीवादी मनुष्य की रचना करने की उसकी कोशिश पूरी तरह सफल नहीं हुई। फ़ासीवाद की तरफ़ खिंचने के बावजूद इटली का मुख्यत: कृषिप्रधान समाज परिवार की संस्था को दोयम दर्जे पर डाल कर नयी सामूहिकता के मातहत होने के लिए तैयार नहीं हुआ। न ही कैथोलिक चर्च के प्रति लोगों की निष्ठा कम हुई। लेकिन दूसरी तरफ़ जर्मनी की धरती पर नाज़ीवाद के रूप में फ़ासिज़म की सोशल इंजीनियरिंग अधिक कामयाब साबित हुई। जनवरी, 1933 में चांसलर नियुक्त होते ही हिटलर ने नागरिक अधिकारों को सीमित करने की मुहिम शुरू कर दी और वामपंथियों के ख़िलाफ़ अभियान छेड़ दिया। एक अल्पमतीय सरकार से शुरू करके साल भर के भीतर ही हिटलर ने अन्य सभी राजनीतिक ताक़तों पर पाबंदी लगा कर एक पार्टी की हुकूमत स्थापित कर ली। डॉक्टरों, इंजीनियरों, वकीलों, अध्यापकों और युवकों और खेल-कूद के सभी संगठन नाज़ी पार्टी के मातहत हो गये। इतालवी फ़ासिस्टों के विपरीत नाज़ी पार्टी ने जर्मन सामाजिक जीवन को पूरी तरह से अपने क़ब्ज़े में ले लिया। नाज़ियों ने एक तरफ़ तो मज़दूर की मेहनत का उत्सव मनाया, और दूसरी

तरफ़ उनसे ट्रेड यूनियनों में संगठित होने का अधिकार छीन लिया गया। नस्ली रूप से विशुद्ध जर्मन समाज बनाने के लिए यहूदियों और जिप्सियों का योजनाबद्ध उन्मूलन शुरू हुआ। नाज़ियों ने जर्मन नस्ल को विकलांगों, विक्षिप्तों, नशेड़ियों और शारीरिक रूप से कमज़ोरों के दुष्प्रभावों से बचाने के लिए यूजेनिक्स आधारित प्रजाति-सुधार योजनाएँ चलायीं जिसके तहत अवांछित समझे जाने वाले सत्तर हज़ार लोगों की हत्याएँ की गयीं और लाखों लोगों को बधिया कर दिया गया।

फ़ासीवादी परिघटना के कारणों को लेकर विद्वानों के बीच विवाद है। उदारतावादी कहते हैं कि फ़ासीवाद की जड़ सर्वसत्तावादी राज्य की इच्छा में निहित है। ईसाई सिद्धांतकारों का ख़याल है कि इसका जन्म सेकुलर समाज बनाने की कोशिशों का परिणाम है। राष्ट्रवाद के आलोचक इसे आक्रामक राष्ट्रवादी नतीजा मानते हैं। मार्क्सवादी इसे आधुनिक औद्योगिक समाजों की अंतर्विरोधी प्रकृति की देन क़रार देते हैं। कुछ विद्वानों की राय है कि फ़ासीवाद के उदय में समाजशास्त्रीय पैटर्न देखने के बजाय उसकी व्याख्या एक युग की विशेषता के रूप में की जानी चाहिए।

समाज-वैज्ञानिकों के बीच इस बात पर भी बहस है कि हिटलर और मुसोलिनी के पराभव के बाद फ़ासीवाद की ताक़त वास्तव में कितनी बची है। हान्ना एरेंत और कार्ल फ़्रेड्रिख़ जैसे चिंतकों की मान्यता है कि फ़ासीवाद को एक ख़ास तरह के सांस्कृतिक और ऐतिहासिक संदर्भ में ही देखा जाना चाहिए। कई विद्वानों ने आधुनिक समाजों में फ़ासीवादी वैचारिक प्रवृत्तियों के असर की शिनाख़्त की है। फ़ासीवाद की प्रभावी अवधि पहले और दूसरे विश्व-युद्ध के बीच की थी। लेकिन फ़ौजी हार के बाद भी इस विचारधारा पर आधारित पार्टियाँ और संगठन दुनिया के विभिन्न देशों की राजनीति में राजनीतिक-सामाजिक बहुलवाद का विरोध और सांस्कृतिक समरूपता का समर्थन करते रहे। ब्रिटिश नैशनलिस्ट पार्टी, फ़्रेंच नैशनल फ़्रंट, इटैलियन नैशनल एलायंस और स्पेन में जनरल फ़्रैंको की हुकूमत को फ़ासीवादी राज्य के युद्धोपरांत उदाहरण के रूप में देखा जाता है। इसके अलावा भी कई देशों में ऐसे संगठन कार्यरत हैं जो अपनी स्थानीय परिस्थितियों के मुताबिक़ सांस्कृतिक समरूपता और बहुसंख्यकवाद के पक्ष में राजनीतिक मुहिमें चलाते हैं। उनके नेताओं और सिद्धांतकारों की बातों में हिटलर और मुसोलिनी की प्रशंसा भी दिखाई देती है। इस लिहाज़ से उन्हें अक्सर फ़ासीवादी क़रार दे दिया जाता है, भले ही वे युरोपीय फ़ासीवाद के सभी प्रमुख मानकों पर खरे न उतरते हों। भारत में 1925 से सक्रिय राष्ट्रीय स्वंयसेवक संघ एक ऐसा ही बहुचर्चित संगठन है।

देखें : अधिकार, अधिकार : सैद्धांतिक यात्रा, अरस्तू, अफ़लातून, अनुदारतावाद, अराजकतावाद, अन्य-अन्यीकरण, उदारतावाद, उपयोगितावाद, एडमण्ड बर्क, क्रांति, ज्याँ-ज़ाक रूसो, जॉन लॉक, जेरेमी बेंथम, जॉन स्टुअर्ट मिल, जॉन रॉल्स, थॉमस हॉब्स, थॉमस पेन, न्याय, न्याय : नारीवादी आलोचना, न्याय : रॉल्स का सिद्धांत, नागरिकता, नागरिकता : अन्य परिप्रेक्ष्य-1 और 2, नागर समाज, पनोप्टिकॉन, प्रतिनिधित्व, प्रगति, प्रगति : आलोचनात्मक परिप्रेक्ष्य, प्रशासन और सुशासन, फ़्रेड्रिख़ वॉन हायक, बुद्धिवाद, माइकेल जोसेफ़ ओकशॉट, माइकिल वाल्ज़र, मिशेल पॉल फ़ूको-1 और 2, यूटोपिया, राजनीतिक दर्शन के नारीवादी आयाम, रॉबर्ट नॉज़िक, राज्य-1 और 2, विल किमलिका, सविनय अवज्ञा, स्वतंत्रतावाद, सर्वसत्तावाद, सम्प्रभुता, समाजवाद, सरकारियत, सामाजिक समझौता, हेनरी डेविड थोरो।

संदर्भ

1. डब्ल्यू. लैकर (सम्पा.) (1979), *फ़ासिज़म : अ रीडर्स गाइड; ऐनालिसिस, इंटरप्रिशंस, बिबिलियोग्राफ़ी*, पेंगुइन, हारमंड्सवर्थ.
2. ई. नोल्ट (1969), *थ्री फ़ेसिज़ ऑफ़ फ़ासिज़म : एक्शन फ़्रांकाइज़, इटैलियन फ़ासिज़म, नैशनल सोशलिज़म*, न्यू अमेरिकन लाइब्रेरी, न्यूयॉर्क.
3. एस.जी. पेन (1980), *फ़ासिज़म : कम्परीज़न ऐंड डेफ़िनशन*, युनिवर्सिटी ऑफ़ विस्कोंसिन प्रेस, मैडिसन.
4. आर. बेसल (सम्पा.) (1996), *फ़ासिस्ट इटली ऐंड नाज़ी जर्मनी : कम्परीज़ंस ऐंड कंट्रास्ट्स*, केम्ब्रिज युनिवर्सिटी प्रेस, केम्ब्रिज.

— अभय कुमार दुबे

फ़िल्म और सेक्शुअलिटी

(Film and Sexuality)

सिनेमा और उसकी प्रौद्योगिकी में सेक्शुअलिटी को अपने तरीक़े से गढ़ने की क्षमता होती है। शुरू से ही उसकी इस विशेषता का इस्तेमाल इतरलैंगिक (हेटरोसेक्शुअल) आत्मपरकता गढ़ने के लिए किया जाता रहा है। इसके तहत निरूपित पुरुषत्व आम तौर पर सक्रियता और कामना से सम्पन्न होता है, और स्त्रीत्व की रचना निष्क्रियता और काम्यता के आयामों से होती है। सत्तर के दशक में नारीवादी सिद्धांतकारों ने इस संरचना को प्रश्नांकित करने के लिए फ्रॉयड और लकाँ के विचारों का बेहतरीन इस्तेमाल किया। परिणामस्वरूप सेक्शुअलिटी पर होने वाली बहस में मनोविश्लेषण के विमर्श को स्थान मिला। दूसरी तरफ़ संस्कृति-अध्ययन के क्षेत्र में उठे नस्ल, वर्ग और जेंडर के मुद्दों ने भी इसमें योगदान किया। इस दायरे में क्वियर-सिनेमा

का पदार्पण कुछ देर से हुआ। शुरू में क्वियर फ़िल्म-संस्कृति ने अवाँगार्द-सिनेमा और भूमिगत-सिनेमा आंदोलन के साथ जुड़ कर इतरलैंगिकता के बोलबाले को चुनौती दी। समलैंगिक आत्मपरकताएँ रची गयीं। इस दीर्घकालीन संघर्ष का परिणाम यह निकला कि व्यावसायिक सिनेमा में समलैंगिकता के निरूपणों को जगह मिलने लगी। इतरलैंकिता के वर्चस्व के मुक़ाबले समलैंगिकता की यह राह आसान नहीं थी। उसे राजनीतिक और सांस्कृतिक क्षेत्रों में कड़े (यहाँ तक कि हिंसक भी) विरोध का सामना करना पड़ा। जो भी हो, सिनेमा के संसार में सेक्शुअलिटी के नाम पर इतरलैंगिकता को आज भी विशेष प्राथमिकता मिलती है, पर समलैंगिक-इयत्ता भी हाशिये से निकल पर मुख्य धारा में आ चुकी है। इस सिलसिले में भारतीय उदाहरणों पर ग़ौर करने से पहले ज़रूरी है कि पश्चिमी जगत में चले संबंधित विमर्श और सिद्धांतीकरण पर नज़र दौड़ा ली जाए (इसमें क्वियर-सिनेमा पर चर्चा भी शामिल है)।

नारीवादी योगदान : 1973 में क्लेयर जांस्टन ने व्यावसायिक फ़िल्मों में स्त्री की बनावट को खोलने का पहला बौद्धिक प्रयास किया। उन्होंने पता लगाया कि उसके बिम्ब को कैसे फ्रेम किया गया है, उसे कैसी पोशाक पहनायी है, उस पर किस कोण से प्रकाश फेंका गया है, कथांकन में वह किस जगह स्थित है, पुरुष चरित्र किस तरह स्त्री को अपनी काम्य-वस्तु बना कर मातृरत्यात्मकता (ओडिपल ट्रैजेक्टरी) की तरफ़ जाता है, कैमरा-वर्क और लाइटिंग से किस तरह स्पष्ट होता है कि पुरुष चरित्र की स्वैरकल्पनाएँ स्त्री को अपना केंद्र बना रही हैं। जांस्टन की मान्यता थी कि अगर ये सब बातें निकल-निकल कर आ जाएँगी तो फ़िल्म के पाठ और उसकी विचारधारा को अलग-अलग किया जा सकेगा और स्त्री के सिनेमा को उभरने की गुंजाइश मिलेगी। पुरुष-स्वैरकल्पना के दायरे से परे जाते हुए जांस्टन ने स्त्री की स्वैरकल्पना और कामना के प्रश्नों को भी सम्बोधित किया।

1975 में लौरा मलवी ने मातृमनोग्रंथि के प्रभाव की भिन्न व्याख्या की। उन्होंने कहा कि दर्शक की मैस्क्युलिन स्थिति उसे नारी-देह के यौनीकरण और वस्तुकरण की तरफ़ ले जाती है। कैमरा स्त्री की दैहिक सुदंरता की तरफ़ ध्यान खींचता है। वह उसकी प्रस्तुति इस क़दर सम्पूर्णता के साथ करता है कि पुरुष दर्शक को उसमें शिश्न की अनुपस्थिति न सताती है, और न ही उससे बधियाकरण (कैस्ट्रेशन) का भय निकलता है। ऐसा करने के लिए कैमरा नारी-देह को शिश्न की तरह तना हुआ दिखाता है। मलवी ने दावा किया कि पुरुष की दृश्य-रत्यात्मक निगाह (वॉयरिस्टिक गेज़) उसके अवचेतन द्वारा बधियाकरण के भय की अनुक्रिया है। स्त्री को नियंत्रित और दण्डित करने (यहाँ तक कि उसकी हत्या कर देने) की कामना की प्रतीकात्मक अभिव्यक्ति इसी निगाह में होती है।

मलवी ने यह भी पूछा कि इस पुरुष-केंद्रित सिनेमा में स्त्री-दर्शक किस तरह चाक्षुष आनंद प्राप्त करती है? इसके लिए वह या तो स्क्रीन पर मौजूद स्त्री किरदार की निष्क्रिय स्थिति के साथ तादात्म्य स्थापित कर लेती है या फिर उसे पुरुष की स्थिति ग्रहण करनी पड़ती है। मलवी के ये अवलोकन तरह-तरह की सम्भावनाओं से भरे हुए थे। फ्रॉयड चूँकि शिश्न-ईर्ष्या (या शिश्न-अभाव) से परे जाने में असमर्थ रहे थे, इसलिए उन्होंने स्त्री की मातृमनोग्रंथि का संतोषजनक सिद्धांतीकरण नहीं कर पाया था। नारीवादी विद्वानों ने दावा किया कि केवल पुरुष की ही मातृमनोग्रंथि नहीं होती बल्कि स्त्री की भी होती है, और शिश्न-ईर्ष्या की अवधारणा एक पितृसत्तात्मक गढ़ंत है। उन्होंने फ्रॉयड के इस दावे को चुनौती दी कि बच्चा अपनी माँ को पुरुष के शिश्न-रहित संस्करण के रूप में देखता है। इस बौद्धिक उद्यम के पीछे कोशिश यह थी कि स्त्रीत्व को पुरुषत्व के संदर्भ-बिंदु की गिरफ़्त से निकाला जाए।

क्वियर-सिनेमा : क्वियर-थियरी एक उत्तर-आधुनिक सिद्धांत है जिसने सेक्स, जेंडर और सेक्शुअलिटी पर होने वाली चर्चाओं को पहले के मुक़ाबले कहीं व्यापक बना दिया है। इसके आधार पर बने सिनेमा का ज़ोर समलैंगिकों के सकारात्मक चित्रण पर उतना नहीं है, जितना समलैंगिक राजनीति की बेहिचक दावेदारियों पर है। वह सेक्शुअलिटी को निर्धारित और तत्त्वतावादी तात्पर्यों की जकड़ से निकालना चाहता है। वह रूढ़छवियों को कूड़ेदान में फेंकते हुए अतिरंजनाओं के साथ-साथ जानी-बूझी अश्लीलता को भी अपने औज़ार की तरह इस्तेमाल करता है। यह मानना पड़ेगा कि क्वियर-सिनेमा की दुस्साहसिक पहलक़दमियों के कारण ही फ़िल्म-अध्ययन के तहत नब्बे के दशक में पोर्नोग्राफ़ी पर गम्भीर चर्चा शुरू हो पायी।

हालाँकि समलैंगिक अस्मिताओं को लेकर फ़िल्में बनाने का चलन बहुत पुराना है, पर एक अवधारणा के तौर पर क्वियर सिनेमा का सूत्रीकरण 1991 के टोरंटो फ़िल्मोत्सव से माना जाता है। इसमें अस्सी के दशक से बनने वाली वे फ़िल्में दिखाई गयी थीं जो 'गे' अर्थात् समलैंगिक पुरुषों और उनकी जीवन-स्थितियों पर रोशनी डालती थीं। एड्स की महामारी और सेक्शुअलिटी का संबंध स्पष्ट होते ही नब्बे के दशक में क्वियर-सिनेमा के प्रति व्यावसायिक आकर्षण बढ़ गया। अमेरिकी में गस वाँ सेंत ने *माई ओन इडाहो* और *ईविन काऊगर्ल्स गेट द ब्लूज़* जैसी चर्चित फ़िल्में बनायीं। धीरे-धीरे क्वियर-सिनेमा के झण्डे तले पुरुष और स्त्री समलैंगिक विषयवस्तुओं पर फ़िल्म बनाने वाले निर्देशकों का एक

सिलसिला विकसित होने लगा। इस सिनेमा का सौंदर्यशास्त्र शैलियों की विविधता पर ज़ोर देता था इसलिए उसे ख़ुद उन लोगों ने ही 'होमो-पोमो' जैसा हल्का-फुल्का नाम दिया।

अपनी सफलताओं के बावजूद क्वियर-सिनेमा की समस्या यह है कि वह लेस्बियन फ़िल्मकारों की सक्रियता के बावजूद स्त्री-समलैंगिक अस्मिता से जुड़ी उलझनों का समाधान नहीं कर पाया है। फ़िल्म-उद्योग में गे फ़िल्मों के लिए वित्त-पोषण मिलना जितना आसान है, लेस्बियन फ़िल्मों के लिए उतना ही मुश्किल। गे फ़िल्मों का सफ़र तो *माई ओन इडाहो* से चलता हुआ *ब्रोक बैक माउंटेन* (आँग ली) जैसी मुख्यधार की फ़िल्मों तक आ चुका है। पर कुछ अपवादस्वरूप उल्लेखनीय लेस्बियन फ़िल्मों के अलावा स्त्री-समलैंगिकता को वीडियो का सहारा लेकर प्रति-सिनेमा का मीडियम अपनाना पड़ रहा है।

अक्सर यह सवाल पूछा जाता है कि क्या पश्चिमी मनोविश्लेषण और क्वियर-सिद्धांत का सहारा लेकर भारतीय सेक्शुअलिटी की अभिव्यक्तियों पर ग़ौर किया जा सकता है? जिस समय हॉलीवुड हेटरोसेक्शुअलिटी को प्राथमिकता देते हुए पुरुषत्व को सक्रिय और स्त्रीत्व को निष्क्रिय सेक्शुअलिटी के रूप में निरूपित कर रहा था, उस समय भारतीय व्यावसायिक सिनेमा में सेक्शुअलिटी का समीकरण कुछ अलग तरह का था। साठ और सत्तर के दशक की रोमांटिक कॉमेडी फ़िल्मों में नायक को अगर कामनाओं से खदबदाता हुआ दिखाया जाता था, जिसकी अनुक्रिया में नायिका भी एक निश्चित मर्यादा में अपनी कामना की अभिव्यक्ति गीत और नृत्य के ज़रिये करती थी। वैम्प (खलनायिका) के मुक़ाबले तो कामना और काम्यता का यह समीकरण उलट ही जाता था। वैम्प की रोमानी और ऐंद्रिक सक्रियता के बरक्स नायक एक ठंडी ऐंद्रिकता के साथ सामने आता था। उसका यह ठंडापन निष्ठा और नैतिकता के रंगों का इस्तेमाल करके पुंसत्वहीनता में पतित होने से बचा लिया जाता था। कहना न होगा कि भारतीय फ़िल्मों में सेक्शुअल निरूपण की यह भिन्नता मुख्यतः इतरलैंगिक प्राथमिकताओं के तहत ही व्यक्त हुई है। लेकिन इतरलैंगिक सीमा में जकड़ी होने के बावजूद यह प्राथमिकता स्त्री की सेक्शुअल-एजेंसी से पूरी तरह वंचित नहीं है।

चूँकि भारतीय फ़िल्म-अध्ययन ने अभी तक व्यावसायिक फ़िल्मों में संगीतात्मकता और उसके माध्यम से निरूपित हुए रोमानी प्रेम और सेक्शुअलिटी के विमर्श के बारे में अपेक्षित अध्ययन नहीं किया है, इसलिए उसके विद्वान अधिकतर यह पता लगाने में समय ख़र्च करते रहे कि सेंसर द्वारा स्क्रीन पर चुम्बन प्रतिबंधित करने के राजनीतिक-सामाजिक तात्पर्य क्या थे, और ऐंद्रिक प्रेम का विमर्श विकसित होने में हिंदुओं की जातिप्रथा किस तरह की बाधाएँ पेश करती है। इस सीमा के बावजूद हिंदी फ़िल्मों में सेक्शुअलिटी के प्रसंगों की कई गहन समीक्षाएँ सामने आयीं हैं। मसलन, गोविंद निहलानी की *अर्धसत्य* में चित्रित ओम पुरी की द्वंद्वग्रस्त मर्दानगी को अमिताभ बच्चन द्वारा निरूपित प्रबल और अपराजेय पौरुष को श्रेयस्कर बताया गया। श्याम बेनेगल की *मण्डी* को देख कर यह प्रश्न पैदा हुआ कि क्या चकलाघर की यौनदासता में भी स्त्रियाँ मज़ा ले सकती हैं? रवि वासुदेवन ने पचास के दशक की पारिवारिक प्रेम कथाओं के संदर्भ में सूत्रीकरण किया कि उनमें स्त्री की सेक्शुअलिटी अच्छे-बुरे, देहात-शहर, भारतीय-पश्चिमी, पवित्रता-यौनिकता, कर्त्तव्य-कामना के द्विभाजन में फँसी नज़र आती है। माधव प्रसाद ने निजी धरातल पर यौन-अंतरंगता और स्त्री की देह को दर्शनीय बना कर पेश करने वाले निरूपणों में अंतर किया। तेजस्विनी निरंजना ने शक प्रकट किया कि मणि रत्नम की फ़िल्म *मुम्बई* हिंदू पुरुष और मुसलमान स्त्री की ऐंद्रिकता का चित्रण करके साम्प्रदायिकता के संकट को और जटिल बना देती है।

बहरहाल, ये अवलोकन नब्बे के दशक के उत्तरार्ध में विकसित हुई सेक्शुअलिटी की भारतीय राजनीति के सामने ये चर्चाएँ अब फीकी लगने लगी हैं। बासु भट्टाचार्य *आस्था* जैसी फ़िल्म बना कर मध्यवर्गीय भद्र स्त्री की सेक्शुअलिटी पर उपभोक्तावाद के सकारात्मक-नकारात्मक प्रभावों और नैतिक मर्यादाओं के कारण अतृप्त कामनाओं की संतुष्टि की जाँच-पड़ताल कर चुके हैं। अनिवासी फ़िल्मकार दीपा मेहता द्वारा निर्मित *फ़ायर* भारतीय नारीवादियों और सेक्शुअलिटी के विमर्शकारों ने विचारोत्तेजक बहस की है। फ़िल्म में स्त्री-समलैंगिकता के निरूपण की क्वालिटी को तरह-तरह से जाँचा गया है। लेकिन यह बहस अभी सीधे-सीधे फ़िल्म-अध्ययन से नहीं जुड़ सकी है। फिर भी कम से कम इतना ज़रूर माना जा सकता है कि *फ़ायर* आख़िरकार एक भारतीय फ़िल्म थी जिसके कारण पृष्ठभूमि में पड़ी रहने वाली लेस्बियन या स्त्री-समलैंगिकता की धारणाएँ सार्वजनिक बहस के दायरे में आ गयीं।

देखें : अतिनाटकीयता, अनुपस्थिति-उपस्थिति, कला सिनेमा, अवाँगार्द और प्रति-सिनेमा, टीवी और समाचार, टीवी और सेक्शुअलिटी, टीवी और टीवी-अध्ययन, तीसरा सिनेमा, तीसरी दुनिया का सिनेमा, दक्षिण भारतीय सिनेमा और राजनीति, नारीवादी फ़िल्म-सिद्धांत, फ़िल्म और टीवी सेंसरशिप, फ़िल्मांतरण, फ़िल्म-सिद्धांत, फ़्लैश-बैक, भारतीय सिनेमा-1, 2 और 3, भारतीय फ़िल्म-अध्ययन, भारतीय स्टार सिस्टम, रियलिटी टीवी, विचारधारा और हिंदी सिनेमा, वृत्त-चित्र, सेलेब्रिटी, सोप ओपेरा, सिनेमाई यथार्थवाद, नव-यथार्थवाद, सोवियत सिनेमा, स्टार, हिंदी सिनेमा का समाजशास्त्र।

संदर्भ

1. रिचर्ड डायर (1977), *गेज़ ऐंड फ़िल्म,* ब्रिटिश इंस्टीट्यूट पब्लिशिंग, लंदन.
2. रिचर्ड डायर (1990), *नाव यू सी इट : स्टडीज़ इन लेस्बियन ऐंड गे फ़िल्म,* रॉटलेज, लंदन और न्यूयॉर्क.
3. जे. गिल (1995), *क्वियर नॉयसेज़,* कैसेल, लंदन.
4. 'स्त्री-समलैंगिकता की आग और 'फ़ायर' प्रसंग' (2008), संकलित : मैरी ई. जॉन और जानकी नायर (सम्पा.), *कामसूत्र से 'कामसूत्र' तक,* वाणी, नयी दिल्ली.

— अभय कुमार दुबे

फ़िल्म और टीवी सेंसरशिप

(Film and TV Censorship)

लोकतंत्र में बंधन-मुक्त स्वतंत्र प्रेस एक स्थापित मूल्य है। युद्ध और आंतरिक अशांति की अपवाद स्थितियों को छोड़ कर प्रेस स्वतंत्रता का सूचकांक किसी भी लोकतंत्र की सकारात्मक साख के लिए ज़रूरी है। पर प्रेस की ही तरह स्वतंत्र टीवी और स्वतंत्र सिनेमा की चर्चा ज़्यादा नहीं होती। न ही इन माध्यमों की स्वतंत्रता को उस तरह से लोकतंत्र की सफलता के साथ जोड़ा जाता है। अगर सैद्धांतिक आग्रहों को दरकिनार कर दिया जाए तो आम तौर पर समाजों और उनकी राजनीतिक व्यवस्थाओं द्वारा इन दोनों चाक्षुष माध्यमों को किसी न किसी प्रकार विनियमित करना लोकतांत्रिक मूल्यों का उल्लंघन नहीं माना जाता। इसलिए सेंसरशिप के नियम बनाये जाते हैं और उन्हें संस्थागत रूप से लागू किया जाता है। जिन देशों में सेंसर का इस्तेमाल करना उनके संविधानगत मूल्यों के ख़िलाफ़ जाता है, वहाँ कोशिश यह होती है कि ये दृश्य-माध्यम ख़ुद ही कुछ निश्चित मर्यादाओं के दायरे में काम करने के लिए राज़ी हो जाएँ। तकनीकी रूप से इन नियमों का मक़सद प्रकाशित, प्रसारित और रिकॉर्डिड सामग्री के उपयोग और वितरण को नियंत्रित करने का होता है। पुस्तकों को सेंसर करने और यहाँ तक कि उन्हें पूरा का पूरा प्रतिबंधित करने के अगनिगत उदाहरण हैं। लेकिन पुस्तकों के बारे में यह नौबत तब आती है जब उनसे संबंधित कोई विवाद उन्हें सेंसर के दायरे में ले आता है। टीवी और फ़िल्मों का मामला अलग है। उन पर सेंसर की ज़्यादा कड़ी और नियमित निगाह टिकी रहती है। फ़िल्मों को तो सार्वजनिक उपभोग के लिए रिलीज़ करने से पहले सेंसर बोर्ड के सामने पेश करना ही होता है। आम तौर पर सेंसरशिप चार श्रेणियों को ध्यान में रख कर लागू की जाती है : राजनीतिक, धार्मिक, पोर्नोग्राफ़िक और हिंसक। पोर्नोग्राफ़ी, अश्लीलता और हिंसा से संबंधित आपत्तियाँ अधिकतर बच्चों और किशोरों के मानस पर पर पड़ने वाले हानिकारक असर के नाम पर की जाती हैं।

सांस्कृतिक और ऐतिहासिक रूप से किसी सामग्री को आपत्तिजनक और हानिकारक क़रार देने के मानक बदलते रहे हैं। सेंसरशिप के नियम देश और काल के हिसाब से अलग-अलग हैं। उनके साथ जनरुचि और सार्वजनिक नैतिकता का प्रश्न जुड़ा रहता है। इन दोनों कसौटियों का निर्धारण करने में विचारधारा, प्राधिकार और सत्ता की भूमिका प्रमुख होती है। विचारधारा की संरचना समाज पर हावी सांस्कृतिक मूल्यों, विचारों और आस्थाओं के ज़रिये होती है। किसी भी समाज में इन तत्त्वों का समीकरण उसके ऐतिहासिक विकास के स्तर के मुताबिक़ बनता है। मसलन, अमेरिकी और युरोपीय फ़िल्मों के लिए सेक्स, सेक्शुअलिटी और नग्नता का चित्रण अपने-आप में कोई बेचैन कर देने वाली समस्या नहीं है। इन फ़िल्मों में मैथुन के दृश्य भी आम तौर से दिखाये जाते हैं। लेकिन, भारतीय फ़िल्मों में चुम्बन दिखाने को लेकर भी काफ़ी बहस होती रही है। इसी तरह हिंसा का मसला है। पश्चिमी फ़िल्मों में भीषण और परपीड़क हिंसा और रक्तपात का चित्रण एक रोज़मर्रा की परिघटना है, पर भारत में पर्दे पर दिखाई जाने वाली मारपीट में ज़्यादातर घूँसों की आवाज़ तो ख़ूब आती है, पर उसकी तुलना में न हड्डी टूटती है और न ही ख़ून निकलता है। इसी भारतीय रवैये के कारण युरोप के कला सिनेमा के प्रभाव में बनी कला फ़िल्मों ने अपनी विषय-वस्तुओं और कथानक से यथासम्भव सेक्स से दूर रखा। जबकि फ्रांस और जर्मनी में बने कला सिनेमा का एक मुख्य लक्षण सेक्स और सेक्शुलिटी का चित्रण भी था। अमेरिका में तो इन फ़िल्मों का लोकप्रिय बाज़ार सेक्स सिनेमा के तौर पर ही तैयार हुआ था। ख़ास बात यह है कि सेक्स का निस्संकोच निरूपण करने वाली इन युरोपीय कला फ़िल्मों में वहाँ की सरकारों का पैसा लगा था।

सिनेमा : साठ के दशक तक पश्चिमी लोकतांत्रिक देशों में सेंसरशिप के क़ानूनों में ढील नहीं दी गयी थी। अमेरिका में साठ के दशक के उत्तरार्ध में सेंसर की पाबंदियाँ नरम की गयीं। ब्रिटेन, फ्रांस और स्पेन में सत्तर के दशक के मध्य से पहले ये क़ानून उदार नहीं थे। आम तौर से समझा जाता है कि अपनी राजनीतिक व्यवस्था और संस्कृति के टिकाऊपन के प्रति आश्वस्त देशों को कड़ी सेंसरशिप लागू करने में दिलचस्पी नहीं होती। इसके बावजूद सेंसरशिप दूसरे रास्तों से अपना हस्तक्षेप करती रहती है। अपनी कठोर सेकुलर संस्कृति के लिए चर्चित फ्रांस जैसे देश में भी मार्टिन

स्कोरसीज़ की 1988 में प्रदर्शित फ़िल्म 'दि लास्ट टेम्पटेशन ऑफ़ क्राइस्ट' को कई शहरों के मेयरों ने प्रदर्शित नहीं होने दिया था। इसके पीछे वहाँ की प्रभावशाली कैथॅलिक लॉबी थी। भारत में एक फ़िल्म सेंसर बोर्ड है जो प्रदर्शन से पहले हर फ़िल्म को देख कर उसे सार्वजनिक प्रसारण के लिए उपयुक्त या अनुपयुक्त क़रार देता है। लेकिन सेंसर का प्रमाणपत्र हासिल करने वाली फ़िल्मों का प्रदर्शन राजनीतिक या धार्मिक संगठनों के उत्पाती कार्यकर्ताओं द्वारा स्थानीय स्तर पर रोके जाने की घटनाएँ बढ़ती जा रही हैं।

अमेरिका और जर्मनी में तो अब फ़िल्मों को सेंसर करना संविधान के ख़िलाफ़ माना जाता है। हॉलीवुड की फ़िल्मों पर 'मोशन पिक्चर प्रोड्यूसर्स ऐंड डिस्ट्रीब्यूटर्स ऑफ़ अमेरिका' नामक संस्था नज़र रखती है जो सरकारी न हो कर फ़िल्म व्यवसाय द्वारा 1922 में स्थापित की गयी थी। तेईस साल तक इसके अध्यक्ष रहे विलियम एच. हेज़ के नाम पर इसे हेज़ कोड के नाम से भी जाना जाता है। दिलचस्प बात यह है कि फ़िल्मी सितारों और अन्य संबंधित हस्तियों के अमर्यादित जीवन पर हुई आपत्तियों के आधार पर इस संस्था की स्थापना हुई थी। चूँकि फ़िल्मी सितारे बड़े-बड़े स्टूडियो मालिकों के लिए काम करते थे, इसलिए उनकी ज़िंदगी में होने वाले सेक्स स्कैंडलों, नशेड़ीपन और आत्म-हिंसा की प्रवृत्ति का उद्योग पर असर पड़ना लाज़मी था। विलियम हेज़ की मान्यता थी कि अगर हॉलीवुड संघीय सरकार के हस्तक्षेप से ख़ुद को बचाना चाहता है तो उसे स्व-विनियमन का संस्थागत प्रयास करना चाहिए। हेज़ कोड के ज़रिये हॉलीवुड अपने सितारों की ज़िंदगी पर नज़र रखने में तो कामयाब रहा, पर वह अपनी फ़िल्मों पर कोई संयम नहीं लगा पाया। तीस के दशक में अपराध जगत और गिरोहबाज़ों को केंद्र बना कर बनी फ़िल्मों की भर्त्सना की प्रतिक्रिया में एक फ़िल्म निर्माण संहिता जारी की गयी जिसका पालन करना सभी फ़िल्म कम्पनियों के लिए ज़रूरी था। 1968 में इसकी जगह मोशन पिक्चर्स एसोसिएशन ऑफ़ अमेरिका (एमपीएए) द्वारा एक रेटिंग सिस्टम लागू किया गया जो आज तक चालू है।

टेलिविज़न : ब्रिटेन और अमेरिका में टीवी उद्योग आम तौर पर स्व-विनियमन के सिद्धांत पर अमल करता है, पर स्क्रीन पर दिखाई जाने वाली हिंसा, नग्नता और सेक्स को नियंत्रित करने के लिए सेंसरशिप कड़ी करने की माँग होती रहती है। समाज में बढ़ती हुई अपराधों की दर, यौन रोगियों की संख्या में होने वाली बढ़ोतरी, बढ़ते हुए तलाक़ और युवाओं में पढ़ने-लिखने के प्रति घटती हुई रुचि की ज़िम्मेदारी अक्सर टीवी के ऊपर मढ़ी जाती है। चूँकि अमेरिकी टीवी को हिंसा के आपत्तिजनक चित्रण के लिए अधिक जाना जाता है इसलिए 1996 में टेलिकम्युनिकेशन एक्ट के ज़रिये वी-चिप (वी यानी वॉयलेंस) लागू किया गया।

देखें : अतिनाटकीयता, अनुपस्थिति-उपस्थिति, कला सिनेमा, अवाँगार्द और प्रति-सिनेमा, टीवी और समाचार, टीवी और सेक्शुअलिटी, टीवी और टीवी-अध्ययन, तीसरा सिनेमा, तीसरी दुनिया का सिनेमा, दक्षिण भारतीय सिनेमा और राजनीति, नारीवादी फ़िल्म-सिद्धांत, फ़िल्म और सेक्शुअलिटी, फ़िल्मांतरण, फ़िल्म-सिद्धांत, फ़्लैश-बैक, भारतीय सिनेमा-1, 2 और 3, भारतीय फ़िल्म-अध्ययन, भारतीय स्टार सिस्टम, रियलिटी टीवी, विचारधारा और हिंदी सिनेमा, वृत्त-चित्र, सेलेब्रिटी, सोप ओपेरा, सिनेमाई यथार्थवाद, नव-यथार्थवाद, सोवियत सिनेमा, स्टार, हिंदी सिनेमा का समाजशास्त्र।

संदर्भ

1. ए. कुन (1988), *सिनेमा, सेंसरशिप ऐंड सेक्शुअलिटी 1909-1925,* रॉटलेज, न्यूयॉर्क और लंदन.
2. जी.डी. ब्लैक (1994), *हॉलीवुड सेंसर्ड : मॉरलिटी कोड्स, कैथॅलिक्स, ऐंड द मूवीज़,* केम्ब्रिज युनिवर्सिटी प्रेस, केम्ब्रिज.
3. टी.डी. मैथ्यू (1994), *सेंसर्ड,* चैटो ऐंड विंडुस, लंदन.
4. जी. बिग्नेल (2004), *ऐन इंट्रोडक्शन टु टेलिविज़न स्टडीज़,* रॉटलेज, लंदन.

— अभय कुमार दुबे

फ़िल्म-सिद्धांत

(Film Theory)

फ़िल्म-सिद्धांत के विकास का इतिहास मोटे तौर पर तीन चरणों में बाँट कर देखा जा सकता है। बीसवीं सदी के दूसरे दशक में फ्रांस के फ़िल्मकारों और विमर्शकारों को इसकी शुरुआत करने का श्रेय जाता है। सिनेमा को एक महत्त्वपूर्ण कला-रूप की तरह स्वीकार कर लेने और उसकी सांस्कृतिक शक्ति की अनुभूति हो जाने के बाद दुनिया भर में अध्येताओं का ध्यान उसकी तरफ़ आकर्षित हुआ। जल्दी ही सिनेमा-अध्ययन का अनुशासन स्थापित होता चला गया। फ़िल्म-सिद्धांत के पहले तीन दशक सैद्धांतिक बहुलता के थे। इसका दूसरा चरण भी तक़रीबन तीस साल ही चला जब एक के बाद एक एकात्मक सिद्धांतों का सूत्रीकरण हुआ। इन सभी का दावा था कि केवल उनका आईना ही सिनेमा की सच्चाइयों को दिखाने के लिए काफ़ी है। सत्तर के दशक के बाद एक बार फिर फ़िल्म विमर्शकारों को लगा कि किसी एक महासिद्धांत से सभी तरह के सिनेमाओं का विश्लेषण

करने की उम्मीद करना उचित नहीं होगा। जल्दी ही फ़िल्म-सिद्धांत की दुनिया में सैद्धांतिक बहुलता का बोलबाला हो गया। साठ के दशक में नारीवाद की दूसरी लहर आने पर नारीवादी चिंतकों ने भी फ़िल्म-सिद्धांत में अभूतपूर्व योगदान किया। उन्होंने जेंडर के निरूपण, मनोविश्लेषण, दर्शक और स्क्रीन के बीच रिश्ते और फ़िल्म के पाठालोचन से संबंधित प्रश्नों पर विचार किया। अस्सी और नब्बे के दशक में फ़िल्म-सिद्धांत तीसरी दुनिया के विमर्शकारों द्वारा भी अपने-अपने देश-काल के संदर्भ में समृद्ध किया गया।

1908-10 के बीच फ्रांस में फ़िल्म-निर्माण के पहले दौर (1908-10) से जुड़े विमर्शकारों ने इस प्रश्न पर विचार करना शुरू किया कि क्या सिनेमा रंगमंच और चित्रकला जैसा ही सौंदर्यमूलक आस्वाद दे सकता है? इस प्रक्रिया में जो समझ बनी उसके अनुसार सिनेमा को एक ख़ास तरह की लोकप्रिय कला के रूप में परिभाषित किया गया। जिसके तहत प्रौद्योगिकी और सौंदर्यमूलकता की अन्योन्यक्रिया सम्भव थी। इस कला-रूप का एक अर्थशास्त्र भी था क्योंकि पूँजी के संसर्ग के बिना फ़िल्में नहीं बनायी जा सकती थीं। 1911 में रिकोतो कैनुडो ने अपने घोषणापत्र 'दि बर्थ ऑफ़ सिक्स्थ आर्ट' से दो तरह की बहसें खोलीं।

बहस की पहली धारा के केंद्र में सिनेमाई यथार्थवाद था। जर्मन मनोविद् ह्यूगो मुंस्टरबर्ग की दलील थी कि सिनेमा महज़ यथार्थ का चित्रांकन ही नहीं करता, बल्कि वह तो मनोवैज्ञानिक और सौंदर्यमूलक प्रक्रिया है जिससे हमारे मनोजगत की अनुभूतियों का पता लगता है। यथार्थ को सेल्यूलाइड पर उतारने की प्रक्रिया में सिनेमा कई तरह के यथार्थों को रचता भी है। प्रथम विश्व-युद्ध के बाद फ़िल्म-सिद्धांत विस्तृत और विविध हुआ। हालाँकि फ़िल्म-अध्ययन में अब भी मुख्यत: फ्रांसीसी फ़िल्मकार और समीक्षक ही सक्रिय थे, पर उनके सोच-विचार के दायरे में उच्च बनाम लोकप्रिय कला और आत्युर शैली का सिनेमा बनाम पटकथा आधारित सिनेमा जैसे विषय आ चुके थे। बीस के दशक के सोवियत सिनेमा द्वारा अपनायी गयी सम्पादन की शैली भी बौद्धिक बेचैनियाँ पैदा कर रही थी। साथ ही साथ व्यक्ति की इयत्ता, अवचेतन और मनोविश्लेषण से संबंधित सिनेमाई सम्भावनाओं पर भी ग़ौर होने लगा। तीस के दशक में मूक सिनेमा से सवाक सिनेमा की ओर जाते ही बहस छिड़ गयी कि ध्वनि फ़िल्मों के सौंदर्यशास्त्र के लिए अच्छी है या बुरी। कुछ ने कहा कि ध्वनि के आने से प्रयोगधर्मी सिनेमा ख़त्म हो जाएगा। पर ज़्यादातर समीक्षकों ने माना कि ध्वनि से इस माध्यम का रैडिकलाइज़ेशन हो जाएगा। उसके संबंध समाज से और गहरे होंगे और उसके प्रिज़्म के ज़रिये भी समाज को देखा जा सकेगा। दूसरे, व्यक्ति के साथ सवाक सिनेमा की अन्योन्यक्रिया उसकी मनोस्थितियों को उघाड़ देगी।

फ़िल्म-सिद्धांत के दूसरे दौर पर चालीस के दशक में हुए द्वितीय विश्व-युद्ध का गहरा प्रभाव पड़ा। नाजियों द्वारा चलाये गये यहूदियों के जातिसंहार की परियोजना और अमेरिकनों द्वारा किये गये एटमी विनाश के बरक्स चिंतन के कई क्षेत्रों में एक ऐसे एकीकृत महा-सिद्धांत की आवश्यकता महसूस की जाने लगी जिससे सुरक्षा और स्थिरता का गारंटी मिल सके। फ़िल्म-सिद्धांत के क्षेत्र में ऐसे तीन प्रयास हुए। सबसे पहले पचास के दशक में आत्युर-सिद्धांत उभरा। फिर साठ के दशक में संरचनावाद ने अपना बोलबाला क़ायम किया। इसके बाद सिनेमा को एक भाषा के रूप में देखने का आग्रह बलवती हुआ।

फ्रेंच का शब्द आत्युर अंग्रेज़ी के ऑथर का समानार्थक था। यह सिद्धांत आग्रह करता था कि फ़िल्मकार को उसी तरह फ़िल्म का ऑथर समझा जाना चाहिए जिस तरह लेखक को उसकी कृति का समझा जाता है। इस नज़रिये की मुख्य समस्या यह थी कि इसके तहत फ़िल्मकार को एक जीनियस रचयिता की हैसियत मिल जाती थी और फ़िल्म-प्रोडक्शन के अन्य महत्त्वपूर्ण पहलू दूसरे नम्बर पर चले जाते थे। आत्युर-सिद्धांत ने 'महान' निर्देशकों को स्थापित किया जिसकी वजह से फ़िल्म-सिद्धांत के क्षेत्र में कला फ़िल्मों का बोलबाला हो गया। इसके बाद आया संरचनावाद और आत्युर-संरचनावाद का ज़माना। संरचनावादियों का दावा था कि उनके विश्लेषणात्मक औज़ारों से जीवन और जगत के हर पहलू को समझा जा सकता है। लेकिन इसका परिणाम घोर रूपवाद में निकला। संरचनावादी फ़िल्म-निर्माण के सभी पहलुओं का उद्घाटन करने के उद्यम में इतने डूबे रहते थे कि फ़िल्म देखने के आनंद पर चर्चा करने की सम्भावना ही नहीं बचती थी। लेकिन असलियत में संरचनावाद की बारीक़ कताई भी अंतत: फ़िल्मकार और उसके कृति पर ही रोशनी डाल कर रह जाती थी। इससे संबंधित बहसों में क्रिश्चियन मेट्ज़ ने विशिष्ट योगदान किया। उन्होंने फ़िल्म को समझने का एक भाषायी प्रतिमान तैयार किया। फ़िल्म-व्याकरण की चर्चा की जाने लगी जिसके माध्यम से किसी फ़िल्मकार की शैली की शिनाख़्त करके यह देखा जा सकता था कि चर्चित फ़िल्म उसके मुताबिक़ है या नहीं। फ़िल्म को भाषा की तरह ग्रहण करने से संरचनावाद के तहत हावी हुए रूपवादी रुझान और पुष्ट हो गये।

फ़िल्म-सिद्धांत का तीसरा दौर एक बार फिर विविधता और बहुलता की तरफ़ लौटने का था। अब तक विमर्शकारों की समझ में आ चुका था कि संरचनावाद या ऐसे ही किसी महा-सिद्धांत की शरण में जाने से फ़िल्म-निर्माण और उससे जुड़े कई पहलुओं को सम्बोधित नहीं किया जा सकेगा। दिलचस्प बात यह है कि संरचनावाद के

रुतबे को मानने से इनकार करने के बावजूद इस दौर के विद्वानों ने उसे पूरी तरह से ख़ारिज नहीं किया। उत्तर-संरचनावाद को उचित ठहराते हुए उन्होंने 1967 में स्थापित ज़ॉक दरिदा के वि-संरचना सिद्धांत से प्रेरणा लेते हुए पूरी बहस को बहुलतावादी परिप्रेक्ष्य में पेश किया। दरिदा का कहना था कि कोई पाठ पारदर्शी, इकहरा, स्वाभाविक या निर्दोष नहीं होता। उसकी संरचनाओं का विखण्डन करके ही उसके तात्पर्यों का संधान किया जा सकता है। किसी भी कृति का कोई एकात्मक या अंतिम पाठ नहीं हो सकता।

इस नये नज़रिये का परिणाम यह हुआ कि फ़िल्म के साथ-साथ उसके पाठालोचन की प्रक्रिया में 'आत्युर' के स्थान की भी शिनाख़्त की जाने लगी। अंतरपाठीयता की शुरुआत हुई और एक फ़िल्म के पाठ पर दूसरे पाठों के प्रभाव की जाँच होने लगी। दूसरे पाठों का मतलब था अन्य फ़िल्मों के प्रभाव पर ध्यान देने के साथ-साथ फ़िल्म में काम करने वाले अभिनेताओं, तकनीशियनों और फ़िल्मकार के बीच की गतिशीलता को भी बहस में लाना। उत्तर-संरचनावाद ने एक प्रश्न यह भी उठाया कि आख़िर फ़िल्म की रचना में कर्त्ता की हैसियत किसे मिलनी चाहिए? फ़िल्म का पाठ कर्त्ता की भूमिका निभा रहा है, फ़िल्मकार को कर्त्ता समझा जाना चाहिए या फिर दर्शक कर्त्ता है?

संरचनावाद के ज़रिये एक सर्वांग फ़िल्म-सिद्धांत गढ़ने के प्रयासों के मुक़ाबले नारीवादी विद्वानों ने सिद्धांत-बहुलता का तर्क रखा। नारीवाद ने सत्तर के दशक में शुरुआत फ़िल्मों में जेंडर के निरूपण का प्रश्न उठाने से की। अमेरिका और ब्रिटेन में पहला नारीवादी फ़िल्मोत्सव आयोजित किया गया। स्त्रियों को फ़िल्म-निर्माण की तरफ़ आकर्षित करने के लिए उनके फ़िल्म-समूहों का गठन होने लगा। पहली नारीवादी फ़िल्म पत्रिका 'वूमॅन ऐंड फ़िल्म' का प्रकाशन शुरू हुआ। इन बौद्धिक गतिविधियों ने एक व्यापक प्रक्रिया को गति प्रदान की। फ़िल्म-अध्ययन संबंधी नारीवादी परिप्रेक्ष्यों का विकास हुआ जिनके संयोग से जो शास्त्र बना उसे नारीवादी फ़िल्म-सिद्धांत की संज्ञा दी जाती है। नारीवादियों ने पहले तो समाजशास्त्री-आनुभविक रवैया अख़्तियार करके फ़िल्मों में स्त्री को अक्षतयोनि देवी बनाम छिनाल के द्विभाजन में बाँटने की आलोचना की। फिर फ्रॉयड से प्रेरणा ले कर फ़िल्म-सिद्धांत में मनोविश्लेषण का योगदान किया। इसके कारण सिनेमा की स्क्रीन और दर्शकों के बीच संबंधों का प्रश्न उभरा। फ्रॉयड चूँकि शिश्न-ईर्ष्या (या शिश्न-अभाव) से परे जाने में असमर्थ रहे थे इसलिए वे स्त्री की मातृमनोग्रंथि का संतोषजनक सिद्धांतीकरण नहीं कर पाये। इसलिए फ़िल्म-सिद्धांत के अगले चरण में फ्रॉयड के बजाय नारीवादियों ने ज़ाक लकाँ द्वारा विश्लेषण में प्रतीकात्मकता यानी भाषा के महत्त्व पर दिये गये ज़ोर से प्रेरणा ली और पितृसत्तात्मक भाषा को वि-संरचना के औज़ारों से सम्बोधित करना शुरू कर दिया। साइकोऐनालैसिस और डिकंस्ट्रक्शन को जोड़ते ही नारीवादी फ़िल्म-सिद्धांत फ़िल्म के पाठ को खोलने की क्षमता से लैस हो गया। उसने मेलोड्रामा, स्त्री-केंद्रित फ़िल्मों, डराने वाली फ़िल्मों, अपराध केंद्रित फ़िल्मों, थ्रिलर फ़िल्मों और काऊबॉय वाली वेस्टर्न फ़िल्मों को सींवनें खोलनी शुरू कर दीं। नारीवादी विद्वानों ने दावा किया कि केवल पुरुष की ही मातृमनोग्रंथि नहीं होती बल्कि स्त्री की भी होती है, और शिश्न-ईर्ष्या की अवधारणा एक पितृसत्तात्मक गढ़ंत है। उन्होंने फ्रॉयड के इस दावे को चुनौती दी कि बच्चा अपनी माँ को पुरुष के शिश्न-रहित संस्करण के रूप में देखता है। इस बौद्धिक उद्यम के पीछे कोशिश यह थी कि स्त्रीत्व को पुरुषत्व के संदर्भ-बिंदु की गिरफ़्त से निकाला जाए। अस्सी के दशक के मध्य तक नारीवादी विद्वानों को लगने लगा कि फ़िल्मों के महज़ पाठालोचन से ही काम नहीं चलेगा, बल्कि उन्हें उनके निर्माण और ग्राहकता के ऐतिहासिक व सामाजिक संदर्भों में भी देखना पड़ेगा। इसी दौरान फ्रांसीसी चिंतक मिशेल फ़ूको द्वारा प्रस्तुत सत्ता संबंधी आख्यान का नारीवादी चिंतन पर गम्भीर असर पड़ा। नारीवादी फ़िल्म-सिद्धांत ने तात्पर्यों की बहुलता पर ध्यान दिया। उसने पाया कि किसी एक फ़िल्म निर्माण की प्रक्रिया में एक से ज़्यादा निर्देशक, पटकथा लेखक और अन्य क्षेत्रों के लोग जुड़े होते हैं। इन सब की कोशिशों से जो यथार्थ बनता है उसके पीछे फ़िल्म उद्योग के भीतरी सत्ता-संबंधों और प्रतिरोधों की भूमिका होती है। दर्शकों को भी एक विचारधारात्मक गढ़ंत के रूप में स्वीकार नहीं किया जा सकता। दर्शकों को स्त्री और पुरुष के सहज द्विभाजन के भी तहत भी नहीं देखा जा सकता। आयु, जेंडर, नस्ल, वर्ग और सेक्शुअलिटी के मुताबिक़ दर्शक की ग्राहकता बदलती रहती है। स्क्रीन और दर्शक के बीच का रिश्ता बदलता रहता है।

फ़िल्म-सिद्धांत का विकास जारी है। भारतीय विमर्शकारों ने भी इसमें योगदान किया है। अस्सी और नब्बे के दशक में भारतीय सिद्धांतवेत्ताओं ने आत्युर-सिनेमा के कलावादी आग्रहों से परे जा कर व्यावसायिक भारतीय फ़िल्मों पर ध्यान दिया। उन्होंने पारम्परिक भारतीय रंगमंच से पुरोदर्शन (फ्रंटलिटी) का सिद्धांत लेकर उसकी रोशनी में लोकप्रिय फ़िल्म संस्कृति की आधारभूत सांस्कृतिक राजनीति पर रोशनी डाली।

देखें : अतिनाटकीयता, अनुपस्थिति-उपस्थिति, कला सिनेमा, अवाँगार्द और प्रति-सिनेमा, टीवी और समाचार, टीवी और सेक्शुअलिटी, टीवी और टीवी-अध्ययन, तीसरा सिनेमा, तीसरी दुनिया का सिनेमा, दक्षिण भारतीय सिनेमा और राजनीति, नारीवादी फ़िल्म-सिद्धांत, फ़िल्म और सेक्शुअलिटी, फ़िल्म और टीवी सेंसरशिप, फ़िल्मांतरण, फ़्लैश-बैक, भारतीय सिनेमा-1, 2 और 3, भारतीय फ़िल्म-अध्ययन, भारतीय स्टार सिस्टम, रियलिटी टीवी, विचारधारा और हिंदी सिनेमा, वृत्त-चित्र, सेलेब्रिटी, सोप ओपेरा, सिनेमाई यथार्थवाद, नव-यथार्थवाद, सोवियत

सिनेमा, स्टार, हिंदी सिनेमा का समाजशास्त्र।

संदर्भ

1. डी. एंड्रू (1984), *कम्पेप्ट्स इन फ़िल्म थियरी*, ओयूपी, न्यूयॉर्क और ऑक्सफ़र्ड.
2. जी. मास्ट (1992), एम. कोहेन और एल. ब्रादी (सम्पा.), *फ़िल्म थियरी ऐंड क्रिटिसिज़्म*, ओयूपी, न्यूयॉर्क और ऑक्सफ़र्ड.
3. जे. कॉगी (सम्पा.) (1981), *थियरीज़ ऑफ़ ऑथरशिप*, रॉटलेज ऐंड कीगन पॉल, लंदन.
4. एस. हीथ (1981), *क्वेश्चंस ऑफ़ सिनेमा*, मैकमिलन, लंदन.

— अभय कुमार दुबे

फ़िल्मांतरण

(Adaptation)

साहित्यिक कृतियों के फ़िल्मांतरण का इतिहास फ़िल्मों के इतिहास जितना ही पुराना है, लेकिन कला के एक स्वतंत्र रूप की तरह मान्यता प्राप्त करने के लिए सिनेमा और साहित्य का द्वंद्व भी लगभग उतना ही पुराना है। उन्नीसवीं सदी के आख़िरी सालों में जब ल्युमीरे बंधुओं ने अपनी तेरह दृश्यों वाली फ़िल्में बनायीं तो वे बाइबिल का फ़िल्मांतरण थीं। नयी सदी में पहला दशक गुज़रते-गुज़रते फ़िल्मकारों की समझ में आ गया कि अगर वे साहित्य की प्रतिष्ठा के साथ इस नये चाक्षुष माध्यम को जोड़ेंगे तो मनोरंजन और श्रेष्ठ अभिरुचि का संगम मध्यवर्गीय और भद्र दर्शकों को आकर्षित कर सकेगा। साहित्य और फ़िल्मों का यह संयोग जैसे-जैसे आगे बढ़ा, इसके शैक्षणिक पहलू उभर कर सामने आये। एहसास हुआ कि फ़िल्मों के ज़रिये किसी राष्ट्र को उसके क्लासिक ग्रंथों और साहित्यिक विरासत का परिचय किया जा सकता है। शायद इसीलिए ब्रिटेन में और बीबीसी द्वारा बड़े पर्दे पर दिखाने और उसके बाद टीवी पर दिखाने के लिए बनाये गये रूपांतरणों के साथ-साथ 'टीचिंग पैकेज' भी जारी किया जाने लगा। दूसरी तरफ़ सिनेमा द्वारा आत्मनिर्भर कला-विधा के रूप में स्थापित होने के लिए साहित्य से दूर हटने की कोशिश भी जारी रही। इसी संघर्ष को वाणी देते हुए तीस के दशक में रवींद्रनाथ ठाकुर ने कहा था कि सिनेमा उस समय तक एक स्वतंत्र कला-माध्यम नहीं बन सकता जब तक वह साहित्य का मुखापेक्षी होना बंद नहीं करता।

फ़िल्मांतरणों ने फ़िल्म-अध्ययन के अनुशासन का ध्यान अपनी तरफ़ बहुत देर से आकर्षित किया। पश्चिम के विश्वविद्यालयों में अंग्रेज़ी साहित्य के पाठ्यक्रम में जब साहित्यिक कृतियों के रूपांतरणों की समीक्षा जोड़ी गयी तो इसकी अकादमीय पड़ताल की ज़रूरत महसूस हुई। शुरुआत में विमर्श काफ़ी दिनों तक मूल कृति के प्रति सिनेमाई संस्करण की वफ़ादारी के इर्द-गिर्द होता रहा। ज़ाहिर है कि इस दौर पर साहित्य का रुतबा ही हावी था। यह फ़िल्मकारों की ज़िम्मेदारी मानी जाती थी कि वे न तो मूल कथाक्रम से हटें और न ही मूल लेखक द्वारा उसे पिरोये गये तात्पर्यों में कोई संशोधन करें। ज़ाहिर है कि इस समझ फ़िल्म-माध्यम की नैसर्गिक विशेषताओं की उपेक्षा के आधार पर गढ़ी जाने के कारण सीमित क़िस्म की थी। अंग्रेज़ी साहित्य के विश्वविद्यालयीय विभागों में होने वाला विमर्श यह समझने के लिए तैयार नहीं था कि लिखा हुआ शब्द जब कैमरे के ज़रिये बिम्ब और ध्वनि में अंकित किया जाता है तो उसमें रूप और कथ्य के स्तर पर उल्लेखनीय तब्दीलियाँ हो जाती हैं। ये तब्दीलियाँ फ़िल्मकार द्वारा इच्छित भी हो सकती हैं, उसकी इच्छा से स्वतंत्र भी। आख़िरकार कैमरा जब किसी वस्तु की फ़ोटो उतारता है तो वह अनिवार्यतः उसके साथ एक ऐसा गठजोड़ क़ायम कर लेता है जिसकी प्रकृति किसी चित्रकार द्वारा उस वस्तु को देख कर या उसकी कल्पना के आधार पर उसका चित्र बनाने से भिन्न होती है। इसीलिए यथार्थ और कैमरागत सिनेमाई यथार्थ दो अलग-अलग अवधारणाएँ हैं।

फ़िल्मांतरणों को समझने का दूसरा दौर अधिक वस्तुगत साबित हुआ। फ़िल्म-अध्येता इस नतीजे पर पहुँचे कि सिनेमा की प्रौद्योगिकी और निर्माण-प्रक्रिया साहित्यिक कृति के मूल पाठ में कम से कम छह परिवर्तन तो करती ही है। पहला परिवर्तन उस समय होता है जब मूल पाठ के आधार पर पटकथा तैयार की जाती है। उस पटकथा को सेल्यूलाइड पर उतारते समय तीसरा पाठ रचा जाता है। इस तीसरे पाठ में चार अन्य पाठों की भूमिका होती है। निर्देशक का पाठ, फ़िल्म के स्टार-अभिनेता का पाठ, फ़िल्म-निर्माण के संदर्भों से उपजने वाला पाठ और इन तमाम पाठों के अंतर्पाठों का पाठ। पाठों की इस श्रृंखला को अध्येताओं ने सूचकों के एक सिलसिले के रूप में दिखाया है जो रचना के केंद्रीभूत लेखकत्व को काफ़ी हद तक बिखेर देते हैं। दिलचस्प बात यह है कि लिखे हुए शब्द के प्रति निष्ठा न रखने से संबंधित दर्शकों और समीक्षकों की शिकायत के बावजूद फ़िल्मांतरित परिणाम अपने नये पाठीय अर्थों, उद्देश्यों और प्रेरणाओं के साथ आधारभूत कृति का ही परिणाम माना जाता है। अर्थात् फ़िल्म साहित्यकार की रचना को वह बनने के लिए बाध्य करती है जो वह नहीं है और साथ में एक नयी कृति रचने का दावा भी बनता है। इसी दोहरी प्रक्रिया के तहत फ़िल्मांतरण में अंतर्निहित परिवर्तनकारी प्रकृति प्राचीन काल के क्लासिकों का सिनेमा के पर्दे पर आधुनिकीकरण कर देती है। सिनेमा निकट इतिहास से ली गयी कृतियों के साथ भी ऐसा ही सुलूक करता है। ज़ाहिर है कि सम्भवतः रवींद्रनाथ ठाकुर द्वारा बतायी गयी राह पर चलते हुए

सिनेमा ने साहित्य पर अपनी निर्भरता से अंतत: पीछा छुड़ा लिया है। पिछले सौ साल में बनी हिंदी फ़िल्मों को ही अगर गिना जाए तो उनकी संख्या दसियों हज़ार में आती है। लेकिन रचनात्मक साहित्य को आधार बना कर बनायी गयी फ़िल्मों की संख्या डेढ़ सौ के आस-पास ही है। अध्ययनों के ज़रिये स्पष्ट हो चुका है कि फ़िल्मीकरण के प्रभाव में साहित्य की कृति वह नहीं रह जाती, जो वह थी।

फ़िल्मांतरण मुख्यत: तीन प्रकार के होते हैं : साहित्य की स्थापित कृतियों का फ़िल्मांतरण, मंचित नाटकों का फ़िल्मांतरण और अत्यंत लोकप्रिय कृतियों का फ़िल्मांतरण जो लुगदी-साहित्य की श्रेणी में सीमित रहने के लिए मजबूर होती हैं। हिंदी-फ़िल्मों में इन तीनों तरह के फ़िल्मांतरणों की समृद्ध परम्पराएँ हैं। इसलिए हॉलीवुड द्वारा किये गये फ़िल्मांतरणों पर ग़ौर किये बिना केवल भारतीय फ़िल्मों पर विचार करने से ही साहित्य और सिनेमा की परस्पर सांस्कृतिक राजनीति के आयाम स्पष्ट हो सकते हैं।

एक से अधिक फ़िल्मकार किसी एक साहित्यिक कृति को फ़िल्माते हैं तो जो नतीजा एकदम भिन्न-भिन्न फ़िल्मों के रूप में निकलता है। इसका सबूत शरत चंद्र चट्टोपाध्याय की कृति *देवदास* के प्रथमेश चंद्र बरुआ, विमल राय, संजय लीला भंसाली और अनुराग कश्यप द्वारा किये गये फ़िल्मांतरण पर नज़र डालते ही मिल जाता है। बरुआ के बीस साल बाद विमल राय का फ़िल्मांतरण आया। उसके चार दशक बाद भंसाली का देवदास पर्दे पर उतरा, और उसी के तक़रीबन तुरंत बाद कश्यप का। इससे साफ़ होता है कि अगर एक कृति पर दो फ़िल्मकार एक साथ फ़िल्म बनायें तो भी नतीजों में बहुत भिन्नता होगी। बरुआ की फ़िल्म देखने के बाद समीक्षकों को लगा था कि देवदास से भी अहम किरदार पारो का है। बहुतों ने उपन्यास नहीं पढ़ा था क्योंकि *देवदास* का अनुवाद हिंदी फ़िल्म के प्रदर्शन के बाद में आया, इसलिए समीक्षक-मानस पर नायक के किरदार का ज़्यादा बोलबाला नहीं था। हो सकता है बरुआ ऐसा प्रभाव न डालना चाहते हों और कथानक में देवदास से भी ज़्यादा पारो को महत्त्व मिल जाना भीतरी और बाहरी पाठों की अन्योन्यक्रिया का ही अनिच्छित परिणाम हो। विमल राय का *देवदास* शरत बाबू की कृति के साथ सर्वाधिक निष्ठा रखता है। भंसाली के *देवदास* में बंगाल के ग्रामीण परिदृश्य की जगह रंगों का भूमण्डलीकृत हंगामा और माल-संस्कृति के तहत बनायी गयी इमारतों में लगे चमचमाते काँचों का सौंदर्यशास्त्र अपनाया गया है। कश्यप का *देवदास* शरत बाबू के नायक की पैरोडी है, पर उसकी नायिकाएँ एक आधुनातन सेक्शुअल एजेंसी से सम्पन्न हैं।

हिंदी में फ़िल्मांतरण के कुछ बेहद सृजनशील उदाहरण श्याम बेनेगल की *जुनून*, सत्यजीत राय की *शतरंज के खिलाड़ी*, विशाल भारद्वाज की *मक़बूल* और *ओंकारा* और राजकुमार हीरानी की *थ्री ईडियट* हैं। *जुनून* से पहले रस्किन बांड की कहानी *फ़्लाइट ऑफ़ पिजंस* के बारे में कुछ मुट्ठी भर लोगों को ही पता था। बेनेगल की फ़िल्म ने कमाल यह किया कि शायद अब वे थोड़े-बहुत लोग भी अंग्रेज़ी की उस कहानी को *जुनून* के आईने में देखते हैं। सत्यजीत राय ने प्रेमचंद का इस्तेमाल सामंती पतनशीलता का निरूपण करने के अपने दीर्घकालीन सिनेमाई प्रोजेक्ट के तहत किया। शायद इसलिए हिंदी क्षेत्र के बच्चे-बच्चे द्वारा पढ़ी जा चुकी कहानी का फ़िल्मीकरण दर्शकों को नहीं भाया। आख़िरकार राय का फ़िल्मांतरण उस राष्ट्रीय संदर्भ से एकदम वंचित था जिसकी अनकही अनुगूँजें प्रेमचंद की इस अमर कृति में सामान्य पाठक भी सुन लेता है। विशाल भारद्वाज ने *मैकबेथ* और *ओथेलो* का कुछ इस सफ़ाई से भारतीयकरण किया कि अगर वे न बताते तो यह पता ही नहीं लग सकता था कि उनका निर्देशकीय पाठ शेक्सपियर-आधारित है। उन्होंने शेक्सपियरन कल्पना को भारतीय समाज के यथार्थ के साथ गूँथ दिया। उनकी ये फ़िल्में अपराध जगत का दस्तावेज बन कर फ़िल्म-न्वॉर सरीखी श्रेणी का श्रेष्ठ नमूना बन गयीं।

साहित्य के लिखे हुए शब्द का केंद्रीभूत लेखकत्व इन तमाम फ़िल्मों में अपना तयशुदा मुक़ाम एक सीमा तक छोड़ते हुए दिखता है। लेकिन *थ्री ईडियट* तक आते-आते वह पूरी तरह से एक नयी कृति में बदल गया। मूल कृति के लेखक चेतन भगत को चिल्ला-चिल्ला कर कहना पड़ा कि वे इस फ़िल्म की आधारभूत रचना के लेखक हैं, पर उनके दावे पर किसी ने भी कान नहीं दिया।

देखें : अतिनाटकीयता, अनुपस्थिति-उपस्थिति, कला सिनेमा, अवाँगार्द और प्रति-सिनेमा, टीवी और समाचार, टीवी और सेक्शुअलिटी, टीवी और टीवी-अध्ययन, तीसरा सिनेमा, तीसरी दुनिया का सिनेमा, दक्षिण भारतीय सिनेमा और राजनीति, नारीवादी फ़िल्म-सिद्धांत, फ़िल्म और सेक्शुअलिटी, फ़िल्म और टीवी सेंसरशिप, फ़िल्म-सिद्धांत, फ़्लैश-बैक, भारतीय सिनेमा-1, 2 और 3, भारतीय फ़िल्म-अध्ययन, भारतीय स्टार सिस्टम, रियलिटी टीवी, विचारधारा और हिंदी सिनेमा, वृत्त-चित्र, सेलेब्रिटी, सोप ओपेरा, सिनेमाई यथार्थवाद, नव-यथार्थवाद, सोवियत सिनेमा, स्टार, हिंदी सिनेमा का समाजशास्त्र।

संदर्भ

1. अरुण कौल (2003), 'स्क्रिप्ट्स : द इनफ़्लुएंस ऑफ़ द लिटरेचर' संकलित : गुलज़ार, गोविंद निहलानी और सैबल चटर्जी (सम्पा.), *इनसाइक्लोपीडिया ऑफ़ हिंदी सिनेमा*, इनसाइक्लोपीडिया ब्रिटानिका और पाप्पुलर प्रकाशन, दिल्ली और मुम्बई.
2. जी. ब्लूस्टोन (1971), *नोवेल्स इनटु फ़िल्म्स*, युनिवर्सिटी ऑफ़ कैलिफ़ोर्निया प्रेस, लॉस एंजेल्स.
3. बी. मेकफारलेन (1996), *नोवेल्स टु फ़िल्म्स : ऐन इंट्रोडक्शन टु द थियरी ऑफ़ एडेप्टेशन*, क्लैरेंडन प्रेस, न्यूयॉर्क और ऑक्सफ़र्ड.

— अभय कुमार दुबे

फ्रांसिस बेकन

(Francis Bacon)

आधुनिक विचारों के इतिहास में विज्ञान के दार्शनिक फ्रांसिस बेकन (1561-1626) की शख़्सियत बेहद विवादास्पद रही है। उनके विचारों और उपलब्धियों की वैधता को लेकर आज भी एक तरह का द्वैध बरक़रार है। मसलन, सत्रहवीं सदी में बेकन को मानवीय मेधा और वैज्ञानिक चिंतन का अनुकरणीय आदर्श माना जाता था और अट्ठारहवीं सदी में उन्हें ज्ञानोदय का अग्रदूत बताया गया लेकिन उन्नीसवीं सदी में उन्हें सत्ताकामी, कपटी और सच्चे विज्ञान का शत्रु घोषित कर दिया गया। प्रशस्ति, आलोचना और मूल्यांकनगत अतिवाद का यह सिलसिला बीसवीं सदी में भी ख़त्म नहीं हुआ। विद्वानों का एक वर्ग अगर बेकन को प्राकतिक इतिहास का अंतर्द्रष्टा, सिद्ध तर्कशास्त्री, विज्ञान का सिद्धांतकार तथा कल्पनाशीलता का सिरमौर साबित करता है, तो दूसरा वर्ग उन्हें ठीक इन्हीं विशेषणों का विलोम क़रार देता है।

बेकन का चिंतन मुख्यत: प्राकृतिक विज्ञान के दर्शन और उसकी सामाजिक प्रासंगिकता को सम्बोधित है। बेकन पर यह तोहमत भी लगायी जाती है कि उनका लेखन मनुष्य को प्रकृति पर वर्चस्व स्थापित करने और उसका शोषण करने का तर्क प्रदान करता है। लेकिन बेकन अपनी चिंतन प्रणाली की मधुमक्खी से तुलना करते हुए इस बात पर ज़ोर देते हैं कि दार्शनिक ज्ञान का तरीक़ा ऐसा होना चाहिए जो प्रकृति के प्रदत्त तत्त्वों या उसकी सम्पदा को रचनात्मक और उपयोगी रूप में संयोजित कर सके। इसके विपरीत पारम्परिक, ख़ास तौर पर मध्यकालीन चिंतकों के लिए बेकन मकड़ी का दृष्टांत उद्धृत करते हुए कहते हैं जिस तरह मकड़ी अपने जाले का निर्माण बाहरी पदार्थों के बजाय अपनी अंतड़ियों की सामग्री से करती है ठीक उसी तरह मध्यकालीन चिंतकों के विचार आत्मपरक और पूर्व-निर्धारित होते हैं जिन्हें वे समाज की संरचनाओं पर आरोपित करना चाहते हैं। बेकन के मुताबिक़ प्राकृतिक विज्ञानों की सैद्धांतिकी का काम सामान्य प्रकृति के उन रूपों को उद्घाटित करना होता है जो उसमें निहित भी होते हैं और परम वास्तविकता का नियमन और निर्धारण भी करते हैं। इस तरह बेकन किसी चीज़ या प्राकृतिक परिघटना के ज्ञान की कसौटी इस आधार पर तय करते हैं कि कर्ता या सृजक उस परिघटना को ठोस और भौतिक रूप में पुन: प्रस्तुत कर सकता है या नहीं।

बेकन ने ज्ञान-सृजन की इन पद्धतियों पर अपनी रचना *इंस्टोरैशियो मैग्ना* के कई खण्डों में विस्तार से विचार किया है। *एडवांसमेंट ऑफ़ लर्निंग* तथा *न्यू ऑर्गेनॉन* इसी रचना के भाग हैं। अपने समय की बौद्धिक जकड़नों और जड़सूत्रवाद से मुठभेड़ करते हुए बेकन अरस्तू की तर्कमूलक रचना *ऑर्गेनॉन* को भी *न्यू ऑर्गेनॉन* की नयी शब्दावली में विन्यस्त कर देते हैं। बेकन अपनी इस रचना में अरस्तू की इस बात के लिए आलोचना करते हैं कि विज्ञान के विभिन्न अनुशासनों के लिए मूल धारणाएँ मुहैया कराने के बावजूद वे विज्ञान का कोई ऐसा बुनियादी या सर्वसामान्य सिद्धांत नहीं गढ़ पाये जिसे प्राकृतिक इतिहास और दर्शन की अन्यान्य शाखाओं पर लागू किया जा सके। बेकन के तईं अरस्तू का ब्रह्मांड चिंतन और उनके द्वारा प्रतिपादित विज्ञान का सिद्धांत असामयिक हो चुका है। उनका कहना है कि अरस्तू प्रकृति को उसके भौतिक रूपों या गतिविधियों में चिह्नित करने के बजाय उसे अनुमानपरक, द्वंद्व तथा तत्त्वज्ञान के नज़रिये से देखने की ग़लती करते हैं। यही वजह है कि बेकन अरस्तू के नक़्शे क़दम पर चलने वाले अन्य मध्यकालीन चिंतकों को भी नहीं बख़्शते।

ज्ञान की प्राचीन और शास्त्रीय परम्पराओं के विरुद्ध बेकन ने अपने लेखन के शुरुआती दौर में ही मोर्चा खोल दिया था। बेकन ने 'वेलेरिअस टरमिनस' जैसी शुरुआती रचना में ही प्राकृतिक दर्शन और दैवी तत्त्वों के घालमेल को अस्वीकार कर दिया था। अपनी नयी पद्धति का ख़ाका पेश करते हुए उन्होंने ज्ञान के समक्ष यह चुनौती खड़ी कर दी थी कि क्या ज्ञान अनश्वर की कार्यविधियों और सम्भावनाओं को यांत्रिक व्यवहार में बदल सकता है। इस तरह बेकन अरस्तू की उस पद्धति को उलट देते हैं जो कारणों की पड़ताल को मुख्यत: एक दिमाग़ी काम मान कर संतुष्ट हो जाना चाहती है। इसकी जगह बेकन यह तजवीज़ करते हैं कि ज्ञान की पद्धति ऐसी होनी चाहिए जो अन्वेषी को नये अनुभवों और उद्घाटनों की ओर ले जाने में सक्षम हो।

यूनान की प्राचीन और शास्त्रीय ज्ञान परम्पराओं से बेकन की यह भिड़ंत उनकी परवर्ती रचना *एडवांसमेंट ऑफ़ लर्निंग* में भी जारी रहती है। इस रचना में बेकन मानवतावादियों के किताबी ज्ञान पर तंज़ कसते हुए कहते हैं कि ऐसे चिंतक मर्म के बजाय शब्दों से ज़्यादा खेलते हैं। यहां बेकन अरस्तू द्वारा प्रतिपादित विज्ञान की अवधारणा को पूरी तरह बदल कर विज्ञान को अपरिहार्य कारणों के ज्ञान के रूप में प्रस्तावित करते हैं। वैज्ञानिक चेतना के इस संधान में बेकन निगमनमूलक दार्शनिकों के साथ पुनर्जागरणकालीन कीमियागरी, जादू तथा ज्योतिष आदि को भी ख़ारिज करते हैं क्योंकि उनके अनुसार इन विषयों की शोध-पद्धतियाँ प्राकृतिक परिघटनाओं के प्रभावों को दुबारा प्रस्तुत करने की

फ्रांसिस बेकन (1561–1626)

क्षमता के बजाय क्षणिक अंतर्दृष्टि पर टिकी होती हैं। बेकन अपनी इस विहंगम आलोचना में तत्कालीन तकनीकी साहित्य पर भी नज़र डालते हैं। उनका कहना है कि यह साहित्य प्रकृति को नयी दृष्टि से नहीं देख पाता।

ध्यान से देखें तो बेकन वैज्ञानिक ज्ञान की जिस अवधारणा का प्रतिपादन करते हैं उसका केंद्रक निगमनमूलक पद्धति, पदार्थ के अव्यक्त रूप तथा कर्ता या सृजक के ज्ञान जैसे तीन तत्त्वों से मिल कर बना है। पदार्थ के अव्यक्त या अप्रकट रूप का विचार एक प्राचीन प्रत्यय है जो इस बात पर ज़ोर देता है कि किसी वस्तु का रूप ही उसकी वास्तविक प्रकृति को व्यक्त करता है। पदार्थ के रूपों से बेकन का आशय उसके घटकों से है जो संख्या में तो सीमित होते हैं लेकिन एक दूसरे से संयोजित होकर अनंत रूपों की रचना कर सकते हैं। बेकन की यह परियोजना पदार्थ के रूपों को कुछ इस तरह साधने पर ज़ोर देती है कि उन्हें प्रयोग की सही विधि के ज़रिये कार्यकारी या उपयोगी बनाया जा सके। यही वजह है कि बेकन नैचुरल फ़िलॉसफ़ी को कारणों की पड़ताल तथा प्रभाव का पुनरुत्पादन कहते हैं। लेकिन ज्ञान की आधुनिक अवधारणाओं में प्रशिक्षित व्यक्ति को बेकन की यह परियोजना उस समय संदिग्ध लगने लगती है जब वे यह कहते हैं कि पदार्थ के अव्यक्त रूपों तथा कर्ता का ज्ञान असल में उस योजना में अनुषंग की तरह काम करते हैं जिसका लक्ष्य विचारों का संवर्धन करके वस्तुओं और मनुष्यों को इच्छित या अपेक्षित कराने के लिए तैयार करना होता है। स्पष्ट है कि वस्तुओं को मनाने का ख़याल किसी आध्यात्मिक सत्ता की ओर इंगित करता है। असल में बेकन यह मान कर चलते हैं कि वस्तुओं तथा मनुष्यों की प्रकृति में एक आध्यात्मिक तत्त्व निहित होता है इसलिए ज्ञान की नयी व्यवस्था में प्रयोग का अभिप्राय केवल किसी चीज के उद्‌घाटन तक सीमित न होकर उस वस्तु की वास्तविक प्रकृति का परीक्षण भी बन जाता है। ऐसा इसलिए होता हैं क्योंकि अंततः सारे प्रयोग इस पूर्व-प्रदत्त दुनिया के पदार्थ और चेतना पर ही किये जाते हैं जिनमें मनुष्य का मस्तिष्क और उसकी भावनाएँ भी शामिल हैं।

बेकन दुनिया को जिस धर्मवादी नज़रिये से देखते हैं उसमें दुनिया का स्रष्टा इस दुनिया को प्रकट के बजाय गूढ़ तरीक़ों से संचालित करता है। बेकन के मुताबिक़ जीव-जगत, वनस्पति तथा पदार्थों के सपाट सत्य के पीछे कूट, ग्रंथिल और अस्पष्ट अर्थ मौजूद रहते हैं। वैज्ञानिक का काम इन बाहरी लक्षणों के परे जाकर चीजों के गहरे और गुप्त अर्थों का उद्‌घाटन करना होता है।

विद्वानों का मानना है कि बेकन अपने कई निबंधों में जब प्रशासनिक अधिकारियों और राजनीतिज्ञों को प्रकृति पर नियंत्रण करने या उसे मनुष्य के लिए उपयोगी बनाने की सलाह देते हैं तो उनकी मंशा उन लोगों को केवल निजी स्वार्थ के प्रति सचेत करने की नहीं होती। बेकन स्वार्थपूर्ति के साथ ही प्रकृति में अंतस्थ गहरे निर्देशों का पालन करने की बात भी करते हैं। इसलिए कई अध्येताओं का मानना है कि अपने निबंधों के ज़रिये बेकन ऐसे लोगों को परामर्श देते प्रतीत होते हैं।

बेकन कहते हैं कि जैसे प्रकृति को निर्देशित करने की इच्छा में उसकी आज्ञाओं का पालन पूर्वनिहित है उसी तरह चिंतन के दौरान जो चीज कारण की तरह दिखायी देती है उसमें व्यावहारिक नियम बनने की सामर्थ्य भी होनी चाहिए। उनकी इस निष्पत्ति का आशय यह है कि व्यक्ति प्रकृति के भौतिक तत्त्वों और उसकी शक्तियों को इच्छित रूप तभी दे सकता है जब वह प्रकृति की अप्रकट और गहरी संरचना को समझ चुका हो। इस तरह सैद्धांतिक चिंतन का सत्य व्यावहारिक रूपों के निर्माण करने वाले नियमों से अनुशासित होना चाहिए। बेकन का मानना है कि प्रकृति के इन अप्रकट रूपों के बुनियादी सिद्धांत का उल्लंघन करना विनाशकारी होता है। यांत्रिक तकनीकों के साथ असावधानी बरतना और उनके साथ मूर्खतापूर्ण छेड़छाड़ करना मनुष्य के लिए अकल्पित विपत्ति भी खड़ी कर सकता है।

बेकन प्रयोगों में निहित ख़तरों के बावजूद प्रयोगशीलता को मनुष्य की भौतिक प्रगति के लिए लाज़मी

मानते हैं। वैज्ञानिक प्रयोगों के मानवीय फलितार्थों पर केंद्रित उनकी रचना *न्यू अटलांटिस* को एक तरह का वैज्ञानिक यूटोपिया कहा जा सकता है। इस रचना में बेकन युरोपीय जहाज़ियों की रूपक कथा के ज़रिये एक ऐसी दुनिया को दर्शाते हैं जहां वैज्ञानिक प्रयोगों द्वारा जीवन के परिचित रूपों का रूपांतरण किया जा रहा है। सोलोमन के घर में इन यात्रियों का साबका एक ऐसी प्रयोगशाला से होता है जिसमें पक्षियों और पेड़-पौधों को आनुवंशिकी की तकनीकी से नयी प्रजातियों में बदला जा रहा है; नये ढंग के अस्त्र-शस्त्र बनाये जा रहे हैं, मनुष्य के उपभोग के लिए नयी मशीनें गढ़ी जा रही हैं तथा मनुष्य के व्यवहार को निर्देशित करने के लिए वैचारिक तरकीबों की तजवीज़ की जा रही है। कहना न होगा कि सोलोमन की यह प्रयोगशाली असल में बेकन की प्रायोगिक चेतना का भी रूपक है।

समग्रत: देखें तो एक चिंतक के रूप में बेकन की शख़्सियत स्तुतिगान और परम आलोचना के बीच फँसी है। थॉमस स्प्रैट ने उनकी वैचारिक क्षमताओं और दृष्टि की तुलना ईश्वर से की है जिसके निर्देशों को दैवी विधान की जगह भी रखा जा सकता है। फ्रांस में जब ज्ञानोदय से प्रेरित चिंतन अपने चरम पर था तो बेकन को सबसे महान, सार्वभौम और मुखर दार्शनिक बताया जा रहा था। इसी तरह जब तर्क-विज्ञान का विश्वकोश तैयार करने की बारी आयी तो बेकन की कृति *एडवांसमेंट ऑफ़ लर्निंग* को ही मॉडल माना गया। लेकिन जोनाथन स्विफ़्ट की रचना *गुलिवर्स ट्रैवल* में बेकन की वैज्ञानिक प्रयोगशीलता का मर्मांतक उपहास किया गया। उन्नीसवीं सदी में वैज्ञानिक विचारों के इतिहास में बेकन का वैज्ञानिक चिंतन इस आधार पर कमतर माना गया क्योंकि उन्होंने भौतिक नियमों के प्रतिपादन में गणित को महत्त्व नहीं दिया था। मैकॉले ने उन्हें प्रगति का पुरोधा क़रार दिया लेकिन साथ ही उन्हें ऐसा निंदनीय व्यक्ति भी बताया जो निजी स्वार्थों, शाही तमगों और रंगरुतबे के लिए अपने निकट मित्रों के साथ भी छल कर सकता था।

इसी तरह होर्ख़ाइमर और एडोर्नो बेकन को पूँजीवादी राज्य का एक ऐसा सिपहसालार बताते हैं जिसने बुद्धि-विवेक की मशीनी समझ से प्रेरित होकर मनुष्य के ख़िलाफ़ खड़ी दमन और उत्पीड़न की व्यवस्था को वैधता दिलाने का जुर्म किया है। लेकिन इन ध्रुवांतों के बीच बेकन के पक्ष में एक संतुलित मत यह भी पेश किया जाता है कि उनका चिंतन वैज्ञानिकता और जादूगरी का मिश्रण था। बेकन मानवीय प्रगति के सीमांतों का विस्तार करना चाहते थे लेकिन अपेक्षित को हासिल करने के लिए उतना ही दाँव पर लगाने के लिए भी तैयार दिखते थे।

देखें : अस्तित्ववाद, आत्मनिष्ठता-वस्तुनिष्ठता, इयत्ता, इमैनुएल कांट, इंद्रियानुभववाद, ईसैया बर्लिन, उत्तर-आधुनिकतावाद, उत्तर-औपनिवेशिकता, उदारतावाद, कल्पित समुदाय, ग्योर्ग विल्हेल्म फ्रेड्रिख़ हीगेल, घटनाक्रियाशास्त्र और एडमण्ड हसर, चेतना, जॉन लॉक, ज़ाक लकाँ, ज्याँ-फ्रांस्वा ल्योतर, ज्याँ-पॉल सार्त्र, ज़ाक देरिदा, तत्त्वमीमांसा और अस्तित्वमीमांसा, तात्त्विकतावाद, थियोडोर लुडविग वीज़ेनग्रंड एडोर्नो, द्वैतवाद, नवउदारतावाद, परिणामवाद, फ्रेड्रिख़ नीत्शे-1 और 2, बुद्धिवाद, भाववाद, भौतिकवाद, मनोविश्लेषण, मिशेल पॉल फ़ूको-1 और 2, यथार्थवाद, युरोपीय पुनर्जागरण, युरगन हैबरमास, युरोपीय ज्ञानोदय, रेने देकार्त, लुई अलथुसे, संत ऑग्स्टाइन, सोरेन आबी कीर्केगार्द, संरचनावाद और उत्तर-संरचनावाद, हरबर्ट स्पेंसर, ज्ञानमीमांसा, ज्ञान का समाजशास्त्र।

संदर्भ

1 एम. पेलटोनेन (संपा.) (1996), *केम्ब्रिज कम्पैनियन टू बेकन,* केम्ब्रिज युनिवर्सिटी प्रेस, केम्ब्रिज.

2. आर.के. फ़ॉकनर (1993), *फ्रांसिस बेकन ऐंड द प्रोजेक्ट ऑफ़ प्रोग्रेस,* रॉमैन ऐंड लिटिलफ़ील्ड, न्यूयॉर्क तथा लंदन.

3. जे.सी. ब्रिग्स (1989), *फ्रांसिस बेकन ऐंड द रेटरिक ऑफ़ नेचर,* हार्वर्ड युनिवर्सिटी प्रेस, केम्ब्रिज.

4. ए. पेरेज-रामोस (1988), *फ्रांसिस बेकंस आइडिया ऑफ़ साइंस,* ऑक्सफ़र्ड युनिवर्सिटी प्रेस, ऑक्सफ़र्ड.

— नरेश गोस्वामी

फ्रेड्रिख़ एंगेल्स

(Friedrich Engels)

जर्मन दार्शनिक, राजनीतिक संगठक, कार्ल मार्क्स के अभिन्न मित्र और मार्क्सवाद के दो संस्थापकों में से एक फ्रेड्रिख़ एंगेल्स (1820-1895) की रचनाओं ने उन्नीसवीं सदी के आख़िरी और बीसवीं सदी के शुरुआती दौर में मार्क्सवाद को एक विश्व-दृष्टिकोण के रूप में लोकप्रिय करने में प्रमुख भूमिका का निर्वाह किया। उन्होंने न केवल मार्क्स के साथ मिल कर द *होली फ़ैमिली* और *कम्युनिस्ट मैनिफ़ेस्टो* जैसी कालजयी रचनाएँ लिखीं, बल्कि मार्क्स का स्वास्थ्य ख़राब होने के बाद पहले इंटरनैशनल के राजनीतिक कामकाज की अधिकतर जिम्मेदारी उठायी। इसी दौरान एंगेल्स ने जर्मन सामाजिक जनवादी पार्टी के भीतर प्रत्यक्षवादी रुझानों से टकराते हुए *ड्यूहरिंग मत-खण्डन* जैसी विवादात्मक कृति रची जो मार्क्सवाद की स्पष्ट, सुगठित और लोकप्रिय व्याख्या के रूप में सारी दुनिया में बड़े पैमाने पर पढ़ी गयी। *ड्यूहरिंग मत-खण्डन* के साथ उनकी एक और रचना *सोशलिज़म : युटोपियन ऑर साइंटिफ़िक* को युरोप के उदीयमान

फ्रेड्रिख़ एंगेल्स (1820–1895)

समाजवादी आंदोलन में असाधारण प्रतिष्ठा प्राप्त हुई। दूसरे इंटरनैशनल के दौरान एक दार्शनिक के रूप में एंगेल्स की ख्याति में और बढ़ोतरी हुई। उनकी रचनाओं *परिवार, व्यक्तिगत सम्पत्ति और राजसत्ता की उत्पत्ति* एवं *लुडविग फ़ायरबाख़* ने उनका सिक्का जमा दिया। मार्क्स के देहांत के बाद उन्होंने अपना अधिकतर समय *कैपिटल* के दूसरे और तीसरे खण्डों के सम्पादन और प्रकाशन में ख़र्च किया। अपने निधन से पहले वे इस रचना के चौथे खण्ड पर काम कर रहे थे जिसका प्रकाशन बाद में *थियरीज़ ऑफ़ सरप्लस वैल्यू* के शीर्षक से हुआ। एंगेल्स ने इतिहास और विज्ञान के विकास के बीच द्वंद्वात्मक रिश्ते पर गहरायी से विचार किया जिसका परिणाम *द डायलेक्टिस ऑफ़ नेचर* जैसी कृति में निकला।

फ्रेड्रिख़ एंगेल्स का जन्म बैरमेन, लंदन में हुआ था। वे वुपर्टल, वेस्टफ़ेलिया के एक कपड़ा कारख़ाने के मालिक के सबसे बड़े पुत्र थे। माता-पिता ने उनका लालन-पालन कैल्विनवादी अनुशासन के तहत किया। पिता चाहते थे कि वे कारोबार में ही मन लगायें। लेकिन स्कूल के दिनों से ही एंगेल्स लेखक और साहित्यकार बनने का स्वप्न देखने लगे। सत्रह साल की उम्र तक उनकी कविताएँ छपने लगी थीं और उन्होंने समाज को देखने की आलोचना-दृष्टि विकसित कर ली थी। 1830 के दशक में यंग जर्मनी आंदोलन के साथ जुड़े लेखकों की सोहबत में आये। इन लोगों का रुझान लोकतांत्रिक-राष्ट्रवादी था। इसके बाद एंगेल्स पर हीगेल का प्रभाव बढ़ता गया। कारोबार में लगने से बचने के लिए वे कुछ समय के लिए फ़ौजी सेवा में शामिल हो गये। 1841 में बर्लिन में वे यंग हीगेलवादियों के समूह में शामिल हो गये। इन लोगों पर ब्रूनो बॉउर का प्रभाव था। इसी दौर में उन्होंने हीगेल की आलोचना करने वाले शेलिंग के ख़िलाफ़ छद्म नाम से आक्रामक लेखन किया जो कुछ दिनों के लिए चर्चित रहा।

1839 में एंगेल्स ने 'लेटर फ्रॉम वुपर्टल' में अपने समुदाय के उन मिल मालिकों की तीखी आलोचना की जो ख़ुद को एक अच्छे ईसाई की तरह पेश करते थे, लेकिन वास्तव में मजदूरों द्वारा कमाये गये फ़ायदे को हड़प कर मौज-मजा करते थे। 1839-42 के बीच एंगेल्स ने तक़रीबन 50 छोटे-छोटे लेख प्रकाशित किये। इनमें उन्होंने बर्लिन विश्वविद्यालय के इर्द-गिर्द होने वाले दर्शन, राजनीति और धर्म की विषय-वस्तुओं पर होने वाले उदारवादी-अनुदारवादी वाद-विवाद का विवरण दिया। 1842 की सर्दियों में एंगेल्स मैनचेस्टर में अपने पिता का करोबार सँभालने के लिए इंग्लैण्ड चले गये। मोसेस हेस के प्रभाव के कारण वे पहले से ही एक कम्युनिस्ट बन चुके थे। हेस की रचना *युरोपीयन ट्रियारर्की* से प्रभावित हो कर वे तब तक यह मानने लगे थे कि इंग्लैण्ड में सामाजिक क्रांति होना तय है। तक़रीबन दो साल तक टेक्सटाइल जिले में रहने के दौरान वे राबर्ट ओवेन के समर्थकों और चार्टिस्टों के सम्पर्क में आये। इस प्रक्रिया में एंगेल्स के विचारों पर बेउर का प्रभाव ख़त्म हो गया था।

1845 में उनकी रचना *कंडीशन ऑफ़ द वर्किंग क्लास इन ब्रिटेन* प्रकाशित हुई। इस रचना से स्पष्ट होता है कि उन्हें औद्योगिक क्रांति के गर्भ से निकलने वाली श्रमिक वर्ग के रूप में एक बिल्कुल ही नयी क़िस्म की शक्ति दिखाई देने लगी थी। उन्हें यह भी लगने लगा था कि यह वर्ग क्रांतिकारी बदलाव में केंद्रीय भूमिका निभायेगा। यह पुस्तक लिखने और इंग्लैण्ड छोड़ने के बीच एंगेल्स और मार्क्स के बीच पहली गम्भीर बातचीत हुई। उन्होंने महसूस किया कि बेउर और उनके समर्थकों के बारे में उनके और मार्क्स के विचार काफ़ी मिलते-जुलते हैं। इसके अलावा जर्मनी के बाहर श्रमिक वर्ग के आंदोलन के महत्त्व के बारे में भी वे काफ़ी हद तक सहमत थे। इसलिए उन्होंने मिल कर एक किताब लिखने का फ़ैसला किया। यही किताब द *होली फ़ैमिली* (1845) शीर्षक से प्रकाशित हुई। इसके बाद मार्क्स के संग उनके एक ऐसे साथ की शुरुआत हुई जो ज़िंदगी भर क़ायम रहा। इस दौरान मार्क्स और एंगेल्स जिस साम्यवाद की पैरोकारी कर रहे थे वह फ़ायरबाख़ के भौतिकवाद से बहुत प्रभावित था, पर उस समय ये दोनों चिंतक तुलनात्मक रूप से श्रमिक वर्ग और राजनीति को कहीं ज़्यादा अहमियत दे रहे थे।

1845 में मार्क्स ने फ़ायरबाख़ और यंग हीगेलियनों के

बारे में अपने विचारों को स्पष्ट किया। यहीं से इतिहास की एक विशिष्ट मार्क्सवादी संकल्पना की शुरुआत मानी जाती है। ख़ुद एंगेल्स द्वारा दिये गये विवरणों के अनुसार इस प्रक्रिया में उनकी भूमिका दोयम दर्जे की थी। लेकिन एंगेल्स द्वारा राजनीतिक अर्थशास्त्र, इंग्लैण्ड की औद्योगिक क्रांति तथा वर्ग-चेतना पर किये गये कामों ने मार्क्स की पूरी सैद्धांतिक संरचना में महत्त्वपूर्ण भूमिका निभायी। इसके अलावा एंगेल्स ने मार्क्स के साथ मिल कर द *जर्मन आइडियोलॅजी* जैसी असमाप्त कृति भी रची। यह 1845 से 1846 के मध्य लिखी गयी यह रचना सबसे पहले अपने पूरे रूप में 1932 में जा कर प्रकाशित हुई।

1845 से 1850 के बीच में एंगेल्स और मार्क्स ब्रुसेल्स और पेरिस में सघन राजनीतिक कार्रवाइयों और बौद्धिक उत्पादन में लगे रहे। उनकी कोशिश यह थी कि न केवल जर्मन कम्युनिस्ट उनके विचारों से सहमत हो जाएँ, बल्कि दुनिया भर में होने वाले मज़दूर आंदोलनों को एक मुश्तरका मंच पर ले आया जाए। इसी प्रक्रिया में एंगलेस मार्क्स के साथ जर्मन लीग के सदस्य हो गये जिसका नामकरण कम्युनिस्ट लीग कर दिया गया। इसी संस्था के लिए इन दोनों विद्वानों ने 1848 की क्रांति की पूर्व-संध्या पर *कम्युनिस्ट मैनिफ़ेस्टो* रचा। 1849 में एंगेल्स ने प्रति-क्रांति के ख़िलाफ़ होने वाले सशस्त्र प्रतिरोध में सक्रिय भाग लिया। इस दौर के अनुभवों की बौद्धिक व्याख्या *रेवोल्यूशन ऐंड काउंटर-रेवोल्यूशन इन जर्मनी* में दर्ज है। पचास के दशक में ही एंगेल्स की रचना द *पेज़ेंट वार इन जर्मनी* प्रकाशित हुई।

1850 कम्युनिस्ट लीग के बिखर जाने के बाद एंगेल्स फिर मैंचेस्टर जा कर अपना पारिवारिक व्यवसाय देखने लगे। अगले बीस साल तक वे वहीं रहे। इस दौरान उन्होंने भीषण ग़रीबी से संघर्ष कर रहे मार्क्स के परिवार की लगातार सहायता की और उनके प्रमुख राजनीतिक और बौद्धिक साथी की भूमिका निभायी। इन दोनों विद्वानों ने मिल कर विविध विषयों पर कलम चलायी और विशद साहित्य रचा।

दुनिया भर के समाजवादी आंदोलन में मार्क्सवाद को स्थापित करने में एंगेल्स की रचनाओं का बहुत योगदान है। 1914 से पहले समाजवादियों के बीच एंगेल्स के वैचारिक प्राधिकार का काफ़ी सम्मान होता था। पर उसके बाद पश्चिमी समाजवादियों ने उनके विचारों की आलोचना शुरू कर दी। उन्होंने आरोप लगाया कि एंगेल्स पर प्रत्यक्षवाद की छाप कुछ ज़्यादा ही है और वे मार्क्स के विचारों में संशोधन भी करते हैं। दूसरी तरफ बोल्शेविक क्रांति के बाद सोवियत संघ ने एंगेल्स की रचनाओं के प्रकट विज्ञानवादी रुझानों को उत्साह के साथ अपनाया और मार्क्सवाद के आधिकारिक सोवियत संस्करण के रूप में द्वंद्वात्मक भौतिकवाद के दर्शन को खड़ा कर दिया।

देखें : अर्नेस्टो चे ग्वेवारा, आधार और अधिरचना, ऑस्कर लांगे, आंगिक और पारम्परिक बुद्धिजीवी, एंतोनियो ग्राम्शी, कार्ल हाइनरिख़ मार्क्स-1, 2, 3 और 4, क्रांति, क्रांति : मार्क्सवादी विमर्श, ग्योर्गी लूकाच, नयी सदी में मार्क्सवादी विमर्श-1 से लेकर 9 तक,, निष्क्रिय क्रांति, भारत में किसान संघर्ष-2 और 4, कम्युनिस्ट पार्टियाँ-1, 2 और 3, भारतीय इतिहास लेखन-4 और 5, भाषा का मार्क्सवादी सिद्धांत, भ्रांत चेतना, बोल्शेविक क्रांति, फ्रांस्वा-चार्ल्स मारी फ़ूरिये, क्यूबा की क्रांति, फ्रेंज़ फ़ानो, हिंसा-1 और 2, मानवेंद्र नाथ राय, माओ त्से-तुंग, माओवाद और माओ विचार, मार्क्सवाद-1, 2, 3, 4 और 5, मार्क्सवादी इतिहास-लेखन, मार्क्सवादी समाजशास्त्र, मार्क्सवाद और पारिस्थितिकी, मार्क्सवादी अर्थशास्त्र, समाजवादी वसंत-1, 2, 3, और 4, लेनिनवाद, लियोन ट्रॉट्स्की, लिबरेशन थियोलॅजी, सांस्कृतिक क्रांति, स्तालिन और स्तालिनवाद, सोवियत समाजवाद-1, 2 और 3, सोवियत सिनेमा, वर्चस्व, वर्ग और वर्ग-संघर्ष, व्लादिमिर इलिच लेनिन।

संदर्भ

1. टैरेल कारवेर (1983), *मार्क्स ऐंड एंगेल्स : इंटलेक्चुअल रिलेशनशिप*, ब्राइटन, ससेक्स.
2. डब्ल्यू.ओ. हेंडरसन (1976), द *लाइफ़ ऑफ़ फ्रेड्रिख़ एंगेल्स,* दो खण्ड, कैस, लंदन.
3. डी. मैकलेलन (1977), *एंगेल्स,* फोंटाना, ग्लासगो.
4. कार्ल मार्क्स और फ्रेड्रिख़ एंगेल्स (1962), *सिलेक्टिड वर्क्स,* दो खण्ड, विदेशी भाषा प्रकाशन गृह, मास्को.

— कमल नयन चौबे

फ्रेड्रिख़ नीत्शे-1

(द बर्थ ऑफ़ ट्रेजडी)

(Friedrich Nietzsche-1)

जर्मन दार्शनिक, संङ्गीतज्ञ और धर्म-संस्कृति के अध्येता फ्रेड्रिख़ विल्हेल्म नीत्शे (1844-1900) का कृतित्व स्थापित नैतिक मान्यताओं के प्रतिरोध, सभ्यता-संस्कृति के उत्कर्ष संबंधी चिंतन तथा आदर्शों को झुठलाती सत्ताकांक्षा के आदिम आवेगों की पड़ताल का एक विराट बीहड़ है। नीत्शे उन समस्त सिद्धांतों को गहरायी में जाकर प्रश्नांकित करते हैं जिन्हें समाज और व्यक्ति के लिए आदर्श की तरह बयान किया जाता है लेकिन जो दरअसल जीवन की ऊर्जा को उलीच कर ख़त्म कर देते हैं। नीत्शे उन विरले चिंतकों में शुमार किये जाते हैं जो अपनी मृत्यु के बाद लगातार प्रासंगिक होते गये हैं। बीसवीं सदी में सांस्कृतिक अध्ययन, साहित्य, दर्शन, कला, मनोविज्ञान, समाजशास्त्र तथा क्रांति— शायद ही कोई क्षेत्र ऐसा हो जहाँ नीत्शे का संदर्भ ज़रूरी मालूम न पड़ता

फ्रेड्रिख़ नीत्शे (1844-1900)

हो। उन्हें एक मूलगामी चिंतक इसलिए माना जाता है क्योंकि वे मनुष्य के अस्तित्व की संरचनागत जकड़नों और उनसे मुक्ति के रास्ते तलाश करते हैं। पर नीत्शे रहस्यवादी नहीं हैं।

फ्रेड्रिख़ नीत्शे का जन्म जर्मनी में लाइपज़िग के पास 1844 में हुआ था। उनकी पढ़ाई पहले तो विख्यात फोर्टा स्कूल में हुई और उसके बाद उन्होंने बॉन और लाइपज़िग विश्वविद्यालयों में क्लासिकल फ़िलॉसफ़ी का अध्ययन किया जहाँ शॉपेनहॉर के दर्शन से वे काफ़ी प्रभावित हुए। 1869 में 24 साल की आयु में नीत्शे को स्विट्ज़रलैण्ड के बेसिल विश्वविद्यालय में नियुक्ति मिली और साल भर बाद ही वे क्लासिकल फ़िलॉसफ़ी के प्रोफ़ेसर बना दिये गये। लेकिन स्वास्थ्य संबंधी परेशानियों के कारण उन्हें 1879 में यह नौकरी छोड़नी पड़ी। नीत्शे ने अपना बाक़ी जीवन विश्वविद्यालय की पेंशन पर गुज़ारा। दस साल बाद उन्हें ज़बरदस्त मस्तिष्काघात का सामना करना पड़ा जिसके कारण वे असहाय विकलांग हो गये। इस हालत में नीत्शे की देखभाल पहले उनकी माँ ने और फिर बहिन ने की। ग्यारह साल तक इसी हालत में रहने के बाद 1900 में उनका देहांत हुआ। नीत्शे केवल 56 वर्ष जीवित रहे। इस अवधि में 1872 से 1888 तक के सोलह साल के दौर में ही उन्होंने अपना ज़्यादातर लेखन किया।

नीत्शे के कृतित्व को उनके अध्येता दो चरणों में बाँट कर देखते हैं। उनकी सृजनशीलता का एक काल वह है जिसमें उन्होंने विश्वविद्यालय की अनुशासनगत सीमाओं में रह कर काम किया। तो दूसरा काल वह है जब नीत्शे ख़राब स्वास्थ्य के कारण अंतत: विश्वविद्यालय के जीवन से विदा लेकर अनथक यायावर बन गये। रचनात्मक जीवन के इस दूसरे हिस्से में नीत्शे ने ख़ानाबदोशी की जीवन जिया। उन्होंने जर्मनी की नागरिकता त्याग दी। स्विट्ज़रलैण्ड में भी वे ज़्यादा नहीं टिके। विशेषज्ञों का मानना है कि कृतित्व के इस चरण में नीत्शे की दार्शनिक शैली में एक अभूतपूर्व बदलाव आता है। नीत्शे की पहली पुस्तक *द बर्थ ऑफ़ ट्रेजडी : आउट ऑफ़ द स्पिरिट ऑफ़ म्यूज़िक* 1872 में प्रकाशित हुई थी। प्रकाशन के चौदह साल बाद इस पुस्तक का दूसरा संस्करण जारी किया गया और उसका शीर्षक भी बदल दिया गया। नीत्शे की यह पुस्तक अट्ठारहवीं और उन्नीसवीं सदी में यूनानी संस्कृति की उस प्रचलित छवि का खण्डन करती है जो जोहान विंकलमैन जैसे कला इतिहासकारों की बदौलत युरोप में सांस्कृतिक औदात्य के आदर्श की तरह स्थापित हो गयी थी। इस पुस्तक की तैयारी से पहले ही नीत्शे जर्मन दार्शनिक शोपेनहॉर की इस विश्वदृष्टि को गहरायी से आत्मसात कर चुके थे कि सर्जनात्मकता और यथार्थ के मूल में ऐसी शक्ति व्याप्त होती है जिसे मानवीय विवेक के संदर्भ में नहीं आँका जा सकता।

शोपेनहॉवर की तरह नीत्शे भी सुकरात से पहले की यूनानी संस्कृति को डायोनिसियन शक्ति के उद्दाम आवेग का सर्जनात्मक विस्फोट मानते हैं। पश्चिमी संस्कृति के इतिहास का सिंहावलोकन करते हुए नीत्शे अफ़सोस ज़ाहिर करते हैं कि यूनान के पराभव के बाद डायोनिसियस की शुभ शक्ति पर अपोलो की तार्किक व दम्भी गम्भीरता हावी हो गयी। नीत्शे इस नतीजे पर पहुँचते हैं कि सुकरात के बाद युरोपीय संस्कृति अपोलोयिआई दुष्प्रभाव के कारण एकांगी, निर्जीव और अस्वस्थ हो गयी है। इस संस्कृति के पुनरुद्धार के लिए नीत्शे कला की डायोनिसियाई शक्तियों का आह्वान करना ज़रूरी मानते हैं। नीत्शे इस उर्जा को आदिम सर्जनात्मकता, अस्तित्व के आनंद और परम सत्य का पर्याय कहते हैं और संस्कृति के जीर्णोद्धार के इस सूत्र को समकालीन संगीतज्ञों— बाख, बीथोवेन और वैगनर आदि की रचनाओं में लक्षित करते हैं। यह किताब जर्मन संगीत और त्रासदी के तत्त्व को युरोपीय संस्कृति के पुनरुत्थान के लिए रामबाण की तरह पेश करती है। विद्वानों के अनुसार नीत्शे की यह पहली पुस्तक शाश्वत अंदाज़ में बात करती है। जिसे बहुत से विद्वान नीत्शे के लेखन का स्थायी आयाम मानते हैं।

कई विद्वान नीत्शे के एक अप्रकाशित निबंध *ऑन ट्रुथ ऐंड लाइज़ इन अ नॉर्मल सेंस* को उनके चिंतन का बीज-वाक्य मानते हैं। इस लेख में नीत्शे का प्रतिमाभंजक व्यक्तित्व सामने आता है। प्रस्तुत लेख में नीत्शे अतिवादी रवैया अपनाते हुए यह प्रतिपादित करते हैं कि दुनिया में सार्वभौम सच्चाई जैसी कोई स्थिति नहीं होती। मनुष्य जिसे सत्य कहता है वह

रूपकों, अलंकारों और अनुभवों के मानवीकरण के अलावा कुछ नहीं होता। उनके अनुसार मनुष्य का अनुभव हमेशा एक स्वेच्छाचारिता से आक्रांत रहता है। सत्य की लौकिकता पर ज़ोर देते हुए नीत्शे यह भी आग्रह करते हैं कि सत्य स्थिरता, सुरक्षा और निरंतरता हासिल करने के लिए कुछ स्थायी परम्पराओं या रूढ़ियों के निर्माण की व्यावहारिक क़वायद से ज़्यादा कुछ नहीं है। मनुष्य के अनुभव को अस्तित्व के समग्र बोध में रखते हुए नीत्शे यह कहने में भी नहीं हिचकते कि मनुष्य के आगमन से पहले एक शाश्वतता व्याप्त थी और यह मनुष्य से इतनी निरपेक्ष है कि अगर मनुष्यता का अस्तित्व ख़त्म हो जाए तो भी सृष्टि की इस विराट योजना पर कोई ख़ास फ़र्क़ नहीं पड़ेगा।

स्थापित मान्यताओं को प्रश्नांकित करने के क्रम में *अन.फ़ैशनेबल आब्ज़र्वेशंस* नीत्शे की एक महत्त्वपूर्ण रचना है। उनकी यह कृति अपने दौर के सांस्कृतिक व्यक्तित्वों और मसलों की तह में जाकर संस्कृति की आत्ममुग्ध व्याख्या पर हमला बोलती है। ग़ौरतलब है कि नीत्शे के समकालीन इतिहासकार डेविड स्ट्रॉस ने अपनी किताब द *ओल्ड ऐंड न्यू .फ़ेथ : अ कन्.फ़ेशन* में आस्था के नये रूप को वैज्ञानिक और सार्वभौम बनाने की वकालत की थी। अपने अध्ययन में नीत्शे स्ट्रॉस के नज़रिये का खण्डन करते हुए उनके दृष्टिकोण को सांस्कृतिक पतन का परिचायक बताते हैं क्योंकि नीत्शे के मुताबिक़ जीवन के सिद्धांत ज्ञान के मुक़ाबले ज़्यादा अहम और उच्चतर होते हैं। नीत्शे का ज़ोर इस बात पर था कि ज्ञान की ख़ोज का मक़सद जीवन को बेहतर बनाना होना चाहिए। इस संदर्भ में यह याद करना मुनासिब होगा कि अपनी पहली रचना द *बर्थ ऑफ़ ट्रेजेडी* में भी नीत्शे कला को जीवन की ठोस वास्तविकता से परखने पर ज़ोर देते हैं। इस अध्ययन में नीत्शे ने शोपेनहॉर और संगीतज्ञ वैगनर को जर्मन संस्कृति के ज़्यादा जीवंत, और प्रेरक प्रतिमान की तरह पेश किया था। इस रचना के आधार पर कई अध्येताओं ने यह बात लक्षित की है कि अपने कृतित्व में नीत्शे साल दर साल उदात्त चरित्रों की खोज करते जाते हैं। उनके अनुसार यह एक ऐसी प्रवृत्ति है जो नीत्शे के लेखन में समय के साथ लगातार मज़बूत होती जाती है।

नीत्शे की अगली रचना *ह्यूमन, ऑल-टू-ह्यूयूमन* (1878) ने भी संशोधन और परिवर्द्धन के कई चरणों से गुज़र कर अंतिम आकार लिया था। मसलन, प्रकाशन के एक साल बाद नीत्शे ने इस पुस्तक में *मिक्स्ड ऑपिनियंस ऐंड मैक्ज़िम्स* नाम से दूसरा तथा उसके एक साल बाद फिर तीसरा खण्ड द *वांडरर ऐंड हिज शैडो* जोड़ा। तीनों खण्डों को एक साथ समाहित करके अंततः पुस्तक को फिर से एक नया शीर्षक *ह्यूमन, ऑल-टू-ह्यूमन, अ बुक.फ़ॉर फ़्री स्पिरिट्स* दिया गया। इस पुस्तक में नीत्शे किसी दार्शनिक सरणि का अनुसरण न करके अभिव्यक्ति की विस्मित कर देने वाली शैली— सूत्र कथन का प्रयोग करते हैं। इन रचनाओं को इस तरह सूत्रों का संग्रह भी कहा जा सकता है। इन्हीं रचनाओं में सत्ता का विचार पहली बार लेकिन अव्यवस्थित रूप में प्रकट होता है। हालाँकि इस अवस्था में नीत्शे सत्ता के विचार को सांस्कृतिक व मनोवैज्ञानिक निर्मितियों को समझाने के लिए ज़्यादा इस्तेमाल करते हैं। कई विद्वानों का मानना है कि ये रचनाएँ कला के बजाय विज्ञान से ज़्यादा प्रेरित हैं जो नीत्शे के वैचारिक रुझान को देखते हुए एक असामान्य बात लगती है।

नीत्शे की अगली रचना *डेब्रैक : रिफ़्लेक्शन ऑन मॉरल प्रेजुडिसिज़* में उनकी सूत्र कथन शैली बरक़रार रहती है लेकिन उनके चिंतन में एक नया प्रस्थान बिंदु दिखने लगता है। इस कृति में सत्ता के बढ़ते संदर्भ इस बात की ओर इशारा करते हैं कि नीत्शे यहाँ मनुष्य ख़ास कर उसके नैतिक व्यवहार को समझने के लिए सुख की कामना के बजाय सत्ता की भावना को ज़्यादा अहमियत देने लगे हैं। यूनान के नागरिकों के अच्छे स्वास्थ्य के कारणों को ख़ोजते हुए वे एगॉन का ज़िक्र करते हैं जिसे प्रतिस्पर्द्धा और शौर्य के अर्थ में लिया जा सकता है। इस मायने में यह रचना उनके विचारोत्तेजक सिद्धांत— सत्ता की आकांक्षा का पूर्वाभास कराती हैं। यह रचना ईसाइयत की नैतिकता के सांस्कृतिक-मनोवैज्ञानिक पहलुओं की पड़ताल के लिए भी जानी जाती है।

गे साइंस सूत्रकथन शैली की एक अन्य चर्चित रचना है जिसमें नीत्शे का अस्तित्ववादी चिंतन एक नयी उड़ान भरता है। नीत्शे ने ईश्वर की मृत्यु जैसी प्रसिद्ध उक्ति और शाश्वत वापसी/रिकरेंस जैसे सिद्धांतों का प्रतिपादन इसी पुस्तक में किया है। शाश्वत वापसी से नीत्शे का आशय यह है कि अगर किसी को बार-बार जन्म लेने का मौक़ा मिले तो वह जीवन के सुख-दुख को हर बार उसी तरह जीने की कोशिश करता है। लेकिन इस इच्छा को हक़ीक़त में बदल पाना इस बात पर निर्भर करता है कि संबंधित व्यक्ति मानसिक और शारीरिक दृष्टि से कितना सबल है। इसी रचना में नीत्शे ईश्वर की हत्या संबंधी सूत्र के बहाने इस धारणा पर चोट करते हैं कि ईश्वर सर्वज्ञ या सर्वशक्तिमान होता है और इस नाते वह मनुष्य के गूढ़तम रहस्यों का साक्षी या संरक्षक होता है। नीत्शे का निरीश्वरवाद असल में एक आह्वान है जो व्यक्ति को पारलौकिकता और पलायन से विमुख कर स्वतंत्रता और मौजूदा दुनिया की ओर प्रणत करने पर ज़ोर देता है। इसी तरह शाश्वत वापसी का मत भी इसी बात की तस्दीक़ करता है कि मौजूदा दुनिया के अलावा ऐसी कोई दुनिया नहीं है जहाँ व्यक्ति पलायन कर सके। व्यक्ति इस संसार की ओर बार-बार इसीलिए लौटता है क्योंकि इसके बाहर या अलावा कोई और दुनिया नहीं है जहाँ वह अंतिम रूप से जा सके। विद्वत जगत में शाश्वत वापसी के विचार को लेकर यह उहापोह रहा

है कि क्या इसके ज़रिये नीत्शे कोई तत्त्ववादी सिद्धांत गढ़ रहे थे या दुनिया की एक ऐसी ख़ास व्याख्या कर रहे थे जिसे अगर मनोवैज्ञानिक स्वास्थ्य के मिथक के तौर पर स्वीकार कर लिया जाए तो वह मनुष्य को ज़्यादा सबल और ताक़तवर बना सकता है।

देखें : अस्तित्ववाद, आत्मनिष्ठता-वस्तुनिष्ठता, इयत्ता, इमैनुएल कांट, इंद्रियानुभववाद, ईसैया बर्लिन, उत्तर-आधुनिकतावाद, उत्तर-औपनिवेशिकता, उदारतावाद, कल्पित समुदाय, ग्योर्ग विल्हेल्म फ्रेड्रिख़ हीगेल, घटनाक्रियाशास्त्र और एडमण्ड हसर, चेतना, जॉन लॉक, ज़ाक लकाँ, ज्याँ-फ्रांस्वा ल्योतर, ज्याँ-पॉल सार्त्र, ज़ाक देरिदा, तत्त्वमीमांसा और अस्तित्वमीमांसा, तात्त्विकतावाद, थियोडोर लुडविग वीज़ेनग्रंड एडोर्नो, द्वैतवाद, नवउदारतावाद, परिणामवाद, फ्रांसिस बेकन, बुद्धिवाद, भाववाद, भौतिकवाद, मनोविश्लेषण, मिशेल पॉल फ़ूको-1 और 2, यथार्थवाद, युरोपीय पुनर्जागरण, युरगन हैबरमास, युरोपीय ज्ञानोदय, रेने देकार्त, लुई अलथुसे, संत ऑग्स्ताइन, सोरेन आबी कीर्केगार्द, संरचनावाद और उत्तर-संरचनावाद, हरबर्ट स्पेंसर, ज्ञानमीमांसा, ज्ञान का समाजशास्त्र।

संदर्भ

1. डेविड ऐलिसन (2000), *रीडिंग द न्यू नीत्शे,* रॉमैन ऐंड लिटिलफ़ील्ड पब्लिशर्स, लैनहम, मैरीलैंड.
2. मोडेमेरी क्लार्क (1990), *नीत्शे ऑन ट्रूथ ऐंड फ़िलॉसफ़ी,* केम्ब्रिज, युनिवर्सिटी प्रेस, केम्ब्रिज.
3. आर्थर सी. दांतो (1965), *नीत्शे एज़ फ़िलॉसफ़र : ऐन ऑरिजनल स्टडी,* कोलम्बिया युनिवर्सिटी, न्यूयॉर्क.

—नरेश गोस्वामी

फ्रेड्रिख़ नीत्शे-2

(*दस स्पोक जरथुस्त*)

(Friedrich Nietzsche-2)

फ्रेड्रिख़ नीत्शे के समूचे कृतित्व में *दस स्पोक जरथुस्त्र, अ बुक फ़ॉर ऑल ऐंड नन* सबसे प्रसिद्ध रचना मानी जाती है। ख़ुद नीत्शे भी इसे अपनी रचनाओं में सबसे उल्लेखनीय कृति मानते थे। पहले विश्व-युद्ध के समय जर्मन सरकार ने युद्ध के मोर्चे पर जा रहे सैनिकों की हौसलाअफ़ज़ाई करने के लिए इस किताब की डेढ़ लाख प्रतियाँ छपवायी थीं। हालाँकि अपनी संकल्पना में यह रचना यहूदी व ईसाइयत के विश्व-दृष्टिकोण का खण्डन करती है परंतु अपनी काव्यात्मक और भविष्य कथन की शैली तथा ओल्ड व न्यू टेस्टामेंट के उद्धरणों के कारण जर्मन नेतृत्व इसमें अपनी विस्तारवादी आकांक्षाओं का अक्स देख रहा था। नीत्शे ने इस कृति में प्रकृति के रूपकों जैसे पृथ्वी, अग्नि, बरखा के दैवी रूपों के पेड़-पौधों को जरथुस्त्र के आध्यात्मिक विकास का अवलम्ब बनाया है।

जरथुस्त्र को नीत्शे ने एक एकाकी, अंतर्मुखी, ध्यानस्थ, ऋषि तुल्य व्यक्तित्व के रूप में दर्शाया है जो अपनी इच्छा के बल पर अपने आत्म पर विजय हासिल करता है। विद्वानों के अनुसार जरथुस्त्र की यह कल्पना मनुष्य की आम सांसारिक स्थितियों का अतिक्रमण करने वाले हिम्मतवर और मज़बूत व्यक्तित्व की ओर इंगित करती है। मनुष्यता की इस उच्चतर अवस्था को नीत्शे सुपरह्यूमन कहते हैं। ध्यान से देखें तो नीत्शे की शाश्वत वापसी और सुपरह्यूमन की अवधारणाएँ एक दूसरे से जुड़ी हैं। उन दोनों को साथ रखकर देखें तो नीत्शे का आशय यह बनता है कि लौकिक संसार में बार-बार ऐसा ही व्यक्ति लौटना चाहता है जो मनोवैज्ञानिक और शारीरिक रूप से दुरुस्त होने के साथ जीवन को उसकी सम्पूर्णता में चाहता हो। लिहाज़ा सुपरह्यूमन वही हो सकता है जो जीवन की आमफ़हम परिस्थितियों और कमज़ोरियों से टकराने का जीवट रखता हो और साथ ही उन्हें ऐसे माध्यम के रूप में देखता हो जिनसे गुज़र कर उसे पूर्णता तक पहुँचना है। इस तरह *दस स्पोक जरथुस्त्र* को व्यक्ति के आत्म-संशय और कमज़ोरियों से उबरने का विश्लेषण भी कहा जा सकता है।

लेकिन तमाम लोकप्रियता और प्रसिद्धि के बावजूद नीत्शे की इस रचना को अनेक विद्वान उनके समूचे कृतित्व में सबसे खटकने वाली कृति मानते हैं। साहित्यिक शैली की प्रधानता के कारण कई लोग इसे दार्शनिक चिंतन की श्रेणी में रखने से गुरेज़ भी करते हैं। नीत्शे यहाँ उक्तियों और छोटे छोटे वृत्तांतों के ज़रिये बात कहते हैं और साहित्यिक रचनाओं की तर्ज़ पर कई चरित्र गढ़ते हैं। नीत्शे के सुपरह्यूमन की अवधारणा को लेकर ये क़यास भी लगाये जाते रहे हैं कि क्या दुनिया के भविष्य के इस प्रतीक को नीत्शे के समग्र चिंतन का बुनियादी सूत्र माना जा सकता है।

नीत्शे के चिंतन का एक विलक्षण पक्ष यह भी है कि वे शास्त्रोक्त मान्यताओं और अवधारणाओं पर जीवन की ठोस परिस्थितियों के कोण से विचार करते हैं। नीत्शे की यह प्रवृत्ति उनकी रचना *बियांड गुड ऐंड ईविल, प्रील्यूड टू अ फ़िलॉसफ़ी ऑफ़ द फ़्यूचर* में सबसे मुखर रूप में प्रकट होती जहाँ वे अच्छाई और बुराई की शाश्वत मान्यताओं से परे जाकर शोषण, वर्चस्व, निर्बल के प्रति अन्याय, ध्वंस और दूसरों पर आधिपत्य जमाने जैसी प्रवृत्तियों में निहित नैतिकता को सार्वभौमिक रूप से आपत्तिजनक व्यवहार मानने से इनकार करते हैं। नीत्शे का मानना है कि दुनिया में हर जीवित

प्राणी अपनी भीतरी ऊर्जा और सत्ता की आकांक्षा अभिव्यक्त करना चाहता है। और इस प्रक्रिया में उसके लिए ख़तरा, दुख, झूठ, छद्म और सच्चाई से बचने के लिए छलपूर्ण व्यवहार मायने नहीं रखता। नीत्शे इस आकांक्षा को भीतरी ख़ालीपन, अभाव का अहसास या संतुष्टि पाने की अंतहीन इच्छा नहीं मानते। नीत्शे के चिंतन में यह आकांक्षा ऊर्जा या सत्ता के एक ऐसे स्रोत से पैदा होती है जो निरंतर बढ़ता जाता है।

सामाजिक मान्यताओं को जीवन के ठोस परिप्रेक्ष्य में जमाकर देखने के कारण नीत्शे यह भी स्वीकार नहीं करते कि नैतिकता का कोई ढाँचा इतना सार्वभौम भी हो सकता है कि उसे सभी लोगों पर समान रूप से लागू किया जा सके। इसलिए नीत्शे एक आरोही क़िस्म की नैतिकता प्रस्तावित करते हैं। जिसका मतलब यह है कि निम्नवर्ग के लिए अलग तरह की नैतिकता होनी चाहिए और कुलीन वर्ग के लिए अलग। उनके अनुसार कुछ ख़ास तरह की नैतिकताएँ निम्न वर्ग के लिए ज़्यादा उचित होती हैं और कुछ ऐसे ताक़तवर लोगों पर ज़्यादा फ़िट बैठती है जो समाज का नेतृत्व करते हैं। लिहाज़ा व्यवहार का औचित्य व्यक्ति की स्थिति के हिसाब से तय किया जाना चाहिए। यानी औचित्य का निर्धारण इस आधार पर किया जाना चाहिए कि संबंधित व्यक्ति कमज़ोर, बीमार और पतनशील है या कि मज़बूत, ताक़तवर और जीवन की ऊर्जा से भरा है।

नैतिकता के इस विमर्श को नीत्शे अपनी एक अन्य रचना *ऑन जीनियालॅजी ऑफ़ मॉरल्स* में भी जारी रखते हैं। यहाँ वे इसे स्वामी और दास की नैतिकता के रूप में पेश करते हैं। ईसाइयत की नैतिकता पर विचार करते हुए नीत्शे यह प्रतिपादित करते हैं कि ईसाइयत के वे पारम्परिक आदर्श जिन्हें कथित तौर पर पवित्र या नैतिक रूप से अनुकरणीय बताया गया है; असल में एक तरह की आत्म-प्रवंचना से उपजे हैं। उनके मुताबिक़ ऐसे तमाम आदर्श प्रतिशोध, क्षोभ, घृणा, नपुंसकता तथा कायरता के माहौल से पैदा हुए थे। नीत्शे अपराध-बोध की भावना को भी ईसाइयत की नैतिक रुग्णता का परिणाम मानते हैं क्योंकि वह मनुष्य के प्राकृतिक रुझान को सीधे स्वीकार नहीं करती। ईसाइयत की नैतिक वर्जनाओं पर नीत्शे ने अपनी रचना *द एंटी क्राइस्ट, कर्स ऑन क्रिश्चियनिटी* में भी प्रहार किया। इस रचना में वे रोमन समाज के उदात्त मूल्यों के विनाश के लिए ईसाइयत को ज़िम्मेदार मानते हैं। इस क्रम में नीत्शे ईसाई धर्म के पवित्र उपदेशों, धर्मयुद्धों, पॉल, पादरियों आदि का उल्लेख करते हुए टिप्पणी करते हैं कि ईसाइयत कमज़ोर और बीमार लोगों का धर्म है जिसने अपने ऐतिहासिक प्रभाव के कारण अपने से उच्चतर और स्वस्थ संस्कृतियों का नाश कर दिया है।

नीत्शे दण्ड व्यवस्था को भी महाजन और कर्ज़दार के आर्थिक संबंध का सामाजिक प्रतिफलन मानते हैं। उनका यह प्रतिमाभंजक रवैया पादरी वर्ग को भी नहीं बख़्शता। नीत्शे के अनुसार सत्य के मार्ग पर चलने वाले पादरी वास्तव में कमज़ोर व्यक्तित्व वाले लोग होते हैं जो अपने से कमज़ोर लोगों पर आधिपत्य जमाकर अपनी सत्ताकांक्षा की पूर्ति करते हैं। इस रचना के तीसरे निबंध में नीत्शे ईश्वर के अस्तित्व को पूरी तरह नकार देते हैं। उनका कहना है कि विश्व में ऐसी कोई परम सत्ता नहीं है जिसकी बुनियाद पर अस्तित्व की समग्रता को चिह्नित किया जा सके। नीत्शे केवल आत्मविश्वास, स्वयं-संचालित, सर्जनात्मक और नेतृत्वकारी रवैये से पैदा होने वाले मूल्यों को ही श्रेयस्कर मानते हैं। उन्हें ताक़तवर वर्ग की प्रतिक्रिया में पैदा होने वाले मूल्य हेय और यांत्रिक लगते हैं।

नीत्शे के चिंतन और सरोकारों पर एकमुश्त ढंग से विचार करें तो नीत्शे एक प्रतिमाभंजक और प्रतिष्ठान विरोधी दार्शनिक हैं। वे सामाजिक जीवन, इतिहास, धर्म और शास्त्रों की स्थापित मान्यताओं को स्वीकार नहीं करते। उनके चिंतन और व्यक्तित्व का यह पहलू बीसवीं सदी के उन अवाँगार्द कलाकारों के लिए एक बड़ा प्रेरक तत्त्व था जो समाज की प्रचलित मान्यताओं और मूल्यों के बरक्स ख़ुद को हाशिये पर पाते थे। कई विद्वानों का मत है कि नीत्शे का सहज और प्राकृतिक माने जाने वाले मूल्यों को पशुवत् आवेगों से जोड़कर देखना फ्रॉयड के मनोविश्लेषण को एक शुरुआती ज़मीन मुहैया कराता है। नीत्शे के कृतित्व की एक प्रायोजित विडम्बना यह भी थी कि नाज़ीवाद और फ़ासीवाद के पैरोकारों ने उनके लेखन से कई ऐसे अंशों को चुना जिनसे युद्ध, आक्रामकता और विरोधियों के दमन, राष्ट्रवादी और जातीय श्रेष्ठता के दुराग्रहों को बल मिलता था। लेकिन ऐसा इसलिए हो पाया, क्योंकि नीत्शे की बहन खुद नाज़ीवाद से सहमति रखती थी और नीत्शे की विक्षिप्तता के दौर में वह उनकी संरक्षक रही थी। साठवें दशक के बाद नीत्शे की प्रतिष्ठान विरोधी चेतना, दर्शन को जीवन की व्यावहारिक वास्तविकताओं से संदर्भित करने के आग्रह, सत्ताकांक्षा के सूत्रीकरण तथा ईश्वर की मृत्यु जैसे वक्तव्यों ने फ्रांस में समाज-विज्ञानियों की एक पूरी पीढ़ी को प्रभावित किया है। अंग्रेज़ीभाषी देशों में नीत्शे को एक लम्बे समय तक नाज़ीवाद का समर्थक माना जाता रहा। लिहाज़ा उनके कृतित्व पर किसी ने गम्भीर चिंतन की जहमत नहीं उठायी। लेकिन सौभाग्य से पाँचवें और छठे दशक में वाल्टर कॉफ़मैन और आर्थर दांतो जैसे विद्वानों ने नीत्शे से जुड़े ऐतिहासिक संदर्भों को दुरुस्त करते हुए उन्हें अंग्रेज़ी दुनिया में नये सिरे प्रतिष्ठा दिलायी।

देखें : अस्तित्ववाद, आत्मनिष्ठता-वस्तुनिष्ठता, इयत्ता, इमैनुएल कांट, इंद्रियानुभववाद, ईसैया बर्लिन, उत्तर-आधुनिकतावाद, उत्तर-

औपनिवेशिकता, उदारतावाद, कल्पित समुदाय, ग्योर्ग विल्हेल्म फ्रेड्रिख़ हीगेल, घटनाक्रियाशास्त्र और एडमण्ड हसर, चेतना, जॉन लॉक, ज़ाक लकाँ, ज्याँ-फ्रांस्वा ल्योतर, ज्याँ-पॉल सार्त्र, ज़ाक देरिदा, तत्त्वमीमांसा और अस्तित्वमीमांसा, तात्त्विकतावाद, थियोडोर लुडविग वीज़ेनग्रंड एडोर्नो, द्वैतवाद, नवउदारतावाद, परिणामवाद, फ्रांसिस बेकन, बुद्धिवाद, भाववाद, भौतिकवाद, मनोविश्लेषण, मिशेल पॉल फ़ूको-1 और 2, यथार्थवाद, युरोपीय पुनर्जागरण, युरगन हैबरमास, युरोपीय ज्ञानोदय, रेने देकार्त, लुई अलथुसे, संत ऑग्स्टाइन, सोरेन आबी कीर्केगार्द, संरचनावाद और उत्तर-संरचनावाद, हरबर्ट स्पेंसर, ज्ञानमीमांसा, ज्ञान का समाजशास्त्र।

संदर्भ

1. जे. क्रिश्चियन एमडेन (2008), *फ्रेड्रिख़ नीत्शे ऐंड द पॉलिटिक्स ऑफ़ हिस्ट्री,* केम्ब्रिज युनिवर्सिटी प्रेस, केम्ब्रिज.
2. माइकेल ग्रीन (2002), *नीत्शे ऐंड द ट्रांसडेंटल ट्रेडिशन,* युनिवर्सिटी ऑफ़ इलीनॉय प्रेस, शैम्पेन आइएल.
3. जे. लॉरेंस हतब (2005), *नीत्शेज़ लाइफ सेन्टेंस : कमिंग टू टर्म्स विद् इटरनल रिकरेंस,* रॉटलेज़, लंदन.

— नरेश गोस्वामी

फ्रेड्रिख़ वॉन हायक

(Friedrich Von Hayek)

मुक्त बाज़ार के लाभों की पैरोकारी करने वाले ऑस्ट्रियायी अर्थशास्त्री फ्रेड्रिख़ वॉन हायक (1899-1992) की मान्यता थी कि सरकार द्वारा किया गया आमदनी का कोई भी पुनर्वितरण अमीरों और ग़रीबों, दोनों को नुक़सान पहुँचाने वाला होता है। उनका कहना था कि सरकार द्वारा लोगों को समान अवसर मुहैया कराने का हर प्रयास नाकाम होने के लिए अभिशप्त है। हायक का तर्क था कि अगर सरकार सभी बच्चों को उनके जीवन में एक सा प्रस्थान बिंदु प्रदान करना चाहती है तो उसे उनके माता-पिता की आमदनी का पुनर्वितरण करना होगा। जब तक माता-पिता की आमदनी बराबर नहीं हो जाती तब तक हर बच्चे को समान अवसर उपलब्ध कराने की गारंटी नहीं की जा सकती। यह कोशिश करने वाली हर सरकार लाज़मी तौर पर सर्वसत्तावादी होने के लिए मजबूर है। हायक के अनुसार बाज़ार को नियंत्रित करने की कोशिशों का नतीजा व्यक्तिगत स्वतंत्रता की सीमित करने, आर्थिक दक्षता को घटाने और जीवन-स्तर में कटौती करने में निकलता है। आय-वितरण का काम बाज़ार की निर्वैयक्तिक ताक़तों पर छोड़ देना चाहिए। बाज़ार के परिणामों को न्याय-अन्याय की कसौटियों पर कसना उचित नहीं होता, क्योंकि न्याय की धारणा इस तरह की परिस्थितियों पर लागू नहीं हो सकती। समानता के प्रश्न पर हायक का तर्क था कि क़ानून के समक्ष सभी बराबर होने चाहिए और सभी नागरिकों पर एक से क़ानून लागू किये जाने चाहिए। 1944 में हायक की पुस्तक *रोड टु सर्फ़डम* प्रकाशित हुई जिसने उन्हें सामाजिक सिद्धांतकार के रूप में सारी दुनिया में मशहूर कर दिया।

फ्रेड्रिख़ हायक का जन्म वियना में हुआ था। उनके पिता वनस्पति विज्ञान के प्रोफ़ेसर और डॉक्टर होने के साथ-साथ विख्यात ऑस्ट्रियायी अर्थशास्त्री बोह्म-बावर्क के दोस्त भी थे। प्रथम विश्व युद्ध में ऑस्ट्रियायी फ़ौज में शामिल हो कर इतालवी मोर्चे पर लड़ने के बाद हायक ने वियना विश्वविद्यालय से क़ानून और राजनीतिक शास्त्र में डबल डॉक्टरेट की। वे ऑस्ट्रियायी इंस्टीट्यूट ऑफ़ इकॉनॉमिक रिसर्च के निदेशक रहे और फिर लंदन स्कूल ऑफ़ इकॉनॉमिक्स में प्रोफ़ेसर पद पर नियुक्त हुए।

तीस के दशक में अर्थशास्त्री के रूप में अपने कॅरियर की शुरुआत करते हुए हायक ने मौद्रिक नीति और व्यापार चक्रों की थियरी पर काम किया। इसके बाद उन्होंने मुद्रास्फीति और बेरोज़गारी की समस्याओं के अध्ययन की शुरुआत की। दस साल पूरे होते-होते वे समाजवादी सिद्धांत, सरकारी नियोजन और सरकार के हस्तक्षेप के विरोधी हो गये। वे उन ग़ैर-समाजवादी सरकारों के भी आलोचक थे जो नियोजित विकास के रास्ते पर चलना चाहती थीं।

बेरोज़गारी के सवाल पर कींस ने भी ग़ौर किया था, पर हायक का सोच अलग तरह का था। वे बेरोज़गारी को माँग की कमी का फलितार्थ मानने के बजाय माँग की एक ख़ास तरह की संरचना यानी ग़लत क़िस्म की चीज़ों की माँग को उसकी वजह मानते थे। जब उपभोग की वस्तुओं की माँग ज़्यादा बढ़ती है, और निवेश के लिए धन की कमी पड़ जाती है तो ऐसा होता है। उपभोग की माँग कुछ घटा कर अतिरिक्त धन की बचत निवेश के लिए उपलब्ध कराने वाली नीतियाँ उत्पादन की प्रक्रियाओं को उछाल दे सकती हैं और इस तरह बेरोज़गारी कम हो सकती है।

महामंदी के ज़माने में हायक ने कींस द्वारा प्रवर्तित नीतियों का विरोध किया। वे सरकारी धन ख़र्च करके किये जाने वाले निर्माण कार्यों, समर्थन मूल्य निर्धारित करने और उपभोक्ता माँग को प्रोत्साहित करने वाले उपायों के आलोचक थे। उन्होंने आरोप लगाया कि कींस की नीतियों के कारण जो मंदी हल्के क़िस्म की थी, वह एक दीर्घकालीन महामंदी में बदल गयी। इसके अलावा इस नीति के गर्भ से मुद्रास्फीति भी निकली जिसने अर्थव्यवस्था को चोट पहुँचायी।

हायक मानते थे कि मुद्रास्फीति बाज़ार में सही सूचनाओं के प्रवाह को विकृत कर देती है। दामों के ज़रिये उपभोक्ताओं को पता चलता है कि कौन सी वस्तु कम प्रयास

फ्रेड्रिख़ वॉन हायक (1899-1992)

और कम संसाधनों में बन जाती है। दामों के ज़रिये ही निर्माता जान पाते हैं कि उत्पादन की कौन सी सामग्री और साधन कम लागत वाले हैं। लेकिन जब मुद्रास्फीति के कारण दाम बढ़ने लगते हैं तो वे सही सूचनाओं के संकेतक नहीं रह जाते। परिणामस्वरूप संसाधनों का आबंटन ग़ैर-ज़रूरी क्षेत्रों में किया जाने लगता है। आर्थिक दक्षता गिरती है और पूरे राष्ट्र के जीवन-स्तर पर विपरीत असर पड़ता है। बढ़े हुए दामों से निबटने के लिए लोगों की आमदनी बढ़ाने वाली नीतियों से मुद्रास्फीति में इज़ाफ़ा होता है। परिणास्वरूप दामों के ज़रिये मिलने वाली सूचनाएँ और ज़्यादा विकृत हो जाती हैं।

हायक के अनुसार महँगाई का मुक़ाबला करने के लिए बढ़ायी जाने वाली आमदनी का मतलब होता है अधिक नोट छापना, जबकि मुद्रास्फीति से निबटने के लिए मनी सप्लाई में कटौती की जानी चाहिए। चूँकि सरकार की नोट छापने और उनके परिसंचरण पर इज़ारेदारी होती है इसलिए मुख्यत: सरकार ही मुद्रास्फीति की ज़िम्मेदार होती है। अपने ख़र्चों और कर्ज़ों के भुगतान के लिए सरकार हमेशा नोट छापने के प्रलोभन में फँसती है। सरकार की इस प्रवृत्ति को रोकने के लिए हायक ने बड़ी निजी फ़र्मों और बड़े बैंकों को अपनी मुद्रा छापने का अधिकार देने का सुझाव दिया। वे मानते थे कि नोट जारी करने वाली निजी कम्पनियाँ अपनी मुद्रा की प्रतिष्ठा की फ़िक्र करेंगी और उनमें कम से कम धन जारी करने की प्रवृत्ति होगी।

सरकार द्वारा आर्थिक जीवन में हस्तक्षेप की आलोचना करने के लिए हायक ने कई दार्शनिक और मनोवैज्ञानिक अंतर्दृष्टियों का सहारा लिया। उनकी मान्यता थी कि व्यक्ति हो या संस्था, मानवीय बुद्धि की एक सीमा है। एक समय में प्रचलित आर्थिक संबंधों की ठीक-ठीक समझ हासिल कर पाना मुश्किल होता है। दूसरे, लोग भौतिकशास्त्र के नियमों की तरह मनोवैज्ञानिक और आर्थिक नियमों का पालन नहीं करते। इसलिए समाज को नियंत्रित करने की सारी कोशिशें बुनियादी रूप से ग़लत होती हैं।

तीस और चालीस के दशक में आर्थिक नियोजन के पैरोकारों का दावा था कि अर्थव्यवस्था में सभी तरह की वस्तुओं की माँग और आपूर्ति का आकलन करके उसके मुताबिक़ दाम निर्धारित किये जा सकते हैं। नियोजन समर्थक यह भी कहते थे कि अर्थव्यवस्था इतनी जटिल होती है कि बाज़ार के अदृश्य हाथ पर छोड़ने के बजाय एक बेहतर गणितीय मॉडल के ज़रिये दाम अधिक सक्षमतापूर्वक निर्धारित किये जा सकते हैं। गालब्रेथ जैसे अर्थशास्त्रियों ने यह तर्क भी दिया कि बड़ी कम्पनियाँ एकाधिकारवादी हो कर बाज़ार की प्रतियोगिता को विकृत करती हैं। इसलिए सरकारी नियोजन द्वारा उनकी ताक़त को प्रति-संतुलित करना और ज़रूरी हो जाता है।

हायक ने अर्थव्यवस्था की जटिलता के तर्क को नियोजकों के ख़िलाफ़ इस्तेमाल करते हुए कहा कि माँग और आपूर्ति के सभी समीकरणों को कोई एक व्यक्ति या नियोजकगण नहीं समझ सकते। इसी तरह कींसियन शैली का समष्टिगत (मैक्रोइकॉनॉमिक) आर्थिक प्रबंधन भी दोषपूर्ण होने के लिए अभिशप्त है। वह बाज़ार की बारीक़ियों को नहीं समझ सकता। एकाधिकारी पूँजी की ताक़त के सवाल पर उनका कहना था कि वह तो सरकारी क़दमों के कारण ही पैदा होती है। मसलन, घरेलू उत्पादक सरकार पर दबाव डालते हैं कि आयात हतोत्साहित करे और दूसरे उद्योगों को लाइसेंसिंग के ज़रिये रोके। हायक का विचार था कि अगर बड़ी फ़र्में ताक़तवर हो भी गयीं तो बाज़ार की प्रतियोगिता (नये प्रतिद्वंद्वियों का डर) उन्हें दक्षतापूर्वक काम करने के लिए मजबूर करेगी।

हायक के मुक्त बाज़ार समर्थक विचारों की समाजवादी ही नहीं, पूँजीवादी ख़ेमे से भी आलोचना हुई। कींसियन अर्थशास्त्र के पैरोकारों और कल्याणकारी राज्य के समर्थकों ने उनके तर्क मानने से हमेशा इनकार किया। 1974 में उन्हें गुन्नार मिर्डाल के साथ नोबेल पुरस्कार से सम्मानित किया गया। दिलचस्प बात यह है कि हायक और मिर्डाल

अर्थशास्त्र की दुनिया में एक-दूसरे के विपरीत रास्तों के प्रवर्तक थे। हालाँकि पुरस्कार कमेटी ने हायक की राजनीतिक अंतर्दृष्टियों की सराहना की, पर मिर्डाल के साथ पुरस्कृत होने को उनके बाज़ार समर्थक रुख पर एक टिप्पणी के रूप में देखा गया।

देखें : अर्थ-विज्ञान का समाजशास्त्र, आर्थिक जनसांख्यिकी, अल्फ्रेड मार्शल, अमर्त्य कुमार सेन, अंतर्राष्ट्रीय मुद्रा कोष, आधार और अधिरचना, ऑस्कर लांगे, ऐडम स्मिथ, करारोपण, कल्याणकारी अर्थशास्त्र, क्लासिकल अर्थशास्त्र, कार्ल हाइनरिख़ मार्क्स-3, कार्ल मेंगर, कींसियन अर्थशास्त्र, गुन्नार मिर्डाल, जोआन रोबिंसन, जॉन कैनेथ गालब्रेथ, जॉन मेनार्ड कींस, जॉन स्टुअर्ट मिल, जोसेफ़ शुमपीटर, जैव विविधता, ट्रस्टीशिप, डेविड रिकार्डो, ढाँचागत समायोजन कार्यक्रम, थॉमस मन और वणिकवाद, थॉमस रॉबर्ट माल्थस, दक्षता, धन, नियोक्लासिकल अर्थशास्त्र, नीतिशास्त्र और अर्थशास्त्र, निकोलस काल्दोर, नियोजन, नियोजन : मार्क्सवादी विमर्श, पण्य, पण्य-पूजा, पेटेंट, पॉल सेमुअलसन, पियरो स्राफ़ा, पूँजी, प्रतियोगिता, फ्रांस्वा केस्ने और प्रकृतिवाद, बहुराष्ट्रीय निगम, बाज़ार, बाज़ार की विफ़लताएँ, बाज़ार-समाजवाद, बौद्धिक सम्पदा अधिकार, ब्रेटन वुड्स प्रणाली, भारत में बहुराष्ट्रीय निगम, भारत में नियोजन, भारत में पेटेंट क़ानून, भारत में शेयर संस्कृति, भूमण्डलीकरण और पूँजी बाज़ार, भूमण्डलीकरण और वित्तीय पूँजी, भूमण्डलीकरण और वित्तीय उपकरण, मार्क्सवादी अर्थशास्त्र, मिल्टन फ्रीडमेन, मूल्य, राजकोषीय नीति और मौद्रिक नीति, रॉबर्ट ओवेन, विलफ्रेडो परेटो, विश्व व्यापार संगठन, विश्व बैंक, विलियम पेटी, विलियम स्टेनली जेवंस, वैकासिक अर्थशास्त्र, शोषण, साइमन कुज़्नेत्स।

संदर्भ

1. नार्मन पी. बैरी (1979), *हायक्स सोशल ऐंड इकॉनॉमिक फ़िलॉसफ़ी,* मैकमिलन, लंदन.
2. ईमॉन बटलर (1984), *हायक: हिज़ कंट्रीब्यूशन टु द पॉलिटिकल ऐंड इकॉनॉमिक थॉट ऑफ़ अवर टाइम,* युनिवर्स बुक्स, न्यूयॉर्क.
3. शियाकी निशियामा और कर्ट आर. लीबी (1984), *द इसेंस ऑफ़ हायक,* हूवर इंस्टीट्यूशन प्रेस, स्टैनफ़र्ड.
4. नार्मन पी. बैरी (1981), 'रिस्टेटिंग द लिबरल ऑर्डर : हायक्स फ़िलॉसफ़िकल इकॉनॉमिक्स', संकलित : जे.आर. शेकल्टन और जी. लोक्सली (सम्पा.), *ट्वेल्व कंटेम्परेरी इकॉनॉमिस्ट्स,* विली, न्यूयॉर्क.

— अभय कुमार दुबे

फ्रैंकफ़र्ट स्कूल

(Frankfurt School)

फ्रैंकफ़र्ट स्कूल का संबंध उन संस्कृति-आलोचकों, समाज-वैज्ञानिकों तथा दर्शनशास्त्रियों से है जो जर्मनी में 1923 में स्थापित फ्रैंकफ़र्ट इंस्टिट्यूट फ़ॉर सोशल रिसर्च से जुड़े हुए थे। विद्वानों की इस मण्डली में मैक्स होर्ख़ाइमर, थियोडोर एडोर्नो, एरिक फ्रॉम, हर्बर्ट मार्क्यूज़ और वाल्टर बेंजामिन के नाम विशेष रूप से जाने जाते हैं। द्वितीय विश्व-युद्ध के बाद इस समुदाय के दूसरी पीढ़ी के सदस्यों में इतिहासकार युरगन हैबरमास का नाम प्रमुख है। फ्रैंकफ़र्ट स्कूल अपने सदस्यों के मार्क्सवाद से भिन्न तरह के जुड़ाव के कारण जाना जाता है। उन्होंने एक ख़ास तरह के हेगेलियन मार्क्सवाद की परिकल्पना की जो बीसवीं सदी के पूँजीवाद की व्याख्या के अधिक अनुकूल थी। हंगरी के मार्क्सवादी आलोचक ग्योर्गी लूकाच के लेखन ने भी फ्रैंकफ़र्ट स्कूल को प्रभावित किया है, ख़ास तौर पर उनकी पुस्तक *हिस्ट्री ऐंड क्लास कांशसनेस* (1923) ने जो मार्क्सवाद की विचार-भूमि पर खड़े हो कर कांट तथा हीगेल की परम्परा का भी उपयोग करती है। इसी तरह फ्रैंकफ़र्ट स्कूल में पूँजीवाद के अंत के बारे में मार्क्सवादी भविष्यवाणियों को विवेकसंगत तरीक़े से परखने के लिए जर्मन समाजशास्त्री मैक्स वेबर की मान्यताओं का भी उपयोग किया गया, ख़ास तौर पर समकालीन औद्योगिक समाज के परिरक्षण व सत्ता-संचालन में नौकरशाही की बढ़ती भूमिका के विश्लेषण के तौर पर। स्कूल के विद्वानों ने मनोविश्लेषण की प्रविधियों के प्रयोग को भी तरजीह दी और मार्क्स व फ्रॉयड का वैचारिक सम्मिश्रण तैयार किया। इस प्रकार फ्रैंकफ़र्ट स्कूल ने, ख़ास तौर पर होर्ख़ाइमर के नेतृत्व में, बहु-अनुशासनिक शोध परियोजनाएँ तैयार कीं जिसमें अनुभवाश्रित समाज-वैज्ञानिक शोध को प्राथमिकता देकर उसके परिणामों को मार्क्सवादी दृष्टि से विश्लेषित करने पर बल दिया गया।

फ्रैंकफ़र्ट स्कूल की वैचारिकता को क्रिटिकल थियरी के रूप में परिभाषित किया गया है। इस क्रिटिकल थियरी और ट्रेडिशनल थियरी के बीच अंतर को व्याख्यायित करते हुए होर्ख़ाइमर ने बताया है कि ट्रेडिशनल थियरी ने सत्रहवीं सदी के आरम्भ से पश्चिम के विज्ञानवादी नज़रिये के आधार पर अपना विस्तार किया। इसके पीछे यह मान्यता मौजूद थी कि वैज्ञानिक स्वयं द्वारा प्रेक्षित वस्तु से पूरी तरह स्वतंत्र होता है और एक सही वैज्ञानिक प्रविधि के माध्यम से वह संसार के वस्तुगत सत्य का पता लगा कर उसे संचालित करने वाले नियमों की खोज कर सकता है। होर्ख़ाइमर ने इन दावों के

मैक्स होर्ख़ाइमर (बाएँ) और थियोडोर एडोर्नो (*डायलेक्टिक्स आफ़ एनलाइटनमेंट*)

विरुद्ध स्थापना रखी कि वैज्ञानिक ख़ुद भी किसी ऐतिहासिक संदर्भ से जुड़ा होता है और वह समाज व संस्कृति की मूल बनावट से पूर्णत: निरपेक्ष नहीं रह सकता है। समाज-विज्ञान के पास अपनी इस मान्यता पर दृढ़ रहने के पर्याप्त कारण हैं कि वैज्ञानिक द्वारा जिस वस्तु या विषय का प्रेक्षण किया जाता है, वह स्वयं ऐतिहासिक प्रक्रिया का उत्पाद होती है। क्रिटिकल थियरी समाज-संस्कृति के इन्हीं संदर्भगत प्रभावों का आकलन करती है और समाज के बारे में नज़रियों को प्रभावित करने तथा उन्हें विकृत करने की प्रक्रिया का सूक्ष्म अनुभववादी अध्ययन करने की दिशा अपनाती है। उसे आत्मालोचना व आत्म-चिंतन से ख़ुद को लैस करना होता है। इसमें केवल ज्ञान के सामाजिक अनुकूलन का ही विश्लेषण नहीं होता बल्कि उस अनुकूलन में मौजूद शक्ति-संरचना की पहचान भी की जाती है। साथ ही राजनीतिक विषमता और वर्ग-विभाजित समाज को बनाये रखने तथा उस विषमता-विभेद को लगातार पुनरुत्पादित करते रहने में उस ज्ञान की केंद्रीय भूमिका का भी विवेचन किया जाता है।

फ़्रैंकफ़र्ट स्कूल की विचारधारात्मक प्रेरणा में मार्क्सवाद निर्णायक तरीक़े से मौजूद था पर तीस का दशक तक आते-आते इनमें से अधिकतर विचारक विकसित पूँजीवादी देशों में सर्वहारा की क्रांतिकारी शक्ति के बारे में किसी भी प्रकार की आशा त्याग चुके थे। श्रमिक वर्ग को किसी भी अन्य वर्ग की भाँति ही पूँजीवाद के अभिन्न अंग के रूप में देखा जाने लगा था। यही वह दौर था जब 1933 में हिटलर के राजनीतिक उत्थान ने फ़्रैंकफ़र्ट स्कूल के विद्वानों को जर्मनी के बाहर आश्रय ढूँढने के लिए विवश कर दिया। स्कूल का केंद्र पहले जिनेवा में स्थापित किया गया और फिर 1935 में न्यूयार्क ले जाया गया। कोलम्बिया युनिवर्सिटी से जुड़ने के बाद स्कूल का जर्नल *स्टडीज़ इन फ़िलॉसफ़ी ऐंड सोशल साइंस* के नाम से अंग्रेज़ी में प्रकाशित होने लगा। युद्धोपरांत होर्ख़ाइमर, एडोर्नो तथा फ्रेड्रिख़ पोलॉक जैसे विचारक पचास के दशक में पश्चिम जर्मनी में आकर बस गये पर मार्क्यूज़ और लोवेंथल अमेरिका में ही स्थायी रूप से रहने लगे। 1953 में फ़्रैंकफ़र्ट में ही संस्थान को पुनर्स्थापित कर दिया गया।

फ़्रैंकफ़र्ट स्कूल के विचारकों ने मैक्स वेबर द्वारा प्रतिपादित नौकरशाही के सिद्धांत का प्रयोग करते हुए दिखाया है कि सभी सामाजिक वर्ग सरकार व उद्योग की प्रशासनिक संरचना के अधीन रहते हैं। वर्गों के बीच अंतर को शक्ति के आधार पर नहीं बल्कि भौतिक सम्पन्नता के आधार पर समझा जा सकता है। स्कूल ने ऐतिहासिक भौतिकवाद से प्रेरित इतिहास की रेखीय अवधारणा (जिसमें सर्वहारा के शासक बन जाने तथा समाजवाद की स्थापना होने को अवश्यंभावी माना जाता था) को भी छोड़ दिया। फ़्रैंकफ़र्ट स्कूल के इतिहास-बोध के अनुसार इतिहास मानवता की चरणबद्ध मुक्ति नहीं बल्कि मानव-समाज पर तकनीकी-प्रशासकीय अंकुश लगाने की तरफ़ बढ़ रहा है। ज्ञानोदयकालीन विज्ञान-चिंतन तथा अधिनायकवाद के दावों की भी फ़्रैंकफ़र्ट स्कूल के विद्वानों ने कड़ी समीक्षा की। इन विद्वानों ने कहा कि जो लोग सम्पूर्ण या अंतिम सत्य की प्राप्ति का दावा करते हैं, अपनी सामाजिक स्थिति को नहीं समझते या उसके परे चले जाने की बात कहते हैं, वे राजनीतिक रूप से ख़तरनाक होते हैं। चाहें फिर वे स्तालिनवादी हों, नाज़ी हों या पश्चिमी लोकतंत्र के नौकरशाही समर्थक अधिकारी हों। होर्ख़ाइमर और एडोर्नो ने अमेरिका प्रवास में संयुक्त रूप से *डायलेक्टिक्स ऑफ़ ऐनलाइटनमेंट* नामक कृति की रचना की जिसमें ज्ञानोदयकालीन युग की मान्यताओं के ख़तरनाक रूढ़ि में बदलने की प्रक्रिया का विश्लेषण करते हुए प्रदर्शित किया कि ज्ञानोदय स्वयं में एक जड़-सिद्धांत में बदल गया जिससे मानवीय आत्मालोचना की सम्भावनाएँ सीमित हो गयीं। इसी का परिणाम नाज़ी जर्मनी की क्रूरता के रूप में सामने आया।

फ़्रैंकफ़र्ट स्कूल के विद्वानों ने ज्ञानोदय से स्वयं को पूरी तरह अलग नहीं किया। उन्होंने कहा कि समाज में बहुत सीमित क़िस्म का ही ज्ञानोदय यानी बौद्धिक आत्ममंथन आ पाया है। ज्ञानोदय की आलोचना करते हुए उन्होंने सांस्कृतिक सापेक्षतावाद से भी दूरी बनाये रखी। *डायलेक्टिक्स ऑफ़ ऐनलाइटनमेंट* में ही पहली बार संस्कृति-उद्योग की अवधारणा प्रतिपादित हुई। इसमें मास-कल्चर के उत्पादन की प्रक्रिया पर प्रकाश डालते हुए दिखाया गया कि यह ऐसी संस्कृति है जो पूँजीवाद के परवर्त्ती चरण के बीच कड़े नियंत्रण वाले समाज व उपयोगितावादी प्रशासन के बीच जन्म लेती है। रेडियो-टीवी के रूप में मास मीडिया वस्तु से अधिक पूँजीवादी जीवन-शैली का प्रचार करता है और व्यक्ति की सांस्कृतिक स्वायत्तता नष्ट होती चली जाती है। इस प्रकार मास कल्चर व्यक्ति के मानस व जीवन-शैली को पूरी तरह नियंत्रण में ले लेती है। प्रशासन-केंद्रित समाज बन जाने से उत्पादन के साधनों तथा उत्पादन की शक्तियों के बीच के अंतर्विरोध, जो मार्क्स के अनुसार पूँजीवाद का अंत

हर्बर्ट मार्क्यूज़

कर सकते हैं, नियंत्रित हो जाते हैं।

फ्रैंकफ़र्ट स्कूल के अधिकतर विचारक साम्यवाद के रूढ़िग्रस्त रूपों के आलोचक होने के साथ-साथ पूँजीवाद के फैलते प्रभाव तथा मीडिया व कारपोरेट संस्थानों के विशाल सर्वग्रासी रूपों की भी आलोचना करते रहे। मार्क्सवादी विचारधारा के दायरों में इन बौद्धिकों को तीखी आलोचना का सामना भी करना पड़ा। उन्हें इसलिए आड़े हाथों लिया गया कि उन्होंने सांगठनिक राजनीतिक गतिविधियों से स्वयं को अलग करके ख़ुद को बूर्ज़्वा अकादमिक जगत का अंग बना लिया है। कहा गया कि वे समाज व संस्कृति की आलोचना के ज़रिये मार्क्सवादी विचार का विकास करने का लक्ष्य ले कर चले थे पर अंतिम परिणति में बूर्ज़्वा आदर्शवाद से प्रेरित विचारधारा को ही समृद्ध करते चले गये।

फ्रैंकफ़र्ट स्कूल द्वारा संस्कृति के क्षेत्र में किये गये अध्ययनों से एक समृद्ध तथा विविधतापूर्ण बौद्धिक विरासत की स्थापना हुई। लियो लावेंथल ने साहित्य के समाजशास्त्र के माध्यम से स्पष्ट करने का प्रयास किया कि किस प्रकार समाज की आर्थिक तथा वर्गगत संरचनाएँ साहित्य में व्यक्त होती हैं। संगीत, साहित्य व लोकप्रिय साहित्य के क्षेत्र में एडोर्नो ने कला के मार्क्सवादी समाजशास्त्र को परम्परानिष्ठ सौंदर्यशास्त्र से जोड़ कर देखने का प्रयास किया। उन्होंने कला को एक ऐसी अंतिम बची हुई शक्ति के रूप में देका जो पूँजीवाद की आलोचना कर सकती है और राजनीतिक अंतर्दृष्टि का भी स्रोत होती है। एडोर्नो ने कला को एक सामाजिक तथ्य के रूप में पेश करते हुए उसका सौंदर्यशास्त्रीय मूल्य भी रेखांकित किया।

देखें : टीवी और टीवी अध्ययन, टीवी और सेक्शुअलिटी, टीवी और समाचार, पिएर बोर्दियो, बाज़ारू संस्कृति, बहुसंस्कृतिवाद, मिख़ाइल मिख़ाइलोविच बाख़्तिन, रोलाँ बार्थ, लुई अलथुसे, संस्कृति, संस्कृति-अध्ययन, संस्कृति : मार्क्सवादी परिप्रेक्ष्य, संस्कृति-उद्योग, सांस्कृतिक पूँजी, सांस्कृतिक साम्राज्यवाद, सोप ओपेरा, सौंदर्यशास्त्र।

संदर्भ

1. डेविड हेल्ड (1980), *इंट्रोडक्शन टु क्रिटिकल थियरी, होर्ख़ाइमर टु हैबरमास,* युनिवर्सिटी ऑफ़ कैलिफ़ोर्निया प्रेस, न्यू हैविन.
2. एरेटो एंड्रूज और एलिक गेबर्ट (सम्पा.) (1982), *द इसेंशियल फ्रैंकफ़र्ट स्कूल रीडर,* कांटिनुएम, न्यूयॉर्क.
3. जे. बर्नस्टीन (सम्पा.) (1994), *द फ्रैंकफ़र्ट स्कूल : क्रिटिकल एसेसमेंट,* रॉटलेज, न्यूयॉर्क.
4. टाम बॉटमोर (2002), *द फ्रैंकफ़र्ट स्कूल ऐंड इट्स क्रिटीक,* रॉटलेज, न्यूयॉर्क.
5. जॉर्ज फ्रीडमैन (1981), *द पॉलिटिकल फ़िलॉसफ़ी ऑफ़ द फ्रैंकफ़र्ट स्कूल,* कार्नेल युनिवर्सिटी प्रेस, न्यूयार्क.

— वैभव सिंह

फ़ुरसत

(Leisure)

फ़ुरसत की अवधारणा को परिभाषित करना समाजशास्त्रियों के लिए एक जटिल काम रहा है। हालाँकि एक विचार के रूप में फ़ुरसत को लेकर 1920 के दशक में चिंतन-मनन शुरू हो गया था और 1925 में थोर्स्टाइन वेबलन की पुस्तक *द थियरी ऑफ़ द लेज़र क्लास* प्रकाशित हो चुकी थी। लेकिन एक अकादमिक विषय के तौर पर उसके अध्ययन का सूत्रपात बीसवीं सदी के छठे और सातवें दशक में हुआ। दुमाजेदिअर जैसे शुरुआती चिंतक ने फ़ुरसत को कामकाज और परिवार की ज़िम्मेदारियों से अलहदा एक ऐसी गतिविधि के रूप में परिभाषित किया जो व्यक्ति को आराम करने, ज्ञान बढ़ाने तथा सामाजिक कार्यों में भागीदारी करने का अवसर प्रदान कराती है। दुमाजेदिअर ने अपने विश्लेषण में सुख और चयन की स्वतंत्रता को फ़ुरसत का अंतर्निहित तत्त्व माना। इन्हीं तत्त्वों के आधार पर वह वेतनभोगी काम और रोज़मर्रा के अनिवार्य कार्यों से एक अलग क़िस्म की गतिविधि ठहरती है। इस तरह फ़ुरसत को दैनिक कार्यों के ढाँचे से एक तरह की मुक्ति, शेष समय या क्षतिपूर्ति के तौर पर भी देखा जा सकता है। उसे समय के ऐसे अंश के तौर पर भी व्याख्यायित किया जा सकता है जो काम-धंधे में लगने वाले समय के बाद बचता है।

फ़ुरसत के समाजशास्त्र में कार्य और दायित्वों के प्रति यह विरोधी द्वैध ख़ास अहमियत रखता है। पार्कर जैसे कई

विद्वानों ने फ़ुरसत और कार्यों-दायित्वों के इस विषम संबंध की और गहरायी में जाकर पड़ताल की है। उनका मानना है कि फ़ुरसत सामाजिक जीवन का एक बेहद अहम पहलू है जो कार्य, परिवार, शिक्षा आदि जैसे पारम्परिक क्षेत्रों की तरह गहरे समाजशास्त्रीय विश्लेषण की माँग करता है। फ़ुरसत के विचार की ऐतिहासिकता को चिह्नित करने के क्रम में समाजशास्त्रियों की एक अहम स्थापना यह है कि जीवन के एक स्वतंत्र दायरे तथा समय और काल के रूप में उसे पहली बार उद्योगीकरण के दौरान पहचान मिली। शायद यही वजह है कि अनेक विद्वान इस बात पर ज़ोर देते हैं कि फ़ुरसत को कार्य से अलग करके नहीं देखा जा सकता।

कई समाजशास्त्रियों ने कार्य और फ़ुरसत के द्वैध की तीन स्तरों पर पड़ताल की है : कार्य का एक रूप ऐसा है जिसमें फ़ुरसत को अलग से चिह्नित करना मुश्किल होता है। सामाजिक कार्यकर्ता, अध्यापक तथा डॉक्टर आदि को इस श्रेणी में रखा जा सकता है। दूसरी श्रेणी ऐसे कार्यों की है जिसमें व्यक्ति को कड़ा शारीरिक श्रम करना पड़ता है। खदान मज़दूर आदि इस श्रेणी के अन्यतम उदाहरण हैं जिसमें कार्य और फ़ुरसत दो अलग ध्रुवों पर दिखायी देते हैं। कार्य और फ़ुरसत के विभाजन की तीसरी श्रेणी में ऐसे कार्य आते हैं जिन्हें करते हुए न संतुष्टि मिलती है और न ही उन्हें हाड़-तोड़ मेहनत की श्रेणी में रखा जा सकता है। इस श्रेणी के लोग अपने काम और फ़ुरसत दोनों को ही लेकर बेमन और उदासीन होते हैं।

लेकिन इस विभाजन की एक बड़ी सीमा यह है कि उसमें केवल वेतनभोगी लोग शामिल किये गये हैं जिससे बेरोज़गार, छात्र, सेवानिवृत्त और घर-बार सँभालने वाली महिलाओं का एक बड़ा वर्ग विश्लेषण से बाहर हो जाता है। फिर भी काम और फ़ुरसत के इस मॉडल को इसलिए महत्त्वपूर्ण माना ही जाता है क्योंकि उसमें फ़ुरसत को व्यक्तिगत पसंद का मसला न मानकर उसे सामाजिक संदर्भ में रखकर विचार किया गया है। फ़ुरसत की इस सैद्धांतिकी में बाद के वर्षों में कई अन्य सूत्रों और नज़रियों का समावेश हुआ है।

सातवें और आठवें दशकों में फ़ुरसत की अवधारणा कई समाजशास्त्रीय प्रस्थापनाओं में रखकर देखी गयी। इंग्लैण्ड में इस अध्ययन की तीन परम्पराएँ बहुलतावाद, क्रिटिकल मार्क्सवाद और नारीवादी व्याख्याएँ सामने आयीं जबकि अमेरिका में फ़ुरसत को सामाजिक-मनोवैज्ञानिक पद्धति से समझने का आग्रह हावी रहा। इस दौर में राबर्ट्स जैसे विद्वान इस बात पर विशेष ज़ोर दे रहे थे कि फ़ुरसत के समकालीन रूपों को समझने के लिए समाज का बहुलतावादी मॉडल सबसे कारगर हो सकता है। इस मॉडल के अनुसार फ़ुरसत के रूप लोगों की रुचियों और दिलचस्पियों से तय होते हैं जो स्वयं परिस्थितियों की विभिन्नताओं से पैदा होते हैं। फ़ुरसत के व्यावसायिक तथा सार्वजनिक प्रबंधक असल में कुछ अनुभवों की आपूर्ति करते हैं जिनके आधार पर व्यक्ति अपनी विशिष्ट जीवन-शैली का चुनाव करते हैं। इस तरह फ़ुरसत किसी काम से मुक्ति भी है और एक ही साथ इच्छित करने की आज़ादी भी है। इसे मूलत: व्यक्ति द्वारा निर्धारित व्यवहार कहा जा सकता है। यह मॉडल फ़ुरसत को बाहरी प्रभावों से मुक्त अवधारणा नहीं मानता लेकिन साथ ही इस तथ्य पर ज़ोर देता है कि फ़ुरसत के विचार में जेंडर, सामाजिक-आर्थिक अवस्थिति तथा उम्र जैसे पहलू भिन्न भिन्न रूपों में विद्यमान रहते हैं।

बहुलतावादी मॉडल के उलट मार्क्सवादी सिद्धांतकारों का आग्रह यह रहा है कि फ़ुरसत को पूँजीवादी समाज की संरचना के एक अंतर्भूत अंग के तौर पर ही समझा जाना चाहिए। इस धारा के विद्वानों का मानना है कि फ़ुरसत के रूपों पर जिस तरह बाज़ार और राज्य का क़ब्ज़ा है तथा वह जिन असमानताओं का शिकार है उससे यह ज़ाहिर होता है कि फ़ुरसत कोई स्वतंत्र गतिविधि न होकर पूँजीवादी समाज की ही संरचना है। इन सिद्धांतकारों ने फ़ुरसत के अकादमिक अध्ययन पर हावी पारम्परिक साँचे के वर्चस्व को चुनौती देते हुए इस बात को प्रमुख माना है कि फ़ुरसत के अध्ययन में इतिहास तथा सामाजिक प्रक्रिया जैसे काम, परिवार, आयु चक्र तथा बाज़ार आदि पर ध्यान दिया जाना चाहिए। उनके अनुसार फ़ुरसत को बेशक व्यक्तिगत रुचि का मसला माना जाए लेकिन इससे यह तथ्य दरकिनार नहीं हो जाता कि अंतत: व्यक्तिगत रुचि सामाजिक संरचनाओं में निहित दबावों और सीमाओं से निर्धारित होती है। उनका ज़ोर इस बात पर रहा है कि फ़ुरसत को संरचना तथा एजेंसी, नियंत्रण और चयन के विकल्प, निरंतरता तथा बदलाव के अंत:संबंधित परिप्रेक्ष्य में समझा जाना चाहिए। मार्क्सवादी शिविर में फ़ुरसत के संबंध में एक अन्य प्रवृत्ति भी उभरी है जो फ़ुरसत को इतिहास और जीवनवृत्त के बीच रखकर देखने का आग्रह करती है। वह फ़ुरसत में निहित स्वतंत्रता और सीमाओं को समय, परिवेश, सांस्थानिक ढाँचों तथा सामाजिक पहचानों के इर्द-गिर्द बुनी हुई निर्मिति के तौर पर देखना चाहती है। समाजशास्त्र के मार्क्सवादी अध्ययन में इस प्रवृत्ति को सांस्कृतिक अध्ययन की देन माना जाता है जो फ़ुरसत को समाज के वर्चस्वशाली और अधीनस्थ समूहों के बीच सांस्कृतिक ज़ोर आज़माइश के तौर पर देखती है।

फ़ुरसत संबंधी अध्ययन को आठवें दशक में नारीवादी शिविर से एक कड़ी चुनौती मिली। नारीवादी सिद्धांतकारों की दलील थी कि फ़ुरसत ही नहीं समूचा समाजशास्त्र ही मर्दवादी आग्रहों से ग्रस्त है। उनके अनुसार फ़ुरसत को ख़ाली समय या रुचि की स्वतंत्रता के तौर पर देखना स्त्रियों के लिए

लगभग अप्रासंगिक है क्योंकि उनके जीवन को काम और फ़ुरसत के पृथक क्षेत्रों में नहीं बाँटा जा सकता। उन्हें नौकरी के अलावा घर और बच्चों के लिए भी समय निकालना पड़ता है। यही नहीं जिस समय में परिवार के बाक़ी सदस्य सामान्य ज़िम्मेदारियों से मुक्त होकर तफ़रीह के मूड में होते हैं उस समय भी महिलाओं को घर के सदस्यों के फ़ुरसती क्षणों को आनंदपूर्ण बनाने के लिए काम करना पड़ता है। इस कोण से देखा जाए तो महिलाओं के लिए फ़ुरसत भी एक सापेक्षिक पद ही है क्योंकि यहाँ भी वह पुरुषों की तरह फ़ुरसत के समय का मनचाहा उपयोग नहीं कर सकती। इस तरह नारीवादी सैद्धांतिकी इस तथ्य को प्रतिष्ठित करती है कि स्त्रियों के संदर्भ में फ़ुरसत को उनके जीवन के अन्य क्षेत्रों से न काटकर उनके जीवन के सम्पूर्ण संदर्भ में देखा जाना चाहिए।

इस कालखण्ड में नारीवादी दृष्टि से किये गये शोध-कार्यों में यह पक्ष नियमित रूप से प्रकट होता है कि फ़ुरसत के अनुभव और उसकी संस्थाओं में जेंडर के संबंध ख़ास अहमियत रखते हैं। शोध से यह बात भी उभरी कि पितृसत्तात्मक समाज में स्त्रियों की स्थिति अधीनस्थ की होती है। ऐसे में स्त्रियों की सामाजिक-आर्थिक हैसियत तथा मर्दानगी और स्त्रीत्व की अवधारणाएँ उनके जीवन को गहरायी से प्रभावित करती हैं। जब इस पहलू पर शोध और सिद्धांत निर्माण किया गया कि महिलाओं के लिए फ़ुरसत का क्या अर्थ हो सकता है तो इसके आलोक में स्त्रियों की यौनिकता, सम्मान तथा सामाजिक नियंत्रण के मसलों पर भी ध्यान गया। इस काल के कई अध्ययनों से यह बात उजागर होती है कि महिलाओं के संदर्भ में फ़ुरसत फ़ेमिनिटी और जेंडरगत व्यवहार की धारणाओं से आक्रांत रहती है और इस तरह स्त्री प्रत्यक्ष या अप्रत्यक्ष तौर पर व्यक्तिगत या सामूहिक स्तर पर पुरुषों द्वारा नियंत्रित रहती है। हालाँकि इस दौर के शोध और अध्ययन का ज़्यादा ज़ोर जेंडर से पैदा होने वाले संरचनात्मक दबावों पर था लेकिन साथ ही इस बात की अनदेखी नहीं की गयी कि जेंडर के संबंधों का वर्ग और जातीय समूहों से भी गहरा नाता है।

इंग्लैण्ड में आठवें दशक में नारीवादी और नव-मार्क्सवादी, दोनों ही तरह के विश्लेषणों में फ़ुरसत के समाजशास्त्र को मुख्यत: भौतिकतावादी या संरचनात्मक पद्धति से देखा जा रहा था। लेकिन अमेरिका में फ़ुरसत के अध्ययन के प्रति एक अलग तरह की पद्धति अपनायी जा रही थी, जो मुख्यत: व्यक्ति केंद्रित और सामाजिक मनोविज्ञान पर आधारित थी। यह पद्धति इस बात पर ज़्यादा फ़ोकस करती है कि व्यक्ति स्वयं फ़ुरसत के समय को कैसे अनुभव करता है। ऐसे में अध्ययन का ज़ोर दबावों और सीमाओं के बजाय इस बिंदु पर केंद्रित होता जाता है कि व्यक्ति अपनी भूमिका तय करने और पहचान गढ़ने में फ़ुरसत का इस्तेमाल किस तरह करता है। इस पद्धति के अनुसार फ़ुरसत एक ऐसी गतिविधि है जो व्यक्ति को मनचाहा और संतुष्टिदायक करने का स्पेस देती है। इस धारा की मूलभूत प्रस्थापना ऑप्टिलमल अनुभव की धारणा पर टिकी है जिसके मुताबिक़ कुशल और हुनरमंद व्यक्ति अपनी कार्यक्षमता का उच्चतम स्तर फ़ुरसत की गतिविधियों में वक़्त बिताकर ही हासिल कर सकते हैं। इस तरह फ़ुरसत को अनुभव की तरह देखने वाली यह धारा बाहरी संदर्भों और दबावों के बजाय व्यक्ति की प्रेरणाओं और संतुष्टि तथा उसकी भीतरी संवेदनाओं व अनुभवों पर ज़्यादा ध्यान केंद्रित करती है।

नवें दशक के बाद फ़ुरसत के अध्ययन में उत्तर-आधुनिकता की सैद्धांतिकी का व्यापक असर देखा जा सकता है। इस पद्धति का इस्तेमाल करने वाले विद्वान और अध्येताओं का मानना है कि फ़ुरसत के अध्ययन से संबंधित अब तक जितनी भी रूढ़ियाँ विकसित हुई हैं वे सभी औपचारिकतावाद, क्रिटिकल मार्क्सवाद, सांस्कृतिक अध्ययनों के परिप्रेक्ष्य या फिर नारीवाद के प्रभाव से आंक्रात रही हैं। लिहाज़ा फ़ुरसत के उत्तर-आधुनिक विमर्श में पूर्ववर्ती प्रस्थापनाओं को चुनौती देने के साथ अपना एक स्वतंत्र नज़रिया भी पेश किया गया है। इस धारा के समाजशास्त्रियों के मुताबिक़ फ़ुरसत की मौजूदा सैद्धांतिकी द्वैध पर आधारित कुछ सार्वभौमिक विवरणों से आगे नहीं जा पाती और इस तरह संस्कृति, विविधता तथा एजेंसी के मसलों पर विचार करने से चूक जाती है। इस समूह के विद्वान फ़ुरसत के विश्लेषण में अनुभव को केंद्रीय तत्त्व मानकर चलते हैं। उनके अनुसार पूववर्ती संरचनाओं के क्षय तथा वर्ग, जातीयता और जेंडर आदि जैसे सामाजिक विभाजनों की बढ़ती धुंधलाहट ने फ़ुरसत और उससे उपजने वाली जीवनशैली को वैयक्तिक और सामाजिक पहचानों के निर्माण में भी एक अहम कारक बना दिया है। फ़ुरसत के उत्तर-आधुनिक विमर्शकारों के अनुसार नयी तकनीक का विकास, हायपर यथार्थ, प्रामाणिकता का लोप, सांस्कृतिक सीमाओं का अवसान, उथलापन, विखण्डन, पैरोडी तथा घालमेल की संस्कृति फ़ुरसत के मौजूदा विमर्श के पारिभाषिक बिंदु बन गये हैं। उनके अनुसार समकालीन संदर्भ में फ़ुरसत पर्यटन या देशाटन जैसे स्थिर और स्थायी अनुभव के बजाय आभासी थीम पार्कों में बदल गये हैं जहाँ भौतिक यथार्थ, कल्पना, और गल्प के बीच अंतर करना मुश्किल हो गया है। फ़ुरसत का यह नया संस्करण सुख, जोखिम और उत्तेजना के निजी अनुभवों में ढलता जा रहा है। फ़ुरसती जीवनशैली तथा उपभोक्तावाद के संबंध किसी अन्य तत्त्व के अभाव में एक दूसरे के ज़्यादा नज़दीक आते जा रहे हैं।

हालाँकि पिछले दो दशकों में फ़ुरसत को देखने-

परखने और उसके सिद्धांतीकरण में उत्तर आधुनिकता का बोलबाला रहा है। लेकिन इसके समानांतर अनेक विद्वान लगातार इस बात की ओर ध्यान दिलाते रहे हैं कि अपने आप में उत्तर आधुनिकता भी कोई मुकम्मल या समूची प्रस्थापना नहीं है। इस पक्ष में वे यह दलील देते हैं कि समकालीन सांस्कृतिक विश्व में बेशक अनिश्चय, बिखराव तथा उथलापन बढ़ रहा है और नतीजतन फ़ुरसत के समय पर इनके प्रभाव बख़ूबी देखे जा सकते हैं परंतु इसके बावजूद सांस्कृतिक भिन्नताओं तथा सामाजिक पहचानों की बहुस्तरीय जटिलताओं को अनदेखा नहीं किया जा सकता। इसी कारण उनके लेखन में सत्ता के वृहत्तर संरचनात्क संबंध तथा जनजीवन में भौतिक असमानताओं के तथ्य एक सैद्धांतिक दृष्टि के रूप में लगातार क़ायम रहे हैं।

देखें : अर्थव्यवस्था का समाजशास्त्र, अभिजन, अभिरुचि, आत्महत्या, उन्मूलनवाद, एजेंसी, कर्मकाण्ड, कारागार, गोपनीयता, गृहविहीनता, जादू, जीवन-शैली, टेलरवाद, परम्परा, परस्पर विपरीत द्विभाजन, प्रति- (संस्कृति, विमर्श, इतिहास, वर्चस्व, स्मृति), प्राइवेसी, प्रौद्योगिकी, बचपन, बुज़ुर्गियत का समाजशास्त्र, बेगानगी, भीड़, भ्रष्टाचार का समाजशास्त्र-1 और 2, सेवानिवृत्ति, विचलन, ज्ञान का समाजशास्त्र।

संदर्भ

1. सी.सी. ऐचिसन (2003), *जेंडर ऐंड लेज़र,* रॉटलेज, लंदन.
2. टी. ब्लैकशॉ (2003), *लेज़र लाइफ़,* रॉटलेज, लंदन.
3. आर. डीम (1986), *ऑल वर्क ऐंड नो प्ले : द सोसियोलॉजी ऑफ़ वुमेन ऐंड लेजर,* रॉटलेज और कीगन पॉल, लंदन.
4. जे.आर. केली (1987), *फ़्रीडम टू बी : अ न्यू सोसियोलॉजी ऑफ़ लेज़र,* मैकमिलन, न्यूयॉर्क.
5. सी. रोज़ेक (2000), *लेज़र ऐंड कल्चर,* पालग्रेव, न्यूयॉर्क : बेसिंगस्टोक.

— नरेश गोस्वामी

ब

बदरीनाथ शुक्ल

(Badrinath Shukla)

बदरीनाथ शुक्ल (1898–1988) काशी की पाण्डित्य परम्परा में आन्वीक्षिकी विद्या के अनन्य उपासक थे। जीवन भर न्याय एवं नव्य न्याय दर्शन का अध्ययन-अध्यापन करते हुए वे न्यायशास्त्र का देशव्यापी प्रचार-प्रसार करते रहे। अपने अध्यवसायी जीवन के उत्तरार्द्ध में उन्होंने कुछ ऐसी स्थापनाएँ भी कीं जिससे न्याय दर्शन को एक नयी दिशा प्राप्त हुई। शुक्ल ने न्याय दर्शन के तहत आत्मवादी अवधारणा का परिष्कार करते हुए देहात्मवाद की स्थापना की। आत्मवाद की मान्यता है कि प्राणी अपने पूर्वार्जित कर्म से उत्पन्न अदृष्ट के अधीन होने के कारण अपनी स्थिति में परिवर्तन के लिए स्वतंत्र नहीं होता। इस कारण उसे अपने अभिशप्त वर्तमान और दूसरों द्वारा किये जा रहे शोषण-उत्पीड़न को मौन भाव से सहना पड़ता है। उसमें सामाजिक-आर्थिक विषमता दूर करने तथा इस विषमता के प्रति उदासीन रहने वाले शासन तंत्र के उन्मूलन का आग्रह नहीं होता। परंतु बदरीनाथ शुक्ल का देहात्मवाद एक ऐसा समाज-दर्शन प्रस्तुत करता है जिसमें मनुष्य के लिए बोध सक्रिय रूप से कार्य करते हुए संदेश देता है कि उसे अपने पूर्वकृत कर्म के दबाव में दूसरों द्वारा किये जाने वाले शोषण-उत्पीड़न को सहने और अपनी वर्तमान दलितावस्था को कर्मफल मान कर निष्क्रिय बने रहने से इनकार कर देना चाहिए। देहात्मवादी समाज-दर्शन द्वारा व्यक्ति अपने हालात बदलने में स्वतंत्र रूप से प्रवृत्त हो सकता है और इस प्रकार न्यायपूर्ण सामाजिक-आर्थिक व्यवस्था निर्मित कर सुंदर विश्व का निर्माण कर सकता है।

बदरीनाथ शुक्ल की आरम्भिक शिक्षा-दीक्षा काशी में ही परम्परागत ढंग से हुई थी। शास्त्री एवं न्यायाचार्य की उपाधि उन्होंने काशी हिंदू विश्वविद्यालय से प्राप्त की। महामहोपाध्याय बालकृष्ण मिश्र (1887–1943) के अन्तेवासी हो कर उन्होंने प्राचीन न्याय एवं नव्य न्याय के दर्शन पर असाधारण अधिकार प्राप्त किया। उनका अध्यापकीय जीवन सम्पूर्णानंद संस्कृत विश्वविद्यालय, वाराणसी से जुड़ा रहा। इस विश्वविद्यालय के कुलपति पद को भी उन्होंने सुशोभित किया। केशव मिश्र प्रणीत *तर्कभाषा,* सदानन्द यति कृत *वेदांतसार* और *व्याप्ति पंचक* जैसे ग्रंथों पर उन्होंने हिंदी में व्याख्या लिखी। गंगेशोपाध्याय के *तत्त्वचिंतामणि* जैसे प्रौढ़ ग्रंथ के 'विधिवाद प्रकरण' पर उनकी संस्कृत टीका प्रसिद्ध है। जैन न्याय के क्षेत्र में *शास्त्रवार्ता समुच्चय* नामक ग्रंथ की हिंदी व्याख्या और *खण्डन खण्डखाद्य* का सफल सम्पादन भी उन्होंने किया। *आरम्भवाद* और *शतश्लोकी* उनकी दो मौलिक कृतियाँ हैं। *आरम्भवाद* में उन्होंने न्यायदर्शन के मुताबिक़ कार्य-कारण सिद्धांत की स्थापना मौलिक रीति से की है। *शतश्लोकी* का प्रतिपाद्य विषय न्याय दर्शन में मुक्ति का स्वरूप है। श्रीहर्ष ने न्यायसम्मत मुक्ति को शिलावत चेतनाशून्य क़रार दिया था। इसी प्रकार की आलोचनाओं के प्रत्युत्तर में *शतश्लोकी* एक ऐसा प्रबंध है जो न्यायसम्मत मुक्ति की अवस्था की सुखरूपता का प्रतिपादन करता है। बदरीनाथ शुक्ल की सर्वाधिक महत्त्वपूर्ण रचना *न्यायशास्त्रीय विचार पद्धत्या देहात्मवादस्य सम्भावना* है जो अपनी प्रकृति में एक निबंध अथवा लघुकाय प्रकरण ग्रंथ जैसी है। यह उनकी एक ऐसी विचोरोत्तेजक कृति है जो उन्हें अभिनव देहात्मवाद के संस्थापक आचार्य के रूप में प्रतिष्ठापित करती है।

आत्मवाद एवं अनात्मवाद भारतीय दर्शन की दो प्रमुख धाराएँ रही हैं। दोनों धाराओं की तत्त्व-दृष्टि एक-दूसरे के

विरोध में सत्ता को क्रमशः नित्यतावादी और क्षणिकवादी प्रतिमान में देखती है। वैदिक परम्परा के आस्तिक दर्शन आत्मवादी तत्त्व-दृष्टि का ही अपने-अपने तरीक़े से प्रतिनिधित्व करते हैं। उन सभी की ज्ञानमीमांसा नीतिदर्शन और आध्यात्मिक साधनाएँ आत्मवादी दृष्टि में ही मूलित हैं। अतः इंद्रियात्मवाद, शरीरात्मवाद और प्राणात्मवाद जैसे विचारों के संदर्भ पूर्वपक्ष के रूप में तो भारतीय परम्परा में उपस्थित होते रहे हैं लेकिन ऐसे सिद्धांतों की तात्त्विक स्वायत्तता को कभी पुरस्कृत नहीं किया गया। ऐसी स्थिति में बदरीनाथ शुक्ल का देहात्मवाद, जो अपने स्वरूप में लोकायतिक भी नहीं है, निश्चित रूप से ही एक क्रांतिकारी प्रतिपादन है। हालाँकि उन्होंने इसे न्याय दर्शन सम्मत आत्मवादी अवधारणा के परिष्कार बतौर प्रस्तावित किया है, लेकिन उनका यह प्रतिपादन अपनी व्याप्ति में समस्त आत्मवादी दर्शनों के समक्ष एक वैकल्पिक सिद्धांत के रूप में खड़ा होता प्रतीत होता है।

न्याय-वैशेषिक सम्मत आत्मा की अवधारणा का सार यह है कि आत्मा दिक् और मन से भिन्न नवम् द्रव्य है। यह आत्मा प्रत्येक शरीर में भिन्न है। वह शरीर इन्द्रिय मन तथा प्राण से भी भिन्न है। वह सभी मूर्त द्रव्यों के साथ संयुक्त होता है तथा वह कर्ता एवं भोक्ता है। सभी मूर्त द्रव्यों के साथ उसका संबंध होने पर भी जिस देह के साथ उसका अपूर्व-अर्जित अदृष्ट के कारण विलक्षण संयोग रूप भोगनियामक संबंध स्थापित होता है, उसी देह से पूर्वकर्मों के ऊँच-नीच सुख-दुःखात्मक फलों को भोगा जाता है और नये-नये कर्म करते हुए पुण्य-पाप रूप धर्माधर्मों से अपने कोश में वृद्धि होती रहती है। नये-नये अनुभवों से प्राप्त संस्कार की राशि में भी वृद्धि होती रहती है। सभी प्रकार के क्रिया-कलापों से उसके अदृष्ट से आकृष्ट मन उसकी सहायता करता है। ऐसे जीवात्म पद वाच्य आत्मा को न्याय-वैशेषिक दर्शन में ज्ञान, इच्छा, द्वेष, प्रयत्न, धर्म, अधर्म, भावना, सुख और दुःख इन नौ विशेष गुणों तथा संख्या, परिणाम, पृथकत्व, संयोग और विभाग जैसे पाँच सामान्य गुणों का आश्रय माना गया है।

बदरीनाथ शुक्ल का दावा है कि 'आत्मा नातिरिक्त द्रव्यं देहमनोभ्यामेव तत्साधनीयस्य निखिल प्रयोजनस्यं निर्वर्तयितुं शक्यत्वात्' अर्थात् आत्मा अतिरिक्त द्रव्य नहीं है क्योंकि अतिरिक्त आत्मा द्वारा जो भी साधनीय प्रयोजन हैं वे सब कुछ देह और मन द्वारा ही सम्पादित किये जा सकते हैं। अपनी इस प्रतिज्ञा को सिद्ध करने के लिए उन्होंने अतिरिक्त आत्म-द्रव्य विषयक न्यायवैशेषिक मान्यता में परिवर्तन किया है। परम्परागत न्यायवैशेषिक मान्यता में जहाँ ज्ञान, सुख, दुःख, इच्छा, द्वेष, प्रयत्न इत्यादि को आत्मा का विशेष गुण माना गया है वहीं बदरीनाथ शुक्ल ने इन सभी गुणों को देह के विशेष गुण नहीं बल्कि सामान्य गुण के रूप में रूपांतरित कर दिया है। पुनः धर्म, अधर्म एवं संस्कार को वे मन के विशेष गुण मानने की अभ्युक्ति प्रस्तुत करते हैं। इस सैद्धांतिक परिवर्तन के विरोध में जितनी आपत्तियाँ उठायी जा सकती हैं उन सब का परिहार करते हुए उन्होंने अपने इस नवीन अभिमत की संगति भी बैठायी है। इसका परिणाम यह होता है कि सभी भूमिकाओं को अवाप्त करते हुए मनयुक्तदेह देहातिरिक्त आत्म द्रव्य की स्थानीय हो जाती है।

न्यायवैशेषिक परम्परा में ज्ञानादि को देह का गुण मानने में अनेक दोष प्रदर्शित किये गये हैं। अतः यह देखना प्रासंगिक होगा कि बदरीनाथ शुक्ल उन दोषों का परिहार करते हुए किस प्रकार अपने देहात्मवाद से उसकी संगति बैठाते हैं। पहली बात तो यह है कि यदि शरीर ज्ञानादि का आश्रय होता तो मृत शरीर को चैतन्य होना चाहिए। इस व्यभिचार दोष को देहात्मवादी प्रत्युत्तर यह है कि मन में धर्म एवं अदृष्ट रहते हैं परंतु मरणकाल में शरीर के साथ मन के संबंध का विनाश हो जाता है। अतः मृत शरीर में चैतन्य का अनुभव नहीं होता। वस्तुतः अतिरिक्त आत्मा को मानने वाले भी इस दोष का परिहार इसी रूप में करते हैं। दूसरी बात यह है यह कि शरीर को ज्ञानादि का आश्रय मानने पर बाल्यकाल में जो विलोकित है वार्धक्य काल में उसके स्मरण की अनुपपत्ति होगी। इस अनुपपत्ति का परिहार करते हुए कहा जा सकता है कि अनुभवात्मक ज्ञान शरीर में उत्पन्न होता है परंतु उस ज्ञान से जन्य संस्कार मन में उत्पन्न होता है। अतः मन में रहने वाले संस्कार की महिमा से बाल्यकाल में अनुभूत हुए का वृद्धावस्था में स्मरण सम्भव है। तीसरी बात यह कि सद्यः समुत्पन्न बालक में स्तनपान की प्रवृत्ति के लिए इष्टसाधनता का ज्ञान आवश्यक है। शरीरातिरिक्त आत्मा को चैतन्य मानकर तथा पूर्वजन्म के आधार पर ही इत्याकारक इष्टसाधनता का ज्ञान सम्भव है। देहात्मवादी पक्ष से इस आपत्ति का परिहार करते हुए कहा जा सकता है कि अनुभव का संस्कार के प्रति और संस्कार का समरण के प्रति 'स्वाश्रयविजातीयसंयोगसंबंध' से कारणत्व है। पुनः पूर्वजन्म के शरीर का सहयोगी जो मन है उस मन का पूर्वजन्म के शरीर से जन्य अदृष्ट के कारण सद्योजात बालशरीर में भी प्रवेश हो जाता है। इस कारण पूर्वजन्मानुभूत अर्थ का स्मरण होकर इष्टसाधनता का ज्ञान सम्भव है। अतः देहात्मवादी दृष्टि से भी नवजात शिशु में स्तनपान की प्रवृत्ति की व्याख्या हो जाती है।

चौथी बात यह कि ज्ञानादि को देह का गुण मानने पर कृतहान और अकृताभ्यागम की आपत्ति आयेगी, क्योंकि जिस शरीर द्वारा पाप-पुण्य किये हैं उसके द्वारा उस पाप-पुण्य का फलभोग देहात्मवाद में सम्भव नहीं होगा। इस आक्षेप का परिहार करते हुए बदरीनाथ शुक्ल की अभ्युक्ति यह है कि वर्तमान शरीर द्वारा किये गये जिन कर्मों का फल अभी भोगा नहीं गया है उन कर्मों द्वारा उत्पन्न धर्म और अधर्म रूपी अदृष्ट

का आश्रय मन ही उन कर्मों का अधिष्ठाता है और उस मन का पूर्वजन्मकृत कर्मों से जन्य अदृष्ट द्वारा उत्पादित शरीर में प्रवेश हो जाता है। इस प्रकार से उस शरीर में उन कर्मों का फलभोग और उन कर्मों की सार्थकता दोनों ही सम्भव होती है। पुन: यह भी द्रष्टव्य है कि नूतन शरीर में भी पूर्वदेह द्वारा कृत कर्मों का ही फल प्राप्त होता है अतएव अकृताभ्यागम का भी प्रसंग नहीं उठता। इसके अतिरिक्त बदरीनाथ शुक्ल एक दूसरी अभ्युक्ति भी प्रस्तुत करते हैं कि देहात्मवाद में यह नियम मानना आवश्यक नहीं कि जिसने जो कर्म किया है उस कर्म का फल उसको ही प्राप्त होना चाहिए। इसके स्थान पर यह नियम मानना अधिक उचित प्रतीत होता है कि जिस मन द्वारा अधिष्ठित शरीर से कर्म किया जाता है उसका फल उसी मन के द्वारा अधिष्ठित शरीर से भोगा जाता है। इस प्रकार शरीरातिरिक्त आत्मवाद के बदले देहात्मवाद को मानने से जो भी तत्त्वमीमांसीय एवं ज्ञानमीमांसीय कठिनाइयाँ आ सकती हैं उन सभी का परिहार करते हुए बदरीनाथ शुक्ल ने अपने देहात्मवाद को ज्ञानाश्रयी और ज्ञानस्वरूप दोनों ही प्रकार के अतिरिक्त आत्मवाद के समानांतर एक बेहतर विकल्प के रूप में स्थापित किया है। इस अभिनव देहात्मवाद को संदर्भ बनाकर उन्होंने कर्म, पुनर्जन्म, संसार, अनुभव, स्मृति, संस्कार, प्रत्यभिज्ञा, यज्ञ-यज्ञादि, लोकसंग्रह एवं बंधन-मोक्ष आदि की भी सुसंगत व्याख्या की है। इसकी सबसे बड़ी विशेषता यह है कि यह भारतीय संस्कृति की मूल्य-व्यवस्था को अक्षुण्ण रखते हुए उसकी कुछ ख़ामियों को दूर करने का सैद्धांतिक आधार भी प्रस्तुत करता है।

देखें : आर्यभट्ट और *आर्यभटीय,* उपनिषद्, कपिल, *अर्थशास्त्र* और कौटिल्य, गोपीनाथ कविराज, गोविंद चंद्र पाण्डे, चैतन्य महाप्रभु, जैन दर्शन, न्याय दर्शन, दया कृष्ण, नंद किशोर देवराज, न्याय दर्शन, नागार्जुन, पतंजलि और *योगसूत्र,* पाणिनि और *अष्टाध्यायी,* पाश्चात्य काव्यशास्त्र, पुराण, पूर्व-मीमांसा दर्शन, बादरायण, बौद्ध दर्शन, *भगवद्गीता,* भरत और *नाट्यशास्त्र,* मुकुंद लाठ, *भागवत पुराण, महाभारत,* यशदेव शल्य, योग दर्शन, रामानुजाचार्य, लोकायत, वात्स्यायन और *कामसूत्र,* वेदांत दर्शन, वैशेषिक दर्शन, शंकराचार्य, षड्-दर्शन-1 और 2, संस्कृत काव्यशास्त्र, स्मृति-साहित्य, सांख्य दर्शन-1 और 2, सिद्ध-नाथ परम्परा।

संदर्भ

1. बदरीनाथ शुक्ल (1983), *न्यायशास्त्रीयविचारपद्धत्या देहात्मवादस्य सम्भावना,* सरस्वती सुषमा, सम्पूर्णानंद संस्कृत विश्वविद्यालय, वाराणसी.
2. बलिराम शुक्ल (2006), 'आचार्य बदरीनाथ शुक्ल का देहात्मवाद', अम्बिकादत्त शर्मा (सम्पा.) (2006), *भारतीय दर्शन के 50 वर्ष,* विश्वविद्यालय प्रकाशन, सागर.
3. राजाराम शुक्ल (2000), 'आचार्यबदरीनाथशुक्ल-भिमतनव्यदेहात्मवादपरीक्षणम्', *उन्मीलन,* वर्ष 14 अंक 2.
4. सच्चिदानंद मिश्र (2008), 'न्यायवैशेषिक परम्परा और देहात्मवाद', *दार्शनिक त्रैमासिक,* वर्ष 54 अंक 4.

— अम्बिकादत्त शर्मा

बंगाल का नवजागरण

(Bengal Renaissance)

उन्नीसवीं सदी और बीसवीं सदी के शुरुआती वर्षों के बंगाल में हुए समाज सुधार आंदोलनों, देशभक्त-राष्ट्रवादी चेतना के उत्थान और साहित्य-कला-संस्कृति में हुई अनूठी प्रगति के दौर को बंगाल के नवजागरण या बंगाल रिनेसाँ की संज्ञा दी जाती है। इस दौरान समाज सुधारकों, साहित्यकारों और कलाकारों ने स्त्री, विवाह, दहेज, जातिप्रथा और धर्म संबंधी स्थापित परम्पराओं को चुनौती दी। यही वह अवधि थी जब बुद्धिवाद और नास्तिकतावाद के आधार पर 'यंग बंगाल' आंदोलन और उसी के समांतर 'ब्रह्म समाज' का सामाजिक-धार्मिक आंदोलन उभरा। बंगाल के इस घटनाक्रम ने समग्र भारतीय आधुनिकता की निर्मितियों पर अमिट छाप छोड़ी। इसी नवजागरण के दौरान भारतीय राष्ट्रवाद के शुरुआती रूपों की संरचनाएँ सामने आयीं।

इस अवधि का सुव्यव्यस्थित अध्ययन करने वाले इतिहासकार सुशोभन सरकार लिखते हैं, 'अंग्रेज़ी राज, पूँजीवीदी अर्थव्यवस्था और आधुनिक पश्चिमी संस्कृति का सबसे पहला प्रभाव बंगाल पर पड़ा जिससे एक ऐसा नवजागरण हुआ जिसे आमतौर पर बंगाल के रिनेसाँ के नाम से जाना जाता है। क़रीब एक सदी तक बदलती हुई आधुनिक दुनिया के प्रति बंगाल की सचेत जागरूकता शेष भारत के मुक़ाबले आगे रही। इस लिहाज़ से कहा जा सकता है कि भारत के आधुनिक जागरण में बंगाल द्वारा निभायी गयी भूमिका की तुलना युरोपीय रिनेसाँ के संदर्भ में इटली की भूमिका से की जा सकती है।' इतालवी रिनेसाँ की ही तरह बंगाल का नवजागरण कोई जनांदोलन नहीं था। इसकी प्रक्रिया और प्रसार भद्रलोक (उच्च वर्गों) तक ही सीमित था। भद्रलोक में भी नवजागरण का प्रभाव अधिकतर उसके हिंदू हिस्से पर ही पड़ा। इस दौरान कुछ मुसलमान हस्तियाँ भी उभरीं (जैसे, सैयद अमीर अली, मुशर्रफ हुसैन, साके दीन महमूद, काज़ी नज़रुल इस्लाम और रुकैया सखावत हुसैन), पर बंगाल का नवजागरण आंशिक रूप से ही मुसलमान नवजागरण कहा जा सकता है।

केशव चंद्र सेन (1838–1884)

मोटे तौर पर माना जाता है कि बंगाल के नवजागरण की शुरुआत राममोहन राय से हुई और रवींद्रनाथ ठाकुर के साथ उसका समापन हो गया। सुशोभन सरकार ने इसे पाँच चरणों में बाँट कर देखने का प्रयास किया है : पहली अवधि 1814 से 1933, जिसकी केंद्रीय हस्ती राजा राममोहन राय थे। 1814 में वे कोलकाता रहने के लिए आये और 1933 में उनका लंदन में देहांत हुआ। दूसरी अवधि उनकी मृत्यु से 1957 के विद्रोह तक जाती है। तीसरी अवधि 1885 में भारतीय राष्ट्रीय कांग्रेस की स्थापना तक फैली हुई है। चौथी अवधि 1905 में बंगाल के विभाजन तक और पाँचवीं अवधि स्वदेशी आंदोलन से असहयोग आंदोलन और महात्मा गाँधी के नेतृत्व की शुरुआत तक यानी 1919 तक मानी गयी है।

राममोहन राय के बारे में एक दृष्टांत है जिसे उनकी शख़्सियत के रूपक की तरह पढ़ा जा सकता है। कहा जाता है कि उनके दो घर थे। खान-पान, वेषभूषा और रहन-सहन के लिहाज़ से एक में किसी विक्टोरियन जेंटिलमेन की भाँति रहते थे, और दूसरे में पारम्परिक बंगाली ब्राह्मण की तरह। दरअसल, उनके व्यक्तित्व और कृतित्व की सबसे बड़ी विशेषता थी पूर्व और पश्चिम का संश्लेषण। लेकिन, यह दृष्टांत भी उनके रूढ़िभंजक व्यक्तित्व को परिभाषित नहीं करता। 1820 में उनकी कृति 'परसेप्ट्स ऑफ़ जीसस' का प्रकाशन हुआ जिसमें ईसा के नैतिक संदेश को ईसाई तत्त्वज्ञान और चमत्कार कथाओं से अलग करके पेश किया गया था। बंगाल में सक्रिय ईसाई पादरी वर्ग उनकी इस कोशिश से नाराज़ हो गया। उसके विरोध के परिणामस्वरूप राममोहन राय ने ईसाई जनता के नाम तीन अपीलें जारी करके अपने विचारों को और स्पष्टता प्रदान की। इसी के साथ उन्होंने *ब्राह्मनीकल मैग़ज़ीन* का प्रकाशन करके हिंदू आस्तिकता के वैचारिक नैरंतर्य को वेदों के हवाले से रेखांकित करने की चेष्टा भी की। राममोहन ने अपने धार्मिक विचारों को धरती पर उतारने के लिए 20 अगस्त, 1828 को 'ब्रह्म सभा' का गठन किया। इस प्रक्रिया का परिणाम 1830 में एक चर्च की स्थापना के रूप में निकला और ब्रह्म समाज आंदोलन शुरू हुआ जो लम्बे समय तक बंगाली समाज की चेतना को प्रभावित करता रहा। 1818 से 1829 के बीच राममोहन राय ने सती प्रथा जैसी बुराई पर आक्रमण करते हुए तीन रचनाएँ प्रकाशित कीं। सती प्रथा के ख़िलाफ़ जनमत बनाने और अंग्रेज़ों को उस पर प्रतिबंध लगाने के लिए मनाने का श्रेय उनके प्रयासों को ही दिया जाता है। राममोहन ने आधुनिक शिक्षा और विशेष तौर से स्त्री शिक्षा के प्रसार में अगुआ भूमिका निभायी। उन्हें बांग्ला गद्य का निर्माता भी कहा जाता है।

बंगाल रिनेसाँ के इस दौर में राममोहन के प्रयासों को दोहरे विरोध का सामना करना पड़ा। एक तरफ़ उनका विरोध राधाकांत देब, गौरीकांत भट्टाचार्य और भवानी चरण बनर्जी जैसे सुधार विरोधी परम्परानिष्ठ लेखक और विद्वान कर रहे थे, वहीं उन्हें फ्रांसीसी क्रांति और इंगलिश रैडिकलिज़्म से अनुप्राणित आलोचना का भी सामना करना पड़ा जिसका नेतृत्व 'यंग बंगाल' और उसके एंग्लो-इण्डिन नेता हेनरी विवियन डेरॉज़ियो के हाथों में था। यह अलग बात है कि डेरॉज़ियो के अनुयायी अपने कामों और वक्तृताओं से समाज को चौंकाने के अलावा कोई स्थाई असर नहीं डाल पाये। लेकिन, राममोहन की परम्परा के आधार पर समाज सुधारों का नरम कार्यक्रम उनकी मृत्यु के बाद भी जारी रहा। उसकी कमान देवेंद्रनाथ ठाकुर और अक्षय कुमार दत्त के हाथों में थी। इसी दौरान ईश्वरचंद्र विद्यासागर ने बाल विवाह और बहुविवाह के ख़िलाफ़ मुहिम चलायी। हालाँकि यंग बंगाल आंदोलन 1842 में विधवा विवाह के पक्ष में आवाज़ उठा चुका था, पर विद्यासागर के प्रयासों से ही इसे लोकप्रिय आंदोलन का रूप मिला।

1857 के विद्रोह के बाद बंगाल के पुनर्जागरण ने साहित्यिक क्रांति और उसके ज़रिये राष्ट्रवादी चिंतन के युग में प्रवेश किया। नील की खेती करवाने वाले अंग्रेज़ों के जुल्मों के ख़िलाफ़ किसानों के संघर्ष में बंगाली बुद्धिजीवियों ने भी अपनी आवाज़ मिलायी। दीनबंधु मित्र के नाटक 'नील दर्पण' ने बंगाल के मानस को झकझोर दिया। माइकेल मधुसूदन दत्त ने उसका अंग्रेज़ी अनुवाद प्रकाशित किया जिसके ख़िलाफ़ अदालत ने एक हज़ार रुपये के जुर्माने की सज़ा सुनायी। माइकेल ने 1860 में *मेघनाद-वध* की रचना करके नयी बंगाली कविता की सम्भावनाओं का उद्घोष

किया। 1865 में बंकिम चंद्र चटर्जी का सूर्य उनके पहले ऐतिहासिक उपन्यास *दुर्गेशनंदिनी* के साथ बंगाली सांस्कृतिक क्षितिज पर उगा। 1873 में *विषबृक्ष* के ज़रिये उन्होंने सामाजिक उपन्यासों की परम्परा का सूत्रपात किया। 1879 में 'साम्य' शीर्षक से निबंध लिख कर बंकिम ने समतामूलकता और यूटोपियन समाजवाद के प्रति रुझान दिखाया, पर 1882 में *आनंदमठ* लिख कर वे देशभक्तिपूर्ण पुनरुत्थानवाद की लहर में बह गये। इसी रचना में दर्ज 'वंदेमातरम' गीत भारत के तीन राष्ट्रगीतों में से एक है। साहित्यिक उन्मेष के साथ-साथ बंगाली नवजागरण ने इतिहास लेखन (राजेंद्रलाल मित्र) और समाज-विज्ञान (बंगाल सोशल साइंस एसोसिएशन) के अन्य क्षेत्रों में योगदान की परम्परा का सूत्रपात भी किया। धार्मिक सुधारों और पुनरुत्थानवाद के लिहाज़ से भी यह दौर ख़ासा घटनाप्रद था। एक तरफ़ तो केशव चंद्र सेन के नेतृत्व में युवा ब्रह्म समाजी सुधार आंदोलन की अलख जगाये हुए थे, दूसरी तरफ़ वहाबी असंतोष खदबदा रहा था और नव-हिंदूवाद की पदचाप सुनायी दे रही थी। इसी अवधि में दक्षिणेश्वर के संत रामकृष्ण परमहंस ने अपने चुम्बकीय व्यक्तित्व के माध्यम से सभी धार्मिक आस्थाओं को पवित्र घोषित किया। ईसाई धर्मांतरण को हवा देने वाला प्रोटेस्टेंट उग्रवाद इससे कमज़ोर हुआ और परम्परा के पैरोकारों को थोड़ी राहत मिली। परमहंस के युवा शिष्य स्वामी विवेकानंद ने 1893 में वर्ल्ड रिलीजस कांफ्रेंस में दिये गये अपने भाषण से अंतर्राष्ट्रीय ख्याति अर्जित की और अपनी ख़ास शैली के आदर्शवादी राष्ट्रवाद का सूत्रीकरण किया। चार साल तक पश्चिम का दौरा करके लौटे तो 1897 में उनका राष्ट्रीय नायक की तरह स्वागत किया गया।

1861 के बाद की अवधि तो कुछ इस तरह की थी जिसमें बंगाली बुद्धिजीवी समाज का सबसे प्रिय शब्द 'राष्ट्रीय' बन गया। राजनारायण बोस, नवगोपाल मित्र, ज्योतिरिंद्रनाथ ठाकुर और भूदेव मुखर्जी की अगुआई में कई तरह की गतिविधियाँ चलीं जिनमें हिंदू मेले का आयोजन उल्लेखनीय था जो क़रीब दस साल तक कोलकाता को आलोड़ित करता रहा। 1870 के बाद की अवधि राजनीतिक आंदोलनों की अवधि थी जिसमें सुरेंद्रनाथ बनर्जी का नेतृत्व उभरा जिन्हें 'बंगाल के बेताज के बादशाह' के तौर पर जाना गया। सुरेंद्रनाथ के जुझारूपन कारण के कारण अंग्रेज़ उनका नाम बिगाड़ कर 'सरेंडर नॉट' बनर्जी भी कहते थे। 1876 में बनर्जी ने 'इण्डिन एसोसिएशन' की स्थापना की जिसके 1883 के राष्ट्रीय सम्मेलन में सभी भारतीयों के लिए एक राष्ट्रीय संगठन बनाने का विचार पैदा हुआ। इसका परिणाम 1885 में भारतीय राष्ट्रीय कांग्रेस की ऐतिहासिक स्थापना के रूप में निकला। बंगाली बुद्धिजीवियों कांग्रेस की गतिविधियों में जम कर भागीदारी की और 1903 तक कांग्रेस अधिवेशनों की अध्यक्षता सात बार उनके खाते में गयी। बंगाल ने महाराष्ट्र और पंजाब के साथ मिल कर कांग्रेस के गरमदली धड़े की रचना करने में निर्णायक भूमिका निभायी।

बंगाल के नवजारण के आख़िरी दौर पर गिरीश चंद्र घोष जैसे नाट्यकार, बंकिम की परम्परा में रमेश चंद्र दत्त जैसे ऐतिहासिक और सामाजिक उपन्यासकार (जिन्हें हम महान आर्थिक इतिहासकार के तौर पर भी जानते हैं), मीर मुशर्रफ़ हुसैन जैसे मुसलमान कवि, जगदीश चंद्र बोस और प्रफुल्ल चंद्र राय जैसे वैज्ञानिकों की छाप रही। लेकिन, रवींद्रनाथ ठाकुर के जीनियस के सामने ये सभी प्रतिभाएँ फीकी पड़ गयीं। हिंदू मेले में अपनी देशभक्तिपूर्ण कविताओं के पाठ से सभी का ध्यान अपनी ओर आकर्षित करने वाले रवींद्रनाथ ने अपने रचनात्मक और वैचारिक साहित्य से एक पूरे युग को नयी अस्मिता प्रदान की। उन्होंने अपने युग पर आलोचनात्मक दृष्टि फेंकी। 1901 में अपनी रचना *नष्टनीड़* के ज़रिये वे बंगाली रिनेसाँ के ऐसे पैरोकारों को आड़े हाथों लेते नज़र आये जो अपने पारिवारिक जीवन में उन आदर्शों को लागू करने के लिए तैयार नहीं थे। 1913 में *गीतांजलि* के लिए साहित्य का नोबेल पुरस्कार जीतने वाले रवींद्रनाथ ने बंग-भंग विरोध और स्वदेशी आंदोलन की राजनीति को सर्वथा नये दृष्टिकोण से देखा। उन्होंने इस आंदोलन में मुसलमानों की न के बराबर भागीदारी पर अफ़सोस जताया और राष्ट्रवाद में निहित अशुभ आयामों की आलोचना प्रस्तुत की। गाँधी के साथ उनकी बहसों में आने वाले भारत की दुविधाओं की झलक देखी जा सकती थी।

देखें : अरविंद घोष, उपनिवेशवाद विरोधी आंदोलन-1, 2 और 3, गवर्धन राम त्रिपाठी और गुजराती अस्मिता, फ़क़ीर मोहन सेनापति और ओडिया अस्मिता, भारतीय आधुनिकता, भारतीय नवजारण : तुलनात्मक परिप्रेक्ष्य, महाराष्ट्र में सुधारणा-1 से 5 तक, मोहनदास कर्मचंद गाँधी-1 से 3 तक, राम मोहन राय, युरोपीय पुनर्जागरण, रवींद्रनाथ ठाकुर, बंकिम चंद्र चटर्जी, विवेकानंद।

संदर्भ

1. सुशोभन सरकार (1981), 'नोट्स ऑन द बंगाल रिनेसाँ', *बंगाल रिनेसाँ ऐंड अदर एसेज़,* पीपुल्स पब्लिशिंग हाउस, नयी दिल्ली.
2. शिवनाथ शास्त्री (2002), *अ हिस्ट्री ऑफ़ द रिनेसाँ इन बंगाल,* रिनेसाँ, कोलकाता.
3. सुमित सरकार (1996), 'कोलकाता ऐंड द बंगाल रिनेसाँ', संकलित : *कैलक्टा, द लिविंग सिटी,* संपादक : सुकांत चौधरी, खण्ड-1.
4. नीतिश सेनगुप्ता (1980), *हिस्ट्री ऑफ़ बंगाली स्पीकिंग पीपुल,* यूबीएस पब्लिशर्स डिस्ट्रीब्यूटर्स.

—अभय कुमार दुबे

बंकिम चंद्र चट्टोपाध्याय

(Bankim Chandra Chattopadhyaya)

बांग्ला के प्रसिद्ध उपन्यासकार, कवि, पत्रकार और चिंतक बंकिम चंद्र चट्टोपाध्याय (1838–1894) को भारतीय राष्ट्रवाद के प्रमुख निर्माताओं में से एक माना जाता है। उपनिवेशवाद विरोधी आंदोलन को प्रेरित करने वाले राष्ट्र-गीत *वंदे मातरम्* की रचना करने वाले बंकिम ने 13 उपन्यासों और कई गम्भीर और आलोचनात्मक कृतियों का लेखन किया। बांग्ला गद्य को उसके शैशवकाल से निकाल कर परिपक्व ऊँचाइयों तक पहुँचाने वाले बंकिम एक बेहतरीन व्यंग्यकार भी थे। भारतीय संस्कृति और दर्शन, युरोपियन साहित्य, समाजशास्त्र और राजनीतिक अर्थशास्त्र के गहन अध्ययन की रोशनी में बंकिम ने भारत की धार्मिक परम्पराओं की तीखी आलोचना प्रस्तुत की, और भारत की दासता के कारणों को रेखांकित करने का प्रयास किया। इस प्रक्रिया में वे भारतीय राष्ट्रवाद का सैद्धांतिक सूत्रीकरण करने के मुक़ाम तक पहुँचे। भारत की गुलामी के कारणों बंकिम ने शारीरिक शक्ति के अभाव में न देख कर सांस्कृतिक संदर्भों में देखा। उन्होंने कहा कि भारतीय संस्कृति भारतवासियों को युरोपियनों की तरह प्रगतिकांक्षी नहीं बनाती, और इस प्रक्रिया में सत्ता की अवधारणा के साथ हिंदुओं के संबंध वैसे नहीं रह जाते जैसे युरोपियनों के हैं। बंकिम ने सांख्य दर्शन पर लिखे एक लम्बे निबंध में कहा कि चाहे हिंदू परम्परा हो या बौद्ध, दोनों के मर्म में सांख्य दर्शन है जो पारलौकिकता और भाग्यवाद की पैरोकारी करता है। पश्चिमी सभ्यता ज्ञान को सत्ता और शक्ति के रूप में देखती है, जबकि हिंदू सभ्यता ज्ञान को मोक्ष की तरह परिभाषित करती है। बंकिम ने निष्कर्ष निकाला, 'इसीलिए पश्चिमवासियों के हाथ सत्ता लगी, और हमारे हाथ मोक्ष।'

बंकिम चंद्र चट्टोपाध्याय (1838–1894)

पार्थ चटर्जी ने बंकिम की विमर्शी रचनाओं का विश्लेषण करके बताया है कि उनकी तर्क-श्रृंखला को चार भागों में बाँट कर देखा जा सकता है : पहला, शक्ति या सत्ता राज्य का आधार है; किसी भी राष्ट्र की स्वतंत्रता या परतंत्रता अंतिम विश्लेषण में सत्ता का प्रश्न है; तीसरे, सत्ता के प्रश्न का निर्णय किसी भौतिक परिस्थिति के सापेक्ष नहीं किया जा सकता; चौथे, शक्ति या सत्ता समुचित राष्ट्रीय और सांस्कृतिक मूल्यों को विकसित करके उपलब्ध की जी सकती है।

बंकिम चंद्र चट्टोपाध्याय का जन्म उत्तरी चौबीस परगना के कंतालपारा में एक रूढ़िवादी ब्राह्मण परिवार में हुआ था। इनके पिता का नाम जादवचंद्र चट्टोपाध्याय और माता का नाम दुर्गाबाई था। पिता सरकारी अधिकारी थे और वे मिदनापुर के डिप्टी-कलक्टर पद तक पहुँचे। बंकिम कुल तीन भाई थे। इनके एक भाई संजीव चंद्र चट्टोपाध्याय भी उपन्यासकार थे और उन्हें उनकी प्रसिद्ध रचना *पलामू* के लिए जाना जाता है। बंकिम कोलकाता विश्वविद्यालय के शुरुआती दो स्नातकों में से एक थे। 1869 में बंकिम ने क़ानून की डिग्री हासिल की और 1858 से ब्रिटिश प्रशासन की नौकरी करने लगे। अपने पिता की तरह उन्हें भी जेसोर में डिप्टी-कलक्टर बनाया गया। 1891 में रिटायर होने के पहले तक उन्होंने ब्रिटिश सरकार में उप-मजिस्ट्रेट के रूप में भी काम किया। एक प्रशासक के रूप में उनके कार्यकाल के दौरान कई ऐसे मौक़े आये जब उनका ब्रिटिश शासकों से टकराव हुआ। इसके बावजूद इनकी छवि एक कर्तव्यनिष्ठ अधिकारी की बनी रही। इसी कारण 1894 में उन्हें 'कम्पेनियन, आर्डर ऑफ़ द इण्डियन एम्पायर' के सम्मान से नवाजा गया।

बंगाल ही नहीं पूरे भारत में साहित्यिक पुनर्जागरण लाने में बंकिम चंद्र ने महत्त्वपूर्ण भूमिका निभायी। उन से पहले भारतीय साहित्य में पद्य का वर्चस्व था, लेकिन उनके उपन्यासों निबंधों और टीकाओं ने भारतीय साहित्य में नये दौर का सूत्रपात किया। 1906 में जब बिपिन चंद्र पाल ने एक देशभक्त जर्नल निकालने का फ़ैसला किया तो उन्होंने बंकिम के 'वंदे मातरम्' गीत से प्रभावित होकर इस पत्रिका का नाम 'वंदे मातरम्' रखा। बाद में लाला लाजपत राय ने भी इसी नाम से जर्नल का प्रकाशन किया।

साहित्यिक जीवन में बंकिम ने अपने समय के बंगाल के प्रसिद्ध साहित्यकार ईश्वरचंद्र गुप्त के मॉडल का अनुकरण किया और पद्य लेखन करते हुए अपने साहित्यिक जीवन की शुरुआत की। लेकिन जल्दी ही वे साहित्य की दूसरी विधाओं की ओर आकर्षित हुए और उन्होंने कथा-लेखन करना शुरू कर दिया। उनकी पहली कहानी *राजमोहंस वाइफ़* अंग्रेज़ी में प्रकाशित हुई। 1856 में उनका उपन्यास *दुर्गेशनंदिनी* प्रकाशित हुआ जो बांग्ला में लिखा गया पहला उपन्यास भी था। बंकिम की पहली बड़ी रचना *कपालकुंडला* (1866) थी। अपने इस प्रसिद्ध उपन्यास में उन्होंने दरियापुर के कोंटाई परगना को पृष्ठभूमि के रूप में इस्तेमाल किया। कई आलोचक मानते हैं कि इस उपन्यास की उनकी नायिका

कालिदास की शंकुतला और शेक्सपीयर की मिरांडा से आंशिक रूप से मिलती-जुलती है। बहरहाल, इस आधार पर बंकिम के चरित्र की मौलिकता को ख़ारिज नहीं किया जा सकता है क्योंकि इस चरित्र की अपनी विशिष्टताएँ हैं। बंकिम चंद्र के उपरोक्त दोनों ही कृतियाँ रोमांटिक उपन्यास थीं। अपने अगले उपन्यास *मृणालिनी* (1869) में उन्होंने पहली बार कहानी को व्यापक ऐतिहासिक संदर्भ में रखने की कोशिश की। दरअसल, इस उपन्यास बंकिम के लेखन में बदलाव की प्रक्रिया का संकेत मिलता है। अब तक बंकिम ने मुख्य तौर पर रोमांटिक कथानक पर ही ध्यान दिया था। लेकिन इसके बाद उन्होंने ज़्यादा बौद्धिक मुद्दों पर विचार करके बंगाली लोगों के बीच में एक तरह की वैचारिक बहस और साहित्यिक पुनर्जागरण लाने की कोशिश की। कुछ हद तक इस प्रक्रिया की शुरुआत इसी उपन्यास से हो गयी थी। अप्रैल, 1872 में उन्होंने एक मासिक साहित्यिक पत्रिका *बंगदर्शन* का प्रकाशन शुरू किया। इसके पहले अंक में सिर्फ़ उनकी रचनाएँ ही प्रकाशित हुईं। लेकिन बाद में इसमें बहुत से धारावाहिक उपन्यास, कहानियाँ, रोचक संस्मरण, ऐतिहासिक और विविधता से भरे निबंध, सूचनाप्रद लेख और धार्मिक विमर्श, साहित्यिक आलाचनाएँ और समीक्षाएँ प्रकाशित होने लगीं। बंकिम का उपन्यास *विषवृक्ष* (1873) *बंगदर्शन* में धारावाहिक रूप से प्रकाशित हुआ। चार साल बाद इस पत्रिका का प्रकाशन बंद हो गया। बाद में भाई संजीव ने इसे फिर से प्रकाशित करना शुरू किया। 1877 में बंकिम के दो उपन्यासों *चंद्रशेखर* आरै *रजनी* का प्रकाशन हुआ। रजनी एक अंधी लड़की का आत्मकथात्मक उपन्यास था। 1878 में बंकिम का उपन्यास *कृष्णकांतेर विल* का प्रकाशन हुआ। इसमें बंकिम ने समकालीन भारत की जीवन-शैली और भ्रष्टाचार की जीवंत तस्वीर पेश की है। 1881 में बंकिम का एक अन्य ऐतिहासिक उपन्हास *राजसिम्हा* का प्रकाशन हुआ।

बंकिम चंद्र के सबसे प्रसिद्ध उपन्यास *आनंदमठ* का प्रकाशन 1882 में हुआ। यह एक राजनीतिक उपन्यास था जिसमें यह दिखाया गया कि किस तरह हिंदू संन्यासियों की सेना मुर्शिदाबाद के मुसलमान नवाब के सैनिकों से संघर्ष करती है। मोटे तौर पर यह उपन्यास अठारहवीं सदी में हुए संन्यासी विद्रोह पर आधारित था। वास्तविक बग़ावत में हिंदू संन्यासियों और मुसलमान फ़क़ीरों ने मिलकर ब्रिटिश ईस्ट इण्डिया कम्पनी के ख़िलाफ़ विद्रोह किया था। इस किताब में बंगाल के तुर्क-अफ़ग़ान मुसलमान शासन को ख़त्म करने के लिए हिंदू राष्ट्रवाद के उभार का आह्वान किया गया है। इसमें यह तर्क भी दिया गया कि जब तक हिंदू स्वशासन के लिए उपयुक्त नहीं हो जाते, तब तक अंग्रेज़ों के शासन को वैकल्पिक व्यवस्था के रूप में स्वीकार किया जा सकता है। इसी उपन्यास में उनका प्रसिद्ध 'वंदे मातरम्' गीत शामिल था। बाद में रवींद्रनाथ ठाकुर ने इसका संगीत तैयार किया। आज़ादी के संघर्ष के दौरान 'वंदे मातरम्' गीत और नारा बहुत ही प्रसिद्ध हुआ। स्वतंत्रता प्राप्ति के बाद इसे राष्ट्र-गीत के रूप में स्वीकार किया गया।

इन उपन्यासों के अलावा *देवी चौधरानी* (1944) और सीताराम (1966) बंकिम के दो अन्य उपन्यास थे। उपन्यासों के अलावा बंकिम की हास्य-व्यंग्य की रचनाएँ भी बहुत प्रसिद्ध हुईं। इस तरह की इनकी कृति कमलकांतेर दाप्तर (1875) बहुत प्रसिद्ध हुई। बंकिम चंद्र ने गीता पर टीका भी लिखी जो उनकी मृत्यु के आठ वर्ष बाद प्रकाशित हुई। उन्होंने गीता के अध्याय 4 के 19 श्लोक तक अपनी टिप्पणियाँ दर्ज की हैं।

बंकिम के राष्ट्रवादी विचारों की तीखी आलोचना भी हुई है। आलोचकों का कहना है कि वे पौरुष पर आधारित राष्ट्रवाद का समर्थन करते थे। उनकी समझ थी कि हिंदू ख़ुद को सशस्त्र करके ही अपने दुश्मनों से अपनी मातृभूमि को आज़ाद कर सकते हैं। उनके इन विचारों ने औपनिवेशिक दौर में राष्ट्रवाद को बढ़ावा देने में महत्त्वपूर्ण भूमिका निभायी। लेकिन बाद में गाँधी ने पौरुष और हिंसा पर आधारित राष्ट्रवाद की आलोचना की और रवींद्रनाथ ने हर तरह के राष्ट्रवाद को मानवता के लिए ख़तरनाक मानते हुए नकारा। आम तौर पर आरोप लगाया जाता है कि बंकिम का राष्ट्रवाद हिंदू राष्ट्रवाद था, और उसमें मुसलमानों के लिए कोई जगह नहीं थी। दरअसल, वह मुसलमानों के ख़िलाफ़ था। इस आरोप पर स्वंय बंकिम का कहना यह था कि उनके उपन्यासों के आधार पर उनके विचारों के बारे में फ़ैसला नहीं किया जाना चाहिए क्योंकि वे काल्पनिक स्थितियों और उनके इर्द-गिर्द बुने गये पात्रों पर निर्भर होते हैं। बजाय इसके उनके निबंध पढ़े जाने चाहिए। बंकिम का कहना था कि उनका राष्ट्रवाद बहिर्वेशनकारी न हो कर समावेशी है। एक निबंध में उन्होंने कहा भी है, 'भारत तब तक एक राष्ट्र के रूप में विकसित नहीं हो सकता जब तक हाशिम शेख़ों और राम कैबर्तो की स्थितियों में समान और साथ-साथ सुधार नहीं होता।'

देखें : ईश्वर चंद्र विद्यासागर, क़ाज़ी नज़रुल इस्लाम, कुमारन् आशान्, गजानन माधव मुक्तिबोध, गोवर्धन राम त्रिपाठी, प्रेमचंद, फ़क़ीर मोहन सेनापति, भारतेंदु हरिश्चंद्र, महादेव गोविंद रानाडे, महावीर प्रसाद द्विवेदी, रवींद्रनाथ ठाकुर, रामविलास शर्मा, रामचंद्र शुक्ल, वल्लत्तोल नारायण मेनन, सच्चिदानंद हीरानंद वात्स्यायन अज्ञेय, सुब्रह्मण्य भारती, हजारी प्रसाद द्विवेदी।

संदर्भ

1. तनिका सरकार (1994), 'इमेजनिंग अ हिंदू नेशन : हिंदू ऐंड

मुसलिम इन बंकिमचंद्राज़ लेटर राइटिंग्ज़', *इकॉनॉमिक ऐंड पॉलिटिकल वीकली,* खण्ड 29, अंक 39.

2. पार्थ चटर्जी (1986), 'ट्रांसफ़रिंग ए पॉलिटिकल थियरी : अर्ली नैशनलिस्ट थॉट इन इण्डिया', *इकॉनॉमिक ऐंड पॉलिटिकल वीकली,* खण्ड 21, अंक 3.
3. शिशिर कुमार दास (1984), 'द आर्टिस्ट इन चेंस : द लाइफ़ ऑफ़ बंकिम चंद्र चटर्जी', *न्यू स्टेट्समेन,* नयी दिल्ली.
4. बोस, सुनील कुमार बोस (1974), *बंकिम चंद्र चटर्जी,* मिनिस्ट्री ऑफ़ इंफ़ॉर्मेशन ऐंड ब्रॉडकास्टिंग, गवर्नमेंट ऑफ़ इण्डिया, नयी दिल्ली.

— कमल नयन चौबे

बांग्लादेश मुक्ति-संघर्ष

(Liberation Struggle for Bangladesh)

बांग्लादेश मुक्ति संघर्ष द्वितीय विश्व युद्ध के बाद हुई दुनिया की सबसे महत्त्वपूर्ण घटनाओं में से एक है। इसके गर्भ से एक नये राष्ट्र-राज्य का उदय हुआ। इस संघर्ष में पूर्वी पाकिस्तान के आम लोगों ने पश्चिमी पाकिस्तान की सेना के दमन का प्रतिरोध किया और धर्म के आधार पर राष्ट्र-राज्य के निर्माण के सिद्धांत के खोखलेपन को उजागर कर दिया। इस मुक्ति-संघर्ष ने रेखांकित किया कि यदि किसी राष्ट्र-राज्य के बहुसंख्यक वहाँ के अल्पसंख्यकों के साथ सम्मान और बराबरी का बरताव नहीं करते, तो यह उस राष्ट्र-राज्य के अस्तित्व के लिए घातक हो सकता है। बांग्लादेश मुक्ति-संग्राम ने इस बात का सबूत भी दिया कि जिस 'दो राष्ट्र सिद्धांत' के आधार पर भारत का बँटवारा करके पाकिस्तान का निर्माण किया गया था, वह बेबुनियाद था।

1947 में भारतीय उपमहाद्वीप के विभाजन के बाद बना पाकिस्तान दो बड़े क्षेत्रों में बँटा हुआ था— पूर्वी पाकिस्तान और पश्चिमी पाकिस्तान। पूर्वी पाकिस्तान में बंगालियों का बहुमत था। पाकिस्तान के निर्माण के बाद बनी स्थितियों में पूर्वी पाकिस्तान के लोगों ने महसूस किया कि जैसे वे पश्चिमी पाकिस्तान के उपनिवेश बन गये हों। उन्हें प्रशासन मे भेदभाव का सामना करना पड़ता था। 1968 तक कोई भी बंगाली अफ़सर सचिव के पद पर नहीं पहुँचा था, और न ही कोई बंगाली-भाषी व्यक्ति पाकिस्तान के सेंट्रल बैंक का गवर्नर या वित्त मंत्री बन पाया था। हालाँकि तत्कालीन पाकिस्तान की कुल 56 प्रतिशत आबादी बंगालियों की थी, लेकिन विदेश सेवा में पूर्वी पाकिस्तान से केवल 20.8 प्रतिशत लोग ही थे। इसी तरह से, सेना में इनका कुल अनुपात 1:25 था और अफ़सरों में यही अनुपात 1:90 था। शिक्षा के क्षेत्र में भी पूर्व के लोगों को भेदभाव का सामना करना पड़ता था। मसलन, 1947 से 1969 के बीच पश्चिमी पाकिस्तान में प्राथमिक, सेकेण्डरी, कॉलेज और विश्वविद्यालय की संवृद्धि दर क्रमश: 369 प्रतिशत, 176 प्रतिशत, 675 प्रतिशत और 425 प्रतिशत थी। लेकिन पूर्वी पाकिस्तान की जनसंख्या में लगातार बढ़ोतरी होने के बावजूद यहाँ प्राथमिक स्कूलों में 4.6 प्रतिशत, सेकेण्डरी स्कूल में 11.4 प्रतिशत, कॉलेजों में 320 प्रतिशत और विश्वविद्यालय में 300 प्रतिशत की ही संवृद्धि हुई।

जीवन के दूसरे क्षेत्रों में भी पूर्वी पाकिस्तान के लोगों की स्थिति बहुत ही दयनीय थी। शुरुआत से ही पाकिस्तान की केंद्रीय सरकार ने पूर्वी पाकिस्तान की जनता के साथ राजनीतिक, सांस्कृतिक और सामाजिक भेदभाव तथा दमन की नीति अपना रखी थी। रोज़मर्रा की ज़िंदगी में बंगाली लोगों की गिरफ़्तारी और उत्पीड़न एक सामान्य घटना थी। सामाजिक रूप से भी पाकिस्तान में बंगालियों को उपेक्षा की नज़र से देखा जाता था। माना जाता था कि वे सच्चे मुसलमान नहीं हैं या हिंदुओं से प्रभावित मुसलमान हैं। किसी भी तरह के विरोध को भारतीय षड्यंत्र या इस्लाम के लिए ख़तरे की संज्ञा दे दी जाती थी। इसके अलावा पूर्वी पाकिस्तान के बहुसंख्यक लोगों की भाषा बांग्ला को ख़ारिज कर उर्दू और अंग्रेज़ी थोपने की कोशिश भी की गयी। कुल मिला कर पश्चिम की निगाह में पूर्व के लोगों की संस्कृति को हिंदू संस्कृति का दर्जा दे दिया गया था। इसी कारण से पूर्वी पाकिस्तान में उर्दू थोपने के ख़िलाफ़ 1948 में ही आंदोलन शुरू हो चुका था।

इन सब कारकों के चलते ही 1954 के चुनावों में मुसलिम लीग पूर्वी पाकिस्तान में हार गयी और कई राजनीतिक दलों के संयुक्त मोर्चे की सरकार बनी। इसके बाद ही बांग्ला को यहाँ की राष्ट्रीय भाषा के रूप में मान्यता मिल सकी। इस हार के बाद मुसलिम लीग कभी भी इस क्षेत्र में लोकप्रियता हासिल नहीं कर पायी। यह बात भी याद रखने की ज़रूरत है कि मुसलिम लीग के धर्म आधारित राष्ट्रवाद के विपरीत पूर्वी पाकिस्तान के दूसरे राजनीतिक दलों ने जिस राष्ट्रवाद की तरफ़दारी की उसमें भाषा और बंगाली संस्कृति को प्रमुख स्थान दिया गया।

पाकिस्तान में 1958 में जनरल अयूब ख़ान के नेतृत्व में सेना ने लोकतांत्रिक रूप से चुनी हुई सरकार का तख़्ता पलट दिया। 1962 में अयूब ख़ान ने एक नया संविधान लागू किया। इसमें फ़ौजी शासक के हाथों में शक्ति का केंद्रीकरण कर दिया गया। इसके ख़िलाफ़ पूरे पाकिस्तान के छात्रों ने विरोध आंदोलन किया। ख़ासतौर पर पूर्वी पाकिस्तान के छात्रों

विजेता मुक्ति वाहिनी

ने इसमें बढ़-चढ़ कर हिस्सा लिया। पूर्वी पाकिस्तान में जनरल अयूब द्वारा गठित शिक्षा आयोग की सिफ़ारिशों के ख़िलाफ़ भी आंदोलन शुरू हुआ। एस.एम. शरीफ़ के नेतृत्व में गठित इस आयोग की सिफ़ारिशों के कारण आम और ग़रीब लोगों के लिए शिक्षा के मौक़े काफ़ी कम हो जाने के अंदेशे थे। लगातार हुए विरोध के कारण इस आयोग की सिफ़ारिशें लागू नहीं की गयीं। कुल मिला कर पूर्वी पाकिस्तान में किसी-न-किसी रूप में पश्चिम स्थित पाकिस्तान की केंद्रीय सरकार का विरोध और आंदोलन जारी रहा। समय बीतने के साथ वह ज़्यादा-से-ज़्यादा राजनीतिक रुख अख़्तियार करता गया।

1966 में पूर्वी पाकिस्तान की प्रमुख पार्टी अवामी लीग के नेता शेख़ मुजीबुर्रहमान ने एक छह सूत्रीय माँग-पत्र सामने रखा। इसमें पूर्वी पाकिस्तान को ज़्यादा स्वायत्तता देने की माँग की गयी थी। इस माँग से पूर्वी पाकिस्तान में चल रहे राजनीतिक आंदोलनों को बहुत उछाल मिला। इन्हीं आंदोलनों को दबाने के लिए अयूब ख़ान ने 1968 में शेख़ मुजीबुर्रहमान को अगरतला षड्यंत्र केस में गिरफ़्तार कर लिया। मुजीब पर आरोप यह था कि उन्होंने भारतीय राज्य त्रिपुरा की राजधानी अगरतला में भारतीय अधिकारियों के साथ गुप्त बैठकें की हैं और पाकिस्तान को तोड़ने का षड्यंत्र रचा है। स्पष्ट था कि इस केस के बहाने पाकिस्तान की केंद्रीय सरकार बंगालियों की भावनाओं और राजनीतिक आकांक्षाओं का दमन करना चाहती है। मुजीब की गिरफ़्तारी के ख़िलाफ़ ज़बरदस्त आंदोलन छिड़ गया। मजबूर होकर अयूब ख़ान को 1969 में अगरतला षड्यंत्र केस वापस लेकर उन्हें जेल से रिहा करना पड़ा। दरअसल, यह एक फ़ौजी शासक द्वारा जनता के विद्रोह के सामने झुकने की तरह था। इसने पूर्वी पाकिस्तान के आंदोलनकारियों के हौसले काफ़ी बुलंद कर दिये। अब उन्हें यह लगने लगा कि वे पाकिस्तान के सैनिक शासकों को अपनी माँगें मानने पर मजबूर कर सकते हैं।

लेकिन मुजीब को रिहा करने के बावजूद अयूब ख़ान ने पूर्वी पाकिस्तान को स्वायत्तता देने के बारे में उनकी माँग नहीं मानी। 1969 में ही जनरल याहिया ख़ान पाकिस्तान के राष्ट्रपति बने। उन्होंने यह घोषणा की कि वे जल्दी ही लोकतांत्रिक तरीक़े से चुनी हुई सरकार को सत्ता स्थानांतरित कर देंगे। पाकिस्तान में मार्च, 1970 के शुरुआत में चुनाव हुए। पूर्वी हिस्से में अवामी लीग को भारी जीत मिली। यहाँ की कुल तीन सौ प्रांतीय सीटों में से दो सौ उसने जीत लीं। पूर्वी पाकिस्तान में संसद के लिए 162 सीटें थीं, जिनमें से 160 सीटों पर अवामी लीग को जीत हासिल हुई। पश्चिमी पाकिस्तान में जुल्फ़िकार अली भुट्टो के नेतृत्व वाली पाकिस्तान पीपुल्स पार्टी को अच्छी सफलता मिली। चूँकि अवामी लीग सबसे बड़े दल के रूप में उभरी थी, इसलिए उसे सरकार बनाने का मौक़ा दिया जाना चाहिए था। लेकिन पश्चिमी प्रांत के अभिजन मानसिक रूप से इस बात के लिए तैयार नहीं थे कि पूर्वी पाकिस्तान का कोई नेता देश की कमान सँभाले। इसलिए भुट्टो और जनरल याहिया ख़ान के बीच मुजीब को सत्ता न सौंपने के बारे में अघोषित सहमति बन गयी। जब नियत समय पर अवामी लीग को सत्ता नहीं सौंपी गयी, तो उसने पूर्वी पाकिस्तान में असहयोग आंदोलन शुरू कर दिया।

भारत विभाजन के बाद पाकिस्तान में इतने बड़े पैमाने पर असहयोग आंदोलन कभी नहीं हुआ था। इसने पाकिस्तान की केंद्रीय सरकार को बिल्कुल ही अप्रभावी बना दिया। सात मार्च को मुजीब ने ढाका में एक रैली को सम्बोधित करते हुए कहा कि अब आज़ादी के लिए संघर्ष करने का समय आ गया है। आंदोलन को निष्प्रभावी बनाने के लिए भुट्टो और याहिया ने बातचीत का दिखावा किया। लेकिन इसके साथ ही पाकिस्तानी सरकार ने पूर्वी पाकिस्तान में सैनिक टुकड़ियाँ भी भेजनी शुरू कर दीं। 25 मार्च के आस-पास पाकिस्तानी सेना ने पूर्वी पाकिस्तान लोगों के ख़िलाफ़ ऑपरेशन सर्च लाइट की शुरुआत की। इसमें पूर्वी पाकिस्तान के निहत्थे लोगों को निशाना बनाया गया। हज़ारों लोग मारे गये। मुजीब को गिरफ़्तार करके पश्चिमी पाकिस्तान ले जाया गया। इसके बाद अवामी लीग ने खुल कर अंतर्राष्ट्रीय मदद की अपील की। दूसरी ओर सेना और सरकारी महकमों में काम करने वाले बांग्लाभाषियों ने अपनी नौकरियाँ छोड़ दीं। आम लोगों ने इस विरोध में अपने-अपने तरीक़े से भागीदारी की। लेकिन फिर भी अप्रैल के पहले हफ़्ते तक पाकिस्तानी सेना ने स्थिति को अपने क़ाबू में कर लिया।

पाकिस्तानी सेना के दमन के कारण तक़रीबन एक करोड़ लोगों को भारत में शरण लेनी पड़ी। अवामी लीग के

अधिकांश बड़े नेता भी भारत आ गये। भारत ने शरणार्थियों की हर तरह से मदद की। अवामी लीग के नेताओं ने ख़ुद को भारत में संगठित किया। उन्होंने पार्टी के महासचिव ताजुद्दीन अहमद के हाथों में नेतृत्व सौंप दिया। 10 अप्रैल, 1971 को अवामी लीग के नेताओं ने बांग्लादेश की आज़ादी की घोषणा कर दी। 17 अप्रैल को पीपुल्स रिपब्लिक ऑफ़ बांग्लादेश की सरकार गठित की गयी। यह सरकार बांग्लादेश के ख़ुशटिया ज़िले के मेहरपुर में बैद्यनाथटाला में गठित की गयी। शेख़ मुजीब को इस गणतंत्र का राष्ट्रपति, सैयद नज़रूल इस्लाम को उपराष्ट्रपति और ताजुद्दीन अहमद को प्रधानमंत्री बनाया गया।

बांग्लादेश को पाकिस्तानी सेना के चंगुल से मुक्त कराने के लिए मुक्ति वाहिनी का गठन किया गया। इसमें दो तरह के लोग थे— नियमित सेना और अनियमित सेना। नियमित सेना में वे लोग थे जो पहले पाकिस्तानी सेना के हिस्से थे और जिन्हें पर्याप्त सैन्य प्रशिक्षण मिला हुआ था। अनियमित सेना में ऐसे स्वतंत्रता सेनानी थे जिन्हें सैन्य प्रशिक्षण नहीं मिला था। इसमें नौकरी पेशा, किसान और मज़दूर शामिल थे। पाकिस्तानी सेना ने पूरे देश में स्वतंत्रता सेनानियों को नियंत्रित करने के लिए एक शांति वाहिनी गठित की। इसके अलावा, पाकिस्तान सरकार ने बुद्धिजीवियों को सफ़ाया करने के लिए अल-बदर वाहिनी का भी गठन किया। इसमें जमाते-इस्लाम पार्टी और मुसलिम लीग के सदस्य शामिल हुए। इस वाहिनी द्वारा हज़ारों बुद्धिजीवियों की हत्या की गयी।

अगले नौ महीनों में पाकिस्तानी सेना और उसके सहयोगियों ने लाखों बंगाली लोगों की हत्या कर दी और लाखों महिलाओं के साथ बलात्कार किया। दरअसल, द्वितीय विश्व युद्ध के बाद दुनिया में कहीं भी इतने बड़े पैमाने पर जनसंहार नहीं हुआ था। लेकिन मुक्ति वाहिनी के सदस्यों ने भी पाकिस्तानी सेना का ज़बरदस्त प्रतिरोध किया। अंतर्राष्ट्रीय स्तर पर संयुक्त राज्य अमेरिका, चीन, सऊदी अरब और मध्य-पूर्व के देशों ने पाकिस्तान का समर्थन किया। दूसरी ओर भारत, सोवियत संघ और गुटनिरपेक्ष देशों ने बांग्लादेश का पक्ष लिया। भारत ने सिर्फ़ बांग्लादेश के लोगों और राजनीतिक नेताओं को शरण ही नहीं दी, बल्कि मुक्ति वाहिनी के सदस्यों को सैन्य प्रशिक्षण भी दिया। इसके अलावा उसने अंतर्राष्ट्रीय स्तर पर बांग्लादेश के पक्ष में जनमत बनाने में महत्त्वपूर्ण भूमिका निभायी। इस संदर्भ में भारत की तत्कालीन प्रधानमंत्री इंदिरा गाँधी ने ज़बरदस्त भूमिका निभायी।

बांग्लादेश के घटनाक्रम की प्रतिक्रिया में पाकिस्तान ने अपनी पश्चिमी सीमा की ओर से 3 दिसम्बर, 1971 को भारत पर हमला कर दिया। दूसरी ओर पूर्वी पाकिस्तान की ओर मुक्ति वाहिनी और भारतीय सेनाओं ने मिल कर एक मित्र वाहिनी का गठन किया और पूर्वी पाकिस्तान वाले भाग में पाकिस्तानी सेना को ज़बरदस्त चुनौती दी। 16 दिसम्बर, 1971 को मित्र वाहिनी ने ढाका पर क़ब्ज़ा कर लिया। यही वह दिन था जब पाकिस्तान ईस्टर्न कमांड के जरनल नियाजी ने 93,000 पाकिस्तानी सैनिकों के साथ ईस्टर्न कमांड के भारतीय सेनापति लेफ़्टिनेंट जरनल जगजीत सिंह अरोड़ा के सामने आत्म-समर्पण कर दिया। इस तरह बांग्लादेश 16 दिसम्बर, 1971 को आज़ाद हुआ।

बांग्लादेश की आज़ादी का पाकिस्तान की राजनीति पर गहरा प्रभाव पड़ा। याहिया ख़ान को अपना पद छोड़ना पड़ा और सेना की विश्वसनीयता भी काफ़ी प्रभावित हुई। इस पूरी प्रक्रिया में भारत की सक्रिय भूमिका ने भी पाकिस्तानी अभिजनों के मन में भारत के प्रति गहरी नाराज़गी और दुश्मनी की भावना भर दी। इसका भविष्य के भारत-पाकिस्तान संबंधों पर भी प्रभाव पड़ा। बांग्लादेश की आज़ादी के कारण भारत के भीतर इंदिरा गाँधी की लोकप्रियता में ज़बरदस्त बढ़ोतरी हुई।

देखें : आज़ादी के लिए सशस्त्र संघर्ष-1, 2 और 3, उपनिवेशवाद विरोधी आंदोलन-1, 2 और 3, दक्षिण एशियायी सहयोग संगठन (सार्क), माओवाद : नेपाल का, बांग्लादेश मुक्ति-संघर्ष, म्याँमार में लोकतंत्र के लिए संघर्ष, श्रीलंका में तमिल पृथकतावाद।

संदर्भ

1. एच.एच. मुजीब (सम्पा.) (1982), *बांग्लादेश स्वाधीनता जुद्ध : डॉक्यूमेंट्स* (वॉर ऑफ़ इंडिपेंडेंस ऑफ़ बांग्लादेश डॉक्यूमेंट्स), खण्ड 3, गवर्नमेंट ऑफ़ द पीपुल्स रिपब्लिक ऑफ़ बांग्लादेश, ढाका.
2. बी. उमर (2006), *द इमरजेंस ऑफ़ बांग्लादेश,* खण्ड 2, ऑक्सफ़र्ड युनिवर्सिटी प्रेस, न्यूयॉर्क.
3. शर्मिला बोस (2005), 'ऐनाटॉमी ऑफ़ वायलेंस : ऐनालिसिस ऑफ़ सिविल वॉर इन ईस्ट पाकिस्तान इन 1971', *इकॉनॉमिक ऐंड पॉलिटिकल वीकली,* खण्ड 40, अंक 41.

— कमल नयन चौबे

ब्लैक पैंथर्स

(Black Panthers)

बीसवीं सदी के छठें दशक के आख़िरी वर्षों में अमेरिकी राजनीति में ब्लैक पैंथर्स का उभार हुआ। संयुक्त राज्य अमेरिका के नागरिक जीवन में हिंसा और मार्क्सवादी क्रांति की दावेदारियों के आधार पर की जाने वाली यह राजनीति अपने आप में अनूठी थी। इसके पीछे नागरिक अधिकार आंदोलन, ब्लैक पॉवर आंदोलन और तीसरी दुनिया की मुक्ति

के लिए चलाये जाने वाले संघर्षों की भूमिका थी। ब्लैक पैंथर पार्टी का गठन अक्टूबर, 1966 में ऑकलैण्ड, कैलिफोर्निया में हुआ। इस पार्टी से जुड़े काले एक्टिविस्टों का मानना था कि अमेरिकी समाज में सम्पत्ति आधारित विषमता बहुत ज़्यादा है और साथ ही यहाँ नस्लवाद की बुनियाद भी काफ़ी गहरी है। इन्हीं दोनों से निजात पाने के लिए उन्होंने अपना कार्यक्रम पेश किया, जिसमें इन्होंने मार्क्सवादी क्रांति की आवश्यकता पर बल दिया गया था। अपने दस सूत्रीय कार्यक्रमों के ज़रिये पैंथरों के नेता ह्यू न्यूटन ने (1942-89) ने काले समुदाय के लोगों के लिए पूर्ण रोज़गार की माँग की। उन्होंने शिक्षा-सुधार करने और कालों की सुरक्षा के लिए सशस्त्र पुलिस बलों की तैनाती पर भी ज़ोर दिया। कुल मिला कर उनकी माँग थी कि काले लोगों के लिए रोटी, ज़मीन, शांति और न्याय की गारंटी की जानी चाहिए। उल्लेखनीय है कि ब्लैक पैंथरों के रैडिकलिज़म से प्रेरित होकर दूसरे देशों में दमित समूहों ने कई संगठन बनाये। इसमें भारत में शुरू हुआ दलित पैंथर्स संगठन ख़ास तौर पर उल्लेखनीय है। नामदेव ढसाल और दूसरे एक्टिविस्टों ने इसे 1972 में शुरू किया था। इन्होंने अपना नाम ब्लैक पैंथर्स से प्रेरित होकर ही रखा। इसके नेताओं ने यह घोषित किया कि वे ब्लैक पैंथर्स की तरह ही अपने अधिकारों के लिए जुझारू संघर्ष करने में विश्वास रखते हैं। इस आंदोलन ने दलित युवाओं की पूरी पीढ़ी को अपने अधिकारों के लिए संघर्ष करने के लिए प्रेरित किया। ब्लैक पैंथर पार्टी बहुत कम समय तक अस्तित्व में रही। इसके बावजूद उसने न सिर्फ़ अमेरिका के काले लोगों को उनके अधिकारों के प्रति जागरूक किया, बल्कि दुनिया के दूसरे भागों के शोषित और दमित लोगों में भी संघर्ष की भावना भरी।

पैंथर्स के बारे में एक मान्यता यह भी रही है कि यह राजनीतिक चेतना रखने वाले 'स्ट्रीट गैंग' से ज़्यादा कुछ नहीं था। लेकिन एक अनुसंधान के मुताबिक़ इसका गठन ईस्ट बे के समृद्ध सांस्कृतिक और बौद्धिक परिवेश में हुआ था। कॉलेजों और विश्वविद्यालयों में इसका व्यापक नेटवर्क था। असल में दूसरे विश्व-युद्ध के दौरान और इसके बाद के दौर में काले लोग बड़ी तादाद में कैलिफोर्निया में जाकर बस गये थे। वहाँ उन्हें राजकीय भेदभाव का सामना करना पड़ा। इससे युवकों में राज्य के प्रति पहले से मौजूद आक्रोश में बढ़ोतरी हुई। शिक्षा के लोकतंत्रीकरण के विश्वव्यापी विस्तार ने भी काले युवकों को प्रभावित किया। एक ओर इन्हें यह अहसास हुआ कि वे अपनी सुरक्षा के लिए सिर्फ़ सरकार पर निर्भर नहीं रह सकते, दूसरी ओर उन्हें शिक्षा की परिवर्तनकारी क्षमता का भी अहसास हुआ। ऑकलैण्ड में काले युवकों को राज्य के पब्लिक कैम्पस के नेटवर्क का भी फ़ायदा मिला। उत्तर-पश्चिमी ऑकलैण्ड में स्थित मेरिट कॉलेज में बहुत से काले रैडिकल संगठनों का गठन हुआ। आगे चलकर इन्हीं संगठनों से ब्लैक पैंथर्स पार्टी सामने आयी। दरअसल, ब्लैक पैंथर्स से जुड़े काले युवा शिक्षा द्वारा अफ्रो-अमेरिकी लोगों की ख़राब हालत सुधारना चाहते थे। इन अफ्रो-अमेरिकी लोगों को लम्बे समय से राजनीतिक प्रक्रिया में भागीदारी से वंचित रखा गया था। उनके पास रहने लायक़ घर या जीविका के पर्याप्त साधन नहीं थे। कई मौक़ों पर इन्हें पुलिस की क्रूरता का भी सामना करना पड़ता था।

पैंथर्स द्वारा की गयी सशस्त्र पुलिस गश्त की माँग तथा सशस्त्र क्रांति की वकालत ने लोगों का ध्यान उनकी ओर खींचा। हिंसा की तरफ़ उनके झुकाव के कारण जल्दी ही सरकारी जाँच एजेंसियाँ उनके ख़िलाफ़ जाँच-पड़ताल में लग गयीं। हालाँकि यह माना जा रहा था कि पैंथर्स ग़रीब काले लोगों की भलाई के लिए जिन दूसरे तरह के कार्यक्रमों की वकालत कर रहे हैं वे राष्ट्रपति लिंडन जॉनसन द्वारा चलाये जा रहे 'ग़रीबी के ख़िलाफ़ युद्ध' कार्यक्रम से बहुत अलग नहीं हैं, लेकिन पैंथर्स क्रांतिकारी शब्दावली का प्रयोग करते थे इसलिए वे राज्य के निशाने पर आ गये। राज्य की एजेंसियों ने इस बात पर जोर दिया कि यह एक क्रांतिकारी प्रकृति का संगठन है और इसका जुड़ाव तीसरी दुनिया की क्रांतिकारी हिंसा से जुड़ाव है। संघीय जाँच ब्यूरो (एफबीआई) ने पैंथर्स के ख़िलाफ़ ज़बरदस्त अभियान छेड़ दिया। पहले उसके सदस्यों को हिंसा करने के लिए उकसाया गया और फिर इस आधार पर उन्हें गिरफ़्तार कर लिया गया। सरकार के इस अभियान, अंदरूनी राजनीतिक मतभेद और नेतृत्व के संकट जैसे कारकों के चलते 1980 के दशक की शुरुआत में यह संगठन ख़त्म हो गया।

पैंथर्स की प्रकृति के बारे में विद्वानों में काफ़ी वाद-विवाद रहा है। इससे हमदर्दी रखने वाले विद्वानों का यह मानना है कि पैंथर्स द्वारा क्रांतिकारी बदलाव के समर्थन को काले लोगों के लगातार दमन के संदर्भ में ही देखा जाना चाहिए। लेकिन बहुत से लोग यह भी मानते हैं कि मीडिया ने इस समूह को ज़रूरत से ज़्यादा महत्त्व दिया। पैंथर्स के बारे में हाल के वर्षों में किये गये शोध के आधार पर तर्क दिया गया है कि पैंथर्स को सिर्फ़ नागरिक अधिकार मिलने में हो रही देरी के ख़िलाफ़ गुस्से से भरी प्रतिक्रिया के रूप में ही नहीं देखा जाना चाहिए। पैंथर्स से केवल असंतुष्ट शहरी लोग ही नहीं जुड़े थे। इस आंदोलन का विस्तार ग्रामीण क्षेत्रों में भी हुआ। यह स्थानीय, राष्ट्रीय और अंतर्राष्ट्रीय पहलुओं के बारे में जागरूक था। इसने काले राष्ट्रवाद के विचार को एक नया आयाम दिया।

आमतौर पर, ब्लैक पैंथर्स की छवि एक हिंसक और क्रांतिकारी संगठन की रही है। एक दलील यह भी है कि पैंथर्स अपने शुरुआती सालों अर्थात् 1966 से 1971 के बीच

ही सबसे ज़्यादा रैडिकल थे। इस दौरान उन्होंने अमेरिका में हिंसक क्रांति का आह्वान किया। विद्वानों के मन में और लोक-संस्कृति में भी उनकी यही छवि गहरे रूप से बैठी हुई है। लेकिन सच्चाई यह है कि समय के साथ इसमें बदलाव आया। आगे चलकर यह एक ऐसे संगठन के रूप में बदला जिसने बुनियादी सामाजिक, आर्थिक और राजनीतिक बदलाव के लिए सामुदायिक सेवा और यहाँ तक की चुनावी राजनीति को भी अपनाया।

पैंथर्स ने नागरिक अधिकार आंदोलन पर बहुत गहरा प्रभाव डाला। इसने ख़ुद को प्रतिरोध के आंदोलन के रूप में संगठित किया और स्थानीय लोगों के बीच काम किया। इसने काले लोगों को राज्य की मनमानी के ख़िलाफ़ जागरूक किया और उन्हें अपने अधिकारों के लिए लड़ने के लिए भी प्रेरित किया। इनके रैडिकल रुख ने कई बार नैशनल ऐसोसिएशन फ़ॉर द एडवांसमेंट ऑफ़ कलर्ड पीपुल जैसे उदारतावादी नागरिक अधिकार संगठनों के सामने वैधता का संकट भी पैदा किया। प्रतिरोध की अपनी राजनीति के कारण पैंथर्स काले लोगों की समस्याओं से ज़्यादा गहरायी से जुड़ गये। दरअसल, अमेरिकन इण्डिन मूवमेंट और प्यूरेटोरिकन यंग लार्ड्स जैसे कई संगठनों ने भी अपने हिसाब से पैंथर्स के तरीक़ों को अपनाया और अमेरिकी समाज की रैडिकल समालोचना की। इन संगठनों ने सामुदायिक और सांस्कृतिक सशक्तीकरण के लिए समानांतर नस्ल-आधारित आंदोलन चलाया।

पैंथर्स पर किये गये अनुसंधानों में एक तथ्य यह भी निकल कर आया है कि उन्होंने यह कहते हुए संयुक्त राज्य अमेरिका को ख़ारिज किया कि यहाँ लम्बे समय से काले लोगों का शोषण और दमन होता रहा है, लेकिन दूसरी तरफ़ उन्होंने देश के लोकतांत्रिक मूल्यों में अपना भरोसा क़ायम रखा। अमेरीकी समाज की गहरी आलोचना करने के बावजूद पैंथर्स ने अमेरिकी लोकतंत्र को गहरायी प्रदान की। उन्होंने इसकी सबसे उदारतावादी व्याख्याओं को ज़्यादा व्यापक और जीवंत बनाने में महत्त्वपूर्ण भूमिका निभायी।

देखें : काला राष्ट्रवाद, नस्लवाद, फ्रेंज़ फ़ानो।

संदर्भ

1. पी. जोसेफ़, (2006), *वेटिंग टिल द मिडनाइट आवर : अ नैरेटिव हिस्ट्री ऑफ़ ब्लैक पॉवर इन अमेरिका,* हेनरी हॉल्ट, न्यूयार्क.
2. डी. मुर्च (2007), 'द कैम्पस ऐंड द स्ट्रीट : रेस, माइग्रेशन ऐंड ऑरिजिन ऑफ़ ब्लैक पैंथर्स पार्टी इन ऑकलैण्ड', *सीए सोल्स : अ क्रिटिकल जर्नल ऑफ़ ब्लैक पॉलिटिक्स, कल्चर ऐंड सोसाइटी.*
3. जे. रोड्स (2005), *फ्रेमिंग द ब्लैक पैंथर्स : द स्पैक्टेकुलर राइज़ ऑफ़ अ ब्लैक पावर आइकॉन,* न्यू प्रेस, न्यूयॉर्क.

— कमल नयन चौबे

बचपन

(Childhood)

पारम्परिक समाजशास्त्र के दायरे में बचपन स्वतंत्र विषय नहीं माना जाता था। बचपन की अवस्था से संबंधित शोध और अध्ययनों में उसका बृहत्तर संदर्भ परिवार या स्कूल से तय होता था, और ये दोनों संस्थाएँ बच्चे के समाजीकरण की जगह के रूप में देखी जाती थीं। समाजीकरण की धारणा इतनी प्रबल थी कि बच्चे के विकास और अस्तित्व की चर्चा के अन्य सम्भावित बिंदुओं पर समाजशास्त्रियों का ध्यान ही नहीं जाता था। वैकासिक मनोविज्ञान भी इस अवधारणात्मक जकड़न से ग्रस्त था। अगर पारम्परिक समाजशास्त्र में बचपन केवल समाजीकरण का पर्याय बन गया था, तो वैकासिक मनोविज्ञान भी इस धारणा से आगे नहीं बढ़ रहा था कि बच्चा एकल्चरेशन या समाजीकरण के ज़रिये ही पूर्ण वयस्कता की ओर क़दम बढ़ाता है। इस तरह समाजीकरण के सिद्धांत और वैकासिक मनोविज्ञान में ही बच्चों को समाज का सक्रिय कर्ता मानने के बजाय समाजीकरण की प्रक्रिया का निष्क्रिय ग्रहणकर्ता माना जाता था। इसके अलावा इन दोनों पद्धतियों का एक बड़ा दोष यह भी था कि उनमें बच्चे की वर्तमान स्थिति के बजाय इस बात पर ज़्यादा ज़ोर रहता था कि बच्चा इन प्रक्रियाओं से गुज़र कर क्या बनता है।

समाजीकरण का सिद्धांत इस तथ्य को अनदेखा करता है कि समाजीकरण में बच्चे की भी सक्रिय भूमिका होती है। वह अगर ख़ुद समाजीकृत होता है तो दूसरों के समाजीकरण में भी भूमिका निभाता है। इस तरह बचपन के समाजशास्त्र में यह पहलू अनुपस्थित था कि उसमें बच्चों को सक्रिय सामाजिक एक्टर मानने के बजाय एक निष्क्रिय पात्र मान लिया गया था।

इतिहासकार फ़िलिप एरीज़ ने अपने अध्ययन में इस तथ्य को लक्षित किया है कि बचपन की अवधारणा स्थिर और एकायामी नहीं रही है। उन्होंने डायरी, चित्रकला और अन्य ऐतिहासिक दस्तावेजों की पड़ताल के ज़रिये बताया है कि बचपन की अवधारणा न केवल इतिहास-समाज-संस्कृति सापेक्ष है बल्कि समय के साथ उसमें कई विशिष्ट आयाम भी जुड़ते गये हैं। उदाहरण के लिए मध्यकाल में बच्चों के प्रति उदासीनता का रवैया हावी था। सत्रहवीं सदी में बच्चों को मनोवैज्ञानिक दृष्टिकोण से देखा जाने लगा। एरीज़ के अध्ययन से पता चलता है कि मध्यकाल में बच्चों को समाज का अभिन्न अंग समझा जाता था उस समय बचपन को एक स्वतंत्र अवधारणा नहीं माना जाता था। आधुनिकता के साथ बच्चों के प्रति उदासीनता का यह रवैया बदलने लगा और

उन्हें खिलौने की तरह देखा जाने लगा।

एरीज़ बचपन के जिन विभिन्न रूपों का वर्णन करते हैं उनका पश्चिम में बचपन की आधुनिक अवधारणा से मेल नहीं बैठता। पश्चिम के प्रचलित मतानुसार बचपन को निर्दोष और अबोधता का ऐसा काल माना जाता है जिसमें बच्चे को समाज का अंग न मानकर उसे वयस्क समाज से अलग और सुरक्षित रखने पर ज़ोर दिया जाता है। लेकिन आधुनिक पश्चिमी समाज में भी बचपन कई तरह की विसंगतियों से घिरा है। सामाजिक जीवन के कई कार्यों को बच्चों के लिए वांछनीय माना गया है और कई चीजों को उनके लिए निषिद्ध किया गया है। मसलन, इंग्लैण्ड में चौदह साल के बच्चों को कुछ ख़ास तरह के काम करने की अनुमति दी गयी है। वहाँ दस साल के बच्चों को ज़िम्मेदार मान लिया जाता है जबकि मताधिकार की उम्र अठारह वर्ष निर्धारित की गयी है।

बचपन की अवधारणा और उसका अर्थ हर संस्कृति में अलग-अलग होता है। इसलिए उसका कोई एक रूप या धारणा स्थिर नहीं की जा सकती। उदाहरण के लिए सामंथा पंच के अध्ययन से पता चलता है कि बोलिविया जैसे देश में पाँच साल से ऊपर के बच्चे से यह उम्मीद की जाती है कि वह पानी भरने या लकड़ी इकट्ठा करने जैसे कामों में परिवार का हाथ बँटाये। ऐसे बच्चे जब परिवार की ज़िम्मेदारियों में भाग लेते हैं तो उन्हें गर्व होता है। इस तरह बचपन को देखने का ग़ैर-पश्चिमी नजरिया बचपन के अवधारणात्मक विकास और उसके सामाजिक अध्ययन में एक नयी प्रस्थापना का आधार पेश करता है। इसके मुताबिक़ बचपन की संकल्पना का आयु से कोई सीधा और अनिवार्य संबंध नहीं है। विकासशील देशों में बच्चे बख़ूबी उत्पादक काम करते हुए आय का सृजन करते हैं और घर की ज़िम्मेदारियों में भाग लेते हैं। यह परिघटना पश्चिम की उस अवधारणा को काफ़ी हद तक निरस्त कर देती है कि बचपन सिर्फ़ अबोध होता है और उन्हें वयस्क समाज से सुरक्षित रखना चाहिए। विकासशील देशों के इन उदाहरणों से समाजीकरण का वह पूरा विमर्श स्वयं समस्याकृत होने लगता है जिसमें बच्चों को केवल अक्रिय ग्रहणकर्ता की भूमिका दी गयी है।

बचपन की इस नयी प्रस्थापना ने सामाजिक अध्ययन को आठवें दशक में प्रभावित करना शुरू किया। इंग्लैण्ड, युरोप और अमेरिका में उत्तरोत्तर प्रचलित होने वाली यह धारा बचपन को एक सामाजिक परिघटना के तौर पर देखती है। जेम्स एवम्प्राउट इस प्रस्थापना के केंद्रीय दृष्टिकोण को कुछ इस तरह सूत्रबद्ध करते हैं : बचपन को सामाजिक निर्मिति माना जाए; बचपन के सामाजिक विश्लेषण को वर्ग, लिंग और जातीयता के संदर्भों से नहीं काटा जा सकता; बचपन और बच्चों के सामाजिक संबंधों का अध्ययन का एक स्वतंत्र विषय माना जाए; बचपन के समाजशास्त्र में नृजातिवर्णन की पद्धति एक प्रभावशाली उपकरण हो सकती है; और बचपन का समाजशास्त्र समाज में बचपन के निर्माण की प्रक्रिया का अध्ययन है।

पिछले दो दशकों के दौरान इस नयी धारा के तहत बचपन की परिस्थितियों का बहुआयामी अध्ययन किया गया है जिसमें अनाथ, सड़कों पर गुज़र बसर करने वाले और कामकाजी बच्चों के अलावा स्कूल, समय, फ़ुरसत आदि के साथ उनके संबंधों की पड़ताल की गयी है। बचपन के सामाजिक अध्ययन में नये अध्येताओं ने बच्चों का जिन विभिन्न सामाजिक संदर्भों में अध्ययन करने का प्रयास किया है उनमें बचपन को किसी सार्वभौम संकल्पना के बजाय जेंडर, प्रतिकूलताओं और वर्गीय सीमाओं से प्रभावित और संरचित होने वाली अवस्था की तरह देखा गया है।

अध्ययन की इस धारा को लेकर शुरुआती दौर में अनेक विद्वानों ने शंकाएँ व्यक्त की थीं। उनका तर्क था कि बच्चों और किशोरों से सूचना जुटाना समस्याग्रस्त रहता है क्योंकि वे अपने सामाजिक जीवन के बारे में स्पष्ट और ठोस ढंग से बात नहीं कर पाते। लेकिन पिछले दो दशकों के दौरान बचपन के विभिन्न रूपों, उनकी वर्गीय बनावटों को लेकर जिस तरह का उच्चस्तरीय शोध हुआ है उससे यह शंका निर्मूल साबित हुई है। नये शोध से निकले नतीजों को अब बच्चों के विकास और कल्याण से जुड़ी नीतियों में अधिकाधिक शामिल किया जा रहा है। हालाँकि इस बीच में किये गये अधिकांश अध्ययनों में नृजातिवर्णन की पद्धति का उपयोग किया गया है लेकिन बचपन का यह नया समाजशास्त्र जिस तरह विकसित हुआ है उसमें कई अन्य तरह की शोध पद्धतियों का समावेश भी देखा जा सकता है। इसलिए कई विद्वानों का मानना है कि बचपन का यह समाजशास्त्र असल में एक अंतरविषयक अध्ययन बन गया है। इस क्षेत्र में आजकल इतिहासकार, मानवशास्त्री, भूगोलवेत्ता आदि से लेकर मानवशास्त्री तथा मनोवैज्ञानिक सभी शामिल हैं। कई शोधकर्ता अपने अध्ययन के लिए सामग्री जुटाने के लिए प्रश्न आधारित सर्वेक्षण आदि का प्रयोग करते हैं जिसे नृजातिवर्णन जितना ही महत्त्वपूर्ण माना जा सकता है। जैसा कि हर तरह के शोध के साथ होता है शोधकर्ता जिस पद्धति का इस्तेमाल करता है वह एक तरह से उसके अपने दृष्टिकोण, प्रश्नों और आग्रह का परिचायक होता है। पिछले दो दशकों के दौरान किये गये शोध की प्रवृत्ति पर नजर डालने से यह बात लक्षित की जा सकती है कि पहले का शोध बच्चों को एक बाहरी वस्तु की तरह देखता था जबकि नया शोध बच्चों को विषय मानकर चलता है।

हाल में शोध की नयी पद्धति में एक नया प्रयोग किया गया है जिसमें बच्चों से संबंधित अध्ययन में ख़ुद उन्हें ही

शोधकर्ता और अध्ययन का सूत्रधार बनाया गया है। नये अध्ययन में बचपन और बच्चों के सामाजिक जीवन का कई अप्रत्याशित कोणों से परीक्षण किया गया है। बचपन के इस नये समाजशास्त्र की अगर किसी एक स्थाई उपलब्धि का जिक्र किया जाए तो यह कहना अनुपयुक्त नहीं होगा कि उसने बच्चों को घर और स्कूल के संदर्भ से आज़ाद करके उन्हें निजता का संदर्भ प्रदान किया। इस अर्थ में यह अध्ययन अब तक की पद्धतियों से इस मायने में श्रेयस्कर ठहरता है क्योंकि उसमें बच्चों को उनकी सही जगह पर बहाल किया गया है। सम्भव है कि भविष्य में बचपन का सामाजिक अध्ययन बच्चों को पुनः घर, स्कूल और परिवार के संदर्भ में रखकर विचार करे। यह प्रवृत्ति कुछ हद तक नारीवाद के शुरुआती दौर की याद दिलाती है जब अध्येताओं ने स्त्री के उत्पीड़न में पितृसत्ता की भूमिका उजागर करने के लिए जेंडर की निर्मिति को उसके अवयवों में खण्ड-खण्ड करके देखा था। इसी तरह बचपन के नये समाजशास्त्रियों ने बच्चों को वयस्क समाज के उत्पीड़क श्रेणीकरण से मुक्त किया है। यह सम्भवतः इसी का परिणाम है कि बच्चों को आज मुख्यधारा के सामाजिक अनुशासनों में सामाजिक तौर पर एक समर्थ और एक्टर के तौर पर देखा जाने लगा है। कई विद्वानों का मानना है कि सामाजिक अध्ययनों में इस अवस्था की आमद से पहले बचपन को पुनः सामाजिकता में आरूढ़ करने और व्याख्यायित करने का यत्न नहीं किया जा सकता था।

देखें : अर्थव्यवस्था का समाजशास्त्र, अभिजन, अभिरुचि, आत्महत्या, उन्मूलनवाद, एजेंसी, कर्मकाण्ड, क़ानून, कारागार, गोपनीयता, गृहविहीनता, जाति और जाति-व्यवस्था-1 से 4 तक, जादू, जीवन-शैली, टेलरवाद, डार्विनिज़्म और चार्ल्स रॉबर्ट डार्विन, फ़ुरसत, बुज़ुर्गियत का समाजशास्त्र, बेगानापन, भीड़, भ्रष्टाचार का समाजशास्त्र-1 और 2, विचलन, ज्ञान का समाजशास्त्र।

संदर्भ

1. ए. जेम्स और ए. प्राउट (सम्पा.) (1997), *कंसट्रक्टिंग ऐंड डिकंस्ट्रक्टिंग चाइल्डहुड : कंटेम्परेरी इशूज़ इन द सोसिओलॅजिकल स्टडी ऑफ़ चाइल्डहुड,* द्वितीय संस्करण, फाल्मर, लंदन.
2. ए. जेम्स, सी जेंक्स और ए. प्राउट (1998), *थियराइज़िंग चाइल्डहुड,* पॉलिटी, लंदन.
3. सी. जेंक्स (1996), *चाइल्डहुड,* रॉटलेज, लंदन.
4. एस. स्टीफ़ंस (सम्पा.) (1995), *चिल्ड्रन ऐंड द पॉलिटिक्स ऑफ़ कल्चर,* प्रिंसटन युनिवर्सिटी प्रेस, प्रिंसटन.

— नरेश गोस्वामी

बर्तोल्त ब्रेख़्त

(Bertolt Brecht)

जर्मन कवि, नाट्यकार, निर्देशक, मार्क्सवादी संस्कृतिकर्मी और सिद्धांतकार बर्तोल्त ब्रेख़्त (1898-1956) को महाकाव्यात्मक रंगमंच (एपिक थिएटर) की नींव रखने और अभिनय की एक नयी शैली विकसित के लिए जाना जाता है जिसे ए-इफ़ैक्ट अर्थात् अलगाव का सिद्धांत (एलिएनशन थियरी) कहा गया। उनकी ये उपलब्धियाँ उस ज़माने में सामने आयीं जब बीसवीं सदी में युरोप का रंगमंच यथार्थवाद से आक्रांत था और रूस के प्रसिद्ध निर्देशक स्तानिस्लाव्स्की के मैथड (अभिनय प्रशिक्षण का सिद्धांत) ने रंगकर्मियों को जकड़ रखा था। ऐसे समय में बर्तोल्त ब्रेख़्त के सिद्धांतों और रंग-प्रयोगों ने युरोप के रंगमंच का परिचय अपनी नवीन शैली से करवाया। ब्रेख़्त का प्रभाव न केवल इंग्लैण्ड, फ्रांस और जर्मनी के संस्कृतिकर्मियों पर पड़ा, बल्कि उन्होंने सारी दुनिया में वामपंथी विचारधारा से प्रतिबद्ध और जनोन्मुख रंगकर्म करने वाले संस्कृतिकर्मियों पर अपनी छाप छोड़ी। ब्रेख़्त ने यथार्थवाद को एक साज़िश क़रार दिया जिसमें अभिनेता और निर्देशक दर्शकों को भावुकता और सम्मोहन में जकड़ कर नाट्य स्थितियों में अपने साथ बहा ले जाते थे। दर्शक नाटकीय स्थितियों को सहज और स्वाभाविक मान लेता था। इस प्रक्रिया में दर्शकों को यह अवकाश ही नहीं मिलता था कि वे चैतन्य होकर स्थितियों का विश्लेषण कर सकें।

नाटक को एक निश्चित परिणति तक पहुँचाने और दर्शक का मनोरंजन करने की बजाय ब्रेख़्त नाटक मंचन के बाद दर्शक पर पड़ने वाले प्रभाव के बारे में अधिक चिंतित थे। ब्रेख़्त के रचनात्मक विकास को चार चरणों में बाँट कर देखा जा सकता है। पहला दौर 1914 से 1930 के बीच चला जब उन्होंने अपनी शुरुआती कविताएँ और कहानियाँ लिखीं। इसी दौरान उन्होंने अपने दो गीतनाट्य (ओपेरा) भी रचे। 1930 से 33 के बीच की अवधि ब्रेख़्त के लर्निंग प्लेज़ के लिए जानी जाती है। इसके बाद 1948 तक वे जर्मनी से निष्कासित रहे और इस बीच कई नाटकों की रचना की। इसके बाद वे जर्मनी लौटे और बर्लिनर ऐनसेम्बिल की स्थापना की। अपने इस चौथे दौर में ब्रेख़्त ने शेक्सपियर, मोलियर और अन्य महान नाटककारों की रचनाओं के रूपांतरण किये। हालाँकि ब्रेख़्त ने कम्युनिस्ट पार्टी की सदस्यता कभी नहीं ली, पर मार्क्सवाद में उनकी गहरी आस्था थी और दो विश्व-युद्धों के बीच उनका निजी और रचनात्मक जीवन उथल-पुथल से भरा हुआ था।

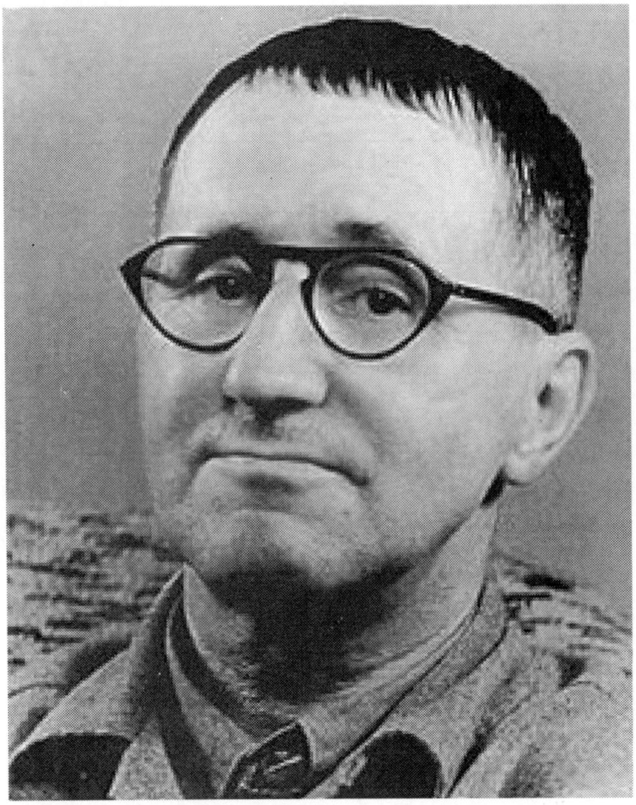

बर्तोल्त ब्रेख़्त (1898–1956)

ब्रेख़्त समकालीन रंगमंच पर हावी अरस्तू के सिद्धांतों, प्रोसेनियम रंगमंच और यथार्थवादी शैली से बाहर निकलना चाहते थे। रंगमंच को एक विकल्प देने की अभिलाषा के साथ उन्होंने विज्ञान और तकनीक के प्रसार और उससे प्रभावित होकर बदल रही जीवन शैली को पहचाना। उनका ख़याल था कि बदलाव की इस प्रक्रिया के लिए नये रंगमंच की ज़रूरत पड़ेगी। इसी प्रक्रिया में उन्होंने नाटकीय रंगमंच (ड्रामेटिक थिएटर) की जगह महाकाव्यात्मक रंगमंच (एपिक थिएटर) की स्थापना की जो दर्शकों के अनुभव को सहलाने की जगह उनकी तर्क क्षमता को उत्तेजित करता है। बर्तोल्त ब्रेख़्त का कहना था कि दुनिया में अगर किसी चीज़ को स्वाभाविक और सहज मान लिया जाता है तो इसका मतलब यही होता है कि उसे समझने के अन्य प्रयास हुए ही नहीं। यथार्थवादी रंगमंच और उसकी प्रविधियाँ इसी तरह सहज मान ली गयी थीं। यथार्थवादी रंगमंच का ज़ोर दर्शकों के दिमाग़ की जगह उनकी भावनाओं को सम्मोहित करने पर था। इसके लिए वह यथार्थ का एक भ्रम रचता था, जिसमें दर्शक कथा और पात्र से अपना तादात्म्य महसूस करते थे और क्लाइमेक्स तक पात्र की समस्या के हल में अपनी समस्या का हल पा लेते थे। ब्रेख़्त ने महाकाव्यात्मक रंगमंच में दर्शक को प्रेक्षक में बदल दिया जो नाटक को नाटक की तरह एक आलोचनात्मक दूरी से देखता था। वह सत्य को सहज रूप में देखने के बजाय स्वयं को उसे एक भिन्न कोण से देखते हुए पाता था। महाकाव्यात्मक रंगमंच का नाटकीय रंगमंच से अंतर करते हुए उन्होंने बताया कि महाकाव्यात्मक रंगमंच जीवित मानवों द्वारा खेला जाता है और नाटकीय रंगमंच लिखित शब्दों से संचालित होता है। एपिक थिएटर में दर्शकों के आगे की आभासी चौथी दीवार गिर जाती है और वह सही मायनों में खेल देखता है, जिसमें स्थितियाँ उनकी पूरी पृष्ठभूमि में उपस्थित होती है, विरोधी छवियाँ और संगत छवियाँ एक साथ मौजूद होती है, इसमें कथावस्तु की जगह आख्यान केंद्र में होता है और मोंटाज छवियों से युक्त इस आख्यान का विकास रैखिक ना होकर वक्र होता है। इस रंगमंच के लिए अभिनेता की शैली भी अलग होती है जिसे ब्रेख़्त ने ए-इफ़ैक्ट क़रार दिया।

स्तानिस्लाव्स्की ने अभिनेता को चरित्र की त्वचा के भीतर सरकने को कहा था। इस प्रक्रिया में अभिनेता की इयत्ता और चरित्र की इयत्ता को एकमेक होना अनिवार्य था। तभी नाटक यथार्थ में तब्दील होता। ब्रेख़्त नाटक को प्रदर्शन की तरह देखना चाहते थे, यथार्थ की तरह नहीं। वे चाहते थे कि अभिनेता चरित्र की तरह नहीं अभिनेता की तरह लगे। इसी धारणा ने अभिनय के ऐलिएनेशन सिद्धांत को जन्म दिया। जिसमें अभिनेता अपने चरित्र से एक दूरी पर रह कर अभिनय करता था। वह एक साथ चरित्र भी था और उसका आलोचक या व्याख्याकार भी। चरित्र से अलग रह कर अभिनय करने से चरित्र के अंतर्विरोध उजागर होते थे। इसीलिए उन्होंने अभिनेता को चरित्र के मनोवैज्ञानिक व्यवहार की जगह सामाजिक व्यवहार को खोजने की हिदायत दी। उन्होंने अभिनेता को चरित्र होने की बजाय उसे दिखाने के लिए कहा। अलगाव उत्पन्न करने के लिए उन्होंने कई युक्तियाँ विकसित कीं जिसमें चरित्रों की अदला-बदली, विपरीत लिंग के चरित्रों की भूमिका, संवादों के बोलने का ढंग, वृंदगान, संगीत, देह गति, इत्यादि प्रमुख थी। अलगाव का प्रभाव उत्पन्न करने के लिए अभिनेता को विशेष तौर पर प्रशिक्षित होना था। ब्रेख़्त को अभिनेताओं के प्रशिक्षण में काफ़ी कठिनाई हुई क्योंकि अधिकांश अभिनेता यथार्थवादी शैली में अभिनय के लिए प्रशिक्षित थे। उनके लिए अपना प्रशिक्षण भूलना इतना सहज नहीं था। इसीलिए इस सिद्धांत के प्रयोग में वे संतोषजनक उपलब्धि नहीं हासिल कर सके। महाकाव्यात्मक रंगमंच और उसके अभिनय के संबंध में उन्होंने कई जगह अपने विचार प्रकट किये हैं। *अ शार्ट आर्गेनम फ़ॉर थिएटर* में इन विचारों को एक साथ पढ़ा जा सकता है।

ब्रेख़्त के रंग-चिंतन में दर्शक के लिए भी जगह है। वे दर्शकों को सम्मोहित करने की बजाय उसे झकझोरते हैं। वे कहते हैं कि नाटकीय रंगमंच का दर्शक घटनाओं के सम्भावित मानते हुए हुए अपरिवर्तनीय मानता है जबकि

महाकाव्यात्मक रंगमंच का दर्शक कहता है कि यह अविश्वसनीय है, असाधारण है, इसे रोकना चाहिए। वह हँसने के समय रोता है रोने के समय हँसता है। वह यथास्थितिवादी बनने की बजाय परिवर्तन का पक्षधर बनता है। वे नाटक को एक परिवर्तनकारी कला मानते थे जिसका काम मनोरंजन के साथ शिक्षा भी है।

ब्रेख़्त के सिद्धांतों पर एशियायी परम्परा का गहरा प्रभाव था। 1935 में ब्रेख़्त को सोवियत संघ में चीनी अभिनेता लेन फेंग का अभिनय देखने का अवसर मिला। हिटलर के दमन और अत्याचार से बचने के लिए ब्रेख़्त ने वहाँ शरण ले रखी थी। फेंग के अभिनय से प्रभावित होकर ब्रेख़्त ने कहा कि जिस चीज़ की तलाश वे वर्षों करते रहे, अन्तत: उन्हें वह लेन फेंग के अभिनय में मिल गयी। ब्रेख़्त की सिद्धांत-रचना का यह प्रस्थान बिंदु है। इस प्रदर्शन में उन्होंने देखा कि अभिनेता कैसे यथार्थवादी रंग-उपकरणों के बिना अपनी शारीरिक मुद्राओं तथा भंगिमाओं से नाटक के सभी प्रसंगों की अविस्मरणीय और भावपूर्ण प्रस्तुति कर रहे हैं। यह ठीक वैसे ही था जैसे भारतीय शास्त्रीय और पारम्परिक रंगमंच में अभिनेता अपनी देह और भाषा से ही वातावरण की सृष्टि कर लेते थे। भिखारी ठाकुर के प्रसिद्ध नाटक *बिदेसिया* में मंच पर ही घूम कर अभिनेता बिहार के किसी गाँव से कोलकाता पहुँच जाता था। ब्रेख़्त के सिद्धांतों ने अरस्तू द्वारा प्रतिपादित संकलन त्रयी के सिद्धांत की अनिवार्यता का भी निषेध किया। भारतीय परम्परा के नाटकों में संकलन त्रयी का अभाव मिलता है और नाटक रस से संचालित होता है। इसीलिए ब्रेख़्त के रंग सिद्धांतों का भारत में बहुत प्रचार हुआ। एक प्रकार से इसमें भारतीय सिद्धांतों की पश्चिमी मान्यता से जुड़ा गर्व-भाव भी निहित था और उनकी पद्धति यहाँ के अनुकूल भी थी।

हबीब तनवीर ब्रेख़्त से प्रभावित शुरुआती रंगकर्मियों में थे। हबीब तनवीर अपने युरोप प्रवास के दौरान ब्रेख़्त से मिलने के लिए जर्मनी गये लेकिन वहाँ उनके पहुँचने से पूर्व ही ब्रेख़्त की मृत्यु हो गयी। हबीब तनवीर ने वहाँ बर्लिन ऐनसेम्बिल की रंग-प्रस्तुतियों को देखने के साथ-साथ ब्रेख़्त के सिद्धांतों को सीखा। संगीत, कोरस, सादा रंगमंच, महाकाव्यात्मक विधान; ये सब कुछ ऐसी विशेषताएँ हैं जो ब्रेख़्त और भारतीय परम्परा दोनों में ही मौजूद हैं जिन्हें हबीब साहब और भारत के अन्य रंगकर्मियों ने आत्मसात किया। भारत के कुछ अन्य रंगकर्मियों को भी जर्मनी जाकर बर्लिन ऐनसेम्बिल थियेटर के काम को नज़दीक से देखने का मौक़ा मिला और कार्ल वेबर, फ़्रिट्ज़ बेनेविट्ज़ जैसे निर्देशकों ने भारत की यात्रा भी की और ब्रेख़्त के सिद्धांतों के आधार पर उन्होंने प्रस्तुतियाँ कीं।

साठ और सत्तर के दशक में ब्रेख़्त भारतीय रंगमंच के केंद्र में आये। ब्रेख़्त के विख्यात नाटकों *गुड वुमॅन ऑफ़ सेज़ुआन, मदर करेज, थ्री पैनी ओपेरा, पुंटिला ऐंड हिज़ मैन मैटी, गैलिलियो, काकेशियन चाक सर्किल* इत्यादि का भारतीय रंगमंच पर विविध भाषाओं और बोलियों में मंचन हुआ। इसी दौरान जड़ों के रंगमंच का नारा बुलंद हुआ था और आधुनिक भारतीय रंगमंच पर भारतीय लोक-परम्परा के रंग-प्रयोग किये जाने लगे। यह प्रयोग नाट्य लेखन और मंचन दोनों क्षेत्र में हो रहा था। ऐसे समय में भारतीय रंगकर्मियों को ब्रेख़्त बहुत अनुकूल जान पड़े। गिरीश कार्नाड ने भी अपने लेखन पर ब्रेख़्त के प्रभाव को स्वीकार किया है। कार्नाड के *हयवदन*, विजय तेंदुलकर के *घासीराम कोतवाल*, सर्वेश्वर दयाल सक्सेना के *बकरी* आदि नाटकों पर ब्रेख़्त का साफ़ प्रभाव देखा जा सकता है। हबीब तनवीर ने लिखा है कि ब्रेख़्त आपको अपनी अस्मिता बनाये रखना सिखाते हैं। इसलिए अगर भारतीय नाटककार एक वास्तविक देशज रंगमंच विकसित करते हैं तो वह साथ ही साथ सचमुच में ब्रेख़्तियन थिएटर भी होगा। दूसरे शब्दों में वह ऐसा रंगमंच होगा जो न केवल भारत की शास्त्रीय और लोक-परम्परा को आत्मसात करने वाला होगा, जिसके मंचन में संगीत और नृत्य समाहित होंगे, बल्कि वह साथ साथ सार्वदेशिक भी होगा।

ब्रेख़्त ने वस्तुत: युरोपिय रंगमंच को यथार्थवाद से आगे का रास्ता दिखाया। उन्होंने महसूस किया कि नाटकीय अभिव्यक्ति को प्रस्तुत करने और ग्रहण करने की प्रक्रिया में ठहराव आ गया है। बदलते समाज में रंगमंच को अपनी एक भूमिका सामाजिक जीवन में बनाना चाहिए जिसका ध्येय सिर्फ़ मनोरंजन नहीं होगा, वह शिक्षा और ज्ञान का भी प्रसार करेगी। ब्रेख़्त ने यह भी देखा कि देखने की प्रक्रिया जिसे मनुष्य सहज मान लेता है वस्तुत: एक प्रदत्त स्थिति है जिसमें वह एक विशेष ढंग से देखने के लिए अनुकूलित होता है। अत: इस देखने की प्रक्रिया को भी बदलने की ज़रूरत है। उनके नाटकों में देखने के इस बदले ढंग को देखा जा सकता है। उनके नाटक सामान्य प्रचलित विषयों पर नहीं है। अपराध, हत्या, वेश्यावृत्ति, बलात्कार, हिंसा इत्यादि विषय उनके नाटकों में हैं। उनके पात्र भी ऐसे समाज और वर्ग से संबंधित हैं जिनकी उपस्थिति मुख्यधारा के नाटकों में नहीं थी। ब्रेख़्त का रंगमंच शिक्षा और मनोरंजन, व्यक्तिवाद और सामूहिकता, संदेहवाद और मिथक, नक़ली दुनिया और असली दुनिया की विरोधी विशेषताओं का मुश्किल समन्वय है। ये सभी अलग-अलग दिशाओं में उनके नाटकों को खींचते हैं और हर प्रस्तुति में इनके मिश्रण का अनुपात बदलता है। उन्होंने जीवन और गति की निरंतरता की अनुभूति है।

ब्रेख़्त का जन्म 10 फरबरी, 1898 को बवेरिया में हुआ था। छोटी उम्र में ही साहित्य से लगाव होने के बाद

उन्होंने अपनी रचनाशीलता की शुरुआत कवि के रूप में की थी। मेडिकल छात्र रहते हुए उन्होंने आर्थर कुचर के थिएटर सेमिनार में भाग लिया और इसी क्रम में अपना पहला नाटक भी लिखा। प्रथम विश्व-युद्ध के दौरान मेडिकल सेवा करते हुए लिखा गया नाटक *ड्रम्स इन द नाइट* उनका पहला मंचित नाटक था। बर्लिन आने के बाद वे मार्क्स से प्रभावित हो कर साम्यवादी विचारधारा की तरफ़ आकर्षित हुए। उन्होंने *कम्युनिस्ट मेनिफ़ेस्टो* और *दास कैपिटल* का गहरा अध्ययन किया। ब्रेख़्त ने हेलेना वायल से शादी की जो श्रेष्ठ अभिनेत्री भी थीं। जर्मनी में नाज़ियों के सत्ता में आने के बाद वे जर्मनी छोड़ने को विवश हुए और प्राग, वियना, ज़्यूरिख़, फ़िनलैण्ड होते हुए अंततः अमेरिका में जा कर शरण ली। वहाँ हालीवुड में पटकथा लेखक बनने की उनकी योजना विफल हुई। साम्यवादी रुझान के कारण अमेरिका में उन्हें कम्युनिस्ट विरोधी पड़ताल का सामना करना पड़ा। चौदह साल के निर्वासन के बाद वे 1948 में जर्मनी लौटे। पूर्वी बर्लिन में साम्यवादी शासन व्यवस्था ने उनका स्वागत किया। जर्मन थिएटर के लिए उन्होंने *मदर करेज* की प्रस्तुति की। 1949 में ब्रेख़्त ने बर्लिन ऐनसेम्बिल थिएटर की स्थापना की। 1956 में देह त्यागने तक वे ऐनसेम्बिल के साथ ही प्रयोगरत रहे।

देखें : आधुनिक रंगमंच, आधुनिक भारतीय रंगमंच-1 और 2, कोंस्तांतिन सेर्गेइविच स्तानिस्लाव्स्की।

संदर्भ

1. बर्तोल्त ब्रेख़्त (1957), *ब्रेख़्त आन थिएटर*, राधाकृष्ण प्रकाशन, नयी दिल्ली.
2. भारत रत्न भार्गव (2006), *रंग हबीब*, राष्ट्रीय नाट्य विद्यालय, नयी दिल्ली.
3. जान विलेट (1960), *द थियेटर ऑफ़ बर्तोल्त ब्रेख़्त : अ स्टडी फ़्रॉम एट आस्पेक्स्ट*, न्यू डायरेक्शन बुक्स, न्यूयॉर्क.
4. एरिक बेंटले (1968), *द ब्रेख़्त कमेंटरीज़, 1943-1980*, ग्रोव प्रेस, न्यूयॉर्क.

— अमितेश कुमार

बहुजन समाज पार्टी-1

(दलित राजनीतिक समुदाय का उदय)

(Bahujan Samaj Party-1)

बहुजन समाज पार्टी (बसपा) का उभार स्वतंत्र भारत की राजनीति की सबसे महत्त्वपूर्ण घटनाओं में से एक है। दलितों के राजनीतिक हितों को केंद्र में रखकर राजनीति करने वाले इस दल को राष्ट्रीय पार्टी का दर्जा मिला हुआ है। मुख्य तौर पर इसकी राजनीति उत्तर प्रदेश में ही केंद्रित रही है जहाँ दलितों के भीतर राजनीतिक जागरूकता पैदा करने और उनकी गोलबंदी में उसकी उल्लेखनीय नेतृत्वकारी भूमिका है। यद्यपि इसे मुख्य रूप से उत्तर प्रदेश में ही राजनीतिक सफलता मिली, फिर भी इसने देश के दूसरे भागों में रहने वाले दलितों में भी आत्माभिमान और राजनीतिक चेतना का आवेश पैदा करने में सफलता प्राप्त की। बसपा की वजह से भारतीय राजनीति के मुहावरे में भी बदलाव आया है। चुनावी राजनीति में दलितों के सशक्तीकरण के लिए इस पार्टी ने हर तरह की विचारधारा वाले दलों से गठजोड़ का दरवाजा खुला रखा। बसपा के संस्थापक कांशीराम ने डॉ. आम्बेडकर के एक कथन को अपनी राजनीति का केंद्रीय फ़िकरा बनाया कि राजसत्ता दलितों के लिए 'मास्टर की' (या चाबियों की चाबी या गुरु किल्ली) है।

बसपा ने भारतीय राजनीति को बहुजन, सर्वजन और मनुवाद जैसी नयी अवधारणाएँ दी हैं। बहुजन शब्द महात्मा फुले द्वारा अपनायी गयी सांस्कृतिक राजनीति की देन है। फुले से पहले बहुजन अवधारणा बुद्ध की उक्ति 'बहुजन हिताय-बहुजन सुखाय' में मिलती है। आज की राजनीति के लिए इसका व्यावहारिक मतलब है दलित मतदाताओं, पिछड़े वर्ग के ग़रीब मतदाताओं और धर्म परिवर्तन करने वाले मुसलमान मतदाताओं का गठजोड़। बसपा के उभार से पहले भारतीय जनता पार्टी के नेतृत्व में होने वाली बहुसंख्यकवादी राजनीति का चरित्र साम्प्रदायिक और मुख्यतः मुसलमान विरोधी ही होता था। लेकिन बसपा ने एक सेकुलर क़िस्म की बहुसंख्यकवादी राजनीति की परम्परा डाली जिसके आधार में सामाजिक-राजनीतिक-आर्थिक समानता का विचार था। सर्वजन का व्यावहारिक अर्थ है दलित राजनीतिक हितों की प्रधानता में ऊँची जातियों से चुनावी गठजोड़ करना और उसके फलस्वरूप मिली सत्ता में उन्हें भी हिस्सेदारी देना। मनुवाद एक ऐसा प्रत्यय है जिससे बसपा ने ब्राह्मणवाद को प्रतिस्थापित किया है। ब्राह्मणवाद की जगह मनुवाद का प्रयोग करने से सबसे बड़ा फ़र्क़ यह पड़ता है कि किसी जाति विशेष का विरोध करने के आग्रह से छुटकारा मिल जाता है। यह

पद कहीं अधिक सेकुलर और सामाजिक आलोचना के वाहक के तौर पर अधिक व्यापक है।

बहुजन समाज पार्टी की राजनीति की एक सबसे बड़ी उपलब्धि यह है कि उसने राजनीति की नयी-नयी शैलियों को अपना कर उत्तर प्रदेश में एक दलित राजनीतिक समुदाय का विकास करने में सफलता प्राप्त की। उत्तर प्रदेश की आबादी में बीस फ़ीसदी से ज़्यादा दलित जातियाँ हैं और वे पूरी निष्ठा के साथ बसपा के नेतृत्व में चुनाव-दर-चुनाव एकजुट रहती हैं। इसका मतलब यह कतई नहीं लगाया जा सकता है कि बसपा के राज में सभी दलित जातियों को समान रूप से लाभ मिल रहा है या राजनीतिक भागीदारी नसीब हो रही है। पिछली बसपा सरकार का अगर हम जाति के आधार पर आकलन करें तो पता चलता है कि उत्तर प्रदेश की राजनीति में अन्य दलित समुदायों की अपेक्षा जाटवों का कितना प्रभुत्व है। मायावती सरकार के 52 मंत्रियों में सिर्फ़ आठ ग़ैर-जाटव थे। एक-एक मंत्री दुसाध, पासी और मल्लाह जातियों से थे। दलित जातियाँ जैसे बसोर, धानुक, वाल्मीकि, डोम, गोंड, कोल, धारिकार, मुसहर, बेलवार, भुईयार, हेला, बैसवार, बॉसफोर, बेरिया, पंखा इत्यादि से दलित मंत्रिमण्डल में कोई प्रतिनिधि नहीं था।

इससे पहले कि बहुजन समाज पार्टी की राजनीतिक प्रगति का चित्रण किया जाए, दलित राजनीतिक समुदाय की रूपरेखा पर प्रकाश डालना ज़रूरी होगा। इतिहासकार बद्री नारायण के एक अध्ययन से इस पहलू पर दिलचस्प रोशनी पड़ती है। बद्री नारायण के अनुसार 'जब हम दलित समुदायों में सजातीयता और बहुस्तरीयता की बात करते हैं तो हम द्विभाजक ध्रुवीयता का निर्माण करते हैं। यह द्विभाजक ध्रुवीयता दलितों के भीतर मौजूद अन्य सीमांत और छोटे समुदायों को लोकतंत्र के विमर्श, राजनीतिक प्रतिनिधित्व और सशक्तीकरण की प्रक्रिया से बहिष्कृत करती है। मसलन, जब भी दलित समुदायों के भीतर पायी जाने वाली सजातीयता और बहुस्तरीयता पर विचार किया जाता है तो वह द्विभाजक रूप में सामने आती है, जैसे महाराष्ट्र के संबंध में महार व मतंग, आंध्र प्रदेश में माला व मदिगा और उत्तर प्रदेश के संदर्भ में चमार और पासी। दलित लोकतंत्र के भीतर राजनीतिक विमर्श का निर्माण कुछ इस तरह से होता है कि दलितों के कई छोटे समुदाय लोकतांत्रिक परिदृश्य से विलुप्त हो जाते हैं।'

बद्री नारायण के विश्लेषण के अनुसार अस्सी के दशक के मध्य उत्तर प्रदेश में दलित सशक्तीकरण के आंदोलन ने जड़ पकड़ी, लेकिन राज्य में जाटवों के अलावा अन्य दलित समुदायों के बहिष्करण की समस्या इसी का फलितार्थ है। दलितों के एक प्रमुख नेता कांशीराम ने उत्तर प्रदेश में बसपा के गठन के दौरान कहा था कि उत्तर प्रदेश

मायावती : दलित राजनीतिक समुदाय की नेता

गंगा और यमुना के बीच का आर्यावर्त राज्य है, यह चमारवर्त (चमार-आधिपत्य राज्य) में परिवर्तित हो जाएगा। चमार ही बसपा के आधार होंगे। बसपा के नेतृत्व में बने दलित राजनीतिक समुदाय पर जाटवों या चमारों के प्रभुत्व का एक बड़ा कारण उप्र के दलित समाज की संरचना में निहित है।

उत्तर प्रदेश में अनुसूचित जातियाँ प्रदेश की कुल जनसंख्या का 21.15 प्रतिशत हैं। 2001 की जनगणना के अनुसार राज्य में 66 दलित जातियाँ हैं। इनमें चमारों की जनसंख्या 53 प्रतिशत है, जबकि अन्य समुदाय, जैसे पासी केवल 16 प्रतिशत, धोबी 6 प्रतिशत और कोरी 6 प्रतिशत हैं। चमार अनुसूचित जाति का 84 प्रतिशत भाग बनाते हैं। उत्तर प्रदेश में पासी चमारों की तुलना में 40 प्रतिशत कम हैं। अन्य 62 दलित समुदाय जो अनुसूचित जातियों के मात्र 16 प्रतिशत हैं, उनके नाम हैं दुसाध 0.7 प्रतिशत, बसोर 0.4 प्रतिशत, धानुक 1.5 प्रतिशत, धारकार 0.3 प्रतिशत, खरवार 0.04 प्रतिशत, कंजर 0.3 प्रतिशत, नट 0.5 प्रतिशत, भुईयार 0.07 प्रतिशत, चेरो 0.1 प्रतिशत इत्यादि। 66 दलित समुदायों में से 9 दलित समुदाय विलुप्त प्राय: हैं। इनकी जनसंख्या 1,816 से लेकर 184 तक है। छोटे-छोटे दलित समुदाय जनतंत्रीकरण की प्रक्रिया से अब भी कोसों दूर हैं। ये दलित समुदाय इसलिए भी बहिष्कृत हैं क्योंकि वोट बैंक की राजनीति में भी ये अपना दबाव नहीं बना सकते। इनकी राजनीतिक सहभागिता भी अत्यंत कम है। राजनीति में प्रतिनिधित्व न होना और इनके समुदायों से किसी बड़े नेता के न उभरने का मुख्य कारण इनमें जागरूकता और शिक्षा की कमी होना है। इन समुदायों से कोई आंगिक (ऑर्गेनिक)

नेतृत्व अभी तक नहीं उभरा है। ये समुदाय अब भी सीमांत हैं और अन्य आक्रामक जातियों की भाँति किसी भी अधिकार का लाभ नहीं उठा पा रहे हैं।

ज़ाहिर है कि दलित राजनीतिक समुदाय का यह विरोधाभास विकट है। इससे यह भी पता लगता है कि दलित क्यों एक राजनीतिक समुदाय ही बन कर रह गये हैं और वे क्यों एक सामाजिक समुदाय नहीं बन पाये हैं। लेकिन, दूसरी तरफ़ यह भी एक तथ्य है कि जाटवों द्वारा अन्य दलित समुदायों की हक़तलफ़ी करने के बावजूद क़रीब अस्सी फ़ीसदी के आसपास दलित वोट बसपा के चुनाव निशान हाथी पर ही पड़ते हैं। इस सफलता को बसपा के निर्माण की उस अनूठी प्रक्रिया के आईने में देखा जा सकता है जिसका नेतृत्व सत्तर और अस्सी के दशक में कांशीराम ने किया था।

पंजाब की दलित सिक्ख बिरादरी रामदसिया में पैदा हुए कांशीराम पुणे की एक्सप्लोसिव रिसर्च ऐंड डिवेलपमेंट लेबोरेटरी में अनुसंधान सहायक की नौकरी करते थे। उन्होंने अपनी राजनीतिक यात्रा 1932 में गाँधी-आम्बेडकर के बीच हुए पुणे समझौते की आलोचना से शुरू की। उन्होंने इस बात को स्पष्टता से रखा कि इससे दलित नेताओं के नाम पर सिर्फ़ चमचों का ही जन्म हुआ। कांशीराम ने राजनीतिक दल बनाने के अपने लक्ष्य को हासिल करने से पहले सरकारी नौकरियों में काम करने वाले दलितों को संगठित करने की कोशिश की। इसके लिए उन्होंने 1978 में नागपुर में कुछ अन्य दलित नेताओं के साथ मिलकर ऑल इण्डिया बैकवर्ड ऐंड माइनॉरिटी कम्युनिटीज इम्प्लॉइज़ फ़ेडरेशन (बामसेफ़) का गठन किया। इसका लक्ष्य दलित सरकारी कर्मचारियों को एक बैनर तले इकट्ठा करने का था। बामसेफ़ की कल्पना एक छाया-संगठन या अर्धभूमिगत संगठन के रूप में की गयी थी। इसका नाम स्वयं में एक आवरण था जिसमें बैकवर्ड और माइनॉरिटी शब्द तो मौजूद थे, लेकिन दलित या अनुसूचित जनजाति जैसे शब्द नहीं थे। व्यवहार में इसका संचालन दलित कर्मचारियों के हाथों में ही था। इसके सदस्यों में से अधिकांश महाराष्ट्र और उत्तर प्रदेश के थे और अनुसूचित जनजातियों से संबंध रखते थे। इस संगठन के शिक्षित कर्मचारियों से यह उम्मीद की जाती थी कि वे उत्पीड़ित समाज के अन्य सदस्यों की मदद करेंगे और इसलिए बहुजन समाज के 'ब्रेन बैंक', 'टैलेंट बैंक' और 'फ़ाइनेंशियल बैंक' बन जाएँगे।

बामसेफ़ की गतिविधियाँ जैसे-जैसे मज़बूत होती गयीं, वैसे-वैसे यह राजनीतिक परियोजना अगले चरण की ओर बढ़ी। बामसेफ़ के सदस्य सरकारी नौकरी में होने के कारण आंदोलनों में या राजनीतिक प्रचार में भागीदारी नहीं कर सकते थे। इसलिए कांशीराम ने 6 दिसम्बर, 1981 को डीएस-फ़ोर नामक संगठन बनाया। इसका पूरा नाम था दलित शोषित समाज संघर्ष समिति। यह भी बाक़ायदा राजनीतिक दल नहीं था, लेकिन इसकी गतिविधियाँ काफ़ी कुछ वैसी ही थीं। डीएस-फ़ोर का सबसे बड़ा कार्यक्रम दक्षिण में कन्याकुमारी से शुरू किया गया साइकिल मार्च था। इसी के साथ उसने उत्तर-पूर्व में कोहिमा से, पश्चिम में पोरबंदर से और पूर्व में पुरी से साइकिल यात्राएँ शुरू कीं। ये चारों यात्राएँ सौ दिन तक चलीं। 6 दिसम्बर, 1982 से शुरू होकर यह कार्यक्रम 15 मार्च, 1993 तक चलता रहा। फिर नयी दिल्ली पहुँचकर क़रीब तीन लाख लोगों की एक विशाल रैली हुई। 1983 की नयी दिल्ली रैली ने कांशीराम के सामने बहुजन समाज आंदोलन के लिए एक राजनीतिक दल की ज़रूरत को साफ़ कर दिया। इस तरह कांशीराम ने 14 अप्रैल 1984 को नयी दिल्ली में बहुजन समाज पार्टी के स्थापना की घोषणा की। इसी साल जून में नयी दिल्ली में पार्टी का पहला राष्ट्रीय अधिवेशन हुआ और इसे चुनाव आयोग में पंजीकृत कराया गया।

बसपा ने अपने गठन के तुरंत बाद 1984 का संसदीय चुनाव लड़ा। इसमें इसे सीटों के संदर्भ में कोई ख़ास सफलता नहीं मिली। लेकिन पूरे देश में इसे 10.05 लाख वोट मिले। 1985 से 1989 के बीच में बसपा ने ख़ास तौर पर उत्तर प्रदेश में अपने पैर जमाने की कोशिश की। इस संदर्भ से इन वर्षों के दौरान हुए तीन प्रमुख उप-चुनाव लड़े। दिसम्बर 1989 में बिजनौर उपचुनाव में बसपा उम्मीदवार मायावती ने उस समय के अनुसूचित जातियों के सबसे बड़े नेता दिवंगत जवजीवन राम की बेटी मीरा कुमार को चुनौती दी। इस चुनाव में मायावती को 61,000 वोट मिले और मीरा कुमार सिर्फ़ पाँच हज़ार वोटों की मदद से जीत पायीं। हरिद्वार में 1987 में हुए उपचुनाव में बसपा ने फिर मायावती को चुनाव में उतारा। बिहार के दलित नेता रामविलास पासवान भी यहाँ से चुनाव लड़ रहे थे। चुनाव में कांग्रेस उम्मीदवार की जीत हुई, लेकिन जीत का अंतर सिर्फ़ 15 हज़ार वोट था। मायावती दूसरे स्थान पर रहीं और उन्हें 1,35,225 वोट मिले। तीसरा इलाहाबाद का प्रसिद्ध उपचुनाव था जिसमें सत्ताधारी कांग्रेस के उम्मीदवार को विश्वनाथ प्रताप सिंह ने चुनौती दी थी। वी.पी. सिंह को 23 विपक्षी राजनीतिक दलों का समर्थन था। बसपा की ओर से ख़ुद कांशीराम ने चुनाव लड़ा। उन्हें 71, 586 वोट मिले और वे तीसरे स्थान पर रहे। ये तीनों उपचुनाव काफ़ी महत्त्वपूर्ण हैं क्योंकि इसमें बसपा के पास अपने विरोधियों की तुलना में बहुत कम संसाधन थे। बसपा ने साइकिल से प्रचार किया और व्यक्तिगत जन-सम्पर्क द्वारा पर दलित मतदाताओं का समर्थन हासिल किया। इससे एक ओर बसपा का आधार पुख़्ता हुआ, वहीं दूसरी ओर इसने दलितों के भीतर राजनीतिक चेतना भी पैदा की।

देखें : अनुसूचित जातियाँ, अकाली दल, आम्बेडकर-गाँधी विवाद, कांशी राम, कांग्रेस 'प्रणाली', ग़ैर-कांग्रेसवाद, गठजोड़ राजनीति, जनता

दल और उसकी विरासत-1 और 2, तेलुगु देशम पार्टी, पार्टी-गठजोड़ की राजनीति, भारतीय जनता पार्टी-1 और 2, भारत में मतदान-व्यवहार-1, 2, 3, 4, 5 और 6, भारतीय राष्ट्रीय कांग्रेस-1 और 2, भारतीय कम्युनिस्ट पार्टी, भारतीय कम्युनिस्ट पार्टी (मार्क्सवादी), भीमराव रामजी आम्बेडकर, राष्ट्रीय जनतांत्रिक गठजोड़, वाम मोर्चा, शिव सेना, समाजवादी पार्टी, शिरोमणि अकाली दल, समाजवादी पार्टी, संयुक्त प्रगतिशील गठजोड़।

संदर्भ

1. अभय कुमार दुबे (1997), *कांशी राम : एक आलोचनात्मक अध्ययन,* राजकमल प्रकाशन, नयी दिल्ली.
2. अभय कुमार दुबे (1996), 'ऐनाटॉमी ऑफ़ अ दलित पॉवर प्लेयर', घनश्याम शाह (सम्पा.), *दलित पॉलिटिक्स ऐंड कल्चर,* सेज, नयी दिल्ली.
3. आर.के. सिंह, *कांशी राम और बीएसपी,* कुशवाहा बुक डिस्ट्रीब्यूटर्स, इलाहाबाद.
4. कांशी राम (1998), *द चमचा एज : द एरा ऑफ़ स्टूजिज़,* अनुवादः रामगोपाल आज़ाद, समता प्रकाशन, नागपुर.
5. बद्री नारायण (2013), 'लोकतंत्र का भिक्षु-गीत : अति-उपेक्षित दलितों के अध्ययन की प्रस्तावना', *प्रतिमान : समय समाज संस्कृति,* खण्ड 1, प्रवेशांक.

— कमल नयन चौबे

बहुजन समाज पार्टी-2

(गठजोड़ों के ज़रिये प्रभुत्व की स्थापना)

(Bahujan Samaj Party-2)

बहुजन समाज पार्टी की राजनीति कांग्रेस या दूसरे राजनीतिक दलों के अनुसूचित जनजातियों के नेताओं की राजनीतिक से काफ़ी अलग क़िस्म की थी। बसपा ने मंदिर प्रवेश या दलित पैंथरों द्वारा चलाये गये नामांतर (मराठवाड़ा विश्वविद्यालय का नाम बदल कर आम्बेडकर के नाम पर रखने का आंदोलन) सरीखे आंदोलनों की ओर ध्यान नहीं दिया। इसकी बजाय इस पार्टी ने दलील दी कि जिस दिन उसे सत्ता मिल जाएगी, वह ऐसे अनगिनत विश्वविद्यालयों का नामकरण आम्बेडकर के नाम पर कर देगी। कांग्रेस के भीतर दलितों के प्रतिनिधित्व को 'चमचागीरी' का प्रमाण मानते हुए इस पार्टी ने तर्क दिया कि कि कांग्रेस के दलित नेता दलित-हितों की बजाय ऊँची जाति के अपने आकाओं को ख़ुश करने में लगे रहते हैं। अपने शुरुआती दौर में बसपा ने दलितों, पिछड़ों और धर्म परिवर्तन करके मुसलमान बने अल्पसंख्यकों को जोड़ने का लक्ष्य रखा। इसके लिए 'जो बहुजन की बात करेगा, वो सत्ता पर राज करेगा' जैसे नारे अपनाये गये। लेकिन दरअसल, इसकी ज़्यादा ऊर्जा मुख्य रूप से दलित जातियों को संगठित करने में ही ख़र्च हुई। इसके अलावा, बसपा ने ज़मीन के मुद्दे को भी गम्भीरता से लेकर नारा दिया कि 'जो ज़मीन सरकारी है, वो ज़मीन हमारी है।'

नब्बे के दशक के बाद से बसपा ने आर्थिक शोषण के बजाय आत्म-सम्मान और अस्मिता के प्रश्नों पर ज़्यादा ज़ोर देना शुरू किया। उसने खुलकर विविध दलों से राजनीतिक गठजोड़ किया। उत्तर प्रदेश में बसपा ने समाजवादी पार्टी, भाजपा और कांग्रेस तीनों से किसी-न-किसी समय पर गठजोड़ किये। कांशीराम ने खुल कर ख़ुद को 'अवसरवादी' भी कहा। इससे उनका आशय यह था कि दलितों को अवसर मिले ही कहाँ हैं। इसलिए उन्हें सत्ता प्राप्त करने हर अवसर का उपयोग करने के लिए तैयार रहना चाहिए। बसपा को सबसे पहली बड़ी राजनीतिक कामयाबी 1993 के उत्तर प्रदेश विधानसभा चुनावों में गठजोड़ राजनीति के ज़रिये ही मिली। बसपा ने यह चुनाव मुलायम सिंह यादव की समाजवादी पार्टी के साथ मिल करके लड़ा था। गठजोड़ के पीछे कांशीराम और मुलायम की मिली-जुली दूरंदेशी काम कर रही थी। इससे पहले मुलायम सिंह अपने गृह-जनपद इटावा से कांशीराम को उपचुनाव में अपने समर्थन से लोकसभा में पहुँचा चुके थे और इसके आधार पर दोनों पार्टियों और नेताओं में परस्पर विश्वास की स्थिति बन गयी थी। इस चुनाव में सपा-बसपा गठजोड़ ने 178 सीटें जीतीं, जिसमें से बसपा को 69 सीटें मिलीं। यह चुनाव था तो प्रादेशिक लेकिन इसका राष्ट्रीय महत्त्व था। 1991 में कल्याण सिंह के नेतृत्व में भारतीय जनता पार्टी पूर्ण बहुमत से सत्ता में आयी थी। उसकी इस कामयाबी के पीछे अस्सी के मध्य से चल रहा रामजन्मभूमि आंदोलन और उसकी गोलबंदी थी। भाजपा सरकार के कार्यकाल में ही 6 दिसम्बर, 1992 को बाबरी मसजिद तोड़ी गयी जिसके कारण राज्य विधानसभा भंग कर दी गयी और नये चुनावों की घोषणा हुई। भाजपा के नेताओं का दावा था कि अगर 1991 में जीती गयी दो सौ से अधिक सीटों में से एक भी कम हुई तो वे इसे अयोध्या में मसजिद तोड़ कर मनाये गये हिंदू विजय दिवस की विफलता मानेंगे। लेकिन इन दावेदारियों को उस समय मुँह की खानी पड़ी जब बसपा-सपा गठजोड़ ने भाजपा के हाथ से सत्ता छीन ली। इस चुनाव में हुई पराजय के बाद भारतीय जनता पार्टी फिर कभी उत्तर प्रदेश में 1991 वाली सफलता नहीं दोहरा पायी।

मुलायम सिंह यादव प्रदेश के मुख्यमंत्री बने और बसपा भी इस सरकार में शामिल हुई। कांशीराम ने इस समय तक मायावती को बसपा की भावी नेता के रूप पेश करना शुरू कर दिया था। बामसेफ़ के दौर में कांशीराम के साथी बने वरिष्ठ दलित नेताओं के रूप में अपेक्षाकृत कम तजरुबेकार और युवा

मायावती का नेता के रूप में चुनाव बसपा की भावी राजनीतिक सफलताओं के लिए आवश्यक था। कांशीराम को साफ़ दिख रहा था कि अगर उत्तर प्रदेश में दलित राजनीतिक समुदाय की रचना करनी है तो उन्हें बसपा की बागडोर जाटव जाति के किसी नेता के हाथों में देनी होगी। उनके बामसेफ़ वाले दिनों का कोई भी नेता इस बिरादरी से नहीं था। मायावती के चुनाव के पीछे अन्य कारण भी रहे होंगे, पर राजनीतिक कारणों के लिहाज़ से सम्भवत: यह सर्वाधिक उल्लेखनीय कारण था। मायावती को नेता बनाने से बसपा के कई स्थापित नेताओं में क्षोभ भी फैला। पर कांशीराम ने इसकी परवाह नहीं की।

मायावती ने आक्रामक रवैया अपना कर मुलायम सिंह सरकार पर दबाव डालते हुए अपनी पार्टी के हितों को सिद्ध करने वाले कई फ़ैसले करवाये। दोनों पार्टियों के बीच तनाव बढ़ता गया। आख़िरकार जून, 1995 में बसपा के समर्थन वापस लेने के कारण सपा की सरकार गिर गयी। मायावती ने सपा के साथ मिल कर जिस भाजपा को पराजित किया था, उसी भाजपा के समर्थन से अपनी सरकार बनायी। भाजपा हर क़ीमत पर मुलायम सिंह यादव की राजनीतिक उड़ान को रोकना चाहती थी, इसलिए उसने मायावती का समर्थन लेकर ख़ुद सरकार बनाने के बजाय उन्हें समर्थन देना स्वीकार कर लिया। इस तरह मायावती उत्तर प्रदेश की पहली दलित महिला मुख्यमंत्री बनीं। उनके शपथ ग्रहण से इस प्रदेश में दलित-अस्मिता की उस राजनीति का आगाज़ हुआ जो आज तक जारी है। बहरहाल, यह सरकार ज़्यादा समय तक नहीं चली। इस दौराना बसपा को कई विभाजनों का भी सामना करना पड़ा। लेकिन इन विभाजनों के बावजूद उप्र के राजनीतिकृत दलित मतदाताओं में मायावती के नेतृत्व में भरोसा दिखाना जारी रखा। इस तरह कांशीराम के बाद बसपा के सबसे ताक़तवर नेता के रूप में मायावती स्थापित हो गयीं। इसके बाद बसपा ने 1997 और 2002 में भाजपा के समर्थन से दो बार और अपनी सरकार बनायी। भाजपा ने हर बार मुलायम सिंह को सत्ता में आने से रोकने के लिए बसपा की शर्तें मानीं। यह सही है कि इनमें से कोई भी सरकार अपना कार्यकाल पूरा नहीं कर पायी, लेकिन बार-बार सरकार बनाने और भंग होने की यह प्रक्रिया बसपा के लिए लाभकारी और भाजपा के लिए हानिकारक साबित हुई। इसी दौर में भाजपा के प्रादेशिक नेतृत्व में पिछड़े वर्ग के नेताओं और ब्राह्मण नेताओं के बीच अंतर्विरोध पनपे। घटनाक्रम कुछ इस तरह चला कि पार्टी के केंद्रीय नेतृत्व ने कल्याण सिंह को हाशिये पर डाल दिया जिसके कारण पार्टी के पुराने जमे हुए ग़ैर-यादव पिछड़े जनाधार ने उसका साथ छोड़ दिया। भाजपा सिर्फ़ ऊँची जातियों की पार्टी बन कर तीसरे नम्बर पर खिसक गयी। सपा के साथ बसपा उत्तर प्रदेश की दो मुख्य ताक़तों में से एक बन गयी।

नब्बे के दशक के आख़िरी वर्षों से बसपा ने बहुजन से सर्वजन की ओर जाने की रणनीति पर गहरायी से विचार करना शुरू कर दिया था। 2007 के विधानसभा चुनावों के पहले उसने इस पर गहरायी से अमल भी शुरू किया। ख़ासतौर, बसपा ने ब्राह्मणों को ख़ुद से जोड़ने की रणनीति अपनायी। इस समय तक उत्तर प्रदेश के ब्राह्मणों के राजनीतिक नेतृत्व का एक हिस्सा सत्ता में हिस्सेदारी से लगातार वंचित रहने के कारण नये गठजोड़ों और निष्ठाओं की तलाश में था। भाजपा अभी भी उसकी स्वाभाविक पार्टी थी, पर यह भी स्पष्ट था कि उसके ज़रिये वह सत्ता नहीं प्राप्त कर सकता। मायावती ने इस परिस्थिति को भाँप कर ब्राह्मणों के राजनीतिकृत हिस्सों के साथ हेल-मेल शुरू किया। यह एक ऐसी राजनीतिक-सामाजिक रणनीति थी जिसका दूरगामी असर हो सकता था। इसी मक़सद से बसपा ने कई जगहों पर ब्राह्मणों के साथ मैत्री क़ायम करने के लिए जाति सम्मेलन भी आयोजित किये।

एक तरफ़ ब्राह्मणों और ऊँची जातियों के विभिन्न तत्त्वों के साथ सामाजिक-राजनीतिक मैत्री और दूसरी तरफ़ समाजवादी पार्टी की सरकार में क़ानून-व्यवस्था की गिरती स्थिति को 'गुंडाराज' के रूप में परिभाषित करके बसपा ने सत्ता प्राप्त करने की दोहरी रणनीति बनायी। इसमें मायावती को ऐतिहासिक सफलता मिली। विधानसभा चुनावों में बसपा ने कुल 206 सीटों पर जीत हासिल की। मायावती तीसरी बार राज्य की मुख्यमंत्री बनीं। मुख्यमंत्री के दौर पर उन्होंने पार्कों, मूर्तियों आदि द्वारा दलित-अस्मिता की राजनीति को मज़बूती देने की कोशिश की। लेकिन, दलितों और ग़रीबों की बुनियादी आर्थिक स्थिति में बदलाव लाने वाला कोई संजीदा और दूरगामी कार्यक्रम शुरू नहीं किया। लेकिन फिर भी मायावती का यह शासन क़ानून-व्यवस्था और राज्य की कुल विकास दर के लिहाज़ से, अपने से पहले की सरकार से बेहतर माना जा सकता है। लेकिन यह सफलता नाकाफ़ी साबित हुई। मायावती की सरकार पर भ्रष्टाचार को संस्थागत रूप देने के आरोप लगे। छवि बनी कि मायावती के राज में हर काम कराने की क़ीमत अदा करनी पड़ती है। बाक़ायदा उसके लिए एक 'विंडो' है जहाँ से 'लिया' जाता है और वहीं से 'काम' यानी सरकारी आदेश मिल जाता है। यह 'वन विंडो क्लियरेंस' मायावती को महँगा पड़ा। 2012 के विधानसभा चुनावों में बसपा को हार का मुँह देखना पड़ा। मायावती के ख़िलाफ़ व्यापक सत्ता विरोधी रुझान के पीछे भ्रष्टाचार का मुद्दा सबसे ज़्यादा उल्लेखनीय था।

लेकिन बसपा की कुछ स्पष्ट सीमाएँ भी हैं : मसलन, नेतृत्व के स्तर पर मायावती के बाद कोई बड़ा नेता मौजूद नहीं है। यह नेतृत्व के स्तर पर एक बड़ी सीमा है। दूसरा, बसपा दूसरे राज्यों में अपना विस्तार नहीं कर पा रही है। यह मोटे तौर पर उत्तर प्रदेश में केंद्रित पार्टी बन कर रह गयी है। तीसरा, बसपा ने अस्मिता की राजनीति और प्रतीकों का

सहारा लिया है। इससे इसे दलितों के भीतर राजनीतिक चेतना भरने में सफलता भी मिली है। लेकिन यह इससे आगे जाकर ज़मीनी स्तर पर आर्थिक संबंधों में बदलाव लाने वाला कोई कार्यक्रम आगे बढ़ाने मे सफल नहीं हो पायी है। यह कहा जा सकता है कि बसपा ने सत्ता की 'गुरु किल्ली' (या चाबियों की चाबी) तो हासिल की लेकिन वह इसका पूरा उपयोग करने में समर्थ नहीं हो पायी। चौथा, अपने शुरुआती दौर में बसपा जिस तरह ज़मीनी स्तर पर साइकिल यात्राओं आदि द्वारा जन सम्पर्क के काम करती थी, बाद के वर्षों में वह बहुत कम हो गया। एक तरह से बसपा पूरी तरह से चुनावी राजनीति पर केंद्रित पार्टी बन गयी और उसका सामाजिक-राजनीतिक आंदोलन वाला रैडिकल रूप ख़त्म हो गया। दलित बुद्धिजीवियों का एक हिस्सा बसपा की राजनीतिक-शैली को उस दलित प्रोजेक्ट के लिए नुकसानदेह मानता है जिसे आम्बेडकर ने शुरू किया था। गड़बड़ी की शुरुआत वे कांशी राम द्वारा दिये गये 'अपनी-अपनी जाति को मज़बूत करो' के नारे में देखते हैं। उनका कहना है कि यह नारा जाति को खत्म करने के बजाय उसके ध्रुवीकरण का कारक बन गया। इसी तरह 'तिलक, तराजू और तलवार' के ख़िलाफ़ संघर्ष करने वाली पार्टी ने ब्राह्मणों को अपनी ओर खींचने के लिए 'हाथी नहीं गणेश है, ब्रह्मा-विष्णु-महेश है' जैसा नारा दिया जिसका परिणाम यह हुआ कि बसपा के मंचों पर भी हवन, जाप, जनेऊ वितरण जैसे कर्मकाण्ड दिखने लगे। इन आलोचकों के मुताबिक़ दलित सत्ता का नारा कुल मिला कर स्पर्धात्मक जातिगत सत्ता की होड़ में बदल गया है।

इन आलोचनाओं के बावजूद भारतीय राजनीति में बसपा का उभार लोकतंत्र के प्रसार का एक सबूत है। बसपा ने समाज के सबसे दबे-कुचले तबक़ों में राजनीतिक चेतना भरी है, उन्हें संगठित किया है और भारतीय राजनीतिक परिदृश्य में महत्त्वपूर्ण बदलाव किया है।

देखें : अनुसूचित जातियाँ, अकाली दल, आम्बेडकर-गाँधी विवाद, कांशी राम, कांग्रेस 'प्रणाली', ग़ैर-कांग्रेसवाद, गठजोड़ राजनीति, जनता दल और उसकी विरासत-1 और 2, तेलुगु देशम पार्टी, पार्टी-गठजोड़ की राजनीति, भारतीय जनता पार्टी-1 और 2, भारत में मतदान-व्यवहार-1, 2, 3, 4, 5 और 6, भारतीय राष्ट्रीय कांग्रेस-1 और 2, भारतीय कम्युनिस्ट पार्टी, भारतीय कम्युनिस्ट पार्टी (मार्क्सवादी), भीमराव रामजी आम्बेडकर, राष्ट्रीय जनतांत्रिक गठजोड़, वाम मोर्चा, शिव सेना, समाजवादी पार्टी, शिरोमणि अकाली दल, समाजवादी पार्टी, संयुक्त प्रगतिशील गठजोड़।

संदर्भ

1. आर.के. सिंह, *कांशी राम और बीएसपी,* कुशवाहा बुक डिस्ट्रीब्यूटर्स, इलाहाबाद.
2. अभय कुमार दुबे (2002), 'बहुजन समाज पार्टी और 'गुरू किल्ली' / दलितों के हाथ में राजसत्ता', अभय कमार दुबे (सम्पा), *आधुनिकता के आईने में दलित,* वाणी प्रकाशन, नयी दिल्ली.
3. क्रिस्टोफ़ जैफ्रलो (1998), 'द बहुजन समाज पार्टी इन नॉर्थ इण्डिया: नो लांगर जस्ट अ दलित पार्टी ?', *कम्पेरेटिव स्टडी ऑफ़ साउथ एशिया, अफ़्रीका ऐंड द मिडिल ईस्ट,* खण्ड 18, अंक 1.

— कमल नयन चौबे

बहुपति विवाह

(Polyandry)

बहुपति विवाह की प्रथा के तहत में एक स्त्री का विवाह दो या अधिक पुरुषों से विवाह होता है। ये पुरुष परस्पर संबंधी (जैसे भाई-भाई) हो सकते हैं और नहीं भी। एक ही समूह के कई व्यक्ति भी मिलकर एक स्त्री से विवाह कर सकते हैं। मातृवंशीय परिवारों में स्त्री अपने पतियों को स्वयं चुनती है और प्रत्येक पति के साथ बारी-बारी रहती है। परंतु जब एक पति के साथ रहती है तो उस दौरान उस पर अन्य पतियों का कोई अधिकार नहीं रहता है। रिवाज़ यह भी है कि एक ही परिवार में सबसे बड़े भाई का दूसरे भाइयों व पतियों की तुलना में स्त्री पर अधिक अधिकार होता है। इस अधिकार को सम्पत्ति व संतानों पर उसके अधिक अधिकार के अंग के रूप में ही समझा जा सकता है।

बहुपति विवाह के कई कारण होते हैं। उनमें से एक प्रमुख कारण है किसी समाज में पुरुषों की अपेक्षा स्त्रियों की संख्या कम होना। इस प्रकार लड़के व लड़कियों की संख्या में असंतुलन पैदा हो जाने से बहुपति विवाह का स्वत: ही चलन हो जाता है। पर यह कारण बहुत महत्त्वपूर्ण नहीं है क्योंकि तिब्बत, सिक्किम, लद्दाख आदि प्रदेशों में स्त्रियों की संख्या कम न होते हुए भी वहाँ बहुपति विवाह की प्रथा काफ़ी समय से चली आ रही है। निर्धनता को भी इस प्रथा के कारण के रूप में देखा जाता है। जब जीवन अत्यंत कठिन हो, जीविका के साधन अत्यंत सीमित हों और सम्पत्ति का बँटवारा सम्भव न हो तो एक परिवार के कई लोग एक ही स्त्री से विवाह करते हैं। एक पुरुष के लिए विवाह कर पृथक रूप से परिवार की स्थापना करना काफ़ी मुश्किल होता है तथा संयुक्त परिवार तथा सम्मिलित श्रम के बिना इन प्रदेशों में जीवन निर्वाह करना प्राय: असम्भव होता है।

बहुपति विवाह की प्रथा कई जनजातियों व दक्षिण भारत में ख़ासकर केरल के नायरों में पायी जाती थी। पर परम्परागत हिंदू धर्म-समाज में इसके लिए कोई स्थान नहीं

रहा है। यहाँ एक पुरुष के प्रति पत्नी के एकनिष्ठ होकर पतिव्रत धर्म पालन की अपेक्षा की जाती है। महाभारत में पाँच पांडवों से द्रौपदी के विवाह को बहुपति विवाह के रूप में प्रस्तुत किया जाता है पर जैसा कि समाजशास्त्री के.एम. कपाड़िया का मत है कि यह एक भ्रांति है। इस प्रसंग में बहुपति विवाह के लक्षण नहीं हैं। उनके अनुसार द्रौपदी का विवाह मूलत: अर्जुन से हुआ था न कि सभी पांडवों से। घर लौटने पर उन्होंने माता कुंती से द्वार खुलवाने से पहले एक सुंदर भिक्षा लाने की बात कही, जिस पर कुंती ने उसे आपस में बाँट लेने को कहा। बाद में कुंती को अपनी भूल का अनुभव हुआ था। यानी यह प्रसंग बहुपति विवाह के समर्थन में ब्राह्मण संस्कृति के किसी अनुमोदन को नहीं दर्शाता है। हिंदू विवाह एक पुरुष को एकाधिक स्त्रियों से विवाह संबंध बनाने की अनुमति तो देते हैं पर यह छूट स्त्रियों को नहीं दी गयी है। यानी स्त्रियों के लिए सतीत्व का आदर्श ही प्रधान रहा है, हालाँकि व्यवहार में सतीत्व संबंधी धर्मशास्त्रीय मान्यताएँ नकारी भी जाती रही हैं।

भारत में बहुपति विवाह का प्रचलन सीमित इलाक़ों में रहा है और प्राय: जनजातीय समाजों में रहा है। यह केरल के रियान, कुसम्ब, कोट, नीलगिरी पर्वत के टोडा और देहरादून ज़िले में जौनसार-बावर की खस जातियों में पाया जाता है। दक्षिण भारत के नायरों में बहुपति विवाह का चलन था पर अब उसमें भी बड़ा परिवर्तन आ चुका है। भारत में बहुपति विवाह के प्रमुखत: दो प्रकार है: भ्रातृ बहुपति विवाह तथा अभ्रातृ बहुपति विवाह।

भ्रातृ बहुपति विवाह वह होता है जिसमें कई भाई मिल कर एक ही स्त्री से विवाह करते हैं। इस प्रकार के विवाह नीलगिरी के टोडा तथा जौनसार बावर की खस जनजातियों में प्रचलित रहे हैं। टोडा लोगों में जब एक व्यक्ति का विवाह किसी स्त्री के साथ होता था तो उसके सभी भाई यहाँ तक कि बाद में पैदा होने वाले भाई भी उस स्त्री के पति समझे जाते थे। ये प्राय: सगे भाई या सगोत्रीय भाई होते थे। टोडा जनजाति का अध्ययन करने वाले डब्ल्यू.एच.आर.रिवर्स का कहना है कि पहले के समय भ्रातृ बहुपति विवाह का टोडा लोगों में पूर्णत: चलन न था, बल्कि कई पुरुष जो भाई नहीं होते थे, वे भी एक स्त्री से विवाह कर लेते थे। पत्नी के गर्भवती होने पर आयु में सबसे बड़ा पति पुरसुतपिमि नामक एक संस्कार तीर-धनुष के माध्यम से करता था जिसके आधार पर उसे सामाजिक पितृत्व प्रदान कर दिया जाता था। स्त्री के दूसरी बार गर्भवती होने पर दूसरा पति उसी प्रकार का संस्कार कर दूसरी संतान का पिता बनता था। यह क्रम चलता रहता था। सामाजिक तौर पर पिता बनने यानी सामाजिक पितृत्व के इस संस्कार में यह भी मान्यता थी कि अगर अन्य पति यह संस्कार नहीं करेंगे तो जो पति यह संस्कार कर चुका है, वही सभी अन्य संतानों का भी पिता माना जाएगा। खस जनजाति के लोगों में जब बड़ा भाई विवाह करता है तो उसकी पत्नी सभी भाइयों की पत्नी मानी जाती है। छोटे भाई अगर बच्चे हैं या उनका विवाहोपरांत जन्म होता है तो वे भी उस स्त्री के पति माने जाते हैं। बड़े भाई का स्त्री पर विशेष अधिकार होता है और वह स्त्री को अन्य छोटे भाइयों से सहवास के लिए मना कर सकता है, सभी संतानों पर अधिकार रख सकता है और झगड़ा होने की नौबत आने पर अन्य भाइयों को विवाह-विच्छेद का आदेश दे सकता है। चूँकि सभी भाइयों को सम्पत्ति का समान हिस्सा नहीं मिलता और बड़े भाई के पास उसका बड़ा हिस्सा चला जाता है, इसलिए बँटवारा लाभदायक नहीं माना जाता है। इस कारण प्राय: प्रयत्न यही होता है कि बँटवारे की किसी भी सम्भावना को टाला जाए तथा परम्पराओं का पालन किया जाए। टोडा व खस जनजातियों में पुरुषों का महत्त्व व अधिकार होने के कारण उनकी बहुपति विवाह प्रथा को पितृसत्तात्मक बहुपति विवाह कहा जाता है।

अभ्रातृ बहुपति विवाह में पतियों का परस्पर भाई होना आवश्यक नहीं होता है। इसमें पति विभिन्न समयों में आकर बारी-बारी से पत्नियों के पास रहते हैं या पत्नी पुरुषों के पास जाती है। यह प्रथा मुख्य रूप से मालाबार यानी केरल के नायरों में पायी जाती है। नायरों में इस प्रथा का चलन बीसवीं सदी के प्रारम्भ तक था और उनके यहाँ मातृवंशीय बहुपति विवाह रही है क्योंकि परिवार की सत्ता मुख्य रूप से स्त्रियों के पास रही है। इन मातृवंशीय परिवारों को तरवड़ के नाम से जाना जाता था। इसमें सामान्य तौर पर किसी एक नायर लड़की का विवाह एकाधिक नम्बूदरी लड़कों से कर दिया जाता था। विवाह के बाद भी लड़की अपने घर पर रहती थी और पतियों को अपने घर आकर रहने की आज्ञा देती थी। ऐसा देखने में भी आता था विवाह के ठीक पश्चात ही नम्बूदरी ब्राह्मण लड़के से विवाह संस्कार के तुरंत बाद या कुछ समय बाद ही उससे नायर पत्नी के संबंध समाप्त हो जाते थे और लड़की अपनी माँ के घर रहते हुए अनेक नायर लड़कों से संबंध रख सकती थी। पति का अधिकार बच्चों या सम्पत्ति पर नहीं रहता था। परिवार का एक बुजुर्ग मुखिया होता था जिसकी देखरेख में सब रहता था। वह कर्णवान कहलाता था और उसकी पत्नी अम्माई कहलाती थी। जब तरवड़ बहुत बड़े आकार का हो जाता था, तब उसे तवाझी में विभक्त कर दिया जाता था। एक पति न होने कारण बच्चे के वास्तविक पिता का पता लगाना मुश्किल होता था, इसलिए बच्चे अपनी माँ के वंश से ही जाने जाते थे। माना जाता है कि सामाजिक परिवर्तनों तथा नैतिक भावना के कारण बाद में नायरों में यह प्रथा कमज़ोर होती चली गयी।

कापड़िया ने केरल की इरावन, कुर्ग तथा नीलगिरी में

कोटा जनजातियों में भी बहुपति विवाह की प्रथा का उल्लेख किया है। इरावन जनजाति में प्रथा यह थी कि सबसे बड़ा भाई वधू के घर विवाह के लिए जाता था और उस विवाह समारोह में उस बड़े भाई के छोटे भाई भी एक क़तार में वधू के दाहिनी तरफ़ बैठ जाते थे और कुछ वैवाहिक कृत्यों के उपरांत वे सभी भाई स्त्री के सह-पति हो जाते थे। नीलगिरि के टोडा लोगों के पड़ोस में बसी कोटा जनजाति के लोग पूर्णरूप से बहुपति विवाह को तो नहीं अपनाते लेकिन पुरुष के सगे या नातेदारी के भाई उसकी पत्नी के साथ स्वतंत्रतापूर्वक यौन-संबंध रख सकते थे। कोई भी कोटा जनजाति की स्त्री अपने घर में अकेले इस डर से नहीं सोती थी कि कहीं पास-पड़ोस का कोई जादूगर उसे वश में करने के लिए उस पर जादू न कर दे। इसलिए जब उसका पति गाँव के बाहर जाता था तो अपने भाइयों में से किसी को उसके पास सोने के लिए भेज देता था। कोटा लोग संयुक्त परिवार में रहते हैं और उसमें सभी भाइयों के अधिकार समान माने जाते हैं। बहुपति विवाह के कई दुष्परिणामों की तरफ़ भी समाजशास्त्रियों ने ध्यान आकर्षित किया है। जैसे कि कम संतानोत्पत्ति, स्त्री स्वास्थ्य पर प्रतिकूल असर, पारिवारिक जीवन में ईर्ष्या-द्वेष व कलह तथा बाँझपन जैसी समस्याएँ इस प्रथा के कारण पेश आती हैं।

देखें : अर्थव्यवस्था का समाजशास्त्र, अभिजन, अभिरुचि, आत्महत्या, उन्मूलनवाद, एजेंसी, कर्मकाण्ड, कारागार, गोपनीयता, गृहविहीनता, जादू, जीवन-शैली, टेलरवाद, परम्परा, परस्पर विपरीत द्विभाजन, पितृसत्ता, प्रति-(संस्कृति, विमर्श, इतिहास, वर्चस्व, स्मृति), प्राइवेसी, प्रौद्योगिकी, फ़ुरसत, बचपन, बहुपति प्रथा, बहुपति प्रथा, बुज़ुर्गियत का समाजशास्त्र, बेगानगी, भीड़, भ्रष्टाचार का समाजशास्त्र-1 और 2, सेवानिवृत्ति, विचलन, ज्ञान का समाजशास्त्र।

संदर्भ

1. के.एम.कपाड़िया (1966), *मैरिज ऐंड फ़ैमिली इन इण्डिया,* ऑक्सफ़र्ड युनिवर्सिटी प्रेस, नयी दिल्ली.
2. मनीष कुमार और पलाश चंद्र कूमर (1987), *पोलिएंड्री इन इण्डिया- डेमॉग्राफ़िक, इकनॉमिक, सोशल, रिलीजस ऐंड साइकोलॅजिकल कानकोमिटेंट्स ऑफ़ प्लूरल मैरिजेस इन वुमॅन,* ज्ञान पब्लिशिंग हाउस, नयी दिल्ली.
3. पी.पीटर (1963), *अ स्टडी ऑफ़ पोलिएंड्री,* मोंटन ऐंड कम्पनी, पेरिस.
5. सर्वदमन सिंह (1978), *पोलिएंड्री इन एंशिएंट इण्डिया,* मोतीलाल बनारसी दास, नयी दिल्ली.

— वैभव सिंह

बहुपत्नी-प्रथा

(Polygamy)

पुरुष द्वारा एक से अधिक स्त्रियों से शादी करने के चलन को बहुपत्नी-प्रथा की संज्ञा दी जाती है। बहुपत्नी-प्रथा के पीछे कई कारण रहे हैं। लगभग सभी समाजों में वंश चलाने और सामाजिक-धार्मिक कर्तव्य पूरा करने के लिए पुत्र की आवश्यकता मानी जाती रही है। इसलिए पुत्र के जन्म न लेने पर या आत्मरक्षा और सम्पत्ति के लिए कई पुत्र पैदा करने के लोभ में कई विवाह किये जाते थे। इसके अलावा कई विवाह करना पुरुषों के लिए सामाजिक प्रतिष्ठा का भी प्रतीक था, खासकर मध्यकाल में। इससे अपने कुनबे के आकार को बड़ा दिखाने, अधिक शक्तिसम्पन्नता और व्यापक नातेदारी वाले परिवार से मिलने वाली प्रतिष्ठा भोगी जा सकती थी। कोई व्यापारी, सामंत या राजा कई विवाह करके अपने राजनीतिक-सामाजिक संबंधों का और विस्तार कर सकता था। मध्यकाल के राजा दूर-दूर के राजाओं की बेटियों से विवाह करते थे ताकि उनमें आपस में युद्ध न हों और युद्ध की अवस्था में वे एक-दूसरे की सहायता कर सकें। बहुपत्नी विवाह का संबंध श्रम व धनोपार्जन से भी रहा है। अधिक विवाह होने से श्रमिकों के रूप में स्त्रियाँ मिल जाती थीं जो अधिक संतानें पैदा कर और अधिक श्रम उपलब्ध करा सकती थीं।

प्राचीन यहूदी समाज में भी कई विवाह करना आम बात थी। भारत में भाई शादीशुदा होने के बावजूद बड़े भाई के निधन के बाद उसकी विधवा से विवाह को प्राथमिकता दी जाती रही है। इस्लाम में चार शादियाँ करने को धार्मिक और क़ानूनी मान्यता मिली हुई है। लेकिन इस्लाम के विपरीत ईसाई धर्म में बहुपत्नी विवाह का पूरी तरह से निषेध है। उत्तर और मध्य भारत की कई जनजातियों में भी यह विवाह प्रथा पायी जाती है। विश्व के भी कई भागों में इस प्रथा का चलन रहा है। अफ़्रीका में यह सबसे अधिक रही है। इस प्रथा के अंतर्गत बहनों द्वारा एक ही पुरुष से विवाह भी किये जाते थे। इसमें सबसे बड़ी बहन विवाह करती थी और अन्य बहनें बाद में सह-पत्नियाँ बन जाती थीं। यह प्रथा उत्तरी अमेरिका की जनजातियों में काफ़ी प्रचलित थी। माना जाता था कि इससे स्त्रियों को सामाजिक-पारिवारिक जीवन में सहायता मिलती थी क्योंकि वे आपस में बहनें होती थीं। उनके मध्य अधिकार और सम्पत्ति संबंधी विवाद भी नहीं होते थे।

ऐतिहासिक तथ्य संकेत करते हैं कि मुसलमानों में कई विवाह करने की यह प्रथा मुख्य रूप से अमीरों, नवाबों और रंग-रुतबे वाले मुसलमानों तक सीमित रही है। कहा जाता है कि इस्लाम ने अधिकतम चार विवाह करने की अनुमति देकर

मुसलमान समाज में स्त्रियों की स्थिति में एक प्रकार से सुधारवादी हस्तक्षेप किया था। जो व्यक्ति एक से अधिक विवाह करता है, उसे सभी पत्नियों के साथ दयालुता व सम्मान से भरा व्यवहार करने और सभी को समान समझने का धार्मिक दायित्व भी दिया गया है। लेकिन तुर्की जैसे देश भी हैं जहाँ मुसलमान बहुलता के बावजूद 1926 के तुर्किश सिविल कोड के तहत किसी भी क़िस्म के बहुपत्नी विवाह पर क़ानूनन प्रतिबंध है। दूसरी तरफ़, तुर्की के भी दक्षिण-पूर्वी कुर्द इलाक़े में शरीयत के अनुरूप एक से अधिक पत्नियाँ रखने की परम्परा है। दूसरी पत्नियों से धार्मिक और सांस्कृतिक संस्कारों के अनुरूप विवाह किया जाता है और उन्हें कोई क़ानूनी संरक्षण और अधिकार नहीं मिलते।

प्राचीन हिंदू धर्मशास्त्रों में ऐसे विवाह की अनुमति खास परिस्थितियों में दी गयी है। यानी बहुपत्नी विवाह के साथ कई सामाजिक और धार्मिक शर्तें जोड़ी गयी हैं। मनुस्मृति में मनु का निर्देश है : बाँझ पत्नी के स्थान पर आठवें वर्ष और जिस पत्नी की संतान जीवित नहीं रहती उसके स्थान पर ग्यारहवें वर्ष और जिसने केवल पुत्रियों को जन्म दिया हो उसके स्थान पर बारहवें वर्ष दूसरी स्त्री को पत्नी के रूप में ग्रहण किया जा सकता है। मनु ने यह भी लिखा है कि जो पत्नी मद्यपान करती हो, दुराचारिणी हो, अपव्ययी हो अथवा क्रूर हो, उसे त्याग देना ही उचित है। शास्त्र में कई अन्य कारणों, जैसे शूद्र से व्यभिचार आदि, कारणों से भी पत्नी - याग और पुरुष द्वारा पुनर्विवाह करने की अनुमति दी गयी है। पर शास्त्रों के अनुमोदन के बावजूद अगर धनी वर्गों को छोड़ दें तो समाज में प्रायः एक विवाह प्रथा का ही चलन रहा है। 1955 के हिंदू विवाह अधिनियम के अंतर्गत बहुपत्नी विवाह को पूरी तरह से ग़ैरक़ानूनी क़रार दे दिया गया है। बहुपत्नी-प्रथा का विवेचन करते हुए के.एम. कपाड़िया ने अपनी पुस्तक *मैरिज ऐंड फ़ैमिली इन इण्डिया* में लिखा है : संस्कार संबंधी कृत्यों में चार पत्नियों को मान्यता प्रदान की गयी है और उनकी स्थिति परिभाषित करने के लिए अलग-अलग शब्दों के प्रयोग किये गये हैं। ये पत्नियाँ महिषी (मुख्य पत्नी), परिवृति (प्रभावशाली), वक्ता (व्यक्तिगत रूप से प्रिय) और पालागली (पालागल अर्थात् दरबार के सबसे निम्न अधिकारी की पुत्री) के नाम से जानी जाती थीं।

हिंदुओं में कुलीन विवाह का संबंध भी बहुपत्नी-प्रथा से था। कुलीन विवाह में अपने से उच्च जाति के लड़कों से विवाह करने को प्राथमिकता दी जाती थी। इस विवाह में लड़की की जातिगत स्थिति लड़के से निम्न मानी जाती थी। उच्च कुल में विवाह योग्य पुरुषों की संख्या में कमी के कारण पुरुषों को कई विवाह करने के अवसर मिल जाते थे। कुलीन विवाह में दहेज भी काफ़ी मात्रा में लड़के व उसके परिवार को दिया जाता था। इसलिए दहेज के लोभ में भी स्वयं को उच्च और कुलीन मानने वाले लड़के कई विवाह करते थे। कई क्षेत्रों में इसके अलग-अलग नाम थे। जैसे मिथिला क्षेत्र में इस तरह का विवाह करने वाले ब्राह्मणों को बिकौआ कहा जाता था। यानी जो अपने उच्च ब्राह्मणत्व का सौदा करता है। हिंदी के कुछ उपन्यासों जैसे नागार्जुन की रचना *रतिनाथ की चाची* में इस तरह के कुलीन विवाह के प्रसंग मिलते हैं।

बहुपत्नी विवाह का रूप सभी समाजों में समान नहीं है। कुछ संस्कृतियों में बहुपत्नी विवाह पर किसी प्रकार का प्रतिबंध नहीं था और इसी कारण इसे अप्रतिबंधित कहा जाता था। जिन समाजों में ऐसे विवाह कुछ शर्तों के साथ होते थे वहाँ इसे सशर्त बहुपत्नी विवाह की संज्ञा दी जाती है। इसी के अंतर्गत एकपक्षीय बहुपत्नी विवाह प्रथा का भी पालन किया जाता है जिसमें उन्हीं स्त्रियों से कोई पुरुष एकाधिक विवाह कर सकता है जो परस्पर बहनें हों।

बहुपत्नी विवाह का लाभ यह माना जाता है कि इससे स्त्रियों को सम्पन्न और शक्तिशाली पुरुषों से, जो संख्या में समाज में कम होते हैं, विवाह करने का मौक़ा मिलता है। पुरुषों के कामाचार को वैधानिक ढंग से व्यक्त होने देने और वेश्यावृत्ति को रोकने में भी इसका महत्त्व स्वीकारा जाता है। एकपत्नी विवाह के तहत पुरुष तकनीकी व सार्वजनिक रूप से एक स्त्री के प्रति वफ़ादार दिखता है पर वह वास्तव में रखैल रखने, वेश्यावृत्ति करने या गुप्त प्रेम प्रसंगों के माध्यम से बहुपत्नी प्रथा के अनुरूप आचरण कर रहा होता है। लेकिन बहुपत्नी विवाह के दोषों का पलड़ा बहुत भारी है। उनमें सबसे प्रधान यह है कि इससे समाज में स्त्रियों की स्थिति, अधिकार और सम्मान में गिरावट आ जाती है। वे मुख्य पुरुष के अधीन रहती हैं और पुरुष को कई विवाह की अनुमति के कारण कभी भी अपनी स्त्रियों का त्याग कर सकते हैं। बाँझ होने, पुत्र न पैदा कर सकने या आचरण संबंधी संदेहों के आधार पर उनका उत्पीड़न हो सकता है और उन्हें त्यागे जा सकने की बात पुराने ग्रंथों में भी लिखी है। स्त्रियों के व्यक्तित्त्व के विकास में भी रुकावट आती है क्योंकि उन्हें लगातार पुरुष की ग़ुलामी में रहना पड़ता है। स्त्रियाँ व संतानें अधिक होने से परिवार के संसाधनों पर दबाव पड़ता है। एक ही व्यक्ति की सौ या अधिक संतानें भी होती थीं और उनमें से अधिकांश के नाम तक पिता को याद नहीं रहते थे।

इन्हीं कारणों से धर्मग्रंथों और शास्त्रों में इसकी अनुमति होने के बावजूद लोग आम तौर पर एक विवाह ही करते थे। पुरुष द्वारा कई विवाह करने से परिवार की संरचना में अन्य संकट भी उत्पन्न होते हैं। जैसे कि परिवार में ईर्ष्या, द्वेष, कलह, मनमुटाव आदि का वातावरण रहता है। इसके

अलावा स्त्री-पुरुषों में कई यौन व मानसिक विकृतियाँ भी उत्पन्न हो सकती हैं। इतिहास में भाइयों के बीच उत्तराधिकार, राजपाट और धनदौलत के लिए खूनी संघर्ष देखने को मिले हैं। उन मामलों में ये संघर्ष अधिक हुए हैं जहाँ राजा की कई पत्नियाँ होती थीं और बाद में उनकी संतानें राजपाट हासिल करने के लिए संघर्ष करती थीं।

देखें : अर्थव्यवस्था का समाजशास्त्र, अभिजन, अभिरुचि, आत्महत्या, उन्मूलनवाद, एजेंसी, कर्मकाण्ड, कारागार, गोपनीयता, गृहविहीनता, जादू, जीवन-शैली, टेलरवाद, परम्परा, परस्पर विपरीत द्विभाजन, प्रति- (संस्कृति, विमर्श, इतिहास, वर्चस्व, स्मृति), प्राइवेसी, प्रौद्योगिकी, प्रारम्भिक इस्लाम, फ़ुरसत, बचपन, बहुपत्नी प्रथा, बहुपति प्रथा, बुज़ुर्गियत का समाजशास्त्र, बेगानगी, भारतीय इस्लाम, भीड़, भ्रष्टाचार का समाजशास्त्र-1 और 2, सेवानिवृत्ति, विचलन, हज़रत मोहम्मद-1 और 2, ज्ञान का समाजशास्त्र।

संदर्भ

1. के.एम. कपाड़िया (1966), *मैरिज ऐंड फ़ैमिली इन इण्डिया,* ऑक्सफ़र्ड युनिवर्सिटी प्रेस, नयी दिल्ली.
2. प्रकाशचंद्र मेहता (2005), *मैरिजिज़ इन इण्डियन सोसाइटी,* डिसकवरी पब्लिशिंग हाउस, नयी दिल्ली.
3. आर. मुकर्जी (1969), *फैमिली इन इण्डिया, अ पर्सपेक्टिव,* इण्डियन स्टेटिस्टिकल इंस्टीट्यूट, कोलकाता.
4. वार्नर एफ. मेंस्की (2001), *मॉडर्न इण्डियन फ़ैमिली लॉ,* कर्जन प्रेस, लंदन.
5. जान केयर्नक्रास (1974), *आफ़्टर पॉलिगैमी वाज़ मेड अ सिन : द सोशल हिस्ट्री ऑफ़ क्रिश्चियन पॉलिगैमी,* रॉटलेज ऐंड केगन पाल, लंदन.
6. केसिया अली (2010), *मैरिज ऐंड स्लेवरी इन अर्ली इस्लाम,* हार्वर्ड युनिवर्सिटी प्रेस.

— वैभव सिंह

बहुराष्ट्रीय निगम

(Multinational Corporation)

दुनिया के किसी भी हिस्से में रहने वाले लोगों की ज़िंदगी सुबह बिस्तर से उठने से लेकर रात में बिस्तर पर जाने तक हर पल बहुराष्ट्रीय निगमों द्वारा बनाये गये उत्पादों के इस्तेमाल पर निर्भर रहती है। भारत में जब हम सवेरे सो कर उठते हैं तो हमारी पहली चाय का प्याला या तो ब्रुकब्राण्ड का होता है, या लिप्टन का, या फिर टाटा का जो एक भारतीय मूल की बहुराष्ट्रीय कम्पनी है। फिर अपने दाँत साफ़ करने के लिए हम जिस पेस्ट और टूथब्रुश का इस्तेमाल करते हैं, वे भी लाज़मी तौर से किसी न किसी बहुराष्ट्रीय कम्पनी द्वारा उत्पादित ही होते हैं। पूरी सम्भावना रहती है कि हमारे टीवी, सेलफोन, म्यूज़िक सिस्टम, कम्प्यूटर, घर में काम आने वाले साधारण से उपकरण, पहनने-बिछाने वाले कपड़े, पैरों के जूते, पेय पदार्थ (यहाँ तक कि पेयजल भी), धूम्रपान के लिए सिगरेट, आवागमन के लिए कार, लिखने के लिए कलम, मैथुन करने के लिए गर्भ-निरोधक और न जाने क्या-क्या अर्थात् तक़रीबन सभी चीज़ें किसी न किसी बहुराष्ट्रीय कम्पनी की ही देन हों। हाल ही में इस सूची में बैंकों और बीमा कम्पनियों का नाम भी जुड़ गया है। जल्दी ही रोज़ पढ़े जाने वाले अख़बार भी किसी न किसी बहुराष्ट्रीय मीडिया कम्पनी द्वारा प्रकाशित किये जाने वाले होंगे। हो सकता है कि आगे चल कर हमारे अस्पताल भी बहुराष्ट्रीय कम्पनियों द्वारा चलाये जाने लगें। कुल मिला कर जीवन के हर क्षेत्र में ये कम्पनियाँ प्रभावी हो चुकी हैं। वे हमारे आचार-व्यवहार, सोच-विचार, खान-पान और अन्य सांस्कृतिक अभिरुचियों को अपने एजेंडे के मुताबिक़ बदलने की कोशिश करती हैं। लेकिन, बहुराष्ट्रीय कम्पनियों का यह रुतबा केवल हमारी निजी जीवन-शैली को ही नियंत्रित नहीं करता, बल्कि वह हमारी राजनीति, अर्थनीति और हमारी राष्ट्रीय नीतियों और प्रभुसत्ता को भी अपने एजेंडे के मुताबिक़ बदलता है।

मल्टीनेशनल कम्पनी (एमएेनसी) या ट्रांसनेशनल कम्पनी (टीएेनसी) के नाम से चर्चित ये शक्तिशाली संस्थाएँ राष्ट्रीय सीमाओं को नज़रअंदाज़ करती हुई दुनिया को एक आर्थिक इकाई के रूप में देखती हैं। ग्लोबल अर्थव्यवस्था की लगाम उन्हीं के हाथों में रहती है। विश्व के सबसे बड़े पाँच सौ बहुराष्ट्रीय निगमों का विश्व-व्यापार के दो-तिहाई हिस्से पर क़ब्ज़ा है और यह व्यापारिक लेन-देन उनकी सहायक फ़र्मों के बीच चलता है। दुनिया के समग्र प्रत्यक्ष विदेशी निवेश का एक-तिहाई सबसे बड़े सौ निगमों द्वारा किया गया है। आँकड़े बताते हैं कि अकेले आईटोकू कारपोरेशन की बिक्री ऑस्ट्रिया के कुल घरेलू उत्पाद से अधिक है। इसी तरह रॉयल डच/शेल कारपोरेशन की बिक्री ईरान के कुल घरेलू उत्पाद से ज़्यादा है। अगर मित्सुई और जनरल मोटर्स की बिक्री को जोड़ लिया जाए तो वह डेनमार्क, पुर्तगाल और तुर्की के सकल घरेलू उत्पाद को भी पार कर जाएगी। सब-सहारा अफ़्रीका के सारे देश तो उससे बहुत पीछे छूट जाएँगे। सारी दुनिया में क़रीब 53,000 बहुराष्ट्रीय निगम हैं जिनकी 4,50,000 सहायक कम्पनियाँ सक्रिय हैं। ज़्यादातर बड़े बहुराष्ट्रीय निगमों के मुख्यालय उत्तरी अमेरिका, जापान और पश्चिमी युरोप में स्थित हैं। पिछले दो दशकों से तीसरी दुनिया के विकासशील कहे जाने वाले देशों की बड़ी कम्पनियाँ भी कुछ क्षेत्रों में बहुराष्ट्रीय स्वरूप धारण करने लगी हैं।

बहुराष्ट्रीय निगम एक भ्रमोत्पादक अभिव्यक्ति भी है। इसका मतलब यह क़तई नहीं है कि इन कम्पनियों के प्रबंधन और शेयर-पूँजी के स्वामित्व का अंतर्राष्ट्रीयकरण हो चुका है। इन निगमों की ज़्यादातर गतिविधियाँ राष्ट्रों के बीच न हो कर किसी न किसी राष्ट्र की भू-क्षेत्रीय सीमाओं भीतर ही चलती हैं। ज़्यादातर बहुराष्ट्रीय निगम क़ानूनी रूप से अमेरिका, जापान, दक्षिण कोरिया और युरोपीय देशों की कम्पनियाँ हैं। इन्हें बहुराष्ट्रीय कहा ज़रूर जाता है, पर इनका चरित्र ग्लोबल पैमाने पर व्यापार करने वाले विशाल उद्यमों जैसा है। तकनीकी रूप से एक बहुराष्ट्रीय कम्पनी एक पब्लिक कम्पनी हो सकती है और उसके शेयर व्यक्तियों, बैंकों, बीमा कम्पनियों और पेंशन फ़ंडों के पास हो सकते हैं। वह एक निजी या घराना नियंत्रित कम्पनी भी हो सकती है और उस सूरत में उसके शेयर सार्वजनिक बिक्री के लिए उपलब्ध नहीं होंगे। इतिहास के लिहाज़ से देखें तो तीन सौ साल पहले औपनिवेशिक विस्तार के दिनों में हडसन बे कम्पनी और ब्रिटिश ईस्ट इण्डिया कम्पनी का कामकाज भी कुछ इसी क़िस्म का था। अट्‌ठारहवीं सदी के बाद से औद्योगिक क्रांति, प्रौद्योगिकी, संचार और प्रबंधन की विधियों में हुए विकास ने इनका चरित्र पूरी तरह से बदल दिया है। उदाहरण के लिए बीसवीं सदी के एकदम शुरुआत में हेनरी फ़र्ड द्वारा ईजाद की गयी नयी कार-प्रोडक्शन लाइन के कारण उनकी कम्पनी साल भर में बनने वाली कारों की संख्या काफ़ी बढ़ाने में कामयाब रही। नतीजा यह निकला कि दस साल के भीतर-भीतर फ़र्ड कार कम्पनी दुनिया भर में उभरते हुए कार उद्योग की प्रमुख खिलाड़ी बन गयी। ऐसी ही बहुराष्ट्रीय कम्पनियों के हाथ में विश्व अर्थव्यवस्था का लगाम 1944 में आयी जब ब्रेटन वुड्स कांफ्रेंस ने अंतर्राष्ट्रीय आर्थिक निज़ाम की स्थापना की जिसका आधारभूत उसूल मुक्त व्यापार था। इसी के बाद बहुराष्ट्रीय निगमों ने बहुत पड़े पैमाने पर अपनी व्यापारिक गतिविधियाँ चलानी शुरू कीं। द्वितीय विश्व-युद्ध के बाद अमेरिका की महाशक्ति के रूप में हैसियत और अमेरिकी डॉलर की ताक़त ने इस विकास-क्रम में मुख्य भूमिका अदा की।

अमेरिकी प्रभुत्व के कारण पहले वहाँ की बहुराष्ट्रीय कम्पनियों को आगे बढ़ने का ज़्यादा मौक़ा मिला। 1965 तक वे विदेशी निवेश में आगे रहीं। लेकिन इसके बाद युरोपीय और जापानी कारपोरेशनों ने उनके साथ जम कर प्रतियोगिता करनी शुरू कर दी। अस्सी के दशक के मध्य से इन कम्पनियों ने कम उद्योगीकृत देशों में अपना निवेश बढ़ाया जिनकी अर्थव्यवस्थाएँ निवेश-अंतराल की समस्या से जूझ रही थीं। क़र्ज से दबे होने के कारण उन्हें उत्तरोत्तर विदेशी मुद्रा की सख़्त ज़रूरत थी। इसलिए इन देशों को अंतर्राष्ट्रीय मुद्रा कोष की सलाहों के मुताबिक़ ढाँचागत समायोजन कार्यक्रम लागू करने पड़े, निजी पूँजी को ज़्यादा छूट देनी पड़ी और अपने-अपने पब्लिक सेक्टरों का औने-पौने दामों में निजीकरण करना पड़ा। समाजवाद और आत्मनिर्भर विकास के मॉडल का आकर्षण कमज़ोर हो जाने के कारण ये देश इन कम्पनियों की तरफ़ आशा भरी निगाहों से देखने लगे। इस परिस्थिति का फ़ायदा उठा कर बहुराष्ट्रीय निगमों के तरफ़दारों ने उन्हें आधुनिकीकरण और समृद्धि के वाहक के रूप में पेश करना शुरू किया। कहा जाने लगा कि एमऐनसी का मतलब है उन्नत प्रौद्योगिकी, विदेशी पूँजी का निवेश और कौशलपूर्ण रोज़गारों में बढ़ोतरी। ब्रेटन वुड्स संस्थाओं ने भी ग्लोबल क्षितिज पर बहुराष्ट्रीय कम्पनियों का चित्रण ग़रीब देशों की राष्ट्रीय प्रगति की चालक-शक्ति के रूप में करना शुरू किया।

लेकिन, बहुराष्ट्रीय कम्पनियों का एक दूसरा चेहरा भी है। उनकी राजनीति बेहद विवादास्पद है। उन पर कई निर्वाचित सरकारों का तख़्ता पलटने की साज़िश में सक्रिय भाग लेने और मुख्य भूमिका अदा करने का आरोप है। उनके ऊपर अंतर्राष्ट्रीय और राष्ट्रीय क़ानूनों का उल्लंघन करते हुए ग़ैरक़ानूनी गतिविधियाँ करने, मानवाधिकारों की अनदेखी करने, अविकसित देशों की अर्थव्यवस्थाओं का शोषण करने और मुनाफ़ा कमाने के लिए पर्यावरण की बलि चढ़ाने का इलज़ाम भी है। समझा जाता है कि सत्तर के दशक में इंटरनैशनल टेलिफ़ोन ऐंड टेलिग्राफ़ (आईटीटी) और ऐनाकोंडा कोपर जैसी बहुराष्ट्रीय कम्पनियों ने अमेरिकी ख़ुफ़िया संस्था सीआईए की मदद से चिली में सल्वाडोर अलेंदे की लोकतांत्रिक ढंग से चुनी गयी सरकार को पलट दिया। अलेंदे समाजवादी एजेंडे पर चलते हुए इन कम्पनियों की सम्पदा का राष्ट्रीयकरण करना चाहते थे। भारत में यूनियन कारबाइड नामक अमेरिकी बहुराष्ट्रीय कम्पनी के कारख़ाने से रिसी ज़हरीली गैस ने भोपाल में क़रीब चार हज़ार लोगों की जान ले ली और क़रीब पाँच लाख लोगों को जीवन भर के लिए बीमार कर दिया। दक्षिण अफ़्रीका में रंगभेदी सरकार का जिस समय सारी दुनिया बहिष्कार कर रही थी, उस समय भी रॉयल डच/ शेल कारपोरेशन नामक मल्टीनेशनल रंगभेदी सरकार से अपने व्यावसायिक रिश्ते तोड़ने के लिए तैयार नहीं हुई। बीएचपी नामक बहुराष्ट्रीय कम्पनियों द्वारा न्यू गिनी में किये जाने वाले खनन के परिणामस्वरूप वहाँ की नदी प्रणाली को ज़बरदस्त क्षति पहुँची है। परिणामस्वरूप उस इलाक़े के निवासियों की जिंदगी पूरी तरह बदल गयी है।

बहुराष्ट्रीय निगमों के आलोचकों ने कई पहलुओं से उन्हें आड़े हाथों लिया है। इनमें पहला है एक कम्पनी के भीतर होने वाले व्यापार में ट्रांसफ़र प्राइसिंग की परिघटना। ट्रांसफ़र प्राइसिंग के ज़रिये बहुराष्ट्रीय कम्पनियाँ आय कर और विभिन्न वाणिज्य करों से बच जाती हैं। उन देशों के कर क़ानूनों को धोखा देना इनके लिए आसान हो जाता है। जिस देश में टैक्स अधिक होता है, वहाँ से माल अपनी सहायक

कम्पनी को दूसरे देश में (जहाँ कर की दर कम होती है) ऊँचे दामों पर बेचना दिखा दिया जाता है। सत्तर के दशक में दवा बनाने वाली बहुराष्ट्रीय कम्पनियों ने लातीनी अमेरिका की अपनी शाखाओं को ज़्यादा कीमत पर अपनी दवाओं का निर्यात किया जिससे उन देशों में जीवन-रक्षक दवाएँ महँगी हो गयीं। दूसरा मुद्दा है किसी देश के अंदरूनी मामलों में दख़लअंदाज़ी का। 1954 में में अमेरिकी ने गुआटेमाला पर केवल इसलिए हमला कर दिया था कि उसकी सरकार यूनाइटेड फ्रुट कम्पनी की बेकार पड़ी हुई ज़मीन मुआवज़े और ब्याज की अदायगी करके अधिग्रहीत कर लेना चाहती थी ताकि उसे किसानों में वितरित किया जा सके। चिली में भी चुनावों के दौरान आईटीटी ने सीआईए को दस लाख डॉलर देने की पेशकश की थी ताकि अलेंदे के ख़िलाफ़ चुनावी अभियान चलाया जा सके। सीआईए ने यह पेशकश तो नहीं मानी, पर ऐनाकोंडा का मिल्कियत वाली ताँबे की ख़ानों के राष्ट्रीयकरण के बाद अमेरिकी सरकार ने आईटीटी के हितों के मुताबिक़ अलेंदे की सरकार को गिराने की हर सम्भव कोशिश शुरू कर दी।

इसमें कोई शक नहीं कि कई विकासशील देशों में बहुराष्ट्रीय कम्पनियों ने अस्पतालों, स्कूलों और उपयोगी अधिरचनात्मक सुविधाओं की स्थापना में योगदान किया है। उनके कारण रोज़गार, प्रशिक्षण और शैक्षिक अवसरों में वृद्धि हुई है। लेकिन उसका दूसरा पक्ष यह भी है कि बहुराष्ट्रीय कम्पनियों ने इन विकासशील देशों में अपने लाभ के लिए स्थानीय संस्कृति और पर्यावरण को नष्ट किया है। ये कम्पनियाँ बच्चों से श्रम कराने के लिए भी कुख्यात रही हैं।

देखें : अंतर्राष्ट्रीय मुद्रा कोष, ढाँचागत समायोजन कार्यक्रम, पेटेंट, ब्रेटन वुड्स प्रणाली, भूमण्डलीकरण : भारतीय अर्थव्यवस्था का, भारत में पेटेंट क़ानून, भारत में बहुराष्ट्रीय निगम, भारत में शेयर संस्कृति, भूमण्डलीकरण, भूमण्डलीकरण का इतिहास-1 और 2, भूमण्डलीकरण और बेरोज़गारी, भूमण्डलीकरण और ग़रीबी, भूमण्डलीकरण और पूँजी बाज़ार, भूमण्डलीकरण और लोकतंत्र, भूमण्डलीकरण और राज्य, भूमण्डलीकरण और राष्ट्रीय सम्प्रभुता, भूमण्डलीकरण और वित्तीय पूँजी, भूमण्डलीकरण और वित्तीय उपकरण, भूमण्डलीकरण के आलोचक, भूमण्डलीकरण के ख़िलाफ़ प्रतिरोध, विश्व बैंक, विश्व व्यापार संगठन।

संदर्भ

1. दिलीप एस. स्वामी (1980), *मल्टीनेशनल कारपोरेशंस ऐंड वर्ल्ड इकॉनॉमी,* एल्प्स पब्लिशर्स, नयी दिल्ली.
2. आर.जे. बारनेट और आर.एम. मुलर (1975), *ग्लोबल रीच : पावर ऑफ़ मल्टीनेशनल कारपोरेशंस,* जोनाथन कैप, लंदन.
3. सोम देव (1986), *मल्टीनेशनल कारपोरेशंस ऐंड द थर्ड वर्ल्ड,* आशीष पब्लिशिंग हाउस, नयी दिल्ली.
4. ज़ेड ग्रिअर और कवलजीत सिंह (1996), *टीऐनसीज़ ऐंड इण्डिया,* पब्लिक इंटरेस्ट रिसर्च ग्रुप, नयी दिल्ली.

—अभय कुमार दुबे

बहुसंख्यक-अल्पसंख्यक

(Majority-Minority)

भारतीय संविधान के अनुच्छेद 29 और 30 के तहत विभिन्न समूहों को अपने हितों की रक्षा के लिए और ख़ास तौर से अपनी शिक्षा संस्थाएँ चलाने के लिए विशेष अधिकारों का प्रावधान किया गया है। प्रचलित भाषा में इन समूह-अधिकारों को अल्पसंख्यक अधिकारों के रूप में जाना जाता है। 1950 में संविधान-रचना के समय तक राजनीति पर अल्पसंख्यक-बहुसंख्यक के मुहावरे का बोलबाला हो चुका था। संविधान सभा ने भी अल्पसंख्यकों के हितों पर ग़ौर करने के लिए एक विशेष उप-समिति गठित की थी जिसके अधिकतर सदस्य स्थाई अल्पसंख्यक समुदायों के लिए विशेष सुरक्षा के उपाय करने के सवाल पर सहमत थे। इस लिहाज़ से कहा जा सकता है कि बहुसंख्यक-अल्पसंख्यक ढाँचा भारतीय संविधान की बुनियादी संरचनाओं में से एक है।

यह संकल्पना मान कर चलती है कि हमारी राजनीति और समाज की रचना स्थाई अल्पसंख्यक समुदायों और स्थाई बहुसंख्यक समुदायों से मिल कर हुई है। संविधान द्वारा अपनाये गये इस आधार की आलोचना मुख्यत: इस आधार पर होती है कि इसके कारण बहुसंख्यकवाद और अल्पसंख्यकवाद का ख़तरा अनिवार्य तौर पर पैदा होगा। चूँकि आधुनिकता और आधुनिकीकरण की प्रक्रिया समाज को समरूपता की तरफ़ ले जाती है, इसलिए इसके तहत बहुसंख्यक समाज के सांस्कृतिक मूल्य और प्राथमिकताएँ स्वाभाविक रूप से हावी हो जाएँगे। प्रतिक्रिया में अल्पसंख्यकों द्वारा न केवल इसका प्रतिरोध होगा, बल्कि कई बार वे आधुनिकता विरोधी रवैया अपना कर अपने सांस्कृतिक-धार्मिक अतीत में लौटते नज़र आयेंगे। ऐसा लगेगा कि वे संविधानप्रदत्त अधिकारों का उपयोग अपने आधुनिकीकरण और सामाजिक प्रगति के लिए करने के बजाय स्वयं को ग़ैर-आधुनिक बनाये रखने के लिए कर रहे हैं। नतीजा यह निकलेगा कि बहुसंख्यक अधिक आधुनिक और तर्कसंगत लगने लगेंगे एवं अल्पसंख्यक पिछड़े और दकियानूसी। अगर यह प्रक्रिया इसी तरह चलती रहेगी तो कुछ दिनों बाद राष्ट्र-निर्माण या समाज-रचना की आधुनिक प्रक्रियाओं से अल्पसंख्यक समुदाय धीरे-धीरे बाहर हो जाएँगे।

कुछ आलोचक मानते हैं कि भारत में दरअसल बहुसंख्यक-अल्पसंख्यक परिघटना इसी तरह के अप्रिय परिणाम पैदा कर रही है। अल्पसंख्यक एक सतायी हुई मानसिकता की भींच में फँसते जा रहे हैं जिसके प्रभाव में उत्तरोत्तर मज़बूत होती हुई उनकी धार्मिक और परम्परानिष्ठ

दावेदारियाँ बहुसंख्यक मानसिकता को प्रभावित कर रही हैं। बहुसंख्यकों के एक हिस्से को यह लगने लगा है कि संविधानप्रदत्त अधिकारों के कारण अल्पसंख्यक न केवल राष्ट्रीय मुख्यधारा से कट गये हैं, बल्कि उन्हें कुछ ऐसी विशेष सुविधाएँ मिली हुई हैं जिनसे बहुसंख्यक वंचित हैं। इस भावना के कारण बहुसंख्यकों में भी अनावश्यक ढंग से सताया हुआ मानस बनने लगा है। इस मानस को केंद्र करके उन्हें बहुसंख्यकवादी राजनीति के लिए गोलबंद किया जा सकता है। कुल मिला कर इसके कारण हमारा लोकतंत्र बहुसंख्यकवादी होने के ख़तरे से ग्रस्त हो गया है।

समस्या की इस व्याख्या से इनकार नहीं किया जा सकता। नब्बे के दशक में हुई रामजन्मभूमि आंदोलन की राजनीति ने इससे जुड़ी हुई हक़ीक़तों की तरफ़ ध्यान खींचा है। इसलिए इस समस्या पर कई नज़रियों से विचार करना ज़रूरी है।

पहला प्रश्न यह है कि क्या बहुसंख्या-अल्पसंख्या की यह संकल्पना भारतीय समाज के संदर्भ में यथार्थपरक है? राजनीतिशास्त्रियों के एक प्रभावशाली हिस्से की मान्यता है कि भारतीय समाज में कोई भी समूह बहुसंख्यक नहीं है। यहाँ तक कि कोई विशाल अल्पसंख्यक इकाई भी नहीं है। यह समाज तो छोटे-छोटे विभिन्न अल्पसंख्यक समूहों का एकत्रीकरण है। अर्थात् यह विचार हिंदू कहे जाने वाले बहुसंख्यकों या मुसलमान कहे जाने वाले अल्पसंख्यकों को भी एकाश्म इकाई मानने से इनकार करता है। हिंदू समाज तो विभेदीकृत है ही, और ग़ैर-हिंदू समुदाय भी आंतरिक रूप से विभेदीकृत हैं। इस लिहाज़ से बहुसंख्यकवादी या अल्पसंख्यकवादी राजनीति भले ही थोड़े-बहुत समय के लिए कामयाब हो जाए, वह लम्बे समय तक नहीं चल सकती।

दूसरा तर्क पहले से संबंधित है। इसके केंद्र में चुनाव के ज़रिये बनने वाले बहुमत और अल्पमत की प्रक्रिया है। इसके अनुसार लोकतांत्रिक निर्वाचन के ज़रिये बहुमत और अल्पमत लगातार बनते-बिगड़ते रहते हैं। जो आज बहुमत में है, वह कल अल्पमत में हो सकता है। जो आज विपक्ष में है, कल सत्तारूढ़ हो सकता है। अस्थाई बहुमत और अस्थाई अल्पमत लोकतंत्र का सार है। यह लोकतांत्रिक अस्थायित्व समुदायों के स्थायित्व के ख़िलाफ़ जाता है और उसे लगातार अस्थिर करता रहता है। दूसरे, सामुदायिक अधिकारों के साथ व्यक्ति को दिये गये अधिकार भी हैं, जो धीरे-धीरे करके सेकुलरीकरण और आधुनिकीकरण की अन्य प्रक्रियाओं के कारण व्यक्तियों की स्थाई सामुदायिक निष्ठाओं को कमज़ोर करते रहते हैं। आख़िरकार वोट का अधिकार एक व्यक्तिगत अधिकार है। यह मान लेना कि व्यक्ति इस अधिकार का उपयोग सदैव ही अपने समुदाय के आदेश पर करेगा, व्यक्ति और समुदाय के बदलते रिश्तों के संदर्भ में एक सैद्धांतिक ज़्यादती होगी। हो सकता है कि व्यक्ति कुछ समय तक या कभी-कभी ज़्यादा समय तक भी अपने व्यक्तिगत अधिकारों को सामुदायिक आग्रहों के मातहत करता रहे, पर वह ऐसा हमेशा नहीं करता रह सकता। इसलिए इस निष्कर्ष पर पहुँचा जा सकता है कि अंततः समाज के विकास-क्रम में राजनीतिक प्रक्रिया पर से सामुदायिक जकड़ ढीली हो जाएगी।

तीसरा प्रश्न यह है कि क्या बहुसंख्यकवाद और अल्पसंख्यकवाद के ख़तरे को देखते हुए अल्पसंख्यकों को विशेष अधिकार नहीं दिये जाने चाहिए थे? या अगर वे तत्कालीन परिस्थितियों और विभाजन की राजनीति के दबाव में दे दिये गये थे, तो क्या अब उनकी हानियाँ देखते हुए उन्हें वापस ले लिया जाना चाहिए? यह एक बेहद अहम सवाल है जिस पर सैद्धांतिक और व्यावहारिक दृष्टि से विचार करना ज़रूरी है।

अल्पसंख्यक और बहुसंख्यक समुदायों का एकाश्म न हो कर विभेदीकृत होना एक सामाजिक तथ्य है। लेकिन, इसके साथ-साथ यह भी एक हक़ीक़त है कि ये विभेदीकृत समुदाय किन्हीं धार्मिक, जातीय, भाषायी और सांस्कृतिक समरूपताओं के ज़रिये आपस में बँधे हुए भी हैं। आधुनिक राजनीति और उसकी अंतर्निहित प्रतियोगिता इन समरूपताओं को आधुनिक अस्मिताओं में बदल देती है। इस तरह से सामाजिक रूप से विभेदीकृत पर राजनीतिक रूप से समरूप समुदायों की परिघटना उभरती है। इसका सबसे ताक़तवर उदाहरण दलित अस्मिता है। पूर्व-अछूतों का समाज सामाजिक रूप से जातियों, सम्प्रदायों और वर्गों में बँटा हुआ है, लेकिन देश के कई हिस्सों में (उत्तर प्रदेश में सबसे ज़्यादा) वोट डालने के मामले में उसका व्यवहार एकाश्म राजनीतिक समुदाय जैसा है। दूसरा उदाहरण मुसलमानों का है। सामाजिक रूप से विभेदीकृत होने के बावजूद कई प्रदेशों में मतदान प्राथमिकताएँ उनका ध्रुवीकरण कर देती हैं। ज़ाहिर है कि सामाजिक विभेदीकरण का तर्क राजनीतिक मामले में ठीक उसी तरह से काम नहीं करता। इस रोशनी में संविधानप्रदत्त बहुसंख्यक-अल्पसंख्यक ढाँचा एक हद तक यथार्थपरक लगता है।

संविधान निर्माताओं का यह चिंतन दुरुस्त प्रतीत होता है कि अल्पसंख्यकों को कुछ ऐसे विशेष अधिकार दिये जाने चाहिए जिनके ज़रिये वे बहुसंख्यक आग्रहों से अलग अपनी विशिष्टताओं के आधार पर सामाजिक-राजनीतिक संरचना में भागीदारी कर सकें।

दूसरा विचारणीय प्रश्न यह है कि क्या वे इन अधिकारों का लाभ उठाने के चक्कर में अल्पसंख्यक बने रहना चाहेंगे? फ़ौरी लिहाज़ से इसका उत्तर हाँ में निकल

सकता है, और दूरगामी लिहाज़ से इसका जवाब ना में भी हो सकता है। हाँ और ना का यह समीकरण किस करवट बैठेगा, यह आधुनिकीकरण की प्रक्रिया पर निर्भर है कि व्यक्ति और समुदाय का रिश्ता किस रफ़्तार से बदलेगा। यह इस बात पर भी निर्भर है कि आधुनिकता द्वारा रचे जाने वाले समुदायों की प्रवृत्ति क्या होगी और उनका प्राक्-आधुनिक सामुदायिक संरचनाओं से किस तरह का संबध होगा।

देखें : अधिकार, अधिकार : सैद्धांतिक यात्रा, अरस्तू, अफ़लातून, अनुदारतावाद, अराजकतावाद, अन्य-अन्यीकरण, उदारतावाद, उपयोगितावाद, एडमण्ड बर्क, क्रांति, ज्याँ-ज़ाक रूसो, जॉन लॉक, जेरेमी बेंथम, जॉन स्टुअर्ट मिल, जॉन रॉल्स, थॉमस हॉब्स, थॉमस पेन, न्याय, न्याय : नारीवादी आलोचना, न्याय : रॉल्स का सिद्धांत, नागरिकता, नागरिकता : अन्य परिप्रेक्ष्य-1 और 2, नागर समाज, पनोप्टिकॉन, प्रतिनिधित्व, प्रगति, प्रगति : आलोचनात्मक परिप्रेक्ष्य, प्रशासन और सुशासन, फ़ासीवाद, फ्रेड्रिख़ वॉन हायक, बहुसंख्यकवाद, बुद्धिवाद, माइकेल जोसेफ़ ओकशॉट, माइकिल वाल्ज़र, मिशेल पॉल फ़ूको-1 और 2, यूटोपिया, राजनीतिक दर्शन के नारीवादी आयाम, रॉबर्ट नॉज़िक, राज्य-1 और 2, विल किमलिका, सविनय अवज्ञा, स्वतंत्रतावाद, सर्वसत्तावाद, सम्प्रभुता, समाजवाद, सरकारियत, सामाजिक समझौता, हेनरी डेविड थोरो।

संदर्भ

1. बी. शिवा राव (सम्पा.) (1967), *द फ्रेमिंग ऑफ़ द कांस्टीट्यूशनः सिलेक्ट डॉक्यूमेंट्स,* खण्ड 1 और 2, नयी दिल्ली, आईआईपीए.
2. राजीव भार्गव (2000), 'डेमॉक्रैटिक विज़न ऑफ़ अ न्यू रिपब्लिक', फ्रांसिस आर. फ्रेंकेल वैगरह (सम्पा.), *ट्रांसफ़ॉर्मिंग इण्डिया : सोशल ऐंड पॉलिटिकल डायनामिक्स ऑफ़ डेमॉक्रैसी,* ऑक्सफ़र्ड युनिवर्सिटी प्रेस, नयी दिल्ली, पृष्ठ 26-59.
3. रोनाल्ड ड्वॉरकिन (1977), *टेकिंग राइट्स सीरियसली,* डकवर्ट, लंदन.

—अभय कुमार दुबे

बहुसंख्यकवाद

(Majoritarianism)

बहुसंख्यकवाद समरूप सांस्कृतिक संरचना वाले समाजों के लिए अधिकांशतः सकारात्मक साबित हुआ है पर बहुसांस्कृतिक संरचना वाले समाजों के लिए समस्याग्रस्त। बहुसांस्कृतिकता और बहुलता जिस समाज में जितनी अधिक होती है, बहुसंख्यकवाद उसकी राज्य प्रणाली और संसाधनों के बँटवारे के लिए उतनी ही उलझनें पैदा करता है। समरूप समाज की स्थिति में लोकतंत्र के लिए बहुसंख्यकवाद सहज एकता और संसक्ति का वाहक बन जाता है, जबकि बहुसांस्कृतिक समाज में बहुसंख्यकवाद लोकतंत्र की गुणवत्ता को हमेशा संदिग्ध बनाये रखता है। यह साम्प्रदायिक रूपों में भी उभरता है, और सेकुलर रूपों में भी।

बहुसंख्यकवाद एक धर्म या जाति या जातीयता में पैदा हुए लोगों के किसी दूसरे धार्मिक समुदाय पर प्रभुत्व का ही नाम नहीं है। यह रवैया एक धर्म के भीतर भी पनपता है। पाकिस्तान का उदाहरण बताता है कि किस तरह इस्लाम के भीतर सुन्नी बहुसंख्यकवादी प्रभुत्व ने शियाओं और अहमदियों को दूसरे दर्जे के नागरिक की हैसियत में धकेल दिया है। पाकिस्तानी संविधान का अनुच्छेद 260 अहमदियों को ग़ैर-मुसलमान अल्पसंख्यक क़रार दे कर उनके धार्मिक और सामाजिक जीवन को इस्लामिक प्रतीकों के इस्तेमाल से वंचित कर देता है। अहमदियाओं के लिए अपने पूजा स्थल को मसजिद तक कहना एक अपराध है। इज़रायल घोषित रूप से यहूदी बहुसंख्यक राष्ट्र है। उसका लोकतंत्र यहूदी बहुसंख्या के हितों के लिए काम करने वाली व्यवस्था है। जब वह अपने अरब नागरिकों को ही पूरे अधिकार नहीं देता, तो उससे यह उम्मीद करना बेकार ही है कि वह फ़िलस्तीनियों को आज़ादी दे देगा।

बहुसंख्यकवादी राजनीति ने पिछले कुछ दशकों में सारी दुनिया में सेकुलरवाद की व्यावहारिक राजनीति और सेकुलर राज्य के चरित्र को संकटग्रस्त किया है। सिक्ख राष्ट्रवाद तो भारतीय राष्ट्रवाद के ख़िलाफ़ अपनी क्षेत्रीय बहुसंख्या का दावा करके सशस्त्र विद्रोह ही कर चुका है। श्रीलंका में बौद्ध सिंहली बहुसंख्यकवाद ने निरंकुश रवैया अख़्तियार करके तमिलों के जातीय नरसंहार पर कमर कस रखी है।

भारत में बहुसंख्यकवाद : भारत जैसे बहुसांस्कृतिक, बहुभाषी और बहुधार्मिक देश में बहुसंख्यकवाद का विचार आधुनिक युग में शुरू हुई जनगणनाओं की देन है। 1901 में अंग्रेज़ों ने भारत में पहली बार जनगणना करायी जिसके ज़रिये भारतवासियों को सामाजिक संदर्भों में संख्या के महत्त्व का भान हुआ। उन्होंने यह भी देखा कि ज़्यादा या कम संख्या का होना सत्ता में हिस्सेदारी के लिए किस तरह से अहम है। ख़ास बात यह है कि जनगणना ने बहुसंख्या और अल्पसंख्या के स्थायित्व को रेखांकित किया। इसके कारण भविष्य की राजनीति उत्तरोत्तर पेचीदा होती चली गयी। धर्म, जाति और समुदाय के आधार पर होने वाली जनगणनाओं से विभिन्न समुदायों को दो जानकारियाँ मिलीं। पहली, वे एक स्थाई हिंदू बहुसंख्या हैं, और दूसरी कि हिंदू बहुसंख्या के विशाल दायरे में उनकी अपनी जाति या समुदाय का संख्याबल क्या है। इससे जातिगत या समुदायगत मोर्चेबंदी और गठजोड़ों का

रास्ता खुला। दूसरी तरफ़ ग़ैर-हिंदू धर्मावलम्बियों को एहसास हुआ कि वे हमेशा अल्पसंख्या में रहने के लिए अभिशप्त हैं। इसलिए अल्पसंख्यक समुदायों ने ऐसी राजनीतिक प्रविधियों और प्रौद्योगिकियों का इस्तेमाल शुरू किया जिनके ज़रिये वे किसी एक इलाक़े में अपनी अपेक्षाकृत बहुसंख्यक मौजूदगी का लाभ उठा कर सत्ता की दावेदारी कर सकते थे, और बाक़ी देश में अल्पसंख्यकों की तरह आचरण करते हुए अपने अधिकारों की संरक्षा के आंदोलन चलाते रह सकते थे।

भारत में बहुसंख्यकवादी आग्रहों के साथ हिंदुत्ववादी शक्तियों का नाम 1925 से ही जुड़ा हुआ है। इसके कारण आम तौर से यह समझा जाने लगा है कि बहुसंख्यकवाद अनिवार्य तौर से साम्प्रदायिक राजनीति को ही जन्म देगा। लेकिन भारतीय राजनीति में सेकुलर बहुसंख्यकवाद की परिघटना भी मौजूद है। दलित आंदोलन के नेतृत्व में बहुजन आंदोलन एक ऐसी ही राजनीति का प्रतिनिधित्व करता है जिसके भीतर स्थाई चरित्र के समुदाय आपस में जुड़ कर (हिंदुओं के दलित-पिछड़े समुदाय और धर्मांतरण करके मुसलमान व ईसाई बने समुदाय) एक स्थाई बहुसंख्या का निर्माण करने की कोशिश करने में लगे हुए हैं। 1989 में राष्ट्रीय मोर्चा सरकार द्वारा पिछड़े वर्गों के आरक्षण पर मण्डल आयोग की रपट मंज़ूर करने के बाद से इस तरह की बहुसंख्यकवादी राजनीति को काफ़ी बल मिला है।

किसी समुदाय के सोच-विचार, आत्मविश्वास का स्तर और राजनीति का तौर-तरीक़ा उसकी संख्या पर बहुत-कुछ निर्भर करता है। मसलन, बहुसंख्यक होने के कारण जिन इलाक़ों में अल्पसंख्यकों को सत्ता मिल सकती थी (स्वातंत्र्यपूर्व भारत के पाँच प्रांतों में मुसलमान बहुसंख्या में थे), वहाँ उनकी पार्टियों की दिलचस्पी पाकिस्तान बनाने के आंदोलन में उतनी नहीं थी, जितनी दिलचस्पी मुसलमान अल्पसंख्या वाले प्रांत दिखा रहे थे। पाकिस्तान के संस्थापक मुहम्मद अली जिन्ना ने स्वीकार किया है कि पाकिस्तान निर्माण में मुसलमान बहुसंख्या के मुक़ाबले मुसलमान अल्पसंख्या वाले प्रांतों का अधिक योगदान है। इसी तरह से धार्मिक अल्पसंख्या वाले समुदाय अपने सांस्कृतिक रीति-रिवाज़ों को लेकर अधिक संवेदनशील देखे गये हैं, जबकि उसी धार्मिक समुदाय के सदस्य बहुसंख्यक स्थिति में अपने सांस्कृतिक जीवन में रैडिकल सुधारों की तजवीज़ आसानी से स्वीकार कर लेते हैं।

ज़रूरी नहीं कि बहुसंख्यकवाद की राजनीति निरंकुशता या तानाशाही के ज़रिये ही अपने क़दम जमाये। उसके कुछ पैरोकार चुनावी राजनीति में बहुसंख्यक राजनीतिक समुदाय की रचना करके लोकतांत्रिक राज्य पर क़ब्ज़ा करने की परियोजना भी चलाते हैं। इस तरह वे लोकतंत्र को ख़ारिज करके उसकी परिभाषा ही बदल देना चाहते हैं। लोकतंत्र को ऐसी चुनौती भारत की ज़मीन पर हिंदू राष्ट्रवाद की दावेदारियों ने दी है। उसने चुनावी लोकतांत्रिक राजनीति में भागीदारी करते हुए सेकुलरवाद की मौजूदा संरचनाओं को छद्म क़रार दे कर राजतंत्र को बहुसंख्यकवादी मोड़ देने का नियोजित प्रयास किया है। इन बहुसंख्यकवादियों का तर्क है कि भारतीय समाज तो अपनी हिंदू बहुसंख्या के कारण नैसर्गिक रूप से सेकुलर और सहिष्णु है। इन लोगों की निगाह में संविधानसम्मत सेकुलर राज्य अपने मर्म में हिंदू राष्ट्र ही है, भले ही ऐसी घोषणा न की गयी हो। अल्पसंख्यक समुदायों को मिलने वाली किसी भी विशेष सुविधा को बहुसंख्यकवाद तुष्टीकरण की नीति क़रार देते हैं। चुनावी संख्या के खेल का फ़ायदा उठा कर ये लोग हिंदुओं की आंतरिक बहुलता, विविधता और सहिष्णुता को अपने सच्चे सेकुलरवाद का पर्याय बताते हुए उसे छद्म यानी सरकारी सेकुलरवाद के ख़िलाफ़ स्थापित करने की कोशिश करते हैं। हम जानते हैं कि बहुलता और सहिष्णुता सेकुलरवाद का एक गुण अवश्य है, पर वह उसकी पर्याप्त शर्त नहीं हो सकती। इसी तरह बहुसंख्यकवाद की भित्ति हिंदू के रूप में पैदा हुए लोगों के स्थाई और इस प्रकार अलोकतांत्रिक बहुमत के आधार पर बनती है। लोकतांत्रिक बहुमत अस्थाई और बनते-बिगड़ते बहुमत और अल्पमत से तैयार होता है।

दिलचस्प बात यह है कि इस दावे के प्रति उन राजनीतिक शक्तियों के बीच भी हमदर्दी देखी जाती है जो साम्प्रदायिक आधार पर की जाने वाली राजनीति का विरोध करती हैं। हिंदुओं की धार्मिक बहुलता और विविधता को सेकुलर प्रवृत्तियों से सम्पन्न मान लेने का नतीजा यह निकला है कि अल्पसंख्यकों को पूर्ण नागरिकता प्रदान करने के समर्थक भी भीतर ही भीतर राष्ट्र-निर्माण की प्रक्रिया में उनकी भूमिका न के बराबर ही देखते हैं। यह रवैया कुछ इस प्रकार का है : अल्पसंख्यकों (ख़ासकर मुसलमान समुदाय) को लोकतंत्र के मानकों के लिहाज़ से बराबरी का दर्जा मिलना चाहिए। वैसे भी ज़्यादातर मुसलमान किन्हीं परिस्थितियों में धर्मांतरण करने वाले हिंदू ही हैं। उन्हें एक व्यापक हिंदू संस्कृति का अंग समझा जाना चाहिए। उनकी तो केवल पूजा पद्धति अलग है। वे 'मुहम्मदिया हिंदू' या 'सनातनी मुसलमान' हैं। राष्ट्रीय स्वंयसेवक संघ जैसे हिंदू राष्ट्रवादी संगठन यह सूत्रीकरण खुले रूप में करते हैं, पर उसके कई विरोधी (जिनका ताल्लुक़ कम्युनिस्ट, समाजवादी और गाँधीवादी आंदोलन तक से है) इसी तरह के विमर्श को घुमा फिरा कर चलाते हैं। सेकुलरवाद के बारे में चर्चा करते समय उनका ज़ोर उसे कट्टर हिंदू के मुक़ाबले उदार हिंदू के संघर्ष में सीमित कर देने पर रहता है। देखने में हिंदू बनाम हिंदू का यह फ़ार्मूला डॉ. लोहिया की एक बेहतरीन रचना से उठाया गया ज़रूर लगता है, पर असल में इसकी मंशा हिंदू मानस

पर आलोचनात्मक दृष्टि न डाल कर सेकुलर विमर्श से अल्पसंख्यकों को (विशेष रूप से मुसलमान) ग़ैरहाज़िर करने की रहती है।

देखें : अधिकार, अधिकार : सैद्धांतिक यात्रा, अरस्तू, अफ़लातून, अनुदारतावाद, अराजकतावाद, अन्य-अन्यीकरण, उदारतावाद, उपयोगितावाद, एडमण्ड बर्क, क्रांति, ज्याँ-ज़ाक रूसो, जॉन लॉक, जेरेमी बेंथम, जॉन स्टुअर्ट मिल, जॉन रॉल्स, थॉमस हॉब्स, थॉमस पेन, न्याय, न्याय : नारीवादी आलोचना, न्याय : रॉल्स का सिद्धांत, नागरिकता, नागरिकता : अन्य परिप्रेक्ष्य-1 और 2, नागर समाज, पनोप्टिकॉन, प्रतिनिधित्व, प्रगति, प्रगति : आलोचनात्मक परिप्रेक्ष्य, प्रशासन और सुशासन, फ़ासीवाद, फ्रेड्रिख़ वॉन हायक, बहुसंख्यक-अल्पसंख्यक, बुद्धिवाद, बहुसंस्कृतिवाद, माइकेल जोसेफ़ ओकशॉट, माइकिल वाल्ज़र, मिशेल पॉल फ़ूको-1 और 2, यूटोपिया, रामजन्मभूमि आंदोलन-1 से 3 तक, राजनीतिक दर्शन के नारीवादी आयाम, रॉबर्ट नॉज़िक, राज्य-1 और 2, विल किमलिका, सविनय अवज्ञा, स्वतंत्रतावाद, सर्वसत्तावाद, सम्प्रभुता, समाजवाद, सरकारियत, सामाजिक समझौता, हेनरी डेविड थोरो।

संदर्भ

1. सुदीप्त कविराज (1995), 'रिलीजन, पॉलिटिक्स ऐंड मॉडर्निटी', संकलित : उपेंद्र बख़्शी और भीखू पारेख (सम्पा.), *क्राइसिस ऐंड चेंज इन कंटेम्परेरी इण्डिया,* सेज, नयी दिल्ली.
3. राजेंद्र वोरा (2004), 'डिक्लाइन ऑफ़ कास्ट मेजोरिटेरियनिज़्म इन इण्डियन पॉलिटिक्स', संकलित : राजेंद्र वोरा और सुहास पल्शीकर (सम्पा.), *इण्डियन डेमॉक्रैसी : मीनिंग्स ऐंड प्रैक्टिसिज़,* सेज, नयी दिल्ली, पृष्ठ 271-798
4. राम मनोहर लोहिया (1993), 'हिंदू बनाम हिंदू', *परिवेश,* मुरादाबाद.

—अभय कुमार दुबे

बहुसंस्कृतिवाद

(Multiculturalism)

बहुसंस्कृतिवाद का सिद्धांत युरोकेंद्रीयता और श्वेत-संस्कृति के आधार पर किये जाने वाले समरूपीकरण के ख़िलाफ़ विकसित हुआ है। यह वैचारिक-राजनीतिक और सांस्कृतिक आंदोलन न केवल आज के विकसित और उदारतावादी समाजों की बहुलवादी बनावट को स्वीकार करता है, बल्कि समुदायों के भीतर विभिन्न आस्थाओं, जातीयताओं और विविध संस्कृतियों की मौजूदगी को सकारात्मक मान कर उन्हें व्यक्ति के सशक्तीकरण का स्रोत भी क़रार देता है। बहुसंस्कृतिवाद मूलतः अमेरिकी परिस्थिति की उपज है।

चार्ल्स टेलर : 'द पॉलिटिक्स ऑफ रिकॅग्निशन'

इसका जन्म श्वेत-अमेरिकी पहचान के आधार पर रचित अमेरिकीपन की शर्तें बदलने के लिए चले प्रति-सांस्कृतिक और मानवाधिकार आंदोलनों के दौरान हुआ। अमेरिकी समाज को मेल्टिंग पॉट (कुठाली) कहा जाता है। इसका मतलब होता है विविध जातीय धाराओं का अमेरिकी संस्कृति में विसर्जन। मेल्टिंग पॉट की धारणा के मुक़ाबले सलाद के तश्तरी का विचार रखा जाता है जिसमें एक राष्ट्र की सीमाओं में रहते हुए भी संस्कृतियाँ अपनी अलग-अलग पहचान नहीं खोतीं।

बहुसंस्कृतिवाद के पैरोकारों का विचार है कि प्रत्येक समुदाय सहअस्तित्व में रहते हुए एक-दूसरे के मूल्यों और परम्पराओं से कुछ न कुछ लेकर कर समृद्ध होता रहता है। यह प्रक्रिया उसकी अस्मिता को स्वागत योग्य सतत परिवर्तन के दौर से गुज़ारती है। सहिष्णुता की वकालत करने वाला यह सिद्धांत निष्क्रिय या थोपी गयी के बदले एक सक्रिय क़िस्म की सहनशीलता के पक्ष में है। बहुसंस्कृतिवाद ऐसे राज्य को अच्छी निगाहों से नहीं देखता जिसमें किसी एक समुदाय या संस्कृति को प्रभुत्व की हैसियत देने का रुझान हो। इसी तरह बहुसंस्कृतिवाद लोकतंत्र को अनिवार्य मानता है, क्योंकि विविध सांस्कृतिक आचरण-संहिताएँ लोकतंत्र की अनुपस्थिति में एक साथ नहीं रह सकतीं। उदारतावादी राजनीतिक दर्शन के दायरे में अस्सी के दशक के आख़िरी वर्षों में बहुसंस्कृतिवाद की संकल्पना उभर कर सामने आयी। उदारतावाद व्यक्ति की स्वायत्तता और अधिकारों पर ज़ोर देता है। समुदायवाद ने इस व्यक्ति-केंद्रीयता की इस आधार पर आलोचना की कि यह व्यक्ति के सामुदायिक या सामाजिक संदर्भों की उपेक्षा करता है। माइकल सैंडल, मैकेंटायर और

चार्ल्स टेलर जैसे समुदायवादियों ने इनसान की शख़्सियत और उसकी सोच विकसित करने में समुदाय की भूमिका पर ज़ोर दिया। बहुसंस्कृतिवाद ने उदारतावादी रूपरेखा के भीतर समुदायवाद की आलोचनाएँ समायोजित करने की कोशिश की है।

ज़ाहिर है कि बहुसंस्कृतिवाद के पक्ष में दिये जाने वाले तर्क सिर्फ़ 'ऐतिहासिक ग़लतियों' को सुधारने या भेदभाव ख़त्म करने से संबंधित नहीं हैं। विविधता को मान्यता देने के पीछे इस विश्वास का भी महत्त्वपूर्ण योगदान है कि प्रत्येक संस्कृति में मूल्यवान तत्त्व हैं, जिन्हें दूसरी संस्कृति के लोगों को जानना चाहिए। हर संस्कृति से दूसरी संस्कृति के लोग बहुत-कुछ सीख सकते हैं। बहुसंस्कृतिवाद के कारण अब राजनीतिक समुदाय समरूप निकाय की तरह नहीं देखा जाता। इसकी जगह अब माना जाता है कि राजनीतिक समुदाय न केवल विविधताओं से भरा हुआ है, बल्कि यह विविधता एक मूल्यवान लोकतांत्रिक राजनीतिक 'स्पेस' है।

इस सिलसिले में आयरिश मेरियन यंग का स्थान बेहद अहम है जिन्होंने सबसे पहले विभेदीकृत नागरिकता के विचार पर ज़ोर दिया था। इसका मतलब था नागरिकता का एकरूप और तथाकथित सार्वभौम ढाँचा अपनाने की जगह समूहों के अधिकारों और पहचानों को भी मान्यता देने की ज़रूरत। 1993 में प्रकाशित चार्ल्स टेलर के लेख 'द पॉलिटिक्स ऑफ़ रिकॅग्निशन' ने भी बहुसंस्कृतिवाद से संबंधित वाद-विवाद को बढ़ावा देने में अहम भूमिका निभायी। टेलर ने तर्क दिया कि व्यक्ति अपनी पहचान समुदायों के भीतर ही हासिल करते हैं। इसी तरह बहुसंस्कृतिवाद के बारे में विल किमलिका के विचारों का भी महत्त्वपूर्ण स्थान है। किमलिका ने बहुसंस्कृतिवाद के अपने मॉडल द्वारा सांस्कृतिक और समूहगत विभेदों के समायोजन की कोशिश की है। किमलिका यह समायोजन इस तरह करना चाहते हैं जिससे किसी व्यक्ति को अपने समूह या सांस्कृतिक समुदाय के कारण किसी नुक़सान का सामना न करना पड़े। साथ ही वे सांस्कृतिक समुदायों के आत्म-सुरक्षा के अधिकार और व्यक्तियों के नागरिक और राजनीतिक अधिकारों के बीच एक जुड़ाव खोजने की कोशिश भी करते हैं। किमलिका के अनुसार निम्नलिखित तरीक़े को अपना कर लोकतांत्रिक नागरिकता की रूपरेखा के भीतर राष्ट्रीय अल्पसंख्यकों और जातीय समूहों की माँगों का समायोजन किया जा सकता है: (अ) सभी नागरिकों के सामान्य नागरिक और राजनीतिक अधिकारों की सुरक्षा। इनमें मुख्यत: ये अधिकार शामिल है: साहचर्य की आज़ादी, अपना धर्म मानने की आज़ादी, अभिव्यक्ति की आज़ादी, कहीं भी आने-जाने की आज़ादी। इसमें किसी समूह द्वारा अपनी विशिष्टता की सुरक्षा के लिए राजनीतिक संगठन बनाने की आज़ादी भी शामिल है। (ब) विशेष क़ानूनी और संवैधानिक प्रावधानों द्वारा सांस्कृतिक विविधता समायोजित करने की कोशिश करना। इसके लिए विशिष्ट समूहों को विशेषाधिकार देने की माँग करना।

किमलिका ने तीन तरह के समूह-विभेदीकृत अधिकारों के बारे में बताया है: स्वशासन अधिकार, बहु-जातीय अधिकार और विशेष प्रतिनिधित्व अधिकार। स्वशासन अधिकार राष्ट्रीय अल्पसंख्यकों के लिए किसी-न-किसी तरह की राजनीतिक स्वायत्तता या भू-क्षेत्रीय अधिकार-क्षेत्र को मान्यता देते हैं। राष्ट्रीय अल्पसंख्यकों का अक्सर दावा होता है कि राज्य के दायरे में उनके (आम तौर पर अनैच्छिक रूप से) शामिल होने के समय उन्होंने अपने स्वशासन का अधिकार नहीं छोड़ा था। इस तरह के अधिकार संघीय संरचना की सीमाओं के भीतर कुछ स्वायत्तता का बंदोबस्त करके दिये जाते हैं।

बहु-जातीय अधिकार आप्रवासी समुदायों से संबंधित हैं और आंग्ल-अनुरूपता मॉडल को चुनौती देते हैं। इस मॉडल में माना जाता है कि आप्रवासी समूहों को अपनी जातीय परम्परा के सभी पहलू छोड़ कर ख़ुद को इन समाजों में पहले से क़ायम सांस्कृतिक मानकों और आचरण-संहिताओं में जज़्ब कर देना चाहिए। बहु-जातीय अधिकार की दावेदारी में यह बात भी शामिल है कि हर समूह को मुख्यधारा के समाज में अपनी विशिष्टताएँ और विभेद व्यक्त करने का अधिकार है। जातीय समूहों ने इस अधिकार का और विस्तार करते हुए भेदभाव ख़त्म करने के लिए विशिष्ट समुदायों के रूप में अपनी पहचान क़ायम के पक्ष में राज्य से सकारात्मक कार्रवाई की माँग की है। कुछ जातीय और सांस्कृतिक अल्पसंख्यकों ने अपने विभिन्न सांस्कृतिक कार्यक्रमों के लिए सार्वजनिक कोष से आर्थिक मदद की भी माँग की है। इसमें उन क़ानूनों से छूट की माँग शामिल है जो उन्हें नुक़सान की स्थिति में रखते हैं। मसलन, ब्रिटेन में यहूदियों और मुसलमानों ने रविवार की छुट्टी से छूट की माँग की है।

विशेष-प्रतिनिधित्व अधिकारों में राष्ट्रीय और जातीय समूहों के साथ ही ग़ैरजातीय श्रेणियों ने भी दिलचस्पी दिखाई है। इन ग़ैरजातीय श्रेणियों में स्त्रियाँ, ग़रीब और अपाहिज शामिल हैं। बुनियादी तौर पर विशेष-प्रतिनिधित्व अधिकारों ने राज्य की संरचनाओं को ज़्यादा प्रातिनिधिक बनाकर उनका लोकतंत्रीकरण किया है। इनके कारण विधयिका में जातीय और नस्ली अल्पसंख्यकों, स्त्रियों, ग़रीबों और अपाहिजों के नुमाइंदे आ पाये हैं। अब विधायिका में ज़्यादा व्यापक समूहों का प्रतिनिधित्व होने लगा है।

जेम्स टली और भीखू पारिख ने भी बहुसंस्कृतिवाद से

जुड़े सैद्धांतिक वाद-विवाद में भूमिका निभायी है। टली एक सार्वभौम उदारतावादी राष्ट्र-राज्य की संकल्पना पर सवाल खड़ा करते हुए उदारतावादी राज्य में क़ानून के विभिन्न स्रोतों पर ध्यान देते हैं। दूसरी ओर पारिख बहुसंस्कृतिवाद की ऐसी संकल्पना पर जोर देते हैं जो उदारतावाद के सद्‌गुणों अर्थात् मानवीय गरिमा, सहिष्णुता और क्रियाविधि संबंधी निष्पक्षता क़ायम रखने के साथ नयी और विविध सांस्कृतिक पहचानों को मान्यता दे।

बहुसंस्कृतिवाद की आलोचना भी होती है। यह सही है कि वह समुदाय में व्यक्ति के विचार और समुदाय की प्राथमिकता स्थापित करने की कोशिश करता है, लेकिन इसमें यह ख़तरा भी मौजूद है कि बहुसंस्कृतिवाद के तहत समुदाय के भीतर व्यक्ति के आलोचनात्मक और सृजनशील सदस्यता के अधिकार को नकार दे। बहुसंस्कृतिवाद कई समुदायों के भीतर क़ायम ऊँच-नीच और भेदभाव की उपेक्षा भी कर सकता है। चूँकि बहुसंस्कृतिवाद समुदाय की सुरक्षा पर बहुत ज़्यादा ध्यान देता है, इसलिए इसके तर्क समुदाय की बाहरी पाबंदियों से हिफ़ाज़त की तरफ़दारी करते हैं, लेकिन साथ ही समुदाय के इस अधिकार को भी मान्यता देते हैं कि वह अपने सदस्यों पर आंतरिक पाबंदियाँ लगा सकता है। ये पाबंदियाँ व्यक्ति की आज़ादी को नुक़सान पहुँचाती हैं। ब्रायन बैरी ने कई आधारों पर बहुसंस्कृतिवाद की आलोचना की है। उनके अनुसार बहुसंस्कृतिवाद का यह मानना पूरी तरह से ग़लत है कि मनुष्यों में दूसरी संस्कृति अपनाने की क्षमता नहीं होती है। बहुसंस्कृतिवाद का यह मानना भी सही नहीं है कि संस्कृति में किसी भी तरह का बदलाव समूह की 'सांस्कृतिक पहचान' को ख़तरे में डाल देता है। बैरी की एक प्रमुख चिंता यह है कि मान्यता की राजनीति ने समतामूलक पुनर्वितरण की राजनीति की अहमियत घटा दी है। सांस्कृतिक असमानताओं पर बहुत ज़्यादा ज़ोर दिये जाने के कारण पूँजीवाद की सबसे बड़ी आलोचना अर्थात् सामाजिक-आर्थिक असमानता का सवाल बहुत पीछे छूट गया है। इसी तरह, सूसन मोलर ओकिन ने ध्यान दिलाया है कि बहुसंस्कृतिवाद महिलाओं के हितों के अनुकूल नहीं है। अधिकतर समूहों में महिलाओं की स्थिति अच्छी नहीं है, और बहुसंस्कृतिवाद इन समूहों या समुदायों को महिलाओं के साथ भेदभाव भरा व्यवहार करने की छूट दे सकता है।

देखें : अधिकार, अधिकार : सैद्धांतिक यात्रा, अरस्तू, अफ़लातून, अनुदारतावाद, अराजकतावाद, अन्य-अन्यीकरण, उदारतावाद, उपयोगितावाद, एडमण्ड बर्क, क्रांति, ज्याँ-ज़ाक रूसो, जॉन लॉक, जेरेमी बेंथम, जॉन स्टुअर्ट मिल, जॉन रॉल्स, थॉमस हॉब्स, थॉमस पेन, न्याय, न्याय : नारीवादी आलोचना, न्याय : रॉल्स का सिद्धांत, नागरिकता, नागरिकता : अन्य परिप्रेक्ष्य-1 और 2, नागर समाज, पनोप्टिकॉन, प्रतिनिधित्व, प्रगति, प्रगति : आलोचनात्मक परिप्रेक्ष्य, प्रशासन और सुशासन, फ़ासीवाद, फ्रेड्रिख़ वॉन हायक, बहुसंस्कृतिवाद, बहुसंख्यकवाद, बहुसंख्यक-अल्पसंख्यक, बुद्धिवाद, माइकेल जोसेफ़ ओकशॉट, माइकिल वाल्ज़र, मिशेल पॉल फ़ूको-1 और 2, यूटोपिया, राजनीतिक दर्शन के नारीवादी आयाम, रॉबर्ट नॉज़िक, राज्य-1 और 2, विल किमलिका, सविनय अवज्ञा, स्वतंत्रतावाद, सर्वसत्तावाद, सम्प्रभुता, समाजवाद, सरकारियत, सामाजिक समझौता, हेनरी डेविड थोरो।

संदर्भ

1. विल किमलिका (2009), *समकालीन राजनीति-दर्शन : एक परिचय* (दूसरा संस्करण) (अनुवाद : कमल नयन चौबे), पियर्सन लांग्मैन, नयी दिल्ली.
2. आयरिश मेरियन यंग (1995), *मल्टीकल्चरल सिटीज़नशिप : अ लिबरल थियरी ऑफ़ माइनॉरिटी राइट्स,* ऑक्सफ़र्ड युनिवर्सिटी प्रेस, ऑक्सफ़र्ड.
3. ब्रायन बैरी (2001), *कल्चर ऐंड इक्वलिटी,* हार्वर्ड युनिवर्सिटी प्रेस, केम्ब्रिज, एमए, 2001
4. चार्ल्स टेलर (1993), 'द पॉलिटिक्स ऑफ़ रिकॅग्निशन', ए. गटमन (सम्पा.), *मल्टीकल्चरलिज़म,* प्रिंसटन युनिवर्सिटी प्रेस, प्रिंसटन, ऐनजे.

— कमल नयन चौबे

बाबू मंगूराम

(Babu Manguram)

जिन दिनों महाराष्ट्र में उत्पीड़ित समुदायों की अस्मिता और सम्मान के लिए डॉ. आम्बेडकर संघर्ष कर रहे थे, उसी समय पंजाब में बाबू मंगूराम मुंगोवालिया (1886-1980) ने उनकी समानता और सम्मान के लिए आंदोलन छेड़ा। 1925 में उन्होंने आद-धर्म मण्डल की नींव रखी। इस मण्डल के सदस्यों की मान्यता थी कि हम इस देश के मूलनिवासी हैं और हमारा धर्म आद-धर्म है। बाबू मंगूराम की यह मुहिम उस दौर में चल रहे एक देशव्यापी अभियान का अहम हिस्सा थी। बीसवीं सदी के आरम्भ में पंजाब में आद-धर्म, उत्तर-प्रदेश में आदि-धर्म, आंध्र प्रदेश में आदि-आंध्रा, कर्नाटक में आदि-कर्नाटक तथा तमिलनाडु में आदि-द्रविड़ के नाम से सामाजिक न्याय की मुहिमें चली थीं। ज़ाहिर है कि देश भर में उस समय दलित समाज के बीच नयी चेतना उभर रही थी। आदि धर्म आंदोलन को बौद्ध धर्म का अगला पड़ाव भी माना जाता है। मंगूराम कुछ समय ब्रिटिश साम्राज्य को अपदस्थ करने के लिए बनायी गयी गदर पार्टी में भी रहे। पार्टी के सदस्य के रूप में उन्हें लास-एंजिलस भी भेजा गया। उनकी मुलाक़ात जर्मनी में चांसलर हिटलर से भी हुई। उस समय स्वतंत्रता आंदोलन अपने चरम पर था। 1919 में जलियाँवाला

बाग हत्याकाण्ड की घटना हो चुकी थी। विशेष रूप में पंजाब के नौजवानों का ख़ून अंग्रेज़ों के ख़िलाफ़ खौल रहा था। ऐसे समय में मंगूराम ने क्रांतिकारी गतिविधियों मे जम कर भाग लिया। मंगूराम कुछ दिनों मनीला में भी रहें। उनके द्वारा आरम्भ किया गया आद-धर्म आंदोलन समाज में अलगाव की भावना फैलाने के बजाय आपसी भाईचारे को अपना आधार बनाता था। अँधेरे में भटकती पंजाब की दलित और पिछड़ी जातियों को आगे बढ़ने के लिए शिक्षारूपी उजाले की किरणें इसी आंदोलन से मिलीं जिससे उनके बीच नयी चेतना उभर सकी।

मंगूराम का जन्म पंजाब के होशियारपुर ज़िले के मुंगोवाल गाँव के एक दलित परिवार में 14 जनवरी, 1886 को हुआ था। उनके पिता का नाम हरनाम दास तथा माता का नाम आरती था। घर में चमड़े का कार्य होता था। बचपन में मंगूराम भी पिता के काम में हाथ बँटाते थे। घर में चमड़े का कार्य करने के साथ-साथ बालक मंगूराम का मन पढ़ने-लिखने के लिए भी करता था। लेकिन एक तो ग़रीबी, ऊपर से जिस जाति में उन्होंने जन्म लिया था, उस जाति के बच्चों तथा बड़ों को पढ़ाई-लिखाई करने की मनाही थी। उन दिनों समाज में परम्परा ही कुछ ऐसी थी। बालक मंगूराम का शिक्षा के प्रति इतना प्रेम देखकर उनकी समस्या का हल किया वहीं के एक साधू ने। सात वर्ष की उम्र होने तक उसी साधू ने बालक मंगूराम को पढ़ाया। बाद में घर से कुछ दूरी पर स्थित स्कूल में उन्हें दाखिला मिला। वे देहरादून के भी एक स्कूल में पढ़े। स्कूल में उनके साथ काफ़ी बुरा व्यवहार किया जाता था। उदाहरण के लिए जिस कमरे में कक्षा चलती थी, उन्हें उससे बाहर बैठने को कहा जाता था। कक्षा में जो कुछ पढ़ाया जाता था उसे वे बाहर से ही एक खिड़की से सुनते तथा देखते थे। लेकिन इस तरह के दुर्व्यवहार से भी आगे पढ़ने का उनका उत्साह कम नहीं हुआ और उन्होंने इन तमाम बाधाओं को पार करते हुए अपनी पढ़ाई जारी रखी। उनके परिवार की आर्थिक स्थिति ठीक न थी। इसलिए 1909 में जीविका उपार्जन हेतु वे कैलिफोर्निया चले गये। इसी दौरान अमेरिका में वे गदर पार्टी के सदस्यों के सम्पर्क में आये। 22 अप्रैल 1980 को उनका निधन हुआ।

1925 के थोड़ा पहले भारत लौटने के लिए उन्होंने पानी के जहाज़ में यात्रा आरम्भ की। भारत में उन्होंने मदुरै, मद्रास, मुम्बई, पुणे, सतारा, नागपुर और नयी दिल्ली आदि स्थानों का भ्रमण किया। वे मद्रास के मीनाक्षी मंदिर भी गये जहाँ उन्हें घुसने नहीं दिया गया। देश में अपने भ्रमण के दिनों में इसी तरह जगह-जगह सामाजिक विषमता का शिकार हो कर उन्हें अपार दुःख हुआ। परिणामस्वरूप उन्होंने समाज से विषमता दूर करने का प्रण लिया। 1926 में वे पंजाब लौटे। जहाँ अपने गाँव में उन्होंने प्राइमरी स्कूल आरम्भ किया और उसका नाम आद-धर्म स्कूल रखा। इसके बाद वे पूरी तरह से समाज को जाग्रत करने में लग गये। उन्होंने दावा किया कि प्राचीन काल में आद या युगाद नामों के महान असुर सम्राट रहे हैं। अतः आदधर्मी का अर्थ हुआ आद के समय वाले धर्म को मानने वाले। तत्कालीन पंजाब में आर्य समाज में काफ़ी प्रभाव था। होशियारपुर में दयानंद दलित उद्धार सभा का गठन भी किया गया था।

11-12 जून, 1926 को मंगूराम ने स्थानीय लोगों के साथ एक बैठक की और आद-धर्म आंदोलन के माध्यम से पिछड़े समाज में चेतना लाने का अभियान आरम्भ किया। जल्दी ही आद-धर्म आंदोलन के कार्य-क्षेत्र का भी विस्तार होने लगा। नवम्बर, 1926 में आद-धर्म मण्डल के नाम से जालंधर में कार्यालय खोला गया। यहीं से मंगूराम ने पूरे पंजाब में समाज सुधार का कार्य आरम्भ किया। धीरे-धीरे उनके साथ और लोग भी जुड़ते गये और आद-धर्म आंदोलन पंजाब के शहरों में ही नहीं बल्कि गाँवों और क़स्बों में भी तेज़ी से फैलने लगा।

1928 में जब साइमन कमीशन भारत आया तब उन्होंने आद-धर्म प्रतिनिधियों के साथ कमीशन को लाहौर में ज्ञापन दिया। इसमें कहा गया था कि वे भारत के मूल निवासी हैं और उनका आद-धर्म हिंदू धर्म से अलग है। यही नहीं 31 मार्च और 1 अप्रैल, 1932 को लाहौर में लोथियन कमेटी के सामने भी दयानंद दलित उद्धार सभा और आद मण्डल ने अपनी माँगें प्रस्तुत कीं। आद-धर्म मडल का एक झण्डा भी बनाया गया, जिसका रंग गुलाबी आभा लिए हुए लाल था। संगठन के सदस्य जयगुरुदेव के नाम से परस्पर अभिनंदन करते थे। जिस समय डॉ. आम्बेडकर लंदन के गोलमेज़ सम्मेलन में दलित प्रश्न पर गाँधी से बहस कर रहे थे, उस समय तब पंजाब से उनके समर्थन में मंगूराम ने ही सर्वाधिक तार भिजवाये थे।

दलित-पिछड़ी जातियों में विकास के नये आयाम लाने के लिए मंगूराम ने पंजाबी तथा उर्दू में *आदि डंका* नाम से साप्ताहिक पत्र भी प्रकाशित किया। अनेक स्थानों पर स्कूल खोले गये। विशेष रूप से दलित वर्ग की कुछ जातियों जैसे रविदसिया, वाल्मीकि, महशा, डोम, जुलाह तथा मेघ आदि के लिए तो यह आंदोलन यह वरदान साबित हुआ। आंदोलन के कारण इन जातियों में जहाँ शिक्षा का प्रचार-प्रसार हुआ, वहीं उनकी आर्थिक उन्नति भी हुई। पंजाब से जितने लोग अमेरिका, कनाडा, इंग्लैण्ड, आस्ट्रेलिया, न्यूजीलैण्ड, पनामा तथा मैक्सिको आदि देशों में गये उनमें काफ़ी संख्या आदधर्मियों की थी। पंजाब के आदधर्मियों की उन्नति का स्तर भारत सरकार के जनगणना विभाग की रिपोर्ट से भी पता लगता है। रिपोर्ट के अनुसार आद-धर्म ने अपने अनुयायियों एक सूत्र दिया आदपुरख। आदपुरख का अर्थ हुआ आद नामक पूर्वज। यह आदपुरख सिक्खों के अकाल पुरख का अनुसरण नहीं था। नयी दिल्ली में रह रहे दलितों

बाबू मंगूराम मुंगोवालिया (1886–1980)

के बाद पंजाब के आदधर्मियों का ही नम्बर आता है। पंजाब के आदधर्मियों की शिक्षा का स्तर अन्य राज्यों के शिक्षा-स्तर से कहीं ऊँचा है। यह सामाजिक परिवर्तन आद-धर्म आंदोलन के कारण ही हो सका।

पूना पैक्ट के बाद पंजाब में मंगूराम ने राजनीतिक क्षेत्र में भी सुधार करने के प्रयास किये। उनका मानना था कि राजनीति करना भी दीन-दुखियों की सेवा करना है। वे चाहते थे कि जीवन के सभी क्षेत्रों में दलित तथा पीड़ितों को न्याय मिले, जिसके लिए उन्होंने हर सम्भव प्रयास भी किये। मंगूराम के प्रयासों का फल यह हुआ कि पंजाब में अनुसूचित जाति के विद्यार्थियों को स्कूल, कॉलेज़ों में पढ़ने की इजाज़त मिल गयी। दूसरी ओर पंजाब में उन्हें खेती की ज़मीन ख़रीदने के लिए भी अदालत द्वारा मान्यता मिली। इससे पूर्व पंजाब लैण्ड एलिऐनेशन एक्ट-1890 के तहत उन्हें ग़ैर-किसान घोषित कर दिया गया था, इसलिए वे खेती की ज़मीन नहीं ख़रीद सकते थे। आंदोलन के प्रभाव में छुआछूत के ख़िलाफ़ भी सरकार द्वारा क़ानून बनाये गये और जातिभेद का व्यवहार में पालन करने वालों को दण्ड देने का प्रावधान किया गया।

पंजाब के समाज और सार्वजनिक जीवन में हुए इन परिवर्तनों का श्रेय मंगूराम को ही जाता है। वे 1945 में पंजाब विधान सभा के सदस्य भी बने। उन्होंने आद-धर्म कढ़ाई-बुनाई केंद्रों की भी स्थापना की जिनकी मदद से बेरोज़गार युवकों को रोज़गार मिल सका। विभाजन के समय पाकिस्तान से शरणार्थी के रूप में भारत आ रहे दलितों पर ब्राह्मणवादी शक्तियाँ वापस जाने का दबाव डाल रही थीं, पर उन्हें शरणार्थी शिविरों में रहने का अधिकार दिलाने में बाबू मंगूराम ने उल्लेखनीय भूमिका निभायी।

देखें : अनुसूचित जातियाँ, अस्मिता की भारतीय राजनीति, अन्य पिछड़े वर्ग, आयोतीदास पांडीतर, आयंकाली, आम्बेडकर-गाँधी विवाद, इरोड वेंकट रामस्वामी नायकर पेरियार, कांशी राम, गाड़गे बाबा, गोपाल बाबा वलंगकर, ज्योतिराव गोविंदराव फुले, जाति और जाति-व्यवस्था-1, 2, 3 और 4, बहुजन समाज पार्टी-1 और 2, भदंत आनंद कौसल्यायन, भारतीय संविधान-1 से 8 तक, भीमराव रामजी आम्बेडकर, स्वामी अछूतानंद हरिहर।

संदर्भ

1. सोहनलाल शास्त्री (2008), *बाबा साहेब आम्बेडकर के सम्पर्क में 25 वर्ष,* सम्यक प्रकाशन, नयी दिल्ली.
2. बलबीर माधोपुरी, *छांग्या रूख* (आत्मकथा), वाणी प्रकाशन, नयी दिल्ली.
3. मार्क जुरगेंसमेयर (1982), *रिलीजस रिबेल्स इन पंजाब : द आद-धर्म चैलेंज टू कास्ट,* नवयान पब्लिकेशन, नयी दिल्ली.

— मोहनदास नैमिशराय

बाज़ार

(Market)

कहने के लिए बाज़ार उस जगह का नाम है जहाँ बेचने और ख़रीदने वालों के बीच धन के बदले चीज़ों का आदान-प्रदान होता है। लेकिन आर्थिक सिद्धांत में बाज़ार या मार्केट का मतलब किसी भौगोलिक स्थान से परे जा कर व्यापारिक विनिमय की उस प्रणाली से है जिसमें न केवल परस्पर स्वीकार्य दाम पर जिंसों का विनिमय होता है, बल्कि जिसके माध्यम से पूरी अर्थव्यवस्था में संसाधनों का अनियंत्रित आबंटन भी सम्पन्न होता रहता है। बाज़ार अपने आप में एक न दिखाई देने वाली घटना भी है। क्रेता और विक्रेताओं के निजी तौर से मिलने का स्थान होने के साथ-साथ वह किसी भी तरह के संचार नेटवर्क के ज़रिये कहीं और कभी भी बन जाता है। चाहे वह टेलिफ़ोन का सम्पर्क हो या इंटरनेट का। बाज़ार कई तरीक़े के हो सकते हैं। जिसे फ़ैक्टर मार्केट कहते हैं वहाँ श्रम, ज़मीन और पूँजी जैसी जिंसों का विनिमय होता है। समाज-विज्ञान की दुनिया आधुनिक युग की शुरुआत से ही बाज़ार के पक्ष और विपक्ष में बँटी रही है। समाज वैज्ञानिकों का एक हिस्सा बाज़ार की कामयाबी को उसके अस्तित्व का प्रधान पहलू मानते हुए अपने पक्ष में पश्चिमी पूँजीवादी देशों की निरंतर ख़ुशहाली को उदाहरण के तौर पर पेश करता है। दूसरा हिस्सा बाज़ार की विफलताओं पर

अधिक ज़ोर देते हुए बाज़ार की निर्वैयक्तिकता, अमानवीयता और किसी भी क़ीमत पर मुनाफ़ा कमाने की प्रवृत्ति को उभारता है। नब्बे के दशक में सोवियत ख़ेमे के बिखराव के बाद से बाज़ार का विचार दुनिया के मानस पर छा गया है, लेकिन इसके बावजूद उसके अंतर्निहित अंदेशों पर चर्चा बंद नहीं हुई है। बाज़ार उस समय नाकाम माना जाता है जब माँग और आपूर्ति की शक्तियों का संतुलन इस हद तक गड़बड़ा जाता है कि न केवल बाज़ार का तंत्र अव्यवस्थित हो जाए, बल्कि उसके कारण किसी भी तरह के कल्याणकारी लक्ष्यों को वेधना नामुमकिन लगने लगे।

जिसे उत्पादों का बाज़ार कहते हैं वहाँ इन कारकों के प्रयोग से पैदा होने वाली जिंसों और सेवाओं का व्यापार होता है। बाज़ार क्रेता-प्रधान हो सकता है और विक्रेता-प्रधान भी। यह इस बात पर निर्भर करता है कि वह मुख्यत: क्रेताओं के लिए लाभकारी है या विक्रेताओं के लिए। जब आपूर्ति ज़्यादा होती है तो फ़ायदा ख़रीददारों को होता है, और जब माँग ज़्यादा होती है तो बेचने वाले लाभ में रहते हैं। अगर माँग और आपूर्ति की मात्रा एक सी हो जाए तो उस स्थिति को मार्केट क्लियरिंग कहते हैं। बाज़ार राष्ट्रीय, अंतर्राष्ट्रीय और भूमण्डलीय स्तर पर काम करते हैं।

वैसे तो किसी भी क़िस्म की अर्थव्यवस्था इससे अछूती नहीं हो सकती, पर बाज़ार पूँजीवादी अर्थव्यवस्था के मर्म में है। मार्क्स के अनुसार पूँजीवाद माल और सेवाओं के रूप में पण्यों का उत्पादन करता है। हर पण्य का एक बाज़ारू दाम होता है। यह प्रक्रिया बाज़ार को पूँजीवादी आर्थिक जीवन का संगठनकारी तत्त्व बना देती है। बाज़ार संसाधनों का आबंटन करता है। क्या उत्पादित होना है का फ़ैसला करके उत्पाद के दाम और उसे बनाने के बदले मज़दूर की उजरत भी बाज़ार ही तय करता है। पूँजीवाद की गतिशीलता और सफलता का श्रेय बाज़ार की इसी भूमिका को दिया जाता है। बाज़ार की दक्षता से प्रभावित हो कर उसके कई समाजवादी आलोचक भी अपने समाजवाद में बाज़ार का समावेश करके मार्केट-सोशलिज़म का सूत्रीकरण करने लगे हैं।

बाज़ार के कामकाज को समझने की सर्वाधिक प्रभावशाली कोशिश ऐडम स्मिथ ने अपनी 1776 में प्रकाशित रचना 'वेल्थ ऑफ़ नेशंस' में की थी। स्मिथ अपने ज़माने में सामंती गिल्डों और वणिकवादियों द्वारा आर्थिक गतिविधियों पर लगायी जाने वाली पाबंदियों के विपरीत बाज़ार की मुक्त सक्रियता के पक्ष में थे। उनका कहना था कि बाज़ार एक स्व-विनियमनकारी परिघटना है जिसके तहत होने वाली स्पर्धा 'अदृश्य हाथ' की तरह बिना किसी बाह्य नियंत्रण के आर्थिक जीवन को निर्देशित करती रहती है। स्मिथ की मान्यता थी हर व्यक्ति अपने स्व-हित के लिए प्रयासरत रहता है और इस प्रक्रिया में व्यापक सामाजिक हित की उपलब्धि अपने-आप हो जाती है, उसके लिए इरादा किया जाए या न किया जाए। स्मिथ के अनुसार स्पर्धा का अदृश्य हाथ ही समृद्धि पैदा करता है।

बाज़ार पर आधारित अर्थव्यवस्था में व्यापारिक संबंधों का एक विशाल नेटवर्क काम करता है जिसमें उपभोक्ता और उत्पादक दाम-तंत्र के माध्यम से अपनी इच्छाओं और आवश्यकताओं को व्यक्त करते हैं। यानी सरकार (राज्य) को आर्थिक गतिविधियों में हस्तक्षेप करने की या तो कोई ज़रूरत नहीं होती, या बाज़ार की सुविधा के मुताबिक़ थोड़ा-बहुत दख़ल देने की आवश्यकता ही होती है। राज्य के अधिक हस्तक्षेप का मतलब होता है बाज़ार का नाज़ुक संतुलन बिगड़ने का अंदेशा। इस अवधारणा का अतिवादी रूप है 'लैसे-फ़ेयर' जिसका प्रवर्तन सत्रहवीं सदी के फ़्रांस में प्रकृतिवादियों के ख़िलाफ़ बहस करते हुए बोईगिलबर्त और लेजेंद्रे ने किया था। लेकिन आम तौर पर ऐडम स्मिथ समेत बाज़ार का कोई भी पैरोकार इसे ठीक नहीं मानता। वे बाज़ार को चलाने में सरकार के सीमित लेकिन अहम किरदार को मान्यता देते हैं।

केंद्रीकृत नियोजन पर आधारित समाजवादी अर्थव्यवस्थाओं के पतन के बाद से बाज़ार की अवधारणा ने दुनिया भर के मानस पर अपना बोलबाला स्थापित कर लिया है। लोगों को लग रहा है बाज़ार उद्यमशीलता, नवाचार और आर्थिक वृद्धि के वाहक हैं। उसके माध्यम से उपभोक्ताओं को उत्पादकों की ओर से और उत्पादकों को उपभोक्ताओं की ओर से ज़रूरी संकेत मिलते रहते हैं। इस संकेत प्रणाली का स्नायु-तंत्र दाम-प्रणाली को माना जाता है। मसलन, अगर एक बर्तन के दाम बढ़ते हैं तो उपभोक्ताओं को संकेत जाता है कि उसे कम ख़रीदो, पर उत्पादक यह संकेत ज़्यादा बर्तन बनाने के रूप में ग्रहण करते हैं। ज़्यादा बर्तनों की सप्लाई होते ही दाम गिर जाते हैं और अधिक संख्या में बिक्री होने लगती है। इस संकेत प्रणाली के केंद्र में उपभोक्ता-सम्प्रभुता का तर्क है। उपभोक्ता द्वारा लिया गया ख़रीद का निर्णय एक तरह से उसका वोट है जो बाज़ार के लोकतंत्र में जीत-हार का फ़ैसला करता है। इसी के परिणामस्वरूप हम बाज़ार में उपभोक्ता माल की अनगनित क़िस्में देखते हैं जो ख़रीददारों को लुभाने का प्रयास करती रहती हैं। उपभोक्ता के लिए चयन की स्वतंत्रता को कायम रखने का आग्रह निरंतर प्रौद्योगिकीय नवाचार, उद्यमशीलता और विपणन में सुधार की तरफ़ ले जाता है। मानवीय इतिहास में प्रौद्योगिक प्रगति का काफ़ी-कुछ श्रेय बाज़ार की गतिशीलता को दिया जा सकता है। उन्नीसवीं सदी में लोहे और इस्पात के उद्योग से लेकर बीसवीं सदी में प्लास्टिक, इलेक्ट्रीकल और इलेक्ट्रॉनिक उत्पादों का विकास में बाज़ार की भूमिका को नज़रअंदाज़

नहीं किया जा सकता। बाज़ार द्वारा प्रौद्योगिकीय उन्नति को बढ़ावा देने की हक़ीक़त उसके सबसे बड़े आलोचक कार्ल मार्क्स ने भी स्वीकार की है।

मोटे तौर पर बाज़ार का बचाव आर्थिक दक्षता की दलील के आधार पर किया जाता है, लेकिन स्वतंत्रतावादी सिद्धांतकारों ने नैतिक और राजनीतिक कारणों से भी उसका पक्ष लिया है। चूँकि लोग बाज़ार के ज़रिये अपनी कामनाओं को तुष्ट कर पाते हैं इसलिए ये सिद्धांतकार उसे नैतिक रूप से वांछनीय मानते हैं। उपयोगितावादी सिद्धांत के अनुसार भी बाज़ार का बचाव किया जा सकता है, क्योंकि बाज़ार अपने सुख और दु:ख का फ़ैसला व्यक्ति के हाथ में ही छोड़ देता है। इस लिहाज़ से बाज़ार के स्पेस को निजी स्वतंत्रता के दायरे में भी देखा जा सकता है। एक अन्य दृष्टि के अनुसार बाज़ार समानता का वाहक भी माना जा सकता है, क्योंकि वह व्यक्ति का मूल्यांकन योग्यता, प्रतिभा और कठोर परिश्रम की क्षमता के हिसाब से करता है, न कि नस्ल, चमड़ी के रंग, धर्म, जेंडर आदि के आधार पर। बाज़ार की पैरोकारी इस तर्क के आधार पर भी की जाती है कि व्यावसायिक रिश्ते संबंधित पक्षों की ईमानदारी और विश्वास के बिना चल ही नहीं सकते। फिर चाहे वह सेवायोजक और उसके कर्मचारी का रिश्ता हो, या कोई व्यापारिक अनुबंध।

देखें : अर्थ-विज्ञान का समाजशास्त्र, आर्थिक जनसांख्यिकी, अल्फ्रेड मार्शल, अमर्त्य कुमार सेन, अंतर्राष्ट्रीय मुद्रा कोष, आधार और अधिरचना, ऑस्कर रायज़ार्ड लांगे, ऐडम स्मिथ, करारोपण, कल्याणकारी अर्थशास्त्र, क्लासिकल अर्थशास्त्र, कार्ल हाइनरिख़ मार्क्स-3, कार्ल मेंगर, कींसियन अर्थशास्त्र, गुन्नार मिर्डाल, जोआन रोबिंसन, जॉन कैनेथ गालब्रेथ, जॉन मेनार्ड कींस, जॉन स्टुअर्ट मिल, जोसेफ़ शुमपीटर, जैव विविधता, ट्रस्टीशिप, डेविड रिकार्डो, ढाँचागत समायोजन कार्यक्रम, थॉमस मन और वणिकवाद, थॉमस रॉबर्ट माल्थस, दक्षता, धन, नियोक्लासिकल अर्थशास्त्र, नीतिशास्त्र और अर्थशास्त्र, निकोलस काल्दोर, नियोजन, नियोजन : मार्क्सवादी विमर्श, पण्य, पण्य-पूजा, पेटेंट, पॉल सेमुअलसन, पियरो स्राफ़ा, पूँजी, प्रतियोगिता, फ्रांस्वा केस्ने और प्रकृतिवाद, फ्रेड्रिख़ वॉन हायक, बहुराष्ट्रीय निगम, बाज़ार की विफ़लताएँ, बाज़ार-समाजवाद, बौद्धिक सम्पदा अधिकार, ब्रेटन वुड्स प्रणाली, भारत में बहुराष्ट्रीय निगम, भारत में नियोजन, भारत में पेटेंट क़ानून, भारत में शेयर संस्कृति, भूमण्डलीकरण और पूँजी बाज़ार, भूमण्डलीकरण और वित्तीय पूँजी, भूमण्डलीकरण और वित्तीय उपकरण, मार्क्सवादी अर्थशास्त्र, मिल्टन फ्रीडमेन, मूल्य, राजकोषीय नीति और मौद्रिक नीति, रॉबर्ट ओवेन, विलफ्रेडो परेटो, विश्व व्यापार संगठन, विश्व बैंक, विलियम पेटी, विलियम स्टेनली जेवंस, वैकासिक अर्थशास्त्र, शोषण, साइमन कुज़्नेत्स।

संदर्भ

1. 'मार्केट्स' और 'मार्केट्स ऐंड पब्लिक गुड्स', संकलित : टेड होंड्रिच (सम्पा.) (2005), *ऑक्सफ़र्ड कम्पेनियन टु फ़िलॉसफ़ी,* ऑक्सफ़र्ड युनिवर्सिटी प्रेस, ऑक्सफ़र्ड.
2. ए. शोटर (1989), *फ्री मार्केट इकॉनॉमिक्स : ए क्रिटीकल एप्रेज़ल,* सेंट मार्टिंस प्रेस, न्यूयॉर्क.
2. एंड्रू हेवुड (2004), 'प्रॉपर्टी, प्लानिंग ऐंड द मार्केट', *पॉलिटिकल थियरी : ऐन इंट्रोडक्शन,* पालग्रेव मैकमिलन, न्यूयॉर्क.
3. जी. होजसन (1984), *द डेमॉक्रैटिक इकॉनॉमी : अ न्यू लुक एट प्लानिंग, मार्केट ऐंड पॉवर,* हार्मंड्सवर्थ, पेंगुइन.

— अभय कुमार दुबे

बाज़ार की विफलताएँ

(Market Failures)

बाज़ार के आलोचकों की दो क़िस्में हैं। एक पक्ष की मान्यता है कि उसकी संरचना में बुनियादी ख़ामियाँ हैं इसलिए उसका उन्मूलन कर दिया जाना चाहिए। यह दलील मुख्यत: मार्क्सवादियों और नव-अनुदारतावादियों द्वारा विकसित की गयी है। दूसरा पक्ष बाज़ार की ताक़त को मान्यता देते हुए उसके नियंत्रित इस्तेमाल का तर्क देता है। यह तर्क मुख्यत: कींसियन अर्थशास्त्र की देन है। दोनों ही पक्ष पूँजीवाद के इतिहास में दर्ज महामंदियों की मिसालें देते हैं। इस पुरानी बहस में एक नया आयाम वित्त, उत्पादन और पूँजी बाज़ार के भूमण्डलीकरण ने पैदा किया है। इसके कारण बाज़ार के आधारभूत तर्क में कुछ ऐसी तब्दीलियाँ हो गयी हैं जिनके प्रभाव में राष्ट्रीय सरकारों के हस्तक्षेप के बावजूद बाज़ारों को विफल होने से रोकना नामुमकिन सा हो गया है। अस्सी और नब्बे के दशक का आर्थिक घटनाक्रम बताता है कि बाज़ार की विफलताओं में अन्यान्य कारणों से सरकारों की भी भागीदारी रही है।

यह हमारे निकट इतिहास की एक हक़ीक़त है कि बीसवीं सदी के दौरान ज़्यादातर बाज़ार आधारित अर्थव्यवस्थाएँ सरकारों के हस्तक्षेप और अलग-अलग सीमाओं तक किये गये नियंत्रण के कारण लगातार अच्छा प्रदर्शन कर पाने में कामयाब रही हैं। सरकारें बाज़ार को उन आर्थिक परिस्थितियों से बचाती रही हैं जिनके प्रति अनुक्रिया करना उनके लिए तक़रीबन नामुमकिन होता है। मसलन, प्रत्येक उत्पादक गतिविधि की एक सामाजिक क़ीमत होती है जिसका पता उस उत्पादन में लगी हुई फर्म की बैलेंस शीट से नहीं लग सकता। प्रदूषण एक ऐसी ही सामाजिक क़ीमत है। बाज़ार की ताक़तें प्रदूषण के प्रति बेपरवाह ही नहीं रहतीं, बल्कि उसे प्रोत्साहित भी करती हैं। उन्हें इससे कोई सरोकार नहीं रहता कि औद्योगिक प्रदूषण के कारण दूसरे उद्योगों को नुक़सान पहुँचता है और पड़ोस की आबादी पर

अस्वास्थ्यकारी असर पड़ता है। इसी तरह बाज़ार स्वच्छता, सार्वजनिक स्वास्थ्य, परिवहन, शिक्षा और ऐसी ही कई सार्वजनिक इस्तेमाल की अतिआवश्यक जिंसें और सेवाएँ मुहैया कराने में नाकाम रहा है। अपनी इन विफलताओं से बचने के लिए बाज़ार के पास सरकारी हस्तक्षेप को निमंत्रित करने के अलावा और कोई चारा नहीं है। इन सार्वजनिक सुविधाओं के बिना सामाजिक जीवन ही नहीं बाज़ार का अस्तित्व भी संकटग्रस्त हो जाता है। इसलिए बाज़ार चाहता है कि सरकार उसके लिए ये सुविधाएँ मुहैया कराये जिसका फ़ायदा वह अपने-आप को मज़बूत करने के लिए उठाये लेकिन इसके लिए न कोई प्रयास करना पड़े और न कुछ ख़र्च करना पड़े। बाज़ार की इस नकारात्मक प्रवृत्ति का उदाहरण लाइटहाउस और समुद्र में तैर रहे जहाज़ के बीच रिश्ते के माध्यम से दिया जाता है। प्रकाशस्तम्भ द्वारा दी गयी चेतावनियाँ जहाज़ को सही रास्ता अख़्तियार करने और दुर्घटनाग्रस्त होने से बचाने के लिए ज़रूरी हैं, पर प्रकाशस्तम्भ के संचालक जहाज़ों से उनकी क़ीमत नहीं वसूल पाते। चूँकि प्रकाशस्तम्भ की सेवा सभी के लिए उपलब्ध है इसलिए जहाज़ उसका नि:शुल्क उपयोग करता रहता है।

बाज़ार की दूसरी विफलता है अपने ही बुनियादी तत्त्व यानी प्रतियोगिता को कमज़ोर करने की प्रवृत्ति। व्यावहारिक स्थिति यह है कि बाज़ार में सक्रिय मज़दूर और मालिक दोनों ही आपसी प्रतियोगिता के बजाय आपसी सहयोग पर ज़ोर देते हैं। मज़दूर अपने हितों को ध्यान में रख कर आपसी सहयोग के आधार पर अपना संघ बनाते हैं ताकि मालिक पर दबाव डाल कर वेतन और सुविधाएँ बढ़वा सकें। उसी तरह मालिक लोग मुनाफ़ा बढ़ाने और बाज़ार को अधिक पूर्वानुमान-योग्य बनाने के लिए मिल-जुल कर कार्टेल बना लेते हैं। कार्टेल बना कर होड़ को धता बतायी जा सकती है और मनचाहे दाम निर्धारित किये जा सकते हैं। यही कारण है कि अधिकतर बाज़ारों पर थोड़े से कारपोरेशनों का क़ब्ज़ा होता है। कारपोरेशन अपने प्रभुत्व का फायदा उठा कर उपभोक्ता-सम्प्रभुता के विचार को बेअसर कर देते हैं। बजाय इसके कि कारपोरेशन उपभोक्ता द्वारा भेजे गये संकेतों के मुताबिक़ उत्पादन की योजना बनायें, वे उपभोक्ता की पसंद और रुचि को बदलने के लिए चालाकी से बनायी गयी विज्ञापन-मुहिमों का इस्तेमाल करते हैं। अर्थशास्त्री जॉन कैनेथ गालब्रेथ ने इसी तर्क के आधार पर कहा था कि उपभोक्ता-सम्प्रभुता अपने आप में एक खोखली अवधारणा के सिवा कुछ नहीं है।

बाज़ार की तीसरी बड़ी विफलता है कि वह उन मुक़ामों पर संसाधनों का आबंटन करना पसंद करता है जहाँ मुनाफ़े की ज़्यादा सम्भावना हो। भले ही उस तरह के निवेश से समाज में विषमता का अधिक प्रसार क्यों न हो रहा हो। मसलन, अगर व्यापक समाज को साइकिलों की ज़रूरत है और ज़बरदस्त क्रय-शक्ति से लैस मुट्ठी भर लोगों को क़ीमती कारों का शौक है तो बाज़ार साइकिलों के बजाय कारों के उत्पादन में निवेश करना पसंद करेगा। वह विलासितापूर्ण और फ़ैशनेबिल सामग्री के उत्पादन में लगा रहेगा। इसके लिए तर्क दिया जाएगा उपभोक्ताओं द्वारा चयन की स्वतंत्रता का। लेकिन इस तरह के बाज़ार में क्रय-शक्ति से वंचित ग़रीबों की कोई भूमिका नहीं होती। बाज़ार की तीसरी अहम नाकामी है हर परिस्थिति में स्व-विनियमन न कर पाना। कींसियन अर्थशास्त्र का दावा है कि एक ख़ास तरह के हालात में पूँजीवादी बाज़ार तेज़ गिरावट का शिकार हो कर बेरोज़गारी को हद से ज़्यादा बढ़ा देता है, पर इस परिस्थिति से निकलने की क्षमता पैदा नहीं कर पाता। तीस के दशक की महामंदी की पृष्ठभूमि में विकसित हुई बाज़ार की यह आलोचना राज्य द्वारा अर्थव्यवस्था में कुल माँग को प्रबंधित करने का उपाय सुझाती है ताकि दीर्घकालीन परिप्रेक्ष्य में बाज़ार को और सुदृढ़ किया जा सके।

मार्क्सवादी और नव-अनुदारतावादी बाज़ार के ख़िलाफ़ नैतिक और राजनीतिक मुक़ाम पर खड़े हो कर बहस करते हैं। उनका कहना है कि बाज़ार सामाजिक मूल्यों का विनाशक है। वह न केवल मुनाफ़ाख़ोरी, ख़ुदगर्ज़ी और लालच को बढ़ावा देता है, बल्कि उसके तहत सामूहिकता और सामुदायिकता की भावनाएँ बेअसर हो जाती हैं और एक अलग-थलग पड़े हुए व्यक्तिवादी इनसान का जन्म होता है। ऐसा मनुष्य अपनी नागरिक और सामाजिक जिम्मेदारियाँ पूरी करने में कोई दिलचस्पी नहीं दिखाता। यह आलोचना दावा करती है कि सबके लिए बराबर के मौक़े देने वाला बाज़ार महज़ एक मिथक है। असल में बाज़ार जन्मना विरासत, सामाजिक हैसियत और शैक्षिक पृष्ठभूमि के हिसाब से सम्पत्ति और आमदनी का बँटवारा करता है।

भूमण्डलीकरण के आगमन के बाद बाज़ार के आलोचकों ने नये आवेग से यह कहना शुरू कर दिया है कि आर्थिक विषमता के साथ में सच्चा लोकतंत्र असम्भव है। भूमण्डलीकरण की प्रक्रिया ने बाज़ार की संरचना में तीन नयी परिघटनाएँ जोड़ी हैं। पहली है उत्पादन का भूमण्डलीकरण। बहुराष्ट्रीय निगमों के लिए ज़रूरी था कि वे अपने गृह देशों में माँग की स्थिरता और लागत में बढ़ोतरी से बचने का कोई रास्ता निकालें। इसलिए उन्होंने उन देशों में अपनी इकाइयाँ लगानी शुरू कर दीं जहाँ कच्चा माल और मज़दूरी सस्ती थी, एवं जहाँ का बाज़ार अभी विकास के दौर में था। दूसरी है

वित्त का भूमण्डलीकरण। यह परिघटना उत्पादन के भूमण्डलीकरण से भी ज़्यादा असरदार साबित हुई है। इसके कारण अंतर्राष्ट्रीय वित्तीय पूँजी की मात्रा और गति में अनाप-शनाप बढ़ोतरी हो चुकी है। 1986 में हर रोज़ न्यूयॉर्क, लंदन और टोक्यो के मुद्रा व्यापारियों के हाथों से एक खरब 88 अरब डॉलर गुज़र रहे थे जो 1995 तक बढ़ कर दस खरब 20 अरब डॉलर हो चुके थे। तीसरी परिघटना है पूँजी बाज़ारों का बदलता हुआ चरित्र। विदेशी मुद्रा का ज़्यादातर लेन-देन अंतर्राष्ट्रीय व्यापार की ज़रूरतों को पूरा करने के लिए होता रहा है। ख़रीदारों और विक्रेताओं को विदेशी माल व सेवाओं के सौदे करने के लिए तरह-तरह की मुद्राओं की आवश्यकता पड़ती रही है। लेकिन, अब मुद्रा व्यापार का संबंध इस तरह के पुराने क़िस्म की अंतर्राष्ट्रीय तिजारत से बहुत कम रह गया है। ऐसी तिजारत को अब केवल अंतर्राष्ट्रीय मुद्रा व्यापार के दो फ़ीसदी तक ही सीमित रह गयी है। ज़ाहिर है कि वित्त के भूमण्डलीकरण की मौजूदा प्रक्रिया अंतर्राष्ट्रीय व्यापार और निवेश की पूरक न रह कर अपना स्वतंत्र अस्तित्व बना चुकी है। वित्तीय प्रवाह का रिश्ता अब पहले की तरह वास्तविक संसाधनों और दीर्घकालीन उत्पादक निवेश के प्रवाह से नहीं है। नया वित्तीय प्रवाह ज़्यादातर तरल रूप में (नकदी के रूप में) है और सट्टेबाज़ी के ज़रिये फटाफट मुनाफ़ा कमा लेने के मक़सद से हो रहा है। यह नया वित्त जिस तेज़ी से किसी देश में जाता है, उतनी ही तेज़ी से उस देश से बाहर भी जा सकता है। अब विदेशी मुद्रा वायदा कारोबार (फ़्यूचर मार्केट) का भी अंतर्राष्ट्रीयकरण हो चुका है। विदेशी संस्थागत निवेशक (एफ़आईआई) और उसके व्युत्पन्न उत्पाद (डेरीवेटिव्ज़) के कारण विकासशील देशों में भी सट्टेबाज़ी तेज़ी से बढ़ी है। इसीलिए वहाँ वित्तीय अस्थिरता का माहौल बना हुआ है। मुद्रा व्यापार के साथ-साथ बांड्स, म्युचुअल फण्ड्स, जीडीआर और इन सबसे निकले अन्य वित्तीय उपादानों के इस्तेमाल ने भी वित्त के भूमण्डलीकरण में योगदान किया है।

इन परिवर्तनों के कारण बाज़ारों का चरित्र पहले जैसा नहीं रह गया है और सरकारों की हस्तक्षेप की क्षमता भी सीमित हो गयी है। न केवल विकासशील देश, बल्कि मैक्सिको, मलेशिया और थाइलैण्ड जैसी ख़ुशहाल अर्थव्यवस्थाएँ भी मुद्रा संकट की शिकार हो जाती हैं। हाल ही में मक़ानों और उपभोक्ता सामान के लिए बेतहाशा दिये गये कर्ज़ों से जुड़ी अनियमितताओं के कारण अमेरिका का बैंकिंग कारोबार ढहने के कगार पर पहुँच गया था। सरकारें बाज़ारों की इन नयी नाकामियों से हैरत में पड़ जाती हैं, क्योंकि पुराने मानकों के हिसाब से तो इन गतिविधियों से आर्थिक लाभ होना चाहिए था। भारतीय बैंक क़र्ज़ के लिए गिरवीं रखी गई परिसम्पत्तियों का बाज़ार-मूल्य कम होने पर तुरंत मार्जिन का प्रावधान रखते हैं। इसी कारण से भारत में क़र्ज़ वसूली में जोखिम तुलनात्मक रूप से कम रहता है।

देखें : अर्थ-विज्ञान का समाजशास्त्र, आर्थिक जनसांख्यिकी, अल्फ्रेड मार्शल, अमर्त्य कुमार सेन, अंतर्राष्ट्रीय मुद्रा कोष, आधार और अधिरचना, ऑस्कर रायज़ार्ड लांगे, ऐडम स्मिथ, करारोपण, कल्याणकारी अर्थशास्त्र, क्लासिकल अर्थशास्त्र, ढाँचागत समायोजन कार्यक्रम, थॉमस मन और वणिकवाद, दक्षता, धन, नियोक्लासिकल अर्थशास्त्र, नीतिशास्त्र और अर्थशास्त्र, निकोलस काल्दोर, नियोजन, नियोजन : मार्क्सवादी विमर्श, पण्य, पण्य-पूजा, पेटेंट, पॉल सेमुअलसन, पियरो स्राफ़ा, पूँजी, प्रतियोगिता, फ्रांस्वा केस्ने और प्रकृतिवाद, फ्रेड्रिख़ वॉन हायक, बहुराष्ट्रीय निगम, बाज़ार, बाज़ार-समाजवाद, बौद्धिक सम्पदा अधिकार, ब्रेटन वुड्स प्रणाली, भारत में बहुराष्ट्रीय निगम, भारत में नियोजन, भारत में पेटेंट क़ानून, भारत में शेयर संस्कृति, भूमण्डलीकरण और पूँजी बाज़ार, भूमण्डलीकरण और वित्तीय पूँजी।

संदर्भ

1. ए. लीजनहुफ़वुड (1968), *ऑन कींसियन इकॉनॉमिक्स ऐंड द इकॉनॉमिक्स ऑफ़ कींस,* ऑक्सफ़र्ड युनिवर्सिटी प्रेस, न्यूयॉर्क.
2. मेघनाद देसाई (1979), *मार्क्सियन इकॉनॉमिक्स,* बेसिल ब्लेकवेल, ऑक्सफ़र्ड.
3. कवलजीत सिंह (1999), *पूँजी का भूमण्डलीकरण,* अनुवाद : अभय कुमार दुबे, ऋतिका प्रकाशन, नयी दिल्ली.
4. मानफ्रेड स्टेगर (2002), *ग्लोबलिज़म : द न्यू मार्केट आइडियॉलॅजी,* राउमेन ऐंड लिटिलफ़ील्ड पब्लिशर्स, लैनहैम, एमडी.

— अभय कुमार दुबे

बाज़ारू संस्कृति

(Mass Culture)

मास कल्चर की अवधारणा जन-संस्कृति, लोकप्रिय-संस्कृति और शास्त्रीय संस्कृति से अलग है। संस्कृति के इन तीनों रूपों के साथ रचनाशीलता के व्यक्तिगत आयाम और उनमें अनिवार्यत: निहित स्वायत्तता का बोध जुड़ा हुआ है। इसके विपरीत मास कल्चर ऐसी अनूठी कृतियों से परिभाषित नहीं होती जो जो व्यक्तिगत प्रतिभा से जन्मती हैं। उसका उत्पादन कमोबेश फ़ैक्ट्री की एसेम्बली लाइन पर बनने वाले माल की तरह होता है। छापेख़ाने की प्रौद्योगिकी के विकास से इसकी शुरुआत मानी जा सकती है। किताबों, पत्रिकाओं, अख़बारों और प्रचार के मक़सद से छापे जाने वाले पर्चों से लेकर रेडियो, टीवी, सिनेमा और पॉप म्यूज़िक ने मिल कर पाठकों और श्रोताओं का एक ऐसा विशाल संसार बनाया है जो बाज़ार में प्रौद्योगिकी का इस्तेमाल करके पण्य की तरह

बिकने वाले सांस्कृतिक रूपों का उपभोग करता है। इस लिहाज़ से मास कल्चर का सबसे नज़दीकी अनुवाद बाज़ारू संस्कृति ही हो सकता है, यद्यपि इस अभिव्यक्ति के साथ नकारात्मकता की अनुभूति जुड़ी हुई है। इस अवधारणा को समझने के लिए दो दृष्टिकोणों का हवाला ज़रूरी है। इनमें पहला है 'मास' या 'पब्लिक' यानी 'सार्वजनिक' या 'जनता' का तात्पर्य। दूसरा है संस्कृति संबंधी विमर्श में लोक-कला और अभिजन-कला का स्थान।

'मास' और 'कल्चर' के आपसी संबंध का सबसे जाना-माना विश्लेषण फ्रेंकफर्ट स्कूल के साथ मित्रतापूर्ण संबंध रखने वाले विद्वान वाल्टर बेंजामिन के लेख 'आर्ट इन द एज ऑफ़ मैकेनिकल रिप्रोडक्शन' में मिलता है। अपनी इस रचना में बेंजामिन एक ऐसे युग के राजनीतिक और सामाजिक फलितार्थों पर ग़ौर करते हैं जिसमें प्रौद्योगिकी की मदद से कलाकृतियों का पुनरुत्पादन, बड़े पैमाने पर निर्माण और वितरण किया जा सकता है। बेंजामिन के विश्लेषण में 'प्रामाणिक' कला के फीके पड़ते हुए प्रभामण्डल के तर्क की अक्सर शिनाख़्त की जा सकती है, लेकिन वास्तव में उनका स्वर इतना निराशाजनक भी नहीं है। वे कहते हैं कि पुनरुत्पादन की प्रक्रिया कला की अनूठी कृतियों के तात्पर्यों की सम्भावनाओं को सीमित नहीं रहने देती। वह उसे सौंदर्यमूलक कलात्मक विश्लेषण के संसार से निकाल कर कहीं अधिक नाना प्रकार के अर्थों की सम्भावनाओं में ले जाती है जिनके तहत सामाजिक प्रक्रियाओं को प्रगतिशील सामाजिक आलोचना के माध्यम से समझने की बेहतर गुंजाइश मिलती है। दूसरी तरफ़ बेंजामिन मासिज़ के लिए रचे गये कला-रूपों में एक तरह के फ़ासीवादी सौंदर्यशास्त्र के अंदेशे भी देखते हैं।

मास या मासिज़, पब्लिक या जनता एक आधुनिक परिघटना है जिसे समझना जितना जटिल है, उतना ही मुश्किल है उसे नज़रअंदाज़ करना। अट्ठारहवीं और उन्नीसवीं सदी में राजनीतिक अधिकार केवल मालिक वर्ग और पुरुषों को ही नसीब थे। सार्वजनिक जीवन इन अधिकारसम्पन्न व्यक्तियों तक ही सीमित था, इसलिए पब्लिक नामक शै की आसानी से शिनाख़्त की जा सकती थी। लेकिन बीसवीं सदी में राजनीतिक अधिकारों के सर्वव्यापीकरण और मध्यवर्ग के चौतरफ़ा प्रसार के बाद सार्वजनिक जीवन में भागीदारी करने वालों का दायरा बहुत विशाल हो गया है। मतदाता समुदाय और उपभोक्ता समुदाय अलग-अलग नहीं, बल्कि एक दूसरे के पर्याय हैं। रेमंड विलियम्स ने साठ के दशक में दलील दी थी कि मासिज़ नाम की कोई शै नहीं है। यह तो यह एक गढ़ंत है जिसके तहत लोगों को समरूप और अविभेदित परिघटना के रूप में समझा जाता है। बावजूद इसके कि यह एक गढ़ी गयी संरचना है, इस हक़ीक़त से इनकार नहीं किया जा सकता कि मासेज़ के दायरे में आने वाले लोग मोटे तौर पर एक ही तरह की फ़िल्में देखते हैं, एक ही मुक़ाम पर रचे गये रेडियो कार्यक्रमों को सुनते हैं, एक ही ढर्रे के संगीत का आनंद लेते हैं और एक ही तरह की उपभोक्ता वस्तुओं को ख़रीद कर उन्हीं पर आधारित जीवन-शैली को अपनाते हैं।

बाज़ार और मीडिया के ज़रिये सभी को उपलब्ध होने के बावजूद बाज़ारू संस्कृति के आलोचक उसे संस्कृति के लोकतंत्रीकरण का श्रेय देने के लिए तैयार नहीं हैं। अपनी इस आलोचना से बेपरवाह हो कर मास कल्चर ने कुछ ऐसी प्रवृत्तियों की अभिव्यक्ति की है जिनके ज़रिये बाज़ार ख़ुद को लोकप्रिय अभिरुचियों की कसौटी पर कसता है। अमेरिका में जॉर्ज गैलप जैसे तकनीकशाहों ने जनमत सर्वेक्षण के उपकरण का प्रयोग करके उपभोक्ताओं को अपनी पसंद या नापसंद व्यक्त करने का मौक़ा दिया है। गैलप-पोल्स या ऐसे ही अन्य सर्वेक्षणों की विधि अपना पूँजीवादी समाजों की मास-सोसाइटी राजनीतिक और सामाजिक प्रश्नों पर भी अपनी राय जताने लगी है। दूसरी तरफ़ अमेरिका में ही वाल्टर लिपमैन जैसे आलोचकों ने मास-सोसाइटी की परिघटना को पेशेवर-प्रबंधक वर्ग के माध्यम से दिशा देने की वकालत की है। कोलम्बिया विश्वविद्यालय के मीडिया अनुसंधानकर्ताओं की मान्यता है कि मास-सोसाइटी के विकास ने 'ओपीनियन लीडर्स' की एक परम्परा तैयार की है जो मासिज़ को पूँजीवादी लोकतंत्र के हित में सूझ-बूझ के साथ निर्देशित करने की भूमिका निभा रहे हैं।

संस्कृति के विमर्श में मास कल्चर को एक तरफ़ 'फ़ोक' या लोक-संस्कृति से और दूसरी तरफ़ 'उच्च' या शास्त्रीय कला से चुनौती मिलती है। लोक-संस्कृति को जन-साधारण की, कारीगरों की, दस्तकारों की और सामुदायिक कल्पनाशीलता की रचनात्मक 'ऑर्गनिक' उपलब्धि माना जाता है। लोक-संस्कृति की अवधारणा के तहत प्राय: ग्रामीण या प्राक्-औद्योगिक अतीत को हसरत भरी निगाह से देख कर उस संस्कृति की चर्चा की जाती है जब लोग या तो खेती करते थे या उनकी जीवन-शैली कृषि से जुड़े अन्य उत्पादनों से निर्धारित होती थी। यही उनकी सांस्कृतिक परम्पराओं और मनोरंजन का स्रोत था। समझा जाता है कि उनके गीत-संगीत, मिथकों, लोकोक्तियों और महाकाव्यात्मक दृष्टांतों का जगत, सामूहिक नृत्य और स्थानीय मेले-ठेले स्थानीय मूल्यों और आदर्शों की प्रामाणिकता से सम्पन्न होते थे।

उच्च या शास्त्रीय कला का विचार उस युरोपियन सांस्कृतिक प्रभुत्व के युग की तरफ़ इशारा करता है जब शेक्सपियर के नाटकों, मोज़ार्ट के संगीत और रिनेसाँ के ज़माने की चित्रकारी को सांस्कृतिक स्तर और मूल्य का प्रतिनिधित्व माना जाता था। कला के इन अभिजन रूपों को

मूल्यवान यह मान कर समझा जाता है कि वे लोगों की बौद्धिकता को मानवीय प्रतिभा की अत्यंत परिष्कृत अभिव्यक्तियों को समझने और सराहने की चुनौती से गुज़ारते हैं। समाज पर पड़ने वाले अभिजन प्रभाव के साथ-साथ स्कूलों और कॉलेजों के पाठ्यक्रमों से यह धारणा बद्धमूल हो गयी है कि इसी 'उच्च' कला का अनुशीलन हमें रोज़मर्रा के दोहराव और नीरसताओं के बीच उदात्तता और सौंदर्यमूलक आनंद की अनुभूति करा सकता है। उच्च कला का सांस्कृतिक प्रभुत्व हमें यक़ीन दिलाता है कि शास्त्रीय संगीत, साहित्यिक की श्रेणी में आने वाली कृतियाँ और इन्हीं परम्पराओं से उपजी चाक्षुष व प्रदर्शनकारी कलाएँ हमारे जीवन को उन्नत करती हैं, जबकि कोई सस्ता उपन्यास पढ़ना, एमटीवी का कार्यक्रम देखना, पॉप म्यूज़िक सुनना, या किसी सोप ऑपेरा की अगली कड़ी का इंतज़ार करना अपराध बोध से भरे हुए आनंद का प्रतिनिधित्व करता है। इसके पीछे तर्क यह है कि मास कल्चर के ये रूप बाज़ार में एक निश्चित मूल्य में बेचने के लिए तैयार किये जाते हैं। उनके पीछे मंशा मुनाफ़ा कमाने की होती है। ये कला-रूप सनसनी, पलायन, अश्लीलता और अन्य निम्नतर प्रवृत्तियों का इस्तेमाल करते हैं क्योंकि 'लोकप्रिय' होना उनका पहला उद्देश्य है।

दिलचस्प बात यह है कि मास कल्चर या बाज़ारू कला की यह दोतरफ़ा आलोचना दक्षिणपंथियों द्वारा भी की जाती है और वामपंथियों द्वारा भी। मास कल्चर की आलोचना का तीसरा आयाम फ्रेंकफ़र्ट स्कूल के विद्वानों की देन है जिनका दावा था कि संस्कृति का यह रूप मज़दूर वर्ग की समझ को कुंद और निष्क्रिय कर देता है। बजाय इसके कि संस्कृति पूँजीवाद विरोधी सामाजिक, सांस्कृतिक और राजनीतिक परिवर्तन को बढ़ावा दे, वह उसे मज़बूत करने की भूमिका निभा रही है। थियोडोर एडोर्नो ने पॉप म्यूज़िक का अध्ययन करके निष्कर्ष निकाला कि अमेरिकी संस्कृति उद्योग द्वारा तैयार की गयी सामग्री लोगों को अपने जीवन पर आलोचनात्मक निगाह डालने से रोकती है। वह उन्हें राजनीतिक रूप से उदासीन और चिंतन के धरातल पर निष्क्रिय कर देती है।

देखें : ज्याँ-पाल सार्त्र, टीवी और टीवी अध्ययन, टीवी और सेक्शुअलिटी, टीवी और समाचार, पिएर बोर्दियो, बहुसंस्कृतिवाद, युरोकेंद्रीयता, रोलाँ बार्थ, लुई अलथुसे, संस्कृति, संस्कृति-अध्ययन, संस्कृति : मार्क्सवादी परिप्रेक्ष्य, संस्कृति-उद्योग, सांस्कृतिक साम्राज्यवाद, सोप ओपेरा।

संदर्भ

1. जॉन स्टोरी (2006), *कल्चरल थियरी ऐंड पॉप्युलर कल्चर*, पियर्सन एजुकेशन, लंदन.
2. अनाहिद हैज़ैबियन (1999), 'पाप्युलर', *की टर्म्स इन पाप्युलर म्यूज़िक ऐंड कल्चर*, होर्नर, ब्रूस और स्विस (सम्पा.), ब्लैकवेल पब्लिशर्स, माल्डेन, मेसाचुसेट्स.
3. जॉन सीब्रुक (2000), *नोब्रो : द कल्चर ऑफ़ मार्केटिंग द मार्केटिंग ऑफ़ कल्चर*, ए.ए. नॉफ़, न्यूयॉर्क.
4. रेमण्ड विलियम्स (1885), *कीवर्ड्स : ए वाकैबुलरी ऑफ़ कल्चरऐंड सोसाइटी*, ऑक्सफ़र्ड युनिवर्सिटी प्रेस, नयी दिल्ली.

— अभय कुमार दुबे

बाज़ार-समाजवाद

(Market Socialism)

मार्क्सवादी अर्थशास्त्र संसाधनों के आबंटन के सवाल पर बाज़ार के 'अदृश्य हाथ' की जगह नियोजन के 'दृश्य हाथ' के पक्ष में रहा है। 1917 की रूसी क्रांति के बाद बीस के दशक में लेनिन ने नयी अर्थनीति के तहत बाज़ार के उपादान का सहारा लिया था, लेकिन तब बोल्शेविकों को तर्क था कि उत्पादक शक्तियों के विकास में कमी के कारण अस्थाई रूप से ऐसा करना पड़ रहा है। बोल्शेविकों के विपरीत मार्क्सवाद की सामाजिक-जनवादी शाखा ने इसी दौरान काउत्सकी के नेतृत्व में समाजवादी अर्थतंत्र के तहत बाज़ार की प्रासंगिकता को स्वीकार किया। लेकिन जो सोवियत संघ में हो रहा था, वही दुनिया भर के मार्क्सवादियों के लिए मानक बनता चला गया। सोवियत अर्थव्यवस्था की शुरुआती सफलताओं ने भी नियोजन बनाम बाज़ार के वैचारिक द्विभाजन को मज़बूत किया। लेकिन व्यावहारिक कारणों से साठ के दशक के बाद पूर्वी युरोपीय समाजवादी राज्यों ने अपनी अर्थव्यवस्थाओं के समाजवादी प्रारूप में बाज़ार के पहलुओं का सचेत समावेश करने की शुरुआत करनी पड़ी।

धीरे-धीरे करके समाजवादी अर्थशास्त्री इस विचार का सूत्रीकरण करने लगे। उन्हें सैद्धांतिक मसाला तीस के दशक में ऑस्कर लांगे और फ्रेड्रिख़ हायक के बीच हुई बहस से मिला। यह विवाद 1920 में प्रकाशित एल. वॉन माइज़िज़ के लेख 'इकॉनॉमिक केलकुलेशन इन अ सोशलिस्ट कम्युनिटी' के पुन: प्रकाशन के बाद शुरू हुआ था। बहस इस बात पर थी कि क्या समाजवादी व्यवस्था में बुद्धिसंगत गणना के ज़रिये विलफ्रेडो परेटो द्वारा प्रतिपादित बाज़ार की अनुकूलतम परिस्थिति हासिल की जा सकती है। लांगे का तर्क था कि एक केंद्रीकृत नियोजन परिषद् दाम, मज़दूरी, ब्याज दर, माँग व आपूर्ति का संतुलन का निर्धारण कर सकता है। हायक यह

मानने के लिए तैयार नहीं थे कि बाज़ार के अलावा यह भूमिका कोई और निभा सकता है। लांगे का तर्क एक तरह के 'प्रतियोगितामूलक समाजवाद' की तरफ़ इशारा कर रहा था।

विरोधाभासी लगने वाली इस अवधारणा का मतलब है अर्थव्यवस्था का एक ऐसा मॉडल जिसमें उत्पादन के साधनों पर सामूहिक और सरकारी स्वामित्व हो, लेकिन संसाधनों का आबंटन बाज़ार के हवाले कर दिया गया हो। मोटे तौर पर बाज़ार-समाजवाद का मौजूदा सिद्धांत कम्युनिस्ट पार्टियों द्वारा शासित देशों के उन प्रयासों का नतीजा है जिनके तहत केंद्रीकृत नियोजन के ढाँचे से हट कर बाज़ार और समाजवाद का मेल बैठाया गया था। इसकी शुरुआत सबसे पहले पचास के दशक में टीटो के नेतृत्व में युगोस्लाविया में की गयी। 1968 के बाद हंगरी में इसे अपनाया गया। अस्सी के दशक में चीन, सोवियत संघ, बल्गेरिया और पोलैण्ड ने भी यह प्रयोग किया। यह दूसरी बात है कि सभी देशों की कम्युनिस्ट पार्टियों ने इन कोशिशों को बाज़ार-समाजवाद का नाम नहीं दिया। विचारधारात्मक कारणों से इसे 'सोशलिस्ट मार्केट' भी कहा गया। चीन में यह कोशिश अब भी जारी है, लेकिन उसमें समाजवाद के पहलू लगातार कम होते जा रहे हैं और बाज़ार के आयामों को बोलबाला बढ़ता जा रहा है। बाक़ी समाजवादी राज्यों का वजूद ख़त्म हो चुका है।

बाज़ार-समाजवाद के सिद्धांत का पहला प्रयोग पचास के दशक की शुरुआत में युगोस्लाविया में हुआ जब उसके नेता मार्शल टीटो कई तरह के मतभेदों के कारण सोवियत नेता स्तालिन से अलग हो गये। युगोस्लावियायी कम्युनिस्ट पार्टी स्तालिनवाद के मुक़ाबले अपनी विचारधारात्मक वैधता स्थापित करना चाहती थी। साथ में वह अर्थतंत्र को अधिक कुशल और दक्ष बनाने की कोशिश भी कर रही थी। उसने यह आर्थिक दक्षता प्लानिंग बोर्ड के केंद्रीकृत निर्देशों के बजाय स्व-प्रबंधन और स्वायत्तता का उसूल लागू करके प्राप्त करने की योजना बनायी। युगोस्लाविया द्वारा अर्थतंत्र में किया गया यह परिवर्तन समाजवादी देशों द्वारा हाथों-हाथ नहीं लिया गया।

लेकिन स्तालिन की मृत्यु के बाद कई समाजवादी देशों ने महसूस किया कि अर्थव्यवस्था का सोवियत मॉडल अनुकूल परिणाम नहीं दे पा रहा है। इसलिए 1956-57 में पोलैण्ड की कम्युनिस्ट पार्टी अर्थतंत्र में प्रणालीगत परिवर्तन करने की विस्तृत योजना के साथ सामने आयी। 1956 में इसी से मिलते-जुलते विचारों के इर्द-गिर्द हंगरी में लोकप्रिय जन-उभार हुआ जिसे सोवियत संघ द्वारा कुचल दिया गया। लेकिन इस उतार-चढ़ाव के बावजूद परिवर्तन की प्रक्रिया जारी रही और पूर्वी युरोप ने साठ के दशक में बाज़ार-समाजवाद की दिशा में क़दम बढ़ा दिये। 1958 से 1967-68 के बीच चेकोस्लोवाकिया में और 1963 में जर्मन जनवादी गणराज्य (पूर्वी जर्मनी) ने इसी तरह के सुधार किये। 1965 में सोवियत संघ में कोसिगिन के निर्देशों के तले यही क़दम उठाए गये जिनकी नक़ल में बल्गेरिया ने भी ऐसा ही किया। 1968 में हंगरी में नया आर्थिक तंत्र (न्यू इकॉनॉमिक मैकेनिज़म) क़ायम किया गया और पोलैण्ड में अर्थतंत्र को सुधारने की कोशिशें जारी रहीं।

समाजवाद में बाज़ार आधारित सुधार करने में आयी दिक़्क़तें कुछ इस तरह की थीं : हुकूमत में जमे हुए राजनीतिक अभिजनों का राजनीतिक प्रतिरोध, प्रशासनिक ढाँचे के निहित स्वार्थ, नौकरियाँ खो देने के भय से मज़दूरों के एक वर्ग का विरोध, नियोजन-प्रबंधन-स्वामित्व-पार्टी वर्चस्व के मौजूदा ढाँचे पर नये सुधारों को आरोपित करने से जुड़ी व्यावहारिक दिक़्क़तें। नतीजा यह हुआ कि युगोस्लाविया, पोलैण्ड और हंगरी की स्थिति सुधारों के बावजूद सुधारों को न अपनाने वाले समाजवादी देशों से भी गयी-गुज़री हो गयी।

अस्सी के दशक तक इन तमाम प्रयोगों का लुब्बोलुवाब यह निकला कि केवल हंगरी का नया आर्थिक तंत्र ही कुछ-कुछ कारगर दिखाई दे रहा था। बाक़ी सभी कोशिशें केंद्रीकृत नियोजन के आदेशात्मक ढाँचे में थोड़े-बहुत संशोधन करके बेकार साबित हो चुकी थीं। लेकिन इस समय तक समाजवादी ख़ेमे की समझ में आ चुका था कि अगर उन्होंने समय रहते ख़ुद को नहीं बदला तो फिर उनके सामने मौक़ा नहीं रह जाएगा। चीन ने 1978-79 में रैडिकल आर्थिक सुधारों का रास्ता पकड़ा और फिर पीछे मुड़ कर नहीं देखा। पूँजीवादी हो जाने की तोहमत से बचने के लिए चीनियों ने अपने प्रयासों को 'चीनी लक्षणों वाला समाजवाद' क़रार दिया। 1985 के बाद गोर्बाचेव के सोवियत संघ ने पेरेस्त्रोइका के नाम से समाजवादी अर्थतंत्र में बुनियादी परिवर्तन करने की मुहिम चलायी। बाज़ार-समाजवाद का पहला ढाँचा नाकाम हो जाने के बाद दूसरे दौर में समाजवादी देशों ने पूँजी बाज़ारों (बैंक और शेयर बाज़ार समेत) की ज़रूरत महसूस की। स्वामित्व की संरचनाओं में तब्दीली करने के बारे में सोचा गया।

1989 में पूर्वी युरोप में कम्युनिस्ट सत्ता के ढह जाने के साथ ही बाज़ार-समाजवाद का प्रयोग भी समाप्त हो गया। अब ये सारे देश पूँजीवादी अर्थतंत्र की ओर क़दम बढ़ाने में लगे हुए हैं। लेकिन उनकी अर्थव्यवस्थाओं में आज भी पब्लिक सेक्टर की अच्छी-ख़ासी मौजूदगी है जिसे बाज़ार-समाजवाद का बचा-खुचा रूप कहा जा सकता है।

देखें : अर्थ-विज्ञान का समाजशास्त्र, आर्थिक जनसांख्यिकी, अल्फ्रेड मार्शल, अमर्त्य कुमार सेन, अंतर्राष्ट्रीय मुद्रा कोष, आधार और अधिरचना, ऑस्कर रायज़ार्ड लांगे, ऐडम स्मिथ, करारोपण, कल्याणकारी अर्थशास्त्र, क्लासिकल अर्थशास्त्र, कार्ल हाइनरिख़

मार्क्स-3, कार्ल मेंगर, कींसियन अर्थशास्त्र, गुन्नार मिर्डाल, जोआन रोबिंसन, जॉन कैनेथ गालब्रेथ, जॉन मेनार्ड कींस, जॉन स्टुअर्ट मिल, जोसेफ़ शुमपीटर, जैव विविधता, ट्रस्टीशिप, डेविड रिकार्डो, ढाँचागत समायोजन कार्यक्रम, थॉमस मन और वणिकवाद, थॉमस रॉबर्ट माल्थस, दक्षता, धन, नियोक्लासिकल अर्थशास्त्र, नीतिशास्त्र और अर्थशास्त्र, निकोलस काल्दोर, नियोजन, नियोजन : मार्क्सवादी विमर्श, पण्य, पण्य-पूजा, पेटेंट, पॉल सेमुअलसन, पियरो स्राफ़ा, पूँजी, प्रतियोगिता, फ्रांस्वा केस्ने और प्रकृतिवाद, फ्रेड्रिख़ वॉन हायक, बहुराष्ट्रीय निगम, बाज़ार, बाज़ार की विफ़लताएँ, बौद्धिक सम्पदा अधिकार, ब्रेटन वुड्स प्रणाली, भारत में बहुराष्ट्रीय निगम, भारत में नियोजन, भारत में पेटेंट क़ानून, भारत में शेयर संस्कृति, भूमण्डलीकरण और पूँजी बाज़ार, भूमण्डलीकरण और वित्तीय पूँजी, भूमण्डलीकरण और वित्तीय उपकरण, मार्क्सवादी अर्थशास्त्र, मिल्टन फ्रीडमेन, मूल्य, राजकोषीय नीति और मौद्रिक नीति, रॉबर्ट ओवेन, विलफ्रेडो परेटो, विश्व व्यापार संगठन, विश्व बैंक, विलियम पेटी, विलियम स्टेनली जेवंस, वैकासिक अर्थशास्त्र, शोषण, साइमन कुज़्नेत्स।

संदर्भ

1. ए. नोव (1983), *द इकॉनॉमिक्स ऑफ़ फीज़िबिल सोशलिज़म,* एलेन ऐंड अनविन, लंदन.
2. डी. मिलर (1989), मार्केट, *स्टेट ऐंड कम्युनिटी : थियरेटिकल फ़ाउंडेशन ऑफ़ मार्केट सोशलिज़म,* ऑक्सफ़र्ड युनिवर्सिटी प्रेस, ऑक्सफ़र्ड.
3. ऑस्कर लांगे (1964), 'ऑन द इकॉनॉमिक थियरी ऑफ़ अ सोशलिस्ट इकॉनॉमी', संकलित : लांगे और टेलर, *ऑन द इकॉनॉमिक थियरी ऑफ़ सोशलिज़म,* बी. लिप्पिनकॉट (सम्पा.), मैकग्रा हिल, न्यूयॉर्क.
4. एल. वॉन माइज़िज़ (1935), 'इकॉनॉमिक केलकुलेशन इन अ सोशलिस्ट कम्युनिटी', संकलित : एफ़ ए. वॉन हायक (सम्पा.), *कलेक्टिविस्ट इकॉनॉमिक प्लानिंग,* लंदन.

— अभय कुमार दुबे

बादरायण

(Badrayan)

ईसा पूर्व चौथी शताब्दी से लेकर दूसरी शताब्दी के बीच कभी सक्रिय रहे दार्शनिक बादरायण को वेदांत दर्शन की प्रस्थापना का श्रेय दिया जाता है। बादरायण ने अपने भाष्य *ब्रह्मसूत्र* के ज़रिये उपनिषदों की विसंगतियों का समाधान करके एक सामंजस्यपूर्ण और एकीकृत आदर्शवादी दार्शनिक प्रणाली का निर्माण किया। बौद्ध और जैन ग्रंथों में इस बात का प्रमाण मिलता है कि वेदांत एक दर्शन के रूप में ईसा पूर्व सातवीं या छठी शताब्दी में मौजूद था। इस दार्शनिक विचारधारा का भौतिकवादियों, बौद्धों और जैनों ने घोर विरोध व खण्डन किया। इसके कई शताब्दियों बाद जा कर बादरायण ने अपने भाष्य के ज़रिये वेदांत की प्रस्थापना की तथा 552 सूत्रों में इस दर्शन को समाहित कर दिया। कुछ आदर्शवादी विचारकों का मानना है कि *ब्रह्मसूत्र* और उपनिषदों की शिक्षाएँ एक ही हैं। लेकिन उपनिषदों में आदर्शवादी और भौतिकवादी दोनों तरह की परस्पर विरोधी अवधारणाएँ मिलती हैं। बादरायण का प्रयास इन अंतर्विरोधों को समाप्त करना नहीं बल्कि उपनिषदों में बिखरी आदर्शवादी प्रवृत्तियों को एक जगह ला कर सुसबंद्ध दर्शन का निर्माण करना था। अगर एलबर्ट श्वाइत्ज़र के शब्दों में कहा जाए तो *ब्रह्मसूत्र* 'ब्राह्मणवादी पण्डित्य का केवल आरम्भ बिंदु था।' आगे चल कर इसे पल्लवित करने का श्रेय शंकराचार्य, रामानुज, मध्वाचार्य तथा अन्य प्रसिद्ध दार्शनिकों को जाता है। ब्रह्मसूत्र को *वेदांत सूत्र* के नाम से भी जाना जाता है। कुछ जगहों पर इसे *शरीरका सूत्र* की संज्ञा भी दी गयी है, क्योंकि यह ब्रह्म के मूर्तिमान होने की स्थापना करता है।

कुछ विद्वान वेदों और महाभारत का सम्पादन करने वाले वेदव्यास को ही बादरायण मानते हैं। वेदांत का अर्थ है वेदों का अंत। उपनिषदों तक आते-आते लगभग सारे वेद लिख लिये गये थे। वैदिक युग के अंतिम साहित्य की संज्ञा पाने वाले उपनिषदों को भिन्न-भिन्न अर्थों में वेद का अंत कहा जा सकता है। अध्ययनों के विचार से भी इनका क्रम बाद में आता था। लोग सामान्यत: संहिता से शुरू करते थे। गृहस्थाश्रम में प्रवेश करने पर गृहस्थोचित यज्ञादि करने के लिए 'ब्राह्मण' की आवश्यकता होती थी और वानप्रस्थ या संन्यास लेने पर 'अरण्यक' की। उपनिषदों का विकास अरण्यक साहित्य से ही हुआ। उपनिषेदों को वेदांत कहने का सबसे बड़ा कारण एक और कारण यह भी है कि वेदों में निहित विचारों का परिपक्व रूप उन्हीं में मिलता है। स्वयं उपनिषदों में ही कहा गया है कि वेद-वेदांग आदि सभी शास्त्रों का अध्ययन कर लेने पर भी मनुष्य का ज्ञान तब तक पूर्ण नहीं होता जब तक वह उपनिषदों की शिक्षा प्राप्त नहीं कर लेता।

भिन्न-भिन्न वैदिक शाखाओं में भिन्न-भिन्न उपनिषद् विभिन्न कालखण्डों और स्थानों में रचे गये। हालाँकि उन सभी में मूलत: विचार सादृश्य है, फिर भी भिन्न-भिन्न उपनिषदों में जो प्रश्न विवेचित हैं और उनके जो समाधान दिये गये हैं उनमें विभिन्नता भी पायी जाती है। ये विभिन्नताएँ ऐसी हैं कि कहीं-कहीं तो एक ही उपनिषद् में परस्पर विरोधी बातें कही गयी हैं। इसलिए कालांतर में यह समझा गया कि उपनिषदों की भिन्नताओं के बजाय उनके सर्व-सम्मत उपदेशों का संकलन किया जाए। बादरायण ने इन्हीं उद्देश्यों से प्रेरित होकर *ब्रह्मसूत्र* की रचना की। इसे वेदांतसूत्र,

शारीरक सूत्र, शारीरक मीमांसा या उत्तर-मीमांसा भी कहा गया। *ब्रह्मसूत्र* के चार अध्याय हैं। प्रत्येक अध्याय में चार पाद हैं। प्रथम अध्याय में ब्रह्म विषयक समस्त वेदांत वाक्यों का समन्वय, और द्वितीय में उन वाक्यों के तर्क के स्मृति आदि से अविरोध प्रदर्शित किया गया है। तृतीय अध्याय में वेदांत के विभिन्न साधनों पर और चतुर्थ में उनके फल के विषय में विचार है।

बादरायण ने अपने वेदांत सिद्धांत में इस बात पर बल दिया कि चेतना या आत्मा ही हर वस्तु का मूल कारण है और अंतत: हर वस्तु उसमें ही विलीन हो जाती है। उन्होंने *ब्रह्मसूत्र* में बताया कि ब्रह्म ही परमतत्त्व है और प्रकृति में गति का वही आद्य कारण है। उन्होंने अपने वेदांत निरूपण को परम तत्त्व अथवा ब्रह्म के स्वरूप की जिज्ञासा बताया है। वेदांत का मानना है कि अचेतन पदार्थ में ज्ञान की निर्देशक क्रिया होने से वह सक्रिय होता है। अत: आद्य कारण ब्रह्म के अतिरिक्ति और कुछ नहीं है। *ब्रह्मसूत्र* की परिभाषा के अनुसार जिससे इस विश्व के जन्म आदि (जीवन और मरण) हैं, वही ब्रह्म है। इसी तरह का सूत्र वाक्य तैत्तरीय उपनिषद् में भी पाया जाता है जिसमें कहा गया है— 'वह जिससे ये प्राणी जन्म लेते हैं, वह जिससे जन्म लेने के बाद वे जीवित रहते हैं, वह जिसमें जीवन समाप्त होने पर वे लीन हो जाते हैं— उसे ही जानने का प्रयत्न करो। वही ब्रह्म है।'

इस परिभाषा के बाद बादरायण विभिन्न तर्कों द्वारा यह स्पष्ट करना चाहते हैं कि इस जगत का कारण चेतन यथार्थ है और इसे अचेतन प्रधान, अथवा सांख्य प्रणाली में वर्णित अविकसित पदार्थ से समेकित नहीं किया जा सकता। ब्रह्म ही चेतन बुद्धितत्त्व है। उसका सभी अस्तित्वमय वस्तुओं में बहुत गहरे निवास है। वह ब्रह्माण्ड में समाया हुआ और उसे नियंत्रित करता है। वह सर्वत्र व्याप्त अपरिमित चेतना है और उसकी सभी वस्तुएँ प्रकाशित हैं। सांख्य दर्शन के विपरीत वेदांत मानव आत्मा को निष्क्रिय न मान कर सक्रिय मानता है। जिस प्रकार अग्नि का एक स्फुलिंग अग्नि का एक अंश है उसी प्रकार मानव आत्मा भी ब्रह्म का अंश है। सर्वोच्च सत्ता सर्वज्ञ है, सर्वव्यापी है और आनंदमय है। वही ज्योति है, वही प्राण है। वही सृष्टि है, वही स्रष्टा है। वह सच्चिदानंद है। उसका न कोई आदि है और न अंत है। वह सम्पूर्ण है, निराकार है, निर्गुण है, निष्कर्म है, निष्कलंक है, निर्लेप है। वह शाश्वत है, सर्वज्ञ है, सर्वव्यापी है, सदा संतुष्ट है, सदा पवित्र है, ज्ञान से पूर्ण है और स्वतंत्र है। वहीं विवेक है, वहीं आनंद है।

ब्रह्मसूत्र के अंग्रेज़ी अनुवादक मोनियर विलियम्स की मान्यता है कि विशुद्ध आत्मा को विशुद्ध शून्य के समान क़रार देने से बौद्धों का शून्यवाद और वेदांतियों का एकेश्वरवाद अंत में एक-दूसरे से मिलते प्रतीत होते हैं। ब्रह्म ही इस ब्रह्माण्ड का भौतिक और समर्थ कारण है। बादरायण ने यह कह कर कि वर्तमान ज्ञान ही ब्रह्म के अस्तित्व के यथार्थ को प्रकट करता है, घोषित किया कि समस्त जगत ब्रह्म की रचना है। ब्रह्म स्वयं अपनी इच्छा और प्रयत्न से कार्य करता है। इस जगत में तमाम कारणों और प्रभावों का क्रम उसकी इच्छा की अभिव्यक्ति है। जीवन में जो दु:ख और क्लेश हैं, वे ब्रह्म के आनंदमय स्वरूप का निषेध नहीं करते। दु:ख नहीं बल्कि सुख ही सृष्टि का सार है। प्रत्येक का अंतिम लक्ष्य एक ही है क्योंकि कि ब्रह्म ही वह जाज्वल्यमान जीवंत शक्ति है, जो सभी मनुष्यों के हृदयों को आंदोलित करती है। जिस प्रकार मक़ड़ा अपने अंतर्वस्तु से जाल बुनता है उसी तरह से ब्रह्म सम्पूर्ण ब्रह्माण्ड का भौतिक तथा सक्षम कारण माना जाता है। *ब्रह्मसूत्र* उपनिषदों के इस बात पर ज़ोर देता है कि आत्मा ही स्वयं परमात्मा है और यह ब्रह्माण्ड उसी पदार्थ से उत्पन्न हुआ है जिससे ब्रह्म।

बादरायण कहते हैं कि सृष्टि और सृष्टिकर्ता दोनों एक हैं। ब्रह्म ही प्रकृति भी है। अपने से संबंधित क्रिया के कारण वह अपना रूप बदल देता है और ब्रह्माण्ड बन जाता है। भौतिक तत्त्वों में ब्रह्म के इस उपांतरण का उपनिषदों में भी उल्लेख मिलता है। यदि ब्रह्म ही प्रकृति है या इस ब्रह्माण्ड का मूल पदार्थ है और यदि ब्रह्म, जगत और परमात्मा एक ही हैं तो इसका अर्थ यह हुआ कि इस जगत से परे कोई दूसरा चेतन तत्त्व नहीं है, और यह भी कि पदार्थ और आत्मा, प्रकृति और ब्रह्म, दोनों एक ही हैं— दोनों यथार्थ हैं। इस प्रकार बादरायण का वेदांत इस जगत के यथार्थ को स्वीकार करता है। वह माया तथा मिथ्या के सिद्धांत का प्रतिपादन करने वाले बाद के वेदांतियों के समान जगत का पूर्णत: निषेध करता हुआ उतना नहीं भटकता जितना बाद के कुछ भाष्यकारों द्वारा उसे सूक्ष्म की ओर उसे भटकाया गया। कोलब्रुक का कहना है कि 'यह धारणा कि यह वैचित्र्यमय जगत केवल माया है, कि जाग्रत व्यक्ति अपने चारों ओर जो कुछ देखता है वह उसकी कल्पना का एक भ्रम मात्र है, कि प्रत्येक संवेदनशील वस्तु अवास्तविक है और सब कुछ एक दृश्य-भ्रम मात्र है— यह वेदांत का मूल सिद्धांत प्रतीत नहीं होता।'

ऐसा माना जाता है कि बादरायण द्वारा *ब्रह्मसूत्र* की रचना कणाद और कपिल जैसे भौतिकवादी दार्शनिकों और बुद्ध और महावीर जैसे तर्कबुद्धिवादियों के विचारों का खण्डन करने के लिए की गयी होगी। इसके बावजूद वेदांत दर्शन संबंधी आदर्शवाद जनता के बीच भौतिकवादी तथा तर्कबुद्धिपरक विचारों का प्रसार रोकने में सफल नहीं हो पाया। सांख्य, वैशषिक और न्याय दर्शन के भौतिकवादी सिद्धांतों के अनुसार पदार्थ मूलभूत तत्त्व है तथा विचार, चेतना इत्यादि उसके बाद आते हैं। भौतिक जगत और प्रकृति के

नियम मानव चेतना से स्वतंत्र हैं। सांख्य दर्शन के अनुसार यह जगत प्रधान अथवा प्रकृति के रूपांतरण का परिणाम है इसके परे कोई ऐसा बाह्य तत्त्व मौजूद नहीं जो प्रधान को क्रियाशीलता के लिए प्रेरित करे या उसे क्रियाशीलता से रोके। इसी प्रकार वैशेषिक का मत है कि परमाणु नामक सूक्ष्मतम अणुओं के सम्मिश्रण से जगत का निर्माण हुआ।

इस विवेचना से हटते हुए वेदांत ने स्थापित किया कि आत्मा प्राथमिक है और पदार्थ गौण अथवा उससे जन्य है। वेदांत ने उन सिद्धांतों को अस्वीकार किया जो इस जगत को या तो उन विभिन्न तत्त्वों के संयोग का परिणाम मानते थे जो अनेकानेक वस्तुओं को जन्म देते हैं अथवा जो कहते थे कि तीन गुणों से युक्त अचेतन प्रकृति को रूपांतरण के लिए किसी अचेतन आत्मा की प्रेरणा की आवश्यकता नहीं रहती। सांख्य दार्शनिकों की मान्यता है कि जैसे बछड़े को पालने के लिए गाय के थन से स्वत: ही निश्चेतन दूध बहता है, उसी प्रकार अचेतन प्रकृति स्वयं अपने स्वभाव से क्रियाशील हुई; और जैसे घास, पत्तियाँ, पानी इत्यादि दूध तथा अन्य पदार्थों में बदल जाते हैं उसी प्रकार प्रकृति भी बिना किसी उपकरण के स्वमेव रूपांतरित हुई। *ब्रह्मसूत्र* में बादरायण ने इसका उत्तर दिया कि प्रकृति में गति किसी चेतन शक्ति के बिना हो ही नहीं सकती। यह भी नहीं कहा जा सकता कि घास-फूस की तरह (जो दूध में बदल जाती है) प्रकृति अपने को स्वमेव बदल देती है; कारण यह कि दूध मादा पशुओं को छोड़ कर कहीं अन्य नहीं होता। उन्होंने दावा किया कि चेतन शक्ति, जो सभी प्राणमय वस्तुओं में बहुत गहरे निहित होती है तथा जो इस ब्रह्माण्ड का संचालन करती है, सर्वशक्तिमान, सर्वज्ञ और चेतन ब्रह्म है।

इस विवेचन से स्पष्ट है कि मानवीय इंद्रिय जगत के अनुभवों में अंतर्निहित गहन रहस्य की खोज करने के लिए वेदांत एक आदर्शवादी प्रयत्न था। इस प्रत्यक्ष जगत के पीछे छिपे परम सत्य का ज्ञान ही सर्वोच्च ज्ञान माना जाता था, जिसके माध्यम से मनुष्य मोक्ष प्राप्त कर सकता है। वेदांत ने कहा कि वे 'स्वयं प्रकाशमान सत्य के समान ज्ञानमय, आनन्दमय, निकारार, इंद्रियजनित, निराभिमान, निरहंकार हो जाते हैं,' और 'वे चाहे जिस रूप में ब्रह्म का चिंतन करें वे स्वयं ब्रह्म बन जाते हैं।' ब्रह्म बन कर वे ब्रह्म को प्राप्त कर सकते हैं।

देखें : आर्यभट्ट और *आर्यभटीय*, उपनिषद्, कपिल, *अर्थशास्त्र* और कौटिल्य, गोपीनाथ कविराज, गोविंद चंद्र पाण्डे, चैतन्य महाप्रभु, जैन दर्शन, न्याय दर्शन, दया कृष्ण, नंद किशोर देवराज, न्याय दर्शन, नागार्जुन, पतंजलि और *योगसूत्र*, पाणिनि और *अष्टाध्यायी*, पाश्चात्य काव्यशास्त्र, पुराण, पूर्व-मीमांसा दर्शन, बदरी नाथ शुक्ल, बौद्ध दर्शन, *भगवद्गीता*, भरत और *नाट्यशास्त्र*, मुकुंद लाठ, *भागवत पुराण*, *महाभारत*, यशदेव शल्य, योग दर्शन, रामानुजाचार्य, लोकायत, वात्स्यायन और *कामसूत्र*, वेदांत दर्शन, वैशेषिक दर्शन, शंकराचार्य, षड्-दर्शन-1 और 2, संस्कृत काव्यशास्त्र, स्मृति-साहित्य, सांख्य दर्शन-1 और 2, सिद्ध-नाथ परम्परा।

संदर्भ

1. बादरायण (1960), द *ब्रह्मसूत्र*, सम्पादन और अनुवाद : एस. राधाकृष्णन, ऐलेन ऐंड अनविन, लंदन.
2. सर्वपल्ली राधाकृष्ण (2012), *भारतीय दर्शन*, खण्ड 2, अध्याय 7, राजपाल ऐंड संस, नयी दिल्ली.
3. के. दामोदरन (1982), *भारतीय चिंतन परम्परा*, पीपुल्स पब्लिशिंग हाउस, नयी दिल्ली.
4. सतीशचंद्र चट्टोपाध्याय और धीरेंद्र मोहन दत्त, *भारतीय दर्शन*, पुस्तक भंडार, पटना.

— अजय कुमार पाण्डेय

बाल गंगाधर तिलक

(Bal Gangadhar Tilak)

सांस्कृतिक राष्ट्रवादी, समाज-सुधारक, पत्रकार और आधुनिकीकरण की आवश्यकताओं के अनुरूप पारम्परिक भारतीय मेधा का भाष्य करने वाले बाल गंगाधर तिलक (1856-1920) उपनिवेशवाद विरोधी आंदोलन के पहले जन-नेता थे। लोकमान्य के संबोधन से विख्यात तिलक की राजनीति ने किसानों, मज़दूरों और मध्य-वर्गों को ब्रिटिश विरोधी आंदोलन में उतार कर उन परम्पराओं का सूत्रपात किया जिनके आधार पर कांग्रेस आगे चल कर गाँधी के नेतृत्व में राष्ट्रीय स्वतंत्रता की वाहक बनी। 'स्वराज्य मेरा जन्म सिद्ध अधिकार है और मैं इसे ले कर रहूँगा' जैसा अविस्मरणीय नारा देने वाले तिलक को अंग्रेज़ 'फ़ादर ऑफ़ इण्डिन अनरेस्ट' कहते थे। राजद्रोह के आरोप में दो बार कड़े कारावास की सज़ा भुगतने वाले तिलक ने जेल में ही अपना विख्यात ग्रंथ *गीता रहस्य* लिखा। गणपति और शिवाजी महोत्सवों का विस्तार करके उन्होंने उसे राष्ट्रवादी रूप दिया। इसके ज़रिये की गयी सामाजिक गोलबंदी से तिलक ने द्विजों और शूद्र जातियों के बीच अलगाव ख़त्म करने की ज़मीन तैयार की। उन्होंने कांग्रेस को शांतिपूर्ण प्रतिरोध की राह पर चलाने का आग्रह करते हुए लाला लाजपत राय और विपिन चंद्र पाल के साथ मिल कर बंगाल विभाजन का विरोध करने के लिए स्वराज, स्वदेशी, राष्ट्रीय शिक्षण और बहिष्कार का चार सूत्रीय कार्यक्रम पेश किया।

13 जुलाई, 1856 को रत्नागिरि ज़िले के एक ख़ुशहाल मध्यवर्गीय चितपावन ब्राह्मण परिवार में जन्मे बाल गंगाधर तिलक को अपने पिता से संस्कृत की शिक्षा के साथ-साथ धर्म-परम्परा का आदर घुट्टी में मिला। पुणे के डेकन कॉलेज से स्नातक बनने के बाद तिलक न्यू इंग्लिश स्कूल में अध्यापन

बाल गंगाधर तिलक (1856–1920)

करने लगे। सरकारी हलकों में फैले भ्रष्टाचार के प्रति क्षोभ ने उन्हें सामाजिक कार्य में उतारा। मराठी में *केसरी* और अंग्रेज़ी में *मराठा* नामक अख़बार निकाल कर तिलक ने पत्रकारिता को अपने विचारों और जन-चेतना के उत्थान का वाहक बनाया। वे पुणे के फ़र्ग्युसन कॉलेज में गणित के प्राध्यापक भी रहे।

समाज-सुधार को स्वराज की शर्त मानने से इनकार करते हुए तिलक ने हिंदू समाज के रीति-रिवाज़ों में औपनिवेशिक प्रशासन के हस्तक्षेप का विरोध किया, और डायरेक्ट एक्शन की पैरोकारी करके गोखले के नरम दली नेतृत्व के ख़िलाफ़ कांग्रेस के गरम दल की अगुआई की। इससे पार्टी में विभाजन हो गया। लेकिन 1915 में गोखले की मृत्यु के बाद वे एक बार फिर कांग्रेस में लौटे और ऐनी बेसेंट के साथ मिल कर होम रूल लीग की स्थापना की। हालाँकि तिलक अहिंसा को अनिवार्य विचारधारा की तरह अपनाने के पक्ष में नहीं थे, पर गाँधी की नेतृत्वकारी क्षमताओं को उन्होंने सकारात्मक दृष्टि से देखा। गाँधी को उनका व्यक्तित्व सागर की तरह अथाह लगता था।

पश्चिमी सभ्यता, पश्चिमी चिंतन और शिक्षा को भारत के लिए अनुपयुक्त मानने वाले तिलक ने अपने सामाजिक और राजनीतिक विचारों को गीता, वेद, अर्थशास्त्र और शुक्रनीति जैसे ग्रंथों पर आधारित किया, लेकिन इसका मतलब यह नहीं था कि वे ब्रिटिश शासन की उपयोगिता पूरी तरह से ख़ारिज करते थे। उनकी मान्यता थी कि अंग्रेज़ी हुकूमत की वजह से भारत का राजनीतिक और प्रशासनिक एकीकरण हुआ है। गोखले के नरमदली नेतृत्व के ख़िलाफ़ संघर्ष करने और स्वराज्य को अपना जन्मसिद्ध अधिकार बताने के बावजूद तिलक ने 1907 में ही स्पष्ट कर दिया था कि उनका तात्पर्य स्व-शासन से है और वे ब्रिटिश साम्राज्य से रिश्ता तोड़ने की वकालत नहीं कर रहे हैं। उनकी मान्यता थी कि जनता की राजनीतिक चेतना में हुई बढ़ोतरी ब्रिटिश शासन का ही परिणाम है।

हिंदू मुहावरे का इस्तेमाल और हिंदू धर्मग्रंथों से प्रेरणा लेने के बावजूद तिलक राजनीतिक जीवन में पूरी तरह से बुद्धिवाद और वैज्ञानिक चिंतन के तरफ़दार थे। उनकी गिरफ्तारी के ख़िलाफ़ हुई मज़दूर हड़ताल में मुम्बई के हिंदुओं और मुसलमानों ने मिल कर भाग लिया था। उन्नीसवीं सदी के आख़िर में आये दो फ़ैक्ट्री एक्टों का विरोध करके तिलक ने मज़दूरों की हमदर्दी जीत ली थी। मज़दूर कार्रवाई का यह प्रकरण इस लिहाज़ से ऐतिहासिक है कि 1908 में 24 जून से 23 जुलाई तक तिलक पर मुक़दमा चला और उस दौरान लगातार हड़तालें होती रहीं। 23 को जब तिलक छह साल के लिए बर्मा के माँडले जेल भेजे गये तो एक लाख मज़दूरों और जनता के अन्य तबक़ों ने मिल कर पूरे मुम्बई को ठप्प कर दिया। अगले दिन से महानगर की सारी मिलें छह दिन के लिए बंद हो गयीं। इसके बाद हर साल (जब तक तिलक रिहा हो कर वापस नहीं आ गये) मज़दूर 23 जुलाई को हड़ताल करते रहे। हिंदू-राष्ट्रवादी तिलक को अपने पुरोधा की तरह पेश करते हैं, पर असलियत यह थी 1918 में कांग्रेस और ख़िलाफ़त आंदोलन के बीच समझौते की तजवीज़ पहली बार तिलक ने ही की थी। अपने ख़िलाफ़ चले राजद्रोह के मुक़दमे में उन्होंने जिन्ना को अपना वकील बनाया था। तिलक के विचारों को समझने के लिए उनकी स्वराज्य और राष्ट्रवाद संबंधी अवधारणाओं और शांतिपूर्ण प्रतिरोध के सिद्धांत पर ग़ौर किया जा सकता है।

स्वराज्य को परिभाषित करने के मामले में तिलक दादाभाई नौरोज़ी के इस तर्क से सहमत थे कि उसकी माँग को सु-राज्य के नाम पर नहीं छोड़ा जा सकता। सु-राज्य तो होना ही चाहिए, ज़रूरी यह भी है कि शासक और जनता एक ही देश के हों। उनकी स्वराज्य की धारणा का सबसे मज़बूत पहलू था निर्वाचित और उत्तरदायी सरकार। तिलक का राष्ट्रवाद मानवता की आध्यात्मिक एकता के वेदांती आदर्श के साथ-साथ मेज़िनी, बर्क और मिल के विचारों से निकली राष्ट्रीयता की धारणा का मिला-जुला रूप था। उन्होंने मध्ययुगीन अतीत से शिवाजी और अक़बर की मिसालें लीं

और उन्हें बेहतरीन शासक बताते हुए क्षेत्रीय, धार्मिक और जातिगत सीमाओं से परे जाने वाली राष्ट्रीय एकता स्थापित करने का श्रेय दिया। उन्होंने भारत के विभिन्न भाषायी समुदायों को उप-राष्ट्रीयताओं की संज्ञा दी। हालाँकि तिलक हिमालय से कन्याकुमारी तक हिंदुओं की मौजूदगी को राष्ट्रीय एकता के विधेयक तत्त्व की तरह देखते थे, पर साथ में उनकी यह भी स्पष्ट मान्यता थी कि इस तरह की एकता राष्ट्रवाद के लिए अपर्याप्त शर्त है। जब तक राष्ट्रीय आंदोलन और एक राष्ट्रवादी आर्थिक विचारधारा के नेतृत्व में व्यापक जन-गोलबंदी नहीं होगी, राष्ट्रवाद की भित्ति खड़ी नहीं हो सकती।

गोखले के आग्रह के विपरीत तिलक शांतिपूर्ण प्रतिरोध की नीति को ग़ैर-संवैधानिक मानने के लिए तैयार नहीं थे। उनकी निगाह में 1858 में रानी विक्टोरिया द्वारा की गयी भारत संबंधी उद्घोषणा ही अपने-आप में संवैधानिक दस्तावेज़ नहीं थी क्योंकि उसे ब्रिटिश संसद द्वारा क़ानून का रूप नहीं दिया गया था। तिलक की दलील थी कि कंज़रवेटिव और लिबरल के बीच का अंतर ब्रिटेन की भीतरी राजनीति में तो चलता है, पर भारत के मामले में इन दोनों के बीच कोई अंतर नहीं है। उन्होंने उदाहरण दिया कि लॉर्ड मोर्ले जैसे उदार समझे जाने वाले विदेश मंत्री भी भारत के बारे में कंज़रवेटिव और साम्राज्यवादी क़िस्म के अफ़सरों की राय पर चलते हैं। यहाँ तक कि ब्रिटिश मज़दूर वर्ग भी भारत और अन्य उपनिवेशों को स्व-शासित बनाने के लिए तैयार नहीं है। उनका यह दावा मार्क्स की इस दलील के ख़िलाफ़ जाता था कि ब्रिटेन और भारत के मज़दूर वर्ग का स्वार्थ एक है। 1896-97 में औपनिवेशिक सरकार के क़ानून के प्रति निष्ठा व्यक्त करने वाले तिलक ने 1905-58 के बीच बंग-भंग विरोधी मुहिम के दौरान अन्यायपूर्ण क़ानूनों के ख़िलाफ़ सीधी कार्रवाई की अपील की। अरविंद घोष के साथ स्वदेशी आंदोलन के तिलक द्वारा किये गये नेतृत्व ने बीस के दशक में चले असहयोग आंदोलन की पूर्व-पीठिका तैयार कर दी।

तिलक के सामाजिक विचारों में अनुदारता और परम्परानिष्ठता के प्रबल आयाम थे। लेकिन उनके रवैये को ध्यान से देखने पर लगता है कि किसी मसले पर तो वे पितृसत्ता के पक्ष में नज़र आते हैं, और कहीं तत्कालीन सुधारकों से भी आगे दिखाई देते हैं। रुक्मा बाई और फूलमनी के बहुचर्चित मसलों पर तिलक ने परम्परा के घोर प्रतिक्रियावादी पहलुओं के समर्थन में प्रभावी मुहिम चलायी। नतीजे के तौर पर औपनिवेशिक सरकार ने जेंडर संबंधी सुधारों को लम्बे अरसे के लिए टाल दिया। इसके अलावा लड़के-लड़कियों की विवाह-योग्य आयु के सवाल पर हुए सार्वजनिक विवाद में रानाडे के नेतृत्व में चल रहे समाज-सुधार के एंजेंडे के ख़िलाफ़ शास्त्रों का सहारा लेकर तिलक ने ज़ोरदार दलीलें दीं। उन्होंने सरकार से यह भी कहा कि उसे हिंदुओं के रीति-रिवाज़ों में दख़लअंदाज़ी करने से बाज़ आना चाहिए। लेकिन दूसरी तरफ़ तिलक ने सुधारवादियों से भी आगे बढ़ कर लड़कियों और लड़कों की न्यूनतम विवाह योग्य आयु 16 और 20 वर्ष करने का रैडिकल प्रस्ताव रखा। सुधारकों द्वारा माँग यह की जा रही थी कि क्यों न लड़कियों की विवाह योग्य आयु दस से बढ़ा कर बारह कर दी जाए। तिलक विधवा विवाह के ख़िलाफ़ थे, पर साथ ही वे चालीस साल से ज़्यादा के पुरुषों के पुनर्विवाह के भी विरोधी थे। उनका कहना था कि अगर ऐसे पुरुषों को विवाह करना ही है तो फिर उन्हें विधवाओं से ही विवाह करना चाहिए। तिलक ने विधवाओं के केश-कर्तन को पूरी तरह बंद करने, दहेज पर प्रतिबंध लगाने और शराबबंदी के पक्ष में भी थे।

1891 से तिलक ने भारतीय राष्ट्रीय कांग्रेस की गतिविधियों में भाग लेना शुरू किया और जल्दी ही महाराष्ट्र के सबसे लोकप्रिय जन-नेता बन गये। कांग्रेस के भीतर उन्होंने राजनीतिक सुधारों के एजेंडे को समाज-सुधार के कार्यक्रम से स्वतंत्र करने का अभियान चलाया। 1895 में वे सोशल कांफ्रेंस और कांग्रेस के अधिवेशनों को अलग करने में कामयाब रहे। उन्होंने अंग्रेज़ों के भ्रष्ट प्रशासन, विषमतामूलक भू-राजस्व प्रणाली और मुसलमानों की तरफ़दारी पर आधारित फूट डालो और राज करो की नीति के विरोध पर ज़ोर दिया। 1897 में पुणे में प्लेग फैला जिसके निवारण के लिए ब्रिटिश फ़ौज तैनात की गयी। फ़ौजियों द्वारा जनता के साथ किये गये अपमानजनक व्यवहार के ख़िलाफ़ तिलक ने जम कर लेखन किया। दो ब्रिटिश अफ़सरों की क्रांतिकारियों द्वारा हत्या कर दिये जाने पर सरकार ने तिलक पर राजद्रोह भड़काने का झूठा आरोप लगा कर 18 महीने की कड़ी सज़ा दी। जेल से रिहा होने पर तिलक का एक राष्ट्रीय नायक की तरह स्वागत हुआ और उनकी प्रतिष्ठा पूरे देश में फैल गयी। 1908 में एक बार फिर राजद्रोह के आरोप में छह साल के लिए बर्मा के मांडले जेल भेज दिये जाने तक वे कांग्रेस की राजनीति में शिखर पर रहे।

मांडले जेल की तकलीफ़ों ने तिलक का स्वास्थ्य ख़राब कर दिया। प्रथम विश्व-युद्ध के दौरान तिलक ने अमेरिका के राष्ट्रपति वुड्रो विल्सन द्वारा प्रतिपादित राष्ट्रीय आत्म-निर्णय के अधिकार का समर्थन किया। होम रूल लीग के नेता के तौर पर उनका तर्क था कि साम्राज्य का विघटन होने के नौबत उपनिवेशों को अधिकार देने के कारण नहीं बल्कि लंदन से की जाने वाली हुकूमत की फिजूलख़र्ची के कारण आयी है। तिलक ने उपनिवेशवादियों के इस दावे को चुनौती दी कि भारतीय स्व-शासन के क़ाबिल नहीं हैं। उन्होंने कहा कि भारतीय अपनी हुकूमत ख़ुद चलाने के लिए परिपक्व हो चुके हैं, और अगर ऐसा नहीं हुआ तो इसके

कसूरवार भी अंग्रेज़ ही हैं। लगातार स्वास्थ्य ख़राब रहने और अथक परिश्रम करने के कारण 1 अगस्त, 1920 को तिलक का देहांत हो गया।

देखें : अबुल कलाम आज़ाद, उपनिवेशवाद विरोधी आंदोलन-1 से 3 तक, एलमकुलम मनक्कल शंकरन नम्बूदिरीपाद, कांशी राम, गोपाल कृष्ण गोखले, चरण सिंह, जवाहरलाल नेहरू, जय प्रकाश नारायण, दयानंद सरस्वती और आर्य समाज-1 और 2, दादाभाई नौरोजी, नरेंद्र देव, मोहनदास कर्मचंद गाँधी-1 से 3 तक, राम मनोहर लोहिया, वल्लभभाई पटेल, विनायक दामोदर सावरकर, सहजानंद सरस्वती।

संदर्भ

1. विश्वमय पति (2007), 'नैशनलिस्ट पॉलिटिक्स ऐंड द 'मेकिंग' ऑफ़ बाल गंगाधर तिलक', *सोशल साइंटिस्ट,* खण्ड 35, अंक 9/10.
2. स्टेनली वोलपर्ट (1961), *तिलक ऐंड गोखले : रेवोल्यूशन ऐंड रिफ़ॉर्म इन मेकिंग ऑफ़ माडर्न इण्डिया,* युनिवर्सिटी ऑफ़ कैलिफोर्निया प्रेस, बर्कले.
3. आर.आई. कैशमैन (1975), *मिथ ऑफ़ लोकमान्य तिलक ऐंड मास पॉलिटिक्स इन महाराष्ट्र,* युनिवर्सिटी ऑफ़ कैलिफोर्निया प्रेस, बर्कले.
4. एन.आर. इनामदार (1986), 'दि पॉलिटिकल आइडियाज़ ऑफ़ लोकमान्य तिलक', थॉमस पेंथम और केनेथ एल. ड्यूश (सम्पा.), *पॉलिटिकल थॉट इन मॉडर्न इण्डिया,* सेज, नयी दिल्ली.

— अभय कुमार दुबे

बिपन चंद्र-1

(बूर्ज़्वा लोकतांत्रिक संघर्ष का सिद्धांतीकरण)

(Bipan Chandra-1)

आज़ादी के बाद भारतीय इतिहास-लेखन की मार्क्सवादी परम्परा के अग्रणी इतिहासकार बिपन चंद्र (1928-) आधुनिक भारत में राष्ट्रवाद, उपनिवेशवाद, साम्प्रदायिकता, आर्थिक राष्ट्रवाद और इन सबसे ऊपर भारतीय स्वाधीनता संघर्ष जैसे विषयों पर इतिहास-चिंतन और लेखन के लिए जाने जाते हैं। बिपन चंद्र ने इस दृष्टिकोण की आलोचना की कि भारतीय राष्ट्रवाद की बुनियादी प्रकृति बूर्ज़्वा थी। इस नज़रिये की स्थापना रजनीपाम दत्त ने *इण्डिया टुडे* (1940) और आर.पी. देसाई ने *सोशल बैकग्राउंड ऑफ़ इण्डियन नैशनलिज़्म* (1948) में की थी। राष्ट्रीय आंदोलन के संबंध में लम्बे समय तक यही दृष्टिकोण मार्क्सवादी इतिहास लेखन का आधारभूत वक्तव्य बना रहा।

बिपन चंद्र का जन्म 1928 में हिमाचल प्रदेश की कांगड़ा घाटी में हुआ था। उन्होंने लाहौर के फ़ोरमैन क्रिश्चियन कॉलेज और अमेरिका की स्टैनफ़र्ड युनिवर्सिटी (1946-49) से शिक्षा-प्राप्ति के बाद 1963 में नयी दिल्ली विश्वविद्यालय से बिश्वेश्वर प्रसाद के शोध-निर्देशन में पीएचडी की उपाधि अर्जित की। नयी दिल्ली विश्वविद्यालय के हिंदू कॉलेज में व्याख्याता के तौर पर उन्होंने अध्यापन किया और 1969 में नयी दिल्ली में जवाहरलाल नेहरू विश्वविद्यालय की स्थापना के तुरंत बाद वहाँ आधुनिक भारतीय इतिहास के प्रोफ़ेसर हो गये। उन्होंने *इन्क्वैयरी* जर्नल की शुरुआत की और लम्बे समय तक उसके सम्पादक-मण्डल में रहे। रामशरण शर्मा, रोमिला थापर, सतीश चंद्र और अर्जुन देव के साथ बिपन चंद्र ने राष्ट्रीय शैक्षिक अनुसंधान प्रशिक्षण एवं परिषद् के लिए इतिहास की पुस्तकें लिखने में सहयोग दिया। उन्होंने बारहवीं कक्षा हेतु *आधुनिक भारत* की रचना की जिसे पाठ्यपुस्तक के तौर पर लम्बे समय से पढ़ाया जाता रहा है। 1985 में वे भारतीय इतिहास कांग्रेस के सभापति रहे। बिपन चंद्र वर्तमान में नैशनल बुक ट्रस्ट के अध्यक्ष हैं।

बिपन चंद्र ने अपनी पहली कृति *द राइज़ ऐंड ग्रोथ ऑफ़ इकॉनॉमिक नैशनलिज़म इन इण्डिया : इकॉनॉमिक पॉलिसीज़ ऑफ़ इण्डियन नैशनल लीडरशिप, 1880-1905* में स्वदेशी आंदोलन के साथ उच्चतर और भिन्न चरण में प्रवेश से पहले के काल में राष्ट्रीय आंदोलन की आर्थिक नीतियों की पड़ताल की। उन्होंने दिखाया कि कार्रवाई और परिवर्तन के प्रमुख माध्यम के रूप में उपनिवेशवाद विरोधी आंदोलन काफ़ी हद वैचारिक रूप से स्वतंत्र था। बिपन चंद्र के इस निष्कर्ष के मूल में उनकी मार्क्सवादी समझ थी जिसके तहत वे मानते थे कि सामाजिक संबंध मनुष्य द्वारा निरूपित विचारों से स्वतंत्र होते हैं इसलिए सामाजिक और राजनीतिक कार्रवाइयों के तात्पर्य-निरूपण के लिए इन संबंधों को समझना आवश्यक है। चूँकि चेतना के स्तर पर बुद्धिजीवी अपने चिंतन से निर्देशित होते हैं, अपने हितों से नहीं। इसीलिए किसी भी समाज में बुद्धिजीवी अपने वर्ग के संकीर्ण हितों से ऊपर उठकर कार्य करते हैं। साथ ही बिपन चंद्र ने इस बात पर भी बल दिया कि केवल वर्ग के आधार पर बुद्धिजीवियों का मूल्यांकन करना यांत्रिक भौतिकवाद का अंधानुकरण है। बिपन चंद्र बुद्धिजीवियों की भूमिका का विश्लेषण करते हुए बताते हैं कि विश्व-इतिहास के सर्वोत्तम और श्रेष्ठ बुद्धिजीवियों की तरह उन्नीसवीं शताब्दी के भारतीय चिंतक और बुद्धिजीवी भी दार्शनिक थे। किसी दल या वर्ग के प्रवक्ता नहीं। हालाँकि वे अपने वर्ग या समूह से अलग नहीं थे और अपने व्यवहार में वर्गीय या सामूहिक हितों का प्रतिनिधित्व करते थे, लेकिन वे अपने वर्ग हित या

सामूहिक हित की वकालत वैचारिक आधार पर करते थे ना कि उसके एक सदस्य या आज्ञाकारी सेवक के रूप में। ब्रिटिश आर्थिक साम्राज्यवाद के विरुद्ध राष्ट्रवादी प्रतिवाद करने वाले प्रारम्भिक राष्ट्रवादी विचारकों के आर्थिक सोच का विश्लेषण करते हुए बिपन चंद्र इस निष्कर्ष पर पहुँचे कि उनका नज़रिया मूलत: पूँजीवादी था। जब उन्होंने महसूस किया कि पूँजीवादी ढर्रे पर होने वाला औद्योगिक विकास ही देश को आर्थिक प्रगति के पथ पर आगे बढ़ा सकता है तो आर्थिक जीवन के लगभग प्रत्येक पक्ष में राष्ट्रवादी विचारकों ने सामान्य तौर पर पूँजीवादी विकास का और विशेषकर औद्योगिक पूँजीपतियों के हितों का सम्पोषण किया। इस प्रकार औद्योगिक पूँजीपति वर्ग का हित उस समय के प्रमुख राष्ट्रीय हित से जुड़ गया। आर.पी. दत्त और ए.आर. देसाई के विचारों से इतर बिपन चंद्र द्वारा दिया गया यह परिप्रेक्ष्य भारतीय राष्ट्रीय आंदोलन के इतिहास-लेखन के दृष्टिकोण में एक महत्त्वपूर्ण परिवर्तन था।

अपनी अगली कृति *नैशनलिज़्म ऐंड कॉलोनियलिज़्म इन इण्डिया* (1979) में बिपन चंद्र ने बताया कि कैसे भारत में 1857 के बाद और ख़ासकर 1914 के बाद विकसित हुए स्वतंत्र पूँजीवादी वर्ग ने ब्रिटिश या किसी विदेशी पूँजीवाद के साथ कोई आंगिक संबंध नहीं बनाया, न ही वह वर्ग ब्रिटिश शासन का कभी सहयोगी ही रहा। भारतीय पूँजीवाद को औपनिवेशिक रूप से मानकीकृत और संरचनाबद्ध अर्थव्यवस्था कहते हुए उन्होंने उसे एक उपनिवेश का पूँजीवाद बताया। इसी कृति के एक लेख 'आरम्भिक राष्ट्रवादी गतिविधियों में निरंतरता और परिवर्तन के तत्त्व' में बिपन चंद्र ने राष्ट्रवादी नेताओं को बूर्ज़्वा मानने और उनके पूँजीवादी निर्देश में कार्य करने संबंधी संकीर्ण दृष्टिकोण की आलोचना करते हुए बताया कि कैसे साम्राज्यवाद विरोधी स्कूल का निर्माण, संगठन और सुदृढ़ीकरण आधुनिक पूँजीवादी अर्थव्यवस्था के विकास को बढ़ावा देकर एक बृहद अखिल भारतीय राष्ट्रीय आंदोलन खड़ा कर रहा था। उसका मक़सद भारतीय जनता को एक राष्ट्र के रूप में बाँधने का था।

दिलचस्प बात यह है कि अपने इस नज़रिये के बावजूद बिपन चंद्र, दत्त और देसाई की परिपाटी के कई सिद्धांतों और उनकी व्याख्याओं से सहमत भी दिखायी देते हैं। इनमें प्रमुख हैं : अहिंसा की रणनीति के मूल में मौजूद धनी-वर्ग की दीर्घकालिकता के पीछे राष्ट्रवादी नेताओं के शांतिपूर्ण और रक्तहीन संघर्ष के आह्वान की नीति, जनता को लामबंद करते समय उसे निर्णय लेने की प्रक्रिया से न जोड़े जाने से भारतीय जनता और राष्ट्रवादी नेताओं के बीच का संबंध हमेशा समस्याग्रस्त रहना, आंदोलन के सभी चरणों में राष्ट्रवादी नेताओं द्वारा इस बात पर बल दिया जाना कि

बिपन चंद्र (1928-)

स्वतंत्रता प्राप्ति हेतु दबाव-समझौता-दबाव के आधार पर चलने वाली विकासात्मक पथ की रणनीति अपनायी जाए। बिपन चंद्र मानते हैं कि यद्यपि कि इस आंदोलन ने साम्राज्यवाद के समानांतर भारतीय समाज के सभी वर्गों और हिस्सों को कतारबद्ध किया, लेकिन नेतृत्व हमेशा बूर्ज़्वा वर्ग के ही हाथ में रहा। साथ ही बिपन चंद्र ने यह भी बताया कि कैसे गाँधी युग में राष्ट्रीय आंदोलन पर बूर्ज़्वा वर्ग का प्रभुत्व पहले से कहीं ज़्यादा बढ़ा और आंदोलन पर उनकी पकड़ ज़्यादा मज़बूत हुई। सामाजिक आधार, विचारधारा और राजनीतिक संघर्ष की रणनीति के इस विश्लेषण द्वारा बिपन चंद्र ने कांग्रेस के नेतृत्व में चलने वाले इस राष्ट्रवादी आंदोलन को निष्कर्षत: बूर्ज़्वा लोकतांत्रिक आंदोलन क़रार दिया।

अपनी सम्पादित कृति *इण्डियाज़ स्ट्रगल फ़ॉर इंडिपेंडेंस, 1857-1947* (1988) में बिपन चंद्र ने केम्ब्रिज स्कूल के इस तर्क की तीखी आलोचना की कि भारतीय राष्ट्रीय आंदोलन एक जन-आंदोलन न हो कर अभिजात्य समूहों की आवश्यकताओं और हितों की परिणति था। बिपन चंद्र बताते हैं कि किस तरह साम्राज्यवादी चिंतकों के विपरीत मार्क्सवादी इतिहासकार स्पष्ट तौर पर प्राथमिक अंतर्विरोधों तथा राष्ट्र-निर्माण की प्रक्रिया को रेखांकित करते हैं और राष्ट्रवादियों के विपरीत उन्होंने भारतीय समाज के अंदरूनी विरोधाभाषों पर पूरी तरह ध्यान दिया है। इस प्रक्रिया के दौरान बिपन चंद्र ने कांग्रेस की रणनीति की व्याख्या के लिए अपने पहले के विचारों को संशोधित करते हुए दबाव-

समझौता-दबाव की रणनीति की जगह ग्राम्शी द्वारा प्रतिपादित युद्ध की नाकाबंदी अवधारणा का सहारा लिया, जिसके अनुसार लक्ष्य को प्राप्त करने के लिए लम्बी लड़ाई लड़नी पड़ती है।

अपने इस मत की पुष्टि के लिए बिपन चंद्र ने बताया कि भारतीय राष्ट्रीय आंदोलन एकमात्र ऐसा आंदोलन है जिसमे ग्राम्शी के इस सैद्धांतिक दृष्टिकोण को व्यावहारिक जामा पहनाया गया है। भारत में किसी एक क्रांति के दौरान राजनीतिक सत्ता हस्तगत नहीं की गयी, बल्कि नैतिक, राजनीतिक और विचारधारात्मक स्तर पर लम्बे जन-आंदोलन के तहत विजय प्राप्त की गयी और लगातार आगे बढ़ते हुए एक ताक़त खड़ी की गयी और एक माहौल बनाया गया। इस विकास-क्रम में ऐसे दौर भी आये जिसे निष्क्रियता का दौर भी कहा जा सकता है। बिपन चंद्र ने अंग्रेज़ों द्वारा प्रचारित-प्रसारित दो मिथ्या धारणाओं (औपनिवेशिक शासन भारतीय लोगों के लिए लाभ-प्रद है; और यह अभेद्य है) का खण्डन करते हुए दिखाया कि किस तरह राष्ट्रवादी नेताओं द्वारा लम्बे संघर्ष के ज़रिये औपनिवेशिक वर्चस्व की समाप्ति हुई। गाँधी की अहिंसा की व्याख्या करते हुए बिपन चंद्र बताते हैं कि कैसे गांधी की अहिंसा कोई पाखण्ड नहीं था, न ही वह धनी-वर्ग के निर्देशों से परिचालित और निर्देशित थी। गाँधी की अहिंसा एक ज़रिया था जिसकी मदद से अंग्रेज़ों के विरुद्ध एक व्यापक जन-आंदोलन खड़ा करने हेतु लोगों को यथासम्भव और यथाशक्ति लामबंद किया गया।

इस संबंध में बिपन चंद्र द्वारा नेहरू के व्यक्तित्व और कृतित्व पर डाले गये प्रकाश का उल्लेख आवश्यक है। उनकी रचना 'ऐतिहासिक संदर्भ में नेहरू' दिखाती है कि नेहरू के जीवन-काल में उनके कटु आलोचक रहे लोग भी नेहरू युग का बड़े प्रेम और सम्मान के साथ स्मरण करते हैं। बिपन चंद्र के अनुसार नेहरू ने यह समझ लिया था कि मुख्य अंतर्विरोध साम्राज्यवाद और भारतीय जनता के बीच है इसलिए उन्होंने राष्ट्रीय संघर्ष को सामाजिक संघर्ष पर प्राथमिकता दी। वर्ग-संघर्ष और वर्ग-सामंजस्य को एक साथ चलाया ताकि साम्राज्यवाद विरोधी संघर्ष में भारतवासियों के बीच फूट न पड़ने पाये। नेहरू के कई रैडिकल आलोचक मानते हैं कि उन्होंने अपने विचारों पर दृढ़ न रह कर गाँधी, गाँधीवाद और दक्षिणपंथियों के सामने घुटने टेक दिये थे। पर बिपन चंद्र अपने विश्लेषण में दिखाते हैं कि 1936 के बाद नेहरू द्वारा अपनायी गयी संधि-संघर्ष-संधि की रणनीति एक सकारात्मक राजनीतिक विकास था। नेहरू के गाँधी के प्रति दृष्टिकोण की व्याख्या करते हुए बिपिन चंद्र ने बताया कि किस प्रकार वे वर्ग-विभाजन को मान्यता न देने के कारण गाँधी की आलोचना भी करते थे, और साथ में उन्हें एक ऐसे क्रांतिकारी के रूप में भी देखते थे जो भारतीय राजनीति और समाज में एक परिवर्तनकामी भूमिका निभा रहा था। नेहरू और वामपंथियों के रवैये की तुलना करते हुए बिपन चंद्र ने कहा कि वामपंथी गाँधी को दक्षिणपंथी शिविर में रखते थे, लेकिन नेहरू इस चक्कर में नहीं पड़े और उन्होंने दक्षिणपंथियों के साम्राज्यवाद विरोध को भी समझा। बिपन चंद्र ने नेहरू की इस बात के लिए भूरि-भूरि प्रशंसा कि उन्होंने राष्ट्रीय आंदोलन को सेकुलर रास्ते पर चलाने में प्रमुख भूमिका का निर्वाह किया। साथ ही बिपन चंद्र ने यह भी माना कि साम्प्रदायिकता की समस्या का मुक़ाबला करने के लिए उन्होंने संस्थागत और प्रशासनिक बंदोबस्त दुरुस्त नहीं किया। पचास के दशक में नेहरू साम्प्रदायिकता के प्रति आत्मसंतुष्ट हो गये और उसके ख़िलाफ़ एक दीर्घकालीन वैचारिक संघर्ष व जनांदोलन चलाने में नाकाम रहे।

देखें : आनंद केंटिश कुमारस्वामी, आर्य-अवधारणा, आर्थर लेवेलिन बाशम, काशी प्रसाद जायसवाल, भारतीय इतिहास-लेखन-1 से 4 तक, दामोदर धर्मानंद कोसम्बी-1 और 2, रमेश चंद्र दत्त, रमेश चंद्र मजूमदार, रणजीत गुहा, रामकृष्ण गोपाल भंडारकर, रामशरण शर्मा, रोमिला थापर, वासुदेव शरण अग्रवाल, पांडुरंग वामन काणे, विश्वनाथ काशीनाथ राजवाड़े, सखाराम गणेश देउस्कर, सामंतवाद : एक बहस।

संदर्भ

1. बिपन चंद्र (1966), *द राइज़ ऐंड ग्रोथ ऑफ़ इकॉनॉमिक नैशनलिज़्म इन इण्डिया,* पीपुल्स पब्लिशिंग हाउस, नयी दिल्ली.
2. बिपन चंद्र (2000), *आधुनिक भारत में विचारधारा और राजनीति,* अनामिका पब्लिशर्स, नयी दिल्ली.
3. हरबंस मुखिया (1978), 'लेफ़्ट एकेडेमिशियन ऐंड राइटिंग ऑफ़ इण्डियन हिस्ट्री', *इकॉनॉमिक ऐंड पॉलिटिकल वीकली,* खण्ड 13, अंक 37.
4. माजिद हयात सिद्दीकी (1980), 'हिस्ट्री राइटिंग इन इण्डिया', *हिस्ट्री वर्कशॉप,* खण्ड 10, हेमंत.

—निर्मल कुमार पाण्डेय

बिपन चंद्र-2

(साम्प्रदायिकता की विशद व्याख्या)

(Bipan Chandra-2)

बिपन चंद्र ने साम्प्रदायिकता की समस्या पर भी विशद विचार किया है। अपनी रचना *कम्युनलिज़्म इन मॉडर्न इण्डिया* (1984) और *कम्युनलज़िम : अ प्राइमर* (1984) में उन्होंने व्याख्या की कि सम्प्रदायवाद की परिघटना केवल एक ऐतिहासिक दुर्घटना या समुदायों के परस्पर टकराव की परिणति नहीं है, बल्कि सम्प्रदायवाद के विकास के पीछे

अनेक शक्तियों और कारणों का योगदान रहा है। बिपन चंद्र सम्प्रदायवादी चेतना के प्रसार में साम्प्रदायिक विचारधारा और इस विचारधारा के मूल में इतिहास की सम्प्रदायवादी व्याख्या को अधिक ज़िम्मेदार मानते हैं। वे इस मार्क्सवादी अवधारणा को स्वीकार करते हैं कि सम्प्रदायवाद उपनिवेशवाद के सह उत्पादों में से एक था। साथ ही वे यह भी बताते हैं कि आर्थिक स्थितियों की स्थिरता के अधीन मध्यमवर्गीय सम्प्रदायवाद का आधार बूर्ज्वा रहा है। इतिहास के इस्तेमाल द्वारा धर्म और अल्पसंख्यक भावना का उपयोग लोगों में डर पैदा करने के लिए किया गया। सम्प्रदायवाद के कारण अक्सर सामाजिक तनाव और वर्ग-संघर्ष साम्प्रदायिक संघर्ष में विरूपित हो गया। सम्प्रदायवाद का गहन विश्लेषण करते हुए बिपन चंद्र बताते हैं कि कैसे 1857 से 1937 के काल में सम्प्रदायवाद की प्रकृति उदारतावादी रही, जो 1937 के बाद चरमपंथी और उग्र रूप में परिणत हो गयी। इसके आधार थे घृणा, भयाक्रांत मनोदशा और असंगत धारणाएँ।

साम्प्रदायिक उभार के देशव्यापी कारणों पर प्रकाश डालते हुए उन्होंने इसके मूल में सामाजिक-आर्थिक व्यवस्था, सामाजिक एवं नैतिक पतन, प्रशासनिक कमज़ोरियों, अधिकतर सेकुलर पार्टियों की मौक़ापरस्ती तथा सेकुलरवाद के प्रति उनकी क्षीण होती आस्था का ज़िक्र किया। अन्य कारणों में उन्होंने साम्प्रदायिक पार्टियों की वैधानिकता, अल्पसंख्यक साम्प्रदायिकता का तुष्टीकरण एवं बहुसंख्यक साम्प्रदायिकता का डट कर विरोध करने में विफलता; सुदढ़ तर्कसंगत एवं निरंतर वैचारिक संघर्ष की कमी और साम्प्रदायिकता के खिलाफ़ एक दीर्घकालीन रणनीति के अभाव की विशद चर्चा की। साम्प्रदायिकता के उद्भव और विकास में धर्म की भूमिका पर विचार करते हुए उन्होंने दिखाया कि धर्म साम्प्रदायिकता का अंतर्निहित अथवा बुनियादी कारण नहीं था, और न ही धर्म साम्प्रदायिकता की जड़ ही था। अपितु धर्म का राजनीतिक हितों के लिए इस्तेमाल किया गया। साम्प्रदायिकता को भारतीय संस्कृति और धर्म दोनों के लिए एक प्रमुख ख़तरा बताते हुए बिपन चंद्र धर्म को राज्य और राजनीतिक प्रणाली से अलग रख कर सेकुलर दृष्टिकोण विकसित करने हेतु गाँधी के वक्तव्य 'धर्म प्रत्येक व्यक्ति का व्यक्तिगत मामला है, इसे राजनीति या राष्ट्रीय मामलों में नहीं मिलाना चाहिए' का समर्थन करते हुए दो मतों का प्रतिपादन करते हैं। पहला, साम्प्रदायिकता के राष्ट्रविरोधी, विभाजनकारी और देश को खण्डित करने वाले बुनियादी चरित्र को नंगा करना। और दूसरा, ऐसी नीति का विकास करना जहाँ हम राष्ट्रवाद की ज़मीन पर मज़बूती से खड़े रह सकें और राष्ट्र को आर्थिक, राजनीतिक और सांस्कृतिक रूप से मज़बूत बनाते हुए सेकुलर ताक़तों को राष्ट्रवाद, लोकप्रिय-जनाधार, समानता और सामाजिक न्याय की दिशा में निरंतर परिभाषित किया जा सके। चालीस के दशक में गाँधी के जीवन के अंतिम वर्षों के वक्तव्यों और गतिविधियों का विश्लेषण करते हुए बिपन चंद्र ने एक अनूठे लेख में दिखाया कि किस प्रकार उस ज़माने में वे पूरी तरह से नेहरू के साथ थे और बार-बार एक सेकुलर और आधुनिक राष्ट्र की रचना करने की आवश्यकता पर बल दे रहे थे।

इतिहास में सम्प्रदायवाद के विश्लेषण द्वारा बिपन चंद्र दर्शाते हैं कि कैसे सम्प्रदायवादियों ने राष्ट्रवाद को आर्थिक या राजनीतिक संदर्भ में नहीं अपितु सांस्कृतिक संदर्भ में परिभाषित किया। उन्होंने राजनीतिक विश्लेषण द्वारा यह भी बताया कि हिंदू और मुसलमान सम्प्रदायवादियों का सामाजिक आधार तो समान था ही, साम्राज्यवाद के प्रति उनका राजनीतिक दृष्टिकोण भी एक जैसा था। समान सामाजिक धरातल और सोच के आधार पर सम्प्रदायवादियों और राजनीतिज्ञों ने भारतीय अतीत की व्याख्या करते हुए एक मनगढ़ंत विचार गढ़ा कि हिंदू और मुसलमान शताब्दियों से आपस में लड़ते आये हैं। बिपन चंद्र इतिहास के प्रति उनके इसी दृष्टिकोण को भारतवासियों के बीच सामाजिक तनाव और वैमनस्य बढ़ाने के लिए ज़िम्मेदार मानते हैं।

बिपन चंद्र का विचार है कि साम्प्रदायिकता एक सशक्त और एकीकृत राष्ट्र के तौर पर भारत के ऐतिहासिक विकास को चुनौती देती रही है। 1947 के पहले उपनिवेशवादी सत्ता के प्रोत्साहन से सम्प्रदायवादियों ने भारतीय जनता में दरार पैदा की जो सामंतवाद के ख़िलाफ़ संघर्ष को कमज़ोर करके भारत के विभाजन का प्रमुख कारण बनी। साम्प्रदायिकता की समस्या से निबटने के लिए बिपन चंद्र सुझाव देते हैं कि भारत में आज सबसे ज़रूरी और महत्त्वपूर्ण काम एक मज़बूत और संगठित भारत का निर्माण करना और भारतीय लोगों का मनोवैज्ञानिक एकीकरण करना है। जब तक यह नहीं स्वीकार किया जाता कि भारतवासियों की विविधता और कई भाषाओं, धर्मों और संस्कृतियों की उपस्थिति एक सच है तब तक साम्प्रदायिकता का ख़तरा बना रहेगा। निष्कर्षत: बिपन चंद्र इस तथ्य पर पहुँचते हैं कि भारत जैसे विविधतापूर्ण समाज की एकता और अखण्डता के लिए आवश्यक है कि यहां सबको सामाजिक, आर्थिक, सांस्कृतिक, धार्मिक और राजनीतिक तौर पर खुली अभिव्यक्ति की लोकतांत्रिक आज़ादी हो।

बिपन चंद्र न केवल एक मार्क्सवादी इतिहास-लेखक हैं, बल्कि उन्होंने भारतीय मार्क्सवाद की दशा और दिशा पर भी गहन विचार किया है। वे मानते हैं कि भारतीय मार्क्सवाद में सम्पूर्ण संशोधन की आवश्यकता है। हमारे मार्क्सवादियों ने उनके लिए जो सम्भव था, उसका एक छोटा सा हिस्सा ही उपलब्ध कर पाया है। इस विफलता के लिए बिपन चंद्र व्यक्तियों को ज़िम्मेदार न मान कर बीस के दशक से ही त्रुटिपूर्ण समझ और उस पर अमल को रेखांकित किया है। बिपन चंद्र बताते हैं कि स्वतंत्रता प्राप्ति के बाद भू-स्वामित्व

के ढाँचे में परिवर्तन संबंधी बहस के दौरान कम्युनिस्ट पार्टी के अधिकतर नेताओं ने ज़मीन के मालिकाने में आये अधितकतर परिवर्तनों की उपेक्षा की। वे लगातार इस बात पर ज़ोर देते रहे कि भूमि-संबंध अभी भी सामंतवादी हैं और सामंतवादी ज़मींदार वर्ग शासक वर्ग का हिस्सा है। इसी कारण से कम्युनिस्टों ने 1952 के अपने कार्यक्रम में नेहरू सरकार को ज़मींदारों, राजाओं और प्रतिक्रियावादी बड़े बूर्ज्वा का प्रतिनिधि बताया, और साथ में यह भी आरोप लगाया कि इन लोगों का ब्रिटिश सरकार से संबंध था।

बिपन चंद्र ने जिन अन्य कृतियों की रचना की है उनमें प्रमुख हैं अमलेश त्रिपाठी और वरुण डे के साथ संयुक्त रूप से *फ्रीडम स्ट्रगल* (1972), *द इण्डियन लेफ़्ट : क्रिटिकल अप्रेज़ल* (1983), *इण्डियन नैशनल मूवमेंट* (1988), *द एपिक स्ट्रगल* (1992), *एसेज़ ऑन कंटेम्परेरी इण्डिया* (1993), *एसेज़ ऑन इण्डियन नैशनलिज़म* (1993), *आइडियोलॅजी ऐंड पॉलिटिक्स इन मॉडर्न इण्डिया* (1994), मृदुला मुखर्जी और आदित्य मुखर्जी के साथ संयुक्त रूप से *इण्डिया आफ़्टर इंडिपेंडेंस* (1999), *एसेज ऑन कोलोनियलिज़म* (1999), *इन द नेम ऑफ़ डेमॉक्रैसी : द जेपी मूवमेंट ऐंड द इमरजेंसी* (2003), *कम्युनलिज़म : अ प्राइमर* (2004),और *द मेकिंग ऑफ़ मॉडर्न इण्डिया: फ्रॉम मार्क्स टू गाँधी* (2012)।

देखें : आनंद केंटिश कुमारस्वामी, आर्य-अवधारणा, आर्थर लेवेलिन बाशम, काशी प्रसाद जायसवाल, भारतीय इतिहास-लेखन-1 से 4 तक, दामोदर धर्मानंद कोसम्बी-1 और 2, रमेश चंद्र दत्त, रमेश चंद्र मजूमदार, रणजीत गुहा, रामकृष्ण गोपाल भंडारकर, रामशरण शर्मा, रोमिला थापर, वासुदेव शरण अग्रवाल, पांडुरंग वामन काणे, विश्वनाथ काशीनाथ राजवाड़े, सखाराम गणेश देउस्कर, सामंतवाद : एक बहस।

संदर्भ

1. सुचेता महाजन (2000), *इंडिपेंडेंस ऐंड पार्टीशन : द इरोज़न ऑफ़ द कोलोनियल पॉवर इन इण्डिया,* सेज पब्लिकेशंस, नयी दिल्ली.
2. बिपन चंद्र (2004), *कम्युनलिज़म : अ प्राइमर,* डेल्ही हिस्टोरियंस ग्रुप, अनामिका पब्लिशर्स, नयी दिल्ली.
3. रमेश चंद्र शर्मा (1991), *हिस्टोरियोग्राफी ऐंड हिस्टोरियंस इन इण्डिया सिंस इंडिपेंडेंस,* एम.जी. पब्लिशर्स, आगरा.

—निर्मल कुमार पाण्डेय

बिहार

(Bihar)

बिहार भारत के सबसे ज़्यादा जनसंख्या वाले मुख्यत: कृषि प्रधान राज्यों में से एक होने के साथ-साथ सर्वाधिक राजनीतिकृत प्रांत भी है। इसका भू-क्षेत्रीय गठन बीसवीं सदी के दूसरे दशक में किया गया, लेकिन इसका रैडिकल राजनीतिक रंग स्वतंत्रता के बाद सामने आया। 1974 के सम्पूर्ण क्रांति आंदोलन के जनक और नक्सलवादी आंदोलन के प्रमुख गढ़ों में से एक इस राज्य ने पिछड़ी जातियों के असाधारण राजनीतीकरण के ज़रिये ऊँची जातियों के जमे हुए नेतृत्व को तक़रीबन स्थाई रूप से पीछे धकेलने में कामयाबी हासिल की है। बिहार की राजनीति पर साम्प्रदायिक गोलबंदी कभी हावी नहीं हो पायी। 1990 के बाद तो यहाँ की राजनीति की हर प्रमुख धुरी पर पिछड़ी या दलित जातियों का वर्चस्व हो गया है। पसमांदा कही जाने वाली पिछड़ी और दलित मुसलमान जातियों, अति पिछड़ी जातियों और महा-दलितों का सवाल भी शिद्दत से उभरकर सामने आ चुका है। इस प्रक्रिया में बिहार की दलीय प्रणाली का विन्यास कुछ इस तरह हुआ है कि यहाँ राष्ट्रीय पार्टियों को क्षेत्रीय दलों के साथ गठजोड़ में जा कर दोयम दर्जे की भूमिका निभाने के लिए विवश होना पड़ा है। आर्थिक रूप से बिहार एक पिछड़ा प्रदेश है। कल-कारख़ानों और पूँजी निवेश की कमी है। जहाँ तक भूमि-सुधारों का सवाल है, बिहार एक ऐसा राज्य है जहाँ न तो अतीत में सही तरीक़े से भूमि-सुधार हुआ और न ही पिछड़ी जातियों के राजनीतिक उभार के दौर में इसके लिए कोई राजनीतिक इच्छा-शक्ति दिखती है। मध्य बिहार के विशाल इलाके में लगातार सक्रिय रहने वाले नक्सली संगठनों ने इस मुद्दे की प्रासंगिकता रेखांकित की है। दूसरी तरफ़ यह भी हक़ीक़त है कि यह मुद्दा राज्य की राजनीति में निर्णायक नहीं बन पाया है।

बिहार की रचना 1912 में बंगाल से अलग करके की गयी थी। उस समय बिहार और ओडीशा राज्यों का प्रशासन एक साथ ही चलता था। 1936 में ओडीशा और बिहार को अलग-अलग प्रशासनिक ईकाइयों के रूप में स्थापित किया गया। सन् 2000 में बिहार से अलग करके झाड़खण्ड राज्य का निर्माण हुआ। वर्तमान बिहार के उत्तर में नेपाल, पूर्व में पश्चिम बंगाल, दक्षिण में झाड़खंड और पश्चिम में उत्तर प्रदेश है। बिहार का क्षेत्रफल 99,200 वर्ग किमी. है। 2001 की जनगणना के अनुसार यहाँ की कुल जनसंख्या 100,393, 433 और जनसंख्या घनत्व 837 व्यक्ति प्रति वर्ग किलोमीटर है। यह क्षेत्रफल के आधार पर भारत का बारहवाँ और जनसंख्या के आधार पर तीसरा बड़ा राज्य है। बिहार से

बिहार : जाति-राजनीति के समीकरण

नारायण ने सँभाला। यह आंदोलन पूरे देश में फैल गया और इसे संपूर्ण क्रांति आंदोलन के रूप में जाना गया। इस आंदोलन ने न सिर्फ़ ग़ैर-कांग्रेसी शक्तियों को एकजुट किया बल्कि इसने पिछड़ी जातियों की राजनीतिक गोलबंदी को भी बढ़ावा दिया। आंदोलन के दमन के लिए 1975 में केंद्र की कांग्रेस सरकार द्वारा आपातकाल लागू किया गया। 1977 में आपातकाल ख़त्म होने बाद हुए लोकसभा चुनावों में कांग्रेस का इस राज्य से पूरा सफ़ाया हो गया। केंद्र में जनता पार्टी की सरकार बनने के बाद हुए राज्य विधान सभा चुनावों में पूर्ण बहुमत के साथ कर्पूरी ठाकुर के नेतृत्व में जनता पार्टी की सरकार गठित हुई। यद्यपि यह सरकार स्थाई साबित नहीं हुई, लेकिन इसने 1978 में राज्य स्तरीय नौकरियों में पिछड़ी जातियों के लिए आरक्षण का प्रावधान किया। आरक्षण के समर्थन और विरोध में चले आंदोलनों ने पिछड़ी जातियों में राजनीतिक चेतना भरने और उन्हें एकजुट करने में महत्त्वपूर्ण भूमिका निभायी। जनता पार्टी में टूट होने के कारण बिहार में मध्यावधि चुनाव हुए और 1980 में बिहार में कांग्रेस की सत्ता में वापसी हुई। 1980 से 1990 के बीच राज्य में कांग्रेस की सरकार रही। यद्यपि इस दौरान भी राज्य में पिछड़ी जातियों के विधायकों की संख्या में पहले की तुलना में बढ़ोतरी हुई, लेकिन इसके बावजूद कांग्रेस ने पिछड़ी जाति के किसी नेता को राज्य का मुख्यमंत्री नहीं बनाया। इस पूरे दशक में बिहार में कुल पाँच मुख्यमंत्री हुए और ये पाँचों मुख्यमंत्री ऊँची या अगड़ी जातियों से संबंधित थे।

लोकसभा के कुल 40 सदस्य चुने जाते हैं। यहाँ की विधायिका दो सदनीय है। विधानसभा में 243 और विधान परिषद् में 96 सदस्य होते हैं। 2001 के आँकड़ों के अनुसार बिहार की साक्षरता दर 54.1 प्रतिशत है। यहाँ 1000 पुरुषों पर 919 महिलाएँ हैं। बिहार की तक़रीबन 85 प्रतिशत जनसंख्या ग्रामीण क्षेत्रों में रहती है। बिहार में हिन्दी, उर्दू, मैथिली और भोजपुरी मुख्य आधिकारिक भाषाएँ हैं।

स्वातंत्र्योत्तर बिहार की राजनीति को चार चरणों में बाँट कर समझा जा सकता है। पहला, आज़ादी के बाद से 1967 तक का दौर। इसमें मुख्य रूप से अगड़ी जातियों का वर्चस्व रहा। ये जातियाँ जनसंख्या के लिहाज़ से छोटी थीं। लेकिन इनकी सामाजिक और आर्थिक स्थिति बेहद मज़बूत थी। सत्ता की राजनीति में कांग्रेस का वर्चस्व था और कांग्रेस के भीतर की राजनीति ऊँची जातियों (भूमिहार, राजपूत, ब्राह्मण और कायस्थ) के बीच की सत्ता की राजनीति थी। रजनी कोठारी द्वारा वर्णित कांग्रेस-प्रणाली का प्रभाव बिहार में भी था। लेकिन कांग्रेस के भीतर नेतृत्व के स्तर पर पिछड़ी जातियों को महत्त्व नहीं दिया गया। इस दौर में लोहियावादी सोशलिस्टों की राजनीति ने पिछड़ी जातियों में राजनीतिक जागरूकता बढ़ायी और ये जातियाँ ग़ैर-कांग्रेसी सोशलिस्ट पार्टियों के पीछे गोलबंद होने लगीं।

दूसरा दौर 1967 से 1990 तक चला। इस दौर में राजनीति कांग्रेस और ग़ैर-कांग्रेसवाद के आधार पर संचालित होती रही। 1967 से 1969 के बीच कुछ ग़ैर-कांग्रेसी सरकारें गठित हुईं, लेकिन ये स्थाई साबित नहीं हुईं। 1974 में बिहार छात्र आंदोलन शुरू हुआ जिसका नेतृत्व बाद में जयप्रकाश

तीसरा दौर बिहार की राजनीति में 1990 के बाद के दौर को पिछड़ी जातियों के उभार के युग में रूप में रेखांकित किया जा सकता है। इस संदर्भ में दो कारकों ने अहम भूमिका निभायी। पहला, लालू प्रसाद का उभार और दूसरा, 1990 में मण्डल कमीशन की सिफ़ारिशों को लागू करने का फ़ैसला। 1990 में विश्वनाथ प्रताप सिंह की जनमोर्चा सरकार द्वारा मण्डल आयोग की सिफ़ारिशें लागू करने के फ़ैसले का ऊँची जातियों ने तीखा विरोध किया। इसने बिहार की राजनीति को अगड़े-पिछड़ों के स्पष्ट ख़ानों में बाँट दिया। इन सिफ़ारिशों के लागू होने के पहले बिहार में विधानसभा चुनाव हुए थे और इसमें लालू प्रसाद के नेतृत्व में जनता दल की सरकार गठित हुई थी। यह सरकार अपने बहुमत के लिए भाजपा और

वामपंथी दलों पर निर्भर थी। लालू ने ऊँची जातियों द्वारा पिछड़ी जातियों को आरक्षण दिये जाने के विरोध का आक्रामक लहज़े में जवाब दिया। उनकी ऊँची जातियों के विरोध और पिछड़ों के पहचान की राजनीति ने पिछड़ी जातियों को लालू प्रसाद के पीछे गोलबंद किया। लालू द्वारा ऊँची जातियों के वर्चस्व का विरोध करने और उनके ग़रीब हितैषी वक्तव्यों के कारण दलितों का बड़ा हिस्सा भी उनके साथ जुड़ा।

इसके बाद बिहार में हुए बदलावों को कुछ बिंदुओं में रेखांकित किया जा सकता है। पहला, ऊपर वर्णित घटनाक्रमों के कारण बिहार की राजनीति में पिछड़ी जातियों का उभार हुआ। इसका एक संकेत यह है कि 1990 के पहले हुए सभी विधानसभा चुनावों में पिछड़ी जातियों की तुलना में ऊँची जातियों के सदस्य ज़्यादा संख्या में चुने गये। लेकिन इसके बाद पिछड़ी जातियों के सदस्यों ने ऊँची जातियों के सदस्यों को बहुत पीछे छोड़ दिया। इसके अलावा, राज्य की राजनीति में सिर्फ़ सत्ता पक्ष ही नहीं बल्कि विपक्ष की धुरी पर भी पिछड़ी या दलित जातियों के नेताओं का क़ब्ज़ा हो गया। मसलन, 1990 के बाद बिहार की राजनीति में लालू प्रसाद, नीतीश कुमार, रामविलास पासवान और सुशील कुमार मोदी आदि जैसे नेताओं का वर्चस्व हो गया। ये सभी पिछड़े समाज के पुत्र थे। दूसरे, नब्बे के दशक के बाद की राजनीति में देश के दूसरे भागों में साम्प्रदायिकता की राजनीति का उभार हुआ लेकिन बिहार में यह राजनीति अपने पैर नहीं जमा पायी। इसका सबसे प्रमुख कारण यह था कि चुनावी राजनीति की मजबूरियों के कारण यहाँ राष्ट्रीय दलों (कांग्रेस और भाजपा) को राज्य स्तरीय राष्ट्रीय जनता दल (लालू के नेतृत्व वाली पार्टी) या समता पार्टी (बाद में जनता दल-एकीकृत) की सहयोगी पार्टियाँ बनना पड़ा। 1990 पहले राज्य की राजनीति मुख्य कांग्रेस बनाम ग़ैर-कांग्रेस पार्टियों के बीच हुआ करती थी, लेकिन इसके बाद धीरे-धीरे यह राजनीति पहले लालू बनाम अन्य और बाद में लालू बनाम नीतीश में तब्दील हो गयी।

1990 से 2005 तक बिहार की राजनीति में लालू का वर्चस्व रहा। इस दौर में वे या उनकी पत्नी राबड़ी देवी राज्य की मुख्यमंत्री रही। लेकिन इस दौर में पिछड़ी जातियों का उभार होने के बावजूद राज्य विकास के अन्य मानकों में पिछड़ता चला गया। इस दौर में राज्य में अनेकों घोटाले हुए। नये उद्योग नहीं लगे, पुराने कारख़ाने बंद होते चले गये। सड़क और आम जनजीवन के दूसरी सुविधाओं की स्थिति भी ख़राब रहीं। पिछड़ी जातियों कें भीतर भी यह सवाल सामने आने लगा कि क्या लालू का शासन सिर्फ़ एक पिछड़ी जाति यानी यादवों के वर्चस्व वाला शासन है। इसी दौर में नीतीश कुमार का उभार हुआ। इसे हम राज्य की राजनीति का चौथा या हालिया दौर मान सकते हैं। नीतीश कुमार ख़ुद एक पिछड़ी जाति (कुर्मी) से संबंधित हैं। उन्होंने 1994 से 2005 तक- तक़रीबन एक दशक से ज़्यादा तक ख़ुद को लालू विरोधी राजनीति के मुख्य अगुआ और पिछड़ी जातियों में वैकल्पिक धुरी के रूप में स्थापित करने की कोशिश की। इन्होंने न सिर्फ़ पिछड़ी जातियों का वैकल्पिक नेतृत्व खड़ा किया बल्कि मुख्यमंत्री के रूप में सुशासन के उन पहलूओं पर बहुत ज़्यादा ध्यान दिया जिसकी उपेक्षा लालू-राबड़ी के द्वारा की गयी। इसी कारण 2010 के चुनावों में इनके नेतृत्व वाले राजग गठबंधन को ऐतिहासिक और बेजोड़ सफलता मिली। इस संदर्भ में तीन बातें उल्लेखनीय हैं— पहला, 2005 के बाद की राजनीति में वैसे कुछ मुद्दों ने ज़्यादा ज़ोर पकड़ा जिनकी चर्चा लालू-राबड़ी शासन के दौर के आख़िरी वर्षों में होने लगी थी। मसलन, पसमांदा मुसलमानों और अति-पिछड़ी जातियों का सवाल। नीतीश ने अपने सरकार के कार्यक्रमों के माध्यम से इन सवालों को और आगे बढ़ाया। इसके अलावा, नीतीश ने अपनी पहल पर दलितों में भी ज़्यादा पिछड़े समूहों को 'महादलित' के रूप में चिह्नित किया और उनके लिए अलग से योजनाएँ बनायीं। दूसरा, बिहार की राजनीति में 'विकास और सुशासन' सबसे प्रमुख मुद्दा बन गया। तीसरा, राज्य की राजनीति में 1990 के बाद राष्ट्रीय राजनीतिक दलों के राज्य स्तरीय दलों का सहयोगी या छोटी राजनीतिक शक्ति के रूप में रहने की परिघटना अभी भी क़ायम रही, बावजूद इस तथ्य के कि 2010 के विधानसभा चुनावों में नीतीश कुमार की सहयोगी पार्टी भाजपा को भी अच्छी ख़ासी सफलता मिली है। इन चुनावों में नीतीश की पार्टी को 115 सीटों पर जीत मिली और इसके सहयोगी भाजपा को 91 सीटों पर जीत मिली। लेकिन आमतौर यह स्वीकार किया कि दरअसल यह नीतीश की सफलता थी।

भाजपा में नरेंद्र मोदी के नेतृत्व जाने की सम्भावना देख कर नीतीश कुमार ने जून, 2013 में भाजपा से अपने संबंध तोड़ लिए। इस घटना ने बिहार की राजनीति में एक नये कोण का समावेश कर दिया है। आने वाला समय भाजपा और नीतीश कुमार की पार्टी के लिए चुनौतीपूर्ण होगा।

देखें : असम, अरुणाचल प्रदेश, आंध्र प्रदेश, उत्तर प्रदेश, उत्तराखण्ड, ओडीशा, कर्नाटक, केरल, गुजरात, छत्तीसगढ़, जम्मू और कश्मीर, झाड़खण्ड, तमिलनाडु, त्रिपुरा, दिल्ली, नगालैण्ड, पश्चिम बंग, पंजाब, महाराष्ट्र, मध्य प्रदेश, मणिपुर, मिज़ोरम, मेघालय, भारतीय संघवाद, राजस्थान, राज्यों का पुनर्गठन-1, 2 और 3, राज्यों की राजनीति, संघवाद, हरियाणा।

संदर्भ

1. प्रसन्न कुमार चौधरी और श्रीकांत (2005), *स्वर्ग पर धावा : बिहार में दलित आंदोलन, 1912-2000,* वाणी प्रकाशन, नयी दिल्ली.
2. कमल नयन चौबे (2008), *जातियों का राजनीतीकरण : बिहार में पिछड़ी जातियों के उभार की दास्तान,* वाणी प्रकाशन, नयी दिल्ली.
3. संजय कुमार (2009), 'पिछड़ी जातियों की राजनीति का नया दौर', संकलित, अरविंद मोहन (सम्पा.), *लोकतंत्र का नया लोक : चुनावी राजनीति में राज्यों का उभार,* भाग-1, वाणी प्रकाशन, लोकनीति-सीएसडीएस, नयी दिल्ली.

— कमल नयन चौबे

बुज़ुर्गियत का समाजशास्त्र

(Sociology of Ageing)

बुज़ुर्गियत का समाजशास्त्र एक विस्तृत विषय है जिसमें बुज़ुर्गियत का एक प्रक्रिया तथा जीवन-अवधि के एक विशेष चरण के तौर पर अध्ययन किया जाता है। इसमें बुज़ुर्गियत की स्थूल, मध्यवर्ती तथा सूक्ष्म स्तरों पर पड़ताल की जाती है। उदाहरण के लिए स्थूल स्तर पर भिन्न-भिन्न समाजों में आयु की संरचना, मध्यवर्ती स्तर पर कामगारों और परिवार की संरचना, तथा सूक्ष्म स्तर पर बुज़ुर्ग व्यक्ति के स्वास्थ्य और ख़ुशहाली का अध्ययन किया जाता है। शोध-पद्धति की दृष्टि से बुज़ुर्गियत के अध्ययन में जीवन-तालिका, सर्वेक्षण, नृजातिवर्णन तथा अवलोकन आदि जैसी कई पद्धतियाँ अपनायी जाती हैं। इस विषय पर पिछले लगभग पचहत्तर वर्षों से वैज्ञानिक शोध-कार्य चलते रहे हैं। इससे अंदाजा लगाया जा सकता है कि शोध की दृष्टि से यह एक महत्त्वपूर्ण विषय रहा है।

किसी समाज की आयु की संरचना संबंधित आयु-समूह के आकार पर आधारित होती है। इस नाते उसे उर्वरता तथा मृत्यु-दर के संदर्भ में भी रखकर देखा जा सकता है। डेमॉग्राफ़िक ट्रांज़िशन का सिद्धांत समाज की आयु-संरचना और विकास यानी उद्योगीकरण, शहरीकरण तथा तकनीकी उन्नयन के आपसी संबंधों का ख़ाका खींचता है। इस सिद्धांत के अनुसार जनसंख्या के संक्रमण की प्रक्रिया तीन चरणों में घटित होती है। पहले चरण में आधुनिकीकरण से पूर्व और उसके शुरुआती वर्षों में प्रजनन तथा मृत्यु-दर दोनों ही ऊँची होती है। इस चरण में आयु की संरचना का रूप पिरामिड जैसा होता है जिसमें बच्चों की संख्या अन्य सभी आयु-समूहों में सबसे ज़्यादा होती है और परिपक्व वयस्कों की संख्या सबसे कम होती है।

दूसरे चरण यानी आधुनिकीकरण के दौरान मृत्यु दर घट जाती है लेकिन प्रजनन दर ऊँची बनी रहती है। नतीजतन इसमें युवा आयु-वर्ग के समूहों सहित पूरी जनसंख्या का आकार बढ़ जाता है। इस चरण में निर्भरता-दर यानी श्रम के बाज़ार की कुल जनसंख्या और शेष समाज में बच्चों और परिपक्व वयस्कों का अनुपात ऊँचा रहता है। इस चरण का एक अन्य लक्षण यह भी है कि इसमें बच्चों की प्रमुखता रहती है।

तीसरा चरण एक ऐसी अवस्था को इंगित करता है जिसमें समाज में आधुनिकीकरण की प्रक्रिया अपने शिखर पर पहुँच जाती है। इस चरण में मृत्यु-दर के साथ प्रजनन-दर भी घटती जाती है। इस चरण के बारे में जनसंख्या संक्रमण के सिद्धांत का कयास यह है कि इसमें जनसंख्या का आकार स्थिर होने लगता है और मृत्यु तथा प्रजनन की दर एक समान होने लगती है। इस अवस्था में जनसंख्या का आकार पिरामिड के बजाय बेलनाकार हो जाता है। जिसका अर्थ यह है कि इस अवस्था में सभी आयु-वर्गों का आकार एक जैसा हो जाता है।

यहाँ यह जानना महत्त्वपूर्ण है कि संक्रमण-सिद्धांत के पहले दो चरणों का औचित्य अध्ययनों के आँकड़ों से भी साबित हो चुका है। लेकिन इसके तीसरे चरण को सिद्ध करने के लिए अभी तक पर्याप्त साक्ष्य उपलब्ध नहीं हैं। उल्लेखनीय है कि आधुनिक समाजों में मृत्यु और प्रजनन दर दोनों घट चुकी हैं परंतु प्रजनन की दर मृत्यु दर से कम रही है नतीजतन समाज में वृद्धों की संख्या का प्रतिशत अनुपात से अधिक हो गया है।

वैश्विक संदर्भ में बात करें तो अमेरिका, पश्चिमी युरोप और ऑस्ट्रेलिया आदि की जनसंख्या संरचना में वृद्धों की प्रमुखता कुछ ख़ास ऐतिहासिक कारणों से रही है। मसलन, दूसरे विश्व-युद्ध के बाद इन देशों में प्रजनन-दर अभूतपूर्व ढंग से बढ़ी थी। जिसके चलते बच्चों की संख्या एकाएक बहुत हो गयी थी। इसके बाद उम्मीद यह की जा रही थी कि प्रजनन दर एक बार फिर कम हो जाएगी लेकिन समवयस्कों की संख्या में आये इस उछाल से उर्वरता-दर में सम्भावित गिरावट लम्बे समय के लिए टल गयी। इसके बाद समवयस्कों का एक छोटा समूह अस्तित्व में आया जिसके कारण जनसंख्या बुज़ुर्गियत की तरफ़ बढ़ने लगी। विश्व के दूसरे हिस्सों जैसे दक्षिण अमेरिका, एशिया, और अफ़्रीका में इस बीच आधुनिकीकरण की प्रक्रिया तेज़ हुई है और प्रजनन की दर में उतनी गिरावट नहीं आयी जितनी कि उम्मीद जा रही थी। जनसंख्या-संक्रमण के सिद्धांत का महत्त्व इस बात में निहित नहीं है कि वह कितना सटीक है। असल में उसकी अहमियत इस बात से तय होती है कि वह समाज की आयु-संरचना तथा प्रजनन और मृत्यु दर के रूप में सामाजिक बदलावों के प्रभावों को एक ज्वलंत विमर्श बनाने में सफ़ल रहा है।

शुरुआती काल में वैज्ञानिक तथा नीति-निर्माता बुज़ुर्ग आयु-वर्ग के निहितार्थों को लेकर इतने सचेत नहीं थे। बेशक युवाओं की आबादी भी शेष समाज के लिए एक चुनौती होती है लेकिन बाल-कल्याण और स्कूलिंग आदि के ज़रिये युवाओं की ख़ास ज़रूरतों को पूरा करने के लिए आधुनिक समाजों में एक सांस्थानिक ढाँचा बनता गया है, जबकि बुज़ुर्ग वर्ग की जीवन-स्थितियों और उनकी आवश्यकताओं को समझने में नीति-निर्माताओं और अन्य संस्थाओं काफ़ी वक़्त लगा है।

लेकिन आज जनसंख्या संबंधी शोध और अध्ययन का स्तर आयु-संरचना के विश्लेषण से आगे बढ़ चुका है। इस बीच बुज़ुर्गियत की परिघटना, व्याप्ति तथा अक्षमता को लेकर जो समझ विकसित हुई है उसके पीछे इस शोध की अहम भूमिका रही है।

इस तरह पिछले दो दशकों के दौरान बुज़ुर्गियत के कई ऐसे पहलुओं पर भी काम किया गया है जिन पर शुरुआती दौर के अध्येता ध्यान नहीं दे पाये थे। मसलन, अध्ययनों से पता चला है कि पिछले बीस वर्षों में बुज़ुर्गों में अक्षमता की दर में लगातार कमी आयी है। शोध से एक अन्य निष्कर्ष यह भी निकला है कि महिलाओं में अक्षमता की दर इसलिए ज़्यादा होती है क्योंकि उनकी औसत आयु पुरुषों से ज़्यादा पायी गयी है। विकसित देशों में जीवन-प्रत्याशा और सक्रिय जीवन-प्रत्याशा के अंतर को लेकर ख़ासा महत्त्वपूर्ण शोध हुआ है। सक्रिय जीवन की प्रत्याशा में शोधकर्ताओं की दिलचस्पी बढ़ने का कारण यह भी रहा है कि आधुनिक समाजों में बुज़ुर्गियत के साथ जुड़ी अक्षमताओं के बावजूद उनके जीवन की अवधि में वृद्धि हुई है। साक्ष्यों से पता चलता है कि पिछले कई दशकों से बुज़ुर्गों में मृत्यु से पहले शुरू हो जाने वाली अक्षमता की अवधि में इज़ाफ़ा नहीं हुआ है। लेकिन इसके साथ यह भी एक तथ्य है कि इस दौरान मृत्यु और अक्षमता की शुरुआत होने की अवधि के अंतर में भी कोई ख़ास गिरावट नहीं आयी है।

बुज़ुर्गियत से संबंधित समकालीन समाजशास्त्रीय शोध के बड़े हिस्से का प्रमुख सरोकार यह रहा है कि बुज़ुर्गियत की ओर बढ़ते समाज को कैसे समझा जाए। धन के सार्वजनिक और निजी हस्तांतरण, समय और वस्तुओं को मुहैया कराने से जुड़ी सेवाओं का अध्ययन अब इस दृष्टि से किया जा रहा है कि उनसे बुज़ुर्गों के जीवन-यापन को कैसे सहारा मिलता है। इस संबंध में बुज़ुर्गों के स्वास्थ्य, जीवन-स्तर तथा और उनकी अक्षमताओं का अध्ययन इस नाते भी महत्त्वपूर्ण है क्योंकि इससे सिर्फ़ यह पता नहीं चलता कि बुज़ुर्गों की ख़ुशहाली में क्या-क्या अड़चनें हैं बल्कि उनसे यह भी जाहिर होता है कि बुज़ुर्गों के लिए सार्वजनिक कार्यक्रमों के समाज और परिवार की संस्थाएँ क्या-क्या कर रही हैं। इस तरह आयु की संरचना और उसके सामाजिक निहितार्थों को बुज़ुर्गियत के अध्ययन की एक महत्त्वाकांक्षी और दूरगामी शाखा कहा जा सकता है।

समवयस्कता का महत्त्व और संदर्भ बुज़ुर्गियत की प्रक्रिया और उसका अनुभव कई तरह की सामाजिक और ग़ैर-सामाजिक शक्तियों से तय होता है। ऐतिहासिक तौर पर बुज़ुर्गियत की प्रक्रिया को शरीर की प्रकृति और विकास के संदर्भ में देखा जाता था। इतिहास के अलग-अलग कालखण्डों में बुज़ुर्गियत का अनुभव और उसकी प्रक्रिया को लेकर भिन्न-भिन्न ढंग की मान्यताएँ प्रचलित थीं। आज यह कल्पना करना मुश्किल है कि एक समय रिटायरमेंट जैसी कोई स्थिति ही नहीं होती थी तथा मृत्यु केवल बुज़ुर्गियत से नहीं जुड़ी थी बल्कि वह हर आयु-वर्ग जैसे बचपन और यौवन में भी घटती रहती थी। रिटायरमेंट और बुज़ुर्गियत के जीवन से जुड़ी बहुत सारी विषमताएँ बीसवीं सदी की देन हैं।

बुज़ुर्गियत के अध्ययन में समवयस्कता की अवधारणा विशेष महत्त्व रखती है। इससे अध्येता को बुज़ुर्गियत के ऐसे अंतर्निहित घटकों और साँचों के अवधारणात्मक व वस्तुगत बिंदुओं के बीच अंतर करने की सहूलियत मिलती है जो सामाजिक कारणों से जन्म लेते हैं। इस संबंध में यह संकेत करना शायद ज़रूरी है कि बुज़ुर्गियत पर सामाजिक बदलावों और इतिहास की कुछ ख़ास घटनाओं या परिस्थितियों का व्यापक असर पड़ता है।

हालाँकि समवयस्कता के लिए किसी भी घटना को आधार बनाया जा सकता है लेकिन मूलत: समवयस्क उन्हीं लोगों को माना जाता है मोटे तौर पर एक ही समय या उसके आसपास पैदा हुए हों। समय की समानता के अलावा ऐतिहासिक घटनाओं और सामाजिक संरचनाओं को लेकर भी समवयस्कों के अनुभव पूरे जीवन एक जैसे होते हैं। समवयस्कों के सामूहिक अनुभव अक्सर उनसे पहले और बाद की पीढ़ी से अलग होते हैं। इसलिए बुज़ुर्गियत की प्रक्रिया और अनुभवों के रूप समवयस्क समूहों के बीच भी अलग-अलग होते हैं। पश्चिमी देशों में युद्ध जैसी ऐतिहासिक घटनाओं का समवयस्क समूहों के जीवन पर बहुत गहरा प्रभाव रहा है। वैसे इतिहास की एक जैसी घटनाओं का साक्षी होने के बावजूद उनका असर इस बात से तय होता है कि उक्त घटना के समय संबंधित लोगों की उम्र क्या थी।

समवयस्क समूहों की भिन्नताएँ सामाजिक बदलावों से भी निर्धारित होती हैं। अध्ययन बताते हैं कि सामाजिक बदलाव की रफ़्तार जितनी तेज होती है समवयस्क बुज़ुर्गों के बीच के अंतर उतने ही विस्तृत होते जाते हैं। पश्चिमी देशों में सामाजिक सुरक्षा तथा चिकित्सा सुविधाओं जैसे सामाजिक बदलावों से बुज़ुर्गों का आर्थिक जीवन अलग ढंग से बदला है, जबकि भारत जैसे देशों में बुज़ुर्गों के जीवन पर खेतिहर जीवनशैली के औद्योगिक रूपांतरण तथा इधर के वर्षों में सेवाओं की अर्थव्यवस्था के उदय की गहरी छाप देखी जा सकती है। बुज़ुर्गियत पर इन घटकों के अलावा तकनीकी बदलावों का भी असर पड़ता है। मसलन, शारीरिक श्रम और घरेलू काम को आसानी से निपटाने में मदद करने वाले तकनीकी उपकरणों के निर्माण से बुज़ुर्ग लोगों की दूसरों पर निर्भर रहने की मजबूरी कम हुई है। ऐसे बदलावों का उनकी स्वतंत्रता और सक्षमता पर सकारात्मक असर होता है। पर यहाँ यह भी एक तथ्य है कि बुज़ुर्गों को नयी तकनीक से

परिचित होने में सामान्य से ज़्यादा समय लगता है।

बुज़ुर्गों की जीवन-स्थितियों का तुलनात्मक अध्ययन पश्चिमी देशों में समाजशास्त्रीय शोध का एक अहम हिस्सा रहा है। अध्येताओं ने इस संदर्भ में सम्पत्ति और ज़िम्मेदारियों के विशेष अध्ययन के अलावा समवयस्क बुज़ुर्गों के राजनीतिक रुझान और उनकी पारिवारिक संरचना को भी शोध का विषय बनाया है। अगर एक स्थूल निष्कर्ष उठाया जाए तो कहा जा सकता है कि पश्चिमी देशों में पिछले पाँच दशकों के दौरान बुज़ुर्गों का जीवन अपने परवर्ती या उत्तरवर्ती बुज़ुर्गों की तुलना में ज़्यादा सुविधाजनक और आरामदेह रहा है। यह बात स्वास्थ्य, शिक्षा, और सामाजिक सहायता की उपलब्धता के मामले में ख़ास तौर पर लक्षित की जा सकती है। लेकिन कुछ अध्येताओं का कहना है कि सुविधा और सम्पन्नता की यह तस्वीर आगामी समय में इतनी रंगीन नहीं रह जाएगी। उनके अनुसार दूसरे विश्व-युद्ध के युवा अपनी बुज़ुर्गियत में उतने सुविधा-सम्पन्न नहीं रह जाएँगे। जबकि अन्य विद्वानों का मानना है कि यह स्थिति तब तक बरक़रार रहेगी जब तक उस दौर के युवा वर्ग की संतानें ख़ुद बुज़ुर्गियत की श्रेणी में शामिल नहीं हो जाती। बहरहाल, इस मामले में औसत राय यह है कि बुज़ुर्गों की जीवन-स्थितियों का यह ढांचा अगले पचास वर्षों में जाकर बदलेगा।

ग़ौरतलब है कि बुज़ुर्गियत के समाजशास्त्रीय अध्ययन में ख़ुशहाली की अवधारणा एक अनिवार्य घटक के रूप में उभरी है। ख़ुशहाली को मोटे तौर पर जीवन के प्रति संतुष्टि के भाव और आर्थिक संसाधनों जैसे सामाजिक और आर्थिक सम्पत्ति की उपलब्धता के रूप में व्याख्यायित किया जा सकता है। बुज़ुर्गियत के संदर्भ में अगर ख़ुशहाल जीवन की एक आंशिक सूची बनायी जाए तो उसमें दीर्घायु, अच्छी सेहत, शारीरिक सक्षमता, मानसिक स्वास्थ्य, व्यक्तिगत संतुष्टि के भाव, आर्थिक हैसियत, आत्मगत पहचान आदि को शामिल किया जा सकता है। अध्येताओं का मानना है कि ख़ुशहाली के अध्ययन में यह पहलू भी शामिल किया जाना चाहिए कि बुज़ुर्ग व्यक्ति अपने बारे में क्या सोचते हैं। दूसरे शब्दों में, अपने अस्तित्व को लेकर उनका रुझान कैसा रहता है। इस संबंध में मुख्यत: दो सूत्रों- आत्म सम्मान की भावना तथा किसी काम को करने की सक्षमता, नियंत्रण और कौशल आदि को शामिल किया जाता है। पारम्परिक समाजशास्त्री आत्म सम्मान से जुड़े चिंतन को मनोविज्ञान का क्षेत्र समझते थे लेकिन अब इस बात के पर्याप्त सुबूत उपलब्ध हैं कि आत्म की धारणा एक-एक सामाजिक निर्मिति भी है।

बुज़ुर्गियत और ख़ुशहाली के अंतर्संबंधों से संबंधित अध्ययन मुख्यत: तीन दिशाओं में विकसित हुआ है। कुछ अध्ययनों में बुज़ुर्गों और युवाओं की ख़ुशहाली का तुलनात्मक अध्ययन किया गया है। ऐसे शोध अध्ययनों में ग़रीबी, शारीरिक बीमारियों, अक्षमताओं, मानसिक बीमारियों, आत्म सम्मान की भावनाओं को आयु-वर्ग की दृष्टि से समझने का प्रयास किया गया है। लेकिन ऐसे अध्ययनों की सीमा यह है कि उनमें एक निश्चित कालखण्ड की ही पड़ताल की जाती है इसलिए उनके आधार पर यह कहना मुश्किल होता है कि इन आयु-वर्गों में दिखायी पड़ने वाले अंतर के पीछे स्वयं आयु ही कोई कारक है या फिर समवयस्कों के बीच पाये जाने वाली सामाजिक-आर्थिक भिन्नताएँ। इसके बावजूद ऐसे अध्ययनों का महत्त्व यह है कि उनसे बुज़ुर्गों की जीवन-दशा के बारे में विवरणात्मक सूचनाएँ जुटायी जा सकती हैं और सार्वजनिक नीति-निर्धारण की प्राथमिकताएँ तय की जा सकती हैं।

इसलिए बुज़ुर्गियत के प्रभावों को समझने के लिए शोध में एक अन्य पद्धति भी अपनायी जाती है। इसके तहत वयस्क आयु वर्ग के व्यक्तियों का अध्ययन पूर्ववर्ती बुज़ुर्गियत और उत्तरवर्ती बुज़ुर्गियत के अंतरों के रूप में किया जाता है। इस पद्धति की ख़ासियत यह है कि इसमें आयुगत बदलावों को सीधे देखा जा सकता है। परंतु इस पद्धति की सीमा यह है कि वह अंतत: समवयस्क समूहों तक ही सिमट जाती है।

पिछले दो दशकों में बुज़ुर्गियत के समाजशास्त्रीय शोध में जीवन की अवधि के परिप्रेक्ष्य पर लगातार ध्यान दिया गया है। इस परिप्रेक्ष्य का प्रस्थान बिंदु यह विचार है कि जीवन की घटनाओं के सूत्र समय के साथ ही दृश्यमान होते हैं, और किसी व्यक्ति के जीवन की प्रारम्भिक घटनाओं और परिस्थितियों का प्रभाव उसके उत्तरवर्ती जीवन पर भी क़ायम रहता है। शोध पद्धति के चयन के हिसाब से बात की जाए तो जीवन अवधि से संबंधित अध्ययनों में या तो समय के लम्बे फलक पर कई तरह की गणनाएँ करनी पड़ती हैं या फिर व्यक्ति के अतीत से जुड़े आँकड़ों का अवलोकन करना पड़ता है। इस परिप्रेक्ष्य का इस्तेमाल ख़ास तौर पर यह जानने के लिए किया जाता है कि बुज़ुर्गियत के दौर में व्यक्ति पर उसके जीवन की सामाजिक-आर्थिक परिस्थितियों का क्या प्रभाव पड़ता है। इस तरह का अध्ययन बुज़ुर्ग समूहों की जीवन अवधि में स्वास्थ्य संबंधी असमानताओं को समझने में भी उपयोगी पाया गया है। इस संबंध में आमतौर पर यह देखा गया है कि युवावस्था में स्वास्थ्य पर सामाजिक-आर्थिक हैसियत का उतना असर नहीं पड़ता लेकिन अमेरिका जैसे देश में सामाजिक-आर्थिक हैसियत के निम्नतम बिंदु और उच्चतम बिंदुओं का व्यक्ति के उत्तरवर्ती जीवन पर गहरा असर पड़ता है। कई अध्यनों से यह भी पता चला है कि वास्तव में बुज़ुर्गियत के काल में सामाजिक और आर्थिक हैसियत का अंतर व्यक्ति के आम स्वास्थ्य में स्थाई रूप से परिलक्षित होता है।

जीवन अवधि के परिप्रेक्ष्य की एक अन्य विशेषता यह भी है कि उसमें सामाजिक, ऐतिहासिक बदलावों और व्यक्ति के निजी जीवन की जटिल कड़ियों पर फ़ोकस किया जाता है। इसके अलावा यह परिप्रेक्ष्य समाज की स्थूल और दरमियानी स्थितियों तथा व्यक्ति के व्यवहार और उसकी ख़ुशहाली को समझने में भी मददगार साबित हुआ है। इससे बुज़ुर्ग व्यक्ति के जीवन में संरचनात्मक अवसरों तथा मानवीय एजेंसी की सीमाओं को समझने में भी सहायता मिली है। इस तरह जीवन अवधि के परिप्रेक्ष्य को बुजुर्गियत के समाजशास्त्र का एक बेहद महत्त्वपूर्ण और दिलचस्प अंग कहा जा सकता है।

देखें : अर्थव्यवस्था का समाजशास्त्र, अभिजन, अभिरुचि, आत्महत्या, उन्मूलनवाद, एजेंसी, कर्मकाण्ड, कारागार, गोपनीयता, गृहविहीनता, जादू, जीवन-शैली, टेलरवाद, धर्म, फ़ुरसत, बचपन, बेगानगी, भीड़, भ्रष्टाचार का समाजशास्त्र-1 और 2, विचलन, ज्ञान का समाजशास्त्र।

संदर्भ

1. जे. बूर्ज्वा-पिचाट (1979), 'द डेमॉग्राफ़िक ट्रांज़िशन : एजिंग ऑफ़ पॉप्युलेशन', *पॉप्युलेशन साइंस इन द सर्विस ऑफ़ मैनकाइंड,* इंटरनैशनल यूनियन फ़ॉर द साइंटिफ़िक स्टडी ऑफ़ पॉप्युलेशन, लीजे.
2. पी. उलेनबर्ग और एस. माइनर (1996), 'लाइफ़ कोर्स ऐंड एजिंग: ए कॉहॉर्ट पर्सपेक्टिव', आर.एच. बीनस्टॉक और एल.के. जॉर्ज (सम्पा.), *हैंडबुक ऑफ़ एजिंग ऐंड सोशल साईंसेज,* तीसरा संस्करण, एकेडेमिक प्रेस, सैनडियागो.

— नरेश गोस्वामी

बुद्धिसंगत चयन का सिद्धांत

(Rational Choice Theory)

बुद्धिसंगत चयन का सिद्धांत मान कर चलता है कि नागरिक बुद्धिवादी होने के कारण ही अपने लिए सबसे पसंदीदा रास्ते का चुनाव कर पाते हैं, भले ही यह पसंदीदा रास्ता उनके अपने संकीर्ण हित की नुमाइंदगी करता हो। इस सिद्धांत की दूसरी स्थापना यह है कि लोग नागरिक के रूप में संस्थागत परिवेश (जैसे, चुनावी होड़) के तहत अन्योन्यक्रिया को प्राथमिकता देते हैं। इन दो मान्यताओं के बाद बुद्धिसंगत चयन का सिद्धांत गणितीय आधार पर गढ़े गये मॉडलों के ज़रिये उन दलीलों तक पहुँचता है जिनके आधार पर सामूहिक निर्णयों (जैसे, सार्वजनिक नीतियाँ) के फलितार्थों के बारे में अंदाज़ा लगाया जाता है। कुल मिला कर यह सिद्धांत उस केंद्रीय प्रश्न को सम्बोधित करता है जिसका मक़सद यह पता लगाना है कि व्यक्तिगत प्राथमिकताएँ किस तरह आपस में जुड़ कर निर्णय-प्रक्रिया के माध्यम से सामाजिक संतुलन हासिल करने की तरफ़ बढ़ती हैं। चाहे मसला बाज़ार की प्रक्रियाओं द्वारा उपभोक्ताओं और कम्पनियों के लिए संसाधनों के आबंटन का हो, किसी खेल में खिलाड़ियों और टीमों द्वारा रणनीतियों के चयन का हो, या फिर किसी नीतिगत मसले पर नागरिकों द्वारा पक्ष-विपक्ष में मतदान का प्रश्न हो, यह सिद्धांत इस सवाल से जूझता है कि इन सभी के सामूहिक फलितार्थों का चरित्र क्या होगा? क्या नतीजे के तौर पर कोई संतुलन प्राप्त होगा? और अगर संतुलन प्राप्त हुआ तो क्या वह स्थाई क़िस्म का होगा? क्या वह वांछनीय होगा?

इन तमाम सवालों का जवाब आख़िरकार पेचीदा साबित होता है, क्योंकि सभी मतदाता अपना वोट डालते समय एक सी गम्भीरता और निष्ठा का प्रदर्शन नहीं करते। इसी तरह लोग अपने लिए चीज़ें चाहते तो हैं, पर हमेशा खुल कर उनकी माँग नहीं करते। इसी बात को इन शब्दों में भी कहा जा सकता है कि अक्सर लोगों को अपना हित एकजुट हो कर कार्रवाई करने के बजाय अलग-अलग रहने में लगता है, और वे अपनी प्राथमिकताएँ खुल कर बताने के बजाय रणनीतिक कौशल दिखाते हुए ही व्यक्त करना पसंद करते हैं। ज़ाहिर है कि संदर्भ चाहे अर्थशास्त्रीय हो या राजनीतिक, इस सिद्धांत को ऐसी परिस्थितियों से निबटना पड़ता है जिनमें लोगों की प्राथमिकताएँ साफ़ तौर से पता नहीं होतीं।

बुद्धिसंगत चयन के सिद्धांत ने पचास और साठ के दशकों में राजनीतिशास्त्र में अपनी महत्त्वपूर्ण जगह बनायी। दो विश्व-युद्धों की विभीषिका झेलने के बाद यह दौर विज्ञान और बुद्धिवाद की आलोचना का था। इस माहौल में अर्थशास्त्रियों और गणितज्ञों ने मिल कर इस प्रश्न पर विचार किया कि व्यक्तियों की कोई टीम और कोई सामूहिकता आख़िर किसी निर्णय पर कैसे पहुँचती है। इन विद्वानों का यह ऊहापोह ही बुद्धिसंगत चयन के सिद्धांत का आधार बना। मान लीजिये कि किसी निश्चित संसाधन को आपस में आबंटित करने का फ़ैसला दो-तीन लोग मिल कर करते हैं। उनके बीच समझौता होने के बाद उसका कार्यान्वयन भी कर दिया जाता है। सवाल उठता है कि उनके बीच किस तरह का गठजोड़ बनेगा और संसाधन का किस तरह बँटवारा किया जाएगा। 1953 में गणितज्ञ जॉन वान न्यूमान और अर्थशास्त्री ऑस्कर मोरगेस्टर्न ने इस प्रश्न का उत्तर खोजते हुए कई सूत्रीकरण किये। इसी बिना पर किये अनुसंधान ने सामूहिक कार्रवाई और मिल-जुल कर चयन संबंधी निर्णय लेने के कई सिद्धांत विकसित हुए। मिसाल के तौर पर कैनेथ एरो द्वारा विकसित किये गये सामाजिक चयन के सिद्धांत, 1957 में

एंथनी डाउसन के चुनाव संबंधी सिद्धांत और 1960 के डिटरेंस संबंधी सिद्धांत का ज़िक्र किया जा सकता है। जल्दी ही बुद्धिसंगत चयन का सिद्धांत एक बड़े अनुसंधान कार्यक्रम का केंद्रीय प्रत्यय बन गया। राजनीतिशास्त्र के चार प्रमुख आयामों (अमेरिकी राजनीति, अंतर्राष्ट्रीय संबंध, तुलनात्मक राजनीति और राजनीतिक सिद्धांत) में उसकी उल्लेखनीय उपस्थिति दर्ज हुई। कई राजनीतिशास्त्रियों ने तो इसे सामाजिक सिद्धांत और अनुसंधान पद्धति के रूप में देखने के साथ-साथ समाज-विज्ञान के दर्शन का दर्जा तक दे दिया।

राजनीतिशास्त्रियों के बीच इस सिद्धांत की कामयाबी एक वजह यह भी है कि इसमें न तो बुद्धिवाद को पूरी तरह से ठुकराने की प्रवृत्ति थी, और न ही यह बुद्धिवाद की मातहती स्वीकार करता है। सामाजिक परिघटनाओं के कारणों और उनके आधारभूत तर्कों की जाँच करते हुए यह सिद्धांत ख़ुद को तथ्यगत और मानकीय के बीच कहीं स्थित करने में यक़ीन करता है। हालाँकि इसे बुद्धिसंगत चयन का सिद्धांत कहा जाता है, पर यह बुद्धिवाद को किसी भी तरह से सम्पूर्ण दर्शन नहीं मानता। यह राजनीति के ठोस संस्थागत दायरों में तथ्यगत विश्लेषण की सीमाओं पर प्रकाश डालता है।

दरअसल, राजनीतिशास्त्र में तथ्यगत और मानकीय के बीच पुल बनाने में इस सिद्धांत की प्रमुख भूमिका है। इस सिलसिले में अर्थशास्त्री पॉल सेमुअलसन के योगदान का ज़िक्र करना ज़रूरी है। चालीस के दशक में सेमुअलसन ने गणितीय अर्थशास्त्र और सैद्धांतिक अर्थशास्त्र के संयोग की वकालत की थी। उनके प्रभाव के कारण सैद्धांतिक अर्थशास्त्र ने गणितीय मॉडलों का इस्तेमाल करना शुरू किया। बुद्धिसंगत चयन का सिद्धांत अर्थशास्त्र के इस पहलू से काफ़ी-कुछ लेता है। उससे निकली हुई अंतर्दृष्टियों का राजनीतिशास्त्रियों द्वारा नीतिगत फलितार्थों, राजनीतिक सहभागिता, गवर्नेंस, समतामूलकता, दक्षता, लोकतंत्र और न्याय संबंधी मूल्यांकनों के लिए प्रयोग किया जाता है। इस सिद्धांत को लागू करते हुए राजनीतिशास्त्री मुख्यत: गेम थियरी और एग्ज़ियॉमैटिक थियरी यानी स्वयंसिद्धि के सिद्धांत से निकले पद्धतिमूलक रवैये पर चलते हुए तीन तरह की समस्याओं से जूझते हैं तो आम तौर पर सामाजिक चयन के रास्ते में आती हैं। ये हैं सामूहिक कार्रवाई, सामूहिक चयन और सामूहिक संस्थाओं से जुड़ी समस्याएँ।

बुद्धिसंगत चयन के सिद्धांत को कई तरह की आलोचनाओं का सामना भी करना पड़ा है। ये आलोचनाएँ मुख्यत: तीन क़िस्म की हैं। पहले क़िस्म की आलोचना इस मान्यता को आड़े हाथों लेती है कि लोग सदैव अपने संकीर्ण हित के पक्ष में ही निर्णय लेते हैं। जबकि असलियत यह है कि ऐसा हमेशा नहीं होता, क्योंकि मानवीय व्यवहार की संरचना काफ़ी संकुल होती है। दूसरों के प्रति सरोकार होने के कारण व्यक्तियों के निर्णयों पर गहरा असर पड़ता है। दूसरी आलोचना कहती है कि इस सिद्धांत को लागू करने में कई बार मनमाने तौर-तरीक़ों का इस्तेमाल किया जाता है, जबकि दिखावे के तौर पर यह कई तरह की बारीक़ियों और संतुलनों का दावा करता है। मसलन, अगर व्यक्तियों के बीच होने वाली अन्योन्यक्रिया के क्रम में तब्दीली कर दी जाए तो तो उनके द्वारा किये जाने वाले फ़ैसलों में भी बड़ी तब्दीली हो सकती है। लेकिन, बुद्धिसंगत चयन के हामी इस क्रम को बदलने से पैदा होने वाली सम्भावनाओं पर ग़ौर करने के लिए तैयार नहीं होते। वे अन्योन्यक्रिया का मॉडल पहले ही बना लेते हैं, और फिर उसके मुताबिक़ सिद्धांत लागू करते चले जाते हैं। इसी तरह ये लोग यह भी नहीं देखते कि लोगों की प्राथमिकताएँ किस तरह से बदलती हैं और उनके परिवर्तन से इस थियरी के पूर्वानुमानों पर किस तरह का नाटकीय असर पड़ता है।

तीसरी आलोचना यह है कि बुद्धिसंगत चयन का सिद्धांत मानवीय व्यवहार-शैली के महत्त्वपूर्ण तत्त्वों को समझने या उनकी व्याख्या करने में विफल रहा है। मसलन, यह सिद्धांत के मतदाताओं द्वारा वोट डालने के फ़ैसले की व्याख्या नहीं कर सकता। एक वोटर का फ़ैसला चुनाव के परिणाम पर अत्यंत सूक्ष्म असर ही डाल सकता है। अगर कोई वोटर तय करता है कि वह मतदान करने नहीं जाएगा तो उसका चुनाव नतीजे पर निहायत मामूली असर भी शायद न पड़े। दूसरे वोटर को मत देने के लिए समय और संसाधन भी ख़र्च करने पड़ते हैं। अपने अकेले वोट की काफ़ी कम प्रभावकारिता और वोट डालने में होने वाले ख़र्चे के बावजूद लोग वोट डालने जाते हैं, बावजूद इसके कि वोट डालने से होने वाले लाभ बेहद अनिश्चित होते हैं। रैशनल चॉयस थियरी यह प्रश्न का उत्तर देने में विफल साबित हुई है।

बुद्धिसंगत चयन के सिद्धांतकारों ने इन आपत्तियों का जवाब इस प्रकार दिया है : हालाँकि लोग अपने संकीर्ण हितों को ही प्राथमिकता देते हैं, लेकिन रैशनल चॉयस थियरी यह नहीं मानती कि ऐसा हमेशा होता है। यह थियरी इस बात से इनकार नहीं करती कि दूसरों के प्रति सरोकार भी व्यक्ति की मान्यताओं और प्राथमिकताओं को प्रभावित करते हैं। इसीलिए लोग परोपकार की तरफ़ रुझान रखते हैं और इसीलिए लोग सम्पत्ति के न्यायपूर्ण और समतामूलक पुनर्वितरण के समर्थक होते हैं।

देखें : अर्थव्यवस्था का समाजशास्त्र, अभिजन, अभिरुचि, आत्महत्या, उन्मूलनवाद, एजेंसी, कर्मकाण्ड, कारागार, गोपनीयता, गृहविहीनता, जादू, जीवन-शैली, टेलरवाद, परम्परा, परस्पर विपरीत द्विभाजन, प्रति-(संस्कृति, विमर्श, इतिहास, वर्चस्व, स्मृति), प्राइवेसी, प्रौद्योगिकी, फ़ुरसत, बचपन, बहुपत्नी प्रथा, बहुपति प्रथा, बुज़ुर्गियत का

समाजशास्त्र, बेगानगी, भीड़, भ्रष्टाचार का समाजशास्त्र-1 और 2, सेवानिवृत्ति, विचलन, ज्ञान का समाजशास्त्र।

संदर्भ

1. के.ए. शेप्सले और एम.एस. बोनचेक (1997), *ऐनालाइज़िंग पॉलिटिक्स : रैशनलिटी, बिहेवियर, ऐंड इंस्टीट्यूशंस*, डब्ल्यू.डब्ल्यू. नॉर्टन, न्यूयॉर्क.
2. डी. ग्रीन और आई. शैप्रियो (1994), *पैथोलॅजीज़ ऑफ़ रैशनल चॉयस थियरी : अ क्रिटीक ऑफ़ एप्लीकेशंस इन पॉलिटिकल साइंस*, येल युनिवर्सिटी प्रेस, न्यू हैविन, सीटी.
3. सी.एफ. कैमरर (2003), *बिहेवियरल गेम थियरी*, प्रिंसटन युनिवर्सिटी प्रेस, प्रिंसटन, ऐनजे.
4. जॉन एल्स्टर (2007), *एक्सप्लेनिंग सोशल बिहेवियर : मोर नट्स ऐंड बोल्ट्स फ़ॉर द सोशल साइंसिज़*, केम्ब्रिज युनिवर्सिटी प्रेस, केम्ब्रिज.

— **अभय कुमार दुबे**

बुद्धिवाद

(Rationalism)

युरोपीय ज्ञानोदय की बौद्धिक विरासत मानवीय व्यवहार के वस्तुनिष्ठ और बुद्धिसंगत रूपों को उसके आत्मगत और भावनाप्रधान रूपों पर प्राथमिकता देती है। ज्ञानोदय के चिंतकों को यक़ीन था कि मानवीय समाज का एक बुद्धिसंगत आख्यान रचा जा सकता है जिसके आधार पर अन्याय, क्रूरता, पूर्वग्रह और मिथकीय चिंतन जैसे अविवेकी आयामों का उन्मूलन किया जा सकेगा। इस तरह ज्ञानोदय का एजेंडा विवेक और विवेकहीनता के बीच संघर्ष के कार्यक्रम के तौर पर उभरता है। लेकिन ज्ञानोदय की यह प्रचलित तस्वीर बुद्धिवाद के दार्शनिक उद्गम की जानकारी नहीं देती। दर्शन के क्षेत्र में बुद्धिवाद का इतिहास बुद्धि के भावना से संघर्ष का न हो कर बुद्धिगत और इंद्रियगत के बीच प्राथमिकता के प्रश्न से जुड़ा है। ज्ञान के मुख्यत: दो रूप माने गये हैं : इंद्रिय-आधारित और बुद्धि-आधारित। बुद्धि-आधारित ज्ञान को ही वास्तविक यथार्थ के रूप में अहमियत देने वाला बुद्धिवादी कहलाता है। बुद्धिवाद को हिंदी में विवेकवाद, तर्कणावाद या तर्क-बुद्धिवाद के नाम से भी जाना जाता है। जिस तरह इंद्रियानुभव में अतिशय विश्वास रखने वाले उसी को ज्ञान का एकमात्र स्रोत मानने लगते हैं, उसी तरह बुद्धि की क्षमताओं पर हद से ज़्यादा यक़ीन करने वाले उग्र-बुद्धिवादियों की श्रेणी में आते हैं। दर्शनशास्त्र में इंद्रियों की पूरी तरह से उपेक्षा करने वाले बुद्धिवादियों को थोड़े उपहास के साथ देखा जाता है। कार्ल मार्क्स ने कहा था कि रेशनलिस्ट ख़ुद के ही व्यंग्य-चित्र होते हैं। यह दूसरी बात है कि बुद्धिवादी होने के लिए अपना ही कार्टून होना ज़रूरी नहीं है। सिर्फ़ यह दावा करना काफ़ी है कि हमारे ज्ञान का एक हिस्सा ऐसा होता है जिसे हम इंद्रियों के माध्यम से प्राप्त नहीं कर सकते।

बुद्धिवाद और इंद्रियानुभववाद पर होने वाली प्रचलित बहस से परे जा कर देखा जाए तो स्पष्ट हो जाता है कि ज्ञानमीमांसा के इन दोनों रूपों ने मिल कर ईश्वर, प्रकृति, विज्ञान और मानवीय विकास से संबंधित चिंतन की नींव रखी है। रेने देकार्त, निकोलस मैलेब्रैंश, बारूश स्पिनोज़ा और जी.डब्ल्यू. लीब्निज़ बुद्धिवादी दर्शन के श्रेष्ठ प्रवक्ता माने जाते हैं। इन बुद्धिवादियों के लिए ज्ञान का प्रतिमान संबंधी आधार गणित और तर्कशास्त्र था। जहाँ ज़रूरत पड़ी इन दार्शनिकों ने सत्य की खोज के लिए अंत:प्रज्ञा और बुद्धिसंगत अनुमान का भी इस्तेमाल किया।

ग़ैर-पश्चिमी दर्शन में भी बुद्धि और ज्ञान के बीच के रिश्तों की कई व्याख्याएँ मिलती हैं, लेकिन बुद्धि के किसी वाद के सूत्रीकरण का संकेत नहीं मिलता। दरअसल, ये दर्शन ज्ञान को बुद्धिपरक और इंद्रियपरक में विभाजित न करके उसकी अधिक जटिल व्याख्या करते हैं। बौद्ध दर्शन में बुद्धि के बजाय प्रज्ञा की अवधारणा विकसित की गयी है जिसके ज़रिये यथार्थ की सच्ची प्रकृति में झाँका जा सकता है। बौद्ध चिंतक नागार्जुन के अनुसार प्रज्ञा की उपलब्धि के तीन चरण होते हैं। पहले दो चरणों का संबंध ज्ञान से है जिसे यथार्थ की प्रकृति के अध्ययन, स्वतंत्र चिंतन-मनन और विश्लेषण से हासिल किया जा सकता है। यह प्रक्रिया विकसित होते-होते व्यक्ति को एक ऐसी अवस्था में पहुँचा देती है जिससे हर वस्तु में निहित शून्यता की समझ पैदा हो सकती है। ध्यान रहे बौद्ध दर्शन के लिए शून्यता की अवधारणा का केंद्रीय महत्त्व है। निर्वाण या ज्ञान की उपलब्धि भी शून्य की चेतना के बिना नहीं हो सकती। ग़ैर-पश्चिमी दर्शन की इस्लामिक शाखा बुद्धि को व्यावहारिक और सैद्धांतिक की श्रेणियों में बाँटती है। व्यावहारिक बुद्धि वह है जो व्यक्ति, उसके परिवार और राज्य के हित-साधन के लिए ज्ञानार्जन करती है। सैद्धांतिक बुद्धि ज्ञान के सार्वभौम आधार पर ध्यान देती है। इस विभाजन के अलावा बुद्धि को भौतिक, सम्भावित, वास्तविक, अर्जित और सक्रिय की श्रेणियों में भी बाँटा गया है।

पश्चिमी दर्शन में बुद्धि और ज्ञान के संबंध पर ऊहापोह प्लेटो के ज़माने से चला आ रहा है। प्लेटो की मान्यता थी कि इंद्रियों से मिलने वाला ज्ञान आभास, प्रतीति और मत-मतांतर पर निर्भर होता है; जबकि बुद्धि के ज़रिये

सच्चे ज्ञान की प्राप्ति होती है। एक तरह से प्लेटो यह कहते हैं कि ज्ञान की इंद्रियगत प्राप्ति कुल मिला कर उसकी बुद्धिगत प्राप्ति पर ही निर्भर है। प्लेटो के विचार-सिद्धांत के मुताबिक़ व्यक्ति के मनोविज्ञान या रुझानों से परे जिस यथार्थ का अस्तित्व है, उसमें लगातार एक सातत्य रहता है। इसके उलट इंद्रियगत यथार्थ हमेशा परिवर्तन के मातहत रहने के लिए मजबूर है। इस प्रकार प्लेटो के मुताबिक़ यथार्थ की प्रकृति मूलतः वस्तुनिष्ठ और बुद्धिगत है। देकार्त ने भी प्लेटो के विचार से सहमत होते हुए दावा किया कि यथार्थ का मूल्यांकन बुद्धिसंगत कसौटियों पर आधारित चिंतन से ही किया जाना चाहिए। देकार्त मानते थे कि मनुष्य की इयत्ता और चेतना उसकी बुद्धिसंगत चिंतन-क्षमता से ही बनती है।

बुद्धिवाद की इन दावेदारियों से अलग हटते हुए जॉन लॉक और डेविड ह्यूम ने इंद्रियों के अनुभव को ज्ञान का स्रोत बताया। यह देकार्तियन बुद्धिवाद के ऊपर इंद्रियानुभववाद की दावेदारी थी। ज्ञानोदय के विचार की रचना इन दोनों से ज़रूरत के मुताबिक़ लेते हुए की गयी। इन दोनों के बीच पुल बनाने की काम कांट ने किया। उन्होंने माना कि अनुभव के आधार पर ज्ञान की उपलब्धि की जा सकती है, पर केवल अनुभव ही ज्ञान का एकमात्र स्रोत नहीं हो सकता। कांट ने कहा कि अनुभव को ग्रहण करने की क्षमता भी होनी चाहिए, क्योंकि सभी अनुभवों की शर्त उनसे पहले की परिस्थितियों में निहित होती है। कांट की इस दलील से ज्ञान की उन वस्तुगत परिस्थितियों का आग्रह निकला जो किसी बाह्य जगत में न हो कर मानवीय इयत्ता की रचना-प्रक्रिया में ही स्थित होती हैं। अर्थात् वस्तुओं का ज्ञान उन बुद्धिसंगत परिस्थितियों से निर्धारित होता है जो हम उन पर आरोपित करते हैं।

हीगेल ने कांट द्वारा की गयी इंद्रियानुभववाद की आलोचना को आगे बढ़ाते हुए एक नयी दिशा दी। उन्होंने कहा कि विचार और यथार्थ एक समान तार्किक ढाँचे पर टिके होते हैं जिसका उद्‌घाटन ऐतिहासिक अनुभव के खुलने के साथ-साथ होता है। हीगेल की निगाह में यह प्रक्रिया द्वंद्वात्मक है। सचेत विचार जब इंद्रियों के ज़रिये भौतिक जगत के साथ संवाद करता है तो उसकी तार्किक परतें द्वंद्वात्मकता से ही खुलती हैं। खुलने की यह प्रक्रिया भौतिक जगत में ही सम्पन्न होती है अर्थात् भौतिक यथार्थ द्वंद्वात्मकता के तार्किक आग्रहों के अनुरूप साबित होता है। इस तरह हीगेल विचार और यथार्थ, दोनों को तर्क के नियमों के अधीन करके बुद्धि को आत्मनिष्ठ के बजाय वस्तुनिष्ठ ठहराते हैं।

कांट के बाद युरोपीय दर्शन बुद्धि के वस्तुनिष्ठ और आत्मनिष्ठ रूपों के बीच फ़र्क़ करने की समस्या से जूझने लगा। फ्रैंकफ़र्ट स्कूल के चिंतकों एडोर्नो और होर्ख़ाइमर ने ज्ञानोदय की आलोचना की। उन्होंने कहा कि वैज्ञानिक मानस बनाने के दबाव में ज्ञानोदय ने विवेक या बुद्धि को पहले से मौजूद आत्मनिष्ठ अभिलाषाओं को महज़ औज़ार बना दिया है। नतीजे के तौर पर अभिलाषाएँ तो पूरी हो जाती हैं, पर एक नैतिक ख़ालीपन रह जाता है। सामाजिक प्रक्रिया की ताबेदारी में चले जाने के कारण बुद्धि या विवेक अपना आलोचनात्मक कर्तव्य नहीं पूरा कर पाते।

देखें : अस्तित्ववाद, आत्मनिष्ठता-वस्तुनिष्ठता, इयत्ता, इमैनुएल कांट, इंद्रियानुभववाद, ईसैया बर्लिन, उत्तर-आधुनिकतावाद, उत्तर-औपनिवेशिकता, उदारतावाद, कल्पित समुदाय, ग्योर्ग विल्हेल्म फ्रेड्रिख़ हीगेल, घटनाक्रियाशास्त्र और एडमण्ड हसर, चेतना, जॉन लॉक, ज़ाक लकाँ, ज्याँ-फ्रांस्वा ल्योतर, ज्याँ-पॉल सार्त्र, ज़ाक देरिदा, जॉर्ज विल्हेल्म फ्रेड्रिख़ हीगेल, तत्त्वमीमांसा और अस्तित्वमीमांसा, तात्त्विकतावाद, थियोडोर लुडविग वीज़ेनग्रंड एडोर्नो, द्वैतवाद, नवउदारतावाद, परिणामवाद, फ्रांसिस बेकन, फ्रेड्रिख़ नीत्शे-1 और 2, भाववाद, भौतिकवाद, मनोविश्लेषण, मिशेल पॉल फ़ूको-1 और 2, यथार्थवाद, युरोपीय पुनर्जागरण, युरगन हैबरमास, युरोपीय ज्ञानोदय, रेने देकार्त, लुई अलथुसे, संत ऑग्स्तीन, सोरेन आबी कीर्केगार्द, संरचनावाद और उत्तर-संरचनावाद, हरबर्ट स्पेंसर, ज्ञानमीमांसा, ज्ञान का समाजशास्त्र।

संदर्भ

1. मैक्स होर्ख़ाइमर और टी.डब्ल्यू. एडोर्नो (1947/1972), *डायलेक्टिक ऑफ़ इनलाइटेनमेंट,* एलन लेन, लंदन.
2. इमैनुएल कांट (1781/1964), *क्रिटीक ऑफ़ प्योर रीज़न,* अनु. नॉर्मन केम्प स्मिथ, मैकमिलन, लंदन.
3. जी.डब्ल्यू.एफ. हीगेल (1807/1977), द *फ़िनोमेनोलॅजी ऑफ़ स्पिरिट,* अनु. ए.वी. मिलर, क्लैरेंडन प्रेस, ऑक्सफ़र्ड.
4. रेने देकार्त (1641/1986), *मेडिटेशन ऑन फ़र्स्ट फिलॉसफ़ी,* अनु. जे. कटिंगघम, केम्ब्रिज युनिवर्सिटी प्रेस, केम्ब्रिज.

— अभय कुमार दुबे

बेगानगी

(Alienation)

बेगानगी एक ऐसी सामाजिक और मनोवैज्ञानिक स्थिति है जिसमें व्यक्ति ख़ुद को जीवन के अनुभवों तथा सामाजिक-राजनीतिक संस्थाओं से कटा हुआ या असंपृक्त महसूस करता है। दर्शनशास्त्र की शब्दावली में बेगानगी का प्रवेश बीसवीं सदी के उत्तरार्ध की घटना है। मार्क्सवादी चिंतन में केंद्रीय अवधारणा का दर्जा हासिल करने तथा सामाजिक विज्ञानों में एक महत्त्वपूर्ण प्रस्थापना बनने से पहले बेगानगी रोज़मर्रा के

जीवन की गतिविधियों, जैसे सम्पत्ति के हस्तांतरण, क्रय-विक्रय, या सामाजिक विमुखता आदि को इंगित करने के लिए इस्तेमाल की जाती थी।

मार्क्स ने बेगानेपन की अवधारणा को क्रांति के संदर्भ में विकसित किया था लेकिन इससे पहले वे हीगेल और फ़ायरबाख़ के दार्शनिक चिंतन में एक विशिष्ट अर्थ ग्रहण कर चुकी थी। हीगेल की किताब *फ़ेनोमेनोलॅजी ऑफ़ माइंड* में बेगानगी केंद्रीय अवधारणा के रूप में आती है। उनके परवर्ती चिंतन *इनसाइक्लोपीडिया ऑफ़ द फ़िलॉसॅफ़िकल साइंसेज़* की अंतर्वस्तु भी बेगानेपन और उससे मुक्ति की दार्शनिक पड़ताल पर आधारित है। हीगेल इयत्ता से बेगानेपन के पद को विशुद्ध विचार या मन के अर्थ में प्रयोग करते हैं। उनके अनुसार इयत्ता एक ऐसा गतिशील विचार है जो बेगानगी और लगाव की चक्रीय प्रक्रिया में घटित होता है। वह ख़ुद से अलग होकर प्रकृति के रूप में प्रकट होता है और फ़ाइनाइट मांइड, मनुष्य के रूप में पूर्णता हासिल करता है। हीगेल की चिंतन-योजना में बेगानगी और उससे मुक्ति परम सत्ता के वजूद की अभिव्यक्ति है। हीगेल का मानना है कि मनुष्य अपने मूल स्वभाव के कारण चीजों का निर्माण करता है और इस तरह ख़ुद को वस्तुओं के रूप में अभिव्यक्त करता है। मनुष्य की सामाजिक संस्थाएँ और सांस्कृतिक कार्यकलाप या उपलब्धियाँ भी उसके इस स्वभाव का प्रकटीकरण हैं। हीगेल के मुताबिक़ मनुष्य की रचनाशीलता के ये विभिन्न रूप असल में उसकी बेगानगी का ही उदाहरण पेश करते हैं : वह जिन चीजों का निर्माण करता है अंत में वही उसके लिए अजनबी हो जाती हैं।

विद्वानों ने हीगेल के चिंतन में बेगानगी की विभिन्न अर्थ-छवियाँ ढूँढ़ने का प्रयास भी किया है। स्काच के मुताबिक़ हीगेल बेगानगी का दो बिल्कुल अलग अर्थों में प्रयोग करते हैं। एक वह जो व्यक्ति और समाज के बीच विषम संबंध को प्रकट करता है और दूसरा वह जो व्यक्ति की वास्तविक स्थिति और उसके मूल स्वभाव के अंतर को ज़ाहिर करता है।

फ़ायरबाख़ हीगेल के इस दृष्टिकोण का खण्डन करते हैं कि प्रकृति परम सत्ता से बेगानेपन का परिणाम है और इस बेगानगी को पाटने या उससे मुक्त होने की प्रक्रिया में मनुष्य परम सत्ता का दर्जा हासिल कर लेता है। फ़ायरबाख़ मनुष्य को ख़ुद से अलग हुई ईश्वरीय सत्ता का परिणाम नहीं मानते। इसके विपरीत वे यह प्रस्तावित करते हैं कि ईश्वरीय सत्ता मनुष्य के स्वयं से खण्डित हो जाने का नाम है। उनके अनुसार मनुष्य का बेगानगी तब शुरू होता है जब वह एक कल्पित सत्ता को गढ़ता है और उसे स्वयं से ऊँचा मान कर उसकी दासता स्वीकार कर लेता है। इस तरह फ़ायरबाख़ के अनुसार मनुष्य की बेगानगी तभी ख़त्म हो सकती है जब वह ईश्वर के रूप में गढ़ी गयी अपनी छवि ख़ारिज कर दे। बेगानगी की इस तत्ववादी और दार्शनिक व्याख्या को ठोस ऐतिहासिक संदर्भ देने का श्रेय मार्क्स को जाता है जिन्होंने इस अवधारणा की मनुष्य के सामाजिक-आर्थिक परिप्रेक्ष्य में रखकर पड़ताल की।

मार्क्स सर्जनात्मक सक्रियता की क्षमता को मनुष्य की ऐसी प्रवृत्ति मानते हैं जो उसे पशु-जगत से अलग करती है। मार्क्स के अनुसार अगर व्यक्ति को अपनी रचनात्मकता को अभिव्यक्त करने का मौक़ा नहीं मिलता तो वह पशुओं या मशीनों के समान हो जाता है। बेगानगी के कारणों की शिनाख़्त करते हुए मार्क्स उसकी व्यापक प्रक्रिया में जाकर तर्क देते हैं कि पूँजीवादी व्यवस्था में कामगार का अपने कार्य पर नियंत्रण ख़त्म हो जाता है और वह समूची व्यवस्था से बेगानगी महसूस करने लगता है। मार्क्स के अनुसार कामगार सबसे पहले अपने श्रम के उत्पादों से बेगानगी महसूस करता है, क्योंकि उसका निर्मित वस्तु या उसके उपयोग पर कोई नियंत्रण नहीं होता। उसका काम महज़ धन जुटा कर जीवन की भौतिक ज़रूरतें पूरी करने का साधन बन जाता है। दूसरे, कामगार कार्य की प्रक्रिया से भी कटा हुआ अनुभव करते हैं क्योंकि उनके काम करने की गति, ढर्रे, उपकरणों और तकनीक पर दूसरों का आधिपत्य होता है। तीसरे, अपने काम से सम्पृक्ति महसूस न करने के कारण कामगार अंततः अपने आत्म से भी बेगानगी महसूस करने लगते हैं। इसके उलट अगर कामगार को अपने मन और रुचि से काम करने की स्वतंत्रता हो तो वह उत्साह से काम करता है और अपने काम से गहरा लगाव महसूस करता है। चौथे, बेगानगी पर आधारित श्रम एक एकांतिक प्रयास होता है क्योंकि वह समूह की ज़रूरतों को पूरा करने के लिए सामूहिक स्तर पर नियोजित उपक्रम का हिस्सा नहीं होता। इस सबका समेकित परिणाम यह होता है कि कामगार न केवल दूसरों से बल्कि अपने आप से भी कट जाता है। मार्क्स का मानना था कि बेगानगी के ये आयाम औद्योगिक पूँजीवाद के दौर में सबसे गम्भीर रूप धारण करते हैं। अंततः काम के साथ यह बेगानगी और उसके प्रति अरूचि कामगार को व्यवस्था में बदलाव करने के लिए प्रेरित करती है। इस तरह मार्क्स के दृष्टिकोण में बेगानगी की सामाजिक क्रांति में एक निर्णायक भूमिका होती है।

इस पूर्व-पीठिका के अनंतर बेगानगी से संबंधित शोध मार्क्स की सामाजिक-दार्शनिक धुरी और सम्भावित भविष्य से हटकर अर्थव्यवस्था के मौजूदा स्वरूप में काम की प्रकृति के कारणों और परिणामों पर केंद्रित होता गया है। हालाँकि मार्क्स के बुनियादी दृष्टिकोण के मुक़ाबले बेगानगी के अध्ययन से जुड़ी मौजूदा पद्धतियाँ उतनी बृहद नहीं हैं लेकिन

निष्कर्ष के स्तर पर वे मार्क्स के विचारों से काफ़ी हद तक मेल खाती दिखती हैं। बेगानगी के समकालीन अध्ययन में मार्क्स की अवधारणा का स्थान काम से उपजी असंतुष्टि ने ले लिया है। अब बेगानगी के जिन रूपों और धारणाओं के इर्द-गिर्द शोध किया जाता है उनमें काम के प्रति प्रतिबद्धता, एफ़र्ट बारगेनिंग, और इनका विरोध करती प्रतिरोध की भावना को प्रमुख माना जा सकता है। अगर राजनीतिक दायरे की बात की जाए तो समाज की सत्ता संरचना के प्रति बेगानगी की भावना मतदान के प्रति लोगों के रुझान में आये बदलाव तथा राजनीति में बढ़ते अविश्वास के रूप में प्रकट हुई है।

बेगानगी के सामाजिक-दार्शनिक विमर्श से ले कर बेगानगी के समाज-विज्ञान में विश्लेषण का विषय बनने की इस यात्रा में नौकरी से मिलने वाली संतुष्टि और सामाजिक व राजनीतिक मसलों के प्रति उदासीनता आदि जैसे विषयों पर शोध की एक बड़ी राशि विकसित हो चुकी है। काम से जुड़ी चीजों को ख़ुद तय करने और किसी की दख़लंदाज़ी से मुक्त रहकर काम करने की आजादी को संतुष्टि की सबसे अहम कसौटी माना जाता है। काम की संतुष्टि के संबंध में कई अन्य कारकों को इस तरह भी देखा जाता है कि व्यक्ति को अपनी अंतर्निहित क्षमता को प्रकट करने का मौक़ा मिलता है या नहीं, या कि कार्य-स्थल का माहौल कितना न्यायपूर्ण और कार्य-स्थल के अन्य सहयोगियों का व्यवहार कैसा है। इस क्रम में संस्था की विशालता, नौकरशाही और रोज़मर्रा के कार्यों पर संस्था के उच्च पदस्थ अधिकारियों के हस्तक्षेप पर भी विचार किया जाता है। कई बार काम के अभाव से भी बेगानगी की भावना पैदा होती है। ऐसे में व्यक्ति को यह लगने लगता है कि समाज में उसकी कोई भूमिका नहीं है। शोधों से यह उजागर हुआ है कि बेरोजगारी की उच्च दर का अवसाद, बीमारी, और आत्महत्या के साथ सीधा संबंध है। ग़ौरतलब है कि भूमण्डलीकरण के कारण रोज़गार के अवसर ऐसे लोगों के पास चले गये हैं जिनके पास तकनीकी का बेहतर ज्ञान है या फिर जो कम वेतन पर काम करने को तैयार रहते हैं।

समकालीन विश्व में बेगानगी की भावना राजनीतिक सत्ता से मोहभंग के रूप में भी सामने आयी है। मोहभंग की यह भावना इसलिए भी पैदा होती है क्योंकि बड़े और जटिल समाजों में राजनीतिक संस्थाएँ लोगों की पहुँच से दूर होती जाती हैं तथा लोगों को या तो राजनीति में भागीदारी करने का मौक़ा नहीं मिलता या फिर उन्हें ऐसे अवसर दिखायी ही नहीं देते। राजनीतिक प्रक्रिया के व्यक्ति केंद्रित होते जाने और उस पर कोरपोरेट पूंजी की चौधराहट क़ायम होने से लोगों में यह भावना घर कर गयी है कि राजनीतिक संस्थाएँ उनके हितों का प्रतिनिधित्व नहीं करती। राजनीतिक बेगानगी की प्रवृत्ति पश्चिमी देशों, ख़ासकर अमेरिका में लगातार बढ़ती जा रही है। साक्ष्यों के अनुसार वहाँ मतदान करने वाले लोगों के अनुपात में ज़बरदस्त गिरावट आयी है। मसलन, बीसवीं सदी के छठे दशक में तीन-चौथाई जनता को यह विश्वास था कि सरकार जनकल्याण के लिए काम करती है जबकि आज ऐसे लोगों की संख्या केवल एक चौथाई रह गयी है जो सरकार की सदाशयता में यक़ीन करते हैं।

ग़ौरतलब है कि मौजूदा दौर में जिन लोगों के पास अच्छी ख़ासी नौकरी है और राजनीति में दख़ल करने के अवसर हैं, उन्हें भी लगता है कि काम की अधिकता ने उनके आत्म को छीन लिया है। वे ख़ुद को हर समय वयस्त महसूस करते हैं। ज़्यादा काम और हर पल की व्यस्तता असंतोष के स्थाई कारण बन गये हैं। काम यह निरंतर दबाव लोगों में जीवन से बेगानगी को जन्म देता है। पूँजीवादी अर्थव्यवस्था का एक विचित्र आयाम यह भी है कि बहुत से लोग परिवार और फ़ुरसत के बजाय तमाम अरुचि के बावजूद काम में डूबे रहते हैं। कई अध्येता इसे आधुनिक समाज का एक विशिष्ट लक्षण मानते हैं जिसमें काम निजी जीवन के दायरे पर हावी होता जा रहा है। एक ऐसी स्थिति पैदा हुई है जिसमें बहुत से लोग परिवार और आराम के बजाय काम को वरीयता देने लगे हैं। क्या इसे इस बात का सुबूत माना जाए कि लोगों का काम से बेगानगी ख़त्म हो गयी है या फिर लोगों के जीवन में समुदाय और परिवार की भूमिका कम होती जा रही है। आधुनिक समाज में व्यक्ति के जीवन में आ रहे ऐसे बदलावों के मद्देनजर बेगानगी का पारम्परिक सिद्धांत अपूर्ण लगने लगता है।

काम से उपजी असंतुष्टि और राजनीतिक व्यवहार के क्षेत्र में बढ़ती बेगानगी कार्यस्थल और सामाजिक ढाँचे में पसरती उन प्रवृत्तियों की ओर इंगित करती है जो मनुष्य की प्रेरणा को मार देती हैं। साथ ही वह एक ऐसी वैकल्पिक व्यवस्था की ज़रूरत की भी माँग करती है जिसमें मनुष्य की सर्जनात्मकता को बहाल किया जा सके। सामाजिक दर्शन के तौर पर बेगानगी के सिद्धांत समाज के बेहतर विकल्पों की कल्पना को जीवंत बनाये रखने में मदद करते हैं। चिंतन की यह जद्दोजहद इसलिए भी ज़रूरी है ताकि सामाजिक विज्ञान वर्तमान की निरंकुशता और अतीत की अनुपलब्ध सम्भावनाओं के बीच परिवर्तनकारी भूमिका निभा सके।

देखें : अर्थव्यवस्था का समाजशास्त्र, अभिजन, अभिरुचि, आत्महत्या, उन्मूलनवाद, एजेंसी, कर्मकाण्ड, क़ानून, कारागार, कार्ल हाइनरिख़ मार्क्स-1 से 4 तक, ग्योर्ग विल्हेल्म फ्रेड्रिख़ हीगेल, गोपनीयता, गृहविहीनता, जाति और जाति-व्यवस्था-1 से 4 तक, जादू, जीवन-शैली, टेलरवाद, डार्विनिज़्म और चार्ल्स रॉबर्ट डार्विन, फ़ुरसत, बचपन, बुज़ुर्गियत का समाजशास्त्र, भीड़, भ्रष्टाचार का समाजशास्त्र-1 और 2, विचलन, ज्ञान का समाजशास्त्र।

संदर्भ

1. टॉन बॉटॅमोर (1963), *कार्ल मार्क्स : अर्ली राइटिंग्ज़,* मैक्ग्रा-हिल, न्यूयॉर्क.
2. एरिक फ्रॉम (1966), *मार्क्सिज़ कंसेप्ट ऑफ़ मैन,* एफ़. उंगर, न्यूयॉर्क.
3. आर. हडसन (2001), *डिगनिटी एट वर्क,* केम्ब्रिज युनिवर्सिटी प्रेस, न्यूयॉर्क.

— नरेश गोस्वामी

बोल्शेविक क्रांति

(Bolshevik Revolution)

फ्रांस की क्रांति के 125 साल बाद विश्व-राजनीति को जिस घटना ने सबसे ज़्यादा प्रभावित किया, वह 1917 की बोल्शेविक क्रांति थी जिसे रूस की अक्टूबर क्रांति के नाम से भी जाना जाता है। फ्रांसीसी क्रांति ने अगर कुलीन-तंत्र का ख़ात्मा करके लोकतांत्रिक गणराज्यों के युग के लिए रास्ता साफ़ किया था, तो अक्टूबर क्रांति ने कहीं अधिक रैडिकल रुख अपनाते हुए न केवल राजशाही को परास्त किया, बल्कि पूँजीवाद द्वारा राज्य, अर्थव्यवस्था और समाज को अपने आईने में गढ़ने की परियोजना के मुक़ाबले समाजवादी राज्य और समाज का वैकल्पिक मॉडल पेश करने की कोशिश की। रूसी क्रांति से पहले मार्क्सवाद पश्चिम के विकसित देशों में सर्वहारा क्रांति की भविष्यवाणी करने वाली एक ऐसी युरोकेंद्रित विचारधारा थी जिसकी राजनीति ने कभी सफलता का मुँह नहीं देखा था। लेकिन रूसी क्रांति की कामयाबी के कारण मार्क्सवाद एशिया, अफ्रीका और लातीनी अमेरिका में भी अल्पविकसित देशों को समाजवाद और आधुनिकीकरण की दिशा में धकेलने वाले राजनीतिक परिवर्तनों का प्रेरक और वाहक बन गया। बोल्शेविक क्रांति रूस के किसानों और मज़दूरों द्वारा बीसवीं सदी के पहले बीस सालों में की गयी तीन क्रांतियों के सिलसिले के अंतिम कड़ी थी। पहली क्रांति 1905 में हुई जिसे लेनिन ने अक्टूबर क्रांति का ड्रेस रिहर्सल क़रार दिया था। दूसरी क्रांति 1917 की फ़रवरी में हुई जिसने ज़ारशाही को उखाड़ फेंका और दोहरी सत्ता की स्थापना की, जिसका नतीजा राजनीतिक अस्थिरता में निकला। उसके ठीक आठ महीने बाद लेनिन और बोल्शेविकों के नेतृत्व में हुई क्रांति ने सोवियतों के लोकतंत्र पर आधारित दुनिया के पहले समाजवादी राज्य की स्थापना की। सत्ता का एक ग़ैर-पूँजीवादी ध्रुव तैयार हुआ जिसके पीछे 1922 में गठित सोवियत सोशलिस्ट रिपब्लिक जैसे बहुराष्ट्रीय राज्य की ताक़त थी। बोल्शेविक क्रांति के कारण वामपंथी राजनीति की भाषा भी बदल गयी। इससे पहले वामपंथी सारी दुनिया में सामाजिक जनवादी के रूप में पहचाने जाते थे, पर इसके बाद पूँजीवाद को क्रांतिकारी रवैये के तहत ख़ारिज करने वालों की पार्टियाँ कम्युनिस्ट कहलायीं और व्यवस्था में सुधारों के ज़रिये राजनीति करने वाली सोशलिस्ट पार्टियाँ कही जाने लगीं।

बोल्शेविक क्रांति की पृष्ठभूमि, घटनाक्रम, कारणों और प्रभावों के ऊपर अनगिनत और प्रचुर अध्ययन हुए हैं। इनमें क्रांति के अहम नेताओं में से एक ट्रॉट्स्की जैसे सिद्धांतकारों और क्रांति से विचारधारात्मक हमदर्दी रखने वाले इतिहासकारों के प्रयास तो शामिल हैं ही, क्रांति के आलोचकों द्वारा रचा गया साहित्य भी शामिल है। ये आलोचक भी दो क़िस्म के हैं। बोल्शेविक क्रांति को सहानुभूति से देखने वाले रोज़ा लक्ज़ेमबर्ग जैसे हमसफ़र मार्क्सवादियों की आलोचना भी है जो इसके भविष्य को लेकर चिंतित थे, और इस क्रांति को विश्व-इतिहास की एक नकारात्मक घटना के तौर पर देखने वाली रचनाएँ भी हैं।

रूस के बुद्धिजीवी वर्ग ने उन्नीसवीं सदी के आख़िरी वर्षों में मार्क्सवाद से प्रेरणाएँ ग्रहण करनी शुरू कर दी थीं। अस्सी फ़ीसदी किसान आबादी वाले साम्राज्य में ज़ारशाही के तहत थोड़ा-बहुत औद्योगिक विकास भी हुआ था जिसके परिणामस्वरूप शहरी केंद्रों में पूँजीवादी वर्ग, सर्वहारा वर्ग और आधुनिक पेशों में संलग्न मध्यवर्ग उभर आया था। इसके बावजूद ज़ारशाही कुशासन, निरंकुशता, भूदास प्रथा और शोषण की निरंतरता से जनता को मुक्ति का आश्वासन कभी नहीं दे पायी। न तो नये सामाजिक वर्गों की महत्त्वाकांक्षाएँ पूरी होती लग रही थीं, और न ही किसानों की आर्थिक माँगें पूरी होने की कोई सम्भावना थी। तक़रीबन हर वर्ग में राजनीतिक परिवर्तन की आकांक्षा थी। किसानों, मज़दूरों और मध्यवर्गीय तबक़ों में गहरा असंतोष खदबदा रहा था। ज़ारशाही युरोप की प्रमुख राजनीतिक ताक़त थी, पर इन नाकामियों के कारण बीसवीं सदी का पहला दशक उसके सर्वाधिक पतनशील स्वरूप की नुमाइंदगी कर रहा था।

रूसी भाषा में बोल्शेविक पार्टी का मतलब होता है बहुमत वाला दल। इसका गठन मार्क्सवादियों के संगठन रूसी सोशल डेमक्रैटिक लेबर पार्टी (आरएसडीएलपी) की 1903 में हुई दूसरी कांग्रेस के बाद हुआ। कांग्रेस में इस बात पर एक राय थी कि ज़ार की हुकूमत ख़त्म करके समाजवाद की स्थापना के लिए रूस को मज़दूर वर्ग के नेतृत्व में एक चरणबद्ध क्रांति की ज़रूरत है। आरएसडीएलपी पहले चरण में ज़ारशाही के तहत चल रही सामंती व्यवस्था को उखाड़ना चाहती थी ताकि दूसरे चरण के तहत पिछड़े हुए रूस में पूँजीवाद का विकास हो सके। तब कहीं जा कर तीसरे चरण

लेनिन पेत्रोग्राद में : अप्रैल थीसिस

में समाजवाद की नौबत आनी थी। लेकिन, यह चरणबद्ध क्रांति कर सकने वाली पार्टी के चरित्र के बारे में कांग्रेस दो भागों में बँटी हुई थी। जिन सदस्यों की मान्यता थी कि पार्टी को अपनी सदस्यता खोल देनी चाहिए और व्यापक जनता के संगठन के तौर पर अपना विकास करना चाहिए, उनकी जत्थेबंदी का नाम मेंशेविक था। उनके विपरीत बोल्शेविकों का विचार था कि पार्टी को मार्क्सवाद में पारंगत ऐसे जुझारू और अनुशासित क्रांतिकारियों के संगठन के तौर पर अपना विकास करना चाहिए जो एक क्रांतिकारी कार्यक्रम को ज़रूरत पड़ने पर ख़ुफ़िया राजनीति के ज़रिये लागू कर सकें। बोल्शेविकों के नेता लेनिन का कहना था कि रूस में राजनीतिक उत्पीड़न चरम पर है, ऐसे में खुली पार्टी सरकारी दमन का शिकार हो कर नष्ट हो जाएगी। लेनिन पार्टी को रूस की व्यापक जनता के संगठन की तरह न देख कर मज़दूर वर्ग के हरावल दस्ते की तरह देखते थे। उन्होंने ट्रेड यूनियन गतिविधियों से पैदा होने वाली राजनीतिक चेतना और एक क्रांतिकारी संगठन द्वारा प्रदत्त राजनीतिक चेतना में अंतर किया।

आरएसडीएलपी दो भागों में बँट गयी। लेकिन दो वर्ष बात 1905 में जब ज़ारशाही के ख़िलाफ़ असंतोष रक्तरंजित हड़तालों और प्रतिरोधों की शक्ल में फूट पड़ा, तो मेंशेविकों और बोल्शेविकों ने मतभेद भुला कर पेरिस कम्यून के बाद हो रही पहली युरोपीय क्रांति में साथ-साथ भागीदारी की। क्रांतिकारी उथल-पुथल की प्रक्रिया दो वर्ष तक चली और 1907 में इसका दमन कर दिया गया। लेकिन इसके परिणामस्वरूप रूसी किसानों, मज़दूरों और उनका साथ देने वाले बाग़ी सिपाहियों ने क्रांतिकारी राजनीति का स्वाद चखा और अपने लिए ज़ारशाही से कई राजनीतिक रियायतें जीतीं। सत्ता ज़ार के पास ज़रूर थी, पर शासन चलाने की ज़िम्मेदारी हाल ही गठित ड्यूमा (संसद) के हाथों में आ गयी थी। दूसरी तरफ़ रूस में सोवियतों (क्रांतिकारी परिषदों) का प्रसार हो गया था जो लोकतांत्रिक सत्ता का रैडिकल प्रतिनिधित्व कर रही थीं। 1905 की क्रांति का नेतृत्व भी सेंट पीटर्सबर्ग की सोवियत के हाथ में था।

क्रांति विफल होने के बाद आरएसडीएलपी में क्रांतिकारी कार्यक्रम पर विवाद शुरू हुआ। मेंशेविकों के नेता और वरिष्ठ मार्क्सवादी सिद्धांतकार प्लेखानोव ने परम्परानिष्ठ रवैया अपनाते हुए उस अनुभव को नज़रअंदाज़ करना जारी रखा जिसके तहत मज़दूरों के साथ-साथ किसान 1905 में क्रांति का नेतृत्व करते हुए दिखे थे। प्लेखानोव और मेंशेविक किसानों को क्रांतिकारी शक्ति मानने के लिए तैयार नहीं थे। लेकिन बोल्शेविकों और लेनिन ने कहा कि क्रांति का नेतृत्व मज़दूर ही करेंगे, पर किसानों के साथ उन्हें गठजोड़ बनाना होगा। विवाद विफल क्रांति के मूल्यांकन पर भी था। बोल्शेविकों का कहना था कि इस क्रांति के आईने में रूस के औद्योगिक पूँजीवादी वर्ग की बढ़ती हुई ताक़त देखी जानी चाहिए। लेनिन का विचार था कि रूस में पूँजीवाद का इस हद तक विकास हो गया है कि सर्वहारा वर्ग क्रांति का नेतृत्व करके अपनी हुकूमत क़ायम कर सके और समाजवाद की रचना का कार्यक्रम चला सके। जबकि मेंशेविकों का कहना था कि ड्यूमा के बावजूद निरंकुशता जारी है, इसलिए पार्टी को पूँजीवादी वर्ग के नेतृत्व में लोकतांत्रिक सरकार की स्थापना के लिए संघर्ष करना चाहिए।

सदी का दूसरा दशक प्रथम विश्व-युद्ध का दशक भी था। ज़ार ने युद्ध में भागीदारी करना तय किया, और देशभक्ति के ज्वार के मुक़ाबले क्रांति की आग ठंडी होती लग रही थी। कई क्रांतिकारी नेता निष्कासित कर दिये गये थे। रूस के युद्ध में भाग लेने का अकेला विरोध बोल्शेविक कर रहे थे। मेंशेविक नेता प्लेखानोव और अराजकतावादी प्रिंस क्रोपाटकिन युद्ध के पक्ष में थे। बोल्शेविकों का तर्क था कि साम्राज्यवादियों के हितों के लिए मज़दूरों-किसानों के बेटों को क्यों अपनी जान देनी चाहिए। इस विरोध के परिणामस्वरूप बोल्शेविकों को ज़बरदस्त पुलिस दमन का सामना करना पड़ा। ड्यूमा के पाँच बोल्शेविक सदस्यों को गिरफ़्तार करके साइबेरिया भेज दिया गया। लेनिन को स्विट्ज़रलैण्ड पलायन कर जाना पड़ा। रूस में केवल बोल्शेविकों का एक कोर ग्रुप ही रह गया।

लेकिन ज़ारशाही बहुत दिनों तक राहत नहीं महसूस कर पायी। कुशासन, नौकरशाहों की गड़बड़ियाँ, भ्रष्टाचार और फ़ौज की अक्षमता अपने चरम पर थी। ज़ार और ज़ारीना रासपुतिन जैसी संदिग्ध शख़्सियत के कहने पर चलते थे। फ़रवरी, 1917 तक हालत यह हो चुकी थी कि पूरे रूस में एक भी राजनीतिक गुट ऐसा नहीं रह गया था जो ज़ार के

साथ हमदर्दी रखता हो। फ़रवरी में मज़दूरों और सिपाहियों ने, जो ज़्यादातर किसान परिवारों से आये थे, विद्रोह कर दिया। इनका नेतृत्व सोवियतों के हाथ में था। राष्ट्रीय पैमाने पर क्रांति की अगुआई पेत्राग्राद की सोवियत कर रही थी। ज़ारशाही को ख़त्म करके सोवियतों ने अस्थाई सरकार बनने दी और उसे कुछ शर्तों पर समर्थन दिया : लोकतांत्रिक गणराज्य स्थापित करने के लिए एक संविधान सभा बुलायी जाए, भूमि सुधार करके ज़मीनें किसानों में बाँटी जाएँ, बदले में मुआवज़ा भी न दिया जाए और मज़दूरों के लिए आठ घंटे का कार्य-दिवस हो। एक तरह सत्ता की यह नयी संरचना दोहरे क़िस्म की थी जिसका परिणाम राजनीतिक अस्थिरता में निकलना था।

फ़रवरी क्रांति के पहले महीने तक आरएसडीएलपी में बोल्शेविक अल्पमत में थे, और मेंशेविक और एसआर (सोशलिस्ट रेवोल्यूशनरी) नामक गुट बहुमत में था। लेकिन सोवियतों के भीतर बोल्शेविकों का दबदबा था, और मज़दूरों के बीच उनकी प्रतिष्ठा का मुक़ाबला कोई नहीं कर सकता था। 4 अप्रैल, 1917 को लेनिन अपने 32 साथियों के साथ स्विट्ज़रलैण्ड से पेत्रोग्राद पहुँचे और एक नया बोल्शेविक कार्यक्रम पेश किया जिसे अप्रैल थीसिस के नाम से जाना जाता है। लेनिन का विचार था कि राजनीतिक हालात अस्थिर हैं। इससे पहले अस्थीय सरकार के उदारतावादी शासक अपने क़दम जमा पायें, हालात का लाभ उठा कर बोल्शेविकों को अस्थाई सरकार से सत्ता छीन लेनी चाहिए। पहली प्रतिक्रिया में तक़रीबन पूरी पार्टी ने लेनिन का विरोध किया, लेकिन हफ़्ते भर के भीतर-भीतर लेनिन इस क्रांतिकारी कार्यक्रम के आधार पर पार्टी के बहुमत का समर्थन जीतने में सफल रहे। इस दौरान मेंशेविक कैडेट पार्टी के नेतृत्व में चलने वाली अस्थाई सरकार में ऊँचे पदों पर जमे रहे। यह सोशलिस्टों और कैडेट पार्टी के बीच गठबंधन सरीखी स्थिति थी। बोल्शेविकों ने इस पर आपत्ति की, लेकिन जब पेत्रोग्राद की सोवियत ने इस बंदोबस्त का साथ दिया तो बोल्शेविकों ने अपने केवल एक प्रतिनिधि कामेनेव को ही सरकार में भागीदारी की इजाज़त दी।

सितम्बर आते-आते बोल्शेविक पूरी तरह से क्रांति के लिए कमर कस चुके थे। उन्होंने शांति, ज़मीन और रोटी का नारा दे कर सभी की तरह की सत्ता सोवियतों द्वारा हस्तगत करने का आह्वान किया। 24-25 अक्टूबर को बोल्शेविक पार्टी ने मज़दूरों और किसानों का नेतृत्व करते हुए अस्थाई सरकार को उखाड़ फेंका और सोवियतों की सरकार क़ायम की। अगले दिन सोवियतों की दूसरी कांग्रेस बुलायी गयी जिसमें किसानों को ज़मीन बाँटने और सभी मोर्चों पर शांति क़ायम करने की राजाज्ञा जारी की गयी। फ़रवरी, 1918 तक ज़ार के विशाल रूसी साम्राज्य में हर मुक़ाम पर सोवियत सरकार ने मज़बूती से क़दम जमा लिए। दूसरी तरफ़ मेंशेविकों ने एसआर गुट और दक्षिणपंथी ताक़तों के साथ मिल कर इस क्रांति का जम कर विरोध किया। सोवियत सरकार के समर्थन में केवल बोल्शेविक पार्टी और कुछ निर्दलीय ही रह गये। क्रांति सफल ज़रूर हुई, लेकिन नयी सरकार को अगले चार सालों में भीषण गृह युद्ध और विदेशी हस्तक्षेप का सामना करना पड़ा। इसका परिणाम 'युद्ध कम्युनिज़्म' की परिस्थितियों में निकला जिसने पहले लेनिन और फिर बाद में स्तालिन के नेतृत्व में बोल्शेविकवाद को भीतर और बाहर से बदल डाला।

देखें : अर्नेस्टो चे गुएवारा, आधार और अधिरचना, ऑस्कर रायज़ार्ड लांगे, आंगिक और पारम्परिक बुद्धिजीवी, एंतोनियो ग्राम्शी, कार्ल हाइनरिख़ मार्क्स-1 से 4 तक, क्रांति, क्रांति : मार्क्सवादी विमर्श, ग्योर्गी लूकाच, नयी सदी में मार्क्सवादी विमर्श-1 से 9 तक, निष्क्रिय क्रांति, पेटी बूर्ज़्वा, फ्रेड्रिख़ एंगेल्स, फ्रैंकफ़र्ट स्कूल, भारत में किसान संघर्ष-2 और 4, भारतीय कम्युनिस्ट पार्टी, भारतीय कम्युनिस्ट पार्टी (मार्क्सवादी), भारतीय इतिहास लेखन, भाषा के मार्क्सवादी सिद्धांत, भ्रांत चेतना, फ्रांस्वा-चार्ल्स मारी फ़ूरिये, क्यूबा की क्रांति, फ्रेंज़ फ़ानो, हिंसा-1 और 2, मानवेंद्र नाथ राय, माओ त्से-तुंग, माओवाद और माओ विचार, मार्क्सवाद-1 से 5 तक, मार्क्सवादी इतिहास-लेखन, मार्क्सवादी समाजशास्त्र, मार्क्सवाद और पारिस्थितिकी, मार्क्सवादी अर्थशास्त्र, मिख़ाइल मिख़ाइलोविच बाख़्तिन, समाजवादी वसंत-1 से 4 तक, रॉबर्ट ओवेन, राज्य की मार्क्सवादी अवधारणा, लेनिनवाद, लियोन ट्रॉट्स्की, लिबरेशन थियोलॅजी, सर्वहारा, सांस्कृतिक क्रांति, सैं-सिमों, स्तालिन और स्तालिनवाद, सोवियत समाजवाद-1 से 3 तक, सोवियत सिनेमा, वर्चस्व, व्लादिमिर इलीच लेनिन।

संदर्भ

1. ई.एच. कार (2004), द *रशियन रेवोल्यूशन : फ्रॉम लेनिन टु स्तालिन (1917-1929),* पालग्रेव, न्यूयॉर्क.
2. जी. गिल (1979), *पीजेंट्स ऐंड गवर्नमेंट इन द रशियन रेवोल्यूशन,* मैकमिलन, लंदन.
3. लियोन (1967), द *हिस्ट्री ऑफ़ रशियन रेवोल्यूशन,* तीन खण्ड, स्फ़ेयर बुक्स, लंदन.
4. एच. शुकमैन (सम्पा.) (1994), द *ब्लैकवेल इनसाइक्लोपीडिया ऑफ़ रशियन रेवोल्यूशन,* ब्लैकवेल, ऑक्सफ़र्ड.
5. जॉन रीड (1960), *टेन डेज़ दैट शुक द वर्ल्ड,* विंटेज, न्यूयॉर्क.
6. एल. कोचैन (1978), *रशिया इन रेवोल्यूशन, 1890-1918,* ग्रेनाडा, लंदन.
7. डब्ल्यू.एच. चैम्बरलिन (1965), द *रशियन रेवोल्यूशन,* दो खण्ड, ग्रोसेट ऐंड डनलप, न्यूयॉर्क.

— अभय कुमार दुबे

बौद्ध दर्शन

(Buddhist Philosophy)

भारतीय परिदृश्य में बौद्ध दर्शन और धर्म का विकास सामाजिक-सांस्कृतिक-वैदिक हिंसा, पुरोहितवाद, ब्राह्मणवाद, वर्णाश्रम-व्यवस्था तथा कर्मकाण्डों के विरुद्ध हुआ है। इस दर्शन ने जीवन से विलग किसी दूसरे जगत में नहीं बल्कि इस यथार्थ जीवन-जगत में ही मनुष्य के दु:ख से छुटकारा पाने के लिए मार्ग प्रशस्त किया। इसके लिए बुद्ध ने जीवन को ही दु:ख का कारण माना। उन्होंने चार आर्य सत्य बताये : दु:ख है, दु:ख का कारण है, दु:ख का अंत है और दु:ख के अंत के लिए उपाय भी हैं। दु:ख के निवारण के रूप में उन्होंने अष्टांगिक मार्ग की प्रस्थापना दी और कहा कि संसार की कोई भी वस्तु नित्य न होकर सतत परिवर्तनशील है। बौद्ध दर्शन के अनुसार जन्म लेना दु:ख है, शरीर का क्षय होना दु:ख है, बीमारी दु:ख है, किसी प्रिय वस्तु से नाता जोड़ना दु:ख है, किसी प्रिय वस्तु से नाता तोड़ना दु:ख है, किसी अपेक्षित वस्तु का प्राप्त न होना भी दु:ख है। इन पाँच स्कंधों में से किसी एक को भी पकड़ने का लोभ दु:ख है। यह लोभ और लालसा ही है जो पुनर्जन्म का कारण है, जिसके साथ सुख और लालच की भावना लगी रहती है, कभी यहाँ तो कभी वहाँ सुख खोजने अर्थात् सुख खोजते-खोजते नष्ट हो जाने की भावना, लगी रहती है। इस लोभ को पूर्णत: रोक देना, उससे अपने आपको खींच लेना, अपने दु:खों का अंत कर सकता है। कामनाएँ ही सभी दु:खों का कारण हैं। इनसे मुक्ति के लिए अष्टांगिक मार्ग-सम्यक दृष्टि, सम्यक संकल्प, सम्यक वाक्, सम्यक कमांत, सम्यक आजीव, सम्यक व्यायाम, सम्यक स्मृति और सम्यक समाधि के आठ साधन हैं जिनके द्वारा जीव अविद्या और तृष्णा से मुक्त हो सकता है। इनके द्वारा निर्मल बुद्धि, दृढ़ता तथा शांति मिलती है। इस प्रकार दु:ख का पूर्ण विनाश होता है और पुनर्जन्म की सम्भावना नहीं रह जाती है। इसी अवस्था को बुद्ध ने निर्वाण की संज्ञा दी है।

बुद्ध के विचारों का प्रादुर्भाव ऐसे दौर में हुआ जब ब्राह्मणवाद और वर्णाश्रम व्यवस्था का रूढ़िवादी स्वरूप सामाजिक जीवन छिन्न-भिन्न कर रहा था। वर्णाश्रम को वेदों से उत्पन्न दैवी विधान मान कर दैवी साक्ष्य के रूप में मान्यता मिली हुई थी। बुद्ध ने वेदों की पवित्रता-प्रामाणिकता एवं वैदिक देवी-देवताओं को मानने से इनकार कर दिया। उन्होंने अपने अनुयायियों से कहा कि जिस प्रकार से सोने की शुद्धता गला कर परखी जाती है उसी तरह से किसी चीज़ की सत्यता परखने के बाद ही उसे स्वीकार करना चाहिए। बुद्ध किसी व्यक्ति के प्रामाण्य पर उसका मत मानने का उपदेश नहीं देते। वे तो यहाँ तक कहते हैं कि मेरे भी वचनों को इसलिए न मान लो कि वे मेरे द्वारा प्रतिपादित और उद्घाटित हैं। किसी सत्य को युक्तियुक्त तार्किक कसौटी पर कस कर ही देखा जाना चाहिए। युक्तियुक्तता, तार्किकता और सिद्धांतों की सत्यता ही मूल्यवान है। सत्यान्वेषण के लिए तर्क ही एकमात्र कसौटी है। उन्होंने कहा कि भिक्षुओ आत्म-दीप, आत्म-शरण अर्थात् स्वावलम्बी होकर विहार करो। किसी दूसरे के भरोसे मत रहो। धर्म-दीप और धर्म-शरण होकर विहार करो। दूसरे किसी के भरोसे मत रहो। स्वाबलम्बी बनाने की बुद्ध की यह शिक्षा ही विश्वजयी होने की घोषणा है।

वैदिक पुरुष सूक्त के अनुसार ब्राह्मण ब्रह्मा के मुख से पैदा हुए, क्षत्रिय बाहुओं से, वैश्य जंघाओं से और शूद्र पैरों से। इसलिए ब्राह्मणों को समाज में सर्वोच्च स्थान प्राप्त हुआ। इसके जवाब में बौद्ध दार्शनिक दिंगनाग ने कहा कि ब्राह्मणों की पत्नियों को भी मासिक धर्म के चक्र से गुज़रना पड़ता है, वे भी गर्भवती होती हैं, वे भी बच्चों को जन्म देती हैं, उन्हें दूध पिलाती हैं और उनका लालन-पालन करती हैं। लेकिन स्त्रियों से पैदा हुए ब्राह्मण दावा करते हैं कि वे ब्रह्मा के मुख से पैदा हुए हैं, ब्रह्मा की सृष्टि हैं और उनके उत्तराधिकारी हैं। यह सरासर झूठ है। धम्मपद में कहा गया है कि मैं निस्संदेह उसे ब्राह्मण कहता हूँ जिसका ज्ञान गम्भीर होता है, जो बुद्धिमान होता है और जिसमें अच्छे और बुरे मार्ग का विवेक होता है तथा जो उच्चतम लक्ष्य को प्राप्त कर लेता है।

बुद्ध ने कार्य-कारण शृंखला द्वारा निर्वाण के रूप को समझाने की कोशिश की। अविद्या से शुरु होने वाली यह शृंखला प्रतीत्यसमुत्पाद के नाम से विख्यात है। प्रतीत्यसमुत्पाद का अर्थ है— इस के होने पर यह होता है। बुद्ध के अनुसार संसार में सभी वस्तुओं की उत्पत्ति कारण के अभाव में सम्भव नहीं है। कारण ही कार्य को जन्म देता है तथा कार्य में रूपांतरित होता है। इसी सिद्धांत का दूसरा भाग परिवर्तनशीलता के आयाम पर ज़ोर देता है। अर्थात् संसार में हर पल सभी वस्तुओं का आविर्भाव और तिरोभाव होता रहता है। उत्पत्ति और विनष्टि का प्रवाह निरंतर चलता रहता है। इस सिद्धांत के अंतर्गत इस शृंखला की ग्यारह कड़ियाँ हैं : अविद्या के होने से संस्कार होता है, संस्कार (कर्म) के होने से उसके विपाक स्वरूप मृत्यु के अनंतर चित्त की संतति जन्मांतर में चली आती है, विज्ञान के होने से जन्मांतर में नामरूप होते हैं। नामरूप का अर्थ है मानसिक या भौतिक स्थिति, नामरूप के होने पर चक्षु, घ्राण, जिह्वा, काया और मन ये छह आयतन उठ खड़े होते हैं, इन छह आयतनों के कारण विषयों के साथ सम्पर्क होता है जो स्पर्श कहलाता है, स्पर्श होने से सुख, दु:ख आदि वेदनाएँ होती हैं। वेदना के होने से तृष्णा होने से विषयों को ग्रहण करने की प्रवृत्ति होती है जो उपादान कहलाती है, उपादान होने से जीवन में भाग-दौड़

होती है, जिसे भव कहते हैं, भव होने से जन्मांतर में उसके व्यक्तित्व की संतति चालू रहने से जरा-मरण जारी रहता है।

बौद्ध दर्शन में निर्वाण को समझने लिए प्राय: एक दृष्टांत का सहारा लिया जाता है। किसी दीपक को बुझा देने पर दीपक नष्ट नहीं होता। वह वहीं बना रहता है। उसकी लौ नष्ट हो जाती है और इसी को हम बुझना कहते हैं। निर्वाण में भी यही होता है। तृष्णा का क्षय होना ही निर्वाण है। पूछा जाता है कि निर्वाण अपने-आपको मिटा देता है क्या? यह प्रश्न मैं के अज्ञान पर आश्रित है। यथार्थ में कोई एक मैं तो है ही नहीं, जिसका उच्छेद किया जा सके। निर्वाण उच्छेद नहीं है, बल्कि तृष्णा का अशेष विरोध कर देना ही निर्वाण है। जो मैं पर आग्रह रखते हैं उनके लिए निर्वाण अपने को मिटा देना ही है। बुद्ध का कहना था कि अष्टांगिक मार्ग पर चलने पर प्रज्ञा का उदय होता है तथा निर्वाण की प्राप्ति होती है। पाप-कर्मों को न करना, पुण्य-कर्मों का संचय तथा चित्त की परिशुद्धि बौद्धधर्मियों के लिए ये तीन महत्त्वपूर्ण उपदेशात्मक तत्त्व हैं। इन पर अमल करने का प्रयास किया जाना चाहिए।

बुद्ध के निर्वाण के लगभग सौ साल बाद वैशाली में द्वितीय बौद्ध संगीति सम्पन्न हुई और थेर भिक्षुओं ने उनसे मतभेद रखने वाले कुछ भिक्षुओं को पाप-भिक्खु कहकर संघ से निकाल दिया। निकाले गये भिक्षुओं ने तुरंत वहीं अपना एक अलग संघ बनाकर अपने को महासंघिक तथा थेरवादियों को हीनसंघिक कहा। बाद में ये ही क्रमश: महायान और हीनयान के रूप में जाने गये। सम्राट अशोक द्वारा लगभग 249 ईसापूर्व में पाटलिपुत्र में आहूत तृतीय बौद्ध संगीति में पालि तिपिटक (त्रिपिटक) का संकलन हुआ, जिसका प्रचार सम्राट के पुत्र (या भाई) महेंद्र ने श्रीलंका में जाकर किया। पहली शती ईसापूर्व त्रिपिटक पालि में सर्वप्रथम श्रीलंका में ही लिपिबद्ध हुआ। तीसरी संगीति के बाद भारत में थेरवाद का प्रभाव क्रमश: जाता रहा तथा सर्वास्तिवाद या वैभाविक सम्प्रदाय ने उसका स्थान ले लिया। आगे चल कर इससे अलग होकर एक नया सम्प्रदाय सैद्धांतिक नाम से अस्तित्व में आया। अश्वघोष के ग्रंथों और वैपुल्य सूत्रों के रूप में महायान नागार्जुन के माध्यमिक और असंग के योगाचार सम्प्रदाय के रूप में आया।

हीनयान अनीश्वरवादी और कर्मप्रधान दर्शन है। इसमें व्यक्तिगत साधना द्वारा व्यक्ति का निर्वाण प्राप्त करना ही जीवन का लक्ष्य है। इसका अर्थ अर्हंत है जो अपने प्रयत्नों से अपने लिए निर्वाण प्राप्त करता है। इसके विपरीत महायान में सर्वमुक्ति की कामना है। इसका आदर्श बोधिसत्व है जो अन्य आर्य पुरुषों के निर्वाण के लिए प्रयत्नशील रहता है। बोधिसत्व बोधिचित्त के उत्पाद तथा प्रज्ञा आदि पारमिताओं के अनुशीलन द्वारा करुणावश लोक-कल्याण के लिए उद्यत रहता है। महायान एक विशाल यान है जिसमें बैठकर कई लोग संसार-सागर को पार कर सकते हैं।

हीनयान के अनुसार बुद्ध एक महापुरुष थे जिन्होंने अपने प्रयत्न से निर्वाण प्राप्त किया और निर्वाण प्राप्ति के मार्ग उपदेश दिया। महायान में बुद्ध को लोकोत्तर तथा ईश्वर स्थानापन्न बताया गया। बुद्ध के अवतारों की कल्पना की गयी। निकाय (धर्मकाय, निर्माणकाय और संभोगकाय) सिद्धांत अस्तित्व में आया। बुद्ध-भक्ति प्रचलन में आयी। लोककल्याण की भावना और महाकरुणा का विकास हुआ। कहा गया कि लोक के सारे कलि-कलुषों को 'मैं' अपने ऊपर लेता हूँ, इसलिए कि लोक 'मुक्त' हो सके।

वैभाषिक सम्प्रदाय के अनुसार बाह्य विषयों का प्रत्यक्ष ज्ञान किया जा सकता है। इसके अनुसार अनुमान के लिए व्यापित का निश्चय होना आवश्यक है, और यह निश्चय तभी होता है, जब हम दो पदार्थों को एक साथ देखते हैं। धूम और अग्नि को एक साथ देखे बिना अग्नि का अनुमान नहीं हो सकता है। अत: बाह्य वस्तुओं का अनुमान करने के लिए उनका कहीं न कहीं प्रत्यक्ष होना आवश्यक है।

माध्यमिक या शून्यवाद मानता है कि यह जगत शून्य है। बाह्य और अंतर सभी विषय असत् हैं इसलिए इसे शून्यवाद कहा जाता है। विज्ञानवाद या योगाचार दर्शन के अंतर्गत बोधि प्राप्ति के लिए योग-साधना बल दिया जाता है। विज्ञानवाद को सुव्यवस्थित सम्प्रदाय के रूप में प्रतिष्ठित एवं विकसित करने का श्रेय आर्य मैनोमनाथ, आर्य असङ, वसुबंधु एवं आचार्य स्थिरमति को है। सौतांत्रिक मत के अनुसार बाह्य और अभ्यंतर दोनों सत्य हैं। जो वस्तु बाह्य रूप में दिखाई देती है वह चित्र मात्र और एक प्रतीति भर है। चित्र एक विचार है और चित्र का विचार चित्र के बिना नहीं हो सकता। यदि अभ्यंतर कोई वस्तु नहीं है तो विचार भी नहीं हो सकता। अत: चित्र को अस्वीकार करने से वदतोव्याघात हो जाता है। इस तरह से बौद्ध दर्शन के विभिन्न दार्शनिक सम्प्रदायों ने अपनी तरह व्याख्याएँ की हैं।

बुद्ध ने अपने सिद्धांतों को किसी दार्शनिक प्रणाली के रूप में विकसित नहीं किया। बुद्ध की मृत्यु के बाद उनके शिष्यों ने स्मृति के आधार पर उनकी शिक्षाओं और विचारों को संकलित व सम्पादित किया। जिससे कई असंगतियाँ पैदा हो गयी और अनुयायियों में मतभेद पैदा होने लगे जो विभिन्न सम्प्रदायों के अस्तित्व में आने के कारण बने। इसका एक परिणाम यह भी हुआ कि वैदिक कर्मकाण्डों और अंधविश्वासों के विरोध स्वरूप पैदा हुआ यह दर्शन स्वयं इन सबका शिकार हो गया। बौद्ध मठों में एकत्रित अकूत सम्पत्तियाँ विवाद का कारण बनने लगीं और मठ भ्रष्टाचार के केंद्र बन गये। इन विसंगतियों के जमा होते जाने के कारण कालांतर में इस महान धर्म का प्रभाव सीमित होता चला गया।

देखें : आर्यभट्ट और *आर्यभटीय,* उपनिषद्, कपिल, *अर्थशास्त्र* और कौटिल्य, गोपीनाथ कविराज, गोविंद चंद्र पाण्डे, चैतन्य महाप्रभु, जैन दर्शन, न्याय दर्शन, दया कृष्ण, नंद किशोर देवराज, न्याय दर्शन, नागार्जुन, पतंजलि और *योगसूत्र,* पाणिनि और *अष्टाध्यायी,* पाश्चात्य काव्यशास्त्र, पुराण, पूर्व-मीमांसा दर्शन, बदरी नाथ शुक्ल, बादरायण, *भगवद्गीता,* भरत और *नाट्यशास्त्र,* मुकुंद लाठ, *भागवत पुराण, महाभारत,* यशदेव शल्य, योग दर्शन, रामानुजाचार्य, लोकायत, वात्स्यायन और *कामसूत्र,* वेदांत दर्शन, वैशेषिक दर्शन, शंकराचार्य, षड्-दर्शन-1 और 2, संस्कृत काव्यशास्त्र, स्मृति-साहित्य, सांख्य दर्शन-1 और 2, सिद्ध-नाथ परम्परा।

संदर्भ

1. बलदेव उपाध्याय (1999), *भारतीय दर्शन की रूपरेखा,* चौखम्भा पब्लिशर्स, वाराणसी.
2. चंद्रधर शर्मा (1991), *भारतीय दर्शन : आलोचन और अनुशीलन,* मोतीलाल बनारसी दास, नयी दिल्ली.
4. के. दामोदरन (2001), *भारतीय चिंतन परम्परा,* अनु. जी. श्रीधरन, पीपुल्स पब्लिशिंग हाउस, नयी दिल्ली.

— अजय कुमार पाण्डेय

बौद्धिक सम्पदा अधिकार

(Intellectual Property Rights)

मोटे तौर पर बौद्धिक सम्पदा अधिकार निजी तौर पर सम्पदा रखने के अधिकारों के समान ही हैं। लेकिन, दोनों के बीच कुछ अंतर भी हैं। पहला फ़र्क़ तो यह है कि निजी सम्पदा का इस्तेमाल सीमित और निश्चित मात्रा में ही हो सकता है, पर बौद्धिकता या ज्ञान का असीमित मात्रा में अनगिनत जगहों पर प्रयोग किया जा सकता है। स्वामित्व के लिहाज़ से भी दोनों सम्पदाओं में फ़र्क़ है। एक मकान के दो मालिक नहीं हो सकते, पर दवा का एक फ़ार्मूला कई लोग एक-दूसरे को बाधित किये बिना प्रयोग कर सकते हैं। बौद्धिक सम्पदा अधिकार की बुनियादी विशेषता है ऐसी सम्पत्ति की रक्षा करना जिसे हड़पने और फिर से उत्पादित करने के लिए उस सम्पत्ति के जन्मदाता को उससे वंचित करने की ज़रूरत नहीं होती। इस अधिकार के पीछे नैतिक तर्क यह है कि इसके ज़रिये आविष्कार करने वाले को अपने प्रयासों का फल मिलता है। इसके माध्यम से एक विशेष संसाधन का मूल्य निर्धारण होता है। बौद्धिक सम्पदा के ज़रिये उत्पादन की एक अधिक सक्षम पद्धति सामने आती है जिससे पैदा होने वाली सम्पत्ति की लागत आविष्कार की लागत से कहीं कम होती है। बौद्धिक सम्पदा का हस्तांतरण उसे ऐसे लोगों के हाथों में पहुँचा देता है जो उसका महत्त्व सम्भवत: उसके आविष्कारक से भी ज़्यादा समझ सकते हैं। यानी बौद्धिक सम्पदा अधिकार उस सम्पदा के कुछ भागों को बाज़ार के दायरे में पहुँचाने का रास्ता खोलते हैं। ज्ञान आधारित उद्योगों, उदारीकरण और निजीकरण के ज़माने में ये अधिकार बहुत महत्त्वपूर्ण हो गये हैं। वैसे तो इन अधिकारों का दायरा भू-क्षेत्रीय है, पर संबंधित राष्ट्रीय क़ानूनी ढाँचों पर डब्ल्यूटीओ और डब्ल्यूआईपीओ (वर्ल्ड इंटलेक्चुअल प्रापर्टी ऑर्गनाइज़ेशन) के प्रभाव में इनका भूमण्डलीकरण होता जा रहा है। ये अधिकार अमीर और ग़रीब देशों के बीच ख़ासी बहस और टकराव का स्रोत बने हुए हैं।

निजी सम्पत्ति के अधिकार संविधानसम्मत हैं और अपने आप में अनुलंघनीय नहीं होते। राज्य उन्हें रद्द कर सकता है, सीमित कर सकता है। राज्य मुआवज़ा दे कर व्यक्ति की सम्पत्ति अधिग्रहीत कर सकता है। बौद्धिक सम्पदा के मामले में सरकार आम तौर पर लाइसेंस जारी करने के अधिकार का प्रयोग करके उसे सीमित कर सकती है। इस लिहाज़ से ये अधिकार भी अनुलंघनीय नहीं हैं। चूँकि बौद्धिक सम्पदा रखने के अधिकार को राष्ट्रीय और अंतर्राष्ट्रीय स्तर पर मान्यता दी गयी है, और उसका ज़िक्र मानवाधिकार संधियों में भी है, इसलिए उस पर मानवाधिकारों के संदर्भ में भी विचार किया जाता है। बौद्धिक सम्पदा अधिकारों से संबंधित एक बहस मूर्त और अमूर्त सम्पत्तियों पर नियंत्रण को ले कर भी है।

बौद्धिक सम्पदा संरक्षण का इतिहास उन्नीसवीं सदी में हुई कई अहम अंतर्राष्ट्रीय संधियों से शुरू होता है। बीसवीं सदी में नब्बे के दशक तक यह प्रक्रिया धीरे-धीरे चलती रही, क्योंकि इस विषय में कोई अंतर्राष्ट्रीय प्रणाली बनाने पर सहमति नहीं थी। विभिन्न देश अपने हिसाब से संबंधित क़ानूनों की रचना करते रहे। 1994 में हुए ट्रिप्स समझौते (बौद्धिक सम्पदा अधिकारों से संबंधित अंतर्राष्ट्रीय संधि) ने इस स्थिति को बदल दिया, क्योंकि इसके दवाब में न केवल विकासशील देशों को बौद्धिक सम्पदा संरक्षण का ढाँचा खड़ा करना पड़ा, बल्कि विश्व व्यापार संगठन (डब्ल्यूटीओ) के सदस्य देशों के लिए भी बौद्धिक सम्पदा के न्यूनतम संरक्षण की गारंटी करना अनिवार्य हो गया।

पेटेंट के अधिकार को क़ानूनी रूप मिलने से निजी क्षेत्र द्वारा अनुसंधान और विकास पर निवेश को प्रोत्साहन मिलता है और अर्थव्यवस्था को लाभ पहुँचता है। लेकिन दूसरी तरफ़ इसी के कारण पेटेंट की तकनीक पर एकाधिकार के कारण अन्य अनुसंधानकर्ता उसका प्रयोग नहीं कर पाते जिससे नया अनुसंधान बाधित होता है। जैसा कि हम जानते हैं कि निजी सम्पत्ति का सौदा किया जा सकता है। व्यक्ति या कारपोरेशन जब चाहे स्वैच्छिक रूप से इन्हें ख़रीद-बेच सकते हैं। लेकिन, बौद्धिक सम्पदा अधिकारों को जैसे ही पेटेंट में बदला जाता है, वैसे ही एक निश्चित अवधि के लिए उसका सौदा होने पर

रोक लग जाती है। पेटेंट की अवधि ख़त्म होते ही बौद्धिक सम्पदा अधिकार सार्वजनिक दायरे में आ जाता है जहाँ उसका उपयोग करने की सभी को छूट होती है। यानी फिर उसका सौदा नहीं किया जा सकता।

समझा जाता है कि अगर पेटेंट न होते तो बौद्धिक सम्पदा अधिकारों में ढाँचा ही न खड़ा हो पाता। पेटेंटों के ज़रिये ही नये उत्पाद बाज़ार में आते हैं, उनका व्यावसायीकरण होता है, उससे होने वाले मुनाफ़े से और अधिक अनुसंधानों को प्रोत्साहन मिलता है। चूँकि अभी तक विज्ञान और प्रौद्योगिकी की प्रगति पर सभी का मुक्त और साझा अधिकार रहा है इसलिए इस परम्परा का सम्मान करने के लिए आविष्कारक को अपनी खोज पर एक सीमित अवधि तक ही अधिकार मिलता है। इस मसले पर बहस यह है कि पेटेंट की अवधि में भी आविष्कार का ब्योरा सभी को उपलब्ध होना चाहिए या नहीं। ब्योरा उपलब्ध होने के पक्षधरों का तर्क है कि ऐसा करने से प्रौद्योगिक प्रगति में पूरा समाज बिना किसी बाधा के साझेदारी कर सकेगा। पेटेंट अधिकारों के पक्ष में दलील यह दी जाती है कि उनके कारण आविष्कारक अपनी खोज पर हमेशा के लिए क़ब्ज़ा नहीं जमाये रख सकते, और ज्ञान का एक रूप गोपनीय नहीं बना रह सकता। इस संबंध में प्रौद्यौगिकीय आविष्कारों और वैज्ञानिक सिद्धांतों के बीच का फ़र्क़ समझना भी ज़रूरी है। 1970 के पेटेंट अधिनियम के तहत वैज्ञानिक सिद्धांत नहीं आते, क्योंकि न तो उनकी सीधा औद्योगिक इस्तेमाल हो सकता है और न ही उन्हें सार्वजनिक दायरे से निकाल कर किन्हीं पाबंदियों के तहत लाया जाना श्रेयस्कर है ताकि उनकी ग़ैर-मौजूदगी प्रौद्योगिकीय प्रगति को प्रभावित न कर पाये। इसी तरह प्रकृति संबंधी खोजों और मानवीय आविष्कारों के बीच का फ़र्क़ भी समझा जाना चाहिए। मसलन, अगर कोई ऐसा प्राकृतिक पौधा खोज निकालता है जिससे ज़्यादा पैदावार हो सकती है, तो उसका पेटेंट नहीं किया जा सकता। लेकिन, अगर कोई नयी रासायनिक दवा खोज लेता है तो उसका पेटेंट किया जा सकता है। बीसवीं सदी के मध्य में वनस्पतियों को पेटेंट करने के प्रस्ताव पर जम कर बहस हो चुकी है। दो नज़रियों से इस प्रस्ताव का विरोध हुआ था। पहला, वनस्पतियाँ कुदरत का हिस्सा हैं और उन्हें सार्वजनिक दायरे में ही रखा जाना चाहिए। दूसरा, अगर इनका भी पेटेंट किया जाने लगा तो मौजूदा पेटेंट प्रणाली का ही अवमूल्यन हो जाएगा और बहुत कम प्रयासों के ज़रिये की जाने वाली खोजें भी पेटेंट की जाने लगेंगी। बाद में इन दोनों स्थितियों से एक समझौता निकला और वनस्पति ब्रीडर अधिकारों का सूत्रीकरण हुआ जिनके तहत मिलने वाले पेटेंट अपेक्षाकृत कमतर और विभिन्न स्तरों के होते हैं।

1980 तक प्रकृति की रचनाओं को पेटेंट नहीं किया जाता था। लेकिन, सुप्रीम कोर्ट के एक फ़ैसले ने इस हालत को बदल दिया। अब जीवन रूपों को पेटेंट करने के प्रावधानों पर विचार किया जा रहा है। लेकिन, यह बहस वनस्पति रूपों को पेटेंट करने वाली बहसों से भी तीखी है। जैव इंजीनियरिंग उद्योग के बड़े खिलाड़ी चाहते हैं कि पेटेंटों का दायरा और बढ़े जिसका विरोध नैतिक, पर्यावरणीय और सामाजिक तर्कों के आधार पर किया जा रहा है। इसके ख़िलाफ़ एक दलील यह भी है कि अगर माइक्रो ऑर्गनिज़्म जैसी चीज़ें पेटेंट कर ली जाएँगी तो छोटी अनुसंधान कम्पनियाँ अपनी रिसर्च कैसे करेंगी। इन तमाम बहसों के बावजूद आज स्थिति यह है कि पेटेंट संरक्षण का दायरा बढ़ता जा रहा है। नतीजे के तौर पर अनुसंधानकर्त्ताओं को अब पहले की तरह आगे शोध करने के लिए सामग्री ही नहीं मिल पाती है। ज्ञान की उन्मुक्त उपलब्धि में कटौती भी हो गयी है। मसलन, अब वनस्पति जेनेटिक संसाधनों का पहले की तरह खुला आदान-प्रदान नहीं होता। बौद्धिक सम्पदा संरक्षण क़ानूनों को पारम्परिक ज्ञान के संरक्षण के लिए भी इस्तेमाल करने करने की चर्चा भी शुरू हो गयी है। इसे भी दोनों तरीक़ों से देखा जा सकता है : इससे पारम्परिक ज्ञान-धारकों के अधिकारों की रक्षा भी हो सकती है, और शोध के लिए बुनियादी सामग्री की उपलब्धि और सीमित होने का ख़तरा भी है। बौद्धिक सम्पदा संरक्षण में हुए परिवर्तनों से लोगों की निजी जिंदगी पर भी असर पड़ा है। मेडिकल पेटेंटों के कारण दवाओं की उपलब्धता प्रभावित हुई है जो मानवाधिकारों से जुड़ा मसला है।

देखें : अंतर्राष्ट्रीय मुद्रा कोष, ढाँचागत समायोजन कार्यक्रम, पेटेंट, ब्रेटन वुड्स प्रणाली, भूमण्डलीकरण : भारतीय अर्थव्यवस्था का, भारत में पेटेंट क़ानून, भारत में बहुराष्ट्रीय निगम, भारत में शेयर संस्कृति, भूमण्डलीकरण, भूमण्डलीकरण का इतिहास-1 और 2, भूमण्डलीकरण और बेरोज़गारी, भूमण्डलीकरण और ग़रीबी, भूमण्डलीकरण और पूँजी बाज़ार, भूमण्डलीकरण और लोकतंत्र, भूमण्डलीकरण और राज्य, भूमण्डलीकरण और राष्ट्रीय सम्प्रभुता, भूमण्डलीकरण और वित्तीय पूँजी, भूमण्डलीकरण और वित्तीय उपकरण, भूमण्डलीकरण के आलोचक, भूमण्डलीकरण के ख़िलाफ़ प्रतिरोध, विश्व बैंक, विश्व व्यापार संगठन।

संदर्भ

1. फ़िलिप कुलेट (2008), *बौद्धिक सम्पदा अधिकार और टिकाऊ विकास,* आलेख : अभय कुमार दुबे, इंस्टीट्यूट फॉर डेमॉक्रैसी ऐंड सस्टेनेबिलिटी, वाणी, नयी दिल्ली.
2. डंकन मैथ्यूज़ (2002), *ग्लोबलाइज़िंग इंटलेक्चुअल प्रापर्टी राइट्स : द ट्रिप्स एग्रीमेंट,* लंदन, रॉटलेज.
3. जयश्री वट्टल (2001), *इंटलेक्चुअल प्रापर्टी राइट्स इन डब्ल्यूटीओ ऐंड डिवेलपिंग कंट्रीज़,* ऑक्सफ़र्ड युनिवर्सिटी प्रेस, नयी दिल्ली.

—अभय कुमार दुबे

ब्रह्मचर्य / सेलिबेसी

(Brahmcharya/Celibacy)

इंद्रियनिग्रह के आग्रह से संबंधित होने के कारण आम तौर पर समझा जाता है कि ब्रह्मचर्य और सेलिबेसी समानार्थक पद हैं। दरअसल, इन दोनों विचारों और परिघटनाओं के इतिहास, निहितार्थों और विमर्श में अंतर है। सेलिबेसी एक पश्चिमी अवधारणा है जिसका विकास ईसाइयत के साथ-साथ हुआ है। ओल्ड टेस्टामेंट के ज़माने में पुरोहितों के लिए सेलिबेसी का कोई विधान नहीं था। ईसाई धर्मशास्त्र में सेलिबेसी पर ज़ोर देने की शुरुआत बारहवीं सदी में हुई। इसके पीछे मंशा यह थी कि चर्च की सम्पत्ति विवाहित ईसाई पुरोहितों की संतानों के पास उत्तराधिकार में न जाने पाये। इसके बाद ही धर्मशास्त्रीय व्याख्याकारों ने सेलिबेसी को एक ईश्वरीय गुण के रूप में चित्रित करना शुरू किया, और इसके स्वर्गिक लाभों की चर्चा होने लगी। भारतीय संदर्भ में ब्रह्मचर्य का विचार कहीं पुराना है। ढाई हज़ार साल पहले रचे गये वात्स्यायन के *कामसूत्र* में भी ब्रह्मचर्य की महिमा का वर्णन है। वात्स्यायन सफल प्रेमी उसे नहीं मानते जिसकी भावोत्तेजना बहुत बढ़ी हुई होती है, बल्कि उसे मानते हैं जिसने ब्रह्मचर्य और ध्यान के ज़रिये इंद्रियों को क़ाबू में कर रखा है। *मनुस्मृति* के अनुसार ब्रह्मचर्य आयु आधारित आश्रम-व्यवस्था का पहला सोपान है। इसके बाद गृहस्थाश्रम, वानप्रस्थ और संन्यास के सोपान आते हैं। चौदह से पच्चीस वर्ष की आयु तक चलने वाले ब्रह्मचर्य को हर उस व्यक्ति के जीवन की एक ख़ास अवधि के लिए अनिवार्य बताया गया है जो द्विज समाज का सदस्य है। यह अवधि उपनयन संस्कार होने से शुरू हो कर किशोरावस्था ख़त्म होने तक जारी रहती है, और मुख्यत: विद्याध्ययन से जुड़ी है। हिंदुओं के साथ-साथ ब्रह्मचर्य का विचार श्रमण परम्परा में भी मौजूद है। हिंदू, बौद्ध और जैन संन्यासी आजीवन ब्रह्मचारी रहने का व्रत लेते हैं। लेकिन आधुनिक भारत में ब्रह्मचर्य का विमर्श केवल इन्हीं पारम्परिक निर्देशों तक ही सीमित न रह कर पश्चिमीकरण के प्रतिकार की तरह स्थापित हुआ और राष्ट्र-निर्माण के राजनीतिक विमर्श से गुँथ गया। ब्रह्मचर्य के विमर्श ने राष्ट्र-निर्माण की परियोजना पर पितृसत्ता की मुहर लगाने की भूमिका भी निभायी है। मनोविज्ञान और सेक्शुअलिटी स्टडीज़ ने इस विषय पर विशेष रूप से ग़ौर किया है।

समाज-मनोविद् सुधीर कक्कड़ ने अपनी बहुचर्चित रचना *गाँधी और स्त्रियाँ* में ब्रह्मचर्य संबंधी आम समझ के बारे में विस्तार से चर्चा की है। कक्कड़ के अनुसार भारतीय संस्कृति में कला की शृंगारिक रूपसज्जा और धार्मिक कर्मकाण्डों के कामविषयक पहलुओं की उपेक्षा नहीं की जा सकती, लेकिन इसके बावजूद हमारा सांस्कृतिक जगत कामुकता को जीत कर आध्यात्मिक शक्ति में उसके रूपांतरण की आकांक्षा से भी भरा हुआ है। चाहे पढ़े-लिखे भारतीय हों या अनपढ़ ग्रामीण, चाहे वे किसी भी जाति के हों, उनके बीच यह आकांक्षा पलती ही रहती है कि किसी न किसी तरह सेक्शुअलिटी का उदात्तीकरण करके उसे आध्यात्मिकता में बदला जाए। भले ही चिकित्सा विज्ञान या भौतिकशास्त्र इस समझ को उपहास की दृष्टि से देखें, समाज में व्यापक रूप से मिलने वाले सेक्शुअल विमर्श का आधारभूत तर्क पुरुष के शिश्न से निकलने वाले तरल पदार्थ यानी वीर्य को शारीरिक और मानसिक ताक़त का स्रोत क़रार देता है। सम्भोग के कारण यह वीर्य नीचे की तरफ़ आ कर स्खलित हो जाता है। अगर इसे बाहर निकलने से रोका जा सके यानी स्त्री के संसर्ग से बचा जा सके यानी ब्रह्मचर्य का पालन किया जा सके तो यही वीर्य मेरुदण्ड के सहारे ऊपर की तरफ़ यात्रा करके मस्तिष्क में पहुँच कर ओजस का परिष्कृत रूप ग्रहण कर लेता है।

इन लोक-प्रचलित तर्कों को पुष्ट करने के लिए कई तरह की शरीरशास्त्रीय दलीलें भी गढ़ ली गयी हैं। मसलन, कहा जाता है कि प्रत्येक शृंगारिक भावावेग करोड़ों लाल रक्त-कोशिकाओं को नष्ट कर देता है। या, वीर्य की एक बूँद बनाने में ख़ून की चालीस बूँदें खप जाती हैं। हर बार स्खलन से क़रीब आधा औंस वीर्य नष्ट हो जाता है, यानी साठ पाउंड रक्त से पैदा हो सकने वाली जीवनी-शक्ति बर्बाद हो जाती है। भारतीय संस्कृति की अध्येता वेंडी ओ'फ्लाहरटी बताती हैं कि वीर्य के मस्तिष्क तक उठने की अवधारणा इतनी व्यापक है कि दर्शन के प्रचलित संस्करणों में तो मस्तिष्क को ही वीर्य का उद्‌गम मान लिया गया है। मस्तिष्क और वीर्य को परस्पर सम्बद्ध मान लेने के कारण समाज में वीर्य संबंधी दुश्चिंताएँ पैदा हो जाती हैं, और साधारणत: होने वाले स्वप्न-दोष को भी कच्ची उम्र के युवक शुक्राणुओं की ऐसी भीषण बर्बादी के रूप में देखते हैं जिसकी भरपाई कभी नहीं हो सकती। इस तरह के विचारों और फ़ैंटेसियों के कारण ही भारतीय पुरुषों में एक तरह का द्वैध पैदा हो जाता है जिसके कारण वे स्त्री-दोषी बन कर कभी-कभी औरतों से कतराने की हद तक चले जाते हैं। चूँकि शक्ति का आगार वीर्य को माना गया है, इसलिए वीर्य की क्षति, चाहे जानबूझ कर की जाए या अनजाने में हो जाए, दोनों ही हालतों में नैतिक दोष की तरह उभरती है और इससे पाप-बोध पैदा होता है।

वीर्य और ब्रह्मचर्य संबंधी पूरी तरह से अवैज्ञानिक धारणाओं को और अधिक पुष्ट करने में गाँधी की भूमिका रेखांकित करते हुए सुधीर कक्कड़ तंत्र संबंधी विचारों में

उनकी रुचि का उल्लेख करते हैं। तंत्र अपने साधकों को निर्देश देता है कि यौनक्रिया को कामनाहीन होना चाहिए। अगर ऐसा हो सके तो इससे ऊर्जावान शक्तियाँ पैदा होती हैं जिन्हें ऊर्ध्वगामी बनाया जा सकता है। गाँधी ने 46 वर्ष की अवस्था में ब्रह्मचर्य व्रत ले लिया था। उसके बाद जब भी उन्हें यौनकामनाएँ सतातीं तो वे उसे अपनी कमज़ोरी मानते और उसे अपनी राजनीतिक विफलताओं से जोड़ कर देखते थे। उन्हें लगता था कि अगर वे ब्रह्मचर्य का अभंग पालन कर पाएँगे तो उनके भीतर इतनी मानसिक शक्ति आ जाएगी कि पूरे उपनिवेशवाद विरोधी आंदोलन से अपनी बात मनवा पाएँगे।

गाँधी की ब्रह्मचर्य संबंधी समझ का एक ऐसा भी पहलू है जो उसे इस विमर्श के पुरुष-केंद्रित मुहावरे से अलग करता है। वे स्त्रियों से अपेक्षा करते हैं कि वे अपने पत्नी-रूप के बजाय मातृ रूप को प्राथमिकता देते हुए ब्रह्मचर्य का पालन करें। लेकिन गाँधी के अलावा ब्रह्मचर्य का विमर्श स्त्रियों को आम तौर पर नकारात्मक निगाह से ही देखता है।

ब्रह्मचर्य-संबंधी लोकप्रिय विमर्श का सामाजिक नृतत्त्वशास्त्री जोसेफ़ आल्टर ने भी विशेष अध्ययन किया है। उन्होंने अपनी दो रचनाओं *सेलिबेसी, सेक्शुअलिटी,ऐंड द ट्रांसफ़र्मेशन ऑफ़ जेंडर इनटु नैशनलिज़्म इन नॉर्थ इण्डिया* और *अ मॉडर्न साइंस ऑफ़ मेल सेलिबेसी इन नॉर्थ इण्डिया* में दिखाया है कि किस तरह पूरे उत्तर भारत में सस्ती कीमत की पुस्तिकाओं, परचों और स्वास्थ्य संहिताओं के ज़रिये इंद्रियनिग्रह, आत्म-नियंत्रण और ब्रह्मचर्य का पालन करने की घरेलू युक्तियों का प्रचार किया जाता है। इस फ़ुटपाथी और सस्ते साहित्य में ब्रह्मचर्य का विचार पश्चिमीकरण की प्रक्रिया के निदान और प्रतिकार के रूप में उभरता है। इसके माध्यम से प्राचीन भारत का पवित्र और ऐंद्रिकता के प्रदूषण से मुक्त चित्र खींचा जाता है। आल्टर के मुताबिक़ यह सस्ता साहित्य आम तौर पर ब्राह्मण जाति के लेखकों द्वारा रचा गया है, लेकिन इसके प्रति आकर्षण केवल ब्राह्मणों, क्षत्रियों और वैश्यों में ही नहीं है, बल्कि वर्णाश्रम के लिहाज़ से शूद्र समझी जाने वाली किसान जातियाँ और यहाँ तक कि दलित जातियाँ भी इसके प्रति आकर्षण महसूस करती हैं। इसके पीछे हनुमान-पूजा की परिघटना भी है जो उत्तर भारत में व्यापक रूप से पायी जाती है।

आल्टर के मुताबिक़ यह पूरा विमर्श पुरुष-वीर्य के अधिकाधिक संरक्षण के इर्द-गिर्द गोलबंद किया गया है। इसमें स्त्री की मौजूदगी एक विचलनकारी तत्त्व की तरह आती है, क्योंकि स्त्री-संसर्ग की इच्छा से ही ब्रह्मचारी का तप भंग होता है। फिर, इस विमर्श के साथ जिस शरीरशास्त्रीय सिद्धांत का प्रचार किया जाता है, उसमें स्त्री की योनि से निकलने वाले तरल को पुरुष के वीर्य के मुक़ाबले कमतर दर्जा दिया जाता है। अगर इस सेक्शुअलिटी विमर्श को पार्थ चटर्जी द्वारा व्याख्यायित उन्नीसवीं सदी में विकसित भारतीय राष्ट्रवाद के विमर्श के सापेक्ष रख कर देखा जाए तो स्पष्ट हो जाता है कि यह उस राष्ट्रवाद और उसके साथ-साथ पनपे उदारतावाद पर लगी पितृसत्तात्मक छाप के कितना अनुकूल है।

ईसाई संदर्भों में सेलिबेसी का विचार उत्तरोत्तर विवादास्पद होता जा रहा है। समझा जाता है कि अफ़्रीकी महाद्वीप में चर्च इस समय सबसे ज़्यादा मज़बूत स्थिति में है, और वहीं पुरोहितों की सेलिबेसी सर्वाधिक प्रश्नांकित हो रही है। अफ़्रीकी समाजों में सेलिबेट पुरुष परम्परागत रूप से कमतर माना जाता है, इसीलिए वहाँ अनगिनत ईसाई पुरोहित अनधिकृत रूप से विवाहित बने रहते हैं। पादरियों द्वारा ननों से बलात्कार के कई मामले सामने आ चुके हैं। ऑस्ट्रेलिया में नैशनल कौंसिल ऑफ़ प्रीस्ट्स ने वेटिकन को प्रतिवेदन दिया है कि पुरोहितों को विवाह करने की इजाज़त दी जाए। इस प्रतिवेदन पर 1,700 पादरियों ने दस्तख़त किये थे।

देखें : अंतरंगता, पुरुषत्व, प्रेम, प्रेम-अध्ययन और नारीवादी दर्शन, फ़िल्म और सेक्शुअलिटी, सेक्शुअलिटी, सेक्शुअलिटी-अध्ययन।

संदर्भ

1. सुधीर कक्कड़ (2007), 'गाँधी और स्त्रियाँ', *अंतरंगता का स्वप्न: भारतीय समाज में प्रेम और सेक्स,* अनु. अभय कुमार दुबे, वाणी-सीएसडीएस, नयी दिल्ली.
2. जोसेफ़ एस. आल्टर (1997), 'सेलिबेसी, सेक्शुअलिटी,ऐंड द ट्रांसफ़र्मेशन ऑफ़ जेंडर इनटु नैशनलिज़्म इन नॉर्थ इण्डिया' और 'ए मॉडर्न साइंस ऑफ़ मेल सेलिबेसी इन नॉर्थ इण्डिया', द *जरनल ऑफ़ एशियन स्टडीज़,* खण्ड 53, अंक 1; *मेडिकल एंथ्रॉपोलॉजी क्वार्टरली,* न्यू सीरीज़, खण्ड 11, अंक 3.
3. पार्थ चटर्जी (1990), 'द नैशनलिस्ट रेज़ोल्यूशन ऑफ़ वुमॅन क्वेश्चन', कुमकुम संगारी और स्वदेश वैद (सम्पा.), रिकास्टिंग वुमॅन : एसेज़ इन इण्डियन कोलोनियल हिस्ट्री, रटगर्स युनिवर्सिटी प्रेस, न्यू ब्रंसविक.
4. वेंडी डोनिगर ओ'फ़्लाहर्टी (1973), *एसेटिसिज़्म ऐंड इरोटिसिज़्म इन द मायथोलॉजी ऑफ़ शिवा,* ऑक्सफ़र्ड युनिवर्सिटी प्रेस, लंदन,.

— अभय कुमार दुबे

ब्रेटन वुड्स प्रणाली

(Bretton Woods System)

ब्रेटन वुड्स प्रणाली उस अंतर्राष्ट्रीय आर्थिक बंदोबस्त का नाम है जिसे द्वितीय विश्व-युद्ध से ठीक पहले अगस्त, 1944 में अमेरिका के नेतृत्व में पश्चिमी ताक़तों ने 44 राष्ट्रों के एक सम्मेलन के ज़रिये खड़ा किया था। इस सम्मेलन का औपचारिक नाम था इंटरनैशनल मोनेटरी ऐंड फाइनेंशियल कांफ्रेंस ऑफ़ द यूनाइटिड ऐंड एसोसिएटिड नेशंस। चूँकि इसका आयोजन न्यू हैमशायर की एक छोटी सी सैरगाह ब्रेटन वुड्स में किया गया था इसलिए इसे संक्षेप में इसी नाम से जाना जाने लगा। ब्रेटन वुड्स सम्मेलन में लिए गये फ़ैसले न केवल युद्ध के बाद युरोप को आर्थिक तबाही से उबारने का आधार बने, बल्कि वाणिज्यिक और वित्तीय आचरण का एक ऐसा ढाँचा तैयार हुआ जो ब्रेटन वुड्स व्यवस्था के ख़ात्मे के कई दशक बाद भी कारगर बना हुआ है। ब्रेटन वुड प्रणाली के तहत ही विश्व बैंक (इंटरनैशनल बैंक फ़ॉर रिकंस्ट्रक्शन ऐंड डिवेलपमेंट), अंतर्राष्ट्रीय मुद्रा कोष (आईएमएफ़) और जनरल एग्रीमेंट ऑफ़ टैरिफ़्स ऐंड ट्रेड (गैट) की स्थापना की गयी। गैट के वार्ता-चक्रों में से ही आगे चल कर विश्व व्यापार संगठन (डब्ल्यूटीओ) का जन्म हुआ जो इस समय वैश्विक अर्थव्यवस्था के शिखर पर है। इस कांफ्रेंस की संकल्पना और कामयाबी में अमेरिका के अर्थमंत्री हैरी व्हाइट और ब्रिटेन के प्रमुख अर्थशास्त्री जॉन मेनार्ड कींस की प्रमुख भूमिका थी। दिलचस्प बात यह है कि अमेरिका और ब्रिटेन के अलावा जिन 42 देशों ने इस कांफ्रेंस में शिरकत की थी उनमें सोवियत संघ का प्रतिनिधि भी शामिल था। लेकिन अमेरिकी प्रभुत्व के मुक़ाबले वह इस सम्मेलन की कार्यवाही और निर्णय प्रक्रिया को प्रभावित करने में नाकाम रहा। इसलिए सोवियत संघ और उसके मित्र देशों ने इसके संस्थागत बंदोबस्त को मानने से इनकार कर दिया।

दरअसल, ब्रेटन वुड्स जैसा सम्मेलन करने की योजना अमेरिका 1942 से ही बना रहा था जब उसने धुरी राष्ट्रों (जर्मनी, इटली और जापान) के ख़िलाफ़ युद्ध की घोषणा भी नहीं की थी। वाशिंगटन में बैठे हुए अमेरिकी नीति-निर्माताओं का विचार यह था कि दोनों विश्व-युद्धों के बीच आयी महामंदी और फ़ासीवाद के उभार की जड़ में विभिन्न देशों द्वारा अपनायी जाने वाली भेदभावपूर्ण व्यापार नीतियाँ हैं। 1941 में ही रूज़वेल्ट की सरकार ने एक खुली व्यापार व्यवस्था बनाने का कार्यभार अपनी विदेश नीति का प्रमुख लक्ष्य बना लिया था। इसकी अभिव्यक्ति अटलांटिक चार्टर में भी हुई। 1942 में ब्रिटेन के साथ हुए अमेरिका के लैण्ड-लीज़ एग्रीमेंट का आधार भी यही नीति थी। लैण्ड-लीज़ एक्ट के ज़रिये अमेरिकी राष्ट्रपति को अधिकार मिला कि वह धुरी राष्ट्रों के ख़िलाफ़ लड़ रहे देशों को जंग का साज-सामान सप्लाई करने का आदेश दे सकें। अमेरिका के साथ इस तरह के समझौतों में ब्रिटेन की तरफ़ से अर्थशास्त्री कींस की भूमिका निर्णायक थी। रूज़वेल्ट प्रशासन कींस को बहुत अहमियत देता था। कींस के आर्थिक सूत्रीकरणों ने रूज़वेल्ट की न्यू डील नीति को प्रेरित किया था। दूसरे, कींस की भी मान्यता थी कि 1930 की महामंदी व्यापार अधिशेष बढ़ाते चले जाने की अंतर्राष्ट्रीय होड़ का नतीजा है। इसलिए वे चाहते थे कि एक ऐसी अंतर्राष्ट्रीय व्यवस्था बनायी जाए जिससे कोई देश किसी दूसरे देश की क़ीमत पर व्यापार अधिशेष न बनाये रख सके। उनका विचार था कि लगातार अधिशेष में रहने वाले देशों को दण्डित करने का प्रावधान भी समझौते में रखा जाए। पर अमेरिका को यक़ीन था कि युद्ध ने उसकी विनिर्माण क्षमताओं को नष्ट नहीं किया है, इसलिए वह व्यापार के मामले में अपना बोलबाला क़ायम रख सकता है। कींस आख़िरी दम पर अमेरिकी प्रभाव के ख़िलाफ़ संघर्ष करते रहे। इसी तनाव में उन्हें दिल का दौरा पड़ा जिसके कारण उनका देहांत हो गया।

अमेरिका ख़ुद को एक उभरती हुई महाशक्ति मान रहा था, और उसका यह आकलन ग़लत भी नहीं था। महामंदी से निकलने के बाद से उसका औद्योगिक उत्पादन दूना हो चुका था। उसकी अर्थव्यवस्था में पूर्ण रोज़गार की स्थिति थी और वह युरोप और प्रशांत क्षेत्र में युद्ध जीतने के क़रीब था। उसके पास पश्चिमी देशों में सबसे बड़ी फ़ौज थी और केवल उसकी अर्थव्यवस्था को ही ग्लोबल पैमाने पर सक्रिय और प्रभावी अर्थव्यवस्था की संज्ञा दी जा सकती थी। इसलिए कींस के आग्रहों के विपरीत अमेरिका ने पूँजी की गतिशीलता और मुक्त व्यापार पर आधारित निज़ाम बनाने का प्रस्ताव रखा। कींस चाहते थे कि एक आरक्षित विश्व मुद्रा कोष बनाया जाए जिसके ज़रिए वित्तीय घाटे में चल रहे देशों को व्यापार के दौरान कमाये गये अधिशेष का वितरण किया जा सके।

कींस के इरादों को आंशिक रूप से नाकाम करने के बाद विश्व अर्थव्यवस्था का जो ढाँचा बना वह इस प्रकार का था : विश्व बैंक का काम था युद्ध में तबाह हुए देशों को बड़े पैमाने पर क़र्ज़ देना ताकि वे अपना आर्थिक पुनर्निर्माण कर सकें, आईएमएफ का काम था अपने सदस्य देशों के बीच निर्धारित विनिमय दर का प्रबंधन करना, और गैट के ज़रिये व्यापार में भेदभावपूर्ण आचरण को दुरुस्त किया जाना था। ब्रेटन वुड्स प्रणाली के केंद्र में थी निर्धारित विनिमय दर जिसके तहत विश्व की सभी मुद्राओं का आकलन आईएमएफ़ द्वारा डॉलर के मुताबिक़ किया जाना था और

ब्रेटन वुड्स कांफ्रेंस में जान मेनार्ड कींस अमेरिकी प्रतिनिधि हेरी डेक्स्टर व्हाइट के साथ.

डॉलर का मूल्य स्वर्ण-मानक के हिसाब से तय होना था। अमेरिका के पास उस समय 25 अरब डॉलर की क़ीमत का सोना जमा था (मात्रा में दुनिया भर के सोने का 75 फ़ीसदी)। समझौते के तहत अमेरिका का वायदा था कि वह माँग किये जाने पर डॉलर के बदले उसकी तयशुदा कीमत का सोना अदा करेगा।

क़रीब पच्चीस साल तक ब्रेडन वुड्स प्रणाली का बोलबाला क़ायम रहा। विश्व युद्ध से तबाह हुआ अंतर्राष्ट्रीय अर्थव्यवस्था इसी के ज़रिये उबरी। लेकिन एक दीर्घकालीन आर्थिक रणनीति के रूप में यह अपनी ख़ामियों से परे नहीं जा पायी। ब्रेटन वुड्स समझौते के पाँच साल बात एक नया गुल खिला। 1949 में सत्तारूढ़ होने के फ़ौरन बाद चीन की कम्युनिस्ट सरकार ने अपनी डॉलर आमदनी को अमेरिकी सरकार की पहुँच से बचाने के लिए पेरिस में *बांका कॉमह्रसियाल पौर ल 'युरोप द नॉर्द* नामक बैंक में जमा करना शुरू कर दिया। ख़ास बात यह थी कि इस बैंक की मिल्कियत सोवियत संघ के हाथ में थी और इसके बेतार के तार का पता था 'युरो बैंक'। चीनियों को देखा-देखी रूसियों ने भी अपनी डॉलर आमदनी या तो पेरिस के बैंक में या फिर लंदन के *मास्को नरोदनी बैंक* में जमा करनी शुरू कर दी। युरोप के बैंकरों ने देखा कि उनके बैंकों में एक ऐसी विपुल डॉलर राशि जमा है जो न तो जमा करने वाले देश के नियम-क़ानूनों से नियंत्रित होती है और न ही ब्रेटन वुड्स प्रणाली के तहत आती है। इस ख़ास चरित्र के कारण यह विपुल राशि डॉलरों का व्यापार करने के लिए उपलब्ध थी। ये ही डॉलर पेरिस के बैंक के पते की तर्ज़ पर युरो डॉलर कहलाये। युरो डॉलर मार्केट का जन्म हुआ जिसकी कभी ख़ुफ़िया और कभी खुली गतिविधियाँ ब्रेटन वुड्स प्रणाली के नियामक अमेरिका को चिंतित करती रहीं। यह बाज़ार अमेरिका से भी डॉलरों को अपनी ओर खींचने में लगा हुआ था। अमेरिका ने इस प्रक्रिया को रोकने के लिए क़ानून तक बनाया, पर उससे भी काम नहीं चला।

साठ के दशक में जब अमेरिका में मुद्रास्फीति बढ़ी और डॉलर कमज़ोर होना शुरू हो गया तो सारी दुनिया में डॉलरों को सोने में भुनाने की होड़ मच गयी। इस तरह के विनिमय का अधिकार ब्रेटन वुड्स समझौते के तहत उपलब्ध था। सत्तर के दशक तक अमेरिका का स्वर्ण-भंडार दस अरब डॉलर से भी कम का रह गया। अगस्त, 1970 में राष्ट्रपति निक्सन ने एकतरफ़ा कार्रवाई करके डॉलरधारियों से यह अधिकार छीन लिया जिससे ब्रेटन वुड्स प्रणाली ध्वस्त हो गयी। निर्धारित विनिमय दर के बजाय चलायमान विनिमय दर प्रारम्भ हुई। अर्थशास्त्र की भाषा में यह मुक्त बाज़ार के बिना वित्तीय पूँजी के भूमण्डलीकरण की शुरुआत थी। 1914 के बाद यह पहला मौक़ा था जब पूँजी किसी निश्चित नियम-क़ानून के अधीन नहीं थी।

गैट के उत्तराधिकारी के रूप में इस समय विश्व व्यापार संगठन ग्लोबल आर्थिक निज़ाम में केंद्रीय भूमिका निभा रहा है। विशेषज्ञों की मान्यता है कि सारी दुनिया की अर्थव्यवस्थाओं में बढ़ती हुई बेरोज़गारी की दर के साथ-साथ अफ़्रीका, एशिया और लातीनी अमेरिका के कई देशों की बढ़ती हुई ग़रीबी भूमण्डलीकरण की दावेदारियों को बहुत ज़्यादा दिनों तक नहीं टिकने देगी। इसके परिणामस्वरूप ब्रेटन वुड्स सरीखी एक और कांफ्रेंस की सम्भावनाएँ पैदा हो सकती हैं और उसके आधार पर विश्व अर्थव्यवस्था को नये सिरे से विन्यस्त किया जाएगा।

देखें : अर्थ-विज्ञान का समाजशास्त्र, आर्थिक जनसांख्यिकी, अल्फ्रेड मार्शल, अमर्त्य कुमार सेन, अंतर्राष्ट्रीय मुद्रा कोष, आधार और अधिरचना, ऑस्कर रायज़ार्ड लांगे, ऐडम स्मिथ, करारोपण, कल्याणकारी अर्थशास्त्र, क्लासिकल अर्थशास्त्र, कार्ल हाइनरिख़ मार्क्स-3, कार्ल मेंगर, कींसियन अर्थशास्त्र, गुन्नार मिर्डाल, जोआन रोबिंसन, जॉन कैनेथ गालब्रेथ, जॉन मेनार्ड कींस, जॉन स्टुअर्ट मिल, जोसेफ़ शुमपीटर, जैव विविधता, ट्रस्टीशिप, डेविड रिकार्डो, ढाँचागत समायोजन कार्यक्रम, थॉमस मन और वणिकवाद, थॉमस रॉबर्ट माल्थस, दक्षता, धन, नियोक्लासिकल अर्थशास्त्र, नीतिशास्त्र और अर्थशास्त्र, निकोलस काल्दोर, नियोजन, नियोजन : मार्क्सवादी विमर्श, पण्य, पण्य-पूजा, पेटेंट, पॉल सेमुअलसन, पियरो स्राफ़ा, पूँजी, प्रतियोगिता, फ्रांस्वा केस्ने और प्रकृतिवाद, फ्रेड्रिख़ वॉन हायक, बहुराष्ट्रीय निगम, बाज़ार, बाज़ार की विफ़लताएँ, बाज़ार-समाजवाद, बौद्धिक सम्पदा अधिकार, भारत में बहुराष्ट्रीय निगम, भारत में नियोजन, भारत में पेटेंट क़ानून, भारत में शेयर संस्कृति, भूमण्डलीकरण और पूँजी बाज़ार, भूमण्डलीकरण और वित्तीय पूँजी, भूमण्डलीकरण और वित्तीय उपकरण, मार्क्सवादी अर्थशास्त्र, मिल्टन फ्रीडमैन, मूल्य, राजकोषीय

नीति और मौद्रिक नीति, रॉबर्ट ओवेन, विलफ्रेडो परेटो, विश्व व्यापार संगठन, विश्व बैंक, विलियम पेटी, विलियम स्टेनली जेवंस, वैकासिक अर्थशास्त्र, शोषण, साइमन कुज़्नेत्स।

संदर्भ

1. एस. हॉज़ (1990), 'एसेसिंग द वर्ल्ड इकॉनॉमी : द राइज़ ऐंड फ़ाल ऑफ़ ब्रेटन वुड्स', संकलित : डी. हैगलुंड और एम. हॉज़ (सम्पा.), *वर्ल्ड पॉलिटिक्स, पॉवर, इंटरडिपेंडेंस, ऐंड डिपेंडेंस,* हारकोर्ट ब्रेस जोवानोविच, टोरोंटो.
2. ई. हेलीनेर (1996), *स्टेट्स ऐंड द रिइमरजेंस ऑफ़ द ग्लोबल फ़ाइनेंस : फ़्रॉम ब्रेटन वुड्स टु द 1990ज़,* कॉरनेल युनिवर्सिटी प्रेस, इथाका, न्यूयॉर्क.
3. जी. शिल्ड (2002), *ब्रेटन वुड्स ऐंड डम्बार्टन ओक्स : अमेरिकन पोस्टवार प्लैनिंग इन द समर ऑफ़ 1944,* सेंट मार्टिंस प्रेस, न्यूयॉर्क.
4. दीपक नैयर (2002), 'ग्लोबलाइज़ेशन वंस मोर', *बिबलियो,* विशेषांक, मार्च–अप्रैल.

— अभय कुमार दुबे

अनुक्रमणिका

अनुक्रमणिका में उल्लिखित रचनाओं (पुस्तकें, लेख, कविताएँ, नाटक और फ़िल्में) के शीर्षकों में ए, ऐन और द का प्रयोग मुख्य शीर्षक के बाद किया गया है। अभिनव गुप्त और मण्डन मिश्र जैसे क्लासिकल नाम प्रथम नाम में दिये गये हैं। चीनी नाम भी प्रथम नाम के रूप में ही हैं। जिन प्रविष्टियों के साथ भारतीय लगा है,उनकी स्वतंत्र प्रविष्टि बनायी गयी है, न कि मुख्य प्रविष्टि की उप-प्रविष्टि के रूप में। प्रविष्टियों के शीर्षक और उनकी पृष्ठ-संख्या विशेष रूप से उभारी गयी है।

अ

आ

इ

ई

उ

ऋ

ए

ऐ

ओ

औ

अं

क

ख

ग

घ

च

छ

ज

झ

ट

ठ

ड

ढ

त

थ

द

ध

न

प

फ

ब

भ

म

य

र

ल

श

ष

स

ह

क्ष

त्र

ज्ञ